Volker Meid

Die deutsche Literatur im Zeitalter des Barock

Die deutsche Literatur im Zeitalter des Barock

*Vom Späthumanismus
zur Frühaufklärung
1570–1740*

von
Volker Meid

Verlag C. H. Beck München

Dieser Band ist zugleich Band V der
Geschichte der deutschen Literatur
von den Anfängen bis zur Gegenwart
begründet von
Helmut de Boor †
und Richard Newald †

© Verlag C.H. Beck oHG, München 2009
Satz: ottomedien, Darmstadt
Druck und Bindung: CPI – Ebner & Spiegel, Ulm
Gedruckt auf säurefreiem, alterungsbeständigem Papier
(hergestellt aus chlorfrei gebleichtem Zellstoff)
Printed in Germany
ISBN 978 3 406 58757 3

www.beck.de

INHALTSVERZEICHNIS

LYRIK

EPISCHE VERSDICHTUNG:
EPOS, LEHR- UND ZEITGEDICHT

FIKTIONALE UND NICHTFIKTIONALE PROSA

VOM BAROCK ZUR AUFKLÄRUNG

ANHANG

VORWORT

Die vorliegende Literaturgeschichte behandelt die Periode zwischen Reformationszeit und Aufklärung vom allmählichen Einsetzen der literarischen Reformbemühungen gegen 1600 bis zum endgültigen Durchbruch aufklärerischen Denkens und der Phase der Neuorientierung der deutschen Literatur durch Johann Christoph Gottsched und die Schweizer Johann Jakob Bodmer und Johann Jakob Breitinger. Dieser Zeitraum bildet, wie andere literarische Epochen auch, keine widerspruchsfreie innere Einheit und widersetzt sich einfachen Definitionen oder exakten Abgrenzungen. Darzustellen ist vielmehr eine literarische Szenerie höchst vielfältigen Charakters, in der sich unterschiedliche Strömungen überlagern, neue Konzepte an Boden gewinnen, während ältere Traditionen weitergeführt oder modifiziert werden. Vorstellungen von einem zielgerichteten Verlauf der Literaturgeschichte bzw. seiner (Re-)Konstruktion bleiben angesichts widerstreitender Entwicklungen und konkurrierender Literatursysteme, angesichts von Ausgrenzungen, Ungleichzeitigkeiten und Phasenverschiebungen sowie der prägenden Kraft konfessioneller und regionaler Bedingtheiten eher illusorisch.

Wenn sich der Titel dieses Versuchs – *Die deutsche Literatur im Zeitalter des Barock* – an Albrecht Schönes große Anthologie anlehnt, so ist das nicht als Wiederaufnahme der Diskussion des Barockbegriffs bzw. möglicher Alternativen und der Problematik von Periodisierungen im allgemeinen zu verstehen. Dafür ist hier nicht der Ort. Vielmehr gehe ich davon aus – und ein Großteil der wissenschaftlichen Literatur scheint das zu bestätigen –, daß sich die Bezeichnung Barock von der ideologischen Überanstrengung und Überfrachtung vergangener Zeiten gelöst hat und sich so, ungeachtet oder gerade wegen ihrer relativen Ungenauigkeit und ihres ungefähren Charakters, weitgehend als Verständigungs- und Ordnungsbegriff durchsetzen konnte. Jedenfalls hat sich bisher keine der vorgeschlagenen Alternativen als konsensfähig erwiesen.

Zweifellos bedeutet die Ablösung des rhetorischen Literaturverständnisses durch die Autonomieästhetik des 18. Jahrhunderts eine epochale Neuorientierung; davon handeln die folgenden Bände der Literaturgeschichte. Am Beginn der als Barock bezeichneten Epoche jedoch findet ein derartiger Paradigmenwechsel nicht statt. Zwar führt das Programm der Nationalisierung der humanistischen Kunstpoesie zu Beginn des 17. Jahrhunderts zu einer folgenreichen Reform der Dichtung in deutscher Sprache, jedenfalls in den gelehrten Zirkeln der protestantischen

Territorien. Aber die Muster lagen bereits vor und brauchten nur adaptiert zu werden: auf der einen Seite die rhetorischen und poetologischen Prinzipien der neulateinischen Dichtung der deutschen und ausländischen Humanisten des 16. und weiter auch des 17. Jahrhunderts, auf der anderen das Formen- und Motivrepertoire der volkssprachlichen Literaturen der europäischen Renaissance, die diesen Weg der Erneuerung der volkssprachlichen Dichtung auf humanistischer Basis schon lange vorher gegangen waren. Zugleich lebten ältere deutschsprachige Traditionen weiter, wenn auch nun abgeschoben auf eine niedrigere soziale Ebene oder im Kontext einer eigenen Sprach- und Literaturprogrammatik der katholischen Kirche. Angesichts dieser und anderer Verbindungen läßt sich die in diesem Band dargestellte Literaturperiode am ehesten als zweite Phase im Rahmen einer umfassenderen Literaturepoche verstehen, der Literatur der Frühen Neuzeit oder der Mittleren deutschen Literatur (Hans-Gert Roloff), als eine Phase, die nicht zuletzt dem von patriotischer Emphase getragenen Wettbewerb mit den Nachbarliteraturen und der daraus resultierenden sprachlichen und kulturellen Dynamik ein eigenes Gesicht verdankt.

Die Darstellung beginnt mit einer allgemeinen Einleitung, die auf einige wichtige Aspekte und Tendenzen der Epoche eingeht: auf politische und gesellschaftliche Strukturen, auf Erscheinungsformen des literarischen Lebens und Institutionen der Bildung, auf Konzepte der Weltorientierung und -interpretation, auf Methoden der Wissensorganisation. In der darauf folgenden Geschichte der Literatur selbst stehen die Texte, Dichtung und ‹Sachliteratur›, in ihrem literarhistorischen und poetologischen Kontext im Mittelpunkt. Die Schilderung der literarischen Situation um 1600 und der Grundzüge der Literaturreform führt zu den zentralen, nach Gattungen gegliederten Kapiteln. Sie sind damit einem Konzept verpflichtet, das auch das poetologische Denken der Frühen Neuzeit prägt und mit den damit verbundenen sozialen und politischen Ordnungsvorstellungen – der idealen Korrespondenz zwischen Gegenstand der Dichtung, sozialem Status der Personen, Gattung und Stilebene – mehr als nur formalen Charakter besitzt.

Selbstverständlich waren dabei Modifikationen und Erweiterungen erforderlich, schon weil die Poetik bis ins 18. Jahrhundert hinein keinen übergreifenden Lyrikbegriff kannte und nichtfiktionale Literaturgattungen ohnehin keine Stelle im System der Poetik besaßen. Außerdem blieb die zeitgenössische Theorie in der Regel hinter der dichterischen Praxis und ihrer Entwicklung zurück. So wurde der Roman – und das nur in einem Teilbereich – erst spät in das System der Poetik integriert. Aber auch innerhalb des durch die Tradition vorgegebenen Rahmens zeigt sich, daß Gattungen keine festen, unveränderlichen Größen sind und sich ihre Geschichte gerade in der produktiven Variation der Muster, in der Bildung von Mischformen oder neuen, ihrerseits traditionsbildenden Gattungsformen niederschlägt.

Diese Vielfalt der literarischen Produktion in ihren Zusammenhängen und widersprüchlichen oder gegenläufigen Entwicklungen sichtbar zu machen, ist eines der Ziele dieser Darstellung. Wie dabei das an Gattungen orientierte Gliederungsprinzip auf der einen Seite Zusammenhänge deutlich macht, so führt es auf der anderen Seite zu deren Lockerung, etwa im Hinblick auf das Gesamtwerk eines Autors oder ebenfalls nicht auf eine Gattung beschränkte dichterische Ausdrucksformen. Dem sollen Verweise, gelegentliche Wiederholungen und zusammenfassende biographische Abrisse ebenso entgegenwirken wie das Register, das die wichtigsten Werke oder Werkgruppen aufführt.

Auch in anderer Hinsicht unterliegt die Literaturgeschichte trotz ihrer relativen Ausführlichkeit deutlichen Beschränkungen. Zwar führt sie über die ‹kanonischen› Autoren und Texte hinaus und sucht mit der Einbeziehung von entlegeneren bzw. bisher eher vernachlässigten, aber für das Gesamtbild signifikanten Bereichen eigene Akzente zu setzen, doch bleiben – ganz abgesehen von den durch Bildungslücken und Versäumnisse des Verfassers verursachten Ausfällen – manche Phänomene des gesellschaftlich-literarischen Lebens in der gewählten Form der Literaturgeschichte kaum oder nur extrem verkürzt darstellbar. Das gilt für die religiöse Lieddichtung und Gebrauchsliteratur ebenso wie für andere Phänomene massenhafter Textproduktion. So erforderte etwa die Darstellung der städtischen und regionalen literarischen Kommunikation, an der sich die Angehörigen der *respublica litteraria* mit einer unübersehbaren Zahl von Gelegenheitsschriften und -dichtungen beteiligten und die ungeachtet ihres poetischen Rangs einen hohen Stellenwert im Selbstverständnis der Gelehrtenrepublik besaß, einen entschieden anderen methodischen Zugriff, vielleicht – wie von Klaus Garber angeregt – den einer regionalgeschichtlich orientierten Literaturgeschichtsschreibung.

Diese Literaturgeschichte behandelt ungefähr den gleichen Zeitraum wie das Werk Richard Newalds im Rahmen der von ihm und Helmut de Boor begründeten *Geschichte der deutschen Literatur von den Anfängen bis zur Gegenwart*. Sie tritt an dessen Stelle. Als eine Art Bestandsaufnahme des in den letzten Jahrzehnten Erarbeiteten ist sie der Forschung tief verpflichtet, auch wenn die erzählende Form der Darstellung keine Zitate und kaum Namen aus der wissenschaftlichen Literatur nennt und die Dokumentation der Bibliographie überläßt. Dem entspricht auch der ausdrückliche Verzicht auf die Ausbreitung von Forschungskontroversen oder Methoden- und Begriffsdiskussionen und, ebenfalls zugunsten einer besseren Lesbarkeit, eine gewisse terminologische Zurückhaltung. Dagegen erschien es nicht überflüssig, auch durch Inhaltsangaben und Textbelege zu den zum großen Teil nur Spezialisten bekannten Werken der

Epoche hinzuführen. Die uneinheitliche Textgestalt der Zitate spiegelt die jeweilige Praxis der Editionen bzw. Originaldrucke.

Zu danken habe ich all denen, die die lange Entstehungsgeschichte dieser Arbeit mit Geduld, viel Geduld, Ermunterung und konkreten Ratschlägen begleitet haben. Das gilt für die Mitarbeiter des Verlags ebenso wie für Freunde und Kollegen von Kiel bis Trento und – am nächsten betroffen – meine Familie. Das Buch ist meinem Sohn Christopher Meid gewidmet.

EPOCHE

I. DAS DEUTSCHE REICH IM 17. UND FRÜHEN 18. JAHRHUNDERT

1. Verfassung, Politik und Konfession

Wenn der Staatsrechtler Samuel Pufendorf in seinem Buch *De statu imperii Germanici* (1667) das Heilige Römische Reich Deutscher Nation «einen irregulären und einem Monstrum ähnlichen Körper» nennt, «Mittelding» zwischen beschränkter Monarchie und einer Föderation mehrerer Staaten, so beschreibt er damit ein historisch gewachsenes Gebilde, ein Konglomerat aus einigen hundert weltlichen und geistlichen Territorien, dessen verfassungsmäßiger Zustand durch eine komplexe Verbindung von Altem und Neuem charakterisiert war. Während die Organisation auf dem mittelalterlichen Lehnswesen beruhte und das Reich eher als Idee denn als reale Größe wirksam blieb, machten sich in einigen Territorien bereits Tendenzen zum modernen, bürokratisch verwalteten Flächenstaat bemerkbar.

Die Herrschaftsstruktur des Reiches umfaßte mehrere Ebenen. Der Kaiser stand an der Spitze eines Lehnsverbandes, dem die Reichsstände von den Kurfürsten bis hin zu den Reichsstädten angehörten. Sie versammelten sich im Reichstag und berieten und verabschiedeten die Reichsgesetze (‹Reichsabschiede›). Neben dem Reichstag besaß das Reich mit dem Reichskammergericht in Speyer bzw. seit 1693 in Wetzlar eine weitere wichtige zentrale Institution. Die Territorialfürsten wiederum hatten in ihrem Herrschaftsgebiet mit den Landständen zu rechnen, in der Regel gebildet von der Geistlichkeit, dem Adel und den Städten, die in Landtagen mit unterschiedlichem Erfolg ihre Rechte – entscheidende Bedeutung hatte das Steuerbewilligungsrecht – gegen zentralistische oder absolutistische Tendenzen geltend zu machen oder zu behaupten suchten.

Zu den Nachwirkungen des auf personalen Beziehungen beruhenden Lehnswesens gehörte auch, daß die Herrschaftsverhältnisse territoriale Grenzen innerhalb des Reiches, aber auch über den Reichsverband hinaus überschreiten konnten. So zählte der dänische König als Herzog von Holstein zu den deutschen Reichsständen, während der Kurfürst von Brandenburg als Herzog von Preußen zugleich Lehnsmann des Königs von Polen war und später das eigentlich nicht zum Reich gehörige Preußen zur Basis eines Königtums machte. So wenig genau die Grenzen dieses Reiches mit seinen Reminiszenzen einer Universalmonarchie gezogen werden können, so wenig war klar, wie denn der Begriff ‹deutsch› bzw. ‹teutsch› inhaltlich zu fassen wäre.

Während in Frankreich, Spanien und England die Entwicklung zum Nationalstaat Fortschritte machte, verlief sie im Deutschen Reich eher umgekehrt. Die Tendenz zur Einschränkung der Macht der zentralen Gewalt, dokumentiert bereits in der Goldenen Bulle (1356) und dann in den Reformgesetzen von 1495 und der Wahlkapitulation von 1519, verstärkte sich mit den Erfolgen der reformatorischen Bewegungen. Das Ende der Regierungszeit Kaiser Karls V. brachte statt der erstrebten Universalmonarchie den Sieg der Reichsstände. Der Augsburger Religionsfriede von 1555 beendete vorläufig die Kämpfe der Reformationszeit und gewährte den Landesherrn Religionsfreiheit und das *ius reformandi*, d. h. das Recht, in ihren Territorien allein über Religionsangelegenheiten zu entscheiden. Zugleich nutzten die größeren Territorien die Möglichkeit, sich selbständig weiterzuentwickeln und ihre politischen Spielräume auf Kosten des Kaisertums zu erweitern.

Dieser Prozeß der Aushöhlung der zentralen Machtinstanz erhielt eine neue Dynamik durch die im Augsburger Frieden auch rechtlich bestätigte konfessionelle Spaltung des Deutschen Reichs. Da zahlreiche offene Fragen und Streitpunkte nicht zuletzt im Hinblick auf das *ius reformandi* ungelöst blieben und keine der Parteien bereit war, die andere in ihrem Besitzstand endgültig anzuerkennen, konnte von einem wirklichen Religionsfrieden keine Rede sein; allenfalls handelte es sich um einen vorübergehenden Waffenstillstand. Künftiger Konfliktstoff ergab sich auch daraus, daß zwar jetzt die lutherische Augsburger Konfession reichsrechtlich anerkannt war, aber die Zwinglianer, Calvinisten und Täufer vom Frieden ausgeschlossen blieben. Es waren dann gerade die Calvinisten, die sich in der Folgezeit als Alternative zum Machtanspruch des Hauses Habsburg in Position brachten.

Gegen die Konfessionalisierung der Politik der folgenden Jahrzehnte vermochte der Augsburger Religionsfriede wenig. Luthertum und Calvinismus betrieben ihre weitere Expansion, während die katholische Kirche auf der Grundlage der 1564 vom Papst bestätigten Beschlüsse des Konzils von Trient die Politik der Rückgewinnung des verlorenen Bodens organisierte (‹Gegenreformation› bzw. ‹katholische Reform›). In diesem Prozeß waren Politik und Religion, politisch-dynastische und konfessionelle Interessen untrennbar miteinander verbunden. Dabei prägte der Konfessionalismus nicht nur die innerterritorialen Verhältnisse, sondern auch die Beziehungen zwischen den Territorien und die internationale Bündnispolitik. So führte die Verflechtung von Politik und Konfession einerseits zur systematischen institutionellen und bürokratischen Festigung des territorialen Kirchenregiments mit tiefgreifenden gesellschaftlichen Folgen, andererseits zu innen- und außenpolitischen Allianzen der protestantischen bzw. katholischen Mächte, wobei allerdings Frankreich in seiner Gegnerschaft zum Haus Habsburg das protestantische Lager unterstützte.

Die durch den jeweiligen Ausschließlichkeitsanspruch der Konfessionen verschärften religiösen Spannungen erreichten zu Anfang des 17. Jahrhunderts einen neuen Höhepunkt. Es kam zu einer formellen Blockbildung, ausgelöst durch Streitigkeiten zwischen der protestantischen Mehrheit und der katholischen Minderheit in der freien Reichsstadt Donauwörth im Jahr 1607. Als Reaktion auf die Besetzung der Stadt durch Truppen des bayerischen Herzogs Maximilian, der sich mit der Ausführung der Reichsacht hatte beauftragen lassen, schlossen sich zahlreiche protestantische Territorien und Reichsstädte 1608 zu einem Militärbündnis (‹Union›) zusammen. Die führende Rolle übernahm die Kurpfalz, das erste Territorium des Reiches, in dem der Calvinismus eingeführt worden war (Heidelberger Katechismus 1563) und das enge Beziehungen zu den Protestanten in den Niederlanden, England, Frankreich und Böhmen unterhielt. Andere calvinistische Länder wie Hessen-Kassel, Brandenburg-Ansbach und Anhalt-Köthen schlossen sich der Union an, dazu Kurbrandenburg (seit 1613 mit reformierter Herrscherfamilie und lutherischer Bevölkerung) sowie eine Reihe lutherischer Territorien und Reichsstädte (Württemberg, Baden-Durlach; Nürnberg, Ulm, Straßburg). Schließlich gehörten dem Bündnis 9 Fürsten und 77 Städte an. Zum Bundesfeldherrn wurde 1610 Fürst Christian von Anhalt-Bernburg bestellt, der schon seit 1595 als Statthalter der Oberpfalz eine wesentliche Rolle in der Pfälzer Politik gespielt hatte. Doch die Spaltung des deutschen Protestantismus blieb bestehen: Das lutherische Kursachsen, protestantisches Kernland, verweigerte sich der Union und blieb bei seiner traditionell kaisertreuen Politik.

Die katholische Seite reagierte auf das Vorgehen der protestantischen Stände und formierte sich 1609 unter der Führung des bayerischen Herzogs zur ‹Heiligen Liga›, der fast alle katholischen Reichsstände beitraten. Nicht jedoch Österreich, das mit inneren konfessionellen Konflikten zu kämpfen hatte und in den Erblanden, aber auch in Böhmen und Schlesien den protestantischen Ständen mit Zugeständnissen entgegenkommen mußte. Die Liga, finanziell der Union überlegen, stellte ebenfalls ein Heer auf, das Johann Tserclaes von Tilly befehligte. Zwar konnte eine militärische Auseinandersetzung zunächst vermieden werden – man schloß 1610 einen Vergleich –, doch mit dem Aufstand des protestantischen böhmischen Adels gegen die katholische habsburgische Landesherrschaft (Prager Fenstersturz, 1618), dem Herrschaftsantritt Kaiser Ferdinands II. 1619 und der Wahl des calvinistischen Kurfürsten Friedrich V. von der Pfalz, Anführer der protestantischen Union, zum böhmischen König eskalierten die Konflikte zum ‹großen teutschen Krieg›, wie man die Auseinandersetzungen später im 17. Jahrhundert nannte.

2. Ein Jahrhundert der Kriege

Der Dreißigjährige Krieg gehört als europäischer Konflikt zusammen mit den weiteren kriegerischen Auseinandersetzungen des 17. und frühen 18. Jahrhunderts in den Kontext der Kämpfe um die Vorherrschaft in Europa, wobei auch hier konfessionelle und machtpolitische Gesichtspunkte einander bedingten. Es war letztlich ein Kampf zwischen Habsburg und Bourbon, in dem die französische Seite zunächst durchaus in der Defensive stand. Für die französische Politik ging es darum, die Einkreisungspolitik der habsburgischen Mächte Österreich und Spanien zu durchbrechen, die für Frankreich bedrohliche Formen annahm: 1617 wurde in einem Geheimvertrag Spanien das Elsaß, damals eine österreichische Provinz, zugesagt, 1620 sicherte sich Spanien die Alpenpässe in Graubünden, ein Jahr später wurde nach der Ächtung des pfälzisch-böhmischen ‹Winterkönigs› die Pfalz von Truppen Spaniens und der Katholischen Liga besetzt. Als dann 1635 auch noch Trier in spanische Hände fiel, war die Einkreisung Frankreichs von den Pyrenäen bis zu den spanischen Niederlanden eine Realität, gegen die die französische Politik im Verein mit Schweden durch die Unterstützung der protestantischen deutschen Seite ankämpfte. Mit dem Ende des Konflikts auf deutschem Boden und den Bestimmungen des Friedensvertrags von 1648 und mit der Schwächung Spaniens im Pyrenäenfrieden von 1659 war das französische Ziel erreicht, sich aus der Umklammerung zu befreien. Frankreich hatte sich als führende europäische Macht etabliert, die Drohung einer habsburgischen Universalmonarchie – so fiktiv sie in der Realität auch sein mochte – war gebannt. Die neugewonnenen Spielräume nutzte dann Ludwig XIV. in den folgenden Jahrzehnten u. a. in der systematischen Reunionspolitik und im Französisch-holländischen Krieg (1672–79), bis schließlich der Pfälzische Krieg (1688–97) die Grenzen der französischen Expansionspolitik aufzeigte.

Im Kontext der deutschen Verhältnisse war der Dreißigjährige Krieg ein Kampf zwischen den Reichsständen und dem Kaiser um die Vorherrschaft im Reich. Während es den Ständen darum ging, ihre im Lauf der Jahrhunderte erworbenen Rechte zu behaupten, versuchte Kaiser Ferdinand II. die zentrifugalen Tendenzen aufzuhalten bzw. rückgängig zu machen, die durch die Glaubensspaltung eine noch stärkere Dynamik gewonnen hatten. Dabei gelang es, das von der Kurpfalz ausgehende Projekt einer calvinistischen Alternative früh zunichte zu machen, und mit der Verpflichtung Wallensteins schuf sich Ferdinand eine von der Katholischen Liga unabhängige militärische Basis und ein Werkzeug für seine reichsabsolutistischen Bestrebungen, die allerdings am Widerstand der Stände und an dem Eingreifen Schwedens scheiterten. Die Niederwerfung der protestantischen Stände und der Sieg über Dänemark im ersten Jahrzehnt des Krieges zeigten den Kaiser auf dem Höhepunkt seiner Macht, die er durch Exckutionsverfahren und das Restitutionsedikt von 1629 spüren ließ. In diesem Dekret bestimmte er aus eigener Machtvollkommenheit über strittige Probleme des Augsburger Religionsfriedens und ordnete die Rekatholisierung des gesamten seit 1552 säkularisierten Kirchenbesitzes an. Dabei ging es nicht nur um eine Umwälzung der konfessionellen Gegebenheiten, sondern zugleich um eine völlige Neuordnung der territorialen Verhältnisse in Norddeutschland. Selbst die katholischen Stände waren nicht bereit, diesen Zuwachs der kaiserlichen Macht zu akzeptieren. Auf dem Regensburger Kurfürstentag von 1630 mußte Ferdinand eine eindeutige Schwächung seiner Machtposition hinnehmen: Er vermochte es nicht, die Wahl seines Sohnes zum römischen König durchzusetzen, und wurde gezwungen, Wallenstein zu entlassen und das kaiserliche Heer zu reduzieren. Zur gleichen Zeit griff Schweden in das Kriegsgeschehen ein und schuf eine völlig neue Lage.

Das schwedische Eingreifen war propagandistisch sorgfältig vorbereitet worden; Gustav II. Adolf, der «Lew aus Mitternacht», wie ihn Flugblätter nannten, erschien als Retter der deutschen Freiheit vor den Machtansprüchen des Kaisers, während vom schwedischen Großmachtstreben, dem Kampf um die Beherrschung der Ostsee und von finanz- und wirtschaftspolitischen Erwägungen oder den französischen Subventionen nicht so offen die Rede war. Daß die protestantischen deutschen Fürsten eine gewisse Zurückhaltung wahrten und häufig gezwungen werden mußten, sich der schwedischen Sache anzuschließen, hat neben einer durchaus vorhandenen Loyalität zu Kaiser und Reich den Grund, daß man bei einer geplanten Neuordnung Deutschlands unter schwedischer Führung erst recht um die ständische Freiheit fürchten mußte.

Die Friedensverträge von Münster und Osnabrück (1648) brachten die Auseinandersetzungen, soweit sie die Struktur des Reichs betrafen, zu einem Abschluß. Die Verträge verkündeten eine allgemeine Amnestie, setzten alle Kurfürsten, Fürsten und Stände wieder ein, weiteten den Religionsfrieden auch auf die bisher ausgeschlossenen Reformierten aus, entwirrten die bayerisch-pfälzischen Probleme und regelten die Verhältnisse entsprechend dem Zustand von 1624. Friedrich von Logau zog in seinem Epigramm *Krieg vnd Friede* das bittere Fazit: «Die Welt hat Krieg geführt weit über zwantzig Jahr. | Nunmehr soll Friede seyn / soll werden wie es war; | Sie hat gekriegt um das / O lachens-werthe That! | Daß sie / eh sie gekriegt / zuvor besessen hat.»

Für die Reichsverfassung bedeutete der Westfälische Friede eine Bestätigung der Rechte der Stände, ohne die in Reichssachen künftig kaum etwas geschehen konnte, während sie selbst Bündnisfreiheit erhielten. Damit war der Kampf zwischen Kaiser und Reichsständen entschieden. Von einer Geschichte des Reichs läßt sich von nun an nur noch mit Einschränkungen sprechen; die Geschichte der großen Territorien tritt an ihre Stelle. In diesem Rahmen stiegen dann Österreich und Brandenburg-Preußen im Verlauf der weiteren europäischen Kriege des 17. und frühen 18. Jahrhunderts zu deutschen Großmächten auf, eine für die deutsche und europäische Geschichte folgenreiche Konstellation. Für Europa bedeutete der Friedensvertrag von Münster und Osnabrück, zusammen mit den Bestimmungen der späteren Verträge zwischen Spanien und Frankreich (Pyrenäenfriede 1659) bzw. zwischen Schweden, Polen, Brandenburg-Preußen und Österreich (Olivaer Friede 1660) einen wichtigen Schritt auf dem Weg zu einer neuzeitlichen Staatengesellschaft, einer auf dem Recht gegründeten europäischen Ordnung als einer Gemeinschaft souveräner Staaten, verbunden mit einer allmählichen Loslösung der Politik von religiösen bzw. konfessionellen Absolutheitsansprüchen.

Die Wirklichkeit der betroffenen Menschen war allerdings eine andere als die einer abgehobenen militärischen, politischen oder diplomatischen Geschichtsschreibung. «Was wüßten wir vom Dreißigjährigen Krieg», schreibt Günter Grass, «wenn wir nicht Döblin hätten, den *Wallenstein* [-Roman], aber auch den Zeitgenossen Grimmelshausen, der aus der Sicht der kleinen Leute, der Verlierer, diesen Krieg betrachtet hat. Wir kennen nur die Staatsaktionen. Geschichte wird zuerst von den Siegern geschrieben. Hier erfüllt die Literatur Lückenbüßerdienste, wichtige, unverzichtbare.» In erster Linie auf literarischen Quellen – Flugblätter, Flugschriften, Grimmelshausen usw. – beruht auch Gustav Freytags Fazit: «Ein Menschenalter von Blut, Mord und Brand, beinahe völlige Vernichtung der beweglichen Habe, Zerstörung der unbeweglichen, geistiges und materielles Verderben des gesamten Volkes», heißt es in den *Bildern aus der deutschen Vergangenheit* (1859–67) über die Auswirkungen des «großen Krieges».

Auch wenn man den apokalyptischen Tenor derartiger Aussagen außer acht läßt – Gryphius' berühmtes Sonett *Thränen des Vaterlandes / Anno 1636* gehört ebenfalls dazu –, bleibt richtig: Der Dreißigjährige Krieg hinterließ ein verwüstetes Land. Allerdings betraf er die verschiedenen Landschaften in unterschiedlicher Härte und Dauer. Die Bevölkerung im Reich ging von etwa 15 bis 17 Millionen vor dem Krieg auf 10 bis 11 Millionen Menschen im Jahr 1648 zurück. Dabei war weder die Anzahl der Gefallenen in Schlachten besonders groß, noch kann man die Übergriffe auf die Zivilbevölkerung für den bedeutenden Bevölkerungsverlust verantwortlich machen. Es war vor allem die Pest, die die Bevölkerung dezimierte; die Kriegsbedingungen – Seuchen in den von Flüchtlingen überfüllten Städten – verstärkten ihre Auswirkungen entscheidend.

Während sich die befestigten Städte in der Regel vor direkten Kriegseinwirkungen schützen konnten – zu den spektakulären Ausnahmen gehörte die vielbeklagte Plünderung und Zerstörung Magdeburgs durch die kaiserlichen Truppen im Jahr 1631 –, bot sich den Menschen in den Dörfern und auf dem flachen Land kaum Schutz. Vor allem in der letzten Phase des Krieges, als es zu Kämpfen im ganzen Reich kam und marodierende Soldaten- und Räuberbanden das Land unsicher machten, verschlechterte sich die Lage der ländlichen Bewohner dramatisch; durch die wiederkehrenden Verwüstungen und Plünderungen, durch das ruinöse System der Selbstversorgung der Heere (und des umfangreichen Trosses) war ein geregeltes Wirtschaften unmöglich geworden.

Es dauerte bis ins 18. Jahrhundert hinein, ehe die Bevölkerungsverluste ausgeglichen und der Stand der Vorkriegszeit von etwa 15–17 Millionen Einwohnern wieder erreicht wurde. Dabei kam es auch zu beträchtlichen Bevölkerungsverschiebungen, für die u. a. religiöse Verfolgungen und wirtschaftliche Not verantwortlich waren (rigorose Rekatholisierungspolitik in den habsburgischen Ländern, Bauernaufstand in der Schweiz, Aufhebung des Edikts von Nantes). Auch die wirtschaftliche Erholung ging nur langsam vonstatten, zumal die Nachkriegszeit mit einer Agrarkrise und einer Depression im Bereich von Handel und Gewerbe begann, die erst gegen Ende des Jahrhunderts überwunden werden konnte. Schon um die eigenen Einnahmen und damit die eigene Macht zu stärken, begannen die Staaten und größeren Territorien eine aktive, ‹merkantilistische› Wirtschaftspolitik zu betreiben.

Trotz des Endes des Dreißigjährigen Kriegs herrschte nun nicht Friede. Die folgenden Jahrzehnte waren kaum friedlicher, und die Zerstörungen erreichten gelegentlich – etwa entlang des Rheins – durchaus vergleichbare Ausmaße. Auf der einen Seite betrieb Frankreich mit diplomatischen, finanziellen und militärischen Mitteln eine systematische Expansionspolitik, auf der anderen begann 1663 mit dem Eindringen türkischer Truppen in den österreichischen Teil Ungarns ein weiterer Krieg mit dem Osmanischen Reich, das u. a. von Frankreich unterstützt wurde und damit die doppelte Bedrohung des Reiches deutlich machte. Daß Österreich trotz eines siegreichen Verlaufs der Kämpfe 1664 einen insgesamt wenig vorteilhaften Frieden schloß, der aber immerhin einen zwanzigjährigen Waffenstillstand garantierte, diente der Entschärfung dieser Situation. Im Westen hatten die Eroberungspolitik Ludwigs XIV. (Französisch-holländischer Krieg 1672–79) und die ‹Reunionen› der nächsten Jahre – u. a. Unterwerfung der freien Reichsstadt Straßburg (1681) – zwar Allianzen gegen Frankreich zur Folge, doch die erneute türkische Bedrohung, die in der Belagerung Wiens im Juli 1683 gipfelte, setzte zunächst andere Prioritäten. Es kam zu einem gemeinsamen Handeln eines Großteils der Reichsstände, des Kaisers sowie des polnischen Königs Johann Sobieski, die mit ihrem Heer unter dem Befehl des polnischen Königs und Herzog Karls V. von Lothringen die Türken in der Schlacht am Kahlenberg im September 1683 besiegten, Wien entsetzten und die Türken nach Ungarn zurückdrängten. Die Auseinandersetzung fand erst 1699 ein vorläufiges Ende; im Frieden von Karlowitz fielen Ungarn, Siebenbürgen und Teile Kroatiens und Sloweniens an das Haus Habsburg.

Noch während der Türkenkriege kulminierte die Auseinandersetzung mit Frankreich im Pfälzischen Krieg (1688–97), der seit 1689 als Reichskrieg im Rahmen einer Allianz mit den Generalstaaten, England, Spanien und Savoyen geführt wurde und in dessen Verlauf die Franzosen zwar zurückgedrängt wurden, aber mit systematischen Verwüstungen rechts- und linksrheinischer Gebiete reagierten. Die Schwächung der französischen Macht schlug sich auch im Frieden von Rijswijk (1697) nieder; allerdings blieben das Elsaß und Straßburg französisch. Die Auseinandersetzung ging mit dem Spanischen Erbfolgekrieg (1701–14) in eine neue Runde, wobei sich Holland, England und weitere europäische Staaten zusammen mit dem Kaiser und einer Reihe deutscher Territorien gegen Frankreich und seinen Verbündeten Bayern zusammenschlossen. Die Friedensverträge von Utrecht (1713) und Rastatt (1714) brachten Preußen die Anerkennung als Königtum ein und Österreich die Spanischen Niederlande sowie Besitzungen in Italien (Lombardei, Neapel, Sardinien), während es im Elsaß beim alten blieb. Ein neuer Türkenkrieg (1714–18) endete mit dem Frieden von Passarowitz von 1718 und weiterem Gebietsgewinn für Österreich.

Diese Liste der kriegerischen Auseinandersetzungen nach Ende des Dreißigjährigen Krieges ist keineswegs vollständig. Und die jeweiligen Koalitionen und Allianzen bezogen auch die Mächte im Norden und Osten ein mit relevanten Folgen für das Reich bzw. die betroffenen Territorien. So lavierte Brandenburg-Preußen zwischen Schweden, Frankreich und Habsburg, um seine Interessen durchzusetzen. Das führte seit dem Schwedisch-polnischen Krieg (1656–60) und dem Schwedisch-brandenburgischen Krieg (1675–79) zu einer Schwächung der schwedischen Vorherrschaft im Norden, während Brandenburg die Souveränität über Preußen und 1700 die Zustimmung Wiens erhielt, Preußen zum Königreich zu erheben. Die Krönung Friedrichs I. erfolgte 1701, die internationale Anerkennung erfolgte im Frieden von Utrecht. Damit hatte Preußen mit der sächsischen Konkurrenz gleichgezogen – Kurfürst Friedrich August der Starke war 1697 zum polnischen König gewählt worden – und sich einen Platz unter den europäischen Mächten gesichert.

3. Absolutismus

Im Verlauf des 16. und 17. Jahrhunderts bildeten sich in den europäischen Monarchien neue politisch-staatliche Organisationsformen heraus, die sich grundsätzlich von den mittelalterlichen unterschieden. Das Neuartige dieses modernen oder frühmodernen Staates bestand darin, daß er immer mehr Aufgaben und Kompetenzen an sich zog und damit als Konkurrent älterer Gewalten auftrat und in die Rechte der Stände eingriff. Allmählich entwickelte sich, begünstigt durch die Rezeption des römischen Rechts, ein Begriff der staatlichen Souveränität, der mit den Vorstellungen des Lehnswesens nicht zu vereinbaren war. Die Tendenzen, die auf eine größere Konzentration der Regierungs- und Verwaltungsaufgaben in den Händen der Fürsten und damit auf eine Stärkung ihrer Macht zielten, stießen bei den betroffenen Ständen natürlich auf Widerstand. Die Entwicklung verlief daher durchaus unterschiedlich, zumal sie auch durch krisenhafte Erschütterungen wie die europäischen Religions- und Bürgerkriege beeinflußt und verlangsamt wurde. In manchen Ländern war die Auseinandersetzung zwischen den Ständen und den neuen staatlichen Gewalten auch im 17. Jahrhundert noch nicht abgeschlossen, und nicht immer hatten die Bestrebungen der Fürsten Erfolg, sich von den Bindungen an die Stände zu befreien.

Beispielhaft erscheint die Entwicklung zur absoluten Monarchie in Frankreich, das im 17. und frühen 18. Jahrhundert zu einem weithin nachgeahmten Vorbild wurde. Begünstigt von den allgemeinen ökonomischen und gesellschaftlichen Bedingungen, war es Heinrich IV. nach den verheerenden, in den Morden der Bartholomäusnacht gipfelnden Religionskriegen des 16. Jahrhunderts gelungen, die Grundlagen für einen modernen Einheitsstaat zu legen, die dann Richelieu systematisch ausbaute. «Während der König stieg, sank der übrige Adel», schreibt Norbert Elias in seinem Buch *Die höfische Gesellschaft* (1969) über die Gewichtsverlagerung im gesellschaftlichen Gefüge Frankreichs, die dazu führte, daß sich ein großer Teil des Adels in eine zunehmende Abhängigkeit vom König begab. Allerdings ging die Entmachtung der Stände keineswegs ohne größere Erschütterungen vonstatten, vor allem dann, wenn sich ständische und religiöse Opposition miteinander verbanden. Die Erhebung der Fronde (1648–53) war die letzte Herausforderung der königlichen Macht – und prägende Erfahrung für Ludwig XIV. –, die an den widerstreitenden Interessen der Frondeure scheiterte und letztlich zur entscheidenden Stärkung der französischen Monarchie führte. Durch Ludwig XIV. und seinen Herrschaftsstil, der glanzvolle Repräsentation der Macht mit Selbsterhöhung und Verklärung der eigenen Person verband, erhielt das französische Königtum schließlich die Form, die für das monarchische Europa vorbildlich werden sollte. Der Bau des Schlosses von Versailles, den Ludwig unmittelbar mit dem Beginn seiner Alleinherrschaft nach dem Tod Kardinal Mazarins 1661 beginnen ließ (vollendet 1689), wurde zum Symbol für diesen Herrschaftsstil.

Reinhart Koselleck hat in seiner Studie *Kritik und Krise* (1959) auf den religiösen Bürgerkrieg als entscheidenden Ausgangspunkt der Doktrin des Absolutismus hingewiesen. Der Weg aus der Anarchie, so die Überlegungen der sogenannten ‹Politiker›, der *politiciens*, zur Zeit Heinrichs III. und Heinrichs IV. von Frankreich, konnte nur über eine Stärkung der zentralen königlichen Gewalt und der Herausbildung eines von der Religion losgelösten staatlich-politischen Handlungsbereichs führen, um so die verschiedenen Religionsparteien der staatlichen Autorität zu unterwerfen. Ihre klassische Formulierung fanden diese Vorstellungen in den *Six livres de la république* (1577) von Jean Bodin, der als Reaktion auf die staatlichen Auflösungserscheinungen durch die französischen Bürgerkriege die Lehre von der Souveränität des Staates entwickelte und dem Souverän, dem ‹lebenden und beseelten Ebenbild› der Majestät Gottes, eine von Gesetzen unbeschränkte Macht zusprach. Grenzen fand die absolute Herrschaft allerdings im göttlichen Recht und im Naturrecht, vor allem dem auf Eigentum.

Gleichsam eine Handlungsanweisung, wie denn ein Staat aus der Anarchie des Bürgerkriegs herauszuführen und die ständische und religiöse Opposition in Schach zu halten sei, lieferte John Barclay in seinem neulateinischen Roman *Argenis* (1621), der die Theorien Jean Bodins den neuen Herausforderungen nach der Ermordung Heinrichs IV. anpaßte: Der Roman ist König Ludwig XIII. gewidmet, der sich nach seinem Regierungsantritt im Jahr 1617 gegen die schon beinahe traditionellen Herausforderungen durch Adel und Hugenotten durchsetzen mußte. Nur bei der vollkommenen Unterwerfung aller Untertanen und Stände – einschließlich des Adels, der Städte und der Religionsparteien –, erinnert im Roman ein Ratgeber den König, könne dieser seiner Verpflichtung nachkommen, den inneren Frieden zu sichern: «Daß jhr derhalben entweder alle vnter gleichem Gesetze ewerer Majestet zähmen / oder gewarten müsset / daß niemandt im Gehorsam verbleibe.» Im Roman gelingt, was in der politischen Realität Frankreichs noch in der Zukunft lag. Es war sicher weniger die Erzählkunst Barclays, die das Buch zu einem europäischen Erfolg machte, als vielmehr seine politische Aktualität.

In anderen Ländern stand man vor ähnlichen Problemen wie in Frankreich; auch hier sah man die Lösung der krisenhaften Erscheinungen mit ihrer Gefährdung des Staates wie des Einzelnen in einer starken Zentralgewalt. Der niederländische Humanist Justus Lipsius propagierte ein Jahrzehnt nach Bodin angesichts der Religionskriege in den Niederlanden einen zentralisierten, auf Militär und Beamtentum gegründeten Macht- und Wohlfahrtsstaat auf neustoischer Grundlage (*Politicorum sive civilis doctrinae libri sex*, 1589; dt. Übers.: *Von Vnterweisung zum Weltlichen Regiment: Oder / Von Burgerlicher Lehr / Sechs Bücher*, 1599). Angesichts des Egoismus und anderer verderblicher Neigungen des Menschen hat die staatliche Gewalt die Aufgabe, die Leidenschaften zu bändigen und Gehorsam zu erzwingen, um Kriege zu verhindern. Und in England konstruierte Thomas Hobbes unter dem Eindruck des Bürgerkriegs nach verschiedenen Vorarbeiten in seinem *Leviathan* (1651) ein Herrschaftssystem, das den Untertanen Schutz und Sicherheit vor den Gefahren eines gesetzlosen Naturzustandes («bellum omnium contra omnes») um den Preis bedingungsloser Unterwerfung gewähren würde.

In Deutschland waren die Versuche, den verfassungsrechtlichen Status des Deutschen Reichs auf der Grundlage der Souveränitätslehre zu definieren, angesichts der Auseinandersetzungen zwischen dem Kaiser und den Ständen nicht nur von theoretischem Interesse, sondern sie ließen sich leicht für den politischen Kampf instrumentalisieren. Daß schon Jean Bodin das Reich zu einer Aristokratie erklärt und dem Kaiser nur eine repräsentative Funktion zugeschrieben hatte, war eine Interpretation, die sich die antikaiserliche bzw. antihabsburgische Publizistik nicht entgehen ließ (z. B. Bogislav Philipp von Chemnitz [Hippolithus à Lapide]: *Dissertatio de ratione status in imperio nostro Romano-Germanico*, 1640). Auf der anderen Seite argumentierten die prokaiserliche Publizistik und kaisertreue lutherische Staatsrechtler wie Dietrich Reinking auf der Grundlage des römischen Rechts und der Lehre von der *translatio imperii*, daß das Reich eine Monarchie sei und die Souveränität beim Kaiser läge. In der Propaganda ließ sich das in den Vorwurf ummünzen, die Reichsstände kämen der Treuepflicht gegenüber ihrem rechtmäßigen Oberhaupt nicht nach. Andere Autoren wiederum vertraten die Vorstellung, daß die Souveränitätsrechte im Reich gespalten seien, wobei entweder das Übergewicht der monarchischen Elemente oder der aristokratischen betont wurde. In der zweiten Jahrhunderthälfte argumentierte Samuel Pufendorf auf der Basis des Naturrechts und der historischen Erfahrungen letztlich für den absolutistischen Fürstenstaat, auch wenn die Vertragstheorie andere Lösungen möglich machte. Nur in der Gemeinschaft könne der Mensch sich vervollkommnen, und nur der Staat, entstanden durch Verträge, ermögliche als Garant von Ordnung und Frieden den Weg zur sittlichen Vervollkommnung des Menschen. Wie Thomas Hobbes zog Pufendorf aus den Religions- und Bürgerkriegen die Konsequenz, daß allein der souveräne Herrscher in der Lage sei, die für das Gemeinwohl erforderlichen Maßnahmen durchzusetzen. In der deutschen Wirklichkeit nach Ende des Dreißigjährigen Krieges waren das die Territorialfürsten (*De jure naturae et gentium libri VIII*, 1672; *De officio hominis et civis juxta legem naturalem libri II*, 1673).

Die geschichtliche Wirklichkeit blieb weit hinter den Forderungen der Theoretiker der Souveränität und des fürstlichen Absolutismus zurück. Zwar ging der Staat aus den Krisen und Bürgerkriegen des konfessionellen Zeitalters gestärkt hervor, doch konnte von einer völligen Durchdringung der verschiedenen Bereiche des Staatswesens durch die planende und ordnende Kraft der neuen Staatlichkeit keine Rede sein. Abgesehen davon, daß sich die absolute Monarchie nicht in allen europäischen Staaten durchsetzen konnte, sorgten jeweils besondere geschichtliche und gesellschaftliche Bedingungen für höchst unterschiedliche Erscheinungsformen absolutistischer Herrschaft. Das gilt nicht zuletzt für das Deutsche Reich, wo die zentrifugalen Tendenzen die Oberhand gewonnen hatten. Absolutismus in Deutschland konnte nach Ende des Dreißigjährigen Kriegs nur Territorialabsolutismus bedeuten.

Die Territorien verschafften sich durch die Schwächung der zentralen Reichsgewalt neue Befugnisse, schufen neue Verwaltungsstrukturen und schränkten nach Möglichkeit die Rechte der Landstände ein, d. h. Landtage wurden nicht mehr einberufen, willkürliche Steuern erhoben und alte Privilegien aufgehoben. Dieses Vorgehen richtete sich nicht nur gegen den Adel, sondern ebenso gegen die Städte, die die Landesherrn mehr oder weniger gewaltsam zu unterwerfen suchten. Allerdings gab es auch zahlreiche Territorien, in denen die Stände ihren Einfluß bis weit ins 18. Jahrhundert hinein behaupten konnten (u. a. Schleswig-Holstein, Ostfriesland, Hessen-Kassel, Sachsen-Anhalt, Württemberg), wie sich denn auch sonst bei der unübersichtlichen Struktur der größeren Territorien mit ihren zahlreichen halbautonomen geistlichen und weltlichen Gebilden mit Sonderrechten (Städte, kirchliche und adelige Herrschaften, Universitäten usw.) ein striktes absolutistisches Regiment nicht durchsetzen ließ.

4. Staat und Gesellschaft

Die ständische Gesellschaft

Die ständische Gesellschaft des 17. und frühen 18. Jahrhunderts war das Ergebnis eines langen historischen Entwicklungsprozesses und stellte ein komplexes System dar, in dem wenigstens theoretisch jeder Mensch einen festen Platz hatte. Dabei galt die Ungleichheit «im eusserlichen, weltlichen leben» als gottgewollt. Luther sprach in dieser Hinsicht nicht nur für die evangelische Kirche: «Ein Baur füret ein ander leben und Stand denn ein Burger. Ein Fürst ein andern Stand denn ein Edelmann. Da ists alles ungleych unnd soll ungleich bleiben [...]. Das will Gott also haben, der hat die Stend also geordnet unnd geschaffen» (*Hauspostille*, 1544). Allerdings bezeichnen die großen Kategorien – in der Frühen Neuzeit hatte sich die Gliederung in Adel, Bürger, Bauern durchgesetzt – nur den äußeren Rahmen für äußerst differenzierte Abstufungen, über die vor allem beim Adel eifersüchtig gewacht wurde. Insgesamt änderte sich auch durch die Erschütterungen des Dreißigjährigen Kriegs nichts an der altständischen Ordnung. Der Adel konnte trotz krisenhafter Erscheinungen seine Führungsrolle behaupten, und die oligarchischen Herrschafts-strukturen in den Städten blieben ebenso erhalten wie die Verhältnisse auf dem Land und damit, allerdings mit bedeutenden regionalen Unterschieden, die Unfreiheit der Bauern. Nach einer gewissen gesellschaftlichen Dynamik als Folge des Dreißigjährigen Krieges stabilisierten sich die alten Herrschafts- und Sozialstrukturen wieder.

Der Adel gliederte sich, Folge der alten lehnsrechtlichen Abhängigkeiten, in reichsunmittelbaren und landsässigen Adel. Den Hochadel bildeten die Fürsten und Grafen, zum niederen Adel gehörten die Freiherrn und Ritter. Das Recht der Adelsverleihung lag beim Kaiser, war aber für einfache Adelstitel und Wappen bereits delegiert. Vor allem die Briefadelserhebung von akademisch gebildeten Beamten, von Kriegslieferanten und Offizieren sorgte für ständigen Neuzugang im niederen Adel. Auch das Patriziat der freien Reichsstädte und einiger landesfürstlicher Städte wurde zum Adel gerechnet und zog sich vielfach von wirtschaftlicher Betätigung zurück, der es ursprünglich Reichtum und Ansehen verdankte.

Zu den wichtigsten Vorrechten des Adels gehörten neben privilegiertem Gerichtsstand, Jagdrechten und Grundsteuerfreiheit die Ausübung der niederen Gerichtsbarkeit und das Kirchenpatronat. Sein wirtschaftlicher Rückhalt lag in der Herrschaft über Grund und Boden und die Menschen, die ihn bewirtschafteten. Die Unterschiede innerhalb des landbesitzenden Adels waren allerdings beträchtlich. Der Junker, der nur einen kleinen Hof besaß, konnte kaum mit Herrschaften verglichen werden, die Hunderte oder – wie die Fürsten Liechtenstein – Tausende von untertänigen Bauerngütern besaßen. Eine besonders starke Stellung erreichte der Adel im östlichen Deutschland durch die Zerstörung der bäuerlichen Freiheiten. Vor allem im Westen erwies sich das wirtschaftliche Fundament jedoch als brüchig; der Adel geriet in finanzielle Schwierigkeiten, als es infolge des Krieges und des Bevölkerungsrückgangs zu einer Agrarkrise kam und die Erträge kaum noch ausreichten, um wenigstens die Zinsen für die aufgenommenen Kredite zu zahlen. Als Ausweg blieb der Fürstendienst in Militär, Verwaltung und am Hof sowie, für den katholischen Adel, die Versorgung durch die Übernahme kirchlicher Positionen als Bischöfe, Äbte usw.

Einen Anspruch auf einen privilegierten Platz in der Ständehierarchie meldete die humanistische Gelehrtenschicht an. Dieser Anspruch gründete sich auf die in der italienischen Renaissance entstandene Theorie der *nobilitas litteraria*, die davon ausging, daß der echte Gelehrte um seiner Wissenschaft willen dem Adel gleichwertig sei, daß somit den Gelehrten als dem geistigen Adel der Nation die gleichen Privilegien wie dem Geburtsadel zukämen. Der politisch-gesellschaftliche Kontext, die Entstehung des frühneuzeitlichen Staates mit seinem Bedarf an akademisch, d. h. vor allem juristisch ausgebildeten Beamten, begünstigte diese Bestre-

bungen und führte im 16. und frühen 17. Jahrhundert dazu, daß zahlreiche Positionen in der Hof-, Gerichts- und Finanzverwaltung von Gelehrten bürgerlicher Herkunft besetzt wurden. Das war unvermeidlich und
wurde oft auch durch die Nobilitierung honoriert, solange der Adel die
Kompetenzen für die neuen Aufgaben nicht besaß bzw. sich weigerte, in
den Staatsdienst zu treten. Sosehr die Gelehrten nach Gleichberechtigung
mit dem Geburtsadel strebten, so entschieden grenzten sie sich vom ‹Volk›
ab.

Während Hof- und Staatsbeamte, und nach dem Dreißigjährigen Krieg
auch Berufsoffiziere, an gesellschaftlichem Status gewannen, verloren die
Städte und damit das Stadtbürgertum im Rahmen des sich entwickelnden
absolutistischen Territorialstaates an Gewicht. Allerdings konnten große
Städte wie Nürnberg, Leipzig, Breslau oder Hamburg den politischen Be-
deutungsverlust durch ihre wirtschaftlichen und kulturellen Leistungen
ausgleichen, und die Residenzstädte profitierten auch vom Hof als öko-
nomischem Faktor. Dies geschah im Rahmen recht starrer gesellschaftlicher Strukturen, die soziale Mobilität weitgehend ausschlossen, abgesehen von der Phase, in der die starken Kriegsverluste die Chancen zum
gesellschaftlichen Aufstieg erhöhten. Die Stadtherrschaften, in der Hand
des Patriziats oder anderer führender Familien, suchten im Verein mit
einem strengen Kirchenregiment und den auf die Sicherung ihrer Besitz-
stände bedachten Zünften jeglichen gesellschaftlichen Wandel zu verhindern und dem Druck von unten – etwa durch Lohnarbeiter, Gesellen und
die städtische Unterschicht – zu begegnen. Die städtischen Verfassungen
und Verordnungen reglementierten alle Bereiche des städtischen Lebens
im Sinn einer strikten Sozialdisziplinierung. Am unteren Ende der städtischen Hierarchie standen Dienstboten und Tagelöhner, denen noch die
unterständischen Gruppen der unehrlichen Berufe (Scharfrichter, Abdek-
ker u. a.) und der Bettler folgten. Außerhalb dieser hierarchischen Ordnung standen die Juden, die in einigen Städten in Ghettos lebten, häufig
aber aus den Städten in ländliche Nachbarorte abgedrängt wurden. Manche Länder wie z. B. die österreichischen Erblande vertrieben die Juden
aus ihren Territorien.

Die rechtliche Stellung der Bauern war sehr unterschiedlich. In Vorarlberg und Tirol waren die Bauern in Landtagen vertreten, in Franken und
Schwaben gab es noch freie Reichsdörfer, wie denn überhaupt die territoriale Zersplitterung im Südwesten gewisse Freiräume bot. Doch in anderen Gebieten, vor allem im Osten, wurde ihre rechtliche Stellung immer
schwächer und die soziale Lage immer bedrückender. Aufstiegschancen
für die klein- oder unterbäuerliche ländliche Bevölkerung boten sich
durch den Bevölkerungsrückgang nach Ende des Dreißigjährigen Krieges, als zahlreiche freigewordene Bauernstellen wieder zu besetzen waren. Das verminderte zugleich das Konfliktpotential in den dörflichen

Gemeinden. Allerdings nahm der Anteil der klein- und unterbäuerlichen Schicht an der Dorfbevölkerung bald wieder zu, so daß in einigen Gegenden die Bauern schon um 1690 eine Dorfminderheit darstellten. Zu der ländlichen Unterschicht zählten neben den Kleinhausbesitzern besitzlose Tagelöhner und Knechte; Schäfer galten in manchen Gegenden als unehrliche Leute.

Der Hof

In den Territorien, in denen sich die absolutistischen Tendenzen durchsetzten, veränderte sich das Kräfteverhältnis zwischen dem Herrscher und den Ständen zugunsten des Souveräns, ohne daß die ständische Struktur der Gesellschaft angetastet worden wäre. Die führende Rolle des Adels blieb trotz seiner Machteinbuße und der Beteiligung bürgerlichgelehrter Beamter an der Landesverwaltung erhalten. Nur übte er seine Herrschaft nicht mehr kraft des alten Standesrechts mehr oder weniger eigenständig aus, sondern im Dienst und Auftrag des Souveräns. Diese Entwicklung hatte bereits im 16. Jahrhundert begonnen, bis dann im 17. Jahrhundert in zahlreichen Territorien der Dualismus von Territorialfürstentum und Adel endgültig zugunsten der Fürsten aufgehoben wurde. Während neueingerichtete Zentralbehörden im Auftrag des Herrschers die Macht des Fürstenstaates durch die verwaltungsmäßige Durchdringung des Territoriums in die Praxis umsetzten, hatten Hof- und Hoforganisation andere Funktionen. Zum einen suchte der Herrscher den Adel an sich zu binden und durch die Vermehrung von hierarchisch fein abgestuften Funktions- und Ehrenstellen am Hof sich einen Dienstadel zu schaffen, der nicht mehr von seinen Ländereien lebte, sondern abhängig war von fürstlicher Gunst und Besoldung. Dem kam die durch den Dreißigjährigen Krieg verschärfte finanzielle Krise des Adels entgegen. Zum anderen hatten Hof und Hofstaat die Funktion der Repräsentation der fürstlichen Macht nach außen. Christian Wolffs Bestimmung von 1721 gilt auch für das zurückliegende Jahrhundert: «Wenn die Unterthanen die Majestät des Königs erkennen sollen, so müssen sie erkennen, daß bey ihm die höchste Gewalt und Macht sey. Und demnach ist nöthig, daß ein König und Landes-Herr seine Hoff-Staat dergestalt einrichte, damit man daraus seine Macht und Gewalt zuerkennen Anlaß nehmen kan.» (*Vernünfftige Gedancken Von dem Gesellschafftlichen Leben der Menschen Und insonderheit Dem gemeinen Wesen*, 1721)

Der Sinn des Hofzeremoniells lag in der Repräsentation der fürstlichen Macht und der Disziplinierung der höfischen Gesellschaft, d. h. vor allem des Adels. Der Hof als soziales System regulierte das Verhalten, erlegte Zwänge auf, bot Beschäftigungsmöglichkeiten, stellte den Menschen in eine spannungsreiche, auf Rang und Stand eifersüchtig achtende Welt, deren Zentrum der Fürst bildete. Höfische Repräsentation, höfisches Zeremoniell, höfische Feste und Feiern sorgten zudem dafür, daß der soziale Unterschied zur Welt der Untertanen unüberbrückbar wurde. Die Hofkultur des Absolutismus fand ihren sichtbaren Ausdruck in den prachtvollen Schloßanlagen mit ihren stilisierten Gärten, die den Anspruch einer eigenen, von der Umgebung abgetrennten Welt eindrucksvoll dokumentierten. Vorbild für den fürstlichen Hof in Deutschland wurde seit dem Ende des Dreißigjährigen Kriegs immer mehr das französische Modell, wie es sich im Versailles Ludwigs XIV. darbot; allerdings blieb der Einfluß von Wien, der bedeutendsten Hofhaltung im Reich, vor allem in Süddeutschland weiter bestehen. Doch selbst die größeren deutschen Höfe blieben im Vergleich zu den Hofhaltungen in Versailles oder auch Wien eher bescheidene Unternehmungen.

Wie es an den einzelnen Höfen zuzugehen hatte, regelten Hofordnungen. Das Muster der Hoforganisation glich sich in den meisten Territorien, sieht man von den unterschiedlichen Größenverhältnissen ab. An der Spitze standen die obersten Hofämter (Obersthofmeister, Oberstschenk usw.), Hofbeichtväter (kath.) oder Hofprediger (ev.); die Abstufungen gingen über Hofmusik- und Theaterintendanten, Leibärzte, Hofkämmerer, Offiziere der Leib- und Schloßwache, Hofkünstler etc. hinunter bis zu den Pagen. Auch die Gattinnen sowie die Prinzen und Prinzessinnen verfügten über einen kleinen Hofstaat mit Hofdamen oder Erziehern. Zum Hof gehörten ferner die Inhaber von Ehrentiteln wie Kämmerer, Kammerjunker oder Ehrendame sowie die führenden Staatsbeamten. Hinzu kam eine beträchtliche Zahl von Bediensteten für die verschiedenen Bereiche der Hofhaltung.

Der Hof war ein bedeutender ökonomischer Faktor, der nicht nur den zahlreichen Beschäftigten Verdienstmöglichkeiten bot, sondern auch Handel und Gewerbe in den Residenzstädten entscheidend prägte. Wurde das Personal von den Höfen besoldet und versorgt, so erforderte das Leben am Hof für die höheren Chargen, die eigentlichen Höflinge, einen erheblichen Aufwand an eigenen Mitteln. Und je mehr sich die Höfe zu den entscheidenden Machtzentren entwickelten, um so weniger konnte es sich der vermögende landsässige Adel aus Gründen des Prestiges leisten, der Residenz fernzubleiben. Er hielt sich wenigstens in der ‹Saison› in den Residenzstädten auf und unterwarf sich damit auch den sozialen Zwängen des Hofes. Für den kleinen und verarmten Adel dagegen war die besoldete Anstellung am Hof oder in der fürstlichen Verwaltung oft die einzige Möglichkeit, die Existenz zu sichern und am Hofleben teilzunehmen.

Dank der fürstlichen Repräsentationskultur war der Hof ein bedeutender Auftraggeber für die Künste – Architektur, bildende Kunst, Musik, Musiktheater usw. – und für die verschiedenen Formen höfischer Gelegenheitsdichtung. Literarisch ergiebig waren Hof und Hofleben seit jeher allerdings auch in einem anderen Sinn: als Gegenstand der Kritik. In ihr äußert sich bei aller traditionellen Topik (Georg Rodolf Weckherlin: «Wer will daß er bey Hof fort kom / | Der leb als ob er blind / taub / stum») im 17. Jahrhundert auch das Unbehagen an der neuen absolutistischen Hofkultur und der Zerstörung der alten ständischen Lebensformen. Beispielhaft dafür stehen die Epigramme Friedrich von Logaus, eines Hofmanns wider Willen.

Konflikte: Aufstände, soziale Unruhen, Verfolgungen

Die großen kriegerischen Auseinandersetzungen des 17. und 18. Jahrhunderts werden von zahlreichen inneren Konflikten begleitet, von Bauernaufständen, sozialen Unruhen und Verfassungsstreitigkeiten in den Städten, von Judenpogromen und Hexenverfolgungen systematischen und epidemischen Charakters. Die oft regional begrenzten Vorgänge mögen im einzelnen zwar weniger spektakulär sein als die großen machtpolitischen und religiösen Konfrontationen, geben aber unübersehbare Hinweise auf Spannungen innerhalb der scheinbar so wohlgeordneten ständischen Gesellschaft. Dabei bestehen vielfach Zusammenhänge mit den großen epochalen Konflikten.

Das Scheitern des Bauernkriegs von 1524/26 besiegelte das Los der Bauern für die nächsten Jahrhunderte. Doch kam es trotz ihrer Ohnmacht angesichts fortdauernder wirtschaftlicher und religiöser Unterdrückungsmaßnahmen immer wieder zu lokal begrenzten Aufständen, bisweilen zu größeren kriegerischen Auseinandersetzungen. Betroffen waren vor allem Süd- und Südwestdeutschland mit ihren Kleinterritorien. Zahlreiche Aufstände gab es während des Dreißigjährigen Krieges, als zu den ohnehin bedrückenden Lasten noch zerstörerische Kriegseinwirkungen, Kontributionen und Heimsuchungen durch Soldatenbanden hinzukamen. Nicht nur Krieg und Hungersnot, wie 1633/34 in Bayern, führten zur Rebellion, auch die kompromißlose Rekatholisierungspolitik des Salzburger Erzbischofs, der Habsburger und des Bayerischen Kurfürsten lösten bewaffnete Konflikte mit den Bauern aus.

Das Land ob der Enns in Oberösterreich war 1626 Ort eines regelrechten Bauernkrieges. Maximilian I. von Bayern hatte das Gebiet vom Kaiser als Pfand für die aufgewendeten Kriegskosten erhalten und besetzt. Das bayerische Vorgehen – die Beamten preßten das Land aus und betrieben gleichzeitig eine rücksichtslose Rekatholisierungspolitik – löste den Aufstand aus, bei dem die evangelischen Bauern unter ihrem Anführer Stephan Fadinger ein Heer von 40 000 Mann aufbrachten. Sie besiegten in mehreren Begegnungen kaiserliche und bayerische Truppen, scheiterten aber schließlich bei der Belagerung von Linz. Dort fiel auch ihr Anführer.

Erst als der kaiserliche General Gottfried von Pappenheim mit 8000 Soldaten aus Norddeutschland herbeigerufen wurde, gelang es, den Aufstand niederzuschlagen. Es sollen 10 000 Bauern gefallen sein. Das Land wurde weiter ausgebeutet, die Rekatholisierung fortgesetzt. Eine große Auswanderungswelle, vor allem nach Franken, war die Folge. Dabei hatten die Bauern das feudale System und die ständische Gesellschaftsordnung nicht in Frage gestellt und keine sozialrevolutionären Forderungen angemeldet. Sie betrachteten ihren Aufstand als Notwehr gegen land- und religionsfremde Unterdrücker («Von Bayerns Joch und Tyrannei | und seiner großen Schinderei | Mach uns, o lieber Herr Gott, frei!»), als letzte Möglichkeit, sich Gehör zu verschaffen. Ihr Ziel war die Rückkehr zu den früheren Zuständen – Religionsfreiheit, Wiederherstellung der kaiserlichen Oberherrschaft –, doch die selbstbewußte Unterscheidung zwischen Notwehr gegen die unmittelbaren Unterdrücker und grundsätzlicher Bejahung einer rechtmäßigen Obrigkeit konnte nicht mit Verständnis rechnen.

Weitere Unruhen während des Krieges gab es in Österreich, Böhmen, im Breisgau und im Elsaß, daneben einen allgemeinen Kleinkrieg zwischen Bauern und Soldaten. Die Aufstände endeten keineswegs mit dem Dreißigjährigen Krieg. So forderten beispielsweise die böhmischen Bauern 1679/80 die Rückkehr zu den alten Freiheiten und Gerechtigkeiten, was Kaiser Leopold I. 1680 zu dem eher wirkungslosen Appell an die Herren veranlaßte, ihre Untertanen «christ- und mildiglich zu tractiren und mit ihnen also umzugehen und zu gebären, damit sie samt Weib und Kindern auch leben, dem gemeinen Wesen zu Besten erhalten und hierdurch allerseits der göttliche Segen und Landeswohlfahrt erworben und festgestellet werden möge».

Wie im Bauernaufstand im Land ob der Enns ging es auch 1705/06 in Bayern um Widerstand gegen fremde Unterdrücker, als es zum Aufstand der Bauern gegen die österreichische Besatzungspolitik mit Rekrutenaushebungen und Steuereintreibungen kam: Die Aufständischen beriefen sich dabei auf ihren Kurfürsten Max Emanuel, der sich im Spanischen Erbfolgekrieg (1701–14) mit Frankreich gegen Habsburg verbündet hatte und von den Österreichern vertrieben worden war. Die Entscheidung brachte die blutige Niederlage der Bauern in der ‹Sendlinger Mordweihnacht› am 25. Dezember 1705; bis zum Januar 1706 war der Aufstand überall niedergeschlagen.

In den Städten hatten die immer wieder auftretenden Unruhen verschiedene Ursachen. Auslöser waren vor allem konfessionelle Streitigkeiten, wirtschaftliche Krisenerscheinungen wie die sogenannte Kipper- und Wipper-Inflation zu Beginn des Dreißigjährigen Krieges sowie Verfassungskonflikte zwischen der regierenden Oberschicht und den Zünften in den großen Reichsstädten. Das Eskalationspotential derartiger innerstädtischer Konflikte zeigen die Auseinandersetzungen der Jahre 1612–14 zwischen dem vom Patriziat beherrschten Rat und den Zünften in Frankfurt a. M., die schließlich in ein Judenpogrom mündeten. Nach Auseinandersetzungen auch innerhalb der rebellierenden Gruppen kam es bei der Bürgermeisterwahl 1614 zu Gewalttätigkeiten. Der Rat wurde gestürzt und die Judengasse, das Ghetto, von einer aufgehetzten Menge gestürmt und geplündert und die ganze Gemeinde, etwa 2500 Personen, aus der Stadt gejagt. Die Verfolgungen griffen auf Wetzlar und Worms über; auch hier wurden die jüdischen Gemeinden vertrieben. Die Situation der Juden in Frankfurt war – neben den üblichen Schuldzuweisungen bei aktuellen Notlagen – deswegen so prekär, weil sie unter dem Schutz des verhaßten Patriziats und des Rates standen, die sie für Geldgeschäfte brauchten.

Das Pogrom hatte die Verhängung der Reichsacht über den Anführer Vincenz Fedtmilch und andere zur Folge. Der Aufstand brach zusammen; die alten Machtverhältnisse wurden wiederhergestellt. Das Gerichtsverfahren führte zu mehreren Todesurteilen und zahlreichen Haftstrafen. 1616 kehrten die Juden unter dem Schutz kaiserlicher Truppen wieder nach Frankfurt zurück.

Wenn es auch in der frühen Neuzeit nicht mehr zu derart schweren Verfolgungen und Massakern wie im späten Mittelalter kam, blieb die Lage der Juden im Reich weiterhin prekär. Im 16. Jahrhundert wurden sie aus mehreren Territorien ausgewiesen (Bayern, Pfalz, Brandenburg, Braunschweig), 1670 auch aus den österreichischen Erblanden. Daß die Juden von allen ‹normalen› bürgerlichen Berufen ausgeschlossen und auf das Geldgeschäft auf allen Ebenen, von einfachen Pfandgeschäften bis zu Finanzierungen im großen Stil, abgedrängt worden waren, war einerseits der Grund für wachsende Ressentiments in der Bevölkerung, andererseits wurden Juden für zahlreiche Fürsten als Finanziers unentbehrlich. Diese Finanziers stammten in der Regel aus der Oberschicht und waren dank ihrer familiären Beziehungen in ein überregionales Netzwerk eingebunden, das zum Zusammenhalt der verstreuten jüdischen Bevölkerung beitrug.

Während die Judenverfolgungen im 16. und 17. Jahrhundert im Vergleich zum späten Mittelalter nachließen und an Gewalttätigkeit verloren, intensivierte sich die Verfolgung von sogenannten Hexen seit dem letzten Drittel des 16. Jahrhunderts. Obwohl die Hexeninquisition bei geistlichen und weltlichen Fürsten zunächst auf Widerstand stieß, breiteten sich die Prozesse aus und nahmen in der Zeit von 1580 bis 1630 epidemischen Charakter an. Einen furchtbaren Höhepunkt erreichten die Hexenverfolgungen in den Bistümern Bamberg und Würzburg, wo in den zwanziger Jahren des 17. Jahrhunderts weit über 1000 Personen verbrannt wurden. Erst das Eingreifen der Schweden unterbrach diese Verfolgungswelle. Protestantische Fürsten hielten sich jedoch keineswegs abseits, wie etwa der Fall des kunstsinnigen und literarisch tätigen Herzogs Heinrich Julius von Braunschweig zeigt, der bald nach seinem Regierungsantritt 1589 die Juden aus seinem Territorium vertrieb (1591) und in einem Edikt von 1593 seinen Hexenwahn dokumentierte; der Wolfenbütteler Gerichtshof war wegen seiner exzessiven Folterpraxis berüchtigt.

Das Gesetzbuch für die Hexenverfolgung hatten die von Papst Innozenz VIII. bevollmächtigten dominikanischen Inquisitoren Heinrich Institoris und Jakob Sprenger mit dem *Malleus maleficarum* (1487) geliefert, dem berüchtigten *Hexenhammer*, der die einzelnen Punkte des Hexenglaubens zusammenfaßte und zugleich eine praktische Anleitung zum Führen der Prozesse darstellte. Entscheidend für die Prozeßführung war, daß die Anklage durch die Denunziation ersetzt und die Folter zum regulären Mittel der Beweisführung wurde. Der *Hexenhammer* war vom 15. bis 17. Jahrhundert in 29 Auflagen verbreitet; mit dem Anwachsen der Verfolgungen im letzten Viertel des 16. Jahrhunderts erschienen weitere Traktate über das Hexenwesen. Zugleich begann auch die juristische Kodifizierung des ‹Verbrechens› in den Territorialstaaten. Daran beteiligte sich auch der sächsische Jurist Benedikt Carpzov, der seinen Zeitgenossen als unbedingte Autorität galt. Für den Lutheraner war die Hexenjagd die Konsequenz des göttlichen Befehls zur Ausrottung der Zauberer (2. Mos. 22, 18). Gerade in den Jahren der größten Exzesse im 17. Jahrhundert traten jedoch auch die Kritiker der Hexenprozesse an die Öffentlichkeit, die Jesuiten Adam Tanner und Friedrich Spee sowie der Lutheraner Johann Matthäus Meyfart. Aber erst Christian Thomasius gab um 1700 mit einer Reihe von Schriften den Anstoß zur entscheidenden Diskussion über den Hexenglauben und das Prozeßverfahren, die zu Reformen des Verfahrens und schließlich zur Abschaffung der barbarischen Praxis der Hexenverfolgung führte (zur Hexenliteratur s. S. 831 ff.).

Eine überzeugende monokausale Erklärung der Hexenverfolgungen gibt es nicht. Und daß diese wahnhaften Vorstellungen und kriminellen Exzesse gerade auch von den Gebildeten fast ohne Ausnahme hingenommen oder befürwortet wurden, ist nur schwer zu verstehen. Mehrere Faktoren lassen sich anführen, die wohl zu dem gesellschaftlichen und geistigen Klima beigetragen haben, das es möglich machte, daß sich die Hexenverfolgungen im Namen Gottes zu einem Massenphänomen auswachsen konnten. Zum Hintergrund gehört das Weiterleben alter abergläubischer Vorstellungen und magischer bzw. als magisch denunzierter Praktiken, die in einer Epoche konfessioneller Intensivierung des Glaubens und zunehmender staatlicher Regulierung anstößig wirken mußten. Zudem förderten die wirtschaftlichen und politischen Krisen, die konfessionellen Auseinandersetzungen, die fortwährenden Kriege und ein weitverbreitetes Endzeitbewußtsein ein potentiell gefährliches Klima der Unsicherheit und der Angst. Nicht zu übersehen ist auch die persönliche Disposition mancher Herrscher wie Kurfürst Maximilian I. von Bayern mit ihrer Furcht vor Verhexung.

Außerdem ließen sich – und das ist vielfach nachweisbar – die diffusen Ängste instrumentalisieren, etwa als Hebel der Disziplinierung im Machtkampf zwischen den Konfessionen, als Waffe in politischen Auseinandersetzungen in den Städten, für persönliche Abrechnungen oder finanziellen Gewinn. Bereicherung als Motiv war, begünstigt durch das Denunziationsverfahren, kein Einzelfall. Für Denunziationen gab es Belohnungen, und von der Konfiszierung des Vermögens der Beschuldigten profitierten Denunziant, Gericht und Gerichtsherr; wer einmal angeklagt worden war, hatte in der Regel keine Chance mehr. Als besonders skrupellos erwies sich das Vorgehen des Grafen von Hohenems in der Grafschaft Vaduz in den Jahren 1648–51, der Hexenverfolgungen anstiftete, um mit dem konfiszierten Vermögen der Betroffenen seine Schulden zu bezahlen. Etwa ein Zehntel der Bevölkerung der Grafschaft kam ums Leben. Insgesamt gingen die epidemischen Verfolgungen nach Ende des Dreißigjährigen Krieges zurück, wenn es auch immer wieder zu lokal begrenzten Exzessen kam.

Daß die meisten Opfer Frauen waren, verweist auf einen weiteren Aspekt der Hexenverfolgungen und ihre tiefer liegenden Motivationen. Zwar wurde auch Männern der Prozeß gemacht, doch schien es sich in den Augen der Zeitgenossen um ein Verbrechen zu handeln, für das Frauen besonders anfällig waren: «Also schlecht ist das Weib von Natur, da es schneller am Glauben zweifelt, auch schneller den Glauben ableugnet, was die Grundlage für die Hexerei ist», heißt es im *Hexenhammer*, der sich bei derartigen Aussagen auf das Frauenbild der mittelalterlichen Kirche und Theologie berufen konnte, das auf einigen Bibelstellen und entsprechenden Kommentaren der Kirchenväter basiert und mit seinem frauenfeindlichen Tenor konfessionsübergreifend bis weit in die Neuzeit hinein wirkte.

II. LITERARISCHES LEBEN

1. Literaturlandschaften und städtische Zentren

Die territoriale Zersplitterung und konfessionelle Spaltung des Deutschen Reiches hatte tiefgreifende Konsequenzen für die Literatur. Mit der Reformation und Luthers Bibelübersetzung hatte ein Prozeß eingesetzt, der zu einer weitgehend getrennten Sprach- und Literaturentwicklung in den protestantischen und katholischen Territorien führte. Mit der Sprach- und Literaturreform in der ersten Hälfte des 17. Jahrhunderts wurde dann die sprachliche und literarische Teilung Deutschlands für mehr als ein Jahrhundert besiegelt, denn die katholischen Territorien Süd- und Westdeutschlands bzw. ihre Autoren verschlossen sich weitgehend diesem protestantisch dominierten Unternehmen. Dabei setzten sie auf eine Doppelstrategie. Im Gegensatz zu den protestantischen Literaturreformern, die bei grundsätzlicher Zweisprachigkeit das Lateinische allmählich in den Hintergrund drängten, hielten die katholischen Autoren am Vorrang des Lateinischen für den Diskurs unter den Gebildeten fest und knüpften zugleich im Einklang mit ihrem missionarischen Auftrag an die Tradition einer nichtelitären Literatur für alle, Gebildete und Ungebildete, in der Volkssprache an. Sie verweigerten sich, von einigen Autoren abgesehen, den Normierungstendenzen der Opitzianer und der Sprachgesellschaften. So entfaltete sich auf der einen Seite eine der europäischen katholischen Tradition verpflichtete neulateinische Produktion, auf der anderen entstand, im Dienst der katholischen Reform wie katholischer Fürsten, eine umfangreiche Literatur in «der in disen Landen vblichen Sprach» (Albert Curtz) vorwiegend religiösen Charakters.

Für die protestantische Seite war dieses Beharren auf den ‹oberdeutschen› Sprach- und Literaturformen befremdlich, unverständlich und in poetischer Hinsicht indiskutabel, während man die Leistungen katholischer Neulateiner durchaus anerkannte. Schließlich kamen auch die protestantischen gelehrten Autoren wie ihre katholischen Kollegen aus der neulateinischen humanistischen Bildungstradition. Die Gegensätze betrafen die Einschätzung der Dichtung in deutscher Sprache. Während die protestantischen Reformer das Deutsche als nationalhumanistische Literatursprache zu etablieren suchten, hielten Dichter wie Jacob Balde an der Überlegenheit des Lateinischen als Medium humanistischer Kunstdichtung fest und warnten vor der Überschätzung deutschsprachiger Dichtung. Diesen Gegensatz zwischen katholischer lateinischer Tradition und protestantischer nationalsprachlicher Literaturprogrammatik thematisierte Johann Klaj in einer Auseinandersetzung mit einer Ode Jacob Baldes auf anschauliche Weise.

Es handelt sich um die Ode *Ad Valerium Adonem Laurentii Adonis Fr. Musae Cingarae. Sive artium & scientiarum de regno in regnum migratio* (Silvae V, 19), die von der Wanderung der von den Türken vertriebenen Musen nach Westen und Norden handelt und in einen Preis der Wissenschaften und Künste in den Niederlanden und in Deutschland mündet. Klajs Version, im sechsten Teil von Harsdörffers *Gesprächspielen* (1646) gedruckt, trägt den Titel *Die Zigeunerische Kunstgöttinnen / oder Der freyen Künste und Wissenschaften Reisefahrt aus eim Königreiche in das ander.* Sie erweitert den lateinischen Text nicht nur, sondern biegt ihn am Schluß auch um: Wo Balde mit Hugo Grotius und Matthias Casimir Sarbiewski (Sarbievius) Neulateiner als Zeugen für die Blüte der modernen Literatur nennt, setzt sich Klaj nach einer Aufzählung neulateinischer Dichter und Gelehrter mit nationalliterarischer Emphase von der lateinischen Tradition ab: «die Teutschgelehrte Schaar | Spricht: Römer komm / komm Griech / Wir wollen eines wagen / | Was du kanst / kan ich auch / Ich kan dich schlagen / jagen. | Gib mir die Palmen her / was ich kan / kanst du nicht / | Der Worte Zierlichkeit / die Reimart dir gebricht. | Herr Harßdorf fahre fort / mit andern Teutschen Helden [...].»

Die protestantische Abwertung der ‹oberdeutschen› Literatur, wie sie etwa der Kieler Polyhistor Daniel Georg Morhof oder auch Leibniz vertraten, bereitete die Ausgrenzung der deutschsprachigen Literatur der katholischen Territorien durch die spätere Literaturgeschichtsschreibung vor, die meist teleologisch auf das Ziel einer einheitlichen deutschen Schriftsprache und Nationalliteratur ausgerichtet war. Die Literaturpolitik in den katholischen Territorien und Städten des Reiches förderte diese Abgrenzung ihrerseits nicht zuletzt aus politisch-konfessionellen Gründen. Die Behörden betrieben zum einen eine strenge Zensurpolitik und behinderten oder verboten die Einfuhr protestantischer Erzeugnisse, zum anderen unterstützten sie die Gründung von Druckereien in den katholischen Zentren, ermöglichten dazu durch andere Mittel, etwa Stiftungen, die Verteilung katholischer Literatur an weite Kreise der Bevölkerung. Zu den bedeutendsten katholischen Druckorten im Reich zählten Ingolstadt, Sitz einer hochangesehenen Jesuitenuniversität, und Köln, das sich bereits seit dem ausgehenden 16. Jahrhundert zu einem europäischen Zentrum für den Druck und Vertrieb gegenreformatorischer Literatur entwickelt hatte. In allen wichtigen katholischen Universitäts- und Residenzstädten des Reichs von München bis Wien, um nur einige zu nennen, entstanden Druck- und Verlagshäuser, die nicht nur den lokalen Bedarf befriedigten, sondern vielfach überregionale Bedeutung erlangten. In München kam als Besonderheit die von den Jesuiten gegründete Stiftung Güldenes Almosen hinzu, die mit ihren Erträgen seit 1614 die kostenlose Verteilung katholischer «Geistlicher Büchlein» finanzierte und Filialen an einer Reihe von Jesuitenkollegien unterhielt (Dillingen, Ingolstadt, Konstanz, Luzern, Würzburg, Köln, Graz, Wien). Dagegen war der schreibende protestantische Landadel Österreichs in der Regel auf Verlage in Städten außerhalb des habsburgischen Herrschaftsbereichs angewiesen, etwa auf die freien Reichsstädte Regensburg und Nürnberg.

Im Kontext der erbitterten konfessionellen Auseinandersetzungen war das kleine Herzogtum Pfalz-Sulzbach in der Oberpfalz ein Ausnahmefall. Hier war es dem ursprünglich protestantischen, dann aus politischen Gründen zum Katholizismus übergetretenen Herzog Christian August gelungen, ein ungewöhnliches Toleranzmodell zu verwirklichen. 1652 führten die ungeklärten religiösen Verhältnisse zu einem Vertrag (Simultaneum), der Protestanten und Katholiken gleiche Rechte zuerkannte. Außerdem förderte der vielseitig interessierte Herzog die Gründung einer jüdischen Gemeinde in Sulzbach und erteilte jüdischen Buchdruckern Privilegien zur Errichtung von Druckereien. Das erste hebräische Buch wurde 1669 in Sulzbach gedruckt.

Auch wenn sich in den protestantischen Territorien bis zur Mitte des 17. Jahrhunderts die Sprach- und Literaturreform und das Konzept einer humanistischen Kunstdichtung in deutscher Sprache durchgesetzt hatte, blieben hier ebenfalls regionale Unterschiede auf Grund älterer Traditionen und sprachlicher Besonderheiten bestehen. Bemerkenswert ist, daß sich der kritische Blick von Norden nach Süden nicht allein auf die katholischen «Bayern / Tyroler und Oesterreicher» richtet – «ihre Sprache und Mundart ist unfreundlich / deßhalben die Tichterey frembde und unlieblich» –, sondern sprachliche Vorbehalte auch manche der süddeutschen protestantischen Autoren betreffen. In ihrer Sprache erkennt der Kieler Polyhistor und klassizistische Opitzianer Daniel Georg Morhof Elemente, die dem Lutherdeutsch und den Normierungstendenzen von Opitz widersprechen: «Harsdörffer / Sig. von Bircken / Klai / haben viel Dinge / so wohl in gebundener / als loßer Rede geschrieben / denen es nicht an Geist / Erfindung / sinnreicher Außbildung fehlet. Aber es ist doch etwas frembdes darbey / daß in den Ohren der Schlesier und Meißner nicht wohl klinget. Sie gebrauchen gewisse Freyheiten in Versetzungen und Beschneidungen der Wörter / Fügung der Rede / und in dem numero, welches denn etwas unlieblich lautet», heißt es in seinem *Unterricht Von Der Teutschen Sprache und Poesie* (1682, ²1700).

Für den aus dem niederdeutschen Sprachgebiet stammenden Morhof repräsentierten die Literatur Schlesiens mit Martin Opitz an der Spitze sowie die durch die Lutherbibel gleichsam geadelten Sprachformen Mitteldeutschlands den verbindlichen literarischen und sprachlichen Standard. Und zweifellos hatten sich Schlesien und Sachsen im 17. Jahrhundert zu den literarisch und kulturell führenden Landschaften entwickelt, von denen entscheidende Impulse auf andere, auch abgelegene Regionen im Norden und Nordosten des deutschen Sprachgebiets ausgingen, während andererseits gerade im Südwesten alte Kulturlandschaften an Bedeutung verloren. Das gilt vor allem für das Elsaß und den Oberrhein und ihre ausgeprägte Stadtkultur von Straßburg bis Basel. Hier sorgten eine lebendige Satiretradition und ‹nationale› Tendenzen in Literatur und Publizistik auf der einen, eine rege Rezeption französischer Literatur durch Drucker in Straßburg, Basel und Mömpelgart (Montbéliard) auf der anderen Seite für ein spannungsvolles, fruchtbares kulturelles Klima. Außerdem hatte sich die Straßburger Akademie, seit 1621 Universität, durch ihre Theaterproduktionen noch in den Anfangsjahren des Dreißigjährigen Krieges und durch Professoren wie den Historiker und Philologen Matthias Bernegger, u. a. Lehrer Moscheroschs, einen Namen gemacht. Zur Physiognomie Straßburgs in dieser Zeit gehört aber auch das Wirken des Theologen Johann Schmidt, der als Kirchenpräsident – später auch mit Unterstützung Moscheroschs als «Frevelvogt» – ein strenges Sittenregiment durchsetzte, das auf Widerstand der Flüchtlinge in der Stadt (Adel und Bauern) stieß und zum Konflikt mit dem humanistisch-liberalen Bernegger führte. Auch die religiös-didaktische Akzentuierung von Jesaias Rompler von Löwenhalts Aufrichtiger Gesellschaft von der Tannen (1633) verweist auf das von Schmidt geprägte Klima der Stadt. Romplers eigene Dichtung bewahrt ganz bewußt regionale sprachliche Besonderheiten und hält Distanz zum höfischen Elegantia-Ideal der neuen Kunstdichtung.

Die reservierte Haltung gegenüber Opitz und der Fruchtbringenden Gesellschaft zusammen mit der Betonung des Regionalen zeigt sich auch in der Vorrede seiner Gedichtsammlung (*Des Jesaias Romplers von Löwenhalt erstes gebüsch seiner Reim-getichte*, 1647). Rompler kommt, wie seit Opitz üblich, auf den Rückstand der deutschen Dichtung im Vergleich zu den europäischen Renaissanceliteraturen zu sprechen und verweist, verbunden mit einem Seitenhieb auf Opitz, auf die ersten Anzeichen einer Neubesinnung am «Haidelbergischen hof und anderstwo», ohne daß diese Arbeiten gedruckt worden seien, bis dann «Georg Rodolf Weckherlin [...] ein groses stuk amm eiß gebrochen / als er imm 1618.ten jar die 2. bücher seiner Oden und gesänge zu Stutgarten ausgehen lassen; derer lesung nachmals dem Martin Opitzen / zur nachfolge / gar wol bekommen».

In der kurpfälzischen Residenz Heidelberg, um die Jahrhundertwende politisches und kulturelles Zentrum des deutschen Calvinismus mit engen Verbindungen zu England, Frankreich und den Niederlanden, hatten bereits in den letzten Jahrzehnten des 16. Jahrhunderts Paulus Melissus Schede und Petrus Denaisius aus dem Kreis um den Späthumanisten Georg Michael Lingelsheim durch den Anschluß an die Dichtung der Pléiade mit ihrem Werk in lateinischer, aber auch deutscher Sprache den deutschen Provinzialismus durchbrochen, während dann Tobias Hübner

1613 mit seinen dichterischen Beiträgen zur Festkultur am Heidelberger
Hof unmittelbar den späteren literarischen Reformen vorarbeitete. Lingelsheim, als Mitglied des Oberrats einer der führenden pfälzischen Politiker, förderte auch jüngere Dichter wie Balthasar Venator und Julius Wilhelm Zincgref, zu denen 1619 Martin Opitz stieß. Schlesische Gönner
hatten ihn Lingelsheim und dem Bibliothekar und späthumanistischen
Gelehrten und Dichter Janus Gruter empfohlen. Lingelsheim nahm ihn
als Erzieher in sein Haus auf. Dichtungen aus diesem Kreis veröffentlichte
Zincgref im Anhang seiner Opitz-Ausgabe (*Teutsche Poemata* [...] *Sampt
einem anhang Mehr auserleßener geticht anderer Teutscher Poeten*, 1624).

Diese Ansätze einer kulturellen Erneuerung in Heidelberg im Umkreis
der Universität und des Hofes sowie am Stuttgarter Hof durch Georg
Rodolf Weckherlin – und damit allerdings in einem Rompler eher fernen
höfisch-repräsentativen Geist – wurden schon in der Anfangsphase des
Dreißigjährigen Krieges durch das katastrophale Scheitern der calvinistischen pfälzisch-böhmischen Initiative und die Exilierung sowohl des
Heidelberger wie des Stuttgarter Hofes erstickt. Mit dem Westfälischen
Frieden und der folgenden französischen Expansionspolitik im Elsaß, die
schließlich auch zur Annexion Straßburgs führte, verlor die oberrheinische Stadtkultur weiter an überregionaler Bedeutung.

Während Basel durch seine Universität, sein Verlagswesen und seine
Offenheit gegenüber den neuen Entwicklungen der volkssprachlichen Literatur seine kulturelle Bedeutung für den deutschen Südwesten behielt,
blieb die Beziehung der übrigen Schweiz zum literarischen Leben in
Deutschland eher locker. Hinderlich war neben sprachlichen Barrieren
und der reformierten Theater- und Literaturfeindlichkeit auch die Orientierung der Oberschicht an der französischen Literatur. Erst relativ spät
schlossen sich protestantische Schweizer Autoren wie der Lyriker Johann
Wilhelm Simler, der Epigrammatiker Johannes Grob und der Dramatiker
Josua Wetter an die deutsche Literaturreform an. Während in Genf oder
Zürich striktes Theaterverbot herrschte, blieben in anderen protestantischen Städten wie Bern, Basel und St. Gallen – hier als Konkurrenz der
reformierten Stadt zum Fürstabt – Schultheater und andere öffentliche
Aufführungen jedenfalls in einem beschränkten Umfang möglich. Dagegen gab es in der katholischen Schweiz ein vielfältiges Theaterleben in den
größeren Städten, aber auch auf dem Land: durch das Schultheater der
Jesuiten und Benediktiner, durch prunkvolle Spiele zu Heiligenfesten und
anderen Gelegenheiten sowie – und damit im Einklang mit der patriotischen Dramatik des Protestanten Josua Wetter – durch die Aufführung
von Stücken in republikanischem Geist (Johann Caspar Weissenbach).
Daß die Gattung des Romans hier generell ohne Bedeutung blieb, hat
wohl ebenfalls religiöse bzw. konfessionelle Ursachen. Gotthard Heidegger lieferte gegen Ende des Jahrhunderts die Begründung aus reformierter

Sicht in seiner romanfeindlichen *Mythoscopia Romantica: oder Discours Von den so benanten Romans* (1698) nach. Zu einem bedeutenden Faktor der deutschen Literatur- und Geistesgeschichte wurde die Schweiz erst im 18. Jahrhundert durch die Entwicklung Zürichs zu einem Zentrum der literarischen Aufklärung.

Der Aufstieg Schlesiens zur führenden deutschen Literaturlandschaft des 17. Jahrhunderts geschah unter schwierigen politischen und konfessionellen Bedingungen. Das aus mehreren Erbfürstentümern zusammengesetzte Land mit einer gemischt deutsch-polnischen Bevölkerung unterstand der Oberhoheit der böhmischen Krone und damit, da Böhmen 1526 an Habsburg gegangen war, dem Kaiser, der gegen den Widerstand der Stände und Städte die Zentralgewalt zu stärken suchte und zugleich im Zug der Gegenreformation die Rekatholisierung betrieb. Die konfessionelle Lage war kompliziert. Oberschlesien war nach dem Tod des letzten oberschlesischen Piastenfürsten bereits im 16. Jahrhundert an Böhmen gefallen und überwiegend katholisch geblieben, während sich in Niederschlesien unter dem Einfluß Breslaus, der größten und reichsten Stadt des Landes, und der Fürstentümer Liegnitz, Brieg und Wohlau weitgehend die Reformation durchsetzte; in den Teilfürstentümern hatten die Piastenherzöge ihre Privilegien gegenüber dem böhmischen Landesherrn bewahren können. Seit der zweiten Hälfte des 16. Jahrhunderts gewann auch das reformierte Bekenntnis Anhänger, zunächst unter den Gelehrten und dem Landadel, dann zu Beginn des 17. Jahrhunderts auch unter den Fürsten, z. B. den Piastenfürsten von Brieg und Liegnitz. Die Bevölkerung blieb allerdings weitgehend lutherisch. Die komplexe schlesische Situation bot zugleich einen gewissen Freiraum für andere, insbesondere spiritualistische religiöse Strömungen innerhalb des Protestantismus, für Täufer, Mährische Brüder, Paracelsisten, Vertreter des ‹linken Flügels der Reformation› wie Caspar von Schwenckfeld oder Valentin Weigel.

Wenn die konfessionelle und politische Konkurrenzsituation unorthodoxe Gedanken ermöglichte und die Spannung zwischen Anpassung und Widerstand produktiv machte, so sorgten traditionelle Bildungsinstitutionen dafür, die Voraussetzungen für die humanistisch geprägte Literaturpraxis zu schaffen. Schlesien besaß zwar keine Universität, aber der Humanismus hatte früh Fuß gefaßt, und nach der Reformation entwickelten sich die protestantischen Gymnasien u. a. in Brieg, Breslau (Elisabethgymnasium), Görlitz und Oels zu bedeutenden Bildungsanstalten, eine Entwicklung, die sich im 17. Jahrhundert mit Neugründungen wie dem Magdalenengymnasium in Breslau und dem berühmten Akademischen Gymnasium in Beuthen fortsetzte, einer Gründung des dem Calvinismus nahestehenden Georg von Schönaich. In dieser universitätsähnlichen modernen Institution, die ihre Schüler im Geist der Toleranz auf die politische Praxis im frühmodernen Staat vorbereitete, empfing Martin

Opitz von seinem Lehrer Caspar Dornau wichtige Anregungen im Hinblick auf die muttersprachliche Bildung. Auch als die protestantischen Stände und Städte zunehmend unter Druck gerieten und die habsburgischen Rekatholisierungsmaßnahmen an Radikalität zunahmen, behauptete sich der hohe Rang dieser Gymnasien, die zudem durch ihre Theateraufführungen eine bedeutende Rolle im literarischen Leben Schlesiens spielten.

Sachsen, seit der lutherischen Reformation das kulturelle Zentrum Mitteldeutschlands, besaß mit seinen zahlreichen Gelehrtenschulen in den Städten, den Universitäten in Wittenberg und Leipzig, dem Buchhandel und Verlagswesen sowie dem kurfürstlichen Hof in Dresden alle Voraussetzungen für eine kulturelle Führungsrolle unter den protestantischen Territorien des Reichs. Das von Schlesien (und Heidelberg) ausgehende literarische und kulturelle Reformprogramm fand hier früh Anhänger. Wittenberg war nicht nur gesuchter Studienort für angehende lutherische Theologen aus allen protestantischen Regionen des Reichs, sondern besaß mit Augustus Buchner einen weithin angesehenen Protagonisten der Opitzschen Reform, der einen tiefgreifenden Einfluß auf eine ganze Generation von protestantischen Dichtern ausübte. Die von Wittenberg und Leipzig seit den dreißiger Jahren ausgehenden literarischen Impulse fanden zunächst auch am Hof in Dresden Resonanz; im Rahmen der prunkvollen Festkultur während der Regierungszeit Friedrich Augusts I. (1694–1733) allerdings besaß die Literatur, abgesehen von Huldigungspoesie und höfisch-festlichen Genres, einen eher geringen Stellenwert.

Ungeachtet der These vom generellen Niedergang der Städte seit der zweiten Hälfte des 16. Jahrhunderts blieben die Städte im 17. Jahrhundert noch lange die wichtigsten literarischen Zentren. Die frühen Ansätze einer höfischen Renaissancekultur u. a. in Heidelberg und Stuttgart waren im Krieg untergegangen, und Kaiser Rudolfs II. konfessionsübergreifender Zirkel von Gelehrten, Künstlern und Dichtern am Prager Hof zerbrach mit dem Tod des Kaisers. Erst in der zweiten Jahrhunderthälfte konnten sich nach der Überwindung der Kriegsfolgen einige der größeren Residenzen zu höfisch-repräsentativen Kulturzentren entwickeln. Wenn bereits vorher in Wolfenbüttel eine Art Musenhof ohne kostspielige Selbstdarstellung entstanden war, so lag das an den genuinen literarischen, künstlerischen und gelehrten Interessen seiner Fürsten und Fürstinnen.

Von diesem Ausnahmefall abgesehen behaupteten die Städte, nicht zuletzt die freien Reichsstädte, eine führende Rolle im literarischen Leben: in der ersten Hälfte des 17. Jahrhunderts noch Straßburg, dann Breslau, Leipzig, Hamburg, Danzig, Königsberg, Nürnberg, um nur einige der städtischen Zentren der ‹modernen› protestantischen Literatur zu nennen. Hier entstanden literarische Gesellschaften oder Zirkel, wurden literarische oder religiöse Kontroversen ausgetragen, spielten Gymnasiasten und Truppen der Wanderbühne Theater, gab es Operngastspiele (wenn nicht gar wie in Hamburg im letzten Viertel des 17. Jahrhunderts einen regelrechten bürgerlichen Opernbetrieb), arbeiteten die großen Druck- und Verlagshäuser mit ihren Redakteuren, Kompilatoren und Buchkünstlern. Zugleich fand durch Briefwechsel, akademische *peregrinatio*, Stellenbesetzungen oder Reisen ein intensiver, fruchtbarer Austausch zwischen den Städten und Regionen statt. Auch in den kleineren Städten bildeten die Angehörigen der ‹gelehrten› Oberschicht – Juristen, Ärzte, Universitäts- und Gymnasialprofessoren, Geistliche usw. – eine *republica litteraria*, zu deren gesellschaftlicher Praxis nicht anders wie in den größeren Städten der rege Austausch von Gelegenheitsdichtungen und Gelegenheitsschriften zu allen möglichen persönlichen, gesellschaftlichen oder akademischen Anlässen in lateinischer und deutscher Sprache gehörte.

2. Sprachgesellschaften

Die deutschen Sprachgesellschaften sind im wesentlichen ein Phänomen des 17. Jahrhunderts. Sie entstanden aus der Einsicht, daß Deutschland in seiner sprachlichen, literarischen und kulturellen Entwicklung den Anschluß an die weiter fortgeschrittenen süd- und westeuropäischen Länder verloren hatte. Dazu kam das Gefühl der politischen Ohnmacht, das durch die Katastrophe des Dreißigjährigen Krieges noch verstärkt wurde und nach einer Kompensation wenigstens auf literarisch-kulturellem Gebiet zu verlangen schien. Die von den Gesellschaften programmatisch geforderte ‹Spracharbeit› grammatischer, lexikalischer und literarischer Art zielte auf eine Steigerung der Ausdrucksmöglichkeiten der deutschen Sprache und Literatur, um den Standard der europäischen Renaissanceliteraturen zu erreichen und tendenziell zu übertreffen; dabei bildeten Übersetzungen der im literarischen wie kulturellen Sinn stilbildenden Vorbilder notwendigerweise den Ausgangspunkt. Sprachpurismus spielte dabei nur eine Nebenrolle, aber angesichts der aktuellen Situation waren der Appell, sich der Bedeutung der deutschen Sprache bewußt zu werden, und der Kampf gegen die ‹Sprachmengerei› und das sogenannte Alamode-Wesen logische Bestandteile des Reformkonzepts: Man ging von einem engen Zusammenhang zwischen dem Zustand der Sprache und der moralischen Verfassung eines Volkes aus.

Die Pflege der deutschen Sprache, Spracharbeit in der Terminologie des 17. Jahrhunderts, besaß so den Charakter eines nationalen Tugendprogramms. Der Jurist und Philologe Justus Georg Schottelius verweist ausdrücklich auf diesen Zusammenhang von sprachlichem, kulturellem und politischem Niedergang, ja selbst der Dreißigjährige Krieg erscheint als

Folge des Abfalls der Deutschen von ihren alten Tugenden und ihrer alten Heldensprache: «weil Sprache und Sitten annoch bey uns unbeflekket waren / hatten wir Teutschen guten Frieden / weil man aber die Sprache und Sitten verfrömdet und verkehret / hat GOtt auch das Wolergehen des Teutschlandes rechtschaffen durchfrömdet und verkehret», heißt es in seiner monumentalen *Ausführlichen Arbeit Von der Teutschen Haubt-Sprache* (1663).

Die deutschen Sprachgesellschaften folgten dem Beispiel der italienischen Akademien, die seit dem 15. Jahrhundert in den Städten entstanden waren und dem geselligen literarischen Verkehr und der Pflege der Sprache dienten. Bedeutendstes Resultat dieser Arbeit an der Sprache ist das Wörterbuch der 1582 in Florenz gegründeten Accademia della Crusca (*Vocabulario degli Accademii della Crusca*, 1612). Diese Akademie wurde zum unmittelbaren Vorbild für die Fruchtbringende Gesellschaft, der ersten deutschen Vereinigung dieser Art. Fürst Ludwig zu Anhalt-Köthen, der ihr bis zu seinem Tod 1650 vorstand, war 1600 auf seiner Kavaliertour in die Accademia della Crusca aufgenommen worden. Einer späteren Darstellung zufolge beschlossen Angehörige der Fürstenhäuser Sachsen-Weimar und Anhalt-Köthen die Gründung der Fruchtbringenden Gesellschaft 1617 nach einem fürstlichen Begräbnis in Weimar. Dabei spielten wohl neben den sprachlich-patriotischen politische Erwägungen eine gewisse Rolle: Das Bündnis zwischen einem lutherischen und einem calvinistischen Fürstenhaus (Sachsen-Weimar und Anhalt-Köthen) war auch Aufruf, die konfessionellen Grenzen im Geist nationaler (protestantischer) Einheit zu überwinden, um sich so, geeint durch überkonfessionelle kulturelle Wertvorstellungen, der katholisch-kaiserlichen Übermacht entgegenstellen zu können. Mit der ersten Programmschrift von 1622 ist die Fruchtbringende Gesellschaft als höfisch-adelige Institution greifbar.

Sieht man von den adeligen Frauengesellschaften im Umkreis der Fruchtbringenden Gesellschaft ab, so war die 1633 gegründete Aufrichtige Tannengesellschaft um Jesaias Rompler von Löwenhalt in Straßburg die zweite deutsche Sprachgesellschaft. Sie stellte in gewisser Weise einen Gegenentwurf zur höfisch-adeligen Fruchtbringenden Gesellschaft dar und knüpfte an stadtbürgerliche Traditionen an. Rompler hielt Distanz zu Martin Opitz und verband patriotische Spracharbeit und aktuelle Zeitkritik mit der Propagierung der alten deutschen Tugenden und christlicher Frömmigkeit. Die ethischen Zielsetzungen reflektieren wohl auch die Straßburger Krisensituation zur Zeit der Gründung der Gesellschaft; in politischer Hinsicht zeigt die Gesellschaft ein dezidiertes Eintreten für die protestantische Sache im Dreißigjährigen Krieg.

Auch Rompler verweist auf die italienischen Akademien als Vorbild und nennt als «vorsatz und absehen» der Gesellschaft, «alter Teütscher aufrichtigkeit / und rainer erbauung unserer währten Muter-sprách sich zubefleissen». Den Zweck erreiche man am besten, wenn man nur wenige Mitglieder aufnehme («keine untüchtige gesellen»), denn: «Soll gut honig gemacht werden / so müsen nicht weftzen / premen / hummelen / und horneisen in den bienenkorb kommen», schreibt er im *Ersten gebüsch seiner Reim-getichte* (1647). In der Tat sind nur wenige Mitglieder bekannt, meist durch ihre gemeinsame Studienzeit an der Universität verbunden, darunter Johann Matthias Schneuber, Verfasser zahlreicher meist anlaßgebundener lateinischer und deutscher Gedichte (*Gedichte*, 1644; *Teütscher gedichten Anderer Theyl*, 1656), und der Historiker Johannes Freinsheim, der u. a. ein panegyrisches Epos auf den Feldherrn Bernhard von Weimar schrieb: *Teutscher Tugentspiegel Oder Gesang von dem Stammen und Thaten deß Alten und Newen Teutschen Hercules* (1634). In den Umkreis der offenbar nicht besonders ausgeprägt strukturierten Gesellschaft gehören Autoren wie der Satiriker Johann Michael Moscherosch, der von ihm beeinflußte Johann Heinrich Schill, Verfasser einer gegen das Alamode-Wesen gerichteten Schrift über die deutsche Sprache (*Der Teutschen Sprach Ehren-Krantz*, 1644) und der Gymnasiallehrer Samuel Gloner, der neben zahlreichen lateinischen und deutschen Casualcarmina – darunter Trauergedichte auf Bernhard von Sachsen-Weimar und König Gustav Adolf – eine Reihe von epischen und emblematischen Bibeldichtungen verfaßte. Philipp von Zesen schreibt 1669 gleichsam einen Nachruf auf die Straßburger Gesellschaft, «welche aus den fürtreflichsten Männern zu unserer Zeit entstanden; aber unter ihnen allein geblieben / und nicht weiter fortgesetzt worden» sei (*Das Hochdeutsche Helikonische Rosentahl*, 1669).

Zesen hatte Rompler 1643 in Paris kennengelernt – die Begegnung mit «Wahrmund von der Tannen» erwähnt sein Roman *Die Adriatische Rosemund* (1645) – und dabei wohl auch Anregungen für die Programmatik seiner eigenen, um 1643 gegründeten Deutschgesinnten Genossenschaft empfangen. Unter dem Namen «der Freie» wurde Rompler als 16. Mitglied in Zesens Gesellschaft aufgenommen, die bis zum Anfang des 18. Jahrhunderts bestand und deren insgesamt mehr als 200 Mitglieder in mehreren ‹Zünften› mit Blumensymbolik organisiert waren (Rosenzunft, Lilienzunft, Nägleinzunft, Rautenzunft). Mit Rompler teilt Zesen den starken nationalen Impuls der Spracharbeit, aber auch die starke ethische und religiöse Fundierung. Hinzu kommt bei Zesen im Zusammenhang mit der Formulierung der ethischen Ziele eine auffällige Betonung der Liebe, der christlichen Nächstenliebe; ihre Umsetzung in die gesellschaftliche Praxis sowohl im persönlichen Umgang der Deutschgesinnten untereinander als auch in größeren gesellschaftlichen Zusammenhängen gehört zu den zentralen Forderungen der Gesellschaft.

Wie Zesens Deutschgesinnte Genossenschaft nahm auch der Nürnberger Pegnesische Blumenorden Frauen auf. Seine stark religiöse Orientierung, aber auch den bürgerlichen Grundcharakter teilte er mit den Gesellschaften Romplers und Zesens. Die Nürnberger Gesellschaft wurde von Georg Philipp Harsdörffer und Johann Klaj 1644 ins Leben gerufen und dann von Sigmund von Birken und anderen bis ins 18. Jahrhundert hinein weitergeführt. Im Unterschied zu allen anderen Vereinigungen kann man den Pegnesischen Blumenorden als ausgesprochenen Dichterverein bezeichnen, dessen Schaffen eine eigene Physiognomie besitzt. Schon der Gründungsakt manifestiert sich in einer Dichtung, dem *Pegnesischen Schäfergedicht* (1644–45).

Daneben entstanden (und vergingen) weitere kleine, oft lokal begrenzte Gesellschaften wie der Elbschwanorden Johann Rists (gegründet 1658), die Isther-Nymphen um Catharina Regina von Greiffenberg oder die studentische Altdorfer Ceres-Gesellschaft. Zugleich gibt es Ansätze zur Gründung gelehrter Akademien und Sozietäten. Humanistische Sozietätsgedanken spiegeln sich in Johann Valentin Andreaes Aufrufen zur Gründung einer christlichen Bruderschaft, einer schwer faßbaren Rosenkreuzer-Gesellschaft, die die Utopie einer Wissenschaften und Künste gleichermaßen einbeziehenden erneuerten christlichen Welt verfolgt. Angeregt von italienischen Vorbildern, gründete der Philosoph und Naturforscher Joachim Jungius um 1622 in Rostock die Societas ereunetica (‹Forschungsgesellschaft›), die erste deutsche naturforschende Gesellschaft. Leibniz' Akademiepläne, die im Zusammenhang seines enzyklopädisch-utopischen Konzepts der Erfassung alles möglichen Wissens standen, fanden mit der Gründung der Berliner Sozietät bzw. später Akademie der Wissenschaften (1700) ihren ersten konkreten Niederschlag. In seinen Akademieentwürfen findet sich auch der Plan zu einem umfassenden deutschen Wörterbuch, und mit (zunächst unveröffentlichten) Schriften wie *Ermahnung an die Teutsche, ihren verstand und sprache beßer zu üben, sammt beygefügten vorschlag einer Teutsch gesinten Gesellschaft* (um 1683, Druck 1846) und *Unvorgreiffliche gedancken, betreffend die ausübung und verbesserung der teutschen sprache* (1697, Druck 1717) knüpfte er an die kulturpatriotischen Impulse der deutschen Sprachgesellschaften an.

Die erste Programmschrift der Fruchtbringenden Gesellschaft, Ludwigs von Anhalt-Köthen *Kurtzer Bericht der Fruchtbringenden Gesellschafft Zweck und Vorhaben* (1622), nennt als Vorbild ausdrücklich die ausländischen Akademien und ihre programmatische Ausrichtung, daß sie nämlich zur «anreitzung der löblichen Jugend / zu allerley hohen Tugenden / [...] beydes zu erhaltung guten vertrawens / erbawung wolanstendiger Sitten / als nützlicher außübung jedes Volcks LandsSprachen / auffgerichtet» worden seien. In diesem Sinn faßt Ludwig den Zweck der eigenen Gesellschaft in zwei Punkten – höfische Gesellschaftsethik und Spracharbeit – zusammen:

«Erstlichen daß sich ein jedweder in dieser Gesellschafft / erbar / nütz- und ergetzlich bezeigen / und also überall handeln solle / bey Zusammenkünfften gütig / frölig / lustig und erträglich in worten und wercken sein / auch wie darbey keiner dem andern ein ergetzlich wort für übel auffzunehmen / also sol man sich aller groben verdrießlichen reden / und schertzes darbey enthalten.

Fürs ander / daß man die Hochdeutsche Sprache in jhren rechten wesen und standt / ohne einmischung frembder außländischer wort / auffs möglichste und thunlichste erhalte / und sich so wohl der besten außsprache im reden / alß der reinesten art im schreiben und Reimen-dichten befleißigen.»

Die späteren Gesellschaftsschriften wiederholen diese Bestimmungen in derselben Reihenfolge und akzentuieren damit ebenfalls die ethische Komponente (u. a. *Der Fruchtbringenden Gesellschaft Nahmen / Vorhaben / Gemählde und Wörter*, 1646; Carl Gustav von Hille: *Der Teutsche Palmbaum*, 1647; Georg Neumark: *Der Neu-Sprossende Teutsche Palmbaum*, 1668). Auch Philipp von Zesen, Gründer der Deutschgesinnten Genossenschaft, lehnt sich nach einem Überblick über die Geschichte geistlicher und weltlicher Gesellschaften an diese Zweckbestimmung an: Die späteren deutschen Gesellschaften seien «so wohl zur erhaltung guhter vertrauligkeit / und löblicher sitten / als beförderung der Freien Künste / sonderlich aber zur ausarbeitung unserer edelen Muttersprache» gegründet worden» (*Das Hochdeutsche Helikonische Rosentahl*, 1669). Die Nürnberger Pegnitzschäfer fügen als weiterer Gesellschaftszweck das Lob Gottes hinzu.

Da die größeren Gesellschaften in der Regel überregionalen Charakter besaßen, fanden größere Treffen nicht statt, wenn auch bei einer gewissen Konzentration von Mitgliedern an einem Ort – Beispiel Nürnberg – engere persönliche Kontakte gepflegt wurden. In der Regel kommunizierten die Gesellschafter brieflich miteinander, wie umfangreiche Korrespondenzen bezeugen. Das Oberhaupt der Gesellschaft vollzog die Formalitäten bei der Aufnahme neuer Mitglieder, die häufig durch Empfehlungsschreiben anderer Gesellschafter eingeleitet wurde. In Zesens Gesellschaft konnte jedes Mitglied neue Mitglieder werben. Die Rituale folgten dem italienischen Beispiel, wie schon der Name der Fruchtbringenden Gesellschaft von dem der Accademia della Crusca und ihrer Metaphorik inspiriert ist (Trennung der Kleie – *crusca* – von dem nahrhaften Mehl). Jedes Mitglied bekam einen Gesellschaftsnamen, einen Wahlspruch und ein dazu passendes Bild. Dieses «Gemähl mit dem Namen und Worte» war, so heißt es in der Satzung der Fruchtbringenden Gesellschaft in der Fassung Neumarks, «an einem sittig-grünen Seidenen Bande zu tragen; Damit Sie sich unter einander bey begebenen Zusammenkunften desto leichter erkennen / und dadurch dero hochrühmliches Vorhaben kundig gemacht werden möchte». Das war bei den Pegnitzschäfern und den Deutschgesinnten nicht anders, wenn auch die Farben für das «Ordens-Band», an dem der «Brustpfennig» zu tragen war, variierten. Zesen folgte dem Vorbild der Fruchtbringenden auch darin, daß er für die Programmatik und das Wachsen seiner Gesellschaft in einer Reihe von Gesellschaftsschriften dokumentierte.

Die Fruchtbringende Gesellschaft war eine Gründung von Angehörigen des protestantischen Hochadels und blieb auch im folgenden im Unterschied zu den anderen Sprachgesellschaften eine weitgehend höfischadelige Gesellschaft. Über 90% der bis 1650 aufgenommenen Mitglieder waren Adelige, die überdies zum größten Teil literarisch unproduktiv waren. Daß die neue Gesellschaft «jedermänniglichen» offenstehen solle, «so

ein liebhaber aller Erbarkeit / Tugend' und Höfligkeit / vornemblich aber
des Vaterlands» wäre, stand in den ersten Jahren nach der Gründung, von
wenigen Ausnahmen abgesehen, nur auf dem Papier. Auch Opitz wurde
erst zwei Jahre nach seiner Nobilitierung 1629 als 200. Mitglied aufgenommen. Seit etwa 1640 änderte sich die Aufnahmepolitik; eine Reihe
bedeutender Dichter und Wissenschaftler bürgerlicher Herkunft fand
Aufnahme in die Gesellschaft.

    Von den 527 Mitgliedern, die man bis zum Tod Fürst Ludwigs 1650
zählte, trat etwa ein Fünftel in irgendeiner Weise literarisch hervor. Nur
eine kleine Minderheit machen dabei die großen Namen aus, ohne deren
Leistungen die Fruchtbringende Gesellschaft jedenfalls in literarischer
Hinsicht kaum erwähnenswert wäre. Sie gehörten, sieht man von Ausnahmen wie Fürst Ludwig, Diederich von dem Werder oder Friedrich
von Logau ab, der bürgerlichen Humanistenschicht an, die sich gegenüber den überwiegend literarisch unproduktiven adeligen Mitgliedern
profilieren konnte. Zu nennen sind u. a. – bis auf Opitz erst in den vierziger Jahren aufgenommen – Johann Valentin Andreae, Augustus Buchner,
Christian Gueintz, Georg Philipp Harsdörffer, Johann Michael Moscherosch, Martin Opitz, Justus Georg Schottelius, Johann Rist und Philipp
von Zesen. Die Mitgliedschaft in der Fruchtbringenden Gesellschaft war,
wenigstens unter Ludwig, eine Auszeichnung, um die man sich bemühte.

    Einigen standesbewußten Aristokraten, denen mehr am gesellschaft-
lichen Aspekt des Unternehmens lag, ging die bescheidene Öffnung der
Gesellschaft in den letzten Jahren der Ägide Fürst Ludwigs zu weit. Ihr
Versuch, die Gesellschaft in einen Ritterorden umzugestalten bzw. zu ihrem früheren Mitgliederprofil zurückzukehren, traf jedoch auf den Widerstand des Fürsten, der sich auf die Satzung berief: «Bey den gedancken
wegen Enderung der geselschaft in einen Ritter Orden», schrieb er 1648
in einem Brief, sei «billich der grund oder die stiftung der Fruchtbringenden Geselschaft, wol Zu beachten, worauf sie nemlich eigentlich gewidmet»: «Der Zweck ist alleine auf die Deutsche sprache und löbliche tugenden, nicht aber auf Ritterliche thaten alleine gerichtet, wiewohl auch
solche nicht ausgeschlossen [...].» Und er betont ausdrücklich den Beitrag der gelehrten Mitglieder, «so doch die feder am meisten führen mü-
ßen [...], Zu fortpflanzung der Muttersprache». Zugleich lehnt er das
Ansinnen der Aristokraten ab, Tierembleme zuzulassen, und besteht auf
Bildern nutzbringender Pflanzen gemäß der Satzung der Gesellschaft, die
nach ihrem Emblem, dem «Indianischen Palmen- oder Nußbaum», auch
Palmenorden genannt wurde.

    Es ist umstritten, welche Bedeutung der Namengebung in der Frucht-
bringenden Gesellschaft zuzumessen ist, inwieweit sie als (auf das Kulturleben beschränkte) Aufhebung der Standesunterschiede gedeutet werden kann und damit die humanistische Konzeption der *nobilitas litteraria*

wenigstens ansatzweise reflektiert. Jedenfalls benutzten das Oberhaupt («der Nährende») und die Mitglieder im brieflichen Verkehr mehr oder weniger konsequent die Gesellschaftsnamen («der Mehlreiche», «der Wohlriechende», «der Schmackhafte», «der Spielende» usw.). Und wenn sich Ludwig wohl auch nicht eine ausgesprochene Förderung der bürgerlichen Intelligenz zum Ziel gesetzt hatte, so tat er es doch indirekt mit seiner späteren Gesellschaftspolitik, die vielleicht auch deshalb auf Widerstand in adeligen Kreisen stieß. Jedenfalls trugen die Bestrebungen Ludwigs, die humanistischen Gelehrten und Literaten für die anstehenden kulturpatriotischen Aufgaben zu gewinnen, zu einer Stärkung ihrer gesellschaftlichen Position bei. Seinem Vorgehen entsprach auf der anderen Seite die Strategie von Martin Opitz («der Gekrönte»), der sich seinerseits in einem Bündnis mit Fürsten und Adel die Durchsetzung seines nationalhumanistischen Literaturprogramms versprach.

Die Behauptung, daß die Fruchtbringende Gesellschaft «jedermänniglichen» offenstehe, der über die erforderlichen Tugenden verfüge, galt übrigens nicht für Geistliche. Unter den Mitgliedern befanden sich nur zwei (protestantische) Geistliche, Johann Valentin Andreae und Johann Rist, wobei Ludwigs Bemerkung über Andreae – er habe «sich bisher des streitens Zu seinem großen nachruhme enthalten» – das Motiv für diese Zurückhaltung erkennen läßt: Die konfessionellen Streitigkeiten, nicht zuletzt zwischen Lutheranern und Reformierten, sollten aus der Gesellschaft herausgehalten werden, da sie dem Projekt einer Einheit der protestantischen Sache angesichts der politischen Lage nur schaden konnten. Die Religion bzw. Konfession selbst war kein Hindernis; es wurden auch Katholiken aufgenommen, wenn auch nicht viele.

Frauen waren in der Fruchtbringenden Gesellschaft nicht zugelassen. Allerdings entstanden gleichsam Parallelgesellschaften. Fürst Ludwigs Schwester Anna Sophia rief 1619, zwei Jahre nach der Gründung der Fruchtbringenden Gesellschaft, eine Tugendliche Gesellschaft von Damen des Hochadels ins Leben, die bis 1650 existierte. Daneben gab es einen weiteren adligen Frauenorden, die Académie des Loyales, die Anna von Bentheim, die Frau von Fürst Ludwigs Bruder Christian I. von Anhalt-Bernburg, 1617 zum Zweck der Förderung der französischen Sprache gründete. Das war kaum im Sinn der Programmatik der Fruchtbringenden Gesellschaft, und das gleiche gilt für die ebenfalls fürstliche und adelige Académie des parfaits Amants, in der sich in den zwanziger Jahren Verehrer von Honoré d'Urfés Schäferroman *Astrée* vorwiegend aus den Häusern Sachsen-Anhalt und Sachsen-Weimar zusammengeschlossen hatten.

Unter Ludwigs Nachfolgern in Weimar und Halle erhöhte sich die Mitgliederzahl der Fruchtbringenden Gesellschaft bis 1680, dem Todesjahr des letzten Oberhaupts, auf 890. Von den neu hinzugekommenen Autoren bürgerlicher Herkunft waren nur wenige von Rang: Sigmund von Birken, Andreas Gryphius und Adam Olearius. Daß nun wieder vorzugs-

weise Adelige aufgenommen wurden – darunter immerhin Dichter wie
Anton Ulrich von Braunschweig-Lüneburg und Wolf Helmhard von
Hohberg – und die Gesellschaft immer mehr (bzw. wieder) das Gepräge
einer Rittergesellschaft annahm, war letztlich dem bürgerlichen Sekretär
bzw. «Ertzschreinhalter» der Gesellschaft Georg Neumark zu verdanken.
Er führte die Geschäfte in großer Selbständigkeit, und wenn die Gesellschaft auch an literarischer und wissenschaftlicher Bedeutung verlor, so
sicherte er doch durch seine Arbeit ihr Fortbestehen und setzte ihr mit der
letzten Gesellschaftsschrift, dem *Neu-Sprossenden Teutschen Palmbaum*
(1668), ein Denkmal. Hier stehen auch die Worte, die das gesellschaftliche
Klima in dieser Zeit der ‹Reprivilegierung› des Adels charakterisieren: «Es
hat aber die Meinung allhier gar nicht / daß große Herren und hohe
Fruchtbringende Gesellschafter / sich mit den Niedrigern / in verächt-
liche und allzugemeine Kundschaft einlaßen: oder die Niedrigere / weil
Sie auch Ordensgenossen / denen vornehmen Standespersonen / wie Etliche aus unbescheidener Kühnheit und thörichter Einbildung / sich un-
terstanden / alzu nahe treten; Sondern vielmehr erheischender Nohtdurft
und Umstände nach / in unterthänigster Aufwartung und geziehmender
Demuth verharren sollen.» Man geht wohl nicht fehl, wenn man den Hinweis auf gesellschaftliches Fehlverhalten auf Philipp von Zesen und eine
Auseinandersetzung mit Fürst Ludwig bezieht, der Zesen «wegen seiner
ausschweiffenden gedancken» – eine Demonstration humanistischen
Dichter- und Gelehrtenselbstbewußtseins – den Ausschluß androhte.

Zwar kamen keine großen Gemeinschaftsleistungen der Sprachgesellschaften zustande, wie sie die Accademia della Crusca mit ihrem großen
Wörterbuch hervorgebracht hatte, wenn es auch an Wörterbuchplänen
nicht fehlte und Ludwig eine von ihm zunächst für Schulzwecke einge-
richtete Druckerei für die Fruchtbringende Gesellschaft nutzen ließ. Die
literarische Bedeutung der Gesellschaften gründet vielmehr auf den Ein-
zelleistungen der Mitglieder, die ihre Veröffentlichungen häufig mit ihren
Gesellschaftsnamen oder Hinweisen auf ihre Mitgliedschaft versahen
(«durch einen Mitgenossen der PegnitzSchäfer»). Zu den unbestrittenen
Verdiensten der Sprachgesellschaften gehört im Einklang mit den Programmen der Literaturreformer die ausdrückliche Förderung der Übersetzungsliteratur. Die literarische oder philologische Produktion ihrer
Mitglieder stellte jedoch nur einen Aspekt der Bedeutung der Sprachgesellschaften dar. Ebenso wichtig war ihre gesellschaftliche Funktion. Die
Gesellschaften trugen wesentlich zur literarischen Kommunikation über
die lokalen Gelehrtenzirkel hinaus bei, schufen wenigstens ansatzweise
eine überregionale literarische Öffentlichkeit und förderten das Bewußtsein einer einheitlichen Kulturnation – allerdings in einer ‹kleindeutschen›
protestantischen Version – als Gegenentwurf zur realen politischen Verfassung des Reiches.

3. Autor – Buchmarkt – Publikum

Autor

Bis auf wenige Ausnahmen wie Grimmelshausen oder Jacob Böhme gehörten die bürgerlichen deutschen Schriftsteller dem Gelehrtenstand an. Sie alle hatten in ihrer Universitätsausbildung die Artistenfakultät durchlaufen, waren also mit Rhetorik und Poetik vertraut und hatten somit die gelehrte philologische Vorbildung erworben, die als unerläßlich für die Ausübung der Dichtkunst galt. Die war allerdings kein Beruf, sondern die Autoren lebten als Geistliche, Universitäts- und Gymnasialprofessoren, Ärzte oder Juristen und nutzten die Möglichkeiten, die sich aus der Erweiterung der Staatstätigkeit und der zunehmenden Bürokratisierung ergaben, zum Aufstieg in die städtisch-patrizische oder höfische Beamtenelite. Für Angehörige einer halbgelehrten Zwischenschicht, die nur eine Lateinschule besucht oder ihr Universitätsstudium nicht abgeschlossen hatten, blieben in der Regel nur Positionen oder Berufe wie Schreiber, Korrektor, Notar, Apotheker oder Hauslehrer. Grimmelshausens ‹Karriere› – einfacher Soldat, Regimentsschreiber, Regimentssekretär – endete in untergeordneten Verwaltungspositionen (Gutsverwalter, Schulthciß).

Die humanistische Gelehrtenschicht konnte sich mit ihrem Anspruch auf einen privilegierten Platz in der Ständehierarchie auf die in der italienischen Renaissance entstandene Theorie vom geistigen Adel (*nobilitas litteraria*) berufen. Eine Art institutioneller Manifestation dieses Anspruchs stellte die Tradition der humanistischen Dichterkrönung dar, die mit der Krönung Petrarcas zum Poeta laureatus 1341 auf dem Kapitol in Rom begann und unter Kaiser Maximilian I. in Deutschland zu einer festen Einrichtung wurde. Erster Pocta laureatus deutscher Herkunft war Conrad Celtis (1487). Und als Martin Opitz 1625 von Kaiser Ferdinand II. zum Dichter gekrönt wurde, entsprach das ganz seinem Programm der sozialen Aufwertung des humanistischen Gelehrtendichters und seiner Strategie, für die angestrebte literarische und kulturelle Erneuerung das Bündnis mit dem Adel zu suchen. Die Krönung zum «Poeta Laureatus Caesareus» (PLC) war ein Rechtsakt, der mit Privilegien wie der akademischen Lehrerlaubnis verbunden war und den Dichter seinerseits zur Loyalität gegenüber dem Herrscher verpflichtete. Literarisch bedeutete das, daß der Dichter im Geist des Humanismus der italienischen Renaissance der «Begiehr der Unsterbligkeit» der Herrscher (Opitz) panegyrisch gerecht zu werden hatte, damit aber zugleich seine eigene Stellung als «Austeiler des Ruhms, ja der Unsterblichkeit» (Jacob Burckhardt) stärkte.

Der gesellschaftliche Anspruch der Gelehrtendichter kollidierte im Verlauf des 17. Jahrhunderts zunehmend mit der sozialen Realität und dem Umstand, daß die Institution der Dichterkrönung ihren exklusiven Anspruch – personifiziert durch Autoren wie Petrarca, Celtis und Opitz – durch eine eher inflationäre Verleihungspraxis verlor. Seit dem späten 15. Jahrhundert durften auch sogenannte Kaiserliche Hofpfalzgrafen Dichterkrönungen im Namen des Kaisers vornehmen. Der Titel des Kaiserlichen Hofpfalzgrafen, der u. a. auch zur Ernennung von Notaren, zu Magister- und Doktorpromotionen und zur Übernahme einer Reihe notarieller Aufgaben berechtigte, wurde offenbar nicht selten verliehen. Und Hofpfalzgrafen wie Sigmund von Birken, Philipp von Zesen und Johann Rist nutzten ihre Rechte, insbesondere das zur Dichterkrönung, durchaus extensiv (und auch als Einnahmequelle).

‹Freie› Schriftsteller waren Ausnahmen: Philipp von Zesen etwa, dem man die Grenzen aufzeigte und der sich nach einer festen Anstellung sehnte, Sigmund von Birken in Nürnberg, der mit Auftragsarbeiten für den deutschen Hochadel und Lektorentätigkeiten (sowie einer vorteilhaften Heirat) ein ausreichendes Einkommen erzielte, oder Autoren wie Georg Greflinger und Eberhard Werner Happel, die dem wachsenden Informationsbedürfnis größerer Leserkreise als Zeitungsherausgeber und Verfasser von Sachbüchern entgegenkamen. Gleichwohl war ein Leben als freier Schriftsteller in der Regel keine erfolgversprechende Alternative zu einer festen Anstellung. Autoren waren nur sehr begrenzt an der ökonomischen Verwertung ihrer geistigen Arbeit beteiligt. Zwar konnten sie seit der Mitte des 17. Jahrhunderts mit einem Honorar für ihr Manuskript rechnen und mußten sich nicht mehr mit einigen Freiexemplaren begnügen, aber eine weitergehende Beteiligung am ökonomischen Erfolg gab es nicht. Eine von der Verlegerkalkulation unabhängige Einnahmequelle war das Verfertigen von Casualcarmina, eine Praxis, die sich im Verlauf des 17. Jahrhunderts zu einem Massenphänomen auswuchs und zahlreichen Dichtern Nebeneinnahmen verschaffte: «Mein Gewerb' und Handel sind Reime», schrieb Simon Dach, schlecht bezahlter Lehrer und Professor, der die Angehörigen des Königsberger Bürgertums und z. T. auch des Adels von der Wiege bis zur Bahre mit Gelegenheitsgedichten begleitete. Daß es Autoren ausnahmsweise möglich war, ansehnliche Einkünfte zu erzielen, beweisen Einträge in Sigmund von Birkens Tagebuch, wo für das Jahr 1665 Einkünfte in Höhe von 450 Gulden registriert sind (das war zwar nur die Hälfte von Lohensteins Jahresgehalt als Syndikus der Stadt Breslau im Jahr 1670, aber ein vielfaches der 24 Gulden, die ein Schulmeister 1676 in München verdiente). Schwieriger war die Situation Zesens, der nicht allein vom Ertrag seiner Feder leben konnte und zeitweise wohl als Korrektor in Amsterdam arbeitete, mehrfach Geld von Höfen für nicht näher bekannte Aufgaben erhielt und sich Dichterkrönungen bezahlen ließ. Er nutzte auch die verbreitete Praxis, sich Dedikationen durch Geldzuwendungen oder Patronage honorieren zu lassen oder jedenfalls darauf zu spekulieren.

Für vermögende oder in anderen Berufen gut verdienende Autoren mochten finanzielle Erwägungen keine oder nur eine untergeordnete Rolle spielen, doch Schriftsteller wie Birken oder Zesen konnten es sich nicht leisten, nur um der Kunst und des Ruhmes willen zu publizieren. Angesichts der Schwierigkeiten, denen er sich gegenübersah, wird der Stoßseufzer Zesens in einem Brief aus dem Jahr 1674 nur zu verständlich: «Ach! Gott gebe mir, nach so langem herümschwärmen, endlich einmahl einen festen und gewissen sitz.»

Die Aufstiegschancen von Akademikern bürgerlicher Herkunft verschlechterten sich im Lauf des 17. Jahrhunderts generell. Zum einen ging der Bedarf zurück, als sich die neuen Verwaltungsstrukturen konsolidiert hatten, zum andern hatte sich der Adel den neuen Realitäten angepaßt und durch ein Universitätsstudium die erforderlichen Qualifikationen für die gehobene Beamtentätigkeit erworben. Bildung allein war somit kein Argument mehr. Die Folge war eine Abnahme der sozialen Mobilität und eine sich seit der zweiten Hälfte des 17. Jahrhunderts entschieden verschärfende Krise der bürgerlichen Intelligenz, die dann im 18. Jahrhundert weitgehend aus den Zentren der Macht verdrängt wurde, sich mit untergeordneten Positionen begnügen mußte oder sich von Arbeitslosigkeit bedroht sah. Die Konsequenz aus diesen Veränderungen war die zunehmende Distanzierung der bürgerlichen Autoren von der höfischen Repräsentationskultur und der Rückzug auf ein moralisch überlegenes bürgerliches Tugendmodell, ein Vorgang, der seine Parallele in der Literaturentwicklung seit dem frühen 18. Jahrhundert findet.

Buchmarkt

Daß ein Leben als freier Schriftsteller kaum möglich war, erhellt ein Blick auf die Struktur des Buchmarkts. Vom 16. bis zur Mitte des 18. Jahrhunderts war der Tausch das vorherrschende Geschäftsverfahren im Buchhandel. Verleger-Sortimenter tauschten auf den Messen in Frankfurt a. M. und Leipzig ihre Verlagsprodukte mit den Erzeugnissen anderer Verleger, die ebenfalls zugleich Buchhändler waren und ihrerseits wiederum Buchführer und Buchläden belieferten. Der strikte Tausch von Bogen für Bogen hatte den Vorteil, daß sich der Handel fast bargeldlos abwickeln und sich trotz der Währungsvielfalt im Reich eine breite Distribution der Bücher erreichen ließ. Im Lauf des 17. Jahrhunderts erhöhten sich die Auflagen auch deshalb, weil die Verleger dann mehr zu tauschen hatten; zu Anfang des Jahrhunderts gelten etwa 1000 Exemplare, später etwa 1500–2000 Exemplare als Durchschnitt. Der Tauschhandel kam auch den merkantilistischen Tendenzen in der Wirtschaftspolitik entgegen, die auf eine aktive Handelsbilanz zielte und möglichst viel Geld oder Edelmetall im eigenen Territorium zu halten suchte. Verleger konnten unter diesen Bedingungen mit einem relativ niedrigen Kapital arbeiten – und waren daher auch nicht in der Lage, größere Autorenhonorare zu zahlen. Ehe sich Bücher wieder in bares Geld verwandelt hätten, heißt es in einer Eingabe der Leipziger Buchhändler aus dem Jahr 1667, müßten «sie durch gar viele Hände gehen».

Zu den problematischen Erscheinungen des Buchmarkts gehörte die verbreitete Praxis des unberechtigten Nachdrucks. Da es kein Urheberrecht gab, stellten landesherrliche oder kaiserliche Privilegien den einzigen Schutz gegen Raubdrucke dar. Der Erfolg der Privilegien war jedoch begrenzt. Ihre Gültigkeit endete an den Landesgrenzen bzw. den Grenzen der Reichsstädte, abgesehen davon, daß sie häufig – und das nicht nur im Kriegschaos – einfach ignoriert wurden. An dem einträglichen Geschäft beteiligten sich nicht nur deutsche Verleger; auch die Niederländer profitierten mit ihren technisch überlegenen Leistungen vom Nachdruckwesen. Schaden erlitt bei dieser Praxis nicht nur der ursprüngliche Verleger. Der Autor ging ebenfalls leer aus.

Angaben über die Buchproduktion im deutschen Sprachraum gründen sich fast ausschließlich auf die Angaben der Kataloge, die jeweils im Frühjahr und Herbst zu den Messen in Frankfurt a. M. und Leipzig erschienen. Die so gewonnenen Zahlen sind allerdings nicht besonders zuverlässig, da einerseits weite Bereiche der Literaturproduktion wie das populäre Schrifttum (Kalender, Flugblätter, Gebetbücher, Schulbücher, ‹Volksbücher› usw.), Gelegenheitsschriften oder die Erzeugnisse süddeutscher Verlage nicht registriert werden, andererseits die Angaben selbst unzuverlässig sein können (Mehrfacheintragungen, Nennung von nie erschienenen Büchern). Gleichwohl verdeutlichen die Statistiken immerhin Tendenzen. Sie zeigen z. B., daß die Buchproduktion im Reich im 17. Jahrhundert, nicht anders als die Wirtschaft insgesamt, durch den Dreißigjährigen Krieg stark beeinträchtigt wurde und sich erst im 18. Jahrhundert wieder erholte. Daneben lassen sich qualitative Veränderungen erkennen. Das betrifft auch das im Hinblick auf die Entwicklung der deutschen Literatur wichtige Verhältnis von lateinischer und deutschsprachiger Produktion. So wurden um 1600 noch mehr als doppelt so viele lateinische wie deutschsprachige Bücher gedruckt. In den folgenden Jahrzehnten nahm der Anteil der deutschen Bücher allmählich zu, bis zwischen 1680 und 1690 etwa ein Gleichstand erreicht wurde und seit 1692 die deutschsprachige Produktion die lateinische auf Dauer überwog. 1714 hatte sich das Verhältnis gegenüber dem Jahr 1600 umgekehrt, 1735 erschienen dann mehr als dreimal so viele deutsche wie lateinische Bücher.

Das Überwiegen der lateinischen Publikationen im 17. Jahrhundert verweist auf den akademischen Hintergrund der in den deutschen Meßkatalogen verzeichneten Buchproduktion; die Berücksichtigung des populären Schrifttums hätte wohl zu anderen Zahlen geführt. Eine gewisse Vorsicht ist auch bei der Aufschlüsselung nach Sachgebieten angebracht. Zwar ist das Übergewicht theologischer bzw. religiös-erbaulicher Veröffentlichungen bis 1740 eindeutig (in den Meßkatalogen durchweg mehr als 40 % der Produktion), doch daß die poetische Produktion nur etwa den zehnten Teil der theologischen auszumachen scheint, läßt auf große Lücken der Erfassung bzw. auf Schwierigkeiten der Kategorisierung schließen. In Zahlen: 1700 stehen nach den Angaben der Meßkataloge 430 theologischen Büchern 28 dichterische gegenüber. Erst nach 1740 vollzieht sich dann ein grundlegender Wandel auf dem Buchmarkt; während das Lateinische weiter an Boden verliert und die Produktion religiös-erbaulicher Werke stark zurückgeht, kommt es zu einem rapiden Anstieg der Nachfrage nach schöngeistiger und philosophischer Literatur.

Publizistische Medien

Nicht verzeichnet in den Meßkatalogen sind die verschiedenen publizistischen Medien, die gleichwohl einen wesentlichen Teil des Buchmarkts im 17. und frühen 18. Jahrhundert ausmachen. Dabei setzen die illustrierten Flugblätter, Flugschriften und Kalender Traditionen des vorigen Jahrhunderts fort, während die Zeitungen als regelmäßig erscheinende Druckerzeugnisse zwar Vorläufer besitzen, aber erst im 17. Jahrhundert als neues ‹Massenmedium› zu den anderen publizistischen Genres hinzutreten.

Die Begriffe Flugblatt und Flugschrift stammen aus dem späten 18. Jahrhundert. Diese Medien dienten seit der Frühzeit des Buchdrucks zur schnellen Verbreitung von Neuigkeiten und Meinungen ebenso wie zur Beeinflussung und Meinungsbildung durch Stellungnahmen, Kommentare und häufig tendenziöse Argumentation. Flugblätter waren in der Regel großformatige einseitig, später auch beidseitig gedruckte Blätter (Einblattdrucke), die durch eine attraktive Aufmachung Käufer bzw. Leser anzulocken suchten. Dabei kam den Illustrationen – Holzschnitte im 16., im 17. Jahrhundert meist Kupferstiche – eine entscheidende Rolle zu. Die mit ihnen verbundenen Texte gehören den unterschiedlichsten kleinen Gattungen und Formen an: Lied, Epigramm, Traktat- oder Predigtprosa, Rätsel und Bilderrätsel, Satire, Parodie, Kontrafaktur usw. Lateinische Texte und eine sorgfältige ästhetische Gestaltung zahlreicher Blätter weisen darauf hin, daß sie auch auf das gebildete Lesepublikum zielten.

Anfänglich waren Flugblätter vor allem der Morallehre und Erbauung gewidmet. Seit der zweiten Hälfte des 16. Jahrhunderts wurden sie zunehmend auch im konfessionellen und politischen Kampf eingesetzt. Zugleich übernahmen sie mit der Verbreitung von außergewöhnlichen Neuigkeiten die Rolle der Sensationspresse und berichteten vielfach als ‹Neue Zeitungen› von Kometen, Mißgeburten, Wundergeschichten, spektakulären Verbrechen oder Katastrophen. Im Dreißigjährigen Krieg diente das Flugblatt, massenhaft verbreitet, der politischen Propaganda; Höhepunkte waren die Kampagnen gegen Friedrich V. von der Pfalz, die Jesuiten oder den kaiserlichen Feldherrn Tilly sowie die publizistische Vorbereitung und Unterstützung der schwedischen Invasion. Daneben thematisierten die Flugblätter auch wirtschaftliche und soziale Mißstände wie z. B. die ‹Kipper-und-Wipper›-Inflation oder die Notlage der Bauern. Die Flugschrift, in der zeitgenössischen Terminologie u. a. als ‹Relation› oder wie manche Flugblätter als ‹Neue Zeitung› bezeichnet, unterscheidet sich durch den Umfang und meist auch durch das Fehlen von Illustrationen vom Flugblatt; die Themen ähneln sich jedoch. Die eminente publizistische Bedeutung der Flugschriftenliteratur erwies sich zuerst in der Zeit der Reformation und der Bauernkriege. Konfessionelle Kontroversschriften spielten auch noch in der zweiten Hälfte des 16. Jahrhunderts eine bedeutende Rolle; daneben waren die Türkengefahr und Wunderzeichen beliebte Themen. Im 17. Jahrhundert traten als weitere thematische Schwerpunkte u. a. kulturelle Erscheinungen mit nationaler Note (Alamode-Wesen), ökonomische Fehlentwicklungen, Kriegs- und Verfassungsfragen sowie eine umfangreiche Diskussion der Revolution in England und der Frage des Widerstandsrechts hinzu.

Als Nachrichtenmedium gewann im Verlauf des 17. Jahrhunderts die Zeitung die Oberhand über die anderen Publikationsformen. Die ersten Zeitungen, d. h. regelmäßig, mindestens einmal wöchentlich erscheinende Blätter, entstanden aus den älteren handgeschriebenen Nachrichtenbriefen für Kaufleute und konnten bereits auf ein entwickeltes Korrespondentennetz und Postsystem zurückgreifen. Die ältesten deutschen Zeitungen sind Anfang des 17. Jahrhunderts nachweisbar (Straßburg 1605, Wolfenbüttel und Straßburg 1609). Es handelte sich um Wochenblätter; die erste Tageszeitung erschien 1650 in Leipzig. Die territoriale Zersplitterung des Reiches führte zu einer vielfältigen Zeitungslandschaft, wobei der Verlauf der großen Postrouten Druckorte und Distributionswege vorgab. Um 1700 erschienen bereits etwa 60 miteinander konkurrierende Blätter mit z. T. großer Reichweite und hohen Auflagenzahlen. Die Zeitungen verstanden sich bis ins 18. Jahrhundert als reine Nachrichtenorgane. Sie referierten politische, militärische, dynastische und andere Nachrichten kommentarlos, in der Regel nicht nach sachlichen Kriterien angeordnet, sondern in der Reihenfolge des Posteingangs. Korrespondenten und Herausgeber sahen sich als Chronisten des Weltgeschehens.

Auf diesem Verständnis gründete sich auch die Hochschätzung der Zeitungen bei den Gelehrten des 17. und 18. Jahrhunderts. Christian Weise hob in einer lateinischen Abhandlung den Quellenwert der Zeitungen für politische, geographische und historische Studien und für den Unterricht hervor (*Schediasma curiosum de lectione novellarum*, 1676; erweiterte deutsche Fassung: *Curieuse Gedancken von den Nouvellen oder Zeitungen*, 1703). Daniel Hartnack nannte sie eine «Eröffnung des Buchs der gantzen Welt» (*Erachten Von Einrichtung Der Alten Teutschen und neuen Europäischen Historien*, 1688), und Kaspar Stieler betonte in seinem Buch *Zeitungs Lust und Nutz* (1695), der ersten umfassenden Darstellung des publizistischen Genres, neben dem großen Nutzen für alle Stände ausdrücklich auch die «wirckende Ergetzlichkeit» der Zeitungslektüre: «Die Lesung der Zeitungen ist eine Freude.» Und zur Marginalie «Die Zeitungs Lesung führet mich in die ganze Welt» heißt es:

> «Es bedenke ein aufgewecktes Herz / was dieses vor eine Süsse bringe / wenn ich in meiner Stube verständiget werden kan / was dieser und jener König geredet / wessen er sich unterfangen / und / was diejenige Partey / derer ich zugethan bin / ausgerichtet hat? Da reise ich in Gedanken durch die weite Welt / ich schiffe über Meer / bin bey den See- und Land-Schlachten gegenwärtig / schaue zu / wie man die Flügel schwinget / auf einander feuer giebet / Gefangene hinweg führt / Stücke vernagelt / Minen sprenget und Beute machet / und dieses alles ohne einzige Gefahr / Mühe und Kosten. Ich versetze keinen Fuß und erhebe doch ein Jubel-Geschrey in meinen Gedanken [...].»

Dagegen stehen Bedenken, die sich weniger gegen die Zeitungen selbst richten als gegen ihre allzu große Verbreitung. Autoren wie Ahasver Fritsch (*Discursus de novellarum, quas vocant Neue Zeitunge / hodierno usu et abusu*, 1676) und Johann Ludwig Hartmann (*Unzeitige Neue-Zeitungs-Sucht*, 1679) befürchten schädliche Auswirkungen der Zeitungslektüre beim ‹gemeinen Mann›, der durch die vielen Informationen überfordert sei und in Versuchung geführt werde, sich um öffentliche Belange zu kümmern, und so die gesellschaftliche Ordnung störe. Ganz abgesehen davon, daß die Nachrichten oft unzuverlässig seien und Sensationslust im Vordergrund stünde. Der Poetiker, Dichter und Polyhistor Daniel Georg Morhof äußert seine Skepsis in dem ironischen Epigramm *Auff die Zeitung-Schreiber / die ihre Zeitungen mit Lufft-Gesichtern anfüllen*:

> Man holt die Zeitung über Meer /
> Von allen Orten / Ecken her.
> Man bringet alles an das Licht /
> Es decke noch so tieffe Grufft /
> Und hat mans von dem lande nicht:
> So greifft mans endlich auß der Lufft.

Bereits in der zweiten Hälfte des 17. Jahrhunderts spielen Zeitungen auch eine Rolle im literarischen Leben. Nicht nur, daß sich Literaten wie Christian Weise oder Kaspar Stieler mit dem Genre auseinandersetzen oder wie Georg Greflinger als Zeitungsherausgeber fungieren, auch die Zeitungen selbst sind offen für literarische Beiträge der verschiedensten Art, enthalten Anzeigen von Buchhändlern oder Verlegern und Hinweise auf Auktionen von Nachlässen, aber auch gelegentlich Meldungen aus dem literarischen Leben (aus Frankreich etwa über einen Preis für das beste

Sonett auf den König), über Theateraufführungen an den großen Höfen, an Schulen oder in Städten. Dabei interessieren allerdings nur die äußeren Fakten – Zeit, Ort, Anlaß, Publikum, Genre, Ausstattung usw. –, nicht das Literarische im engeren Sinn.

Die literarischen Beiträge in den Zeitungen umfassen vor allem die kleineren Formen wie Gedichte, Lieder, Epigramme, Fabeln oder Anekdoten; häufig werden Jahrgänge durch Verse eingeleitet und abgeschlossen. Besonders Greflinger, Herausgeber des Hamburgischen *Nordischen Mercurius* (1665 ff.) und selbst Lyriker, unterbricht die Nachrichtenfolge immer wieder durch Verskommentare. In seiner Zeitung erscheint 1668 auch zum erstenmal in der deutschen Literaturgeschichte eine Erzählung in Fortsetzungen, *Die Entdeckung Der Insul Pines*, die deutsche Fassung von Henry Nevilles parodistisch-satirischer Robinsonade *The Isle of Pines* (1668), von Grimmelshausen dann für die *Continuatio des abentheurlichen Simplicissimi* (1669) verwertet.

Publikum

Es fehlt an Daten, die genauere Angaben über Größe und Art des Lesepublikums im 17. und frühen 18. Jahrhundert möglich machten. Einigermaßen überschaubar ist der potentielle Leserkreis der gelehrten bzw. lateinischsprachigen Literatur, die einen Großteil der in den Meßkatalogen verzeichneten Produktion dieses Zeitraums ausmacht. Hier treffen Adrian Beiers Bemerkungen von 1690 in seinem *Kurtzen Bericht / von Der Nützlichen und Fürtrefflichen Buch-Handlung / und Deroselben Privilegien* zu, daß nämlich der «gemeine Hauffe den Buchladen nicht viel kothig» mache und des Buchhändlers Waren «von- und vor niemand als Gelehrten» seien. In der gelehrten Humanistenschicht waren Literaturproduzenten und -rezipienten gleichsam identisch. Dieser Kreis umfaßt in erster Linie die Personen mit Universitätsabschluß: Man rechnet für den Anfang des 17. Jahrhunderts mit etwa 50 000 Personen im deutschen Sprachraum, am Ende mit etwa 80 000. Dazu kommen Absolventen von Lateinschulen, Angehörige des Landadels und gebildete Frauen als potentielle Leser anspruchsvoller Literatur. Aber selbst wenn sich daher die Anzahl der Personen, die fähig waren, ‹gelehrte› Literatur in lateinischer oder deutscher Sprache zu lesen, vielleicht insgesamt auf 100 000 belief, so ist damit noch nichts über die Zahl der tatsächlichen Käufer und Leser poetischer oder schöngeistiger Werke gesagt, die nur einen kleinen Teil der Buchproduktion ausmachten. Denn das Leseverhalten innerhalb der Gruppe potentieller Leser war, wie (allerdings nur punktuelle) Untersuchungen ergeben haben, durchaus unterschiedlich. So fand sich in Bibliotheksverzeichnissen bzw. Nachlaßinventaren von Fachgelehrten (Juristen, Mediziner, Theologen) kaum moderne deutsche Dichtung, während bei

Adligen und Patriziern und den Beamteneliten eine deutliche Vorliebe für die deutsche Kunstdichtung zu erkennen ist. Dabei bleibt insbesondere beim Adel auch das Interesse an der Literatur der romanischen Länder ungebrochen. Die ausgesprochene Fiktionsfeindlichkeit religiöser Bewegungen wie des Pietismus läßt dagegen die Lektüre weltlicher Literatur von vornherein als verdächtig erscheinen, führt aber zu einer wachsenden Produktion erbaulicher Texte, die wiederum mit ihren Tendenzen zu Innerlichkeit und Selbsterforschung die literarischen Entwicklungen im 18. Jahrhundert stark beeinflußten. Gleichzeitig mit dem Aufschwung der pietistischen Literaturproduktion seit dem ausgehenden 17. Jahrhundert wächst mit der galanten Literatur ein entschieden diesseitiges Literatursegment, das mit seiner Propagierung karrierefördernder höfischer Umgangsformen und Verhaltensnormen, aber auch durch seinen Unterhaltungswert neue Leserkreise in einer Schicht aufstrebender Kaufleute und Staatsbeamter fand.

Neben einer entsprechenden Bildung und einer keineswegs selbstverständlichen Aufgeschlossenheit für weltliche Lektüre gehörte auch ein gewisser Wohlstand zu den Voraussetzungen eines potentiellen Käufers ‹schöner Literatur› gleich welcher Sprache. Bücher waren verhältnismäßig teuer. Zwar gab es noch keine Festpreise, doch Regeln, nach denen sich der Verkaufspreis richtete. Bestimmend waren vor allem Umfang, dann Auflagenhöhe, Ausstattung (Illustrationen) und Entfernung des Druckorts vom Verkaufsort. Die umfangreichen höfisch-historischen Romane der Zeit z. B. konnten sich nur relativ begüterte Leute wie hohe Beamte oder Adelige leisten. Der Preis von acht Reichstalern für die zwei Quartbände des *Arminius* (1689–90) von Lohenstein entsprach etwa dem Monatsgehalt eines einfachen Beamten. Selbst den halben Reichstaler (zwölf Groschen), den Grimmelshausens immer noch recht umfangreicher *Simplicissimus* (1668–69) ungefähr gekostet haben muß, hätten sich breite Schichten der Bevölkerung nicht leisten können. Werke geringeren Umfangs waren natürlich wesentlich billiger. Das förderte die Verbreitung gerade der unterhaltenden Literatur, für die eine neue Leserschicht entstand, wie die Kritik der Moralischen Wochenschriften im 18. Jahrhundert an romanlesenden Frauenzimmern, Stutzern und verbummelten Studenten zeigt.

Fehlende Geldmittel ließen sich kaum durch die Benutzung von Bibliotheken ausgleichen. Die Reformation hatte zwar mit ihrer Bildungspropaganda das städtische Schulwesen und damit die Rolle der Stadt- und Gymnasialbibliotheken gestärkt, in die überdies die Bestände zahlreicher Klosterbibliotheken eingingen, und in den katholischen Territorien behielten die Kloster- und Ordensbibliotheken, insbesondere die der Hochschulen, ihre Bedeutung. Doch waren sie einer größeren Öffentlichkeit ebensowenig zugänglich wie die fürstlichen Hofbibliotheken, die seit dem 16. Jahrhundert zu bedeutenden Institutionen heranwuchsen und den persönlichen Interessen der Fürsten, praktischen Bedürfnissen der Staatsverwaltung und nicht zuletzt auch fürstlichem Repräsentationsbedürfnis dienten (Heidelberg, München, Wien, Wolfenbüttel). Daß sich die Sammelleidenschaft barocker Fürsten mit außergewöhnlicher Gelehrsamkeit und Kennerschaft verbinden konnte, zeigt die Person Herzog Augusts d. J. zu Braunschweig-Lüneburg, der in einem Zeitraum von 70 Jahren in seiner Residenz Wolfenbüttel eine der führenden europäischen Fürstenbibliotheken aufbaute. Neben den institutionsgebundenen Bibliotheken entstanden große Privatbibliotheken, Folge einer unter Gelehrten ziemlich verbreiteten Bibliomanie, aber auch der einengenden Benutzungsbeschränkungen zahlreicher ‹öffentlicher› Bibliotheken. Der Büchernarr ist seit Sebastian Brant beliebtes Thema der Satire.

Gemeinsames Lesen bzw. Vorlesen im Rahmen einer Gesellschaft war eine beliebte Rezeptionsweise von Literatur nicht nur als Notbehelf in weitgehend illiteraten Kreisen, sondern auch in geistlichen, bürgerlichen oder adeligen Zirkeln. Eine neue Erscheinung in diesem Kontext ist der gemeinschaftliche Bezug von Zeitungen, die dann in Gesellschaft gelesen bzw. vorgelesen und diskutiert wurden. Belege für diesen Gemeinschaftsbezug im 17. Jahrhundert gibt es für Klöster, Höfe und Städte, aber auch für studentische und bürgerliche Kreise (z. B. für Mitglieder des Pegnesischen Blumenordens in Nürnberg). Man kann darin Vorstufen der Lesegesellschaften des 18. Jahrhunderts sehen; außerdem deutet sich bereits die Veränderung im Leseverhalten hin zur extensiven Lektüre an.

Aber auch in den Schichten ohne höhere Schulbildung wurde gelesen, wenn auch nicht gerade die zeitgenössische Kunstdichtung. Belegen läßt sich das nur sehr eingeschränkt. So fehlen bei den untersuchten Nachlaßinventaren von Handwerkern und einfachen Kaufleuten meist Hinweise auf dichterische Werke. Sie besaßen neben religiös-erbaulichen Schriften vor allem berufsbezogene Bücher. Und es verwundert nicht, daß Nachlaßinventare aus bayerischen Dörfern oder von Frankfurter Tagelöhnern und Dienstboten keine Bücher verzeichnen. Denn obwohl in einigen Territorien die allgemeine Schulpflicht im Verlauf des 17. Jahrhunderts wenigstens auf dem Papier eingeführt worden war, blieb die Analphabetenrate auf dem Land und in den Städten weiterhin hoch, d. h. die Landbevölkerung war großenteils illiterat, ebenso die Unterschichten in den Städten. Aber wenn auch diese und andere Gruppen mit fehlender oder nur geringer Lesefähigkeit als Rezipienten für anspruchsvolle Literatur ausfielen, bedeutete das keineswegs, daß sie ganz ohne Dichtung waren. Denn trotz der geringen Bildungsvoraussetzungen stellten das städtische Proletariat und die Landbevölkerung (bzw. der Teil mit rudimentärer Lesefähigkeit) einen ‹Markt› für Druckerzeugnisse dar. Er wurde von reisenden Kleinhändlern, sogenannten Kolporteuren, versorgt, die Kalender, illustrierte Flugblätter, Lieder, Schwankbücher, Gebetbücher und Traktate aller Art anzubieten hatten. Daneben spielten mündliche Überlieferungs- und auditive Rezeptionsformen weiterhin eine große Rolle. Pfarrer oder Schulmeister lasen vor, es gab Aufführungen der Wanderbühne während der Messen und Auftritte von reisenden Zeitungs- und Bänkelsängern. Auch Predigten trugen durch die Verwendung von Exempelgeschichten zur Verbreitung von literarischen Kurzformen und Stoffen bei. Selbst über den *Simplicissimus* Grimmelshausens konnte man durch Predigtmärlein etwas erfahren.

4. Zensur

Die Literatur bildete keine autonome Sphäre, sondern war wie alle Bereiche des öffentlichen (und privaten) Lebens der staatlichen und kirchlichen Regulierung unterworfen. Ausdruck dafür ist die Zensur, die in der Frühen Neuzeit eine allgemein anerkannte Aufgabe staatlicher und kirchlicher Behörden darstellte. Während kirchliche Zensurmaßnahmen schon bald nach der Erfindung des Buchdrucks mit beweglichen Lettern einsetzten, griff die weltliche Macht seit dem Ausbruch der Reformation mit Verordnungen in das Druck- und Verlagswesen ein. Am Anfang steht ein Edikt Karls V. von 1521, gefolgt von Bestimmungen in verschiedenen Reichsabschieden und Erlassen bis hin zur revidierten Reichspolizeiordnung vom 9. November 1577 als Abschluß der Reichspressegesetzgebung. Die Verordnungen des 16. Jahrhunderts bildeten die gesetzliche Grundlage für die Bücherzensur bis zum Ende des Reiches 1806; sie waren auch Vorbild für die Zensurbestimmungen in den Territorialstaaten und den Städten und prägten die Arbeit der kaiserlichen Bücherkommission in Frankfurt. Daneben fand weiterhin kirchliche Zensur statt; der *Index librorum prohibitorum* erschien 1564 zum erstenmal.

«Von Buchtruckern / Schmähschrifften / schmählichen Gemäls / Gedichten und Anschlägen» handelt Titel 35 der Polizeiordnung von 1577. Hier heißt es in § 2 nach einem Hinweis auf die Erfolglosigkeit früherer Erlasse:

«So setzen und ordnen wir, auch hiemit ernstlich gebietend, daß hinfüro Buchtrucker / Verleger / oder Händler / wo und an welchen Orten die im Heil. Reich gesessen seyn, bei Niederlegung ihres Handwercks, auch einer schweren Peen [Strafe], nach Ermässigung ihrer ordentlichen Oberkeit, unnachläßig zu bezahlen, keine Bücher / klein oder groß / wie die Namen haben möchten, in Truck ausgehen lassen sollen / dieselbe seyen dann zuvor durch ihre ordentliche Obrigkeit eines jeden Orts / oder ihre darzu Verordnete, besichtiget und der Lehr der Christl. Kirchen / desgleichen den aufgerichteten Reichs-Abschieden gemäß befunden / darzu daß sie nit auffrührisch oder schmählich / es treff gleich hohe oder niedere Stände, gemeine oder sondere Personen an, und deßhalben approbirt, und zugelassen.» (*Neue und vollständigere Sammlung der Reichs-Abschiede* [...], III, 1747).

Umgekehrt zählt der folgende Paragraph genau auf, was alles nicht veröffentlicht werden dürfe: «nichts / so der Christl. allgemeinen Lehr und zu Augspurg auffgerichten Religion-Frieden ungemäß und widerwärtig / oder zu Unruhe und Weiterung Ursache geben» könne, «keine Famos-Bücher oder Schrifften / es habe der Author seinen Namen darunter gesetzt, oder nit», «nichts schmählichs / Pasquillisch». Die Obrigkeiten erhalten den Auftrag, für die Einhaltung der Bestimmungen zu sorgen und die Urheber der inkriminierten Schriften, sofern man sie durch gütliche oder peinliche Befragung der Verkäufer, Käufer oder Besitzer derartiger Werke identifizieren könne, «andern zum abscheulichen Exempel, mit sondern Ernst» zu strafen.

Während des Dreißigjährigen Kriegs allerdings waren alle guten Vorsätze hinsichtlich religiöser oder politischer Schmähschriften vergessen. Die Polemik der Reformationszeit lebte neu auf, und eine schlagkräftige propagandistische Lyrik reflektierte und personalisierte auf Flugblättern die politischen und religiösen Konflikte, jeweils gefördert von der eigenen Seite. In diesem publizistischen Kampf war Parteilichkeit oberstes Gebot, Verunglimpfungen der Gegner an der Tagesordnung, toleriert, wenn nicht veranlaßt von der jeweils interessierten Partei.

Dagegen war die strikte Zensurpolitik mancher Reichsstädte gerade Ausdruck ihrer schwierigen Lage zwischen den großen Parteiungen. So unterwarf das lutherische Nürnberg das Bücherwesen einer strengen Aufsicht und suchte die Publikation aller Schriften zu unterbinden, die die politische Situation der Stadt beeinträchtigen konnten. Der Rat duldete sogar eine Druckerei, die vorwiegend katholische Schriften produzierte, ging aber auf der anderen Seite 1648 mit Nachdruck gegen Georg Philipp Harsdörffer vor, dessen Loblied auf den schwedischen General Carl Gustav von Wrangel als «Pasquill» gegen den Kaiser und Bayern interpretiert und daraufhin eingezogen wurde.

Die Reichsgesetze ließen sich angesichts der politischen Zersplitterung des Reichs und der weitgehenden Souveränität der Territorialstaaten nur in den habsburgischen Erblanden und in den Reichsstädten durchsetzen. Der Einfluß der Kaiserlichen Bücherkommission, die 1569 in Frankfurt a. M. eingerichtet wurde, war daher beschränkt. Allerdings griff sie im Verlauf des 17. Jahrhunderts immer stärker in das Buch- und Messewesen in Frankfurt ein; die strengen Zensurmaßnahmen im Sinn der Gegenreformation trugen wesentlich zum Niedergang der Frankfurter Buchmesse und damit korrespondierend zum Aufstieg der Leipziger Konkurrenz bei.

Die Territorien und Städte schufen sich eine eigene oder ergänzende Zensurgesetzgebung, wobei die Reichsgesetze bzw. die kirchlichen Zensurmaßnahmen als Vorbild dienen konnten. Die Vorschriften und ihre Durchführung mochten von unterschiedlicher Strenge und Konsequenz sein, zensiert wurde überall. Allerdings eröffneten die territoriale Zersplitterung des Reichs und die unterschiedlichen Interessen der Territorien und Städte gewisse Freiheiten und Ausweichmöglichkeiten. Außerdem war es gängige Praxis, sich hinter Pseudonymen und falschen Druckorten zu verstecken. Für religiös anstößige Literatur – das gilt nicht zuletzt für protestantisches Sektiererschrifttum – bot sich zudem das religiös tolerante Amsterdam als Druckort an. Während sich direkte Zensureingriffe in Akten niedergeschlagen haben, bleibt der indirekte Einfluß der Zensur auf Autoren und Verleger als bewußte oder schon verinnerlichte Reaktion auf das Vorhandensein von Zensurbehören zwar anzunehmen, aber konkret schwer zu fassen.

III. BILDUNG, WISSEN: INSTITUTIONEN, THEMEN, METHODEN DER WELTERFASSUNG

1. Institutionelle Voraussetzungen

Schulwesen

Humanismus und Reformation hatten das höhere Schulwesen durch neue Inhalte und Unterrichts- und Studienreformen tiefgreifend verändert, Reformen, die später auch auf das von den Jesuiten erneuerte katholische Bildungswesen einwirkten. Die städtischen höheren Schulen – protestantische Gelehrtenschule (Lateinschule, Gymnasium), Jesuitengymnasium und Schulen anderer Orden – waren auf die Bedürfnisse der bürgerlichen Elite und des Adels zugeschnitten und garantierten ein hohes Bildungsniveau. Die protestantische Lateinschule des 17. Jahrhunderts basierte auf dem christlich-humanistischen Bildungsideal einer Verbindung von Beredsamkeit, Glaubenslehre und Wissenschaft, wie es Philipp Melanchthon formuliert und Johannes Sturm in Straßburg in einem vorbildlichen Modell (zehnjähriges Curriculum, nach Jahresklassen gegliedert) organisatorisch verwirklicht hatte: «sapiens atque eloquens pietas» (Sturm, 1538). Der Akzent lag auf der Erlernung des Lateinischen, der formalen sprachlich-literarischen Bildung und der stufenweise Hinführung zur schriftlichen und mündlichen *eloquentia latina* nicht zuletzt durch Nachahmung klassischer Muster. Die Vermittlung der Glaubenslehre geschah im Katechismusunterricht. Die Lehrpläne orientierten sich an den Anforderungen der Universitäten, zu denen die Lateinschulen hinführen sollten. Zahlreiche städtische Gymnasien folgten dem Straßburger Beispiel. Die meisten der ‹gelehrten›, d. h. lateinisch gebildeten protestantischen deutschen Dichter des 17. und frühen 18. Jahrhunderts erwarben hier die Grundlagen ihrer Bildung. Einige Gelehrtenschulen näherten sich im Lauf der Zeit in ihrem Charakter und in der Qualität ihrer Angebote den Universitäten bzw. entwickelten sich zu Universitäten.

Zu den Kritikern dieses humanistisch geprägten Schultyps mit seiner Betonung der verbalen Fähigkeiten gehörte der Reformpädagoge Wolfgang Ratke bzw. Ratichius, der eine stärkere Berücksichtigung der Realien und Unterricht in der Muttersprache forderte. Johann Valentin Andreae, Johann Amos Comenius und Johann Balthasar Schupp teilten sein Konzept einer ‹realistischen Bildung›. Schupp, Prediger in Hamburg, argumentiert im *Teutschen Lehrmeister* (entstanden 1658; gedruckt in der *Zugab Doct: Ioh: Balth: Schuppii Schrifften*, um 1667) in diesem Sinn: «Es ist die Weißheit an keine Sprach gebunden. Warumb solte ich nicht in Teutscher Sprache eben so wohl lernen können / wie ich GOtt erkennen / lieben und ehren solle / als in Lateinischer? Warumb solte ich nicht eben so wohl in Teutscher Sprache lernen können / wie ich einem Krancken helffen könne / auff Teutsch / als auf Griechisch oder Arabisch? Die Frantzosen und Italiäner lehren und lernen alle Faculäten und freyen Künste in ihrer Muttersprache.»

Trotz gelegentlicher Zugeständnisse an die ‹realistische Bildung› in Schulordnungen und Lehrplänen behielt das protestantische Gymnasium zunächst seine traditionelle Ausrichtung. Allerdings gab es hier durchaus auch Interesse an der neuen deutschsprachigen Kunstdichtung. Christian Gueintz etwa, der 1619 in Köthen an Ratkes Reformprojekt mitgearbeitet hatte, zeigte sich aufgeschlossen für die literarischen Neuerungen und vermittelte als Rektor des Gymnasiums in Halle seit 1627 seinen Schülern, darunter Philipp von Zesen, die Regeln der neuen Kunstdichtung. Außerdem versuchte er, angeregt von Fürst Ludwig zu Anhalt-Köthen, Regeln für eine deutsche Grammatik und Orthographie aufzustellen und deren Terminologie zu verdeutschen (*Deutscher Sprachlehre Entwurf*, 1641; *Die deutsche Rechtschreibung*, 1645). Den augenfälligsten Beitrag der protestantischen Gymnasien zur Pflege der deutschsprachigen Kunstdichtung leistete die Schulbühne, indem sie dem ‹schlesischen Kunstdrama› von Gryphius, Lohenstein und anderen Aufführungsmöglichkeiten bot.

In den katholischen Territorien prägte der Jesuitenorden das höhere Schulwesen, wenn auch andere Orden wie die Benediktiner eigene Gymnasien und mit Salzburg eine Universität betrieben. Im Unterschied zur protestantischen Gelehrtenschule ging das Jesuitengymnasium keinerlei Kompromisse mit einer volkssprachlichen ‹realistischen› Pädagogik ein. Das Jesuitentheater, das in Städten wie München oder Wien zum prachtvollen Hoftheater werden konnte, bediente sich der lateinischen Sprache. Die Ausbildungsstätten der Jesuiten standen im Dienst der Gegenreformation. Wie bei Sturm war die von der Rhetorik geprägte Pädagogik der Jesuiten auf das Ideal der *eloquentia* ausgerichtet; auch sie verband Christentum und Humanismus. Aber im Gegensatz zur protestantischen Lateinschule bestimmte die Konzeption eines von vornherein zweckbestimmten Rhetorikunterrichts die pädagogische Praxis der Jesuitengymnasien. Der Gegner sollte mit den eigenen humanistischen Waffen geschlagen werden. Es ging um die Verteidigung des wahren Glaubens, um die Widerlegung der Ketzer und die Bekehrung der Abgefallenen – Aufgaben der Gegenreformation, für die die Erziehungsanstalten der Jesuiten die erforderlichen Streiter auszubilden hatten. Die Ausbreitung der Jesuitenschulen im 16. und 17. Jahrhundert ist daher eng mit den Erfolgen der Gegenreformation verbunden. In den katholischen Ländern bestand nahezu ein jesuitisches Erziehungsmonopol, das zunehmend auch die

Universitäten einbezog. Außerdem gelang es den Jesuiten, sich durch eine planvolle Politik Einfluß an den Höfen zu verschaffen und mehr und mehr die Prinzenerziehung zu übernehmen.

Mit den sogenannten Ritterakademien trat ein neuer Schultyp neben die protestantischen und jesuitischen Gymnasien. Nach frühen Gründungen wie den ‹Collegien› in Tübingen (1592) oder Kassel (1599) dauerte es noch ein halbes Jahrhundert, bis die Ritterakademien als Alternative zum Privatunterricht durch Hofmeister eine größere Bedeutung für die Adelserziehung erlangten. Ihre spezifisch standesbezogenen pädagogischen Zielsetzungen verweisen auf Tendenzen der Verweltlichung von Bildung und reflektieren zugleich die Kritik an der Realitätsferne der humanistischen Gymnasien. Diese Adelsakademien hatten den Zweck, die jungen Adeligen auf ihre späteren Funktionen am Hof, in der Staatsverwaltung und im Militär vorzubereiten. Die Lehrpläne waren entsprechend und bevorzugten neben der Vermittlung ritterlich-höfischer Fähigkeiten (Fechten, Tanzen u. a.) die modernen Sprachen und Wissenschaften (Staatswissenschaften, neuere Geschichte, Geographie, Naturwissenschaften). Es ging vor allem um die praktische Anwendung; Mathematik beispielsweise wurde auf Feldvermessung, Baukunst und Fortifikationswesen zugeschnitten: Die jungen Herren sollten, heißt es im Programm einer Ritterakademie, «durch reelle demonstratio per experimenta und praxin sofort den usum der Sache erlernen». Die Akademien hatten nur verhältnismäßig geringe Schülerzahlen (etwa 20 bis 40 in Wolfenbüttel); die Kosten waren hoch und der Nutzen offenbar eher gering. So gingen diese exklusiven Schulen für den Hochadel nach der Wende zum 18. Jahrhundert nach und nach ein.

Inzwischen war aber auch in einige protestantische Gelehrtenschulen ein modernerer Geist eingezogen. Beispielhaft wirkte hier Christian Weise, der als Hofmeister und als Professor an dem wie eine Ritterakademie aufgezogenen Gymnasium illustre Augusteum in Weißenfels pädagogische Erfahrungen gesammelt hatte. Als Rektor des Zittauer Gymnasiums brachte er seit 1678 die Konzeption einer an der Praxis orientierten und im öffentlichen Leben brauchbaren Bildung in eine bürgerlich-gelehrte Umgebung ein. Dabei tastete er den traditionellen äußeren Rahmen des Zittauer Gymnasiums nicht an, sondern versuchte, seine Schüler in zusätzlichen Privatlektionen, aber auch mit Hilfe des intensiv gepflegten Schultheaters zu ‹politischen›, d. h. weltklugen Menschen zu erziehen und sie damit auf den Staats- und Fürstendienst vorzubereiten.

Ausgeschlossen vom höheren Bildungswesen waren die Frauen. Nur in den Ordnungen für die Elementarschulen werden Mädchen erwähnt: «Die Kinder sollen jedes Orths alle / keines ausgenommen / Knaben und Mägdlein das gantze Jahr stets nach einander in die Schule gehen», heißt es beispielsweise in der Bestimmung über die allgemeine Schulpflicht in der Gothaer Schulordnung von 1642. Im übrigen blieb nur häuslicher Unterricht, den sich außer Adel und höherem Bürgertum kaum jemand leisten konnte. Ein Vorläufer bei den Bemühungen, Frauen den Weg zur Bildung zu eröffnen, ist der Nürnberger Patrizier Georg Philipp Harsdörffer, der mit seinen *Frauenzimmer Gesprächspielen* (1641–49) ihre intellektuellen und literarischen Interessen und Fähigkeiten zu fördern suchte und betonte: «Fürwar es ist ihnen den Weg deß Verstands zu gehen nicht verbotten / man wolle sie dann von der Gemeinschaft anderer Menschen absondern / und sie für Sinn- und Redlose Bilder halten [...].» Wenn es trotz der institutionellen und gesellschaftlichen Hindernisse eine Reihe gebildeter und gelehrter Frauen von europäischem Ruhm gab – Beispiele sind etwa die aus England stammende Neulateinerin Elisabeth Westonia aus dem Kreis um Rudolf II. in Prag, die Niederländerin Anna Maria Schuurmans, die Astronomin und Mathematikerin Maria Cunitz oder die Malerin und Naturforscherin Maria Sibylla Merian –, dann verdankten sie das günstigen familiären Konstellationen. Die besten Möglichkeiten ergaben sich dabei in kulturinteressierten Fürsten-, Adels-, Patrizier- und Gelehrtenfamilien. Lexikalische Verzeichnisse deutscher gelehrter Frauen – das erste in deutscher Sprache erschien bereits 1631 – hatten seit dem Ende des 17. Jahrhunderts Konjunktur (u. a. Christian Franz Paullini: *Das Hoch und Wohl-gelahrte Teutsche Frauen-Zimmer*, 1706, vermehrt 1712; Georg Christian Lehms: *Teutschlands galante Poetinnen*, 1715).

Universitäten

Während der Adel dem Besuch bürgerlicher Gelehrtenschulen häufig ablehnend gegenüberstand, galt ein Universitätsstudium als durchaus annehmbar bzw. wurde aus Karrieregründen notwendig. Die Vorbereitung auf das Studium lag, wenn kein Besuch eines Gymnasiums oder einer Ritterakademie vorausgegangen war, in den Händen von Hofmeistern, die ihre Schützlinge auch während des Studiums und auf der Kavalierstour mit gelegentlich eingeschobenen Studienaufenthalten an ausländischen Universitäten begleiten konnten (und dabei gegebenenfalls selbst Gelegenheit zum Studium fanden). Die meisten Studenten kamen jedoch aus dem höheren, akademisch gebildeten Bürgertum, während Angehörige von kleinbürgerlichen oder bäuerlichen Schichten nur ausnahmsweise zum Studium gelangten.

Die Reformation hatte wie in anderen Bereichen auch zu einer konfessionellen Trennung im Bereich der Universitäten und damit zu einer Neuorientierung der theologischen Fakultäten geführt. Im übrigen blieben der Aufbau der Universitäten bzw. des Studiums bis weit ins 17. Jahrhundert hinein im wesentlichen unverändert. Allerdings veränderten sich die Universitäten insofern, als sie immer mehr den Charakter von Ausbildungsstätten für Beamte – Theologen, Juristen – annahmen, in den protestantischen Territorien begünstigt durch die Organisation von Landeskirchen. Zu den Folgen der Territorialisierung der Bildung bzw. Ausbildung gehörten auch die zahlreichen Neugründungen, die meist aus Gymnasien hervorgingen (im 17. Jahrhundert u. a. Gießen, Rinteln, Straßburg, Altdorf, Salzburg, Bamberg, Kiel, Innsbruck, Halle).

Die Universität war eine privilegierte Körperschaft, die eine begrenzte Selbstverwaltung und die Jurisdiktion über ihre Mitglieder besaß. Das Studium der *artes liberales* in der Artisten- bzw. philosophischen Fakultät bildete weiterhin die Basis, auf der die drei höheren Fakultäten der Theologie, Rechtswissenschaften und Medizin aufbauten. Der Lehrbetrieb in lateinischer Sprache spielte sich in den traditionellen Formen der Vorlesung, Disputation und Deklamation ab und zielte auf die Überlieferung eines gegebenen Lehrbestandes. Erst in der zweiten Hälfte des 17. Jahrhunderts setzte eine gewisse Auflockerung des Universitätsbetriebs und der Lehrinhalte durch das Vordringen der ‹praktischen Philosophie› und des Naturrechts ein, die dann in die Gründung der Universität Halle (1694) mündete. An ihrem Aufbau war Christian Thomasius maßgeblich beteiligt, der einige Jahre zuvor seine konservativen Kollegen an der Leipziger Universität mit einer Vorlesung in deutscher Sprache und der Konzeption eines weltmännischen Gelehrtenideals als Gegenbild zum muffigen Pedanten schockiert hatte (*Discours Welcher Gestalt man denen Frantzosen in gemeinem Leben und Wandel nachahmen solle?*, 1687). Die Kritik am lateinischen Wissenschaftsbetrieb, die auch Leibniz teilte, führte seit der Wende zum 18. Jahrhundert zum allmählichen Übergang zur deutschen Sprache. Den entscheidenden Beitrag zur Etablierung der deutschen Sprache als Wissenschaftssprache leistete dann Christian Wolff, der seit 1707 ebenfalls in Halle lehrte.

In den katholischen Territorien hatten die Jesuiten mit ihrer Studienordnung von 1599 (*Ratio atque institutio studiorum S. J.*) ein eigenes, überstaatliches Ausbildungskonzept vorgelegt, das sowohl den Gymnasialunterricht als auch die Universitätsausbildung umfaßte und bis ins einzelne regelte. Nach der philologisch-humanistischen Grundausbildung am Gymnasium folgte ein dreijähriges Philosophiestudium, das auf das Studium der Theologie vorbereitete und auf den Schriften des Aristoteles beruhte («in Dingen von irgendwelchem Gewicht soll der Lehrer vom Aristoteles nicht abweichen, es sei denn in Punkten, wo er der allgemein angenommenen Lehre der Universitäten entgegen ist, oder der orthodoxen Lehre widerspricht»).

Aufbau und Inhalte des Philosophiestudiums an den katholischen und protestantischen Universitäten unterschieden sich, sieht man von den konfessionellen Aspekten ab, nicht wesentlich voneinander. Das traditionelle scholastisch-aristotelische Wissenschaftsverständnis dominierte weiterhin bis weit über die Mitte des 17. Jahrhunderts hinaus. Neue Tendenzen blieben zunächst auf wenige Universitäten beschränkt. Descartes wirkte in der ersten Jahrhunderthälfte vor allem durch seine mathematischen und naturwissenschaftlichen Schriften; auf ihrer Basis vertrat der

Hamburger Philosoph und Naturforscher Joachim Jungius ein mathematisch-logisches Methodenkonzept, das die Metaphysik aus den eigentlichen Wissenschaften ausschloß. Jungius steht für die wachsende Bedeutung der Naturwissenschaften an den deutschen Universitäten, die sich zunehmend empirischen Methoden öffnete. Die Philosophie von Descartes allerdings wurde weitgehend von den Universitäten ferngehalten.

Folgenreich über den akademischen Bereich hinaus erwies sich die Rezeption des Neustoizismus und Tacitismus, praxisbezogenen Konzeptionen, die der Niederländer Justus Lipsius als Reaktion auf die religiösen Bürgerkriege mit Werken wie *De constantia* (1584) und *Politicorum sive civilis doctrinae libri sex* (1589) entwickelt hatte. Matthias Bernegger in Straßburg wurde zum Repräsentanten einer historisch-politischen Philologie, die die Lektüre und Auslegung antiker Texte im Hinblick auf die politische Gegenwart aktualisierte und damit der deutschen Staatswissenschaft neue Impulse gab. An Universitäten wie Helmstedt, Gießen und Jena gewann die ‹praktische Philosophie› vor allem in der Form der Politikwissenschaft (z. B. Hermann Conring) an Bedeutung. In Jena gab es Vorlesungen über Hugo Grotius, den Begründer des Natur- und Völkerrechts, und Samuel Pufendorf erhielt 1661 den neuen Lehrstuhl für Natur- und Völkerrecht in Heidelberg. Gegen Ende des 17. Jahrhunderts, auch das ein Zeichen allmählichen Wandels der Universitäten und der Tendenz zur Verweltlichung der Bildung, lösten die juristischen Fakultäten die theologischen von der Führungsrolle an den protestantischen deutschen Universitäten ab.

Eine neue Epoche der Universitätsgeschichte begann mit Christian Thomasius' offensiver Kritik an der aristotelischen Schulphilosophie, der juristischen Dogmatik und nicht zuletzt der orthodox-lutherischen Theologie, die ihn schließlich zur ‹Auswanderung› von Leipzig ins preußische Halle zwang. Hier entstand die erste moderne Universität im Reich. Geprägt wurde sie einerseits von Thomasius, der die Rechtswissenschaft vertrat (Naturrecht, Staats- und Verwaltungsrecht), andererseits von einer theologischen Fakultät, die im Unterschied zur Orthodoxie einem praxisbezogenen, rationalen und irenischen Geist verpflichtet war. Hier wurde der ebenfalls aus Leipzig vertriebene Pietist August Hermann Francke zur bestimmenden Gestalt. Einig waren sich Thomasius und Francke bei ihren Reformbemühungen in der Ablehnung der überkommenen Schulgelehrsamkeit und der lutherischen Orthodoxie. Später kam mit Christian Wolff, 1706 zunächst als Professor der Mathematik und Naturlehre berufen (Lehrtätigkeit ab 1707), der Begründer der deutschen Aufklärungsphilosophie hinzu, der die rationalistischen und mechanistischen Vorstellungen der französischen Philosophie seit Descartes sowie Elemente des Leibnizschen Denkens aufnahm. Die Philosophie hatte sich endgültig von der Theologie emanzipiert. Die Freiheit des Denkens und der Lehre

an deutschen Universitäten hatte hier ihren Ausgangspunkt, auch wenn
es – wie die Vertreibung Wolffs aus Halle 1723 zeigt – Rückfälle gab.

2. Themen

Neustoizismus

Neben der aristotelischen Philosophie, die weiterhin den Schul- und Uni-
versitätsbetrieb dominierte, etablierte sich seit der Wende zum 17. Jahrhundert mit dem christlichen Stoizismus eine auf praktische Lebensbe-
wältigung ausgerichtete Philosophie. Es war eine Krisenphilosophie,
entstanden aus den Erfahrungen der religiösen Bürgerkriege des 16. Jahrhunderts. Die Krisen und Kriege des folgenden Jahrhunderts sorgten dafür, daß sie nichts von ihrer Aktualität verlor. Auch weite Bereiche der
deutschen Literaturproduktion lassen den Einfluß der Philosophie des
Neustoizismus erkennen. Ihre maßgebliche Formulierung hatte sie bei
dem niederländischen Philologen Justus Lipsius gefunden, der auf die
Bürgerkriege in seiner Heimat und in ganz Europa in doppelter Hinsicht
reagierte: Zum einen entwarf er das auf praktische Verwirklichung gerichtete Konzept eines Machtstaates, der moralische Autorität auf rö-
misch-stoischer Grundlage und militärische Stärke verbinden sollte, um
den durch die konfessionellen Kriege verursachten staatlichen Auflösungserscheinungen entgegenzuwirken und den Untertanen ein sicheres
Leben zu ermöglichen (*Politicorum sive civilis doctrinae libri sex*, 1589;
dt. von Melchior Haganaeus: *Von Vnterweisung zum Weltlichen Regiment: Oder / von Burgerlicher Lehr / Sechs Bücher*, 1599); zum anderen
schrieb er – nun auf die prekäre Situation des Individuums in der Bürger-
kriegszeit bezogen – mit dem von der stoischen Philosophie ausgehenden
Traktat in Dialogform *De constantia libri duo* (1584) eine Anleitung, wie
der Mensch trotz aller äußeren Widrigkeiten und Wechselfälle (Fortuna)
und der Gefährdung durch die Affekte mit Hilfe des Verstands und der
«gesunden Vernunfft» zur Beständigkeit, zur stoischen Ruhe des Gemüts
zu gelangen vermag.

In der Einleitung des Dialogs spricht Lipsius davon, daß er vor einigen Jahren
«dem wüsten vnnd vnruhigen Wesen» seines Vaterlandes entfliehen wollte und auf
dem Weg nach Wien Freunde in Lüttich besucht habe. Bei dieser Gelegenheit
kommt es zu einem zweitägigen Gespräch mit einem der Freunde, der sein Vorhaben kritisiert. Überall in Europa herrsche Krieg und Unruhe, Reisen helfe nicht
gegen die «jnnwendigen des Gemühts Kranckheiten»: «Derhalben sol man Lipsi
nicht das Vatterland / sondern die Affecten fliehen: vnnd das Gemüte also stercken
vnd rüsten / das wir auch mitten vnter dieser vnruh vnd Kriegswesen rühig vnd zu
frieden sein können.» Dabei stehen die Vernunft und der «Wahn» (*opinio*) einander gegenüber: «Jene streitet für vnd in der Seelen: dieser für vnd in dem Leibe.»

Während die Vernunft zur Beständigkeit und Tugend anleitet, stehen der von den Sinnen gesteuerte blinde «Wahn» und die Affekte dem Ziel eines vernunftbestimmten Lebens entgegen und müssen bezwungen werden. Lipsius' Stoizismus plädiert nicht für passives Dulden und schon gar nicht für das Ausweichen vor schwierigen Situationen im privaten oder öffentlichen Leben, sondern für tatkräftiges, von geistiger und moralischer Freiheit bestimmtes Handeln bzw. für willensstarke Behauptung in allen Wechselfällen des Lebens. Das geschieht in dem Bewußtsein, daß – entgegen der Meinung der antiken Stoa – das Fatum unter der göttlichen Vorsehung steht, die Lipsius definiert als «eine macht vnd gewalt in GOtt / dardurch er alles sihet / weis / vnd regieret». Vorsehung und Fatum sind nicht gleichzusetzen. Während die Vorsehung «in Gott» ist und «jhm alleine zugeeignet» wird, liegt das Fatum in den Dingen. Es bringe keine Gewalt mit sich und zwinge niemanden, «sondern richtet vnd beuget alle ding / so wie ein jedes geschaffen ist zu thun oder zu leiden. So du es aber zurück auff das / dauon es herkömpt / ziehest / nemlich auff die Versehung / vnd auff Gott / so mustu mit bestendigkeit ohn alle furcht bekrefftigen / das alles was aus dem Fato geschicht / notwendig geschicht.» So bleibt die göttliche Allmacht unangetastet, ebenso der freie Wille des Menschen. Das Fatum ist zwar unausweichlich, und es gilt sich dagegen zu wappnen, aber es entschuldigt kein passives Hinnehmen, keine Untätigkeit. Das trifft, wie Lipsius mit zahlreichen Beispielen illustriert, für den privaten Bereich ebenso zu wie für den politischen: «Die Freyheit / so jetzt verloren / kan widerumb lebendig werden: vnnd dein Vaterland / welches jetzt dahin fellet / kan künfftiger zeit widerumb auffstehen. Warumb wiltu so leichtlich verzagen oder verzweiffeln?» Und die Dinge mögen ausschlagen wie sie wollen: Ein «hohes Gemüt» läßt sich nicht beirren und macht sich von den Schmerzen los, wie groß sie auch seien, «dieweil vns dieselbigen nirgend zu nütz sein».

Lipsius' *De constantia* hatte wie sein Lehrbuch der Politik großen Erfolg. Der lateinische Text erreichte bis zum Ende des 17. Jahrhunderts 30 Auflagen; dazu kamen zahlreiche Übersetzungen. Die deutsche Fassung von Andreas Viritius erschien zuerst 1599 (*Von der Bestendigkeit Zwey Bücher. Darinnen das höchste Stück Menschlicher weisheit gehandelt wird*). Die breite Resonanz verdankt das Werk nicht zuletzt seinem konfessionell neutralen Charakter, der es für Lutheraner und Reformierte ebenso wie für Katholiken annehmbar machte. Allerdings kam Kritik gerade (aber nicht nur) von den Jesuiten, deren Schüler Lipsius gewesen war. Problematisch erschien vor allem die Rolle des Fatums und sein Verhältnis zur göttlichen Vorsehung und zum freien Willen des Menschen. Außerdem fehlen in Lipsius' Trostschrift zentrale christliche Elemente; zwar spricht er von der göttlichen Vorsehung und Allmacht, aber nirgends ist von der Liebe Gottes oder von Erlösung die Rede. Das Buch, das sich vorsichtig im konfessionellen Minenfeld bewegt, steht vielmehr für ein entschiedenes Dennoch des selbstverantwortlichen, vernunftgeleiteten, tätigen Menschen, für ein ethisches Programm, das Paul Fleming später in seinem Sonett *An Sich* in lapidaren Imperativen und Maximen exemplarisch formulierte: «Sey dennoch unverzagt […].»

Politische Klugheit: Moral und Politik

Da sie grundlegende Fragen der Moral aufwerfen, bleiben politische
Klugheits- und Verhaltenslehren nicht allein der einschlägigen Traktat-
literatur vorbehalten, sondern ihre Vorstellungen und die damit verbundenen Konflikte gewinnen im Verlauf des 17. Jahrhunderts eine zunehmende Bedeutung auch für die ‹schöne Literatur›. In der Neuzeit beginnt
die Diskussion mit Machiavelli. Dieser hatte in seiner Schrift *Il principe*
(1532) die Bindung der Politik an die Moral in Frage gestellt. Entscheidende Kriterien für das politische Handeln sind vielmehr die an den Realitäten orientierte Notwendigkeit und die Erfahrung, die der Politiker aus
seinem Handeln wie aus dem Studium der Kausalitäten der Geschichte
gewinnt. Dabei wird deutlich, daß für den Fürsten, der sich behaupten
will, nicht die Modelle realitätsferner Utopien und Fürstenspiegel gelten
können, sondern daß er auch imstande sein muß, «nicht gut zu handeln
und das Gute zu tun und zu lassen, wie es die Umstände erfordern»:
«Denn alles wohl erwogen, gibt es Eigenschaften, die für Tugenden gelten
und die seinen Untergang herbeiführen würden, und andere, die für Laster gelten und auf denen seine Sicherheit und Wohlfahrt beruht.» Wie die
politische Praxis lehrt, sind Wort- und Treuebruch notwendige und
erfolgreiche Mittel der Politik, berechtigt schon deswegen, weil – hier
kommt Machiavellis pessimistische Anthropologie zum Tragen – die
Menschen schlecht sind und die Gegenspieler ihrerseits die Treue brechen
würden. Zwar darf bzw. muß der Fürst unmoralisch handeln, um sich
nicht selbst zu schaden, doch sollte er in seinen Äußerungen den Schein
der Tugend aufrechterhalten, denn der Pöbel – «in der Welt gibt es nur
Pöbel» – läßt sich durch den Augenschein und den Erfolg bestechen: «Es
ist also nicht nötig, daß ein Fürst alle aufgezählten Tugenden besitzt, wohl
aber, daß er sie zu besitzen scheint.» Mit dem Hinweis auf die Bedeutung
des Scheins und damit der Täuschung schlägt Machiavelli wichtige, immer wiederkehrende Themen der politischen Verhaltensliteratur an.

Machiavellis schonungslose Darstellung der Prinzipien eines an der
Realität (der italienischen Verhältnisse der Frühen Neuzeit) und den Kriterien der Notwendigkeit und der Erfahrung ausgerichteten politischen
Handelns steht, oft ungenannt, im Hintergrund der kontroversen Diskussion über das Problem, wie zwischen der Staatsräson und einem an
ethische Normen gebundenen Handeln zu vermitteln sei. Lipsius wagte
in seinem Lehrbuch der Politik *Politicorum sive civilis doctrinae libri sex*
(1589) eine vorsichtige Auseinandersetzung mit den Lehren Machiavellis,
die mehr enthält als die übliche entrüstete Ablehnung des ‹unmoralischen›
Italieners. Er verweigert sich der stereotypen (und teilweise heuchleri-
schen) Polemik oder der Politik des Verschweigens bei gleichzeitigen Anleihen, sondern nennt schon in der Vorrede zu seinem Lehrbuch der Poli-

tik Machiavelli als den einzigen neueren Schriftsteller, der scharf, subtil und feurig («acre, subtile, igneum») über das Thema der Herrschaft geschrieben, dabei allerdings den Weg zur Tugend und Ehre verfehlt habe. Und in den Kapiteln, in denen es um die zentralen moralischen Probleme eines von der Staatsräson bestimmten Handelns geht, verteidigt er Machiavelli, über den heute jeder herziehe, ausdrücklich. Politik sei nichts für die Schulweisheit Halbwüchsiger: «Hier kommt es vielmehr auf den Menschen an, ‹der darüber Bescheid weiß, wie es im Leben zugeht› (Aristoteles). Daraus ist leicht zu entnehmen, daß der vielgeschmähte Italiener nicht so streng zu verurteilen ist – der Arme, wer schlägt heute nicht auf ihn ein! – und es doch, wie einmal ein Heiliger gesagt hat, ‹eine ehrenhafte und rühmliche Schlauheit› (Basilius) gibt.» Lipsius selbst sucht den Kompromiß im Verhältnis von Politik und Moral und findet ihn in der «prudentia mixta», die es erlaube, die politische Klugheit mit «etwas Betrug» zu mischen. Erlaubt bzw. notwendig im Dienst für das Gemeinwohl sind Verhaltensweisen wie Mißtrauen, Geheimhaltung, Bestechung und Täuschung. Schon um der Falschheit und dem Betrug der Gegner begegnen zu können, muß der Herrscher, wie es in geläufiger Metaphorik heißt, die Eigenschaften des Löwen und des Fuchses miteinander verbinden. Unter keinen Umständen zulässig sind hingegen Treulosigkeit und Ungerechtigkeit.

Lipsius nimmt seiner Argumentation äußerlich die Spitze, indem er sie als eine Art Zitatensammlung mit Zwischentexten anlegt: Wichtigster Gewährsmann dabei ist Tacitus, dessen Werke er 1574 in einer epochemachenden Ausgabe vorgelegt hatte und die wesentliche Anstöße zum Studium der Geschichte und der Politik gegeben hatte. Dabei geht es nicht mehr um Geschichte als Reservoir abrufbarer Exempel für vorbildliches oder verwerfliches Handeln, sondern um konkrete Erkenntnisse aus der Analyse historischer Begebenheiten für das gegenwärtige politische Handeln. Lipsius selbst spricht von der Ähnlichkeit der politischen Verhältnisse der Gegenwart mit den von Tacitus beschriebenen Zuständen der römischen Kaiserzeit. Seine Anhänger wie der auch an der neuen deutschen Dichtung interessierte Straßburger Historiker Matthias Bernegger nehmen diese Vorstellungen auf, die als Tacitismus neben dem Neustoizismus zu den prägenden Elementen des politischen und philosophischen Denkens im 17. Jahrhundert gehören und darüber hinaus auch wesentlich auf die Gedankenwelt politisch interessierter (oder tätiger) Dichter wirken. Tacitus dient als Lehrmeister der «Künste des Hofes und der Reiche» (Augustus Buchner), der in die Feinheiten der Politik, in die *arcana imperii* einführt. So erscheint Kaiser Tiberius in der Schilderung des Tacitus als Muster politischer Täuschung und Verstellung, und an Vorgängen wie der Verschwörung gegen Nero und dem Tod Senecas ließ sich durchaus kontrovers die Frage diskutieren, ob hier ein Beispiel aufrechten Widerstands und moralischer Unbestechlichkeit (Daniel Heinsius) oder mangelnder politischer Klugheit (Buchner) vorliege: Themen, die Lohenstein in seinen Römerdramen und seinem *Arminius*-Roman behandelt und die dem Studium der antiken Geschichte einen aktuellen, praxisbezogenen Charakter verleihen. Dabei knüpfte Lohenstein ausdrücklich an spanische Vorbilder an.

Die von Machiavelli, Lipsius und der Tacitus-Rezeption ausgehende Diskussion politischer Klugheitslehren hatte große Resonanz in Spanien gefunden und Autoren wie Don Diego Saavedra Fajardo, Diplomat König Philipps IV., und den auch als Theoretiker des literarischen Scharfsinns bekannten Jesuiten Baltasar Gracián zu Abhandlungen, Aphorismen und Emblembüchern angeregt. Von Saavedra Fajardo stammen die politischen Embleme *Idea de un príncipe político-cristiano, rapresentada en cien empresas* (1640), die Verhaltenslehren für die unterschiedlichen Bereiche und Situationen des fürstlichen Handelns geben und dabei u. a. von Verstellung und Täuschung unter dem Anschein der Tugend als notwendigen Techniken politischer Machtausübung handeln. Dazu gehört auch die Herrschaft über die Affekte, die rational gesteuert und situationsgerecht als Mittel der Täuschung einzusetzen sind. Die häufigen Berufungen auf Tacitus lassen Saavedra Fajardo als Exponenten des spanischen Tacitismus erkennen. Baltasar Gracián nimmt die Diskussion über Fragen der Staatsräson und der politischen Klugheit als Kunst der Verstellung in Werken wie *El héroe* (1637), dem berühmten *Handorakel* (*Oráculo manual y arte de prudencia*, 1647) mit seinen nicht nur auf den Herrscher bezogenen Aphorismen über die Kunst der Weltklugheit und der politischen Biographie *El Político Don Fernando el Católico* (1640) auf. Lohenstein übersetzte diese Schrift unter dem Titel *Lorentz Gratians Staats-Kluger Catholischer Ferdinand* (1672).

Die Diskussion blieb kontrovers. Der Widerstand gegen die ‹modernen› Begriffe der Staatsräson und des Politischen sowie der damit assoziierten politischen und gesellschaftlichen Verhaltensweisen formierte sich im Namen christlicher Moral und alter deutscher Redlichkeit, d. h. konservativer, gegen die absolutistischen Tendenzen gerichteter Politikvorstellungen. Zugleich entstand gegen Ende des Jahrhunderts auf einer anderen Ebene eine durch Christian Weise personifizierte Bewegung mit dem Ziel, die politischen Verhaltenslehren im Interesse eines aufstiegsbewußten Bürgertums im absolutistischen Staat zu ‹demokratisieren›.

Affektenlehren

Schon Aristoteles hebt in seiner *Rhetorik* die enge Beziehung zwischen Rhetorik und Ethik hervor. Die Rhetorik zielt darauf, die Zuhörer von der Richtigkeit einer Sache zu überzeugen bzw. zu überreden. Dabei setzen der Redner und noch mehr der Dichter vor allem auf emotionale Wirkungen: sowohl auf die Erregung gemäßigter, sanfter Affekte, um die Adressaten für sich bzw. die Sache zu gewinnen (*ethos*; *delectare, conciliare*), als auch auf das Hervorrufen heftiger Leidenschaften, um das Publikum mitzureißen (*pathos*; *movere, permovere*). Als philosophische

Disziplin beschäftigt sich die Ethik ihrerseits mit dem Wesen der Affekte, ihren Wirkungen und ihrer Kontrolle, um den Menschen «zu Erlernung der Tugenden» anzuleiten: «Ein Sittenkundiger und Tugendlehrer muß derhalben kundig seyn / wie es mit des Menschen Seele und dero Vermögen / mit der Vernunft / Verstande / Willen / Begierde / innerlichen und äusserlichen Sinnen und derogleichen beschaffen / wann er wil die Vernunft recht und wol unterrichten / den Willen und die Begierde recht und wol anzuführen / die Kräffte der Seelen zur Tugendliebe gewinnen / und also das menschliche Gemüthe in eine rechte Tugendzier einkleiden», schreibt Justus Georg Schottelius in der ersten systematisch aufgebauten deutschsprachigen Ethik (*Ethica Die Sittenkunst oder Wollebenskunst*, 1669).

Wenn Schottelius darauf hinweist, daß die Affekte («Hertzneigungen») «an sich selbst oder von Natur nicht bös» seien, allerdings «gezähmet», «mit der Vernunft befreundet», auf dem «Mittelwege» gehalten und «untadelhaft und tugendfähig gemacht werden» sollten, steht er in aristotelischer Tradition, wie sie – im einzelnen durchaus modifiziert und in die christliche Moraltheologie eingebunden – über Augustinus und Thomas von Aquin bis in die Neuzeit wirksam blieb und auch im Protestantismus weitergeführt wurde. Affekte sind für sich weder Laster noch Tugenden, sondern Bewegungen des *appetitus sensitivus*, eines zwischen dem Intellekt und den vegetativ-organischen Kräften angesiedelten Seelenvermögens, die erst durch ihre Aktivierung, durch vernünftigen Gebrauch oder durch Mißbrauch, bewertet werden können. Sie sind durchaus wertvoll, sofern man mit ihnen richtig umgeht, also wenn man, wie bei der Tugend überhaupt, «allemal den rechten vernünftigen Mittelweg» trifft und «nirgends wo zuviel / oder zuwenig» tut (Schottelius). In dieser bis ins 17. Jahrhundert dominanten Tradition, der beispielsweise auch Lohenstein verpflichtet ist, erhalten die (von der Vernunft kontrollierten) Affekte eine durchaus positive, unverzichtbare, zwischen Leib und Seele vermittelnde Funktion.

Eine entschieden affektkritische Funktion vertritt dagegen die stoische Philosophie und ihr folgend der Neustoizismus des 16. und 17. Jahrhunderts. Affekte sind danach unvernünftige Bewegungen der Seele, also zu bekämpfen und auszutilgen, um die ‹Ruhe des Gemüts› zu erreichen bzw. zu bewahren. Sie beruhen auf Fehlurteilen, dem «Wahn» (opinio), der «in allen dingen dem Leibe vnnd den Sinnen zu willen» ist und «gleich wie das Auge / so durch einen Nebel oder durchs Wasser sihet / den dingen eine falsche Maß gibt». Und der Wahn «ist den Menschen eine vrsach alles vbels: dieser ist der anfenger vnsers wüsten vnd verderblichen Lebens. Das vns die Sorgen plagen / kömpt von jhm her: daß vns die Affecten hin vnnd wider vmbher schleppen: das vns die Laster gebieten / kömpt von jhm her», heißt es in Justus Lipsius’ *De constantia*.

Beide Traditionen, die aristotelische und die neustoische, üben eine starke Wirkung auf die Literatur der Frühen Neuzeit aus. Das zeigt sich etwa in der Dramentheorie, in der sie miteinander konkurrieren, aber auch in der Dichtung selbst: sei es in den programmatischen Entwürfen des stoischen Lebensideals bei Martin Opitz oder Paul Fleming, sei es in den Darstellungen widerstreitender Affekte in den «Reyen» barocker Dramen, sei es in den Reden handelnder oder reflektierender Personen, sei es in genauen Beschreibungen der körperlichen Auswirkungen von einander ablösenden oder widerstreitenden Affekten. Gerade hier zeigt sich eine durchaus mechanistische Auffassung von der Entstehung und der Äußerung von Affekten. Anweisungen, wie Affekte zu erregen bzw. darzustellen sind, geben die Rhetoriken und Poetiken sowie – mit Illustrationen versehen – Franciscus Langs *Dissertatio de actione scenica* (1727). Am Nutzen der Affektenlehre besteht kein Zweifel: «Ohne die Lehre von denen Gemüths-Neigungen kan man keinen autorem recht verstehen / andere rechtschaffen unterweisen / oder sie zu etwas bereden / weder sich selbst noch andere erkennen [...].» (Christian Thomasius: *Ausübung der Sitten-Lehre*, 1696)

Natur

Die Natur, die die barocken Dichter darstellen, ist nicht die der modernen Naturwissenschaften, auch wenn sie gelegentlich auf neue Erfindungen verweisen oder technische Prozesse beschreiben und sich generell das wachsende Wissen über die Welt und die Natur zunutze machen. Zwar kam es auch im Deutschen Reich zu bedeutenden Fortschritten in der Mathematik und den Naturwissenschaften – etwa im Prager Kreis um Kaiser Rudolf II., durch Johannes Kepler, Otto von Guericke oder Leibniz –, doch blieben sie weit hinter den Entwicklungen in England, Frankreich, Italien und den Niederlanden zurück. Entsprechend spät erfolgte die Ablösung des religiösen durch das neue mathematisch-naturwissenschaftliche Weltbild. Die Sicht der Natur bleibt theologisch geprägt. Und es gibt selbstverständlich die seit der Antike gebräuchlichen Topoi der Natur- und Landschaftsbeschreibung, die zwei gegensätzliche Aspekte hervorheben: Natur als *locus amoenus* bzw. *locus terribilis*, Bildmuster, die mit bestimmten Requisiten möbliert werden und wie im Mittelalter auch in der Frühen Neuzeit in den religiösen Kontext einbezogen werden.

Die Natur als göttliche Schöpfung hat zeichenhaften Charakter. Ihre Erscheinungen verweisen auf den Schöpfer, der alle Dinge als Gedanke gedacht hatte, bevor er seinen Plan in seiner unendlichen Fülle und Herrlichkeit verwirklichte. Allerdings beginnt mit der Umsetzung des vollkommenen Schöpfungsplans zugleich die Geschichtlichkeit der Schöpfung, die durch den Sündenfall in ihrer Vollkommenheit beeinträchtigt wurde und der gefallenen menschlichen Natur nicht unmittelbar zugänglich ist. Der tiefere Sinn der Erscheinungen und Dinge der Welt, den sie als Zeichen («Signaturen») der göttlichen Allmacht besitzen, stand Adam noch unmittelbar offen durch seine Sprache; doch dieses Wissen ist als Folge des Sündenfalls nur noch in Spuren vorhanden. Ihnen nachzugehen, im Buch der Natur zu lesen und die in der Natur verborgenen göttlichen Geheimnisse und Zusammenhänge aufzudecken, wird zur Aufgabe einer religiös motivierten Kunst und Wissenschaft: Das geschieht u. a. durch Versuche, in die geheimnisvolle Bildersprache der Hieroglyphen einzudringen oder durch sprachlich-kabbalistische Operationen der adamitischen Ur- oder Natursprache näherzukommen, aber auch durch alchemistische Experimente und kosmologische Spekulationen einer pansophischen Universalwissenschaft. Ein vollkommenes Verständnis der göttlichen Zeichensprache kann sich allerdings erst mit dem Ende aller Zeiten einstellen.

Auch der einflußreiche Theologe Johann Arndt handelt im letzten Buch seiner weitverbreiteten *Vier Bücher Von wahrem Christenthumb* (1605–09; erste Gesamtausgabe 1610) vom «grosen Welt-Buch der Natur» und spricht, beeinflußt von neuplatonisch-paracelsischer Naturspekulation, vom Verweischarakter der Schöpfung, deren Betrachtung den Menschen zu Gott und damit zu sich selbst führt: «Es sol dich aber dieser vnuergenglicher Himmel höher führen zu dem verborgenen Himmel [...]. Ja es sol dich dieser vergengliche eusserliche Himmel in dich selbst führen / in dein eigen Hetz vnnd Seele.» Und Jacob Böhme schreibt, um nur noch ein Beispiel zu nennen, daß die Schöpfung nichts anders «als eine offenbahrung deß allwesenden vnergründlichen Gottes» sei, «aber ohne die Erkändnuß der Signatur» stumm bleibe: «ein jedes ding hat seinen Mund zur offenbarung / vnd das ist die Naturspraache / darauß jedes ding auß seiner eigenschafft redet» (*De signatura rerum*, 1622; Erstdruck 1635). Wie Böhme die Sprachtheoretiker und -mystiker anregte, so wirkte Arndts Verfahren einer ‹natürlichen Theologie› auf die Erbauungsliteratur ebenso wie auf die religiöse Dichtung des 17. Jahrhunderts und darüber hinaus. Auch die Kunstform der Emblematik nutzte die Zeichen der Natur, die selbst emblematischen Charakter besitzen und die verborgenen Geheimnisse durch Bilder offenbaren.

3. Methoden der Weltaneignung und Wissensorganisation

Sprache

‹Spracharbeit› gehört zu den zentralen Stichwörtern der sprachlich-literarischen Reformbewegung des 17. Jahrhunderts. Das bedeutet nicht nur, daß die deutsche Sprache in Vers und Prosa im Hinblick auf Wortschatz, Ausdrucksfähigkeit, Reinheit (d. h. Eliminierung von fremdsprachlichen und mundartlichen Elementen) und grammatischer Korrektheit zu verbessern war, um den Anforderungen der neuen humanistischen Kunstdichtung gerecht werden zu können. Vielmehr meint Spracharbeit auch die Reflexion über Sprache und Sprachen, wissenschaftliche Forschungen und Gedanken zur Geschichte der deutschen Sprache und ihr Verhältnis zu den anderen Sprachen, die Durchsetzung einer deutschen grammatischen Terminologie sowie sprachtheoretische und sprachmystische Spekulationen einschließlich davon angeregter Sprachmanipulationen. Und darüber hinaus gelten die Bestrebungen ganz pragmatisch der Erweiterung der Möglichkeiten des Deutschen als Sprache des Handwerks, der Technik und der Wissenschaft durch das Bemühen um eine entsprechende Terminologie. Letzteres geschieht im Rahmen einer expandierenden Fachliteratur, die – z. T. in Übersetzungen – von der Medizin, den Naturwissenschaften und der Ökonomie bis hin zu architektonischen und militärwissenschaftlichen Anleitungen zur Festungsbaukunst alle wichtigen Gebiete abdeckt. Dahinter steht ein entschiedener Sprachpatriotismus, der sich auch in der Gründung von Sprachgesellschaften manifestiert und der ein kulturelles Gegengewicht zur Krisensituation des Jahrhunderts der Kriege herzustellen sucht: «Wo alles wüst lag, glänzten einzig die Wörter», heißt es in der Erzählung *Das Treffen in Telgte* von Günter Grass. Aber es geht neben Sprachlegitimation, neben praktischen und ästhetischen Aspekten nicht zuletzt auch um Moral, denn zwischen sprachlichem und moralischem Zustand einer Nation besteht, wie bereits früher erwähnt, ein enger Zusammenhang. Auf die Gegenwart bezogen heißt das: Die Wiederherstellung einstiger deutscher Größe verlangt die sprachliche und moralische Erneuerung.

Der Blick zurück dient zur patriotischen Hebung des Selbstbewußtseins angesichts der realen politischen Ohnmacht und der unverkennbaren ‹Verspätung› der Deutschen im Kontext der europäischen Literaturen. Das bezieht sich nicht nur auf die von Tacitus gerühmten ‹deutschen› Tugenden, es gilt auch für die ehrwürdige und uralte deutsche Sprache, deren Geschichte sie einzigartig unter den lebenden Sprachen mache. Das ist nun keine spezielle deutsche Überheblichkeit, denn anderswo geht die humanistische Sprachwissenschaft ähnlich vor und kommt zu entsprechenden Ergebnissen für das eigene Land. Wie sich die europäischen Herrscher-

geschlechter und Völker bis auf das Personal der Bibel zurückgehende Stamm-
bäume zulegten, so identifizierte der bayerische Geschichtsschreiber Aventinus
(Johannes Turmair) Aschkenaz, einen Urenkel Noahs, als biblischen Stammvater
der Deutschen. Wenn man dann noch ‹bewies›, daß Aschkenaz mit dem bei Tacitus erwähnten Tuisto bzw. Tuisco gleichzusetzen sei, hatte man durch die Übereinstimmung biblischer und antiker Überlieferungen eine doppelte Legitimation
der Ursprungsgeschichte der Deutschen. Nach diesen Vorgaben war auch der
deutschen humanistischen Sprachwissenschaft daran gelegen, die Nähe des Deutschen zu den Sprachen der Bibel, den heiligen Sprachen, zu erweisen: ein entscheidendes Kriterium für die Würde bzw. die Rangfolge der lebenden Sprachen. In der
Konkurrenz mit den drei heiligen Sprachen etablierte sich im 16. und 17. Jahrhundert, bei Unterschieden im einzelnen, die Überzeugung, daß dem Deutschen jedenfalls der Vorrang vor dem Lateinischen, aber auch vor dem Griechischen gebühre, während der Rang des Hebräischen als Ursprache der Menschheit meist
unbestritten blieb (der sogenannte ‹Oberrheinische Revolutionär› behauptete allerdings um 1500, daß das Hebräische aus dem Deutschen abgeleitet und Adam
«ein tutsch man gewesen» sei).

Als repräsentativ für die Ansichten der Gelehrten des 17. Jahrhunderts
können die Darstellungen von Justus Georg Schottelius und – darauf
gründend – von Philipp von Zesen gelten. Dabei bleibt zwar die Stellung
des Hebräischen als Ursprache der Menschheit, als Sprache Adams, unangetastet, auch wenn man sie durch die babylonische Sprachverwirrung in
Mitleidenschaft gezogen sieht. Hier in Babel – «dahero auch die Teutschen […] das Wort babbeln / gebabbel / herbabbelen / bis auf diese Zeit
behalten haben» – sei es nicht zu einer «Erschaffung neuer Sprachen» gekommen, betont Schottelius, sondern zu einer «Verwirrung» der aller-
vollkommensten «Ertzsprache / welche dem Adam gegeben / und nach
welcher der Adam alle Dinge / und zwar nach jhrer rechten Eigenschaft
benahmet hat / und die bis auf dieselbe Zeit der Noa und seine Nachkommen behalten hatten / dieselbe einzige WeltSprache ist durch Göttliche
Allmacht also zerworren / verdorben und zerteihlet in vielerley dialectus
und idiomata, daß sie sich untereinander gar nicht verstanden» (*Ausführlichen Arbeit Von der Teutschen HaubtSprache*, 1663; die zitierte «Lobrede» war bereits in Schottelius' *Teutscher Sprachkunst* von 1641 enthalten). Alle Sprachen haben also, wie das ‹verwirrte› Hebräische selbst,
Anteil an der Ursprache, aber im Verlauf der Geschichte hätten sich die
Sprachen vermengt und verunreinigt und damit noch weiter von der Ursprache entfernt. Das Deutsche hingegen sei unter den lebenden Sprachen
diejenige, die rein und unvermischt geblieben sei. Beweis dafür ist für
Schottelius die im Vergleich mit den anderen europäischen Sprachen
überaus große Anzahl einsilbiger Stammwörter, die sich erhalten haben
und das «Uhraltertum» der deutschen Sprache bezeugen. Zugleich sind
sie eine wesentliche Quelle ihrer differenzierten Ausdrucksfähigkeit: Das
ist der Kunst der «Verdoppelung» zu verdanken, also der Fähigkeit, durch

die Zusammensetzung von Stammwörtern neue Wörter zu bilden. Dadurch werde es möglich, ohne «neue / unteutsche und unbekante Wörter» zu bilden, flexibel auf neue Herausforderungen zu reagieren («Weil die Ausdeutung allerhand künstlicher neuer Händel / auch hochvernünftige neue Redarten und Wörter erfodert») und so «die Teutsche Sprache aus der Teutschen Sprache ferner zuerheben».

Wenn Schottelius von der «Ertzsprache» spricht, «welche dem Adam gegeben / und nach welcher der Adam alle Dinge / und zwar nach jhrer rechten Eigenschaft benahmet», bezieht er sich auf die Theorie von der Natursprache, wie sie Jacob Böhme in seiner Schrift *De signatura rerum* unter dem Einfluß von Paracelsus und Oswald Croll formuliert hatte. Sie geht davon aus, daß Gott in der Schöpfung Sprachzeichen, «Signaturen», hinterlassen habe, die in ihrem Klang, ihrem «außgehenden hall / stim vnd spraache», «das Wesen aller Wesen» und den «verborgnen Geist» der Dinge offenbaren, wenn sie im Stand der Erleuchtung gelesen bzw. zum Klingen gebracht werden. Diesen Aspekt baut dann Zesen weiter aus. Programmatisch ist schon der Titel der Schrift, die seine Anschauungen in ihrer Verbindung von sprachtheoretischen und mystisch-alchemistischen Spekulationen in Dialogform darstellt: *Rosen-mând: das ist in ein und dreissig gesprächen Eröfnete Wunderschacht zum unerschätzlichen Steine der Weisen: Darinnen unter andern gewiesen wird / wie das lautere gold und der unaussprächliche schatz der Hochdeutschen sprache / unsichtbarlich / durch den trieb der Natur / von der Zungen; sichtbarlich aber durch den trieb der kunst / aus der feder / und beiderseits / jenes den ohren / dieses den augen vernähmlich / so wunderbarer weise und so reichlich entsprüßet* (1651).

Zesen schließt aus den biblischen Herkunftstheorien, «daß die Deutsche sprache eher gewesen sei / als die Griechische und Lateinische; welche nuhr mund-ahrten der Deutschen seind / und aus der Deutschen sprache / eben wie das Griechische und Lateinische volk von dem Deutschen volke / entsprossen». Das Deutsche hingegen sei nicht aus fremden Mundarten geflossen, sondern erkenne «die erste Adamische sprache allein für ihre mutter». Dieses Erbe hätten die Deutschen mit Mut und Standfestigkeit bewahrt, so «daß unsere sprache für allen andern der natur so gar nahe» komme und daher «ohne sonderliche verdunkelung der uhr-buchstaben eben so kan geschrieben werden / wie sie ausgesprochen» werde. Und es sei «ein sonderliches verhängnüs und glück», daß sie trotz einer gewissen Vernachlässigung «noch so rein und so lieblich in und an sich selbst gesprochen und geschrieben» werde.

Es sei kein Wort erfunden und gebildet worden, das nicht aus den alten, ursprünglichen Wörtern entstanden und «von anbegin schon in der natur der sprache verborgen gelegen» sei. Aber während Adam den ersten Dingen der Natur den Namen «nach des dinges eigenschaft» gegeben habe, diese Wörter also «recht-natürlich» seien, seien die späteren Wörter oder Bezeichnungen zum einen zwar aus der Natur geflossen, zum anderen aber «durch kunst-reiche vernunft und vernunft-reiche kunst / vermittelst des menschlichen fleisses» gebildet worden: Sie sind also «nicht bloß natürlich / sondern / so zu reden / kunst-natürlich». Das bedeutet nun keine Minderung ihrer Qualität, sondern hebt im Gegenteil die Bedeutung der ‹Kunst› ausdrücklich hervor, «weil der künstler und känner der natur / durch seine kunst und erkäntnüs / solcher gestalt in bildung neuer dinge und ihrer nahmen / der schwachen natur aufhülft / zu statten kömmet und selbige vermehret oder ausfündig und reiffen machet». Zugleich ist es Aufgabe der heutigen ‹Künstler›, d. h. der gelehrten Sprachforscher und Dichter, diese im Verlauf der Geschichte angesammelten und «im reichen und unerschöpflichen schatzkasten der Natur» verborgenen Schätze zu heben und ihre Geheimnisse durch gleichsam alchemistische Prozesse – «durch die Scheidekunst / als die rechte auswürkerin der natur» – und «durch menschliche kunst-geflissenheit und vernunft» herauszuarbeiten. Da diese Geheimnisse in der Sprache und ihren Lauten verborgen sind, kann man durch die Aufdeckung lautlicher und klanglicher Entsprechungen (und durch gewagte Etymologien) zu der Bedeutung der Dinge vordringen und die in den Lauten verborgenen tieferen Zusammenhänge bis hin zu Mikrokosmos-Makrokosmos-Analogien ans Licht bringen, denn in der Sprache spiegelt sich die Ordnung, «welche die natur in allen ihren dingen hält». Damit erhält auch die laut- und klangmalende Poesie, eine Domäne Zesens und der Dichter des Nürnberger Pegnesischen Blumenordens, eine über die spielerischen Aspekte hinausgehende sprachphilosophische bzw. sprachmystische Legitimation.

Die Adamitische Ursprache wäre, wenn sie wiederhergestellt werden könnte, eine Art Universalsprache der Menschheit. Einen anderen Weg verfolgten zahlreiche europäische Gelehrte von Descartes bis Leibniz, die über die Möglichkeit einer Universalsprache auf philosophischer oder mathematisch-kombinatorischer Basis reflektierten bzw. sie zu konstruieren suchten. Anregungen kamen dabei auch von außereuropäischen Schriftsystemen, von den als Bilderschrift verstandenen ägyptischen Hieroglyphen und von den Nachrichten über die chinesische Schrift. Zu diesen Gedankenspielen und Entwürfen zählen Überlegungen von Johann Amos Comenius in einer erst 1966 veröffentlichten *Panglottia* (entstanden um 1660), die auf seinen pansophischen Vorstellungen beruhen, vor allem aber die mathematisch-kombinatorisch inspirierten Entwürfe der Jesuiten Pedro Bermudo (*Arithmeticus nomenclator*, 1653) und Athanasius Kircher. Nach Kirchers universalem Wissenschaftsverständnis entspricht der Einheitlichkeit und mathematisch erfaßbaren Regelhaftigkeit der Schöpfung ein hierarchisch gestuftes System miteinander verbundener Einzelwissenschaften, die sich auf ein universales Prinzip zurückführen lassen. Mathematisch-kombinatorische Operationen und Tabellen sowie Analogiebildungen gehören zu den methodischen Grundlagen dieser universalwissenschaftlichen Tendenzen. Zu den der Sprache gewidmeten Entwürfen zählt ein (handschriftlich überliefertes) Projekt der Reduzierung aller Sprachen auf eine einzige (*Novum inventum linguarum omnium ad unam reductarum*, 1659), deren Klassifizierungsschemata sich an die *Ars magna* von Raimundus Lullus anschließen, und seine Weiterentwicklung in der *Polygraphia nova et universalis* (1663). Hier entwirft Kircher ein System von Sprachgruppen und Wortlisten, das mit Hilfe der Kombinatorik eine universale Kommunikation möglich machen sollte, zugleich aber auch kryptologischen Zwecken dienen konnte. Dieser doppelte Charakter der Universalsprachentwürfe ist ebenfalls kennzeichnend für Johann Joachim Bechers *Character, pro notitia linguarum universali* (1661). Auch Leibniz beschäftigte sich seit seiner Jugend mit Fragen der Universalsprache bzw. einer Universalschrift (*Dissertatio de arte combinatoria*, entstanden 1666), ausgehend u. a. von der lullianischen Kombinatorik und dem Werk Kirchers; in späteren Fragmenten sprach er von der Möglichkeit, aus den bestehenden Sprachen ein Grundvokabular herauszuarbeiten, das durch Kombinationen und Ableitungen zu erweitern wäre. So ließe sich schließlich mit Hilfe kombinatorischer Prinzipien eine Art Enzyklopädie des menschlichen Wissens erstellen, die auf einer für alle Sprachen gültigen rationalen Grammatik und einem philosophischen Wortschatz beruhe, bei dem die Begriffe auf die Eigenschaften der bezeichneten Gegenstände verweisen müßten.

Anregungen für kombinatorische Verfahrensweisen fand Leibniz auch in der deutschen Tradition, bezogen auf die deutsche Sprache und die ihr innewohnenden Möglichkeiten. Das gilt für die von Schottelius durchgespielten Kombinationsmöglichkeiten deutscher Stammwörter ebenso wie für Georg Philipp Harsdörffers «von der Ebeer Cabala» inspirierten «Fünffachen Denckring der Teütschen Sprache» (in: *Delitiae mathematicae et physicae Der Mathematischen und Philosophischen Erquickstunden Zweyter Theil*, 1651): Die fünf beweglichen Ringe enthalten von innen nach außen 48 Vorsilben, 60 Anfangs- und Reimbuchstaben, 12 «Mittelbuchstaben», d. h. Vokale und Diphthonge, 120 Endbuchstaben und schließlich 24 Endsilben. Leibniz errechnete, daß sich auf diese Weise 97 209 600 Wörter, die sinnlosen eingeschlossen, bilden ließen.

Emblematik

In Umberto Ecos Roman *Die Insel des vorigen Tages* (*L'isola del giorno prima*, 1994) macht der Held neben seiner Seefahrt eine Bildungsreise durch Themen, Denkweisen, wissenschaftliche Erkenntnisse und Weltbilder des 17. Jahrhunderts, wobei Sprache, Dichtung und Kunst – auch in anspielungsreichen Kapitelüberschriften – nicht zu kurz kommen: Von komplexen Kombinatorik-Maschinen und ingeniöser Metaphorik («Das Aristotelische Fernrohr») ist die Rede, von Weltklugheit und einer «Karte der Zärtlichkeit», von einem «Emblematischen Lust-Cabinett». «Erinnern wir uns daran», heißt es über Roberto, den Protagonisten, «daß er in einer Zeit lebte, in der man ständig Bilder aller Art erfand oder neu erfand, um in ihnen verborgene und enthüllende Bedeutungen zu entdecken. Man brauchte bloß, ich sage gar nicht: eine schöne Blume zu sehen oder ein Krokodil, es genügte ein Körbchen, eine Treppe, ein Sieb oder eine Säule, und schon versuchte man, ein Netz von Dingen rings um sie zu knüpfen, die auf den ersten Blick dort niemand gesehen hätte.» Mit diesem Verfahren, «die ganze Welt in einen Wald von Symbolen zu übersetzen», verweist Eco auf die Emblematik und verwandte Bild und Text verbindende Gattungen, die sich seit 1531, dem Erscheinungsjahr von Andrea Aliciatos (bzw. Alciatis) *Emblematum liber*, bis ins frühe 18. Jahrhundert hinein geradezu zu einer europäischen Modeerscheinung entwickelten.

Alciato kann als der ‹Erfinder› des Emblems als literarisch-bildlicher Kunstform gelten, indem er Elemente der griechischen Epigrammatik, der Renaissance-Hieroglyphik und der Impresen- und Devisenkunst zu einer dreiteiligen Form verband. Die erste Auflage von Alciatos Buch enthielt 103 Embleme, 1550 folgte eine auf 211 Embleme erweiterte Ausgabe; insgesamt erschienen etwa 150 Auflagen in verschiedenen Sprachen, darunter bereits früh zwei lateinisch-deutsche (1542 bzw. 1567). Mit dem *Emblematum liber* Alciatos ist der für die Gattung charakteristische dreiteilige Aufbau vorgegeben: Überschrift (Motto, Lemma, *inscriptio*) und Bildunterschrift meist in epigrammatischer Form (*subscriptio*) rahmen das Bild (*pictura*, Icon, Symbolon) ein. Häufig wird die Standardform noch durch einen Prosakommentar und/oder durch Übersetzungen und gelehrte Zitate erweitert. Die bildlichen Darstellungen nehmen ihre Gegenstände aus der Natur, dem menschlichen Leben, der Bibel, der Geschichte oder der Mythologie.

Das Emblem als eine Literatur und bildende Kunst verbindende Allegorie gehört zu den didaktischen Kleinformen. «Diese Figuren und Schrift», schreibt Harsdörffer im ersten Band seiner *Frauenzimmer Gesprächspiele* (1641) über diese Verbindung von Bild und Text, «sollen also miteinander verbunden seyn / daß keines ohne das ander könne verstanden werden.» Da Bilder in der Regel verschieden gedeutet werden können, gibt das Motto die Deutung der *pictura* vor, die dann durch das Epigramm genauer ausgeführt wird. Dabei sorgt die unterschiedliche Herkunft der konstitutiven literarischen und bildkünstlerischen Elemente und Verfahren für ein breites inhaltliches Spektrum. Neben der Aufnahme antiker bzw. humanistischer Traditionen (Epigramm, Sentenz, Text-Bild-Formen nach der *Anthologia graeca*, Renaissance-Hieroglyphik, Impresenkunst) spielt die christliche Allegorese mit ihrer spezifischen Bildwelt aus der Bibel bzw. dem ‹Buch der Natur› und ihrem Deutungsverfahren eine wichtige Rolle.

In diesem Fall nimmt die Emblematik an den durch die Signaturenlehre und die Sprachmystik begründeten Versuchen teil, den Geheimnissen der Schöpfung auf die Spur zu kommen: Bei Johann Arndt heißt es in seiner gegen die Bilderfeindlichkeit des Calvinismus gerichteten *Ikonographia. Gründtlicher vnd Christlicher Bericht / Von Bildern / jhrem vhrsprung / rechtem gebrauch vnd mißbrauch / im alten vnd newen Testament* (1596): «Die Bilder / so jren vhrsprung aus der Natur nemen / haben einen recht artigen vnd fürtrefflichen brauch vnd nutz / in Geistlichen vnd Weltlichen Hendeln / Darauff so wisset / das die Natur jrem Schöpffer nachohme.

Denn gleich wie Gott der HErr Göttliche geheimnus durch Bilder geof-
fenbaret / im alten vnd newen Testament: Also die Natur auch / vnd hat
Gott die Weissagungen durch Bilder in die Natur gepflantzet / Denn die
gantze Natur / vnd alle Elementa, Animalia, Vegetabilia, mineralia, sind
voller wünderlicher Figuren / Zeichen vnd Bilder / dadurch sie sich zuerkennen geben / vnd offenbaren alle jre geheimnus durch Bilder / vnd aus
denselben kan alles gelernet werden / was natürlich ist / ja so wol / als aus
einem beschribenen Buche [...].»

Bei der christlichen Allegorese sind viele Bedeutungen und Bedeu-
tungsvarianten durch die Tradition vorgegeben. Das gilt bis zu einem gewissen Grad auch für die humanistische Bildtradition, doch spielt hier die
künstlerische oder dichterische Freiheit bis hin zur scharfsinnigen Erfindung von Emblemen eine wesentlich größere Rolle. Dabei gehört es dann
zur Funktion der Texte, die mögliche Bedeutungsvielfalt des Bildes auf
den intendierten spezifischen Sinn des Emblems zu reduzieren. Das Erbe
der Hieroglyphik, in der die Humanisten verschlüsselte ägyptische Weis-
heiten vermuteten, erklärt den dunklen Charakter mancher Embleme und
Emblembücher. Johann Fischart sprach 1581 in seinem «Vorbericht» zu
Mathias Holtzwarts *Emblematum Tyrocinia* von «Gemälmysterien vnd
verdeckten Lehrgemälen», und Harsdörffer hielt die Embleme für die besten, «die wol verstanden werden können / aber nicht gleich einem jeden
eröffnet darliegen» (*Gesprächspiele IV*, 1644).

Alciatos Beispiel löste seit der Mitte des 16. Jahrhunderts eine fast unübersehbare Produktion von Emblembüchern aus, an der in den nächsten
150 Jahren Hunderte von Autoren und Künstlern beteiligt waren. Entsprechend vielfältig ist ihr Charakter. Das gilt für das intellektuelle Niveau – neben den gelehrt-anspruchsvollen Formen entwickelten sich solche auf einer niedrigeren Ebene mit einfacher Bildlichkeit, Sprache und
Lehre als populäre Gebrauchsliteratur –, aber auch für die Inhalte und
ihre Organisation. Deutlich sind die enzyklopädischen Tendenzen der
Gattung, wie sie sich etwa in den naturkundlichen Emblembüchern von
Joachim Camerarius d. J. *Symbolorum et emblematum* [...] *centuriae
I–IV* (Gesamtausgabe 1605) oder in Filippo Picinellis ausgesprochener
Emblem-Enzyklopädie *Mondo simbolico* (1653) bzw. *Mundus symbolicus*
(1681) zeigt. Manche Emblembücher reihen wie Alciato Embleme aus
verschiedenen Bereichen ohne besondere Ordnung. Häufig kommt es jedoch zu thematisch bestimmten Konzepten. So stehen die Emblembücher
von Julius Wilhelm Zincgref (*Emblematum ethico-politicorum centuria*,
1619) oder Jakob von Bruck-Angermundt (*Emblemata politica*, 1618) für
den allgemein ethisch-moralischen und politischen Bereich, die von Michael Maier (*Atalanta fugiens. Emblemata nova de secretis naturae chy-
micae*, 1618) und Daniel Stoltzius von Stoltzenberg (*Chymisches Lust-
gärtlein*, 1624) für die esoterische alchemistische Symbolik, während Otto

van Veens *Amorum emblemata* (1618) ein Beispiel für die erotische Emblematik liefert und die religiöse Emblematik vielfach an den überkonfessionellen Erfolg von Herman Hugos *Pia desideria* (1624) anknüpft.

Die Wirkung der Emblematik auf Kunst und Literatur des 16. und 17. Jahrhunderts war groß, vergleichbar – so Mario Praz – mit der der Bibel. Die Emblematik wurde zu einer intensiv genutzten Quelle für die Bildlichkeit der frühneuzeitlichen Dichtung, und die Struktur von Emblemen mit ihrer Abfolge von Überschrift, bildlicher Darstellung und Deutung kehrt beispielsweise wieder im Typ des allegorisch-auslegenden Gedichts, zu dem etwa zahlreiche Sonette von Andreas Gryphius gehören, und im Aufbau barocker Trauerspiele. Die vielfältigen außerliterarischen Wirkungen reichen von der Gestaltung von Titelkupfern, Illustrationen und Gemälden über die Bildprogramme repräsentativer geistlicher und weltlicher Bauten bis hin zu Entwürfen für Feste, Feuerwerke oder selbst Festessen.

Rhetorik und Poetik

Rhetorik war eine zentrale Disziplin an Gymnasien und Universitäten der Frühen Neuzeit. Darüber hinaus prägte sie weite Bereiche des Lebens und des Sozialverhaltens durch entsprechende Lehrbücher (Anleitungen zur Höflichkeit, Komplimentierbücher, Brieflehren usw.), aber auch Künste wie Musik und Architektur und nicht zuletzt die Literatur wurden von rhetorischen Prinzipien geleitet, die jedem Gebildeten durch seine Ausbildung vertraut waren. Daß die Poesie als ‹gebundene Rede› einen Teil bzw. Spezialfall der Redekunst darstellt, war im 17. Jahrhundert unumstritten. «Diesem nach», beschließt Georg Philipp Harsdörffer in der Vorrede zum dritten Teil seines *Poetischen Trichters* (1653) eine Erörterung des Verhältnisses der beiden *artes*, sind «die Poeterey und Redkunst miteinander verbrüdert und verschwestert / verbunden und verknüpfet / daß keine sonder die andre gelehret / erlernct / getrieben und geübet werden kan». Diese Ansicht ist ein Erbe der Antike, und sie ist grundlegend für das Verständnis von Dichtung und Poetik in der Frühen Neuzeit. Das schließt Differenzierungen nicht aus: Nicht nur, daß die Poetik mit Metrik, Prosodie und literarischer Gattungslehre spezifische Eigenbereiche besitzt und der Poesie größere stilistische Lizenzen gewährt werden, auch die Anforderungen an Redner und Dichter seien von unterschiedlicher Qualität, wie (nicht nur) Harsdörffer pro domo argumentiert: Der *poeta doctus* müsse nicht nur mehr wissen als der Redner, sondern müsse auch, «wann er den Namen würdig führen sol / mehr natürliche Gaben zu seiner Vollkommenheit» besitzen. Hinweise auf göttliche Inspiration in Anlehnung an die platonische bzw. neuplatonische Tradition fehlen nicht. Generell aber gilt für Dichter wie Redner, daß die von der Natur oder Gott verliehenen Gaben zwar Voraussetzung für die Ausübung dieser Künste sind, daß sie aber «durch beharrlichen Fleiß / und obliegende Arbeit / [...] erhalten und behalten» werden müssen (Harsdörffer) bzw. daß die Kunst die Natur vollende, wie Tomaso Garzoni in seiner Piazza *Piazza universale* (zuerst 1585, dt. 1619) im Anschluß an Aristoteles argumentiert. Oder wie es Zesen im Hinblick auf den Dichter formuliert: Die Natur könne «ohne Kunst nimmermehr zur rechten volkommenheit gelangen» (*Hochdeutsche Helikonische Hechel*, 1668).

Wenn Opitz in seinem *Buch von der Deutschen Poeterey* (1624) den vornehmsten Zweck der Dichtung in «vberredung vnd vnterricht auch ergetzung der Leute» sieht, so verwendet er damit Kategorien der Rhetorik – *persuadere*, *docere*, *delectare* – und übernimmt die für sie konstitutive Wirkungsintention. Zugleich folgt er, wie andere Poetiker auch, bei der Gliederung seiner Poetik nach den allgemeinen Kapiteln im praktischen Teil der Systematik der Rhetoriklehrbücher: *inventio* («erfindung»), *dispositio* («eintheilung»), *elocutio* («zuebereitung vnd ziehr der worte»). Über die Rhetorik hinaus führt nur der letzte Teil der Poetik, der die Verskunst behandelt. Daß dieses Nacheinander sowohl für die rednerische als auch für dichterische Produktion seine Logik hat, macht Harsdörffer im ersten Teil des *Poetischen Trichters* (1647) deutlich: «Wann ich einen Brief schreiben will / muß ich erstlich wissen / was desselben Inhalt seyn soll / und bedencken den Anfang / das Mittel / das End / und wie ich besagten Inhalt aufeinander ordnen möge / daß jedes an seinem Ort sich wolgesetzet / füge: Also muß auch der Inhalt / oder die Erfindung deß Gedichts erstlich untersucht / und in den Gedancken verfasset werden / bevor solcher in gebundener Rede zu Papier fliesse. Daher jener recht gesagt: Mein Gedicht ist fertig / biß auf die Wort.»

Die «Poesie / wie auch die Rednerkunst» sind also «in dinge vnd worte abgetheilet» (Opitz). Sachen und Wörter sind einander zugeordnet; wobei die Wörter «den Sachen gemäß seyn» (Harsdörffer), d. h. in einem angemessenen Verhältnis zum Inhalt stehen müssen. Dafür ist die Lehre vom *decorum* oder *aptum* zuständig, die grundsätzlich auch für die Dichtung gilt, wenn auch hier größere Freiheiten möglich sind. Dem intentionalen Charakter der Rednerkunst und der Dichtung entsprechend richtet sich der sprachliche Ausdruck zudem nach der Wirkung, die bei dem Adressaten durch die Erregung von Affekten erzielt werden soll. Den Erfolg im Leben hat Christian Weise im Auge, wenn es in seinem *Politischen Redner* (1677; zit. nach [3]1681) heißt: «Wer in der Welt etwas nützliches ausrichten / und ein rechtschaffenes Amt bedienen wil / der muß die Leute mit ihren Affecten recht in seinen Händen haben.» Und über den Dichter schreibt Augustus Buchner in der postum gedruckten *Anleitung Zur Deutschen Poeterey* (1665), er müsse sich bemühen, wie er seine Rede nicht nur verständlich, sondern vor allem auch, «wie er sie schön / lieblich / und scheinbar mache / damit er das Gemüth des Lesers bewegen / und in denselben eine Lust und Verwunderung ob den Sachen / davon er handelt /

erwecken möge / auf welchen Zweck er allzeit zielen muß». Dichtung ist durch diese aus der rhetorischen Tradition fließenden Vorgaben dem ‹Subjektiven› entzogen. Sie verlangt vielmehr den *poeta doctus*, der in einer Distanz zu Sache und Wort steht und bewußt über die Kunstmittel verfügt, die dem Thema seiner Dichtung und der beabsichtigten affektiven Wirkung entsprechen. Diese rhetorische Auffassung von Dichtung und die daraus resultierende rhetorische Grundhaltung des Poeten ist charakteristisch für die Frühe Neuzeit. Und das heißt auch, daß die Frage nach dem ‹Erlebnis› anachronistisch ist. Dichtung dieser Epoche läßt sich nicht nach dem Grad der inneren Beteiligung des Dichters klassifizieren. Distanzhaltung meint nicht die persönliche Stellung des Dichters zur Sache, sondern seine künstlerische Einstellung.

Angesichts der engen Beziehung von Rhetorik und Poetik verzichten die Poetiken in der Regel auf eine ausführliche Darstellung der einzelnen Produktionsschritte – *inventio, dispositio, elocutio* – und verweisen statt dessen auf die einschlägigen rhetorischen Lehrbücher bzw. setzen deren Kenntnis voraus. Und wo sie konkret auf Fragen der *elocutio* oder andere Aspekte der rhetorischen Praxis zu sprechen kommen, zitieren oder paraphrasieren sie die entsprechenden Passagen aus Rhetoriken der Antike (Aristoteles, Cicero, Quintilian, *Rhetorica ad Herennium*) und der humanistischen Tradition. Die einflußreichsten neueren Lehrbücher im deutschen Sprachraum waren auf der protestantischen Seite die des Niederländers Gerhard Johannes Vossius (*Commentariorum rhetoricorum, sive oratoriarum institutionum libri sex*, 1606, bzw. als Kurzfassung: *Rhetorices contractae, sive partitionum oratoriarum libri V*, 1621), auf der katholischen die Jesuiten Cyprianus Soarius (*De arte rhetorica libri tres*, zuerst um 1550; zahlreiche Auflagen bis ins 18. Jahrhundert hinein). Die erste deutschsprachige Rhetorik war die von Johann Matthäus Meyfart, die sich die Aufgabe stellte, die traditionelle lateinische Rhetorik für die «Wohlredenheit» in deutscher Sprache fruchtbar zu machen: «zu nutz allen rechtschaffenen Studenten der H. Schrifft / der Rechten / der Artzney / der freyen Künste und Sprachen.» Wenn er dabei nur die Bereiche *elocutio* («Ausstaffierung der Rede») und *actio/pronuntiatio*, also Vortrag, Mimik und Gestik, behandelt, schließt er sich damit an die reduzierte Form der auch im 17. Jahrhundert häufig aufgelegten Rhetorik des Petrus Ramus an, der von den fünf traditionellen Bereichen der Rhetorik *inventio, dispositio* und *memoria* ausgegliedert und der Dialektik zugewiesen hatte.

Im Dienst der rhetorischen Wirkungsabsicht kommt der *elocutio*, der sprachlichen Einkleidung der in der *inventio* gefundenen und in der *dispositio* geordneten Gedanken und Argumente, eine zentrale Bedeutung zu. Sie umfaßt im Rahmen des übergeordneten Grundsatzes von der Angemessenheit von Sache und Wort (*decorum* bzw. *aptum*) vor allem Stilvorschriften wie die Lehre von den drei Stilebenen (*genera dicendi*) sowie den ganzen Bereich des ‹Redeschmucks› (*ornatus*), also der Tropen und Figuren. Der Redeschmuck ist, das gilt für Rede und Dichtung, nicht Selbstzweck, sondern unentbehrlich im Dienst der angestrebten emotionalen Beeinflussung des Hörers oder Lesers. Dabei, im Gebrauch der

Tropen und Figuren, ergeben sich im Verlauf des 17. Jahrhunderts allerdings deutliche Veränderungen. Klassizistische Theorie und eine zunehmend manieristische, argute (scharfsinnige) Praxis entwickeln sich auseinander, Ansatzpunkt für die aufklärerische Kritik an einer als überladen,
schwülstig und dunkel charakterisierten Bildersprache. Daß aber auch
diese im Dienst einer spezifischen Wirkungs- und Erkenntnisabsicht
steht, erklären die grundlegenden Texte der europäischen Argutia-Bewegung (s. S. 121 f.) von Emanuele Tesauro (*Il cannocchiale aristotelico*,
1654, definitive Fassung 1670), Baltasar Gracián (*Agudeza y arte de ingegno*, 1642, erweitert 1648) und Jacob Masen (*Ars nova argutiarum*, 1649).

Die Diskrepanz zwischen klassizistischer Poetik und dichterischer
Praxis betrifft auf andere Weise auch das Gattungssystem. Die Poetiken
verharren lange weitgehend auf dem Stand der humanistischen Dich-
tungslehren der Renaissance und ignorieren bis auf wenige Ausnahmen
Innovationen bzw. die Auffächerung des traditionellen Gattungsspek-
trums. So differenziert und detailliert die Anweisungen für das Verfertigen von Gedichten zu allerlei gesellschaftlichen Gelegenheiten in den
Anweisungspoetiken der zweiten Jahrhunderthälfte auch werden, für
zahlreiche andere Formen lassen die Poetiken den angehenden Poeten im
Stich. Er sieht sich auf die allgemeinen rhetorischen Dispositionsschemata
und Stillehren verwiesen, und ihm bleibt immer der Vorrat der dichterischen *exempla*. Die Lücken betreffen etwa die verschiedenen Genres der
Pastoraldichtung und die kleinen Prosaformen oder die verschiedenen
Ausprägungen des niederen Romans; auch die Vielfalt der dramatischen
Produktion findet kaum ein Echo in den Poetiken, die höchst allgemein
die aristotelischen oder pseudoaristotelischen Stereotypen über Komödie
und Tragödie tradieren. Dieses Defizit gleichen wenigstens teilweise Vorreden und entsprechende Erörterungen in den Werken selbst – z. B. in
Romanen – oder in anderen Texten aus. Von Bedeutung dabei ist nicht
zuletzt die Dialogliteratur, die *Gesprächspiele* Harsdörffers und Johann
Rists etwa oder Christian Thomasius' *Monatsgespräche*. Dazu kommen
einige gattungsspezifische Abhandlungen in deutscher oder lateinischer
Sprache.

Ordnungssysteme

In dem hier behandelten Zeitraum dominieren in Deutschland die ‹Wort-
wissenschaften› und damit die von Rhetorik und Philosophie geprägten
Systeme, Wissen zu sammeln, zu organisieren und zu erinnern. Das ist für
die Literatur schon deswegen von Bedeutung, weil die Rhetoriker und
Poetiker der Frühen Neuzeit der seit Aristoteles tradierten Vorstellung
anhängen, daß Redner und Poeten über eine universale Bildung, über
«eine fast volkommene kündigkeit aller wissenschaften und künste» ver-

fügen müßten (Philipp von Zesen). Dieses im Gedächtnis und schriftlichen ‹Dateien› verschiedenster Art verfügbare Wissen für das jeweilige Thema ohne größere Umwege aufzufinden und abzurufen, lehrt im System der Rhetorik (und der Poetik) die *inventio* als erster Produktionsschritt. Er ist der Auffindung, nicht Erfindung, der Sachen oder Argumente gewidmet, wie sie Zweck oder Gegenstand der Rede bzw. Dichtung erfordern.

Diese Suche systematisiert seit Aristoteles die Topik, die Lehre von den ‹Örtern› (*topoi, loci*). Dabei handelt es sich um ein formalisiertes Fragesystem, um eine oft an Raumstrukturen orientierte Erinnerungstechnik, die zu den «sedes argumentorum» (Quintilian) führen soll, zu den Fundstätten für die auf die jeweilige Sache (*loci a re*) oder Person (*loci a persona*) anwendbaren Gegenstände und Argumente. Cicero unterscheidet in seinem *Redner* (*De oratore*), um eines der einflußreichsten Systeme anzudeuten, zunächst zwischen *loci*, die aus dem «eigentlichen Wesen» einer Sache stammen, und solchen, die «von außen herangetragen» werden: Aus dem Gegenstand der Rede heraus argumentiert man dann, wenn man die *loci* aus dem Wesen (*definitio*), aus einem Teil (*partitio*) oder aus dem Namen (*notatio*) einer Sache nimmt; nicht im Wesen einer Sache liegen von außen an den Gegenstand herangetragene Argumente wie etwa Verwandtes, Ähnliches, Unähnliches, Gegensätzliches usw. Systeme dieser Art sind variabel und offen für Veränderungen und Erweiterungen.

Daß es sich dabei keineswegs um praxisferne Anleitungen handelt, lehrt ein Blick auf die Literatur, etwa auf Gedichte, die schon in der Überschrift oder der ersten Zeile Fragen stellen, die nach definitorischen Antworten verlangen und sie – in metaphorischer Form – dann auch folgen lassen («Was ist die arge Welt?», «Was ist das große Nichts?», «Was ist die Liebe?», «Was sind wir Menschen doch?» usw.). Geläufig ist auch die Technik der Beschreibung einer Sache aus ihren Teilen (*enumeratio partium*), wie sie beispielsweise Gryphius eindrucksvoll in seinem bekannten Sonett *Thränen des Vaterlandes / Anno 1636* nutzt. In der Praxis folgenreicher noch als diese beiden ‹Örter› ist der *locus notationis*, der die Bezeichnung einer Sache oder den Namen einer Person als «Brunnquell» der Erfindungen nutzt, eine Möglichkeit, die sich gerade die Gelegenheitsdichtung nicht gern entgehen läßt.

Allerdings kommt zusammen mit aufklärerischen Tendenzen auch Kritik auf, die sich an dem gedankenlosen Gebrauch der (selbst angelegten oder in zahllosen Drucken vorliegenden) Schatzkammern, Blütenlesen und Toposkatalogen stört, die der *inventio* auf die Sprünge helfen sollen und Vernunft und Natürlichkeit vermissen lassen. Ursprünglich als Denkprinzip, als Hilfsmittel der *inventio* zum leichteren Finden der Argumente gedacht, war die Topik im Zusammenhang mit dem humanistischen Schulbetrieb und der expandierenden enzyklopädischen Literatur zu einem Ordnungssystem des in Collectaneen gesammelten Wissens geworden, wobei die *loci* als Stichworte und Gedächtnisstützen dienten, um das gesammelte Material zu erschließen.

Dieser Prozeß hängt auch mit entsprechenden Veränderungen der Rolle der *memoria* im System der Rhetorik bzw. der Entwicklung einer breiten, von den Rhetoriken unabhängigen Mnemonik-Literatur zusammen. Auch in der Gedächtniskunst (*ars memorativa*, *memoria artificialis*) verloren die räumlich strukturierten bildlichen Erinnerungshilfen an Bedeutung und lösten sich schließlich von den imaginierten Räumen oder Örtern. Statt dessen trat die Ordnungsfunktion der *loci* in den Vordergrund. Sie bezogen sich nicht mehr auf Räume und Bilder, sondern wurden zur Basis eines Systems von Begriffen, d. h. statt Erinnerungsräumen und -bildern entstanden Begriffssysteme.

Neben der topischen Methode, wie sie Petrus Ramus im 16. Jahrhundert mit großem Erfolg systematisiert hatte, spielte die Rezeption des Werkes des mittelalterlichen Philosophen Raimundus Lullus eine wesentliche Rolle bei der Entwicklung von Konzepten einer universellen Ordnung des Wissens. Dessen *Ars magna* war als eine Art Universalgrammatik gedacht, eignete sich aber zugleich als Grundlage aller Wissenschaft. Ihr lag eine umfassende Sammlung von Grundbegriffen und Ideen zugrunde, die – in Gruppen und Begriffskreisen geordnet – durch kombinatorische Operationen, die lullische Kunst, den universalen Zusammenhang des Wissens darstellen sollten. Aus diesen Quellen – Ramus und Lullus – speisten sich die Versuche einer Universaltopik und einer universalen Enzyklopädik im 17. Jahrhundert. Dazu gehört das Werk von Johann Heinrich Alsted, der in einer Verbindung von Topik und Kombinatorik das gesamte Wissen seiner Zeit zu erfassen suchte. Seine enzyklopädischen Entwürfe, die seit 1609 erschienen (*Clavis artis Lullianae*), gipfelten in der *Encyclopaedia septem tomis distincta* (1630), dem bedeutendsten topischen Lexikon des 17. Jahrhunderts. An die Grenzen der Begriffskombinatorik mit ihrer Unfähigkeit zu Argumentation und Begründung stieß dann der jesuitische Universalgelehrte Athanasius Kircher mit seinen Versuchen, eine Universalsprache zu entwickeln (*Polygraphia nova et universalis ex combinatoria arte detecta*, 1663) und eine universale topische Enzyklopädie auf der Basis der lullistischen Kombinatorik zu entwerfen (*Ars magna sciendi, in XII libros digesta*, 1669).

Die Zeit für eine Universalwissenschaft war allerdings ohnehin vorbei. Neue philosophische Entwicklungen – Cartesianismus, Naturrecht – stellten die traditionelle Logik und Metaphysik in Frage, während zugleich die Theologie ihre beherrschende Stellung und damit die Universalwissenschaft ihre theologische Legitimation verloren. Die Einzelwissenschaften, nicht zuletzt die Naturwissenschaften, emanzipierten sich, und mit der gewaltigen Zunahme des Wissens war eine topische Ordnung ebensowenig praktikabel wie begründbar. Polyhistorischer und kritischer Eklektizismus waren Antworten auf diesen Verlust der Vorstellung einer universalen Einheit des Wissens (und damit einer Einheitswissenschaft); Beispiele dafür sind Daniel Georg Morhofs *Polyhistor* (1688–92; erste vollständige Ausgabe 1708) und die eklektizistische, auf Praxisbezug zielende Philosophie von Christian Thomasius, der in der *Außübung der Vernunfft-Lehre* (1691) den topischen Merk- und Ordnungssystemen vorwirft, daß sie zu nichts anderem dienten, «als die Ordnung der Dinge / nicht aber die Dinge selbst zu begreifen». Eine andere Antwort auf das Ende der topischen Universalwissenschaft war die Organisation des Wissens nach dem Alphabet ohne Anspruch auf eine theologisch-metaphysisch begründete Ordnung oder Vollständigkeit, wie sie der französischen *Encyclopédie* (1751–65) oder dem von Johann Heinrich Zedler verlegten *Grossen vollständigen Universal Lexicon Aller Wissenschafften und Künste, Welche bißhero durch menschlichen Verstand und Witz erfunden und verbessert worden* (68 Bde., 1732–54) zugrunde liegt.

DIE LITERARISCHE SITUATION UM 1600 UND DIE LITERATURREFORM

I. DIE LITERARISCHE SITUATION UM 1600

Die Literatur der Zeit um die Jahrhundertwende ist wenig bekannt. Literarhistorische Darstellungen überbrücken den Zeitraum zwischen Johann Fischart und Martin Opitz meist ohne große Umstände. Das hat seinen Grund nicht darin, daß wenig geschrieben und veröffentlicht worden wäre, sondern es scheint vielmehr so, daß die literarische Produktion in ihrer Vielfalt nur schwer einer Ordnung zu unterwerfen ist, daß sich keine klaren literarhistorischen Entwicklungen rekonstruieren lassen, daß keine Werke von herausragender, traditionsbildender Bedeutung zu erkennen sind. Es herrschte, so drückt es Erich Trunz aus, «gewissermaßen literarische Kleinstaaterei», d. h. eine starke Regionalisierung der Kultur, verschärft noch durch die konfessionelle Spaltung sowie ein auf ständischen bzw. bildungsmäßigen Voraussetzungen beruhendes Nebeneinander unterschiedlicher literarischer Traditionen.

In diesen Zusammenhang gehört auch die Literatur in lateinischer Sprache, die die gelehrte *nobilitas litteraria* über regionale und nationale Schranken hinweg verband, aber mit ihrem elitären Anspruch eine entschiedene gesellschaftliche Abgrenzung nach unten betrieb. Zwar blieben die Sphären grundsätzlich getrennt – Neulateiner schrieben für andere gelehrte Humanisten, Meistersinger für Meistersinger –, doch gab es durchaus und in einem großen Umfang bewußte Grenzüberschreitungen. Das gilt z. B. für die Fachliteratur (Naturwissenschaft, Medizin, Bergwerkskunde usw.), die sich – von Gelehrten geschrieben – in deutscher Sprache an nicht humanistisch Gebildete wandte, und es gilt für das protestantische Schuldrama, für die erbaulichen und belehrenden Werke der Theologen aller Konfessionen und für ihre Lieddichtung.

Daraus ergibt sich ein unübersichtliches Bild der literarischen Situation, charakterisiert durch ein Neben- und Gegeneinander verschiedener Entwicklungslinien, durch Kontinuität und Diskontinuität. Ungebrochene Kontinuität herrscht im Bereich der neulateinischen Dichtung des 16. und 17. Jahrhunderts. Das gilt für die Dichtung der Jesuiten und anderer Orden wie für die der Gelehrtendichter in den protestantischen Territorien und Städten, die trotz der verstärkten nationalsprachlichen Tendenzen im 17. Jahrhundert die neulateinische Tradition fortsetzten und zweisprachig verfuhren. Bis zur Durchsetzung einer deutschsprachigen humanistischen Kunstdichtung im Zusammenhang mit der mit dem Namen von Martin Opitz verbundenen Literaturreform zeichnete sich die deutschsprachige Literatur auf ihre Weise ebenfalls durch Kontinuität

aus, durch das Festhalten an alten Formen und Normen, die über das
16. Jahrhundert bis ins Spätmittelalter zurückreichten: an starren Meister-
sanggesetzen, an Knittelvers und Kirchenlied- und Volksliedstrophen in
der Versdichtung, an den Erzählformen und -traditionen der Schwankliteratur oder der frühen Romandichtung in der Prosa. Daß dabei trotz
der wenig entwicklungsfähigen formalen Mittel auch noch um 1600 bedeutende Leistungen möglich waren, zeigen Erzählwerke wie das *Faust-*
oder *Lalebuch* und insbesondere die satirische Versdichtung als eine der
fruchtbarsten und lebensfähigsten Traditionen des 16. Jahrhunderts.

Daneben aber mehrten sich seit der Mitte des 16. Jahrhunderts die Versuche, sich den neuen kulturellen und literarischen Entwicklungen in Italien und Frankreich zu öffnen. Es entsteht eine vielfältige Übersetzungsliteratur, die fiktionale und nichtfiktionale Prosa umfaßt, sich aber auch
auf erste Versuche mit den Vers- und Gedichtformen der europäischen
Renaissanceliteraturen einläßt. Diese Erscheinungen gehören, obwohl sie
zunächst ohne Breitenwirkung blieben, zum Gesamtbild der Literatur
um 1600, und sie machen deutlich, daß der Eindruck der Erstarrung und
Bewegungslosigkeit täuscht. Bewegung brachte auch das Auftreten der
italienischen und englischen Theatertruppen, die dem vorherrschenden
Schultheater ein völlig neues Modell des Theaters und des Theaterspiels
entgegenstellten und damit lang andauernde Wirkungen erzielten.

Wenn man so will, spiegelt sich in der unklaren Situation der Literatur
um 1600 die der Zeit, einer Zeit der ungelösten politischen, gesellschaftlichen und konfessionellen Probleme, einer Vorkriegszeit. Und das nicht
nur in einem formalen Sinn, wie eine Reihe von signifikanten Werken
deutlich macht. Diese Texte kommentieren die Zerrissenheit, Unruhe und
tiefempfundene existentielle Unsicherheit, indem sie durch satirische
Zeitkritik die Fehlentwicklungen bloßstellen und durch religiös-spekula-
tive Erneuerungsprogramme oder utopische Entwürfe einer besseren
Welt auf die Mängel der tatsächlichen verweisen, indem sie dem einzelnen
den religiösen Sinn seines Lebens nachdrücklich zu vermitteln suchen
und/oder ihn mit philosophischen Überlebensstrategien im Sinn des
Neustoizismus zu Stärke und Standhaftigkeit aufrufen.

1. Neulateinische Literatur

Die neulateinische gelehrte und literarische Kultur manifestierte sich um
die Jahrhundertwende in einer vielseitigen wissenschaftlichen und einer
alle Gattungen umfassenden dichterischen Produktion, begleitet von
ausgedehnten Briefwechseln, mit deren Hilfe sich die internationale
Gelehrtengemeinschaft ein enges Beziehungsnetz knüpfte. Zu den bedeutendsten humanistischen Zentren der Zeit, die in der Regel um Universi-

täten entstanden (Basel, Straßburg, Tübingen u. a.), gehörte das kurpfälzische Heidelberg, das auch – mit anderen südwestdeutschen Hochschulen – einen wichtigen Bezugspunkt für die protestantische schlesische Intelligenz darstellte. Hier bildeten sich an Universität und Hof in den Jahrzehnten vor und nach der Jahrhundertwende einflußreiche humanistische Zirkel. Zentrale Gestalt war der Jurist und Politiker Georg Michael Lingelsheim. Zu einem älteren Kreis gehörten Paulus Melissus Schede, kurpfälzischer Rat und Bibliothekar der Palatina, und Petrus Denaisius, der mit Schede die Orientierung an der Dichtung der Pléiade teilte, zu einem jüngeren Dichterkreis der Nachfolger Schedes als Bibliothekar Janus Gruter. Förderung fanden hier dann auch junge Literaten, die – wie Balthasar Venator, Julius Wilhelm Zincgref und Martin Opitz – für eine Erneuerung der deutschen Sprache und Literatur in humanistischem Geist eintraten. In engem Kontakt zu den Heidelberger Gelehrten stand der Historiker und Philologe Matthias Bernegger, die herausragende Gestalt des Straßburger Humanismus, der auch zahlreiche Schriftsteller zu seinen Schülern zählte (Johann Michael Moscherosch, Jesaias Rompler von Löwenhalt, Georg Philipp Harsdörffer) und einen ausgedehnten Briefwechsel – u. a. mit Johannes Kepler, Hugo Grotius, den schlesischen Späthumanisten und dem Tübinger Gelehrtenkreis um Johann Valentin Andreae – führte.

Der herausragende neulateinische Lyriker der zweiten Hälfte des 16. Jahrhunderts war Paulus Melissus Schede, kurpfälzischer Rat und Verwalter der Heidelberger Bibliotheca Palatina. Er nahm Anregungen deutscher Neulateiner wie Petrus Lotichius Secundus auf, fand aber dann in der Dichtung der Pléiade neue, ‹moderne› Vorbilder. Horazische Odenformen und die Pindarische Ode nach dem Beispiel Ronsards, daneben aber auch Elegien und Epigramme sind die wesentlichen Formen seiner Lyrik, die auch Themen und Motive des Petrarkismus aufnimmt. «Schediasmata», also etwa Gedichte aus dem Stegreif oder Gelegenheitsgedichte, nennt er seine wichtigsten Sammlungen: Gedichte, in denen sich der große Freundeskreis des Gelehrten spiegelt (*Schediasmata poetica*, 1574), petrarkistische Liebesgedichte in dem *Spinae* (*Dornen*) überschriebenen Teil der *Schediasmatum reliquiae* (1575), pathetische Zeitgedichte in pindarischer Manier, höfische Huldigungsgedichte, Lieder, Elegien und Epigramme in den Königin Elisabeth I. von England gewidmeten drei Bänden der *Schediasmata poetica* (1574–86). Oden auf Angehörige des Pfälzer Herrscherhauses und der Heidelberger Universität veröffentlichte er in den *Odae Palatinae* (1588).

Mit seiner Anlehnung an die französische Lyrik der Pléiade und den Petrarkismus, mit seiner kunstvollen, anspielungs- und bilderreichen Sprache, die nicht selten manieristische Züge besitzt, weisen Schedes Gedichte auf die ‹barocke› Lyrik des 17. Jahrhunderts voraus. Auch mit seinen deutschsprachigen Gedichten, etwa dem ersten deutschen Alexandrinersonett (postum 1624 von Julius Wilhelm Zincgref veröffentlicht), gehört Schede zu den Wegbereitern einer deutschen Kunstlyrik. Größer war allerdings sein Einfluß auf die deutschen Neulateiner der folgenden Generation, den er durch auffallend viele Dichterkrönungen festigte.

Die Traditionslinie führt weiter über Friedrich Taubmann, von Schede 1592 zum Dichter gekrönt, zu dem universal gelehrten und ungeheuer produktiven Caspar von Barth, der in den ersten beiden Jahrzehnten des 17. Jahrhunderts mit virtuosen manieristischen Kunststücken und bissigen Epigrammen glänzte. Zugleich entfaltete sich im Umkreis der Städte, Universitäten und Höfe eine thematisch weitgespannte Gelegenheitslyrik, die wie die Briefwechsel Zusammenhang und Zusammenhalt der Gelehrtengemeinschaft unterstrich. Eine umfassende Anthologie der europäischen neulateinischen Poesie legte Janus Gruter mit den 15 Bänden seiner *Delitiae* (1608–15) vor, darunter die den deutschen Neulateinern gewidmeten sechs Bände der *Delitiae poetarum Germanorum* (1612) mit Texten von insgesamt 211 Autoren.

Für die Vielfalt der neulateinischen Dichtung um 1600 zeugt auch das Weiterleben von Gattungen wie der ‹Helden-› bzw. ‹Heldinnenbriefe› in elegischen Distichen (z. B. Nikolaus Reusner: *Epistolarum heroidum liber unus*, 1593), der (postum veröffentlichte) Versuch eines christlichen Epos in der Manier Vergils (Nicodemus Frischlin: *Hebraeis*, 1590), die Fortführung der Satiretradition (Johann Valentin Andreae: *Menippus sive dialogorum satyricorum centuria*, 1617), der Emblematik (z. B. Joachim Camerarius d. J.: *Symbolorum et emblematum [...] centuriae I–IV*, Gesamtausgabe 1605; Gabriel Rollenhagen: *Nucleus emblematum*, 1611–13) und unterhaltsamer Gattungen wie der Fazetienliteratur (Otho Melander: *Jocorum atque seriorum [...] liber primus [-tertius]*, 1600–04). Noch in den zwanziger Jahren zeigte sich die Macht der europäischen neulateinischen Gelehrtenkultur darin, daß Caspar von Barth Werke der modernen italienischen und spanischen Literatur nicht ins Deutsche, sondern ins Lateinische übertrug: Pietro Aretinos *Ragionamenti* (1533–36; *Kurtisanengespräche*) erschienen als *Pornodidascalus, seu colloquium muliebre Petri Aretini* (1623), Fernando de Rojas' *La Celestina* (1499) als *Pornoboscodidascalus latinus* (1624) und Gaspar Gil Polos Roman *Diana enamorada* (1564) als *Erotodidascalus* (1625).

Auf dem Gebiet des neulateinischen protestantischen Dramas setzte das Straßburger Akademietheater noch einmal wichtige Akzente über den Bereich der Schule hinaus. Man spielte lateinische und griechische Stücke der Antike (die griechischen z. T. in der Originalsprache, z. T. in lateinischer Übersetzung), neulateinische Texte des 16. Jahrhunderts und eigene Werke. Die Dramatiker des Straßburger Theaters verbanden humanistisch antikisierende Formtraditionen mit Elementen protestantisch-

bürgerlicher Morallehre; zu ihnen zählten Theodorus Rhodius aus dem
Umfeld des Heidelberger Humanistenkreises, 1601 von Schede zum
Dichter gekrönt, und die Straßburger Professoren Caspar Brülow und
Johannes Paul Crusius.

Wies Brülow mit seinen sieben Stücken, Dramatisierungen antiker,
antik-mythologischer und biblischer Stoffe (z. B. *Andromeda*, Aufführung 1611, Druck 1612; *Nebucadnezar*, 1615; *Julius Caesar*, 1616; *Moses*,
1621), auf das politisch-historische Schauspiel des 17. Jahrhunderts voraus, so bildete Crusius' *Croesus* (Aufführung 1611) mit der exemplarischen Darstellung vom Sturz eines Großen ein typisches Handlungsmo-
dell barocker Trauerspiele vor. Ein weiteres Stück von Crusius, *Heliodorus*
(Aufführung 1617), formte die biblische Vorlage (2. Makkabäer 3) mit
Hilfe mehrerer Nebenhandlungen, komischer Einlagen, großer Volkssze-
nen und allegorischer Figuren zu einem die Grenzen des humanistischen
Wortdramas übersteigenden, an die Sinne appellierenden opernhaften
Schauspiel. Dagegen spricht aus den Tragödien des als Landpfarrer bei
Worms wirkenden Rhodius ein hoher formaler Anspruch im Geist eines
«vorbarocken Klassizismus» (Richard Alewyn). Er lehnte die weitschwei-
figen Historien im Stil der Meistersinger ab und orientierte sich an den
Bauformen und Techniken des antiken Dramas (Gliederung in fünf Akte,
Chor, Stichomythie, Teichoskopie usw.) sowie den aristotelischen ‹drei
Einheiten›. Dabei behandelte er vorwiegend biblische Stoffe wie Simson,
Esau, Saul oder (mehrfach) die Josefsgeschichte (*Dramata sacra*, 1615),
brachte aber auch mit der *Tragoedia Colignius* (1614), einer Darstellung
der Ereignisse der Bartholomäusnacht von 1572, ein aktuelles, die herrschenden konfessionellen Spannungen illustrierendes Thema auf die
Bühne. Kurz nach Beginn des Dreißigjährigen Krieges, 1621, wurde der
manche spätere Entwicklungen vorwegnehmende Spielbetrieb in Straßburg eingestellt: An die Stelle von prunkvollen Theateraufführungen traten Bettage. Als letztes Stück spielte man anläßlich der Erhebung des
Gymnasiums zur Universität den *Moses*, zugleich Brülows letztes Theaterstück: Brülow nutzte die Gelegenheit zu einer politisch-konfessionellen Stellungnahme, indem er den biblischen Stoff mit lutherischen
Lehrmeinungen und nur leicht verschleierter antikatholischer Polemik
anreicherte.

Wenige Jahre nach dem Ende der Straßburger Spielpraxis erreichte das
weltliche neulateinische Drama mit Hermann Flayder in Tübingen seinen
letzten Höhepunkt. In Tübingen hatte Nicodemus Frischlin gewirkt, einer der führenden neulateinischen Dramatiker des Späthumanismus, und
hier hatte Johann Valentin Andreae studiert, dem mit der Komödie *Turbo*
(1616) ein die Durchschnittsproduktion weit überragendes satirisches
Zeitstück zum Thema der *curiositas*, der neuzeitlichen wissenschaftlichen
Neugierde, gelang.

Der Titelheld verkörpert das Streben nach Erkenntnis und einem glücklichen Leben, doch dieses Streben stellt sich als Prozeß fortschreitender Desillusionierung dar und mündet schließlich in die Katastrophe, die den Helden, unterstützt durch eine Fülle allegorischer Gestalten, zur Einsicht bringt. Einzig die Abkehr von der Eitelkeit der Welt, die demütige Hinwendung zu Christus und die Besinnung auf die eigene moralische Kraft können aus der Resignation und der Verzweiflung herausführen. Anders als Doktor Faustus im *Faustbuch* von 1587 oder der gelehrte Doktor aus Paris in Jacob Bidermanns Jesuitendrama *Cenodoxus* (1602) findet Andreaes Held zu Selbsterkenntnis und Reue. Dabei dienen Personal und Handlungselemente der Commedia dell'arte als Gegengewicht zum Ernst der Haupthandlung.

Flayder, von den Zeitgenossen als «Frischlinus secundus» geehrt, schrieb seine Stücke für die Schüler des Tübinger Collegium illustre, einer Adelsschule, an der er (wie an der Universität) als Professor lehrte. Es handelt sich um formgewandte Komödien und Satiren, die dramaturgisch geschickt und nicht ohne Witz mit deutschen Sagenstoffen, einheimischen Satiretraditionen und Versatzstücken des antiken Komödien- und Eklogenrepertoires arbeiten. Die beiden Komödien *Imma portatrix* (1625) und *Ludovicus bigamus* (1625) – weitere sind verloren – kontrastieren die Haupthandlungen um die heimliche Liebe der Tochter Karls des Großen (‹Eginhard und Emma›) bzw. um die Sage vom Grafen von Gleichen und einer Ehe zu dritt wirkungsvoll mit komischen Parallelhandlungen in bäuerlichem Milieu. In *Moria rediviva* (1627) griff er, angeregt durch Erasmus von Rotterdams *Encomium moriae* (*Lob der Torheit*), auf die Tradition der Narrenliteratur zurück: Heraclitus und Democritus kommen aus der Unterwelt und sichten in einer satirischen Narren- und Ständerevue Bewerber für einen neuen Hof der Narrheit. Mit *Argenis* (1626), der Dramatisierung des gleichnamigen Staatsromans von John Barclay, brachte Flayder seinen Schülern die aktuelle Absolutismusdiskussion nahe.

Anders als das lateinische protestantische Drama, das später nur noch vereinzelt Nachfolger fand (z. B. Johann Ludwig Prasch mit der *Comoedia amici*, 1663, und den Tragödien *Tullia*, 1667, und *Arminius*, 1678), hatte das militant-gegenreformatorische Jesuitendrama eine bedeutende Zukunft. Mit dem Werk Jacob Gretsers und Jacob Bidermanns erreichte es bereits in den Jahrzehnten vor und nach der Jahrhundertwende europäischen literarischen Rang. Wie das protestantische Schuldrama war es sprachlich von der rhetorisch-humanistischen Tradition geprägt, und wie dieses orientierte es sich poetologisch am römischen Drama der Antike. Dabei war es zunächst einer klassizistischen Latinität verpflichtet, die in Jacobus Pontanus' *Poeticarum institutionum libri tres* (1594) sowie dem Lektüreplan in der für alle Jesuitenkollegien verbindlichen Studienordnung (*Ratio studiorum*, 1599) zum Ausdruck kam.

Die Tradition neulateinischer jesuitischer Poetiken, orientiert an Aristoteles, setzte dann Jacob Masen im Anschluß an Alessandro Donati (*Ars poetica*, 1631) mit der dreibändigen *Palaestra eloquentiae ligatae* (1654–57) fort, der zudem mit seiner *Ars nova argutiarum* (1649) einen wesentlichen Beitrag zur europäischen Argutia-Bewegung leistete. Auf der protestantischen Seite fand die neulateinische Poetik nach dem Standardwerk Julius Caesar Scaligers (*Poetices libri septem*, 1561) einflußreiche Nachfolger mit Daniel Heinsius' Schrift *De tragoediae constitutione* (1611) und Gerhard Johannes Vossius' *Poeticarum institutionum libri tres* (1647).

2. Epische und satirische Dichtung in Vers und Prosa

Die Tradition der deutschsprachigen satirischen Versepik, die das ganze 16. Jahrhundert insbesondere im Südwesten Deutschlands lebendig geblieben war, erreichte einen letzten Höhepunkt um die Wende zum 17. Jahrhundert. Wolfhart Spangenberg knüpfte an die satirische Dichtung Johann Fischarts an (zu Fischart s. Bd. IV, 2), und hundert Jahre nach Sebastian Brant gelang Gabriel Rollenhagen noch einmal der Entwurf eines satirischen Gesamtbildes (nun protestantischer) bürgerlicher Lebens- und Weltauffassung. Daneben bestand weiter ein großes Interesse an der Vermittlung der epischen Dichtung der Antike, die seit Thomas Murners deutscher *Äneis* (1515) immer wieder Übersetzer und Bearbeiter fand. Dabei kamen allerdings weder der sprachliche und formale Standard der antiken Texte noch die kulturelle Differenz in nennenswerter Weise ins Blickfeld. Sie stellten offenbar keine Herausforderung dar; Homers *Ilias* oder Vergils *Äneis* wurden ohne weiteres in stadtbürgerliche Verhältnisse des 16. Jahrhunderts übersetzt und versetzt.

Beispiel für dieses Verfahren ist das Werk des Augsburger Meistersingers und Notars Johann Spreng, der antike Literaturwerke auch einem nicht humanistisch gebildeten Publikum nahezubringen suchte. Seine postum erschienenen Vergil- und Homerübersetzungen erlebten mehrere Auflagen und bezeugen so auch das (vorwiegend dem Stoff geltende) Bildungsinteresse eines städtischen, nicht akademisch gebildeten Publikums: *Aeneis Virgiliana* (1610; zuletzt 1629) und *Ilias Homeri* (1610; zuletzt 1630). Dabei lesen sich Sprengs Knittelverse zwar flüssiger, aber nicht grundsätzlich anders als die Thomas Murners von 1515.

Es gab um die Jahrhundertwende noch keine Alternative zum vierhebigen Reimpaarvers als epischem Grundvers. Um so bemerkenswerter ist es, daß mit den zur Verfügung stehenden beschränkten formalen und sprachlichen Mitteln durchaus bedeutende literarische Werke gelingen konnten. Herausragendes Beispiel aus dem Bereich der epischen Dichtung ist Georg Rollenhagens *Froschmeuseler*. *Der Frösch vnd Meuse wunderbare Hoffhaltunge* (1595), ein mehr als 19000 paarweise gereimte Vierheber, Knittelverse, umfassendes satirisch-didaktisches Tierepos auf der Basis des griechischen Kleinepos vom *Froschmäusekampf* (*Batracho-myomachia*), das in 303 Hexametern Homers *Ilias* parodiert. Allerdings geht Rollenhagen, Rektor des Magdeburger Gymnasiums, entschieden über den Aspekt der literarischen Parodie hinaus; sein *Froschmeuseler* ist als umfassendes Bild des menschlichen Lebens und der zeitgenössischen Wirklichkeit konzipiert, als «Deutsche Lection» und «Contrafactur dieser vnser zeit», und erweist sich als Lehrgedicht geradezu enzyklopädischen Charakters, bei dem sich gemäß dem «Wunsch des Reymers» «Lehr vnd lust» verbinden.

Die einfache Handlung des *Froschmeuseler* folgt dem Vorbild der *Batracho-myomachia*. Der Froschkönig Baußback feiert mit seinem Hofstaat ein Fest am See. Als der Mäuseprinz Bröseldieb dazukommt, führen Baußback und der Besucher ausführliche Gespräche. Bröseldieb erzählt vom Mäusestaat, Baußback von der Geschichte des Reichs der Frösche. Als Bröseldieb nach langem Zögern die Einladung zum Besuch des königlichen Wasserschlosses annimmt, weil er nicht als Feigling dastehen will, nimmt Baußback die Maus auf den Rücken, um sie zum Schloß zu bringen. Doch der Frosch taucht unter, erschreckt von einer plötzlich auftauchenden Wasserschlange, und der Mäuseprinz ertrinkt. Nach langen Beratungen erklären die Mäuse den Fröschen den Krieg. In dem verlustreichen Kampf, bei dem riesige Heere aufmarschieren, gibt es nach dem Willen Gottes keinen Sieger, aber große Verluste. Die anderen Tiere laben sich an den toten Mäusen und Fröschen.

Das Geschehen wird durch zahlreiche Einschübe, Digressionen, Rückblicke, durch die Integration kleinerer Erzählformen (vor allem Fabeln) oder durch größere Einlagen – etwa die ausführliche Erzählung der Circe-Episode aus der *Odyssee* – aufgebrochen und durch mehrfach abgestufte Erzählebenen auf kunstvolle Weise verschachtelt. Im ersten Buch ist von «dem Hausstande / Vnd Priuat einsamen Leben» sowie vom Zusammenleben in der Gesellschaft die Rede, wobei Rollenhagens bürgerlich protestantische Lebenslehre auf Tugend, Bescheidung und Zufriedenheit innerhalb einer gottgewollten Ordnung zielt. Im zweiten Buch erweist sich Baußbacks Geschichte seines Königreichs als eine verschlüsselte Darstellung des Reformationsgeschehens, die zugleich Anlaß zur Wiedergabe einer ausführlichen Diskussion der Frösche über die beste Staatsform und das Verhältnis von Kirche und Staat bietet. Das dritte Buch klärt darüber auf, was bei Kriegssachen «zuberathschlagen / vnd vorzunemen sey», und macht dann durch die breite Schilderung des Kriegsverlaufs mit seinen Wechselfällen deutlich, daß die vorher in den langen Beratungen diskutierten Planungen nicht aufgehen, daß alles Geschehen in Gottes Hand liegt und alles menschliche Streben eitel ist. Das Vanitas-Thema setzt den Schlußakzent («Aller Welt Rath / Macht / Trotz vnd Streit / | Ist lauter Tand vnd Eytelkeid»), wobei allerdings die Einsicht in die Nichtigkeit der Welt und des Menschen in enger Beziehung zur Forderung gläubigen Gottvertrauens steht: Gerade die Erkenntnis der Eitelkeit der Welt und des menschlichen Handelns verweist den Menschen zurück auf die göttliche Allmacht.

Relativiert wird die Vanitas-Thematik durch den enzyklopädischen, auf praktische Lehrhaftigkeit zielenden Charakter der Dichtung, die in ihrer Didaxe die ganze Breite der Praxis und der Moral des privaten wie des öffentlichen Lebens einbezieht und durch Reihung und Addition eine Art Gesamtbild protestantisch bürgerlicher Lebens- und Weltauffassung des ausgehenden 16. Jahrhunderts entwirft. In sprachlicher Hinsicht nimmt Rollenhagen den Abstand des Deutschen zu den klassischen Sprachen als gleichsam naturgegeben hin; von einer Aufforderung zu vermehrter Anstrengung oder zu Reformen ist hier noch nicht die Rede. Daß die deutschen Frösche nicht so zierlich redeten wie die Homers – die *Batrachomyomachia* galt als Werk des gelehrten «Schulmeisters» Homer – sei in der spezifischen deutschen «Landarth» begründet:

> Der Griech / vnd auch der Römisch Mann /
> Schawt das er künstlich reden kan /
> Sein angeborne Mutter sprach.
> Vnd helt das für ein grosse sach:
> Der Deutsch aber lesset vor allen /
> Was frembd ist / sich besser gefallen /
> Lernt frembde sprachen / reden / schreiben /
> Sein Mutter sprach mus veracht bleiben.
> Darumb wird Euch kein wunder sein /
> Das meine Frösch in jhrem Reym /
> Jhr Mutter sprach nicht außpoliert /
> Artig versetzet vnd maniert /
> Sondern wie die Genß am riefier [Ufer] /
> Vnd die Weiber beym Wein vnd Bier /
> [...]
> Schwatzen / sprachen / spräcken / vnd schnattern /
> Sagen / seggen / schnackn vnd tattern.

Nur wenige Jahre später hatten derartige Zustandsbeschreibungen kulturpatriotische Aufrufe zur Verbesserung der Ausdrucksfähigkeit des Deutschen zur Folge.

Tierdichtungen wie satirische Tierepen oder ironische Enkomien gehören zu den beliebten Gattungen der deutschsprachigen Literatur der Jahrzehnte vor und nach 1600. Das zeigt nicht nur der Erfolg des *Froschmeuseler*, der bis 1637 kontinuierlich neu aufgelegt wurde (weitere Ausgaben erschienen dann noch 1683 und 1730), sondern wird auch durch Neuauflagen und Bearbeitungen einschlägiger Schriften Johann Fischarts und durch die Fortsetzung dieser Tradition zu Anfang des 17. Jahrhunderts durch Wolfhart Spangenberg bestätigt. Zentrum dieser satirischen Literaturpraxis war Straßburg mit den Verlegern Bernhard und Tobias Jobin sowie Johann Carolus, der 1604 Verlag und Druckerei von den Erben der

Verlegerfamilie Jobin kaufte. Für sie arbeitete auch der aus einer bekannten Theologenfamilie stammende Wolfhart Spangenberg, der zwar 1600 durch Heirat das Straßburger Bürgerrecht, aber keine Pfarrstelle erhalten hatte.

Spangenbergs satirisches Werk umfaßt das zyklische Versgedicht *Ganß König* (1607), eine Neuausgabe von Fischarts *Flöh Haz* (1610) mit eigenen Zugaben im Fischart-Ton (*Lob der Mucken* nach Lukian, *Deß Flohes Strauß / mit der Lauß*) und die bereits früher konzipierte, aber erst 1625 gedruckte menippeische Prosaerzählung *EselKönig*. Diese Dichtungen stehen im Zusammenhang eines größeren Plans, der mehrere Tierepen umfassen und an Beispielen aus der Tierwelt menschliches Verhalten kritisch darstellen sollte. Dabei ging es Spangenberg vor allem um politisch-gesellschaftliche Aspekte, dargestellt u. a. an Vorgängen wie der Absetzung eines bewährten Herrschers, der Wahl eines ungeeigneten Nachfolgers und den daraus resultierenden Folgen.

Von dem Fragment gebliebenen Projekt verwirklichte Spangenberg zunächst nur den *Ganß König*. Das Werk besteht aus einem Zyklus von sechs Reden zum Martinstag (gehalten etwa zwischen 1601 und 1607), die zwischen 450 bis 1000 Knittelverse umfassen, einem lockeren Gesamtplan folgen und dabei Techniken aus dem Repertoire der auf Lukian zurückgehenden menippeischen Satire verwenden (ironisches Enkomion, Traumvision, Parodie). Das Ganze beginnt mit einer ausführlichen Darstellung des Wahlvorgangs mit Reden und Gegenreden und Wahl der Gans zum König, gefolgt von Abdankung, Testament und Märtyrertod der Gans mit parodistischer katholischer Totenmesse. Am Ende schließlich steht eine Predigt «von dem Spruch / daß der Wolff den Gänsen predige» – um sie dann zu fressen.

Als Spangenberg später mit dem *EselKönig* noch einmal auf das Thema zurückkam, geschah das in Prosaform. Die romanhafte menippeische Satire erschien 1625; nach Angaben des Verfassers war sie bereits 1617 «getichtet unnd volbracht» worden. Dadurch hatte der Text einiges von seiner Aktualität eingebüßt. Denn er bezieht sich zum einen auf die deutsche Übersetzung eines satirischen Enkomions, das 1617 im selben Verlag, bei Johann Carolus in Straßburg, herausgekommen war, zum anderen zielt die Satire mit ihrer Demontage eines revolutionär-utopischen Programms auf die Rosenkreuzerbewegung, die zu diesem Zeitpunkt – aber nicht mehr 1625 – Gegenstand lebhafter publizistischer Auseinandersetzungen war. Aktuell blieben allerdings die politischen Aspekte.

Zur Darstellung der komplizierten Entstehungsfiktion des Werkes benutzt Spangenberg die von Traiano Boccalini in den *Ragguagli di Parnaso* (1612–13) wieder aufgenommene satirische Technik des Göttersymposions. Einer derartigen Versammlung – sie besteht aus Apollo, Pallas Athene, Merkur und den Verfassern von Eselerzählungen Apuleius, Lukian und Agrippa von Nettesheim – legen Abgesandte des Eselsgeschlechts ein Buch zur Beurteilung vor, über das sie sich selbst, da für ihren Verstand «gar zuhoch», keine Meinung bilden konnten. Es handelt sich um das von dem Straßburger Georg Friedrich Messerschmid übersetzte satirische Enkomion *Von Deß Esels Adel. Und Der Saw Triumph* (1617) von Adriano Banchieri (*La nobilità dell'asino Attabalippa dal Peru*, 1617). Die Kritik fällt zwiespältig aus, doch am Ende wird das Werk gleichwohl «für gut / Kurtzweylig und Lesens wyrdig geachtet». Da es aber nur erzähle, wie der Esel zum Königtum gekommen sei, sei es erforderlich, die Geschichte um einen Bericht darüber zu ergänzen, wie der Eselkönig seine Herrschaft wieder an den Löwen verloren habe. Und diese Ergänzung findet sich, so erinnert sich Apollo, im Reich des Midas in Phrygien, abgefaßt «in alter Cimmerischer Sprach». Das Manuskript wird beschafft und ins Deutsche übertragen.

Die Grundzüge des ersten Teils der Handlung von der Erkrankung des alten Löwen bis zum Herrschaftsantritt des Esels liefert die Fabel *Vom Löwen und Esel*, wie sie u. a. bei Luther und Erasmus Alberus zu finden ist, freilich erweitert zu facettenreichen Darstellungen höfischer Intrigenspiele und Reichstagsberatungen und verbunden mit der Präsentation verschiedener Herrschaftsmodelle (Erb- und Wahlmonarchie, absolutistische Machtkonzentration), Katalogen herrscherlicher Tugenden und scharfsichtigen Charakteristiken der beteiligten Parteien (Hofadel, Reichsstände, «gemeiner Pöbel»). Das utopische Politikprogramm der Eselherrschaft («General änderung») mit Visionen von einem Goldenen Zeitalter und der Wiederherstellung eines Naturzustandes ohne Mühsal und Arbeit führt in der Praxis rasch in die Katastrophe und damit – Gegenstand des zweiten Teils – zur erneuten Übernahme der Macht durch das Königtum der Löwen als der bestmöglichen irdischen Herrschaft.

Gut ein Jahrzehnt später griff der sächsische Hofbeamte Rudolf von Dieskau noch einmal auf eine Eselfabel und die Form des Parnaßberichts zurück, um sich satirisch mit der gesellschaftlichen Wirklichkeit auseinanderzusetzen: *Legation OderAbschickung der Esell in Parnassum* (1638). Die Klage der unterdrückten Esel, d. h. der Bauern, bleibt erfolglos; sie ist, wie Apollo konstatiert, politisch nicht durchsetzbar. Gerechtigkeit läßt sich in der höfisch-politischen Realität nicht erreichen. Es bleibt bei einer unverbindlichen Mahnung Apolls an die Menschen, die folgenlos im Archiv der Esel verschwindet.

Während die älteren einheimischen Überlieferungen – frühneuhochdeutscher Prosaroman, Schwankroman, Schwankbuch – weiter gepflegt wurden, machte sich mit Übertragungen von Romanen, Erzählungen und anderen Texten zunehmend der Einfluß der romanischen Literaturen bemerkbar. Zu den bedeutendsten verlegerischen Projekten der zweiten Hälfte des 16. Jahrhunderts gehört der *Amadis auß Franckreich* (1569–95), die Übersetzung der vielbändigen, von Spanien ausgehenden Romanserie. Die deutsche Fassung des *Amadís de Gaula* beruht zum größten Teil, d. h. den ersten 21 Bänden, auf der französischen Bearbeitung, wurde aber dann noch durch drei eigene Fortsetzungen und zwei aus dem Italienischen übersetzte Supplementbände auf insgesamt 26 Bände vermehrt. Es handelt sich um einen ausufernden Ritter- und Liebesroman, in dem zeitloses, feudales Mittelalter herrscht, eine Märchenwelt mit Zauberern, Feen und Ungeheuern, in der die Helden – zunächst Amadis und Oriana, dann ihr Sohn Esplandian und weitere Mitglieder der Sippe – ihre ritterlichen und amourösen Abenteuer bestehen und die alten höfischen Werte wie Treue, Tapferkeit und Hilfe für die Bedrängten aufrechterhalten. Cervantes hatte den *Amadís* in seiner parodistischen Kritik der Ritterromane vom Feuer verschont (*Don Quijote*, I, 6); in Deutschland jedoch geriet der Roman im Zusammenhang mit den Auseinandersetzungen um die Anerkennung des Romans als respektable Kunstform in der Mitte des 17. Jahrhunderts vor allem aus moralisch-religiösen und poetologischen Gründen in Verruf. Seine sprachliche Form jedoch, die den höfisch-empfindsamen Stil der französischen Vorlage nachzuahmen suchte, wurde selbst von Martin Opitz gerühmt, und Philipp von Zesen nannte im *Rosen-mând* (1651) den *Amadís* in einer Reihe mit der Lutherbibel und den Reichsabschieden als stilistisches Muster. Bereits vorher hatte man aus dem ganzen Roman eine «Schatzkammer» zusammengestellt, die gleichsam als Handbuch des guten Stils für alle gesellschaftlichen Gelegenheiten dienen sollte: *Schatzkammer / Schöner / zierlicher Orationen / Sendbriefen / Gesprächen / Vorträgen / Vermahnungen / vnnd dergleichen* (1596, ⁶1624).

An der Übersetzung des Romans war auch Johann Fischart beteiligt; von ihm stammt das sechste Buch (1672). Man mag darin gleichsam eine Vorübung für sein erzählerisches Hauptwerk, die Bearbeitung von François Rabelais' *Gargantua* (1534), sehen, doch bleibt er hier noch ganz in den durch die Übersetzer der ersten fünf Bände und gewiß auch den Verleger vorgegebenen Bahnen einer recht getreuen Wiedergabe des französischen Texts. Die *Affenteurliche vnd Vngeheurliche Geschichtschrift* (1575; jeweils erweiterte Fassungen 1582 und 1590 unter dem Titel *Affentheurlich Naupengeheurliche Geschichtklitterung*) hingegen sprengt durch Einschübe, Erweiterungen, Exkurse, riesige assoziative Wortreihungen und andere Sprachmanipulationen den Rahmen einer Übersetzung und steigert die bei Rabelais durchaus schon angelegten, aber das humanistische Programm keineswegs verwischenden grotesken Züge zu einer monströsen, rhythmisch mitreißenden Sprachorgie ohne Beispiel in der deutschen Literatur. Obwohl eine Reihe von Auflagen bis 1631 für den Erfolg des maßlosen satirischen Unternehmens sprechen – Fischart selbst bezeichnet es als ein «verwirretes vngestaltes Muster der heut verwirrten vngestalten Welt» –, gibt es keine nennenswerte produktive Rezeption: Die Erneuerung des Prosastils im 17. Jahrhundert folgt zunächst eher klassizistischen Mustern.

Vom *Amadís* führt ein direkter Weg zu weiteren Romanübersetzungen aus dem Französischen. Der im württembergischen Mömpelgard (Montbéliard) ansässig gewordene Drucker Jacques Foillet, neben Feyerabend in Frankfurt und Lazarus Zetzner in Straßburg einer der wichtigsten Vermittler französischer Literatur in der Zeit um die Jahrhundertwende, hatte 1590 mit Buch XIV und XV zunächst allein, dann von Buch XVI zusammen mit den Erben Sigmund Feyerabends die Fortführung der *Amadís*-Serie übernommen. Unmittelbar nach Ende dieses Projekts ließ er ein weiteres Werk der französischen Unterhaltungsliteratur folgen, die Übersetzung des ersten Bandes des Schäferromans *Les bergeries de Juliette* von Nicolas de Montreux (1585; weitere Bände bis 1598): *Die Schäffereyen Von der schönen Juliana. Das ist: Von den Eygenschafften vnd vngleichen Würckungen der Liebe / ein herrliches Gedicht* (1595). Mit der Übersetzung beauftragte Foillet den Baseler Professor für Rhetorik Friedrich Castellio, der gerade Buch XX und XXI des *Amadís* (beide 1593) übersetzt hatte. Allerdings blieb der Erfolg dieses eher episodischen Schäferromans mit seinen «vielen lieblichen Rheymen / Rhäterschen / Liedern / vnnd andern Poetischen Gedichten» zunächst aus; erst 1616–17 erschienen – nach einer unveränderten Neuauflage des ersten Buches 1615 – Verdeutschungen der weiteren vier Bücher, dazu eine *Schatzkammer Aus den Fünff Büchern der Schäffereyen von der schönen Juliana* (1617). Auch hier führt der Weg weiter, denn der neue Übersetzer Johann Balthasar Burckhardt übernahm anschließend die Übertragung von Honoré d'Urfés *Astrée* (1607–28), die allerdings wegen des Tods des Verlegers zunächst nicht über den ersten Band hinauskam (*Von der Lieb. Astreae vnd Celadonis Einer Schäfferin vnd Schäffers*, 1619; s. S. 684 ff.).

Auch andere Prosaformen der romanischen Literaturen finden neben den umfangreichen Erzählwerken großes Interesse und spielen später im Verlauf des 17. Jahrhunderts bei der Entwicklung kleinerer Roman- und Erzählgattungen eine wichtige Rolle für die deutsche Literatur. Dazu zählen u. a. der sentimentale Roman und das Genre der *Histoires tragiques*, das die italienische Novellentradition in moralisierenden Adaptionen vermittelte.

Neben den Übersetzungen großer französischer Romane, die auf ein adeliges und gehobenes bürgerliches Publikum aus den städtischen Führungsschichten zielten, behaupteten sich weiter Werke aus der Tradition des frühneuhochdeutschen Prosaromans, die allmählich zu ‹Volksbüchern› herabsanken. Zu den alten Romanen, die bis ins 18. Jahrhundert immer wieder gedruckt wurden, kamen neue. Ihr großer Erfolg beruhte auf ihrer Thematik, die auf aktuelle Krisenerscheinungen und -stimmungen reagierte und zugleich menschliche oder gesellschaftliche Grundprobleme ansprach. Die bekanntesten Beispiele sind die *Historia von D. Johann Fausten* (1587) und *Das Lalebuch* (1597). Dem anonymen Verfasser der Faustgeschichte ging es eigentlich um eine abschreckende Exempelerzählung. Seine große literarische Leistung besteht darin, daß es ihm in den Anfangs- und Schlußpartien seines Werkes gelang, eine eindringliche, geschlossene und konsequente Lebensgeschichte eines von der ‹wissenschaftlichen Neugierde›, der *curiositas*, getriebenen Menschen zu erzählen; den Raum dazwischen füllen beliebig aneinandergereihte Schwankerzählungen (s. Bd. IV, 2).

Über die eher zufällige Reihungstechnik hinaus gelangt der anonyme elsässische Verfasser des *Lalebuchs*, der traditionelle Schwankgeschichten (Schwänke über närrische Gemeinden, Ortsneckereien) in einen übergreifenden erzählerischen Zusammenhang einfügt: Ein Schiffer, so die literarische Fiktion, berichtet dem Autor von den Lalen (‹Lale›: einfältiger Mensch) und ihrer längst untergegangenen Stadt, die «in dem großmechtigen Königreich Utopien gelegen» war.

Die Lalen, Menschen griechischer Abstammung, werden wegen ihrer Klugheit von Fürsten der ganzen Welt als Ratgeber begehrt. Da aber wegen ihrer ständigen Abwesenheit zu Hause alles in Verwirrung gerät, beschließen sie, in Zukunft in ihrer Stadt zu bleiben und, damit sie nicht mehr behelligt würden, die Narren zu spielen. Worauf sie dann die merkwürdigsten Dinge unternehmen: ein Rathaus ohne Fenster bauen, Salz säen usw. Mit der Zeit wird das Rollenspiel zur Wirklichkeit, die Narrheit setzt sich durch. Und am Schluß zünden die Lalen aus Furcht vor einem «Maußhund» (Katze) ihre Stadt an und zerstreuen sich in alle Welt: «doch ist jhr Thorheit vnd Narrey (welches das Beste) vbergeblieben / vnnd vielleicht mir vnnd dir auch ein guter theil darvon worden, Wer weist obs nicht wahr ist?»

Das *Lalebuch*, eine anspielungsreiche Satire, verkehrt Thomas Morus' Entwurf eines vollkommenen Gemeinwesens (*Utopia*, 1516) ins Gegenteil. Utopia, das ‹Nirgendsland›, ist überall. Allerdings wurden diese Ansätze eines reflektierten Erzählens bald verwässert; in den Bearbeitungen drohen die Zusammenhänge und der hintergründige Sinn zugunsten der Schwänke verlorenzugehen. Durchgesetzt hat sich die ein Jahr nach dem Originaltext erschienene Fassung, die das Geschehen in das Städtchen Schiltburg bzw. Schilda verlegt (*Die Schiltbürger*, 1598); eine weitere Bearbeitung folgte 1603 (*Grillenvertreiber*). So wurde das von der Konzeption her durchaus anspruchsvolle Werk letztlich im Rahmen der Schwankbuchtradition rezipiert. Von diesen Formen der Erzählliteratur gingen keine Impulse für sprachliche und literarische Reformen aus, auch wenn sie, trotz der gelehrt-bürgerlichen bzw. höfischen Grundorientierung der Literatur des 17. Jahrhunderts, weiterhin für die volkstümliche und satirische Literatur von Bedeutung blieben.

3. Drama, Theater

Das geistliche Spiel des späten Mittelalters mit seinen das ganze Bürgertum einbeziehenden Produktionen blieb in einigen katholischen Gebieten auch nach der Reformation weiterhin lebendig. Bedeutendstes Beispiel dafür ist das seit 1453 bezeugte Luzerner Passionsspiel, das sich unter dem Stadtschreiber und Spielleiter Renward Cysat zu einem riesigen, mehrtägigen Massenschauspiel steigerte: nicht nur Demonstration für den alten Glauben, sondern auch Ausdruck und Selbstdarstellung einer bürgerlichen Gemeinschaft. Nach der Aufführung von 1616 wurde das Luzerner Volksschauspiel als Medium des Glaubenskampfs zwar vom Theater der Jesuiten abgelöst, aber die Praxis des Volksschauspiels war damit in der Schweiz keineswegs zu Ende. Neben den Ordensdramen der Jesuiten, Benediktiner und anderer Orden gab es weiterhin Bürgerschauspiele religiöser oder patriotischer Thematik. Dazu zählen das festliche Wallfahrtstheater in Einsiedeln, die Praxis, lokale Heiligengestalten in Legendenspielen auf die Bühne zu bringen, die mit dem Jesuiten Jacob Gretser und seinem ‹Bruder-Klausen-Spiel› *Nicolaus Unterwaldius* (Luzern 1586) begann, und die Besinnung auf die politischen Traditionen der Schweiz (Ursprung der Eidgenossenschaft, Wilhelm Tell).

Religiös-propagandistisches Volksschauspiel war selbstverständlich nicht auf die Schweiz beschränkt. Die großen Massenveranstaltungen in München in den Jahrzehnten vor 1600, die sich von der jesuitischen Schulbühne gelöst hatten und religiös-gegenreformatorische und politische Gesichtspunkte miteinander verbanden, gehören ebenso hierher wie die protestantischen Festspiele anläßlich der 100-jährigen Jubiläen von Luthers Thesenanschlag und der Augsburger Konfession 1617 bzw. 1630. Beispiele sind etwa das lateinische Schauspiel *Lutherus* (1617) des Frankfurter Rektors und Schuldramatikers Heinrich Hirtzwig (Hirtzwigius), das 100 Mitwirkende benötigte, oder – in deutscher Sprache – Martin Rinckarts Reformationsstücke.

Das deutschsprachige Drama der Jahrhundertwende blieb thematisch, formal und sprachlich noch weitgehend den Traditionen des 16. Jahrhunderts verhaftet. Es war pädagogisches Deklamationstheater auch da, wo es sich an das Meistersingerdrama bzw. das Fastnachtsspiel anschloß. Allerdings deuteten sich bei einigen Autoren Innovationen an, die der Praxis der ausländischen professionellen Theatertruppen verpflichtet waren.

Protestantisches Schuldrama

Für Kontinuität stand das protestantische Schuldrama. Gestützt auf die Autorität Luthers, der das Theaterspielen empfohlen hatte, und auf das Vorbild des neulateinischen Humanistendramas, bildete sich an den Lateinschulen ein humanistisch-antikisierendes Deklamationstheater heraus, das neben der sprachlichen Schulung auch der religiösen und moralischen Belehrung diente. Anders als beim Jesuitendrama, das strikt beim Lateinischen blieb, entwickelte sich an den protestantischen Schulen und

Universitäten parallel zur lateinischen auch eine Spielpraxis in deutscher Sprache, wobei häufig auch erfolgreiche lateinische Stücke übersetzt wurden. Das gilt beispielsweise für die Dramen Thomas Naogeorgs, des bedeutendsten protestantischen Dramatikers des 16. Jahrhunderts, oder die Stücke von Nicodemus Frischlin. Dessen späthumanistische patriotische Komödie *Iulius redivivus* (1585) übertrug sein Bruder Jacob noch im Jahr der Erstaufführung ins Deutsche; aus dem gewandten Humanistenlatein freilich wurden biedere Knittelverse.

Das Nebeneinander von lateinischem (z. T. sogar griechischem) und deutschem Schultheater zeigt sich in den ersten beiden Jahrzehnten des 17. Jahrhunderts beispielhaft in Straßburg. Hier legte man als Konzession an ein ungelehrtes Publikum sogleich auch deutsche Versionen der aufgeführten Dramen vor: der älteren lateinischen und griechischen Stücke – etwa von Sophokles, Euripides, Aristophanes, Plautus, Seneca, Naogeorg – ebenso wie der eigens für das Akademietheater geschriebenen neuen Dramen von Caspar Brülow oder Johannes Paul Crusius. Die wichtigsten Übersetzer waren Wolfhart Spangenberg (z. B. *Jeremia*, nach Naogeorg, 1603; *Alcestis*, nach Euripides, 1604; *Hecuba*, nach Euripides, 1605; *Amphitruo*, nach Plautus, 1607; *Ajax Lorarius*, nach Sophokles, 1608) und Isaac Fröreisen, der Aristophanes' *Wolken* unter dem Titel *Nubes* (1613) aus dem Griechischen und Stücke von Brülow (*Andromeda*, 1613) und Crusius (*Croesus*, 1617) aus dem Lateinischen übertrug.

Formen religiös-erbaulicher oder moraldidaktischer Schuldramatik ergänzen diese humanistische Variante des deutschsprachigen Dramas mit ihrer Diskrepanz zwischen inhaltlichem Anspruch und formaler Gestaltung. Als Verfasser treten Pfarrer hervor, die mit ihren Stücken formal und sprachlich an das Drama der Reformationszeit anknüpfen. In ausgesprochen reflektierter Weise geschieht dies bei Ludwig Hollonius, dessen Stück *Somnium vitae humanae* (1605) überdies eines der großen Themen des Barocktheaters vorwegnimmt, während z. B. Martin Böhme und Martin Rinckart noch ganz die Tradition der lutherischen Dramatik des 16. Jahrhunderts repräsentieren.

Ludwig Hollonius, Pfarrer in Pölitz in Pommern, zitiert in der Widmung seines Stückes in freier Form die durch den Terenzkommentar des Aelius Donatus (4. Jh. n. Chr.) für den Humanismus verbindlich gewordene Komödiendefinition («Comoediae enim sunt imagines veritatis et quotidianae vitae specula») und findet zudem in Melanchthon und Luther Autoritäten zur Rechtfertigung seines Vorhabens: Und das ist, trotz des Komödienstoffes, von strenger Gleichnishaftigkeit. Die von Philipp dem Guten inszenierte Geschichte vom Bauern, der für einen Tag als Herrscher fungieren darf, ist Bild der Wahrheit und Spiegel des menschlichen Lebens, das so als Traum, Schemen und Schatten erscheint und in seiner Nichtigkeit mit brüchigem Glas und verwelktem Gras verglichen wird.

Die Konsequenz aus dieser Erkenntnis wird Mitspielern und Zuschauern nicht vorenthalten: «Ein Traum ist nur diß zeitlich lebn, | Darum soll man nur dahin strebn, | Das man ererb das Ewig' Gut, | Erworbn durch Christi thewres blut.»

Es handelt sich um die erste deutsche Version des seit der Wende zum 17. Jahrhundert (und wieder im 20. Jahrhundert) mehrfach literarisch gestalteten Stoffes: episch von Jacob Bidermann (*Utopia*, 1640), dramatisch von Shakespeare (Vorspiel zu *The Taming of the Shrew*, um 1590–94), Calderón (*La vida es sueño*, 1635), Jacob Masen (*Rusticus imperans*, 1657) und Christian Weise (*Schau-Spiel vom Niederländischen Bauer*, 1685).

Für Rinckart und Böhme wurde die Hundertjahrfeier der Reformation zum Anlaß von Darstellungen der lutherischen Glaubenswelt und der Verherrlichung des «letzten deutschen Wundermans» (Rinckart). Damit griffen sie zugleich in die sich verschärfenden konfessionellen Auseinandersetzungen ein. Rinckart machte, schon vor den Feiern, den Anfang mit der ‹neuen und schönen geistlichen Comoedia› *Der Eißlebische Christliche Ritter* (1613), die den Triumph von «Ritter Martin» über Teufel, Papst und Calvinisten, aber auch den gnädigen Landesfürsten in holprigen Versen feiert. Weitere Reformationsdramen in wörtlichem Sinn schlossen sich an, so die «in Volckreicher Versammlung» agirte Abrechnung mit Johann Tetzel und «der vnverschämbten / Bäpstischen Ablaß-Crähmerey; Wie noch des gantzen Römischen vnd Anti Christlichen Bapstthumbs» in *Indulgentiarius confusus, Oder Eißlebische Mansfeldische Jubel-Comoedia* (1618), und die ebenfalls jubiläumsgerechte Dramatisierung des Bauernkriegs einschließlich der seit dem Wormser Reichstag vorgefallenen «Geistlichen vnd Weltlichen sachen» in dem Stück *Monetarius seditiosus sive incendia rusticorum bellica* [...]. *Der Müntzerische Bawren-Krieg* (1625).

Während Rinckarts Stücke – sieben waren geplant – sich zu einer Art Chronik der Reformation fügen und dabei die lutherische Sache polemisch und offensiv vertreten sollten, besann sich sein schlesischer Kollege Martin Böhme, Pfarrer in Lauban, in seinen drei zur Jahrhundertfeier der Reformation geschriebenen biblischen Schuldramen (*Drey schöne Geistliche Comoedien*, 1618) stärker auf die inneren Werte des Luthertums. Setzt das erste Stück (*Von Holofernes vnd der Judith*) noch Judiths heldenhafte Tat in Analogie zum Kampf der Reformation, sprechen die anderen von christlichem Leben in lutherischem Geist im Rahmen der Gesellschaft und der Familie (*Vom Alten vnd Jungen Tobia*) bzw. konzentrieren sich am Beispiel der Parabel vom verlorenen Sohn auf den individuellen Akt des Glaubens (*Acolastus*).

Erste Wirkungen der Englischen Komödianten auf deutsche Autoren

Neben dem Schuldrama lebte das Meistersingerdrama weiter. Fruchtbarster Autor war der Nürnberger Jakob Ayrer, der von 1592 bis zu seinem

Tod 1605 mehr als 100 Tragödien, Komödien, Fastnachts- und Singspiele schrieb. Davon sind 69 erhalten, drei handschriftlich und die anderen in der postumen Sammlung: *Opus Theatricum. Dreißig Außbündtige schöne Comedien vnd Tragedien* [...] *Sampt noch andern Sechs vnd dreissig schönen lustigen kurtzweiligen Faßnacht oder Possen Spilen* (1618). Nachrichten über Aufführungen zu Lebzeiten des Dichters sind nicht überliefert. Ayrers Werk, vor allem quantitativ beeindruckend, basiert auf der durch Hans Folz und Hans Sachs verkörperten Nürnberger Spieltradition, die er dann in einem Teil seines Werks mit einigen Elementen des Schauspiels der Englischen Komödianten verband (s. S. 330 ff.). Kennenlernen konnte er sie bei ihren Nürnberger Gastspielen seit 1593. Seine Neuerungen betreffen zunächst theatralische Aspekte (ausführliche Bühnenanweisungen, Verwendung aufwendiger Kulissen und Kostüme, große Personenzahl), dann die Einführung von Narrenfiguren nach englischem Vorbild und, angeregt von den musikalischen Nachspielen der Engländer (*jigs*), die Etablierung eines den Fastnachtsspielen ähnlichen Singspieltyps, bei dem die zahlreichen Strophen auf immer dieselbe Melodie zu singen waren.

Er versuchte sich auch an Adaptionen englischer Stücke, etwa von Kyds *Spanisch Tragedy* (*Tragedia, von dem griegischen Keyser zu Constantinopel vnnd seiner Tochter Pelimperia mit dem gehengten Horatio*). Insgesamt änderten die Anregungen, die Ayrer durch das Theater der Englischen Komödianten empfing, wenig an der Dominanz älterer deutscher Traditionen in seinem Werk. Zeichen für diese Kontinuität ist auch die unveränderte Verwendung des Knittelverses.

Während bei Ayrer die Berührung mit dem Theater der Englischen Komödianten eher punktuell blieb, ließ sich der in Wolfenbüttel residierende Herzog Heinrich Julius von Braunschweig näher mit der neuen Praxis eines spektakulären Aktions- und Unterhaltungstheaters ein. Er hatte am dänischen Hof zum erstenmal Aufführungen englischer Schauspieltruppen gesehen und band dann Thomas Sackeville, der 1592 mit seiner Truppe zu einem Gastspiel nach Wolfenbüttel gekommen war, an seinen Hof. Es entwickelte sich ein bis etwa 1600 andauernder regelmäßiger Spielbetrieb, unterbrochen von Gastspielreisen u. a. nach Nürnberg. Heinrich Julius ließ sich von der Kunst der Engländer anregen und schrieb seinerseits Stücke, die die Prosaform und Momente des neuen anschaulich-realistischen Inszenierungsstils übernahmen und die von Sackeville geprägte und gespielte Narrenfigur des Johan Bouset – als witzereißende, clowneske oder bzw. kommentierende Dienerfigur – integrierten. Im Unterschied zu den Englischen Komödianten stellte der Herzog allerdings die modernen theatralischen Mittel und Formen in den Dienst moraldidaktischer Wirkungsabsichten, die weitgehend denen des moralisierenden Lehr- und Schultheaters des 16. Jahrhunderts entsprachen.

Elf Dramen sind überliefert; sie erschienen 1593 und 1594 und behandeln sittliche und soziale Verfehlungen wie Hurerei, Ehebruch und Betrug, aber auch biblische Stoffe. Ihre Modernität ist auf formale Momente (Inszenierungsstil, Prosa, Clown) beschränkt. Eine Ausnahme scheint allein die bekannteste Komödie des Herzogs zu machen, die sowohl den Englischen Komödianten wie der italienischen Commedia dell'arte verpflichtet ist und in mancher Hinsicht Züge des barocken Lustspiels vorwegnimmt: *Comoedia HIDBELEPIHAL Von Vincentio Ladislao Sacrapa von Mantua Kempffern zu Roß vnd Fueß* (1594).

Die Komödie des Herzogs handelt davon, wie der stellungslose Soldat Vincentius Ladislaus in eine Residenzstadt kommt, hier seine Dienste anbietet, durch großsprecherische Reden auffällt, unfreiwillig zur Unterhaltung der höfischen Gesellschaft beiträgt und – nachdem er noch statt einer Braut ein Bad abbekommen hat – am Ende ausgelacht und «mit faulen Eyern vom Platz» gejagt wird. Sein Gegenspieler ist Johan Bouset, Hofnarr im Gefolge des Herzogs Siluester. Er macht, indem er scheinbar auf den Großsprecher eingeht, die Diskrepanz zwischen Schein und Sein um so deutlicher und sorgt als «Director des gantzen Wercks» auch für die nasse Schlußpointe, Wasserbad statt Hochzeitsbett. Zur weiteren Unterhaltung tragen Musik, Fechten und pantomimische Darbietungen bei.

Vincentius Ladislaus ist eine Gestalt aus der Tradition des Miles gloriosus der antiken Komödie und des entsprechenden Maulhelden aus der Commedia dell'arte, Capitano Spavento. Er maßt sich eine Rolle an, die ihm nicht zusteht und die er (daher) nicht auszufüllen vermag, die Rolle eines Helden und Mannes von Welt. Schon sein gespreiztes Auftreten und seine pompös-lächerliche Ausdrucksweise, charakterisiert durch die hohlen Floskeln und Versatzstücke eines umständlichen Kanzlei- und Komplimentierstils, verweisen auf sein Verfehlen der höfischen Wirklichkeit, in der er dann auch bei der Demonstration seiner höfischen Fertigkeiten (Fechten, Tanzen, Musizieren, Reden) auf groteske Weise scheitert. Die Einsicht in die Diskrepanz zwischen Anspruch und Wirklichkeit kommt ihm auch am Schluß nicht. Dem Außenseiter, der seinen Platz in der Welt verkennt, stehen als Norm richtigen Verhaltens der Hof und die höfische Gesellschaft gegenüber, eine Konstellation, die wie der Gegensatz von Sein und Schein für die Komödie des 17. Jahrhunderts charakteristisch werden sollte. So kehrt denn auch der Typus des Maulhelden wieder, bei Andreas Gryphius sogar verdoppelt (*Horribilicribrifax Teutsch*, 1663).

Ein Beispiel dafür, daß man in der Manier der Engländer Stücke ohne viel Moralisieren schreiben konnte, demonstrierte, allerdings immer noch in Knittelversen, Gabriel Rollenhagen mit seiner Komödie *Amantes amentes. Das ist Ein sehr Anmutiges Spiel von der blinden Liebe / oder wie mans Deutsch nennet von der Leffeley* (1609, [6]1618). Sie basiert stofflich auf Enea Silvio Piccolominis weitverbreiteter Novelle *Euryalus und Lucretia* von 1444; dazu bezieht sie Motive der antiken Komödie (Plautus, Terenz) ein. Die burleske Handlung verläuft auf zwei Ebenen: Wie die reiche Bauerntochter Lucretia gegen den Willen ihrer Eltern, die den Witwer Dr. Gratianus favorisieren, die Verlobung mit dem armen Studenten Euryalus durchsetzt, so verbinden sich in einer parallelen Handlung auf einer niedrigeren sozialen Ebene Knecht und Magd, bei denen es, unterstrichen auch durch den Gebrauch des Niederdeutschen, etwas derber zugeht. Von Andreas Gryphius' ‹Mischspiel› *Verlibtes Gespenste/Die gelibte Dornrose* (1660), mit dem *Amantes amentes* manchmal in Beziehung gesetzt wird, ist Rollenhagens Kunst allerdings noch weit entfernt. Die Komödie fand, in umgearbeiteter Form, Eingang in das Repertoire der Wanderbühne.

Gabriel Rollenhagen, Sohn des *Froschmeuseler*-Autors Georg Rollenhagen, veröffentlichte neben der Komödie u. a. Sammlungen neulateinischer Lyrik (*Iuvenalia*, 1606; *Novorum epigrammatum libellus*, 1619) und, in deutscher Sprache, eine häufig aufgelegte Kompilation mit Erzählungen von phantastischen Reisen nach Lukian und anderen (*Vier Bücher Wunderbarlicher biß daher vnerhörter / vnd vngleublicher Indianischer Reysen / durch die Lufft / Wasser / Land / Helle / Paradiß / vnd den Himmel. Beschrieben von Dem grossen Alexander. Dem Plinio Secundo. Dem Oratore Luciano. Vnd von S. Brandano. Mit etlichen warhafften / jedoch bey vielen Gelehrten glaubwirdigen Lügen,* [3]1605; Erstausgabe 1603). Für ein erfolgreiches zweibändiges Emblembuch (*Nucleus emblematum selectissimorum*, lat.-frz. Fassung 1611–13) schrieb er die lateinischen Epigramme.

4. Lyrik, Verssprache

Erste Annäherungen an die europäische Renaissancedichtung

Kunstlyrik im deutschen Sprachgebiet bedeutete Ende des 16. und Anfang des 17. Jahrhunderts wie in den Jahrzehnten zuvor fast ausschließlich neulateinische Lyrik. Zwar kam es seit der Mitte des 16. Jahrhunderts zu ersten punktuellen Nachahmungen von Vers- und Gedichtformen der europäischen Renaissancedichtung in deutscher Sprache, doch nur selten in dieser frühen Rezeptionsphase löste die Berührung mit italienischen Sonetten oder der Dichtung der Pléiade ein ästhetisches Bewußtsein für die neuen Formen aus. Zu diesen wenigen Texten gehören ein Mitte der siebziger Jahre entstandenes Alexandrinersonett von Paulus Melissus Schede (überliefert durch Julius Wilhelm Zincgref, 1624) und vor allem die deutschen Nachbildungen der von der Pléiade geprägten Dichtungen des Niederländers Jan van der Noot. Dessen Texte, zwischen 1572 und 1576 erschienen, enthalten die frühesten formbewußten deutschen Sonette in Alexandrinern und *vers communs* (*Theatrum das ist / Schawplatz / darein die eitelkeit der jrrdischen vnnd vergencklichen dingen vnd die vbertreffenlichste Gottliche vnd Himlische sach getzeigt vnd erkleret wird / [...] in Oberlendisch teutsch vbergesatzt / durch Balthasarn Froe Rechenmeistern zu Cöln,* 1572; *Das Buch Extasis,* o. J. [um 1576]). Aber diese Versuche blieben isoliert und ohne breitere Wirkung.

Ungefähr gleichzeitig entstanden die ersten deutschen Übersetzungen des Hugenottenpsalters (Texte von Clément Marot und Théodore de Bèze, Melodien von Claude Goudimel und anderen; erste vollständige Ausgabe 1562), die Teilübertragung (Ps. 1–50) von Schede (*Di Psalmen Davids In Teutische gesangreymen / nach Französischer melodeien ŭnt sylben art*) und die vollständige deutsche Fassung Ambrosius Lobwassers *Der Psalter deß Königlichen Propheten Davids* (1573). Auch hierdurch gelangten moderne Formen, wenn auch als gesungene Verse und Strophen, nach Deutschland, denn die Übersetzer suchten Strophenform und (silbenzählende) Versmaße der französischen Vorlage zu bewahren, um die bekannten und beliebten Melodien unverändert übernehmen zu können. Das gilt auch für die Alexandriner des 89. Psalms («Ich will deß Herrn gnad lobsingen ewiglich»), die Lobwasser dem deutschen Leser ausdrücklich erläutert: «Die vers seynd zwölffsylbig, zum teil vberschüssig, vnd endet sich allzeit nach der sechsten sylben ein wort.»

Hier wie bei anderen Übersetzern des Hugenottenpsalters, die um der Melodien willen mehr oder weniger mechanisch den französischen Versregeln folgten (z. B. Philipp von Winnenberg, 1588; Johannes Posthius, 1608; Martin Hancke, 1617), blieb die Verskunst den musikalisch-religiösen Absichten untergeordnet und damit auch in ihrer Wirkung beschränkt. Lobwasser selbst allerdings benutzte die neuen Maße – *vers communs,* Alexandriner – in seinen umfangreichen erbaulich-lehrhaften Bibelsummarien abwechselnd mit den traditionellen Knittelversen auch als erzählende Verse (*Biblia, darinnen die Summarien aller Capittel der gantzen heiligen Schrifft [...] in deutsche Reim verfasset,* 1584).

Seit der Jahrhundertwende stieg die Anzahl der Texte – Flugblätter, politische Kampfschriften, Gelegenheitsgedichte –, die sich an der französischen oder niederländischen Verssprache orientierten und so, ohne daß eine besondere Verbindung untereinander bestanden hätte, den Boden für durchgreifende metrische und poetologische Reformen bereiteten. Einer der bedeutendsten Texte dieser Zeit blieb allerdings ungedruckt und kursierte nur in einigen Abschriften, das von Abraham von Dohna, dem Leiter der brandenburgischen Delegation beim Reichstag, 1613/14 verfaßte epische Zeitgedicht *Historische reimen von dem ungereimten reichstag anno 1613* (s. S. 522 f.).

Liedkunst in italienischer Manier

Seit der Mitte des 16. Jahrhunderts gewannen im Zusammenhang mit der Vorherrschaft der italienischen Musik italienische Liedformen zunehmend Einfluß auf die Entwicklung des deutschen Liedes. Zunächst übernahm man italienische Texte und Kompositionen, dann wurden den Tonsätzen deutsche Texte unterlegt. Der Prozeß der Aneignung des italienischen Liedes erreichte nach Jacob Regnarts Villanellensammlungen (*Kurtzweilige Teutsche Lieder* [...] *Nach art der Neapolitanen oder Welschen Villanellen*, 1576–79) seinen ersten Höhepunkt im Werk Hans Leo Haßlers, des bedeutendsten der frühen Dichterkomponisten (u. a. *Neue Teutsche gesang nach art der welschen Madrigalien vnd Canzonetten*, 1596; *Lustgarten Neuer Teutscher Gesäng / Balletti, Galliarden vnd Intraden*, 1601). Neben diesen herausragenden Beispielen des neuen deutschen Gesellschaftslieds erschienen zahlreiche weitere Liederbücher italienischer Prägung, z. B. Johann Valentin Haussmanns *Musicalische Teutsche Weltliche Gesänge* [...] *nach art der Italianischen Canzonen vnnd Madrigalien* (1608).

Die Dichterkomponisten erhoben zwar keine literarischen Ansprüche, doch erhielt im Zug einer Neuformulierung des Verhältnisses von Text und (zur Homophonie tendierender) Musik das Wort eine stärkere Bedeutung; die neuen italienischen Gedichtformen und Versmaße – etwa Zehn- bzw. Elfsilbler oder Sechs- und Siebensilbler – wurden erprobt, die pastoralen und petrarkistischen Motive der italienischen Renaissancedichtung übernommen. Diese Entwicklung kulminierte im Werk Johann Hermann Scheins, Thomaskantor in Leipzig seit 1616, dessen Texte eine besondere poetische Qualität aufweisen (*Musica boscareccia. Wald-Liederlein / Auff Italian-Villanellische Invention*, 1621–28; *Diletti pastorali, Hirten-Lust*, 1624). Gleichwohl haben wir es hier nicht mit einer von Regnart, Haßler und Schein zu Martin Opitz führenden Entwicklungslinie zu tun; das Gesellschaftslied von Regnart bis Schein, textlich an der italienischen Renaissancepoesie orientiert und mit Volksliedmotiven verbunden, blieb letztlich eine musikalisch orientierte Kunstübung ohne direkten Einfluß auf die neue humanistisch-gelehrte Wortkunst in deutscher Sprache.

Ebenfalls stark von italienischen Einflüssen geprägt ist das dichterische Werk des oberösterreichischen Adeligen Christoph von Schallenberg, der sich 1580 bis 1583 in Italien aufgehalten hatte. Seine Lieder besitzen anders als die Lieddichtung der Musikerdichter zwar eigenes literarisches Gewicht, gehören aber letztlich noch in den Umkreis einer musikalisch geprägten Kunstübung. Ihre Wirkung blieb allerdings auf den Familien- und Freundeskreis und die Adressaten der Gelegenheitsgedichte beschränkt; es kam nur zu vereinzelten Veröffentlichungen in Liedersammlungen. Erst 1910 wurden die in einer zeitgenössischen Handschrift überlieferten lateinischen und deutschen Gedichte Schallenbergs gedruckt.

Beherrschendes Thema der etwa 75 deutschen Lieder ist die Liebe in zahlreichen Variationen von Liebesleid und Liebesfreude; daneben fallen vereinzelte Texte religiöser Natur oder über adelige Vergnügungen (Ringelrennen) kaum ins Gewicht. Charakteristisch für Schallenberg ist die Verbindung von Volksliedelementen und Minnesangreminiszenzen mit Formen und nicht zuletzt petrarkistischen Motiven der italienischen Renaissancelyrik. Er übernimmt italienische Strophenformen wie die Terzine, verwendet häufig den *endecasillabo*, schreibt Hirtenlieder und mehr als eine «Teutsch Villanella nella quarta rima»; unter den Übersetzungen findet sich auch ein Text von Tasso.

Eine starke Prägung durch die italienische Dichtung weisen auch die Texte des *Raaber Liederbuchs* (Raab: Györ, Ungarn) auf, das am Anfang des 17. Jahrhunderts in Österreich zusammengestellt wurde, aber ungedruckt blieb. Wie im Fall der Lieder Schallenbergs und möglicherweise weiterer handschriftlicher Liederbücher war seine Wirkung wohl auf einen Kreis adeliger Literatur- und Musikliebhaber in Österreich der Zeit um 1600 beschränkt. Die Sammelhandschrift enthält 107 Lieder und Gedichte, eingeleitet von einer epischen Liebesallegorie. Noten oder Hinweise auf Melodien fehlen im Unterschied zu Schallenberg. Vorherrschendes Thema ist die Liebe, aber daneben enthält die Sammelhandschrift auch didaktische und moralisierende Gedichte. Die Liebeslieder oder -gedichte sind, sieht man von einer Reihe konventioneller Texte aus der deutschsprachigen Liederbuchtradition ab, weitgehend Ergebnis der Rezeption und Imitation romanischer Muster, insbesondere des *Canzoniere* Petrarcas und des Petrarkismus und deren Variationen des Themas der klagenden Liebe. Das geht mit einer gewissen Vereinfachung der Argumentation und Metaphorik einher, bedeutet aber immer noch eine entschiedene Erweiterung der Ausdrucksmöglichkeiten der deutschen Liebesdichtung. Dabei kommt es allerdings zu Erweiterungen, da Sonette in Strophenlieder – ihrerseits orientiert an der italienischen Kanzonette – umgeformt werden. So wird aus dem Sonett «Ite, caldi sospiri, al freddo core» (*Canzoniere*, Nr. 153) eine siebenstrophige Kanzonette: «Gechet hin, ier haissen Seüftzer, geschwindt vnnd baldte | zum hertzen allso Khaldte». Diese Umwandlung in die Kanzonettenform ist ein Beleg für die prinzipielle Einheit von Musik und Sprache und stellt die Texte des *Raaber Liederbuchs* in eine Reihe mit den Liedern Schallenbergs und den Liederbüchern der Dichterkomponisten seit Regnart.

Theobald Hock

In den Jahren, in denen Liederbücher nach italienischer Manier die Regel waren, erschien nur eine einzige wirkliche Gedichtsammlung, Theobald Hocks *Schönes Blumenfeldt* (1601). Es handelt sich um einen bewußten Versuch der literarischen Erneuerung. Der Gedichtband des aus der Pfalz stammenden Sekretärs eines böhmischen Magnaten erschien mit anagrammatisch verschlüsselter Verfasserangabe vermutlich als Privatdruck; der nicht genannte Druckort war Brünn. Wahrscheinlich blieb die Verbreitung der Gedichtsammlung gering; es sind nur vier Exemplare erhalten. Aber wenn sie auch keinen Einfluß auf die weitere Entwicklung der

Lyrik im 17. Jahrhundert hatte, so weist sie doch in die Zukunft: Denn es ist mehr als eine rhetorische Frage, wenn es in dem programmatischen Gedicht *Von Art der Deutschen Poeterey* nach der Erwähnung von Ovid und Vergil heißt:

> Warumb sollen wir den vnser Teutsche sprachen,
> In gwisse Form vnd Gsatz nit auch mögen machen,
> Vnd Deutsches Carmen schreiben,
> Die Kunst zutreiben,
> Bey Mann vnd Weiben.

An welchen anspruchsvollen Vorbildern sich dieses Plädoyer für eine moderne Kunstdichtung in deutscher Sprache orientiert, zeigt bereits das Eingangsgedicht «Vnglück thut die Augen auff», eine siebenstrophige Paraphrase des Sonetts «Voi ch'ascoltate in rime sparse il suono», mit dem Petrarca seinen *Canzoniere* einleitet. Die Themen der petrarkistischen Kunstlyrik, und dabei vor allem die Liebesklage, bilden einen der Schwerpunkte des *Schönen Blumenfeldts*. Im übrigen sind die inhaltlichen Aspekte vielfältig und lassen wie die Vers- und Sprachbehandlung den Übergangscharakter des Werkes erkennen. Es enthält neben den petrarkistischen Gedichten religiöse, lehrhafte und satirische Texte vorwiegend reflektierender und moralisierender Art, für die Hock z. T. recht kunstvolle eigene Strophenformen verwendet. Zwar gibt es auch Anklänge an die ältere deutsche Dichtung, doch vorrangig sind die Orientierung an den europäischen Renaissanceliteraturen und die Forderung der Kenntnis der antiken Sprachen und Literaturen: «Niembt sich auch billich ein Poeten nennet, | Wer dGriechisch vnd Lateinisch Sprach nit kennet.»

Dieser humanistische Kunstanspruch verbindet sich mit einem ausgeprägten deutschen Kulturpatriotismus, der auf der Geschichtsschreibung des Humanismus und ihren durch Tacitus geprägten Vorstellungen vom ‹deutschen› Altertum beruht. Aventinus' *Baierische Chronik* (deutsche Fassung postum 1566) ist die Hauptquelle der historisch-patriotischen Gedichte am Ende der Sammlung. Sie handeln u. a. von den ersten deutschen Königen, von dem sagenhaften König Tuitschon und seiner «Policey», vom Ursprung der deutschen Sprache und von der deutschen Schrift. Die Gegenwart wird an der ruhmreichen deutschen Vorzeit gemessen, wenn es nach einer langen Aufzählung der lobenswerten öffentlichen Verhältnisse «vor zeiten» unter Tuitschon heißt:

> Das war in kurtz die Pollicey
> Der alten Deutschen frumb vnd frey,
> Da reim mir einer zsamm so gleich,
> Die alte Welt vnd jetziges Reich.

Angesichts dieser Haltung verwundert es nicht, daß satirisch-didaktische und zeitkritische Gedichte eine wichtige Rolle spielen. Maßstab ist dabei allerdings nicht nur die bessere «alte Welt» der Vorfahren, sondern ebenso Hocks lutherisch geprägtes Christentum, das einfache praktische Sittenlehre mit der Aufforderung verbindet, an die Vergänglichkeit des menschlichen Lebens und die ewige Seligkeit zu denken, Vorstellungen, die durch das in der Zeit weit verbreitete Endzeitbewußtsein verstärkte Bedeutung gewinnen. Der Kritik verfallen so das leichtsinnige Leben in den Tag hinein, die üblichen Laster, das Ignorieren politischer Gefahren (Türken), das Streben nach Ansehen und Reichtum durch Verbindungen und Beziehungen, das dem Charakter und der Moral abträgliche Hofleben («Bey zeit die rhu erwöhle, | Lang zHoff, lang zHölle, | Kein Gelt kein Gselle»).

Das *Schöne Blumenfeldt* blieb Hocks einziges dichterisches Werk. An der weiteren Entwicklung der nationalsprachlichen Kunstlyrik war er nicht beteiligt. Seine Gedichtsammlung von 1601, die man an den Anfang der Barockdichtung stellen könnte, war den Reformern und den späteren Dichtern nicht bekannt. Hock selbst griff nicht mehr in die poetologische Diskussion ein. Sein weiteres Leben bestimmte die böhmisch-pfälzische Politik.

II. DIE LITERATURREFORM

1. Europäischer Kontext und deutscher Kulturpatriotismus

Politisch und literarisch war Deutschland in der Frühen Neuzeit eine ‹verspätete Nation›, politisch im Hinblick auf den Prozeß, der in anderen Ländern zur Herausbildung moderner Nationalstaaten führte, literarisch im Vergleich zu den volkssprachlichen Renaissanceliteraturen Süd- und Westeuropas. Anfang des 17. Jahrhunderts wurde die kulturelle und literarische Diskrepanz zum Problem: Der Dichtung der italienischen Renaissance, der französischen Pléiade, des spanischen und holländischen ‹Goldenen Zeitalters› oder der Elisabethanischen Ära hatte man in der eigenen Sprache nichts entgegenzusetzen. Man hatte den entscheidenden Schritt versäumt, dem die Literaturen der süd- und westeuropäischen Länder ihren Aufstieg verdankten: die Reform der volkssprachlichen Dichtung auf humanistischer Basis.

Die Erkenntnis der Defizite der deutschen Sprache und Dichtung löste schließlich, nicht ohne patriotische Emphase, zuerst vereinzelte, dann systematische Bestrebungen aus, die deutsche Sprache im humanistischen Sinn literaturtauglich zu machen und Prosa- und Versdichtung durch eine Übernahme des internationalen Formenrepertoires – und bei der Versdichtung vor allem auch durch metrische Reformen – auf eine neue Grundlage zu stellen. Das Ziel, die kulturelle und literarische Verspätung aufzuholen und den Rang der ausländischen Literaturen zu erreichen, wenn nicht gar zu übertreffen, konnte nach Ansicht der tonangebenden Humanistenschicht nur über den Weg der Nachahmung der ausländischen Vorbilder gelingen, die schließlich dann – so die mit den Begriffen *imitatio* und *aemulatio* verbundene Erwartung – zu etwas Neuem, Eigenem führen würde.

Voraussetzung der *imitatio* war eine entsprechende Literaturkenntnis. Diese wurde, soweit es die klassischen antiken Schulautoren betraf, durch Lateinschule und Artistenfakultät vermittelt, einschließlich der Fähigkeit, auf dieser Materialbasis eigene lateinische Texte zu formulieren. Für ein Publikum ohne ausreichenden Bildungshintergrund lagen zahlreiche Übersetzungen vor, die allerdings bis zur Literaturreform in einer gleichsam ‹vorhumanistischen› Form gehalten waren und nicht für eine sprachliche und verstechnische Weiterentwicklung in Anspruch genommen werden konnten. Gefordert war nun eine Übersetzungsliteratur, die über die Stoffvermittlung hinaus auf die Aneignung des Formen-, Bilder- und

Stilrepertoires der Dichtung der Antike und vor allem der Renaissance als Grundlage für eine neue deutsche Literatursprache und Dichtung gerichtet war.

Die deutsche Literaturreform des 17. Jahrhunderts war weitgehend ein Projekt der humanistisch gebildeten Gelehrtenschicht in den protestantischen Territorien, deren Interessen sich teilweise mit denen interessierter Fürsten und Höfe trafen. Die daraus resultierende neue Kunstdichtung in deutscher Sprache hatte folgerichtig humanistisch-gelehrten Charakter: «Vnd muß ich nur bey hiesiger gelegenheit ohne schew dieses erinnern», formuliert Martin Opitz im *Buch von der Deutschen Poeterey* (1624) den elitären Anspruch, «das ich es für eine verlorene arbeit halte / im fall sich jemand an vnsere deutsche Poeterey machen wolte / der / nebenst dem das er ein Poete von natur sein muß / in den griechischen vnd Lateinischen büchern nicht wol durchtrieben ist / vnd von jhnen den rechten grieff erlernet hat.» Maßstäbe setzten die Alten und die Dichter der europäischen Renaissance, nicht die deutsche Dichtung der unmittelbaren Vergangenheit mit ihren Meistergesangsgesetzen und holprigen Knittelversen, die mit Nichtachtung oder – wenn sie überhaupt ins Blickfeld kam – mit Verachtung gestraft wurde. Die neue Dichtung, verstanden als humanistisch fundierte Unternehmung, blieb wie die neulateinische Literatur der deutschen Humanisten weiterhin Reservat einer elitären Schicht, wenn auch jetzt in der Volkssprache.

Die Kluft zwischen der Humanistenschicht und der nicht akademisch gebildeten Bevölkerung bzw. den daraus hervorgegangenen Autoren hatte im 16. Jahrhundert durch die verschiedenen Sprachen – Lateinisch und Deutsch – ihren deutlichsten Ausdruck gefunden. Das änderte sich im 17. Jahrhundert nicht, aber durch den Übergang der Gelehrtendichter zur deutschen Sprache in den protestantischen Territorien standen sich dazu nun noch zwei unterschiedliche volkssprachliche Literaturen gegenüber, die neue Kunstdichtung der elitären Bildungsschicht und eine Dichtungspraxis, die aus sozialen bzw. bildungsbedingten Gründen an den alten Formen festhielt. Die Traditionen der deutschsprachigen Literatur des 16. Jahrhunderts, gegen die sich die Dichtergelehrten wandten und die sie in Hans Sachs personifiziert fanden, brachen nicht durchweg ab. So erschienen weiterhin Prosaromane des vorigen Jahrhunderts (‹Volksbücher›), und eine Sammlung wie das *Venusgärtlein* (1656) mit seiner Mischung älterer und neuerer Lieder machte deutlich, daß das Volkslied durchaus noch lebendig war. Auch die Meistersingerkunst wurde in manchen Städten weiter betrieben – so gab es selbst in Breslau, einer der Hochburgen der ‹modernen› Poesie, noch bis 1670 eine Singschule –, doch hatten die Gelehrtendichter für derartige Kunstübungen, die ihnen geradezu als Musterbeispiele dichterischer Rückständigkeit und Stümperei erscheinen mußten, nur Spott und Verachtung übrig. Andreas Gryphius' Lustspiel *Absurda Comica. Oder Herr Peter Squentz* (1658) machte das deutlich genug.

Die Reformdiskussion mußte von Anfang mit einem Paradox fertigwerden. Seit der Entdeckung der Handschrift der *Germania* des Tacitus im Humanismus und der humanistischen Geschichtsschreibung des

16. Jahrhunderts gehörte der Hinweis auf die eigene ruhmreiche Vergangenheit zu den Topoi der nationalen bzw. kulturpatriotischen Argumentation. Doch um die frühere Größe wiederherzustellen und die deutsche Kultur wieder an den internationalen Standard heranzuführen, sah man in der Orientierung an den Leistungen der Antike und der Renaissanceliteraturen der Nachbarländer den einzig erfolgversprechenden Weg. Hier hatte man seit Petrarca konsequent die volkssprachlichen Literaturen auf humanistischer Grundlage reformiert: «Wir Teutschen allein vndanckbar gegen vnserm Lande / vndanckbar gegen vnserer alten Sprache / haben jhr noch zur Zeit die Ehr nicht angethan / daß die angenehme Poesie auch durch sie hette reden mögen», heißt es 1624 bei Opitz in der Vorrede zu den *Teutschen Poemata*. Und er fügt hinzu: «Vnd weren nicht etliche wenig Bücher vor vilen hundert Jahren in Teutschen reimen geschrieben / mir zu handen gekommen / dörffte ich zweiffeln / ob jemahls dergleichen bey vns vblich gewesen. Dan was ins gemein von jetzigen Versen herumb getragen wirdt / weiß ich warlich nicht / ob es mehr vnserer Sprache zu Ehren / als schanden angezogen werden könne.» Die Hinweise auf alte deutsche Literaturwerke haben vor allem ideologischen, beschwörenden Charakter, dienen als Ansporn, sich den Alten würdig zu erweisen. Wenn es einst eine hochstehende deutsche Dichtung gegeben hatte, konnte sie es auch wieder geben – wenn man die entsprechenden Lehren zog und wenigstens vorübergehend die Überlegenheit der europäischen Renaissanceliteraturen anerkannte, ihrem Vorbild folgte, um sie dann zu übertreffen. Diesen nationalen Zielsetzungen waren auch die Sprachgesellschaften mit ihrer «auf die Deutsche sprache und löbliche tugenden» (Ludwig von Anhalt-Köthen) gerichteten Programmatik verpflichtet, auch ein Gegenentwurf zur Realität eines politisch und konfessionell zerrissenen, vom Krieg verwüsteten Landes.

Es blieb nicht bei patriotischen Deklarationen; vielmehr führte die Begeisterung über die 1473 zuerst gedruckte *Germania* durchaus zu einer vertieften wissenschaftlichen Beschäftigung mit dem deutschen Altertum. Dabei richtete sich das Interesse neben der Geschichte bald auch auf die deutsche Sprache, deren Alter, Reinheit und Vorrang vor allen anderen modernen Sprachen, ja selbst vor dem Griechischen und Lateinischen hervorgehoben wurde. Opitz kannte die üblichen Argumentationsmuster und faßte sie bereits in seiner lateinischen Jugendschrift *Aristarchus* (1617) emphatisch zusammen. Der Lobpreis des «geheimen Schatzes» der deutschen Sprache (Julius Wilhelm Zincgref) gewann nun auch eine Basis durch die Veröffentlichung alt- und mittelhochdeutscher Texte. Bereits 1571 hatte Flacius Illyricus Otfrids *Evangelienbuch* herausgegeben. Doch vor allem die Veröffentlichung einer größeren Anzahl älterer deutscher Texte in Werken Marquard Frehers und Melchior Goldasts, der in seiner Sammlung *Paraeneticorum veterum pars I* (1604) u. a. aus der Großen Heidelberger Liederhandschrift zitierte, sorgten für eine eindrucksvolle nationale Folie für die neue deutsche Kunstdichtung. Zincgref rühmte Goldast in seiner Opitz-Ausgabe von 1624 («der bekante eyferer Teutscher Nation vnd Sprachen Ehr vnd Hochheit»), und Opitz' Ausführungen im vierten Kapitel des *Buchs von der Deutschen Poeterey* mit dem Zitat aus dem *Leich* Walthers von der Vogelweide beruhen ganz auf den Veröffentlichungen Goldasts. Mit diesen Texten hatte man den Beweis, daß es einst eine hochstehende Dichtung in deutscher Sprache gegeben hatte, daß es sie also auch wieder geben konnte. Opitz selbst fand den Weg zur Forschung; er edierte und kommentierte in humanistischer Gelehrtenpraxis das frühmittelhochdeutsche *Annolied* (um 1080) nach einer mittelalterlichen Handschrift (*Incerti poetae teutonici rhythmvs de Sancto Annone*, 1639). Da keine Handschriften mehr existieren, basiert die heutige wissenschaftliche Beschäftigung mit dem *Annolied* im wesentlichen auf dieser Ausgabe.

2. Versreform

Der Renaissancevers

Wichtigste Voraussetzung für den erstrebten Anschluß an die europäische Entwicklung war eine verbindliche Reform der Literatursprache im allgemeinen und der Verssprache im besonderen. Bereits seit der Mitte des 16. Jahrhunderts hatte man verschiedene metrische Modelle erprobt. Ihre Wirkung blieb jedoch begrenzt. Eine akademische Angelegenheit waren die Versuche von Conrad Gesner (1555) und Johannes Clajus (1578), die quantitierende antike Metrik für die deutsche Verssprache fruchtbar zu machen, und auch die Berührung mit der Dichtung der Pléiade seit den siebziger Jahren des 16. Jahrhunderts und die Übersetzungen des französischen Hugenottenpsalters seit 1572 führten zunächst nur zu punktuellen Übernahmen der neuen romanischen Formen wie Alexandriner, *vers commun* oder Sonett. Ungeachtet des französischen Beispiels, das Autoren wie der Neulateiner Paulus Melissus Schede kannten und in Einzelfällen nachahmten, blieb das Neulateinische das Medium der Kunstlyrik.

Erst mit der Veränderung der gesellschaftlichen Bedingungen, mit der Ausstrahlung der höfischen Festkultur der Renaissance auch auf einige deutsche protestantische Höfe in den Jahren unmittelbar vor und nach Ausbruch des Dreißigjährigen Krieges hatten die Bemühungen um eine neue deutsche Kunstdichtung wirklichen Erfolg. Die nun im Umkreis einiger Höfe zunächst in Festdichtungen und Festbeschreibungen entstandenen Texte knüpften in bisher nicht erreichter literarischer Qualität an Stil und Form der europäischen höfischen Renaissancedichtung an. Sie folgten den metrischen Prinzipien der französischen Dichtung und führten mit Alexandriner und *vers commun* bzw. Sonett und Pindarischer Ode romanische Versmaße und Strophenformen als Ausweis einer neuen repräsentativen höfischen deutschen Dichtung ein. Maßstäbe setzten in Heidelberg Tobias Hübner, in Stuttgart Georg Rodolf Weckherlin und in Köthen Diederich von dem Werder.

Zeitlicher Vorrang gebührt dabei Tobias Hübner, dem Sohn eines adeligen Kanzlers von Sachsen-Anhalt, der später gegenüber Opitz stets auf
der Priorität seiner Leistung bestand und – zu Unrecht – den Anspruch
erhob, die ersten deutschen Alexandriner geschrieben zu haben. Nach
frühen Festdichtungen arbeitete er seit 1619 an der Übersetzung des großen biblischen Schöpfungsepos *La sepmaine, ou création du monde* (1578)
bzw. *La seconde sepmaine* (1584–94) des französischen Calvinisten Guillaume de Saluste Du Bartas und legte damit das erste Alexandrinerepos in
deutscher Sprache vor. Dabei ging es ihm vor allem darum, die formalen
Anforderungen zu erfüllen, wie bereits die Angaben auf den Titelblättern
deutlich machten: «Aus dem Frantzösischen [...] in Teutsche Reime / mit
ebenmässigen und gleichlautenden endungen / auch nicht mehr / oder
weniger Sylben / gebracht / und so viel jmmer müglich / und nach art
Teutscher Sprach zuläßlich / fast von wort zu worten rein Teutsch gegeben» (1622). Das Ergebnis dieser Adaption des französischen Alexandriners ist der von Metrikern kontrovers beurteilte ‹Renaissancevers› oder –
der abwertende Ton ist unverkennbar – ‹Welschvers›.

Sein Bau ist unstrittig. Es handelt sich je nach Kadenz um Verse von zwölf oder
dreizehn Silben mit einer Zäsur durch Kolon- oder Wortschluß nach der sechsten
Silbe. Dabei tragen die sechste und zwölfte Silbe immer den Ton, im übrigen werden die Verse nicht geregelt. Wie zwischen schweren und leichten, betonten und
unbetonten Silben unterschieden wird, ergibt sich aus der zugrunde gelegten Prosodie. Der romanisierende Renaissancevers, wie ihn Hübner, Weckherlin oder der
junge Opitz verwenden, folgt dabei ausdrücklich dem französischen Beispiel und
unterscheidet zwischen ‹weiblichen› und ‹männlichen› Wörtern: Wörter, die auf
ein schwachtoniges «e» (bzw. «en», «er», «et» usw.) ausgehen, sind ‹weiblich›, alle
anderen ‹männlich›. An den sechsten und zwölften Stellen (des zwölfsilbigen)
Alexandriners stehen jeweils ‹männliche› Wörter, entweder ein einsilbiges Wort
oder die letzte Silbe eines mehrsilbigen Worts. Dieses kann verschiedenen Beto-
nungstypen angehören (z. B. Anblick, Eitelkeit, Reichtum, Gestalt), darf aber
nicht auf eine schwachtonige Silbe mit «e» enden. Der dreizehnsilbige Alexandriner endet mit einem ‹weiblichen› Wort, unabhängig davon, ob die vorletzte Silbe
einen Haupt- oder Nebenton trägt (z. B. Tugend, Freude, erfahren, nachfragen
usw.). Die gleichen Prinzipien gelten für den zehn- oder elfsilbigen *vers commun*
(Zäsur nach der vierten Silbe). Die Frage, wie dieser Renaissancevers vorgetragen
worden sei, wurde unterschiedlich beantwortet. Lange galt es in der Verswissen-
schaft als ausgemacht, daß alternierend – und damit mit entsprechenden Tonbeu-
gungen – gelesen worden sei, weil man sich eine Metrik ohne regelmäßig wiederkehrende Versfüße nicht vorstellen mochte. Nicht zuletzt die Untersuchungen
von Christian Wagenknecht haben gezeigt, daß davon keine Rede sein kann, daß
die nicht durchgehend regulierten Verse durchaus akzentuierend vorgetragen
wurden, aber eben mit freier verteilten Wortakzenten.

Dem Beispiel Hübners folgte auch Diederich von dem Werder, als er in
seiner Übertragung von Torquato Tassos Epos *La Gerusalemme liberata*
(*Gottfried von Bulljon, Oder Das Erlösete Jerusalem*, 1626) den italieni-

schen Elfsilbler (*endecasillabo*) durch den Alexandriner ersetzte. Die Strophenform des Epos – Stanzen mit dem Reimschema ababacc – behielt Werder jedoch bei und stand damit vor der Schwierigkeit, für jede Strophe dreifache Reime finden und zugleich den Inhalt genau wiedergeben zu müssen, da jede Stanze eine Einheit darstellt. Dies gelang ihm – wenn auch mit gewissen Lizenzen – in einer Verssprache, die lange, oft auch schwungvolle Perioden mit Klarheit verband und durch eine variable, abwechslungsreiche Diktion mit Satzschlüssen und Haupttönen an verschiedenen Stellen der Verszeile die Freiheiten des Renaissanceverses nutzte.

Wie von dem Werder als Übersetzer Hübner dichterisch weit überlegen war, so war es Georg Rodolf Weckherlin als genuin lyrischer Dichter. Auch bei ihm, zunächst eine Art württembergischer Hofdichter, zeigt sich vor allem in seinem Frühwerk der Zusammenhang zwischen höfischer Renaissancekultur und literarischen Erneuerungsbestrebungen. Sein großes Vorbild war die Dichtung der Pléiade, der er in seiner Bildersprache ebenso folgte wie in der Variationsbreite und Flexibilität seiner Verse. Hier, mit Weckherlins seit 1616 im Zusammenhang mit höfischen Festen und Feiern erschienenen Gedichten und der zweibändigen Sammlung *Oden vnd Gesänge* (1618–19), erreichte die an romanischen metrischen Vorstellungen geschulte deutsche Dichtung ihren Höhepunkt. Daß die Geschichte über den rhythmisch beweglichen Renaissancevers hinwegging und sich statt dessen die strenge metrische Regulierung im Sinn der Opitzschen Versreform, das «Mühlengeklapper des Jambischen Rhythmus» (Johann Gottfried Herder), durchsetzte, wurde später neben Herder auch von den Romantikern mit Bedauern konstatiert.

Opitz' ‹deutsche› Metrik

In seiner ersten Reformschrift *Aristarchus sive de contemptu linguae Teutonicae* (*Aristarchus oder über die Verachtung der deutschen Sprache*) von 1617 hatte Martin Opitz noch die romanisierende Metrik vertreten. Die konkreten Vorschläge in dieser in lateinischer Sprache verfaßten Abhandlung vom Niedergang des Lateinischen und der großen Zukunft der deutschen Sprache und Literatur basieren, was den Versbau und die Empfehlung von Alexandriner und *vers commun* angeht, ausdrücklich auf dem französischen Beispiel. Mit dem *Buch von der Deutschen Poeterey* (1624) und der darin formulierten Versreform setzte Opitz – auch wörtlich genommen – die Akzente anders. Allerdings blieb das romanische Repertoire der Gedicht- und Strophenformen, aber auch das der bevorzugten Versmaße grundsätzlich erhalten.

Das *Buch von der Deutschen Poeterey*, die erste deutschsprachige Poetik, ist ein schmales Büchlein, das jedoch für entscheidende Anstöße sorgte und einen Rahmen bot, der ohne größere Schwierigkeiten ausgefüllt werden konnte. Die Hauptquellen für die allgemeineren Teile, die sich an der humanistischen Renaissancepoetik orientieren, waren Julius Caesar Scaligers monumentale Poetik (*Poetices libri septem*, 1561) und zwei Schriften Pierre de Ronsards (*Abregé de l'art poétique françois*, 1565; Vorrede zu *La Franciade*, 1587). Opitz spricht vom Wesen der Poesie und der Würde des Dichters, verweist auf die Prämissen der humanistischen Poetik – Nachahmung, Verbindung von Rhetorik und Poetik, Zusammenhang von dichterischem Gegenstand und Stilhöhe usw. – und sucht gleichzeitig mit der Berufung auf das ehrwürdige Alter der deutschen Dichtkunst das nationale Ehrgefühl zu wecken und so Impulse für verstärkte Bemühungen um eine den ausländischen Literaturen ebenbürtige neue deutsche Kunstdichtung zu geben. Bei dem anschließenden Überblick über den humanistischen Gattungskanon bleibt es meist bei knappen, vor allem der Poetik Scaligers entnommenen Hinweisen. Mehr war nicht nötig, da die von Opitz propagierte neue deutschsprachige Kunstdichtung ‹gelehrte› Dichtung auf der Grundlage humanistischer Bildung sein sollte und er bei ihren Verfechtern genauere Kenntnisse der Renaissancepoetik voraussetzen konnte. Ausführlicher verweilt Opitz bei der Vorstellung einiger empfehlenswerter Vers-, Strophen- und Gedichtformen, da sie die Umsetzung der metrischen Reform unmittelbar betreffen. Er illustriert die theoretischen Ausführungen und Regeln durch eine Reihe von Beispielen, eigene Dichtungen oder Übertragungen, die zur Nachahmung anregen sollten (und in der Tat Nachahmer fanden). Als ausländischer Musterautor erscheint Ronsard. Alexandriner und *vers commun* werden besonders hervorgehoben und dem Sonett und dem Epigramm zugeordnet, während trochäische Verse – oder Verbindungen jambischer und trochäischer Zeilen – der freieren Form des Liedes (‹Ode› in der Terminologie der Zeit) vorbehalten bleiben. Neben dem Sonett gilt der großen Form der sogenannten Pindarischen Ode besondere Aufmerksamkeit.

Außer den auf die deutsche Sprache und Verskunst bezogenen Vorschriften enthielt diese «Prosodia Germanica» – so hieß das Werk von der zweiten Auflage (1634) an – nichts, was nicht schon in den vorhergehenden Poetiken der Renaissance zu finden gewesen wäre. Aber gerade diese Passagen brachten praktikable Lösungen für die in der deutschen Reformdiskussion angeschnittenen Fragen. Sie formulierten Grundsätze einer klaren, reinen, dialektfreien Literatursprache, beschrieben das moderne Formenrepertoire und stellten nach dem Vorbild der niederländischen Dichtung die prosodischen und metrischen Regeln einer Kunstpoesie in deutscher Sprache auf. Entscheidend für die weitere deutsche Entwicklung wurde das siebte Kapitel, das «Von den reimen / jhren wörtern vnd arten der getichte» handelt und dabei auch auf die wesentlichen dichtungstechnischen Aspekte eingeht. Hier stehen dann die vielzitierten, folgenreichen Sätze:

«Nachmals ist auch ein jeder verß entweder ein iambicus oder trochaicus; nicht zwar das wir auff art der griechen vnnd lateiner eine gewisse grösse [Quantität] der sylben können inn acht nemen; sondern das wir aus den accenten vnnd dem thone erkennen / welche sylbe hoch vnnd welche niedrig gesetzt soll werden. Ein Jambus ist dieser: *Erhalt vns Herr bey deinem wort.* Der folgende ein Trochéus: *Mitten wir im leben sind.* Dann in dem ersten verse die erste sylbe niedrig / die andere hoch / die dritte niedrig / die vierde hoch / vnd so fortan / in dem anderen verse die erste sylbe hoch / die andere niedrig / die dritte hoch /etc. außgesprochen werden. Wiewol nun meines wissens noch niemand / ich auch vor der zeit selber nicht / dieses genawe in acht genommen / scheinet es doch so hoch von nöthen zue sein / als hoch von nöthen ist / das die Lateiner nach den quantitatibus oder grössen der sylben jhre verse richten vnd reguliren.»

Damit verpflichtete Opitz die deutsche Dichtung auf alternierende Verse, Jamben und Trochäen, und übertrug die antike Versfußmetrik auf die deutsche Dichtung, indem er ihre Prinzipien (lange und kurze Silben: quantitierend) den Gegebenheiten der deutschen Sprache anpaßte (betonte bzw. schwere und unbetonte bzw. leichte Silben: akzentuierend). Die Alternationsregel wurde schon bald aufgegeben, doch die zugrunde liegende Prosodie nach dem «thone» der Silben, also ihrem akzentuellen Gewicht, blieb bis heute bestehen. Theoretische und praktische Schwierigkeiten bereitete allerdings der Umstand, daß sich die Gewichtung der Silben im Deutschen nicht auf ein einfaches binäres Schema reduzieren läßt, sondern daß es zahlreiche Abstufungen in der Betonung der Silben gibt. Unklar blieb vor allem die Bewertung von Komposita, aber auch die Gewichtung der zahlreichen einsilbigen Wörter, bei denen von einem Wortakzent nicht die Rede sein kann.

Gleichwohl hatte diese Art der Versregulierung gegenüber den konkurrierenden Modellen eindeutige Vorteile: den der Simplizität im Vergleich zu den Versuchen einer antikisierenden Prosodie mit ihren komplexen Quantitätsregeln und den einer durchgehenden Regulierung gegenüber dem rhythmisch flexibleren Renaissancevers. Dabei war auch die Beschränkung auf alternierende Verse in der Zeit der Einübung der neuen Versifikationsprinzipien nur von Vorteil. Diese Phase endete um 1640 mit der Einführung der ‹Buchnerart›, des Daktylus, und anderer nichtalternierender Versfüße, ohne daß damit die prosodische Grundlage der Opitzschen Reform, die Unterscheidung der Silben nach «den accenten vnnd dem thone», angetastet worden wäre. Daß sich Opitz durchsetzte, bedeutete zugleich das Ende des Renaissanceverses und führte bei Neuauflagen älterer Werke in der Regel zu Überarbeitungen, im Einklang mit eigenen Überzeugungen etwa bei Diederich von dem Werder, eher widerwillig bei Weckherlin, der die Regeln als metrischen Zwang empfand.

3. Der «Vater unsrer Dichtkunst»?

Während in der Literaturgeschichtsschreibung des 19. und 20. Jahrhunderts häufig der Vorwurf erhoben wurde, Opitz habe mit seinem Plädoyer für eine humanistische Kunstdichtung in deutscher Sprache die Weichen in die falsche Richtung gestellt – die Dichtergelehrten «verachteten die bestehende einheimische Poesie, statt sie zu veredeln» (Wilhelm Scherer) –, war man sich im 17. und 18. Jahrhundert im wesentlichen einig darüber, daß Opitz «den deutschen Poeten die bahn gebrochen» habe (Benjamin Neukirch). Auch als die spätere Entwicklung der Dichtung im 17. Jahrhundert in der Aufklärung in Verruf geriet (‹Schwulst›, ‹Unnatur›, ‹Lohensteinsche Schreibart› usw.), blieb Opitz' Rang unangetastet: Bodmer wies ihm in seinem Lehrgedicht vom *Character Der Teutschen Gedichte* (1734) einen zentralen Platz in der Entwicklung der deutschen Literatur zu, und Gottsched feierte ihn in seiner *Gedächtnisrede* von 1739 als «Vater unsrer Dichtkunst», der «die deutsche Sprache und Dichtkunst aus dem Staube erhoben und sie, fast auf einmal, sehr nahe an den Gipfel ihrer jetzigen Vollkommenheit erhöhet» habe. Sowohl die Leipziger (*Martin Opizen Teutsche Gedichte*, 1746, herausgegeben von Daniel Wilhelm Triller) als auch ihre Schweizer Antipoden Bodmer und Breitinger (*Martin Opitzen Von Boberfeld Gedichte*, 1745) bewiesen ihre Hochschätzung durch Neuausgaben.

Innerhalb von wenigen Jahren war der Name Opitz zum Inbegriff der neuen deutschen Kunstdichtung geworden. Im *Aristarchus* hatte er 1617 zum erstenmal sein Programm – in lateinischer Sprache – formuliert, 1624 und 1625 erschienen die deutsche Poetik und die ersten großen Sammlungen seiner Gedichte. Bereits 1626 nannte ihn Diederich von dem Werder «Fürst aller teutschen Poeten», und wie der Poetiker Augustus Buchner fast alle Beispiele aus dem Werk seines Freundes nahm, so rühmten Poeten überall im protestantischen Deutschland, von gewissen Widerständen vor allem im Südwesten abgesehen (Georg Rodolf Weckherlin, Jesaias Rompler von Löwenhalt), in Vers und Prosa ihr großes Vorbild und folgten seinem Beispiel. Seine Bedeutung war den Zeitgenossen nicht zuletzt deswegen so klar, weil sie wußten, welche Voraussetzungen Opitz vorgefunden hatte: Während sie von dem von ihm bereitgestellten Sprach- und Formenschatz ausgehen konnten, hatte Opitz «keinen, an den er anknüpfen konnte, nur die ausländischen Schriftsteller. Für Deutschland machte er den Anfang» (Erich Trunz). Der von einer nationalen Germanistik erhobene Vorwurf der Überfremdung und der Preisgabe der Selbständigkeit durch den Bruch mit der einheimischen Tradition geht völlig an den (literatur)geschichtlichen Gegebenheiten vorbei.

Opitz hatte nicht zuletzt deshalb Erfolg, weil er als Literaturorganisator zielstrebig Verbindungen knüpfte und für die Verbreitung seines Programms sorgte, aber auch, weil er es mit jedem seiner Werke mit großer Konsequenz vertrat und für alle Gattungen Musterhaftes – und damit wiederum Nachahmenswertes – vorzustellen suchte. Dabei verwies er durch zahlreiche Übersetzungen von Texten der Weltliteratur von der Antike bis zur Gegenwart indirekt auf das Ziel: die Rückkehr der deutschen Literatur in die Reihe der großen Literaturen. Rückkehr deshalb, weil die altdeutsche Literatur, so die nationalhumanistische These, bereits Größe besessen und Dichter hervorgebracht habe, «die manchen stattlichen Lateinischen Poeten an erfindung vnd ziehr der reden beschämen».

Es mindert Opitz' historische Bedeutung keineswegs, daß seine Reformen an regional-konfessionelle Grenzen stießen und sich mit der ‹oberdeutschen Literatur› eine eigenständige Literaturtradition behaupten konnte. Das gilt auch für die Einschränkung, daß er vor allem Übersetzer und Nachdichter war und seine eigentliche literarische Leistung weniger in seiner Originalität als Dichter, als vielmehr in der Vermittlung der modernen europäischen Literaturtradition und der Propagierung und Durchsetzung einer neuen Literatur- und Verssprache bestand. Er sah sich als Wegbereiter, der die Musen, die «nie auff vnser Teutsch noch haben reden können», nach Deutschland bringen wolle, nicht als Vollender: «Durch mich wird jetzt das thun in Deutschland auffgebracht / | Das künfftig trotzen kan der schönsten Sprachen Pracht», schrieb er in den *Gedancken bey Nacht / als er nicht schlaffen kundte* und charakterisierte damit selbstbewußt seinen Platz in der Geschichte der deutschen Literatur des 17. Jahrhunderts: «Von Leibe zwar nicht groß / doch groß genung von Sinn.»

Martin Opitz wurde 1597 als Sohn eines Fleischermeisters in dem schlesischen Städtchen Bunzlau am Bober geboren. Er erhielt eine gediegene humanistische Schulbildung, die ihn von Bunzlau über das Breslauer Magdalenengymnasium nach Beuthen führte. Hier, auf dem von Georg von Schönaich neu errichteten Akademischen Gymnasium, bereitete sich Opitz von 1616 an auf das Studium vor und fand in Caspar Dornau einen einflußreichen Mentor. Wie bereits in Breslau trat er mit neulateinischen Gedichten hervor. In Beuthen erschien 1617 auch seine erste, noch in lateinischer Sprache verfaßte Reformschrift *Aristarchus sive de contemptu linguae Teutonicae* (*Aristarchus oder über die Verachtung der deutschen Sprache*). Sie enthielt erste Beispiele der propagierten deutschen Kunstpoesie im Geist der Renaissance, u. a. ein Sonett von Ernst Schwabe von der Heyde, eine freie Bearbeitung des Eingangssonetts von Petrarcas *Canzoniere* («Jhr / die jhr höret an wie mancher sturmwind wehet»), und Opitz' erstes gedrucktes Gedicht in deutscher Sprache («O Fortun / o Fortun / stieffmutter aller frewden»).

Sein Studium begann Opitz in Frankfurt a. d. O., wechselte jedoch 1619 nach Heidelberg, wo er dank seiner schlesischen Empfehlungen in den Humanistenkreis um Georg Michael Lingelsheim aufgenommen wurde, in dem sich auch jüngere Dichter wie Julius Wilhelm Zincgref um die Erneuerung der deutschen Dichtung bemühten. Zugleich geriet er in den Bannkreis der Politik des calvinistischen Pfälzer Hofes und setzte sich publizistisch für Friedrich V., den ‹Winterkönig›, ein. Die Kriegswirren machten seine Studienpläne bald zunichte; 1620 verließ er die von spanischen Truppen bedrohte Stadt und begleitete einen jungen Dänen als Hofmeister nach Holland und Dänemark. In Leiden lernte er Daniel Heinsius und die neuere niederländische Dichtung kennen; ihre metrischen Prinzipien sollten die französischen als Basis der Versreform ablösen. Im Sommer 1621 kehrte Opitz nach Schlesien zurück, doch konnte er keine befriedigende Anstellung bei der in Bedrängnis geratenen protestantischen Seite erhalten. 1622/23 lehrte er als Professor am Gymnasium in Weißenburg (Siebenbürgen) im Dienst des calvinistischen Fürsten Bethlen Gabor, 1625 schloß er sich einer Delegation der schlesischen Stände nach Wien an. Hier lernte er Karl Hannibal von Dohna kennen, seit 1623 Präsident der schlesischen (Finanz-)Kammer und eigentlicher Herrscher Schlesiens.

Daß der Protestant Opitz 1626 als Sekretär in den Dienst Dohnas trat, der im Auftrag Wiens mit aller Macht die Rekatholisierung Schlesiens betrieb, stellt eine überraschende, nicht befriedigend erklärbare Wendung in seinem Leben dar: Opportunismus, religiöse Indifferenz oder Hoffnung auf diplomatische Vermittlung zwischen den Konfessionen in irenischem Geist? Opitz selbst jedenfalls behielt die persönliche Religionsfreiheit, übersetzte aber andererseits mit dem *Manuale controversiarum* (1623) des Jesuiten Martin Becanus 1631 eine dezidiert gegenreformatorische Schrift. Er erledigte die politische Korrespondenz Dohnas und führte Verhandlungen an verschiedenen Höfen; Höhepunkt war eine Parisreise im Jahr 1630, auf der er Beziehungen zu Hugo Grotius knüpfte, dessen poetischen *Bewys van den waren godsdienst* (1622) er im Auftrag Dohnas in deutsche Verse übertrug (Hugo Grotius: *Von der Wahrheit der christlichen Religion*, 1631). Inzwischen war er auf Veranlassung Dohnas vom Kaiser geadelt worden («von Boberfeld», 1627); auch die Fruchtbringende Gesellschaft konnte nicht länger an ihm vorübergehen («Der Gekrönte», 1629): Opitz hatte stets neben seinen beruflichen Plänen sein Literaturprogramm konsequent weiter verfolgt. Als Dohna 1632 vor den Schweden fliehen mußte, trat Opitz 1633 zunächst in den Dienst der protestantischen Herzöge von Liegnitz und Brieg, hielt sich jedoch von Herbst 1635 an wegen der gefährlichen Situation in Schlesien in Polen auf, zunächst in Thorn, dann in Danzig. Er empfahl sich König Wladislaw IV. mit einem großen *Lobgedicht* (1636), der ihm schließlich mit der Ernennung zum polnischen Hofhistoriographen (1637) eine sichere Arbeitsbasis verschaffte. Opitz nahm aber weiterhin diplomatische Aufgaben wahr und versorgte den König mit politischen Analysen und Nachrichten. Gleichzeitig zahlten ihm die Schweden ein Gehalt für Berichte über Polen. Er starb 1639 in Danzig an der Pest, nachdem er noch veranlaßt hatte, daß seine politische Korrespondenz vernichtet würde.

4. Poetik nach Opitz

Noch zu Lebzeiten von Opitz zeigten sich nach einer ersten Phase der Einübung einer neuen Dichtersprache Tendenzen, die auf eine Erweiterung der poetischen Ausdrucksmöglichkeiten zielten. Eine wichtige Rolle spielte dabei der mit Opitz befreundete Augustus Buchner, der als Professor für (lateinische) Poesie und Rhetorik in Wittenberg wirkte und die Universität zum einflußreichsten akademischen Zentrum der neuen Poesie in Mitteldeutschland machte. Er lehrte neben dem üblichen lateinischen Rhetorik- und Poetikprogramm in privaten Vorlesungen und Übungen das neue Regelsystem der deutschsprachigen Kunstdichtung und machte zugleich mit seinen über Opitz hinausgehenden Neuerungen im wörtlichen Sinn Schule, d. h. er überließ es seinen Schülern (u. a. Philipp von Zesen, Johann Klaj und Justus Georg Schottelius), sie in ihren Poetiken bzw. Werken öffentlich zu machen. Ohne die prosodische Basis der Poetik seines Freundes zu verlassen, durchbrach Buchner Opitz' restriktive Alternationsregel und eröffnete mit seiner Legitimierung daktylischer und anapästischer Verse vielfältige Möglichkeiten einer flexiblen, rhythmisch bewegten und lebendigen Verssprache, die seine begabteren Schüler seit 1640 virtuos zu nutzen wußten.

Buchners Poetik wird zum erstenmal 1638 in einem Brief Ludwigs von Anhalt-Köthen erwähnt, dem Buchner eine Abschrift zur Beurteilung geschickt hatte. Das Oberhaupt der Fruchtbringenden Gesellschaft hatte Einwände, die Buchner teilweise berücksichtigte, nicht aber in der Hauptsache, der Ablehnung daktylischer Verse durch den konservativen Fürsten. Es kam nicht zum Druck, wohl auch, weil Buchner seine Aufnahme in die Sprachgesellschaft (1641) nicht mit einem Konflikt belasten wollte. Allerdings kursierten Abschriften und Vorlesungsnachschriften, aus denen seit den vierziger Jahren immer wieder zitiert wurde, bis dann 1663 und 1665 leicht voneinander abweichende Versionen erschienen (*Kurzer Weg-Weiser zur Deutschen Tichtkunst / Aus ezzlichen geschriebenen Exemplarien ergänzet* bzw. – auf der Basis einer späteren Fassung – *Anleitung Zur Deutschen Poeterey*).

Ihre entscheidende Wirkung hatte Buchners Poetik bzw. Vorlesung bereits lange vor den Drucken entfaltet. 1640–41 veröffentlichte Zesen die erste Fassung seines *Deutschen Helicons* (grundlegend umgearbeitete Ausgaben 1649 bzw. 1656) als erste Poetik nach Opitz' Musterbuch und rühmte schon im Vorspann seinen Lehrer in einem hymnischen daktylischen Sonett «über die Erfindung der Dactylischen und Anapästischen Verse»: «Itzo mann ähnlich den Göttern Ihn acht / | Weil er Dactylisch zu singen erfunden». Die «Buchner-ahrt», wie sie Zesen nannte, setzte sich in den folgenden Jahren durch, ging in die poetischen Lehrbücher ein und galt als die wichtigste Neuerung in der deutschen Dichtkunst seit dem Auftreten von Opitz. Zesen ging auf Anregung Buchners hin noch einen Schritt weiter, als er in seiner Poetik die Forderung nach Versen erhob, «in welchen bald Jambische / bald Trochäische / bald Dactylische pedes mit untergemischet werden», und mit der Einführung dieser Mischformen die Nachbildung komplexer antiker Metren ermöglichte.

Auch Johann Peter Titz, ein Schüler Christoph Kölers am Breslauer Elisabeth-Gymnasium und vertraut mit Buchners Poetik, beschäftigte sich in seinen *Zwey Büchern Von der Kunst Hochdeutsche Verse und Lieder zu machen* (1642) mit dem Problem, wie die antiken Versfüße im Deutschen nachzuahmen seien. Schließlich brachte der Buchner-Schüler Justus Georg Schottelius die Diskussion in systematischer Weise zu einem vorläufigen Abschluß (*Teutsche Vers- oder ReimKunst*, 1645; später integriert in die *Ausführliche Arbeit Von der Teutschen HaubtSprache*, 1663). Zesen schloß sich in den späteren Fassungen seiner Poetik den Systematisierungsversuchen an und machte u. a. mit zahlreichen Tabellen die Vielfalt der Möglichkeiten der deutschen Dichtkunst deutlich: Sie sei so «hoch gestiegen / daß man in derselben über die tausend Lieder und gedichte / auf allerhand ahrt / fürstellen kan / also / daß immer eine anders als die andere / so wohl in schränk- und abwechselung der reime / als gattungen der reim-bände selbst geschrieben und gelesen wird». Die Neuerungen von Zesen und Schottelius finden sich alle bei Georg Philipp Harsdörffer (*Poetischer Trichter*, 1647–53) und den späteren poetologischen Beiträgen der Nürnberger, z. B. in Sigmund von Birkens christlich-moralisierender Poetik *Teutsche Rede-bind und Dicht-Kunst / oder Kurze Anweisung zur Teutschen Poesy mit Geistlichen Exempeln* (1679).

Eine Art Bestandsaufnahme des auf der Grundlage der humanistischen Tradition bisher Erreichten stellt ein Werk dar, das etwas irreführend Georg Neumark als Verfasser nennt: *Poetische Tafeln / Oder Gründliche Anweisung zur Teutschen Verskunst aus den vornehmsten Authorn in funfzehen Tafeln zusammen gefasset / mit ausführlichen Anmerkungen erklähret* (1667). Neumarks Tafeln, entstanden um 1650 als Unterrichtsmaterial, geben einen schematischen Überblick über die Dichtkunst, wobei Prosodie und Metrik, Gedichtarten (nach Inhalt bzw. Form klassifiziert) sowie Hinweise auf rhetorische und orthographische Aspekte im Mittelpunkt stehen. Die eigentliche Leistung stellen jedoch die mehr als 300-seitigen Anmerkungen dar, mit denen der nur in der Vorrede knapp erwähnte Martin Kempe die 15 Tafeln Neumarks erläutert und dabei die Bilanz der von Opitz eingeleiteten poetologischen Entwicklung zieht.

Da die Diskussion über metrische Fragen um die Jahrhundertmitte im wesentlichen abgeschlossen war, traten nun andere Aspekte in den Vordergrund der poetologischen Überlegungen. Das gilt nicht zuletzt für die verstärkte Berücksichtigung nichtlyrischer Gattungen wie Drama, Epos und Roman oder für die Einbindung literatur- und sprachgeschichtlicher Aspekte in die Poetik (Justus Georg Schottelius: *Ausführliche Arbeit Von der Teutschen HaubtSprache*, 1663; Sigmund von Birken: *Teutsche Rede-bind und Dicht-Kunst*, 1679; Daniel Georg Morhof: *Unterricht Von Der Teutschen Sprache und Poesie*, 1682; Albrecht Christian Rotth: *Vollständige Deutsche Poesie*, 1688; Magnus Daniel Omeis: *Gründliche Anleitung zur Teutschen accuraten Reim- und Dicht-Kunst*, 1704). Ein Unikum stellt Kaspar Stielers *Dichtkunst* von 1685 dar, eine 5704 Alexandriner umfassende Verspoetik, die unveröffentlicht blieb. Sie orientiert sich in ihrem Aufbau wie die *Poeterey* von Opitz an der Abfolge der rhetorischen Produktionsschritte und enthält auch, anders als die meisten vorangegangenen Poetiken, eine ausführliche Darstellung der Tropen und Figuren. Insgesamt ist Stielers Poetik in ihrer konservativen Haltung eher Opitz und Daniel Georg Morhof verpflichtet – sie alle lehnen den Daktylus ab – als Neuerern wie Zesen.

Nachdem die sprachlichen und metrischen Fragen der humanistischen Kunstdichtung in deutscher Sprache weitgehend gelöst waren, zeigte sich ein zunehmendes Interesse an der Bildlichkeit der Dichtersprache, die immer schon einen wesentlichen Aspekt der rhetorisch fundierten Poetik ausmachte. Von den deutschen Poetikern beschäftigte sich Harsdörffer – in den *Frauenzimmer Gesprächspielen* (1641–49) und im *Poetischen Trichter* (1647–53) – am intensivsten mit der Bildlichkeit der Dichtung. Er macht in einer Art Apologie des bildlichen Sprechens deutlich, daß die uneigentliche Sprechweise eine Erkenntnisfunktion besitze und zur Erkenntnis der Welt beitrage, einer hierarchisch gegliederten Weltordnung, in der alles mit allem in Zusammenhang stehe: «Die schöne Verfassung dieses gantzen Weltgebäus / ist an sich selbsten nichts anders / als eine durchgehende Vergleichung in allem und jedem; und hat der höchstmächtige Gott dem Menschen eine sondere Begierde eingepflantzet / solche Wunderfügnisse zu erlernen», heißt es im dritten Teil der *Gesprächspiele*. Anschaulich beschreibt er im *Poetischen Trichter* die Funktion des Gleichnisses, «gleichsam die Königin» unter den Redefiguren, wenn er es als «Hebel oder die Hebstangen» bezeichnet, «welche durch Kunstfügige Ein- und Anwendung aus dem Schlamm der Unwissenheit empor schwinget / was man sonder solche Geretschafft unbewegt muß erliegen lassen».

Verdeckte Beziehungen aufzudecken und Zusammenhänge zwischen weit entfernten Dingen herzustellen, bringt neben Erkenntnisgewinn auch ästhetisches Vergnügen. Ein von Harsdörffer im achten Teil der *Gesprächspiele* zitierter italienischer Traktat macht auf diesen Zusammenhang aufmerksam: «Das Gleichniß ist der Stab unsers blinden Verstands: Was wir nicht nennen können / beschreiben / und finden wir gleichsam / durch die Vereinparung mit dem / so es ähnlich ist / und wird unser Sinn belustiget / wann er durch solches Mittel fasset / was er sonsten nicht verstehen kan.» Dichten wird so auch ein Fall für artistische Kombinatorik, für das spielerische Verbinden verschiedenster Bereiche, wobei «das Vergleichende mit dem Verglichenen nicht in allen und allen übereinkommen muß / sonsten were es eben eins / sondern bißweilen in vielen / bißweilen in etlichen / bißweilen nur in einem Stucke zu- und eintreffen mag» (*Gesprächspiele*, Teil 1).

Indem Harsdörffer den Blick auf die artistisch-kombinatorischen Möglichkeiten der Bildlichkeit lenkt, bereitet er den Boden für den gesteigerten Bildstil, der in der zweiten Jahrhunderthälfte zeitweise zur dominierenden Ausdrucksform lyrischen Sprechens wird. Er resultiert aus einem Prozeß, in dessen Verlauf die humanistische Harmonievorstellung mit ihrer klassizistisch-ausgewogenen Zuordnung von Sachen und Wörtern an Geltung verliert, sich die Verbindung von Sache und Wort lockert und Angemessenheit und Deutlichkeit als Kriterien in den Hintergrund treten, während artistische Form und rhetorischer Ornatus das Übergewicht gewinnen.

Eine ausgeprägt sensualistisch-dekorative bzw. scharfsinnige Metaphorik gehört zu den wichtigsten Ausprägungen dieses Stils, wobei der Übergang fließend ist. Denn wenn der dekorative Bildstil auf seltene Materialien, auf fremde Düfte oder Getränke zurückgreift («Dein lippen-Julep kühle meinen brand»; anonym), erfüllt er mit der Entlegenheit der Vergleichsbereiche zugleich ein Kennzeichen des scharfsinnigen Stils. Gerade der Kunst der Scharfsinnigkeit, der Argutia, gilt das Interesse der Poetiker um die Jahrhundertmitte, die von Italien und Spanien aus eine verbreitete europäische Stilrichtung theoretisch legitimierten. Die Schlüsselbegriffe sind, abgeleitet vom lateinischen *acutus* (‹spitz›), *acutezza* oder *argutezza* im Italienischen, *agudeza* im Spanischen. Am reinsten verwirklicht sich der scharfsinnige Stil in der Kunst des Concettos, der Erfindung von ingeniösen Wort- und Sinnspielen. Zu den einflußreichsten Poetiken dieser Richtung zählen Baltasar Graciáns *Agudeza y arte de ingenio* (1642; erweitert 1648) und, die umfassendste Abhandlung, Emanuele Tesauros *Il cannocchiale aristotelico, o sia idea dell'arguta et ingegnosa elocutione* (1654; endgültige Fassung 1670) sowie im deutschen Sprachgebiet Jacob Masens lateinische *Ars nova argutiarum* (1649). Eine zusammenfassende Darstellung legte Ende des Jahrhunderts Daniel Georg Morhof vor (*Commentatio de disciplina argutiarum*, 1693). Zwar wurden die italienischen und spanischen Traktate nicht ins Deutsche übersetzt, aber daß die Argutia-Theorie auf das deutsche Sprachgebiet ausstrahlte, unterstreicht neben den Abhandlungen Masen und Morhof die poetische Praxis etwa eines Hoffmannswaldau, der die «gutten Erfindungen» der «Welschen» rühmt und damit den arguten Stil meint.

Die Opposition gegen den ‹hochgefärbten Schein›, wie Johann Jakob Bodmer 1734 in seinem kritisch-historischen Überblick in Versen über die deutsche Dichtung (*Character Der Teutschen Gedichte*, 1734) den Metaphernstil bezeichnete, konnte sich neben der Rückbesinnung auf Opitz am Klassizismus französischer Prägung orientieren, den Nicolas Boileaus *L'art poétique* (1674) repräsentierte. An das hier propagierte, auf Vernunft und Natur gegründete Stilideal knüpften in der deutschen Dichtung Friedrich Rudolph Ludwig von Canitz mit seiner dritten Satire *Von der Poesie* (In: *Neben-Stunden Unterschiedener Gedichte*, 1700) und Christian Wernicke in seinen Epigrammen und den beigegebenen poetologischen Anmerkungen an (*Uberschriffte Oder Epigrammata*, 1697).

Auch von anderer Seite regte sich Widerstand gegen die sensualistische, witzig-ironische Kunst mit ihrer als unnatürlich empfundenen Bildersprache. Im Zusammenhang mit einer neuen Gesellschaftsethik diesseitigen Charakters – Stichworte sind ‹politisch› und ‹galant› – tritt der Nutzen als Kriterium in den Vordergrund: «WEr zu dieser Zeit in Deutschland entweder selbsten Verse machen / oder auch wol andern die Bahne darzu brechen wil / der muß sich vor allen Dingen bekümmern / was die Sache vor einen Nutzen hat / und wie weit man sich in solchen studiis vertieffen sol», heißt es lapidar in Christian Weises *Curiösen Gedancken Von Deutschen Versen* (1692) über den Stellenwert der Poesie in der Gegenwart. Der Typ des wahren Poeten, der wie Homer oder Vergil «die Göttliche und Menschliche Weißheit vorstellen kan», ist gleichsam obsolet geworden. Für Weise «ist die Poeterey nichts anders als eine Dienerin der Beredsamkeit / weil sie einen jungen Menschen so wol anführet / daß er seine concepte nicht nur deutlich / sondern auch lieblich und etlicher massen admirable vorbringen lernet». Dichtung vermag den gesellschaftlichen Status zu stützen, aber mehr auch nicht. Sie werde «æstimirt, wenn der Mann was anders daneben hat / davon er sich bey Mitteln und bey respect erhalten kan», wenn deutlich wird, daß er «neben den Versen was höhers und ansehnlichers studiret» hätte. In dieser Hinsicht stellt der durchaus verdienstvolle «liebe Hr. Opitz» – im Gegensatz zu wohlsituierten Autoren wie Schottelius, Harsdörffer oder Hoffmannswaldau – für Weise kein gutes Beispiel dar; bei dessen unruhigem Lebenslauf müsse er zweifeln, «ob ein Vater seinem Sohne dergleichen Zustand immermehr wünschen möchte».

Die konkreten poetologischen Anweisungen entsprechen diesem auf gesellschaftlichen Erfolg gerichteten Programm einer Poesie der Nebenstunden. Natürlichkeit und Verständlichkeit sind die Kriterien, eine mittlere Stillage das Ziel. Das gilt für die Bildlichkeit, den Wortschatz und die «rechte Construction» der Verse: «Welche Construction in prosâ nicht gelitten wird / die sol man auch in Versen darvon lassen.» Die galanten Literaturtheoretiker der Jahrhundertwende übernehmen ausdrücklich Weises Vorstellungen, da sie ihrem eigenen Konzept eines mittleren, leicht verständlichen und ungezwungenen Stils entsprechen. Die um 1700 entstandene Poetik Erdmann Neumeisters, von Christian Friedrich Hunold 1707 ohne Wissen des inzwischen im Kirchendienst tätigen Verfassers herausgegeben, bezeichnet Weises Regel als «das vornehmste Hauptstück der reinen ungezwungenen Teutschen Poesie», denn: «Nichts mehr kan einen Vers recommandiren, als wenn er rein und ungezwungen fliest.»

LYRIK

I. POETIK UND GESELLSCHAFTLICHE PRAXIS

1. Ordnungskriterien

Die deutsche Barockpoetik kennt keine ‹Naturform› oder einen Sammelbegriff Lyrik. Bis weit ins 18. Jahrhundert hinein wurden die einzelnen lyrischen Formen nicht unter einem Oberbegriff zusammengefaßt; erst Charles Batteux gelang es, Lyrik – definiert als Nachahmung von Empfindungen – als eigene Hauptgattung neben Epik und Drama in das Gattungssystem einzufügen (*Les beaux-arts réduits à une même principe*, 1746). Bis dahin blieb es bei einer Aneinanderreihung einzelner Gattungen und Formen im Anschluß an die antiken Muster und die humanistischen Poetiken der Renaissance.

Üblich war dabei die Einteilung der Texte «nach ihrer Materie» und «nach ihrer Form», wie sie etwa Georg Neumark in seinen *Poetischen Tafeln* (1667) zu Lehrzwecken schematisch durchführt und damit zusammenfaßt, was Gemeingut der Poetiken der Zeit war. Auf der einen Seite stehen die Gattungen weltlicher und religiöser Gelegenheitsdichtung («Begräbnüß- Trost- Klage- Geistliche Klage- Abschieds- [...] Jauchz- Hochzeits- Geburts- Nahmenstags- Wegen erlangter Gesundheit Glükkwünschungs- [...] Lieder oder Getichte»), auf der anderen u. a. Distichen, Sonette, Madrigale und «Bilder-Reime». Aufzählungen dieser Art gehen in der Regel selektiv vor. Das gilt auch für Albrecht Christian Rotth, den wohl systematischsten unter den Verfassern deutschsprachiger Poetiken. Die nach formalen Kriterien definierten Texte behandelt er in seiner *Vollständigen Deutschen Poesie* (1688) im Zusammenhang mit seinem Überblick über die «Unterschiedlichen Verß-Arthen» als Fälle, die nur «wegen gewisser Reime oder Zeilen oder andere Ursachen absonderliche Nahmen bekommen» hätten. Er nennt neben einigen speziellen Kunststücken (z. B. «Von den Nachtigallen») nur Sonett, «Ringel-Reim» (Rondeau), Madrigal, Pindarische Ode, ‹gemeine› Ode oder Lied, «Echo oder Nach-Hall» und Figurengedicht («Bilder-Reim»). Daneben widmet er der inhaltlich definierten Gelegenheitsdichtung eine eigene umfangreiche Anweisungspoetik, eine «Kunstmäßige und deutliche Anleitung zu Allerhand Materien», in der es vor allem um Fragen der Erfindung und ‹Ausarbeitung› geht.

Auch Martin Opitz deutet in seinem *Buch von der Deutschen Poeterey* (1624) die Unterscheidung zwischen inhaltlich und formal definierten Gattungen an, indem er sie verschiedenen Kapiteln zuordnet. Er beschränkt sich auf wenige lyrische Formen wie Satire, Epigramm, Ekloge, Elegie, Echo, Hymnus, Quatrain, Sonett und Pindarische Ode. Darüber hinaus nennt er noch – die ursprünglich Bedeutung von Lyrik als von der Lyra begleitete Gesänge aufnehmend – die «Lyrica oder getichte die man zur Music sonderlich gebrauchen kan», mehr oder weniger identisch mit der im 17. Jahrhundert als Lied definierten Ode, und die «Sylven oder wälder».

Mit den «Sylven» führt er, angelehnt an die *Silvae* des römischen Dichters Statius (1. Jh. n. Chr.) und ihre Rezeption im italienischen Humanismus (Angelo Poliziano), einen Oberbegriff für die inhaltlich definierte Gelegenheitspoesie ein, der – wie der Name anzeige – «vom gleichniß eines Waldes / in dem vieler art vnd sorten Bäwme zue finden sindt / genommen ist» und «allerley geistliche vnnd weltliche getichte / als da sind Hochzeit- vnd Geburtlieder / Glückwündtschungen nach außgestandener kranckheit / item auff reisen / oder auff die zuerückkunft von denselben / vnd dergleichen» umfaßt. Entsprechend verfährt er in der Abteilung «Poetische Wälder» der verschiedenen Ausgaben seiner *Teutschen Poëmata*; die lateinischen Gelegenheitsgedichte erschienen u. a. in der Sammlung *Silvarum libri III. Epigrammatum liber unus* (1631).

Die Bezeichnung Poetische Wälder machte Schule und fand häufig Verwendung bei der Komposition barocker Gedichtbücher, gelegentlich auch als Bezeichnung für ganze Gedichtsammlungen. Im übrigen wurde zwar der humanistische Formenkanon im Lauf des Jahrhunderts in den Poetiken in immer größerer Vollständigkeit behandelt, aber ein Bewußtsein von einer Gattung Lyrik war damit nicht verbunden – und damit natürlich auch nicht von einem unter der Kategorie der Subjektivität gestellten Lyrikbegriff, der lange zur Abwertung der vorklassischen ‹nichtlyrischen› Lyrik beigetragen hatte.

Nach dem Vorbild von Opitz verwandte Paul Fleming die Bezeichnung Poetische Wälder, als er seine deutschen Gedichte zur Publikation vorbereitete (*Teütsche Poemata*, postum 1646 von Adam Olearius herausgegeben). Die lateinischen Gedichte sammelte er unter der Bezeichnung *Silvae*; sie blieben allerdings – sieht man von frühen Veröffentlichungen wie der Sammlung von erotischen Gedichten *Rubella* (1631) und den von Olearius edierten *Epigrammata latina* (1649) – im 17. Jahrhundert ungedruckt. Auch die Neulateiner Jacob Balde und Simon Rettenpacher nutzten neben dem von Horaz vorgegebenen formbestimmten Einteilungsschema in Oden und Epoden für einen Teil ihres lyrischen Werkes die freiere Ordnung der «Silvae».

Während Opitz, Fleming oder die Neulateiner auf eine metaphorische Auslegung des Begriffs verzichten, wird es etwa seit der Jahrhundertmitte üblich, seine metaphorischen Möglichkeiten zu nutzen und, verbunden auch mit der Garten- bzw. Pflanzenmetaphorik, Analogien zwischen Gewächsen und Gedichten als Einteilungskriterien zu benutzen. So lädt Georg Neumark die Leser seiner Gedichtsammlung mit dem bezeichnenden Titel *Poetisch- und Musikalisches Lustwäldchen* (1652) gleichsam zu einem Spaziergang durch den ‹Lustwald› mit seinen verschiedenen Bäumen und anderen Pflanzen ein, die jeweils für bestimmte Ge-dichtinhalte stehen: «Wenn du demnach / geehrter lieber Leser / [...] zu deinem GOtt eine flammende Andacht zu erwekken [...] gesonnen bist; so hast du darin-nen die Wolkenwerts hochaufgegipfelte Zedern allerhand geistlicher Lieder und Gedichte / zu finden: Bist du betrübt [...]: Schau / hier ereugnen sich die mannig-fältige Klagelieder / abgebildet durch die traurige Zypressen und Pappelbäume [...].» Neumark ließ eine weitere Gedichtsammlung unter dem Titel *Fortgepflantz-ter Musikalisch-Poetischer Lustwald* (1657) folgen. Titel wie *Erstes gebüsch seiner Reim-getichte* (1647; Jesaias Rompler von Löwenhalt), *Fruchtbringender Lust-garte* (1647; Justus Georg Schottelius) oder *Neu-erbaueter Poetischer Lust- u. Blumen-Garten* (1660; Johann Georg Schoch) stehen für zahlreiche andere ähn-lich konzipierte Sammlungen. Neben die Waldmetaphorik tritt zunehmend die spezifische Blumenmetaphorik, etwa bei David Schirmer (*Poetische ROsen-GEpüsche*, 1667) oder Lohenstein mit seiner in «Rosen», «Himmel-Schlüssel» und «Hyacinthen» gegliederten Gedichtsammlung *Blumen* (1680). Dagegen lehnt Christian Gryphius (*Poetische Wälder*, 1698) diese Suche nach Entsprechungen zwischen Bäumen oder Blumen und Themen der Gelegenheitsdichtung ab und folgt «doch lieber dem Statio und Opitz / wie auch dessen Nachfolgern / dem Tscherning / Flemming und vielen andern», Zeichen für die sich anbahnende stili-stische Neuorientierung gegen Ende des Jahrhunderts.

2. Stilfragen: Geistliche Lyrik

Geistliche Lyrik macht den wohl größten Teil der lyrischen Produktion im 17. Jahrhundert aus. Dabei ergeben sich angesichts des alle Lebensbe-reiche prägenden christlichen Glaubens durchaus Abgrenzungsprobleme zwischen weltlicher und geistlicher Dichtung. Andreas Gryphius etwa verzichtete daher auf die seit Opitz üblich gewordene Einteilung seines Werks in geistliche und weltliche Poemata. Und daß Opitz sein episches *TrostGedichte In Widerwertigkeit Deß Krieges* mit seiner starken huma-nistisch-neustoischen Komponente nach dem Einzeldruck von 1633 dann in seine *Geistliche Poëmata* (1638) aufnahm, unterstreicht nur die Proble-matik dieser Grenzziehung im Einzelfall. In der Hauptsache freilich ist das Korpus der geistlichen Lyrik unstrittig, wenn auch kaum übersehbar.

Kaum übersehbar ist vor allem die geistliche Lieddichtung, an deren massenhafter Produktion sich neben fast allen namhaften Dichtern des 17. Jahrhunderts vorrangig zahlreiche Geistliche beteiligten, die es als ihre Aufgabe ansahen, mit dieser Form der Gebrauchsdichtung den Glauben bzw. die jeweilige Konfession zu stärken. Neben diesen für die Verwen-dung in Gottesdienst, Hausandacht oder anderen kirchlich bestimmten Gelegenheiten (Festen, Wallfahrten u. a.) vertonten Liedern verschaffte sich nach der Literaturreform die religiöse Kunstlyrik einen immer grö-ßeren Platz, Dichtung, die nicht mehr in einem kirchlichen Funktions-zusammenhang stand, sich als Sprech- oder Leselyrik durch einen indi-viduellen stilistischen und inhaltlichen Charakter auszeichnete und das stilistische und formale Repertoire der humanistischen Kunstdichtung deutscher Sprache aufnahm. Die bevorzugten Formen waren das gelegentlich epische Ausmaße annehmende Alexandrinergedicht, Sonett, Epigramm oder Pindarische Ode, aber auch geistliche Kontrafakturen der bukolischen Dichtung und das breite Spektrum der Psalmendichtung vom Gemeindelied des Hugenottenpsalters bis hin zu freien Paraphrasen und kunstvoller Andachtslyrik. Daneben setzte sich die humanistische neulateinische Literaturtradition auch in der geistlichen Lyrik des 17. Jahrhunderts fort, die in der Dichtung des Jesuiten Jacob Balde gipfelte.

Diese große Spannweite verlieh der alten Frage nach einem spezifischen bzw. angemessenen Stil für christliche Dichtung neue Aktualität. Zwar galt im Einklang mit der traditionellen rhetorischen Stillehre für das Gemeindelied mit seinen erbaulichen und belehrenden Absichten der niedere Stil (*sermo humilis*) weitgehend als verbindlich, doch blieb auch die Lieddichtung des 17. Jahrhunderts von der Entwicklung der humanistischen Kunstlyrik nicht unberührt. Gerade die Literaten unter den Liederdichtern sahen sich mit den daraus resultierenden poetologischen Problemen konfrontiert und fühlten sich, wie Vorreden bezeugen, zu Erklärungen, Rechtfertigungen oder Abgrenzungen gezwungen, zumal die Stildiskussion nicht auf das Gemeinde- oder Kirchenlied beschränkt blieb und zudem konfessionelle Aspekte besaß.

Diskussionen über den Stil christlicher Dichtung führen letztlich zurück zu Augustinus' Schrift *De doctrina christiana*, deren viertes Buch als letzte antike und erste christliche Rhetorik gilt. Sie läßt Raum für unterschiedliche Interpretationen und auch für stilistische Möglichkeiten jenseits des *sermo humilis*. Gleichwohl setzten sich im Verlauf der geschichtlichen Entwicklung vielfach Tendenzen durch, die auf eine Verabsolutierung der Forderung des *sermo humilis* hinausliefen und mit Hinweisen auf Augustinus – ‹Wahrheit› gebührt der Vorzug vor dem Redeschmuck – und den Geist christlicher Demut, dem allein der niedere Stil angemessen sei, begründet wurden. Die grundsätzliche Ablehnung des hohen Stils in der geistlichen Dichtung, wie sie gerade im 16. Jahrhundert weit verbreitet war, stieß im 17. Jahrhundert zunehmend auf Widerspruch und machte, auch als Folge der Sprach- und Literaturreform mit ihrem Programm einer international konkurrenzfähigen deutschen Dichtkunst, differenzierteren Anschauungen Platz. Sowohl die neulateinische Dichtung als auch die nationalsprachlichen Renaissanceliteraturen des Auslands, Vorbilder für die deutschen Reformer, hatten in zahlreichen Werken die Vereinbarkeit von religiösem Gegenstand und poetischer Sprachkunst demonstriert.

Dabei änderte sich an dem Plädoyer für den niederen Stil auf den ersten Blick nichts, solange es um einfache religiöse Lieddichtung ging. So schreibt Andreas Gryphius in der Vorrede seiner 19 Lieder umfassenden

Thränen über das Leiden JEsu Christi (1652; entstanden um 1635), die auf
einer protestantischen Evangelienharmonie des 16. Jahrhunderts basieren
und Erzählung und Auslegung vereinigen: «Was die Art zu schreiben
belanget / ist selbige auff das schlechteste / vnd so viel möglich / an die
Worte der heiligsten Geschichte gebunden / Denn weil ich hier nichts als
die Andacht gesuchet / habe ich mich bekanter Melodien vnd der gemei-
nesten Weyse zu reden gebrauchen wollen.» Opitz spricht im Zusammenhang seiner Epistellieder davon, daß hier, wo es allein um «vnsers
Heyles Lieb'» gehe, der «Worte Zierligkeit» und der «Redner Pracht»
keinen Platz hätten (*Die Episteln Der Sontage vnd fürnemsten Feste des
gantzen Jahres / Auff die Weisen der Frantzösischen Psalmen in Lieder
gefasset*, 1628). Und Jesaias Rompler von Löwenhalt weist darauf hin, daß
ihn in geistlichen Sachen die «Ainfalt» leite und daß es die «Fromkeit»
verbiete, «spitzfindig in den worten | Und tunckel-kraus zu seyn» (*Erstes
gebüsch seiner Reim-getichte*, 1647). Es ließen sich zahlreiche weitere
Äußerungen dieses Tenors anführen – «Gelehrt zur andern Zeit / hier laß
vns Christlich seyn» (Opitz) –, aber man hat gelegentlich den Eindruck
einer gewissen Diskrepanz zwischen den programmatischen Äußerungen
der Vorreden und den Liedern oder Gedichten selbst.

Philipp von Zesen z. B. betont in der Vorrede zu einer mit den Melodien gedruckten Sammlung geistlicher Lieder, daß der Leser «hier wenig dichterische
bluhmen und verzukkerungen / sondern nur einfältige reden finden» werde, «weil
auch die göttliche Liebe keine andere» erfordere (*Gekreutzigter Liebsflammen
oder Geistlicher Gedichte Vorschmak*, 1653). Das gilt nun zwar für die zurückhal-
tende Bildersprache, hindert den Dichter aber nicht daran, mit Anagrammen, Ana-
phernreihungen oder komplexen Formen wie der Pindarischen Ode zu arbeiten.
Bei Diederich von dem Werder zeigt sich der Zwiespalt bereits in der Vorrede zu
seinem Sonettbuch *Krieg vnd Sieg Christi* (1631). Obwohl es sich nicht um Lieder
handelt, hält er den Hinweis für angebracht, daß es nicht sein Ziel gewesen sei,
«etwas von hohen vnd grossen Poetischen erfindungen auffzusetzen», sondern
daß sein Werk «schlecht vnd allein zu der Ehre vnsers getrewen Heylandes Jesu
Christi / vnd meiner / vnd des gottseligen Lesers ergetzlichen erbawung gerichtet»
sei. Allerdings mit einer verräterischen Einschränkung: Wenn es denn doch «etwas
irdisches in sich halten solte / so köntc es ein kleines Probstück vnserer Teutschen
muttersprache seyn / welches in einer andern vielleicht schwerlich nachzuthun
seyn möchte [...].» Worin dieses «Probstück» besteht, deutet der volle Titel an:
*Krieg vnd Sieg Christi Gesungen In 100. Sonnetten Da in jedem vnd jeglichem
Verse die beyden wörter / Krieg vnd Sieg auffs wenigste einmahl / befindlich seynd.*
Damit formuliert Werder ein ausgesprochen manieristisches Programm, das er
konsequent verwirklicht und dem man kaum ‹Einfalt› zuschreiben kann, auch
wenn es – übereinstimmend mit Zesens Verfahren – die Bildlichkeit nicht betrifft.
Die formalen Kunststücke, die nicht gegen Werders religiösen Ernst sprechen,
gehören in den Kontext der Sprach- und Literaturreform und der Bemühungen
um Ebenbürtigkeit des Deutschen im Wettbewerb mit den von Werder erwähnten
«andern» Sprachen. Hier wie bei Zesen wird erkennbar, wie mit der opitzianischen Literaturreform und dem damit verbundenen nationalen Ehrgeiz die rigide

Gleichsetzung von religiöser Dichtung und *sermo humilis* zur Herausforderung wird, die zunächst vor allem zu einer Erweiterung der formalen Möglichkeiten führt. So weist zwar, um ein letztes Beispiel zu nennen, der Dichter-Komponist Apelles von Löwenstern darauf hin, daß der Leser enttäuscht werde, der in seinen religiösen Gedichten und Liedern «einen hohen Geist und prächtige Art der Reden» suche und er statt dessen in geistlichen Dingen so schreibe, daß es auch die Ungelehrten verstünden. Aber auch ihn hindert das nicht an einer Erweiterung des Formenrepertoires im Geist der neuen Kunstdichtung, wie seine Experimente mit antiken Versmaßen und Odenformen bezeugen: z. B. *Ode. Von vier Glyconischen / zweyen Ityphallischen / und zweyen Phaleucischen Versen zusammen gesetzt* oder *Sapphische Ode. Umb geistlichen und leiblichen Fried* (*Symbola Oder Gedenck-Sprüche* [...]. *Zusammt noch etlichen / absonders beygesetzten Geistlichen Oden*, o. J. [um 1644]).

Es wird durchaus üblich, anspruchsvolle Formen bis hin zum Madrigal für die Lieddichtung fruchtbar zu machen. Die Tendenz zu komplexeren Formen und stilistischer Differenzierung ist jedoch keineswegs auf die Dichtung der protestantischen Literaturreformer beschränkt, sondern betrifft ebenso die Entwicklung der katholischen Lieddichtung in deutscher Sprache, der bei Friedrich Spee ein Opitz vergleichbares poetologisches Programm zugrunde liegt und bei Laurentius von Schnüffis in emblematisch-poetisch-musikalischen Gesamtkunstwerken gipfelt. Diese sind an ein gebildetes Publikum gerichtet, dem geistliche Inhalte durch poetische Mittel nahegebracht werden sollen. Der Zusammenhang von Volkssprache und *sermo humilis*, Folge der sprachlichen Doppelstrategie der katholischen Literatur, lockert sich. Autoren wie Spee oder Laurentius von Schnüffis reagieren damit auf die veränderten Erwartungen und Bedürfnisse eines (gehobenen) Publikums, das mit der modernen Poesie und ihren Stilmitteln vertraut ist und deren Interesse an geistlicher Dichtung durch die Anwendung ebendieser Mittel erhalten bzw. (zurück)gewonnen werden soll. Theoretische Unterstützung finden diese Tendenzen bei dem mährischen Jesuiten Bartholomäus Christelius, im übrigen ein radikaler Kritiker weltlicher Dichtung. In seinem vielgestaltigen Werk mit Epigrammen, Psalmendichtungen, Gebeten, Liedern und erbaulichen Betrachtungen finden sich vor allem in Vorreden immer wieder Reflexionen über das Verhältnis von Religion und Dichtung, die sich auch mit stilistischen Fragen befassen und, um dem «Andacht-verdruß zubegegnen», dem *delectare* als rhetorischem Wirkungsziel das Wort reden, also für den mittleren Stil und eine «lusterregende Reimkunst» – natürlich mit theologischer Wirkungsabsicht – plädieren (*Zodiacus laetofatalis. Lustiges SterbJahr*, 1690). Aus der Gefahr, daß Leser zur weltlichen Dichtung überlaufen könnten, ergibt sich die Legitimation für die geistliche Poesie, über den Stil einfacher Belehrung und Erbauung hinauszugehen und sie durch den verstärkten Einsatz poetischer und rhetorischer Mittel anziehender zu machen.

Vor dem Hintergrund der Literaturreform und der Aufwertung der deutschen Dichtersprache argumentieren die protestantischen Dichter entschiedener noch als die katholischen Autoren gegen die generelle Gleichsetzung von niederem Stil und geistlicher Literatur. Die Zulässigkeit des mittleren und hohen Stils ließ sich nicht nur aus der rhetorischen Tradition mit der Wechselbeziehung von dichterischem Gegenstand, Stilhöhe und angesprochenem Publikum begründen, sondern weit wirkungsvoller in theologischer Hinsicht auch mit der Bibel selbst und ihren poetischen Büchern und rhetorisch herausgehobenen Partien. So macht Gryphius in der Vorrede der bereits erwähnten *Thränen über das Leiden JEsu Christi* deutlich, daß die hier gewählte «Art zu schreiben» keine allgemeine Verbindlichkeit besitzt: Er gibt nichts auf die Meinung derer, «die alle Blumen der Wolredenheit vnd Schmuck der Dichtkunst auß Gottes Kirche» bannen wollen, «angesehen die Psalmen selbst nichts anders als Gedichte / derer etliche übermassen hoch vnd mit den schönesten Arten zu reden / die himmlischen Geheimnüß außdrucken». Er führt zahlreiche weitere Beispiel aus der Bibel an und verweist auf Schriften und Dichtungen der Kirchenväter, die sich «bald nach Christi Leiden [...] bemühet die heilige Geschichte / die vornemesten Gründe vnsers Glaubens: den Zweck vnserer Hoffnung durch solche Art zu beschreiben vnd vnter das Volck zu bringen». Und denen, die es nicht für erlaubt halten, «daß Musen vmb das Creutz deß HErren singen solten», hält er eine lange Liste christlicher Poeten der Spätantike und des Mittelalters entgegen. Die Argumente haben eine lange Tradition und werden auch von anderen Autoren des 17. Jahrhunderts aufgenommen.

Ebenfalls auf die Bibel verweist Georg Philipp Harsdörffer im dritten Teil seines *Poetischen Trichters* (1653). Dabei unterscheidet er zwischen den «einfaltigen Worten» in den «Historien oder Geschicht-Erzehlungen» und den auf Gemütserregung zielenden Partien: «da findet man alle Rednerische Poëtische überträfflichkeit in den Psalmen / in Job / in den Propheten / in dem Hohenlied Salomonis / und sonderlich in den Episteln deß H. Pauli [...]. Diesemnach kan man in Geistlichen Reden und Gedichten keine Hertzbeweglichere Wort und Red-Arten finden / als diejenigen / welche von GOTT dem H. Geist / durch die Männer GOttes aufgezeichnet / auf uns geerbet [...].» Dabei konnten sich die Dichter auch auf einen Theologen wie Johann Matthäus Meyfart stützen, Verfasser u. a. von weit verbreiteten Erbauungsbüchern und einer auf die Stillehre gerichteten, von Harsdörffer mehrfach zitierten *Teutschen Rhetorica* (1634). In Meyfarts Vorrede zu seinem *Buch von dem Himmlischen Jerusalem* (1627) findet sich ebenfalls eine Rechtfertigung des rhetorisch geschmückten Stils, die auf die «vornembsten Patres» und die Bibel verweist.

Zur Poetik der geistlichen Lyrik äußerte sich auch Sigmund von Birken, seit 1662 Oberhaupt der Nürnberger Poetenzunft, u. a. in seiner

Teutschen Rede-bind und Dicht-Kunst (1679). Wenn er hier die Forderung aufstellt, daß Namen aus der heidnischen Mythologie vermieden
werden sollten, führt er neben religiösen Argumenten auch einen pragmatischen Grund dafür an: Geistliche Lieder würden «für jedermann /
auch für Ungelehrte» geschrieben. Daran schließt sich aber, wie man erwarten könnte, kein Plädoyer für den *sermo humilis* an, sondern ganz im
Gegenteil die Rechtfertigung einer ausdrücklich poetischen Schreibweise:

> «Es folget aber hieraus nicht / daß man / zum gegenspiel / in dergleichen Ge-
> dichten / alle Poetische und Figürliche Redzierden hinweg lassen / und nur
> schlechthin leblose Reimen leimen und daher lirlen müße. GOtt / der uns den
> Verstand und die Rede verliehen / hat uns ja nicht verboten / zierlich von und vor
> ihm zu reden. [...] Und wie solte es können GOtt gefallen / wann ein fauler Gesell /
> der das Gehirne nicht anstrengen mag / ein rechtschaffenes Gedicht zu verfärti-
> gen / oder verfärtigen zu lernen / ein leeres Gewörtel ohne Geist und Andacht /
> wie es ihm ungefähr und in der Eile zwischen die Backen und Finger kommet / auf
> das Papier sudelt / und solche Schalen ohne Kern / wie jener / ihm aufopfert?
> Da auch Geistliche Lieder zu des Nächsten Gebrauch / und daß auch andere
> GOtt damit verehren / geschrieben werden: wie kan / durch ein solches Hülsen-
> Lied / die Andacht bei jemand erwecket und dessen Geist angefeuret werden / da
> es ohne Geist und Andacht geschrieben worden?»

Daß sich die Mitglieder des Pegnesischen Blumenordens diese Vorstellungen zu eigen machten – und damit auch auf Widerstand stießen –, zeigt
u. a. das Beispiel von Heinrich Arnold Stockfleth, Superintendent und
später Generalsuperintendent im Fürstentum Brandenburg-Bayreuth,
der in den von ihm herausgegebenen Gesang- und Andachtsbüchern auch
ältere Lieder veränderte («Gute Andacht / böse Reimen»), um sie den formalen Anforderungen und dem Bildgebrauch der barocken Kunstdichtung, insbesondere der ‹Zierlichkeit› der Pegnitzschäfer, anzupassen
(*Neu-quellender Brunn Israëls / Oder: Neu-verbessertes Gesang- und
Gebeth-Buch*, 1690; *Neu-verbessertes Marggräflich-Brandenburgisches
Gesang-Buch*, 1690). Wegen «des ohne Noth so offt veränderten Textes»,
wird über den Konflikt von poetischer Innovation und gottesdienstlicher
Praxis berichtet, sei «in der Kirchen bey dem Singen viel Confusion ver-
ursachet» worden, so daß Neuauflagen verboten wurden.

Die Diskussionen über stilistische Fragen geistlicher Dichtung finden
sich nicht zuletzt deshalb gerade in Vorreden zu Liederbüchern, weil bei
diesem Genre der Rechtfertigungsdruck am größten war – und weil es im
Interesse der Autoren lag, Verallgemeinerungen vorzubeugen und sich
die Möglichkeit anderer Formen geistlicher Dichtung mit anderen Stilvorgaben offenzuhalten bzw. ihre Existenz zu rechtfertigen. Geistliche
Dichtung hohen Stils in deutscher Sprache hatte sich, dem Beispiel der
neulateinischen und volkssprachlichen Renaissancedichtung anderer Länder folgend, seit der Literaturreform gegen alle Kritik durchgesetzt, ge-

mäß der von Opitz aufgenommenen humanistischen Devise, daß Dichtung ursprünglich nichts anderes gewesen sei «als eine verborgene Theologie / vnd vnterricht von Göttlichen sachen».

Neben vielen anderen wiederholt auch Daniel Casper von Lohenstein in der Vorrede seiner Gedichtsammlung *Blumen* (1680) gegen Ende der Epoche diesen Topos und schließt daraus die besondere Eignung der Poesie zum «Gottes-Dienste», einer Dichtung hohen Stils, die Lohenstein metaphorisch so beschreibt: «Die Andacht lässet sich in selbe so wol / als der hohe Priester in Seide kleiden / oder die Lade des Bundes mit Golde überziehen. Nicht nur die Väter der ersten Christlichen Kirchen haben schon hiermit ihre Geistreiche Gedancken ausgedrückt / sondern der heilige Geist hat selbst in gebundener Rede den Mund des grossen Moses / und die Harffe des durch Andacht mehrmals verzückten Davids gereget.»

3. Casuallyrik als gesellschaftliches Phänomen

«Es wird», klagt Martin Opitz im *Buch von der Deutschen Poeterey* über die Zwänge der Auftrags- und Gelegenheitsdichtung, «kein buch / keine hochzeit / kein begräbnüß ohn vns gemacht; vnd gleichsam als niemand köndte alleine sterben / gehen vnsere gedichte zuegleich mit jhnen vnter. […] ja / deß närrischen ansuchens ist kein ende. Mussen wir also entweder durch abschlagen jhre feindschafft erwarten / oder durch willfahren den würden der Poesie einen mercklichen abbruch thun.» Die Argumentation mit der anschließenden Berufung auf die göttliche Inspiration gehört in den Zusammenhang des Themas ‹Verteidigung und Rechtfertigung der Dichter und der Dichtkunst›, das im Rahmen der Literaturreform eine beträchtliche Rolle spielt. Anspruchslose Vielschreiberei, nicht das Konzept einer im gesellschaftlichen Leben verankerten Dichtung selbst schaden dem Ansehen der Poeten und ihren beruflichen Ambitionen, denn Dichtung im 17. Jahrhundert ist weitgehend ‹Gelegenheitsdichtung›. Der später konstruierte Gegensatz von ‹Erlebnisdichtung› und ‹Gelegenheitsdichtung› ist dem 17. Jahrhundert fremd. Aufträge und/oder Anlässe als Voraussetzung der Produktion, in der bildenden Kunst und der Musik seit je fraglos akzeptiert, sind nicht nur charakteristisch für die spezifische Gelegenheitslyrik zu Namenstagen, Hochzeiten, Kindtaufen oder Begräbnissen, sondern stehen auch – nicht immer so direkt – hinter anderen Literaturgattungen, ob es sich um anlaßgebundene religiöse Dichtung, um das pädagogisch und religiös motivierte Schul- und Jesuitendrama, um höfische Festdichtung oder um von Verlegern in Auftrag gegebene unterhaltende oder erbauliche Literatur handelt.

Opitz' Polemik richtet sich gegen die Praxis der sogenannten Pritschmeister, also von Gelegenheitsdichtern, die im 16. und 17. Jahrhundert bei festlichen Anlässen für den geregelten Verlauf der Veranstaltung sorgten und die zu feiernden Gelegenheiten und Personen dichterisch in einer Weise verherrlichten, die im Licht der neuen Poetik nur als stümperhaft angesehen werden konnte. Abhilfe sollte durch eine Beschränkung auf würdige Anlässe und Adressaten und durch Texte geschaffen werden, in denen sich formales Können und produktive Anverwandlung der literarischen Tradition mit der Würde des Anlasses verbanden; die Berufung auf die himmlische «regung des Geistes» (Opitz) hat allerdings, abgesehen allenfalls von den Inspirationslehren Catharina Regina von Greiffenbergs oder Quirinus Kuhlmanns, eher topischen Charakter.

Mit zahlreichen repräsentativen Casualcarmina, entstanden zu unterschiedlichen Anlässen und an Personen aus allen Ständen vom Kaiser bis zu Angehörigen des Bürgertums gerichtet, suchte Opitz die weitere Entwicklung in seinem Sinn zu beeinflussen. Nicht zufällig setzte er die zwei großen repräsentativen Alexandriner-Lobgedichte *An die Königliche Majestät zu Polen vnd Schweden* bzw. *An J. F. Gn. Hertzog Vldrichen zu Holstein* an den Anfang seiner *Weltlichen Poemata* in der Ausgabe letzter Hand von 1638. Beispiele für Casualcarmina mit hohem Kunstanspruch auf einer mittleren stilistischen Ebene sind etwa die an Heinrich Schütz gerichteten strophischen Trauergedichte auf den Tod seiner Frau oder das Gedicht *Auff Herrn David Müllers Seeligen Abschied*.

Die Opitz-Nachfolger Paul Fleming und Simon Dach oder am Ende der Epoche Johann Christian Günther, um nur drei Beispiele zu nennen, handelten im Sinn ihres Vorbilds: Ihr lyrisches Werk verliert nicht dadurch an Bedeutung und literarischer Qualität, daß es sich vielfach geselligen und gesellschaftlichen Anlässen verdankt. Große Beispiele höfischer Gelegenheitsdichtung hatte Georg Rodolf Weckherlin bereits Jahre vor Opitz' Plädoyer verfaßt. Und indem Dichter die zu bestimmten Gelegenheiten verfaßten Gedichte in ihre Werkausgaben aufnahmen, lösten sie sie von ihrer spezifischen gesellschaftlichen Funktion und beanspruchten damit für ihre Verse, sicherlich nicht immer zu Recht, eine den Anlaß übersteigende Bedeutung.

Aber die alltägliche Realität war eine andere. Ungezählte Einzeldrucke von Gelegenheitsgedichten – mit Hunderttausenden ist zu rechnen – ruhen großenteils unerschlossen in Bibliotheken und Archiven. Die Produktion (und Rezeption) von Gelegenheitsdichtungen stellte offensichtlich ein gesellschaftliches Phänomen beträchtlichen Ausmaßes dar, wobei das Verlangen nach dichterischer Würdigung bestimmter ‹Gelegenheiten› im persönlichen und öffentlichen Leben im Verlauf des 17. Jahrhunderts weiter zunahm. Der Grund dafür dürfte vor allem im Repräsentationsbedürfnis der Adressaten zu suchen sein, wenn auch daneben die humanistische Vorstellung eine Rolle gespielt haben mag, durch die Dichtung das Andenken der Besungenen wachzuhalten und ihren Nachruhm zu sichern. Spezifische Motive für das Verfassen bzw. Bestellen von Gelegenheitsgedichten sind u. a. gesellschaftliche Verpflichtungen und Verbindungen, Abhängigkeitsverhältnisse, verwandtschaftliche Beziehungen oder auch Versuche, sich durch literarische Erzeugnisse zu empfehlen. Ungeachtet ihrer literarischen Qualität im einzelnen ist die Gelegenheitsdichtung deswegen von sozialhistorischer und literarischer Bedeutung, weil sie zusammen mit dem anderen personalen Gelegenheitsschrifttum wie Leichenpredigten, akademischen Einladungsschriften und dergleichen Einblicke in die sozialen Strukturen und in die literarisch-gesellschaftliche Kommunikationspraxis in Städten und Regionen ermöglicht.

Die Gedichte wurden einzeln gedruckt, wenn sie nicht wie vielfach die Leichencarmina Teil umfangreicherer Trauerschriften waren, den Adressaten überreicht und gegebenenfalls bei dem jeweiligen Anlaß vorgetragen, aber auch an Freunde des Adressaten oder Kollegen des Dichters versandt. Umfang, Ausstattung und Auflagenhöhe unterlagen z. T. den Vorschriften von Hochzeits- und Trauerordnungen, die die ständischen Unterscheidungen angesichts der Massenhaftigkeit des Phänomens aufrechtzuerhalten suchten. Nicht immer war der Gratulant oder Kondolent auch der Verfasser der Verse. Zahlreiche Dichter haben im 17. Jahrhundert Casualcarmina ‹unter eines andern Namen› verfertigt. Gedichte dieser Art konnten jedoch anschließend auch in den Gedichtpublikationen des jeweiligen Autors erscheinen, womit das Geheimnis der Verfasserschaft – sollte es überhaupt bestanden haben – gelüftet war. Der Übergang zum bezahlten ‹Miethpoeten› ist fließend, einem Berufsstand, der sich in der zweiten Hälfte des 17. Jahrhunderts im Zusammenhang mit der stark anwachsenden Nachfrage nach diesen gesellschaftlich offenbar unverzichtbaren Produkten herausbildete.

Das Verfertigen von Casualcarmina folgt den Rezepten der humanistischen Rhetorik und Poetik: Stoffindung (*inventio*) mit Hilfe der Topik, der Lehre von den ‹Örtern› (*topoi, loci*), gedankliche Gliederung (*dispositio*) und sprachlicher Ausdruck (*elocutio*). Dabei gibt es vom Gegenstand und damit der Gedichtart abhängige Unterschiede, d. h. der Autor muß auf jeweils geeignete Erfindungen und Topoi, traditionelle Gliederungsschemata und eine ‹angemessene› Sprachform achten. Bei der Suche nach den ‹Örtern›, die die Topik systematisiert, spielt in der Gelegenheitsdichtung der *locus notationis* eine besondere Rolle: die Bezeichnung einer Sache oder der Name einer Person als «Brunnquell» der Erfindungen. «Es haben die meisten Versmacher die Mannier an sich / daß / wenn sie ein Hochzeit- oder ander Gedicht auffsetzen sollen / sie die Erfindung von den Nahmen dessen / dem das Gedichte angehet / hernehmen», schreibt Albrecht Christian Rotth kritisch über die gängige Praxis (*Vollständige Deutsche Poesie*, 1688). Dafür gibt es zahllose Beispiele. Anagrammatisch verfährt etwa Christoph Kaldenbach in einem Glückwunschgedicht, wie schon die Überschrift ankündigt: *Hn. Valentin Baumgarten / als er zu Königsberg Magister ward. Magister Valentin Baumgarten: Die Buchstaben versetzet / Grünett als ein Baum im Garten.* Es fällt auch nicht aus

dem Rahmen des Üblichen, wenn Nikolaus Peucker die Hochzeit einer
Jungfer Drachstets, Tochter eines «Saltz-Junckers» aus Halle, in der
Überschrift seines wenig subtilen Gedichts so ankündigt: *Der Drache /
In gesundem Verstande genommen / hält seine Ablage bey Herrn Joachim
Bernhard Didden* [...]. Kaldenbach verfaßte auch eine lateinische Poetik
der Gelegenheitsdichtung für den akademischen Gebrauch, die auf seinen
Vorgängern seit Opitz aufbaut (*Poetice Germanica*, 1674).

Für die einzelnen Gedichtarten haben sich eigene Gliederungsschemata
herausgebildet, die allerdings Raum für Variationen und Erweiterungen je
nach Anlaß oder Personen lassen. Beliebt ist die Dreiteiligkeit des Auf-
baus gerade bei den zahlenmäßig dominierenden Gattungen der Gelegenheitslyrik. So führen Hochzeitsgedichte in der Regel vom Lob der Braut-
leute über Hinweise auf die bevorstehende Hochzeitsnacht zum mehr
oder weniger drastisch geäußerten Wunsch nach Nachkommenschaft.
Und auch in «den Leich-Gedichten oder Epicediis, ist hauptsächlich
dreyerley zu beobachten / des Verstorbenen Lob / die Klage / und der
Trost für die Hinterbliebenen», heißt es in Sigmund von Birkens *Teutscher Rede-bind und Dicht-Kunst* (1679) über die dreiteilige Struktur des
Leichencarmens, die sich über die lateinischen Poetik- und Rhetoriklehrbücher des 16. Jahrhunderts bis zur spätantiken Rhetorik zurückverfolgen läßt. Magnus Daniel Omeis gibt in seiner *Gründlichen Anleitung zur
Teutschen accuraten Reim- und Dicht-Kunst* (1704) eine instruktive Beschreibung des Epicediums, das die Aspekte der *inventio*, der Auffindung
des Stoffes und der Argumente, und der Gliederung miteinander verbindet und zugleich stellvertretend für das Verfahren bei der Herstellung von
Casualcarmina im allgemeinen stehen kann:

> «Die Erfindungen zu den Leich-Gedichten werden genommen (1) von dem
> Lob der verstorbenen Person; da man Gelegenheit nimmt zu reden von ihrem
> Vor- und Zunamen / Stamm-Wappen / Vor-Eltern / und des Verstorbenen eigenen
> Gemütes- Leibes- und Glückes-Gaben: absonderlich von ihren Tugenden / herr-
> lichen Thaten und Verdiensten / Wißenschaften / Amt und Profeßion: wie sie sich
> zum Tod bereitet / was für Anzeigungen vorhergegangen; was der Sterbende für
> sonderbare Wort bei dem Abschied gebrauchet u. s. w. Hierauf folget (2) die Klage
> und Erweckung zur Traurigkeit. Da klaget der Poët über das strenge Gesetz der
> Sterblichkeit und irrdische Vergänglichkeit / über die Unbarmherzigkeit der Par-
> cen; und heißet alles / was seinen Augen begegnet / mit sich trauren. [...] Es kan
> auch der affect vermehret werden / wann man siehet auf die Zeit und Art des To-
> des / ob die Person noch in blühender Jugend / in dem besten Alter / und der
> Helfte ihrer Tage / zu Friedens- oder Krieges-Zeit / ob sie zu Haus oder in der
> Fremde / durch einen plötzlichen Hintritt oder langwierige Krankheit wegge-
> nommen worden. [...] (3) Folget der Trost ab Honesto, Vtili, Necessario, Jucundo,
> Tuto &c. Da wird gesagt: Von GOTT komme Leben und Tod; GOttes Wille sey
> der beste [...]. Wir seyen Menschen / und müßen alle sterben: es wäre ja beßer den
> Port bald erreichen / als lang auf dem Meere wallen; beßer die Crone bald erhal-
> ten / als lange streiten u. s. w.»

Seit der zweiten Hälfte des 17. Jahrhunderts entstanden neben den für den akademischen Gebrauch bestimmten Poetiken eine Reihe eher praktisch orientierter Handbücher und Hilfsmittel, die einerseits dokumentieren, daß die Literaturreform im gesellschaftlichen Alltag angekommen war, andererseits zeigen, daß Opitz' Mahnungen nichts gefruchtet hatten. Dabei handelt es sich um ausführliche Anleitungen zur Herstellung von Gedichten für alle denkbaren Gelegenheiten, und zwar nicht auf dem Niveau von Rotths Poetik der Gelegenheitsdichtung im zweiten Teil seiner *Vollständigen Deutschen Poesie* (1688), bei der sich theoretische Unterweisung und exemplarische Demonstration ergänzen, sondern als Vorlagen zum Ab- und Ausschreiben.

Es handelt sich einerseits um ‹praxisnahe› Poetiken mit Gebrauchsanweisungen und Musterbeispielen (z. B. Balthasar Kindermann: *Der Deutsche Poët*, 1664; Johann Hübner: *Poetisches Handbuch*, 1696), andererseits um umfangreiche poetische Schatzkammern und Sammlungen von Exzerpten wie Gotthilf Treuers *Deutscher Dädalus / Oder Poetisches Lexikon* (1660, ²1675), Michael Bergmanns *Deutsches Aerarium Poeticum, oder Poetische Schatz-Kammer* (1662, ²1675, ³1677), eine Tropen- und Figurensammlung «ordentlich zusammen getragen» aus Werken deutscher Barockdichter und nach Sachgebieten geordnet, oder Johann Christoph Männlings alphabetisches *Deutsch-Poetisches-Lexicon, der auserlesensten Phrasiologi, Aus denen vornehmsten Poëten* (1715). Die Liste ließe sich leicht vermehren.

Die Kritik an einer auf derartige Handbücher gegründeten (Ab-) Schreibpraxis ohne fundierte Kenntnis der theoretischen Grundlagen und der poetischen Techniken ließ nicht lange auf sich warten. «Die meisten / die meisten heutige Reimen Macher seynd Kunst Diebe / und doch nicht künstliche Diebe; wären sie künstlich so würde ihr Diebstahl nicht so offenbar seyn», schreibt Gottfried Wilhelm Sacer in der Satire *Reime dich / oder ich fresse dich* (1673): Wenn «Cuntz Kluge» in «bescheidener Höfflichkeit» ans Werk geht, stiehlt er «den Anfang aus dem Opitz / das Mittel aus Risten / und das Ende aus dem Flemming / wer wil ihm dieses verdencken / er wird sich ja diesen Gelahrten und Weltberühmten Männern nicht vorziehen / und es besser machen wollen als sie es gemacht haben?» Benjamin Neukirch greift das Thema in seiner «Vorrede von der deutschen Poesie» zum ersten Band der Anthologie *Herrn von Hoffmannswaldau und andrer Deutschen auserlesene und bißher ungedruckte Gedichte* (1695) auf, wenn er den Verfassern von praxisorientierten poetischen Regelbüchern («haben doch die meisten davon die Poesie mehr verstümpelt / als ausgebessert») vorwirft, «eine leichtsinnige schreib-art einzuführen / vermöge welcher man einen gantzen bogen voll verse / ohne sonderliche bemühung / hinschmieren möge. [...] Daher entspringen so viel pfuscher / welche auff allen hochzeiten die Venus einführen / bey allen begräbnissen den tod ausschelten [...].»

Daß die oft zweifelhaften Ergebnisse der zunehmenden Produktion von Casualcarmina ein dankbares Gebiet für Satiriker darstellen, demonstriert nach Sacer u. a. auch Friedrich Rudolph Ludwig von Canitz in der 1700 veröffentlichten Satire *Von der Poesie*. Hier heißt es:

> Geht wo ein Schul-Regent in einem Flecken ab,
> Mein Gott! wie rasen nicht die Tichter um sein Grab;
> Der Tod wird ausgefiltzt, daß er dem theuren Leben
> Nicht ein längre Frist, als achtzig Jahr, gegeben;
> Die Erde wird bewegt, im Himmel Lerm gemacht.
> Minerva, wenn sie gleich in ihrem Hertzen lacht,
> Auch Phöbus und sein Chor, die müssen, wider Willen,
> Sich traurig, ohne Trost, in Flor und Boy [Tuch] verhüllen.
> Mehr Götter sieht man offt auf solchem Zettel stehn,
> Als Bürger in der That mit zu der Leiche gehn.

II. GESCHICHTE: TRADITION UND INNOVATION

1. Eine Opitz-Alternative ohne Folgen: Georg Rodolf Weckherlin

Als Weckherlin 1641 und 1648 seine Sammlungen *Gaistlicher und Weltlicher Gedichte* herausgab, schien es ihm erforderlich, den Leser an seine geschichtliche Bedeutung zu erinnern, daran, daß er mit seinen frühen Veröffentlichungen am Anfang der neuen barocken Kunstdichtung gestanden und so schon «vor dreyssig / ja mehr dan viertzig Jahren / vnserer Sprach Reichthumb vnd Zierlichkeit den Frembden [...] für augen geleget» habe. Diese Erinnerung war wohl nötig, denn die literarische Entwicklung war seit den zwanziger Jahren an Weckherlin vorbeigegangen. Die Sprach- und Literaturreform entfaltete ihre Breitenwirkung ganz im Zeichen von Martin Opitz und seinen Anhängern. Daß sich das romanisierende Versprinzip, dem Weckherlin verpflichtet war, nicht durchsetzen konnte und angesichts der Erfolge der Opitzschen Reformbewegung und ihrer metrischen Prinzipien bald als antiquiert galt, trug wesentlich dazu bei, daß seine Verdienste mehr und mehr in Vergessenheit gerieten.

Etwas gereizt verteidigte er sich nun im nachhinein gegen diejenigen, die glaubten, daß «jhnen allein die Musen jhre süsse Lieb vnd küsse verleyhen / vnd Apollo selbs seine Leyr überraichet / vnd sie über die Teutsche Poesy Oberhäupter / Befelchs-haber vnd Richter verordnet» hätten. Er besteht auf Priorität und weist darauf hin, daß er viele seiner «Poetischen stücke [...] verförtiget / Eh jhr vermeinte grössere wissenheit vnd Kunst bekant gewesen». Und in der Tat war es Weckherlin, der als erster deutscher Dichter mit seinen Pindarischen Oden, Liedern, Sonetten, Elegien und Eklogen den romanischen Vorbildern im Rahmen der damaligen Möglichkeiten nahekam. Dabei knüpfte er an die Dichtung der Pléiade und – in geringerem Maß – an die der italienischen Renaissance an. Es waren, wie er rückblickend schrieb, kulturpatriotisch motivierte Versuche, die beweisen sollten, daß auch die deutsche Sprache zu bedeutenden dichterischen Leistungen tauge, daß also die Meinung von «vnserer Poësy mangel vnd vnmöglichkeit» übel begründet sei. Tatsächlich demonstriert Weckherlin schon früh den nationalen Anspruch, wenn er am Ende der *Kurtzen Beschreibung / Deß [...] Jüngst-gehaltenen Frewden-Fests* (1618) den «vorbeschriebnen Ritterspihlen» einen selbstbewußten programmatischen dichterischen Kommentar in Alexandrinern mitgibt, der so beginnt: «Nein, es ist nicht mehr noht, sich ab dem grossen Pracht | Deß Römischen Triumfs stehts also zuentsetzen [...].»

Weckherlins frühes Werk bestätigt wie das Schaffen Tobias Hübners und die Gründung der Fruchtbringenden Gesellschaft den Zusammenhang zwischen höfischer Renaissancekultur und literarischen Erneuerungsbestrebungen. Dabei kamen Weckherlin die literarischen und kulturellen Anregungen zugute, die er als Diplomat bei längeren Auslandsaufenthalten empfangen hatte. Er begann mit Auftragswerken für den Stuttgarter Hof, an dem er als Sekretär und Hofhistoriograph zugleich die Funktion eines Hofdichters ausübte: *Triumf NEwlich bey der F. kindtauf zu Stutgart gehalten* (1616), *Kurtze Beschreibung / Deß* [...] *Jüngst-gehaltenen Frewden-Fests* (1618) und *Beschreibung Und Abriß Deß jüngst* [...] *gehaltnen F. Balleths* (1618). Das lyrische Schaffen dieser Jahre, z. T. schon in den Festbeschreibungen enthalten, erschien dann gesammelt in den beiden Bänden der *Oden vnd Gesänge* (1618–19): höfisch-repräsentative Lob- und Trauergedichte, religiöse Betrachtungen, aber auch am Ende der Bände Texte in mittlerer und niedriger Stillage (Liebesgedichte, gesellige Lieder, Scherzgedichte).

Am Anfang stehen richtungsweisend die Ronsard verpflichteten Oden, die mit ihren langen Satzbögen, ihrer Gleichnis- und Metaphernsprache und ihrem schwungvollen Gestus den hohen rhetorischen Stil zum erstenmal in der neueren deutschen Dichtung verwirklichten. Die Sammlung enthält auch Weckherlins erstes veröffentlichtes Gedicht überhaupt, den *Lob-gesang Von meiner gnädigen Landsfürstin* aus dem *Triumf NEwlich bey der F. kindtauf zu Stutgart gehalten*, dessen Eingangssatz sich über zwei Strophen erstreckt und das mit seinem hohen dichterischen Anspruch ein neues Kapitel der deutschen Dichtung eröffnet:

> Gleich wie / wan mit gleich-losem glantz
> Die Delische götin gezieret
> Der sternen gewöhnlichen dantz
> Vor der göter gesicht aufführet /
>   Sie mit jhrem kräftigen pracht
>   Die fünsternus dem tag gleich macht:

> Also Nymf / aller Nymfen blum /
> O fürstliche zier aller frawen /
> O jhr aller Princessin ruhm /
> Muß man euch mit wunder anschawen /
>   Als deren schönheit süsse macht
>   Des himmels vnd der erden pracht.

Diese glänzenden Anfänge fanden jedoch keine Fortsetzung und keine Nachfolger. Das hatte biographische Gründe, die eng mit der politischen Entwicklung und den Auswirkungen des Krieges auf den deutschen Südwesten verknüpft waren. Die mit der Übersiedlung nach England vollzo-

gene Wende in seinem Leben begrenzte Weckherlins Wirkungsmöglichkeiten in Deutschland. So geriet er allmählich in Vergessenheit, obwohl er
von der dichterischen Leistung her gesehen am ehesten geeignet gewesen
wäre, Opitz den Rang streitig zu machen.

Die für den protestantischen Südwesten negative Entwicklung nach Ausbruch
des Dreißigjährigen Krieges gab Weckherlins vorgezeichneter Hofkarriere eine
entscheidende Wendung. Ende 1619 ging er mit seiner Familie – er hatte 1616 eine
Engländerin geheiratet – nach England (Dover, Canterbury und, wahrscheinlich
seit 1626, Westminster). Hier stand er zunächst noch als eine Art Agent in
württembergischen, dann in pfälzischen Diensten, bis er 1626 in den englischen
Staatsdienst trat und im Amt für auswärtige Angelegenheiten u. a. für Geheim-
dienstangelegenheiten und Bücherzensur zuständig war. 1630 ließ er sich und seine
Kinder einbürgern, suchte sich aber dann zunächst aus dem Konflikt zwischen
König und Parlament herauszuhalten, indem er sich um eine Anstellung bei verschiedenen protestantischen Mächten bewarb. Er blieb ohne Erfolg und entschied
sich 1643 aus seiner Gegnerschaft gegen die «Pfaffen» und «Papisten» und einer
zunehmend hofkritischen Haltung heraus für das Parlament und wurde 1644 zum
Sekretär für auswärtige Angelegenheiten des neugebildeten Committee of Both
Kingdoms ernannt. Zwei Monate nach der Hinrichtung Karls I. (30. 1. 1649) trat
er zurück, wurde jedoch noch einmal 1652 für einige Monate als Assistent seines
Nachfolgers, des erblindeten John Milton, in den Dienst zurückberufen.

Nach seiner Übersiedlung nach England dauerte es über zwanzig Jahre,
ehe Weckherlin neue Sammlungen seiner Gedichte veröffentlichte (*Gaist-
liche und Weltliche Gedichte*, Amsterdam 1641; erweitert 1648), behindert
durch den Umstand, daß «durch den unmenschlichen Krieg» neben seinen deutschen Besitzungen auch die «hinderlassene schrifften verlohren»
gegangen waren. Dafür erschienen jetzt neben den (metrisch überarbeiteten) frühen Texten zahlreiche Gedichte zum ersten Mal, Gedichte, die er
in England geschrieben hatte, aber gleichwohl auf die deutschen Verhältnisse zielten. So unterscheidet sich der Charakter der *Gaistlichen und
Weltlichen Gedichte*, auch wenn viele ältere Texte enthalten sind, deutlich
von dem der höfisch-repräsentativen *Oden vnd Gesänge*, Ausdruck auch
der veränderten Schreibsituation des nun im Ausland lebenden, nicht
mehr für höfische Repräsentationskunst zuständigen Dichters. Gleich zu
Beginn setzt er neue Akzente mit den geistlichen Gedichten, vornehmlich
Psalmenparaphrasen, die – nicht für den Gemeindegesang bestimmt – die
Kunstmittel der Renaissancepoesie zum Ausdruck persönlicher Frömmigkeit gebrauchen. Die weltlichen Gedichte zeigen eine wesentlich größere Vielfalt der Themen, Formen und Ausdrucksmöglichkeiten: aggressive politische Gedichte, Oden, deren Spannweite von der höfischen
Panegyrik der frühen Beispiele bis zur drastischen *Drunckenheit* in Rabe-
laisschem Geist reicht, Klage- und Trauergedichte, darunter der große
Trauerhymnus *Des Grossen Gustav-Adolfen / etc. Ebenbild* und einen
viersprachigen Gedichtzyklus auf eine verstorbene junge Frau, petrarki-

stische «Buhlereyen» und Sonette (u. a. *Venedig gegen seiner Liebsten verglichen, Die Lieb ist Leben und Tod*), Epigramme und – poetischer Höhepunkt – kunstvolle und anmutige *Eclogen / oder Hürten Gedichte*, die die Jahreszeiten thematisieren.

Die Resonanz der späten Sammlungen blieb eher gering, Weckherlins Nachruhm im 17. Jahrhundert bescheiden. Nur im Umkreis der 1633 gegründeten Straßburger Tannengesellschaft und ihres Oberhaupts Jesaias Rompler von Löwenhalt spielte man Weckherlin als Vater der neueren deutschen Dichtkunst gegen Opitz aus. Letztlich blieb sein Werk jedoch, wie später August Wilhelm Schlegel in seinen 1803/04 gehaltenen Berliner *Vorlesungen über schöne Litteratur und Kunst* konstatierte, ohne Wirkung: «der Weg, den Weckherlin angefangen hatte zu bahnen, wurde gar nicht erst betreten und wuchs daher gleichsam ganz zu.»

2. Opitz und die Opitzianer

Nachahmung als Erfolgsmodell: Opitz

Das Beispiel von Martin Opitz bestimmte weitgehend das Themen- und Formenrepertoire der weltlichen Lyrik bis zur Jahrhundertmitte und darüber hinaus. Seine scharfsinnigen Epigramme, seine Lieddichtung, seine Adaptionen des großen Alexandrinergedichts, der Pindarischen Ode, der Sestine und verschiedener Formmuster des Sonetts machten Schule. Die Themen der europäischen volkssprachlichen und neulateinischen Renaissancepoesie fanden damit die ihnen adäquaten Formen. Das thematische Spektrum reicht von der höfischen Panegyrik und Texten zu den Gelegenheiten des bürgerlichen Lebens über die verschiedenen Facetten der Liebes- und Schäferdichtung aus dem Fundus des Petrarkismus und Antipetrarkismus mit der Spannung von Liebeserfüllung und Liebesklage, von Carpe diem und Welt- bzw. Liebesabsage bis hin zu Reflexionen über die Poesie, über das eigene Ich und das Leben in der Welt, über Freundschaft, Liebe und Tod. Die epochalen Krisenerfahrungen gehen ebenso in sein lyrisches Werk ein wie die Philosophie des Neustoizismus, die zeitgenössische überkonfessionelle Antwort auf die Gefährdung des Individuums durch Krieg, Bürgerkrieg und konfessionelle Konflikte und Intoleranz. So dezidiert jedoch die antikatholische und antihabsburgische Polemik des Calvinisten Opitz in frühen Gedichten wie dem später unterdrückten Gedicht gegen «die Scheußlichen Maranen [Spanier]» (*Ein Gebet / daß Gott die Spanier widerumb vom Rheinstrom wolle treiben. 1620*) und dem epischen *TrostGedichte In Widerwertigkeit Deß Krieges* (1633; entstanden 1621) auch ausfiel, später bemühte er sich in irenischem Geist um einen Ausgleich zwischen den Konfessionen – anders als etwa

Weckherlin, der sich im Exil zum militanten Vertreter der protestantischen Sache entwickelte.

Opitz hatte im *Aristarchus* von 1617 sein erstes deutsches Gedicht veröffentlicht und dann vor allem in Heidelberg 1619/20 das Projekt einer neuen deutschen Kunstdichtung energisch weiterverfolgt (ohne daß er deswegen je als neulateinischer Dichter verstummt wäre). Als er 1620 die Stadt verließ, übergab er seinem Freund Julius Wilhelm Zincgref das Manuskript einer Sammlung seiner deutschen Gedichte. Durch den Krieg verzögerte sich die Drucklegung, Zincgref fügte ohne Autorisierung weitere Opitziana hinzu, und als er vier Jahre später in Straßburg einen Verleger fand, war Opitz von der Ausgabe (*Teutsche Poëmata*, 1624) wenig angetan: Er hatte sich weiterentwickelt, die Ausgabe erschien ihm fehlerhaft, mit einigen Gedichten mochte er sich nicht mehr identifizieren. Zudem enthielt ein Anhang mit Gedichten «anderer mehr teutschen Poeten» (Zincgref, Paulus Melissus Schede, Petrus Denaisius, Christoph von Schallenberg, Georg Rodolf Weckherlin, Caspar Kirchner, Balthasar Venator u.a.) eine Reihe in seinen Augen sprachlich und metrisch veralteter Texte, mit denen er nicht in Zusammenhang gebracht werden wollte. Opitz reagierte mit der raschen Veröffentlichung seiner Poetik noch im selben Jahr und bereitete eine eigene, verbesserte und textlich erweiterte Ausgabe seiner Dichtungen vor, die Fürst Ludwig von Anhalt-Köthen gewidmeten *Acht Bücher Deutscher Poematum* (1625).

Diese Sammlung unterscheidet sich nicht nur durch metrische und stilistische Korrekturen von Zincgrefs Ausgabe, sondern zeichnet sich zugleich durch einen systematischen Aufbau aus, an dem sich später zahlreiche andere Autoren orientierten. Am Anfang stehen die geistlichen Gedichte. Daran schließen sich in sieben weiteren Büchern die weltlichen Gattungen an, wobei sich inhaltliche und formale Kriterien überschneiden und bei der Ordnung der an Personen gerichteten Texte ständische Gesichtspunkte hinzutreten: die großen Lehrgedichte (*Zlatna, Oder von Rhue des Gemütes, Lob deß Feldtlebens, Danielis Heinsii Hymnus oder Lobgesang Bacchi*), an hochgestellte Personen und Freunde adressierte Gedichte zu verschiedenen Gelegenheiten, Hochzeitsgedichte, Liebesgedichte, «Oden und Gesänge», Sonette und Epigramme.

Die einzelnen Abteilungen wurden in den späteren Ausgaben noch ausgebaut, weitere Gattungen (u.a. dramatische Texte) aufgenommen und die Gesamtanlage entsprechend modifiziert (*Deütscher Poematum Erster [-Anderer] Theil*, 1629; *Geistliche Poemata*, 1638; *Weltliche Poëmata*, 2 Teile, 1638 bzw. 1644). Außerhalb der Sammlungen erschienen umfangreiche Texte wie die Psalterübertragung oder die Romanübersetzungen.

Besondere Bedeutung hatte in der Phase der Neuorientierung der deutschen Literatur die Aneignung der sprachlichen und formalen Mittel der modernen europäischen Dichtung. Die Übernahme des Kanons der Strophen- und Gedichtformen der Renaissancepoesie ging Hand in Hand mit der Adaption eines umfangreichen, z.T. eher stereotypen Bild- und Motivvorrats und von bestimmten Gedichttypen und Formmustern. Zu Opitz' wichtigsten Lehrmeistern zählten neben Ronsard mit seinen Sonetten und Umformungen antiker Odenformen (als gereimtes Lied, als dreiteilige Pindarische Ode) Daniel Heinsius (*Nederduytsche Poemata*, 1616) und andere Niederländer vor allem mit ihren großen Alexandrinergedichten, aber auch mit ihrer Sonett- und Lieddichtung, wie sie die Sammlung *Den Bloem-Hof van de Nederlantsche Ieught* (1608, ²1610) repräsentierte. Von hier führte der Weg allerdings wieder zurück zu französischen Mustern, denen die niederländischen Dichter vielfach verpflichtet waren. Opitz übersetzte zahlreiche Texte des gelehrten Heinsius (*Lobgesang* [...] *Jesu Christi, Lobgesang Bacchi, An die Jungfrawen in Deutschlandt* usw.) und ließ sich von anderen Heinsius-Gedichten inspirieren (z. B. *Gedancken bey Nacht / als er nicht schlaffen kundte, Elegie*); er setzte ihm ein Denkmal mit dem Alexandrinergedicht *Auff Danielis Heinsii Niederländische Poemata*, das dessen Leistung für «vnsre Muttersprach» rühmt und mit dem Bekenntnis endet: «Wil meinem Vaterland' eröffnen rund vnd frey / | Daß ewre Poesie der meinen Mutter sey.»

Der Erfolg bestätigte Opitz' Vorgehen. Seine Texte boten die Modelle und Muster, auf denen sich aufbauen ließ: Nachahmung (*imitatio*) und Wetteifer (*aemulatio*) auf nationaler Ebene. Die von seinem weltlichen lyrischen Schaffen ausgehende Wirkung zeigt sich am augenfälligsten in der Lied- und Sonettdichtung, schließt aber auch das betrachtende Alexandrinergedicht und die anderen lyrischen Gattungen mit ihrem Repertoire an Vers- und Strophenformen, an Bildern, Motiven und rhetorischen Techniken ein. Dabei reicht die Spannweite von enger Anlehnung an das Vorbild – deutlich etwa bei Autoren wie Christoph Köler (Colerus), Johann Peter Titz oder Andreas Tscherning – über den souveränen und spielerischen Umgang mit den bereitgestellten Modellen bei einer Reihe von Leipziger Dichtern der vierziger und fünfziger Jahre bis zur Meisterschaft Paul Flemings, mit dem die deutschsprachige Lyrik des 17. Jahrhunderts, ohne je das opitzianische Fundament zu verlassen, ihren ersten Höhepunkt erreichte. Und wie Fleming über den Bereich der Lied- und Sonettdichtung hinaus bei Opitz auch Anregungen für seine neustoischen und patriotischen Alexandrinerreflexionen empfangen konnte, so fiel das Freundschaftsmotiv – etwa im Alexandrinergedicht *An Nüßlern* – bei Simon Dach auf fruchtbaren Boden.

Eine Reihe von Opitz-Texten forderte offenbar geradezu zur Nachahmung heraus und führte zu zahlreichen Parodien, verstanden als kunstvolle – nicht komische oder satirische – Auseinandersetzung mit einem als vorbildlich empfundenen Werk. Zu den folgenreichen Beispielen aus dem Buch der «Oden und Gesänge» der Sammelausgaben gehört das einleitende Lied *Galathee* («Coridon der gieng betrübet | An der kalten Cimbersee / | Wegen seiner Galathee») nach einem Vorbild in der niederländischen Anthologie *Den Bloem-Hof van de Nederlantsche Ieught*, das zahlreiche Nachfolger von Paul Fleming über Ernst Christoph Homburg, Jacob Schwieger und David Schirmer bis zu Johann Georg Schoch inspirierte; am bekanntesten wurden Johann Rists Verse aus seinem Liederbuch *Des Daphnis aus Cimbrien Galathee* (1642) mit den Anfangszeilen

«Daphnis gieng für wenig Tagen | Über die begrünten Heid». Auch die an Ronsard anknüpfende Ode «Ich empfinde fast ein Grawen | Daß ich / Plato / für vnd für | Bin gesessen vber dir» wurde ebenso wie Strophenform und Anredegestus des Gedichts «Ihr schwartzen Augen / jhr / vnnd du / auch schwartzes Haar» Ausgangspunkt von wetteifernden Nachahmungen (Heinrich Held, Enoch Gläser, David Schirmer). Das gilt auch für das Lied «Ach Liebste / laß vns eilen / | Wir haben Zeit: | Es schadet das verweilen | Vns beyderseit», das ebenfalls von einem französischen Beispiel angeregt wurde.

Die dem paradoxen Beginn des Liedes folgende Argumentation, die zur Liebe überreden will, zeigt gerade: Zeit im herkömmlichen Wortsinn haben die Liebenden eben nicht. Zeit bezeichnet hier vielmehr den geeigneten Zeitpunkt, an dem etwas geschehen kann oder muß, die rechte Gelegenheit, die es – bildlich gestaltet in den Darstellungen der Göttin der Gelegenheit – beim Schopf zu fassen gilt. Der scheinbare Widerspruch der Anfangszeilen bestimmt die ganze Struktur des Gedichts, das in kunstvoller Weise Gegenwart und Zukunft, Motive des Schönheitspreises und des Verfalls, des Carpe diem und des Memento mori miteinander verbindet. Hier hatten es die Späteren wie Simon Dach, Ernst Christoph Homburg oder Georg Greflinger nicht leicht, mit dem Vorbild zu wetteifern oder es gar zu übertreffen. «Eins der schönsten deutschen Lieder», urteilte Herder über Opitz' Text und nahm ihn unter dem Titel *Eile zum Lieben* in seine *Volkslieder* (Teil 2, 1779) auf.

Vergleichbar mit der Wirkung der Lieder war die der Sonette. Auch hier griff Opitz vielfach auf ausländische Vorlagen und ihre Themen zurück, wählte signifikante Formtypen aus, von denen dann eine eigene deutsche Tradition ausging. Dabei erkannte er als erster in Deutschland den Rang der Sonette Ronsards, übersetzte aber auch aus dem Italienischen – u. a. eines der bekanntesten Sonette Petrarcas und eine Reihe petrarkistischer Sonette Veronica Gambaras – und dem Niederländischen. Neben dem petrarkistischen Repertoire der Liebessonette stehen Nachahmungen beliebter Gedichttypen der Renaissance: Gedichte auf Brunnen (*Vom Wolffesbrunnen bey Heidelberg*), Bauwerke (*Vber den Thurn zu Straßburg*) oder Flüsse («O Tonaw / sey gegrüst / du König aller Flüsse»), aber auch – gedruckt zuerst in der *Trostschrifft* an den Verleger David Müller (1628) – seine Fassung von Ronsards Selbstbildnis auf dem Totenbett («Ich bin nur Haut vnd Bein / bin durch deß Todes Klawen | Geädert / abgefleischt / verdörrt vnd außgewacht»). Davon ließ sich dann Gryphius u. a. in den Sonetten *Thränen in schwerer Kranckheit* («Ich bin nicht der ich war») oder *An sich selbst* («Mir grauet vor mir selbst») inspirieren.

Breite Resonanz fanden vor allem die rhetorisch besonders kunst- und effektvoll strukturierten Sonette, die den neuen Kunstanspruch unterstrichen. Dazu gehören die Opitzsche Fassung des in ganz Europa vielfach nachgeahmten Petrarcasonetts «S' amor non è» («Ist Liebe lauter nichts / wie daß sie mich entzündet»), das «zum theil von dem Ronsardt» entlehnte Sonett «Ihr / Himmel / Lufft vnd Wind / jhr Hügel voll von Schatten», dessen Aufbau auf dem sogenannten Konklusions- oder Summationsschema basiert, oder der mit ‹antithetischer Steigerung und Correctio› bezeichnete Gedichttyp, den Opitz mit der Übersetzung des Sonetts «Ce ne sont pas des yeux, ce sont plutost des Dieux» von Honorat Laugier de Porchères unter der Überschrift *Sonnet über die augen der Astree*, zuerst gedruckt in der *Schäfferey Von der Nimfen Hercinie* (1630), in die deutsche Literatur einführte und dem noch Hoffmannswaldau neue Seiten abgewann (*Auff ihre schultern*).

Die Ausbreitung der opitzianischen Kunstdichtung

Trotz der Zurückhaltung der Fruchtbringenden Gesellschaft, die Opitz erst 1629 in ihre Reihen aufnahm, verbreitete sich sein Ruhm rasch im protestantischen Deutschland. In den Jahren 1634 und 1635 erlebte das *Buch von der Deutschen Poeterey* – zehn Jahre nach der Erstauflage – in Breslau, Danzig und Wittenberg vier Neuauflagen: Zeichen dafür, daß die Literatur- und Versreform sich auf breiter Basis durchzusetzen begann. Hilfreich war dabei neben der Zielstrebigkeit, mit der Opitz seinem Programm poetische Muster folgen ließ, sein Organisations- und Kommunikationstalent. Er gewann eine Reihe von einflußreichen Anhängern, die für die Verbreitung seiner Vorstellung unter den akademischen Eliten in den protestantischen Territorien und Städten sorgten. Zu ihnen zählten Christoph Köler (Colerus) und Augustus Buchner, die als Professoren am Elisabeth-Gymnasium in Breslau bzw. an der Universität Wittenberg einige der bekanntesten deutschen Dichter des 17. Jahrhunderts, aber auch zahlreiche künftige Lehrer, Professoren und Pfarrer zu ihren Schülern zählten, die wiederum ihre Kenntnisse durch poetische Beispiele oder im Unterricht bzw. in privaten Vorlesungen und Übungen weitergaben. Durch diese Praxis erhielt das Konzept der humanistischen Gelehrtendichtung in deutscher Sprache, das gründliche Vertrautheit mit den «griechischen vnd Lateinischen büchern» voraussetzte (Opitz), seine institutionelle Bestätigung. So wuchs seit den dreißiger Jahren eine junge Generation von Literaturinteressierten heran, die sich an Opitz' Konzept einer nationalhumanistischen Poesie orientierte und für seine Durchsetzung – und partielle Erweiterung – in den protestantischen Gebieten bis zur Jahrhundertmitte sorgte. Daran änderte auch die aus dem Südwesten kommende Kritik nichts. Als Jesaias Rompler von Löwenhalt 1647 die Verdienste Weckherlins herausstrich, war die Sache auch hier längst zugunsten von Opitz entschieden. So verstand sich in Straßburg Johann Matthias Schneuber, seit 1642 Professor an der Universität und Mitglied in Romplers Aufrichtiger Tannengesellschaft, durchaus als Opitzianer (*Gedichte*, 1644; *Teütscher gedichten Anderer Theyl*, 1656).

Das gilt auch für die deutschsprachige protestantische Dichtung in der Schweiz. Hier war der Geistliche und Pädagoge Johann Wilhelm Simler der erste Vertreter der opitzianischen Kunstdichtung. Seine nach vorhergehenden Einzelpublikationen erschienenen *Teutschen Gedichte* (1648) enthalten vorwiegend geistlich-erbauliche Lehrdichtung, geistliche Lieddichtung und Epigramme biblischer und christlich-moralisierender Thematik. Zu den wenigen namhaften Vertretern der neuen deutschen humanistischen Kunstdichtung in der wenig literaturfreundlichen calvinistischen Schweiz zählen noch der Dramatiker Josua Wetter und später der Epigrammatiker Johannes Grob.

Paul Fleming

Die Impulse zur Ausbreitung der reformierten Poesie gingen zunächst vor allem von Opitz' schlesischer Heimat und dem mitteldeutschen Raum aus, wobei auch der Umstand, daß Schlesien keine Universität besaß, für den literarischen Austausch bedeutsam wurde. So fand Paul Fleming an der Leipziger Universität nicht zuletzt durch den Umgang mit schlesischen Studenten zur Dichtung: «Apollo war mir günstig / | der Musicant' und Artzt / weil du mich machtest brünstig | zu seiner doppeln Kunst», heißt es in seinem Trauergedicht auf den 1631 verstorbenen schlesischen Studienfreund Georg Gloger, der ihn mit der Opitzschen Dichtungsreform bekannt gemacht hatte. Fleming verstand sich als Opitzianer, und auch die anderen Dichter, die sich in den dreißiger und vierziger Jahren für kürzere oder längere Zeit in Leipzig aufhielten, orientierten sich weitgehend an den von Opitz aufgestellten Mustern.

Flemings Dichtung stellt den ersten Höhepunkt der Lyrik des 17. Jahrhunderts dar. Zu seinen Lebzeiten erschienen seit 1630 außer Einzeldrucken von Gelegenheitsdichtungen nur einige kleinere Sammlungen mit religiösen, patriotischen und erotischen Gedichten in deutscher und lateinischer Sprache sowie eine Schäferei in der Opitz-Nachfolge. Erst die nach seinem Tod von Adam Olearius besorgten Ausgaben machten den ganzen Umfang seines deutschen lyrischen Schaffens sichtbar (*D. Paul Flemings Poetischer Gedichten* [...] *Prodromus*, 1641; *Teütsche Poemata*, 1646). Dagegen gab Olearius aus der von Fleming noch für den Druck zusammengestellten und seinem Leidener Lehrer Caspar Barlaeus gewidmeten Sammlung der *Poemata latina* nur die Epigramme heraus (*Epigrammata latina*, 1649), nicht hingegen die nach metrischen, gattungsmäßigen und inhaltlichen Kriterien gegliederten neun Bücher der *Silvae* (z. B. I: «Hexametri», II: «Elegiae», VIII: «Suavia»).

Paul Fleming (1609 Hartenstein/Vogtland – 1640 Hamburg) stammte aus einem lutherischen Pfarrhaus und erhielt dank der Unterstützung einer gräflichen Patin eine seiner Begabung entsprechende Ausbildung. 1622 kam er nach Leipzig, besuchte zunächst die Thomasschule, dann von 1628 an die Universität, wo er sich nach der obligatorischen gelehrt-philologischen Ausbildung in der Artistenfakultät der Medizin zuwandte und am 2. Mai 1633 vorläufig mit dem Magistergrad abschloß. Durch die Vermittlung von Adam Olearius erhielt Fleming die Möglichkeit, an der holsteinischen Gesandtschaft nach Rußland und Persien teilzunehmen (1633–39). Die Reise wurde durch lange Zwischenaufenthalte unterbrochen, wobei die in Reval 1636 und 1639 biographisch und dichterisch durch die Bekanntschaft mit der Familie des Kaufmanns Heinrich Niehusen besonders bedeutsam wurden. Auf der Rückreise 1639 verlobte sich Fleming mit Anna Niehusen, einer der drei Töchter der Familie, die anagrammatisch verschlüsselt eine wesentliche Rolle in seiner Liebesdichtung spielen. Er reiste dann nach Leiden, wo er am 23. Februar 1640 auf Grund einer Disputation über Geschlechtskrankheiten zum Dr. med. promoviert wurde. Er starb auf der Rückreise nach Reval; von Klagen über Erkältungsbeschwerden wird berichtet.

Von Anfang an bildet der Krieg ein Thema seiner Lyrik. Das gilt auch für einige seiner geistlichen Dichtungen, in denen sich religiöse und patriotische Themen verbinden: etwa in einem *Danck-Lied* vom November 1632 auf die Siege Gustav Adolfs oder in der *Neue-Jahrs-Ode m. dc. xxxiij*, einer Klage über die Not des Krieges, den Tod des schwedischen Königs und die Sehnsucht nach Frieden. Von hier ist der Weg nicht weit zu politischen Appellen im Dienst der protestantischen Sache, etwa im *Schreiben Vertriebener Fr. Germanien an jhre Söhne / Oder die Churf. Fürsten vnd Stände im TeutschLande* von 1631. In diesem in lateinischer und deutscher Fassung vorliegenden umfangreichen Gedicht fordert die «Mutter» Germania die protestantischen deutschen Fürsten auf, ihren freiheitsliebenden Ahnen und dem Beispiel der Niederländer zu folgen: Vorbild auch für Opitz in seinem epischen *TrostGedichte In Widerwertigkeit Deß Krieges* (1633). Wie diese die Spanier vertrieben hätten, könne die Rettung Deutschlands nur aus der Besinnung auf die eigene Stärke gelingen: «Ihr Teutschen Hertzen müßt der Teutschen Wolfart greiffen | Selbst unter ihren Arm / sol sie erhalten seyn.»

Auch Gedichte zu anderen ‹Gelegenheiten› – Hochzeiten, Begräbnissen, Freundschaftsbekundungen usw. – verweisen auf den düsteren Hintergrund des Krieges und die gefährdete Situation Sachsens, bis mit dem Aufbruch nach Rußland und Persien die patriotische Thematik an Bedeutung verliert und erst später wieder in anderer Form, als Sehnsucht nach einer idealisierten Heimat, hervortritt: In dem Sonett *An Deutschland* heißt es in der Anrede an die «Mutter»: «Nun hab' ich allzuweit von dir / Trost / abgeländet / | und kan es endern nicht / wie hoch es mich auch reut.» Und in dem Sonett *An den Fluß Moskaw / als er schiede* spricht nach einer Anspielung auf seinen heimatlichen Fluß, die Mulde, «ein halb-verlohrner Sohn». Allerdings, so sehr er auch in einem Gedicht vom Februar 1638 den Sinn seiner Reiseteilnahme in Frage stellt, «so groß und größer grauen | befällt mich itzund nun / da ich soll näher schauen | mein durch fünff gantze Jahr entschlagnes Meißner-Land» (*An Herrn Hansen Arpenbecken* [...]).

Einer der Beweggründe, die Fleming veranlaßten, sich an diesem exotischen Unternehmen zu beteiligen, war nach eigener Aussage die Flucht vor Krieg und Pest. Daneben spielen aber auch andere Gesichtspunkte eine Rolle: die Hoffnung, auch mit dieser Gesandtschaft einen patriotischen Dienst zu leisten, und die Vorstellung von der «Nutzbarkeit der fremden Reysen», von der Olearius in seiner Reisebeschreibung spricht und die Fleming in Gedichten aufnimmt. In einem großen, auch sein eigenes Leben und die Reise reflektierenden Gedicht an seinen Freund Hartmann Gramann, Leibarzt der Gesandtschaft, ist von diesen Motiven die Rede, von der Flucht, «Die niemand schelten kan / und ich mir offt gesucht», aber auch sentenziös von Aufbruch und Selbstverwirklichung: «Die Noht erweckt den Muht», «mein bleiben war nicht mehr. Zu dem war diß mein Raht; | Was gilt bey uns ein Mann / der nicht gereiset hat» (*An Herrn Hartman Grahman* [...] / *geschrieben in Astrachan m. dc. xxxijx*). «Thu / was dir noch vergünnt der Frühling deiner Jahre», heißt es entsprechend in den neustoischen Reflexionen des Gedichts *In grooß Neugart der Reussen / m. dc. xxxjv*. Und man kann davon ausgehen, daß die biographische Ausnahmesituation der jahrelangen russischen und persischen Reise, die Trennung vom literarischen Leben und seinen Konventionen, Fleming sicherlich geholfen hat, zu sich selbst und einem eigenen Ton zu finden.

Flemings Verse begleiten die Reise. Er evoziert mit Hilfe eines verschwenderischen mythologischen Apparats die exotischen Schauplätze, besingt die gesellschaftlichen Anlässe und Gelegenheiten und ruft die überstandenen Gefahren zurück: Stürme, Schiffbrüche, Tatarenüberfälle, Hunger und Durst. Die Reise bedeutet einerseits eine Ausnahmesituation, die die Selbstbeobachtung und Selbstreflexion fördert. Andererseits führen die langen Aufenthalte an verschiedenen Orten zu zahlreichen sozialen Kontakten. So kam es in Reval zu einem Austausch mit den dortigen akademischen Kreisen, dokumentiert u. a. in der an dem Vorbild von Opitz' *Hercinie* (1630) orientierten Schäferei zur Hochzeit des Revaler Gymnasialprofessors Reiner Brockmann mit Dorothea Temme (*Gedichte Auff* [...] *Herrn Reineri Brockmans* [...] *Und der Erbarn* [...] *Jungfrawen Dorotheen Temme / Hochzeit*, 1635). Wichtiger noch für sein Leben – und für seine Dichtung – wurde die Beziehung zur Familie des Kaufmanns Heinrich Niehusen, der drei Töchter hatte, «welche unverheirathet bei Flemings Anwesenheit in Reval seine Dichtergabe viel in Anspruch nahmen», wie der Fleming-Herausgeber J. M. Lappenberg 1865 schrieb.

Am Anfang der Liebesdichtung Flemings steht die Sammlung lateinischer Gedichte *Rubella seu suaviorum liber I* (1631). Mit ihr knüpft Fleming an Catull und die besonders von den Neulateinern gepflegte Tradition der Kußgedichte an, aus der die noch von Goethe gerühmten *Basia* (1539) des Johannes Secundus herausragen. Später sollten diese Gedichte

als achtes Buch in die von Fleming noch vorbereitete Gesamtausgabe seiner lateinischen Dichtungen (*Silvae*) aufgenommen werden. Ein deutschsprachiges Beispiel für die Kußdichtung lieferte Fleming mit dem spie-
lerisch-graziösen Lied «Wie er wolle geküsset seyn». *Rubella* enthält
daneben auch Liebesgedichte in petrarkistischer Manier, bereitet also die
Thematik vor, die später eine zentrale Rolle in Flemings deutscher Liebeslyrik spielte. Zwar waren petrarkistische Vorstellungen schon von
Opitz, Weckherlin und anderen in die deutsche Literatur eingeführt worden, doch erst Fleming erfaßte sie in ihrer ganzen Vielfalt. Sichtbar wird
der ganze Umfang seiner Rezeption und schöpferischen Umgestaltung
petrarkistischer Motive und Denkformen in den postumen Ausgaben seiner deutschen Dichtungen: Sie handeln vom Preis und der Schönheit der
Geliebten (fein säuberlich nach Körperteilen getrennt), den mit ihr verbundenen Objekten und Örtlichkeiten, beschäftigen sich mit dem Wesen
der Liebe und ihrer Wirkung und benutzen zu diesem Zweck das ganze
antithetische und hyperbolische Arsenal der überlieferten Liebessprache,
gelegentlich bis an den Rand des Parodistischen oder unfreiwillig Komischen. So endet das Sonett *An Amorn* in stereotyper Hyperbolik mit den
Zeilen: «Ich brenne liechter Loh / und schwimm' in meinen Zehren. | Er-
zehls ihr / was du siehst / von meiner Todesnoth. | Ich kan nicht todt-arm
seyn. Verschonen mich die Flammen / | So schlägt diß Thränen Meer doch
über mich zusammen.»

Aber neben den traditionellen Motiven der klagenden Liebe, neben
Selbstverlust und Todessehnsucht behauptet sich ein anderes Thema, das
in den späteren Jahren stärker in den Vordergrund tritt, ohne daß man die
problematische Kategorie der Entwicklung heranziehen oder von einer
‹Überwindung› des Petrarkismus sprechen könnte: das Thema der Treue.
Es steht sowohl in Zusammenhang mit Flemings neustoischer Tugend-
philosophie wie mit der neuplatonischen Mikrokosmos-Makrokosmos-
Vorstellung und ihrem Konzept einer allumfassenden Liebe, auf die der
Paracelsist Fleming immer wieder zurückkommt – in breiter Darstellung
etwa im *Frülings Hochzeitgedicht* – und die auch in der petrarkistischen
Tradition seit Pietro Bembo verankert ist.

Die bedeutendsten Leistungen dieser ‹Treuedichtung› finden sich dabei
nicht zufällig unter den Oden, d. h. den Liedern. Stellen Sonett und Alexandriner besonders geeignete Formen dar, die Antithetik der petrarkistischen Liebesauffassung auszudrücken, so ermöglicht das Lied einen
schlichteren Ton, der an das Volks- und Gesellschaftslied anklingen kann
(«Ein getreues Hertze wissen / | hat deß höchsten Schatzes Preiß»). Dabei
geht es nicht um eine Absage an die ‹gelehrte› Poesie, denn gerade da, wo
eine von Opitz geschaffene kunstvolle Odenform zugrunde liegt («Ihr
schwartzen Augen / ihr») und der humanistisch-mythologische Apparat
erhalten bleibt, gelingt Fleming mit der Ode «Aurora schlummre noch an

deines Liebsten Brust» ein besonders eindrucksvolles Gedicht von Sehnsucht, Trauer und Treue.

Ein Gegenbild des von widerstreitenden Affekten hin- und hergerissenen petrarkistischen Liebhabers, wie er in einem Teil der Liebesgedichte gezeichnet ist, zeigen auch die weltanschaulich-philosophischen Sonette und einige der großen Alexandrinergedichte. In dem Sonett *An Sich* formuliert Fleming in eindringlichen Imperativen Maximen einer praktischen Philosophie, ein Tugendprogramm, das auf den Lehren der Philosophie des Neustoizismus beruht. Es gipfelt, gemäß der verbreiteten Auffassung des Sonetts als Epigramm, in der sprichwortartigen Schlußsentenz, die die Eigenmächtigkeit des Individuums gegenüber allen äußeren Zwängen behauptet:

> Wer sein selbst Meister ist / und sich beherrschen kan /
> dem ist die weite Welt und alles unterthan.

Auch die berühmte *Grabschrifft / so er ihm selbst gemacht in Hamburg [...] drey Tage vor seinem seel: Ableben* und die an eine lange epigrammatische Gattungstradition anschließt, enthält einen Hinweis auf den stoischen Begriff der Autarkie und verzichtet, obwohl es vom Thema her zu erwarten gewesen wäre, auf christliche Argumentationsmuster. Sie ist kein christliches Memento mori, keine Anleitung zum Sterben im christlichen Sinn. Das Diesseits wird nicht entwertet, Fleming betont vielmehr in lapidaren Worten voller Selbstbewußtsein die Gültigkeit und Leistung des eigenen Lebens, das durch die Dichtung der Unsterblichkeit versichert ist. Hier wirken, in einem Jahrhundert der Leidensmetaphorik, die geistigen Ideale des Renaissance-Individualismus nach. Daß sich das Ideal der Beständigkeit auch christlich begründen läßt, zeigt das Lied «Laß dich nur nichts nicht tauren».

Stoische Handlungsmaximen formuliert auch neben einer Reihe anderer Gedichte das Alexandrinergedicht *In grooß Neugart der Reussen*, das während eines fünfmonatigen Aufenthalts 1634 in Nowgorod entstand. Es erinnert an *Zlatna*, ein Lehrgedicht von Opitz, das die «Rhue des Gemütes» und das einfache Leben preist. Die Einsamkeit ist der Ort der Reflexion über sich selbst («Du selbst bist dir die Welt»), zugleich stellt Fleming der zivilisatorischen Verderbnis und der Welt des Krieges das genügsame Leben des russischen Bauern entgegen und beschwört den Mythos vom Goldenen Zeitalter: «ist hier dasselbe Land / | Da Ehr' und Redligkeit von uns sich hingewand?», heißt es fragend – und zugleich fordernd – am Schluß. Es sind alte Topoi, doch aktualisiert und kritisch auf den Krieg und die gesellschaftlichen Veränderungen im Zeitalter des Absolutismus bezogen.

Opitz und sein Reformprogramm blieben für Fleming verbindlich. Mehrere Sonette auf Opitz' Tod – z. T. auf Grund falscher Nachrichten

vorzeitig entstanden – rühmen den «Meister deutscher Lieder / | das
Wunder unsrer Zeit». Mit dem Reformprogramm teilt er auch die nationale Argumentation seines Vorbilds. Für Fleming ist es keine Frage mehr,
daß Apoll und die Musen inzwischen ihren Sitz im Norden genommen
haben. Wie vor ihm der Humanist Conrad Celtis spricht er von der Übertragung der Dichtkunst von Griechenland über Rom nach Deutschland:
«Rohm ist nun Rohm gewesen. | Das edle Latien wird hoochdeutsch itzt
gelesen», heißt es in dem Freundschaftsgedicht *An Herrn Olearien / Vor
Astrachan der Reussen inn Nagaien / m. dc. xxxvj.* In diesem Kontext
sieht er auch seine eigene dichterische Leistung:

> Ich habe satt gelebt. Dis bleibt mir ungestorben /
> was ich durch Fleiß und Schweiß mir habe nun erworben /
> Den Ruhm der Poesie / die Schlesiens Smaragd
> zu allererstn hat in Hochdeutsch auffgebracht.
> Ich schwer' es Vater-Land bey Kindes-Pflicht und Treuen /
> Dein Lob ists / welches mich heist keine Mühe scheuen.
> (*An Herrn Hartman Grahman*)

‹Leipziger› Lyriker nach Fleming

Nur am Anfang kann man von einer relativ geschlossenen Gruppe von
Leipziger Dichtern sprechen. Sie bildete sich, als Fleming 1628 im Alter
von 19 Jahren sein Studium aufnahm und in dem älteren Schlesier Georg
Gloger einen Freund fand, der ihn in die neue Kunstdichtung einführte.
Ihnen schlossen sich u. a. Christian Brehme, Gottfried Finckelthaus und
Andreas Hartmann an, bis sich dann nach dem Tod Glogers 1631, von
Fleming in einem großen Gedicht betrauert, und der Abreise Flemings
1633 der enge Zusammenhalt der Gruppe auflöste, der seinen Ausdruck
in lebensfrohen geselligen Liedern, Schäfergedichten und Schäferromanen
mit maskierten Schilderungen von Ausflügen in die sommerliche Landschaft und Diskussionen über die Liebe gefunden hatte. Brachte Gloger
ihnen die Reformkonzepte und die Dichtung von Martin Opitz nahe, so
konnte Fleming Anregungen der romanisch inspirierten, anmutigen Lied-
kunst des Thomaskantors Johann Hermann Schein weitergeben, die er
während seiner Zeit an der Thomasschule in Leipzig kennengelernt hatte
und die in Sammlungen wie *Musica boscareccia. Wald-Liederlein* (1621–
28) oder *Diletti pastorali, Hirten-Lust* (1624) gedruckt vorlag.
    Der Vorstellung von der trinkfreudigen Leipziger Studenten- und
Dichtergesellschaft am nächsten steht Christian Brehme mit Gedichten
wie *Bey einer Wein Gesellschafft zu singen* oder *Auff Vnserer Schönsten
Maystressen Gesundheit.* Sie stehen in seiner einzigen selbständig erschienenen Liedersammlung *Lustige / Trawrige / vnd nach gelegenheit der*

Zeit vorgekommene Gedichte (1637). Daneben finden sich im Anhang seines Briefbuchs *Art vnd Weise Kurtze Brieflein zu schreiben* (1640) Freundschafts- und Hochzeitsgedichte, Stammbuchverse, Liebessonette und Schäfergedichte, Absagegedichte auf unbeständige Damen und dergleichen, aber auch geistliche Gedichte. Einen Eindruck vom geselligen Treiben auf einem Ausflug geben das Lied *Erster Tag lustiger Gesellschafft* und das umfangreiche Erzählgedicht in Alexandrinern *Der andere Tag lustiger Gesellschafft vollbracht von sechs Personen.* Daß er auch zu ernsteren Tönen fähig war, zeigt neben den geistlichen Gedichten ein *Beicht vnd CommunionBüchlein* (1640), das auf sein erbauliches Spätwerk vorausdeutet (*Besonderes Gespräche Von der überall-wunderthätigen Gütte Unsers getreuen GOttes,* 1659; *Erster [-Dritter] Theil Christlicher Unterredungen,* 1659–60). Mit dem Erreichen einer gesicherten Position in Dresden mit Ämtern am Hof und in der Stadt um 1640 war Brehme als Dichter verstummt, sieht man von der Vollendung seines Schäferromans *Die Vier Tage Einer Newen und Lustigen Schäfferey* (1647) und den üblichen Gelegenheitsgedichten ab.

Gottfried Finckelthaus, der Sohn eines Leipziger Bürgermeisters, war ebenfalls mit Fleming befreundet, den er noch einmal 1639 in Hamburg auf einer Reise über die Niederlande nach Brasilien (bis 1641) traf. Neben einer Schäferei in der Opitz-Nachfolge (*Floridans Lob- und Liebes-Gedichte,* 1635) und Gelegenheitsgedichten veröffentlichte er mehrere, sich im Inhalt z. T. einander überschneidende Gedicht- und Liedersammlungen: *Deutsche Oden oder Gesänge* (1638), *Deutsche Gesänge* (1640), *Dreyssig Teutsche Gesänge* (1642) und – die mit 76 Texten umfangreichste Sammlung – *Lustige Lieder* (1645). Die Liederbücher enthalten neben Trinkliedern und parodistischen Liebesliedern auch durchaus konventionelle petrarkistische und antipetrarkistische Gedichte (einschließlich der Opitz-Parodie *Vber die Hand der Astree*), die ihn als bemerkenswerten Formkünstler ausweisen. Daneben stehen handfeste bzw. parodistische bäuerliche Stücke nach niederländischen Vorbildern.

Der Einfluß der Dichtung dieser Leipziger Kerngruppe mit Fleming, Finckelthaus und Brehme erstreckte sich räumlich über die Stadt hinaus auf Wittenberg und eine Reihe von Schülern Augustus Buchners und wirkte zeitlich weiter bis in die vierziger Jahre und darüber hinaus. Noch zeitgleich mit Fleming und seinen Freunden studierten der Schleswig-Holsteiner Zacharias Lund und der Thüringer Ernst Christoph Homburg in Wittenberg Theologie bzw. Jura und hörten im Rahmen ihrer philologischen Grundausbildung auch bei Buchner. Ihre ersten lyrischen Versuche orientierten sich an Opitz und dem Formen- und Themenrepertoire der Leipziger Lyriker. Danach traten andere Interessen in den Vordergrund: Während sich Lund nach der Sammlung *Allerhand artige Deutsche Gedichte* (1636) vorwiegend seinen späthumanistischen Interessen

(Editionen) und der neulateinischen Poesie widmete – das Hauptwerk *Poemata latina* blieb ungedruckt –, wandte sich Homburg nach dem Gedicht- und Liederbuch *Schimpff- und Ernsthaffte Clio* (1638, erweitert 1642), stark beeinflußt von Angelus Silesius, der geistlichen Lieddichtung zu (*Geistlicher Lieder Erster [-Ander] Theil*, 1659).

Die Sammlung *Schimpff- und Ernsthaffte Clio* umfaßt die gängigen Formen und Gattungen der neuen Kunstdichtung – Lieder, Sonette, Epigramme – und verweist immer wieder zurück auf Opitz, sei es in der mit *Epigramma* überschriebenen Petrarca-Variation «Ist Liebe Zuckersüs / wie daß sie bitter schmecket», sei es in der *Ode Jambica Auff die besagte Sylvia* («Kom Schönste! las uns eilen!») oder dem Lied «Corydon der gieng bestürtzet». Dazu verfügt Homburg über das übermütige satirisch-parodistische Repertoire der Leipziger, etwa in der dreiteiligen Gedichtfolge *Dahmen ohne Freyer, Freyer ohne Dahmen* und *Freyer Dahmen beysahmen*, und stimmt Schmaus- und Trinklieder in ihrem Stil an. Dabei geht der Buchner-Schüler gelegentlich über Opitz' metrische Vorstellungen hinaus, etwa in der lebensfrohen *Ode dactylica et bacchica* mit den Schlußzeilen, die in dem Memento mori spielerisch die Begründung für die Haltung des Carpe diem finden: «Laß heute vns letzten / | Mit Bacchus ergetzen / | Morgen so sind wir doch alle davon.»

In den weiteren Zusammenhang dieser lose definierten Gruppe der Leipziger Lyriker gehört einer Reihe von jüngeren Dichtern, die sich in den späteren dreißiger und in den vierziger Jahren in Leipzig und vor allem Wittenberg aufhielten bzw. dort studierten und mit dem geselligen Charakter ihrer Lieder, der petrarkistischen Motivik und der Anlehnung an Opitzsche Muster an die frühere Leipziger Dichtung anknüpften. Nur die Bindung an die restriktiven metrischen Vorstellungen von Opitz lockerte sich zuweilen nach dem Vorbild ihres Lehrers Buchner. Es handelt sich um David Schirmer, Johann Georg Schoch und Caspar Ziegler – sie kommen alle aus Sachsen bzw. unmittelbar aus Leipzig – sowie um den aus Einbeck stammenden Justus Sieber und den aus der Oberpfalz vertriebenen Georg Greflinger, der sich bereits als etwa Fünfzehnjähriger in Wittenberg immatrikulierte.

Der vielseitigste und interessanteste dieser Autoren ist Georg Greflinger, der sich 1646 als Notar in Hamburg niederließ und seinen Lebensunterhalt als Journalist, Übersetzer, Sachbuchautor und seit 1665 als Herausgeber des *Nordischen Mercurius*, einer bedeutenden Zeitung, verdiente. Seine lyrische Produktion umfaßt Gedichte, Lieder und Epigramme, die in verschiedenen, z. T. sich überschneidenden Sammlungen erschienen. Mit den Titeln seiner Gedicht- und Liederbücher spielt Greflinger auf den sprichwörtlich gewordenen schmachtenden Liebhaber Celadon in Honoré d'Urfés Schäferroman *L'Astrée* an: *Seladons Beständtige Liebe* (1644) – eine zweite Abteilung in diesem Band ist kontrapunktisch «Sela-

dons Wanckende Liebe» überschrieben –, *Seladons Weltliche Lieder.*
Nebst einem Anhang Schimpff und Ernsthaffter Gedichte (1651) und
Celadonische Musa Inhaltende Hundert Oden Vnd Etlich Hundert Epi-
grammata (1663). Sein Bestes gibt Greflinger in witzigen Parodien und
Persiflagen, die die konventionelle Liebessprache verspotten und ins
Derb-Komische verkehren, jedoch wiederum durch genau antithetisch
konstruierte Gegenstücke zurückgenommen werden können. So folgt
dem Lied *Hylas wil kein Weib nicht haben* («Schweiget mir vom Frauen
nehmen») sogleich der *Wider-Ruff* («Wer beschimpfft das Frauen-neh-
men»). Daneben stehen Parodien von bekannten Gedichten anderer
Dichter, etwa das Lied *Laß der Jugend brauchen* («Liebste laß uns eylen»)
nach Opitz oder das auch als Flugblatt verbreitete, artistisch-zweideutige
Stück um die Worte Mars, Ars und Lex *Der Mars ist nun im Ars* nach
Gabriel Voigtländer mit dem ironischen Hinweis am Schluß: «Gut ge-
meint und böß verstanden / | Machet manche Schrifft zuschanden.»

Gabriel Voigtländer, von dem die Vorlage stammt, war von Beruf Musiker, u. a.
Trompeter im Dienst des dänischen Thronfolgers. Er veröffentlichte eine mehrfach nachgedruckte Liedersammlung (*Erster Theil Allerhand Oden vnnd Lieder*,
1642), die in ihrem heiteren, lebensfrohen, vielfach auch ironisch-spöttischen Ton
eine Verwandtschaft mit dem Leipziger Liederschaffen erkennen läßt, wenn den
Liedern auch die ‹gelehrte› Komponente abgeht. Voigtländer entschuldigt sich in
der Vorrede dafür, daß er nicht studiert habe. Er schrieb die Lieder «auff allerley /
als Italianische / Frantzösische / Englische / vnd anderer Teutschen guten Compo-
nisten / Melodien vnd Arien».

Entschieden ‹seriöser› als die Gedichte und Lieder seiner Leipziger
Vorgänger erweist sich das dichterische Werk David Schirmers. Er wirkte
nach seinem Studium in Leipzig und Wittenberg seit 1650 als eine Art
Hofdichter, seit 1656 in der Stellung eines Hofbibliothekars, in Dresden.
Daher spielt in seinem Werk die Gelegenheitsdichtung eine große Rolle;
neben Gedichten zählen dazu Ballette und Singspiele (enthalten in: *Poeti-*
sche Rauten-Gepüsche, 1663). Seine Lyrik sammelte er in den Bänden *Er-*
stes [-*Vierdtes*] *Rosen-Gepüsche* (1650), *Singende Rosen Oder Liebes- und*
Tugend-Lieder (1654) und der erweiterten Ausgabe der *Rosen-Gepüsche*
(*Poetische Rosen-Gepüsche*, 1657). Seine dichterischen Anfänge stehen im
Zeichen von Opitz, wie die zahlreichen Parodien in den *Rosen-Gepüschen*
von 1650 deutlich machen («Nun empfind ich keinen Grauen», «Ihr
schwartzen Augen ihr», «Kom Liebste / laß uns Rosen brechen», «Sind
Träume lauter nichts / wie daß sie mich bewegen?» usw.). Imitatio und
Zitat gehören auch über die Beziehung zu Opitz hinaus zu den charakte-
ristischen Eigenheiten seiner Dichtung. Die Liebe – meist unglücklich –
ist in der Nachfolge Petrarcas und des Petrarkismus das zentrale Thema
der Lieder, Sonette, Madrigale und Epigramme. Dabei spielen neben den
Konventionen der petrarkistischen Liebessprache die Blumen- und Pflan-

zenmetaphorik und die pastorale Maskierung eine wichtige Rolle. Bei aller sprachlichen Eleganz und Musikalität verzichtet Schirmer auf Experimentelles, wenn er sich auch trotz seines eher konservativen Standpunkts gelegentlich Anregungen von Zesen und den Nürnbergern holt. Zu den gelungenen Beispielen seines stilistischen Virtuosentums zählt das Lied *Sie Liebet Ihn* mit den Eingangsversen «Funckelt ihr göldnen Himmels-Sternen!».

Caspar Ziegler hatte ebenfalls in Leipzig und Wittenberg studiert und teilte mit dem befreundeten Schirmer das Interesse an der Form des Madrigals. Ziegler widmete ihr die einflußreiche Abhandlung *Von den Madrigalen* (1653), die dann die Entwicklung der Kantatenform beeinflußte. Auch Justus Sieber bzw. Siber studierte ebenfalls u. a. in Leipzig und Wittenberg und nahm in seiner ersten umfangreichen Gedichtsammlung Anregungen der Leipziger Dichter und ihrer Vorbilder Opitz und Buchner auf: *Poëtisierende Jugend / Oder Allerhand Geist- und Weltliche Teutsche Gedichte* (1658). Seine Gedichte zeichnen sich durch formale Sicherheit und Gewandtheit aus; das zeigt sich in (gereimten) Nachbildungen der sapphischen Odenform (passend in dem Text auf *Die berühmte Poetinn Sappho*) und Sonetten ebenso wie in geselligen, lebensfrohen, aber auch reflektierenden Liedern (*Das Lob der grünen Farbe, Lesung der Historien oder alten Geschichte*) und einer Vielfalt von Gelegenheitsdichtungen. Später trat die geistliche Lyrik, die er auch schon vor dieser Sammlung gepflegt hatte (*Seelen-Küsse Oder Geistliche Liebs-Gedankken aus Des Hebreischen Königs Salomons Hohem Liede*, 1653), im Einklang mit seinem Beruf als Pfarrer in Schandau/Sachsen in den Mittelpunkt seines dichterischen Schaffens (*Davids / Des Israelitischen Königs und theuren Prophetens Harffen-Psalme / nach Sang-üblichen Weisen in Teutsche Lieder versetzet*, 1685; *Geistliche Oden / Oder Lieder*, 1685).

Schirmer war Vorbild für den einige Jahre jüngeren Johann Georg Schoch. Sie hatten in Leipzig Freundschaft geschlossen, und als Schirmer 1645 nach Wittenberg ging, folgte ihm Schoch im Sommersemester 1646. Erinnert wird Schoch vor allem wegen seiner *Comoedia vom Studentenleben* (1657). Seine umfassendste Lyriksammlung erschien 1660; der Titel verweist auf die Vielfalt der Produktion: *Neu-erbaueter Poetischer Lust- u. Blumen-Garten / Von Hundert Schäffer- Hirten- Liebes- und Tugend-Liedern / Wie auch Zwey Hundert Lieb- Lob-und Ehren-Sonetten [...]. Nebenst Vier Hundert Denck-Sprüchen / Sprüch-Wörtern / Retzeln / Grab- und Uberschrifften / Gesprächen und Schertz-Reden.* Das Interesse an der epigrammatischen Kurzform, die der letzte Teil des Titels artikuliert, zeigt sich auch in der Sonettdichtung, die die Tendenz der Gattung zum Epigrammatischen, von der die zeitgenössische Poetik spricht («eine Art der Epigrammaten» [Buchner]), entschieden verstärkt und dabei auch die Konventionen der petrarkistischen Liebessprache und -motivik ausreizt. Und wie bei seinen Vorgängern gehört der Bezug auf bekannte Gedichttypen von Opitz und anderen zur üblichen Praxis.

Von Johann Rist zu Simon Dach

Für die Verbreitung der Opitzschen Reformgedanken in Norddeutschland nahm Johann Rist, seit 1635 Pastor in Wedel bei Hamburg, die Priorität in Anspruch. Opitz habe das «Eiß gebrochen / vnd vns Teutschen die rechte Art gezeiget / wie auch wir in vnsrer Sprache / Petrarchas, Ariostos, vnd Ronsardos haben können», heißt es in seiner ersten Sammlung weltlicher Gedichte *Musa Teutonica* (1634). Aber während in «Hochteutschlandt» die neue Kunst in «ein grössers ansehen gebracht» worden sei, hätten Versuche in den «Niedersächsischen Länderen» mangels «wolgeschickter Ingenia» bisher nur Unzulängliches zuwege gebracht. Mit großem Selbstbewußtsein, das ihn auch später nicht verlassen sollte, versteht er seine Sammlung *Musa Teutonica* durchaus zu Recht als eine Art Pionierleistung, mit der er die regeltreue (hoch)deutsche Kunstlyrik in den niederdeutschen Sprachraum eingeführt habe.

Vorgänger wie die schleswig-holsteinischen Späthumanisten Martin Ruarus und Henrich Hudemann, die bereits in den zwanziger Jahren ohne Kenntnis der Literaturreform für eine der lateinischen Dichtung gleichwertige deutsche Poesie plädiert und u. a. (noch unvollkommene) deutsche Alexandriner und Sonette geschrieben hatten, ignoriert Rist bzw. nennt ihre Leistungen – ohne Namen zu nennen – unzureichend, ohne inneren Beruf: «invita Minerva». Hudemann hatte 1625 seine spätestens 1623 fertiggestellte Gedichtsammlung *Divitiae poeticae* veröffentlicht, die nach sechs Büchern mit lateinischen ein siebtes Buch mit deutschen Gedichten («Musa Patria, Teutsche Musa») enthielt. Darunter ist ein Lobgedicht in Alexandrinern auf Hudemann von Martin Ruarus, der sich in seinem Plädoyer für eine neue deutsche Kunstdichtung auf die alten deutschen Barden beruft und die Neulateiner als «Hewschrecken» attackiert, «die lieber han gefischet | In frembden Wässern / dann daheimb / vnd jhre Lust | Viel lieber mit Latein / dann auff gut Teutsch gebüst».

Rist schließt sich eng an Opitz und dessen «Leges» an, die «auß der Sprachen Natur» gewonnen seien und daher Verbindlichkeit besäßen. Der Alexandriner ist der vorherrschende Langvers, den er für Epigramme, Sonette, Zeit- und Gelegenheitsgedichte verwendet. Für die Lieder besteht er auf einer entschiedenen Abgrenzung seiner «Oden» von den Liedern, die «von dem gemeinen Volcke gesungen werden». Man solle wissen, «daß zwischen den gemeinen Reimen / vnd nach der Kunst gesetzten Gedichten / eben ein so grosser vnterscheidt zu finden / als zwischen den einfeltigen Hirtenliederen / eines hinter der Pflug leirenden Bawren / vnnd den künstlichgesetzten Concerten eines in Fürstlichen Capellen wolbestalten Musici». Und so demonstriert er seine Kunstfertigkeit durch eine Vielfalt im Vers- und Strophenbau; auch die Pindarische Ode findet sich. Bereits hier kündigt sich an, daß Rist als Lyriker vor allem Lieddichter ist, daß das Lied mit seinem lockeren Aufbau, seinem flüssigen Duktus und seiner stilistischen Mittellage seinem dichterischen Talent am ehesten entspricht. Und so treten auch in den späteren Sammlungen die konzisen Formen wie Sonett und Epigramm weitgehend hinter der Lieddichtung zurück. Dazu kommt eine umfangreiche Produktion von moralisierenden Zeitgedichten und Casualcarmina, die durch ihre Länge, additive Unstrukturiertheit und spannungslose Versbehandlung die Grenzen seiner Fähigkeiten aufzeigen. Allerdings leidet auch die Lieddichtung unter der Tendenz, jeden Gedanken so breit wie möglich aufzuführen. «Es rinnt ja so», hatte Philipp von Zesen anagrammatisch den Namen «Joannes Rist» gedeutet, nicht ironisch, sondern – bevor sie zu Feinden wurden – als Lob für die «Lieblichkeit» und «Zierlichkeit» seiner leicht dahinfließenden Verse gemeint.

Nach einer weiteren Sammlung meist weltlicher Gedichte (*Poetischer Lust-Garte*, 1638) erzielte Rist seinen größten Erfolg als Dichter weltlicher Lieder mit dem unter einem Pseudonym erschienenen Band *Des Daphnis aus Cimbrien Galathee* (1642), der von der Opitz-Ode *Galathee* ausgeht und selbst mit der Liebesklage «Daphnis gieng für wenig Tagen | Über die begrünten Heid» viele Nachahmer fand. Dieses Liederbuch enthält wie die früheren Sammlungen auch Übersetzungen und Bearbeitungen und teilt mit ihnen die petrarkistische Motivik der Liebesgedichte. 1651 ließ er mit *Des Edlen Dafnis aus Cimbrien besungene Florabella* ein ähnliches Liederbuch folgen (erweiterte Ausgabe 1656). Nun hielt Rist wohl eine Rechtfertigung seiner Aktivitäten als Verfasser von Liebesliedern für angebracht; in der Vorrede zu einer über 900-seitigen Sammlung von Gelegenheitsgedichten (*Neüer Teütscher Parnaß*, 1652) schreibt er, daß bei ihm nichts zu finden sei, das «ein Christliches Hertz ärgeren oder die Jugend zur Leichtfertigkeit / unzüchtigen Gedanken und dergleichen Uppigkeiten verleiten» könnte und er zudem schon immer, ein kleines Ablenkungsmanöver, «hefftigen Greüel und Abscheü» vor dem «heidnischen Wesen» – Venus, Cupido, Hymen, Adonis Leda, Jupiter – empfunden habe. Inzwischen hatte er längst seine Karriere als geistlicher Liederdichter begonnen (s. S. 228 ff.).

Ein Beispiel für das weitere Vordringen der opitzianischen Kunstdichtung in die von den literarischen Zentren weit entfernten Gebiete des Reichs und zugleich ein Zeugnis für eine frühe dichterische Begabung und weibliche Emanzipationsbestrebungen ist das dichterische Werk von Sibylla Schwarz, Tochter einer der führenden Familien Greifswalds; ihr Vater war seit 1631 Bürgermeister der Stadt. Sie erhielt offenbar eine gute Erziehung; sie besaß lateinische und niederländische Sprachkenntnisse und war mit der antiken Mythologie ebenso vertraut wie mit der zeitgenössischen Poetik und Poesie. Opitz' Reformvorstellungen und das von ihm im *Buch von der Deutschen Poeterey* vorgeschlagene bzw. beispielhaft vorgeführte Repertoire an Formen und Themen wurden für sie verbindlich. Unterstützung – und d. h. wohl vor allem Bücher – fand sie in

der großen Familie und bei Freunden im Umkreis der Universität, denn
der für Mädchen vorgeschriebene zweijährige Volksschulbesuch führte
sicher nicht weit. Ihre ersten Dichtungen sind für 1633 sicher bezeugt –
da war sie 12 Jahre alt –, und in den nächsten Jahren bis zu ihrem Tod
1638 schrieb sie zahlreiche Gelegenheitsgedichte, reflektierende Alexandrinergedichte, Sonette, Oden und Epigramme. Dazu kommen eine deutsche Version der Daphne-Episode aus Ovids *Metamorphosen*, ein fragmentarisches Versdrama (*Susanna*), ein kleines allegorisches *Trawer-Spiel/
Wegen einäscherung jhres Freudenorts Fretow* (das von den Schweden
zerstörte Landgut der Familie) und die Schäferdichtung *Faunus*, die sich
an der Mischform von Opitz' *Schäfferey von der Nimfen Hercinie* orientiert, im übrigen aber eine unglückliche Liebesgeschichte schildert. Hier
wie in ihren Liebesgedichten variiert sie Thematik und Formensprache
des Petrarkismus, dem auch ein kleiner Zyklus von 16 Sonetten gewidmet
ist.

Auch sonst nehmen ihre Gedichte sprachgewandt und mit Anklängen
an ihr Vorbild die Themen der neuen Kunstpoesie auf, ob es sich um
Trost-, Klage- oder Freundschaftsgedichte, um Betrachtungen (*Betrachtung der Welt, Von der Welt Eitelkeit*), um das Lob des Landlebens oder
religiöse Lieder oder Gedichte handelt. Sie betont ganz im Einklang mit
Opitz' Legitimierungsstrategie den Vorrang des geistigen Adels (*Poëten
gehen dem unadelichen Adel weit vohr*) und hebt die Rolle der Inspiration für ihre Dichtung hervor (*Alß sie ein Poëtischer Geist tribe*). Gedichte
persönlichen Charakters lassen erkennen, daß das Selbstbewußtsein und
die dichterischen Ambitionen der jungen Frau nicht nur Beifall fanden
(*Wieder die Feinde jhrer Fretowischen Fröhligkeit* u. a.). Ihre Dichtungen
erschienen erst zwölf Jahre nach ihrem Tod, herausgegeben von ihrem
ehemaligen Lehrer Samuel Gerlach (*Sibyllen Schwarzin / Vohn Greiffs-
wald aus Pommern / Deutsche Poëtische Gedichte* bzw. *Ander Teil Deutscher Poëtischer Gedichten*, 1650).

Während die Dichtungen von Sibylla Schwarz erst seit 1650 einer größeren Öffentlichkeit zugänglich wurden und daher für die Durchsetzung
der opitzianischen Kunstpoesie im Nordosten ohne Bedeutung blieben,
traten hier, in Rostock und Danzig, aus Schlesien stammende Autoren
wie Andreas Tscherning und Johann Peter Titz seit Mitte der dreißiger
Jahre mit Gedichtsammlungen und Poetiken für die Dichtungsreform
ein.

Der mit Opitz verwandte Andreas Tscherning war bereits während seiner Schulzeit 1630/31–35 am Breslauer Elisabeth-Gymnasium mit lateinischen und deutschen Gedichten hervorgetreten, die sich thematisch und
formal an seinem Vorbild Opitz orientierten. Seine bedeutendste Gedichtsammlung *Deutscher Getichte Früling* erschien 1642 in Breslau, als
er nach einer längeren Unterbrechung sein Studium an der Rostocker

Universität aufgenommen hatte (Magister 1644; im selben Jahr Professor für lateinische Poesie). Ein zweiter Gedichtband folgte 1655 unter dem Titel *Vortrab Des Sommers Deutscher Getichte*. Beide enthalten das übliche Repertoire: vor allem Gelegenheitsgedichte, aber auch schäferliche Liebeslieder, geistliche Lieder, Sonette, Epigramme und epische Längen erreichende Alexandrinergedichte wie das zuerst 1636 gedruckte *Lob des Weingottes* oder das 1640 ebenfalls schon separat erschienene *Lob der Buchdruckerey*. Wenn er später seiner Poetik *Unvorgreiffliches Bedenk-ken über etliche mißbräuche in der deutschen Schreib- und Sprach-kunst / insonderheit / der edlen Poeterey* (1658) einen kurzen «Entwurff oder Abrieß einer deutschen Schatzkammer» mit «schönen und zierlichen Poëtischen redens-arten» und «umschreibungen» hinzufügte, mit denen man «einem getichte sonderbaren glantz und anmuth geben» könne, so charakterisiert das seine eigene eklektische Arbeitsweise. Neben Opitz, Fleming und anderen Zeitgenossen griff er als gebildeter Neulateiner auf die antike und humanistische Tradition zurück (u. a. Theokrit, Horaz, Martial, Caspar Barlaeus, John Owen). Sein Interesse an der Epigrammatik zeigen nicht nur Übertragungen von Texten Martials und John Owens, sondern auch, Frucht seiner in Rostock betriebenen orientalischen Studien, die *Centuria proverbiorum Alis Imperatoris Muslimici distichis latino-germanicis expressa* (1641), die neben einer wörtlichen lateinischen Übersetzung der arabischen Sprichwörter dichterische Fassungen in lateinischen Distichen und deutschen Alexandrinern enthalten. Seine enge Beziehung zu Opitz zeigt sich auch in seiner für das Schultheater bestimmten Bearbeitung von Opitz' Schauspiel *Judith*, zu der Matthäus Apelles von Löwenstern die Musik beisteuerte. Sie wurde 1643 in Thorn gespielt und 1646 gedruckt.

Tscherning verdankt seinen guten Ruf bei den Zeitgenossen der klassizistisch zurückhaltenden sprachlichen Gewandtheit, mit der er die Tradition der opitzianischen Kunstdichtung fortsetzte und sich dabei nur sehr vorsichtig Neuerungen öffnete. Sein Schüler Daniel Georg Morhof, der ebenfalls die mittlere klassizistische Linie vertrat (*Teutsche Gedichte*, 1682), hob die «sonderliche Reinligkeit und ungeschminckte Zierligkeit bey ihm» hervor, weswegen man ihn «billich unter Teutschlands Hauptpoeten zu setzen» habe (*Unterricht Von Der Teutschen Sprache und Poesie*, 1682, ²1700).

Einen ähnlichen klassizistischen Standpunkt wie Tscherning und Morhof vertrat auch Johann Peter Titz, der nach seiner Gymnasialzeit (Elisabeth-Gymnasium in Breslau, Danzig) und Studien in Rostock und Königsberg seit 1645 in Danzig lebte und lehrte. Sein Hauptwerk ist eine Poetik, die sich recht konservativ an Opitz orientierte, aber immerhin die von Buchner angeregten Erweiterungen (Daktylus) übernahm und mit ihrer Anschaulichkeit und unmißverständlichen Klarheit zur Konsolidierung der neuen Dichtungstheorie und -praxis beitrug (*Zwey Bücher Von der Kunst Hochdeutsche Verse und Lieder zu machen*, 1642). Titz' dichterische Produktion besteht neben Übersetzungen und einer epischen *Lucretia*-Dichtung in Alexandrinern (*Lucretia, sampt beygefügter Historischer Erklärung der dunckeln Orter*, um 1642/43) vor allem aus zahlreichen lateinischen und deutschen Gelegenheitsdichtungen. Er übersetzte u. a. Epigramme des Neulateiners John Owen (*Florilegii Oweniani centuria* [*– centuria altera*]*, colligente, versibusque germanicis experimente*, 1643–45) und poetische Alexandrinerepisteln des Niederländers Jacob Cats, darunter das früheste Beispiel eines deutschsprachigen Heldenbriefs (*Knemons Send-Schreiben an Rhodopen, Poetisch aufgesetzt / Vnd / durch vorhergehende kurtze Erzehlung der Geschichte von Rhodope, erkläret*, 1647). Titz' Werk zeichnet sich, bei weitgehender Anlehnung an Opitz, durch ein konsequentes Streben nach sprachlicher Reinheit und grammatischer Korrektheit aus, Eigenschaften, die auch seine eingängigen geistlichen und weltlichen Lieder prägen. Heinrich Albert nahm fünf in den sechsten Teil seiner *Arien* (1645) auf, darunter ein Lied an die Musen mit dem Refrain: «Die Musen machen, daß der Mann | Der Lob verdient, nicht sterben kan.»

In der zum Königreich Polen gehörenden Stadt Danzig, dem bedeutendsten Wirtschaftszentrum im Ostseeraum, konzentrierte sich das literarische Leben um das Akademische Gymnasium, an dem u. a. Johann Mochinger und Peter Crüger lehrten und dessen Ruf auch zahlreiche auswärtige Schüler wie Andreas Gryphius (1634–36), Christian Hoffmann von Hoffmannswaldau (1636–38) und Johann Peter Titz (1636–39) anzog. Für Titz wie für zahlreiche andere Schlesier wurde die vom Krieg verschonte Stadt später zur zweiten Heimat. Opitz verbrachte hier die letzten Jahre seines Lebens (1636–39). Zu dem literarischen Leben trugen neben den Professoren des Gymnasiums und den zeitweiligen Residenten auch Einheimische wie der Pfarrer Michael Albinus bei, der seit 1633 als Prediger in der Umgebung Danzigs wirkte, dann 1638 zum Diakon in der Stadt selbst berufen wurde, gefördert von Johann Mochinger. Als Verfasser zahlreicher Gelegenheitsgedichte, Friedensdichtungen, geistlicher Lieder und Epigramme (*Sibenmahl Sibentzig Epigrammata Oder: Heilige Überschrifften*, 1648), eines Weckrufs in 388 paarweise gereimten Alexandrinern angesichts des drohenden Jüngsten Gerichts (*Hertzens-Wekker*, 1650), aber auch eines allegorischen geistlichen Romans (*Geheimer Nachricht Sionitischer Walfart*, 1653) und eines christlich-erbaulichen Prosawerks zum *Lob des FeldLebens* (1638) erweist er sich als entschiedener Anhänger von Martin Opitz und der Literaturreform.

Bereits vorher hatte Johannes Plavius (Plauen), Leiter einer Danziger Privatschule, zwischen 1624 und 1630 in zahlreichen Gelegenheitsgedichten mit seinem Sinn für die musikalischen Möglichkeiten der Sprache (einschließlich des Gebrauchs des Daktylus) eine nicht mehr genau rekonstruierbare Rolle im Kulturleben der Stadt gespielt und dabei eine gewisse Unabhängigkeit vom Klassizismus des Literaturreformers demonstriert (s. S. 176). Seine Schule besuchte übrigens auch der früh verwaiste Landpredigersohn Michael Albinus.

Als Opitz 1638 von Danzig aus Königsberg besuchte, begrüßte man ihn hier im Königsberger Dichterkreis um Simon Dach mit einem elfstrophigen Gesang Dachs und des Komponisten Heinrich Albert. Sie rühmten ihn, «der Deutschen Wunder», als Stifter der deutschen Poesie, die sich nun vor «Welschlandt vnd Athen» nicht mehr zu verstecken brauche und dem dichterischen Schaffen im ganzen «Norden-Landt» als Ansporn und Vorbild diene:

> Was von vns hie wird bekant,
> Was wir singen oder geigen,
> Vnser Nahme, Lust vnd Ruhe
> Stehet Euch, Herr Opitz, zu.

Opitz war freilich nicht der einzige, den Simon Dach besang. Im Jahr 1635 schrieb er den Text für ein opernhaftes Festspiel zu Ehren des polnischen Königs (*Cleomedes*), und immer wieder verfaßte er anläßlich von Besuchen und Festen panegyrische Gedichte auf das brandenburgische Herrscherhaus. Damit erwarb er die Gunst des Kurfürsten, der ihm 1639 eine allerdings gering besoldete Professur für (lateinische) Poesie an der Königsberger Universität verschaffte und so den Lehrer der Kathedralschule «aus der Schulen Staub» errettete. Die formalen Anforderungen für die Professur erfüllte Dach übrigens erst 1640 mit einer verspäteten Magisterpromotion.

Die überwiegende Mehrzahl seiner Gelegenheitsgedichte galt jedoch weniger hohen Anlässen und Personen: Dach begleitete mit seinen Gedichten die Angehörigen des gehobenen Königsberger Bürgertums und teilweise auch des Adels von der Wiege bis zur Bahre. Diese Gebrauchslyrik begründete seinen Ruhm und war wohl, direkt und indirekt, recht einträglich. Sie stellt zwar den umfangreichsten und vielseitigsten, aber kaum den bedeutendsten Teil seines Schaffens dar. Zu diesem gehören vielmehr die Lieder, die im Freundeskreis um Robert Roberthin und Heinrich Albert entstanden und von diesem vertont und in seine *Arien* (1638–50) aufgenommen wurden, sowie die zwei umfangreichen reflektierenden Alexandrinergedichte *Klage über den endlichen Untergang und ruinirung der Musicalischen Kürbs-Hütte und Gärtchens* (1641) und *Danckbarliche Auffrichtigkeit an Herrn Robert Roberthinen* (1647), die zeigen, daß Dach nicht nur den liedhaften Ton beherrscht.

Die Kürbishütte, deren Zerstörung Dach beklagt, war der Ort im Garten des Komponisten Albert auf einer Insel im Pregel vor den Toren der Stadt. Hier trafen sich die Freunde zum Musizieren, Singen und Lesen

ihrer Texte: neben Dach und Albert die kurfürstlichen Beamten Robert
Roberthin und Andreas Adersbach, der Universitätsprofessor Christoph
Kaldenbach, der Prorektor Christoph Wilkow und einige andere – der
sogenannte Königsberger Dichterkreis. Die Lieder in Alberts *Arien*, darunter 120 Texte Dachs, sind ein beredtes Zeugnis dieser musikalisch-poe-
tischen Geselligkeit. Und da Dach keine Ausgabe seiner Gedichte veranstaltete, trugen Alberts *Arien* wesentlich zum überregionalen Ruhm des
Dichters bei.

Heinrich Albert hatte u. a. bei seinem Vetter Heinrich Schütz in Dresden Komposition studiert und wirkte seit 1630 als Domorganist in Königsberg. Sein Hauptwerk sind die in acht Teilen von 1638–50 erschienenen *Arien*, eine Sammlung von
rund 190 ein- und mehrstimmigen «theils Geistlicher / theils Weltlicher / zu gutten Sitten vnd Lust dienender Lieder» mit Generalbaß, die zu den bedeutendsten
Zeugnissen der Liedkomposition im 17. Jahrhundert zählt. Neben Dach sind Albert selbst, Robert Roberthin und Andreas Adersbach mit einer größeren Anzahl
von Texten (18, 16, 8) vertreten. Ausdruck der Königsberger Geselligkeit ist auch
Alberts kleine dreistimmige kantatenartige Komposition *Musicalische Kürbs-
Hütte / Welche vns erinnert Menschlicher Hinfälligkeit* (1641), mit der er seinen
«Wolthätern vnd Freunden / die mein geringes / nicht ohn spöttliches Bereden
vieler Leute new-angelegtes Gärtlein bißweilen zu ersuchen / mich würdigten /
eine Ergetzung zu machen» beabsichtigte. Albert schrieb auch die Musik zu Dachs
Festdichtungen.

Horto recreamur amoeno (Im schönen Garten erholen wir uns) ist ein
Lied Dachs überschrieben, das diesen Ort als Quelle der Inspiration besingt («Hauß der Reyme») und seine regenerierende Kraft angesichts eines eher kärglichen Lebens beschwört. Die Klage über die Zerstörung der
Kürbishütte in dem weit ausholenden Alexandrinergedicht ist daher mehr
als eine Klage über die Vergänglichkeit des Irdischen. Die Kürbishütte
überdauert in dem dichterischen Werk, das dort geschaffen wurde: «Mein
Lied sol mit der Zunfft der Götter mich vermengen, | Darauß mich weder
Fall noch Zeit noch Tod soll drengen. | Es ist kein Reim, wofern ihn Geist
vnd Leben schreibt, | Der vnß der Ewigheit nicht eilends einverleibt.»
Dachs enges Verhältnis zur Musik – er spielte Geige im Freundeskreis
– kam seinen Texten zugute, die sich in ihrer formalen und sprachlichen
Einfachheit als sehr sangbar erwiesen. Nicht nur Albert, sondern auch
weitere Komponisten vertonten Texte Dachs, z. B. sein ehemaliger Ge-
sangslehrer auf der Domschule, der Hofkapellmeister Johann Stobaeus,
und – über den Königsberger Kreis hinausweisend – der Schütz-Schüler
Constantin Christian Dedekind in der Liedersammlung *Aelbianische
Musen-Lust* (1657). Dachs berühmtestes Lied, das plattdeutsche Hoch-
zeitslied *Anke van Tharaw*, wurde ihm lange zugunsten von Albert abge-
sprochen. Inzwischen gilt Dach wieder als (wahrscheinlichster) Verfasser.
In der Vertonung Friedrich Silchers wurde es zum Volkslied (in der hochdeutschen Fassung von Johann Gottfried Herders *Volksliedern*, 1778, die

verkürzt in den ersten Band der Sammlung *Des Knaben Wunderhorn* von 1805 einging).

Das Lied *Perstet amicitiae semper venerabile Faedus!* (*Der verehrungs-würdige Freundschaftsbund bleibe immer bestehen!*) schlägt ein zentrales Thema im Werk Dachs an, das der Freundschaft. Hier verbinden sich in einem gänzlich unprätentiösen Ton Reminiszenzen antik-humanistischer Freundschaftsvorstellungen und christliche Gedanken: «Der Mensch hat nichts so eigen | So wol steht jhm nichts an, | Als daß Er Trew erzeigen | Vnd Freundschafft halten kan.» Das umfangreiche Alexandrinergedicht an Roberthin nimmt dieses Thema in sehr persönlicher Weise auf und gewährt einen kaum verstellten Blick auf einen wenig privilegierten Lebenslauf. Die schlicht-intime Schilderung seines Lebens und seines Verhältnisses zu Roberthin ist ein Loblied auf die Freundschaft, die allein Trost und Stütze in den irdischen Nöten bringt und hilft, das «Creutz» gottergeben zu tragen. Dabei kommt Dach nur zurückhaltend den zeitüblichen Tendenzen zur Stilisierung und Überhöhung ins Überpersönliche und Exemplarische entgegen. Die großen rhetorischen Gebärden sind seine Sache nicht, auch nicht in den reflektierenden Alexandrinergedichten.

Seine poetische Produktion, in deutscher und – in geringerem Maße – lateinischer Sprache, umfaßt etwa 1500 Gedichte. Zu seinen Lebzeiten blieb es weitgehend bei Einzelpublikationen der Gelegenheitsgedichte, abgesehen von den Liedern in Alberts *Arien* und einigen weiteren Texten in anderen Liederbüchern sowie dem Teildruck des Schauspiels *Prussiar-chus* (1644; späterer Titel *Sorbuisa*), das 1644 zum hundertjährigen Jubiläum der Universität aufgeführt wurde. Ende des Jahrhunderts sammelten zwei Publikationen die an das Herrscherhaus gerichteten Texte: *Chur-Brandenburgische Rose / Adler / Löw und Scepter* (o. J. [1681], ²1690) und *Poetische Werke / Bestehend in Heroischen Gedichten / Denen beygefügt zwey seiner verfertigten Poetischen Schau-Spiele* (1696).

Daß auch weiter im Norden, im Baltikum, die opitzianische Poesie präsent war, zeigt der gesellschaftlich-poetische Verkehr Paul Flemings in Reval, etwa mit seinem an Opitz' Sch*äfferey Von der Nimfen Hercinie* (1630) angelehnten und in Reval gedruckten *Gedichte* (1635) auf die Hochzeit des Revaler Gymnasialprofessors Reiner Brockmann.

3. Andreas Gryphius

Gryphius gehört zu den wenigen Dichtern des 17. Jahrhunderts, die mehr als eine nur wissenschaftliche Rezeption erfahren haben. Vor allem nach dem Zweiten Weltkrieg erhielten seine Gedichte von Klage und Angst, von Melancholie und Vergänglichkeit, von Kriegsgreueln, Glaubensnot und Glaubenshoffnung eine neue Aktualität. Sie wurden verstanden als unmittelbarer Ausdruck der existentiellen Erfahrungen des Autors in einer der Gegenwart vergleichbaren heillosen Zeit, als Dokumente der inneren und äußeren Not, aber auch des Trostes und der Hoffnung. Das ist zwar eine einseitige, ergänzungsbedürftige Sicht, aber sie verweist auf einige wichtige Aspekte seines Schaffens. Denn so sehr biographische Deutungen gerade in der Literatur des 17. Jahrhunderts problematisch bleiben und Gryphius selbst in scheinbar autobiographischen Gedichten durch distanzierende Darstellungstechniken konsequent Barrieren gegen voreilige Identifikationsversuche errichtet, so wird doch deutlich, daß er seine Dichtung als Medium der persönlichen Auseinandersetzung mit der Welt – der realen gesellschaftlichen und politischen Verfassung wie auch ihrer geistigen und religiösen Grundlagen – versteht. Dabei gehen die eigenen Erfahrungen in die Darstellung der allgemeinen Krisenerscheinungen und Katastrophen ein, und indem er sie objektiviert, verleiht Gryphius ihnen den exemplarischen Charakter, den die humanistische Poetik verlangt.

Bereits in seiner ersten Gedichtsammlung in deutscher Sprache, den 1637 im polnischen Lissa gedruckten *Sonneten*, fand Gryphius zu einem neuen, eigenen Ton. Die *Lissaer Sonette* bilden dann den Grundbestand des ersten Buchs der Sonette (*Sonnete. Das erste Buch*, 1643); 1650 folgte ein zweites Sonettbuch in einer vom Dichter nicht autorisierten Sammelausgabe (*Teutsche Reim-Gedichte*). Vorausgegangen waren schon 1639 die in zwei Bücher gegliederten *Son- undt Fëyrtags-Sonete*, die in den Werkausgaben von 1657 (*Deutscher Gedichte / Erster Theil*) und 1663 (*Freuden und Trauer-Spiele auch Oden und Sonnette*) als drittes und viertes Buch der Sonette erschienen. Den insgesamt vier Sonettbüchern, die von Christian Gryphius durch die Sonette aus dem Nachlaß ergänzt wurden (*Andreae Gryphii um ein merckliches vermehrte Teutsche Gedichte*, 1698), stehen ebenfalls vier Odenbücher zur Seite, die seit 1643 erschienen und wie die Sonette erst in den Ausgaben von 1657 und 1663 geschlossen abgedruckt wurden. Sie enthalten neben Kirchenliedern Pindarische Oden von höchster rhetorischer Expressivität in der von Ronsard ausgehenden und durch Opitz und Weckherlin vermittelten Tradition, allerdings mit biblischer Thematik. In das vierte Odenbuch nahm Gryphius mit den liedhaften *Thränen über das Leiden JEsu Christi* (entstanden um 1635; Erstdruck 1652) seine frühesten deutschsprachigen Dichtungen auf: liedhafte Paraphrasen des Passionsgeschehens auf der Basis einer Evangelienharmonie des 16. Jahrhunderts. Seine Nähe zu Erbauungsliteratur und Kirchenlied zeigt sich auch in seiner Bearbeitung einer Liedersammlung Josua Stegmanns (*Himmel Steigente HertzensSeüfftzer*, 1665) und in den Übersetzungen altlateinischer Hymnen (*Übersetzete Lob-Gesänge / Oder Kirchen-Lieder*, 1660). Daneben ist Gryphius besonders der neulateinischen Dichtung verpflichtet: Lateinische Bibelepen stehen am Anfang seines Schaffens; in den *Lissaer Sonetten* beruhen drei Gedichte auf lateinischen Vorlagen, und den von Jacob Balde angeregten *Kirchhoffs-Gedancken* (zuerst in der Ausgabe von 1657) sind Übersetzungen von zwei thematisch verwandten Oden des Jesuiten beigegeben. Humanistischen Vorbildern folgen die deutschen und lateinischen Epigrammbücher, die außerhalb der Sammelausgaben erschienen: *Epigrammata. Das erste Buch* (1643), *Epigrammatum liber I* (1643) und – als vermehrte Ausgabe der deutschen Epigramme – *Epigrammata Oder Bey-Schrifften* (1663).

Bereits dieser Überblick gibt einen Hinweis auf die Traditionen, die das lyrische Werk von Andreas Gryphius prägen: einerseits die der geistlichen Passions- und Perikopenliteratur, andererseits die der neulateinischen und deutschsprachigen humanistischen Kunstdichtung und ihrer Formensprache. Da sie sich auf vielfältige und komplexe Weise verbinden können, hat es seinen Sinn, daß Gryphius in den Sammelausgaben entgegen der seit Opitz üblichen Praxis auf die Unterscheidung zwischen geistlichen und weltlichen Poemata verzichtete.

Andreas Gryphius wurde 1616 im schlesischen Glogau geboren. Sein Vater, Generalvikar in Glogau, kam 1621 auf ungeklärte Weise während der religiösen Auseinandersetzungen in Glogau nach der Niederlage Friedrichs V. von der Pfalz, des ‹Winterkönigs›, ums Leben. Das Gymnasium in Glogau, das Gryphius seit diesem Jahr besuchte und an dem auch sein Stiefvater Michael Eder lehrte, wurde 1628 im Zug der Rekatholisierungspolitik Wiens geschlossen; im selben Jahr starb seine Mutter. Erst 1632 konnte Gryphius wieder eine Schule, das Gymnasium in Fraustadt, besuchen. 1634 wechselte er auf das Akademische Gymnasium in Danzig und gelangte damit aus der schlesischen Provinz in eine wirtschaftlich, wissenschaftlich und künstlerisch bedeutende Metropole. Hier vermittelten ihm seine Lehrer Johann Mochinger, Professor für Rhetorik, und Peter Crüger, Professor für Mathematik und Poesie, den Zugang zur neuen deutschen Dichtung; beide standen in enger Beziehung zu Martin Opitz. In der Danziger Zeit entstanden Gryphius' erste Dichtungen in deutscher Sprache; zugleich setzte er seine lateinische Produktion, die in Fraustadt mit *Herodes furiae et Rachelis lachrymae* (1634) begonnen hatte, mit einem weiteren Bibelepos fort (*Dei vindicis impetus et Herodis interitus*, 1635).

Die Jahre 1636–38 verbrachte Gryphius als Hauslehrer auf dem in der Nähe von Freystadt gelegenen Gut des Kaiserlichen Pfalzgrafen Georg von Schönborn, Verfasser einer Staatslehre mit neustoischen Zügen, die ein patriarchalisch-protestantisches Fürstentum propagierte (*Politicorum libri VII*, 1614). Schönborn unterstützte die Veröffentlichung der *Lissaer Sonette*, der ersten Sonettsammlung von Gryphius, und krönte ihn im November 1637 zum Dichter. Dazu ernannte er ihn zum Magister und verlieh ihm – wohl nicht ganz rechtmäßig – den Adelstitel; Gryphius benutzte ihn nie. Ende des Jahres 1637 – ein Jahr des Todes und der Katastrophen auch für die nächsten Angehörigen von Gryphius – starb sein Mäzen Schönborn; Gryphius hielt die Leichenrede.

Im Sommer 1638 begleitete Gryphius die beiden Söhne Schönborns und einige andere Schlesier zum Studium nach Leiden, wo er sich ebenfalls immatrikulierte und die Jahre bis 1644 zu intensiven Studien nutzte. Seine besonderen Interessen galten der Staatslehre und den modernen Naturwissenschaften einschließlich der Anatomie. Von 1644 bis 1646 begleitete er den Stettiner Kaufmannssohn Wilhelm Schlegel mit einer kleinen Gesellschaft auf einer Bildungsreise durch Frankreich (Paris, Angers, Marseille) und Italien (Florenz, Rom, Bologna, Venedig). In Rom lernte er u. a. den jesuitischen Universalgelehrten Athanasius Kircher kennen, mit dem er später auch korrespondierte. Die Reiseeindrücke schlugen sich in einer Reihe von Gedichten nieder; der Republik Venedig widmete er sein lateinisches Bibelepos *Olivetum libri tres* (1646), das er dem Senat selbst überreichte.

Während des anschließenden Aufenthalts in Straßburg (1646–47) vollendete er den *Leo Armenius*, Beginn seiner Schauspielproduktion. Danach kehrte er nach Schlesien zurück. Rufe an mehrere Universitäten lehnte er 1648 ab und trat statt dessen, seit 1649 mit Rosine Deutschländer verheiratet, 1650 das Amt eines Syndikus (Rechtsbeistands) der evangelischen Landstände in Glogau an. Seine beruflichen Aufgaben, aber auch seine Freundschaft mit Hoffmannswaldau und das Interesse des dortigen Schultheaters an seinen Stücken führten ihn oft nach Breslau. Zu seinen engen Freunden zählte auch Daniel Czepko. Als Vertreter der Interessen und Rechte der Landstände gegen die Habsburgische Rekatholisierungspolitik gab Gryphius eine Sammlung der Glogauer Landesprivilegien mit Dokumenten in lateinischer, deutscher und tschechischer Sprache heraus (*Glogauisches Fürstenthumbs Landes Privilegia*, 1653). 1662 wurde er – recht spät – als «Der Unsterbliche» in die Fruchtbringende Gesellschaft aufgenommen. Er starb am 16. Juli 1664 während einer Sitzung der Landstände am «plötzlichen Schlag-Flusse», wie sein Biograph Baltzer Siegmund von Stosch im Rahmen der Leichabdankung schrieb (*Last- und Ehren- auch Daher immerbleibende Danck- und Denck-Seule / Bey vollbrachter Leich-Bestattung Des [...] Herrn Andreæ Gryphii [...], In einer Abdanckungs-Sermon auffgerichtet*, 1665).

Gryphius' Nachruhm als Lyriker gründet sich vor allem auf seine Sonettdichtung. Bereits in den im polnischen Lissa erschienenen Sonetten von 1637 setzte er eigene Akzente. Er fand gegenüber dem opitzianischen Klassizismus zu einer unverwechselbaren lyrischen Sprache, die nicht – wie etwas später bei Philipp von Zesen und den Nürnbergern – auf ästhetisch-sprachlicher Sensibilität und formalen Experimenten gründete, sondern auf einem bisher in deutscher Lyrik unerhörten Pathos der Rede, das sich das ganze affekterregende Repertoire der Rhetorik zunutze machte. Das geschah allerdings durchaus auf der Basis der Opitzschen Metrik und Poetik, deren Vorgabe ihn auch – neben dem Bestreben nach rhetorischer Intensivierung und bildlicher Prägnanz – zu zahlreichen Änderungen in späteren Auflagen seiner Dichtungen veranlaßte.

Gryphius' erste Gedichtsammlung enthält neben einigen Beigaben 31 Sonette, die dann bis auf zwei Texte in das erste Sonettbuch von 1643 eingingen. Am Anfang steht als Parallele zum Musenanruf ein Sonett an den Heiligen Geist, dem drei Sonette über den leidenden und gekreuzigten Christus folgen und den kreuzestheologischen Ausgangspunkt von Gryphius' religiösem Denken unterstreichen. Nach einem in seiner Deutung umstrittenen Gedicht über ein alttestamentarisches Thema (*Gedenkket an des Loths Weib*) – Exempel über Sünde und Strafe oder ein Paradox der Nächstenliebe? – schließen sich Sonette über die ‹Welt› an, deren Gegenstände vom allgemeinen Vanitas-Verdikt über die Hinfälligkeit und Gebrechlichkeit des Menschen hin zu positiven und negativen Beispielen menschlichen Lebens reichen. Eine thematische Abrundung am Ende fehlt; allerdings lassen sich – trotz der Gefahr spekulativer Überinterpretation – Hinweise auf ein strukturierendes zahlensymbolisches Bezugssystem erkennen. Einen überzeugenden übergreifenden thematischen Zusammenhang stellen dann die beiden Sonettbücher von 1643 bzw. 1650 her.

Gryphius fügt die zweimal fünfzig Sonette der beiden Bücher in einen heilsgeschichtlichen Rahmen ein: Der zweifachen Anrufung *An GOtt den Heiligen Geist* folgen Sonette über die entscheidenden Stadien der Lebens- und Leidensgeschichte Christi; das Ende des zweiten Sonettbuchs schließt den Rahmen mit Sonetten über die vier letzten Dinge – *Der Todt, Das Letzte Gerichte, Die Hölle, Ewige Frewde der Außerwehlten* –, denen als Abschluß ein Sonett auf den Propheten Elias folgt, der im Feuerwagen mit feurigen Rossen gen Himmel fuhr (2. Könige 2, 11) und dessen Wiederkehr in der Endzeit erwartet wurde. Zwischen Anfang und Ende stehen die Gedichte auf irdische Dinge, darunter Vanitas-Sonette wie *Es ist alles eitell* oder *Menschliches Elende* und weitere Texte dieser Thematik mit persönlichem Bezug oder auch mit einer zeitgeschichtlichen Dimension wie die berühmten *Threnen des Vatterlandes / Anno 1636 (Trawrklage des verwüsteten Deutschlandes* in den Lissaer Sonetten). Die Märtyrerthematik seiner Trauerspiele nimmt das Sonett *An einen Vnschuldig Leidenden* voraus. Damit kontrastieren bis zu einem gewissen Grad Hochzeits-, Liebes-, Tugend- und Lobgedichte, die ausdrücklich den Wert des irdischen Lebens und die Leistungen des Menschen hervorheben, satirische Sonette, Grabschriften, Erinnerungen an Gryphius' römischen Aufenthalt, meditative Texte mit Betrachtungen der Natur oder Reflexionen über das eigene Ich und anderes. Das Irdische steht zwar im Zeichen der Vergänglichkeit, ist aber zugleich der Ort der Bewährung des Christenmenschen, der – auch im geduldigen Ertragen von Leid und Schmerz – sein Leben im Hinblick auf die durch Christus verheißene Erlösung, auf die Hoffnung des ewigen Lebens auszurichten verpflichtet ist. Dabei findet die umfassende heilsgeschichtliche Perspektive ihren Ausdruck in der Komposition des Sonettzyklus, die zugleich die Trennung von geistlicher und weltlicher Poesie aufhebt.

Unter den Vanitas-Gedichten sind die am eindrucksvollsten, die die Reflexion über die Beschaffenheit des menschlichen Lebens – «Was sind wir menschen doch?» – als Äußerungen eines persönlichen und zugleich exemplarisch verstandenen Ich in extremen Situationen gestalten. Dazu gehören Sonette wie *Threnen in schwerer kranckheit* (zwei Sonette mit gleicher Überschrift), *An die Freunde, An die vmbstehenden Freunde* oder *An sich Selbst.* Sie schildern in krassen, lapidaren Worten den menschlichen Verfall und führen als meditative Vergegenwärtigung des eigenen Todes zugleich zur Erkenntnis der wahren, unter dem Gesetz der Vergänglichkeit stehenden Beschaffenheit des Menschen überhaupt:

> *An sich Selbst*
> Mir grawet vor mir selbst / mir zittern alle glieder
> Wen ich die lipp' vnd naß' vnd beider augen kluft /
> Die blindt vom wachen sindt / des athems schwere luft
> Betracht / vndt die nun schon erstorbnen augen-lieder:
>
> Die zunge / schwartz vom brandt felt mitt den worten nieder /
> Vndt lalt ich weis nicht was; die müde Seele ruft /
> Dem grossen Tröster zue / das Fleisch reucht nach der gruft /
> Die ärtzte lassen mich / die schmertzen kommen wieder /
>
> Mein Cörper ist nicht mehr als adern / seel / vndt bein.
> Das sitzen ist mein todt / das liegen meine pein.
> Die schenckel haben selbst nun träger woll von nöthen!
>
> Was ist der hohe ruhm / vndt jugendt / ehr und kunst?
> Wen diese stunde kompt: wirdt alles rauch vndt dunst.
> Vnd eine noth mus vns mitt allem vorsatz tödten.

Mit dieser Form des Selbstbildnisses griff Gryphius einen Gedichttyp auf, der auf Pierre de Ronsard zurückgeht und den er auch über Opitz kennenlernen konnte. Dieser hatte 1626 einen dieser Texte, das Sonett «Je n'ai plus que les os, un squelette je semble, | Décharné, dénervé, démusclé, dépulpé» (postum in *Les derniers vers*, 1586), in der *Trostschrifft* an den Breslauer Verleger David Müller übersetzt: «Ich bin nur Haut vnd Bein / bin durch deß Todes Klawen | Geädert / abgefleischt / verdörrt vnd außgewacht.»

Das ist nicht die einzige Verbindung zwischen Opitz und Gryphius. Wie die anderen Dichter seiner Generation baute Gryphius auf dem von Opitz gelegten Fundament auf. Er wich bis auf gelegentliche Daktylen nicht von den von ihm vorgeschlagenen Versmaßen und Formen ab und orientierte sich in den Überarbeitungen seiner Texte an Opitzschen Normen – und gleichwohl durchbrach er mit seinem expressiven rhetorischen Pathos die Grenzen der humanistischen Maßhaltepoetik. Wie fruchtbar der Rückgriff auf Opitz sein konnte, zeigt das Beispiel der zuerst 1637 in den Lissaer Sonetten gedruckten *Trawrklage des verwüsteten Deutschlandes.* Gryphius verwendet hier Motive und sprachliche Formulierungen aus dem *TrostGedichte In Widerwertigkeit Deß Krieges* (1633) von Opitz und verdichtet diese Elemente, in Opitz' großem epischen Gedicht über Hunderte von Versen verstreut, in visionärer Kraft zu einem apokalyptischen Bild des von den Schrecken des Krieges heimgesuchten Landes.

Wie die Texte, die von Krankheit und Tod sprechen, direkt oder indirekt auf das Ziel des menschlichen Lebens verweisen – «die müde Seele ruft / | Dem grossen Tröster zue» –, so zielen auch die Texte, in denen

Gryphius von der Natur zu sprechen scheint, auf ihre heilsgeschichtliche Bedeutung und das Seelenheil des einzelnen. So sind weder die Sonette *Einsambkeit* und *An die Sternen* noch die Tageszeiten-Sonette *Morgen Sonnet, Mittag, Abend* und *Mitternacht* Natur-, Landschafts- oder Stimmungsgedichte. Vielmehr lenkt die Betrachtung der Natur die Gedanken auf den Menschen und seine heilsgeschichtliche Bestimmung: «Vnd wenn der letzte Tag wird mit mir abend machen / | So reiß mich auß dem thal der Finsternuß zu Dir» (*Abend*). Die Naturgegenstände und -elemente haben verweisenden Charakter, sind ‹Sinnenbilder›, die zur Meditation anleiten und deren Bedeutung häufig in der Tradition der christlich-allegorischen Naturauslegung zu suchen ist. Dabei nähert sich die Form mancher Sonette der des Emblems mit seinem dreiteiligen Aufbau.

Charakteristisch für diesen Typus des emblematischen Gedichts sind etwa die Sonette *Ebenbildt vnsers lebens* – das Schachspiel als Allegorie des menschlichen Lebens – oder *An die Welt* mit der zur Allegorie erweiterten Schiffahrtsmetapher. So folgt in diesem Sonett der Überschrift *An die Welt* in den ersten beiden Quartetten entsprechend der *pictura* des Emblems die Darstellung der gefährlichen Schiffahrt auf stürmischer See als Bild des menschlichen Lebens, während die abschließenden Terzette vom Ziel her die Deutung bringen, auf den Tod als Erlösung verweisen und der Not des irdischen Daseins den himmlischen Frieden entgegenstellen.

Die religiöse Thematik vertiefen die *Son- undt Fëyrtags-Sonnete* (1639), die in den späteren Sammelausgaben das 3. und 4. Buch der Sonette ausmachen und wie die ersten Sonettbücher einen Zyklus von 100 Texten bilden. Die *Son- undt Fëyrtags-Sonnete* entstanden in den Jahren 1636 bis 1638 und gehören damit zu Gryphius' frühem deutschsprachigen Werk: Im Schlußsonett (*Vber seine Sonn- vnd Feyertags Sonnette*) in der Fassung von 1657 spricht Gryphius rückblickend von «Blumen Erstes Mertzen» und bittet die Kritiker um Nachsicht («Bemüht euch ferner nicht: Ich sag' es was mir fehlt | Daß meine Kindheit nicht gelehrt doch fromm gewesen»). Die (ursprünglich) 65 Sonn- und 35 Feiertagssonette – in den umgearbeiteten späteren Ausgaben sind es 64 und 36 Sonette – stehen in der Tradition der Perikopenauslegung und -dichtung; direkte Beziehungen zu Johann Heermann und Johann Arndt lassen sich nachweisen. Im Unterschied allerdings zu den anschaulich erzählenden und locker reihenden Perikopenliedern Heermanns handelt es sich bei Gryphius um konzentrierte Meditationslyrik durchaus persönlichen Charakters.

Zwar sind die Themen durch die Perikopen vorgegeben, doch Auswahl, Akzentuierung und Sprache machen deutlich, daß es nicht um die erbaulich-belehrende Paraphrase biblischer Texte geht, sondern daß in den *Son- undt Fëyrtags-Sonneten* eine Auseinandersetzung existentieller Art mit dem Bibeltext stattfindet. Die Sonette sind ein Dokument der

Orientierung und Selbstvergewisserung, des Ringens um Glaubensge-wißheit in Zeiten der Not und Anfechtung. Das *Beschlus Sonnet* der er-sten Fassung (die spätere Version ist zurückhaltender) unterstreicht mit seinen autobiographischen Bezügen in den ersten beiden Quartetten diese Lesart:

> Umbringt mitt höchster angst, vertäuft in grimme schmertzen,
> Besturtzt durch schwerdt und fewr, durch libster freunde todt,
> Durch blutverwandter flucht und elendt, da uns Gott
> Sein wort, mein licht, entzog: als toller feinde schertzen
>
> Als falscher zungen neidt drang rasends mir zue hertzen,
> Schrib ich, was itz kombt vor, mir zwang die scharffe noth,
> Die federn in die faust.

Indem Gryphius die einzelnen Sonette in der Regel nicht auf den voll-ständigen Perikopentext bezieht und diesen schon gar nicht nacherzählt, sondern auf einzelne Verse oder ausgewählte Teile gründet, sorgt er für eine deutliche Konzentration auf die ihm wichtigen Themen oder Motive. Die Form des Sonetts und Gryphius' souveräne Aneignung des neuen rhetorischen Stils humanistischer Prägung begünstigen diese Tendenz. Rhetorische Figuren wie die Anapher prägen ganze Sonette oder einzelne Teile, tragen zur Intensivierung, Geschlossenheit und Zielstrebigkeit bei. Andere Sonette basieren auf der Entfaltung eines einzelnen Bildes, wie es etwa die knappe Erzählung des Sturms und seiner Stillung (Matthäus 8, 23–27) aus der Perikope zum 4. Sonntag nach Epiphanias vorgibt (*Auff den Sontag des schlummernden Helffers / oder den IV. nach dem Fest der Weisen*). Zugleich ist es ein Beispiel dafür, wie Gryphius eigene Fragen an den Bibeltext heranträgt und Zweifel artikuliert. Er dramatisiert das bibli-sche Geschehen mit den Mitteln einer affektiven Rhetorik, projiziert es auf die Gegenwart und ruft nach dem Helfergott, der in der biblischen Wundergeschichte das Meer beruhigt hat, ein Anruf, der in der aktuellen Notsituation (noch) ohne Antwort bleibt («Auff! Auff / wach auff HErr Christ / schau wie die Winde toben!»).

Gryphius' Lyrik führt immer wieder zurück zu einigen zentralen The-men: auf die Vorstellung von der Eitelkeit und Vergänglichkeit des Irdi-schen, auf das Leid und die existentielle Not des Menschen zwischen Glaubensanfechtung und -hoffnung, auf den heilsgeschichtlichen Kon-text des irdischen Lebens. Mit dieser Thematik steht Gryphius angesichts der Massenhaftigkeit religiöser Dichtung im 17. Jahrhundert gewiß nicht allein, wohl aber mit der rhetorischen Intensität und Dynamik, der Kraft der «Zentner-Worte» (Lohenstein), mit der er diese Themen gestaltet. Al-lerdings kontrastiert mit den zahllosen Variationen über den biblisch-ba-rocken Gemeinplatz von der Vergänglichkeit alles Irdischen nicht nur ein auffälliges Interesse an der modernen Wissenschaft, sondern auch der persönliche Einsatz für die Belange seines Landes.

Die Vorbehalte der konservativen Theologen gegen die *curiositas*, die Hans Blumenberg unter dem Begriff der «theoretischen Neugierde» als Kennzeichen des modernen Menschen sieht, teilte Gryphius nicht. Das zeigt sich nicht nur in seinem fortdauernden Interesse an der Wissenschaft – zuletzt demonstriert durch die Teilnahme an einer Sektion ägyptischer Mumien in Breslau (1658) und ihre wissenschaftliche Auswertung in der Schrift *Mumiae wratislavienses* (1662) –, sondern auch in seiner dichterischen Auseinandersetzung mit dem kopernikanischen Weltbild. Der Mathematiker und Astronom Peter Crüger hatte ihn in Danzig damit vertraut gemacht, in einer Zeit, als der erzwungene Widerruf Galileis erst zehn Jahre zurücklag und die lutherische Theologie im Anschluß an Luther und Melanchthon ebenfalls am alten geozentrischen Weltbild festhielt.

Offene Bekenntnisse zum heliozentrischen Weltbild waren in dieser Situation im Reich, anders als in den Niederlanden oder in England, selten. Zu den Ausnahmen gehört der ebenfalls naturwissenschaftlich interessierte Johann Rist, Pfarrer in Wedel bei Hamburg, der in einem Reiseglückwunschgedicht des Jahres 1645 mit den Versen «Kein König ist so groß / kein Fürst' hat solche Macht / | Den Wahrheit nicht zu letst hatt' unter sich gebracht» zum Lob der Vertreter des ‹neuen› Weltbilds von Pythagoras über Kopernikus bis hin zu Kepler und Galilei und anderen anhebt und gegen die Verfechter der alten Lehre polemisiert: «Kopernikus hat uns Teütschen daß gewiesen / | Daß nie verstanden ward / nun aber wird gepriesen | So weit der Himmel geht. […] | Geht nun / Ihr Spötter geht / Ja laufft im vollen Trab' | Und weiset erst wer hie so grob gelogen hab' / | | O Wahrheit Feinde!» (*Neüer Teütscher Parnass*, 1652)

Der Sternenhimmel war ein beliebter Gegenstand meditativer Betrachtungen bei Dichtern aller Konfessionen, wobei es in der Regel nicht um Stellungnahmen zu den konkurrierenden Weltbildern ging. Diese Gedichte sind vielmehr häufig Ausdruck einer mystisch getönten Naturfrömmigkeit, wie etwa bei Friedrich Spee (z. B. im Lied *Anleitung zur erkandnus vnd Liebe des Schöpffers auß den geschöpffen* in der *Trutznachtigall*) oder Catharina Regina von Greiffenberg in ihrem Sonett *Wunsch-Gedanken / in Anschauung des Gestirnten Himmels* und dem Lied *Bey Ansehung der Sternen / Wunsch-Gedanken*. Auch Gryphius' Sonett *An die Sternen* ist ein christliches Meditationsgedicht ohne Hinweis auf das heliozentrische Weltbild, und das menschliche Erkenntnisvermögen erscheint angesichts der in feierlichem Ton beschworenen Unermeßlichkeit und Schönheit dieses Schöpfungswunders als durchaus unzulänglich («Wir blinden sterblichen! was wollen wir vns trawen!»). Aber wenn Gryphius thematisch von der wissenschaftlichen Leistung ausgeht, treten andere Aspekte in den Vordergrund. So rühmt eine Reihe von Epigrammen ausdrücklich den modernen Forschergeist und speziell auch die Leistung des Kopernikus. Das geschieht in dem Vierzeiler auf einen Himmelsglobus auf der Grundlage des kopernikanischen Weltbilds, wie er ihn bei Peter Crüger sehen konnte:

> Schaw hir des Himmels Bild / diß hat ein Mensch erdacht /
> Der doch auff Erden saß: O übergrosse Sinnen /
> Die mehr denn iemand schawt durch forschen nur gewinnen!
> Soll diß nicht himlisch seyn was selber Himmel macht?
> (*Uber die Himmels Kugel*)

Und es wiederholt sich in dem Epigramm *Uber Nicolai Copernici Bild*, das von einem Porträtgedicht des niederländischen Neulateiners Caspar Barlaeus aus dem Jahr 1634 inspiriert ist. Gryphius würdigt Kopernikus als den großen Geist, der der Alten «Träum und Dünckell» – d. h. das ptolemäische Weltbild – widerlegt habe. Dabei verbindet er das Personenlob mit dem rühmenden Hinweis auf die epochemachende Erkenntnis der Kreisbewegung der Erde um die feststehende Sonne. Zugleich steht das Gedicht für die Komplexität von Gryphius' Werk, das in der Auseinandersetzung mit einer als durchaus unheilvoll erlebten Zeit und den religiösen Vorgaben der lutherischen Theologie sich die individuelle Freiheit des Denkens als geistiges Erbe von Humanismus und Renaissance bewahrt:

> Du dreymal weiser Geist / du mehr denn grosser Mann!
> Dem nicht die Nacht der Zeit die alles pochen kan /
> Dem nicht der herbe Neyd die Sinnen hat gebunden /
> Die Sinnen / die den Lauff der Erden new gefunden.
> Der du der alten Träum und Dünckell widerlegt:
> Und Recht uns dargethan was lebt und was sich regt:
> Schaw itzund blüht dein Ruhm / den als auff einem Wagen /
> Der Kreiß auff dem wir sind muß umb die Sonnen tragen.
> Wann diß was irrdisch ist / wird mit der Zeit vergehn /
> Soll dein Lob unbewegt mit seiner Sonnen stehn.

4. Ästhetische Sensibilisierung und Innovation

Gryphius übte Zurückhaltung gegenüber formalen Neuerungen und hielt sich bis auf gelegentliche Daktylen, eindrucksvoll eingesetzt etwa in dem Sonett *Mitternacht*, an die Vorgaben des opitzianischen Reformprogramms. Im Unterschied zu dieser allerdings mit großem rhetorischen Pathos verbundenen Haltung ging es seit den vierziger Jahren einer Reihe von Dichtern vor allem darum, die formalen Möglichkeiten der Versdichtung zu erweitern und die Dichtersprache ästhetisch zu sensibilisieren. Es

waren die Buchner-Schüler Philipp von Zesen und Johann Klaj, und mit
diesem die anderen Gründungsmitglieder des Pegnesischen Blumenordens Georg Philipp Harsdörffer und Sigmund von Birken, die den opitzianischen Klassizismus von einer anderen Seite her in Frage stellten.
   Als eine Art Vorläufer kann Johannes Plavius gelten. Er veröffentlichte
1630 in Danzig einen dreiteiligen Gedichtband mit deutschen und lateinischen Texten (Titelblatt nicht erhalten), der neben Gelegenheitsgedichten
für Danziger Bürger (‹Trauer- und Treugedichte›) 100 christlich-neustoische *Lehr-sonnette* enthält. Die inhaltlich eher monotonen, aber mit allen
möglichen Reimformen experimentierenden Sonette können geradezu als
Paradigmen für die sozialdisziplinierende Funktion von Dichtung in der
Frühen Neuzeit gelten: *Hüte dich für fressen und sauffen*, *Förchte Gott*,
Ehre vater und mutter, aber auch *Sey der Obrigkeit unterthan*, lauten
einige der Überschriften. Die rund 70 deutschen Gelegenheitsgedichte,
darunter auch Hochzeitsgedichte, zeigen neben formaler und metrischer
Vielfalt einen hochentwickelten Sinn für die Klangmöglichkeiten der
Sprache. Assonanzen, Binnenreime und Anaphernketten, aber auch die
vor der Legitimation durch Buchner und Zesen eingesetzten daktylischen
und anapästischen Verse dienen der Steigerung der Klangeffekte und der
rhythmischen Beweglichkeit. Lieder, Sonette, Epigramme, Pindarische
Oden, längere Alexandrinergedichte, aber auch ein hochzeitliches «Deutsches Sapphicum» mit dreifachem Reim gehören zu seinem innovativen
Repertoire:

> Lustige Sappho / lass die säiten klingen /
> Edele Musen / fanget an zusingen /
> Liebliche nymphen / schicket euch zuspringen /
>   tantzen vnd schertzen.

   Über den Autor ist wenig bekannt. Plavius bzw. Plauen wurde um 1600 in Thü-
ringen geboren und lebte seit etwa 1624 in Danzig, besaß den Magistergrad und
leitete nachweislich (mindestens) seit 1628 eine private Schule. Er verkehrte mit
den an der neuen deutschen Dichtung interessierten Professoren des Danziger
Akademischen Gymnasiums Peter Crüger und Johann Mochinger, der auch Opitz
auf ihn aufmerksam machte. Nach dem Erscheinen des Gedichtbandes von 1630
verliert sich seine Spur. In den vierziger Jahren war sein Werk aber noch bekannt
und fand durchaus Anerkennung gerade auch bei den für Neuerungen aufgeschlossenen Autoren wie Harsdörffer und Zesen, der u. a. aus Plavius' sapphischer
Ode zitiert. Neben seinen deutschen und lateinischen Gedichten veröffentlichte
Plavius ein lateinisches Schulbuch (*Praecepta logicalia*, 1628) und eine an Scaliger
orientierte lateinische Poetik (*Institutio poetica compendiosissima*, 1629).

Philipp von Zesen

Im umfangreichen lyrischen Schaffen Philipp von Zesens nimmt das Lied
eine beherrschende Stellung ein. Während er in seiner geistlichen Lied-

dichtung gemäß den Gattungsvorgaben stilistisch relativ zurückhaltend verfährt, entfaltet er in der weltlichen Poesie seine ganze formale und sprachliche Virtuosität. Sie zeigt sich bereits in den Mustertexten, mit denen er im zweiten Teil seiner Poetik (*Deutsches Helicons Ander Theil*, 1641) seine über Opitz hinausgehenden Vorstellungen illustriert, und prägt dann auch die Lieder seiner wichtigsten Sammlungen: *Frühlings-Lust oder Lob- und Liebes-Lieder* (1642), *Dichterische Jugend-Flammen* (1651), *Schöne Hamburgerin* (1668), *Die Reinweisse Hertzogin* (1668) und *Dichterisches Rosen- und Liljen-tahl* (1670). Unter den Komponisten, die seine Texte vertonten, zählen die Hamburger Kirchenmusiker Matthias Weckmann und Johann Schop zu den bedeutendsten.

Philipp von Zesen (1619 Priorau bei Dessau – 1689 Hamburg) stammte aus einem lutherischen Pfarrhaus und besuchte nach dem von dem Grammatiker Christian Gueintz geleiteten Gymnasium in Halle die Universität in Wittenberg (Magister 1641). Hier beeinflußte Augustus Buchner seine poetologischen Vorstellungen entscheidend, und Zesen machte dessen Legitimation daktylischer und anapästischer Verse als erster öffentlich (*Deutscher Helicon*, 1640). Über Hamburg gelangte Zesen 1642 in die Niederlande, wo er 1642/43 eine eigene Sprachgesellschaft gründete, die Deutschgesinnte Genossenschaft. Versuche, in Deutschland Fuß zu fassen, scheiterten trotz akademischer Qualifikation, Aufnahme in die Fruchtbringende Gesellschaft (1648; Gesellschaftsname «Der Färtige»), Nobilitierung (1655) und bedeutender literarischer Leistungen als Poetiker, Lyriker und Romanschriftsteller. Ein wesentlicher Grund dafür war die heftige Rufmordkampagne, die wohl durch sein wenig untertäniges Verhalten gegenüber dem Oberhaupt der Fruchtbringenden Gesellschaft, Fürst Ludwig zu Anhalt-Köthen, ausgelöst worden war. Amsterdam wurde für viele Jahre seine zweite Heimat (Bürgerrecht 1662). Die letzten Jahre seines Lebens verbrachte er, von 1683/84 an, in Hamburg. Der Produktionszwang, dem sich der unfreiwillig freie Schriftsteller ausgesetzt sah, führte zu einem kaum überschaubaren, auch zahlreiche Übersetzungen umfassenden Werk, das weitreichende literarische, poetologische, sprachliche, religiös-erbauliche, historische und mythologische Interessen sichtbar werden läßt. Zesens eigenwillige Orthographie und seine Fremdwortverdeutschungen sorgten bereits bei den Zeitgenossen für Spott («Tageleuchter» für Fenster, «Reitpuffer» für Pistole), obwohl sich manches durchaus bewährte («Anschrift»).

Mit dem *Dichterischen Rosen- und Liljen-tahl* stellte Zesen eine repräsentative Auswahl seines lyrischen Schaffens zusammen. Sie enthält neben vorher unveröffentlichten Gedichten bereits in Einzeldrucken oder früheren Sammlungen erschienene Texte. Dabei bleiben die älteren Gedichte nicht unverändert; die Bemühung um Vervollkommnung zeichnet den wahren «Dichtmeister» aus, der die Natur durch die Kunst auf den Weg «zur rechten volkommenheit» bringt: «Dan die Natur allein ist zu ohnmächtig / oder / so zu reden / zu wild / und wil / ja mus die Kunst stähts zur gehülfin haben», heißt es in der *Helikonischen Hechel* (1668) in Analogie zu alchemistischen Verfahren. Für seinen hohen Anspruch stehen auch die fremdsprachigen Gedichte, allein 24 niederländische neben zwei französischen und einem lateinischen, unter den insgesamt 115 Liedern des *Dichterischen Rosen- und Liljen-tahls*.

Im Unterschied zu den früheren, z. T. nur numerisch geordneten Sammlungen läßt sich eine systematische Großgliederung erkennen, die etwas über Zesens Selbstverständnis als Dichter aussagt. Den Liedern an fürstliche Personen, üblicherweise Beginn von Gedichtsammlungen, gehen vier bereits früher an verschiedenen Orten veröffentlichte Lieder an die Weisheit mit changierender erotischer und mystischer Bildlichkeit voraus, dann erst folgt das der Kaiserin Eleonore gewidmete *Meienlied* aus dem Jahr 1653. Den Hauptanteil machen die anschließenden Lieder an Frauen aus – an fiktive wie Rosemund oder Anemone, aber auch an reale Personen –, unter die sich auch einige andere Ehren- und Lobgedichte mischen. Dazu gehören Texte wie das *Ehrenlied auf das herliche Zimmer der Himlischen Dichtmeister* und das emblematische *Siegeslied der himmelsflammenden Deutschen Dichtmeister; daß sie oben / ihre Neider aber unten / schweben*, die Zesens Vorstellung vom Dichtertum illustrieren. Nach Hochzeits- und Begräbnisgedichten endet der Band mit einem ruhigen, melodisch fließenden *Schlusgesang / von der flüchtigkeit und nichtigkeit* menschlichen Lebens mit Variationen der traditionellen Vanitasbildlichkeit.

Zu den charakteristischen Merkmalen der Lieddichtung Zesens gehört ihre musikalische Qualität, das Interesse an Klangwirkungen und rhythmischer Beweglichkeit. Für ihn besteht eine enge Verbindung zwischen Poesie, Musik und Tanz: «Diese tantz-lieder oder reihen-gesänge haben wier deswegen alhier ein-führen wollen / weil die tantz-kunst der Dichterei schwester so wohl / als der Singe-Kunst / ist / und eine ohne die andere / wan man zur fol-kommenheit gelangen wil / fast nicht sein kan», heißt es in der letzten Ausgabe seiner Poetik, dem *Hoch-deutschen Helikon* von 1656. Diese Auffassung schlägt sich auch in der metrischen Vielfalt nieder, die Zesen noch über die von Buchner betriebene Einführung des Daktylus («Buchner-ahrt») hinaus propagierte und dabei die Nachahmung antiker Versmaße, wie sie auch Plavius und andere versuchten, auf eine gesicherte metrische Basis stellte. Neben die rhythmische Bereicherung durch Daktylen und Mischformen tritt die entschiedene Betonung der musikalischen Wirkung durch Klang- und Wortspiele, Binnenreime, Alliterationen und Assonanzen. Zesen spricht im *Helikon* von der «verzukkerung durch die mittel-reime», die in allen Liedversen, insbesondere den Daktylen, «überall und zu allen zeiten stat finden» könne: «dan ie mehr reim-worte darinnen zu finden seind / ie lieblicher und anmuhtiger seind sie zu hören / zu lesen / und zu singen.» Das dazugehörige Beispielgedicht beginnt mit den Zeilen «Was strahlet / was prahlet / was blitzen for spitzen | in diesem für-treflichen zimmer alhier?» Eines der schönsten Beispiele für Zesens Klangpoesie ist das erwähnte *Meienlied* («Glimmert ihr sterne / | schimmert von ferne»). Diese Tendenzen verstärken sich in der späteren Lieddichtung, wie u. a. die völlig durch Binnenreime geprägten Strophen der *Schönen Hamburgerin* und eine Reihe virtuoser Texte im *Dichterischen Rosen- und Liljen-tahl* bezeugen:

> Es gischen die gläser / es zischet der zukker:
> man schwenkt sie / und schenkt sie euch allen vol ein.
> Es klukkert verzukkert dem schlukker fein lukker /
> fein munter hinunter der Reinische wein.
> So klinkern und flinkern und blinkern die flöhten!
> so können die sinnen entrinnen aus nöhten!
> (*Weinlied an eine lustige Geselschaft*, 3. Strophe)

Die anderen lyrischen Gattungen treten hinter der Lieddichtung zurück. Doch zeigen etwa die Beispielgedichte in den verschiedenen Auflagen der Poetik oder die Gedichteinlagen in den Romanen und anderen Werken durchaus ein breites lyrisches Repertoire vom Epigramm bis zum umfangreichen Alexandrinergedicht, wobei insbesondere die kunstvollen Sonette herausragen. Aber selbstverständlich beteiligt sich Zesen bei seiner Vorliebe für Klangeffekte auch an dem beliebten Genre des Echogedichts, schreibt Rondeaus und verbindet selbst die Form des Figurengedichts mit seinem Konzept der Klangpoesie (z.B. im *Palm-baum der höchst-löblichen Frucht-bringenden Geselschaft zuehren auf-gerichtet*). Als gelehrter humanistischer Poet präsentiert er sich u.a. in der anspielungsreichen Alexandrinerdichtung *Lustinne*, einem zuerst im Anhang der *Adriatischen Rosemund* (1645) erschienenen Gedicht auf die Venus, oder im 1000 achtfüßige Trochäen umfassenden Lobgedicht *Prirau / oder Lob des Vaterlandes* (1680).

Der Bedeutung von Klang und Rhythmus für Zesens Lieddichtung entspricht ihre Pathosferne, die sich auch in seiner insgesamt eher zurückhaltenden Metaphorik zeigt. Sein Umgang mit der petrarkistischen Tradition vermeidet ebenfalls die Extreme. Zwar greift er häufig auf Themen und Motive des Petrarkismus zurück, doch das geschieht in eher verspielter Form. Die Liebesklage mit ihrer Antithetik von Liebe und Leid bleibt verhalten und verliert ihren existentiellen Ernst, harmonisierende Vorstellungen – Treue, Trost, Liebespreis – überwiegen. Diese stehen im Kontext der populären neuplatonisch inspirierten Vorstellungen von der Liebe als einer umfassenden kosmischen Kraft, die ihren Ausdruck wie bei Opitz oder Fleming in der Makrokosmos-Mikrokosmos-Analogie findet: «Alles / was mann findet hier / | Auff dies weiten Rund der Erden / | Das muß lieben für und für: | Die Sternen wincken sich mit lieblichen Geberden [...]», heißt es in der Liedersammlung *FrühlingsLust* in einem Hochzeitslied «Nach Pindarischer Art», einem für diese Form des Analogiedenkens besonders geeigneten Genre der Gelegenheitspoesie.

Die an den Klangwirkungen der Sprache interessierte Kunst Zesens hat neben den unübersehbaren ästhetisch-spielerischen Aspekten jedoch

noch eine weitere Dimension, die sich aus der Beziehung zu den sprachtheoretischen Strömungen der Zeit ergibt. Zesen selbst verfaßte eine
Schrift, *Rosen-mând* (1651), mit der er sich an der zeitgenössischen
Sprachdiskussion beteiligt. Dabei stützt er sich auf die *Teutsche Sprachkunst* (1641) von Justus Georg Schottelius, der wiederum auf die Natursprachenlehre Jacob Böhmes zurückgreift (und sie patriotischen Zielen
dienstbar macht). Die besondere Nähe der deutschen Sprache zur Ursprache, der *lingua adamica*, gilt Zesen und den meisten anderen patriotisch
gesinnten Dichtern und Gelehrten als erwiesen. Die Theorie ist der Ausgangspunkt für das Bemühen, in den «Wunderschacht» der Sprache hin-
abzusteigen und gleichsam hinter die durch die babylonische Sprachverwirrung verursachte Aufspaltung der Ursprache zurückzugehen und
diese durch den Rückgriff auf ihre Elemente – Laute, «Stammwörter» –
zu rekonstruieren. Sinn dieser mystisch-kabbalistischen Spekulationen ist
es, die seit der Sprachverwirrung im Klang der Wörter verborgene wahre,
unverfälschte Bedeutung der einzelnen Laute zu entdecken; indem man
sie auf ihre Wurzel, das «Stammwort» zurückführt, läßt sich die gemeinsame tiefere Bedeutung zusammengehöriger Wörter nachweisen. Daß
sich im Klang das wahre Wesen der Dinge offenbart, wie es Böhmes Natursprachenlehre postuliert («daß inner offenbahret sich im Halle des
Wortes»), gilt nicht nur im Sinn der Lautmalerei, sondern alle Laute haben eine Bedeutung. Wenn dann Zesen Reihen von analogen Klängen
bildet und z. T. ganze Gedichte auf diese Weise strukturiert, so sucht er
damit ein Beziehungsnetz deutlich zu machen, das auf verwandte Bedeutungen und damit auf ein gemeinsames «Stammwort» in der Ursprache
verweisen soll. Auch die gelegentlich recht kuriosen Etymologien und
maniert erscheinenden Wortspiele sind Folge dieser Suche nach den gemeinsamen Wurzeln.

Die ‹Nürnberger›

Zesens Dichtung berührt sich in manchen Punkten mit der der Nürnberger Poeten, also der Mitglieder des Löblichen Hirten- und Blumen-Ordens an der Pegnitz. Die führenden Köpfe der 1644 gegründeten Dichtergesellschaft waren Georg Philipp Harsdörffer, Johann Klaj und Sigmund
von Birken. Die Initiative ging von Harsdörffer aus, der auf seiner Bildungsreise die italienischen Akademien kennengelernt hatte und in dem
Buchner-Schüler Klaj einen sprachlich und dichterisch kreativen Partner
fand. Birken kam 1645 dazu und schrieb, nachdem vorher Harsdörffer
und Klaj mit dem *Pegnesischen Schäfergedicht* (1644) das erste gemeinsame Werk verfaßt hatten, «mit Beystimmung seiner andern Weidgenos-
sen» die *Fortsetzung Der Pegnitz-Schäferey* (1645). Diese Fortsetzung erzählt auch die Gründungslegende der Gesellschaft, und das Werk als

Ganzes kann als programmatisch für die Dichtung der Nürnberger gelten. Es steht für den experimentierfreudigen Charakter ihrer Poesie und vor allem für die Vorliebe für die Schäferdichtung, die trotz der spielerischen Aspekte und der idyllischen Maske die Realität des Krieges einbezieht und ihr die Utopie einer friedlichen Gesellschaft entgegenstellt. Bezeichnend ist auch, daß ihre Lyrik, von Gelegenheitsgedichten abgesehen, weniger in eigenen Gedichtsammlungen als vielmehr in komplexeren Gattungen oder Mischgattungen – Schäfereien, Friedensdichtungen, Schauspielen usw. – bzw. entsprechenden Gemeinschaftswerken erschien.

Georg Philipp Harsdörffer (1607 Fischbach bei Nürnberg – 1658 Nürnberg) gehörte dem Nürnberger Patriziat an. Er erhielt eine humanistische Schulbildung und studierte von 1623 an in der Nürnberger Universität Altdorf Rechtswissenschaften, Philosophie, Geschichte, Philologie und Mathematik. 1626 wechselte er nach Straßburg; von hier aus unternahm er von 1627–31 eine ausgedehnte Bildungsreise (Schweiz, Frankreich, Niederlande, England, Italien), wobei die Begegnung mit den romanischen Literaturen und den italienischen Akademien besondere Bedeutung hatte. Danach verließ Harsdörffer Nürnberg nur noch selten. 1637 wurde er zum Assessor am Stadtgericht berufen und 1655 schließlich in den Inneren Rat gewählt. Seine literarische und literaturorganisatorische Arbeit orientierte sich am Vorbild der weiter fortgeschrittenen volkssprachlichen Literaturen Europas. Er machte durch Bearbeitungen und Übersetzungen zahlreiche Werke der west- und südeuropäischen Literaturen zugänglich und führte mit den *Frauenzimmer Gesprächspielen* eine in den romanischen Ländern gepflegte Gattung auch in Deutschland ein (als «Der Spielende» wurde er 1642 in die Fruchtbringende Gesellschaft aufgenommen). Zu seinem vielseitigen und umfangreichen Werk gehören darüber hinaus Schäferdichtungen, eine bedeutende Poetik, Andachtsbücher, geistliche Betrachtungen und Lehrgedichte, physikalisch-mathematische Lehrbücher, Briefsteller, höfische Erziehungsschriften und eine große Apophthegmata-Sammlung.

Sigmund von Birken (1626 Wildstein bei Eger/Böhmen – 1681 Nürnberg) mußte mit seiner Familie – der Vater war lutherischer Pfarrer – 1629 Böhmen verlassen und kam nach Nürnberg. Hier absolvierte er die Lateinschule, studierte dann Theologie und Jura in Jena (1643/44), bis er das Studium aus finanziellen Gründen abbrechen mußte. Durch Vermittlung Harsdörffers erhielt er eine Stelle als Prinzenerzieher in Wolfenbüttel (1645–46); mit Anton Ulrich von Braunschweig-Lüneburg arbeitete er bis zu seinem Tod zusammen. 1648 kehrte er nach Nürnberg zurück, wo er zunächst als Korrektor, Hauslehrer und Gelegenheitsdichter ein Auskommen fand, bis sich seine finanzielle Situation nach Nobilitierung (1655) und Aufnahme in die Fruchtbringende Gesellschaft (1658) durch einträgliche Auftragsschriften für die Höfe Brandenburg-Bayreuth, Dresden, Wien und Wolfenbüttel sowie durch die Heirat mit einer wohlhabenden Witwe entschieden verbesserte. Nach ihrem Tod heiratete er 1673 ein zweites Mal; seine Tagebücher geben einen Eindruck von dem unerfreulichen Ehealltag. Seit 1662 leitete er den Pegnesischen Blumenorden, den er zu einem kulturellen Zentrum der Stadt machte. Sein ungemein umfangreiches Schaffen umfaßt neben den zahlreichen Schäferdichtungen geistliche und weltliche Gelegenheitsgedichte, Bühnenwerke (Schäfer-, Fest-, Singspiele, Ballette), repräsentative historiographisch-panegyrische Werke, geistliche Lieder, Erbauungsschriften und eine christlich moralisierende Poetik. Die *Aramena* Anton Ulrichs bearbeitete er für den Druck und leitete sie mit einer romantheoretisch bedeutsamen Vorrede ein. Mit Catharina Regina von Greiffenberg – er betreute die Publikation ihrer Gedichtsammlung – führte er einen intensiven Briefwechsel. Zu seinen Gönnern zählte auch Gottlieb Graf von Windischgrätz, den er seinerseits in die Dichtkunst einführte und dessen nur vereinzelt veröffentlichte poetische Produktion überarbeitete.

Johann Klaj (1616 Meißen – 1656 Kitzingen) studierte von 1634 an protestantische Theologie in Wittenberg, wo er aber auch Vorlesungen Buchners hörte. 1644 kam er ohne akademischen Abschluß nach Nürnberg, fand jedoch in Harsdörffer und dem Theologen Johann Michael Dilherr Fürsprecher, so daß er 1647 eine Stelle als Lehrer an St. Sebald erhielt und sich in Nürnberg etablieren konnte (1647 Bürgerrecht, 1648 Heirat). Im Pegnesischen Blumenorden war Klaj die eigentliche sprachschöpferische Kraft, wie er u. a. mit seinen Beiträgen zum ersten Teil des *Pegnesischen Schäfergedichts* (1644) und seinen Redeoratorien bewies. Ende 1650 trat er nach weiteren theologischen Studien die Pfarrstelle im mainfränkischen Kitzingen an. Das Verhältnis zwischen der Gemeinde und dem Pfarrer, dem man mehr Interesse am Wein als an seinen Pflichten nachsagte, war freilich sehr gespannt.

Die Pegnitzschäfer griffen die neuen Möglichkeiten auf, die sich aus der Aufgabe des Alternationsprinzips ergaben, und erprobten wie Zesen die Variations- und Kombinationsmöglichkeiten verschiedener Versmaße und Strophenformen. Ihre besondere Vorliebe galt ebenfalls den «langgekürzten» (daktylischen) und «gekürztlangen» (anapästischen) Versen und den Klangmöglichkeiten der Sprache, die sie durch die gehäufte Verwendung von Alliteration, Assonanz und Binnenreim auszuschöpfen suchten. Daneben schenkten sie ihre Aufmerksamkeit Figurengedichten und anderen spielerisch-experimentellen Formen. Zum Markenzeichen der Nürnberger wurden jedoch Lautmalerei und Lautsymbolik, die direkte Nachahmung von Naturlauten bzw. die Zuordnung von Lauten zu bestimmten Sachverhalten:

> Es schlürfen die Pfeiffen / würblen die Trumlen /
> Die Reuter und Beuter zu Pferde sich tumlen /
> Die Donnerkartaunen durchblitzen die Lufft /
> Es schüttern die Thäler / es splittert die Grufft /
> Es knirschen die Räder / es rollen die Wägen /
> Es rasselt und prasselt der eiserne Regen /
> Ein jeder den Nechsten zu würgen begehrt /
> So flinkert / so blinkert das rasende Schwert.
> (*Pegnesisches Schäfergedicht*)

Was wie ästhetisches Spiel aussieht, besitzt jedoch für Harsdörffer und Klaj eine tiefere Bedeutung. Für Harsdörffer ist Dichtung eine Funktion seiner Spracharbeit, die im Anschluß an Justus Georg Schottelius von der patriotisch motivierten Überzeugung getragen ist, daß der deutschen Sprache eine besondere Erkenntniskraft zukommt, die auf ihrer Reinheit und Ursprünglichkeit beruht. Die deutsche Sprache allein sei in «ihrer Reinlichkeit von vielen tausend Jahren hero / bis auf unsere letzte Zeit / unbeflecket geblieben» (wie auch die Deutschen selbst von «aller fremder Dienstbarkeit [...] jederzeyt befreyet gewesen» seien). Sie stehe daher der Ursprache näher als alle anderen Sprachen – das Hebräische ausgenommen –, was nicht zuletzt ihre onomatopoetischen Qualitäten bezeugten:

«Sie redet mit der Zungen der Natur / in dem sie alles Getön und was nur einen Laut / Hall und Schall von sich giebet / wol vernemlich ausdrucket; Sie donnert mit dem Himmel / sie blitzet mit den schnellen Wolken / stralet mit dem Hagel / sausset mit den Winden / brauset mit den Wellen / rasselt mit den Schlossen / schallet mit dem Luft / knallet mit dem Geschütze / brüllet wie der Löw / plerret wie der Ochs [...] / kracket wie der Rab / schwieret wie die Schwalbe / silket wie der Sperling / und wer wolte doch das wunderschickliche Vermögen alles ausreden.» (*Frauenzimmer Gesprächspiele*, Teil 2, 1644: «Schutzschrift / für Die Teutsche Spracharbeit»)

Daß Adam selbst die deutsche Sprache geredet habe, scheint ihm daher nicht abwegig. Jedenfalls unterstreicht der Gedanke die Vorstellung von der Nähe des Deutschen zur hebräischen Sprache, deren Primat allerdings nicht angetastet wird: «Ich sage nochmals: Die Natur redet in allen Dingen / welche ein Getön von sich geben / unsere Teutsche Sprache / und daher haben etliche wähnen wollen / der erste Mensch Adam habe das Geflügel und alle Thier auf Erden nicht anderst als mit unseren Worten nennen können / weil er jedes eingeborne selbstlautende Eigenschafft Naturmässig ausgedruket; und ist sich deswegen nicht zu verwundern / daß unsere Stammwörter meinsten Theils mit der heiligen Sprache gleichstimmig sind.» Aus dieser besonderen Stellung der deutschen Sprache ergibt sich die patriotische Pflicht, sie in ihrer Reinheit zu bewahren und zugleich in ihre Geheimnisse einzudringen. Der stärker von sprachmystischen Vorstellungen geprägte Johann Klaj spricht in seiner *Lobrede der Teutschen Poeterey* (1645) davon, daß es kein Wort in der deutschen Sprache gebe, «das nicht dasjenige / was es bedeute / worvon es handele / oder was es begehre / durch ein sonderliches Geheimniß außdrükke: also daß man sich über die unausdenkige Kunst / die Gott unserer Sprachen verliehen / wundern muß».

Wie die Nürnberger Klanggebilde ähnlich wie bei Zesen mehr sind als nur sprachästhetische Spielereien, so geht auch die vorherrschende schäferliche Thematik über ein unverbindliches literarisches Maskenspiel hinaus. Zur Tradition der Idyllendichtung gehört seit den Eklogen Vergils ein entschiedener Wirklichkeits- und Gegenwartsbezug, die Möglichkeit, die politische und soziale Realität einzubeziehen und mit dem idyllischen Leben in der Natur zu kontrastieren. Das gilt auch für das *Pegnesische Schäfergedicht*, in dessen biographischer Einleitung der Schäfer Klajus auf dem Weg nach Nürnberg die Zerstörung seiner Heimat – Meißen –

durch «das rasende Schwert» beklagt und beim Anblick Nürnbergs in einem Sonett den Preis der Stadt mit dem Wunsch nach «Frieden und Ruh» verbindet. Als warnendes Gegenbild tritt anschließend «die Melancholische Schäferin» Pamela auf, «die ihr sicherlich einbildete / sie were das arme und in letzten Zügen liegende Teutschland», und die ihre Klage mit den oben zitierten Versen beginnt. Der zweite Teil der Dichtung setzt die Auseinandersetzung mit dem Krieg fort und führt die Schäfer in eine «Heldenhöle», wo sie Bildnisse von Königen, Fürsten und Feldherren des Dreißigjährigen Krieges – protestantischen wie katholischen ganz im Sinn der Nürnberger Neutralitätspolitik – in Epigrammen charakterisieren. Letztlich geht es um die Überwindung der zerstörerischen Macht des Krieges durch die als allumfassende, kosmische Kraft empfundene Liebe, die die große und die kleine Welt, den Menschen und alle Bereiche der Natur miteinander verbindet. Zu diesem Gegenbild gegen die Welt des Krieges gehört – neben der Doppelhochzeit am Ende des ersten Teils, dem eigentlichen Anlaß für die Schäferei – auch die Feier der Tugend und der Natur mit allen – gerade auch spielerischen – Mitteln der Poesie.

In kleinerem Maßstab formuliert Harsdörffer das poetische Programm der Nürnberger Schäferdichtung in der Zeit des großen Krieges im Untertitel eines Gelegenheitsgedichts: «Der Kriegsmann wil ein Schäfer werden.» Das ist das Thema des *Friedenshoffnung bey Nochschwebender Handlung zu Münster und Oßnabruck* überschriebenen Gedichts, das Harsdörffer ursprünglich zur Gedichtsammlung Jesaias Romplers von Löwenhalt beisteuerte (*Erstes gebüsch seiner Reim-getichte*, 1647) und dann – hier danach zitiert – im zweiten Teil seines *Poetischen Trichters* (1648) wieder abdruckte. Der Gegensatz von Frieden und Krieg strukturiert das Gedicht, das mit der lautmalenden Beschwörung des Krieges beginnt und dann über die Aufforderung zum Frieden in den folgenden Strophen zur Schilderung dessen führt, was die ersehnte Friedenszeit bedeuten würde. Die dritte und vorletzte Strophe lautet:

> Zieret ihr Lantzen und Pantzer die Posten /
> Harnisch und Spiese verfaulen und rosten /
>   Häcker und Wintzer vergessen das Leid /
>   Hirten und Heerde geniessen der Weid.
>   An Schiffbaren Flüssen /
>   erschallen die Flöten /
>   der Meisterpoeten /
>   den Frieden zu grüssen.
>   Ich lasse das Schwert.
> und führe (nicht Heere) die wollichte Heerd.

Im ersten Abdruck in Romplers Gedichten wird die Sprechsituation angegeben: «Mars / der Waffen Gott / wil ein Schäfer werden / und redet also: [...].» Das Ich ist nun ein gewöhnlicher Kriegsmann, der Schäfer werden und die «wollichte Heerd» anführen will. Das Hirtentum hat, so machen die Pegnitzschäfer immer wieder deutlich, einen allegorischen Sinn: Die Schäfer verstehen «durch die Schafe ihre Bücher / durch derselben Wolle ihre Gedichte / durch die Hunde ihre von wichtigen Studieren müssige Stunden», heißt es in der Vorrede zum *Pegnesischen Schäfergedicht*. Die Hirtendichtung beschwöre die «guldne Tugendzeit» und erinnere an die einstige Gemeinschaft der Hirten «mit den Nymphen und Göttern», schreibt Harsdörffer im zweiten Teil seines *Poetischen Trichters*; die Zeit des Friedens ist zugleich die der Dichtung, in der die Musen, «die Heliconinnen / | viel neües ersinnen», wie die Schlußstrophe des zitierten Gedichts ankündigt.

Es sind vor allem die frühen Werke der Pegnitzschäfer – das *Pegnesische Schäfergedicht*, Klajs Redeoratorien, Harsdörffers *Frauenzimmer Gesprächspiele* und *Poetischer Trichter* –, die sich durch Innovationskraft und spielerische Experimentierfreude bis hin zum Manieristischen auszeichnen. Die spätere Entwicklung des Blumenordens, der unter dem Vorsitz Birkens einen neuen Aufschwung erlebte, bringt in poetologischer und ästhetischer Hinsicht wenig Neues. Allerdings macht sich eine stärkere Betonung des religiösen Moments bemerkbar, die zwar bei Harsdörffer schon angelegt war, aber nun bei Birken zum verbindlichen Programm der Dichtergesellschaft wurde. Neben das ursprüngliche Emblem der Gesellschaft, die siebenfache Panflöte («Alle zu einem Thon einstimmend»), trat 1669 als zweites, religiöses Sinnbild die Passionsblume hinzu («Alles zur Ehre des Himmels»). Literarischen Ausdruck findet diese Haltung in einer ausgiebigen, z.T. gemeinschaftlichen Produktion von geistlichen Liedern und erbaulichen Schriften ebenso wie in der christlich-moralisierenden Perspektive der Poetik Birkens (*Teutsche Rede-bind und Dicht-Kunst / oder Kurze Anweisung zur Teutschen Poesy / mit Geistlichen Exempeln*, 1679).

Eines der schäferlichen Gemeinschaftswerke, das unter der Federführung Birkens entstand, trägt den programmatischen Titel *Der Norische Parnaß* (1677) und proklamiert die Ablösung des heidnischen Musenbergs durch einen christlichen: Eine Gesellschaft von neun Pegnitzschäfern trifft sich auf dem Moritzberg bei Nürnberg. Sie unterhalten sich über den griechischen Musensitz, und nachdem Floridan (Birken) den Parnaß als eine Schöpfung Luzifers, als ein teuflisches Gegenstück zum biblischen Musenberg Sion entlarvt hat, schlägt er vor, den Moritzberg als neuen Parnaß auszurufen. Der Schäfer Palämon (Johann Gabriel Majer) besingt daraufhin den Norischen Parnaß in einem Sonett: «Hier ist / wann einer war / im Nordgau aufgestiegen | ein neuer Musenberg. Kein Heide diesen grüst / | kein Türke: Himmel-auf lernt sehen hier ein Christ», heißt es im zweiten Quartett. Und die epigrammatischen Schlußzeilen lauten:

«Gehn wir um deinen Fuß / stehn wir auf deinem Rücken: | wir wollen allemal das Herz zu JEsu schicken.»

Kaspar Stieler

Mit den Leistungen Zesens, Harsdörffers und Klajs waren Versgebilde von einer Lebendigkeit und rhythmischen Beweglichkeit entstanden, wie sie die deutsche Literatur bis dahin nicht gekannt hatte. Außerdem hatte Harsdörffer mit seinem Katalog von «Poetischen Beschreibungen / verblümten Reden und Kunstzierlichen Ausbildungen» im dritten Teil seines *Poetischen Trichters* (1653) Hinweise auf eine Intensivierung der Bildersprache gegeben, an denen sich anknüpfen ließ. Der hier beschrittene Weg führte, wenn auch nicht immer an direkte Einflüsse zu denken ist, zur formalen Meisterschaft der *Geharnschten Venus* Kaspar Stielers, zur Metaphorik der Catharina Regina von Greiffenberg, die in enger Beziehung zu Sigmund von Birken stand, und schließlich auch zu den virtuosen poetischen Techniken der Jugendwerke Quirinus Kuhlmanns.

Kaspar Stielers *Geharnschte Venus oder Liebes-Lieder im Kriege gedichtet* (1660) gehört zu den originellsten Liederbüchern des 17. Jahrhunderts. Es ist die erste größere Veröffentlichung Stielers und zugleich seine einzige weltliche Gedichtsammlung. In der Vorrede heißt es mit biographischem Bezug auf Stielers Teilnahme als eine Art Militärrichter und Offizier am Schwedisch-brandenburgischen Krieg (1655–57): «Ich heisse sie darumb die Geharnschte Venus / weil ich mitten unter denen Rüstungen im offenen Feld-Läger / so wol meine / als anderer guter Freunde / verliebte Gedanken / kurzweilige Begebnüsse / und Erfindungen darinnen erzehle […].» Es geht also weniger um die Vorstellung von Liebe und Liebesgedanken im realen Kriegsgetümmel oder um Variationen des mythologischen Liebeskriegs, sondern die Gedichte entfalten ein spielerisches Gegenprogramm zum Krieg im Namen der universalen, alles bezwingenden Macht der Liebe, die sich über alle Hindernisse und Konventionen hinwegsetzt und sinnliche Erfüllung einschließt. Im ersten Gedicht des «Ersten Zehen» – es gibt insgesamt sieben «Zehen» und einen Anhang von «Sinn-Reden» – mit der Überschrift *Ein jeder / was ihm gefället* heißt es:

Wer will / kan ein gekröntes Buch
von schwartzen Krieges-zeilen schreiben:
Ich will auff Venus Angesuch
ihr süsses Liebes-handwerk treiben:
Ich brenne. Wer nicht brennen kan /
fang' ein berühmter Wesen an.

Gegenstand des Eingangslieds ist die Dichtkunst mit Venus als Muse («Sonst brauch' ich keiner andern Musen»). Das nächste Lied mit der an

Opitz angelehnten Überschrift *Liebe / der Poeten Wezz-stein* führt das Thema weiter und kennzeichnet zugleich den Charakter der 70 Lieder und ihren virtuosen Umgang mit dem gesamten topischen Arsenal der Liebesdichtung. Dazu gehören die nicht immer ernsthafte Verwendung petrarkistischer Liebessituationen und des einschlägigen mythologischen Apparats, der ironische Metapherngebrauch sowie die Nachahmung der Schlichtheit des Gesellschaftslieds und der burschikosen Ausdrucksweise der Leipziger Studentendichtung («Ich bin ein Jungfer-lieber / | die Zunge geht mir über»). Was Stielers Gedichte über die souveräne Verfügung über die Formen, Themen und Motive der literarischen Tradition hinaus vor allem auszeichnet, ist die an Zesen geschulte rhythmische Beweglichkeit, die Geschmeidigkeit und Leichtigkeit, mit der seine Verse dem Gedankenfluß folgen und so auch in den komplizierteren Strophengebilden den Eindruck großer Harmonie hervorrufen.

Die *Geharnschte Venus* erschien unter dem Pseudonym Filidor der Dorfferer und wurde lange fälschlicherweise Jacob Schwieger zugeschrieben, der vor allem als Verfasser von Schäferdichtungen hervorgetreten war. Kaspar Stieler (1632 Erfurt – 1707 ebd.) studierte von 1648–50 Medizin an den Universitäten Leipzig, Erfurt und Gießen, bis er wegen eines Duells von der Universität verwiesen wurde. Er setzte seine Studien (Medizin, Theologie, Rhetorik und später v. a. Jura) in Königsberg fort (1653–55) und nahm dann 1655–57 am Schwedisch-brandenburgischen Krieg um Ostpreußen teil. Nach einer ausgedehnten Bildungsreise (Niederlande, Frankreich, Italien, Schweiz, 1658–61) und weiteren Jurastudien in Jena war er seit 1662 an den Höfen in Schwarzburg-Rudolstadt, Eisenach und Weimar und für kurze Zeit als Sekretär der Universität Jena tätig, bis er 1689 den Hofdienst aufgab und sich als Privatgelehrter in Erfurt niederließ. 1668 wurde er als «Der Spate» in die Fruchtbringende Gesellschaft aufgenommen. In Rudolstadt und Weimar trug er 1665–67 bzw. 1680 mit einer Reihe von Schauspielen zur höfischen Festkultur bei. Seit den 70er-Jahren veröffentlichte er neben einer Sammlung geistlicher Lieder (*JEsus-Schall und Wiederhall*, 1684) v. a. praktische Anweisungen und Handbücher: Rhetoriken und Briefsteller, juristische Kompendien, eine Darstellung des Zeitungswesens (*Zeitungs-Lust und Nutz*, 1695) und das erste große deutsche Wörterbuch (*Der Teutschen Sprache Stammbaum und Fortwachs / oder Teutscher Sprachschatz*, 1691). Ungedruckt zu Lebzeiten blieb die *Dichtkunst* (1685), eine umfängliche Poetik in Versen.

Catharina Regina von Greiffenberg

In enger Beziehung zu den Nürnbergern stand Catharina Regina von Greiffenberg, die bedeutendste Dichterin des Barock im deutschen Sprachgebiet. Ihre zu «Gottseeligem Zeitvertreib» geschriebenen *Geistlichen Sonette / Lieder und Gedichte* (1662), von Sigmund von Birken zum Druck befördert, gehen von den erweiterten Ausdrucksmöglichkeiten der Dichtersprache aus, wie sie durch Philipp von Zesen, den Nürnberger Dichtern und Justus Georg Schottelius im Zusammenhang mit mystisch-neuplatonischen Sprachauffassungen propagiert und erprobt worden waren.

Die «dritthalb-hundert» Sonette – das sind 250 – machen den ersten und bedeutendsten Teil des Gedichtbandes aus, und schon das erste Sonett, *Christlicher Vorhabens-Zweck*, nennt das «Spiel und Ziel», dem sie sich im Leben und in ihrer Dichtung verschrieben hat: Gotteslob. Lob der göttlichen Vorsehung, der Gnade und Güte Gottes, Lob Gottes in der Natur und – ein entscheidendes Paradox – in der Erfahrung des Leides. Mehr noch als im Lied findet sie in der kunstvollen Form des Sonetts das ihrem Denken und ihren religiösen Erfahrungen und Zielen angemessene Ausdrucksmittel. Sie versteht sich als göttlich inspirierte Dichterin, die demütig für ihren «Engel-Zweck» «den Geistes-Strom / die Flügelflamm» erbittet: «der Ewig' ists allein / | der mir das Gute flößt in Geist und Feder ein», heißt es in dem programmatischen Einleitungssonett. Daß sich die Dichterin als Werkzeug der Vorsehung sieht, hat auch biographische Gründe.

Catharina Regina von Greiffenberg (1633 Schloß Seyssenegg bei Amstetten/Niederösterreich – 1694 Nürnberg) gehörte dem protestantischen Landadel Österreichs an. Nach dem Tod ihres Vaters (1641) übernahm sein Halbbruder Hans Rudolph die Verwaltung des verschuldeten Besitzes der Familie und sorgte für eine gediegene Erziehung. Der Verkehr mit benachbarten Literaten aus dem österreichischen Landadel wie Wolf Helmhard von Hohberg und vor allem Johann Wilhelm von Stubenberg eröffnete ihr den Zugang zur zeitgenössischen deutschen Dichtung. Stubenberg wiederum empfahl sie Sigmund von Birken, mit dem sie auch nach der Veröffentlichung ihrer Gedichtsammlung in Verbindung blieb, wie die umfangreiche Korrespondenz dokumentiert. Nach langem Widerstreben nahm sie die Werbung ihres fast dreißig Jahre älteren Onkels um ihre Hand an. Die wegen der nahen Verwandtschaft rechtlich bedenkliche Heirat (1664) führte zur Verhaftung Hans Rudolphs, der jedoch 1666 wieder frei kam. Nach seinem Tod (1677) geriet sie in finanzielle Schwierigkeiten; 1680 ließ sie sich in Nürnberg nieder.

Greiffenberg hatte 1651 ein religiöses Durchbruchserlebnis, als sie einen evangelischen Gottesdienst im ungarischen Preßburg besuchte (die lutherische Kirche war im Erzherzogtum Österreich verboten, der Adel durfte jedoch evangelische Gottesdienste außerhalb des Landes aufsuchen). Sie schreibt rückblickend von einem «licht», das in ihr «Angeglimmet und Aufgegangen» sei, das «Deoglori licht». In der Verherrlichung Gottes sah sie von nun an die Aufgabe ihres Lebens: durch ihre Dichtung, ihre Erbauungsschriften und durch die Verbreitung des wahren – d. h. lutherischen – Glaubens. Die Bekehrung des Kaisers setzte sie sich als wichtigstes Ziel und suchte dem «Adler» Bekehrungsschriften zuzuspielen, ohne Erfolg. Der Auseinandersetzung mit den Türken, von ihr verstanden als Glaubenskrieg mit welt- und heilsgeschichtlichen Dimensionen, widmete sie ein mehr als 7000 Alexandriner umfassendes «Helden-gedicht», für das sie göttliche Inspiration in Anspruch nahm: «GOtt trieb und schrieb durch mich» (*Sieges-Seule der Buße und Glaubens / wider den Erbfeind Christliches Namens: aufgestellet / und mit des Herrn von Bartas geteutschtem Glaubens-Triumf gekrönet*, 1675). Ziel war eine unter der Herrschaft des (bekehrten) Kaisers vereinigte universale christliche Welt.

Der Sonettteil des Gedichtbands besteht aus zweimal 100 und einer «Zugabe» von 50 Sonetten. Obwohl von einem einigermaßen systematischen Aufbau der Sammlung nicht die Rede sein kann, ergeben sich gewisse Schwerpunkte. In den ersten hundert Sonetten geht es um die verschiedensten Aspekte von «GOttes Wunder Würkung», um die Gnade und Güte Gottes nicht zuletzt in bezug auf die Autorin in ihrem von Unglück und «Widerwärtigkeit» geprägten Leben. Und wenn ihr schon die gegenreformatorische Politik Gottesdienst und Abendmahl versagt («Trutz / daß man mir verwehr / des Himmels milde Gaben»), so bleibt ihr doch die Dichtung, in der sie ihre Religiosität leben und Gott dienen kann (*Auf die unverhinderliche Art der Edlen Dicht-Kunst*). Mit einem Sonett auf die Geburt Christi beginnt «Der Sonetten / Andres Hundert», in dem Stationen der Lebens- und Leidensgeschichte Christi im Mittelpunkt stehen; gegen Ende setzt eine Folge von Sonetten über die Abendmahlsstiftung und den Heiligen Geist besondere Akzente. Dabei stellen die Gedichte über das Abendmahl dessen «Geniessung» als Akt der Vereinigung mit dem Gottessohn dar. Bilder der Brautmystik verbinden sich mit ganz konkreter körperlicher Vereinnahmung: «Ach aller Wunder Haupt! der Mensch / den Schöpffer isst. | Der GOtt-vereinigt Leib will sich mit uns vereinen», heißt es in dem Sonett *Uber die hochwürdige Geniessung des Höchst-heiligen Abendmals*.

In den fünfzig Sonetten der «Zugabe» ist, eingerahmt von Sonetten über Christus, christliche Tugenden und die Herrlichkeit und Unendlichkeit Gottes, die Feier der Natur als Ausdruck der göttlichen Schöpferkraft und Allmacht beherrschendes Thema. Es sind Gedichte auf die Jahreszeiten, die im Jahreslauf Heilsgeschichte sichtbar machen. Allein 15 Sonette – die Mehrzahl der Jahreszeitensonette – tragen die identische Überschrift *Gott-lobende Frülings-Lust*, darunter das bekannte tänzerische «Jauchtzet / Bäume / Vögel singet! danzet / Blumen / Felder lacht!» Im Frühling zeigt sich die Schöpferkraft Christi in der Natur am nachdrücklichsten; implizit ist die Parallele zwischen dem Erwachen der Natur und dem Beginn des Erlösungswerks in der Osterzeit. Und im Einklang mit Vorstellungen vom Buch der Natur und vom Verweis der Natur auf den Schöpfer heißt es abschließend in einem der Frühlingssonette, das die wirkende Kraft des göttlichen Worts feiert: «Ja alls / was sichtbar nur / ist GOttes Ebenbild / | wie schön / süß / gut er sey / wie hoch! wie reich! wie mild.»

Wie sich in der Natur das Göttliche spiegelt, macht das Sonett *Auf die Fruchtbringende Herbst-Zeit* mit der Anfangszeile «Grünung-Blüh und Zeitung-Ziel / Werkbeseeltes Lustverlangen!» nicht nur in seiner Bewegung von der Natur zum Religiösen, ja Eschatologischen deutlich. Diese Spiegelung konkretisiert sich auch in der Metaphorik der Komposita, in denen sich in der Schlußwendung natürlicher und religiöser Bereich,

Konkreta und Abstrakta miteinander verbinden: «Laß die Anlas-Kerne schwarz / Schickungs-Aepffel safftig werden: | daß man GOttes Gnaden-Frücht froh geniest und isst auf Erden.»

Die Lieder Catharina Regina von Greiffenbergs – ihre Gedichtsammlung enthält 52, weitere stehen in den Erbauungsbüchern – behandeln die gleichen Themen wie die Sonette und sind wie diese Ausdruck entschiedener Subjektivität und ihres Sendungsbewußtseins, ihrer von der Gewißheit göttlicher Inspiration getragenen Berufung zum Lob Gottes bis zur Selbstaufopferung. Zwar haben die Lieder gegenüber dem manieristischen Kunstcharakter der Sonette einen einfacheren und melodischeren Sprachduktus, doch sind sie gleichwohl mit ihrem rhetorischen Schmuck, ihren Klangspielen, ihren Wortzusammensetzungen und ihrer z. T. emblematischen Bildersprache – und manchen daraus resultierenden Dunkelheiten – meist recht weit von einem einfachen, einer weiten Verbreitung zuträglichen Stil entfernt. Keines der Lieder wurde später in Gesangbücher aufgenommen.

Die ästhetische Wirkung der Dichtungen Catharina Regina von Greiffenbergs ist weitgehend von der Musikalität der Sprache und der häufigen Verwendung von ungewöhnlichen Komposita bestimmt: Herzgrund-Rotes Meer, Herzerleuchtungs-Sonn', Anstoß-Wind, Himmels-Herzheit, Meersands-Güt', Sorgen-Augen, Freuden-Seufzer-Wind, Wort-Safft usw. Das gibt manchen Sonetten einen manieristischen Anstrich, doch hat diese Technik neben ihrem ästhetischen Reiz auch einen tieferen Sinn: Die Wortzusammensetzungen ermöglichen die Erkenntnis verborgener Analogien und Zusammenhänge, zeigen die Beziehungen auf zwischen Mensch, Gott und Natur. Die Vorliebe für diese Kombinatorik verweist auf die Theorien von Schottelius, der sie als wichtiges Ausdrucksmittel der deutschen Sprache erkannte und dieser «Teutschen Doppelkunst» eine eigene Lobrede in seinem Hauptwerk widmete (*Ausführliche Arbeit Von der Teutschen HaubtSprache*, 1663). Die Fähigkeit zu Wortzusammensetzungen, «warlich kein geringes Kunst-Stükk und Geheimniß der Teutschen Sprache», lasse sich «aufs aller schiklichste und andeutlichste in Formirung der Kunstwörter» anwenden, und «solche Kunst- und andere auserlesene Deutungs-reiche Wörter» seien durch ihre «künstliche Art und Kraft» geeignet, «die Händel der Natur und die Verenderungen des menschlichen Wesens abzubilden / vorzustellen / auszutrükken / und also aus den innersten Geheimnissen der Sprachen mit uns zu reden» (eine entsprechende Passage findet sich schon in Schottelius' *Teutscher Sprachkunst*, 1641).

Exkurs: Die Schäferei, eine neue Gattung der Schäferdichtung

Opitz gelang mit der *Schäfferey Von der Nimfen Hercinie* (1630) die ‹Erfindung› einer in der Folgezeit sehr beliebten Gattung der Schäferdichtung, die vor dem Hintergrund der Hirten- und Landlebenpoesie der Antike und der Renaissance epische, lyrische und diskursive Elemente in neuartiger Weise miteinander verbindet. Die Terminologie ist nicht unproblematisch und schwankt – nach der älteren Bezeichnung Gesellschaftsschäferei – zwischen dem barocken Begriff Schäferei und dem Oxymoron Prosaekloge (Klaus Garber). Die Verbindung von Prosa und Vers ist, für sich betrachtet, nichts Neues und in der romanischen Schäferdichtung, etwa im Schäferroman, durchaus üblich. Das gilt auch für Jacopo Sannazaros Schäferdichtung *Arcadia* (1504), Opitz' wichtigste Anregung, die allerdings in den Überschriften ausdrücklich zwischen «Prosa» und «Ecloga» unterscheidet. Anders als der Schäferroman entwickelt die Schäferei keine epische Handlung. Der erzählerische Zusammenhang wird vielmehr allein durch das Motiv des Spaziergangs gewahrt, der den Rahmen für Gespräche über ethische, philosophische und gelehrte Themen sowie für Lieder und Gedichte bildet, die wiederum um den anlaßgebenden Mittelpunkt organisiert sind: bei Opitz Besuch des Höhlenreichs der Nymphe Hercinie und der damit verbundene Lobpreis eines Geschlechts.

Ort des Geschehens der *Hercinie* ist nicht ein (scheinbar) zeitenthobenes, ideales Arkadien wie bei Vergil oder Sannazaro, sondern ganz konkret das Riesengebirge in Schlesien, poetischer Rückzugsort des Verfassers und seiner Freunde («eine gelehrte Entweichung der Poeten») «bey jtzo schwebenden jämmerlichen kriegen». Die Idylle bezeichnet keinen Zustand zeitlosen Glücks, sondern ihr prekärer Zustand bleibt angesichts der Bedrohung durch den Krieg stets gegenwärtig: «wir saßen vor im weine / | Das vieh gieng in das graß biß an den bauch hinein; | Jetzt sehen wir den krieg für schaffe / blut für wein», heißt es in einem Hirtenlied «in erwegung ietziger betrübter läufften».

Die Schäferei, dem schlesischen Adeligen Hans Ulrich von Schaffgotsch gewidmet, beginnt nach einer kurzen Beschreibung der idyllischen Szenerie ganz in der Tradition des Schäferromans mit einer Liebesklage des Ich-Erzählers, Opitz, die die Dialektik der Liebe zwischen Dienstbarkeit und Freiheit mit petrarkistischen und neustoischen Motiven auch poetisch in Sonett und Lied überhöht. Als seine Freunde, die «berhümbten hirten» Bernhard Wilhelm Nüßler, Augustus Buchner und Balthasar Venator hinzukommen, entwickelt sich eine mit neuplatonischen Gedanken untermauerte Diskussion über das Thema der rechten Liebe, in deren Verlauf einer durch die Vernunft gelenkten, die innere Freiheit nicht bedrohenden Form der Liebe das Wort geredet wird. Als die Freunde im Verlauf ihrer Unterhaltung an einen Bach «fast an den wurtzeln des schneegebirges» gelangen, tritt ihnen die Nymphe Hercinie entgegen. Sie führt die Gesellschaft in das Innere des Gebirges zu den Ursprüngen der Flüsse der Gegend und zeigt den Besuchern «jhre vndt jhrer schwestern gemächer vndt lustige grotten», alles verbunden mit der Präsentation geologischer, historischer und mythologischer Gelehrsamkeit. Die Führung (und das Werk) erreicht ihr eigentliches Ziel in einer Höhle, in der mit Ehreninschriften versehene Gemälde und Darstellungen von Angehörigen des Hauses Schaffgotsch den Anlaß zu einem ausgedehnten Preis des Geschlechts in Geschichte und Gegenwart geben und dabei vorsichtig an seine Verantwortung für die Freiheit Schlesiens erinnern. Auf dem Rückweg setzen die Freunde ihre Unterhaltung fort, die nun die lokale Sagenwelt einbezieht (Rübezahl) und davon ausgehend von Geisterwesen, Zauberei und wunderbaren Naturerscheinungen handelt. Dabei beobachten sie, während sich die Szenerie in einen *locus terribilis* verwandelt, eine ausführliche Geisterbeschwörung nebst Liebeszauber. Anschließend setzen sie ihren Weg zu ihrem Ziel, einem Schaffgottschen Heilbad, fort. Dabei führen sie wieder gelehrte Gespräche; Beschreibungen, Hirtengesänge und Gedichte – etwa ein Beispiel der komplizierten Form der Sestine und das kunstvolle *Sonnet über die augen der Astree* – unterstreichen die poetische Vielfalt der kleinen Dichtung.

Die *Hercinie* ist ein Werk des gelehrten Humanismus, das seine Schulung an ausländischen Mustern, an den Texten der bukolischen Dichtung der Antike und der europäischen Renaissance in keiner Weise verleugnet, zugleich aber diese Tradition für die eigene Gegenwart, die Erneuerung der deutschen Sprache und Literatur fruchtbar macht. Dabei geht es nicht nur um die Demonstration poetischer Kunstfertigkeit, sondern auch darum, Deutschland als poetischen und mythologischen Ort für die Dichtung zu gewinnen. Opitz erreicht dieses Ziel durch die Übertragung bukolischer Darstellungsmuster auf eine im topographischen und lokalspezifischen Detail geschilderte deutsche Landschaft und durch die Aufwertung der deutschen Vergangenheit, indem er sagenhafte Überlieferungen einbezieht und der Geschichte des Hauses Schaffgotsch mythische Züge verleiht.

Die Schäferei ist einerseits klar strukturiert, andererseits läßt die dreiteilige, zur zentralen Huldigung hin- und dann wieder wegführende Komposition viel Raum für gelehrte Gespräche, Monologe und lyrische Einlagen. Und hier, in der Offenheit für ein breites Stil-, Formen- und Themenspektrum, lag wohl die auf den ersten Blick nicht leicht verständliche Attraktivität dieser neuen Gattung für die Dichter des 17. Jahrhunderts. Sie gestattete den Hirtenpoeten, wenn sie auch nicht immer wie bei Opitz mit ihren bürgerlichen Namen auftreten, autobiographische Mitteilungen ebenso wie die Diskussion allgemeiner poetologischer, gesellschaftlicher oder politischer Fragen und – gerade in den panegyrischen Partien – die Formulierung vorbildlicher intellektueller und moralischer Maßstäbe. Als poetische Form der Selbstvergewisserung und gesellschaftlicher Kommunikation, aber auch als gelehrtes und ästhetisches Spiel machte die Schäferei schnell Schule.

Als erster folgte wohl Paul Fleming bei seinem Aufenthalt in Reval dem Vorbild mit seinem *Gedichte Auff des [...] Herrn Reineri Brockmans [...] Und der [...] Jungfrawen Dorotheen Temme / Hochzeit* (1635), das den direkten Bezug zur *Hercinie* durch eine Reihe von Zitaten betont. Auch die biographischen Bezüge werden nicht verschleiert, Fleming tritt als Ich-Erzähler auf und trägt eigene Verse vor, die Gesandtschaft wird erwähnt, und an dem Spaziergang an der Ostsee und der poetischen Produktion beteiligen sich Professor Polus vom Revaler Gymnasium, ein Kollege Brockmanns also, Adam Olearius und ein anderes zeitweiliges Mitglied der Gesandtschaft. Themen sind dem Anlaß entsprechend Liebe, Tugend und die bevorstehende Hochzeit mit den Glückwünschen der neun Musen als Mittelpunkt.

1641 veröffentlichte Dorothea Eleonora von Rosenthal einen Lobpreis Opitz', Buchners und Zesens in der Form einer Schäferei (*Poetische Gedancken An Einen Der deutschen Poesie sonderbahren Beförderern / geschrieben in Breßlau Im Jahr 1641*). Auch Rosenthal verzichtet – wie zuvor Fleming – auf das Schäferkostüm, während Opitz seine Spaziergänger ausdrücklich «vnter gestalt der hirten» agieren läßt. Die zwei Protagonistinnen, die Verfasserin und ihre Freundin, fahren mit einer Kutsche zu einem Vorwerk eines Gutes in der Nähe von Breslau und unterhalten sich während ihres Spaziergangs im Garten. Das Gespräch zielt, illustriert durch poetische Beispiele, auf die Verdienste der genannten Autoren für die Verfeinerung der deutschen Verskunst und hat dabei nicht zuletzt «die schöne Buchner-Art» im Auge. Anfang und Ende der Schäferei sind durch das Thema der Liebe, charakteristisches Element zahlreicher Schäferdichtungen, aufeinander bezogen.

Als Antwort auf diese *Poetische Gedancken* läßt sich Philipp von Zesens Schäferei *Poetischer Rosen-Wälder Vorschmack oder Götter- und Nymfen-Lust* (1642) verstehen, die der Dichterin gewidmet ist. Doch bezieht die Huldigung weitere Freundinnen mit ein und mündet schließlich als Proklamation des eigenen dichterischen Selbstverständnisses in Gedichten an die Weisheit, seine «Schöne», seine «Braut». Den Rahmen bildet die idyllische Natur am Ufer der Elbe, die allerdings mit reichem mythologischen Götter- und Nymphenapparat, mit Schäferinnen und Schäfern sowie der Evokation eines zweiten «Helicon» nebst schönem «Musen-Volck» antikischen Charakter erhält. Schönheit, Tugend und Liebe gehören zu den Diskussions- bzw. Gedichtthemen, wobei der Dichter oft nur eine Beobachterposition einnimmt. Als die Liebesklage einer der Frauen in eine Ohnmacht mündet und der Dichter die drei Parzen in greulicher Gestalt unter einem Baum sitzen sieht, vergißt er «aller vorigen Freude», begibt sich auf den Heimweg und stimmt nach einer Absage an die vergänglichen Güter die erwähnten Loblieder auf die geliebte Sophia an, auf eine Liebe, die ihm ewigen Ruhm verheißt. Zahlreiche Gedichte und Lieder unterstreichen in ihrer Vielfalt – Sonett, sapphische Ode, Lieder in unterschiedlichen Versmaßen und Strophenformen, lateinische und deutsche Epigramme – den dichterischen Anspruch, der sich auch in der Geschlossenheit der Komposition ausdrückt.

Entscheidend für die weitere Verbreitung der Gattung der Schäferei wurden die Nürnberger Dichter, deren Vorliebe für die Schäferpoesie

sich nicht zuletzt auf die von Opitz geschaffene Form erstreckte. Die
Nürnberger Tradition begründeten Georg Philipp Harsdörffer, Johann
Klaj und Sigmund von Birken mit dem *Pegnesischen Schäfergedicht*
(1644–45); durch besondere Produktivität zeichnete sich dann Birken
aus. Zu einem Massenphänomen wurde die Schäferei vor allem deswegen, weil Birken und die anderen Pegnitzschäfer diese Form für ihre Gelegenheitsdichtung und als Medium gesellschaftlicher Kommunikation
nutzten: für gehobene Panegyrik, für Friedensdichtungen, für Glück-
wünsche vor allem zu Hochzeiten, aber auch für Trauerschriften und für
geistliche Anliegen.

Das literarisch herausragende Werk bleibt freilich das *Pegnesische Schäfergedicht*. Der erste Teil entstand anläßlich einer Doppelhochzeit Nürnberger Patrizier im Oktober 1644. So werden die Hirten Strefon und Klajus, das sind die Verfasser der Schäferei Harsdörffer und Klaj, auf ihrem
Spaziergang durch die Umgebung Nürnbergs folgerichtig vom personifi-
zierten «Gerüchte» (Fama) zu einem «Tempel der Ehrengedächtnis» mit
«Bilderseulen» der zu ehrenden Patrizier geführt. Zwar bildet die Huldigung den Mittelpunkt der Schäferei; poetisch ergiebiger allerdings ist der
Rahmen, die Schilderung des Spaziergangs der beiden Schäfer durch die
Pegnitzlandschaft vor den Toren Nürnbergs. Ihre Beschreibung beschränkt sich nicht auf die idyllische Natur mit den üblichen Versatzstük-
ken aus der Tradition des *locus amoenus*, sondern der durch charakteristische Details veranschaulichte und in den einzelnen Stationen genau
bezeichnete und nachvollziehbare Weg läßt die Zeugnisse der frühmodernen industriellen Produktion wie die Drahtzieh- und Papiermühle mit
ihrem lauten «Gedöß» keineswegs aus. Auch sie geben Anlaß zu poetischen Versuchen, wie denn die Schäfer überhaupt während ihres Spaziergangs in Liedern, Sonetten, Wechselgesängen, Figurengedichten und poetischen Spielen immer wieder Gelegenheit finden, ihre dichterischen
Fähigkeiten zu demonstrieren, wobei sie insbesondere ein Ohr für die
Laute der Natur (und die Industriegeräusche) entwickeln. Der zweite
Teil, die weitgehend von Sigmund von Birken verfaßte *Fortsetzung Der
Pegnitz-Schäferey* (1645), enthält auch einen Hinweis auf die Gründung
der «Gesellschaft der Blumen Schäfere» mit einem als Figurengedicht
wiedergegebenen Blumenkranz als Sinnbild. Stärker noch als im ersten
Teil ist hier die Lust am poetischen Experiment spürbar.

Von Johann Hellwig (Montano), der im zweiten Teil des *Pegnesischen
Schäfergedichts* auftritt, stammt der wohl bedeutendste unmittelbare Fol-
getext des *Pegnesischen Schäfergedichts*, *Die Nymphe Noris In Zweyen
Tagzeiten vorgestellet* (1650). Der Verfasser hatte in Padua den medizinischen Doktorgrad erworben und trat anschließend als Arzt in die Dienste
seiner Heimatstadt Nürnberg, bis er 1649 zum Leibarzt des Bischofs nach
Regensburg berufen wurde. Bereits 1645 hatte ihn sein Schwager Hars-

dörffer in den *Pegnesischen Blumenorden* aufgenommen, und die Vorrede
Hellwigs unterstreicht die engen Beziehungen zu Harsdörffer und dem
Gründungstext des Blumenordens mit dem Hinweis, daß er die beiden
«Tagzeiten» der *Nymphe Noris* als «den dritten und vierdten Theil der
PegnitzSchäferey» ansehe. Der Spaziergang durch die Umgebung Nürn-
bergs verläuft ähnlich wie im *Pegnesischen Schäfergedicht* und führt im
Mittelteil beide Male zum Tempel der Noris, der dem Lob Nürnberger
Geschlechter gewidmet ist. Die Gespräche der Schäfer berühren zahlrei-
che Gegenstände, z. B. aktuelle Geschehnisse wie den Friedensschluß, die
Frage nach dem Zusammenhang von Stand und Gelehrsamkeit oder naturwissenschaftliche Themen. Aber auch Sprache und Poesie werden über
die vielfältigen poetischen Exempel hinaus thematisiert. Dazu gehören
auch die Hinweise auf Geschichte und Poetik der «Bilderreymen», die
einer Reihe von einfallsreichen Figurengedichten vorausgehen und der
Nymphe Noris ihren besonderen Charakter verleihen.

Ein frühes Beispiel für die Ausstrahlung der Nürnberger Schäferdichtung auf
andere Literaturlandschaften ist die an das Haus Braunschweig-Lüneburg gerichtete Huldigung *Der Elmen-Nymffen Immer-grünendes Lust-Gebäu nach art eines
Schäffer-Getichts* (1650) von Enoch Gläser, einem aus Schlesien stammenden
Buchner-Schüler, der seit 1649 mit der (braunschweigischen) Universität Helmstedt verbunden war. Die Szenerie der Schäferei ist eine Winterlandschaft, was die
Schäfer nicht daran hindert, auf einem Stein sitzend zu flöten und auf ihrer Wan-
derung zu einem großen Baum Loblieder auf Harsdörffer, Schottelius und Buchner zu singen. Vom Baum aus werden sie von Merkur in ein immergrünes Lusthaus geführt, in dem die Wappen des Hauses Braunschweig Anlaß zu Lobgedichten
geben. Auf dem Heimweg inspiriert sie ein Hünengrab zu einem Gespräch über
Riesen. Ein Hinweis auf Opitz, Vergil und die Nürnberger steht am Ende.

Sigmund von Birken faßte eine größere Anzahl seiner Schäfereien, die
seit 1645 einzeln erschienen waren, in mehreren Sammelbänden zusammen. Die das Haus Braunschweig-Lüneburg rühmenden Texte enthält
der Band *Guelfis / oder NiderSächsischer Lorbeerhayn* (1669), andere die
beiden Teile der *Pegnesis* (1673, 1679) mit neun bzw. acht Schäfereien.
Hier stehen nach Lob- und Hochzeitsgedichten im ersten Teil – z. B.
Verliebter und Geliebter Sireno (zuerst 1656) oder *Die vermählte Silvia*
(zuerst 1667) – im zweiten Teil Texte «Geistlichen Inhalts» im Vordergrund, z. B. *Der Norische Parnaß und Irdische Himmel-Garten* (zuerst
1677) oder die Trauerschrift auf seine Frau, *Floridans Lieb- und Lob-
Andenken seiner Seelig-entseelten Margaris: im Pegnitz-Gefilde / bey
frölicher Frülingszeit / traurig angestimmet* (zuerst 1670). Daneben gibt
es zahlreiche weitere (z. T. verschollene) Einzeldrucke von schäferlichen
Gelegenheitsdichtungen wie das *Winter-SchäferSpiel / dem Ehren-
Ruhme des Norischen Foebus / bey Eintritt des Neuen Christ-Jahrs / Im
Jesus-Monat / gewidmet / durch die Blumgenossen an der Pegnitz* (1677;

dann abgedruckt im Anhang der *Teutschen Rede-bind und Dicht-Kunst*, 1679).

Andere Ordensgenossen folgten Birkens Beispiel, so u. a. Martin Limburger (z. B. *Kressischer Ehrentempel*, 1663; *Pegnesisches Schäfer-Gedichte* [...] *Verfasset vom Myrtillo / In Unterredung Floridans und Palämons*, 1663), Joachim Heinrich Hagen (*Weynacht-Schäferey*, 1669) oder Magnus Daniel Omeis mit Hochzeits-schäfereien (*Pegnesisches Hirten-Gedicht*, 1672; *Des Cupido Fast-Nacht-Spiel*, 1680; *Der Nützliche Baumgarten*, 1681) und der Trauerekloge *Fortsetzung des Fürerischen Ehren-Tempels* (1690).

Die Bedeutung der Schäferei als gemeinschaftsbildendes Medium der Pegnitzschäfer zeigt sich beispielhaft in der Totenklage auf Birken, die die «Blumen-Hirten» unter der Federführung Martin Limburgers (Myrtillo), seines Nachfolgers als Oberhaupt, 1684 unter dem Titel *Die Betrübte Pegnesis* veröffentlichten. Dabei verbindet sich die Erzählung des als Nachfolge Christi interpretierten Lebens des Verstorbenen mit Gesprächen und Trauergedichten der Schäfer im Rahmen eines Spaziergangs durch die Natur.

Birken beschäftigte sich in seiner *Teutschen Rede-bind und Dicht-Kunst* als einziger Poetiker des Barock mit dieser Sonderform der Schäferdichtung. Er unterscheidet zwei Arten der Eklogendichtung. Neben die Eklogen in Versform in der Tradition Theokrits oder Vergils stellt er einen zweiten Eklogentyp: «Eine andere Art von Hirten-Gedichten ist / wann man in ungebundener Rede schreibet / und Gebänd-Reden untermänget: deren / in beiden Theilen der *Pegnesis* / XVII gefunden werden [...]. Die erste in Teutschland / gleichwie auch die edelste / ist Opitzens unvergleichliche *Hercinie*: maßen auch er der erste und edelste T. Poet ist. In denselben / reden ebenfalls / entweder einer allein / oder etliche andere / oder etliche werden von einem redend eingeführet / nachdem er erstlich allein gewesen [...]. An der Pegnitz / haben der Edle Strefon und Klajus hiermit den anfang gemacht: denen ihre Blumgenoßen / absonderlich Floridan / (welcher deren über XX verfärtigt) ämsig nachgefolget.»

Birken war es auch gewesen, der durch seine weitreichenden Verbindungen gleichsam für den Export der Nürnberger Schäferdichtung sorgte. 1673 verschickte er seine *Pegnesis* als Werbung und gewann eine Reihe neuer Mitglieder, darunter den Königsberger Michael Kongehl, den Sekretär der Fruchtbringenden Gesellschaft Georg Neumark und Quirin Moscherosch, den Bruder des berühmten Satirikers. Besonders Kongehl fühlte sich den Nürnbergern verbunden; er hatte sich zwischen 1673 und 1675 länger in Nürnberg bzw. Franken aufgehalten, wie u. a. eine Reihe von kleineren Schäfereien und Hirtengedichten bezeugt.

Zu diesen Texten Kongehls zählen auch drei geistliche Schäfereien, die Stationen der Lebensgeschichte Christi zum Gegenstand haben: Geburt (*Die Alleredelste Belustigung in der Unlust*, o. J. [1675]), Kreuzigung (*Das Sterbende Leben*, 1676) und Auferstehung (*Der Wiederbelebende und Triumfirende Todes-Tod Jesu*, 1676). Prutenio (Kongehl) geht an der Pegnitz spazieren – die Landschaftsbeschreibung ist jeweils der Jahreszeit entsprechend gestaltet – und trifft die Schäferin Eusebia und den Schäfer Gottlieb. In den ‹geistlichen Schäfergesprächen› faßt Prutenio den biblischen Bericht in Verse, Eusebia steuert «Andachts-Gedanken» und Gottlieb Gleichnisse, Sinnbilder und Sprüche bei.

Nur peripher, vor allem durch den einleitenden Spaziergang Prutenios mit seinem Freund Serenius an der Pegnitz, berührt sich die kleinere Kriegsdichtung *Die vom Himmel herabgestürmte Himmel-Stürmer* (1675) mit der Gattung der Schäferei. Das aktuelle Kriegsgeschehen – es geht um den Französisch-holländischen Krieg 1672–79, in dem Brandenburg zur Koalition gegen Frankreich und Schweden gehörte – wird mit einer in Alexandrinern vorgetragenen Geschichte des Kampfes der Titanen in Beziehung gesetzt, aber auch konkret thematisiert (Befreiung Triers von den Franzosen). Am Schluß steht ein Lobgedicht auf Kaiser Leopold I. Im selben Jahr veröffentlichte Kongehl eine Satire auf den Krieg, *Das Von dem Ungeratenen Sausewind / Versuchte und verfluchte Kriegs-Leben* (1675), in der der Held eine Hirtenepisode als Zeit der Besinnung nutzt, dem Kriegsleben abschwört und zu seinem Vater zurückkehrt: eine Variation des Gleichnisses vom verlorenen Sohn, das auch Grimmelshausens Auseinandersetzung mit diesem Krieg im *Stoltzem Melcher* (1672) zugrunde liegt.

Auch Kongehls fragmentarischer Roman *Surbosia / Das ist Geschichtmäßiges Helden-Gedicht* (1676) beginnt wie eine Schäferei mit einem Spaziergang des Schäfers Prutenio durch die Pegnitzlandschaft, der über die Trennung von seiner preußischen Heimat klagt. Aus einer Darstellung der aktuellen Kriegslage entwikkelt Kongehl dann eine Art Schlüsselroman zur brandenburgisch-preußischen Geschichte, der wie eine Reihe anderer Texte als Beitrag des brandenburgischen Beamten zur Identitätsstiftung des Landes gelten kann.

Eine direkte Antwort auf Birkens *Pegnesis* ist das «Floridan», also Birken gewidmete Gemeinschaftswerk *Balthis Oder Etlicher an dem Belt weidenden Schäffer des Hochlöblichen Pegnesischen Blumen-Ordens Lust- Ehren-Gedichte* (1674) von Johann Georg Pellicer, Martin Kempe und Daniel Bärholtz. Pellicer war wohl bereits während seines Studiums in Altdorf mit den Nürnbergern in Berührung gekommen und spätestens 1665 in die Gesellschaft aufgenommen worden. Während Kempe und Bärholtz Gedichte beisteuerten, schrieb Pellicer das *Lob des Floridans. Besungen im Zimbrischen Lustgefilde / von dem ausländischen Pegnitz-Schäfer Thyrsis* als Schäferei im Stil der Nürnberger. Sie besitzt den üblichen dreiteiligen Aufbau und beginnt mit Gesprächen von Schäferinnen und Schäfern, durch Lieder und Gedichte unterbrochen, die vor allem dem Lobpreis Birkens gelten. Sie betreten dann einen Floridan geweihten Lustwald, in dem Marmorsäulen und Pyramiden stehen, die mit Emblemen zu Ehren zahlreicher Pegnitzschäfer geschmückt sind. Auf dem Rückweg zu ihren Herden im dritten Teil begegnet den Schäfern eine Erscheinung der Todesgöttin, die Erinnerungen an verstorbene Freunde auslöst.

Insgesamt entstanden im 17. Jahrhundert mehr als 100 Texte der Gattung, die das von Opitz vorgegebene Muster aufnahmen, es variierten und dabei auch den Themenbereich erweiterten. Daß die Schäferei seit den achtziger Jahren kaum noch eine Rolle spielte und schließlich ganz verschwand, ist zum einen eine direkte Folge des Bedeutungsverlusts des Pegnesischen Blumenordens nach Birkens Tod; zum anderen hatte bereits seit einigen Jahrzehnten der Roman die Funktion der Schäfereien als Medium der Diskussion unterschiedlichster Themen übernommen.

5. Politische Lyrik, Satire und Epigramm

Polemik, Propaganda, Panegyrik

Das 17. Jahrhundert war eine Epoche der Kriege, heftiger politischer und religiöser Auseinandersetzungen, tiefgreifender gesellschaftlicher Wandlungsprozesse und wirtschaftlicher Krisen. Diese Vorgänge fanden ihren Niederschlag auch in der Dichtung: nicht nur in verfremdeter, verschlüsselter oder allegorischer Form, nicht nur als allgemeine Zeitklage oder ins Exemplarische erhobener Ausdruck persönlichen Leids, sondern auch als unmittelbare – kritische, polemische, satirische – Äußerung politischer und sozialer Interessen und Meinungen. Das geschah vielfach gegen die schon von dem römischen Satiriker Martial postulierte Regel, daß die Satire zwar die Laster strafen, aber die Personen schonen solle, und auch das in Reichspolizeiordnungen niedergelegte Verbot von «Pasquills» und «Schmähschrifften» blieb weitgehend wirkungslos. Denn mit dem Dreißigjährigen Krieg lebte die Polemik der Reformationszeit neu auf, und eine schlagkräftige propagandistische Lyrik der Flugblätter und Einblattdrucke reflektierte und personalisierte die politischen und religiösen Konflikte, aber auch die wirtschaftlichen Begleiterscheinungen, jeweils gefördert bzw. angestoßen von der eigenen Seite. Ein eingängiges Feindbild war mindestens so wichtig wie eine positive Zielsetzung. Höhepunkte der Polemik stellten die publizistischen Kampagnen gegen Friedrich V. von der Pfalz, den ‹Winterkönig›, den kaiserlichen Feldherrn Tilly oder die Jesuiten dar, während auf der ‹positiven› Seite die propagandistischen Rechtfertigungen des schwedischen Kriegseintritts und die Lobgesänge auf König Gustav Adolf die auffallendsten Erscheinungen waren. Die Protestanten kämpften gegen Fremdherrschaft und den Antichrist, repräsentiert durch die Spanier, die Jesuiten und den Papst, die Katholiken gegen Ketzer und Rebellen. Auch wenn sich die Feindbilder später änderten – Frankreich, Osmanisches Reich –, die Mechanismen blieben dieselben.

In diesem Kampf um die öffentliche Meinung hatte Zurückhaltung keinen Platz, Parteilichkeit war oberstes Gebot. Das galt auch, wenn zweifelhafte eigene Handlungen zu rechtfertigen waren, etwa die Ermordung Wallensteins. Man konnte auf dieses Ereignis wie Johann Rist in seinem Gedicht *Als die wunderbahre / doch vielmehr ohnverhoffte Zeitung er-*

*schallete / daß der Hertzog von Friedland zu Eger wehre ermordet wor-
den* mit Gemeinplätzen reagieren («Was ist dieß Leben doch? Ein Trawr-
spiel ists zu nennen») und als warnendes Exempel für die «Eitelkeit deß
Glück» deuten, man konnte aber auch den ermordeten Feldherrn durch
persönliche Verunglimpfung lächerlich zu machen suchen, um so die
Frage nach Gründen oder Verantwortlichkeiten gar nicht erst aufkommen zu lassen. Es genügten allein Verweise auf Wallensteins Unfähigkeit,
Ungerechtigkeit, Aberglauben und andere persönliche Idiosynkrasien,
um die Schuld auf den Toten abzuwälzen:

> Hie ligt vnd fault mit Haut vnd Bein
> Der mächtig Kriegsfürst Wallenstein /
> Der groß KriegsMacht zusammen bracht /
> Doch nie gelieffert hat ein Schlacht:
> Vielen thet er groß Gut schencken /
> Aber mehrntheils vnschuldig hencken:
> Durch Sterngucken und lang tractiern /
> Thet er viel Landt vnd Leut verliern:
> Gar zart war jhm sein Böhmisch Hirn /
> Kondt nicht leyden der Sporen kirrn:
> Han / Hännen / Hundt / er bandisirt /
> Aller Orten / wo er losirt:
> Doch mußt er gehen deß Tods Strassen /
> Die Hanen krähen / d' Hund bellen lassen.

Nur unter dem Schutz – oder auf Veranlassung – einer interessierten
Obrigkeit konnte ein derartiger Text veröffentlicht werden, in diesem Fall
zunächst als Flugblatt, dann in Zeitungen (hier zitiert nach der *Frankfurter Postzeitung* 1634) und schließlich in historischen Werken wie dem
Theatrum Europaeum. Dabei war es natürlich kein Zufall, daß das Spott-
gedicht – eines von vielen – «allhie zu Wien gemacht» worden war, wie
der Korrespondent der Zeitung berichtete.

In dieser Form der Liedpublizistik, die in zahlreichen Sammlungen ‹historischer Volkslieder› und Flugblatteditionen zugänglich ist, spielen die
Regeln der Poetik häufig eine untergeordnete Rolle. Aber wie z. B. illustrierte Einblattdrucke keineswegs nur für das ‹Volk ohne Buch› bestimmt
waren und durchaus auch anspruchsvolle Texte in deutscher oder lateinischer Sprache enthalten konnten, so beteiligte sich eine Reihe von Ge-
lehrtendichtern mit unverblümten Stellungnahmen an den politischen
Auseinandersetzungen. Dabei sollte man die Schwierigkeiten der Poeten
nicht unterschätzen, die sich einerseits als geistiger Adel dem Staat als
kompetente Führungselite empfahlen, andererseits aber in einer Zeit allgemeiner Unsicherheit mit territorialen Verschiebungen, wechselnden
Obrigkeiten und ungeklärten Machtverhältnissen und damit verbunde-

nen Anpassungszwängen oder Karrierebrüchen rechnen mußten. Daß etwa Opitz, Calvinist und zunächst heftiger Verfechter des Führungsanspruchs Friedrichs V. von der Pfalz, ein aggressives antispanisches Gedicht gegen «die Scheußlichen Maranen» (*Ein Gebet / daß Gott die Spanier widerumb vom Rheinstrom wolle treiben. 1620*) nach der ersten Veröffentlichung 1624 nicht in spätere Ausgaben seiner Werke aufnahm, war wohl keine Frage der Qualitätskontrolle: Der Verlauf des Krieges, die ungesicherte eigene Position, die schlesischen Verhältnisse und möglicherweise auch auf Ausgleich bedachte irenische Tendenzen mochten zu diesem Akt der Selbstzensur beigetragen haben.

Dagegen hatten es Autoren leichter, die aus einer gesicherten Position heraus handeln konnten. Das gilt etwa für Diederich von dem Werder, der zeitweise ein schwedisches Regiment befehligte und nicht mit Invektiven gegen den kaiserlichen Feldherrn Tilly sparte, als der 1631 mit den kaiserlichen Truppen Magdeburg erobert und zerstört hatte: «Gottloser Bulen-Knecht», «Alter Kahlkopf», «O rasend-alter Hund» lauten die Anreden, mit denen ihn Werder in seinem *TrawerLied Vber die klägliche Zerstörung der Löblichen vnd Vhralten Stadt Magdeburg* (im Anhang von: *Die BuszPsalmen / in Poesie gesetzt*, 1632) bedenkt.

Der politische Dichter par excellence auf protestantischer Seite war freilich Georg Rodolf Weckherlin. Die im englischen Exil entstandenen und in den Sammelausgaben seiner *Gaistlichen und Weltlichen Gedichte* (1641, 1648) veröffentlichten politischen Gedichte suchen in der deutschen Dichtung des 17. Jahrhunderts ihresgleichen. Bezugspunkt ist das – protestantische – «Teutschland», wie es in dem Alexandrinersonett *An das Teutschland* programmatisch beschworen wird, das die «Weltlichen Poesyen» einleitet:

> Zerbrich das schwere Joch / darunder du gebunden /
> O Teutschland / wach doch auff / faß wider einen muht /
> Gebrauch dein altes herz / vnd widersteh der wuht /
> Die dich / vnd die freyheit durch dich selbs überwunden.
>
> Straf nu die Tyranney / die dich schier gar geschunden /
> Vnd lösch doch endlich auß die (dich verzöhrend) glut /
> Nicht mit dein eignem schwaiß / sondern dem bösen blut
> Fliessend auß deiner feind vnd falschen brüdern wunden.
>
> Verlassend dich auf Got / folg denen Fürsten nach /
> Die sein gerechte hand will (so du wilt) bewahren /
> Zu der Getrewen trost / zu der trewlosen raach:
>
> So laß nu alle forcht / vnd nicht die zeit hinfahren /
> Vnd Got wirt aller welt / daß nichts dan schand vnd schmach
> Des feinds meynayd vnd stolz gezeuget / offenbahren.

Das ist keine apokalyptische «Trawrklage des verwüsteten Deutschlandes». Es gibt keine Beschreibung von Kriegsgreueln, keine Evokation von Leid und Zerstörung, sondern Weckherlin benennt die Situation Deutschlands mit politischen Kategorien: Es geht um Freiheit und Tyrannei, und mit der Aufforderung, das «schwere Joch» der Tyrannei zu zerbrechen, beginnt die Reihe der Imperative, die den rhetorischen Gestus des Sonetts charakterisieren. Das Joch, unter dem Deutschland leidet, ist nicht einfach von außen aufgezwungen. Deutschlands Freiheit wurde durch eigene Schwäche verspielt, Deutschland hat sich durch sich «selbs überwunden». Erst die sprichwörtliche deutsche Zwietracht – das Bündnis von äußeren Feinden und «falschen brüdern» – hat zur Zerstörung der deutschen Freiheit und zur Unterwerfung unter eine fremde Tyrannei geführt, wobei Weckherlin den Alexandriner geschickt ausnutzt, um die Gegensätze von Freiheit und Tyrannei, von «Getrewen» und «trewlosen» usw. deutlich zu machen. Dabei handelt es sich allerdings eher um eine Beschwörung als um eine Handlungsanweisung, die auf der Analyse einer konkreten politischen Situation beruht. Die Hoffnung richtet sich auf eine Gruppe von Fürsten, die unter dem besonderen Schutz Gottes zu stehen scheint, und «denen Fürsten» gilt es, voll Gottvertrauen zu folgen. Gott werde dann, so der kunstvoll verschlungene Schlußsatz des Sonetts, der Welt die wahre Beschaffenheit der Feinde der deutschen Freiheit und ihrer Taten offenbaren. Der Ausdruck der Hoffnung, mit dem die Handlungsappelle überhöht werden, ist zugleich deren Voraussetzung: Der Glaube an eine gerechte Sache legitimiert das Gedicht und seine militante Rhetorik.

Es war keine Frage für den zeitgenössischen Leser, wen Weckherlin mit Freund und Feind meinte, zumal das Sonett nicht allein steht, sondern in eine Reihe von Gedichten gehört, die für die protestantische Seite Partei ergreifen und ihre herausragenden Persönlichkeiten preisen. So bezeichnet Weckherlin in einem seiner Trauergedichte auf den schwedischen König Gustav Adolf als der «Teutschen Freyheit hertz vnd Tugent haupt» und Oxenstierna als den «Nordstern», der mit «starckem gegenschein» den Feinden des unterjochten Deutschlands wehre; von Bernhard von Sachsen-Weimar heißt es gar, daß «seiner wafen plitz den Adler selbs verblinden» und daß ihm «nichts Kayserliches mehr | Ermanglet dan der Nam». Und so vehement er für die protestantisch-deutsche Freiheit eintrat und ihre Helden besang, so heftig polemisierte er gegen die Feinde der gerechten Sache. Vor allem die 1648 zum erstenmal veröffentlichten Oden nehmen kein Blatt vor den Mund.

Die Freiheit, von der Weckherlin spricht, ist die der protestantischen Reichsstände, die er von Kaiser, Katholischer Liga («die falsche Lügen-Lig») und Spanien bedroht sieht. Daß die protestantische Seite ebenfalls mit Hilfe ausländischer Mächte wie Schweden und Frankreich operiert, deren primäres Ziel gewiß nicht die deutsche Freiheit war, wird in der

Argumentation übergangen. Sie ist insofern geschickte Propaganda, als sie den Kampf um die Vorherrschaft in Europa und im Reich zum deutschen Freiheitskampf stilisiert und die protestantische Sache mit der deutschen gleichsetzt. Der schwäbische Hofmann im Exil verfährt anders als Opitz wenig diplomatisch. Er war in England zum aggressiven politischen Dichter und Kommentator deutscher Verhältnisse geworden: ein Patriot ohne Vaterland, dessen Texte gelegentlich den Eindruck erwecken, als sollten sie die isolierte Stellung und die beschränkten Wirkungsmöglichkeiten ihres Verfassers durch ätzende Schärfe und polemischen Schwung kompensieren.

Im Exil sah sich auch ein anderer Dichter, in dessen Werk die politische Lyrik ebenfalls einen großen Raum einnimmt: Jacob Balde, der aus dem vorderösterreichischen Elsaß stammende und seit seinem achtzehnten Lebensjahr in Bayern lebende Jesuit und bedeutendste deutsche Neulateiner. Sein Rang als Dichter blieb auch von protestantischer Seite unbestritten, obwohl die religiösen und politischen Positionen weit auseinander lagen. Baldes unbedingte Loyalität galt dem Kaiser, der für ihn für die Einheit des Reiches (das Elsaß eingeschlossen) stand. Diese Haltung mußte allerdings in seiner zeitweiligen – ungeliebten – Funktion als bayerischer Hofhistoriograph zu Spannungen führen, wenn er dynastische Interessen der Wittelsbacher zu vertreten hatte, die durchaus nicht immer mit seinen reichspatriotischen Vorstellungen und seinem Selbstverständnis als habsburgischer Elsässer zu vereinbaren waren.

Baldes produktivste Zeit als Lyriker fällt in die Zeit des Dreißigjährigen Krieges; seine großen Gedichtsammlungen *Lyricorum libri IV. Epodon liber unus* und *Sylvarum libri VII* erschienen 1643. Die spannungsreiche Verbindung von antiker Formen- und Bilderwelt und moderner bzw. christlicher Thematik, die in den Marienoden am auffälligsten hervortritt, charakterisiert das ganze Werk. Seine Gedichte sind vielfach Zeugnisse einer Horaz-Nachahmung, die zugleich von Distanzierung – etwa von Horaz als Epikuräer – und Verwandtschaft sprechen: Verwandtschaft vor allem mit der Wandlungsfähigkeit, der Proteusnatur des römischen Dichters, Verwandtschaft auch in dem Sinn, daß er wie Horaz seine innere Unabhängigkeit von den Mächtigen zu behaupten suchte. Balde verfügte als ‹Dichterproteus› über eine Vielfalt von Themen, die er mit dem ganzen Apparat der klassischen Bildung behandelte, mit den Bezügen zur Antike aber zugleich den Abstand zur Gegenwart verdeutlichte und so aus der Nachahmung Neues hervorgehen ließ. Die Spannung zwischen Nachfolge und Eigenständigkeit thematisiert die Ode *Paradoxum. Q. Horatium Flaccum imitari se nonnumquam non imitando* (*Paradox. Er ahmt manchmal Horaz nach, ohne ihn nachzuahmen*; Silvae V, 4).

Jacob Balde (1604 Ensisheim/Elsaß – 1668 Neuburg/Donau) stammte aus einer vorderösterreichischen Beamtenfamilie. 1622 wechselte er von der bischöflich-straßburgischen Universität Molsheim nach Ingolstadt, um dem Krieg auszuweichen und seine Jurastudien fortzusetzen. Er trat jedoch 1624 in den Jesuitenorden ein und machte die üblichen Ausbildungsstadien durch (Noviziat, Studium, Unterrichtstätigkeit, erneutes Studium). 1633 wurde er zum Priester geweiht und übernahm 1635 eine Professur für Rhetorik in Ingolstadt. Hier wurde auch seine Tragödie *Iephtias* 1637 aufgeführt. Im selben Jahr ging er an das Münchner Gymnasium des Ordens und wurde zugleich fest an den Hof des bayerischen Kurfürsten Maximilian I. gebunden: seit 1637 als Prinzenerzieher, dann auch als Hofprediger (1638) und schließlich als Hofhistoriograph (1640). 1650 verließ er München und gelangte über Landshut und Amberg schließlich 1654 an den Hof in Neuburg a. d. Donau, wo er bis zu seinem Tod als Hofprediger wirkte. Nach den großen Lyriksammlungen der vierziger Jahre und den satirischen Dichtungen erschien 1663 sein lyrisch-episches Spätwerk *Urania Victrix* (*Die siegreiche Urania*), 30 Briefgedichte in Elegienform in Anlehnung an Ovids Heroiden, eine allegorische Dichtung, die in Briefen der fünf menschlichen Sinne an die himmlische Seele, Urania, und ihren Antworten ein Gesamtbild der Wissenschaften und Künste entwirft.

Baldes Gedichte auf Ereignisse und Personen des Dreißigjährigen Krieges sind, wie nicht anders zu erwarten, parteiisch. Wenn er sich dabei mit den Gegnern des Kaisers auseinandersetzt, ist seine Argumentation in der Regel politisch, nicht konfessionell. Er verurteilt die protestantischen Gegner nicht als Ketzer, sondern sieht in ihnen die Zerstörer des Reiches mit allen unheilvollen Folgen. Neben Klagen über katholische Niederlagen – etwa die Eroberung Breisachs durch Bernhard von Sachsen-Weimar (*Auctoris melancholia. Quum è campis redux, audiret, Brisacum à Duce Vinmario occupatum*; Lyr. I, 36) – stehen Lobgedichte auf katholische Feldherren und ihre Siege und Klagen über die Toten. Insbesondere Tilly gilt seine Anteilnahme und Sympathie. Um so schärfer ist seine Verurteilung Wallensteins, für ihn ein Verräter an Kaiser und Reich. In der an Kurfürst Maximilian I. von Bayern gerichteten Ode *Omnia à divina providentia pendere, & gubernari* (Lyr. IV, 1) bezeichnet er ihn als den «Cacus von Eger» – nach dem von Herkules erschlagenen räuberischen Riesen –, und entsprechend drastisch schildert er seinen Tod: «Toto momordit pectore lanceam | Porrectus, immanique iustas | Caede ruens satiavit iras» («Mit ganzer Brust verbiß er sich in die Lanze, hoch aufgerichtet, und sättigte, stürzend in ungeheurem Fall, gerechten Zorn»). Reflektierend hingegen ist die an ein Gegenüber gerichtete Ode auf Wallensteins Tod (*Cum de Alberti Wallensteinii, Fridlandiae Ducis, funesto exitu verba fecisset*; Lyr. II, 37), die Wallenstein in eine Reihe von antiken Exempeln zum Thema Höhe und Fall stellt und ihn am Schluß mit Sejanus vergleicht, einem später wegen einer Verschwörung ermordeten Günstling des Kaisers Tiberius. Dabei ist in der Formulierung «magnis fabulis nominis» am Ende der vorletzten Strophe der alkäischen Ode – Balde bevorzugt nach dem Vorbild von Horaz' Bürgerkriegsgedichten diese Odenstrophe – durchaus die Einsicht in die Größe Wallensteins enthalten, anders als in den erwähnten Spottgedichten. In der Übertragung Herders (*Terpsichore*, Teil 3, 1796):

> Zugezählet wird einst diesen Geschichten auch
> *Wallenstein.* Wie ein Dampf flammet' er und erlosch,
> Er, ein Balle des Glückes,
> Er, ein Märchen erhabner Macht.

> Hochmutschwindelnd ersah Er des *Sejanus* Bahn
> Sich zum Lauf; da trug Ihn auch *Sejanus'* Pferd.
> Übereilet und stolpernd
> Stürzt' es nieder; er brach den Hals.

Eine Reihe von Gedichten behandelt die größeren Zusammenhänge des Kriegsgeschehens, auch hier immer wieder in einem Beziehungsgeflecht von Gegenwart und antiker Geschichte und Literatur, Horaz und Vergil vor allem. Die Geschichte Trojas bietet Balde das historische Beispiel zur Charakterisierung des von ihm als besonders unheilvoll eingeschätzten Bündnisses der protestantischen ‹Rebellen› mit Schweden. Er kommentiert es in der mit *Equus Troianus* (Lyr. I, 8) überschriebenen Ode, die mit der Klage beginnt, daß sich Deutschland mit großem Aufwand selbst sein Grabmal errichte, und über die an Vergil orientierte Erzählung der Laokoon-Geschichte zum bitteren Fazit führt: Deutschland hat sich mit dem Schwedenkönig, charakterisiert als «rex vastator» («Verheerer-König»), den Feind ins Haus bzw. an den Busen («in medio sinu») geholt und so seinen glänzenden Untergang vorbereitet: «Sonder Aufwand | Sollen die Trümmer uns nicht begraben», übersetzt Herder die Schlußzeile «Splendidius periisse lucrum est». Den Schwedenkönig erwähnt der protestantische Generalsuperintendent Herder allerdings nicht; bei ihm wird das Gedicht zu einer zeitenthobenen «traurigen Allegorie», die «für mehrere Gelegenheiten und Zeiten» gelte (*Terpsichore*, Teil 2, 1795).

Wenn Balde über die Ursachen der Selbstzerstörung reflektiert, unterscheidet er sich in seiner Argumentation nicht von seinen protestantischen Zeitgenossen, die den politischen und kulturellen Niedergang des Deutschen Reichs mit der Abkehr von den alten deutschen Tugenden und der damit einhergehenden Nachahmung verderblicher ausländischer Lebensformen erklären. Die Idealisierung der deutschen Vergangenheit – bei Balde in Parallele zu Horaz' Forderung der Wiederherstellung altrömischer Sitte – als Gegenbild einer als Katastrophe erfahrenen Gegenwart hält die Hoffnung auf eine bessere Zukunft aufrecht. Sie gründet auch auf dem Bewußtsein einer tieferen, geschichtlich und kulturell begründeten deutschen Einheit jenseits der konfessionellen und politischen Gegensätze, einer Einheit, die sich im Kampf gegen die türkische Bedrohung bewähren sollte. Die an die Reichsstände gerichtete erste Epode fordert, angelehnt an ein Argumentationsmuster bei Horaz, das Ende des deutschen Bürgerkriegs, um sich dann dem wahren Feind zuwenden und den Krieg ins Innere der Türkei verlagern zu können (*Classicum ad ordines S. R. Imperii. Ut intestini belli sedem è patria in Turciam transferant*).

Zu den bedeutenden neulateinischen Lyrikern des 17. Jahrhunderts gehört auch der vor allem als Dramatiker bekannte Benediktiner Simon Rettenpacher. Sein lateinisches lyrisches Werk, überwiegend seit den achtziger Jahren entstanden, umfaßt mehr als 6000 Texte: horazische Oden, Satiren, Episteln, Elegien und Epigramme. Aus den seit etwa 1682 regelmäßig notierten Gedichten destillierte Rettenpacher um 1700 in seiner Pfarrei in Fischlham, in die er sich verbannt sah, nach klassischem Muster – Horaz und Statius – und dem Vorbild Baldes zwei Sammlungen für den Druck, der allerdings ausblieb. Die erste Sammlung enthält vier Odenbücher, ein Buch Epoden und ein anschließendes *carmen saeculare*, die zweite zwölf Bücher *Sylvae*.

Zusammen mit den anderen, nicht zur Veröffentlichung bestimmten Gedichten bildet Rettenpachers lyrisches Werk eine Art «poetisches Tagebuch» (Richard Newald), das ein breites thematisches Spektrum behandelt. Es reicht von Dingen seines Alltags, satirischer Lasterkritik und moralisierender Unterweisung über Betrachtungen der Natur und des Lebens im kirchlichen und natürlichen Jahreskreis zu den großen allgemeinen Themen wie Selbsterkenntnis, Tugend, Religion und Ziel des menschlichen Lebens. Aber auch Kunst und Literatur sind Gegenstand einer Reihe von Oden, wobei er, der Neulateiner, über die Vernachlässigung der Muttersprache (*Maternae linguae neglectus*; *Silvae* XII, 8) ebenso reflektiert wie über sich selbst, den alternden Dichter (*Poëta in senium vergens*, *Carm.* I, 25), oder die prekäre Stellung der Poesie in der Gegenwart.

Zugleich begleitet Rettenpacher als eine Art Zeitchronist das politische Geschehen mit seinen Kommentaren, wobei ihm wie Balde das Kaisertum als entscheidende politische Ordnungsmacht – die geistige ist Rom – und die Kaiser und Reich drohenden Gefahren zum Thema werden. Dabei spielt auch das übliche theologische Erklärungsmuster eine gewisse Rolle – Krieg als Sündenstrafe (*Epodon liber*, 17) –; mehr interessiert ihn jedoch die reale Politik. War es bei Balde der Dreißigjährige Krieg, der die Einheit des Reiches gefährdete, so hat sich die Bedrohung inzwischen verändert, wenn auch immer noch das Zusammenspiel ausländischer Mächte das Reich bedroht und das französische Bündnis mit dem Osmanischen Reich die Einheit des Abendlands aufs Spiel setzt. Mahnungen zur Einigkeit verbinden sich mit heftigen Attacken gegen die Politik Ludwigs XIV. und wiederholten Aufrufen zum Kampf gegen die Türken, der mit der Belagerung Wiens 1683 und dem erfolgreichen Abwehrkampf die entscheidende Wende genommen hatte. Das ist für Rettenpacher nicht nur Anlaß, Gott zu danken, sondern auch für Aufrufe zu entsprechendem Handeln im Westen: *Germania invicta, si coniuncta* lautet die Überschrift einer Ode aus den *Silvae* (IX, 22), in dem die den Triumph des Kaisers feiernde Donau den klagenden Rhein dazu aufruft, diesem Beispiel zu folgen und sich aus den Fesseln zu befreien. Das gegen die französische Politik gerichtete Gedicht, das Bismarcks Beifall gefunden haben soll, beginnt mit dem Aufruf: «Viribus Germania surge iunctis, | Laesa tot probris: Oriens lacessit, | Occidens primas Aquilae minatur | Vellere plumas» («Sammle alle deine Kräfte und erhebe dich, Germanien, Land, das so viel Schmach erduldet hat: Der Osten hat dich herausgefordert – und der Westen droht, dem Adler die eben sprossenden Federn auszureißen»; Übersetzung: Walter Zrenner).

Die Bedrohung durch Frankreich und das Osmanische Reich schlägt sich selbstverständlich auch in der deutschsprachigen politischen Lyrik dieser Jahre nieder. Nach dem Rückzug der Türken führte vor allem die französische Politik zu besorgten Aufrufen zu gemeinsamem Handeln, gerade weil seit dem Friedensschluß von Münster und Osnabrück die Einheit des Reichs endgültig zu einer Fiktion geworden war. *Alrunens Warnung an Deutschland*, ein Gedicht von Hans Aßmann von Abschatz in der postum erschienenen Sammelausgabe *Poetische Übersetzungen und Gedichte* (1704), sieht den üblichen Vorstellungen entsprechend die politische Ohnmacht des Reichs als Resultat von Zwietracht und Egoismus der Territorialfürsten, deren Politik Deutschland zum «Gehülff und Werckzeug» erniedrige. Es bleibt allein die Hoffnung auf einen «Grosse[n] Carl», um den durch den Verlust alter deutscher Tugenden verursachten Verfall des Reichs wieder rückgängig zu machen. Die Realität war eine andere, und der an das 19. Jahrhundert erinnernde chauvinistische Ton, mit dem Abschatz in einem anderen Gedicht (*Eisen-Hüttel*) dazu auffordert, der «Pralerey» des gallischen Hahnes (und offenbar anderer Tiere) ein Ende zu bereiten, ist letztlich eher komischer Ausdruck politischer Ohnmacht:

> Nun ist es Zeit zu wachen
> Eh Deutschlands Freyheit stirbt /
> Und in dem weiten Rachen
> Des Crocodils verdirbt.
> Herbey / daß man die Krötten /
> Die unsern Rhein betretten /
> Mit aller Macht zurücke
> Zur Son [Saône] und Seine schicke.

Eine Konstante der – im weiteren Sinn – politischen Lyrik des 17. und frühen 18. Jahrhunderts stellt der panegyrische Fürstenpreis dar. Alte Traditionen des Herrscherlobs und des Fürstenspiegels fließen in den zahllosen Gedichten auf regierende Häupter der Frühen Neuzeit zusammen. Ob von einem so verhaltenen Lyriker wie Simon Dach oder von Martin Opitz, Georg Rodolf Weckherlin oder selbst Andreas Gryphius: Immer wird der Idealfall eines tugendhaften Fürsten vorgestellt, der «Gerechtigkeit und Fried in jedem Ort und Stande» garantiert und der Unsterblichkeit versichert ist (Simon Dach). Markgraf Georg Friedrich von Baden beispielsweise ist so «milt, gütig und gnädig», schreibt Weckherlin, daß er als «ein irdischer Got» geliebt zu werden verdient und seine Untertanen mit Lust begehren, «Ihr leben für ihn aufzugeben | Und ist ihr wehrte dienstbarkeit | Ein grössere glückseeligkeit, | Dan so Sie andern zu befehlen».

Die Produktion von Lobeshymnen dieser Art nimmt nach dem Dreißigjährigen Krieg als Folge der zunehmenden Konzentration politischer Macht an den Höfen und der Durchsetzung absolutistischer Ansprüche einen neuen Aufschwung. Den zweifelhaften Höhepunkt bilden dann im ersten Drittel des 18. Jahrhunderts die Hervorbringungen sogenannter Hofdichter wie Johann von Besser oder Johann Ulrich König. Benjamin Neukirch kritisiert deren Praxis, an der er selbst beteiligt war, in der Satire *Wider den Verfasser selbst*. Bevor die Gattung zur nur noch hohlen Hyperbolik herabsank, besaß das Herrscherlob durchaus auch eine kritische Funktion, indem es Ansprüche und Maßstäbe formulierte, die als Herausforderung und Mahnung – gerade bei offensichtlicher Diskrepanz zwischen Ideal und Wirklichkeit – aufgefaßt werden konnten. Zugleich bestätigt die höfische Panegyrik die gesellschaftliche Hierarchie, indem sie nicht nur das Selbstverständnis der Herrschenden in einer repräsentativen Tugendlehre formuliert, sondern implizit auch ein Modell für das Verhältnis von Fürst und Untertan und eine Verhaltenslehre für die Untertanen enthält.

Satire und Epigramm

Für Martin Opitz gehören zu einer Satire die «lehre von gueten sitten vnd ehrbaren wandel / vnd höffliche reden vnd schertzworte»; ihr «vornemstes» aber und gleichsam ihre «seele» sei jedoch die «harte verweisung der laster vnd anmahnung zue der tugend: welches zue vollbringen sie mit allerley stachligen vnd spitzfindigen reden / wie mit scharffen pfeilen / vmb sich scheußt», heißt es im *Buch von der Deutschen Poeterey*. Zugleich konstatiert Opitz die Verwandtschaft von Satire und Epigramm:

«Das Epigramma setze ich darumb zue der Satyra / weil die Satyra ein lang Epigramma / vnd das Epigramma eine kurtze Satyra ist: denn die kürtze ist seine

eigenschafft / vnd die spitzfindigkeit gleichsam seine seele vnd gestallt; die sonderlich an dem ende erscheinet / das allezeit anders als wir verhoffet hetten gefallen
soll: in welchem auch die spitzfindigkeit vornemlich bestehet.»

Die epigrammatische Kurzform der Satire im Anschluß an das römische und neulateinische Epigramm (Martial, John Owen) herrscht im
17. Jahrhundert in der deutschsprachigen Dichtung durchaus vor. Texte
Martials verdeutschte u. a. Martin Opitz in seinen Epigrammbüchern,
John Owen fand Übersetzer in Johann Peter Titz (*Florilegii Oweniani
centuria* [*-centuria altera*], 1643–45) und Valentin Löber (*Teutschreden-
der Owenus*, 1653). Kaum eine Gedichtsammlung verzichtet auf eine Abteilung von «Bei-» oder «Überschriften», die in der Regel auch – aber
nicht nur – satirische Epigramme enthält. Dagegen spielt die Großform
der römischen Verssatire in der Tradition von Horaz, Juvenal oder Persius in der deutschsprachigen Dichtung nur eine untergeordnete Rolle;
einen bedeutenden Platz nimmt sie allerdings in der neulateinischen Dichtung Jacob Baldes ein.

Verssatire: Von Jacob Balde zu Benjamin Neukirch

Baldes innere Unabhängigkeit, die in seinem zeitweiligen Amt als Hofhistoriograph eher hinderlich war, führte auch zu Schwierigkeiten mit
den jesuitischen Ordenszensoren. Das wurde besonders deutlich, als er
sich nach seinen Münchener Erfahrungen der Satire zuwandte und der
Orden darüber wachte, ob er nicht gegen die Würde seines Standes verstoße. Daß eine Satire, die sich mit der Unfähigkeit und Ignoranz seiner
Kritiker auseinandersetzte, gar nicht erst erscheinen konnte, dürfte ihn
kaum überrascht haben: Wer würde es angesichts der herrschenden Zen-
surpraxis wagen, wie Juvenal zu sein – «Quis audeat Juvenalis esse?» –
und die Schandtaten unseres Jahrhunderts anzuprangern, heißt es in der
Abhandlung *De studio poetico* (1658) in Anspielung auf die Probleme des
Satirikers in der Gegenwart, einer Gegenwart, die nicht besser sei als die
Zeit Neros. Zwar scheint er sich in der erst postum veröffentlichten *Satyra
Crisis* (im vierten Band der *Opera poetica omnia* von 1729) als Vertreter
der strafenden, ‹beißenden› Satire («satyrarum scriptor amarus») zu charakterisieren, also des von Juvenal vertretenen Satiretyps, doch zeigen an-
dere theoretische Äußerungen und seine satirische Praxis eher eine Anlehnung an die ‹ethische› Satire des Horaz. Es geht ihm um Besserung,
Heilung der menschlichen und gesellschaftlichen Gebrechen.

Was er für seine medizinischen Satiren in der Vorrede in Anspruch
nimmt, gilt allgemein: «Eine von Leidenschaft geprägte und in unserer
Zeit vielleicht ungewohnte Schreibart lasse ich zu Wort kommen, die der
Medizin eng verwandt ist und ganz nahe steht [...]. Jene vertreibt Erkrankungen des Körpers mit bitteren, doch wirkungsvollen Arzneien, die mit

süßem Saft versetzt sind, damit sie nicht verschmäht werden. Die Satire dringt in die Herzen, sucht die Laster hinauszuwerfen und maßvollen Sitten Eingang zu verschaffen» (*Medicinae gloriae per satyras XXII. asserta*, 1651; Übersetzung von C. J. Classen). Dem Programm gemäß verbindet Balde in seinen medizinischen Satiren die Kritik an der Unfähigkeit, Habgier, Geschwätzigkeit von Ärzten, an ungeeigneten, modischen Therapien und verschiedenen Auswüchsen der akademischen Medizin – und der Torheiten von Patienten – mit einer Wertschätzung verantwortungsvoller, guter Ärzte und bedeutender Leistungen der medizinischen Wissenschaft. Eine Reihe von Satiren gilt der nichtakademischen Medizin bzw. der Volksmedizin, den Kurpfuschern, Quacksalbern, Marktschreiern, Giftmischern, Zigeunern, Juden oder heilkundigen Frauen.

Neben den Medizin- oder Medizinersatiren stehen zahlreiche weitere, z. T. sehr erfolgreiche satirische Texte zu anderen Themen, die seit dem Ende der vierziger Jahre einzeln im Druck erschienen (und dann im vierten Band der postumen Gesamtausgabe von 1729 enthalten sind). Die Reihe beginnt mit dem Trost der Mageren, zugleich eine Attacke gegen die Dicken (*Ode dicta Agathyrsus de solatio macilentorum*, 1638), die dann auch von mehreren Übersetzern ins Deutsche übertragen wurde (*Agathyrsus Teutsch*, 1647). Diese Satire erhielt später ein ironisches Gegenstück im Lob der Dickleibigen (*Antagathyrsus sive apologia pinguium adversus Agathyrsum*, 1658). Ein populäres Thema greift die Satire auf den Mißbrauch des Tabaks auf (*Satyra contra abusum tabaci*, 1657), die Sigmund von Birken in einer gewiß nicht zur Abschreckung geeigneten deutschen Prosaversion vorlegte und um einen «Discurs Von dem Nahmen / Ankunfft / Natur / Krafft und Würkung dieses Krauts» vermehrte (*Die Truckene Trunkenheit*, 1658). Auch der Trost der an Podagra Leidenden (*Solatium podagricorum*, 1658) fand mit Johann Ludwig Faber einen Übersetzer aus der Nürnberger Dichtergesellschaft (*Die gesunde Krankheit / oder Trost der Podagrischen*, 1677). Diese Satire gehört ebenso wie der Trost der Mageren, das Lob der Dicken oder das 1658 veröffentlichte Lob der Häßlichen (*Vultuosae torquitatis encomium*) zum Genre des seit dem *Lob der Torheit* (*Moriae encomium*, 1511) von Erasmus von Rotterdam beliebten ironischen Enkomions.

Ungefähr gleichzeitig mit Baldes lateinischer Satirenproduktion erschienen die ersten deutschen Verssatiren. Johann Lauremberg, Professor an der Ritterakademie im dänischen Sorø, veröffentlichte 1652 nach einer lateinischen *Satyra* (1630), einem Strafgericht Apollos und der Musen über Poetaster, Duellanten und französisierende Modetorheiten und Verkehrtheiten, als Gegenstück vier Satiren in niederdeutscher Sprache. Die *Veer Schertz Gedichte*, überwiegend in Alexandrinern, behandeln Themen, die aus Johann Michael Moscheroschs Prosasatiren oder den Epigrammen Friedrich von Logaus bekannt sind: *Vom itzigen Wandel und*

Maneeren der Minschen, Van Allemodischer Kleder-Tracht, Van Almodi-
scher Sprake und Titeln, Van Almodischer Poësie, und Rimen.
Thema ist die Bedrohung der überkommenen Werte und Lebensformen durch einen von Frankreich und dem hochdeutschen Sprachgebiet
ausgehenden modernen, d. h. ‹alamodischen› Lebensstil, der Sitten, Kleidung, Sprache und Dichtung gleichermaßen erfaßt: «Nichtes blifft be-
stendig mehr.» Die Opposition gegen die neuen Entwicklungen, die die
höfisch orientierte bzw. gelehrte hochdeutsche Literatur einschließt, führt
bei Lauremberg zu einer Rückbesinnung auf den Reichtum der niederdeutschen Sprache und die drastisch-volkstümlichen Darstellungstechni-
ken des 16. Jahrhunderts: «Bi dem olden will ick bliven: | Höger schal min
Styll nicht gahn, | Als min Vaders hefft gedahn», heißt es am Ende der
gereimten Vorrede.

Die *Veer Schertz Gedichte* gehören zu den letzten bedeutenden Zeugnissen der
mittelniederdeutschen Dichtung. Sie wurden bis zur Mitte des 18. Jahrhunderts
häufig aufgelegt. Eine dänische Übersetzung erschien schon 1652, eine hochdeutsche von Constantin Christian Dedekind 1654: *Vier Schertz-Gedichte zu lustiger*
Zeitvertreibung aus Nidersächsischer Abfassung gehoochdeutschet. Dedekind
übersetzte allerdings nur die ersten drei Texte; den vierten, in dem ein Hoch- und
ein Niederdeutscher über die Vorzüge ihrer Sprache disputieren, ließ er unverändert.

Während Lauremberg Distanz zur neuen (hoch)deutschen Dichtung
hielt und an ältere Traditionen anknüpfte, suchte Joachim Rachel, seit
1660 Rektor im ostfriesischen Heide und dann seit 1667 an der Schleswi-
ger Domschule, auf der Grundlage der deutschen Kunstdichtung opitzianischer Prägung den direkten Anschluß an die römische Satire. Der Erstdruck der *Teutschen Satyrischen Gedichte* (1664) enthält sechs Satiren,
zwei weitere, 1666 entstandene Texte wurden in die erweiterte postume
Ausgabe von 1677 aufgenommen. Versmaß ist der paarweise gereimte
Alexandriner; der Umfang der Satiren bewegt sich zwischen 104 und 680
Versen. Zusätze in späteren Auflagen seit 1700 – z. B. *Jungfern-Anatomie*,
Jungfern-Lob – stammen nicht von Rachel.

Rachel definiert «Satyra» traditionell als «ein solch Werck, welches allerhand übliche, und im Schwange gehende Laster, jedoch ohne Verletzung eines Menschen Ehren, guten Namen und Leumut, durchziehet,
und mit lachendem Munde die dürre Wahrheit saget». Die Satiren üben
Zeitkritik von einer konservativen Position aus – «O alte Redligkeit!» –
und zielen auf die üblichen Gebrechen, Laster und Fehlentwicklungen,
sparen dabei aber nicht mit biederer bürgerlicher Lebenslehre. Themen
sind eine wenig subtile Frauenschelte (*Das Poetische Frauen-Zimmer*
Oder Böse Sieben), Haushalt und Kindererziehung (*Die gewünschte*
Haußmutter, Die Kinder-Zucht), die falsche Einstellung zur Welt (*Der*
Vortheilige Mangel) bzw. zu Gott (*Vom Gebeth*; nach der zweiten Satire

des Persius), Gut und Böse in einem beispielreichen, von Juvenal inspirierten Rundumschlag (*Gut und Böse*), wahre und falsche Freundschaft
(*Freundt*). *Der Poet*, die letzte Satire, nimmt sich u. a. die zeitgenössische
Poesie vor, rühmt Opitz, Buchner und Rist, wendet sich gegen massen-
hafte Gelegenheitsdichterei und parodiert einerseits Zesens puristische
Bestrebungen («Der kleine Liebreitz sang ein Tichtling auf den Schmauß
| Der trunkne Heldreich schlug die Tageleuchter aus»), andererseits die
alamodische Sprachmengerei («Mengel-mueß»).

Mit der Rezeption der Satiren Nicolas Boileaus und seiner klassizistischen Stilvorstellungen (*L'art poétique*, 1674) erhielt die deutsche Verssatire gegen Ende des Jahrhunderts eine neue Qualität. Die ersten neun Satiren Boileaus waren 1666–68 erschienen, drei weitere folgten 1694, 1701
und (postum) 1716. Deutsche Übersetzungen einzelner Satiren wurden
seit den neunziger Jahren gedruckt, wobei ironischerweise die vor allem
der manieristischen spätbarocken Dichtung gewidmeten ersten beiden
Bände der Neukirchschen Sammlung den Anfang machten (*Herrn von
Hoffmannswaldau und andrer Deutschen auserlesene und bißher ungedruckte Gedichte*, 1695 bzw. 1697). Hier findet sich im ersten Band die
deutsche Version der vierten Satire Boileaus von Eucharius Gottlieb
Rinck (*Uber die thorheit der menschen*), im zweiten die Übertragungen
der ersten und zweiten Satire von Benjamin Neukirch und der fünften
von Friedrich Rudolph Ludwig von Canitz.

Maßstäbe für die deutsche Satire setzte dann Canitz mit der postumen
Ausgabe seiner Dichtungen (*Neben-Stunden Unterschiedener Gedichte*,
1700). Sie enthält zwölf Satiren, davon drei Übersetzungen (Boileau, Horaz, Juvenal). Thema mehrerer Satiren ist der topische Gegensatz von
Hof- bzw. Stadt- und Landleben und der Preis des Landlebens: «Hier
merck ich, daß die Ruh in schlechten Hütten wohnet, | [...] Daß es viel
besser ist, bey Kohl und Rüben stehn, | Als in dem Labyrinth des Hofes
irre gehn», schreibt der hohe brandenburgische Hofbeamte und Diplomat, der außer der in der Neukirchschen Sammlung gedruckten Boileau-
Übertragung zu Lebzeiten kein Gedicht veröffentlichte. Neben Hofkritik
und Lob des einfachen Lebens steht die traditionelle Typensatire *Der Tod
des ungerechten Geitzhalses* und die ebenfalls traditionelle, aber aktualisierte Poetensatire *Von der Poesie*: Diese kritisiert den Petrarkismus, die
lobhudelnde Gelegenheitsdichtung und die übertriebene Bildersprache
heutiger Poeten und setzt mit Boileau auf Vernunft, Angemessenheit und
Natürlichkeit. Canitz' Satiren lassen jedes Pathos der moralischen Anklage vermissen, treffen in ihrer Allgemeinheit niemanden und verletzen
nie den ‹guten Geschmack›. Sie trugen wesentlich dazu bei, daß sich die
Verssatire zu einer beliebten Literaturgattung der Aufklärung entwikkelte.

Anhänger Boileaus war auch der Historiker, Übersetzer und Dichter Caspar Abel, der hoch- und niederdeutsche Satiren in Anlehnung an sein Vorbild (und an Horaz) verfaßte: *Auserlesene Satirische Gedichte / worinnen viele jetzo im Schwange gehende Laster / auf eine zwar freye / und schertzhaffte doch vernünfftige Art / gestrafet werden; Und Theils ihrer Vortrefligkeit halber aus dem berühmten Boileau und Horatio übersetzet / Theils auch nach deren Vorbilde verfertiget sind* (1714). Eine vollständige Übersetzung der *Satyrischen Gedichte* Boileaus, angereichert durch zahlreiche weitere Übertragungen und eigene Dichtungen Abels, erschien 1729 und 1732 in zwei Teilen.

Bei Neukirch hatte wohl die Begegnung mit Canitz die Aufmerksamkeit auf Boileau gelenkt und allmählich zu einer Revision seiner literarischen Ansichten geführt. Neben den beiden Boileau-Übersetzungen im zweiten Band seiner Sammlung findet sich bereits im ersten Band ein eigener Versuch Neukirchs, eine im Unterschied zu Canitz' Zurückhaltung grobe Attacke auf einen flegelhaften, dummen Neuakademiker: «Was aber habt ihr doch / ihr Musen / nur gedacht / | Als ihr ein solches thier zum doctor habt gemacht» (*An den Asinius*). Diese Satire steht später unter dem Titel *Auf einen neuen Doktor* am Anfang der gesammelten Satiren Neukirchs. Ausgaben erschienen allerdings erst spät, zunächst zusammen mit Gedichten von Gottfried Benjamin Hancke (*Weltliche Gedichte, Nebst des berühmten Poetens, Herrn Benjamin Neukirchs, noch niemahls gedruckten Satyren*, 1727), dann von acht auf elf Satiren erweitert 1732 unter dem Titel *Benjamin Neukirchs [...] Satyren und Poetische Briefe*. Im Unterschied zu Canitz sind Neukirchs Satiren viel direkter und realitätsnäher. Sie enthalten – darin Rachel verwandt – zahlreiche Beispiele, Beobachtungen, Details, ohne ihnen durch Verallgemeinerungen jeglichen Biß zu nehmen. Die Themen freilich sind, den gegenwärtigen Verhältnissen angepaßt, die üblichen aus dem satirischen Repertoire: gesellschaftliches Fehlverhalten, Laster (Ehrgeiz, Geiz, Müßiggang und Schwelgerei, Wollust), schlechte Erziehung und mehrfach Dichter und Dichtkunst. Dabei fehlt es angesichts einer schlechten Gegenwart nicht an Hinweisen auf eine idealisierte Vergangenheit: «Es ist nicht mehr die Zeit, da noch Augustens Hand | Die Nebenstunden selbst zum Dichten angewandt, | Da Kayser und Poet an einer Tafel saßen, | Und beyde doch damals nicht ihre Pflicht vergaßen», heißt es in der Satire *An die Dichter*. Und in der letzten Satire *Wider den Verfasser selbst* mündet die Selbstanklage – etwa im Hinblick auf die Verlogenheit als Hofpoet – in eine Anklage gegen die depravierte Welt, der nur noch die Satire gerecht werden kann: «Der Tugend Lob ist aus. Es gilt nicht mehr auf Erden; | Drum laßt uns nur einmal zu Juvenalen werden.»

Barocke Epigrammatik: Themen und Tendenzen

Das Epigramm sei «aller sachen vnnd wörter fähig», schreibt Martin Opitz in seiner Poetik. Er hat aber Präferenzen; es solle «doch lieber in Venerischem Wesen / vberschrifften der begräbniße vnd gebäwe / Lobe vornemer Männer vnd Frawen / kurtzweiligen schertzreden vnnd anderem / es sey was es wolle / bestehen / als in spöttlicher hönerey vnd auffruck anderer leute laster vnd gebrechen». Das liest sich wie eine Ausgrenzung des satirischen Epigramms, spiegelt aber wohl nur die Ablehnung persönlicher Invektiven, auf die in den Äußerungen zur Satire seit Martial immer wieder hingewiesen wird: «Laster sind zu straffen / Personen sind zu schonen», überschreibt Friedrich von Logau ein Epigramm.

Die thematische Vielfalt, die Opitz andeutet, ist in der Tat charakteristisch für die deutsche Epigrammatik des 17. Jahrhunderts und die meisten Epigrammbücher, die in der Regel Texte zu den unterschiedlichsten Themen enthalten. Ein beliebiges Beispiel für diesen Typ stellen die *Epigrammata Oder Bey-Schrifften* (1663) von Andreas Gryphius dar. Das Spektrum der in drei Büchern zu je 100 Epigrammen gegliederten Sammlung reicht von religiösen Epigrammen, Gedanken zu Ereignissen im eigenen Leben und allgemeinen Betrachtungen zu Fragen des Lebens und der Lebensführung über Lobgedichte und ehrende Grabschriften bis hin zum üblichen Repertoire der Typen- und Standessatire. Zu den auf einen Gegenstandsbereich fixierten Sammlungen zählen u. a. die mystische Epigrammatik Daniel Czepkos und Johannes Schefflers, religiöse Sinnspruchsammlungen wie die *Sibenmahl Sibentzig Epigrammata Oder: Heilige Überschrifften auff den Egyptischen Ein- und Auß-Zug der Kinder von Israel gerichtet* (1648) des Danzigers Michael Albinus, die «Sinnreden der Liebe» am Ende von Kaspar Stielers *Geharnschter Venus* (1660) und – eine besonders beliebte Gattung – Sammlungen epigrammatischer Grabschriften, wie sie etwa Christian Hoffmann von Hoffmannswaldau, Quirinus Kuhlmann oder Johann Christian Hallmann zusammenstellten. Davon gibt es auch ausgesprochen geistliche Versionen (Johann Andreas Mauersberger: *Vier Hundert Biblische Grab-Schrifften*, 1674; Christoph Porsch: *Geistlicher Kirch-Hof / Vorstellende Sechshundert Lust- und Lehr-reiche Biblische Grab-Schrifften*, 1687; Bartholomäus Christelius: *Zodiacus laetofatalis. Lustiges Sterb-Jahr*, 1690).

Obwohl die Theorie in der Regel das satirische Epigramm wegen seiner besonders engen Verbindung von Kürze und Scharfsinnigkeit bevorzugt, zeigt die literarische Praxis ein anderes Bild. Zahlenmäßig überwiegt das von den Poetikern meist unbeachtete gnomische Epigramm, das weltliche und religiöse Sitten- und Verhaltenslehre vermittelt und nur begrenzten Wert auf argutes, ‹spitzfindiges› Sprechen legt und häufig ohne Pointe auskommt. In Logaus *Lebens-Satzung* geht allein die Gegenüberstellung von erster und letzter Zeile über die Form eines einfachen lehrhaften Spruchs hinaus:

> Leb ich / so leb ich!
> Dem Herren hertzlich;
> Dem Fürsten treulich;
> Dem Nechsten redlich;
> Sterb ich / so sterb ich!

Der Übergang zu geistlicher Lehre ist fließend, ist doch das irdische Leben auf ein jenseitiges Ziel ausgerichtet, das Gryphius in dem Epigramm *Newe Jahrs Wündsche* in einer harmonischen Verbindung von gemäßigter Scharfsinnigkeit und Lehrhaftigkeit so andeutet: «Man wündscht den Menschen Glück die newe Jahr erleben / | Mehr Glück hat dem GOtt will Zeit ohne Jahre geben.» In Schefflers *Cherubinischem Wandersmann* heißt es, ganz ohne die epigrammatische Zuspitzung und die Paradoxien seiner mystischen Epigrammatik, unter der Überschrift *Das ewige sol man suchen*: «Die Ehre dieser Welt vergeht in kurtzer zeit: | Ach suche doch die Ehr der ewgen Seeligkeit!» Eine argute Variation der Erinnerung an die Zeitlichkeit des Menschen findet sich dagegen bei Weckherlin in dem Zweizeiler *Alle dem Tod vnderworffen*: «Mit dem gnadlosen Tod muß jung vnd alt dahin; | Die jungen findet er / die alten finden jhn.»

Die satirische Epigrammatik ist zu einem großen Teil stark traditionsgebundene Laster-, Typen-, Standes- und Institutionensatire und arbeitet mit einem überlieferten Bestand an Motiven und Stereotypen: eine Herausforderung für den Epigrammatiker, seine Kunst durch neue elegante und pointierte Formulierungen zu demonstrieren. Eheliche Untreue – wie die vorwiegend misogyne sexuelle Lasterkritik ein Standardthema der satirischen Epigrammatik – formuliert Gryphius in dem Epigramm *An Camillam* so: «Der Hund bält für und für und raast auf deinen Mann / | Ich glaub er seh' ihn vor Hirsch oder Hasen an.» Hinter den konkreten Gegenständen der Kritik steht letztlich die Diskrepanz zwischen Anspruch und Wirklichkeit, das Abweichen von einer meist nicht ausdrücklich genannten, impliziten Norm. Ungenannt bleibt sie etwa in Georg Greflingers Epigramm *Auff einen übervollen Edelmann* aus der Sammlung *Deutscher Epigrammatum Erstes Hundert* (1645), die das Mißverhältnis von herausgehobener und damit ethisch verpflichtender Stellung und tatsächlichem Verhalten thematisiert: «Du bist des Weines voll / zwen diener tragen dich | Du schreyest / Speyest / Schlägst / ist das nich Adelich?» Weckherlin faßt die Diskrepanz im Fall der traditionellen Hofkritik in eine knappe negative Handlungsanweisung: «Wer will daß er bey Hof fort kom / | Der leb als ob er blind / taub / stum» (*Hofman*).

Die satirische Entlarvung ‹zeitloser› Laster und Übelstände kann jederzeit in eine konkrete Kritik gegenwärtiger Mißstände umschlagen. Die stereotype Satire auf Geizhälse, unfähige Mediziner, lasterhafte Frauen und Männer, bestechliche Richter oder ihren Standesidealen zuwiderhan-

delnde Adelige läßt sich leicht aktualisieren. Wie man etwa der stereotypen Verspottung der Dummheit eine aktuelle Note geben kann, führt
Johann Gottlieb Meister in dem Epigramm *Cogito ergo sum* im Anhang
seiner *Unvorgreifflichen Gedancken Von Teutschen Epigrammatibus, In
deutlichen Regeln und annehmlichen Exempeln* (1698) vor:

> Ich dencke / drumb bin ich / ließ uns des Cartes lesen /
> Mops merckte dieses an / und dachte vielerley:
> Daß er gelehrt / beliebt / groß / reich und schöne sey:
> Denn hätt er's nicht gedacht / so wärs er nicht gewesen.

Die Erweiterung des satirischen Spektrums um zeittypische Gegenstände
betrifft vor allem die zur absolutistischen Staatsform hinführende politische Entwicklung und die damit verbundenen gesellschaftlichen und kulturellen Probleme, die Katastrophe des Dreißigjährigen Krieges und die
durch den Krieg sich verschärfenden sozialen Konflikte und wirtschaftlichen Probleme. Scharfsinniger Kommentator dieser Krisenerscheinungen
war Friedrich von Logau. An Drastik übertraf ihn Wencel Scherffer von
Scherffenstein mit der Sozialkritik von unten im Epigramm *Eines Schlesischen Bauers vermessene reden zur Zeit des 30jährig wehrenden Krieges:*

> Die grossen Herren sich bekösten itzt mit Austern /
> die Land: und Bürgers-leut' auf Krebs und Schnekken laustern;
> Wir Pauren wollen schon Meykefer lernen essen /
> wenn nur der Teufel auch die Krieger wollte fressen /
> damit ie Leut und Land dießfalles der beschwerden
> und ungeziefers möcht' auf einmal ledig werden!
> (*Geist: und Weltlicher Gedichte Erster Teil*, 1652)

Ein späteres Beispiel für das Nebeneinander von traditioneller Typen- und
Standessatire und zeitbezogener satirischer Kritik stellt das Werk Johannes Grobs
dar, dessen zwei Epigramm- und Gedichtsammlungen einen der zahlenmäßig eher
geringen Beiträge der Schweiz zur deutschsprachigen Literatur der Opitz-Nachfolge darstellen (*Dichterische Versuchgabe Bestehend in Teutschen und Lateinischen Aufschriften / Wie auch etlichen Stimmgedichten oder Liederen*, 1678; *Poetisches Spazierwäldlein*, 1700). Das geschieht allerdings nicht ohne Koketterie – «ich
heiß / und schreibe grob» – und selbstbewußte kritische Distanz, wie sein Epigramm *An einen Deutschen Dichtgesezgeber* deutlich macht: «Du lehrest / wie
man sol kunstrechte reimen schreiben / | Und wilt den dichtergeist in enge schran-
ken treiben: | Allein ich gebe nicht so bald die freiheit hin / | Weil ich von muht'
und blut' ein freier Schweizer bin.» Zu den aktuellen Themen, die der weitgereiste
Kaufmann und Verwaltungsbeamte Grob aus bürgerlicher Perspektive behandelte,
gehören die Auswüchse der Geldwirtschaft (*Neue Weltherrschaft*), das Alamode-
Wesen, das Treiben der Werbeoffiziere, die als «ochsenhändler» ganze «rotten hin
zur schlachtung bringen» (*Von einem Werber*), aber auch der Stolz auf die Schweiz
und ihre auf Einigkeit gegründete Freiheit (*Die Schweiz*).

Die erotische und spielerisch-scherzhafte Ausprägung der Epigrammatik, die Opitz ausdrücklich hervorhebt, ist wie die Typensatire oder das panegyrische Epigramm ein Erbe der neulateinischen Tradition. Opitz knüpft immer wieder an neulateinische Beispiele an, etwa an John Owen («Warumb wird Amor blos von mahlern fürgestalt? | Je nackter die Lieb' ist / je minder ist sie kalt»). Zuweilen stellt er auch die lateinische Vorlage seiner deutschen Version voran, z. B. in dem bekannten Selbstlob von Petrarcas Katze *In felem Petrarchae* bzw. *Auff des Petrarchen Katze*. Auch formale Manierismen gehören zu seinem Repertoire, etwa wenn er die Form der *versus rapportati* oder *correlativi* (auch Trittreime oder Wechselsatz) im Anschluß an Verse des zeitgenössischen Späthumanisten Caspar von Barth aufnimmt, also Aufzählungen aneinanderreiht, deren Sinn sich erst erschließt, wenn man sie auflöst und die zusammengehörigen Teile einander zuordnet:

> Die Sonn' / ein Pfeil / der Wind / verbrennt / verwundet / weht hin /
> Mit Fewer / schärffe / sturm mein' augen / Hertze / Sinn.

Im Unterschied zu den formalen Manierismen aus der Tradition späthumanistischer Artistik, für die sich u. a. auch Beispiele bei Weckherlin, Schottelius oder Zesen finden, setzen die von der Argutia-Poetik geprägten Epigrammatiker des späteren 17. Jahrhunderts auf witzig-geistreiche Wort- und Sinnspiele (Concetti). Dieser concettistische Stil ist nicht auf die Epigrammatik beschränkt, findet hier aber mit seiner scharfsinnigen Metaphorik, dem Spiel mit der eigentlichen und übertragenen Bedeutung eines Wortes oder mit den verschiedenen Bedeutungen gleich- oder ähnlichlautender Wörter ein ideales Betätigungsfeld. Das gilt in besonderem Maß für die satirische Grabschrift, die seit Opitz zu den beliebtesten Formen der humanistisch-scherzhaften Epigrammdichtung gehört und nun aber, unter italienischem Einfluß, verstärktes Interesse findet. Im Unterschied zu Giovanni Francesco Loredano allerdings, bei dem die Gattung der scherzhaften Grabschrift ihre barocke Ausformung erhält (*Il cimiterio. Epitafii giocosi*, 1635 ff.), wird bei den deutschen Autoren der libertinistische und desillusionierende Charakter stark abgeschwächt. Das gilt für Johann Christian Hallmanns Teilübersetzung der Epigramme Loredanos (*Leich-Reden / Todten-Gedichte und Aus dem Italiänischen übersetzte Grab-Schrifften*, 1682) ebenso wie für die eher humoristischen denn satirischen *Schertz-Grabschrifften* von Hans Aßmann von Abschatz in seinen *Poetischen Übersetzungen und Gedichten* (1704) mit Texten wie *Bellhumor im Garten begraben* oder *Dachsens Grabschrifft*. Und Hoffmannswaldau stellt in seinen *Poetischen Grabschriften* (1680; unautorisierte Drucke seit ca. 1662) den satirischen Scherzgrabschriften lobende Grabschriften in humanistischer Tradition zur Seite, etwa die auf Opitz. Allerdings zeigt er sich in den scherzhaften Texten im Unterschied zum stilistisch zurückhaltenden Abschatz als vollendeter Concettist. «Ich habe Cron und Schwerd doch keinen Mann getragen», beginnt die Grabschrift auf Königin Elisabeth, während die Grabschrift Heinrichs IV. von Frankreich mit ähnlichem Wortklang spielt, wenn er die Ermordung des Königs in der Schlußpointe in Zusammenhang mit seinem angeblichen Ausspruch bringt, Paris sei eine Messe wert: «Was halff mich / was ich lieb? was halff / was ich gethan? | Nachdem ein messer mehr als eine messe kan.»

Von der Argutia-Poetik geprägt sind auch die meisten Epigramme des im übrigen fast ausschließlich als Erzähler (und Musiker) hervorgetretenen Johann Beer, die verstreut in verschiedenen erzählenden Texten und in dem Band *Deutsche Epigrammata, Welchen Etlich wenig Lateinische beygefügt seynd* (1691) erschienen. Sie umfassen die üblichen Genres: Lobgedichte auf Personen oder Städte, Grabschriften, Scherzhaft-Spielerisches, satirische Epigramme konfessionellen, politischen, moralisierenden sowie hof- und zeitkritischen Charakters. Wie Beer Techniken des concettistischen Sprechens verwendet, zeigt etwa die Grabschrift *Am Begräbnis-Tage Hannß Steigers*, die Wortspiel und Paradoxon als ‹Quellen› des Scharfsinns nutzt: «Der Leib fällt in das Grab / die Seele steigt ins Reich | Der Himmeln / Steiger steigt / und fällt doch auch zugleich.» Bei den erotischen Epigrammen spielt auch die bei Beer ohnehin starke misogyne Tendenz eine Rolle. Sprachspielerisch etwa in dem Epigramm *Auf die unkeusche Zophulam*, das sich die Ausspracheschwierigkeiten eines ausländischen Sprechers zunutze macht: «Ich bin ein Welscher Mann / sprech' Heichen statt der Eichen / Und also kan ich dich mit einer Uhr vergleichen.»

Die rational-frühaufklärerische Opposition gegen den concettistischen und metaphorischen Stil des Spätbarock formulierte nur wenig später Christian Wernicke in epigrammatischer Form und erläuterte sie in ausführlichen Anmerkungen. Seine *Uberschrifften Oder Epigrammata* (1697; vermehrt 1701 und 1704) enthalten in der letzten Fassung 615 Epigramme in zehn Büchern, die neben den spezifisch literaturkritischen Texten im wesentlichen das übliche Repertoire der geistlichen und weltlichen Sitten- und Verhaltenslehre sowie der Typen-, Standes- und Personensatire abdecken. Die Haltung ist nüchtern, rational. Mit den Klagen, die einer schlechten Gegenwart die «alte Lieb' und Treue» entgegenstellen, kann Wernicke nichts anfangen: «Man klagt, dass die alte Lieb' und Treue sey verlohren, | Daß aller Seegen sich verkehrt in einen Fluch; | Allein, wenn ich Zeit, die vorhergeht, durchsuch', | So danck' ich GOtt / dass ich in dieser bin gebohren» (*Auff die unnütze Klagen über die itzige Zeiten*).

Wernicke schließt an die traditionelle Definition des Epigramms an, aber mit einer bezeichnenden Akzentverschiebung. Er setzt den als Esprit verstandenen «Witz» an die Stelle des ingeniösen Scharfsinns, der *argutia*: «Denn lässt die Uberschrifft kein Leser aus der Acht', | Wenn in der Kürtz' ihr Leib, die Seel' in Witz bestehet; | Wenn Sie nicht allzutieff mit ihrem Stachel gehet [...].» Er hält die satirischen «ohnstreitig für die besten Uberschriffte», lehnt aber – der Tradition auch hier verpflichtet – «Schmäh-Schrifften» ab.

Die Übertragung frühaufklärerischer Programmatik – Vernunft, Klarheit, Deutlichkeit, Natürlichkeit – auf die Dichtung bringen die literaturkritischen Epigramme und die dazugehörigen Erläuterungen. Sie setzen sich vor allem mit dem spätbarocken Bildstil Hoffmannswaldaus und Lohensteins, aber auch den Form- und Sprachspielereien der Nürnberger auseinander. Wernicke kritisiert die uneigentliche Sprechweise, die «harte» und unnatürliche Metaphorik und den «falschen Witz» Hoffmannswaldaus und Lohensteins, spricht von der «Zuckerbeckerey [...] der heutigen Schlesischen Poeten» und spielt die Marmor- und Edelsteinmetaphorik ihrer manieristischen Beschreibungen weiblicher Schönheit gegen den Esprit der Franzosen und die Natürlichkeit der Engländer aus. Das Epigramm *An unsre teutsche Poëten* schließt mit den Versen: «Ihr aber woll't Pigmaljons alle sein | Und machet sie zu Bilder oder Stein.» Seine Maßstäbe bezieht er aus Boileaus Verspoetik (*L'art poétique*, 1674): «Ich folge der Natur, und schreib' auf ihre Weis'», heißt es im ersten Epigramm des dritten Buchs der Ausgabe von 1704 (*An den Leser*). Die Angriffe auf Hoffmannswaldau und Lohenstein lösten eine literarische Fehde mit Anhängern der Schlesier in Hamburg aus, an der sich Christian Heinrich Postel und Christian Friedrich Hunold beteiligten und auf die Wernicke mit dem komischen *Helden-Gedicht / Hans Sachs genannt* (1702) antwortete.

Friedrich von Logau

Wenn sich auch in den Gedicht- und Epigrammsammlungen des 17. Jahrhunderts immer wieder Kommentare zu spezifischen gesellschaftlichen und politischen Fehlentwicklungen finden, zu einem Gesamtbild fügen sie sich nur bei Friedrich von Logau. Sein Epigrammwerk wird in seiner disharmonischen Ordnungslosigkeit, die Binnengliederungen durch kleine Zyklen und bewußte Kontraste nicht ausschließt, zum Spiegel einer in Unordnung geratenen, verkehrten Welt: «Die Welt ist vmgewand», heißt es in dem Epigramm *Von meinen Reimen*. Es endet: «Ich höhne Laster auß / ich schimpffe böse Zeit / | Dann die macht grosses Werck von grosser Uppigkeit.» Den religiösen Aspekt – und indirekt die Norm der Satire – hebt das Sinngedicht *Geraubt ist erlaubt* hervor, das mit der Zeile «Die Welt ist voller Raub. Sie raubet Gott die Ehre» beginnt und nach einer unheilvollen Kette schließlich mit «Höll vnd Tod» endet.

Friedrich von Logau war als Dichter, wie Lessing im 36. Literaturbrief vom 26.4.1759 schrieb, wenig mehr als ein «Epigrammatist». 1654 erschien sein Hauptwerk *Salomons von Golaw Deutscher Sinn-Getichte*

Drey Tausend, dem nur einige Gelegenheitsgedichte und – schon 1638 – eine erste kleine Epigrammsammlung (*Teutsche Reimen-Sprüche*) vorausgegangen waren. «Kein Deutscher hat noch nie / (ließ ich mich recht berichten) | Gevöllt ein gantzes Buch / mit lauter Sinn-Getichten», schreibt er und begegnet möglichen Einwänden gegen «Meng vnd Uberfluß» der Epigramme mit einem Hinweis auf die unendliche Zahl der Zeugnisse von Gottes Wirken und der menschlichen Handlungen: «Geh zehle mir die Stern vnd Menschliches Beginnen!», heißt es in dem Epigramm *Die Menge Menschlichen Fürhabens*. So spiegelt sich in der Vielzahl der Epigramme – es sind als Folge mehrerer Zugaben genau 3560 – die Fülle der Erscheinungen und der menschlichen Unternehmungen in einer verkehrten Welt. Dementsprechend ist die Vielfalt der Gedichtformen, Versarten und Themen beträchtlich, und Annäherungen an die längere Form der Verssatire sind durchaus beabsichtigt. Dabei kann er sich auf die von Opitz konstatierte enge Beziehung von Epigramm und Satire berufen: «Und weil die Sinn-Getichte für kurtze Stichel-Getichte / die Stichel-Getichte für lange Sinn-Getichte gehalten sind», schreibt Logau in der Vorrede, «wird es mir zugelassen seyn /so ich offters etwas frey gehe […].»

Wenn auch die zeitkritischen Texte in der Rezeption zu Recht das größte Interesse gefunden haben, Logaus Repertoire ist entschieden größer und umfaßt alle traditionellen Themen des Epigramms und der Satire, von dem schon von Opitz als Hauptgegenstand hervorgehobenen ‹Venerischen Wesen› und der üblichen Lasterkritik über Lehr- und Lobgedichte bis hin zu religiösen Sinnsprüchen. Die (nichtreligiösen) Maßstäbe für seine kritisch-satirische Auseinandersetzung mit der zeitgenössischen Wirklichkeit nimmt Logau aus einer idealisierten Vergangenheit, einer statischen, hierarchisch gegliederten Welt, in der noch die alten deutschen Tugenden wie Treue, Redlichkeit und Frömmigkeit herrschten und die deutsche Sprache, Kleidung und Gesinnung noch nicht überfremdet waren. Vor dem Hintergrund der (verklärten) altständischen Gesellschaft beurteilt er Ereignisse, Institutionen und menschliches Verhalten der Gegenwart, wendet sich gegen Neuerungen und verteidigt das Überkommene: «Das böse wol gestellt laß stehen wie es steht / | Es ist noch vngewiß wie neues abegeht», lautet das Epigramm mit der eindeutigen Überschrift *Neuerung gefährlich*. Das Neue, das die alten Lebensformen zu zerstören droht, manifestiert sich in erster Linie am Hof und in der Hoforganisation, die im Zuge der Etablierung des absolutistischen Regiments entscheidenden Veränderungen unterworfen waren. Elemente traditioneller Hofkritik – «Trew / die auff der Zunge wohnet: Trew / die in dem Hertzen wohnt: | Diese / wird bey Hofe selten; meistens jene / wird belohnt» – verbinden sich mit satirischen Angriffen auf die ‹politische› Moral, die die absolutistische Hofkultur charakterisiert:

> *Heutige Welt-Kunst*
> Anders seyn / vnd anders scheinen:
> Anders reden / anders meinen:
> Alles loben / alles tragen /
> Allen heucheln / stets behagen /
> Allem Winde Segel geben:
> Bös- vnd Guten dienstbar leben:
> Alles Thun vnd alles Tichten
> Bloß auff eignen Nutzen richten;
> Wer sich dessen wil befleissen
> Kan Politisch heuer heissen.

Diese Entwicklung konfrontiert er mit dem Ideal eines patriarchalischen Herrschaftsstils, der ein persönliches Treueverhältnis zwischen Fürst und Ratgebern voraussetzt, wie es etwa die an anderer Stelle zitierte *Lebens-Satzung* ausdrückt. Die Welt jedoch, in der eine solche Lebensauffassung möglich ist, sieht der aus verarmtem Adel stammende und daher auf den Hofdienst angewiesene Logau bedroht: Ein neuer Beamtenadel, auf den sich der Herrscher stützt, beeinträchtigt die Stellung des landsässigen alten Adels, der neue Typus des ‹politischen› Hofmanns setzt sich gegenüber dem ‹redlichen Mann› durch: «Wer gar zu bieder ist / bleibt zwar ein redlicher Mann | Bleibt aber wo er ist / kümmt selten höher an.» Ehrgeiz, Heuchelei, Neid, Mißgunst und Undankbarkeit treten an die Stelle deutscher Treue und Redlichkeit, eine von französischer Mode, Sprache und Literatur geprägte Hofkultur verdrängt die alten Lebensformen und bedroht die kulturelle Identität. «Falschheit vnd Betrieglichkeiten / Hinderlist / Verleumdung / Lügen / | Sind deß Hofes Meisterstücke / sind deß Teuffels sein Vergnügen», lautet das Fazit des Epigramms *Hofe-Leute / versetzt / hohe Teufel*. Es sind die gleichen Entwicklungen, gegen die sich auch die Kulturkritik Johann Michael Moscheroschs in seinen Prosasatiren richtet.

Dabei dient Logau als Gegenbild nicht nur die idealisierte Vergangenheit, sondern er aktualisiert auch den topischen Gegensatz von Stadt und Land und konfrontiert das «Hofe-Leben» mit einem neustoisch geprägten Lob des einfachen Landlebens. Das geschieht programmatisch in längeren Gedichten wie *Das Dorff* oder *An mein Väterlich Gut / so ich drey Jahr nicht gesehen*, die allenfalls noch in der Schlußpointe epigrammatischen Charakter besitzen:

> O Feld / O werthes Feld / ich muß es nur bekennen /
> Die Höfe / sind die Höll; vnd Himmel du zu nennen.
> (*Das Dorff*)

Das väterliche Gut in Schlesien, das Logau drei Jahre nicht gesehen hatte, war inzwischen dem «Mord-Gott Mars» zum Opfer gefallen, Beispiel dafür, daß insbesondere das Land unter den Verwüstungen des Krieges zu leiden hatte und die Lebensgrundlage der Bauern und Landadeligen bedroht waren. Von deren Not profitierten Städte und ihre kapitalkräftigen Bürger, die die zerstörten oder überschuldeten Landgüter an sich bringen konnten. Das Epigramm *Deß Landes Leichendienst* kommentiert diese Vorgänge: «Das Land ist leider tod! drum wird es nun begraben. | Die Städte / sind der Pfarr / die zum Gedächtnüß haben | Die Spolien [Nachlaß, Beute] davon [...].»

So sehr aber Logau die Verwüstungen des Krieges und das daraus resultierende Elend anprangert, so wenig sieht er im Friedensschluß einen Anlaß zu Freudenkundgebungen, zumal sich die Position der Protestanten in Schlesien eher verschlechtert hatte. Profiteure des Krieges sind für ihn allein die heftig attackierten Schweden. Der Friede verdeutlicht lediglich die Sinnlosigkeit des jahrzehntelangen Kriegsgeschehens: «Die Welt hat Krieg geführt weit über zwanzig Jahr | Nunmehr soll Friede seyn / soll werden wie es war; | Sie hat gekriegt um das / O lachens-werthe That! | Daß sie / eh sie gekriegt / zuvor besessen hat», faßt das Epigramm *Krieg vnd Friede* die Absurdität des Geschehens prägnant zusammen. Daher ist von ihm auch keine Unterstützung für eine der religiösen Parteien zu erwarten, zumal die Kritik an den kirchlichen Institutionen und ihren den eigenen Grundsätzen zuwider lebenden Vertretern einen wesentlichen Punkt seiner satirischen Epigrammatik ausmacht. Er wendet sich entschieden gegen Gewissenszwang und die Rekatholisierungspolitik; zugleich weist der irenisch gesinnte Lutheraner Logau den Anspruch der drei Konfessionen, jeweils das wahre Christentum zu repräsentieren, in einem Distichon spitz zurück:

Glauben
Luthrisch / Päbstisch und Calvinisch / diese Glauben alle drey
Sind verhanden; doch ist Zweiffel / wo das Christenthum dann sey.

Logaus Begriff des Epigramms war, wie die verschiedenen Beispiele zeigen, nicht sehr eng. Seine Sinngedichte erfüllen keineswegs immer die gattungsspezifischen Erfordernisse der Kürze und der Spitzfindigkeit. Wie es eine Reihe von Gedichten gibt, meist Lob- und Glückwunschgedichte, die mit 30, 50, 70 oder 130 Versen weit über jede Epigrammdefinition von einer angemessenen oder «deutlichen Kürtze» (Johann Gottlieb Meister) hinausgehen, so spielen in zahlreichen nichtsatirischen, lehrhaften oder lobenden Sinnsprüchen argute Techniken keine oder nur eine Nebenrolle. Daß die gnomischen Epigramme insgesamt sogar überwiegen, bedeutet jedoch keine Einschränkung der satirischen Intention. Vielmehr übernehmen die gnomischen Texte in der Gesamtheit der «Sinn-Getichte» die

Funktion der Norm, an der die Mißstände und Laster gemessen und dem Verdikt des Satirikers unterworfen werden. Wenn Logau mit seinem anagrammatischen Pseudonym Salomon von Golaw an die Sprüche Salomonis und die Reden des Predigers Salomo erinnert, so verweist er auf die Gemeinsamkeit zwischen seinem Werk und den alttestamentarischen Texten, in denen sich ebenfalls beide Aspekte – Spruchweisheit und Kritik an Mißständen und Lastern – ergänzen.

Friedrich von Logau, 1605 auf dem Familiengut Brockuth bei Nimptsch im Herzogtum Brieg geboren, studierte nach langem, durch die Kriegswirren vielfach unterbrochenem Schulbesuch in Brieg (1614–25) von 1625 an Jura an der Nürnberger Universität Altdorf. Um 1633 übernahm er das verwüstete und verschuldete Familiengut, mußte jedoch aus finanziellen Gründen in den Dienst des Brieger Hofes treten. Hier bekleidete er hohe Stellungen; 1644 wurde er zum Hofrat ernannt, 1654 wechselte er im Zug einer Erbteilung und Neuordnung der Herzogtümer als Hofmarschall nach Liegnitz über. Hier starb er 1655. Der Epigrammatiker und hofkritische Hofmann war 1648 als «Der Verkleinernde» in die Fruchtbringende Gesellschaft aufgenommen worden. Als literarische Leistung hatte er bis dahin nur seine erste kleine Epigrammsammlung vorzuweisen (*Erstes* [*-Andres*] *Hundert Teutscher Reimen-Sprüche*, 1638). Was er dann in den folgenden Jahren niederschrieb, ging – jedenfalls nach dem ersten Tausend – ungefähr in der Ordnung des Entstehens in die Ausgabe von 1654 ein. Deren letzte «Zu-Gabe» gibt einen Hinweis auf die Produktionsweise und die offene Form der Sammlung. Sie trägt die Überschrift: «Folgende Sinn-Getichte sind vnter wehrendem Druck eingelauffen.» Im 18. Jahrhundert verschafften Lessing und Karl Wilhelm Ramler mit ihrer Ausgabe der *Sinngedichte* (1759) den Epigrammen Logaus neue Aufmerksamkeit.

6. Geistliche Lieddichtung

Die Vielfalt der geistlichen Lieddichtung der Epoche hängt mit den unterschiedlichen Funktionen zusammen, die sie im religiösen Leben einnimmt. Eine gängige Unterscheidung ist die von Kirchenlied und geistlichem Volkslied auf der einen und Geistlichem Lied auf der anderen Seite. Als Kirchenlieder gelten danach die Lieder, die im (evangelischen) Kirchengesangbuch gesammelt und im öffentlichen Gottesdienst der Gemeinde gesungen wurden. Die geistlichen Volkslieder des Katholizismus dagegen waren Mittel gegenreformatorischer Glaubenspropaganda, die bei kirchlichen Anlässen außerhalb des Gottesdienstes – Wallfahrten, Prozessionen, Katechismusunterricht usw. – eingesetzt wurden, um das ‹Volk› für den wahren Glauben zu gewinnen bzw. ihn zu festigen. Im Gottesdienst selbst blieben die Gesänge lateinisch. Im Unterschied zu diesen Liedtypen war das Geistliche Lied für die Frömmigkeitsübung im Haus, für die Hausandacht konzipiert. Durch seine textliche Gestaltung und die musikalischen Anorderungen entfernte es sich vielfach vom einfachen Stil des Gemeinde- bzw. geistlichen Volkslieds. Allerdings hat die Unterscheidung eher typologischen Charakter, denn die Übergänge sind fließend. Ein Blick auf die geschichtliche Entwicklung im 17. und 18. Jahrhundert zeigt, wie sich die Funktion der Lieder ändern kann, wie Geistliche Lieder zu Kirchenliedern oder geistlichen Volksliedern mutieren, gegebenenfalls auch durch Textänderungen und vereinfachte Kompositionen.

Das protestantische Lied

Vorbild für die protestantische Liedproduktion des 17. Jahrhunderts war das Liedschaffen der Reformationszeit, insbesondere das Luthers. Mit den Bemühungen der Reformorthodoxie seit der Wende zum 17. Jahrhundert um eine vertiefte Frömmigkeit veränderte sich jedoch auch der Charakter der Lieddichtung hin zu einer neuen Innerlichkeit und stärker persönlich geprägten Glaubenserlebnissen. Dabei spielte wie in der Erbauungsliteratur der Einfluß der mittelalterlichen Mystik eine bedeutende Rolle. Martin Moller und Philipp Nicolai, die in Erbauungsbüchern als erste die neue Konzeption vertraten und wie Johann Arndt als Reaktion auf die ‹Frömmigkeitskrise› am Ende des 16. Jahrhunderts mystische Traditionen fruchtbar machten, waren auch Lieddichter: Der bekannteste Text Mollers mit der Anfangszeile «Ach Gott wie manches hertzeleydt» aus den *Meditationes sanctorum patrum* (Bd. 1, ²1587) drückt als «Trostgebete» in dieser «letzten mühseligen Zeit» die mystische Sehnsucht nach Vereinigung mit dem himmlischen «Breutgam» aus, und von Philipp Nicolai stammen so populär gewordene Lieder wie das auch in seiner Strophenform oft imitierte *Geistlich Braut Lied der gläubigen Seelen / von Jesu Christo jrem himmlischen Bräutigam* («Wie schön leuchtet der Morgenstern») und das anschließende zweite geistliche Brautlied mit dem Beginn «Wachet auff / rufft vns die Stimme». Sie stehen in Nicolais einflußreichem Erbauungsbuch *FrewdenSpiegel deß ewigen Lebens* (1599). Die Lieder gingen früh in Gesangbücher ein und wirkten mit ihrer Frömmigkeitshaltung, ihrem mystischen Gedankengut und ihrer Praxis der liedhaften Umdichtung von Erbauungsliteratur weiter auf alle bedeutenden protestantischen Liederdichter des 17. Jahrhunderts, aber auch auf die geistliche Lyrik von Andreas Gryphius.

Der Kanon der Lieder in den lutherischen Gesangbüchern blieb lange Zeit relativ konstant, neue Lieder kamen zu dem Grundbestand aus dem 16. Jahrhundert – repräsentativ ist das *Babstsche Gesangbuch (Geystliche Lieder. Mit einer newen vorrhede / D. Mart. Luth.*, 1545) – bis 1660 kaum hinzu; Beispiele sind die genannten Lieder Mollers und Nicolais. Erst danach wurden in den Anhängen der Kirchengesangbücher zahlreiche weitere Lieder aufgenommen, die ursprünglich für die häusliche Andacht und Christenlehre bestimmt waren. Der Umfang der

Gesangbücher wuchs so beträchtlich von einigen hundert Liedern auf tausend und mehr an (z. B. *Nürnbergisches Gesangbuch / Darinnen 1160. außererleßene* [...] *Lieder* [...] *zu finden*, 1677). Damit ist allerdings nichts über ihren tatsächlichen Gebrauch im Gottesdienst gesagt, denn die Titel der Gesangbücher verweisen vielfach allgemein auf ihre Verwendung in «Hauß- und Kirchen-Andachten». Erst im Verlauf des 18. Jahrhunderts wurden zahlreiche Lieder aus den Anhängen in den Hauptteil der Gesangbücher aufgenommen und so als Kirchenlieder rezipiert. Das gilt auch für die Lieder Paul Gerhardts, die erst dann ihren Status als Kirchenlieder erhielten und mit zahlreichen anderen Liedern des 17. Jahrhunderts noch heute zum zentralen Bestand des Evangelischen Kirchengesangbuchs zählen.

Zu den dichtenden Geistlichen, die unmittelbar der von Moller, Nicolai und Arndt propagierten neuen Frömmigkeitsbewegung verpflichtet waren, gehören in der ersten Jahrhunderthälfte u. a. die Prediger und Erbauungsschriftsteller Valerius Herberger, Johann Matthäus Meyfart, Josua Stegmann und Johann Heermann. Aus Herbergers Werk hat das 1613 gedichtete Lied «Valet wil ich dir geben / | Du arge / falsche Welt» in Kirchengesangbüchern in leicht retuschierter Form überlebt, wie denn überhaupt das geistliche Liedschaffen einer Reihe von Autoren nur mit einem einzigen, im Gedächtnis gebliebenen Lied verbunden wird. Das gilt etwa für das ursprünglich eine Predigt beschließende Lied «Jerusalem du hochgebawte Stadt» (1626) von Meyfart und Martin Rinckarts *Tisch-Gebetlein* «Nun danket alle Gott / | Mit Hertzen / Mund und Händen» (1648) oder für Lieder von Nicht-Geistlichen wie Paul Fleming («In allen meinen Thaten | laß ich den Höchsten rahten», 1633), Georg Neumark («Wer nur den lieben GOtt läst walten», 1657) oder Christian Knorr von Rosenroth («Morgen-Glantz der Ewigkeit», 1684).

Von Josua Stegmann stammt das erfolgreiche Erbauungsbuch *Christliches GebetBüchlein / Auff die bevorstehende Betrübte / Krigs / Theurung vnd SterbensZeiten gerichtet* (²1627; Jahr und Titel des bisher nicht aufgefundenen Erstdrucks unbekannt). 1628 wurde es unter dem Titel *Suspiria Temporum, Das ist: Andächtige HertzensSeufftzer* zum dritten Mal gedruckt und seit 1630 als *Ernewerte Hertzens-Seufftzer* in erweiterter Form bis 1663 mehrmals neu aufgelegt. Es enthält neben Prosatexten zahlreiche Gedichte und Lieder, die schlicht von Gottvertrauen und Trost angesichts von «Creutz vnd Kriegslast» handeln und von der mit einer Kette von Vergleichen beschworenen «Eitelkeit des menschlichen Lebens» zur Hoffnung auf «frölich Ewigkeit» führen, zur Andacht auffordern, den Gläubigen mit Morgen- und Abendliedern durch die Woche begleiten und Buß-, Trost-, Bitt-, Dank- und Loblieder (bzw. «Reimgebetlein») auf unterschiedliche Anlässe bereithalten.

Andreas Gryphius beschäftigte sich kurz vor seinem Tod mit Stegmanns Buch, das 1663 erneut aufgelegt worden war; seine Bearbeitung erschien postum als *Himmel Steigente HertzensSeüfftzer Ubersehen und mit newen Reimen gezieret* (1665). Während seine Eingriffe in die Prosa weniger tiefgreifend waren, bemühte sich Gryphius, die Verse sprachlich und metrisch auf den neuesten Stand zu bringen, behielt aber nach Möglichkeit Versmaß und Strophenform der Vorlage bei. In anderen Fällen, wohl wenn ihn Sprache, Form und Inhalt der Vorlagen nicht überzeugten, setzte Gryphius eigene Texte (das sind die ‹newen Reime›) oder freie Bearbeitungen an ihre Stelle, die er häufig, aber nicht immer, mit A. G. signierte.

Johann Heermann

Johann Heermann gilt als bedeutendster protestantischer Liederdichter zwischen Luther und Paul Gerhardt. Mit seinem Werk setzte sich, nach den Anfängen seit der Jahrhundertwende, das Andachts- und Erbauungslied gegenüber dem reformatorischen bzw. nachreformatorischen Bekenntnislied vollends durch. Martin Moller, Johann Arndt und Valerius Herberger, bei dem Heermann ein Jahr als Gehilfe und Hauslehrer wohnte, übten mit ihren Erbauungsschriften einen entscheidenden Einfluß auf seine Predigten, Erbauungsbücher und Lieder aus. Vielfach liegen den Liedern Passagen aus erbaulicher Literatur zugrunde (z. B. aus Mollers *Meditationes sanctorum patrum*, 1584–91). Nach ihrem Beispiel nahm er auch Anregungen aus der mittelalterlichen Mystik auf; Jesusminne sowie die Betrachtung von Blut und Wunden Christi spielen eine zentrale Rolle in seinen Andachtsliedern: «Durch dein vnschuldig Blut / | Die schöne rothe Flut / | Wasch ab all meine Sünde» oder «Ich hab in JESU Wunden | Nunmehr ein Räumlein funden. | Da kan ich sicher liegen | Und aller Noth obsiegen», heißt es beispielsweise in den Liederbüchern *Devoti musica cordis Hauß- vnd Hertz-Musica* (1630) bzw. den postumen *Poetischen Erquickstunden* (1656). Seiner bedeutendsten und mit sieben Auflagen beliebtesten Sammlung *Devoti musica cordis* ließ Heermann 1635 eine *Andächtige Hertz- und Seelen-Musica* mit 100 geistlichen Liedern und Psalmen folgen. Mit einer Reihe von Werken, aus denen die *Sontags- und Fest-Evangelia / durchs gantze Jahr / Auff bekandte Weisen gesetzt* (1636) herausragen, führte er die Tradition der Perikopenauslegung und -dichtung fort und wirkte damit u. a. auf Andreas Gryphius und seine *Son- undt Fëyrtags-Sonnete* (1639). Heermanns Perikopenlieder haben noch vielfach erzählenden Charakter und setzen die den Sonn- und Feiertagen des Kirchenjahres zugeordneten Bibelabschnitte in anschauliche und lebendige Erzähllieder um; daneben stehen lehrhafte Verse. Sie alle bieten in den Schlußstrophen oder -zeilen kurze Bittgebete, die den Bezug zur Gegenwart, zur Situation des Christenmenschen in einer unheilvollen, angstbesetzten Zeit herstellen und ihr die Hoffnung auf Erlösung, auf das ewige Leben entgegenhalten.

In der weiteren Entwicklung der Perikopendichtung wird die einfache liedhafte Paraphrase der Bibeltexte, wie sie auch Martin Opitz in seinen Epistelliedern vornimmt (*Die Episteln Der Sontage vnd fürnemsten Feste des gantzen Jahrs*, 1628),

mehr und mehr durch einen auslegenden Liedtyp abgelöst. Indem man aus
«Einem jetweden Evangelio die fürnehmsten Haubtlehren / Ermahnung / Warnung und Trost» herausarbeite und in Lieder verfasse, diene man dem erbaulichen
Zweck eher als durch eine einfache Nacherzählung, argumentiert Johann Rist in
der Vorrede seiner *Sabbahtischen Seelenlust / Daß ist: Lehr- Trost- Vermahnung-
und Warnungsreiche Lieder über alle Sontägliche Evangelien deß gantzen Jahres*
(1651). Für diesen auslegenden Liedtyp stehen neben einer weiteren Sammlung
Rists (*Neüe Musikalische Fest-Andachten*, 1655) u. a. Werke der Pfarrer Johann
Vogel (*Andacht-Ubung aus den Sonn- Fest- und Feyrtäglichen Evangelien*, 1661)
und Abraham Klesel (*Vergiß mein nicht / Oder Jesus-süsse Andachten Auff Sonn-
und Fest-Tage / item sonderliche Zeit und Fälle*, 1675). Allmählich führt die Loslösung von der Textparaphrase zu Dichtungen, die sich von der exegetischen Tradition abwenden, sich mit allgemeinen erbaulichen Betrachtungen mit nur loser
Beziehung zum Bibeltext begnügen und vielfach die Liedform zugunsten moderner Formen wie Madrigal oder Kantate aufgeben (z. B. Adam Bretschneider:
Geistliche Madrigalen / über die Sonn- und Festtägigen Evangelia, 1675; Erdmann
Neumeister: *Fünfffache Kirchen-Andachten bestehend In theils eintzeln / theils
niemahls gedruckten Arien, Cantaten und Oden Auf alle Sonn- und Fest-Tage des
gantzen Jahres*, 1716–17; Benjamin Schmolck: *Das Saiten-Spiel des Hertzens / Am
Tage des HErrn / Oder Sonn- und Festtägliche Cantaten*, 1725).

Trotz ihres schlichten Tons sind Heermanns Lieder nicht kunstlos,
wenn sie sich auch im Sinn ihrer erbaulichen und lehrhaften Funktion
zurückhaltend in der Verwendung von Tropen und Figuren zeigen. «Hier
ist weg der Worte Zierd vnd Kunst», schreibt er im Widmungsgedicht der
Devoti musica cordis und nimmt dabei einen Topos der Poetik geistlicher
Dichtung auf. Tatsächlich arbeitet er durchaus mit poetischen Mitteln,
benutzt Metaphern, Allegoresen und Wortfiguren wie Alliterationen,
Anaphern oder Häufungen und eine Vielzahl von strophischen Formen.
Dazu paßt die Bemerkung in der Vorrede zur zweiten Auflage (1644) der
Sontags- und Fest-Evangelia, in der Heermann den geistlichen Zweck mit
einem Eintreten für die deutsche Dichtung verbindet: «Mögen sie [die
Lieder] schon vielleicht etlichen nicht gefallen / welchen aus Unwissenheit der reinen Deutschen Poeterey keine Deutschen Vers gefallen wollen / so sind sie doch anderen Christliebenden und lobenden Hertzen so
angenehm / daß sie in vielen Evangelischen Kirchen öffentlich gesungen
werden […].»

Tatsächlich hatte sich Heermann, der 1608 für seine lateinischen Dichtungen zum Dichter gekrönt worden war, früh der Opitzschen Sprach-
und Versreform angeschlossen. Seine Lieder und Gedichte folgen ihr in
ihrem Bemühungen um sprachliche und metrische Korrektheit; außerdem zeigt sich Heermann aufgeschlossen gegenüber den modernen Versmaßen und Strophenformen, versucht sich an Daktylen, verwendet den
Alexandriner und selbst eine ausgesprochen modische Form wie die (gereimte) sapphische Ode:

Hertzliebster Jesu / was hastu verbrochen /
Daß man ein solch scharff Urtheil hat gesprochen?
Was ist die Schuld: In was für Missethaten
Bistu gerathen?

Johann Heermann (1585 Raudten/Schlesien – 1647 Lissa/Polen; heute: Leszno)
erhielt 1611 die Pfarrstelle in Köben (Schlesien), die er 1639 wegen seiner kränk-
lichen Konstitution aufgeben mußte. Seine letzten Lebensjahre verbrachte er in
Lissa. Die Erfahrungen des Krieges, der Bedrohung durch die Gegenreformation
sowie der eigenen Gebrechlichkeit und die damit verbundenen existentiellen Ängste bilden den Hintergrund vieler seiner Lieder und Gedichte. Bereits seine erste
größere ‹literarische› Veröffentlichung neben den seit 1608 erscheinenden Epigrammbüchern (Gesamtausgabe: *Epigrammatum libelli IX*, 1624) basiert auf den
Perikopen und enthält lateinische und deutsche Dichtungen: *Flores ex odorifero
annuorum evangeliorum vireto* (1609). Die Neubearbeitung und Erweiterung unter dem Titel *Exercitium pietatis, Vbung in der Gottseligkeit* (1630) wurde mit
zahlreichen Auflagen bis zum Beginn des 18. Jahrhunderts Heermanns erfolg-
reichstes Werk. Reine Predigtauslegungen der Sonn- und Festtagsevangelien sind
die drei Bände der *Labores sacri: Geistliche Kirch-Arbeit / In Erklerung aller ge-
wönlichen Sonntags- vndt Vornembsten Fest-Evangelien* (1624–38). Zu seinen
weiteren erbaulichen Schriften gehört eine große Zahl von Leichenpredigten. Daß
Martin Opitz ein Widmungsgedicht zum zweiten Band der *Labores sacri* (1631)
beisteuerte (*Auff Herrn Johann Heermanns berühmte Postill*) und dem Werk zeit-
überdauernde Geltung bescheinigte, zeigt die Anerkennung, die Heermanns Werk
gefunden hatte. Auch Andreas Gryphius schrieb ein Gedicht auf Heermann, das
den postumen *Poetischen Erquickstunden* (1656) vorangestellt ist und den Verstorbenen («Du bist ja noch nicht tod») und dessen «heilige Oden» rühmt: «Was
sag' ich mehr? du singst der gantzen Kirchen vor! | Wehklagen auf der Welt / und
Danck ins Himmels-Chor.»

Lieddichtung um die Jahrhundertmitte

Obwohl Heermanns Anfänge lange vor der Literaturreform lagen, schloß
er sich in seinen späteren Liedern ganz bewußt ihrem sprachlichen und
metrischen Programm an. Damit fügte er sich in die Entwicklung der
geistlichen Lieddichtung seit Opitz ein, die in den dreißiger und vierziger
Jahren u. a. von Johann Rist, Philipp von Zesen und den Dichtern des
Pegnesischen Blumenordens weitergeführt wurde.

Außerhalb dieses Kontexts allerdings steht mit ihrem poetologisch
doch eher unzeitgemäßen Werk Anna Ovena Hoyers, die auch zu den
religiös durchaus unangepaßten Persönlichkeiten der Zeit gehörte und
mit ihren sektiererischen Tendenzen und ihrer Unterstützung häretischer
Prediger in der Tradition des Spiritualismus und Chiliasmus auf den
Widerstand der Orthodoxie in ihrer Heimat Schleswig stieß. In den dreißiger Jahren siedelte sie nach Schweden über, wo ihr die Königinwitwe
Maria Eleonora einen Hof in der Nähe von Stockholm schenkte. Nach

wenigen Einzelveröffentlichungen seit 1617 erschien eine Sammelausgabe
ihrer Dichtungen – *Geistliche und Weltliche Poemata* – 1650 bei Elzevier
in Amsterdam; weitere Lieder sind handschriftlich erhalten. Hoyers ignoriert zwar weitgehend die (ihr bekannten) Opitzschen Regeln und verwendet häufig den inzwischen verpönten Knittelvers, zeigt aber eine
durchaus zeitgemäße Vorliebe für Akrosticha, Chronogramme und ana-
grammatische Spielereien, häufig mit religiösem bzw. mystischem Hintersinn. Sprachliche Kraft gewinnen ihre Lieder und Gedichte durch Anklänge an das Deutsch der Lutherbibel sowie an Stil und Metrik des
Kirchenlieds und der Psalmenübersetzung Lobwassers.

Ihre chiliastischen und spiritualistischen Überzeugungen basieren auf
einem selbstbewußten Laienchristentum, das sich in scharfen satirischen
Angriffen gegen die Amtskirche und das (orthodoxe) «Pfaffenvolk» wendet. Dem nahen Ende der Welt sieht sie im Jubelton entgegen: «Darumb
mit Schall' | Ihr Volcker all' | Frolocket und Psalliret / | Hallelujah | Das
heil ist nah' [...]», schreibt sie in einer unter dem Titel *Posaunenschall*
versammelten Liederfolge. Sie schließt sich der Vorstellung vom inneren
Licht als Voraussetzung der Erkenntnis der Wahrheit an, und so heißt es
in Versen auf den «Sanctus Christianus» Caspar von Schwenckfeld nach
Zeilen wie «Der Geist ist Herr / der Buchstab knecht» oder «Umbsonst
ist was man hört und list / | So nicht das Wort inwendig ist»:

> Das inner kan sein wirckung haben /
> Ohn eußer mittel und Buchstaben:
> Aber ohn krafft des innern liechts /
> Wircken die eußern mittel nichts.

Mit der weiteren Entwicklung der protestantischen Lieddichtung im
17. Jahrhundert haben Hoyers' Texte nichts zu tun, wenn auch später der
Pietist Gottfried Arnold an die Dichterin erinnerte. Hier dominieren vielmehr gemäßigt orthodox-lutherische Positionen und die an die opitzianische Metrik angepaßte Liedtradition. Zu den fruchtbarsten Lieddichtern
seiner Generation zählt Johann Rist, von 1635 bis zu seinem Tod 1667
Pfarrer in Wedel bei Hamburg. Er steht mit seinem geistlichen Liedschaffen in der Tradition der Reformorthodoxie und beruft sich in der Vorrede
zur ersten der fünf Folgen seiner *Himlischen Lieder* (1641–42) ausdrücklich auf Johann Arndt, Johann Gerhard und Josua Stegmann und ihre «Art
zu reden». Seine Lieder, so teilt Rist dem «Christlichen Leser» mit, begriffen «lauter himlische / göttliche / ja solche Dinge in sich [...] / die dein
mattes Hertz auch in der allerhöhesten Noth können erquicken / vnd
deine bekümmerte Seele in jren schweren Anfechtungen trösten vnd er-
frewen». Dabei sieht Rist, der als ‹weltlicher› Dichter schon lange vorher
entschieden für die opitzianische Kunstdichtung eingetreten war, keinen
Widerspruch zwischen seelsorgerischem und dichterischem Anspruch.

Rist nutzt die Vorreden zu seinen Liederbüchern mehrfach dazu, seinen opitzianischen Standpunkt darzulegen und gegen «muthwillige Verderber vnserer edlen reinen Deutschen Sprache vnd deroselben hochfliegenden Poesy nichtswürdige Hencker» zu polemisieren. Er ziele auf nichts anderes, schreibt er in der ersten Folge der *Himlischen Lieder* im Rahmen einer Polemik gegen poetische Stümper, «als daß die Ehre Gottes befodert / die liebe Jugend recht vnterwiesen / vnd denn auch nützliche Sprachen sampt löblichen Künsten in ein sonderbares Auffnehmen möge gebracht werden». Nennenswerter seelsorgerischer Eifer ist zunächst nicht zu erkennen. Das ändert sich in den folgenden Jahren. Ziel seiner Liederbücher wird nun ausdrücklich die «Erneürung des inwendigen Menschen»; sie sind Erbauungsliteratur in Liedform im Geist der Reformorthodoxie. Manche Vorreden gleichen Predigten. Das gilt bereits für das «Vierdte Zehn» der *Himlischen Lieder* (1642), in dem Rist das bekannteste seiner Lieder – «O Ewigkeit du DonnerWort» – zum Ausgangspunkt von Betrachtungen und Ermahnungen macht. Im Einklang mit Rists wachsender Überzeugung vom schlimmen Zustand des Christentums in «disen grundbösen Zeiten / da man der wahren Gottseligkeit entweder gahr nichtes / oder auch sehr weinig mehr achtet» (*Sabbahtische Seelenlust*, 1651), verstärkt sich in den späteren Sammlungen die eschatologische Thematik. In Liedern von Gericht und drohender Höllenstrafe sucht er die Gläubigen bzw. verstockten Sünder aufzurütteln und zu Reue und Buße zu bewegen; dagegen stehen die Texte, die mit mystischem Vokabular von der Sehnsucht nach Vereinigung mit Gott sprechen oder in hymnischer Begeisterung die unaussprechliche Freude der Auserwählten schildern. Meditative Züge zeigen seine Perikopenlieder und die an Bernhard von Clairvaux angelehnten Passionslieder mit ihrer Betrachtung von Blut und Wunden Christi.

Insgesamt veröffentlichte Rist neben kleineren Liedpublikationen zehn umfangreiche, z. T. mehrteilige Lieder- und Andachtsbücher mit mehr als 650 geistlichen Liedern. Sie waren für die häusliche Andacht bestimmt; erst spät gelangte eine Reihe von ihnen – wenn auch nicht mit allen Strophen – in die Gemeindegesangbücher. An die ersten geistlichen Lieder von 1641–42 knüpfte Rist zehn Jahre später mit der Sammlung *Neüer Himlischer Lieder Sonderbahres Buch* an (1651), Beginn einer verstärkten Liedproduktion, wobei die neuen Sammlungen die dichterische Qualität der frühen Lieder nicht mehr erreichten. Ebenfalls 1651 erschien die erste Sammlung von Perikopenliedern unter dem Titel *Sabbahtische Seelenlust*, denen sich sieben weitere anschlossen: *Frommer und Gottseliger Christen Alltägliche Haußmusik / Oder Musikalische Andachten* (1654), *Neüe Musikalische Fest-Andachten* (1655), *Neüe Musikalische Katechismus Andachten* (1656), *Die verschmähete Eitelkeit Und Die verlangete Ewigkeit* (1658, 2. Teil postum 1668), *Neüe Musikalische Kreutz- Trost- Lob- und DankSchuhle* (1659), *Neues Musikalisches Seelenparadis* (1660–62) und *Neue Hoch-heilige Paßions-Andachten In Lehr- und Trostreichen Liedern* (1664). Großen Wert legte Rist auf die musikalische Gestaltung seiner Lieder, wie schon die Hinweise auf die «fürtrefflichen» bzw. «weitberühmten» Komponisten auf den Titelblättern bezeugen. Es gelang ihm, angesehene Hamburger Kirchenmusiker wie Johann Schop, Thomas Selle und Michael Jacobi, aber auch den in Zittau wirkenden bedeutenden Komponisten Andreas Hammerschmidt zu verpflichten.

Enge Beziehungen zur Erbauungsliteratur und zur innerprotestantischen Reformbewegung weist auch die Lieddichtung Philipp von Zesens auf. Zesen verfaßte selbst Gebetbücher und bearbeitete eine ältere niederländische Übersetzung von Johann Arndts Gebetbuch *ParadißGärtlein / Voller Christlicher Tugenden* (*Paradys-Hofken*, 1658). Neben Einzeldrucken von geistlichen Liedern für bestimmte Personen oder zu spezifischen Anlässen veröffentlichte er drei Sammlungen geistlicher Lieder durchaus unterschiedlichen Charakters, für deren Vertonung er eine Reihe Hamburger Musiker, an erster Stelle Johann Schop, gewann: *Gekreuziger Liebsflammen oder Geistlicher Gedichte Vorschmak* (1653), *Salomons Des Hebräischen Königs Geistliche Wollust / oder Hohes Lied* (1641; 2. Fassung 1657) und *Andächtiger Lehr-Gesänge von Kristus Nachfolgung und Verachtung aller eitelkeiten der Welt / erstes Mandel* (1675).

Die *Gekreutzigten Liebsflammen* sind das geistliche Gegenstück zur zwei Jahre zuvor erschienenen Sammlung weltlicher Lieder (*Dichterische Jugend-Flammen*, 1651). Sie führen die Tradition des Andachts- und Frömmigkeitslieds mit ihren Innerlichkeitstendenzen und mystischen Anklängen weiter. Die wichtigsten Themen sind die Sehnsucht nach der Vereinigung mit Jesus, ausgedrückt in der Liebesmetaphorik der Mystik (z. B. *Verlangen einer in Gott verliebten Seelen ihren himlischen Bräutigam zu küssen*), und die Verachtung der Welt bzw. das Fremdsein in ihr: «Dan mein bleiben ist nicht hier. | ich bin frembd' in diesem leben / | und der wanderschaft ergeben / | bis ich komme / Gott / zu dier», heißt es in dem den Band beschließenden *Seufzer eines ausheimischen / der sich in der fremde niedergelaßen*.

Am Anfang der Sammlung steht ein *Spruch-lied* auf den Wahlspruch von Anna Maria van Schuurmans – «Meine Liebe ist gekreutziget» –, auf den bereits der Titel anspielt: Die *Gekreutzigten Liebsflammen* sind eine Art Hommage an die in Köln geborene und polyhistorisch gebildete europäische Berühmtheit, die in Utrecht lebte, bis sie sich 1669 der frühpietistischen Sekte Jean de Labadies anschloß und von ihrem früheren Leben und ihren intellektuellen Interessen distanzierte. Zesen hatte sie bei seinem langen Aufenthalt in den Niederlanden in den vierziger Jahren kennengelernt. Der Wahlspruch ist ein Zitat aus den Briefen des Ignatius, Bischof von Antiochia, vom Beginn des 2. Jahrhunderts.

Trotz des weitgehend schlichten Tons vieler Lieder dieser Sammlung («wenig dichterische bluhmen und verzukkerungen / sondern nur einfältige reden») sind sie keineswegs durchweg kunstlos; sie verwenden Anaphern und anaphorische Reihungen, Anagramme und – maßvoll – Bilder und sorgen mit ihren verschiedenen Strophen- und Versformen für metrische Vielfalt. Dazu gehören daktylische Verse («Die güldene Sonne | bringt leben und wonne») und ein hymnisches *Weinacht-lied nach Pindarischer art*, das die Versmaße variiert und durch den Wechsel von langen und kurzen Zeilen Echoeffekte hervorruft, sich also kaum als ein einfaches Lied bezeichnen läßt. Es steht nicht zufällig bereits im zweiten Teil des *Deutschen Helicons* (1641) unter den poetischen Mustertexten.

Hier findet sich auch die erste Auflage von Zesens Bearbeitung des Hohenliedes in dialogischen Liedern, *Salomons Des Hebräischen Königs Geistliche Wollust / oder Hohes Lied*, unter den Beispielen für daktylische und anapästische Verse, einschließlich einer kurzen Erklärung der Versmaße für noch Unkundige. Der erneute Hinweis darauf, daß er wegen der geistlichen Thematik und seinem Vorsatz, eng am biblischen Text zu bleiben, «keine sonderliche pracht der worte gebrauchen wollen», gilt auch hier nur mit Einschränkungen, zumal schon die sinnliche Bildersprache des Hohenlieds diesem Vorsatz entgegensteht. Außerdem ist nicht zu verkennen, daß es Zesen vor allem um die Vorstellung der neuen metrischen Möglichkeiten geht («weil dieser Art Verse noch fast unbekannt»). Die Verquickung poetischer und geistlicher Interessen ist offensichtlich, denn wenn auch Zesen die traditionelle geistliche Deutung des Hohenlieds am Anfang durch ein Augustinus-Zitat belegt, nähert sich das Werk selbst – wie schon zuvor die Version von Martin Opitz (*Salomons Des Hebreischen Königes Hohes Liedt*, 1627) – weltlicher Liebesdichtung schäferlichen Charakters.

Auch Opitz weist in der Vorrede seiner Dichtung auf die übliche allegorische Interpretation hin und zitiert Augustinus («Das hohe Lied ist eine Geistliche Wollust heiliger Gemüter»). Gleichwohl hat das Werk den Charakter weltlicher Liebesdichtung, wobei Opitz dem lyrischen Charakter der Vorlage durch eine Nachahmung der farbigen Bildlichkeit und eine variable Gestaltung der Verse und Strophen gerecht zu werden sucht. Er setzt das Hohelied ausdrücklich in Beziehung zur antiken Eklogendichtung: «Es sind [...] hierbey keine andere Personen als Hirten / keine andere Worte als von der Liebe / keine Vergleichungen vnd Exempel als vom Felde genommen. Sie verlassen die Statt / bleiben auff den Aeckern / essen in den Gärten / singen vmb das Obst vnnd die Bäume. Der Virgilianische Corydon sucht in der Mittagshitze seinen Alexis [...]: Also eylet die Salomonische Buhlschafft jhrem Freunde nach / fraget wo er weyde / wo er zu Mittage liege.»
Wie Opitz und Zesen nähert sich auch Gottfried Finckelthaus in seiner Bearbeitung der alttestamentarischen Liebeslyrik des Hohenlieds der Pastoraldichtung (*Des weisen Salomons Hohes Lied / Sampt andern Geistlichen Andachten*, 1638). Hingegen dominiert bei anderen Autoren der geistlich-erbauliche Aspekt eindeutig (u. a. Daniel Sudermann: *Hohe geistreiche Lehren / vnd Erklärungen: Vber die fürnembsten Sprüche deß Hohen Lieds Salomonis*, 1622; Martin Rinckart: *Epithalami Salomoneo-Sulamitici Cantica-Canticorum* [...]. *König Salomons* [...] *vnd seiner* [...] *Sulamithin Leibliche / Geistliche vnnd Himlische BrautMesse vnd Hochzeit-Frewde*, 1642; Justus Sieber: *Seelen-Küsse Oder Geistliche Liebs-Ge-*

dankken aus Des Hebreischen Königs Salomons Hohem Liede, 1653; Gottfried
Arnold: *Poetische Lob- und Liebes-Sprüche / von der Ewigen Weißheit / nach Anleitung Des Hohenlieds Salomonis*, 1700).

In der zweiten Fassung seiner Dichtung, *Salomons / des Ebreischen
Königes / Geistliche Wohl-lust oder Hohes Lied; In Palmen- oder dattel-
reimen* (1657), suchte Zesen dem Eindruck einer allzu weltlichen Haltung
entgegenzuarbeiten. Er ergänzte die acht «Handlungen» mit ihren Dialogen, Liedern und Chören – Zesen spricht von einem «Gespräch- und
singe-spiel» – durch ausführliche Prosateile, die die einzelnen poetischen
Partien einleiten (Wiedergabe des jeweiligen Bibeltexts in der Übersetz-
zung Luthers) bzw. beschließen (ausführliche Erklärungen des geistlichen
Sinns). Im Unterschied zur ersten Fassung enthält die zweite auch Melodien (von Johann Schop), die wohl wesentlich zum Erfolg des Werkes
beitrugen (vier Auflagen bis 1706).

   Streng erbaulichen Charakter besitzen Zesens *Andächtige Lehr-Gesänge von
Kristus Nachfolgung* (1675), die auf den ersten fünfzehn Kapiteln von Thomas von
Kempens *De imitatione Christi* (um 1420) basieren. Jedem Lied geht das entsprechende Kapitel des Erbauungsbuchs in der Übersetzung Johann Arndts voraus;
die Lieder selbst folgen in schlichtem, lehrhaftem Ton dem Prosatext. Die Vertonung stammt von dem Magdeburger Prediger Malachias Siebenhaar, einem Mitglied von Zesens Sprachgesellschaft.

   Auch in Nürnberg hatten die Vorstellungen der Reformorthodoxie
Fuß gefaßt und mit Johann Saubert und Johann Michael Dilherr, Sauberts
Nachfolger als erster Prediger an St. Sebald, literarisch bedeutende Repräsentanten gefunden. Sie traten u. a. nach jesuitischem Beispiel mit emblematischen Erbauungsbüchern hervor, die durch eine Verbindung von
Wort (Bibelwort, Predigttext, Lied bzw. Gedicht) und Bild auch die Sinne
ansprechen und so die Wirkung steigern sollten. Dilherr arbeitete dabei
mit Georg Philipp Harsdörffer und später Sigmund von Birken zusammen; zugleich unterstützte er Johann Klaj.

   Noch vor Dilherr hatte Harsdörffer die Form des emblematisch illustrierten Erbauungsbuchs in einem komplexen Beitrag zur Perikopen-
und Episteldichtung aufgenommen: *Hertzbewegliche Sonntagsandachten: Das ist / Bild- Lieder- und Bet-Büchlein [...] / nach den Evangeli- und
Festtexten verfasset* (2 Bde., 1649–52). Er setzt bei seinen Lesern, im Gegensatz zu dem für erbauliche Literatur vorherrschenden *sermo humilis*,
kombinatorische Fähigkeiten voraus, um den Zusammenhang von Text
und Bild zu erkennen. Ausgangspunkt bilden, vermehrt um weitere Bibelzitate, die Texte der sonn- und festtäglichen Evangelien bzw. der Episteln des Kirchenjahres; darauf beziehen sich die geistlichen Embleme,
wobei Gedichte Deutungshinweise geben und Lieder und Gebete die einzelnen Einheiten abrunden. Dazu kommen Lieder zu den Tageszeiten
und kleine Zyklen über die «Sieben Bitten deß heiligen Vaters unsers»

und die sieben Worte Christi am Kreuz. Die Lieder verleugnen die Charakteristika der Nürnberger Poesie nicht, verbinden Laut- und Klangmalerei mit daktylischen Rhythmen und variablen Verszeilen und führen über bildhafte Naturbeschreibungen zur geistlichen Deutung.

Im Verlauf der Zusammenarbeit mit Dilherr schrieb Harsdörffer für dessen erbauliche Werke zahlreiche geistliche Lieder, etwa für das häufig aufgelegte Andachtsbuch über Themen des Hohenlieds *Göttliche Liebes-Flamme: Das ist Christliche Andachten / Gebet / und Seufftzer* (1651) mit Prosatexten Dilherrs, Gedichten und Liedern Harsdörffers sowie emblematischen Kupfern (Georg Strauch) und Melodien (Johann Erasmus Kindermann). Auch Sigmund von Birken, Mitbegründer des Pegnesischen Blumenordens und Harsdörffers Nachfolger als Vorsitzender, steuerte seit Ende der vierziger Jahre Gedichte und Lieder zu Schriften Dilherrs, aber auch zu Gesangbüchern und Gemeinschaftsarbeiten der Pegnitzschäfer bei. Birkens erste eigenständige Liedveröffentlichung stellt die Sammlung *Geistlicher Weihrauchkörner Oder Andachtslieder I. Dutzet* (1652) dar, und seine letzte Erbauungsschrift enthält neben Prosaandachten mit emblematischen Kupferstichen und Liedern im ersten Teil im zweiten ein Gesangbuch: *Heiliger Sonntags-Handel und Kirch-Wandel* (1681).

Birkens Lieder verzichten in ihrem religiösen Ernst auf die poetisch-spielerischen Elemente, die seine Mitgenossen Harsdörffer und Johann Klaj auch für ihre geistlichen Dichtungen fruchtbar machten. Vor allem Johann Klaj erwies sich als die eigentliche sprachschöpferische Kraft im Pegnesischen Blumenorden. Seine innovativen Redeoratorien mit ihren vielfältigen metrischen Experimenten enthalten zahlreiche Lied- und Choreinlagen; daneben gelingen ihm Weihnachts- und Kinderlieder, die in ihrer Bildlichkeit und ihrer scheinbaren Naivität der katholischen Lieddichtung nahekommen (*WeihnachtGedichte*, 1648; *Das gantze Leben Jesu Christi / Mit schönen Kupffern abgebildet / neuen Reimarten und Biblischen Sprüchen außgezieret*, 1648): «Morgenroth / kömt bunt gefahren / | Lilien gleich / und Rosenblut | auffgekräust mit Saffranharen | schmutzelt [lächelt] mit rothgelber Glut; | Du bist schöner als der Wagen | der den Morgen bringt getragen! | Schönste Maria», beginnt das *Lob der Gottes Gebärerin* in dem *WeihnachtGedichte*.

Für eine größere Verbreitung von geistlichen Liedern Harsdörffers, Birkens und anderer Mitglieder der Nürnberger Poetenzunft sorgte ihre Aufnahme in Gesangbücher. So enthält das von Johann Saubert d. J. herausgegebene *Nürnbergische Gesangbuch* (1676 u. ö.) nicht nur zahlreiche Texte Harsdörffers und Birkens, sondern auch fast alle Lieder aus dem unter Birkens Leitung entstandenen Gemeinschaftswerk *Der Geistlichen Erquickstunden* [...] *Heinrich Müllers* [...] *Poetischer Andacht-Klang* (1673). Es basiert auf einem populären Erbauungsbuch des Rostocker Pfarrers und Theologieprofessors Heinrich Müller (*Geistlichen Erquick-Stunden*, 3 Teile, 1664–66) und setzt Themen der erbaulichen Betrachtungen Müllers in zunächst 50, dann in der erweiterten Ausgabe von 1691 in 110

«Arien» um, die meisten vertont von dem Nürnberger Organisten Johann Löhner. Neben Birken waren u. a. Johann Ludwig Faber, Samuel Hund, Andreas Ingolstetter und Magnus Daniel Omeis an dem Unternehmen beteiligt. Müller selbst war auch Herausgeber eines eigenen Liederbuchs, das mit seiner Auswahl (u. a. Heermann, Dilherr, Rist, Birken, Dach und Paul Gerhardt) und Müllers eigenen Liedern Tendenzen der Reformorthodoxie vertrat (*Geistliche SeelenMusik*, 1659).

Paul Gerhardt

Paul Gerhardt setzte die von Heermann maßgeblich geprägte Tradition des Andachts- und Erbauungslieds fort. Er nahm die Bestrebungen der protestantischen Reformbewegung auf, die die durch die Reformation gewonnenen und inzwischen dogmatisch fixierten neuen Glaubenswahrheiten für die christliche Lebenspraxis im Sinn einer inneren, gelebten Frömmigkeit fruchtbar zu machen suchte. Mit diesen Liedern gehört er zu den bekanntesten deutschen Dichtern überhaupt – und zu den wenigen des 17. Jahrhunderts, die nicht nur Spezialisten bekannt sind.

Anders als etwa Heermann, Rist oder Zesen gab Gerhardt keine eigene Sammlung seiner Lieder heraus. Sie erschienen vielmehr neben vereinzelten Veröffentlichungen in Gelegenheitsschriften seit 1647 nach und nach in den verschiedenen Auflagen von Johann Crügers Gesangbuch *Praxis Pietatis Melica. Das ist: Ubung der Gottseligkeit in Christlichen und Trostreichen Gesängen*. Crügers Nachfolger als Kantor der Berliner Nicolaikirche und «Der Berlinischen Haupt-Kirchen Music-Director» Johann Georg Ebeling veranstaltete dann die erste Sammlung Gerhardtscher Lieder, die 1666–67 unter dem Titel *Geistliche Andachten* in zehn Heften gedruckt wurde und insgesamt 120 Lieder enthielt («Dutzendweise mit neuen Sechsstimmigen Melodeyen gezieret»). Darüber hinaus sind nur noch weitere 14 deutsche und 15 lateinische Gelegenheitsgedichte Gerhardts bekannt, die zwischen 1642 und 1675 in Einzeldrucken erschienen.

Gerhardt hat keine der verbreiteten Zyklen geistlicher Lieder geschrieben, keine vollständige Nachdichtung des Psalters, keine die Sonn- und Festtage des Kirchenjahrs umfassende Folge von Perikopenliedern. Gleichwohl lassen sich seine Lieder in das Kirchenjahr und seine wichtigsten Stationen vom Advent über Weihnachten bis zu Ostern und Pfingsten einordnen, denn auch Gerhardt macht selbstverständlich die Heilsgeschichte und sonn- und festtägliche Evangelientexte zum Gegenstand seiner *Geistlichen Andachten*. Darüber hinaus begleiten Dank-, Lob- und Trostlieder den Christenmenschen auf seinem Weg durchs Leben und vermitteln bei aller Leiderfahrung ungebrochenes Gottvertrauen und die freudige Gewißheit der Erlösung.

Annähernd die Hälfte der Lieder beruht unmittelbar auf biblischen Texten, insbesondere dem Psalter, oder nimmt biblische Ereignisse oder

Personen als Ausgangspunkt von Nacherzählungen, Deutungen und andächtigen Betrachtungen. Daneben finden sich Nachdichtungen oder Bearbeitungen deutscher und lateinischer Lieder anderer Autoren, u. a. auch von sieben Hymnen aus vorreformatorischer Zeit mit Betrachtungen der Wundmale Christi. Am bekanntesten ist das Lied «O Haupt vol Blut und Wunden» (*An das Angesicht des HErrn JEsu*) nach Arnulf von Leuvens Hymnus «Salve caput cruentatum» aus dem 13. Jahrhundert. Sechs Lieder gehen auf Gebete aus Johann Arndts Erbauungsbuch *ParadißGärtlein / Voller Christlicher Tugenden* (1612) zurück, wie denn überhaupt auch eine Reihe anderer Lieder zu bestimmten Anlässen oder Tageszeiten (Morgen-, Abendlieder) auf die Nähe zur Erbauungsliteratur verweisen.

Als Paul Gerhardt (1607 Gräfenhainichen/Kursachsen – 1676 Lübben im Spreewald) nach seinem Studium der Theologie in Wittenberg und langen Jahren in untergeordneten Stellungen 1657 als Diakon an die Berliner Nicolaikirche berufen wurde, fand er sich mit den Besonderheiten der brandenburgischen Kirchenpolitik konfrontiert. Das brandenburgische Herrscherhaus hatte 1613 das reformierte Bekenntnis angenommen, die Bevölkerung war mehrheitlich lutherisch geblieben. Der seit 1640 regierende Kurfürst Friedrich Wilhelm suchte, sowohl im Interesse seiner absolutistischen Bestrebungen als auch der calvinistischen Minderheit, die Konfessionen zu gegenseitiger Toleranz zu bewegen und religiöse Streitigkeiten zu unterdrücken (Zensur theologischer Literatur seit 1654). 1662 verbot er den Geistlichen konfessionelle Polemik auf den Kanzeln und den Landeskindern das Studium der Theologie und Philosophie an der streng lutherischen Universität Wittenberg. Er lud zu einem Religionsgespräch ein, das keine Annäherung der Konfessionen brachte; Gerhardt äußerte Zweifel daran, ob man Calvinisten überhaupt als Christen bezeichnen könne. Der Kurfürst verschärfte sein Vorgehen und forderte 1664 von der Geistlichkeit durch Unterschrift die Zustimmung zu seinen früheren Toleranzedikten, den Verzicht auf den bei den Lutheranern noch vielfach üblichen Exorzismus bei der Taufe und die Distanzierung von der sog. Konkordienformel, mit der die Lutheraner 1577 ihr abschließendes Lehrbekenntnis formuliert hatten (und auf die Gerhardt seinen Amtseid geleistet hatte). Gerhardt berief sich auf sein ‹armes Gewissen› und verweigerte die Unterschrift; auch auf Kompromißangebote ging er nicht ein, da er die geforderte Toleranz als Einfallstor des Synkretismus, der Vermischung, und damit als Gefährdung der reinen Lehre sah. 1667 verlor er sein Amt und verbrachte seine letzten Jahre – von 1669 bis zu seinem Tod 1676 – als Archidiakonus in Lübben im Spreewald, das zum lutherischen Sachsen-Merseburg gehörte. Noch im Vermächtnis an seinen Sohn wirken die Berliner Erfahrungen nach: «Die heilige Theologiam studiere in reinen Schulen und auf unverfälschten Universitäten, und hüt dich ja vor Synkretisten, denn sie suchen das Zeitliche und sind weder Gott noch Menschen treu.»

Gerhardts kompromißlose Haltung steht in deutlichem Gegensatz zu seiner ökumenischen Wirkung. Dafür gibt es mehrere Gründe: Einerseits hatten der historische Ausleseprozeß und die Bearbeitungspraxis späterer Herausgeber zur Folge, daß die dogmatische bzw. polemische Seite seines Schaffens in den Hintergrund trat, andererseits erleichterten die enge inhaltliche und sprachliche Bindung vieler Texte an die Bibel und der spezifische Charakter der in ihrer Mehrzahl undogmatischen Lieder mit ihrem Ausdruck inniger Frömmigkeit und ihrem kunstvoll schlichten Ton eine überkonfessionelle Rezeption. Auch das Evangelische Kirchengesangbuch – hier ist Gerhardt heute neben Luther der mit den meisten Liedern vertretene Autor – bevorzugt diesen Typus des Andachts- oder Frömmigkeitslieds. Dazu gehören Lieder zur Passion («O Haupt vol Blut und Wunden»), Lieder der Glaubensgewißheit («Ich weiß das mein Erlöser lebt», «Befiehl du deine Wege»), Dank- und Loblieder («Nun dancket all und bringet Ehr», «Lobet den Herren», «Ich singe dir mit Hertz und Mund»), Lieder zu den Jahres- und Tageszeiten wie der *Sommer-Gesang* «Geh aus mein Hertz und suche Freud», das Morgenlied «Wach auf mein Hertz und singe» oder das Abendlied «Nun ruhen alle Wälder».

Die Lieder Gerhardts und der anderen Liederdichter der ‹neuen Frömmigkeit› seit der Wende zum 17. Jahrhundert unterscheiden sich mit ihren auf die *praxis pietatis* gerichteten Innerlichkeits- und Individualisierungstendenzen deutlich vom Typus des reformatorischen Bekenntnislieds der Lutherzeit. Dabei handelt es sich um keinen Gegensatz, denn die neue Frömmigkeitshaltung baut auf den in der Reformation errungenen und in den Bekenntnisliedern vorgetragenen Glaubenswahrheiten auf. Auch die vielfach getroffene Unterscheidung zwischen den ‹Wir›-Liedern Luthers und den ‹Ich›-Liedern Gerhardts bezeichnet noch keinen Gegensatz von objektivem Bekenntnislied und subjektivem Erlebnislied. Wenn in der Tat häufiger vom Ich die Rede ist, so bezeichnet es doch kein unverwechselbares Individuum in seiner Subjektivität. Gemeint ist vielmehr noch – wie fast durchweg im religiösen Lied des 17. Jahrhunderts – der Mensch als Mitglied der religiösen Gemeinschaft.

Daß es noch nicht um subjektive Erlebnisweisen gehen kann, zeigt sich auch an Gerhardts Behandlung der Natur. So besteht der berühmte *Sommer-Gesang* «Geh aus mein Hertz und suche Freud | In dieser lieben Sommerzeit | An deines Gottes Gaben» nach der Eingangsstrophe zur Hälfte aus einer Reihung von Naturbildern, bis dann der Umschlag kommt und die weiteren Strophen die Zeichenfunktion der Natur deutlich machen: Die (vergängliche) Schönheit auf «dieser armen Erden» ist nur ein Abglanz dessen, was den Gläubigen in «Christi Garten» erwartet. Die Betrachtung der Natur – «Gottes Gaben» – verweist auf den Schöpfer und soll den Gläubigen, indem er ihren Gleichnischarakter erkennt, in seinem Glauben bestärken («Gib / daß der Sommer deiner Gnad' […] Viel Glaubensfrücht erziehe») und zu seiner eigentlichen Bestimmung hinführen: «Erwehle mich zum Paradeis / | Und laß mich bis zur letzten Reis | An Leib und Seele grünen […].»

Zwar steht bei Gerhardt wie bei den anderen Verfassern geistlicher Lieder der erbauliche Zweck über ästhetischen Erwägungen. Doch ist es nicht zuletzt die selbstverständliche Beherrschung der poetischen und rhetorischen Mittel der zeitgenössischen Kunstdichtung, die in Verbindung mit den Vorgaben der Gattungstradition der geistlichen Lieddichtung zum unverwechselbaren Charakter seiner Lieder und ihrer breiten und lang andauernden Wirkung beiträgt. Ob Gerhardt durch die Schule Augustus Buchners in Wittenberg gegangen ist, läßt sich allenfalls vermuten, aber nicht belegen. Jedenfalls sind ihm die metrischen und sprachlichen Grundsätze der opitzianischen Literaturreform ebenso vertraut wie die rhetorisch-stilistischen Voraussetzungen der humanistischen Literaturtradition. Er verwendet eine Vielzahl verschiedener Strophenformen, arbeitet mit den üblichen rhetorischen Stilmitteln und verstärkt mit schlüssigem Aufbau und klaren Strukturen die Überzeugungskraft seiner geistlichen Rede. Daß dabei die Bildersprache Extreme meidet und die Mittel der humanistischen Kunstpoesie je nach ausgedrücktem Affekt meist eher maßvoll eingesetzt werden, ergibt sich aus der erbaulichen Wirkungsabsicht. Das Formale ist eine Funktion des geistlichen Zwecks, der Andacht. In einem Gedicht, das Gerhardt zum Druck von Liedern eines Kollegen beisteuerte (Joachim Pauli: *Vier Geistliche Lieder*, um 1665), heißt es:

> Unter allen die da singen,
> Und mit wolgefaster Kunst
> Ihrem Schöpffer Opffer bringen
> Hat ein jeder seine Gunst.
> Doch ist der am besten dran
> Der mit Andacht singen kan.

Zu den Lieddichtern, die Paul Gerhardt nahestanden, gehört der Niederlausitzer Johann Franck (seit 1645 Anwalt in Guben, später Ratsherr, Bürgermeister und Landesältester der Niederlausitz), der u. a. in Königsberg studiert hatte und dabei auch von Simon Dach beeinflußt worden war. Seine insgesamt 110 geistlichen Lieder sind vollständig in der Gesamtausgabe seines dichterischen Werkes *Geistliches Sion Das ist: Neue Geistl. Lieder / und Psalmen /* [...] *Wie auch sein Irrdischer Helicon* (1674) enthalten. Eine Reihe der Lieder besitzt den schlichten, innigen Ton Gerhardts; dazu gehört das Lied *Jesu, meine Freude*, das auch in die evangelischen Gesangbücher eingegangen ist.

Pietismus

Die entschiedene Fiktionsfeindlichkeit des Pietismus und seine Ablehnung aller nicht unmittelbar dem religiösen Leben dienenden Tätigkeiten ließ der Literatur – abgesehen von dem umfänglichen Lehr- und Erbauungsschrifttum – wenig Raum. Einzig erlaubte poetische Gattung war die geistliche Lyrik bzw. Lieddichtung, die zwar nicht die Bedeutung der pietistischen autobiographischen Literatur erreichte, aber ebenso wie diese auf Grund der verstärkten Innerlichkeitstendenzen neue Gefühls- und Bildbereiche erschloß. Einige Liederdichter ragen heraus: Gottfried Arnold auf der lutherischen Seite der pietistischen Bewegung, Joachim Neander und Gerhard Tersteegen auf der reformierten, alle zeitweise in Konflikt mit der jeweiligen Orthodoxie. Dazu kommt das vor allem zahlenmäßig überwältigende Liedschaffen des Begründers der Brüdergemeinde Herrnhut, Nikolaus Ludwig Graf von Zinzendorf. Von großer Bedeutung für die Verbreitung pietistischer bzw. mit pietistischen Vorstellungen vereinbarer älterer Lieder waren die erfolgreichen pietistischen Gesangbücher, die in den ersten Jahrzehnten des 18. Jahrhunderts erschienen. Zahlreiche Lieder aus dem Pietismus gingen auch in lutherische Gesangbücher ein und stehen z. T. heute noch, wenn auch in bearbeiteter Form, im Evangelischen Kirchengesangbuch.

Die Mitteilung innerer Erfahrungen und Gefühle an Gleichgesinnte, um diese an den Ergebnissen der pietistischen Praxis der Selbsterforschung und an den Wirkungen göttlicher Inspiration teilnehmen zu lassen, setzte eine neue sprachliche Unmittelbarkeit voraus, die – von den einengenden Regeln der Rhetorik losgelöst – die seelischen Vorgänge wiederzugeben in der Lage war. In der Vorredenpoetik gibt es entsprechende Hinweise; hier zählen «einfältig», «ungezwungen» und «ungekünstelt» – parallel zu den Natürlichkeitstendenzen der klassizistischen Poetik – zu den Schlüsselwörtern. Gottfried Arnold distanzierte sich ausdrücklich vom Stil der zeitgenössischen manieristischen Poesie; er wolle «einfältig» schreiben, und er betont, daß er «gemeiniglich vergnügt» gewesen sei, «wann ein Verß von sich selber ungezwungen dahin floß / daß es keines Flickens und Kopffbrechens bedurffte». Seine *Poetischen Lob- und Liebes-Sprüche / von der Ewigen Weißheit / nach Anleitung Des Hohenlieds Salomonis* (1700) seien «aus dem überfluß des hertzens ausgebrochene gedancken / andachten oder gesänge / wie man sie etwa nennen will». Bei Zinzendorf findet sich der Satz: «Meine Poesie ist ungekünstelt; wie mir ist, so schreibe ich.» Improvisationen von Gebet- oder Liedtexten, wie sie auch von Zinzendorf bekannt sind, verstärkten den Eindruck des Ungekünstelten und des freien Gefühlsausdrucks. In Erfurt und Halle erregte 1691–92 die pietistische Sängerin und Visionärin Anna Maria Schuchart großes Aufsehen, die – so ein Bericht – «gantz neue Lieder in theils bekandten, theils unbekandten Melodien und allerley generib[us] carminum, theils mitten in ihren Erstarrungen, theils in sanfftem Schlaffe» zu singen pflegte.

Derartige Erscheinungen erregten die Kritik der lutherischen Orthodoxie ebenso wie die sektiererischen chiliastischen und eschatologischen Tendenzen in Teilen der pietistischen Bewegung. Die Ablehnung galt nicht nur dem enthusiastischen Charakter und den Inhalten, sondern vor allem auch der musikalischen Gestaltung. Auf Mißfallen stießen nicht zuletzt die ‹hüpfenden› und ‹springenden› Rhythmen der pietistischen Lieder, weil sie – so ein Wittenberger Gutachten – «auf eine üppige / leichte /

und fast liederliche Art der weltlichen Gesänge» hinausliefen und daher nicht mit der «Gravität und Hoheit der Sache / als auch der Gewohnheit der alten / und bisherigen Evangelischen Kirche» vereinbar seien. Diese Auseinandersetzung ist nicht ohne Paradoxien: Während die Lutheraner weltliche Musik – Instrumentalmusik, Tanz, Oper – durchaus tolerierten, dagegen den weltlichen Charakter der pietistischen Melodien kritisierten, rezipierten die Pietisten für ihre geistlichen Gesänge Elemente der weltlichen Musik, obwohl sie den weltlichen Künsten grundsätzlich ablehnend gegenüberstanden.

Konzepte einer verinnerlichten Frömmigkeit und einer Erneuerung der Kirche und des geistlichen Lebens durch inneren Wandel der Gläubigen, für die die pietistische Reformbewegung steht, sind im einzelnen keineswegs neu. Sie haben Vorläufer und Vorbilder bei den Mystikern und Spiritualisten, in der pansophischen Tradition und nicht zuletzt in der von Johann Arndt und anderen propagierten Frömmigkeitsreform um die Wende zum 17. Jahrhundert. Gerade von diesen Vorstellungen gehen tiefgreifende Wirkungen auf die Literatur des 17. Jahrhunderts aus, so daß auch in der vorpietistischen protestantischen Lieddichtung zunehmend Züge auftreten, die mit ihrer betonten Innerlichkeit, ihrer Subjektivität und ihrer Aufnahme mystischer Erfahrungen bereits auf den Pietismus vorausweisen bzw. zu ihm hinführen.

Zu den Dichtungen, die durch ihre Aufnahme kabbalistisch-mystischer Elemente in diese Richtung weisen, gehört die Liedersammlung des am Sulzbacher Hof wirkenden Schlesiers Christian Knorr von Rosenroth: *Neuer Helicon mit seinen Neun Musen Das ist: Geistliche Sitten-Lieder / Von Erkäntniß der wahren Glückseligkeit / und der Unglückseligkeit falscher Güter; dann von den Mitteln zur wahren Glückseligkeit zu gelangen / und sich in derselben zu erhalten* (1684). Knorr schrieb die von einem namentlich nicht genannten Nürnberger Komponisten vertonten Lieder laut Titelblatt «zur Aufmunterung der Seinigen» und «Unterrichtung seiner Kinder». Das erklärt vielleicht die dem Buch eigentümliche Mischung von neustoisch-lehrhaften und erbaulichen Texten, die in vier im Titel angedeuteten Teilen den Weg zur wahren Glückseligkeit und ihrem Erhalt beschreiben.

Die größte Verbreitung fanden Knorrs Andachtslieder, die mit Blick auf Leben und Passion Christi zu seiner Nachfolge anleiten wollen bzw. Gott danken und loben. Lebendig geblieben ist das mit *Morgen-Andacht* überschriebene Lied «Morgen-Glantz der Ewigkeit», das in der Tradition geistlicher Naturbetrachtung steht und – wie eine Reihe anderer Lieder – mit der Lichtmetaphorik kabbalistisch-mystische Vorstellungen aufnimmt (zu Knorrs kabbalistischen Interessen s. S. 827 ff.). In manchen Gedichten verbindet sich die Licht- und Sonnenmetaphorik darüber hinaus mit alchemistischer Symbolik, die u. a. auf die Reinigung der Seele zielt: «Was unrein muß in uns verbrennen / [...] | Gemüther auf / hinauff zur Sonnen; | Da unser Geist ist hergeronnen.» Pietistische Gesangbücher zählten zu den ersten, die Lieder Knorrs berücksichtigten. Das *Geist-reiche Gesang-Buch* Johann Anastasius Freylinghausens enthielt schon in der ersten Ausgabe (1704) 14 Lieder aus dem *Neuen Helicon*.

Zur spezifisch pietistischen Lieddichtung führt das Werk Joachim Neanders. Seine einzige Liedersammlung mit 57 Liedern (z. T. mit von Neander selbst stammenden Melodien) erschien in seinem Todesjahr 1680: *Glaub- und Liebes-Ubung: Auffgemuntert durch Einfältige Bundes-Lieder und Danck-Psalmen: Neugesetzet Nach bekant- und unbekante Sang-Weisen: Gegründet Auff dem / zwischen GOTT und dem Sünder im Bluht JEsu befestigtem Friedens-Schluß* (1680). Sie fand rasche Verbreitung zunächst vor allem in pietistischen Kreisen am Niederrhein und erlebte bis 1730 etwa 20 Auflagen; danach trug ein mehrfach aufgelegtes reformiertes Gesangbuch, zeitweise betreut von Gerhard Tersteegen und mit Neanders werbewirksamem Namen im Titel, zur weiteren Verbreitung der Lieder bei.

Joachim Neander (1650 Bremen – 1680 ebd.) stammte aus einer reformierten Prediger- und Lehrerfamilie und fand in seiner Schul- und Studienzeit in Bremen und Heidelberg zum Pietismus. Bei einem Aufenthalt in Frankfurt a.M. lernte er u. a. Philipp Jacob Spener kennen, den führenden Repräsentanten des lutherischen Pietismus. 1674 berief ihn die reformierte Gemeinde in Düsseldorf zum Rektor ihrer Lateinschule. Konflikte mit dem Presbyterium wegen separatistischer Neigungen und der den öffentlichen Gottesdiensten abträglichen Bildung von pietistischen Konventikeln führten zu seiner Suspendierung von Predigeramt und Schuldienst. 1677 unterschrieb er eine Unterwerfungserklärung. Zwei Jahre später wurde er als Hilfsprediger an St. Martin nach Bremen berufen.

Neander ist es zu verdanken, daß die seit dem Hugenottenpsalter des 16. Jahrhunderts übliche Beschränkung des calvinistischen Kirchengesangs auf die Psalmen durchbrochen wurde. Seine Lieder schließen sich durch direkte Zitate und Paraphrasen eng an den Wortlaut der Bibel in der Übersetzung Luthers an. Zugleich zeigt sich, vor allem bei dogmatischen Fragen, der Einfluß des reformierten Heidelberger Katechismus von 1563. Der Titel «Bundes-Lieder» verweist auf die Bundes- oder Föderaltheologie, wie sie insbesondere der einflußreiche reformierte Theologe Johannes Coccejus vertrat: Der Bund Gottes mit den Menschen ist Thema aller Teile der Bibel, und das göttliche Handeln zielt darauf, den (erwählten) Menschen trotz seiner Sündhaftigkeit nach Bekehrung und Wiedergeburt als Bundesgenossen in die Gemeinschaft mit Gott zu führen. Das Lied *Grund der Seligkeit*, ein Dialog zwischen «Bundes-GOtt» und «Bund-genoß» behandelt ausdrücklich dieses Thema.

Zur Bundesthematik kommen Motive aus der mystischen Tradition, nicht zuletzt im Zusammenhang mit dem Hohenlied und seiner Bilder-

sprache, aber auch das mit Begriffen wie Stille und Einsamkeit bezeichnete Loslösen von der Welt oder das Bild der Dürre als Verweis auf die
Gottferne («Ein dürres Land ist meine Seele»). Der Negation des Irdischen in der Variation des biblischen Vanitas-Verdikts (Prediger 1, 2) im
Lied *Der alles Eitel nennende* stehen Lieder gegenüber, die die Schönheit
der Schöpfung feiern und das Lob Gottes in seinen Werken singen (*Frühlings-Lust im Garten, Sommer- und Herbst-Freud im Feld und Walde*
u. a.). Überhaupt bilden Loblieder einen zentralen Bestandteil von Neanders Liedschaffen, das sich durch einfache, knappe Formen, eine eindrucksvolle, an die Bibel angelehnte Bildlichkeit und einen Ton inniger
Frömmigkeit auszeichnet. Zu den bekanntesten Liedern Neanders gehören das Abendlied «Der Tag ist hin / Mein JEsu bey mir bleibe» (*Der am
Abend Danckende*), «Wunderbahrer König / Herrscher von uns allen»
(*Der zum Lobe des HErrn ansporende*) und das überkonfessionell rezi-
pierte berühmte Lied *Der Lobende*, das die u. a. von Johann Rist erhobenen Einwände gegen den Gebrauch des Daktylus in geistlichen Liedern
überzeugend ignoriert:

> Lobe den HErren / den mächtigen König der Ehren /
> Meine geliebte Seele / das ist mein Begehren /
> Kommet zu Hauff /
> Psalter und Harffe wach't auff /
> Lasset die Musicam hören.

Seine ersten Daktylen schrieb Neander 1669 im Alter von 19 Jahren in einem
Hochzeitsgedicht, das seine Vertrautheit mit den neueren poetischen Entwicklun-
gen zeigt: «Feurige Funken beschwärtzeter Nächte / | Blinckende Sterne / die nie-
mand bewegte [...].» Wenn er seinem Band geistlicher Lieder ein *Auffmunterungs-
Madrigal / [...] Wider den mißgünstigen Neider und lästernden Tadel-gern*
voranstellt, das ihm «aus Teutsch-gesinneter Zuneigung von Teutsch-Lieb» zuge-
sandt worden sei, lassen sich auch hier – trotz der zweifelhaften Qualität des Gedichts – literarisch-sprachliche Interessen bzw. eine Verbindung zu literarischen
Kreisen erkennen. Der Hinweis auf Zesens Deutschgesinnte Genossenschaft ist
deutlich; ihr gehörte der Franzose Pierre Bense du Puis als der «Deutschliebende»
an.

In den Jahrzehnten vor der Jahrhundertwende nahmen die Tendenzen
zur Verinnerlichung des geistlichen Lieds unter direktem oder indirektem
Einfluß des Pietismus zu, der zunehmend Resonanz an Universitäten,
Städten und Höfen gefunden hatte. Wichtige Zentren wurden Berlin und
Halle, wo seit 1691 Philipp Jacob Spener bzw. August Hermann Francke
wirkten. Im Umkreis Franckes entstanden die ersten ‹geist-reichen›, d. h.
inspirierten Gesangbücher mit Liedern, die dem pietistischen Anspruch
einer fundamentalen Erneuerung des Glaubens entgegenkommen sollten:
«Singt dem HErrn nah und fern / rühmet Ihn mit frohem schall! das alte
ist vergangen / das neue angefangen. Lasst die erneurte sinnen ein neues

lied beginnen!», heißt es bei Johann Daniel Herrnschmidt, der zu den von Francke erweckten Hallenser Studenten gehörte und mit einer Reihe von Liedern im Gesangbuch Freylinghausens vertreten ist.

Vorläufer dieser Sammlung ist das sogenannte ‹Pietisten-Gesangbuch› *Andächtiger Singender Christen-Mund* (1692), das auch Lieder anderer pietistischer bzw. dem Pietismus nahestehender Autoren und Autorinnen enthielt, z. B. von Johann Caspar Schade, dem von Spener berufenen Diakon an der Berliner Nikolaikirche, oder Johann Wilhelm Petersen, der wegen seiner chiliastischen Vorstellungen mit der lutherischen Orthodoxie in Konflikt geriet und 1692 als Lüneburger Superintendent abgesetzt wurde. Aufnahme fanden auch Lieder der Gräfinnen Aemilia Juliane bzw. Ludaemilia Elisabeth von Schwarzburg-Rudolstadt, deren Werk mit ihrer Betonung individueller Frömmigkeit als Beispiel für die Verbreitung frühpietistischer Vorstellungen an einer Reihe von Fürstenhöfen – neben Rudolstadt u. a. Darmstadt und Wolfenbüttel – dienen kann.

In der pietistischer Frömmigkeit zugeneigten Atmosphäre am Rudolstädter Hof, geprägt durch den Kanzler, Juristen und Erbauungsschriftsteller Ahasverus Fritsch, verfaßte Aemilia Juliane (geb. Gräfin zu Barby) mehr als 600 geistliche Lieder, u. a. veröffentlicht in den Andachtsbüchern *Tägliche Bet-Stunden In den Hauß-Kirchen / Wie sie mit Gebet / Litaney / Psalm / Seufftzer und Liedern / Bey diesen gefährlichen Pest- und Sterbens-Läufften heilsamlich anzustellen* (1681), *Geistliches Weiber-Aqua-Vit / Das ist / Christliche Lieder und Gebete / [...] Aus Landes-Mütterlichen Hertzen / Mund und Hand Ihren Landes-Kindern zu erwünschter / kräftiger Erbauung [...] zubereitet und mit getheilet* (1683) und *Tägliches Morgen- Mittags- und Abend-Opffer / bestehend in Gebet-Seufftzern und Geistlichen Liedern* (1685 u. ö.). Darüber hinaus gab sie die annähernd 190 Lieder ihrer früh verstorbenen Schwägerin Ludaemilia Elisabeth heraus (*Die Stimme der Freundin / Das ist: Geistliche Lieder / Welche aus brünstiger und biß ans Ende beharreter JESUSLiebe / verfertiget und gebraucht*, 1687).

In Wolfenbüttel, wo nach dem Tod Herzog Augusts 1666 sein dem Pietismus zugeneigter Sohn Rudolf August regierte, veröffentlichte der Diakon Heinrich Georg Neuß eine Liedersammlung in frühpietistischem Geist, die auch für die paradoxe musikalische Orientierung des pietistischen Lieds an Formen der weltlichen Musik steht: *Heb-Opfer Zum Bau der Hütten Gottes / Das ist / Geistliche Lieder / Welche Zur Andacht / Aufmunterung und Erbauung unsers Christenthums in allerhand Fällen zu gebrauchen* (1692). Von «einigen nützlichen Sitten- und Tugend-Liedern« heißt es hier, sie seien «theils aus Opern genommen». Der Fall Petersen machte auch die Lage der zum Pietismus neigenden Geistlichen in Wolfenbüttel schwieriger. Neuß wurde von der pietistischen Gräfin Christine zu Stolberg Stolberg nach Wernigerode im Harz berufen, die mit seiner Hilfe das später mehrfach veränderte und erweiterte *Wernigeroder Gesangbuch* (1701 u. ö.) herausgab.

In Darmstadt nahm der Francke-Schüler Eberhard Philipp Zühl die Hallesche Gesangbuchtradition auf, indem er ein vorher dort erschienenes (und wohl verschollenes) Gesangbuch von 1697 erweiterte: *Geistreiches Gesang-Buch / Vormahls in Halle gedruckt / Nun aber allhier mit Noten der unbekandten Melodien und 123. Lieder vermehret* (1698). Die mit Halle verbundene Tradition des ‹geist-

reichen› Gesangs gipfelte in den großen Anthologien, die Johann Anastasius Freylinghausen, Mitarbeiter am Franckeschen Waisenhaus und später Schwiegersohn
und Franckes Nachfolger als Pfarrer und Leiter der Franckeschen Stiftungen, 1704
bzw. 1714 herausgab: *Geist-reiches Gesang-Buch / Den Kern Alter und Neuer Lieder / Wie auch die Noten der unbekannten Melodeyen* [...] *in sich haltend* (1704,
⁴1708) und *Neues Geist-reiches Gesang-Buch / auserlesene / so Alte als Neue /
geistliche und liebliche Lieder* (1714 u.ö.). Zwei Jahre nach Freylinghausens Tod
faßte Gotthilf August Francke beide Teile zu einer Gesamtausgabe mit insgesamt
1581 Liedern zusammen (*Geistreiches Gesang-Buch, den Kern alter und neuer
Lieder in sich haltend*, 1741, ³1778). Neben den neuen pietistischen Liedern, für
die Freylinghausen auch auf die zuvor erschienenen pietistischen Sammlungen zurückgreifen konnte, macht der «Kern» alter Lieder von Luther bis Paul Gerhardt
einen bedeutenden Teil des Gesangbuchs aus. Das gilt auch für die anderen Liedersammlungen pietistischer Herausgeber, etwa für die Gottfried Arnolds (*Neuer
Kern wahrer Geistes-Gebete* [...] *zusammt einem neuen Kern recht-geistlicher
lieblicher Lieder*, 1704; *Paradisischer Lust-Garten / voller andächtiger Gebete und
Gesänge*, 1709) oder das sich auf Freylinghausens Sammlung stützende erste Gesangbuch der Herrnhuter (*Berthelsdorfer Gesangbuch. Sammlung geistlicher und
lieblicher Lieder*, 1725).

Der bedeutendste Liederdichter des Pietismus war Gottfried Arnold.
Seine geistlichen Lieder und Gedichte entstanden großenteils in der radikalpietistischen Phase seines Lebens um die Jahrhundertwende, in der er
auch sein schriftstellerisches Hauptwerk schrieb, die *Unparteyische Kir-
chen- und Ketzer-Historie* (1699–1700), das im Geist des mystischen Spiritualismus die Geschichte der Kirche als Geschichte des Abfalls von dem
in der Urkirche verwirklichten Idealtypus des Christentums darstellt.
Seine geistlichen Dichtungen erschienen zwischen 1698 und 1702 u. a. in
den Sammlungen *Göttliche Liebes-Funcken / Aus dem Grossen Feuer Der
Liebe Gottes In Christo JESU entsprungen* (1698, ²1701 mit einem 2. Teil),
*Poetische Lob- und Liebes-Sprüche / von der Ewigen Weißheit / nach An-
leitung Des Hohenlieds Salomonis* (1700) und, daran angehängt, *Neue
Göttliche Liebes-Funcken und Ausbrechende Liebes-Flammen in fortge-
setzten Beschreibungen der grossen Liebe Gottes in CHristo JESU darge-
stellet*, wobei die beiden letzten Titel wiederum den zweiten Teil der
Schrift *Das Geheimniß Der Göttlichen Sophia* (1700) bilden. Eine größere
Zahl von Liedern und Gedichten sind Übersetzungen bzw. Überarbei-
tungen älterer Texte (u. a. von Daniel Sudermanns Werk *Hohe geistreiche
Lehren / vnd Erklärungen: Vber die fürnembsten Sprüche deß Hohen
Lieds Salomonis*, 1622).

Das Hohelied bildet den entscheidenden Ausgangspunkt der Lieddichtung Arnolds, die wie seine anderen Werke wesentlich zur Verbreitung
mystischen Gedankenguts im Pietismus beitrug. In den Nachdichtungen
des biblischen Textes (bzw. der Verse Sudermanns) knüpft er an die traditionelle allegorische Auslegung der alttestamentarischen Liebesdichtung
an, wie sie sich im 17. Jahrhundert auch in den verschiedenen poetischen

Versionen des biblischen Buchs oder bei Lyrikern wie Friedrich Spee oder Johannes Scheffler findet. Er führt sie weiter, indem er die traditionelle Allegorese mit dem Ausdruck eigener mystischer Erfahrungen verbindet und sich dadurch zugleich von ihr zu lösen beginnt. Die Gedichte und Lieder gehen von einzelnen Versen des Hohenlieds aus, die in der Regel in der Überschrift genannt oder zitiert werden. Sie benutzen die bekannte Bildlichkeit der affektiven Brautmystik, um das Verhältnis von menschlicher Seele und Christus bzw. Sophia, der göttlichen Weisheit, zu beschreiben. Die erotische und sexuelle Metaphorik ist im Hohenlied vorgebildet, hat aber auch etwas von einer bewußten oder unbewußten Kontrafaktur zeitgenössischer weltlicher Liebesdichtung petrarkistischer oder galanter Manier.

Eine bedeutende Rolle spielt die Lichtmetaphorik, um die Erfahrung des Einbruchs des Göttlichen in das menschliche Leben zu bezeichnen. Dazu kommt, beeinflußt u. a. von Paracelsus und Jacob Böhme, der ganze Bereich neuplatonischer, alchemistischer und naturmystischer Vorstellungen, mit denen er die Vereinigung mit dem Göttlichen als (innerweltlichen) Verklärungsprozeß veranschaulicht. Die ‹Vergötterung› des Menschen, die Erneuerung seiner ursprünglichen Gottebenbildlichkeit, geschieht in einem alchemistischen Prozeß des Tingierens (Eintauchens, Färbens, Veredelns), den der Bräutigam in Gang zu setzen verspricht: «Ich werde ihr wesen durchdringend tingieren / I Die menschheit zu ihrer vergötterung führen.»

In der Vorrede zu seiner ersten Gedichtsammlung (*Göttliche Liebes-Funcken*, 1698) kritisiert Arnold die zeitgenössische Poesie ganz im Geist der frühaufklärerischen Kritik («hochtrabende Worte / weit gesuchte verblümte Redens-Arten / oder sonsten viel affectirte Manieren», «gezwungene Reimerey» usw.). Für sich selbst vertritt er das Programm eines ungezwungenen, einfältigen pietistischen Sprechens, das seine Unmittelbarkeit göttlicher Inspiration verdanke: «Ich halte alles Dichten und Singen für unnütze / das nicht auß dem Geist Gottes fleußt.» In der Praxis freilich zeigt sich, daß Arnold zugleich den Konventionen der humanistischen Poetik und Rhetorik verpflichtet ist: in seinem großen Repertoire unterschiedlicher, z. T. recht komplexer Strophenformen, seinem Befolgen rhetorischer Dispositions- und Ornatus-Regeln und in seinem Gebrauch der üblichen jambischen, trochäischen und daktylischen Versmaße (einschließlich lobender Erwähnung von Martin Opitz und Augustus Buchner). Insofern sind Arnolds Texte auch ein Beispiel für die Schwierigkeiten auf dem Weg zu einer neuen lyrischen Sprache als individuellem, unmittelbarem Gefühlsausdruck.

Gottfried Arnold (1666 Annaberg/Meißen – 1714 Perleberg) schloß sich nach dem Theologie- und Philologiestudium in Wittenberg dem Pietismus an. Philipp Jacob Spener vermittelte ihm Erzieherstellen in Dresden und Quedlinburg. 1697

erhielt er eine Professur für Geschichte an der Universität Gießen, kehrte jedoch
ein Jahr später wieder nach Quedlinburg zurück, um sich als Privatgelehrter, abgeschieden von der ihm verhaßten ‹Welt›, seinen mystischen (und schriftstellerischen) Interessen zu widmen. Nach der Rückkehr in den Kirchendienst Ende 1701
versiegte Arnolds poetische Produktion fast völlig. Dafür veröffentlichte er Werke
zur mystischen Tradition, Gesangbücher, Predigten und ein Predigerhandbuch
(u. a. *Das Leben Der Gläubigen*, 1701; *Historie und beschreibung Der Mystischen
Theologie*, 1703; *Neuer Kern wahrer Geistes-Gebete* [...] *zusammt einem neuen
Kern recht-geistlicher lieblicher Lieder*, 1704; *Die geistliche Gestalt Eines Evangelischen Lehrers*, 1704; *Das wahre Christenthum Altes Testament*, 1707; *Paradisischer Lust-Garten / voller andächtiger Gebete und Gesänge*, 1709; *Wahre abbildung des inwendigen Christenthums*, 1709).

Wenn sich Arnold auch nach seiner radikalpietistischen Phase als Herausgeber von Gesangbüchern für die Verbreitung pietistischer und älterer
protestantischer Lieder in den Gemeinden einsetzte, so waren doch seine
eigenen Lieder zunächst eher zur meditativen Versenkung und Erbauung
des einzelnen wiedergeborenen Gläubigen gedacht. Allerdings ging
gleichwohl eine Reihe von ihnen in die pietistischen Gesangbücher der
ersten Hälfte des 18. Jahrhunderts ein. Für die weitere Entwicklung des
pietistischen Lieds mit Gerhard Tersteegen und Nikolaus Ludwig von
Zinzendorf als den wichtigsten Autoren spielt der Gemeindebezug (wieder) eine wichtige Rolle: bei Tersteegen eher als Gegenpol zu seiner mystischen Gottsuche, bei Zinzendorf als programmatisches Moment seines
missionarischen Wirkens.

Tersteegen kam aus einer calvinistischen Familie. Er hatte seinen Beruf
als Kaufmann und Leinweber aufgegeben und sich, beeinflußt von einer
mystischen Bruderschaft, in einem mit eigenem Blut geschriebenen Vertrag Jesus zum Eigentum gegeben und zu ewiger Treue verpflichtet. Die
Einsamkeit der Gottsuche – die Einkehr in Gott setzt Abgeschiedenheit,
Stille, Selbstverleugnung voraus – verband er mit einer Tätigkeit als freier
Prediger, Seelsorger und ärztlicher Helfer in kirchlich ungebundenen
geistlichen Gemeinschaften am Niederrhein und als Autor eines weitverbreiteten schriftstellerischen Werks. Dazu zählen neben Übersetzungen
und erbaulicher Prosa Gedichte und Lieder, zuerst gesammelt in dem
Band *Geistliches Blumen-Gärtlein* (1729), der zu seinen Lebzeiten mehrfach neu aufgelegt und erweitert wurde (⁷1768) und seitdem wie seine anderen Werke zum festen Bestand erbaulicher protestantischer Literatur
zählt. Der Hinweis in der Vorrede, die Verse seien entstanden, «ohne viel
auf Kunst und Zierlichkeit zu denken», entspricht dem pietistischen Ideal
der einfältigen Rede. Der Band enthält Epigramme in der Nachfolge Johannes Schefflers, kurzgefaßte «Betrachtungen über einige auserlesene
Sprüch aus den vier großen Propheten, auf das innere Leben gerichtet»,
und geistliche Lieder. Diese sind einfach in Form und Sprache, von pietistischer Innerlichkeit und mystischem Gefühl durchdrungen. Sie haben

nichts von der sprachlichen und gedanklichen Komplexität der Lieder Arnolds, wollen zu «Erbauung und Erweckung» beitragen, sprechen von Gelassenheit und Stille, von der Einkehr der Seele in den Seelengrund. In den *Abendgedanken einer gottseligen Seele* (nach Psalm 116, 7) heißt es: «Mein Herz sich dir zum Abendopfer schenket, | Mein Wille sich in dich gelassen senket: | Affekten, schweigt! Vernuft und Sinnen, still! | Mein müder Geist im Herren ruhen will.»

Tersteegen wurde 1736 auch mit einer Neuausgabe der Lieder Neanders beauftragt (*Joachimi Neandri vermehrte Glaubens- und Liebesübung*), die er um eigene Texte und Rubriken wie «Von der inneren Stille» oder «Von dem Wandel in der Gegenwart Gottes» erweiterte und die mehrfach neu aufgelegt wurde (Titel der fünften, vermehrten Ausgabe: *GOtt-geheiligtes Harfen-Spiel der Kinder Zion; Bestehend in Joachimi Neandri sämtlichen Bundes-Liedern und Danck-Psalmen Nebst einer Sammlung vieler andern auserlesenen alten und neuen Geist- und lieblichen Liedern*, 1768). Lieder wie Tersteegens *Gott ist gegenwärtig* oder *Groß ist unsers Gottes Güte* sind im evangelischen Gemeindegesang lebendig geblieben.

Der produktivste pietistische Liederdichter der Zeit war zweifellos Graf Zinzendorf, von dem – neben anderen Gedichten und zahlreichen religiösen Schriften – mehr 2000 geistliche Lieder erhalten sind. Sie erschienen seit den zwanziger Jahren in verschiedenen Lieder- und Gesangbüchern (z. B. *Berthelsdorfer Gesangbuch. Sammlung geistlicher und lieblicher Lieder*, 1725; *Das Gesang-Buch der Gemeine in Herrnhuth*, 1735) sowie in seiner eigenen Sammlung *Teutscher Gedichte Erster Theil* (1735). Die Lieder sind unmittelbar für den Gemeindegebrauch geschrieben bzw. als Spontanproduktionen in den Singstunden, Gottesdiensten und Versammlungen der Brüder und Schwestern der Gemeinde entstanden. Die unmittelbar ‹aus dem Herzen› gesungenen, d. h. spontan improvisierten und nach eigenem Verständnis göttlich inspirierten Lieder galten ihm als Zeichen der besonderen Geistbegabtheit der Brüdergemeinde. In ihnen zeigt sich das Wirken des Heiligen Geistes, das Göttliche wird in der Sprache «naturell» – sinnlich, konkret, nicht allegorisch – erfahrbar. Das gilt auch für das zentrale Thema Zinzendorfs, die Passion Christi, die er in einem ausgeprägten, geradezu naturalistischen Blut- und Wundenkult sinnlich vergegenwärtigt.

Zinzendorfs Lieddichtung ist Gemeindedichtung, die mit dem unmittelbaren Verständnis der Adressaten rechnen kann. Die subjektive religiöse Erfahrung bleibt nicht ichbezogen, sondern wird in die Glaubensgemeinschaft eingebracht. Für den Außenstehenden ist die assoziationsreiche Bilder- und Symbolsprache jedoch nicht immer leicht zugänglich. Aber obwohl sich Zinzendorfs Lieder außerhalb der Herrnhuter Brüdergemeine nicht für längere Zeit behaupten konnten, verweisen sie mit ihrer

Gefühlsbetontheit und ihrem Inspirations- und Bekenntnischarakter in die Zukunft, auch wenn sie noch der traditionellen poetischen und rhetorischen Formensprache verpflichtet bleiben.

Katholische Lieddichtung

Volksmission

Der Jesuit Adam Contzen schrieb in seinem Lehrbuch der Politik (*Politicorum libri decem*, 1620), die Lieder Luthers hätten mehr Seelen zu Fall gebracht als seine Schriften und Reden. Er stand mit dieser Klage keineswegs allein, und es war zunächst vor allem sein eigener Orden, der im Einklang mit seinem gegenreformatorischen Missionsauftrag seit den letzten Jahrzehnten des 16. Jahrhunderts mit einem auf Massenwirkung zielenden Liedprogramm der reformatorischen Lieddichtung entgegenzutreten suchte. Im Verlauf des 17. Jahrhunderts beteiligten sich dann die Franziskaner – und hier insbesondere der Kapuzinerorden – intensiv an der volkstümlichen Liedpropaganda.

In der katholischen Messe kam dem deutschen Lied nur eine untergeordnete Rolle zu; doch boten sich zahlreiche außerkirchliche Gelegenheiten an, bei denen sich das Lied als Mittel der Verkündigung und Glaubenspropaganda einsetzen ließ: Wallfahrten, Prozessionen, Volksmissionen, Katechismusunterricht, Zusammenkünfte der Marianischen Kongregationen u. a. Die für diese Gelegenheiten geschaffenen Lieder blieben in der Regel anonym; die Adressaten der geistlichen Lehre sollten sie sich gleichsam zu eigen machen können und sie so mit ihrer religiösen und moralischen Botschaft als Volkslieder weiterverbreiten. Dabei griffen die Verfasser oder Verfasserkollektive auch zu dem Mittel der Kontrafaktur, das sich bereits die reformatorischen Liederdichter mit Erfolg zunutze gemacht hatten. Nun schrieben die katholischen Verfasser umgekehrt ihre Texte vielfach auf die Melodien bekannter protestantischer Lieder.

Zahlreiche Liedersammlungen aus den ersten Jahrzehnten des 17. Jahrhunderts, fast ausschließlich von Jesuiten herausgegeben, unterstützten die Verbreitung dieses gegenreformatorischen Liedrepertoires in deutscher Sprache. Dabei spielte der Rückgriff auf ältere Liedtraditionen eine wichtige Rolle: Vorreformatorische lateinische Hymnen wurden in neuen deutschen Bearbeitungen der Zeit bzw. den Vorgaben des Konzils von Trient angepaßt, Andachts-, Legenden- und Mirakellieder blieben aktuell. Zu diesen Liedern trat jetzt als neues, zukunftsträchtiges Genre das Exempellied, das mit einprägsamen positiven oder negativen Beispielen besonders aus dem Alltagsleben Glaubenswahrheiten illustrierte und die Adressaten entweder zur Nachahmung auffordern oder ihnen zur Warnung dienen sollte. Die didaktische Absicht erhält besonderen Nachdruck durch das Eingreifen übernatürlicher Gestalten oder Mächte – Gott, Maria, Heilige, Teufel –, die belohnen oder strafen und so die christlichen Normvorstellungen und die Konsequenzen ihrer Nichtachtung von höherer Warte aus unmißverständlich bestätigen. Eine umfassende Sammlung der (überarbeiteten) alten und der neuen Lieder bietet das von David Gregor Corner kompilierte *Groß Catholisch Gesangbuch*, das 1625 zuerst erschien und 1631 erweitert wurde und «fast in die vier [bzw. fünff] hundert Andechtige alte vnd new gesäng vnd ruff» enthält.

Zu den Sammlungen, die vor allem deutsche Neufassungen älterer Lieder und Hymnen enthalten, gehört das kleine Liederbuch *Paradeißvogel* (1613) des Jesuiten Conrad Vetter, der im übrigen vor allem als polemischer Kontroverstheologe hervortrat. Bemerkenswert an seinen Liedern nach Vorlagen u. a. von Petrus Damiani, Bonaventura und vor allem Bernhard von Clairvaux ist die unangestrengte Verwirklichung der Alternation, der regelmäßigen Abwechslung von betonten und unbetonten Silben, lange bevor sie Opitz zur Grundlage seiner metrischen Reform machte. Daß sich Vetter dabei die Eigenheiten des Oberdeutschen wie die Synkopierung des e («gfiehl») je nach metrischer Erfordernis zunutze macht, unterstreicht nur die poetischen Fähigkeiten des Lieddichters. Selbstverständlich wird nicht nur das, was etwa die *Nachtigall Deß H. Bonauenture* singt, «Geistlich appliciret»; gelegentlich macht sich auch der Kontroverstheologe bemerkbar, etwa wenn er einem *Neuen Rosenkrantz* den Spruch voranstellt: «Da findt man die vralt Andacht / | Die Luthers newe Pursch verlacht.»

Friedrich Spee beteiligte sich in den zwanziger und dreißiger Jahren ebenfalls an der Politik seines Ordens, das geistliche Lied als Mittel der Werbung, Bekehrung und Lehre einzusetzen und dabei an den Verstand und die vernünftige Einsicht der Menschen zu appellieren. Spees Lieder gehen mit ihrem regelmäßigen Versbau den von Vetter beschrittenen Weg weiter, zeichnen sich aber darüber hinaus noch durch klaren Aufbau, relative Kürze und konzise Argumentation im Dienst der zu vermittelnden Lernziele aus: «Schäm dich / schäm dich du fauler Christ / | Der du so faul zum guten bist / | Merck hie der Ketzer list / | Die dir das Gifft geblasen ein / | Mann kön ohn Werck wol selig sein», beginnt das 1621 zuerst gedruckte Lied *Vom Glauben vnd guten Wercken*. Spees Lieder erschienen anonym; etwa 125 Texte und zahlreiche Melodien können ihm mit großer Wahrscheinlichkeit zugeschrieben werden. Die Hauptquelle für seine frühe Lieddichtung ist allerdings nicht erhalten (bzw. seit 1890 verschollen). Der Inhalt dieser Sammlung läßt sich aber nach Teilsammlungen und anderen Liederbüchern der zwanziger und dreißiger Jahre sowie Forschungen des 19. Jahrhunderts recht genau rekonstruieren. Gliederungsprinzip ist das Kirchenjahr: *Außerlesene, Catholische, Geistliche Kirchengesäng von Pfingsten, biß zum Aduent, etc. Weinacht Jubel, etc. Fastengesäng, etc. Oster Jubel, etc. Wallieder, etc. Vnd Allerley durch das gantze Jahr zu singen* (1623).

Brautmystik und geistliche Bukolik: Friedrich Spee und Johannes Scheffler

Von den anonymen Liedern, die der Jesuitenpater Friedrich Spee seit 1620 im Rahmen der Missionsaufgaben seines Ordens schrieb, unterscheidet sich sein lyrisches Hauptwerk *Trutznachtigall* durch einen deutlich formulierten künstlerischen Anspruch, ohne daß damit der geistliche Endzweck seiner Dichtung in Frage gestellt wäre. Das Liederbuch läßt im Titel der 1634 fertiggestellten eigenhändigen Reinschrift (Trierer Handschrift) keinen Zweifel an Spees doppeltem Ehrgeiz: *Trvtz-Nachtigal. oder Geistliches Poëtisch Lvst-Waeldlein. Als noch nie zuvor in Teutscher Spraach auff recht Poëtisch gesehen ist. Allen geistlichen, gottliebenden Seelen, vnd sonderlich der poëtischen Kunst gelehrten Liebhabern zur Erquickung.* Der Unterschied zu den der Kinder- und Volkskatechese gewidmeten Liedern seiner Anfangszeit als Dichter besteht nicht in der geistlichen Wirkungsabsicht, sondern in den Adressaten seiner Dichtung. Dies waren nun die Gebildeten, die er mit künstlerischen Mitteln («auff recht Poëtisch») zu erreichen suchte, wobei er zugleich wie die protestantischen Literaturreformer für die Eignung der deutschen Sprache zur höheren Poesie argumentierte: Er sei der Meinung, heißt es in einem der vorangestellten «Merckpünctlein für den Leser», daß Gott auch «in Teutscher Spraach seine Sänger, vnd poëten hette, die sein Lob, vnd Namen eben also künstlich, vnd poëtisch als andere in anderen Spraachen, singen, vnd verkünden köndten». In dem an die Musen gerichteten lateinischen Distichon auf der Rückseite des Titelblatts, dessen Anfangsworte der vierten Ekloge Vergils entnommen sind, unterstreicht Spee seinen doppelten Anspruch auf Dichterruhm – als geistlicher wie als moderner Dichter deutscher Sprache: «Sicelides Musae Sacrum decorate Poëtam | qui vos Germano nunc facit ore loqui» («Sizilianische Musen, bekränzt den geistlichen Dichter, der euch nun auf Deutsch sprechen läßt»).

Eher beiläufig nennt Spee in den «Merckpünctlein» seiner Vorrede einige Regeln für die von ihm vertretene deutschsprachige geistliche Kunstpoesie. Seine metrischen Empfehlungen beschränkt er wie Opitz auf Jamben und Trochäen («Dan sonst keine andere art sich im Teutschen recht arten [fügen], noch klingen wil»). Zugleich formuliert er wie Opitz ein auf dem Wortakzent (nach «gemeiner außspraach») beruhendes Betonungsgesetz, das unabdingbar für die «Lieblichkeit» der Verse sei (und dem bereits seine vor der opitzianischen Reform verfaßten Verse im wesentlichen entsprochen hatten). Im Hinblick auf die Sprache versichert er, daß er keine deutschen Wörter verwende, die sich nicht «bey guten authoren» finden ließen oder «bey guten teutschen» gebräuchlich seien. Wie ernst es ihm mit seinem Programm und seinem dichterischen Anspruch war, zeigen die Handschriften mit ihren mehrfachen Korrekturen einzelner Stellen und zahlreichen Überklebungen, Radierungen und Streichungen. Gleichzeitig mit dem postumen Druck (*Trvtz Nachtigal, oder Geistlichs-Poëtisch Lust-Waldlein,* 1649) in einer textlich nicht unproblematischen Fassung erschien Spees *Güldenes Tugend-Buch*, ein Erbauungs- und Exerzitienwerk, das auch eine Reihe von Liedern aus der *Trutznachtigall* enthält.

In der Druckausgabe des Liederbuchs folgt auf das Vergilzitat ein Widmungsgedicht von Spees Ordensbruder Wilhelm Nakatenus, das an die Musenanrufung anknüpft («O Du mit scharpffen sinnen | Begabter Jungfraw-Chor»). Es würdigt die sprachlich-poetische Leistung der *Trutznachtigall* und das inhaltliche Konzept in einer Form, die Spees poetologischen Grundsätzen entspricht. Das gilt auch für die eigenen Gedichte von Nakatenus – großenteils Übersetzungen lateinischer Hymnen und Sequenzen –, die in seinem weitverbreiteten Gebetbuch *Himmlisch Palm-Gärtlein Zur beständigen Andacht / vnd Geistlichen Ubungen* (²1664; Erstdruck wahrscheinlich 1662) enthalten sind.

Wenn Spee die sizilianischen Musen anruft, so bezieht er sich auf den in Sizilien geborenen antiken Idyllendichter Theokrit und damit indirekt auch auf die für die *Trutznachtigall* grundlegende poetische Technik der Kontrafaktur. Spee nimmt die Tradition der Idyllendichtung Theokrits (und der Eklogendichtung Vergils) auf und transponiert sie in 15 eigenen Eklogen ins Geistliche, wie denn überhaupt die gesamte *Trutznachtigall* in ihrer komplexen Bildlichkeit und ihrer allegorischen Struktur den höheren geistlichen Sinn aller aus dem weltlichen Bereich stammenden Bilder und den Verweischarakter der ganzen Schöpfung sichtbar macht. Dabei greift Spee selbstverständlich vielfach auf das durch die kirchliche Tradition bewährte Deutungsrepertoire der christlichen Allegorese zurück, nicht zuletzt auf die mystisch-allegorische Auslegung der Liebeslieder des Hohenlieds, auf der auch die Brautmystik der *Trutznachtigall* beruht.

Spees *Trutznachtigall* enthält je nach Handschrift bzw. Ausgabe 51 oder 52 Lieder, die sich um vier Motivkreise gruppieren lassen. Nach einem Lied, das den «Eingang» in die Sammlung bildet, folgt die Gruppe der religiösen Minnelieder, wie sie Eichendorff nannte, mit Liebgesängen der «gespons JESV», der vom Pfeil der göttlichen Liebe verwundeten Braut auf der Suche nach dem Bräutigam. Sie singt von ihrer Liebe, von «freud, vnd lust» und «pein, vnd schmertz», von verzehrender Glut, von ihrer Unruhe und der Sehnsucht nach der Vereinigung mit den typischen Antithesen und Metaphern der petrarkistischen Liebesdichtung, eingeleitet durch oder eingebettet in poetische Naturbilder und z. T. verbunden mit spielerischen Echoeffekten. Die letzten Lieder führen die «gespons» auf ihrer Suche zum Garten Gethsemane am Ölberg, dem Ort der Gefangennahme Christi, zum Kreuzweg und zum leeren Grab am Ostermorgen. Das ‹Magdalenenlied› endet in Strophe 59 mit einem Hinweis auf die affektive Wirkungsstrategie, die auf die sinnliche Vergegenwärtigung, das nacherlebende Hineinversetzen mit Hilfe der Einbildungskraft zielt und auf die *Geistlichen Übungen* des Ignatius von Loyola zurückverweist:

> Den Boltz wer ie gefühlet
> Geschmidt in süßem brand,
> Jm brand so wärmt, vnd kühlet,
> Mags greifen mitt verstand.
> Allein, allein mags wissen,
> Vnd ihm recht bilden ein,
> Wem ie die Lieb durchrissen
> Leib, Seel, vnd Marck, vnd Bein.

Den Liedern der Trauer und Buße, die den zweiten Komplex bilden, schließen sich Lobgesänge an. Überschriften wie *Anleitung zur erkandnuß vnd Liebe des Schöpffers auß den Geschöpffen* oder *Lob Gottes auß einer weitleuffigen Poetischen beschreibung der frölichen SommerZeit* bezeichnen einen zentralen Aspekt dieser Gedichtgruppe. Spee hat einen besonderen Blick für die Schönheiten der Natur, für Landschaften, für Tages- und Jahreszeiten mit ihren charakteristischen Attributen. Doch trotz aller Liebe zum Detail und poetischer Spielfreude ist das Naturverständnis Spees nicht anders als das Paul Gerhardts, Catharina Regina von Greiffenbergs oder anderer religiöser Dichter der Zeit. Die Natur hat zeichenhafte Bedeutung; sie verweist in ihrer Schönheit auf die Vollkommenheit des Paradieses, steht für Gottes Liebe. Die Betrachtung der göttlichen Schöpfung in ihrer ganzen Mannigfaltigkeit und Schönheit führt notwendig zum Lobgesang auf den Schöpfer:

> Vnd wer dan wolt nitt mercken
> Des Schöpffers herrlichkeit?
> Vnd Jhn in seinen Wercken
> Erspüren iederzeit?
> *O Mensch ermeß im hertzen dein,*
> *Wie wunder muß er Selber sein!*

Mit der liedhaften Behandlung eines schwierigen theologischen Konzepts – *Ein gar hohes Lobgesang darinn das Geheymnuß der Hochheyligen Dreyfältigkeit so wol Theologisch als Poëtisch, wie viel geschehen können entworffen wird* – verläßt Spee den Motivkreis Lob Gottes aus der Natur vorübergehend, um ihn dann noch einmal in neuer Form aufzunehmen: Drei Eklogen schließen die Lobgesänge ab, in denen die Hirten Damon und Halton nach einem Natureingang in der Nacht, am frühen Morgen und während sie tagsüber ihre Schafe hüten «ihre Liebe zu Gott anzeigen».

Der letzte Themenkomplex, mit insgesamt 19 Liedern der umfangreichste, behandelt die Geschichte Christi von der Verkündigung und Geburt bis zur Auferstehung in formal und intellektuell vielfältiger Weise. Hier steht ein betont naiver poetischer *Christgesang, vom Ochs, vnd Ese-*

lein bey der Krippen neben meditativen Dialogen am Kreuz und zahlreichen Eklogen, in denen mit dem Beginn der Leidensgeschichte «hinfürter
durch den Hirten Daphnis alweg Christus verstanden» wird. Den Komplex schließt dann ein Lied zu Fronleichnam über das Altarsakrament ab,
das die Transsubstantiationslehre in Variationen anschaulich zu machen
sucht und – ausdrücklich gegen die «Ketzer» gewendet – zum Blumen-
schmuck von «Heylthumb, vnd Monstranz» auffordert. Ein nicht in allen
Handschriften, wohl aber im Erstdruck enthaltenes Schlußgedicht mit
der Überschrift *Die Gesponß IESV erweckt die vögelein zum Lob GOT-
TES* kehrt gleichsam wieder zum Anfang des Liederbuchs zurück.

Die sinnliche Vergegenwärtigung geistlicher Sachverhalte, die zu den
grundlegenden Verfahren jesuitischer Pädagogik gehört, stellt das verbindende Moment zwischen den unterschiedlichen Formen und Darstel-
lungsstrategien Spees dar. Sie macht vor abstrakten theologischen Konzepten nicht halt, zeigt sich aber vor allem in der Verwendung der
kunstvollen Form der Ekloge und der bukolischen Tradition, in der Bildersprache und in den Naturschilderungen mit ihren anschaulichen Details. Darüber hinaus schlägt sie sich auch in den zur Meditation auffor-
dernden Gedichten nieder, z. B. dem von der christlichen Seele, die sich in
Kreuz und Wunden Christi versenkt, oder in dem mehr als 450 Verse umfassenden traurigen «Gespräch», das Christus am Kreuz nacheinander
mit den Nägeln, dem Hammer, dem Zimmermann, der Obrigkeit, der
Mutter, dem Engel Gabriel und dem Vater führt und das mit einem Ap-
pell an die Menschen endet: «Liebet, Liebet; Euch ermahnen | Meine
Wunden, meine Pein. | Liebet, Liebet [...].»

Friedrich Spee von Langenfeld (1591 Kaiserswerth bei Düsseldorf – 1635 Trier),
der Sohn eines kurkölnischen Beamten, absolvierte das Jesuitengymnasium und
die Universität in Köln (Baccalaureat 1610), trat dann in den Jesuitenorden ein und
wurde nach der üblichen Ausbildung (Würzburg, Speyer, Worms, Mainz) und
dem abschließenden Theologiestudium in Mainz 1622 zum Priester geweiht. Von
1623 bis 1626 lehrte er Philosophie an der Universität Paderborn, danach in Köln.
1628 wurde er mit der Rekatholisierung des Amtes Peine beauftragt und im Zusammenhang damit bei einem Mordanschlag 1629 schwer verletzt. Nach seiner
Genesung lehrte er in Paderborn Moraltheologie, in Köln Kasuistik und in Trier
Moraltheologie, wobei die Versetzungen als disziplinarische Maßnahmen zu verstehen sind. Anstoß erregte neben seinem wenig demütigen Verhalten nicht zuletzt die unautorisierte anonyme Veröffentlichung der Schrift gegen die Praxis der
Hexenprozesse *Cautio criminalis, seu de processibus contra sagas liber* von 1631.
Er starb an einer Seuche, als er sich 1635 bei kriegerischen Auseinandersetzungen
zwischen kaiserlichen und französischen Truppen in Trier als Krankenpfleger und
Seelsorger zur Verfügung stellte.

Die naheliegende Konsequenz der Tendenz zur Versinnlichung in seinem Liederbuch, nämlich die Veranschaulichung durch emblematische
Abbildungen, hat Spee bedacht; im eigenhändigen Trierer Manuskript

von 1634 lassen freie Stellen zwischen Gedichtüberschrift und Text auf die Absicht schließen, hier Illustrationen einzufügen. Für den Titel der *Trutznachtigall* gibt es einen eigenhändigen Bildentwurf Spees (Straßburger Handschrift, ebenfalls 1634), der sich an dem Titelkupfer von Herman Hugos emblematischem Erbauungsbuch *Pia desideria* (1624) orientiert. Es zeigt eine in einer Allee kniende Mönchsgestalt, die von einem Liebespfeil durchbohrt ist und in der man den Dichter als Seelenbraut sehen kann. Der Kniende blickt hinauf zu einer an einen Baum genagelten Cupido-Christus-Figur, während im Hintergrund ein Springbrunnen zu sehen ist, aus dem das Wasser des Lebens – das Blut Christi – fließt, dessen Heilswirkung die auf dem Brunnen sitzende Nachtigall besingt.

Die *Pia desideria* des belgischen Jesuiten Herman Hugo war mit zahlreichen lateinischen und volkssprachlichen Ausgaben ein überkonfessioneller europäischer Erfolg. Das Buch nimmt die Meditationspraxis des Ordens auf und stellt in Bild und dreiteiligem Text (Bibelzitat, Elegie, Prosa mit Zitaten aus Bibel und Patristik) die Annäherung der menschlichen Seele an Gott dar, wobei die drei Stufen dieses Weges ebensovielen Büchern entsprechen. Nach der für Jahrzehnte einzigen Übersetzung des Benediktinerabts Karl Stengel (*Gottselige Begirde aus laütter sprüchen der Heyligen Vättern zuesamen gezogen Vnd mitt schönen figuren gezieret*, 1627) erschienen erst nach Ende des Krieges weitere deutsche Versionen, zunächst von protestantischen, dann auch von katholischen Autoren.

Bereits in den vierziger Jahren arbeitete Wencel Scherffer von Scherffenstein an seiner Übersetzung; im Druck erschien sie unter dem Titel *Hermanni Hugonis S. J. Gottsäliger Verlangen Drey Bücher* jedoch erst 1662. Mit der Umsetzung der lateinischen Elegien in deutsche Distichen folgte er dabei den Vorgaben der opitzianischen Dichtungsreform. Ein Jahr vorher war die freie Bearbeitung des Spiritualisten Christian Hoburg nach einer niederländischen Fassung erschienen, die auf Parallelen der Stufenfolge des mystischen Wegs bei protestantischen Autoren wie Martin Luther und Johann Arndt oder in der Bibel verweist (*Emblemata sacra. Das ist / GOtliche Andachten / Voller Flammender Begierden einer Bußfertigen / geheiligten und liebreichen Seelen*, 1661). Auf die Prosatexte (und ihre Erweiterung durch zahlreiche Zusätze) beschränkt sich die Bearbeitung von Erasmus Francisci (*Die Geistliche Gold-Kammer Der I. Bußfertigen, II. GOtt-verlangenden / und III. JEsus-Verliebten Seelen*, 1668), während der protestantische Pfarrer, Lyriker und Kirchenlieddichter Johann Georg Albinus d. Ä. – «darmit mein Buch der rechte Teutsche Hugo heissen möge» – die einzig wirklich vollständige deutsche Übersetzung vorlegte: *Himmel-flammende Seelen-Lust. Oder: Hermann Hugons Pia desideria* (1675). Diesen und einigen weiteren protestantischen Fassungen stehen von katholischer Seite u. a. diejenigen von Andreas Presson und Johann Christoph Hainzmann gegenüber, die die lateinischen Elegien – wohl Spee verpflichtet – in vielstrophige Lieder umsetzen und so durch die Musik die affektive Wirkung zu steigern suchen. Pressons deutsch-lateinische Ausgabe erschien in drei Teilen von 1672 bis 1677 in Bamberg (*Das Klagen Der büssenden Seel*, 1672; *Der weitberühmten Trutz Nachtigall Töchterlein / Oder das Verlangen der Heiligen Seel*, 1676; *Der lieblichen Trutz Nachtigall Enckell / Oder das Seüfftzen der verliebten Seel*, 1677), die *Himmlische Nachtigall / Singend Die Gottselige Begirden der büssenden / heiligen und verliebten Seel* Hainzmanns,

Amtsarzt des Klosters Weingarten, folgte 1684. Die Wirkung der *Pia desideria* zeigt sich nicht nur in den mehr oder weniger vollständigen Übersetzungen und Bearbeitungen, sondern auch darin, daß sie neben Spee auch protestantischen Dichtern und Schriftstellern wie Philipp von Zesen, Georg Philipp Harsdörffer, Johann Michael Dilherr oder Adam Olearius als Anregung diente.

Ohne daß direkte Einflüsse nachzuweisen wären, stehen sich Spees *Trutznachtigall* und Johannes Schefflers Liedersammlung *Heilige Seelen-Lust Oder Geistliche Hirten-Lieder / Der in jhren JESUM verliebten Psyche* (1657; erweitert 1668) in wesentlichen Punkten sehr nahe. Das gilt für die grundlegenden brautmystischen Vorstellungen ebenso wie für die pastorale Maskierung, vor allem aber auch für die den *Geistlichen Übungen* des Ignatius von Loyola verpflichtete Methode, die den Gläubigen über die sinnliche Vergegenwärtigung zur Meditation führen soll. Deutliche Unterschiede bestehen allerdings in der sprachlich-literarischen Umsetzung dieser gemeinsamen Voraussetzungen, eine Folge vor allem der jeweiligen literarischen Sozialisation: Während der ursprünglich protestantische Schlesier Scheffler, Absolvent des Breslauer Elisabeth-Gymnasiums, der sprachlichen und poetologischen Programmatik der opitzianischen Reform und der darauf basierenden deutschsprachigen Kunstdichtung auch nach seiner Konversion verpflichtet blieb, verwirklichte Spee seine Reformvorstellungen innerhalb der katholischen Sprach- und Liedtradition.

Die erste Ausgabe von Schefflers *Heiliger Seelen-Lust* von 1657 erschien in zwei Bänden. Der erste enthält die Bücher 1–3, der zweite Buch 4; der erweiterte Druck von 1668 fügt ein fünftes Buch hinzu. Die insgesamt 205 Lieder wurden vom Breslauer Kapellmeister Georg Joseph «mit ausbundig schönen Melodeyen geziert». Die ersten drei Bücher besitzen einen deutlich erkennbaren Aufbau. Die Lieder folgen den wichtigsten Stationen des Kirchenjahres und den entsprechenden biblischen Ereignisse von Advent und Geburt Christi (Buch 1) über Martyrium und Tod (Buch 2) bis zur Auferstehung (Buch 3). Zugleich stellen sie die Annäherung der liebenden Seele an Gott dar: Die Geschichte der Psyche ist in diesen drei Büchern eng mit der Lebens- und Leidensgeschichte Christi verbunden. Sehnsüchtiges Verlangen bestimmt die Zeit vor seiner Geburt (*Die Psyche seufftzet nach jhrem JESU, wie ein einsames Turtel-Täublein nach seinem Gemahl*), Freude und Jauchzen begleiten die Geburt des lieben «Jesulein», Trauer und Klagen die Leidensgeschichte, Jubel die Auferstehung. Am Ende steht nach einer Betrachtung der «Herrligkeit der himmlischen Wohnungen und deß ewigen Lebens» das Lied der Sehnsucht nach mystischer Vereinigung *Sie sehnet sich in den lieblichen Abgrund Gottes zu versenken*. Die folgenden beiden Bücher enthalten, weniger strikt organisiert, neben zahlreichen weiteren Psyche-Liedern der Sehnsucht und Liebe, Loblieder auf Maria, auf Gottvater, auf den Heiligen Geist, Lieder auf Festtage und auf die Kirche im allgemeinen. Dazu kommen deutsche Versionen lateinischer Hymnen und erbauliche Betrachtungen u. a.

Im Unterschied zur spekulativen mystischen Epigrammatik des *Cherubinischen Wandersmanns* besingt die *Heilige Seelen-Lust* den affektiven Weg zu Gott, zur Vereinigung mit Gott. Über allem herrscht der Affekt der Liebe, eine durch das Hohelied legitimierte Brautmystik, die mit ihrer Transformation überkommener Metaphern geistlicher und weltlicher Dichtung durchaus über Spee hinausgeht und sich – wohl nicht nur für den heutigen Geschmack – weit vorwagt, auch wenn sie durch die Bildersprache der mystischen Tradition abgesichert ist. Gedichtüberschriften wie *Die Psyche begehrt ein Bienelein auff den Wunden JEsu zu seyn* oder *Sie schreyet nach dem Kusse seines Mundes* zeigen nicht zuletzt vor dem Hintergrund des Hohenliedes die durchgängige Tendenz zur Erotisierung, die in dem Lied *Sie begehret verwundet zu seyn von jhrem Geliebten* ihren vollkommenen Ausdruck findet.

Die *Geistlichen Hirten-Lieder* sind, wie die Eklogen Spees oder die geistlichen Schäfereien Johannes Khuens, bewußt als Gegenstücke zur weltlichen Pastoral- und Liebesdichtung konzipiert: «Cupido blindes Kind | Pack dich hinweg geschwind, | Mit deinen Narren-Pfeilen», beginnt das Lied *Sie jagt von sich den Cupido, und entblößet jhr Hertze dem JEsulein.* Formen, Motive und Figuren der weltlichen Dichtung werden dem geistlichen Zweck unterworfen, erhalten einen geistlichen Sinn. So ist beispielsweise Schefflers Lied *Sie beklaget die verfallenen Augen JEsu Christi* eine Kontrafaktur von Opitz' bekanntem Gedicht «Ihr schwartzen Augen / ihr»: «Ihr keuschen Augen ihr, mein allerliebstes Licht, | Das meinem Bräutigam und Heiland jtzo bricht […].» Die dichterischen Mittel der weltlichen Dichtung, auch ihre amouröse und preziöse Metaphorik, gewinnen einen höhern Sinn erst in der Beschreibung wahrer Schönheit: Hier, in dem «unvergleichlichen Angesichte JESu Christi», «blühen die unverwelkliche Rosen und Lilien, seine Wangen; hier wachsen die unverbleichliche Corallen, seine Lippen; hier scheinet die unverfinsterliche Sonn und Monde, seine Augen […]». Das zielt auf die weltlichen Dichter, die ihre Zeit an die nichtigen bzw. verführerischen und dem Seelenheil abträglichen «Dorinden, Flavien, Purpurillen, und wie sie weiter heissen», verschwendeten. Die Polemik gegen die weltliche Liebesdichtung kehrt z. T. wörtlich bei Bartholomäus Christelius wieder (*Via Spino-Rosea. Leid- und Dornweeg / Freüd- und Rosensteeg*, 1668).

Obwohl Scheffler später als militanter Vertreter der Gegenreformation in Schlesien agierte, ging eine Reihe seiner Lieder in protestantische Gesangbücher ein; besonders beliebt waren seine Lieder bei den Pietisten, die sie in großer Zahl in ihre Gesangbücher aufnahmen (Johann Anastasius Freylinghausen, Gerhard Tersteegen, Nikolaus Ludwig Graf von Zinzendorf).

Die Münchner Liederschule

Zeitlich zwischen Spee und Scheffler fällt das Wirken von Dichtern im Umkreis von München, die man daher unter der Bezeichnung Münchner Liederschule zusammengefaßt hat. In ihrem Mittelpunkt steht Johannes Khuen (oder Kuen), der am Jesuitengymnasium in München auch eine profunde musikalische Ausbildung erhalten hatte und sein umfangreiches Liedschaffen selbst vertonte. Ein Benefizium bei St. Peter in München sicherte seinen Lebensunterhalt. Er war mit Jacob Balde befreundet, und dessen nicht sehr zahlreichen deutschen Dichtungen lassen ebenso wie die des Jesuiten Albert Curtz (*Harpffen Dauids Mit Teutschen Saiten bespannet / Auch Zu Trost / vnd Erquickung der andächtigen Seel*, 1659) seinen Einfluß erkennen, der sich über München hinaus auf Prokop von Templin und Laurentius von Schnüffis erstreckte.

Khuens Werk führt, sprachlich stark dem Bayerischen verpflichtet, in Formensprache und Metrik volkstümliche Traditionen weiter und repräsentiert am deutlichsten die oberdeutsche katholische Opposition gegen die mit dem Namen von Martin Opitz verbundene Sprach- und Literaturreform. Gleichsam stellvertretend brachte später Albert Curtz die Opposition der ‹Oberdeutschen› gegen Opitz und die Fruchtbringende Gesellschaft in der Vorrede zu seinem deutschen Psalter zum Ausdruck. Er betont, seine Lieder richteten sich an ein österreichisches, bayerisches und schwäbisches Publikum. Deshalb bediene er sich der «in disen Landen vblichen Sprach», auch auf die Gefahr hin, anderswo – etwa von «einem gelehrten Meißner» – nicht verstanden zu werden. Hinter dieser scheinbar pragmatischen Argumentation steht jedoch die grundsätzliche Ablehnung der protestantisch dominierten Reformprogrammatik aus religiösen wie aus poetologischen Gründen:

«Absonderlich ist auch hier zubedeuten / daß wir vns in vbersetzung dises heyligen Psalters / keines weegs der newgeteutschten / vnd an etlichen Orthen eingeführten Worten gebrauchen wollen; diß seynd Bemühungen etlicher sinnreicher Geister / mit welchen die Einfalt deß heyligen Lieds nichts zuschaffen hat. Ist auch ohne daß zweiffelhafftig / ob diser newe fruchtbringende Baum / in dem richtig teutschen Garten geduldet werden wolle? Dergleichen auffgemutzte / vnd frembdklingende Wort gehören zu Auffzügen / Schawspilen / vnd Tantzereyen / bey welchen man sich ohne das der Franßen / Federn vnd Schellen bedienet / das heylige Lied aber also zubekleiden / wäre nit vil besser / als wann man vnsern gebenedeyten Erlöser in jetzund eingeführter Fremder Tracht auffziehen lassen [...] wolt.»

Khuen bevorzugte die zyklische Form. Er begann mit marianischen Liederzyklen, die von 1636 an – *Epithalamium Marianum Oder Tafel Music / Deß himmlischen Frawenzimmers* – in mehrfach erweiterten Auflagen erschienen (⁴1644, ⁵1659) und als Khuens poetisches Hauptwerk gelten können. Die letzte Ausgabe – *Marianum Epithalamium. TafelMu-sic / Ehren-Mahlzeit / Lust-Garten / vnd Bluemen-Feld* (1659) – umfaßt schließlich acht Zyklen, die jeweils – hier kommt Khuens Vorliebe für die Zahl Zwölf ins Spiel – zwölf Lieder zu je zwölf Strophen enthalten, ein Gliederungsprinzip, dem auch seine anderen Liedersammlungen folgen. Die Marienlieder drücken Khuens tiefe Marienverehrung auf vielfältige Weise aus, durch den Rückgriff auf Vorstellungen der Brautmystik des Hohenlieds, durch erzählende Lieder, durch Loblieder, die die ganze Na-tur anschaulich in den Marienpreis einbeziehen. Das geschieht in einem betont einfachen Volksliedton, in den auch Fremdwörter ungezwungen einbezogen werden: «Durch Berg zu Thal Passiren / | Ihr Baaß zu saluti-ren, | Wird sich erzaigen bald / Die Mutter ohne Mackel.»

In drei Liederzyklen nimmt Khuen das Genre der geistlichen Bukolik auf und thematisiert u. a. die Liebe des guten Hirten zu seiner Herde und die Bedeutung des Hirtenamts der Kirche: *Tabernacula Pastorum Die Geistliche Schäfferey* (1650), *Munera Pastorum Hirten-Ambt* (1651) und *Gaudia Pastorum, SchäfferFrewd / Oder Triumph der Geistlichen Schäf-ferey* (1655). Dabei bietet nicht nur die ländliche Kulisse natürlichen An-laß für bodenständige Drastik und Anschaulichkeit, sondern Khuen nutzt die Form der geistlichen Bukolik auch für grobianische konfessionelle Polemik, die einen entschiedenen Kontrast zur Zartheit und Innigkeit insbesondere der Marienlieder bildet.

Zu seinem umfangreichen Werk mit weiteren Marienzyklen, Bußge-danken und Trostschriften zählen auch zwei Übersetzungen von Werken seines Freundes Jacob Balde, nämlich der Satire *Agathyrsus* (*Agathyrsus Teutsch* […] *Vom Lob vnd Wolstandt der Dürr oder Mageren Gesell-schafft*, 1647) sowie der Totentanzdichtung *Chorea mortualis* unter dem Titel *TodtenDantz: Oder Klaglied* (1649).

Von Khuen kam wohl auch die Anregung für die Versuche des Neulateiners Balde, sich an Dichtungen in deutscher Sprache zu versuchen. Dazu gehören die parallel gedruckte deutsche Version der 100 Strophen umfassenden *Ode nova dicta hecatombe de vanitate mundi* (1636), die dann in der erweiterten (lateini-schen) Neufassung (*Poema de vanitate mundi*, 1638) zahlreiche Auflagen erlebte, und seine deutsche *Agathyrsis*-Paraphrase in der zweisprachigen Ausgabe von 1647, die auch noch drei weitere deutsche Fassungen der Satire von Baldes Freun-den Thomas König, Joachim Meichel und Johannes Khuen enthält. Als Höhe-punkt von Baldes deutschsprachiger Dichtung gilt der lyrische *Ehrenpreiß Der Allerseligisten Jungfrawen vnd Mutter Gottes Mariae* (1638; erste erhaltene Aus-gabe 1640) mit 34 achtzeiligen Strophen und einer persönlich gehaltenen Ab-schlußstrophe: ein Marienlied (mit Noten), das die tradierte Bildlichkeit der Marienverehrung in Form und Sprache eines volkstümlichen Kirchenliedes faßt und so auch im Kirchen- und Prozessionsgesang verwendet werden konnte. Das humanistische Gegenprogramm verwirklichen Baldes neulateinische Marienoden (s. S. 285 f.).

Kapuzinerdichtung: Prokop von Templin und Laurentius von Schnüffis

Der Einfluß Khuens erstreckte sich auch auf das Liedschaffen des aus der Mark Brandenburg stammenden und vorwiegend in Süddeutschland wirkenden Kapuzinerpredigers Prokop von Templin. Er begann im Zusammenhang mit der Passauer Mariahilf-Wallfahrt ebenfalls mit Mariendichtungen (*Mariae Hülff EhrenKräntzel / Das ist: Himmelische Lobgesänger*, 1642); weitere Mariengedichte «auff alle jhre hohe Fest / vnd auff die Sonntäg deß gantzen Jahrs» folgten in seiner zweiten Veröffentlichung, die nach langer Unterbrechung erschien und eine zwanzigjährige ungemein fruchtbare Schaffens- bzw. Publikationsperiode einleitete (*Der Groß-Wunderthätigen Mutter Gottes MARIAE Hülff Lob-Gesang*, 1659). Eine dritte große Liedersammlung in zwei Teilen schloß sich an, die vom ersten Advent an für jeden Tag des Kirchenjahrs «eine oder zwey frische Betrachtung vnd Gesang sampt eigner Melodey vnd Orgel-Baß» enthielt: *Hertzens-Frewd vnd Seelen-Trost. Das ist: Himmlische Betrachtungen vnd* [...] *Lobgesänger*, 1660–61). Erst nach diesen Liedersammlungen, komponiert u. a. von dem Passauer fürstbischöflichen Organisten Georg Kopp, bot sich Prokop die Gelegenheit, seine in 24-jähriger Predigertätigkeit entstandenen Predigten zu ordnen und in zahlreichen voluminösen Kompendien zu publizieren. Diese Predigtsammlungen enthalten Lieder und umfangreiche Liedanhänge, Hinweise darauf, daß die separate Veröffentlichung der ersten der Liederbücher eher eine Verlegenheitslösung darstellte. Denn Lied und Predigt stehen in Zusammenhang: «Darmit teil ich die Predign ab», heißt es über die Funktion der Lieder in einem persönlichen Gedicht in dem Sommerband der vielbändigen Kirchenjahrspredigten (*Dominicale aestivale*, 1667).

Gedichte und Lieder, auch die anderer Autoren, gehörten zu den Mitteln, mit denen Prokop für unterhaltsame Unterbrechungen der meist recht langen Predigten sorgte, um seine Zuhörer nicht zu verlieren oder – das gilt dann vor allem für den Schluß der Predigten – Lehren und Hauptgedanken zusammenzufassen. Zu den Zitaten zählt übrigens auch das Nachtigallenlied aus Grimmelshausens *Simplicissimus*, das die fünfte Predigt in den Kirchtagspredigten (*Encaeniale*, 1671) beschließt. Der Druck und die von ihm veranlaßte Komposition der Lieder sollte ganz im Sinn der volksmissionarischen Aufgabe des Ordens ihre weitere Verbreitung ermöglichen, um ihren geistlichen Zweck «zu Hauß / zu Feld / in Kirchen / bey Processionen / Andachten» zu erfüllen (Vorrede zum Teil *Mariale dominicale* des *Mariale concionatorium, rhythmo-melodicum*, 1667).

Worum es letztlich geht, zeigt ein Lied wie *Gott lobende Welt-Music* aus dem zweiten Teil von *Hertzens-Frewd vnd Seelen-Trost* (1661; Teil 1, 1660). Es ist einer der Höhepunkte in Prokops Liedschaffen, eine gelungene Verbindung von anschaulich-frommer Naturpoesie zum Lob des Schöpfers, allegorischer Weltdeutung mit musikalischen Begriffen und geistlicher Lehre des Seelsorgers. Mit der Evokation der «Gott lobende[n] Welt-Music», die hören kann, «Wer nur gute Ohren hatt / | Vnd sich nicht beraubt der Gnad», erinnert der Prediger-Dichter den Menschen an seine «Pflichten» dem Schöpfer gegenüber und mahnt ihn, einzustimmen in den Lobgesang: «Zum Text hast du selbst die Wahl / | Singst du wol an dem Final | Er dirs Gsang belohnet.»

Zwar hat der Predigtkontext vielfach eine dem jeweiligen Thema und dem Publikum angemessene handfeste Lehrhaftigkeit zur Folge («Wer still ist vnd fleissig / | Den heyrath / das heiß ich»), doch daneben zeichnen sich zahlreiche Lieder durch einen ausgesprochen lyrischen Charakter aus, durch einen innigen Ton und poetische Naturbilder, aber auch durch Anschaulichkeit und poetische Spielfreude. Das Lied *Der HH. drey Königen Auffbruch nach Bethlehem* aus dem *Adventuale* (1666), das an erzählende Lieder Khuens erinnert, beginnt mit der folgenden Strophe:

> Fang an zu singen /
> Last tapffer klingen
> Den silbernen Trompetenschall;
> Thut wacker rühren
> Macht vmbher spüren
> Den Heerpaucken vnd Trummel-Hall;
> Tra ra ra ra ri
> Ihr Dromedari
> Camell vnd andre lauffend Thier /
> Man muß marchiren
> Die Schätz mitführen /
> Drumb rüstet euch / vnd geht herfür.

In einem Lobgedicht auf Prokop im Vorspann zum *Adventuale* (1666), dem ersten Band der Kirchenjahrspredigten, rühmt Johannes Khuen dessen Doppelbegabung, die «Eloquentz» des Predigers und den «süssen Thon» des Dichters, der – wie Orpheus wilde Tiere und Felsen – die «sündige Natur» und «wilde Menschen Art» bewege: «Procopio, der Zier / in beyden Facultäten / | Berühmt in aller Welt / von Rednern / vnd Poeten / | Ist Orphëus genaigt / ehrt seinen Resonantz / | Vnd raicht von seinem Haubt jhm seinen Lorberkrantz.»

Der letzte bedeutende Vertreter der süddeutschen bzw. österreichischen katholischen Lieddichtung des 17. Jahrhunderts war der aus Vorarlberg stammende Laurentius von Schnüffis. Anders als sein Ordensbruder Prokop von Templin, der sich in erster Linie als Prediger verstand und Predigten und Lieder vor allem in den Dienst der Volksmission stellte, unterschied Laurentius offenbar zwischen der vom Profil seines Ordens geforderten Predigttätigkeit für ein möglichst breites Publikum und seinem dichterisch-erbaulichen Werk. Dieses richtet sich an ein gebildetes Publikum und erhebt sich stilistisch entschieden über den einfachen belehrenden Stil, wie er von einem Franziskaner bzw. Kapuziner zu erwarten gewesen wäre und wie ihn die geistlichen Volkslieder der Zeit pflegen. Die besondere Stellung seiner Lieddichtung in der katholischen Sprach- und Literaturlandschaft unterstreicht zudem seine Sprachbehandlung, die oberdeutsche Eigenheiten hinter einer deutlichen Orientierung an der mitteldeutschen Sprachnorm zurücktreten und die Rezeption von Elementen der opitzianischen und nachopitzianischen Poetik erkennen läßt. Die Gründe dafür liegen möglicherweise in seiner Biographie, seiner Mitgliedschaft in Wandertruppen, die im ganzen Reich spielten und daher sprachlichen Normierungszwängen ausgesetzt waren. In Form und Thematik – Zyklenbildung, bukolische Einkleidung, Mariendichtung, Brautmystik, erbaulicher Zweck – weisen seine lyrischen Erbauungsbücher jedoch durchaus Beziehungen zum Liedschaffen Johannes Khuens und seines Kreises auf. Daneben gibt es auch Anklänge an die Lyrik und die metrischen Vorstellungen Friedrich Spees.

Der Vorarlberger Bauernsohn Johann Martin oder Martini (1633 Schnifis – 1702 Konstanz) reiste seit etwa 1653 als Sänger und Schauspieler mit Komödiantentruppen durch das Deutsche Reich. 1658 erhielt er eine feste Anstellung in Innsbruck. Er zog sich jedoch nach einer schweren Krankheit vom Hof zurück; 1663 wurde er in Konstanz zum Priester geweiht und trat zwei Jahre später in Zug in den Kapuzinerorden ein. Seit 1668 wirkte er von Konstanz aus als Prediger in der vorderösterreichischen Ordensprovinz. Er verband seine seelsorgerische Tätigkeit mit einem umfangreichen literarischen und musikalischen Schaffen, für das ihn Kaiser Leopold I. 1692 zum Dichter krönte.

Am Anfang des literarischen Werkes von Laurentius steht der geistliche Roman *Philotheus* (1665; neue Fassung 1689), der mit autobiographischen Bezügen die Bekehrung des Hofmanns Mirant (Anagramm für Martin, den bürgerlichen Namen des Verfassers) und seine Hinwendung zum geistlichen Stand schildert. Sein weiteres erbaulich-literarisches Schaffen setzt nach einer längeren Pause, wohl bedingt durch seinen Eintritt in den Kapuzinerorden und die damit verbundenen neuen Aufgaben, erst 1682 mit einem Buch ein, das nun die Lieddichtung zum Werkzeug seiner erbaulichen Absichten macht: *Mirantisches Flötlein. Oder Geistliche Schäfferey / In welcher Christus / unter dem Namen Daphnis / die in dem Sünden-Schlaff vertieffte Seel Clorinda zu einem bessern Leben aufferweckt / und durch wunderliche Weis / und Weeg zu grosser Heiligkeit führet* (1682).

Die «Geistliche Schäfferey» besteht aus drei Teilen, die den Stufen des mystischen Aufstiegs der menschlichen Seele zu Gott entsprechen. Sie führen von der Erweckung aus dem Sündenschlaf durch Gottes Gnade und der Erfahrung der Nichtigkeit der Welt («Streitt-Stand») über die Einsicht, die eigene Bestimmung verfehlt zu haben, über Reue und Buße («Buesses-Strand») zur Erkenntnis der Schönheit und Liebe von Daphnis und zur Vereinigung der menschlichen Seele mit Gott. In der letzten «Elegie» ruft Daphnis die «mehr aus Gewalt der Lieb / als Kranckheit» verstorbene Clorinda, seine «liebste Braut», zu sich in einen mit paradiesisch-bukolischer Bildlichkeit geschilderten Himmel und vermählt sich mit ihr auf ewig («Frewden-Stand»): «Ohne mich | Will ich niemahls lassen dich / | Sondern mit Wollust ergetzen / | Und dich setzen | Für den ausgestandnen Hohn | Auff den hohen Ehren-Thron.»

Die drei Teile enthalten jeweils zehn aus mehreren Komponenten gebildete Einheiten, die an den Verstand und die Sinne appellieren: Melodie, emblematischer Kupferstich, Liedüberschrift, darauf bezogene Bibelworte in lateinischer Sprache und deutscher Übersetzung und dann den Liedtext selbst mit jeweils 20 Strophen. Laurentius legt das Buch, dem bukolischen Modell folgend, als Dialog an, wobei allerdings Daphnis/ Christus nur die jeweils erste Elegie der drei Teile sowie die letzte Elegie des dritten Teils in den Mund gelegt werden, während alle anderen Clorinda, der personifizierten menschlichen Seele, auf ihrem Bekehrungsweg vorbehalten sind. Im übrigen bleibt die bukolische Einkleidung anders als bei Spee eher äußerlich; sie wird nur gelegentlich – etwa in der genannten Schlußelegie – durch Naturschilderungen oder -bilder und durch Bezüge zum Hohenlied mit Leben erfüllt. Bei der Bildlichkeit, bei Anspielungen und Vergleichen dominieren vielmehr die Bibel (Altes Testament) und – ohne Scheu vor den heidnischen ‹Götzennamen› – die antike Mythologie oder auch Geographie («Alle Maeotische / | Wendisch- und Gottische | Nächte […]»). Und daß Daphnis/Christus in der ersten Elegie auf Machiavelli zu sprechen kommt, unterstreicht nur den Bildungsanspruch seiner Dichtung, die sich trotz erläuternder Fußnoten kaum zur Volksmission eignet: «Dir wird Machiavell, * [* Ein Atheist.] | Die aller Boßheits-Quell / | Die Quahlen der Höllen | Nicht können abstellen / | Sein Freyheit-erdichten / | Und Tugend-vernichten | Man in der andern Welt | Für gar ungültig hält.»

Der äußerliche Anschluß an die bukolische Tradition entspringt wohl dem Kalkül, einem bestimmten Publikum einen Leseanreiz zu bieten. Laurentius spricht in der Vorrede von einem heiligen Betrug mit dem Ziel, diejenigen wieder für den Glauben zu gewinnen, die «lange Zeit von der Herd flüchtig» gewesen seien, die Stimme des Predigers nur auslachten und «von der fetten Weyd dern Geistlichen Büchern einen Eckl» trügen. Zu diesem Betrug tragen die Musik und die emblematischen Stiche ebenso bei wie die Texte mit ihrem Anspielungsreichtum und ihrer expressiven, gelegentlich bis ins Manieristische sich steigernden Sprachgebung. Vielzitiertes Beispiel ist die Elegie *Clorinda bejamert die absche-wliche Finsternuß Ihres Hertzens / in welcher sie / dern Gnaden Gottes beraubt / so lange Zeit gesteckt* mit ihren Worthäufungen, reichen Reimen und daktylischem Vorwärtsdrängen: «Feindliche / trutzige / | Russige / schmutzige / | Häßliche Nacht / | Welche den Raisenden / | Weit herumb kraisenden | Herren / und Knechten / | Edlen / und schlechten | Grosse Forcht macht [...].»

Auch der folgende Liederzyklus *Mirantische Mayen-Pfeiff. Oder Marianische Lobverfassung* (1691) wendet sich an ein humanistisch gebildetes Publikum. Wie im *Mirantischen Flötlein* kommt es zur unbedenklichen Vermischung christlicher Vorstellungen und heidnischer Mythologie, und in der Vorrede hebt Laurentius hervor, daß er in diesem Werk vorwiegend mit Vernunftgründen argumentiere, «auff daß die Jenige / welche wegen Schwachheit deß Glaubens die heilige Vätter wenig achten / und nichts / als was sie durch die Vernunfft fassen können / glauben wollen / auff das wenigste / durch die unverwerffliche Vernunfft-Beweisungen überzeuget / der Warheit nicht werden widersprechen können». Bei der *Mirantischen Mayen-Pfeiff* handelt es sich bei genauer formaler Entsprechung thematisch und von der Personenkonstellation her um ein genaues Gegenstück zum *Mirantischen Flötlein*. Statt einer Schäferin repräsentiert nun der Schäfer Clorus den irdischen, die Jungfrau Maria den himmlischen Part, statt einer Atmosphäre von Sündenangst herrscht hier eine der Verehrung und des Lobpreises. Dabei ergeben sich – auch durch zahlreiche Anspielungen und Zitate – enge Beziehungen zum Hohenlied. Wie Salomon Sulamith als schönste und lieblichste der Frauen besingt, so singt Clorus bei Laurentius überschwenglich und mit einem großen Repertoire an Vergleichen und Bildern den Preis Marias.

Die erbaulichen Gesamtkunstwerke des Laurentius zielen ebenso wie seine Romane letztlich auf die Bekehrung des «Welt-Menschen», der sich vom Zeitlichen lösen und auf seine eigentliche Bestimmung besinnen soll. Die letzten Werke mit ihrer entschiedenen Didaxe und ihrem verstärkten Gegenwartsbezug unterstreichen diese Absicht, indem sie kritisch menschliche Schwächen und Laster beleuchten und die Begierde nach den himmlischen Gütern über die nach den verderblichen Gütern siegen lassen: Der Mensch besitzt einen freien Willen (*Mirantische Maul-Trummel Oder Wohlbedenckliche Gegen-Säze böser / und guter Begirden*, 1695; *Futer über die Miramtische Maul-Trummel*; 1698; *Lusus mirabiles orbis ludentis. Mirantische Wunder-Spiel der Welt; Vorstellend Die zeitliche Eitelkeit / und Boßheit der Menschen / auch anweisend Zur wahren / und ewigen Glück-Seeligkeit*, 1703). Das *Futer über die Mirantische Maul-Trummel*, also der «schützende Überzug», unterscheidet sich in der Form durch die einfache Reihung von 16 Elegien über die Torheiten der Welt von der zyklischen Dreiteiligkeit der anderen Liederbücher; auch die durchgehende Zweisprachigkeit – die lateinische Version der Elegien auf der linken, eine freie deutsche Übersetzung auf der rechten Seite – ist neu. Während der letzte Zyklus *Lusus mirabiles orbis ludentis* von fremder Hand vollendet wurde, muß das postum 1705 erschienene Gebetbuch

Vilfärbige Himmels-Tulipan, das bis ins 19. Jahrhundert hinein zahlreiche mehr oder weniger bearbeitete Auflagen erlebte, noch als eigenes Werk des Kapuzinerpredigers gelten; die Approbation datiert von 1699.

Laurentius von Schnüffis erscheint neben weiteren katholischen Autoren wie Curtz oder Spee unter den Vorbildern, die Johann Caspar Weissenbach, der bedeutendste Dichter der katholischen Schweiz, in seinen Gedichtsammlungen nennt (*Damons, Deß Uneseligen Hirten einfältige Cither / mit Teütschen Seiten gespannet* (2 Teile, 1678; *Damons Deß unglück-seeligen Hirten lustige Meyen-Pfeiffen*, 1681). Die Gedichtbände enthalten Lieder, Gedichte und Epigramme vorwiegend geistlichen, aber auch zeitkritischen Inhalts. Weissenbach, vor allem als Dramatiker bekannt, lebte seit 1668 in Zug, wo er sich dank seines Vermögens ausschließlich seinen literarischen und theatralischen Interessen widmen konnte (und hier wohl auch Laurentius persönlich kennenlernte).

7. Religiöse Kunstlyrik

Wenn es bei Martin Opitz im zweiten Kapitel seines *Buchs von der Deutschen Poeterey* heißt, daß die Dichtkunst in ihren Anfängen nichts anderes gewesen sei «als eine verborgene Theologie / vnd vnterricht von Göttlichen sachen», so weist er damit auf ihren hohen Rang – und indirekt auch auf die Bedeutung seines Reformprojekts – hin. Zugleich nennt er den höchsten Gegenstand, dem sich ein Dichter widmen kann und der nach der rhetorischen Stillehre ein hohes formales und stilistisches Niveau erfordert oder jedenfalls zuläßt, wenn es sich nicht um anlaßgebundene Lieddichtung für Gottesdienst, Hausandacht oder ähnliche Gelegenheiten handelt (oder Dichtung grundsätzlich in Frage gestellt wird). Religiöse Themen gehörten so selbstverständlich zum Repertoire der neuen deutschen Kunstdichtung, wie sie sich in den protestantischen Territorien nach der Literaturreform durchsetzte. Hier entstand neben der stilistisch und formal vielfältigen religiösen Lieddichtung ein breites Spektrum religiöser Sprech- oder Leselyrik nun auch in deutscher Sprache, die sich der Formen der neuen humanistischen Kunstpoesie wie Sonett, Pindarische Ode, Hymne, Epigramm oder Lehrgedicht bedient und durch einen individuellen stilistischen und inhaltlichen Charakter auszeichnet.

Doch auch die deutschsprachige Dichtung mancher katholischer Autoren zeigt durchaus Affinitäten zur Kunstdichtung opitzianischer Manier; Beispiele dafür sind u. a. die deutschsprachige Lyrik Simon Rettenpachers oder – allerdings ein Sonderfall als Folge der Biographie – die Epigramme und Lieder Johannes Schefflers. Selbst die katholische Lieddichtung verliert vielfach den Charakter des einfachen religiösen Volksgesangs und entwickelt, wie das Werk Friedrich Spees oder Laurentius' von Schnüffis zeigt, eine spezifische Form der Kunstpoesie auf der Grundlage eigener sprachlicher und kultureller Traditionen. Die Übergänge sind fließend, und der Eindruck der Volkstümlichkeit ist vielfach durchaus irreführend, wenn auch grundsätzlich im katholischen Bereich die hohe Lyrik den Neulateinern vorbehalten bleibt. Hier erreicht sie im Werk Jacob Baldes europäischen Rang, während die neulateinische religiöse (und nichtreligiöse) Dichtung bei den protestantischen Autoren nach der Sprach- und Literaturreform zunehmend an Bedeutung verliert.

Psalmendichtung: Kirchengesang und Kunstlyrik

Die deutsche Psalmendichtung des 17. Jahrhunderts knüpft an die Praxis des reformatorischen Jahrhunderts an, in dem poetische Fassungen von Psalmen in deutscher Sprache im Vergleich zu den vereinzelten mittelalterlichen Beispielen eine neue Bedeutung gewonnen hatten. Luther hatte die liedhafte Psalmenparaphrase als geeignetes Mittel zur Verbreitung des Evangeliums empfohlen und selbst acht Psalmlieder gedichtet, darunter das Kampflied der Reformation *Ein feste Burg ist unser Gott*, eine allerdings sehr freie Bearbeitung von Psalm 46. Eine besondere Rolle spielte der sogenannte Hugenottenpsalter von Clément Marot und Théodore de Bèze (abgeschlossen 1562) mit den Melodien von Claude Goudimel, der in Deutschland und der Schweiz durch Übersetzungen und durch seine Melodien eine große und langandauernde, auch überkonfessionelle Wirkung entfaltete. Zugleich stand jedoch die Beschränkung des calvinistischen Kirchengesangs auf den Psalter lange einer Weiterentwicklung der reformierten Lieddichtung entgegen.

Im deutschsprachigen Raum setzte sich weitgehend die Übersetzung des Lutheraners Ambrosius Lobwasser durch (*Der Psalter deß Königlichen Propheten Davids*, 1573), die in den reformierten Gemeinden des deutschsprachigen Raums – in mehr als 60 Auflagen verbreitet – ihre Vorrangstellung bis gegen Ende des 18. Jahrhunderts behielt. Lobwassers Psalter bewahrt Strophenform und (silbenzählendes) Versmaß der französischen Vorlage, um die Melodien unverändert übernehmen zu können. Trotz dieser Vorgabe gelangen dem Übersetzer, indem er sich an den Ton des evangelischen Gemeindelieds anlehnte, ungezwungene, verständliche und gut sangbare Liedtexte. Lobwassers Psalter blieb trotz aller Einwände – etwa aus konfessionellen oder, nach der Literaturreform des 17. Jahrhunderts, aus poetologischen Gründen – Grundlage der Gesangbücher der reformierten Gemeinden. Daran änderte auch Martin Opitz mit seiner ebenfalls den französischen Melodien angepaßten klassizistischen Übersetzung nichts (*Die Psalmen Davids Nach den Frantzösischen Weisen gesetzt*, 1637).

Die calvinistische Vorlage von Lobwassers Psalter war im konfessionellen Zeitalter für Lutheraner und Katholiken Anlaß genug, ihm eigene Entwürfe entgegenzusetzen oder ihn zu ‹korrigieren› (Johannes Wüstholtz: *Der Lutherisch Lobwas-*

ser, 1621). Die Lutheraner griffen bei dichterischen Neufassungen auf die Psalmenübersetzung Luthers zurück, in bezug auf die Vertonung verweisen oft schon die Titel auf die in der evangelischen Kirche üblichen «Gesangweisen». Lutherische Liedpsalter verfaßten u. a. Cornelius Becker (*Der Psalter Dauids Gesangweis / auff die in Lutherischen Kirchen gewöhnliche Melodeyen zugerichtet*, 1602), Andreas Heinrich Bucholtz (*Teutscher Poetischer Psalter Davids*, 1640), Christian von Stöcken bzw. Stökken (*Neugestimmte Davids-Harfe / oder Di Psalmen Davids: guten teihls aus des Opizzen übersezzung dergestalt eingerichtet / daß sie auch nuhnmehr / nach den in Lutherischen Kirchen üblichen Gesangweisen andächtig können gesungen werden*, 1656), Johann Franck (*Geistliches Sion Das ist: Neue Geistl. Lieder / und Psalmen / nebst beygefügten / theils bekanten / theils lieblichen neuen Melodeyen*, 1674) und Justus Sieber (*Davids / Des Israelitischen Königs und theuren Prophetens Harffen-Psalme / nach Sang-üblichen Weisen in Teutsche Lieder versetzet*, 1685).

Allerdings besaßen in der ersten Jahrhunderthälfte Melodien des Genfer Psalters auch außerhalb der reformierten Gemeinden weiterhin eine große Anziehungskraft und bildeten die Grundlage von zahlreichen Psalmliedern, aber auch anderer geistlicher Lieder. Johann Heermann, ebenso Paul Fleming, Andreas Gryphius und zahlreiche andere lutherische Autoren dichteten Lieder auf Melodien des Genfer Psalters in der Version Lobwassers. Ihre Popularität noch um die Mitte des 17. Jahrhunderts mußte auch Andreas Heinrich Bucholtz konstatieren, der in der Vorrede zur zweiten Auflage seiner Psalterübersetzung in den *Geistlichen Teutschen Poëmata* von 1651 davon spricht, daß die «Tichtung neuer Gesangsweisen» Kritik erregt habe: «Sonsten hat es beym ersten Druk etliche befremdet / daß ich nicht in allen und jeden Psalmen die Frantzösische Verß-Art / wie vor mir Herr Lobwasser und Herr Opitz / behalten / damit sie nach den alten bekanten Weisen hätten können gesungen werden.» In der zweiten Jahrhunderthälfte nahm allerdings die Zahl der Lobwasserschen Melodien in lutherischen Gesangbüchern stark ab.

Auch im Katholizismus bediente man sich in den eigenen deutschen Versionen des Psalters oder einzelner Psalmen ohne Scheu der Melodien des französischen Psalters. Caspar Ulenberg legte 1582 einen deutschsprachigen Psalter vor (*Die Psalmen Dauids in allerlei Teutsche gesang-reimen bracht*). Dabei grenzt er sich einerseits von den Ketzern ab, wenn er den «rechten wahren verstand» seiner Übersetzung gegenüber den «Irrthumben» in deren Versionen entgegenstellt. Andererseits befänden sich unter den Melodien, die er «auff ein jedes genus Carminis oder art reimen» zugerichtet habe, «auch etliche / fast die beste und lieblichste Melodeyen auß dem Marotischen oder Caluinischen Psalter». Auch während des 17. Jahrhunderts griffen Autoren wie Friedrich Spee oder Herausgeber von Gesangbüchern immer wieder auf Melodien des Genfer Psalters zurück.

Im Vergleich zu den zahlreichen protestantischen Psalmenparaphrasen des 17. Jahrhunderts blieb die Zahl der liedhaften katholischen Psalmen-

dichtungen eher gering. Zu nennen sind neben den jesuitischen Gesangbüchern *Geistliches Psälterlein* (1637) bzw. *Geistlicher Psalter* (1638) vor
allem die vollständigen Liedpsalter des Jesuiten Albert Curtz (*Harpffen
Dauids Mit Teutschen Saiten bespannet*, 1659) und des Würzburger Fürst-
bischofs (und Mainzer Erzbischofs) Johann Philipp von Schönborn (*Die
Psalmen Des Königlichen Propheten Davids: In Teutsche Reymen vnd
Melodeyen verfasset*, 1658). Curtz verbindet seinen Psalter mit einem Angriff auf die Vorstellungen der (protestantischen) Literatur- und Sprach-
reformer und schreibt im Anschluß an Johannes Khuen einen einfachen,
aber nachdrücklichen volkstümlichen Stil. Dabei verfährt er zugleich wesentlich knapper als der etwas weitschweifige, aber ebenfalls stilistischer
Einfachheit verpflichtete Psalter Schönborns, der wohl für eine Verwendung im Gottesdienst gedacht war. Die vom Genfer Psalter unabhängigen
Melodien zu den Texten Schönborns mit ihrer großen Zahl unterschiedlicher Strophen- und Versformen komponierte Philipp Friedrich Buchner,
Kapellmeister in Würzburg und Mainz.

Eine Besonderheit im katholischen Raum stellt die vollständige, das ganze Kirchenjahr umfassende Perikopendichtung Johann Philipp von Schönborns dar: *Catholische Sonn- vnd Feyertägliche Evangelia / vnd darauß gezogene Lehrstück.
[...] In Kirchen / Schulen / vnd Gottseeligen Versamblungen / auch zu Männig-
lichs privatandacht / nützlich zugebrauchen* (1653). Die Melodien stammen ebenfalls von Philipp Friedrich Buchner. Anweisungen an die «Organisten und Sänger»
verweisen auf die Absicht, das Werk im Gottesdienst zu verwenden. Eine Verordnung anläßlich der erweiterten Ausgabe von 1656 verpflichtet die dem Erzbistum
Mainz zugehörigen Orte ausdrücklich, diese Lieder «underm Ambt der Heiligen
Mess, bey den Predigen, Kinderlehren, Processionen und andern Gottesdiensten
[...] neben andern approbirten Christlichen Catholischen Liedern» zu gebrauchen
und zu singen. Die sonntäglichen Einheiten bestehen aus dem mit Melodie versehenen Perikopenlied, einem kürzeren gereimten «Lehrstück» und einem längeren
Prosagebet, so daß sich das Werk auch für Lehrzwecke und häusliche Andachtsübungen anbot.

Neben den liedhaften Übersetzungen des ganzen Psalters mit seinen
150 Texten und zahllosen einzelnen Psalmenliedern stehen, vorbereitet
auch durch die neulateinische Dichtung, Psalmenversionen und -variatio-
nen, die sich von den stilistischen Vorgaben des Gemeinschaftslieds entfernen und die Mittel der humanistischen Kunstdichtung uneingeschränkt
einsetzen. Die wichtigsten Texte gehören der ersten Jahrhunderthälfte
bzw. der Jahrhundertmitte an, der ertragreichsten Zeit der Psalmendichtung im Barock: Paul Flemings Version der sieben Bußpsalmen (*Davids / Des Hebreischen Königs Buszpsalme*, 1631), Andreas Gryphius'
Pindarische Oden und – das umfangreichste Unternehmen – Georg Rodolf Weckherlins Psalmenparaphrasen in den Sammlungen seiner *Gaistlichen und Weltlichen Gedichte* (1641 und 1648). Für eine Verbindung mit
der Emblematik sorgte in der zweiten Jahrhunderthälfte Wolf Helmhard

von Hohberg mit seinem *Lust- und Artzeney-Garten des Königlichen Propheten Davids* (1675), während Quirinus Kuhlmanns *Kühlpsalter* (1684–86) als Dichtung mit prophetischem Anspruch den Rahmen traditionsgebundener Psalmendichtung sprengt.

Fleming lehnt sich eng an den lutherischen Bibeltext an und läßt in der rhetorisch überhöhten, doch zugleich distanzierten Alexandrinersprache seiner Bußpsalmen noch deutlich das klassizistische Vorbild des Martin Opitz – etwa seiner *Klage-Lieder Jeremia* (1626) – erkennen. Dagegen erhält die Psalmendichtung bei Andreas Gryphius und Weckherlin eine neue Qualität: bei Gryphius durch eine rhetorische Intensivierung und pathetische Expressivität, die die Möglichkeiten der Pindarischen Ode ausschöpft, durch den Einsatz der virtuosen Kunstmittel der Renaissancepoesie zum Ausdruck persönlicher Frömmigkeit bei Weckherlin. Hand in Hand damit lockert sich bei beiden die enge Bindung an die biblische Vorlage.

Die zunehmende Bedeutung der religiösen Dichtung im Werk Weckherlins reflektiert ebenso wie seine aggressive politische Lyrik die veränderte Schreibsituation des nun im Ausland lebenden, nicht mehr für höfische Repräsentationskunst zuständigen Dichters. Die «Geistlichen Poësyen» bestehen fast ausschließlich aus Nachdichtungen von Psalmen; 1641 sind es 30, dann in der letzten Ausgabe der *Gaistlichen und Weltlichen Gedichte* von 1648 insgesamt 61 Texte. In der Vorrede kommt Weckherlin auf die Motivation zu sprechen, die ihn zu den Psalmenparaphrasen veranlaßt habe. Zwar habe er sich bei einigen Texten nach ihren «eignen / Frantzösischen oder Lobwassers Weysen gerichtet», welche «dan die jenige / die (der Sing-Kunst Liebhabere) sie zu singen begehren leichtlich außzufinden werden wissen». Doch sei es sein Vorhaben

«niemahl gewesen / die Psalmen allein in Newe Teutsche Reymen zuverfassen / vnd nach den gebräuchlichen weysen vberzusetzen: Sondern vilmehr zu Gotsförchtiger Hertzen vnd meinem eignen Trost zuerwegen vnd zuergründen; Alß hab ich solche / nach meiner vorhergehenden Betrachtung / vnd derselbigen vilfältigen vnd in vilen sonderlichen Sprachen geschribenen außlegungen erwegung / auf vnterschidliche / vnd (meinem geringen erachten nach) der Poeterey vnd Versen bequemliche Arten außführen vnd fürtragen wollen.»

Die Form der Texte richtet sich nach dem Thema des jeweiligen Psalms, nicht nach äußeren Vorgaben. Sie sind, sieht man von den auf Melodien Lobwassers und einige deutsche Liedmelodien gedichteten Paraphrasen ab, nur bedingt für den Gesang geeignet oder gedacht. Das hat nicht nur äußere Gründe – ungeeignete Vers- und Strophenformen, teilweise beträchtliche Länge von bis zu 50 achtzeiligen Strophen –, sondern liegt vor allem am dem meditativen Charakter zahlreicher Gedichte, in denen sich die Individualität des reflektierenden Autors in der Auseinandersetzung mit der biblischen Vorlage äußert. Diese Psalmenphrasen bieten nicht die einfache Identifikationsmöglichkeit durch gemeinschaftlichen Gesang wie der französische Psalter und seine deutschen Adaptionen, sondern sie lassen sich nur lesend nachvollziehen, erfüllen ihren erbaulichen Zweck nur, wenn sich der Leser entsprechend dem von Weckherlin angedeuteten Prozeß der Betrachtung und Auslegung selbst mit ihnen gedanklich auseinandersetzt.

Wenn Weckherlin die Psalmennachdichtungen zum Medium der Selbstvergewisserung und der Auseinandersetzung mit der Welt in einer prekären persönlichen und geschichtlichen Situation macht, so geschieht das mit den ihm seit seinen frühen höfischen Dichtungen vertrauten sprachlichen und poetischen Mitteln der weltlichen Renaissancepoesie und ihres rhetorisch überhöhten Stils: kunstvoller Strophenbau, weit ausholende Perioden, eine variationsreiche Technik der rhetorischen *amplificatio* durch Vergleiche, Wiederholungen, Wortreihen, Bilder- und Gedankenfolgen, durch Parallelführungen und Antithesen. Weckherlins Psalmenparaphrase bedeutet daher grundsätzlich Erweiterung, wobei in der Regel ein Psalmvers als Material für (mindestens) eine ganze Strophe dient.

Weckherlins Aussage, daß er die Paraphrasen nicht zuletzt zu seinem Trost geschrieben habe, belegen die zahlreichen Erweiterungen, die als Reflexionen über den Glauben, seine persönliche Situation und das Verhängnis des Krieges gelesen werden können bzw. müssen. Das gilt etwa für die Thematisierung des Exils in Psalm 137 («Als wir an dem gestad der wasser Babylon | Gantz trawrig / trostloß sassen») oder die Aktualisierung von Psalm 74 – Klage über die Verwüstung des Heiligtums –, die sich auf die Kriegszeit bezieht und in ihrem Vokabular und ihrer Aggressivität nicht zufällig an den Ton von Weckherlins politischen Gedichten erinnert. In besonders auffälliger Weise verschiebt er in seiner Paraphrase des 146. Psalms die Akzente. Er baut die zehn Verse des kurzen Lobpsalms mit seiner knappen Mahnung «Verlasset euch nicht auff Fürsten / Sie sind Menschen / die können ja nicht helffen« (V. 3, Lutherbibel, 1545) zu einem Gedicht von 20 sechszeiligen Strophen aus, in dem der Preis Gottes nur noch die Folie für eine intensive, mit Vanitasgedanken durchsetzte Zeitklage, für Hofkritik und heftige Fürstenschelte bildet. Zu einer Reflexion über die eigene, neue Haltung zur Poesie wird der Psalm durch den Rahmen, den die erste und die fast identische letzte Strophe bilden:

> Du solt / O Meine seel / vmb-jrrend länger nicht
> Ein fürstliche Person / ein hipsches angesicht /
> Noch einiges geschöpf erklingen:
> Sondern dem schöpfern selbs für sein getrewe gunst /
> Für sein endlose lieb mit aller lieb / trew / kunst
> Solt du mein leben lang lobsingen. (Strophe 1)

Eine neue, noch freiere Form der Psalmenparaphrase verwirklichte Andreas Gryphius ungefähr gleichzeitig mit Weckherlin. Neben traditionellen Psalmliedern und Liedern nach Melodien des Lobwasserschen Psalters finden sich in den ersten drei Odenbüchern (1643, 1650, 1657) unter den Pindarischen Oden sieben Texte, die von einzelnen oder mehreren Psalmversen als Thema ausgehen und sie zu großen pathetisch bewegten Szenen ausweiten, also keine Paraphrase des ganzen Psalms beabsichtigen. Dabei trägt die dreiteilige Odenform mit Strophe («Satz»), Antistrophe («Gegensatz») und Epode («Zusatz») und den dadurch gegebenen Möglichkeiten starker Kontrastwirkungen zur Dramatisierung der geschilderten (inneren) Vorgänge und Situationen bei, die charakteristische Themen des Dichters aufnehmen und den Menschen zwischen Angst und Hoffnung zeigen und die Nichtigkeit des menschlichen Lebens bzw. des Irdischen dem Vertrauen auf die Erlösung gegenüberstellen. Gryphius nutzt die metrischen Freiheiten und die sich daraus ergebenden syntaktischen Möglichkeiten der Pindarischen Ode zu langen Satzbögen, epischen Vergleichen und breit ausgesponnenen Bildern und Allegorien, aber auch zum Wechsel langer und kurzer Verszeilen oder der Versmaße, zu pathetischen Steigerungen durch die Häufung rhetorischer Figuren – Interjektionen, rhetorische Fragen, Anaphern – sowie durch den Einsatz von krassen Bildern und affektgeladenen Ausdrücken.

Vehement etwa der Beginn der ersten Ode des zweiten Buchs (1650), die Vers 20 des 71. Psalms (Ps. 70 in der von Gryphius zitierten lateinischen Bibel) zum Thema nimmt: «Denn du lessest mich erfaren viel vnd grosse Angst / Vnd machst mich wider lebendig / Vnd holest mich wider aus der tieffe der Erden erauff» im Wortlaut der Lutherbibel von 1545. Gryphius setzt mit großem Pathos ein und evoziert die Angst der ‹matten Seele› und den in ihr herrschenden Widerstreit der Gefühle («Reiß Erde! reiß entzwey! Ihr Berge brecht vnd decket | Den gantz verzagten Geist»), um sie dann in «Gegensatz» und «Zusatz» zu hoffnungsvoller Zuversicht und Erlösungsgewißheit zu führen: «Mein ach! mein Todt ist todt».

Diesen Weg von Klage, Seelenangst und Not zu Gottvertrauen und Hoffnung auf Erlösung gehen auch die meisten anderen Pindarischen Oden – in einem Fall umgekehrt vom Halleluja zurück zur Erinnerung an die frühere Not und wieder zum anfänglichen Halleluja (III, 4; nach Ps. 65, 3) –, wobei in mehreren Fällen der Dreischritt erst in der Wiederholung zur Endsteigerung führt. Wie sich Gryphius' Wortgewalt am nachdrücklichsten bei der Vergegenwärtigung von Not, Elend und Verzweiflung Ausdruck verschafft, illustriert auch die Ode III, 3 mit ihren zwei Strophenfolgen, denen der siebte Vers von Psalm 138 zugrunde liegt: «Wenn ich mitten in der angst wandele / so erquickestu mich / Vnd strekkest deine Hand vber den zorn meiner Feinde / Vnd hilffest mir mit deiner Rechten» (Lutherbibel, 1545). Die Angst, der Ansturm der Feinde und selbst noch die abschließende Gewißheit, daß diese nichts gegen den vermögen, der auf Gott baut, schildert Gryphius nach verhaltenem Beginn («Ich irre gantz allein / | Verstoßen vnd verlacht | Vmbringt mit Schmertz vnd Pein») in einer höchst dramatisch-expressiven Rhetorik:

> Welch grauen fält mich an!
> Welch Elend reisst mich hin?
> Ist wer / der retten kan?
> Wo sterben nur Gewin!
> Der Abgrund schluckt mich ein! die Wellen rauer Jammer /
> Bedecken die zraufften Hare!
> In dem ich ins Verterben fahre:
> In aller Hellen Hell: vnd grimme Folter Kammer.
> Vor mir erscheint der Tod
> In mir / herrscht Furcht vnd kaltes Zittern.
> Vmb mich erkracht mit Vngewittern
> Der / auff den schwachen Geist zuhart erhitzte GOtt.
> («1. Gegensatz»)

Einen besonderen Fall der Psalmenrezeption stellt das Psalmwerk des protestantischen niederösterreichischen Freiherrn Wolf Helmhard von Hohberg dar, das eine Versparaphrase des Psalters mit einem doppelten Emblemzyklus verbindet und damit die Tradition der religiösen Emblematik bzw. des emblematischen Erbauungsbuchs aufnimmt, die vorher im Protestantismus u. a. Johann Michael Dilherr und Georg Philipp Harsdörffer gepflegt hatten: *Lust- und Artzeney-Garten des Königlichen Propheten Davids. Das ist Der gantze Psalter in teutsche Verse übersetzt / sammt anhangenden kurtzen Christlichen Gebetlein. Da zugleich jedem Psalm eine besondere neue Melodey / mit dem Basso Continuo, auch ein in ein Kupffer gestochenes Emblema, so wol eine liebliche Blumen oder Gewächse / sammt deren Erklärung und Erläuterung beygefügt worden* (1675). Im selben Jahr erschien auch eine Ausgabe, die allein die Embleme enthielt.

Die Psalmenparaphrase folgt, so Hohberg in der Vorrede, «auffs genaueste unserer gemainen Teutschen Biblischen Übersetzung», d. h. der Martin Luthers. Das geschieht in Alexandrinerreimpaaren, die in vierzeilige Strophen gegliedert sind. Das Besondere des Buches allerdings sind die Teile, die den 150 Psalmnachdichtungen «beygefügt» worden sind: Neben einer gereimten Überschrift und einer kurzen lehrhaften Prosazusammenfassung des jeweiligen Psalms sind dies ein Blatt mit neuen Melodien (die meisten komponiert von dem Regensburger Organisten Hieronymus Kradenthaler) und ein Kupferstichblatt mit je einem Emblem (samt lateinischen und deutschen Textzutaten) auf der Vorder- und Rückseite, wahrscheinlich Arbeiten des Nürnbergers Georg Christoph Eimmart. Während sich die Embleme auf der Vorderseite auf die emblematische Tradition beziehen und den betreffenden Psalm bzw. einen seiner Aspekte geistlich deuten, besteht der zweite Emblemzyklus aus präzisen Pflanzendarstellungen. Hier dienen einzeilige Psalmenzitate als Motto, in einem gereimten Vierzeiler folgen Hinweise auf bestimmte Eigenschaften der Pflanzen und ihre Verwendungsmöglichkeiten (insbesondere in der Heilkunst) und die darauf basierende allegorische Deutung. So entsteht ein erbauliches Gesamtkunstwerk, das Text, Bild und Musik miteinander verbindet, um «den Geruch und Geschmack / mit holdseligen Blumen / Gewächsen und Früchten; die Augen mit unterschiedenen Sinnbildern / und das Gehör mit seiner Sathan-vertreibenden Härpffen / und denen vom Geist Gottes her / entsprossenen Liedern» zu unterhalten. Die Embleme beziehen in ihren Darstellungen der Natur und der menschlichen Tätigkeiten vielfach die Lebenswelt Hohbergs ein, wie sie sich auch in seiner umfassenden Ökonomik, der *Georgica curiosa* (1682), spiegelt.

Wie Hohberg verfährt, zeigt beispielsweise Psalm 146, der unter der Überschrift «Menschen Rath / kommt zuspat» steht. Gemäß der Zusammenfassung in Prosa lehrt der Psalm, «daß wir unsere Zuflucht und Trost allein bey GOtt [...] / und nicht bey grossen Fürsten / die nur vergängliche Menschen sind / suchen sollen». Das erste Emblem (deutsches Motto Ps. 146, 3: «verlasst euch nicht auff Fürsten») zeigt einen Elefanten, der sich an einen angesägten Baum lehnt und deshalb «samt ihm zu boden fellt», ein warnendes Beispiel für falsches Vertrauen. Das Pflanzenemblem (Motto Ps. 146, 5: «wol dem, deß hülffe der Gott Jacob ist») bringt dagegen mit seiner Abbildung des Maiglöckchens ein positives Beispiel, indem es die Heilkraft der Pflanze mit Gottes Schutz und Hilfe vergleicht: «Die meyblum wolbewehrt vil tugenden vermag | stärckt magen, hirn u. herz, verwahret vor dem schlag: | Also wan Gottes hülff ob einem menschen schwebet | er sich in gefahr, in ruh und freuden lebet.»

Die Verbindung verschiedener Medien zu erbaulichen und künstlerischen Zwecken ist eine im 17. Jahrhundert weitverbreitete Praxis, wenn auch Hohberg mit einer derartigen emblematisch-musikalischen Umsetzung des ganzen Psalters wohl alleine dasteht. Nicht zuletzt angeregt durch die *Pia desideria* (1624) des Jesuiten Herman Hugo hatte sich die geistliche Emblematik zu einem zentralen Typus emblematischer Literatur entwickelt. Neben lateinische Werke traten zunehmend deutschsprachige, u. a. Daniel Sudermanns biblische Bild-Text-Folgen (*Schöne außerlesene Figuren vnd hohe Lehren von der Begnadeten Liebhabenden Seele / Nemlich der Christlichen Kirchen vnd jhrem Gemahl Jesu Christo [...] in Teutsche Reymen verfaßt*, 1620–28), Johann Michael Dilherrs emblematisch illustrierte Predigtsammlungen (u. a. *Heilige Sonn- und Festtags-Arbeit: Das ist: Deutliche Erklärung Der jährlichen Sonn- und Festtäglichen Evangelien: in welcher Dreiständig-nachdenckliche Sinnbilder vorgesetzet*, 1660; *Augen- und Hertzens-Lust: Das ist / Emblematische Fürstellung der Sonn- und Festtäglichen Evangelien*, 1661; *Hertz- und Seelen-Speise / Oder Emblematische Haus- und Reis-Postill*, 1661), Erasmus Franciscis protestantische Bearbeitung von Herman Hugos *Pia desideria* (*Die Geistliche Gold-Kammer Der I. Bußfertigen, II. GOtt-*

verlangenden / und III. JEsus-Verliebten Seelen, 1668), die emblematischen Liederbücher von Laurentius von Schnüffis oder – um noch ein weiteres Beispiel aus
der umfangreichen Produktion zu nennen – Abraham a Sancta Claras poetisch-
emblematische Paraphrase der Lauretanischen Litanei (*Stella ex Jacob orta Maria*
bzw. *Stern / So auß Jacob auffgangen Maria,* 1680).

Der Dichter als Prophet: Quirinus Kuhlmann

Eine neue Qualität nimmt die Psalmendichtung, nimmt die religiöse
Dichtung überhaupt bei Quirinus Kuhlmann an. Bevor jedoch sein Leben und Werk durch die Lektüre von Schriften Jacob Böhmes eine entscheidende Wendung nahm, blieb Kuhlmann als Gelehrtendichter durchaus im Rahmen der humanistischen Tradition. Noch während seiner
Breslauer Schulzeit entstanden epigrammatische Grabschriften, in denen
er u. a. Opitz, Gryphius und Logau poetische Denkmäler setzte (*Unsterbliche Sterblichkeit / das ist / Hundert Spielersinnliche Grabeschriften,*
1668), und als wichtigstes seiner Jugendwerke ein Band mit 50 geistlichen
Sonetten: *Himmlische Libes-küsse / über di fürnemsten Oerter Der Hoch-
geheiligten Schrifft / vornemlich des Salomonischen Hohenlides wi auch
Anderer dergleichen Himmelschmekkende Theologische Bücher Poetisch
abgefasset* (1671). Kuhlmanns geistliche Kontrafaktur der weltlichen
‹Kuß›-Dichtung, der ‹Basia›-Zyklen der neulateinischen Literatur (Johannes Secundus, Paul Fleming), nimmt das Thema der mit dem Hohenlied
verbundenen Brautmystik auf und deutet mit dem Kußmotiv die angestrebte Vereinigung der Seele mit Christus an. Das Verfahren entspricht
den traditionellen allegorischen Interpretationen des Hohenliedes. Kuhlmann entschuldigt sich zwar mit einem Gryphius-Zitat für sein Jugendwerk («di Blumen erstes Mertzens»), doch tatsächlich sind die Sonette
eine Demonstration seiner früh erworbenen Beherrschung der Techniken
humanistischer Rhetorik und Poesie und seiner in Zitaten und Erläuterungen dokumentierten großen Belesenheit. Die angestrengte dichterische Virtuosität manifestiert sich in einem zuweilen manieristischen Bildgebrauch und vor allem in der extensiven Verwendung von Anaphern
und Anaphernketten. Gipfel der formalen Kunstbemühungen ist das
doppelseitige Sonett *Der Wechsel Menschlicher Sachen,* ein sogenannter
Wechselsatz (*versus rapportati*), bei dem sich Kuhlmann auf Athanasius
Kircher und dessen «Lullische [...] Wissenskunst» beruft. Die fünfseitige
Anmerkung rechnet vor, daß die 50 Wörter der ersten vier Zeilen mehr als
127×10^{64} Mal «verwechselt werden können», und macht ganz ohne Be-
scheidenheit klar, daß ein «grosser Hauptband» erforderlich wäre, den
«Schatz» seines «Libes-kusses» zu «eröfnen» und zu «zerglidern». Den
Geltungsdrang, der auch biographisch bezeugt ist, lenkte er in seinem
Hauptwerk, dem *Kühlpsalter,* in andere Bahnen.

Quirinus Kuhlmann (1651 Breslau – 1689 Moskau), Sohn eines Kaufmanns, besuchte das Breslauer Magdalenengymnasium (1661–70) und studierte anschließend Jura in Jena (1670–73), verfolgte jedoch gleichzeitig poetische und polyhistorische Interessen. In Vorlesungen soll er nicht so häufig gesehen worden sein. Außer den dichterischen Arbeiten entstanden in der Schul- und Studienzeit zwei polyhistorische Kompendien, die eine große Menge an Quellen aus den verschiedensten Gebieten – Geschichte, Jura, Naturgeschichte, Ars Lulliana, Kabbala, Magie, Erbauungsliteratur, ‹schöne Literatur› usw. – verarbeiten (*Lehrreiche Weißheit- Lehr-Hof- Tugend-Sonnenblumen,* 1671; *Lehrreicher Geschicht-Herold Oder Freudige und traurige Begebenheiten Hoher und Nidriger Personen,* 1672). Das Register des *Geschicht-Herold* zählt an die 900 Werke von insgesamt 473 Autoren auf. Auch sein Briefwechsel mit Athanasius Kircher über dessen *Ars magna sciendi* (1669) – *Epistola de arte magna sciendi sive combinatoria* (1674) – stammt aus dieser Zeit.

Im Herbst 1673 immatrikulierte sich Kuhlmann in Leiden, brach dann aber sein Studium unvermittelt ab: Die Lektüre der Werke Jacob Böhmes und die Begegnung mit dem ‹Propheten› Johannes Rothe gab seinem Leben und Schaffen eine neue Richtung, dokumentiert in der Schrift *Neubegeisterter Böhme / begreiffend Hundert-funftzig Weissagungen / mit der Fünften Monarchi oder dem JESUS REICHE des Holländischen Propheten Johan Rothens übereinstimmend* (1674). Damit löste er sich vom Luthertum; fortan bewegte er sich in den religiösen Randgruppen Hollands und Englands und warb für sein Projekt eines neuen religiösen Reichs. Er fand Mäzene, die seine Unternehmungen finanzierten, etwa die ergebnislose Reise in die Türkei, um den Sultan zu bekehren (1678–79). Eine in England geplante neue Missionsreise nach Jerusalem wurde, als die finanzielle Unterstützung ausblieb, zur fiktiven «Geistreise». In den folgenden Jahren machten die Auseinandersetzungen mit anderen Sektierern die fortschreitende Isolierung Kuhlmanns sichtbar, die auch seine Ehen oder andere Verbindungen mit ‹Zeuginnen› nicht aufhalten konnten. Im Frühjahr 1689 brach er nach Moskau auf, um dort sein Bekehrungswerk fortzuführen. Hier fand er zu Böhme-Anhängern und wurde schließlich auf Betreiben des deutschen lutherischen Pastors von der russischen Obrigkeit inhaftiert. Es kam zu einer Anklage und einem mehrtägigen Prozeß wegen Ketzerei, Verschwörung und Gotteslästerung. Kuhlmann wurde während der Befragungen zweimal gefoltert und schließlich zum Tode verurteilt und verbrannt. Zu dem Urteil trugen wesentlich die Gutachten von Vertretern der anderen Konfessionen bei, die Front gegen den selbsternannten «Kühlmonarchen» und seine chiliastischen Vorstellungen machten. Gottfried Arnold schildert seine Lebensgeschichte in der *Unparteyischen Kirchen- und Ketzer-Historie* (1699–1700).

Kuhlmann entfaltete seine ekstatisch-schwärmerischen Ideen und Heilsvorstellungen in seiner poetischen Biographie und Prophetie *Der Kühlpsalter* (1684–86) und einigen (auch polemischen) Sendschreiben und Begleitschriften (z. B. *Quinarius seiner Schleudersteine wider den Goliath aller Geschlechter / Völker / Zungen,* 1680). Die erste Teilveröffentlichung des *Kühlpsalters* erschien 1677 unter dem Titel *Funffzehn Gesänge.* Geplant waren ursprünglich zehn Bücher mit je 15 «Kühlpsalmen», ein Konzept, das Kuhlmann später aufgab. Das Werk endet im unvollendeten achten Buch mit dem 117. Kühlpsalm nach mehr als 20 000 Versen. «Der Kühlpsalter ist di Erfüllung aller Kühlpropheten, Kühlweisen, Kühlschrifftgelährten, und beginnt daselbst, wo der Prophet Drabitz aufhöhret», lautet der erste Punkt einer Inhaltsangabe, die er im Erscheinungsjahr des ersten Bandes separat veröffentlichte. Den mährischen Prediger und Visionär Nikolaus Drabik (Drabitz, Drabicius) hatte Kuhlmann durch die Vermittlung von Johann Amos Comenius kennengelernt; er gehörte – wie andere Sektierer und Propheten – zu dem Umfeld, in dem Kuhlmann seine messianischen Vorstellungen entwickelte.

Der *Kühlpsalter* ist als heiliges Buch konzipiert, als dritter Teil der Bibel nach Altem und Neuem Testament, der Verfasser versteht sich als Prophet, das Werk als «di erste Offenbahrung nach meinem eigencentrum». Die Vorrede zum achten Buch von 1686 unterzeichnet er mit «QUIRIN KUHLMANN, *Der Sohn des Sohnes Gottes Jesu Christi und Printz, Prophet, Prister des ewigen erlösten Königreiches Jesuels»*. Kuhlmann begründet seine Berufung und seine Auserwähltheit mit Denkfiguren, die er Böhme und den chiliastischen Bewegungen seiner Zeit entnimmt. Er sieht sich als den von Böhme (und dem 1647 verstorbenen Visionär Christoph Kotter) erwarteten Jüngling, der den Antichrist stürzen und zum Tausendjährigen Reich überleiten werde. Der Vorgang der «vergötterung» des Menschen (Gottfried Arnold), der Teilhabe am Göttlichen durch die Vereinigung der Seele mit Christus, von dem die mystischen Dichter sprechen, verliert bei Kuhlmann seinen punktuellen oder metaphorischen Charakter: Kuhlmann *ist* der «Sohn des Sohnes Gottes Jesu Christi» (Vorrede zum achten Buch). Rückblickend interpretiert und stilisiert er sein ganzes Leben, auch seine Jugend, in diesem Licht und sucht so seine durch Visionen immer wieder bestätigte Auserwähltheit zu legitimieren. Mit Hilfe eines dreistufigen typologischen Denkschemas – Zeichen (mosaische Offenbarung), Figur (Weissagung des Johannes), Wesen (*Kühlpsalter*) – gelingt es ihm, ein komplexes System von Beziehungen zwischen seinem bizarren Lebenslauf und der eigenen heilsgeschichtlichen Bedeutung zu schaffen. Das erklärt auch die Eigentümlichkeit des *Kühlpsalters*, daß jedem Kühlpsalm eine Prosaeinleitung mit biographischen Hinweisen vorausgeht, während der Psalm selbst von der Heilsbedeutung spricht. Dabei reichen die durchaus gezielt ausgewählten Lebensstationen, oft kryptisch formuliert, vom Jahr 1670 bis zum September 1685. Die Schreibgegenwart erreicht Kühlmann bereits im 15. Psalm, der – «gesungen den 28. Sept. 1677» – das erste Buch beschließt; im selben Jahr waren die *Funffzehn Gesänge*, Vorstufe des ersten Buches, erschienen. Danach laufen Leben und Dichtung gleichsam parallel, auch hinsichtlich einer Entwicklung zu wachsender Radikalisierung und Komplexität: Radikalisierung seiner spiritualistischen und mystischen Grundüberzeugungen, der Vorstellung seiner eigenen Auserwähltheit bis hin zu messianischem Sendungsbewußtsein und Weltherrschaftsgedanken: «Wi solt ich nicht den Erdkreis überwinden? | *Drum foder ich di macht, di du vom*

Vater hast, | *Das ich di Heiden weid mit deiner eisern Rute!* | Drum bitte ich selbst um den *Morgenstern,* | Den Lucifer verlohr am *Jesuelschem Morgen!*», heißt es im letzten Psalm. Und während die Dichtung zunächst noch gelegentlich durch liedhafte Strophen an konventionelle geistliche Poesie bzw. Psalmendichtung erinnert, entfernt sie sich durch ein kompliziertes zahlensymbolisches Kompositionsprinzip und kabbalistisch-manieristische Sprachmanipulationen, durch eine nur Eingeweihten zugängliche hermetische Metaphorik sowie (genau kalkulierte) ekstatische Ausbrüche mit Anaphern- und Interjektionsreihungen und den vorwiegenden Gebrauch des wenig liedhaften (und häufig ungereimten) Alexandriners immer weiter von dieser Tradition. Der biblische Psalter allerdings bleibt in seinem Wechsel von Klageliedern und Lob- und Dankgesängen als Folie der Dichtung Kuhlmanns gegenwärtig.

Die Beziehungen zwischen geschichtlichen bzw. biographischen Begebenheiten und ihrer heilsgeschichtlichen Bedeutung liegen für Kuhlmann in der Sprache verborgen; sie müssen nur sichtbar gemacht werden. Eine besondere Rolle spielen die Namen, voran sein eigener, den er in der Apostelgeschichte präfiguriert sieht. «So tut nun Buße und bekehret euch», predigt Petrus 3, 19f., «daß eure Sünden vertilgt werden; auf daß da komme die Zeit der Erquickung [tempora refrigerii] von dem Angesichte des Herrn, wenn er senden wird den, der euch jetzt zuvor gepredigt wird, Jesus Christus.» Kuhlmann, der sich selbst gelegentlich Kühlmann nennt, deutet die Stelle auf sich, den Bringer der Zeit der Kühlung, den Kühlmonarchen. Seinen Gegenspieler sieht er in Edward Coleman verkörpert, der im Zusammenhang mit dem Versuch der Rekatholisierung Englands 1678 hingerichtet wurde. Er steht mit den Assoziationen Kohle, Feuer, Satan als Vertreter des Antichrist gegen Kuhlmann:

> Satan gibt dem Kohlmann Kohlen,
> Di Gott durch den Kühlmann kühlt:
> *Rom wird selber weggespühlt,*
> *Wann es London wird weghohlen.*
> Rom verleuhret seinen stuhl,
> Und versinkt in schwefelpfuhl,
> Vor dem *Lilirosenkuhl.* (V. 6440 ff.)

Kuhlmann findet in den von ihm selbst angestellten Sprachmanipulationen Beweise für seine Erwähltheit; andererseits ist es nur im Stand der Erleuchtung möglich, die Offenbarungen Gottes in der Sprache zu erkennen bzw. Kuhlmanns Geheimsprache zu verstehen: «Gegenwärtige Fünffzehngesänge werden nimals mit blossem lesen oder betrachten, sondern alleine in dem stande völlig verstanden werden, darinnen si geschriben», heißt in der Vorrede zum ersten Buch. Und in der Vorrede zum achten und letzten Buch schreibt Kuhlmann, nun ganz in seiner messianischen

Pose als Verkünder «des Endes aller Monarchien»: «Wundert euch nicht, Menschenkinder, dass unsere Schreibart di gewöhnliche Schreibart aller gesandten von Nun an verlässet! Wir tunken ein unseren Kil in di Ewikeit, ein ewiger Kilmann, mit unserer Kronzahl der Engelswelt umleuchtet, und übertreffen so weit aller offenbahrungen, als di macht eines absoluten Printzens di macht aller seiner Unterthanen übertriffet.» Er endet mit den Worten: «*Wer weisheit hat, merke drauf! Hir ist der Schlüssel der neuen Welt.* Hallelujah.»

Sieht man von Kuhlmanns Sendungsbewußtsein und seiner privaten Mythologie ab, so steht hinter dieser Denkweise die Theorie von der Natur- bzw. Ursprache, der *lingua adamica*, mit der Vorstellung, daß sich in der Lautform des Wortes das Wesen der bezeichneten Gegenstände abbilde. Hintergrund sind Jacob Böhmes spekulative Lehren in seiner Schrift *De signatura rerum*, die im weiteren Verlauf des Jahrhunderts bei einer Reihe von Dichtern und Sprachtheoretikern auf fruchtbaren Boden fielen. Die Sprache des *Kühlpsalters* kann man als Versuch sehen, die durch Sündenfall und babylonische Sprachverwirrung verschüttete Ursprache zu rekonstruieren, ihr jedenfalls näherzukommen. Diesem hochgesteckten Ziel entspricht das chiliastische Programm, das Kuhlmann noch zu seinen Lebzeiten zu verwirklichen hoffte und dem seine wirklichen und imaginären Bekehrungsreisen gewidmet waren. Die politische (und konfessionspolitische) Auslegung dieses Programms kostete ihn in Moskau das Leben. So unangemessen dies angesichts der wenig praktikablen Vorstellungen Kuhlmanns und seiner nicht sehr zahlreichen Anhänger erscheinen mag, so klar ist es, daß in seiner Kühlmonarchie, der Vereinigung der wahren Gläubigen im Kühlreich der Jeseuliter, das er in der kleinen Prosaschrift *De Monarchia Jesuelitica* (1682) beschreibt, kein Platz für die herrschenden Mächte vorgesehen war. Der *Kühlpsalter* endet im «II. Hauptschlus des Hauptschlusses, *Nachdem 49 Mohnden alles an ihme selbsten erfüllet* [...] *und er nun mit dem Sonnenengel den sententz über alle Kaiser, Könige und Fürsten der 70 Nationen aussprach zu Amsterdam dem 11 Sept, 1685*» mit den Versen:

> Kommt, *Sibzig*, kommt! Kommt auf *das Babel* zu!
> *Di grosse Stund zum Abendmahl ist kommen!*
> Fall, *Österreich*, mit deinen zehn Gestalten!
> Gott gibet *meinem zehn* auf ewig *Cäsars Sonn!*
> Fall, *Türkscher Mond!* Fall, *ider Stern!*
> Gott gibt mir euch zum ewigem besitze!
> Fresst, *Sibtzig Völker*, fresst nun *eure Könige!*
> Gott gibt euch alle mir zum Jesu Kühlmannsthume!
> Ost, West, Nord, Sud ist mein zwölfeines Reich!
> *Auf, Kaiser, Könige! Gebt her Kron, hutt und Zepter!*

Mystische Epigrammatik

Die prägnante Formulierung religiöser Gedanken und Paradoxa, die in den deutschen Epigrammen Daniel Czepkos und Johannes Schefflers ihren dichterischen Höhepunkt erreicht, hat eine längere Vorgeschichte. Sie läßt sich in der Frühen Neuzeit bis zu Sebastian Francks *Paradoxa* mit ihren mystisch-spekulativen Auslegungen und Betrachtungen zurückverfolgen, die sich auf jeweils vorangestellte Sentenzen beziehen und den rechten Sinn der Heiligen Schrift – «ein ewiges Paradoxon» – hinter dem äußeren Buchstaben zu erhellen suchen (*Paradoxa ducenta octoginta / Das ist / CC.LXXX. Wunderred* [...] *auß der H. Schrifft*, 1534). Auch das umfangreiche, z. T. ungedruckte Werk des Straßburger Erbauungsschriftstellers und Liederdichters Daniel Sudermann, Anhänger Caspar von Schwenckfelds, enthält immer wieder prägnante Formulierungen geistlicher Gedanken und Lehren. Zu diesen Texten zählen die moraldidaktischen deutsch-lateinischen *Centuria Similitudinum* [...] *Hundert Gleichnussen / In welchen durch Vorstellung Leiblicher Figuren / gar schöne geistreiche Lehren Fürgebildet werden* (1624; 2. Teil 1626) und mehrere formal ähnliche Bibeldichtungen bzw. -erklärungen zum Hohenlied und anderen Teilen der Bibel, darunter die zwischen 1620 und 1628 erschienene fünfbändige Bild-Text-Folge *Schöne außerlesene Figuren vnd hohe Lehren von der Begnadeten Liebhabenden Seele / Nemlich der Christlichen Kirchen vnd jhrem Gemahl Jesu Christo* [...] *in Teutsche Reymen verfaßt*.

Die Affinität mystischer Theologie zu paradoxen Formulierungen und epigrammatisch zugespitzten Gedanken zeigt sich dann vor allem im Kreis um den Böhme-Anhänger Abraham von Franckenberg, der Johann Theodor von Tschesch, Daniel Czepko von Reigersfeld und Johannes Scheffler zu geistlicher Epigrammdichtung anregte. Alle diese Autoren kommen vom Protestantismus her, auch wenn sie sich später wie Frankenberg der Amtskirche entfremdeten oder wie Scheffler zum Katholizismus konvertierten.

Franckenbergs Anschauungen wurden von Jacob Böhme, mittelalterlicher Mystik und den Spiritualisten des 16. Jahrhunderts geprägt. Seine mystischen Vorstellungen legte er u. a. in der Schrift *Mir Nach* nieder (1637; gedruckt 1675), die auch Sprüche, Gedichte und Lieder enthält und sich in den paradoxen Formulierungen an Sebastian Franck anschließt. Johann Theodor von Tschesch veröffentlichte 1644 eine umfangreiche Sammlung von geistlichen Epigrammen in lateinischer Sprache, *Vitae cum Christo sive epigrammatum sacrorum centuriae XII*, die in ihrem Aufbau und ihrer Übernahme von stilistischen Eigenschaften der weltlichen Epigrammatik auf Daniel Czepkos *Sexcenta monodisticha sapientum* vorausweist. Tschesch gliedert seine 1200 Epigramme in zwei Teile zu je 600 Texten, die wiederum zu Einheiten von je 100 Epigrammen zusammengefaßt werden. Vor allem im ersten Teil haben die Epigramme autobiographischen Charakter, im zweiten dominieren allgemeinere Themen. Tschesch verwendet die klassische Form des Distichons mit Hexameter und Pentameter; die Länge der Epigramme variiert. Zu arguter Epigrammatik gelangt Tschesch vor allem da, wo er sich auf ein einziges Distichon beschränkt. Für gelegentlich eingeschobene deutsche Epigramme benutzt er, wie später Czepko und Scheffler, die seit Opitz üblichen paarweise gereimten Alexandriner. Trotz mancher thematischer und formaler Übereinstimmungen und Ähnlichkeiten ist die Grundhaltung Tscheschs und Czepkos jedoch höchst unterschiedlich. Während Tscheschs Epigramme Ausdruck einer gefühlsbetonten Frömmigkeit in der Nachfolge Christi sind, umkreisen Czepkos *Monodisticha* in spekulativer Weise das Verhältnis von Gott und Mensch bzw. menschlicher Seele.

Wenn Czepko auch für die spezifisch geistliche Thematik seiner *Monodisticha* bei Franckenberg, Tschesch oder Sudermann Vorbilder finden mochte, die Form des Epigramms selbst hatte er sich schon vorher in weltlichen Dichtungen angeeignet. Seine *Drey Rollen verliebter Gedankken* (vollendet 1634 und wie fast alle Werke Czepkos im 17. Jahrhundert ungedruckt) enthalten zahlreiche Monodisticha, die im Anschluß an die humanistische deutsche und neulateinische Epigrammatik bereits die für seine späteren geistlichen Texte charakteristischen Stilmittel verwenden (Antithese, Paradoxon, Pointierung, Wortspiel usw.).

Daniel Czepko von Reigersfeld (1605 Koischwitz bei Liegnitz – 1660 Wohlau/ Schlesien) stammte aus einem lutherischen Pfarrhaus. Er studierte 1623/24 Medizin in Leipzig, wechselte dann aber in Straßburg zur Rechtswissenschaft. Ende 1626 kehrte er nach Schlesien zurück; hier übernahm er verschiedene Hauslehrerstellen und wurde auf dem Gut des katholischen Barons Czigan von Slupska in Dobroslawitz bei Cosel in einen Kreis von Böhme-Anhängern einbezogen. 1637 heiratete er in Schweidnitz die wohlhabende Arzttochter Anna Catharina Heintze. Er setzte sich in Schriften und in amtlicher Tätigkeit für die protestantische Sache in Schlesien ein. Nach dem Tod seiner Frau übernahm er 1657 eine Stelle als Rat der Herzöge von Brieg in Ohlau, die er 1658 als Gesandter in Wien vertrat. Hier wurde er, nachdem sein Anspruch auf den Adelstitel bereits 1656 bestätigt worden war, zum Kaiserlichen Rat ernannt. Er starb an den Folgen einer Gasvergiftung nach einer Bergwerksinspektion.

Mit Ausnahme von Gelegenheitsgedichten und -schriften sowie des opernnahen Versdramas *Pierie* (1638), das den aktuellen Konflikt zwischen territorialen Unabhängigkeitsbestrebungen und übergeordneter, zentraler Herrschaftsgewalt und die Hoffnung auf Frieden thematisiert, blieb Czepkos Werk, z. T. wegen Zensurschwierigkeiten, zu seinen Lebzeiten ungedruckt. Dazu zählen das Schäferepos *Coridon und Phyllis* ebenso wie eine umfangreiche lyrische Produktion (u. a. *Epigrammata*, 1619–21; *Drey Rollen Verliebter Gedancken*, 1634; *Sexcenta monodisticha sapientum*, 1640–47; *Kurtze Satyrische Gedichte*, 1640–48). Postum 1671 erschien seine Übersetzung der Bußpsalmen: *Sieben-Gestirne Königlicher Busse*. Eine Art Verbindung von Gedichtzyklus und Oratorium stellt das ursprünglich für die Einweihung der Schweidnitzer Friedenskirche geschriebene Werk *Semita amoris divini: Das Heilige DreyEck oder Die drey fürnehmsten Tage Unsers Heyls* (1657) dar, das Naturspekulation und lutherische Rechtfertigungslehre miteinander verbindet und zur Nachfolge Christi aufruft.

Czepko schrieb die *Monodisticha* zwischen 1640 und 1647; überliefert sind sie in einer Abschrift aus dem Jahr 1723. Franckenberg schätzte das Werk so hoch ein, daß er versuchte, damit Czepkos Aufnahme in die Fruchtbringende Gesellschaft in die Wege zu leiten: «Mein CZEPKO glaube mir, du wirst durch T.U.G.E.N.D Schein | Weit über OPITZ der dreymal Bekrönte seyn», heißt es in einem Lobgedicht Franckenbergs. Czepko widmete das Werk 1655 der Fruchtbringenden Gesellschaft und stellte ihm ein langes Widmungsgedicht voraus (*Deutscher Phaleucus*), das in der Nachbildung eines antiken Versmaßes (Phalaekeus oder Hendekasyllabus) den Gedankengang der *Monodistacha* nachvollzieht; warum Czepko nicht in die Gesellschaft aufgenommen wurde, ist nicht bekannt. Der Breslauer Zensor verhinderte den Druck der Epigramme.

Die 600 Distichen, Alexandrinerreimpaare, sind in sechs Bücher zu je 100 Epigrammen gegliedert, die in immer neuen Ansätzen und unter wechselnder Perspektive mystische Vorstellungen umkreisen, aber auch Folgerungen für die Lebenspraxis ziehen. Die Gliederung entspricht den sechs Schöpfungstagen. Das Ziel des mystischen Weges, die Ruhe in Gott, bleibt analog zum siebten Schöpfungstag, dem Sabbat, ausgespart. In dem Widmungsgedicht nennt Czepko seine Verse «Kurtz an Worten, lang aber am Verstande», und er spricht davon, daß der Zugang zu Gott trotz des Sündenfalls nicht verstellt und durch die Natur und durch die Heilige Schrift möglich sei: «Der Natur Weg ist heimlich, der Schrifft offen.» In dem Weisen vereinigt sich die Kenntnis beider Wege:

> Gut: der Weißheit in der Natur nachschlagen:
> Besser: Seeligkeit in der Schrifft erfragen:
> An dem besten: Natur und Schrifft vergleichen,
> Als der göttlichen Wahrheit feste Zeichen.

Die auf neuplatonischen Naturvorstellungen basierende Suche nach dem «geheimen Weg» – «Das Buch in der Natur, das kan uns weisen | Den geheimen Weg, den die Alten preisen» – verbindet sich bei Czepko mit einem ausgesprochenen Interesse für Alchemie, Magie und kabbalistische Laut- und Buchstabenspekulation. Dafür gibt es zahlreiche Beispiele in den *Monodisticha*. So gelten ihm die Buchstaben des Wortes ICH als verborgener Hinweis auf die Dreieinigkeit und die Gottesebenbildlichkeit des Menschen und seine daraus folgende Bestimmung: «I. Gott. C. Christus. H. Das ist der Heilge Geist | Mensch, wann du sprichest: ICH:

schau, wo es dich hin weist», wobei I für Iehovah steht. In einem anderen
Epigramm erschließt Czepko durch Anagramm und Paronomasie, dem
ähnlichen Klang bedeutungsverschiedener Wörter, eine geheime Beziehung zwischen Sündenfall und Erlösung (das «Ave» bezieht sich auf die
Botschaft des Engels an Maria; Lukas 1, 26 ff.):

Eva: Ave:
Adem: Made:
Natur: Natter.
Hätt Eva nicht erlangt durch Ave eine Cur:
Wär Adem Made noch, und Natter die Natur.

Zu den bevorzugten Stilmitteln Czepkos gehören Paradoxon, Antithese
und Chiasmus, während er nur zurückhaltenden Gebrauch von bildlicher
Sprache macht und statt dessen in direkten Aussagen auf das «Wesen» der
Dinge zielt. Die Redefiguren sind nicht Selbstzweck; sie haben Tradition
in der mystischen Literatur und verweisen auf das zeitlose Problem mystischen Sprechens, Unsagbares in Worte fassen zu wollen, auf das Bemühen, sich ihm durch immer neue paradoxe und antithetische Formulierungen anzunähern. Überschriften wie *Gott ohne Gott, Ie niedriger, ie
höher, Gefangene Freyheit* oder *Überall Hölle: Überall Himmel* illustrieren das Verfahren. In gesteigerter Form verbindet es sich in zahlreichen
Epigrammen mit der Figur des Chiasmus, die in Überschriften auch ty-
pographisch hervorgehoben wird. Zugleich stehen die durch Antithese
und Chiasmus intensivierten Paradoxa für die Einheit der Gegensätze, für
eine neuplatonisch gedachte allumfassende Einheit des Kosmos, den in
einem Epigramm thematisierten «Circkel der Ewigkeit». Analog dazu ist
auch das einzelne Epigramm der *Monodisticha* immer nur im Zusammenhang des größeren Ganzen zu verstehen, dessen einzelne Teile sich gegenseitig erhellen. Und so schließt der Anfang, das erste Epigramm, bereits
das Ende ein:

Anfang   Ende.
im
Ende   Anfang.
Das Ende, das du suchst, das schleuß in Anfang ein,
Wilt du auf Erden weis', im Himmel seelig seyn.

Czepkos Distichen waren das Vorbild für die *Geistreichen Sinn- vnd
Schlußreime* (1657) Johannes Schefflers, der sich nach seiner Konversion
zum Katholizismus Angelus Silesius nannte. Bekannter ist das Buch als
Cherubinischer Wandersmann, wie der Obertitel der um ein sechstes
Buch erweiterten zweiten Auflage von 1675 lautet: *Cherubinischer Wandersmann oder Geist-Reiche Sinn- und Schluß-Reime zur Göttlichen be-
schaulikeit anleitende*. Scheffler hatte Czepko und sein Werk im Kreis

um Abraham von Franckenberg kennengelernt, mit dem ihn eine enge
Freundschaft verband und der ihn in seinen mystischen Interessen bestärkte, die durch eine frühere Böhme-Lektüre während seines Studiums
in den Niederlanden bezeugt sind. Mit der Form des Epigramms war
Scheffler wie alle Gelehrtendichter seit seiner Schulzeit vertraut, zumal er
am Breslauer Elisabeth-Gymnasium u. a. durch den Opitzianer Christoph
Köler (Colerus) einen anspruchsvollen Rhetorik- und Literaturunterricht
genossen hatte.

Johannes Scheffler (1624 Breslau – 1677 ebd.), Sohn eines polnischen Adeligen
und einer Schlesierin, studierte nach seiner Gymnasialzeit in Breslau in Straßburg
(1643–44), Leiden (1644–46) und Padua (1647–48: Dr. der Philosophie und Medizin). Anschließend trat er eine Stelle als herzoglicher Hof- und Leibmedicus in
Oels bei Breslau an (1649–52), wohin auch Franckenberg nach einem durch den
Krieg bedingten Aufenthalt in Danzig Ende 1649 zurückgekehrt war. Am 12. Juni
1653 konvertierte Scheffler in einem demonstrativen öffentlichen Akt zum Katholizismus. Von nun an nannte er sich Johannes Angelus Silesius und nahm an gegenreformatorischen Propagandaaktionen teil. 1661 empfing er die Priesterweihe.
Von 1664 bis 1666 stand er als Rat und Hofmarschall im Dienst des Offizials und
Generalvikars von Schlesien, Sebastian von Rostock, der die Rekatholisierung
Schlesiens mit allen Mitteln betrieb. Danach betreute Scheffler als Arzt und Priester Arme und Kranke im Breslauer St.-Matthias-Stift. Neben seinen mystischen
Hauptwerken, der *Heiligen Seelen-Lust* und dem *Cherubinischen Wandersmann*,
veröffentlichte er nur noch eine weitere Dichtung, die 309 achtzeilige Strophen
umfassende *Sinnliche Beschreibung Der Vier Letzten Dinge / Zu heilsamem Schrö-
ken und Auffmunterung aller Menschen* (1675).
Im übrigen sind seine späteren schriftstellerischen Arbeiten kontroverstheolo-
gische und polemische Traktate im Dienst der Gegenreformation. Eine Sammlung
dieser Schriften – 39 von insgesamt 55 – erschien 1677 unter dem Titel *Ecclesiolo-
gia Oder Kirchen-Beschreibung. Bestehende In Neun und dreyssig unterschiedenen Tractätlein von der Catholischen Kirche und dero wahren Glauben / wie auch
von den Uncatholischen Gelachen und dero falschem Wahn*. Als Höhepunkt der
Polemik kann wohl die an den Kaiser gerichtete Schrift *Gerechtfertigter Gewissenszwang oder Erweiß / daß man die Ketzer zum wahren Glauben zwingen
könne und solle* (1673) gelten: der Mystiker und Dichter frommer Hirtenlieder als
fanatisches Instrument der Gegenreformation.

Anders als Czepko geht Scheffler zuweilen über die Form des Monodi-
stichons hinaus; die Regel sind dann Vierzeiler. Nur zu Anfang des sechsten Buches finden sich längere Gedichte, die die epigrammatische Form
verlassen. Und im Unterschied zu Czepkos regelmäßiger Gliederung in
sechs Bücher mit je 100 Epigrammen und einem insgesamt zielgerichteten
Aufbau enthalten die einzelnen Bücher bei Scheffler eine unterschiedliche
Anzahl von Epigrammen (zusammen sind es mehr als 1600), die keinen
bestimmten Gliederungsprinzipien zu folgen scheinen, sich aber immer
wieder zu thematisch verwandten Gruppen sammeln. So enthält der *Che-
rubinische Wandersmann* neben Texten zur zentralen mystischen Thema-

tik, die vor allem die beiden ersten Bücher prägen, epigrammatische Grabschriften, Epigramme auf Heilige, auf Gestalten und zu Themen der Bibel sowie – durchaus konventionell – auf Verkörperungen bestimmter Laster oder Tugenden. Dazu kommen Sprüche, die alchemistische oder zahlenmystische Vorstellungen aufnehmen, und Epigramme mit emblematischer Bildlichkeit, denn anders als in Czepkos ausgesprochen metaphernarmer Poesie spielt im *Cherubinischen Wandersmann* die Bildersprache (Rosen-, Herz-, Schützenmetaphorik u. a.) eine wesentliche Rolle. Vom dritten Buch an läßt die intellektuelle Spannung nach und konventionelle kirchlich-biblische und dogmatische Themen treten in den Vordergrund.

Während der ursprüngliche Titel der Sammlung Schefflers nur auf ihren epigrammatischen Charakter verweist, bezeichnet der spätere Titel das Werk genauer. Der Hinweis auf die Cherubin bezieht sich auf die alte Unterscheidung der Engel und deutet an, daß der Versuch, den mystischen Weg zu Gott zu beschreiben, hier in einer intellektuellen, das Denkvermögen ansprechenden Weise unternommen wird. Das angemessene Mittel dafür ist die konzentrierte Form des Epigramms, auf dessen ‹geistreiche› Qualität der Untertitel anspielt, und die Scheffler – darin Czepko überlegen – virtuos handhabt. Den Gegenpol in Schefflers Werk bilden die ‹seraphischen› Lieder der *Heiligen Seelen-Lust* (1657), die die mystische Sehnsucht in affektiver Weise zum Ausdruck bringen.

Scheffler steht in der theologischen Tradition, die eine seinem Wesen angemessene Aussage über Gott für unmöglich hält. Das hat zum einen vielfach negative Bestimmungen zur Folge wie «GOtt ist noch nie gewest / und wird auch niemals seyn / | Und bleibt doch nach der Welt / war auch vor jhr allein». Zum anderen führt die Unmöglichkeit, das Wesen Gottes, das Verhältnis von Gott und Mensch und den Weg zur *unio mystica* adäquat in Sprache zu fassen, zu einem ständigen Umkreisen dieser zentralen Themen der mystischen Tradition mit Hilfe des bekannten Vokabulars der Brautmystik und der damit verbundenen Liebes- und Verwandtschaftsmetaphorik, mit den Vorstellungen vom mystischen Tod, von der Vergottung des Menschen, der Geburt Gottes in der Seele des Menschen und der Verkehrung des Verhältnisses von Gott und Mensch. Vor allem die ersten beiden Bücher formulieren in radikaler Weise die Tendenzen einer Vergottung des Menschen, die zugleich eine (potentiell häretische) Verengung der christlichen Heilsvorstellungen auf eine Wechselbeziehung von Ich und Gott bedeutet. Das geschieht in paradoxen Formulierungen, die sich gerade zu Beginn des Werks häufen, z. B.:

> *GOtt lebt nicht ohne mich.*
> Ich weiß daß ohne mich GOtt nicht ein Nun kan leben /
> Werd' ich zu nicht Er muß von Noth den Geist auffgeben.

Ich bin wie Gott / und Gott wie ich.
Ich bin so groß als GOtt / Er ist als ich so klein:
Er kan nicht über mich / ich unter Jhm nicht seyn.

Das erste Epigramm enthält eine Fußnote, die auf die Vorrede verweist. Hier heißt es, daß sich derartige Epigramme auf den Zustand «nach dieser Vereinigung», der *unio mystica*, bezögen, die Scheffler so beschreibt:

> «Wenn nu der Mensch zu solcher Vollkomner gleichheit GOttes gelangt ist / daß er ein Geist mit GOtt / und eins mit jhm worden / und in Christo die gäntzliche Kind- oder Sohnschafft erreicht hat / so ist er so groß / so reich / so weise und mächtig als GOtt / und GOtt thut nichts ohne einen solchen Menschen / denn Er ist eins mit jhm [...].»

Anmerkungen zu einzelnen Epigrammen und vor allem die Vorrede mit ihren längeren Zitaten aus der mystischen Literatur dienen dazu, möglichen Einwänden oder Mißverständnissen vorzubeugen: Seine Verse enthielten «vil seltzame *paradoxa* oder widersinnische Reden / wie auch sehr hohe und nicht jederman bekandte schlüsse / von der geheimen Gottheit / Item von Vereinigung mit GOtt oder Göttlichem Wesen / wie auch von Göttlicher Gleichheit und Vergöttung oder GOttwerdung / und waß dergleichen [...]; welchen man wegen der kurtzen Verfassung leicht einen Verdamlichen Sinn oder böse Meinung könte andichten [...].» Und um den Kritikern und ihrem möglichen Haupteinwand zuvorzukommen, hält er als erstes fest, «daß deß Urhebers Meinung nirgends sey / daß die Menschliche Seele jhre Geschaffenheit solle oder könne Verliehren / und durch die Vergöttung in GOtt oder sein ungeschaffenes Wesen verwandelt werden: welches in alle Ewigkeit nicht seyn kann.» Bemerkungen wie diese verweisen auf die Spannungen zwischen der Institution Kirche und den Mystikern, die in der Geschichte des christlichen Glaubens immer wieder aufgetreten waren und denen sich auch Scheffler nicht entziehen konnte, auch wenn er nirgends den Boden der christlichen Überlieferung und der Dogmen der Kirche verlassen haben mochte.

Der theologische Gehalt ist freilich das weniger Originelle am *Cherubinischen Wandersmann*, denn in dieser Hinsicht reflektiert Scheffler im wesentlichen die mystische Tradition. Wie er jedoch diese Gedanken formuliert, macht seinen Rang als Dichter aus. Dabei entspricht die konzise Form des Alexandrinerepigramms dem intellektualistischen Charakter seiner Dichtung, die in schroffen, paradoxen Feststellungen und Antithesen die zentralen Gedanken der mystischen Vorstellungswelt immer wieder neu faßt und aus den verschiedensten, sich gegenseitig erhellenden Perspektiven beleuchtet. Epigramme aus Schefflers *Cherubinischem Wandersmann* gehören zu den relativ wenigen Texten des 17. Jahrhunderts, die lebendig geblieben sind, wenn auch gelegentlich um den Preis, auf bloß erbauliche Lebenshilfe reduziert zu werden («Mensch werde wesentlich»).

Beispiele geistlicher Lehr- und Meditationslyrik

Hymnen oder Lobgesänge

Die protestantischen Autoren geistlicher Lyrik bedienten sich nach der Literaturreform des humanistischen Formenrepertoires. Sie konnten sich dabei wie bei der weltlichen Dichtung an ausländischen oder neulateinischen Mustern orientieren. Beispiele gab Opitz vor, wenn er bei seinem 300 Verse umfassenden Alexandrinergedicht *Lobgesang Vber den Frewdenreichen Geburtstag Vnseres HErren vnd Heilandes JEsu CHristi* (1624) sich von Daniel Heinsius inspirieren ließ, dessen das Epische streifenden *Lof-sanck van Iesus Christus* (1616) er zuvor unter dem Titel *Lobgesang Jesu Christi des einigen vnd ewigen Sohnes Gottes* (1621) ins Deutsche übersetzt hatte. Beide Texte stehen für ihn trotz ihrer Ausmaße in der Tradition der «Hymni oder Lobsänge» der Alten, «die sie jhren Göttern vor dem altare zue singen pflagen / vnd wir vnserem GOtt singen sollen» (*Buch von der Deutschen Poeterey*). Andreas Tscherning schloß unmittelbar an sein Vorbild Opitz mit einem fast ebenso umfangreichen *LobGesang Vber den frewdenreichen GeburtsTag vnsers HErrn vnd Heylands JESU Christi* (1635) an. Und wie Opitz sein Gedicht später an den Anfang seiner Sammelausgaben stellte, so eröffnete noch Daniel Casper von Lohenstein seine geistlichen Gedichte (*Himmel-Schlüssel oder Geistliche Getichte*; in: *Blumen*, 1680) mit einem entsprechenden Alexandrinergedicht über die *Wunder-Geburth Unsers Erlösers*, das mit seinem spekulativen Charakter und seinem Bild- und Anspielungsreichtum allerdings (erwartungsgemäß) den opitzianischen Klassizismus sprengt. Es verbindet die Darstellung des Schöpfungswunders mit neuplatonischen Mikrokosmos-Makrokosmos-Vorstellungen und bezieht im Anschluß an die pansophische Tradition «das Buch der Natur» ausdrücklich als Erkenntnisweg ein.

Wie Lohensteins *Himmel-Schlüssel* noch weitere Weihnachtsgedichte enthalten, die einem kleinen Zyklus mit einem vergleichsweise einfachen *Weihnacht-Lied* am Ende bilden, so ist dieses Ereignis der Heilsgeschichte Gegenstand zahlloser weiterer Texte aller Gattungen der Versdichtung des 17. Jahrhunderts vom Epigramm über das Sonett und die große Pindarische Ode bis hin zum Kleinepos, von der Lieddichtung ganz zu schweigen. Fast jeder Dichter geistlicher Lyrik von Andreas Gryphius (z. B. *Vber die Geburt des HErrn Jesu*, Epigramm, 1643) über Jesaias Rompler von Löwenhalt (*Christliche Weynachts-freüd*, Alexandrinergedicht mit anschließender Pindarischer Ode, 1647), Andreas Heinrich Bucholtz (*Weynacht-Lied / Auff Pindarische Weise zugerichtet*, 1651), Wencel Scherffer von Scherffenstein (*Weinächtliche Seelen-Wallfahrt Zu den Krippen unsers Heilandes und Seeligmachers Jesu Christi*, Alexandrinergedicht, 1651) und Catharina Regina von Greiffenberg (u. a. *Auf Christus Wunder-Geburt*, Sonett, 1662) bis hin zu Lohenstein und darüber hinaus ließ sich von dem «Wunder-Wunder» (Greiffenberg) inspirieren.

Weitgehend eine katholische Domäne war das Marienlob, das im 17. Jahrhundert einen neuen Aufschwung erfuhr und insbesondere in der volkssprachlichen Lieddichtung eine bedeutende Rolle spielte. Auch der größte neulateinische Dichter Deutschlands, Jacob Balde, widmete einen seiner wenigen deutschsprachigen Texte dem *Ehrenpreiß Der Allerseligisten Jungfrawen vnd Mutter Gottes Mariae* (1638). Allerdings verdankt er seinen Ruhm als bedeutendster Mariendichter seit dem Mittelalter den neulateinischen Marienoden, mit denen seine großen Gedichtsammlungen *Lyricorum libri IV. Epodon liber unus* (1643) und *Sylvarum libri VII* (1643) durchsetzt sind und die er dann in einer eigenen Sammlung zusammenstellte (*De laudibus B. Mariae V. odae partheniae*, 1648). In ihnen zeigt sich am nachdrücklichsten die spannungsreiche Verbindung von antiker Formen- und Bilderwelt und moderner bzw. christlicher Thematik, die das ganze Werk des ‹deutschen Horatius› (Sigmund von Birken) charakterisiert. Vorher hatte bereits der polnische Jesuit Matthias Casimir Sarbiewski (Sarbievius) in seiner ebenfalls an Horaz orientierten Lyriksammlung (*Lyricorum libri IV. Epodon liber unus*, 1632) auf ähnliche Weise antike Formen und Bilder ins Christliche transponiert.

Die Marienverehrung war von Anfang ein wesentliches Anliegen des Jesuitenordens, der sich mit seinen marianischen Kongregationen zugleich ein Publikum für die Mariendichtung schuf. Balde selbst bezeichnet sich als «vates» Marias, und nur als Mariendichter wolle er den Namen eines Dichters verdienen. Die Themen seiner Marienoden sind vielfältig, ihre Spannweite groß: Balde besingt ihre Himmelfahrt ebenso wie die zahlreichen irdischen Orte ihrer Verehrung, preist sie als Helferin in persönlichen Dingen, als Patronin Bayerns, als jungfräuliche Mutter, als Himmelskönigin, als Verkörperung reiner, makelloser Schönheit («Ecce crystallus sine labe pura»). Das geschieht einerseits mit traditioneller marianischer Symbolik (Sonne, Mond, Blumen) und Bildern aus dem Hohenlied, andererseits kommt es zu einer vollkommenen Überformung durch antike Elemente: durch die horazischen Odenformen, durch rhetorische Techniken, durch zahllose Anspielungen, Assoziationen und Zitate (Horaz, Vergil, Ovid usw.), durch die Einbeziehung der antiken Mythologie und Geschichte, durch die Transformation der Landschaften, in denen Maria erscheint, ins Griechische und durch die vielfältigen Vergleiche und Bezeichnungen Marias aus dem Fundus der antiken Götter- und Bilderwelt. Sie erscheint als Göttin, als Nymphe, als Parze und immer wieder als Diana, die Jägerin und Göttin des Mondes. Eine Art scherzhafter Rechtfertigung für dieses Verfahren gibt Balde, wenn er in einer Ode darauf hinweist (Lyr. III, 38), daß der Name Maria – metrisch besteht er aus drei Kürzen – ungeeignet für die horazische Ode sei. Die Größe der durchaus schwierigen und schon lange nicht mehr unmittelbar zugänglichen Kunst der christlichen Odendichtung Baldes besteht darin, daß er nicht bei der vordergründigen Übernahme antiker Formen stehenbleibt und antike Vorstellungen einfach als Metaphern benutzt, sondern daß es zu einer genuinen Verbindung antiker Formen- und Bilderwelt und christlichem Denken kommt, zu einer eigenen Ausdruckswelt, die eine gewöhnliche christliche Kontrafaktur weit übersteigt. Einen Eindruck davon gibt, allerdings in eher zurückhaltender Bildlichkeit und Rhetorik, die sapphische Ode auf Marias Himmelfahrt (Lyr. III, 7), die sich, eine Art höherer Bildbeschreibung, auf ein neues Altargemälde in der Münchener Frauenkirche bezieht.

Daß Balde einer der fruchtbarsten politischen Dichter seiner Zeit war (s. S. 202 ff.), zeigt sich auch in seiner Marienlyrik, die durchaus politischen Zielen dienen kann. Ausdrücklich geschieht das etwa in der alkäischen Ode zur Einweihung der Münchener Mariensäule im Jahr 1638 (Lyr. II, 26), die das Geschehen des Dreißigjährigen Krieges – den Siegeszug der Schweden und die rettende Hilfe der auf dem Standbild gegenwärtigen Jungfrau Maria – besingt.

Klagen

Neben den Lobgesängen und -gedichten stehen die Klagegedichte (*Threni*), für die Opitz ebenfalls Anregungen lieferte. Kontrapunktisch zu den Weihnachtsdichtungen ist hier Christi Kreuzestod wichtigstes Thema, wenn auch das Alte Testament weitere einflußreiche Vorbilder lieferte. Dazu gehören die zahlreichen Klagelieder des Psalters, die (fälschlich) Jeremia zugeschriebenen Klagelieder, Grundlage von Opitz' Alexandrinerdichtung *Die Klage-Lieder Jeremia; Poetisch gesetzt* (1626), sowie das Buch Hiob, das u. a. Hoffmannswaldau (*Klage Hiobs*, 1679) und Andreas Gryphius (*Hiobs Thränen*, postum 1698; nach einer lateinischen Vorlage des Löwener Jesuiten Bernhardus Bauhusius) zu «Geschicht-Reden» bzw. Rollengedichten anregte.

Mit dem *Klagelied bey dem Creutze vnsers Erlösers* (1625), eines Alexandrinergedichts im hohen rhetorischen Ton, und dem Sonett *Auff das Creutze des HErrn* (1625) leitete Opitz eine Fülle von poetischen Bearbeitungen dieses zentralen Themas christlicher Klagedichtung ein, die vielfach Anregungen aus der Predigt- und Erbauungsliteratur aufnahmen. Opitz selbst hatte 1621 einen lateinischen «Sermo» über die Passion Christi verfaßt, den er 1628 auch in deutscher Fassung vorlegte: *Vber das Leiden vnd Sterben Vnseres Heilandes* (gedruckt auch als Anhang seiner poetischen *Episteln Der Sontage vnd fürnemsten Feste des gantzen Jahrs*, 1628). Es ist ein Text, der durch die anschaulich-drastische Schilderung der Kreuzigungsszene, durch die Vergegenwärtigung des Leidens – auch indem er Christus selbst die grausigen Details der Marter beschreiben läßt – den Leser zum meditativen Nachvollzug der Passion zu führen sucht.

Eine poetische Version dieser Strategie, wenn auch ohne wörtliche Rede, stellt Paul Flemings 444 Alexandriner umfassendes *Klaggedichte Vber das vnschuldige Leiden vnd Todt vnsers Erlösers Jesu Christi* (1632) dar, Vorbild wiederum für die emotional gesteigerte strophische Variation des Themas durch Philipp von Zesen, der damit seine dichterische Karriere begann (*Melpomene Oder Trauer- vnd Klaggedichte / Vber das vnschuldigste vnd bitterste Leiden vnd Sterben Jesv Christi*, 1638).

Manieristische Stilformen charakterisieren die umfangreichen Passionsdichtungen des von Lessing wiederentdeckten Andreas Scultetus, Schüler Christoph Kölers (Colerus) und Klassenkamerad Johannes Schefflers in Breslau: Von den kurz vor seiner Konversion zum Katholizismus entstandenen Alexandrinergedichten (*Blutt-schwitzend-Tods-ringender Jesvs*, o. J. [1643?]; *Oesterliche Triumph Posaune*, 1642) macht Scultetus die innere Qual Christi auf dem Ölberg bzw. die Auferstehung und die heilsgeschichtliche Bedeutung des Ostergeschehens zum Thema. Wenig später widmete Justus Georg Schottelius dem Passionsgeschehen eine umfangreiche zyklische Dichtung, in der sich Partien in paarweise gereimten Alexandrinern mit strophischen Formen abwechseln (*Eine herzliche Anschauung und Betrachtung / unsers gekreuzigten Heilandes JEsu CHristi*, in: *Fruchtbringender Lustgarte*, 1647). An einer komplizierten Gedichtform der Renaissancepoesie, der Sestine («Sexerung»), versuchte sich Jesaias Rompler von Löwenhalt in seiner *Betrachtung Des Himmlischen Hailands an dem kreuz*, der sich eine *Grabschrift des ewigen Erlösers* anschließt (*Erstes gebüsch seiner Reim-getichte*, 1647). Simon Dach wiederum setzte sich mit seinem *Leidenden Christus* (1651), einer Alexandrinerdichtung nach einer Vorlage des belgischen Jesuiten Carolus Malapertius (*Poemata*, 1616), über die Konfessionsgrenze hinweg. Das Werk schildert in neun Klageliedern die letzten Stationen des Leidenswegs Christi und läßt gegen Ende auch Maria in direkter Rede ihren Schmerz zum Ausdruck bringen.

Ganz aus der Perspektive beteiligter Personen vergegenwärtigen die als «Geschicht-Reden» bezeichneten Rollengedichte die Passion. Harsdörffer hatte die Form im dritten Teil seines *Poetischen Trichters* (1653) erwähnt und den niederländischen Gelehrten Caspar Barlaeus als Vorbild genannt, der «solche Reden [...] unterschiedlichen Personen / deren in Geistlichen und Weltlichen Geschichten gedacht wird / angedichtet» habe. Im Anhang der Poetik ließ er zehn eigene *Geistliche Geschicht-Reden* folgen, die Personen des Alten Testaments von Adam bis Rachel in den Mund gelegt sind. Hoffmannswaldau hatte zur gleichen Zeit an entsprechenden Gedichten gearbeitet (und Harsdörffer 1649 ein Beispiel zu-

gesandt); veröffentlicht wurden seine fünf *Poetischen GeschichtReden* erst
in der Sammelausgabe von 1679 (*Deutsche Übersetzungen Und Getichte*).
Abgesehen von einer ‹Rede› des römischen Politikers Cato sind es Klagen
bzw. «Thränen» von biblischen Gestalten, zwei alttestamentarischen (*Die
Thränen der Tochter Jephte, Klage Hiobs*) und zwei neutestamentarischen
im Zusammenhang mit dem Tod Christi: *Die erleuchtete Maria Magdalena* und *Die Thränen Johannis unter dem Creutze*. Während die ersten
drei Gedichte stilistisch eher noch Gryphius nahestehen, zeigen die beiden letzten Texte in ihrer Bildlichkeit manieristische Züge. Darin folgte
ihm Lohenstein mit drei Klagen unter dem Kreuz in der Abteilung «Thränen» seiner geistlichen Gedichte (in: *Blumen*, 1680): mit den zwei Alexandrinergedichten *Thränen Der Mutter Gottes unter Dem Creutze des
HErren* und *Thränen Der Maria Magdalena zu den Füssen Unsers Erlösers*, wobei das zweite auch stofflich an Hoffmannswaldau anschließt, und
den eher liedhaften *Thränen Eines armen Sünders unter dem Creutze Unsers Erlösers*. Die Gattungsbezeichnung «Thränen» (*Lachrimae*) war seit
dem 16. Jahrhundert üblich geworden für religiöse Trauergedichte.

Der poetische Reiz des häufig behandelten Maria-Magdalena-Themas liegt
nicht zuletzt in der Herausforderung, zwei gegensätzliche Argumentations- und
Bildkomplexe miteinander zu verbinden: weltliche Schönheitsbeschreibung mit
ihrem petrarkistischen Repertoire (und gegebenenfalls seiner marinistischen Steigerung) und geistliche Bußgedanken auf der Basis christlich-allegorischer Konzepte. Lohenstein versucht die Harmonierung des geistlichen und weltlichen
Kontexts durch einen antithetischen Parallelismus («Hier lig' ich schnödes Weib
zu Jesus keuschen Füssen / Die Haut ist mir schneeweiß / die Sünden sind Blut-
roth»), der am Ende im Bild des Tempels und des Opfers (als Allegorie der Selbst-
überwindung und Selbsterkenntnis) aufgehoben wird. Äußere Schönheit und innere Makellosigkeit der Büßerin entsprechen sich nun: «Dein Tempel sey mein
Hertz / mein gläubig Säufz- und Sähnen | Das Feuer / deine Füß' O Jesus mein
Altar / | Zum Opfer bringt die Hand dir Salb' und Balsam dar / | Das Haupt der
Haare Gold / die Augen Silber-Thränen.»

Vanitasgedanken

Zu den großen Themen aller Gattungen der religiösen Dichtung des
17. Jahrhunderts gehören die Betrachtung der Vergänglichkeit des Irdischen bzw. die Erinnerung an den Tod (*memento mori*) und die damit
verbundenen heilsgeschichtlichen Fragen. Es finden sich daher auch zahllose Gedichte und Lieder mit Variationen über die Eitelkeit der Welt,
über die Gefahr, daß sich der Mensch im Irdischen verstrickt und sein
himmlisches Ziel aus den Augen verliert sowie über die vier letzten Dinge
Tod, Jüngstes Gericht, Himmel und Hölle. Dabei können sich die Themen und die sie prägenden Bilder und Vorstellungen in verschiedenen
Konstellationen und Akzentuierungen miteinander verbinden.

Angesichts der Gefahren für das Seelenheil fällt der Anschauungsunterricht gelegentlich recht drastisch aus und scheut vor großem Pathos nicht zurück. Zu den eindrücklichsten Beispielen dafür gehören die *Kirchhoffs-Gedancken*, die Andreas Gryphius im Anschluß an Jacob Balde ganz im Einklang mit seiner sonstigen Vergänglichkeitsrhetorik 1657 veröffentlichte und 1663 um einen thematisch verwandten strophischen Text Daniel Czepkos – *Red aus seinem Grabe. Von ihm selbst kurtz vor seinem seligen Abschid auffgesetzet* – erweiterte.

Die kleine Sammlung besteht in der Ausgabe von 1657 neben der Widmung aus vier Texten: den 50 achtzeilige Strophen umfassenden *Gedancken / Vber den Kirchhoff vnd Ruhestädte der Verstorbenen* und drei Übersetzungen von Oden Jacob Baldes. Von Gryphius stammen die deutschen Fassungen von zwei der sog. Enthusiasmen, den Kirchhofsgedichten *Enthusiasmus. In coemeterio, anno M.DC.XLII. Ipso die anniversario fid. defunct.* (Silvae VII, 8) und *Enthusiasmus. In coemeterio considerantis mortem, ac functorum ossa. Anno MDCXL* (Lyr. II, 39), von seinem Freund Johann Christoph von Schönborn eine (literarisch unbedeutende) Paraphrase der *Genovefa*-Ode (Lyr. III, 4). In der deutschen Fassung tragen die Enthusiasmus-Übertragungen die Titel *Jacob Balden. S. J. Verzückung. Auff dem Kirchhoff. An dem Gedächtnüß-Tage der Seelig-Verstorbenen* bzw. *Jacobi Balden. S. J. Entzückung / als er auff dem Kirchhoff / den Tod vnd die Gebeine der Verstorbenen betrachtet.* Gryphius gibt die antiken Vers- und Strophenformen durch paarweise gereimte Alexandriner wieder; jeweils 25 vierzeiligen Strophen Baldes entsprechen 96 bzw. 100 Alexandriner.

Die Enthusiasmus-Gedichte Baldes sind gekennzeichnet durch den Gegensatz von klassischer Formkunst und christlichem Vergänglichkeitspathos. Die dichterische Begeisterung, der Enthusiasmus, wendet sich über jedes klassizistische Maß hinaus der Zerstörung menschlicher Illusionen und Selbstherrlichkeit zu, meditiert über die Vergänglichkeit alles Irdischen, den Sinn des Lebens und die gleichmachende Kraft des Todes und schildert mit krasser Rhetorik den Verfall des Menschen in allen gräßlichen Einzelheiten. Hier mildert selbst der Vanitas-Dichter Gryphius ab, der aber im ganzen Baldes Text recht eng folgt, wenn auch der Unterschied der Sprachen und die formalen Vorgaben zwangsläufig zu Erweiterungen und Gryphius' Stilwille zu weiteren Steigerungen, zu anaphorischen Häufungen und durch den Alexandriner begünstigten Parallelismen führt.

Gryphius' eigene *Gedancken / Vber den Kirchhoff vnd Ruhestädte der Verstorbenen* nehmen Vorstellungen und Bilder aus den Übertragungen auf, ordnen aber die visionären Beschreibungen der Toten und des (bei Balde nur angedeuteten) Jüngsten Gerichts in einen Rahmen lehrhafter Strophen ein, die die moralische und religiöse Nutzanwendung ziehen. Das Gedicht, «ein kurtzer entwurff deß Todes» (Vorrede) und sinnfälliges Memento mori, versteht sich als eine Schule des Lebens. Auf dem Friedhof, in mehreren Strophenanfängen als «O Schul» apostrophiert, läßt sich

die «wahre Weißheit» ergründen: «Wer seine Stunden hier anwendet / |
Erlernt den Weg der Ewigkeit.» Die Ruhe, die der Friedhof zunächst auf
den Betrachter auszustrahlen scheint, macht dann einer sich affektiv und
rhythmisch steigernden Vision Platz – die Toten steigen aus ihren Grä-
bern –, die in drastischen Beschreibungen von körperlichem Verfall und
Verwesung gipfelt:

> Der Därmer Wust reist durch die Haut /
> So von den Maden gantz durch bissen;
> Ich schau die Därmer (ach mir graut!)
> In Eiter / Blutt vnd Wasser fliessen!
> Das Fleisch / das nicht die Zeit verletzt
> Wird vnter Schlangen-blauen Schimmel
> Von vnersätlichem gewimmel
> Vielfalter Würmer abgefretzt.

Nach einem reflektierenden Einschub («Ach Todten! ach was lern ich
hier! | Was bin ich / vnd was werd ich werden!») folgt in einem erneuten
rhetorischen Aufschwung die Vision von Auferstehung und Jüngstem
Gericht – «Gottes letzte Feldgeschrey» –, in der die Folgen richtigen und
falschen irdischen Lebens in vielfachen Antithesen deutlich werden
(«Ach! O Wonn! O Leid!») und zu abschließenden Reflexionen des Be-
trachters führen.

Drastisch verfährt auch Justus Georg Schottelius in einem Spätwerk, der bereits
im Titel höchst abschreckenden *Grausamen Beschreibung und Vorstellung Der
Hölle Und der Höllischen Qwal / Oder Des andern und ewigen Todes. In Teutscher Sprache nachdenklich / und also vor die Augen gelegt / daß einem gottlosen
Menschen gleichsam die höllischen Funken annoch in dieser Welt ins Gewissen stie-
ben / und Rükk-Gedanken zur Ewigkeit erwekken können. Mit etzlichen Schrekk-
niß-vollen Kupfferstükken zugleich vorgebildet* (1676). Es handelt sich um den
letzten Teil eines eschatologischen Zyklus über die vier letzten Dinge, der Verse
mit Prosaerklärungen und -meditationen verbindet: *Sonderbare Vorstellung / Wie
es mit Leib und Seel Des Menschen werde Kurtz vor dem Tode / In dem Tode / und
nach dem Tode bewandt seyn* (1674), *Eigentliche und sonderbare Vorstellung Des
Jüngsten Tages* (1668), *Sonderbare Vorstellung Von der Ewigen Seeligkeit* (1673).
Der Höllentext besteht aus 100 vierzeiligen Strophen, die mit expressiver Bildlichkeit und Anschaulichkeit (und problematischer Versqualität) die Hölle und die
höllischen Qualen schildern. Das letzte Wort der letzten Strophe ist «Höllenleid».

8. ‹Spätzeit›

Christian Hoffmann von Hoffmannswaldau

In den letzten Jahrzehnten des 17. Jahrhunderts verstärkten sich in der
Lyrik die manieristischen Züge. Während in der Poetik weiterhin die

klassizistischen Rezepte tradiert wurden, wechselten die Muster, die *exempla,* an denen sich die Dichtung orientierte. Hatte sich Opitz die Renaissancepoesie der west- und südeuropäischen Länder zum Vorbild genommen, so wurden in der zweiten Jahrhunderthälfte – wiederum mit beträchtlicher Verspätung – die barocken und manieristischen Tendenzen der Literaturen Italiens und Spaniens rezipiert.

Zeitgenossen wie Benjamin Neukirch schrieben Christian Hoffmann von Hoffmannswaldau das Verdienst zu, «sich sehr an die Italiäner gehalten / und die liebliche schreib-art / welche nunmehr in Schlesien herrschet / am ersten eingeführet» zu haben. Die damit verbundene Neuorientierung der deutschen Lyrik vollzog sich jedoch mit größeren zeitlichen Verschiebungen: Die sensualistische Kunst des Giovan Battista Marino, des Verfassers des *Adone* (1623), wurde erst Jahrzehnte nach seinem Tod in Deutschland fruchtbar. Anders wäre es allerdings auch nicht möglich gewesen, da es der deutschen Dichtersprache zunächst noch an den erforderlichen Eigenschaften fehlte, den auf verblüffende Wirkungen zielenden, metaphernreichen Stil des Italieners angemessen wiederzugeben. Erst mit dem Schaffen Zesens und der Nürnberger wurde eine Stufe erreicht, von der aus man vielleicht der manieristischen italienischen Dichtung gerecht werden konnte. Das war der Ausgangspunkt Hoffmannswaldaus, der schon in den vierziger Jahren den Großteil seines dichterischen Werkes schuf und in den folgenden Jahrzehnten nur noch zwei größere Werke fertigstellte, die Übersetzung von Giovanni Battista Guarinis Schäferdrama *Il pastor fido* (1652) und die *Helden-Briefe* (1663–64). Nichts davon wurde zunächst gedruckt.

Daß seine Gedichte trotz der frühen Entstehung eher der Spätphase der Barocklyrik zugerechnet werden müssen, hängt mit der Geschichte ihrer verspäteten Rezeption im 17. Jahrhundert zusammen. Diese wiederum ist bedingt durch Hoffmannswaldaus Haltung seiner Dichtung gegenüber. Anders als zahlreiche Dichter bürgerlicher Herkunft, die im Gelehrten- und Dichterruhm ein Vehikel des gesellschaftlichen Aufstiegs erblickten, dachte der Patrizier Hoffmannswaldau zunächst nicht an den Druck der zur Unterhaltung für seinen Freundeskreis bestimmten Texte. Sie blieben durch zirkulierende Abschriften einer begrenzten Öffentlichkeit vorbehalten. Erst als unrechtmäßige Drucke seiner Grabschriften (*Centuria epitaphiorum,* um 1662) und der Übersetzung von Giovanni Battista Guarinis *Pastor fido* (1678) erschienen, entschloß er sich zu einer Auswahlausgabe, die aus auf 1679 und 1680 datierten Einzelteilen besteht (Gesamttitel: *Deutsche Übersetzungen Und Getichte,* 1679). Dabei verzichtete er jedoch auf einen Teil der «Lust-Getichte», d. h. in erster Linie auf die weltlichen Oden, die – so Hoffmannswaldau in der Vorrede – zu «ungleichem», d. h. unbilligem Urteil Anlaß geben könnten (und die in dem rigiden moralischen Klima als entschiedene Provokation mit ent-

sprechenden negativen gesellschaftlichen Folgen für den Verfasser betrachtet worden wären). Diese Befürchtung galt offenbar nicht für den
Kreis, der seine «Poetischen Kleinigkeiten» schon in Händen hatte. Diese
bewußte Begrenzung auf eine weitgehend geschlossene Gesellschaft
wurde dann durch Benjamin Neukirchs Anthologie *Herrn von Hoffmannswaldau und andrer Deutschen auserlesene und biß her ungedruckte
Gedichte* (1695 ff.) endgültig durchbrochen. Das Resultat waren nicht nur
größere Leserzahlen, sondern auch eine sich zuspitzende öffentliche Auseinandersetzung mit der Dichtung Hoffmannswaldaus und seiner zeitgenössischen Anhänger. Dabei bildeten sich zwei bis ins 20. Jahrhundert
nachwirkende Argumentationslinien heraus: Stilistisch ging es um den
nach Meinung der Kritiker übermäßigen Gebrauch des Ornatus, der zu
einem Mißverhältnis von Wort und dichterischem Gegenstand führe
(Schwulstvorwurf), inhaltlich ließ eine Beurteilung der Gedichte nach
moralischen Kriterien Hoffmannswaldaus Werk zum Synonym für eine
sittenlose Spätzeit werden.

Christian Hoffmann von Hoffmannswaldau (1616 Breslau – 1679 ebd.) stammte
aus einer protestantischen Breslauer Patrizierfamilie. Er studierte nach dem Besuch des Breslauer Elisabeth-Gymnasiums und des Akademischen Gymnasiums
in Danzig 1638/39 an an der Universität Leiden, wo sich auch Gryphius einige
Monate zuvor eingeschrieben hatte. Hier setzte er das in Danzig begonnene Studium der Rechts- und Staatswissenschaften fort, wandte sich aber zugleich philologischen Fächern und der Poesie zu. 1639 brach er mit einem Fürsten zu einer
Bildungsreise auf, die ihn nach England, Frankreich und Italien führte und entscheidend zu seiner weltläufigen Gelehrsamkeit und gesellschaftlichen Eleganz
beitrug. In Rom «drehete er» 1641, wie Lohenstein schreibt, «dem väterlichen Befehle zufolge seine Deichsel dem Vaterlande zu»; geplant war eigentlich eine Weiterreise nach Konstantinopel. Es bedurfte offenbar eines gewissen Drucks, um ihn
in Breslau «unbeweglich zu machen» und 1643 zur Heirat zu bewegen. 1647
wurde er in den Rat der Stadt gewählt, dem er bis zu seinem Tod in verschiedenen
Funktionen, zuletzt als Präses, angehörte. Er reiste als Verfechter der protestantischen Interessen der Stadt mehrmals zu Verhandlungen nach Wien (1657: Ernennung zum Kaiserlichen Rat, 1660, 1669/70). Sein Haus wurde zum Mittelpunkt
eines regen gesellschaftlichen Lebens, in dem auch die Dichtung – und schlesische
Dichterfreunde – ihren Platz hatten. Sein Freund Lohenstein hatte in der bei Hoffmannswaldaus «Leichbegängnüße» gehaltenen *Lob-Rede*, eher ungewöhnlich für
protestantische Leichenreden, «kein Bedencken einen Breßlauischen Praeses seiner Sinnreichen Getichte halber zu rühmen».

Daß die Liebe der Wetzstein sei, an dem die Poeten ihren subtilen Verstand schärften, dieses Wort von Opitz könnte für die Kunst Hoffmannswaldaus geprägt worden sein. Noch über Opitz hinaus geht er, wenn er
den Gedanken einer wechselseitigen Bedingtheit von Dichtung und Liebe
aufgreift: «[...] und saget ein gelehrter Ausländer nicht ungereimt / daß
man der Poësie mit Entziehung der LiebesSachen die Hertzwurzel ver-
steche / und hergegen der Liebe durch Entziehung der Poesie den lieb-

lichsten Blumengarten verschlüssen würde» (*Helden-Briefe*, Vorrede). Und in der Tat herrscht im Werk Hoffmannswaldaus trotz einer Anzahl von geistlichen Liedern, Begräbnisgedichten und dichterischen Reflexionen über verschiedene Gegenstände das Thema der Liebe in allen seinen Facetten und Widersprüchen von neuplatonischer Geistigkeit bis zu unverblümter Lust vor. In diesem artistischen Spiel dominiert die sinnliche und durchaus nicht auf die Ehe hinzielende Liebe, die Feier der anarchischen Kraft der Sexualität in einer vieldeutigen Metaphernsprache nicht ohne religiösen Hintersinn. Die Motive und Situationen sind dabei recht beschränkt. Im Hintergrund steht die petrarkistische Tradition, deren Grundvorstellungen, Motive und Bilder in einem virtuosen Spiel variiert und ironisiert werden. Der Reiz der Gedichte liegt daher nicht in diesen Grundmustern – etwa der Klage über die hartherzige Geliebte oder der Erfüllung der Liebe im Traum –, sondern in dem geistreichen, auch frivolen Spiel, in der ironischen und parodistischen Haltung, mit der Hoffmannswaldau die überkommene Motivik behandelt.

Die «gutten Erfindungen», auf die es ihm ankommt und die er besonders bei den «Welschen» findet, haben daher weniger mit den Gegenständen zu tun als vielmehr mit einer erfindungsreichen Metaphorik, mit der Kunst, bekannten Vorwürfen neue Seiten abzugewinnen, durch überraschende Verbindungen ein altes Thema in einem neuen Licht erscheinen zu lassen, durch Wort- und Sinnspiele verblüffende Effekte auszulösen. Von *stupore* oder *meraviglia*, von dem Ziel, Staunen oder Verblüffung beim Hörer oder Leser zu erregen, schreiben die manieristischen Poetiker der Zeit. Und der Dichter Marino geht den Poetikern voraus, wenn er schreibt, daß die Poesie «die Ohren der Leser mit allem Reiz der Neuigkeit» kitzeln müsse, und seine Dichtungsauffassung epigrammatisch so zusammenfaßt:

E del poeta il fin la meraviglia
(parlo de l'eccelente e non del goffo):
Chi non sa far stupir, vada alla striglia!

(Das Ziel des Dichters ist die Verwunderung (das Staunen) – ich spreche vom wahren Dichter und nicht vom Stümper –: wer nicht Staunen zu machen versteht, der soll Pferde striegeln!)

Epigrammatische Zuspitzung und Erotik

Hoffmannswaldaus Epigramme, zum größten Teil Grabschriften, gehören zu den frühesten Dichtungen; die Vorrede der Handschrift ist auf 1643 datiert. Die Vorrede spricht von «mehrentheils fantastischen Grabschriften». Scherzgrabschriften wie die *Eines gehangenen Seiltänzers*, *Eines Hornträgers* oder *Eines Papagaiens* gehören zu dieser Kategorie. Aber auch

bei den Grabschriften auf biblische Gestalten, Gelehrte und Dichter oder
Männer und Frauen der Weltgeschichte dominiert der spitzfindig-spiele-
rische Charakter, der zudem häufig ins Erotische hinüberspielt und wie
bei allen Epigrammen Hoffmannswaldaus auf die geistreiche Pointe zielt.

Die epigrammatische Zuspitzung gehört als ein Moment der scharfsinnigen poetischen Rede aber auch zu den Stilmerkmalen anderer lyrischer
Gattungen, ohne jedoch unbedingt strukturbestimmend zu sein. Der Epigrammatik am nächsten stehen die erotischen Sonette in der Neukirchschen Anthologie, die konsequent auf die Schlußpointe hin angelegt sind.
Das gilt für die Sonette, die rokokohaft eine galante Situation veranschaulichen (z. B. *Er schauet der Lesbie durch ein Loch zu* oder *Er ist ein unglücklicher wecker*), aber auch für die Texte, die ohne konkreten Situationsbezug petrarkistische Modelle der Schönheitsbeschreibung aufnehmen.
Das geschieht durchaus nicht ohne Ironie, etwa wenn er in dem Sonett
Auff ihre schultern («Ist dieses Schnee? nein / nein /schnee kan nicht
flammen führen») die hyperbolische Liebessprache in der Schlußpointe
gleichsam ad absurdum führt.

Ironischer und emphatischer Preis der weiblichen Schönheit liegen
nahe beieinander; die Zutaten sind bekannt. Die einzelnen Schönheiten,
aus denen sich in petrarkistischer Manier die Schönheit zusammensetzt,
werden mit Vergleichen und Genetiv-Metaphern benannt (z. B. *Beschreibung vollkommener schönheit*) und gegebenenfalls mit der ebensowenig
originellen Vorstellung von der hartherzigen Geliebten verbunden (*Vergänglichkeit der schönheit*). Wenn diese Gedichte gleichwohl einen besonderen Reiz besitzen, so liegt das an der formalen Eleganz, mit der diese
Themen abgehandelt und auf die Pointe zugeführt werden, an dem überlegenen Spiel mit traditionellen Konzepten. Im Fall des Sonetts *Vergänglichkeit der schönheit* kommt die zwanglose Virtuosität dazu, mit der
zwei Grundthemen der Dichtung Hoffmannswaldaus und seiner Zeit,
Carpe diem und Memento mori, mit schon leicht parodistisch anmuten-
der Metaphorik aufeinander bezogen werden: Erotische Überredungs-
kunst, die die angeredete Schönheit mit dem Herzen aus Diamant spielerisch durch die Beschwörung von Vergänglichkeit und Tod zur Hingabe
zu bewegen sucht.

Im Zentrum der Liebeslyrik, der «Lust-Getichte», stehen die etwa 50
Oden in der Neukirchschen Sammlung, davon allein 40 im ersten Band
von 1695. Sie zeichnen sich durch eine Vielfalt von Strophen- und Versformen und den eleganten und geschmeidigen Fluß der madrigalisch auf-
gelockerten Verse aus und machen nur zurückhaltenden Gebrauch von
der scharfsinnigen Metaphorik, suchen aber in der Regel wieder den pointierten, witzigen oder sentenziösen Abschluß der erotischen Argumentation. Hier bleibt es vielfach nicht mehr bei der Kunst zurückhaltender
Andeutung, der explizit sexuelle Sinn wird durch die religiöse Metapho-

rik nur dünn verschleiert und als eine Art heidnischer Liebesreligion gefeiert. Von fettem Opfer auf dem Altar der Liebesgöttin, von Priesterin,
Göttin und Weihrauch ist die Rede. Damit verbindet sich immer wieder
die Schiffahrtsmetaphorik, etwa in der Ode «So soll der purpur deiner
lippen» oder in dem Gedicht *Florida*, das mit der Doppeldeutigkeit des
Namens Florida spielt und mit den Zeilen «Mein schiff treibt lufft und
wind / mich treibet lieb und brunst / | Ich muß in Florida den steiffen
ancker sencken» beginnt und mit einem ebenso zwei- oder eindeutigen
Anruf an Venus endet: «Bringt Venus mich an port / und setzet mich ans
land / | So will ich täglich mich zu ihrem tempel fügen / | Und ich verspre-
che ihr mit sinnen / hertz und hand / | Daß ich ins künfftig will auff blos-
ser erde liegen.» Ausgesprochen blasphemisch endet die Ode «Ist denn
dein hertze gar erfroren», ein virtuoser Überredungsversuch zur Liebe:
«Bezwinge weißlich dein gemüthe / | Und folge zeitlich dem geblüte / |
Darein im paradieß | GOtt selber funcken bließ; | Wer kan ihm widerstre-
ben? | Schau ich dein helles antlitz an / | So fühl ich was der himmel kan / |
Und wünsch auf deiner brust verparadiest zu leben.»

Die in dieser Ode nur angedeutete und im Sonett *Vergänglichkeit der
schönheit* ausdrücklich thematisierte Verbindung von Carpe diem und Vergänglichkeitsgedanken gehört zum Repertoire der Hoffmannswaldau-
schen Liebesrhetorik, allerdings mit durchaus unterschiedlicher Akzentuierung. Heiter, und im Unterschied etwa zu Opitz' klassizistischer
Zurückhaltung («Ach Liebste / laß vns eilen») sexuell unverblümt, geschieht das in dem galanten Überredungsversuch der Ode «Albanie / gebrauche deiner zeit». Melancholische Vergänglichkeitsgedanken bilden
dagegen den Tenor der Ode «Wo sind die stunden | Der süssen zeit», in der
der Dichter das Ich aus der Rückschau sprechen läßt und die «zucker-lust»
nur noch in der Erinnerung lebt. Das geschieht zurückhaltend in Ton und
Metaphorik in fließenden, dem Gedankengang folgenden Madrigalversen,
die in jeder Strophe in eine sentenzhafte Wendung münden, ohne die
rhythmische Leichtigkeit zu beeinträchtigen. Die vorletzte Strophe des
meditativen Texts hebt die Gegenwärtigkeit als Voraussetzung von Freude
und Lust hervor, ein Konzept der zeitgenössischen Affektenlehre:

> Empfangne küsse /
> Ambrirter safft /
> Verbleibt nicht lange süsse /
> Und kommt von aller krafft;
> Verrauschte flüsse
> Erquicken nicht. Was unsern geist erfreut /
> Entspringt aus gegenwärtigkeit.

Einen deutlichen Kontrast zur sprachlichen Leichtigkeit der Oden bilden
die erotischen Gedichte, die den Charakter von lyrischen Abhandlungen

besitzen und sich nicht zuletzt durch ihre ausgeprägte Metaphorik auszeichnen. Geradezu Übungen der Metaphernerfindung sind die sogenannten ‹Abrisse› oder ‹Ikon›-Gedichte, in denen ein Gegenstand in einer
Reihe von Vergleichen und Metaphern definiert wird. Voraussetzung derartiger Gedichte ist die artistische Beherrschung der *inventio*, um in jedem Fall einen einleuchtenden, aber möglichst entlegenen oder scharfsinnigen Vergleichsbezug zu finden. Auf dem nichterotischen Feld gehören
dazu etwa die zahlreichen Variationen über das Thema ‹Welt›, zu denen
auch Hoffmannswaldau seinen Beitrag leistete («Was ist die Welt / und
ihr berühmtes gläntzen»), wobei aber die Metaphernhäufungen durchaus
noch das rhetorische Ziel des Überredens erkennen lassen. Auf Texte wie
die *Lob-rede an das liebwertheste frauen-zimmer* mit seinen mehr als 100
Alexandrinern im zweiten Teil der Neukirchschen Sammlung (1697) trifft
dies jedoch kaum noch zu: Der dichterische Gegenstand ist nur noch Anlaß, Scharfsinn und Erfindungsreichtum zu demonstrieren. Die Herausforderung an den ingeniösen Erfinder wird noch größer dadurch, daß die
Lobrede ihren Gegenstand auf die Brüste verengt («Die brüste sind mein
zweck»), die in mehr als fünfzig Metaphern, Umschreibungen und Vergleichen charakterisiert werden. Glücklich sei der zu schätzen, heißt es
dann am Schluß, «Dem eine runde brust kan pfühl und polster seyn. | Der
in der liebsten schooß mit vollem zügel rennet / | Der seiner Venus so
flößt liebes-balsam ein». Auch ein kurzes anaphorisches Gedicht auf den
Mund («Mund! der die seelen kan durch lust zusammen hetzen») lebt von
diesem sensualistischen Erfindungsreichtum. Das gilt ebenso, um nur
noch ein Beispiel zu nennen, für das zwölf achtzeilige Strophen umfassende Streitgedicht *Streit der schwartzen augen / rothen lippen / und
weissen brüste* mit seiner thesenhaften Argumentationsstruktur.

Daß gerade die Ikongedichte zur Nachahmung und Steigerung anregten, zeigt
das Beispiel des Breslauer Arztes Christian Hölmanns, der in dem von ihm herausgegebenen vierten Teil der Neukirchschen Sammlung (1704) gleich mit vier
umfänglichen «Abbildungen» (Umfang 72 bis 88 Alexandriner) vertreten ist, in
denen die Augen, Lippen, Brüste und der «Schooß» auf ähnliche Weise mit den
verschiedensten Gegenständen und Vorstellungen in Beziehung gesetzt werden.

‹Vermischte Gedichte›

Es gibt selbstverständlich auch einen ‹anderen› Hoffmannswaldau als nur
den frivol-geistreichen Dichter von «zucker-lust», Liebe und Liebesge-
nuß. Das zeigen die geistlichen Lieder, eine kleine Abteilung in der Sammelausgabe von 1679, ebenso wie die Leichengedichte, die Geschichtreden biblischer und historischer Gestalten oder *Der Sterbende Socrates*,
die Übersetzung einer philosophisch-erbaulichen Schrift von Théophile
de Viau. Dazu kommt eine Reihe reflektierender Gedichte, vor allem un-

ter den «Vermischten Gedichten» der Sammelausgabe, poetische Abhandlungen geistlich-erbaulicher und philosophischer Thematik, die facettenreich von der Welt und ihrer Unbeständigkeit, vom rechten Leben oder von der christlich verstandenen Bestimmung des Menschen handeln. Wie bei zahlreichen anderen Dichtern des 17. Jahrhunderts spielt auch bei Hoffmannswaldau die neustoische Tugendvorstellung eine wesentliche Rolle (*Entwurff eines standhafftigen Gemüths*), die in den Mahnungen zur bescheidenen Ergebung in das vom «Himmel» bzw. «Verhängnüß» geschickte Leid eine christliche Tönung annehmen kann – und doch die menschliche Autonomie betont:

> Auff O Seele! Du must lernen
> Ohne Sternen /
> Wenn das Wetter tobt und bricht /
> Wenn der Nächte schwartze Decken
> Uns erschrecken /
> Dir zu seyn dein eigen Licht.
> (*Ermahnung zur Vergnügung*)

Andere Gedichte wie *Die Welt, Lust der Welt* oder *Die allgemeine Vergänglichkeit* variieren beredt, z. T. in Bildreihen, den Vanitas-Topos und verweisen auf das Jenseits als eigentlicher Bestimmung des Menschen. Das gilt auch für die melancholischen *Gedancken bey Antretung des funffzigsten Jahres*, während wieder andere Gedichte im Einklang mit den Erotika für die «Lust» plädieren (*Schertz-Gedancken*). Wie Hoffmannswaldau mit dem Neben- und Gegeneinander unterschiedlicher Lebenshaltungen umgeht und sie wechselseitig in Frage stellt, zeigen das strophische Alexandrinergedicht *Die Wollust* und dessen Palinodie *Die Tugend*, die bei genauer Parallelität konträr argumentieren und ihre jeweilige These – «Die Wollust bleibet doch der Zucker dieser Zeit» bzw. «Die Tugend pflastert uns die rechte Freudenbahn» – konsequent begründen. Epikurischer Lebensgenuß oder neustoisch-christlicher Moralismus: Was gilt – «Die Wollust bleibet doch der Menschen höchstes Guth» oder «Die Tugend bleibet doch der Menschen höchstes Gutt» –, bleibt in artistischer Balance absichtsvoll offen. Hoffmannswaldau läßt in seinem Werk die Spannungen und Krisenerfahrungen der Epoche fast provokativ sichtbar werden. Lösungen bietet er nicht an.

Heldenbriefe

Zu den längeren Alexandrinergedichten Hoffmannswaldaus zählen auch eine Reihe von poetischen Episteln, eine alte Form, die nach französischem Vorbild seit dem späten 17. Jahrhundert eine neue Aktualität auch in der deutschen Literatur gewann. Hoffmannswaldaus poetische Briefe

sind vor allem im ersten Band der Neukirchschen Sammlung enthalten
(*An Flavien, Cupido an Berinne, An Amaranthen / über sein an sie ge-
schicktes bildniß* usw.); ob es Vorstufen der 1663–64 entstandenen *Helden-Briefe* oder spätere eigenständige Dichtungen sind, läßt sich nicht
entscheiden. Im Unterschied zu diesen Einzelbriefen mit der üblichen
erotischen Thematik handelt es sich bei den *Helden-Briefen* um Briefwechsel von Liebespaaren, die demonstrieren sollen, «was die Liebe vor
ungeheure Spiele anrichte». Die *Helden-Briefe* sind Hoffmannswaldaus
umfangreichstes Werk, sieht man von der Übersetzung von Guarinis
Schäferspiel *Il pastor fido* und der (ungedruckten) Übertragung des Romans *La Eromena* von Giovanni Francesco Biondi ab. Als «Anführer»
der Gattung nennt Hoffmannswaldau Ovid, betont aber: «Die Helden-
Briefe anreichende / so ist das meine eigene Arbeit und nichts entlehn-
tes».

Das Modell der neuzeitlichen Gattungsentwicklung der Heroide lieferte Ovid
mit seinen *Heroides*, fingierten Liebesbriefen von Frauen der Mythologie in elegi-
schem Versmaß, die z. T. auch Antwort finden. In der italienischen Renaissance
wurde die Form wieder aufgenommen und von Neulateinern in ganz Europa gepflegt. In Deutschland machte der Humanist Eobanus Hessus mit christlichem
Akzent den Anfang (*Heroidum christianarum epistolae*, 1514). Die neulateinische
Tradition setzten dann u. a. der Jesuit Jacob Bidermann mit Briefen biblischer
Frauengestalten und verschiedener Personifikationen (Herovm epistolae, 1630;
späterer Titel *Heroidum epistolae*) und der den Jesuiten nahestehende Schweizer
Priester Johannes Barzaeus mit seiner poetischen Darstellung der Schweizer Ge-
schichte und ihrer Helden in seinen *Heroum Helvetiorum epistolae* (1657) fort,
die den historischen Stoff vom Ursprung der Eidgenossenschaft über die kämpfe-
rische Behauptung der Freiheit bis zu einem gesicherten Leben in Frieden und
Freiheit behandeln. In der deutschsprachigen Literatur ist im 17. Jahrhundert vor
Hoffmannswaldau nur ein Versuch von Johann Peter Titz bekannt (*Knemons
Send-Schreiben an Rhodopen*, um 1647), der auf einer Verserzählung aus Jacob
Cats' *Trou-ring* (1637) basiert. Parallelen bestehen zu Michael Draytons *Englands Heroicall Epistles* (1597–99), die ebenfalls aus paarweise angeordneten Briefen bestehen und sich – wie die meisten Hoffmannswaldaus – auf die Geschichte
des eigenen Landes beziehen.

Hoffmannswaldaus *Helden-Briefe* umfassen 14 fingierte Briefwechsel; Schreiben und Antwortschreiben bestehen aus je 100 Alexandrinern. Die Namen der
Korrespondenten sind z. T. verändert oder durch Pseudonyme ersetzt, um Aktuelles und Skandalöses zu entschärfen. Überlieferte Handschriften zeigen überdies,
daß Hoffmannswaldau den Text für die Druckfassung abmilderte.

Jedem Briefpaar voraus geht eine Prosaeinleitung, die bereits die vollständige Handlung enthält und es so erlaubt, daß sich die Briefe auf das
zentrale Thema der Liebe konzentrieren können. Es sind die außergewöhnlichen Konstellationen, die Hoffmannswaldau anziehen und ihn zu
«freyen Gedancken» anregen: Liebe über Standesgrenzen oder politische
Gegnerschaft hinweg, Liebe und Staatsräson, geistliche versus weltliche

Liebe, Ehe zu dritt, ehebrecherische oder freie Liebe und schließlich sogar Gattenmord aus leidenschaftlicher Liebe. Unterschiedlich wie die Konstellationen und Probleme der Liebe sind auch die Schreibsituationen. Es kann sich um die Phase der Werbung handeln, es können Briefe während einer Beziehung sein, elegische Rückblicke nach ihrem unterschiedlich begründeten Ende (z. B. Staatsräson, Standesschranken, Entmannung) oder die Ankündigung der Rückkehr aus orientalischer Gefangenschaft mit einer zweiten Frau in der bekannten Geschichte vom Grafen von Gleichen (*Liebe Zwischen Graf Ludwigen von Gleichen und einer Mahometanin*). Zu den bekannteren Paaren gehören «Hertzog Ungenand [Albrecht III. von Bayern] und Agnes Bernin» sowie zum Abschluß mit wehmütiger Beschwörung der Vergangenheit Abélard und Héloïse.

Bei aller Radikalität der Darstellung der Liebe, auch der sinnlichen, als Gottesgabe und Naturrecht lassen sich angesichts der Spannweite der behandelten Fälle vielleicht auch Konzessionen an die religiös bestimmte Gesellschaftsmoral vermuten, etwa wenn im ersten Briefwechsel (*Liebe zwischen Eginhard und Fräulein Emma / Keyser Carlns des Grossen Geheimschreibern und Tochtern*) dank der Weisheit des Kaisers die standeswidrige Liebe in der Ehe mündet oder im letzten (*Liebe und Lebenslauff Peter Abelards und Heloißen*) die drastischen Konsequenzen normwidrigen Verhaltens vor Augen geführt werden.

Die außergewöhnlichen Umstände begründen die hyperbolische Liebessprache der Briefe. Über die alle Ordnungen umstürzende Macht der sexuellen Leidenschaft schreibt Eginhard an Emma:

> Der Stände gleichheit ist der Liebe Possenspiel;
> Sie bindet Gold an Stahl und Garn zu weißer Seyde /
> Macht daß ein Nesselstrauch die edle Rose sucht /
> Zu Perlen legt sie Graus / zu Kohlen legt sie Kreyde /
> Und pfropft auf wilden Baum offt eine süsse Frucht.

Es war diese Art der artifiziellen, arguten Rhetorik, an der sich bald die Kritik entzündete. So nimmt Christian Wernicke im Anschluß eines Epigramms *Auf die Schlesische Poeten* gerade diesen Briefwechsel zum Ausgangspunkt einer mehrseitigen Stilanalyse. Dabei kommt er auch auf die zitierte Stelle des werbenden Schreibens Eginhards an Emma mit ihren metaphorischen Antithesen zu sprechen, die den zu überwindenden Standesunterschied durch Wert- bzw. Farbkontraste verdeutlichen und für Wernicke uneinsichtig bleiben, weil er z. B. die argute Übertragung des Farbgegensatzes auf einen Wertgegensatz nicht (mehr) leisten kann oder will: «ich finde keinen andern Unterscheid zwischen den *Kohlen* und der *Kreyde*, als das die eine *weiss*, die andern *schwartz*, und im übrigen beyde ungefehr *einerley Wehrtes* sind.»

Hoffmannswaldaus *Helden-Briefe* fanden eine Reihe von Nachfolgern. Darunter ragen die sechs Briefe Lohensteins im Teil *Rosen* seiner Gedichtsammlung *Blumen* (1680) heraus. Sie folgen hier einem Glückwunsch auf die Vermählung von Kaiser Leopold I. und Claudia Felicitas und bilden mit ihrer Darstellung der Liebe als zerstörerischer Macht einen pointierten Kontrast zur Feier reiner ehelicher Liebe im Hochzeitsgedicht. Der erste Briefwechsel (*Liebe Zwischen König Petern dem Grausamen / in Castilien / und Johanna Castria des Diego Haro Witib*) geht aus einer Dreieckssituation hervor, wie sie auch bei Hoffmannswaldau vorkommt. Doch Lohenstein überbietet sein Vorbild, indem er alle Beteiligten zu Wort kommen läßt: den König zunächst mit seiner Werbung um Johanna, Johanna mit ihrer Antwort («durch die Kirche kömmt man in mein Schlaf-Gemach»), dann wieder König Peter mit einer Absage an seine Gemahlin Blanca von Bourbon, der er Verweigerung vorwirft («Ich kan in unsrer Eh' nicht länger eh-loß bleiben») und die ihm entsprechend antwortet: «Denn wenn das Laster reifft / so käumt die Strafe schon.» Dies war allerdings nicht die erste Fassung. Handschriften und postume Drucke, u. a. im sechsten Teil der Neukirchschen Sammlung (1709), zeigen, was den Zeitgenossen trotz der Rückverlegung ins spanische 14. Jahrhundert bewußt war, nämlich daß sich Lohenstein auf einen zeitgenössischen höfischen Skandal bezog: Der pfälzische Kurfürst Karl Ludwig hatte 1657 seine Frau Charlotte von Hessen verlassen und eine Ehe zur linken Hand mit dem Hoffräulein Maria Susanna Luise von Degenfeld geschlossen. Mit dem Briefwechsel zwischen König Philipp und der Fürstin von Eboly fügt Lohenstein, nun ohne Prosaeinleitung, ein weiteres Beispiel vernunftwidriger Liebe hinzu. Wie in Lohensteins Dramen thematisieren die Heldenbriefe und die sich anschließende *Rede / Der sich / umb die bösen Lüste zu fliehen / mit einem glühenden Brande tödtenden Maria Coronelia* den Widerstreit zwischen der Vernunft und den Affekten; die Leidenschaften behalten die Oberhand.

Das religiös-moralisierende Gegenstück zu den Heldenbriefen Hoffmannswaldaus und Lohensteins stellt die ungemein erfolgreiche *Helden-Liebe Der Schrifft Alten Testaments / In sechzehn anmuhtigen Liebes-Begebenheiten* (1690) von Heinrich Anselm von Ziegler und Kliphausen dar. Georg Christian Lehms schrieb die erste Fortsetzung (*Helden-Liebe der Schrifft Alten und Neuen Testaments Zweyter Theil ebenfalls in 16. anmuthigen Liebes-begebenheiten*, 1710). Zwölf weitere biblische Briefwechsel folgten als dritter Teil anonym 1729. 1704 war übrigens die erste (unvollständige) deutsche Übersetzung von Ovids *Heroides* erschienen: *Brieffe Der Heldinnen* [...] *in ungezwungene Teutsche Verse übersetzt* von Caspar Abel, einem Anhänger Boileaus. Ovid habe sich «lange nicht so viel unzuläßiger Freyheit genommen / als einige Christliche Poeten in ihren verliebten Wechsel-Schrifften», heißt es in der Vorrede mit Blick auf Hoffmannswaldau und Lohenstein.

Schlesische Lyrik nach Hoffmannswaldau

Lohenstein

Die entschiedenste Steigerung des geschmückten Stils findet sich bei Lohenstein, dem Dramatiker und Romancier, der auch in seinen Gedichten die rhetorischen Mittel derart häuft, daß er – mehr als jeder andere Dich-

ter des ausgehenden 17. Jahrhunderts – der Folgezeit als exemplarischer
Vertreter von ‹Unnatur› und ‹Schwulst› galt. Im Unterschied zu Hoffmannswaldau, der es von sich wies, lange «auf Kunst und weitgesuchte
Dinge zu dencken / oder über allen Wort-Sätzen Rath zu halten / und
drüber in den Nägeln zu klauben», zeichnet sich Lohensteins Werk gerade
durch die Anwendung einer beträchtlichen Gelehrsamkeit aus, die sich
in zahllosen Anspielungen mythologischer, historischer, naturgeschichtlicher, geographischer und emblematischer Natur sowie seinem analogischen Mikrokosmos-Makrokosmos-Denken niederschlägt. So wird ein
umfangreiches Brautlied der Grazien aus dem *Arminius*-Roman (1689–90)
zu einer Darstellung kosmischer Liebe («Kurtz alle Regung der Natur |
Ist eine wahre Liebes-Uhr»), in der ausgefallenes naturgeschichtliches
Wissen, mythologische Liebesbeziehungen und der «Sterne Würckungen» in aller Ausführlichkeit zur Feier des Brautpaars aufgeboten werden.
Aufs äußerste gesteigert erscheint diese komplexe Beziehungstechnik in
dem 1888 Verse umfassenden epischen Lobgedicht auf die Liebe, *Venus*,
im ersten Teil der Neukirchschen Sammlung (1695), das die Geschichte
der Venus zum Anlaß nimmt, die Wirkungen der Liebe in der Natur und
ihre unwiderstehliche Macht als zentrale Kraft der Schöpfung metaphern-
und anspielungsreich und mit allen Mitteln des petrarkistischen Schön-
heits- und Liebespreises zu feiern.

In der Vorrede zu seiner Gedichtsammlung *Blumen* (1680) bezeichnet
Lohenstein die darin enthaltenen Gedichte als «eine wenige Uberbleibung
von denen / welche ich in meinen jüngern Jahren theils zu meiner eignen
Vergnügung / theils gutter Freinden zu Liebe gefertigt». Der Band enthält
geistliche und weltliche Gedichte, deren Abteilungen Blumennamen als
Zwischentitel tragen: *Himmel-Schlüssel* (geistlichen Gedichte), *Rosen*
(Heldenbriefe, Hochzeitsgedichte) und *Hyazinthen* (Trauer- und Leichengedichte). Der Alexandriner als Versmaß und längere, meist stro-
phisch gegliederte Gedichte herrschen vor. Sie zeichnen sich durch be-
deutungsgeladene, komplexe Motiv- und Bilderfolgen aus, in denen sich
pansophische Naturspekulation, neustoische Philosophie und christliche
Vorstellungen miteinander verbinden. Das geschieht auch in dem Leichengedicht auf Andreas Gryphius, das *Die Höhe des menschlichen Geistes* überschrieben ist und einleitend mit der Mikrokosmos-Makrokos-
mos-Analogie den dem Gegenstand angemessenen hohen Ton anschlägt:
«Wohin hat sich der Geist des Menschen nicht geschwungen? | Die kleine
Welt reicht hin / wie weit die grosse gränzt. | Denn ist der spriede Leib
gleich nur von Thon' entsprungen / | So sieht man doch: daß Gott aus
dieser Schlacken gläntzt.» In der Folge entwickelt sich das Gedicht zu
einem breit ausgeführten Lobpreis der göttlichen Kraft des menschlichen
Geistes, der sich auf allen Gebieten bewährt, worauf dann die Anwendung auf den besonderen Fall, Gryphius, und eine christliche Wendung

zum Schluß folgen. Traditionelle christliche Vanitas-Rhetorik zeichnet dagegen ein Gedicht wie *Umbschrifft eines Sarches* aus, das ursprünglich Bestandteil einer Trauerschrift auf den Tod seiner Mutter war (*Denck- vnd Danck-Altar*, 1652), ein Jugendwerk voll von höchstem rhetorischen Pathos: «Irrdisches und Sterblich Volck / lebend-todte Erden-Gäste / | Ihr Verwürfflinge des Himmels / ihr Gespenste dieser Welt [...].»

Die letzten Schlesier vor der Jahrhundertwende

In der Vorrede zum ersten Band (1695) der Neukirchschen Sammlung beschreibt der Herausgeber die literarische Situation nach dem Tod von Andreas Gryphius, Hoffmannswaldau und Lohenstein: «Nach abgang dieser dreyen berühmten Männer haben sich in Schlesien Herr Mühlpfort / Herr v. Aßig / und die noch lebenden / Herr v. Abschatz und Herr Gryphius, bekandt gemacht / und verdienen absonderlich die letzten / daß man sie unter die Stützen unserer verfallenden Poesie wohl zehlen darff.» Er hätte noch seinen eigenen Namen hinzufügen können, denn in seinen frühen Gedichten schließt er sich in allen Aspekten – stilistisch, formal, thematisch – an Hoffmannswaldau an, wie zahlreiche Texte in der Neukirchschen Sammlung und die Gedichte in seiner ersten Buchveröffentlichung (*Galante Briefe und Getichte*, 1695) erkennen lassen.

Allerdings tritt im Vergleich zu seinem Vorbild eine gewisse Vergröberung ein, so daß auch das gekonnte Spiel mit der üblichen Metaphorik – «Was fluchst du / Sylvia / wenn mir meine schwartze hand | Um deinen busen spielet?» – gelegentlich in eher geschmacklosen Pointen endet: «Was ursach hast du dann / daß du dich so beklagst? | Da du doch diese gunst den flöhen nicht versagst.» Daneben gelingen aber leichte ironisch-humoristische Lieder, die einerseits den Ton der Studentenlyrik mit leicht manieristischen Zügen aufnehmen, andererseits auf die scherzhafte galante und anakreontische Dichtung vorausweisen:

> Sylvia ist wohl gemacht.
> Ihre glieder sind wie ketten /
> Und ich wolte sicher wetten /
> Daß von hundert Amouretten
> Drey nicht ihre schönheit hätten /
> Noch ihr holdes angesicht;
> Nur ihr hertze tauget nicht.

Benjamin Neukirch (1665 Roniken bei Guhrau/Schlesien – 1729 Ansbach) besuchte die Gymnasien in Breslau und Thorn und studierte von 1684 an Jura, Geschichte und Staatswissenschaften in Frankfurt/Oder. Nach unbefriedigenden Jahren als Advokat in Breslau (1687–91) knüpfte er Kontakte in Berlin (Johann von Besser u. a.) und übernahm verschiedene Stellen als Hofmeister und Reisebegleiter von Adeligen (u. a. nach Paris). 1703 wurde er zum Professor der Poesie und Beredsamkeit an die Berliner Ritterakademie berufen. Nach deren Schließung 1718 erhielt er eine Stelle als Hofrat und Prinzenerzieher in Ansbach. Seinen Nachruhm verdankt er der von ihm begonnenen großen Sammlung *Herrn von Hoffmannswaldau und andrer Deutschen [...] Gedichte* (1695 ff.), während sein eigenes Werk seit 1700 eine allmähliche Abkehr vom Stil Hoffmannswaldaus zugunsten des französischen Klassizismus erkennen läßt. Großen Erfolg hatte seine *Anweisung zu Teutschen Briefen* (1709). Im Zusammenhang mit seiner Funktion als Prinzenerzieher formte er Fénelons Prosaroman *Les aventures de Télémaque* (1699) zu einem repräsentativen Alexandrinerepos um: *Die Begebenheiten Des Prinzen von Ithaca, Oder: Der seinen Vater Ulysses, suchende Telemach* (Teil 1, 1727; Teil 2–3, 1739).

Der älteste der in Neukirchs Vorrede genannten Autoren ist der Breslauer Jurist Heinrich Mühlpfort, der nach seiner Promotion als Registrator und Stadtsekretär im Dienst seiner Heimatstadt stand. Die postumen Ausgaben seiner Gedichte zeigen ihn als ungemein fruchtbaren und auf vielen Gebieten kenntnisreichen Gelegenheitsdichter in lateinischer und deutscher Sprache (*Teutsche Gedichte*, 1686; *Poetischer Gedichte Ander Teil*, 1687; *Poemata*, 1686). Seine erotischen und satirischen Gedichte kursierten wie die Hoffmannswaldaus im Freundeskreis und blieben zunächst ungedruckt. Was sich erhalten hat, ist in den Gedichtausgaben und in den ersten drei Bänden der Neukirchschen Sammlung enthalten. Das Vorbild Hoffmannswaldaus prägt die erotischen Gedichte, die die manieristischen Metaphernreihungen bei Schönheitsbeschreibungen ebenso kennen wie den leichteren Ton der Lieder, wenn er sich auch hier oder in seinen Sonetten nicht mit der Kunst der Pointierung seines Vorbilds messen kann. Ein Gegengewicht bilden die geistlichen Gedichte und Lieder. Dabei ist der Metaphernstil nicht auf die Abteilung «Verliebte Gedankken» beschränkt, sondern erfaßt auch die Casualcarmina, Trauergedichte ebenso wie Hochzeitsglückwünsche. Zu den kunstvollsten Texten Mühlpforts zählt die *Sechstinne*, die in der Fassung der Neukirchschen Sammlung (Teil 2, 1697) den Untertitel *Wettstreit der haare / augen / wangen / lippen / halß und brüste* trägt, aber in der hier abgedruckten Fassung die formalen Anforderungen der Gedichtform nicht erfüllt.

Neukirchs Nennung von Hans von Assig, eines in brandenburgischen Diensten stehenden Breslauers, kann sich allenfalls auf verstreute Gelegenheitsarbeiten gründen, denn seine *Gesammleten Schrifften* – großenteils Leichenreden – erschienen erst 1719, lange nach seinem Tod, und Neukirch selbst nahm nur zwei Gedichte Assigs in den zweiten Band seiner Sammlung auf, ein Leichengedicht und einen mäßig lustigen scherzhaften erotischen Text (*Cupidinis testament*). Ein weiteres Leichengedicht und zwei biblische Dichtungen kommen im dritten und vierten Band hinzu.

Der ohne Zweifel bedeutendste schlesische Lyriker nach Hoffmannswaldau und Lohenstein war Hans Aßmann von Abschatz, dessen Werk eine durchaus eigene Physiognomie besitzt. Seinen literarischen Ruhm zu

Lebzeiten verdankte er der Übertragung von Giovanni Battista Guarinis Schäferdrama *Il pastor fido*, die ohne Angabe von Ort und Jahr wohl 1672 erschien (*Der Teutsch-redende Treue Schäffer*); Hoffmannswaldau soll sie über seine eigene gestellt haben. Erst fünf Jahre nach Abschatz' Tod vermittelte die von Christian Gryphius herausgegebene Sammelausgabe einen Eindruck von seinem Gesamtwerk (*Poetische Ubersetzungen und Gedichte*, 1704).

Die Ausgabe umfaßt nach der Trauerschrift (*Freyherrlich-Abschatzisches Ehren-Gedächtniß*) drei größere separat paginierte Komplexe: Der erste enthält zwei Übersetzungen aus dem Italienischen, Guarinis *Treuen Schäffer* und *Alexandri Adimari übersezte Schertz-Sonnette* sowie *Anemons und Adonis Blumen*, die eigenen Liebesgedichte. Darauf folgen geistliche Lieder und Gedichte (*Himmel-Schlüssel oder Geistliche Gedichte*) und dann in einem dritten Komplex zunächst Gedichte zu verschiedenen Gelegenheiten, dann *Schertz-Grabschrifften* und *Vermischte Gedichte*, wobei sowohl die geistlichen wie die vermischten Gedichte auch lateinische Texte und eine Reihe von – nicht immer als solche gekennzeichnete – Übersetzungen und Bearbeitungen französischer und italienischer Vorlagen einschließen: «Wer mit ausländischen Poeten bekannt / wird gar leichte finden / wo ihre / oder eigene Gedancken und Worte ausgedrücket seyn.»

Christian Gryphius charakterisiert die Guarini-Übersetzungen von Hoffmannswaldau und Abschatz durch einen Vergleich: «Man möchte die eine Tracht genauer auff den Italiänischen Schnitt gerichtet / die andere nach Frantzösischem Stich gefertigt / und nicht so gedrang anliegend nennen […].» Hoffmannswaldaus Übersetzung steigert in der Tat den Stil der Vorlage im Hinblick auf Metaphorik und Pointierung ganz im Sinn der Stiltendenzen Marinos, während Abschatz sowohl metrisch wie rhetorisch zurückhaltender verfährt. Er habe «mehr auf den Kern / als die Schale / gesehen», schreibt er in der Vorrede zum Erstdruck. Die Unterscheidung zwischen dem ‹italienischem› Stil Hoffmannswaldaus und dem ‹französischen› von Abschatz verweist auf dessen eigenständige Position unter den schlesischen Dichtern der zweiten Jahrhunderthälfte, bezeichnet aber keine absoluten Gegensätze. Abschatz besaß durchaus Affinitäten zur manieristischen italienischen Dichtung, wenn auch in ihrer satirischen Version (*Alexandri Adimari übersezte Schertz-Sonnette*, *Schertz-Grabschrifften*). Die Abteilung *Vermischte Gedichte* beginnt überdies mit der Übersetzung eines Gedichts von Marino, allerdings keines von der sensualistischen Art («Das stoltze Rom ist hin»). Es geht Abschatz um das rechte Maß. So knüpft er mit der Formkunst und rhythmischen Verfeinerung seiner Liebesgedichte (*Anemons und Adonis Blumen*) durchaus an Hoffmannswaldau an, distanziert sich aber andererseits mit einem Appell zum Maßhalten beim Gebrauch von «Zucker und Saltz» von den «mit allzuvielem Venus-Saltz marinirten Speisen einiger Welschen». So fehlen seiner Liebesdichtung die Extreme der Metaphorik wie der frivolen Erotik zugunsten einer einfacheren Liebessprache, die sich je nach dichterischer Rolle oder Situation heiter, reflektierend oder mit melancholischem Unterton gibt und immer wieder Tendenzen zu lehrhafter Verdichtung erkennen läßt.

Neben Andachtsgedichten, erbaulichen Betrachtungen und geistlichen Liedern machen zeitkritische Texte einen weiteren wichtigen Themenkomplex seines Schaffens aus. Sie charakterisieren zugleich seine eher ‹unzeitgemäßen› Positionen. Punktuelle Hinweise auf politische Ereignisse und die wirtschaftliche Situation des Landadels in dem biographischen Gedicht *Betrachtung seines funfzig-jährigen Lebens-Lauffs* verdichten sich in einer Reihe von Texten an anderen Stellen des Bandes zu einer grundsätzlichen Kritik der politischen, gesellschaftlichen und kulturellen Entwicklung in Deutschland. Kritisiert werden die Auswüchse des Alamode-Unwesens, die sprachliche und kulturelle Überfremdung im Zusammenhang mit dem Vordringen der absolutistischen Hofkultur, die die alten deutschen Tugenden «Einfalt», «Treu» und «Redligkeit» verdrängt: «Der Küttel alter Treu und deutscher Redligkeit | Ist unsrer Mode-Welt ein viel zu schlechtes Kleid: | Die junge Neuigkeit will überall gebitten. | Was Wunder / wenn nun auch in manchem deutschen Lande | Der neue vor will gehn dem alten Adel-Stande?», heißt es in dem Text mit der Anfangszeile «Wie ist die deutsche Welt in Neuigkeit ersoffen!» Mit ähnlichen Worten thematisiert Abschatz in dem Gedicht «Was wilt du / stiller Celadon» den Gegensatz von höfischer «Mode-Welt» und einfachem Landleben und den damit verbundenen alten Tugenden. Daß dies nicht unreflektiert und verklärend geschieht, zeigt das Gedicht «Ade! o werthes Land», in dem er seinen Abschied von der großen Welt und die Erwartungen nach der Rückkehr von seiner ausgedehnten Bildungsreise formuliert. «Ich gehe nun dahin die Freyheit zu begeben / | In einen Winckel mich der Welt zu sperren ein / | Ein Mönch und wilder Mensch bey wilder Welt zu seyn», heißt es hier als Einleitung zu einer satirischen Schilderung seines künftigen Daseins als Landadeliger («Mein Königreich ein Dorff»). Aber auch trotz dieser liebevollen Ironisierung bleiben die Wertvorstellungen des Landadels gültig und verbinden sich mit Lobgedichten humanistischer Prägung auf die Heimat. Zugleich verweist Abschatz ganz in der Tradition älterer Vorstellungen auf den Zusammenhang von Werteverlust und politischem Niedergang, jetzt wieder aktuell geworden durch die französische Expansionspolitik.

Christian Gryphius, Rektor des Breslauer Magdalenengymnasiums und Herausgeber der Werke von Abschatz, wird von Neukirch an letzter Stelle der schlesischen Dichterhoffnungen genannt. Gryphius schrieb zwar auch einige Gedichte der galanten Richtung und lieferte außerdem mit dem *Ungereimten Sonnett* ein gekonnt parodistisches Stück moderner Poesie, doch im ganzen steht sein Werk wie das von Abschatz für die zunehmende Distanz zur spätbarocken und galanten Poesie. Gryphius vertrat vielmehr im Einklang mit den ‹antibarocken› klassizistischen Gegenströmungen die Grundsätze einer humanistisch-maßvollen Poetik in der Opitz-Nachfolge. Überdies war er der Tradition der protestantischen religiösen Dichtung verpflichtet.

In der Vorrede zu seiner Gedichtsammlung (*Poetische Wälder*, 1698) kritisiert er dementsprechend die manieristische Dichtung mancher seiner Zeitgenossen, die «den heutigen Welschen und Spaniern unzeitig nachaffen», und beschreibt seine eigene Position. Bei ihm seien «prächtige / und ich weiß nicht woher gesuchte Worte / seltsame Erfindungen / und andere dergleichen / so wol der Natur als Kunst oft zuwider lauffende Dinge nicht zu suchen». Er habe sich vielmehr «eifrigst» bemüht, «eine ungezwungene Liebligkeit und ungedrungene Construction allenthalben zu beobachten». Er plädiert daher ganz im klassizistischen Sinn für «die reine und zugleich hohe Schreibens-Art / derer sich die Welschen im vergangenen Jahr-hundert / und noch izt die Frantzosen bedienen», um so «den rechten Verstand einer Sache» auszudrücken.

Der Titel *Poetische Wälder* nimmt ganz bewußt den auf die Gelegenheitsdichtung bezogenen Gattungsbegriff der *silvae* auf. In der Tat enthält der in vier Bücher gegliederte umfangreiche Band im wesentlichen Gelegenheitsgedichte. Am Anfang stehen die geistlichen Lieder und Gedichte, bezogen auf kirchliche Anlässe oder die private Andacht. Zugleich finden sich hier zahlreiche reflektierende Gedichte, die – oft mit Daten – persönliche Anlässe und Befindlichkeiten behandeln. Die Texte nehmen die üblichen Themen der protestantischen Lieddichtung und Erbauungsliteratur auf; eine wesentliche Rolle spielen – der Lyrik seines Vaters nicht unähnlich – Meditationen über die Eitelkeit und Vergänglichkeit der Welt, über Sünde, Schuld, göttlichen Zorn und die Hoffnung auf Vergebung. Neben den durch das Kirchenjahr bzw. den Gottesdienst vorgegebenen Anlässen dienen häufig Bibelstellen als Ausgangspunkt der andächtigen Meditationen.

Die «Leichen-Gedichte» bilden das zweite und umfangreichste Buch der Sammlung (rund 300 von insgesamt 826 Seiten), in der Eile entstandene, in der Regel bezahlte Auftragsarbeiten des gefragten Gelegenheitsdichters («mehrentheils in weniger Zeit / und unter viel andern Geschäfften verfertiget»). Sie sind wie die im dritten Buch folgenden Hochzeits- und Glückwunschgedichte an Adelige oder Angehörige der Oberschicht Breslaus gerichtet, enthalten am Ende aber noch die persönliche Sektion «Pietas Gryphiana». Unter den Leichengedichten steht auch eines auf den Tod Lohensteins, das diesen vor allem als Dichter feiert (*Uber des berühmtesten Herrn von Lohensteins Absterben*). Das dritte Buch enthält noch «Oden und Gedichte» aus den «lateinischen und deutschen Dramatischen Vorstellungen und Actibus», also seinen Beiträgen zum Schultheater, sowie Epigramme und «Zerstreute Gedichte», die u. a. politische bzw. militärische Ereignisse nach dem Sünde-Strafe-Schema kommentieren (*Seufzer unter während Wienerischer Belagerung*). Sonette machen das vierte Buch aus.

Galante Lyrik

«Galante Gedichte» überschrieb Benjamin Neukirch den ersten Abschnitt seiner Sammlung *Herrn von Hoffmannswaldau und andrer Deutschen auserlesene und bißher ungedruckte Gedichte* (Teil 1, 1695) und schlug damit den Bogen von der Dichtung seiner Zeit zu dem 1679 verstorbenen großen Vorbild Hoffmannswaldau, der diesen Begriff freilich nie verwandt hatte. Galant war inzwischen zu einem Modebegriff geworden, dessen Bedeutung sich von dem Konzept eines allgemeinen Verhaltensideals auf das Amouröse verengt hatte (s. S. 573 f.). Wie der galante Roman, die wohl bedeutendste Gattung der galanten Literatur, widmete sich die galante Lyrik fast ausschließlich dem Thema der Liebe. Hierin konnte Hoffmannswaldau ohne Zweifel als Vorbild dienen, und stilistisch war es die von Neukirch so genannte «liebliche schreib-art» seiner rhythmisch variablen und geschmeidigen Lieddichtung, die – mehr noch als der Metaphernstil – Nachahmer fand. In dieser Orientierung schlägt sich eine allmähliche Abkehr von den Extremen der scharfsinnigen und dekorativen Metaphorik, von der komplexen Bildersprache Lohensteins und mancher Texte Hoffmannswaldaus nieder, die sich bereits in den ersten Bänden der Neukirchschen Sammlung bei einer Reihe von Autoren erkennen läßt. Hierher gehört auch die leise Kritik Neukirchs in seiner Vorrede an ebendiesem Bildstil Hoffmannswaldaus, wenn er die *Helden-Briefe* «nicht zu verbessern» findet, «ausser etlichen harten metaphoren / so er von den Welschen behalten».

Das Ziel der galanten Dichter der ersten beiden Jahrzehnte des 17. Jahrhunderts war ein mittlerer, leicht verständlicher, doch gleichwohl einfallsreicher Stil mit einer eher zurückhaltenden Bildlichkeit. Anmut wurde zu einem häufig gebrauchten Ausdruck, um das erstrebte Stilideal zu charakterisieren: Anmut des Bildgebrauchs, aber auch der Form und des Rhythmus. Wenn Benjamin Neukirch in seiner *Anweisung zu Teutschen Briefen* (1709) eine «freye und ungezwungne manier» als das Wesentliche eines galanten Briefes ansieht und den galanten Stil als eine Schreibart charakterisiert, die sowohl im Ernst wie im Scherz Maß hält, so gilt das auch für die der gesellschaftlichen Unterhaltung dienenden galanten Poesie. Dabei geht es den Autoren nicht um einen Bruch mit der barocken Tradition. Noch in der Zurücknahme der Metaphorik sind die alten Muster spürbar, die Themen, Motive und Formen der galanten Poeten können – und wollen – ihre Vorbilder nicht verleugnen. Unverkennbar ist indes die thematische Verengung. Es dominieren Liebesgedichte als liedhafte Oden oder ‹galante Arien› (Überschrift einer Sektion in der Neukirchschen Sammlung), dem Gegenstand – Liebe in unpathetischer, scherzhafter Gestalt – angemessene leichtgewichtige poetische Gebilde in abwechslungsreichen Vers- und Strophenformen.

Daneben werden auch weiterhin längere Alexandrinergedichte (z. T. als Episteln), ‹Abrisse›, d. h. Bildreihengedichte, und Sonette gepflegt, doch unverkennbar bleibt die Angleichung an das moderne, ‹leichtere› Stilideal, die Verschiebung zum Spielerisch-Scherzhaften, gelegentlich auch zum explizit Sexuellen, während der dunkle Hintergrund, die Erinnerung an die Vergänglichkeit, die in Hoffmannswaldaus vielschichtigen Gedichten anklingt, immer mehr aus dem Blickfeld gerät. Das trifft auch auf die Gedichte Christian Hölmanns zu, der in dem von ihm herausgegebenen vierten Band der Neukirchschen Sammlung noch einmal ausdrücklich an Hoffmannswaldau anknüpft. Er beginnt nach dem Abdruck einiger Gedichte seines Vorbilds sogleich mit einer Reihe von umfangreichen «Abbildungen», die sich an Hoffmannswaldaus ‹Abrissen› mit ihren Metaphernreihungen orientieren: *Abbildungen der Augen*, *Abbildungen der Lippen*, *Abbildungen der Brüste*, *Abbildungen der Schooß*. Anregungen bieten ihm neben den Schönheitsbeschreibungen auch Hoffmannswaldaus liedhafte Oden oder Arien mit ihrem leichten Textfluß, und wie bei Hoffmannswaldau geben konkrete Situationen Anlaß für galante Gedichte und Rokoko-Szenen (*Als er sie im sommer-hause schlaffen fand*, *Als sie mit zu grabe gieng*), die mit ihrer Leichtigkeit und ihrem Witz den zeitgenössischen unterhaltenden galanten Stil verwirklichen und gelegentlich auf die Anakreontik vorausweisen. Daneben fehlen auch die burschikosen Töne der Studentenlyrik nicht, und der Witz seiner Epigramme verzichtet meist auf Doppeldeutigkeiten und manieristische Concetti zugunsten von Leichtigkeit und Klarheit: «Es wird die gantze welt bald ein Parnassus seyn; | Denn aller orten pflegt es verse her zu schnein.»

Den sprachlich-metrischen Duktus der galanten Poesie beeinflußten neben dem Vorbild Hoffmannswaldau auch literarische Entwicklungen außerhalb Schlesiens. Aufgenommen wurde Christian Weises Postulat eines natürlichen und verständlichen Stils einschließlich seiner Regel für die «Construction» von Versen ebenso wie Elemente des französischen Klassizismus, dessen Forderung nach Klarheit und Natur sich mit der Vorstellung von galanter gesellschaftlicher «Conduite» vereinbaren ließ. Dabei spielte der Berliner Hof, obwohl noch kaum ein Musenhof, mit seiner Orientierung an der französischen Kultur und Autoren wie Johann von Besser, Canitz und Christoph Otto Eltester eine wichtige Rolle. Auch der in Schlesien geborene Neukirch hatte versucht, nach Jurastudium und Advokatentätigkeit seit Ende 1692 in Berlin Fuß zu fassen. Mit den zahlreichen Gedichten Bessers und Eltesters in den ersten Bänden der Neukirchschen Sammlung und mit den Boileau-Übertragungen von Neukirch und Canitz war das Unternehmen von Anfang an eine über Schlesien und die ‹schlesische Schule› hinausreichende Angelegenheit, die gerade mit ihren ‹Berliner› Beiträgen dem neuen galant-höfischen Stil der Jahrhundertwende, charakterisiert durch Kategorien wie Natürlichkeit, Vernunft, Anmut und Witz, eine breite Resonanz verschafften.

Allerdings bleibt eine Reihe von Frühwerken Bessers mit ihrer eindeutigen Sexualität und ihrer Bildersprache noch weitgehend der erotischen Dichtung Hoffmannswaldaus verpflichtet. Berühmt-berüchtigt wurden Texte wie das umfangreiche Alexandrinergedicht *Ruhestatt der Liebe / oder Die schooß der Geliebten*) oder die Menstruationsode «Nicht schäme dich / du saubere Melinde» im ersten Band der Neukirchschen Sammlung. Johann Ulrich König behauptete später in der postumen Ausgabe der Werke Bessers (*Des Herrn von Besser Schrifften*, 1732), diese Texte seien ohne Zustimmung des Verfassers gedruckt worden.

Besser gehörte wie Karl Gustav Heraeus in Wien oder Johann Ulrich König in Dresden zu den sog. Hofdichtern, zu den Hofbeamten, die als Zeremonienmeister, Dichter und Organisatoren höfischer Feste seit dem Ende des 17. Jahrhunderts für die absolutistische Repräsentationskultur zuständig waren. Besser wirkte in dieser Funktion seit 1690 in Berlin, dann von 1717 an am Hof Augusts des Starken in Dresden, wo ihm nach seinem Tod König im Amt folgte. Bodmer und Breitinger bescheinigten Bessers Dichtung, insbesondere seinen dichterischen Schlachtgemälden zur höheren Ehre des jeweiligen Herrscherhauses, «die reichste Imagination», leichte, sanfte Verse und einen bescheidenen Stil: «Selbst in dem wildsten Qualm wird ihm der Kopf nicht schwer», schreibt Bodmer in seinem Lehrgedicht *Charakter Der Teutschen Gedichte* (1734).

Die Neukirchsche Sammlung

Die z. T. widersprüchliche Entwicklung der deutschen Lyrik zwischen Barock und Frühaufklärung spiegelt sich in der siebenbändigen Anthologie *Herrn von Hoffmannswaldau und andrer Deutschen auserlesene und bißher ungedruckte Gedichte* (1695–1727), die nach dem Herausgeber der ersten zwei (oder drei) Bände als Neukirchsche Sammlung in die Literaturgeschichte eingegangen ist (und deren komplizierte Druckgeschichte hier nicht im einzelnen darzustellen ist). Sie benutzt den berühmtesten Lyriker des späten 17. Jahrhunderts als Aushängeschild, auch wenn die späteren Bände kaum noch Texte Hoffmannswaldaus enthalten und der letzte Teil ganz unter klassizistischem Vorzeichen steht. Die ersten beiden Bände tragen den Titel noch zu Recht. Sie enthalten rund 120 Texte Hoffmannswaldaus, die folgenden insgesamt nur noch etwa 20. Zusammen mit Gedichten Lohensteins und Heinrich Mühlpforts besitzen diese Bände noch ein deutliches manieristisches – und ‹schlesisches› – Gepräge, auch wenn Neukirch bereits mit den genannten Berliner Autoren und mit Erdmann Neumeister die wichtigsten Repräsentanten der galanten Strömung um 1700 aufnahm und damit die weitere Entwicklung der Sammlung präjudizierte.

Neukirch selbst begann sich um die Jahrhundertwende immer entschiedener von der spätbarocken Dichtung zu distanzieren. Das als Schlüsseltext geltende Hochzeitsgedicht *Auf die Linck- und Regiußische*

vermählung, den 8 Junii anno 1700, 1709 im sechsten Teil der Neukirchschen Sammlung veröffentlicht, enthält in der ersten Hälfte eine programmatische Absage an die mit «muskateller-safft», «amber-kuchen», «Zibeth
und bisam» getränkten und gespeisten Verse, an die Verschwendung von
«gold, marmel und porphir»:

> Ihr seyd mir viel zu theur bey diesen schweren jahren,
> Ich habe jung verschwendt, ich will im alter spahren.
> Und also bin ich nicht mehr nach der neuen welt:
> Denn ich erfinde nichts, was in die augen fällt.
> Was wird denn Schlesien zu meinen versen sagen?
> Es sage, was es will; Ich muß es dennoch wagen.

Ob Neukirch nach den beiden ersten Bänden, die das Unternehmen berühmt machten, auch noch den 1703 erschienenen dritten Band der
Sammlung herausgegeben hat, läßt sich nicht beweisen. Franz Heiduk
plädiert für den in dieser Zeit als Herausgeber und Autor in Leipzig wirkenden Erdmann Uhse, Verfasser u. a. von häufig aufgelegten Poetiken
und Rhetoriken der galanten Richtung (*Wohl-informirter Redner*, 1702;
Wohl-informirter Poët, ³1708) sowie einer erfolgreichen ‹nicht-schlesi-
schen› Anthologie (*Neu-eröffnetes Musen-Cabinet*, 1702–04). Jedenfalls
tendiert der Band, in dem Texte zahlreicher eher unbekannter oder anonymer Autoren dominieren, zur neueren galanten bzw. klassizistischen
Richtung. Von den bekannteren Verfassern sind u. a. Johann von Besser
vor allem mit Epigrammen, Benjamin Neukirch, Erdmann Neumeister
und Johann Burkhard Mencke (Philander von der Linde), der spätere
Förderer Johann Christian Günthers, vertreten.

Als eine Art partieller Rückwendung zur schlesischen Tradition läßt
sich der vierte Band verstehen, den der Breslauer Christian Hölmann
1704 herausgab und zu einem großen Teil mit eigenen Gedichten – und
denen seines Freundes Christoph G. Burghart – bestritt. Hölmann
knüpfte ganz bewußt an Hoffmannswaldau an, von dem allerdings nur
eine geringe Anzahl von Texten Aufnahme finden konnte – der Vorrat
ungedruckter Gedichte war wohl aufgebraucht. Zugleich zeigt sich Hölmann jedoch mit zahlreichen galant unterhaltsamen Texten auf der Höhe
seiner Zeit. Der fünfte Band, ebenfalls von Hölmann herausgegeben (oder
mitherausgegeben), enthält nur noch wenige Gedichte Hölmanns und
Burgharts. Dagegen dominiert die Orthodoxie in Form von Hochzeits-
und vor allem Begräbnisgedichten sowie Epigrammen des Leipziger
Theologieprofessors Valentin Alberti. Zudem erhält der Band einen rück-
wärtsgewandten Charakter durch die Aufnahme zahlreicher Lieder
Simon Dachs.

Der Herausgeber des sechsten Bandes, 1709 erschienen, war der in
Liegnitz geborene Gottlieb Stolle, der sich als Lyriker Leander von Schle-

sien nannte und später vor allem als Gelehrter hervortrat. In seiner Vorrede, einer Verteidigung der Dichtkunst, heißt es: «Der verstand ist eine
herrliche krafft der menschlichen seele: das ingenium auch.» Allerdings
meint Stolle eine klassizistisch gemäßigte Einbildungskraft und trifft sich
damit mit der (neuen) Position Neukirchs, der hier wieder mit zahlreichen Texten vertreten ist, auch mit dem erwähnten Hochzeitsgedicht.
Von Stolle selbst gibt es, neben den Texten in den einzelnen Rubriken,
einen eigenen 70-seitigen Anhang mit weltlichen und geistlichen Gedichten (*Leanders aus Schlesien Teutsche Getichte*). Auch Texte Hölmanns
finden sich wieder in größerer Zahl, dazu zahlreiche Beiträge unbekannter Verfasser. Alle diese Texte repräsentieren die galante oder klassizistische Orientierung und weisen so in die aufklärerische Zukunft. Aber
diese Tendenz ist keineswegs mit einer Ablehnung oder gar Diffamierung
der Vorgänger verbunden; vielmehr werden Abschatz, Gryphius, Hoffmannswaldau und Lohenstein ausdrücklich als große Dichter gewürdigt,
und die Sammlung – der Herausgeber spricht vom «sogenannten neuen
Hoffmannswaldau» – beginnt mit einigen Hoffmannswaldau zugeschriebenen Texten und der ‹pfälzischen› Fassung von vier Heldenbriefen Lohensteins. Über Hoffmannswaldau heißt es in einem vorangestellten Epigramm von Ephraim Gerhard, wohl Mitherausgeber des Bandes:

> Die leute kümmern sich,
> Was doch bey neuer tichter sachen
> Des Hoffmannswaldau nahmen solte machen?
> Was gilts: Mein' antwort hält den stich:
> Er zeigt, daß seines geistes gaben
> Nicht gäntzlich ausgestorben seyn.
> Und trifft auch dieser schluß nicht richtig ein;
> So hört, ihr solt was anders haben:
> «Wenn Musen auf den berg der anmuth spielen gehn;
> So muß Apollo ja als Præses oben stehn.»

Das gilt dann für den siebten und letzten Band der Anthologie, fast zwanzig Jahre später 1727 erschienen, nicht mehr. Der Bruch mit der barocken
schlesischen Vergangenheit und ihrer Poetik war vollzogen, Sachsen bzw.
Leipzig hatten sich als dominierende Literaturlandschaft gegenüber
Schlesien bzw. Breslau durchgesetzt. Gottsched schrieb 1745 rückblik-
kend in einem Trauergedicht auf Johann Ulrich König: «Beglückte Poe-
sie! [...] | Gesetzt, daß Schlesien vorhin dein Wohnplatz war; | Als Opitz,
Lohenstein und Hofmannswaldau sungen, | Als Abschatz, Gryphius und
Flemmings Seiten klungen; | Gesetzt, daß nach der Zeit das prächtige Ber-
lin | Der Deutschen Helicon mit recht zu heissen schien; | Als Canitz noch
gelebt; als Besser rein von Seyten, | Mit Neukirchs starker Kunst beständ-
dig schien zu streiten: [...] | So weicht doch Sachsenland anitzo keinen
andern [...].»

Herausgeber dieses Bandes war Gottlob Friedrich Wilhelm Juncker, ein junger Anhänger Gottscheds, der selbst zahlreiche Gedichte beisteuerte. Im übrigen stehen u. a. Gottsched, Johann Ulrich König, Johann Burkhard Mencke, Benjamin Neukirch, Michael Richey und Johann Elias Schlegel für die neue Zeit. Auch zwei Gelegenheitsgedichte Johann Christian Günthers werden hier zum erstenmal veröffentlicht, wie denn überhaupt Gelegenheitsgedichte einen großen Teil der Sammlung ausmachen (und auch Anlaß einer vorangestellten Streitschrift gegen Gottfried Benjamin Hancke bilden, der in seinen *Weltlichen Gedichten* von 1727 Gelegenheitsgedichte für obsolet erklärt hatte). Übersetzungen bilden eine eigene Sektion: Boileau, Horaz, Ovid, eine Passage aus Addisons *Cato*. Von den acht Beiträgen Gottscheds sind sieben Übersetzungen bzw. «Nachahmungen» von Texten Boileaus und Horaz'. Ein geplanter achter Band der Anthologie kam nicht mehr zustande. Allerdings sorgten Nachdrucke der Neukirchschen Sammlung, die mit Texten von Simon Dach bis Gottsched eine außergewöhnlich große Spannweite besaß, bis in die fünfziger Jahre des 18. Jahrhundert hinein für ihre Präsenz im literarischen Leben.

9. Klassizismus und Frühaufklärung

Die Opposition gegen den manieristischen Stil des Barock speiste sich aus verschiedenen Quellen. Nie gänzlich verschwunden war der opitzianische Klassizismus, dem sich weiterhin eine Reihe von Autoren verpflichtet fühlten. Zu ihnen zählen der einflußreiche Poetiker und Polyhistor Daniel Georg Morhof, bei dem u. a. Christian Wernicke studierte, oder auch Christian Gryphius, der Sohn von Andreas Gryphius. Neben dieser klassizistischen Grundströmung setzte die auf Weltorientierung und gesellschaftliche Praxis ausgerichtete ‹politische› Rhetorik und Poetik Christian Weises neue Maßstäbe. Diese Vorstellungen wiederum standen in enger Beziehung zu einer an der französischen Salonkultur ausgerichteten galanten Literatur und Lebensform, die sich gegen weltferne Buchgelehrsamkeit und Pedanterie richtete und – wie von Christian Thomasius propagiert – auf ein weltmännisches Menschenbild zielte, in dem sich «honnêteté, Gelehrsamkeit / beauté d'esprit, un bon gout und galanterie» miteinander verbinden sollten (*Discours Welcher Gestalt man denen Frantzosen in gemeinem Leben und Wandel nachahmen solle?*, 1687). Gleichzeitig mit diesen Strömungen gewann der französische Klassizismus zunehmend an Einfluß, wobei sich die Berufung auf seinen Gesetzgeber Nicolas Boileau (*L'art poétique*, 1674; *Satires*, 1666 ff.) durch den Rückverweis auf Martin Opitz zusätzlich legitimieren ließ.

Der Einfluß des französischen Klassizismus: Canitz

Der frühaufklärerische Klassizismus fand in Friedrich Rudolph Ludwig von Canitz seinen ersten bedeutenden Exponenten. Er selbst sah sich gewiß nicht als literarischer Reformer und schon gar nicht als Gegner Hoffmannswaldaus und Lohensteins. Canitz schrieb nicht für eine breitere literarische Öffentlichkeit und hielt seine Arbeiten bis auf die Übersetzung einer Boileau-Satire im zweiten Teil der Neukirchschen Sammlung zurück. Erst die Wirkungsgeschichte der postumen Veröffentlichung einer Auswahl seiner Gedichte, die der Pietist Joachim Lange im Auftrag der Familie in eher unsystematischer Gestalt und nicht ohne Eingriffe herausgab, wies ihm die Vorreiterrolle zu.

Die *Neben-Stunden Unterschiedener Gedichte*, 1700 zuerst erschienen, wurden z. T. mit Zusätzen, Umstellungen und anderen Eingriffen bis 1719 neunmal aufgelegt. Die Unzulänglichkeiten der Ausgabe führten zuerst in Zürich in der um Bodmer und Breitinger versammelten Gesellschaft der Mahler zu Plänen einer neuen Edition, die dann unter Zustimmung Bodmers Johann Ulrich König verwirklichte: *Des Freyherrn von Caniz Gedichte, Mehrentheils aus seinen eigenhändigen Schrifften verbessert und vermehret* (1727). Neben Neuauflagen dieser Ausgabe erschienen bis zum Jahr 1762 weitere Gesamtausgaben, 1737 auch eine Bodmers. Dieser Erfolg unterstreicht die Bedeutung von Canitz' Gedichten als Musterbeispielen des ‹guten Geschmacks›, einer für die Ästhetik des 18. Jahrhunderts wesentlichen Kategorie, der König in seiner Canitz-Edition eine eigene Abhandlung gewidmet hatte («Nebst [...] Einer Untersuchung Von dem guten Geschmack in der Dicht- und Rede-Kunst»). Für König und seine Zeitgenossen war Canitz «mit einem Worte, ein Poete von gutem Geschmack».

Canitz (1654 Berlin – 1699 ebd.) stammte aus einem alten preußischen Adelsgeschlecht. Er studierte zunächst in Leiden, dann in Leipzig (1672–74). Die anschließende Kavalierstour führte ihn von 1675–77 nach Italien, Frankreich und England. Nach seiner Rückkehr trat er in den Dienst des brandenburgischen Staates (1680 Hof- und Legationsrat, 1688 Geheimer Rat, 1697 Geheimer Staatsrat), den er in zahlreichen diplomatischen Missionen vertrat. Außerdem verwaltete er das Familiengut in der Nähe von Berlin.

Canitz war kein Hofpoet, wie ihn Literaturgeschichten häufig einordnen und ihn damit in eine Reihe mit Johann von Besser und Johann Ulrich König stellen. Er schrieb keine Huldigungspoesie, keine repräsentativen Beschreibungen von höfischen Festlichkeiten oder militärischen Unternehmungen, sondern dichtete als adeliger Dilettant in den privaten Nebenstunden in deutlichem Abstand von seinen höfischen Ämtern und Verpflichtungen. Die Hofkritik in seinen Satiren, so traditionell Thematik und Ausführung auch sind, kann sich auf eigene Beobachtungen und Erfahrungen stützen. Und es war auch nicht die kulturelle Atmosphäre des Berliner Hofes – sofern unter dem Großen Kurfürsten überhaupt schon vorhanden –, die ihn zum Klassizismus französischer Prägung hinführte. Entscheidend für seine literarische Entwicklung wurde vielmehr die Ka-

valierstour, die ihn 1675–77 nach Italien, Frankreich und England geführt
hatte. Zunächst fand er bei italienischen Poeten Anregungen durch so
«manche schöne Redens-Art und Erfindung», doch dann überwältigten
ihn Frankreichs Kultur und Literatur. Während eines längeren Aufenthalts
in Lyon schrieb er im Juli 1676 in einer Epistel an einen Freund in Jena:

> Komm, Freund, weil Franckreich dir in allem alles reicht.
> Suchst du ein Feuerwerck? hier brennen edle Flammen.
> Liebst du die Garten-Lust? hier ist ein Paradieß.
> Bezaubert dich ein Buch? hier hast du mehr beysammen,
> Als kaum, dem Nahmen nach, man dich noch kennen ließ.
> Laß Vers und Lieder uns hier in die Wette schreiben,
> Hier, wo Vernunfft und Reim gern bey einander steht.

Der letzte Vers zitiert die zwei Jahre zuvor erschienene *L'art poétique*
Boileaus, dessen klassizistisches Stilideal von nun an Canitz' Dichtung
prägte. Ihr Erfolg nach der Jahrhundertwende, als sie der Öffentlichkeit
zugänglich wurde, läßt sich nur aus dem extremen Gegensatz zur scharfsinnigen und dekorativen Metaphernkunst des Spätbarock erklären, die
sich überlebt hatte, nicht durch die besondere Qualität von Canitz' Verskunst mit ihrer ‹vernünftigen› und ‹natürlichen›, aber eben auch prosa-
isch-nüchternen Schreibart. Ihr Ideal formuliert die Satire *Von der Poesie*
aus der Kritik der Gegenwartsliteratur heraus: «Man denckt und schreibt
nicht mehr, was sich zur Sache schicket, | Es wird, nach der Vernunfft,
kein Einfall ausgedrücket […].» Und: «So künstlich [nämlich wie Vergil]
trifft itzund kein Tichter die Natur, | Sie ist ihm viel zu schlecht […].»
   Die «Natürlichkeit des Ausdrucks», die König an Canitz rühmt, ist
charakteristisch für sein gesamtes Werk, für seine der Konvention entsprechenden geistlichen Lieder ebenso wie für die harmlos-witzigen
scherzhaften Gedichte und die Satiren. Berühmt in der ersten Hälfte des
18. Jahrhunderts war die 27 achtzeilige trochäische Strophen umfassende
Klag-Ode über den Tod seiner ersten Gemahlin aus dem Jahr 1695, die
mit ihrem schlichten, empfindsamen Ton den Publikumsgeschmack traf.
Canitz war ohne besondere Wirkungsabsicht in den neuen Stil hineinge-
wachsen. Während Besser, Neukirch und andere in Abkehr von ihren
früheren Dichtungen den bewußten Bruch mit der spätbarocken Tradition vollzogen, war es bei Canitz erst die Nachwelt, die ihm die historische Rolle des Herolds eines neuen poetischen Zeitalters zuwies. Allerdings setzte sich die klassizistische Richtung erst nach einer langen
Übergangszeit durch, wie sich nicht nur an der Geschichte der Neukirchschen Sammlung von 1695 bis 1727 ablesen läßt, sondern auch daran, daß
noch Barthold Heinrich Brockes 1715 mit dem *Verteutschten Bethlehemitischen Kinder-Mord* eine stilgerechte Marino-Übersetzung vorlegte.

Johann Christian Günther

In diese Übergangszeit gehört auch das Werk Johann Christian Günthers. Entsprechend schwierig ist es, seine literarhistorische Stellung zu bestimmen. Lange dominierte die biographische Methode, die die Gedichte vor allem als Dokumente eines genialen, aber auch zügellosen, in Armut und Elend endenden Lebens sah. Wesentlichen Anteil an diesem Bild vom Frühsubjektivisten hatte Goethes Charakteristik im siebten Buch von *Dichtung und Wahrheit* (Teil 2, 1812), die im Zusammenhang mit einem Überblick über die Literatur des 18. Jahrhunderts steht. Sie hebt einerseits Günthers großes Talent hervor – «ein Poet im vollen Sinne des Worts», «er besaß alles, was dazu gehört, im Leben ein zweites Leben durch Poesie hervorzubringen, und zwar in dem gemeinen wirklichen Leben» –, gibt aber dann mit den Schlußsätzen die Stichworte, die das Günther-Bild lange prägen sollten: «Das Rohe und Wilde daran [an seiner Dichtung] gehört seiner Zeit, seiner Lebensweise und besonders seinem Charakter oder, wenn man will, seiner Charakterlosigkeit. Er wußte sich nicht zu zähmen, und so zerrann ihm sein Leben wie sein Dichten.»

Ohne Zweifel haben biographische Momente eine große Bedeutung für Günthers Schaffen. Und sein berufliches Scheitern als Dichter wie als Mediziner mag auch mit seinem Charakter zu tun haben, seiner Unangepaßtheit, mit der er sich den rigiden gesellschaftlichen und religiösen Zwängen zu entziehen suchte und die ihn vielleicht die neue Freiheit des Studentenlebens übermäßig in Anspruch nehmen ließ. Von noch größerer Bedeutung sind aber wohl die Zeitumstände, in die Günther hineingeboren wurde. Er wuchs in Schlesien, einem noch von den konfessionellen Auseinandersetzungen des 17. Jahrhunderts geprägten Territorium auf, in einer Umgebung, in der die erstarrte lutherische Orthodoxie das religiöse Klima bestimmte und für eine strenge Sozialkontrolle sorgte, die im Vater mit seinen engen Moralvorstellungen gleichsam ihren familiären Stellvertreter besaß. Aus dieser Welt gelangte Günther zum Studium der Medizin nach Leipzig und damit in eine neue, aufklärerischen Gedanken sich öffnende Zeit. Hier fand er einen großzügigen Förderer in dem Geschichtsprofessor, galanten Dichter und Anakreon-Übersetzer Johann Burkhard Mencke, hier faßte er den gefährlichen Entschluß, die Dichtung zum Beruf zu machen. Dafür brauchte man entweder einen Mäzen oder – bei Günther eher schwer vorstellbar – eine Anstellung als Hofdichter, ein für repräsentative Angelegenheiten zuständiges Amt, wie es Johann von Besser, Johann Ulrich König oder Karl Gustav Heraeus innehatten und wie es Benjamin Neukirch zeitweise anstrebte. Günthers Bemühungen blieben erfolglos: Die große heroische Ode *Auf den zwischen Ihrer Röm. Kays. Majest. und der Pforte geschlossenen Frieden, 1718* («Eugen ist fort;

Ihr Musen / nach!»), ein poetisches Bewerbungsschreiben hohen Stils, fand keine Resonanz bei Prinz Eugen und dem Wiener Hof, und die von Anekdoten umrankte Vorstellung am Dresdener Hof, die Mencke vermittelt hatte, blieb ohne Erfolg.

Johann Christian Günther (1695 Striegau/Schlesien – 1723 Jena), Sohn des Striegauer Stadtarztes, besuchte von 1710–15 das Gymnasium in Schweidnitz; hier fand er Lehrer, die seine poetische Begabung förderten, und eine Liebe, Leonore Jachmann, die ihn seit 1714 zu zahlreichen Liebesliedern und Versepisteln inspirierte. Zu den Förderern seines poetischen Talents gehörten der Rektor des Gymnasiums Christian Leubscher, der Günther in seine Poetenklasse aufnahm, ihn an die antike Literatur heranführte und ihn als Darsteller, Übersetzer und Autor (*Die von Theodosio bereuete und Von der Schul-Jugend von Schweidnitz den 24. September 1715 vorgestellte Eiffersucht*) in die Schultheaterpraxis einband. Mit der geistlichen und weltlichen deutschen Dichtungstradition, nicht zuletzt der Hoffmannswaldaus und seiner galanten Nachfolger, machte ihn Benjamin Schmolck vertraut, seit 1702 Diakon an der Schweidnitzer Friedenskirche, zu der das Gymnasium gehörte, und seit 1714 Oberpfarrer und Schulinspektor. Schmolck war als Dichter bildkräftiger, anschaulicher geistlicher Lieder äußerst produktiv und erfolgreich. Eine Reihe von frühen Liedern Günthers zeigt den Einfluß seines Mentors. So kehrt die Anaphernstruktur von Schmolcks Lied «Endlich, Endlich muß es doch | Mit der Noth ein Ende nehmen: | Endlich bricht das harte Joch […]» (*Heilige Flammen der himmlisch-gesinnten Seele*, 1704) bei Günther wieder: «Endlich bleibt nicht ewig aus, | Endlich wird der Trost erscheinen, | Endlich grünt der Hofnungsstrauß […].»

Günther ging anschließend zum Medizinstudium nach Wittenberg (1715–17) und Leipzig (1717–19), widmete sich aber wohl mehr dem studentischen Leben und der galanten Poesie als der Medizin. Die Hinwendung zur Poesie und wenig verhüllte satirische Ausfälle führten zu Schwierigkeiten mit der lutherischen Orthodoxie in seiner Heimat und zum irreparablen Bruch mit dem Vater. Nach den fehlgeschlagenen Versuchen, Dichtung zu einem Beruf zu machen, kehrte er nach Schlesien zurück. Er hielt sich mit Gelegenheitsgedichten mühsam über Wasser und fand hier und da Gönner. Auf dem Weg zurück nach Leipzig lag er 1720 monatelang krank im Armenhaus von Lauban in Schlesien, versuchte dann im Winter 1720–21, sich im oberschlesischen Kreuzberg eine bürgerliche Existenz als Landarzt aufzubauen. Die Verlobung 1721 mit der Pfarrerstochter Johanna Barbara Littmann – «Phillis» in den Gedichten – scheiterte, da der Vater unzugänglich blieb. Günther hielt sich anschließend bei verschiedenen Kaufmannsfamilien in Oberschlesien auf, ohne sich etablieren zu können. Im Oktober 1722 gelangte er nach Jena, wo er ein halbes Jahr später, wahrscheinlich an Tuberkulose, starb. Berühmt wurde er, als ein Jahr nach seinem Tod, 1724, die erste *Sammlung von Johann Christian Günthers aus Schlesien, Theils noch nie gedruckten, theils schon heraus gegebenen, Deutschen und Lateinischen Gedichten* erschien, der drei weitere Teile bis 1735 und Nachlesen bis 1764 folgten.

Neben dem Schweidnitzer Schuldrama von 1715 umfaßt Günthers Werk etwa 600 Gedichte mit rund 40 000 Versen, zum größten Teil Gelegenheitsgedichte. Dabei sieht er sich in der Tradition der humanistisch geprägten Gelehrtendichtung, wie sie mit dem Namen von Martin Opitz verbunden ist: «Vielleicht wird Opiz mich als seinen Schüler kennen», heißt es in einer der Berufungen auf den ‹Vater› der neueren deutschen Dichtkunst. Und so bleibt er im Rahmen einer von rhetorischen Prinzipien geprägten Poesie und schließt sich dabei in seiner Tendenz zu ‹natürlicher› Rede und zurückhaltender Bildlichkeit der zeitgenössischen galanten Poesie und den neuen klassizistischen Strömungen an.

Die Texte zeigen ihn als einen versierten Gelehrten- und Gelegenheitsdichter, der souverän über die literarische Überlieferung und ein breites Formenrepertoire vom einfachen Strophenlied über die modische Form der Kantate bis hin zu umfangreichen Langzeilengedichten verfügt. Bibel, antike und frühneuzeitliche Literatur stellen die Exempel, Argumentationsmuster und Modelle für die verschiedenen Gattungen bereit. Das poetologische Prinzip der *imitatio* gilt weiter; es gilt im Sinn der Nachahmung und Variation dichterischer Vorbilder, es hat aber auch den allgemeineren Sinn der Nachfolge: Günther, der deutsche Ovid, identifiziert sein Schicksal mit dem des exilierten römischen Dichters; er sieht sich, und das ist die zweite dichterische Rolle, mit der er die Krise seines Glaubens an die göttliche Vorsehung zu meistern sucht, als anderer Hiob.

Gleichsam stellvertretend für die Auseinandersetzung mit Gott und der göttlichen Ordnung steht die mit dem Vater. Daß er diesen, der nicht zuletzt wegen Günthers Entscheidung für die Dichtkunst mit ihm gebrochen hatte, mit poetischen Mitteln zum Einlenken zu bewegen sucht, läßt eine gewisse Realitätsfremdheit vermuten, die auch die Unbedingtheit seines Entschlusses und die entschiedene Weigerung, einen Brotberuf zu ergreifen, kennzeichnet: «Und außer meiner Kunst verlier ich überall», heißt es indirekt appellierend nach einer Ablehnung aller in Frage kommenden Berufe in einem Briefgedicht an einen Gönner in Schweidnitz (*An Herrn Gottlieb Milich* [...]) , das 1719 kurz nach dem Mißerfolg in Dresden entstand. Dem Vater nun schreibt er umfangreiche Versepisteln, um sein Verhalten zu rechtfertigen und Verzeihung zu erlangen, die sechste und letzte Ende März/Anfang April 1722 mit 416 Versen: «Fünffmal hab ich schon versucht, nur *dein* Antlitz zu gewinnen; | Fünffmal hast *Du* mich verschmäht; O was sind denn diß vor Sinnen!» Dabei zieht er alle Register rhetorischer Überredungskunst, läßt Klage, Anklage und die Haltung demütiger Unterwerfung abwechseln, rekapituliert seine Geschichte, nimmt alle Schuld auf sich, besteht aber auf dem hohen Rang des Dichterberufes, singt das Lob des Vaters und sucht diesen sogar im Hinblick auf einen Schicksalsschlag (Brand des Striegauer Hauses) mit dem Theodizeegedanken zu trösten:

Freylich sah *GOtt* auch vorher, was vor Schmertzen, Last und Bürden,
Elend, Sünden, Wunsch und Flehn in die Reiche kommen würden:
Freylich sah' *Er* dieses alles, und erwog so gleich dabey,
Daß der Mangel in den Theilen zu dem Gantzen nöthig sey.
Und so hat *Er* auch *dein* Creutz vorgesehn und zugelassen,
Nach der weisen Gütigkeit, die gewiß nicht alle fassen.
(*Den Unwillen Eines redlichen und getreuen Vaters suchte durch diese*
Vorstellungen Bey dem Abschiede aus seinem Vaterlande zu besänfftigen
Ein gehorsamer Sohn)

Es sind Gedanken, die ihn selbst umtreiben und mit denen er in zahlreichen Klagegedichten Trost zu finden sucht, aber die angesichts seiner
Leiderfahrungen immer schwerer zu akzeptieren sind. Die tiefe Erschütterung des aufklärerischen Optimismus von der besten aller Welten zeigt
das Gedicht *Alß er durch innerlichen Trost bey der Ungeduld gestärcket*
wurde, trotz der eher verharmlosenden bzw. (absichtlich?) irreführenden
Überschrift das radikalste einer ganzen Reihe von Klagegedichten. In den
ersten sechs Strophen formuliert es in einer bis dahin in der deutschen
Literatur unerhörten Weise die Absage eines verzweifelten Ich an christliche und stoische Tugenden, die Stützpfeiler der gesellschaftlichen und
moralischen Ordnung, eine in drastischen Worten die Theodizee leug-
nende Rebellion gegen einen sadistischen dreifaltigen Gott und eine Welt,
die das leidende Subjekt gewiß nicht als die beste aller möglichen erfährt.
Die Anklage gipfelt in der sechsten Strophe in der Verfluchung der eigenen Geburt («O! daß doch nicht mein Zeug aus Raben-Fleisch entspro-
ßen!»), die sich noch auf die erste Halbzeile der letzten Strophe hinüber-
zieht («Verflucht sey Stell und Licht!» d. h. Geburtsort und Geburtstag).
Dann aber folgt unvermittelt und unmotiviert, allerdings in der Hiob-
Folie vorgebildet, der Umschwung, der Sprung in den Glauben im Geist
der lutherischen Kreuzestheologie: «Verflucht sey Stell und Licht! – –
ach! ewige Geduld, | Was war das vor ein Ruck von deinem Liebes-
Schlage!»

Wenn sich das Gedicht auch biographisch verstehen läßt, so ist doch
die suggerierte Gegenwärtigkeit und unmittelbare Ich-Aussage Fiktion,
wie schon allein im poetischen Kalkül der Plazierung des Umschwungs
sichtbar wird. Sowohl die noch Regeln unterworfene dichterische Rede
als auch der Rückgriff auf vorgeprägte Muster und Rollen, in denen Günther sein existentielles Leiden aussprechen kann, sorgen für Distanz und
unterscheiden seine Gedichte von der sogenannten Erlebnislyrik des späten 18. Jahrhunderts. Der Eindruck der Unmittelbarkeit ist ein Werk rhetorischer und poetischer Denkformen und Verfahrensweisen.

Die Liebeslyrik folgt ähnlichen Gesetzen. Sie verwendet eklektisch und
durchaus auch spielerisch Versatzstücke aus einer breiten – antiken, neu-

lateinischen, petrarkistischen – Überlieferung. In einer Auftragsschrift zu
einer Hochzeit im Oktober 1721 heißt es nach parodistischen Versen er-
klärend: «Befürchte ich keinen Eckel, den schon so offters aufgewärmten
Kohl in einer neuen Fricassée à la Mode dem zärtlichen Geschmacke unserer galanten Welt vorzusetzen, so sollte es mir leichte seyn, aus den verliebten Delicatessen des Anacreon, des Ovidii, Petrarchae, Johannis Se-
cundi, des Marino und unsers ihm nachfolgenden Lands-Mannes, des
Herrn von Hoffmannswaldau, eine Braut-Suppe zuzurichten» (*Auf Die
glückliche Verbindung Herrn Zacharias Hülses* [...]). Aber trotz dieser
Absage greift Günther durchaus immer wieder auf diese Zutaten zurück,
selbst manieristische Tendenzen zeigen sich gelegentlich wie in dem
*Hochzeit-Scherz, nach Anleitung des Lateinischen, aus dem Johanne Se-
cundo.* Im ganzen jedoch folgt er in seiner Sprache der galanten Ab-
schwächung des spätbarocken Bildstils zugunsten eines ‹natürlicheren›
Sprechens, das – Ergebnis der Kunst – zugleich an ältere Sprechweisen
anknüpft. Günthers Ethos der Treue und der Ton mancher Gedichte erinnern nicht zufällig an Paul Fleming oder das Gesellschaftslied («Ein treues
Herz | Ist sonder Scherz | Das beste Heiratsgut»). Das Verfügen über die
Traditionen und Topoi der Liebesdichtung wird auch deutlich, wenn er
im *Schreiben An seine Leonore* vom Dezember 1719 den Zusammenhang
von beständiger Liebe und Dichterruhm in der Nachfolge der Alten thematisiert:

> Ich thu, so viel ich kan, dein Denck-Mahl auszubreiten,
> Um bey der späten Welt durch deinen Ruhm zu blühn:
> Wie mancher wird noch Trost aus meinen Liedern ziehn?
> Wie manchen wird mein Vers zur süssen Regung leiten?
> So merck' ich, wenn mein Mund der Alten Arbeit lies't,
> Daß unsre Liebe schon vor dem gewesen ist.

Günther steht am Ende einer langen Tradition, er verfügt über sie und die
Sprechweisen und Rollen, die sie bereitstellt. Er ist ein professioneller
Dichter mit einem ausgeprägten Bewußtsein vom hohen Rang der Poesie
und von seiner Aufgabe als Dichter. Zugleich bringt er, entschiedener als
jeder andere Dichter der Zeit und der vorhergehenden Barockära, das eigene Ich in die Dichtung ein und bereitet insofern, obwohl er das Gefüge
der traditionellen Poetik noch nicht sprengt und das poetologische Prinzip der *imitatio* weiterhin gilt, spätere Entwicklungen vor. So führt die
erkennbare Spannung zwischen aufbrechender Subjektivität und traditio-
nellem dichterischen Rollenverständnis zwar noch nicht zum Bruch, doch
geht Günthers Individualität nicht mehr, wie weitgehend bei den Dichtern des 17. Jahrhunderts, in den überlieferten Mustern auf.

Frühaufklärerische Natur- und Lehrdichtung: Brockes

Barthold Heinrich Brockes gehört ebenfalls zu den Dichtern des Übergangs vom Barock zur Aufklärung. Sein Leben wie seine literarischen Arbeiten orientierten sich zunächst bis zu seiner Wahl in den Rat der Freien Reichsstadt Hamburg (1720) und dem Erscheinen des ersten Bandes des *Irdischen Vergnügens in Gott* (1721) an den Vorstellungen der höfischen bzw. galanten Barockkultur. Auch die von ihm zusammen mit Johann Albert Fabricius, Michael Richey und Johann Ulrich König 1714/15 gegründete Teutsch-übende Gesellschaft zur Pflege der deutschen Sprache und Literatur war noch der Tradition der barocken Sprachgesellschaften verpflichtet. Seinen ersten großen Erfolg hatte Brockes mit dem Passionsoratorium *Der Für die Sünde der Welt / Gemarterte und Sterbende Jesus Aus den IV. Evangelisten,* das mit der Musik des Opern- und Oratorienkomponisten Reinhard Keiser 1712 vor mehr als 500 Zuhörern in seinem Haus uraufgeführt und später u. a. noch von Händel, Telemann und Johann Mattheson vertont wurde. Brockes schrieb zahlreiche weitere Texte für musikalische Gelegenheiten (Serenaden, Kantaten u. a.), die ebenfalls namhafte Komponisten fanden. Einen Rückgriff auf die manieristische Barocktradition bedeutet sein bis zur Jahrhundertmitte insgesamt sechsmal aufgelegter *Verteutschter Bethlehemitischer Kindermord des Ritters Marino* (1715), die Übersetzung von Giovan Battista Marinos *La strage degli innocenti* (1632). Dabei stellt Brockes die Wiedergabe der ingeniösen Metaphorik der Vorlage über die genaue metrische Entsprechung und zeigt auch deutliches Interesse für die die Absolutismus-Diskussion aufnehmende theologisch-politische Ebene von Marinos Dichtung. Brockes selbst datiert die Wende in seinem literarischen Schaffen, die sich dann in dem seit 1721 erscheinenden *Irdischen Vergnügen in Gott* manifestiert, bereits auf die Entstehungszeit dieser Übersetzung. In seiner Autobiographie schreibt er, nach der Vollendung seines Oratoriums habe er sich, «durch die Schönheit der Natur gerühret», entschlossen, «den Schöpfer derselben, in fröhlicher Betrachtung und möglicher Beschreibung zu besingen».

Barthold Heinrich (Hinrich) Brockes (1680 Hamburg – 1747 ebd.) stammte aus einer wohlhabenden Kaufmannsfamilie. Er studierte von 1700–02 Jura und Philosophie in Halle, wo er auch Christian Thomasius hörte. Anschließend praktizierte er ein halbes Jahr am Reichskammergericht in Wetzlar. Am Ende einer Bildungsreise (Italien, Schweiz, Frankreich, Niederlande) erwarb er 1704 in Leiden den Titel eines Lizentiaten der Rechte. Ende 1704 kehrte er auf Wunsch seiner Mutter nach Hamburg zurück, gab seinen Vorsatz auf, bei Hof Karriere zu machen, und widmete sich fortan als dilettierender Privatier seinen poetischen und künstlerischen Interessen und einem galanten Lebensstil: «Ich hielte mich zu den vornehmsten Compagnien, gab wöchentlich ein Concert, verschaffte mir ein klein Cabinett von Gemählden etc. und gedachte auf solche Weise mich in Estime zu setzen und beliebt zu machen, welches mir denn eben nicht mißriehte.» Dabei kamen ihm das ererbte Vermögen und 1714 die angestrebte gute Partie – «Meine Absicht war durch eine artige Aufführung zu einer reichen Heyraht zu gelangen» – mit Anna Ilsabe Lehmann zugute.

Auch als er 1720 zum Ratsherrn gewählt wurde und eine politische Karriere begann, verlief sein Leben weiter in ruhigen Bahnen, wenn ihn auch Gesandt-schaftsreisen an die Höfe von Wien, Berlin und Glückstadt gelegentlich aus Ham-burg hinausführten. Der Hinwendung zur bürgerlichen Politik entsprachen seine Mitgliedschaft in der von ihm 1724 mitbegründeten Patriotischen Gesellschaft und seine Beiträge für ihr Organ, die Moralische Wochenschrift *Der Patriot* (1724–26). Von 1735–41 führte er ein beschauliches Landleben als Amtmann in der hamburgischen Außenbesitzung Ritzebüttel (Cuxhaven). Anschließend wurde er der Hamburger Schulbehörde zugeteilt, die er seit 1743 leitete. In die letzten Jahre seines Lebens fallen – neben der Arbeit an seinem Hauptwerk – Übersetzungen von bedeutenden Texten der englischen Literatur der Aufklärung: *Aus dem Eng-lischen übersetzter Versuch vom Menschen des Herrn Alexander Pope* (1740) und *Aus dem Englischen übersetzte Jahres-Zeiten des Herrn Thomson* (1744).

Irdisches Vergnügen in Gott bestehend in verschiedenen aus der Natur und Sitten-Lehre hergenommenen Gedichten lautet der Titel des ersten, 1721 erschienenen Teils des insgesamt neunteiligen Hauptwerks des Hamburger Ratsherrn. Spätere Teile und Auflagen sprechen im Untertitel von «Physicalisch- und Moralischen Gedichten». Der Abschlußband, po-stum 1648, trägt den Titel *Physikalische und moralische Gedanken über die drey Reiche der Natur, Nebst seinen übrigen nachgelassenen Gedich-ten, als des Irdischen Vergnügens in Gott Neunter und letzter Theil. Ein Auszug der vornehmsten Gedichte* der ersten fünf Teile erschien 1738 und unterstreicht – wie die zahlreichen Auflagen vor allem der ersten Bände – den großen Erfolg, den Brockes mit seinem Werk erzielte, ein Erfolg freilich, der nicht lange anhielt.

Mit seiner Metaphorik und der häufig verwendeten Kantatenform ist das *Irdische Vergnügen in Gott* vielfach noch barocken Traditionen ver-pflichtet, während es mit seinem philosophisch-religiösen Grundtenor Gedanken der Frühaufklärung reflektiert: Brockes' Gedichte sind Mani-festationen eines von keinem Zweifel angekränkelten philosophischen Optimismus, vielfach variierte «Erweise», daß die bestehende irdische Welt die beste aller möglichen Welten sei und es in der Schönheit, Zweck-mäßigkeit und Nützlichkeit der Natur den Schöpfer zu erkennen und zu loben gelte. Zweifel, wie sie seinen Zeitgenossen Albrecht von Haller be-wegen (s. Bd. VI, S. 220 f.), kennt Brockes nicht. Hinter seiner unablässig wiederholten und mit zahllosen Beispielen illustrierten Argumentation steht die Physikotheologie, eine theologisch-erbauliche Richtung, die als Reaktion auf die Veränderungen des religiösen Weltbilds in der Frühen Neuzeit in der ersten Hälfte des 18. Jahrhunderts große Popularität er-langte. Es handelt sich um eine Form des teleologischen Gottesbeweises, die die Gotteserfahrung in der Natur als beweiskräftiges Argument für die Existenz des Schöpfers und seine Allmacht, Weisheit, Güte und Liebe ansah. Die Modernität und Attraktivität dieser Denkweise lag vor allem darin, daß sie sich – anders als die religiöse Orthodoxie oder der Pietismus – neuen wissenschaftlichen Erkenntnissen nicht verweigerte, sondern sie vielmehr für die eigene Argumentation fruchtbar machte und sich damit zugleich den ‹gottlosen› Tendenzen eines mechanistischen Weltbilds entgegenstellte. Denn gerade die neuen Einsichten in die Natur und ihre Zusammenhänge, die Vorstellungen von der Unbegrenztheit des Kosmos und der Pluralität der Welten (Fontenelles Erfolgsbuch *Entretiens sur la pluralité des mondes* war zuerst 1686 erschienen) ließen sich als Beweise nicht nur für die Existenz Gottes, sondern vor allem auch für seine Eigenschaften (Macht, Vorsehung, Weisheit usw.) lesen, Argumente, mit denen aufkommende Zweifel am herkömmlichen Gottesbild entkräftet werden sollten. Die Erkenntnis der Natur und ihrer Erscheinungen führt zu Gott. Im Lehrgedicht *Das Norder-Licht* heißt es:

> Was aber mag doch wohl der Schein
> Recht eigentlich, und was die Ursach seyn?
> Auf! auf! mein Geist, du must dich aufwärts schwingen!
> Bestrebe dich, mit Ehr-Furcht in die Tiefe
> Der wirckenden Natur zu dringen,
> Zu unsers Schöpfers Preis'; um auch in diesen Dingen
> Sein' Allmacht, Seine Lieb' und Weisheit zu besingen.

Bei dieser Art von Naturreligion, die vor allem in England, aber auch in den Niederlanden und in Norddeutschland große Bedeutung erlangte, treten dogmatische und christologische Aspekte des Glaubens in den Hintergrund. Bei Brockes gibt es keine Gedichte auf kirchliche Anlässe, auf kirchliche Fest- und Feiertage – ausgenommen das Erntedankfest – oder auf Personen der Kirche. Das machte ihn angreifbar, wenn auch die Zweifel der Hamburger Orthodoxie, insbesondere die Erdmann Neumeisters, nicht öffentlich erhoben wurden, sondern sich nur in verdeckten Angriffen gegen diejenigen äußerten, die die «Glaubens-Articul» beiseite setzten und «die gantze Natur aller Dinge zum Gotte machten» und ihre Moralvorstellungen aus der Natur ableiteten (Neumeister).

Brockes' Naturgedichte verfolgen einen doppelten Zweck. Mit ihren Beschreibungen aller nur erdenklichen Phänomene der Natur – Tiere, Pflanzen, menschliche Organe, meteorologische Erscheinungen, Mineralien, Tages- und Jahreszeiten, Landschaftsformen, Kosmisches usw. – dienen sie zunächst dazu, die neuen naturwissenschaftlichen Erkenntnisse zu vermitteln: Das ist der im Titel angeführte ‹physikalische› Charakter seiner Gedichte. Dahinter steht jedoch, und das ist der zweite Aspekt, die religiöse bzw. ‹moralische› Motivation. Diese hat Vorrang, und sie führt auch dazu, daß Brockes nach jedem Argument greift, das seine Absichten stützt, auch wenn es naturwissenschaftlich längst überholt ist oder aus dem Fundus der allegorischen und emblematischen Dichtung des 17. Jahrhunderts stammt. Zugleich wirken in der Vorstellung von der Erkenntnis Gottes durch die sinnliche Erfahrung der Natur hermetisch-alchemistische Traditionen nach, allerdings in ‹vernünftiger›, aufgeklärter Form. In einem Sublimierungsprozeß vollzieht sich der Aufstieg von der sinnlichen Betrachtung und Empfindung der Natur zum Geistigen und damit zur Annäherung an bzw. Vereinigung mit Gott. Dabei spielt die Lichtmetaphorik eine wesentliche Rolle, und die Sonne selbst erhält als «Licht- und Lebens-Quelle» göttliche Qualitäten (*Wirckung der Sonne*).

Das Konzept der «Physicalisch- und Moralischen» Gedichte hat strukturelle Konsequenzen. Die meisten Gedichte bestehen nach einem gelegentlichen erzählenden Eingang aus einer bzw. auch mehrfach wiederholten Abfolge von einer genauen Beschreibung des Naturphänomens – liebevoll und poetisch bei den Naturgedichten, eher trocken und monoton bei den ausgesprochenen Lehrdichtungen mit ihren unzähligen Strophen – und erbaulicher Auslegung oder Reflexion. Diese wiederum mündet unausweichlich in das Lob des Schöpfers, der die Dinge, die Welt so schön und zweckmäßig geschaffen und geordnet hat. Das gilt, wie ein Gedichttitel deutlich macht, für *Das Grosse und Kleine*: «Die Himmel und ein Staub sind beyde Wunderwercke, | Und beyde zeigen sie des Schöpfers Lieb' und Stärcke.» Formal sind die Gedichte locker gefügt, die Strophenformen variabel; eine Vorliebe für die Kantatenform mit Rezitativ, Arioso und Arie bei den Naturgedichten ist deutlich. Die Lehrgedichte tendieren zu eintönigen Reihungen gleichförmiger, einfacher Strophen (*Die Sonne*, 72 Strophen, *Die Luft*, 79 Strophen, *Das Feuer*, 138 Strophen; *Die fünf Sinne*, 158 Strophen usw.). Bei den späteren Lehrgedichten macht sich in den erbaulichen Schlußbetrachtungen häufig ein platter Utilitarismus breit, den Schiller in dem *Xenion Der Teleolog* aufs Korn nahm: «Welche Verehrung verdient der Weltenschöpfer, der gnädig, | Als er den Korkbaum schuf, gleich auch die Stöpsel erfand.»

Der poetische Ertrag und das literaturgeschichtlich Neue des *Irdischen Vergnügens in Gott*, vor allem der ersten Bände, liegen in den Beschreibungen der Naturphänomene und -schönheiten, mit denen Brockes die Ausdrucksmöglichkeiten der deutschen Dichtersprache entschieden bereicherte und wesentlich zur Blüte der ‹malenden Poesie› in der ersten Hälfte des 18. Jahrhunderts beitrug. Mit einem auch manieristische Mittel nicht verschmähenden Reichtum an Nuancen bei der Charakterisierung von Farben, Gerüchen oder Formen gelang es Brockes, in einer in der deutschen Literatur bisher unbekannten Qualität gerade subtile Phänomene und dynamische Vor- und Übergänge sichtbar und erfahrbar zu machen. Berühmt geworden ist seine Schilderung der *Kirsch-Blühte bey der Nacht*; Beispiele für die anschauliche Schilderung größerer dynamischer Prozesse sind Gedichte wie *Die durch Veränderung von Licht und Schatten sich vielfach verändernde Landschaften* oder *Die auf ein starckes Ungewitter erfolgte Stille.*

Vor allem bei der Betrachtung der Blumen – und damit im geliebten Garten – fühlt sich Brockes dem Schöpfer am nächsten. Und wie er ganz allgemein sein *Vergnügen in Blumen* (Gedichttitel) findet, so widmet er auch den einzelnen Gewächsen zahlreiche Gedichte, beschreibt ihre Veränderungen in den Jahreszeiten und besingt den Garten als Ganzes in einer großen Kantate, die mit folgender «Aria» endet:

> Es opfern die Bluhmen bebiesamte Säfte;
> Es dünsten die Kräuter erquickende Kräfte,
> Dem grossen All zur Ehr' allein.
> Ach trachtet, ihr Menschen, es wohl zu bemercken!
> Bemüh't euch, in Andacht und guten Wercken,
> Dem Schöpfer ein süsser Geruch zu seyn!
> (*Der Garten*)

So sind ihm auch die jahreszeitlichen Veränderungen, das Blühen und Verwelken der Blumen und der anderen Gewächse keine Erinnerungen an die Vergänglichkeit, keine Mahnungen, sich der Nichtigkeit des Irdischen bewußt zu werden. Wenn solche Gedanken wie in einem der Rosengedichte (*Die Rosen*) auftauchen, weist sie Brockes sofort zurück, folgt doch dem Welken neue Blumen- und Blütenpracht.

Herder beschrieb das Neue an Brockes in den *Briefen zur Beförderung der Humanität* (1793–97) mit den Worten: «Da tat sich endlich [...] ferne vom Hof- und Schulgeschmack hie und da *einer* hervor, der glaubte, daß auch in Deutschland die Sonne scheine und die Natur regiere. Brockes wählte den Garten zu seinem Hofe.» Die Natur und gerade der Garten, in dem sich Natur und Kunst verbindet, besitzen als Zeugnisse der «Wunder, die Ihm eigen», zwar Verweischarakter, aber anders als im Jahrhundert zuvor ist ihre Beschreibung keine Aufforderung, dieser im Vergleich zum Paradies «armen Erden» den Rücken zu kehren (Paul Gerhardt: *Sommer-Gesang*). Die Schönheiten der Natur und ihre zweckmäßige Einrichtung, die Brockes zu sehen und zu erkennen lehrt, schließen vielmehr die Aufforderung ein, sich in dieser bei allen Mängeln besten aller möglichen Welten einzurichten, ihre Gaben zu nutzen, ihre Schönheiten zu betrachten – und Gott «in unsrer Lust, zu ehren! welches doch, im Paradeise, | Adams Dienst allein gewesen» (*Unumstößliche Gründe*).

DRAMA

I. EINLEITUNG

Der Gedanke, daß die Welt ein Theater sei, ist in der Literatur des 17. Jahrhunderts allgegenwärtig. Er ist freilich nicht neu – die Schauspielmetapher läßt sich über das Mittelalter bis zu Platon zurückverfolgen –, doch in keiner Epoche wurde die Metapher derart beansprucht wie in der Frühen Neuzeit. Die Vorstellung durchdringt alle europäischen Literaturen. «All the world's a stage», heißt es in Shakespeares *As You Like It* (1599), «Die Welt / ist eine Spiel-büne / da immer ein Traur- und Freud-gemischtes Schauspiel vorgestellet wird: nur daß / von zeit zu zeit / andere Personen auftretten», bestätigt neben anderen Sigmund von Birken in der Vorrede zum ersten Band von Anton Ulrichs Roman *Aramena* (1669). Lohenstein weitet die Schauspielmetapher in der Widmungsvorrede zu seinem Trauerspiel *Sophonisbe* (1669) ins Universale aus und sieht das menschliche «Spielen» im Einklang mit der Makrokosmos-Mikrokosmos-Analogie als Teil eines allumfassenden Zusammenhangs: «Ist der Natur ihr Werck nicht selbst ein stetig Spiel?»

Aber so wie die Welt eine große «Schau-Bühne» ist, so repräsentiert die Bühne die Welt, versteht sich das Barocktheater selbst – implizit oder explizit – vielfach als Welttheater. Von der Konzeption her exemplarisches Welttheater bietet nicht zuletzt das Jesuitendrama mit seiner immanenten Theatermetaphorik, seiner Auffassung des dramatischen Charakters des menschlichen Lebens, aber auch mit Stücken, die ausdrücklich die Welttheatermetapher realisieren. In dieser Hinsicht allerdings ist Calderóns ‹Auto sacramental› (Fronleichnamsspiel) *El gran teatro del mundo* (1675) das unübertroffene Muster mit seiner konsequenten Durchführung der Theaterfiktion, der Inszenierung des Konzepts von der Welt als Theater und vom Leben als Spiel, als Theater auf dem Theater: «Derweil ich dirigiere, | Sei du die Bühne und der Mensch agiere.» Gott als Autor und oberster Spielleiter bestimmt die Welt zur Bühne, auf der die Menschen ihre Rollen – der Hierarchie der Sozialordnung folgend – nach ihrem freien Willen spielen, um je nach Qualität ihres Spiels nach dem Tod Lohn oder Strafe zu empfangen.

In Deutschland hatte man der Blüte des europäischen Theaters – Shakespeare und der elisabethanischen Dramatik, Lope de Vega, Calderón, Monteverdi, Corneille, Racine, Molière, Joost van den Vondel – wenig Großes entgegenzusetzen: zunächst einige Beispiele des lateinischen Jesuitentheaters, später nach der Literaturreform die Stücke von Andreas Gryphius, Daniel Casper von Lohenstein und einiger anderer Autoren.

Der Weg zu einem ‹deutschen Nationaltheater› war noch weit – und die
Situation unübersichtlich. Denn Theater im Deutschland des 17. und frühen 18. Jahrhunderts bedeutet angesichts der konfessionellen, sprachlichen, regionalen und soziologischen Unterschiede vielerlei: Laien- bzw.
Volksschauspiel (z. B. Oberammergauer Passionsspiel, etwa seit der Mitte
des 17. Jahrhunderts), professionelles Wandertheater, protestantisches
Schultheater, ‹Schlesisches Kunstdrama›, katholisches Ordensdrama, höfisches Festspiel, Ballett, Singspiel, Oper. Beziehungen zwischen den verschiedenen Bereichen bestanden durchaus. Wandertruppen spielten unter
dem Patronat von Fürsten, die Jesuitenbühnen in München und Wien
übernahmen zeitweilig die Funktion von Hoftheatern, für die Bühnen
von Schulen geschriebene ‹Kunstdramen› von Gryphius oder Lohenstein
wurden an Höfen gespielt, aber ebenso für die Wanderbühne bearbeitet.
Auch literarisch gab es Wechselbeziehungen: Wie sich die Wanderbühne
aus dem Schaffen englischer, niederländischer, französischer, italienischer
oder deutscher Dramatiker bediente und für ihre Zwecke zurichtete, so
wirkten Dramaturgie und Darstellungsstil der Wanderbühne zurück auf
das literarische Drama; und das Jesuitendrama war einerseits einflußreiches Vorbild für das barocke Trauerspiel, etwa für den Typus des Märtyrerdramas, andererseits forderte es dramatische Antworten in prote-
stantischem Geist heraus.

Bezeichnend für die Entwicklung des Dramas und des Theaters in dieser Epoche ist überdies die Tendenz zur Gattungsmischung, die in den
Produktionen der Wanderbühne bereits angelegt war, aber nun auf andere, soziologisch ‹höhere› Formen des Theaters übergriff, etwa wenn
sich das spätere Kunstdrama der Schlesier, aber auch das Jesuitentheater
in seinen prunkvollsten Manifestationen zum opernhaften Gesamtkunstwerk hin steigerten. Musik und Ballett wurden integriert, das Visuelle erhielt durch die Ausstattung und vor allem die neuen Möglichkeiten der
Bühnenmaschinerie und -technik erhöhte Bedeutung, Folge der von italienischen Architekten und Bühnenbildnern forcierten Durchsetzung der
Kulissenbühne um 1650, die der Theaterarchitekt Giovanni Battista
Aleotti, Erbauer des Teatro Farnese in Parma (1618–19), zuerst erprobt
hatte und die von Giacomo Torelli weiterentwickelt wurde. Ein einflußreiches Lehrbuch der barocken Bühnentechnik legte Nicolà Sabbatini mit
seiner *Pratica di fabricar scene e machine ne' teatri* (1638) vor.

Mit den technischen Fortschritten und der zunehmenden gesellschaftlichen Bedeutung des Theaters führte die Entwicklung allmählich weg
von provisorischen Spielplätzen im Freien oder in Sälen hin zu Spielstätten mit fest eingebauter Bühne und Zuschauerraum, sei es durch Umbau-
ten von Ballhäusern oder Orangerien, durch entsprechende Einbauten in
Schlössern und Schulen oder – ein Novum – durch die Errichtung von
eigenen, nur diesem Zweck dienenden Theaterbauten (zunächst vorzugs-

weise Opernhäuser). Aus naheliegenden Gründen – der Dreißigjährige Krieg und seine Folgen – setzte diese Bautätigkeit und mit ihr die entsprechende Theaterpraxis im Deutschen Reich später als in anderen europäischen Ländern ein. Sieht man von dem etwa 1603–06 von Landgraf Moritz von Hessen errichteten Ottoneum in Kassel und der 1629–30 von Christoph Gumpp gebauten Dogana, dem Alten Hoftheater, in Innsbruck als vereinzelten Vorläufern ab, entstanden spezielle Theatergebäude erst seit dem letzten Drittel des 17. Jahrhunderts (Opernhäuser in Dresden, Wien, Hamburg usw.).

II. PROFESSIONELLES THEATER

Pädagogische Zielsetzungen prägten seit den ersten humanistischen Terenz-Aufführungen die Theaterpraxis an Deutschlands Schulen und Universitäten. Es war in erster Linie pädagogisches Deklamationstheater selbst da, wo es sich Anregungen von außen (Meistersingerdrama, Fastnachtsspiel) öffnete oder neue Bildungskonzepte erprobte. Seit der Mitte des 16. Jahrhunderts jedoch setzte mit dem Auftreten ausländischer Theatertruppen eine neue Entwicklung ein, die die Situation des Theaters in Deutschland entscheidend verändern sollte und dem von Laien getragenen Schultheater einen professionellen Konkurrenten an die Seite stellte. Nach einem langen Prozeß der Literarisierung im 18. Jahrhundert ging daraus schließlich das ersehnte ‹deutsche Nationaltheater› hervor.

Um die Mitte des 16. Jahrhunderts spielten die ersten italienischen Commedia dell'arte-Truppen im deutschen Sprachgebiet. Überliefert ist, als früheste ausführliche Beschreibung einer derartigen Vorstellung überhaupt, der Bericht Massimo Troianos über eine Aufführung am Münchener Hof im Jahr 1568. Zunächst blieben die Gastspiele italienischer Komödianten auf die Höfe Österreichs und Süddeutschlands beschränkt; ein breiteres Publikum durch jedermann zugängliche Aufführungen in Städten suchten sie erst in der zweiten Hälfte des 17. Jahrhunderts. So gastierte z. B. der Venezianer Giovanni Nannini 1684 in Süddeutschland (München, Augsburg, Nürnberg) und Sachsen (Leipzig, Dresden) sowie 1697 und 1699 in Wien. Darüber hinaus entstanden nun in Sachsen und in Wien ausgesprochene Zentren der italienischen Komödie mit direkten Folgen dann auch für die Entwicklung des deutschen Lustspiels bzw. des Wiener Volkstheaters.

Die englischen Schauspieltruppen kamen etwas später als die Italiener über Dänemark bzw. die Niederlande nach Deutschland; mit ihren Gastspielreisen reagierten sie auf den großen Konkurrenzdruck in England und die puritanische Theaterfeindlichkeit. Für 1586 ist das erste Gastspiel einer englischen Truppe in Deutschland, am Hof des sächsischen Kurfürsten in Dresden, belegt; 1592 spielten englische Schauspieler unter dem Prinzipal Robert Browne auf der Frankfurter Herbstmesse. Im selben Jahr kam aus dieser Truppe Thomas Sackeville (die Schreibweise variiert) nach Wolfenbüttel, wo es zur fruchtbaren Zusammenarbeit mit Herzog Heinrich Julius kam (s. S. 100 f.). Die englischen Schauspieler bereisten vor allem die Handels- und Residenzstädte Nord- und Mitteldeutschlands, waren aber auch in süddeutschen und österreichischen Städten zu finden. Zu den bedeutendsten Prinzipalen der Zeit bis etwa 1620 zählten Robert Browne, Thomas Sackeville, John Spencer und John Green. Während Browne und Sackeville engere Bindungen mit den Höfen in Kassel bzw. Wolfenbüttel eingingen, wenn auch unterbrochen von zahlreichen Gastspielreisen, blieb Green ungebunden. Der Dreißigjährige Krieg bedeutete einen Rückschlag, aber kein Ende für die englischen Schauspieltruppen. Green beispielsweise, der 1620 nach England ausgewichen war, kehrte 1626 zurück. Die Englischen Komödianten konnten sich auf Dauer etablieren, weil sie im Unterschied zu den Italienern seit der Jahrhundertwende allmählich – zuerst bei der wichtigen Narrenrolle – zur deutschen Sprache übergingen, Einheimische in ihre Ensembles aufnahmen und sich so schließlich in deutsche Schauspieltruppen verwandelten. Um die Jahrhundertmitte traten die ersten von deutschen Prinzipalen geleiteten Schauspieltruppen auf. Aber noch 1648 traf eine neue englische Truppe, die des Joris Jolliphus, in Deutschland ein und reagierte erfolgreich auf die veränderte Marktsituation.

Neben den Englischen Komödianten spielten seit der Mitte des Jahrhunderts nach vereinzelten früheren Gastspielen niederländische Schauspieltruppen in Deutschland. Ihr Auftreten war auf das niederdeutsche Sprachgebiet begrenzt, da die Niederländer, die bei ihrer Sprache blieben, nur hier ohne weiteres verstanden werden konnten. Johann Rist ist im vierten seiner *Monatsgespräche* voll des Lobes über die Aufführungen der Truppe von Jan Baptista van Fornenbergh in der «königlichen Stadt Altonah» (*Die AllerEdelste Belustigung Kunst- und Tugendliebender Gemühter*, 1666).

1. Schauspielstil und Repertoire der Englischen Komödianten

Die Wirkung der englischen Berufsschauspieler ging von ihrer der humanistischen Wortdramatik entgegengesetzten Theaterauffassung aus, von einem neuen ‹realistischen› Inszenierungs- und Schauspielstil, gekennzeichnet durch reiche Ausstattung, gestische und mimische Anschaulichkeit, aktionsreiches Bühnengeschehen, derbe Komik, Tanz, Musik, Akrobatik. Für diese Art eines lebendigen, spielbetonten und lärmenden Unterhaltungstheaters war Sprache nur ein Mittel unter anderen, und gewiß nicht das wichtigste. Eine große Rolle spielte der Clown, häufig dargestellt vom Prinzipal der Truppe, eine Art Markenzeichen mit jeweils eigenem Namen: Jan Bouset bei Sackeville, Stockfisch bei Spencer, Pickelhering bei Robert Reynolds (Reinolds), dem Nachfolger Greens. Im Vergleich zum deklamatorischen Stil des humanistischen Schuldramas bedeutete das Theater der Englischen Komödianten eine völlig neue Erfahrung. Ein Beitrag zur dringenden Reform der Dichtersprache und der Dichtung war es allerdings nicht. Die Beschreibung Marx Mangoldts einer Aufführung der Truppe von Thomas Sackeville nennt als Attraktionen vor allem die zwischen den Akten eingeschobenen Narrenpossen und obszönen Pantomimen, hebt den Narren Jan mit seinen «groben Bossen» und seinem «vngehewren Latz» sowie den «Springer» mit den «glatten Hosen» hervor («Welche mit Fleiß so zugericht / | Daß man was zwischen Beinen sicht»), der auf andere Weise – der Verfasser denkt an «Glüstige Weiber vnd Jungfrawen» – noch mehr Geld verdienen könnte (*Marckschiffs Nachen / Darinn nachgeführet wirdt / was in dem nächst abgefahrnen Marckschiff ausgeblieben: verpichet vnd auffs beste verkeult mit Naupentheurlichen Schwencken vnd Bossen*, 1597).

Das Repertoire der englischen Komödiantentruppen war vielfältig und paßte sich dem literarischen und kulturellen Kontext an. Zunächst ging es vor allem darum, die Sprachschranken zu überwinden. Häufig spielte man daher Stücke mit bekannten, d. h. vor allem biblischen Stoffen (Verlorener Sohn, Esther, Susanna, Daniel in der Löwengrube usw.) und sorgte im übrigen für andere theatralische Attraktionen. Die englischen Schauspieler vermittelten aber auch einen ersten Eindruck von der elisabethanischen Dramatik, von Werken Christopher Marlowes (*Doctor Faustus*, *The Jew of Malta*), Thomas Kyds (*The Spanish Tragedy*), Thomas Dekkers (*Old Fortunatus*), Shakespeares (u. a. *Der Kaufmann von Venedig*, *Titus Andronicus*, *Romeo und Julia*, *Hamlet*, *Julius Cäsar*, *König Lear*) und anderer zeitgenössischer englischer Dramatiker. Allerdings war der Abstand zu den Originaltexten groß, denn was die Komödianten aufführten, waren Prosabearbeitungen, die die Originale auf eine Reihe möglichst effektvoller und affektbetonter Szenen reduzierten. Blutrünstige Haupt- und Staatsaktionen machten den Hof zum Schauplatz prächtiger Auftritte, finsterer Intrigen, rührender Liebesszenen und schrecklicher Gewalttaten, nicht selten freilich aufgelockert durch handfeste Komik. Weiter zählten Moralitäten sowie Dramatisierungen von Romanen – wie *Von Fortunato und seinem Seckel* – zum Repertoire der ersten Jahrzehnte. Dazu kamen drastische Clownsspiele und komische und musikalische Einlagen.

Eine kleine Auswahl aus diesem Repertoire – die meisten Stücke blieben ungedruckt, eifersüchtig gehütetes Kapital der Schauspieltruppen – wurde 1620 veröffentlicht: *Engelische Comedien vnd Tragedien Das ist: Sehr Schöne / herrliche und außerlesene / geist- vnd weltliche Comedi vnd Tragedi Spiel / Sampt dem Pickelhering*. Den Texten der zehn Stücke – u. a. Bibeldramen, Romandramatisierungen, ‹Shakespeare›, Pickelheringsspiele – folgen sechs «Engelische Auffzüge», «nach Beliebung zwischen die [!] Comoedien» zu agieren. Zehn Jahre später erschien eine weitere Anthologie: *Liebeskampff Oder Ander Theil Der Englischen Comoedien vnd Tragoedien* (1630). Allerdings stammen die Stücke, entgegen der Ankündigung, nicht aus dem Umkreis der englischen Schauspieltruppen. Damit wird aber deutlich, daß die Herkunftsbezeichnung zur Werbung benutzt werden konnte, wie denn auch später manche deutsche Truppen sich noch auf die Englische Komödianten bezogen. Eine dritte Sammlung schließlich, *Schau-Bühne Englischer und Frantzösischer Comödianten* (1670), bringt weitere Stücke aus der Praxis der Wanderbühne und reflektiert bereits im Titel die veränderte literarische Situation.

2. Der Beitrag der Commedia dell'arte und der italienischen Komödianten

Obwohl die italienischen Stegreifkomödianten schon vor den Engländern in Deutschland spielten und auch später, als die englischen Schauspieltruppen sich längst zu deutschen gewandelt hatten, weiter im deutschen

Sprachgebiet auftraten, blieb ihr Einfluß auf das deutsche Theater zunächst eher gering. Der Grund für die fehlende Breitenwirkung lag nicht zuletzt am Festhalten an der italienischen Sprache, das die Auftritte der Italiener auf die Höfe Österreichs und Süddeutschlands beschränkte, wo allein die erforderlichen Sprachkenntnisse vorhanden waren. Auch beim improvisierten Theater mußte der Sinn der Dialoge oder – ungeachtet aller nichtverbaler Komik – der Wortwitz der *lazzi* den Zuschauern verständlich werden. Es ist kein Zufall, daß die Engländer zuerst bei der komischen Figur zum Deutschen übergingen bzw. deutsche Schauspieler dafür einsetzten, um ein breites Publikum zu gewinnen.

Das Figuren- und Maskenarsenal der Commedia dell'arte war durchaus nicht einheitlich, sondern zeigte Veränderungen im Lauf ihrer Geschichte und reflektierte zudem lokale Besonderheiten und Traditionen. Innerhalb dieser Vielfalt läßt sich jedoch, jedenfalls seit der Verfestigung der komödiantischen Spielpraxis im 16. Jahrhundert, ein relativ konstantes Personentableau ausmachen, wenn auch mit unterschiedlichen Namen und ‹individuellen› Ausprägungen der einzelnen Typen. Dazu gehören zwei Alte, z. B. Il Magnifico bzw. Pantalone und der Dottore, Liebespaare, zwei Diener (Zanni) – der bekannteste ist Arlecchino –, eine Dienerin wie z. B. die kokette Colombina und der großsprecherische Capitano. Im Mittelpunkt der Stücke, festgelegt in kurzen Spiel- und Handlungsanweisungen («Scenari», «Canovacci» oder «Soggetti»), stehen in der Regel die «Innamorati», die Liebenden. Die Zanni setzen die Intrigenhandlung in Gang, etwa um den Liebenden gegen den Widerstand ihrer Eltern zu ihrem Glück zu verhelfen oder umgekehrt, um ihren Herren gegen die Liebenden beizustehen. Auch andere Motive wie Eigennutz, Rache oder Schutz der Familie gegen Außenstehende können die Intrigen bestimmen. Muster dieser Art bot die zeitgenössische Novellistik in Fülle.

Die Schauspieltruppen versuchten, ihre Szenarien möglichst nicht an die Öffentlichkeit geraten zu lassen. Nur eine Sammlung mit 50 Szenarien aus der großen Zeit der Commedia dell'arte wurde von Flaminio Scala – Schauspieler und selbst Autor von Szenarien und Stücken – veröffentlicht: *Il teatro delle favole rappresentative overo la ricreazione comica, boscareccia e tragica* (1611). Daneben legten sich Schauspieler Materialsammlungen an, die das jeweils für ihre Rolle spezifische Repertoire an Sprechweisen und Redensarten enthielten. Auch hier gab es zeitgenössische Veröffentlichungen, darunter die von Gryphius benutzte Sammlung von Rodomontaden des großsprecherischen Capitano von Francesco Andreini (*Le bravure del Capitano Spavento, divise in molti ragionamenti in forma di dialogo*, 1607). Nach einer französischen Version faßte Johann Rist die antispanischen Großsprechereien in deutsche Verse (*Capitan Spavento oder Rodomontades Espagnolles. Das ist: Spanische Auffschneidereyen*, 1635).

Greifbar wird die Wirkung der italienischen Stegreifkomödie zunächst da, wo einige der festen Typen der Commedia dell'arte Eingang in Stücke der deutschen Wanderbühne, aber auch in die literarische Barockkomödie finden. Bereits 1591 erscheinen mit Pantalone und Zani (Zanni) zwei Namen aus der Commedia dell'arte in komischen Zwischenspielen eines Danziger Schuldramas, und die Figur des Harlekin (Arlecchino) hat ihren ersten großen Auftritt in dem neulateinischen Drama *Turbo* (1616) des protestantischen Theologen Johann Valentin Andreae. Harlequin, wie er hier heißt, begleitet als Diener – und satirisch-entlarvender Kommentator – den Titelhelden Turbo auf seiner Suche nach Weisheit und Glück. Auch die parallel geführte, allerdings unvollendete Liebeshandlung auf Herren- und Dienerebene im dritten Akt (Turbo – Labella, Harlequin – Rubella) entspricht der Praxis der italienischen Komödie. Aufgenommen wird sie wieder bei Kaspar Stieler in seinen Stücken für die Rudolstädter Festlichkeiten.

Die Gestalt des Capitano, die bruchlos an den antiken Miles gloriosus anknüpft, erscheint ebenfalls früh in der deutschen Literatur: Heinrich Julius von Braunschweig stellt sie in den Mittelpunkt seiner Komödie *Von Vincentio Ladislao* (1594). Der Großsprecher bleibt, welche Traditionen auch im einzelnen vorherrschen mögen, der deutschen Komödienliteratur des 17. Jahrhunderts über Johann Rist und Andreas Gryphius bis hin zu Christian Weise und Christian Reuter erhalten. Im *Vincentius Ladislaus* des Braunschweiger Herzogs, der seine Stücke von der englischen Komödiantentruppe Thomas Sackevilles spielen ließ, sieht sich der bramarbasierende «Sacrapa von Mantua» dem (klugen) Hofnarren Johan Bouset als Gegenspieler gegenüber, d. h. Italienisches und Englisches begegnen sich. Dies bleibt nicht der einzige Fall, denn es ist keineswegs selten, daß die Englischen Komödianten italienische Stoffe oder Vorlagen verwenden, sie dabei aber ihrem Stil unterwerfen. Annäherungen zeigen sich vor allem bei der komischen Person, denn hier gibt es trotz mancher nationaler Besonderheiten zahlreiche verbindende Merkmale, die einen Austausch oder gegenseitige Beeinflussungen leicht möglich machen. So kann der italienische Arlecchino – auch über den Einfluß des französischen Théâtre italien – nach und nach den Clown der Englischen Komödianten ersetzen, für den sich aus einer Vielzahl von Bezeichnungen schließlich Pickelhering als repräsentativer Name durchgesetzt hatte. Außer den Kostümen änderte sich bei diesem Vorgang nicht viel; die gegenbildliche Funktion, die kontrastierende, parodistische Spiegelung der Handlung auf niederer Ebene und die typischen Merkmale der Figur wie Gefräßigkeit, Triebhaftigkeit, Possenreißerei, Intrigantentum oder Spottlust blieben erhalten. Auch der deutsche Hans Wurst, seit 1630 belegt und Anfang des 18. Jahrhunderts in Wien von Joseph Anton Stranitzky in Salzburger Bauerntracht mit großem Erfolg erneuert, greift nicht zuletzt auf den Arlecchino zurück, der sich allerdings inzwischen in Italien und Frankreich (Arlequin) von seinen bäurischen Anfängen gelöst hatte. Mit Gottscheds heftiger Polemik gegen das gesamte komische Personal der Italiener und der symbolischen Vertreibung des Harlekin von der Neuberschen Bühne einerseits und seiner Verteidigung durch Johann Christian Krüger im ersten Band seiner Marivaux-Übersetzung (1747) und durch Justus Möser (*Harlequin oder Vertheidigung des Groteske-Komischen*, 1761) andererseits wurde die Harlekingestalt Auslöser der theoretischen Auseinandersetzungen über die Komödie der Aufklärung.

3. Deutsche Wandertruppen und die Veränderungen im Repertoire

Zu Beginn des 17. Jahrhunderts gingen die englischen Schauspieler zur deutschen Sprache über und begannen, Einheimische in ihre Ensembles aufzunehmen. Die Leitung blieb in der Hand der englischen Prinzipale; 1648 kam die letzte englische Truppe mit Joris Jolliphus als Prinzipal nach Deutschland, wo sie sich gegen die Konkurrenz niederländischer Truppen und deren moderne Stücke (Joost an den Vondel u. a.) zu behaupten hatte. Daher setzte Jolliphus neue Akzente im Repertoire, indem er Singspiele nach italienischer Manier und neue Tragödien – nämlich die von Gryphius – spielte und zugleich betonte, daß er eine neue Truppe «von hochteutschen Personen so wol zu verstehen zusammengebracht» habe. Dazu zählten seit 1654 auch Frauen.

Bedeutende Schauspieltruppen unter der Leitung eines deutschen Prinzipals formierten sich etwa seit der Jahrhundertmitte. Hervorzuheben sind vor allem die von Carl Andreas Paulsen, Michael Daniel Treu und Johannes Velten. Sie bemühten sich um eine Literarisierung des Theaters und leiteten damit eine Entwicklung ein, die dann im 18. Jahrhundert von Caroline und Johann Neuber im Zusammenspiel mit Johann Christoph Gottsched weitergeführt wurde und schließlich im Projekt eines deutschen Nationaltheaters gipfelte.

Im Repertoire kam es zu tiefgreifenden Veränderungen. Zwar blieben die Adaptionen elisabethanischer Dramen und andere beliebte Stücke der Englischen Komödianten wie die biblischen Dramen *Esther* oder *Vom verlornen Sohn* aus den *Engelischen Comoedien vnd Tragedien* von 1620 in sprachlich verbesserter Form weiterhin auf dem Spielplan, doch galt das Interesse nun zunehmend den neueren Entwicklungen der europäischen Dramatik. Davon wurde manches durch ausländische Theatertruppen vermittelt, die nach dem Krieg wieder ins Land kamen. Auch die Vorherrschaft der italienischen Oper blieb nicht ohne Folgen für die Wanderbühne. Der Anteil neuer deutscher Stücke an ihrem Repertoire war wohl eher gering, wenn sie auch u. a. Johann Rists *Friedejauchtzendes*

Teutschland, Andreas Gryphius' *Catharina von Georgien* und *Papinianus* oder Lohensteins *Ibrahim Bassa* spielten. Von *Papinianus* ist eine Wanderbühnenfassung – in Prosa und um eine kommentierende Clownsgestalt bereichert – in einer Abschrift von 1710 erhalten.

In der zweiten Jahrhunderthälfte setzten sich zunehmend Einflüsse aus den romanischen Ländern durch. Während am Wiener Kaiserhof auf Grund der dynastischen Beziehungen von 1633 bis 1673 Stücke Calderóns, Lope de Vegas und anderer Autoren in spanischer Sprache gespielt wurden, gelangten deutsche Versionen spanischer Stücke über italienische, französische und niederländische Zwischenstufen ins deutsche Sprachgebiet. Beispiel ist etwa Lope de Vegas Stück *La fuerza lastimosa* (*Der beklägliche Zwang*), das Isaak Vos 1648 ins Niederländische übersetzte (*De beklagelyke dwang*) und dann unter verschiedenen Titeln (z. B. *Der Liebesirregarten* oder *Der klägliche Bezwang*) von deutschen Wandertruppen gespielt wurde (möglicherweise nach einer verschollenen Übertragung Georg Greflingers). Auf ähnliche Weise erhielten zahlreiche Stücke Calderóns und Lope de Vegas einen festen Platz auf dem Spielplan der Wandertruppen. Zunächst setzte sich vor allem Michael Daniel Treu für das spanische Repertoire ein; so spielte er u. a. 1666 Calderóns *La vida es sueño* (*Von Sigismundo oder dem Tyrannißen Printz von Bohlen*) nach einer niederländischen oder italienischen Fassung und im selben Jahr Lope de Vegas *El perseguido* (*Carel und Cassandra*). Auch Paulsen und Velten schlossen sich dieser Erweiterung des Repertoires an. So stammen von den insgesamt 54 Stücken, die Paulsen 1669 in Danzig und 1674 sowie 1679 in Dresden spielte, soweit identifizierbar, etwa zwanzig aus Frankreich, Spanien und Italien, aber nur zehn aus dem ‹englischen› Repertoire. Velten, Paulsens Schwiegersohn und als einziger Prinzipal akademisch gebildet (Magister), spielte dann eine besondere Rolle bei der Rezeption des klassizistischen französischen Dramas. Der bedeutendste Schauspiel-Prinzipal des ausgehenden 17. Jahrhunderts, der seine Truppe seit 1678 «Chur-Sächsische Komödianten-Gesellschaft» nennen durfte, hatte neben Werken von Pierre und Thomas Corneille und anderer französischer Autoren auch zehn Stücke Molières in seinem Repertoire. Die 1670 erschienene Textsammlung aus dem Umkreis der Wanderbühne, *Schau-Bühne Englischer und Frantzösischer Comödianten*, hatte bereits fünf Texte Molières enthalten.

Auch der italienische Einfluß verstärkte sich unabhängig von der Commedia dell'arte erneut. Schon vor der Jahrhundertmitte hatten Schauspieltruppen das italienische Schäfer- und Singspiel in ihr Repertoire aufgenommen; eine deutsche Wanderbühnenfassung von Tassos *Aminta* war 1630 erschienen (in: *Liebeskampff Oder Ander Theil Der Engelischen Comoedien vnd Tragoedien*). Die Dominanz der italienischen Oper führte dann seit dem letzten Drittel des Jahrhunderts zu einer zusätzlichen Bereicherung des Spielplans der Wanderbühne: Viele italienische Opernlibretti bzw. ihre deutschen Übersetzungen wurden zu Haupt- und Staatsaktionen für die Wanderbühne umgearbeitet, die handschriftlich in großer Zahl u. a. in Wiener Bibliotheken erhalten sind.

Besonders beliebt waren offenbar die Libretti Giacinto Andrea Cicogninis, des im 17. Jahrhundert in Deutschland meistgespielten italienischen Autors. Von ihm liegen mindesten sechs deutsche Spieltexte vor, darunter *Der durchläuchtige Schiffadmiral Jason* (um 1680) nach *Giasone* (1649) und die *Comoedia Von der Glückseligen Eyfersucht zwischen Rodrich vnd Delomira von Valenza* (1662) nach *Il gelosie fortunate* (1654). Häufig gespielt wurden, um noch zwei Beispiele zu nennen, auch *Die getreue Sclavin Doris* (Handschrift von 1720; schon 1677 von Michael Daniel Treu in München gespielt), die letztlich auf ein Libretto von Apollonio Apolloni für Antonio Cesti zurückgeht (*La Dori*, 1657), und ein Attila-Stück nach Matteo Noris (1672) bzw. der 1682 für die Hamburger Oper angefertigten deutschen Übersetzung von Lukas von Bostel (*Der Welt Erschröckende Attila*, nach 1682).

III. ORDENSDRAMA

1. Jesuitendrama

Trotz des Vordringens des Berufsschauspielertums durch die Wandertruppen blieben die Schulen noch lange die wichtigsten Träger des Theaters. Dabei erwuchs dem älteren protestantischen Schuldrama mit dem katholischen Ordensdrama eine bedeutende und erfolgreiche Konkurrenz. Das gilt vor allem für das Theater der Jesuiten. Daneben entwickelten auch die Benediktiner und andere Orden an ihren Schulen und Universitäten eine fruchtbare Theatertradition, doch war es das Jesuitendrama, das entsprechend dem missionarischen Auftrag des Ordens die größte Wirkung nach außen entfaltete.

Das Jesuitendrama hatte einen festen Platz im Schul- und Universitätsleben. Die Studienordnung des zentralistisch geführten Ordens (*Ratio studiorum*, 1599) machte die Einstudierung und Aufführung von Theaterstücken an den jesuitischen Erziehungsanstalten zur Pflicht, von regelmäßigen *declamationes* und anderen Übungen der oberen Klassen bis zu den großen öffentlichen Aufführungen an kirchlichen Feiertagen und am Ende des Schuljahres. Die Sprache der Stücke war – wie die des Unterrichts – das Lateinische; das Theater der Jesuiten wurzelte wie das protestantische Schuldrama in der humanistischen Tradition. Anders als das protestantische Schultheater, das bald auch Stücke in deutscher Sprache auf die Bühne brachte, blieb das Jesuitendrama bis auf wenige Ausnahmen konsequent bei der lateinischen Sprache. Ziel war zunächst die praktische rhetorische Schulung; zugleich dienten die Stücke, die vom eigens dafür zuständigen *pater comicus* verfaßt wurden, der moralisch-religiösen Unterweisung und der Vertiefung des Sprach- und Literaturunterrichts. Bei den großen öffentlichen Aufführungen trat die Wirkung nach außen in den Vordergrund: Es ging um Verteidigung, Verbreitung und Festigung des wahren Glaubens, um Glaubenspropaganda im Geist einer energisch betriebenen Gegenreformation – und das mit den jeweils modernsten Mitteln des Theaters. Wenn vom Jesuitendrama die Rede ist, sind diese Stücke gemeint, nicht die rhetorischen Übungen in den Klassen der Gymnasien. Dabei konnte der Aufwand, etwa bei den Aufführungen in Wien oder München, dank entsprechender Subventionen durchaus mit prachtvollen Operninszenierungen konkurrieren. Vielfach fehlte es auch nicht, ohne Rücksicht auf einen puristischen Klassizismus, an drastischer Komik in der Nachfolge der antiken Komödie oder des neueren Fastnachtsspiels, wobei die Theatereffekte und die komischen Szenen den Zuschauern ohne besondere Lateinkenntnisse entgegenkommen mochten. Für sie gab es sogenannte Periochen, Theaterzettel mit Inhaltsangaben, auch in der Volkssprache.

Die Tendenz zum Gesamtkunstwerk, zur Multimedialität, die das Jesuitendrama auszeichnet und die sich mit der Erweiterung der theatralischen und musikalischen Möglichkeiten im Lauf der Zeit verstärkt, ist eine Konsequenz der missionarischen Aufgabe des Ordens. Alle sprachlichen und außersprachlichen Mittel dienen der rhetorisch-affektiven Wirkungsabsicht, dazu, den Zuschauer zu erreichen und von der Wahrheit der christlichen Botschaft und der katholischen Glaubenspropaganda zu überzeugen. Indem es gelingt, die Zuschauer im Theater mit allen Mitteln zu ergreifen, sie in die vorgeführten Krisen- und Entscheidungssituationen hineinzuversetzen und ihre Affekte zu mobilisieren, lassen sich ihre Seelen in die gewünschte Richtung lenken. Dazu reicht der Text nicht aus: «Was auf der Bühne dargestellt wird, ist lebendig und beseelt, was man nur liest, ist bloß Gerippe und ein Leichnam», schreibt Nicolaus von Avancini, einer der großen Theaterdichter des Ordens, 1675 im Vorwort zur Ausgabe seiner Stücke.

Wie man sich die ideale Wirkung, den missionarischen Erfolg, vorstellte, zeigt ein Bericht über eine Aufführung des *Cenodoxus* von Jacob Bidermann im Jahr 1609 in München. Dabei ist es unerheblich, daß der Text kaum als Zeugnis eines tatsächlichen Vorfalls gewertet werden kann, sondern als Leseanleitung für ein späteres Publikum selbst Teil der Glaubenspropaganda ist. Er stammt aus der mehr als fünfzig Jahre nach dieser Aufführung erschienenen postumen Ausgabe der Dramen Bidermanns (*Ludi theatrales sacri*, 1666). Hier heißt es, ins Deutsche übersetzt, es sei bekannt, «daß der Cenodoxus, der wie kaum ein anderes Theaterstück den ganzen Zuschauerraum durch so fröhliches Gelächter erschütterte, daß beinahe vor Lachen die Bänke brachen, nichtsdestoweniger im Geiste der Zuschauer eine so große Bewegung wahrer Frömmigkeit hervorrief, daß, was hundert Predigten kaum vermocht hätten, die wenigen diesem Schauspiel gewidmeten Stunden zustande brachten. Es haben sich nämlich von den Allervornehmsten der Bayerischen Residenz und der Stadt München im ganzen vierzehn Männer, von heilsamer Furcht vor dem die Taten der Menschen so streng richtenden Gott erschüttert, nicht lange nach dem Ende dieses Spiels zu uns zu den Ignatianischen Exerzitien zurückgezogen, worauf bei den meisten eine wunderbare Bekehrung folgte.»

Während diese Passage die Wirkung des alten Stückes im nachhinein zu belegen sucht, zeigt ein am 2. Februar 1596 in München aufgeführter *Cyriacus* die erwünschten Wirkungsmechanismen gleichsam wie in einem Lehrstück und bereitet ihre Übertragung in die Realität vor. Die Handlung spielt zunächst im 5. oder

6. Jahrhundert in Jerusalem. Im Mittelpunkt steht der Abt Cyriacus, dem sein Freund Isychius ein Buch leiht, das auch eine häretische Schrift enthält, die u. a. die Göttlichkeit Jesu und die Rolle Marias betrifft. Als der Abt schließlich den ketzerischen Text entdeckt, gibt er das Buch dem Eigentümer zurück. Dieser beschließt, es zu zerreißen. Nun verlagert sich die Handlung in die Gegenwart. Schüler aus dem Publikum stehen auf und stellen mit Fragen nach den zahllosen heutigen ketzerischen Büchern den Bezug zur Situation im 16. Jahrhundert her. Nach entsprechender Belehrung schwören die Schüler, alle Bücher zu sammeln und zu verbrennen, die mit dem Namen der Jungfrau Maria unvereinbar seien. Ein weiterer Schüler erscheint, der – beeindruckt von dem Geschehen – nach Hause gegangen war, um die gefährlichen Bücher, die er heimlich gelesen hatte, zu holen und auszuliefern: Es handelt sich um Werke von Ovid, Erasmus, Luther und des Calvin-Anhängers Théodore de Bèze. Er fragt nach dem Scheiterhaufen, doch man beschließt, erst noch mehr Bücher zu sammeln, die Verbrennung daher etwas aufzuschieben und sie – um ein Exempel zu statuieren – auf offenem Platz vorzunehmen. Das Autodafé fand in der Tat statt. Die Schüler trugen, so heißt es in den Annalen des Kollegs, nach der Aufführung mehr als 60 Bücher herbei und verbrannten sie («Quod et factum: nam ultro 60 libros attulerunt postea comburendos»). Diese zweifellos vorbereitete Aktion war kein Einzelfall.

Von der Mitte des 16. Jahrhunderts bis zur Auflösung des Ordens im Jahr 1773 wurden auf deutschsprachigem Gebiet Tausende von Jesuitendramen aufgeführt, allein in den ersten hundert Jahren mehr als 2000. Die Stücke blieben in der Regel ungedruckt; die Ausnahmen betreffen vor allem das Werk einiger großer Autoren wie Jacobus Pontanus, Jacob Bidermann, Jacob Balde und Nicolaus von Avancini. Angesichts der von der schulischen Praxis geforderten umfangreichen Produktion und ihrer didaktischen Zielsetzung, die auch den Einsatz möglichst vieler Schüler erforderte, braucht es nicht zu verwundern, daß nur selten höhere literarische Ansprüche erfüllt werden konnten.

Eine genauere formale oder inhaltliche Bestimmung des Jesuitendramas erweist sich als schwierig, wenn nicht unmöglich, da gerade seine missionarisch-propagandistische Funktion im Prozeß der Gegenreformation eine Anpassung an die jeweils aktuellen Gegebenheiten – Bühne, Publikum, historische Lage, mögliche Konkurrenzsituation, lokale Traditionen (Heiligenverehrung) usw. – erforderte und im Verlauf der langen Geschichte des Jesuitendramas zu einer Vielfalt von Formen und Typen führte. Gleichwohl lassen sich einige Schwerpunkte und Grundmuster nennen. So schlagen sich die religiösen Ziele des Jesuitentheaters erwartungsgemäß in der Wahl der Stoffe und Themen nieder. Ein verbreitetes Muster stellt etwa die sinnfällige Opposition von Tugend und Laster, von Vertretern des wahren Glaubens und Ketzern, von Märtyrern und Tyrannen dar. Dabei steht in einem Teil der Dramen das positive Beispiel mit einem tugendhaften, vorbildlichen Helden im Vordergrund, der als Heiliger, Märtyrer oder vorbildlicher Herrscher mit seinem musterhaften Leben oder seiner dem christlichen Glauben dienenden Politik die triumphierende Kirche und ihre Lehren repräsentiert; andere Dramen zielen auf Abschreckung, indem sie das schlimme Schicksal von Sündern, Ketzern und Tyrannen in den Mittelpunkt stellen, die die zentralen Glaubensartikel verfehlen. Dabei spielt wie bei den Stücken der Bekehrung und Umkehr das Thema der Entscheidungsfreiheit und -fähigkeit des Menschen im Sinn der von den Jesuiten behaupteten Willensfreiheit des Menschen eine bedeutende Rolle. Der aktuelle Bezug bleibt stets erhalten; bei den jeweiligen Vertretern des falschen Glaubens ist immer auch an die konfessionellen Gegner, Calvinisten oder Lutheraner, gedacht. Bibel, Kirchen- und Weltgeschichte und nicht zuletzt die Geschichte der Heiligen stehen als unerschöpfliches Stoffreservoir eines die göttliche Lenkung feiernden Welttheaters zur Verfügung.

Obwohl die Grundmuster der Stücke in mancher Hinsicht unverändert blieben – Triumph der Tugend, des Märtyrers, des rechtgläubigen Herrschers auf der einen, Höllensturz des von Gott verworfenen Sünders, Ketzers oder Tyrannen auf der anderen Seite –, kam es im Verlauf der Geschichte des Jesuitendramas zu historisch bedingten Akzentverschiebungen. So deutet sich ein verstärktes Interesse an historischen Stoffen an. Und mit der Etablierung des Wiener Jesuitentheaters als Hoftheater etwa entwickelte sich das Schultheater zum höfischen Festspiel mit politischer Funktion als Fürstenspiegel und als Medium der Verherrlichung des (rechtgläubigen) Hauses Habsburg. Dazu gewann angesichts der Bedrohung durch das Osmanische Reich seit den siebziger Jahren des 17. Jahrhunderts das Türkenthema an Bedeutung. Zugleich ergaben sich, begleitet von theoretischen Erörterungen, deutliche Veränderungen in der Poetik und Dramaturgie. Die humanistisch-rhetorische Fundierung und Zielsetzung des Dramas verlor an Gewicht, während Musik und Tanz in den aufwendigen Produktionen des späten 17. und frühen 18. Jahrhunderts eine tragende Rolle erhielten.

Anfänge

Als der Jesuitenorden Mitte der fünfziger Jahre des 16. Jahrhunderts damit begann, in den Schulen Schauspiele aufzuführen, konnte er noch nicht auf eigene Stücke des Ordens zurückgreifen. Man spielte Komödien von Plautus und Terenz, neulateinische Schulkomödien wie den *Acolastus* (1529) des Niederländers Gulielmus Gnaphaeus und Moralitäten wie die lateinische Version des *Everyman* (*Homulus*, 1536). Das erste Stück, das auf einer Jesuitenbühne gespielt wurde, und zwar 1554 in Wien, war die «Tragoedia Christiana» *Euripus* des Löwener Franziskaners Livinus Brechtus (Levin Brecht), die zuerst 1548 in Löwen aufgeführt worden war (Erstdruck 1549; deutsche Übersetzung von Cleophas Distelmayer 1582). Und mit dem *Euripus* begann die Geschichte des Jesuitentheaters nicht nur in einem äußerlichen Sinn: Das Stück, das alle großen Kollegien in den nächsten Jahren übernahmen und es durch zahlreiche Aufführungen bekannt machten, wurde zum Modell der eigenen dramatischen Produktion. Auch die hervorragenden Beispiele der Gattung wie Jacob Gretsers *Udo von Magdeburg* (1587 bzw. 1598), der Münchener *Theophilus* von 1596 und Jacob Bidermanns *Cenodoxus* (1602) sind vom Beispiel des *Euripus* beeinflußt, einer Moralität, das den in die Katastrophe führenden Lebensweg eines Menschen exemplarisch darstellt.

Der Name des Titelhelden, aus den *Adagia* (1500) des Erasmus übernommen, bedeutet der Unbeständige, der Unzuverlässige, und Euripus' Verhalten bestätigt die Angemessenheit dieser Bezeichnung. Die allegorischen Gestalten Timor Dei (Gottesfurcht) und Tempus gratiae (Gnadenzeit) begleiten ihn zunächst auf seinem Lebensweg, der ihn ganz konkret nach Matthäus 7, 13–14 vor die Wahl zwischen dem breiten, bequemen Weg ins Verderben und dem engen, mühsamen Weg zum Heil stellt. Nach halbherzigen Versuchen, dem beschwerlichen Pfad zu folgen, schickt Euripus Gottesfurcht davon und ergibt sich den Versuchungen der Welt. Doch bald geht er, auch noch von Gnadenzeit verlassen, an Syphilis zugrunde und wird von Venus und Cupido, die sich als Teufel entlarven, gefesselt in die Hölle geführt. Aber, und das bezeichnet die über die übliche Moralität hinausgehende Besonderheit des Stückes, hier wird nicht über einen allgemeinen Fall menschlicher Schwachheit entschieden, sondern Euripus steht als abschreckendes Beispiel für das Schicksal eines Menschen, der sich aus Bequemlichkeit auf die Lutherische Rechtfertigungslehre verläßt («allein durch den Glauben»), auf gute Werke verzichtet, die Gottesfurcht wegschickt und sich sorglos der Gnade sicher fühlt. Brechtus stellt die Moralität in den Dienst der konfessionellen Zielsetzungen, ein Verfahren, das sich die Jesuitendramatiker im folgenden zu eigen machten: entweder polemisch in einem spezifisch antireformatorischen Sinn oder apologetisch zur Darstellung der eigenen Position.

Allerdings verläuft die Entwicklung des Jesuitendramas angesichts der unterschiedlichen lokalen Spieltraditionen und Bedingungen keineswegs geradlinig. So stellen die Münchner Festspiele zwischen 1568 und 1597 ein deutlich abgrenzbares Phänomen in der Frühzeit des Jesuitentheaters dar, ein von Hof und Bürgertum unterstütztes großes Repräsentationstheater im Geist der Gegenreformation und im Einklang mit den politischen Zielsetzungen des bayerischen Herrscherhauses. Die Reihe der großen Festspiele reicht von Andreas Fabricius' *Samson* (1568) anläßlich der Hochzeit des späteren Herzogs Wilhelm V. mit Renata von Lothringen über einen meist Georg Agricola zugeschriebenen *Constantinus Magnus* (1575), eine anonyme *Hester* (1577) und einen ebenfalls anonymen *Gottfried von Bouillon* (1596) bis zum Festspiel zur Weihe der St. Michaelskirche (*Triumphus Divi Michaelis Archangeli Bavarici*, 1597). Gerade die früheren Stücke, die noch im Freien – auf dem Marienplatz bzw. neben der Michaelskirche – gespielt wurden, waren Massenveranstaltungen, die sich von der Schulbühne gelöst hatten und in die Stadt hineinwirkten: So zählte man bei dem zweitägigen *Constantinus Magnus* 1000 Akteure (einschließlich der herzoglichen Leibwache), bei der dreitägigen *Hester*-Aufführung wirkten 300 Schüler mit (und beim Festzug durch die Stadt wurden 1700 Personen in Kostümen aufgeboten). Allerdings löste diese Form des Theaters, die sich von der humanistischen Basis des jesuitischen Erziehungssystems entfernte, auch Widerstände aus, die von humanistisch-gelehrter Seite kamen. Ihr Repräsentant war Jacobus Pontanus.

Poetik: Jacobus Pontanus

Pontanus war der erste deutsche Poetiker des Ordens. Seine für den Unterricht bestimmte Poetik *Poeticarum institutionum libri tres* erschien zuerst 1594 und fand dann mit der dritten Auflage von 1600 ihre endgültige Form; bis zu Jacob Masens *Palaestra eloquentiae ligatae* (1654–57) blieb sie die maßgebliche Poetik in den deutschen Ordensprovinzen. Sie basiert weitgehend auf den Werken italienischer Renaissancepoetiker (Giovanni Antonio Viperano, Francesco Robortelli [Robertelli], Antonio Sebastiano Minturno, Julius Caesar Scaliger, Marco Girolamo Vida). Für das Drama ist Viperano der Hauptgewährsmann (*De poetica libri tres*, 1579), der sich wiederum kritisch mit Scaligers *Poetices libri septem* (1561) auseinandersetzt. Im Kontext der rhetorischen Ausbildung und Schulung erkennt Pontanus der Tragödie wegen ihres höheren Redeschmucks und ihren vielfältigeren Möglichkeiten der Affekterregung und -darstellung eine größere Bedeutung zu als der Komödie, ohne deren Nutzen gering zu schätzen. Während die Komödie sich belehrend und mit Witz auf das gewöhnliche Leben beziehe, sei die Tragödie «eine Dichtung, die durch handelnde Personen die unglücklichen Schicksale bedeutender Männer darstellt, um durch Mitleid und Schrecken die Seele von diesen Leidenschaften zu befreien, von denen derartige tragische Handlungen ihren Ausgang nehmen». Auf die Überlegung, wie denn die Betrachtung eines derartig traurigen Geschehens Vergnügen bereiten könne, antwortet Pontanus (nach Viperano) mit dem Argument, daß nicht das tragische Geschehen an sich, sondern «dessen hervorragende Nachahmung [...] uns Vergnügen» bringe, ein Vergnügen durchaus im Einklang mit dem moralischen Endzweck der Dichtung:

«Und da die Nachahmung ernster, schrecklicher, trauriger, tränenreicher und grausamer Begebenheiten schwieriger ist als die von alltäglichen, unbedeutenden, lächerlichen und possenhaften, bewundern wir die Tragödie mehr als die Komödie und gewinnen aus ihr ein beständigeres Vergnügen als aus jener. Sodann empfinden wir um derjenigen willen, deren Leben dargestellt wird, zwar Schmerz, aber für uns sind wir froh und beglückwünschen uns, daß wir solche Leiden nicht erfahren haben. Etwas Süßes ist auch das Gefühl des Mitleids [...]. Weiterhin werden wir in der Tragödie belehrt und ermahnt, was wir als Ursache von Leid und Mißgeschick zu meiden haben. Belehrung aber erzeugt Freude.» (Übersetzung von David E. R. George)

Zwar stellt Pontanus' Poetik vielfach nur ein Mosaik aus Bausteinen der theoretischen Diskussion seit der Antike dar, doch ist es immerhin das erste Mal, daß Positionen der italienischen Renaissancepoetik in detaillierter Form rezipiert werden. Das gilt auch für die Hinweise auf die Form der Tragödie: Einheit der Zeit (zwei Tage), Einheit der Handlung, die allerdings episodische Unterbrechungen erlaubt, Verbannung gar zu schrecklicher Ereignisse von der Bühne, Lösung durch einen *deus ex machina* nur, wenn kein anderer Ausweg besteht usw. Daneben beruft sich Pontanus auf eigene Beobachtungen am Drama der Antike und des Humanismus. Auffallend ist allerdings, daß er auf die Verwendung von Allegorien und Personifikationen nicht eingeht, obwohl sie in der zeitgenössischen Praxis eine wesentliche Rolle spielen und Pontanus selbst zu diesem Mittel greift. Dies geschieht etwa in seiner *Immolatio Isaac* (Dillingen 1590), wo er den Chor durch allegorische Gestalten ersetzt. Andererseits hob er auch nicht den Typus des Märtyrerdramas besonders heraus, obwohl ein weiteres Bibeldrama, *Eleazarus Machabaeus* (Dillingen 1587), eine reine Verwirklichung dieses Dramentyps darstellt. Diese beiden Stücke wurden, wie die im Schulmilieu spielende Auseinandersetzung mit dem Krieg *Stratocles sive bellum* (Dillingen 1590), im Anhang seiner Poetik gedruckt.

Jacobus Pontanus (1542 Brüx bzw. Bruck/Böhmen – 1626 Augsburg), ursprünglicher Familienname Spanmüller, lehrte seit 1582 als Leiter des neu eingerichteten Gymnasiums in Augsburg Rhetorik, Poesie und Grammatik. In seine insgesamt 27-jährige Lehrtätigkeit in Augsburg fällt die Schul- oder Ausbildungszeit bekannter jesuitischer Gelehrter, Dichter und Erbauungsschriftsteller (Matthäus Rader, Jacob Bidermann, Jeremias Drexel, Georg Stengel u. a.). Pontanus erwies sich als Anwalt eines von der italienischen Renaissancekultur geprägten und an Cicero orientierten Stilideals, das im Orden nicht mehr unumstritten war. Er hinterließ neben der Poetik und den Dramen ein umfangreiches philologisches Werk (Editionen, Kommentare, Übersetzungen antiker Autoren). Sein vierbändiges Übungsbuch für den Sprachunterricht, *Progymnasmatum latinitas* (1588–1594, ²²1752) fand große Verbreitung, und wie er hier mit Dialogen das Lernprogramm auflockerte, so trat er mit seinem dreibändigen Werk *Attica bellaria* (1616–20) mit Anleitungen und Beispielen (Apophthegmata, Fabeln, Fazetien, Epigramme, Rätsel usw.) für die Scherzrede als Form einer gesellschaftlichen Gesprächskultur ein, wie sie in der italienischen Renaissance geschaffen worden war und in der deutschen Barockliteratur rezipiert wurde.

Jacob Gretser

Als bedeutendster Ordensdramatiker der Zeit vor 1600 gilt Jacob Gretser. Diese Einschätzung hängt durchaus auch mit der Überlieferungslage zusammen, denn im Unterschied zu anderen Autoren und der üblichen Ordenspraxis sorgte Gretser selbst durch Abschriften für die Erhaltung seiner Stücke. Von den mehr als zwanzig Stücken sind immerhin über die

Hälfte überliefert. Gretser begann mit seiner Dramenproduktion während seiner Zeit als Lehrer der Humaniora am Jesuitengymnasium in Freiburg/Schweiz (1584–86) und setzte sie dann in Ingolstadt fort, bis er seit der Mitte der neunziger Jahre mit anderen Aufgaben betraut wurde. Für sein erstes Stück, das er 1584 aus Anlaß der Übernahme der neugegründeten Humaniora-Klasse schrieb, wählte Gretser einen antiken Stoff (*Timon. Comoedia imitata ex dialogo Luciani qui Timon inscribitur*). Danach wandte er sich neben biblischen Stoffen und humanistischen Themen (*Regnum humanitatis*, 1587–98) Schweizer Heiligengestalten zu: *Nicolaus Myriensis* ist dem Freiburger Stadtpatron gewidmet (Freiburg 1586), *Nicolaus Unterwaldius* (‹Das Bruder-Klausen-Spiel›, Luzern 1586) verherrlicht den Einsiedler Nikolaus von Flüe, und auch die ebenfalls zu dieser Zeit entstandene, aber erst 1602 in Ingolstadt gespielte «Tragicomoedia» *Ita Doggia* bringt eine Einsiedlerlegende auf die Bühne.

Den Höhepunkt seines dramatischen Schaffens erreichte Gretser mit dem *Dialogus de Udone Archiepiscopi Magdeburgensis*, der in zwei handschriftlich überlieferten Fassungen vorliegt. Die erste Fassung wurde 1587 in Ingolstadt gespielt, die zweite 1598 in München. Sie unterscheiden sich deutlich. *Udo I* stellt in zwei Teilen («partes») mit je sechs Abschnitten («sectiones») Aufstieg und Fall des Titelhelden gegeneinander und bleibt bis in den Wortlaut hinein sehr nahe an der Quelle, einer Exempelsammlung von Tilmann Bredenbach (*Collationum sacrarum libri VIII*, 1584). Die zweite Fassung ist selbständiger, weist wesentliche Erweiterungen auf und gliedert den Stoff in drei Teile bzw. Akte, die in der Akzentuierung der Handlung ihre dramaturgische Begründung finden.

Das Stück zeigt zunächst den Aufstieg des begriffsstutzigen Schülers Udo, der dank eines Marienmirakels von seiner Dummheit geheilt und schließlich sogar zum Erzbischof berufen wird. Ihm fehlt es jedoch an Demut angesichts der ihm erzeigten Gnade; er führt in geistiger Hybris unter dem Einfluß diabolischer Diener ein lasterhaftes, epikureisches Leben, von dem ihn auch wiederholte Warnungen allegorischer Figuren nicht abhalten können. Timor Dei, die Gottesfurcht in Gestalt eines alten Dieners, muß abdanken. Von einer Engelsklage vorbereitet, zeigen zwei Visionen, wie Udo gerichtet und seine Seele in die Hölle geführt wird.

Gretsers *Udo* ist eine eindringliche Bühnenpredigt, die Zuschauern und Akteuren in exemplarischer Weise das schreckliche Ende eines sündigen Menschen vor Augen stellt, eines Menschen, der ein lasterhaftes Leben führt und trotz Ermahnungen und Aufforderungen zu Umkehr und Buße uneinsichtig bleibt, in Sünde verharrt und so notwendig zur Hölle verdammt wird. Die auch sonst im Jesuitendrama beliebten Gerichts- und Höllenvisionen steigern die Intensität des Spiels, das warnen, aufrütteln, zur *conversio* bewegen soll. Das Lehrstück, in dessen Mittelpunkt ja ein hoher Geistlicher steht, mahnt aber auch ganz im Sinn jesuitischer Er-

neuerungsbestrebungen eine innere Reform der Kirche selbst an; darüber
hinaus läßt es sich mit seiner Kritik an der Verabsolutierung menschlicher
Vernunft als Verurteilung humanistischer Autonomievorstellungen verstehen, ebenfalls ein wichtiges Thema jesuitischer Dramatik.

Als genaues Gegenbild zu dem abschreckenden Beispiel des *Udo* demonstrierte
ungefähr gleichzeitig der Münchener *Theophilus* von 1596 das rechte Zusammenwirken von eigener Anstrengung um das Heil und der durch Maria vermittelten
göttlichen Gnade. Es handelt sich um die Dramatisierung der seit dem frühen Mittelalter weitverbreiteten Legende von Theophilus aus Adana, Bischof von Kilikien, der seine Seele dem Teufel verschrieben hatte, um mit dessen Hilfe sein ver-
lorenes Amt wiederzuerlangen, und «dank der Fürbitte der Jungfrau Maria seinen
mit Blut unterschriebenen Vertrag wieder zurückerhielt» (so die Notiz im Diarium des Münchener Kollegs über die Aufführung am Fest Mariä Heimsuchung
1596, an der auch Herzog Wilhelm mit seiner Familie teilnahm). Dabei nutzte der
Autor die dem Stoff innewohnenden Möglichkeiten der Aktualisierung in gegen-
reformatorischem Sinn: Am Beispiel dieser Geschichte von höchster Schuld,
Umkehr und Begnadigung ließ sich – gegen Luthers Lehre von der alleinigen
Wirksamkeit der göttlichen Gnade – die eigene Position in der Frage der Rechtfertigungslehre deutlich machen. Der Stoff wurde daher häufig auf die Bühne gebracht, insbesondere bei Festlichkeiten der Marianischen Sodalitäten, da der Jungfrau Maria bei der Rettung des Theophilus eine entscheidende Rolle zukommt.
Die Handschrift des Münchener *Theophilus* nennt den Verfasser nicht; für die vermutete Autorschaft von Matthäus Rader, dem bedeutenden Philologen und einflußreichen Lehrer, gibt es keine zuverlässigen Belege.

Jacob Bidermann

Wenn auch von Matthäus Raders insgesamt wohl neun Stücken nur zwei
erhalten sind – u. a. führte er 1594 in München mit seinem *Sanctus Cas-
sianus Martyr* eine der frühesten jesuitischen Märtyrertragödien auf –, so
bezeugen andere Dokumente seine intensiven Bemühungen um den
Theaterbetrieb. Davon profitierte auch sein Schüler Jacob Bidermann,
den Rader zu seinem ersten Drama anregte, zur «Comico-Tragoedia» *Cenodoxus*, deren Erstaufführung am 2. Juli 1602 in Augsburg stattfand. Wie
Brechtus im *Euripus* und Gretser im *Udo* brachte Bidermann das Schicksal eines verblendeten Sünders auf die Bühne, der die ihm gegebene Freiheit des Willens nicht zu seinem Heil nutzt und daher nicht vor dem göttlichen Gericht bestehen kann. Er setzte jedoch insofern einen erbaulichen
Akzent, als die Geschichte des verdammten Doktors gemäß der Legende
eigentlich nur Vorgeschichte ist, Anstoß zu Umkehr und Weltabsage Brunos, des Gründers des Kartäuserordens. Dieses wunderbare Erlebnis soll
dem hl. Bruno 1082 in Paris widerfahren sein, wie die im 13. Jahrhundert
zuerst greifbare Legende berichtet; es ist Gegenstand des letzten Aktes
bei Bidermann und nimmt am Beispiel Brunos gleichsam die ideale Rezeption des Publikums vorweg.

Im Mittelpunkt des Dramas steht freilich der berühmte Pariser Humanist und Rechtsgelehrte, der hier – die Legende kennt weder seinen Namen noch seine spezifischen Laster – nach seinem ihm zugeschriebenen Hauptlaster benannt ist: *Cenodoxia* heißt ‹eitle Ruhmsucht› und gehört zum Bereich der Hoffart, der schwersten aller Sünden. Die Begierde nach äußerlichem Ruhm pervertiert alle Handlungen des Cenodoxus und lenkt sein ganzes Denken und Verhalten. Sein Laster ist nicht der unbändige Drang nach Wissen – theologisch als *curiositas* ebenfalls verwerflich –, sondern besteht in seiner Ruhmbegierde, der Sucht, von allen gekannt und anerkannt zu werden als das «Haupt der Glehrten», ja als das «helle Liecht im Königreich», wie es in der späteren Übersetzung Joachim Meichels heißt. Als Dienerinnen der *superbia* treten im Stück Philautia und Hypocrisis auf, Eigenliebe und Heuchelei bzw. Gleisnerei, eine Wahl, mit der Bidermann bestimmte Erscheinungsformen gesellschaftlichen Verhaltens kritisch kommentiert. Cenodoxus strebt danach, als guter Mensch angesehen zu werden, nicht einer zu sein. Auf die entsprechende Frage des Hauptteufels Panurgus antwortet Hypocrisis mit einer Charakteristik des Cenodoxus als ‹politischem› Menschen:

> Wann er den Leuten ist im Gsicht /
> Da ist er aller Tugent voll /
> Damit man jhn nur loben soll;
> Ist aber niemand da vmb jhn?
> So ist auch alle Tugent hin.
> Schön simuliern / dissimuliern /
> Verdecken / bergen / vnd fingiern /
> Auff niembd nichts halten / nur auff sich […].

Hier und in der Eigenliebe, der Selbstüberhebung, liegt die Gefährdung des Doktors. Durch diese Eigenschaften finden die Mächte des Bösen Zugang zu seiner Seele und gewinnen im Wettstreit guter und böser Einflüsterungen nicht zuletzt dank der Täuschungskunst der Gleisnerei, die Cenodoxus' Unterscheidungsfähigkeit entscheidend trübt, schließlich die Oberhand. Selbst die Sterbeszene wird – trotz der Bemühungen der guten Mächte (Schutzengel, Gewissen) – zur Demonstration der Macht der von der Selbstliebe und der Heuchelei angereizten Hoffart, als sich Cenodoxus vor den anwesenden Freunden als Exempel gefaßten, würdigen Sterbens in stoischem Sinn selbst feiert. Diese Szene und zahlreiche andere Anspielungen machen deutlich, daß das Gericht über die Hoffart auch eines ist über den Humanismus, die Emanzipationsbestrebungen des Individuums und das von Justus Lipsius geprägte neustoische Denken.

Wie in den Moralitäten wird der Mensch – hier allerdings kein ‹Jedermann›, sondern ein humanistisch gebildeter, berühmter Jurist – durch den nahen Tod vor die Entscheidung zwischen Himmel und Hölle gestellt, wie in den Moralitäten führen allegorische Gestalten den Kampf um die Seele: Hypocrisis und Philautia verkörpern die Gefahren für das Seelenheil, der Schutzengel Cenodoxophylax und das Gewissen (Conscientia) halten dagegen. Es sind einerseits Mächte, gute und böse Geister, die von außen auf die Menschen einwirken, andererseits verkörpern sie die seelischen Bewegungen, die von diesen Einwirkungen verursacht werden und machen die innere seelische Auseinandersetzung sichtbar. Die Gegenüberstellung von himmlischen und höllischen Szenen, von Engeln und Teufeln bekräftigen diesen Dualismus von guten und bösen Kräften, zwischen denen sich der Mensch auf Grund seines freien Willens aus eigener Verantwortung entscheidet. Anders als in den Moralitäten gibt es im *Cenodoxus* kein glückliches Ende für den Sünder. Denn Cenodoxus zeigt sich im Leben wie in seiner Todesstunde verstockt und verblendet, unfähig, die richtige Unterscheidung zwischen den auf ihn eindringenden guten und bösen Geistern zu treffen; hinter dem äußerlichen Schein von Tugend und Frömmigkeit verbergen sich Hoffart, Eitelkeit und Ruhmsucht.

Die Konsequenz zeigt der fünfte und letzte Akt, in dem sich je drei Szenen des göttlichen Gerichts und der wunderbaren Ereignisse beim Totenamt eindrucksvoll abwechseln und auf eine aufrüttelnde Wirkung zielen: Der auf einer Bahre liegende Leichnam richtet sich dreimal auf und ruft – entsprechend dem Stand des Gerichtsverfahrens – aus: «ACCUSATUS SUM», dann «JUSTO DEI JUDICIO JUDICATUS SUM» und schließlich «JUSTO DEI JUDICIO DAMNATUS SUM». Bruno und seine sechs «socii», die diesem schockierende Ereignis beiwohnen, fassen daraufhin den Entschluß, um ihres Seelenheils willen der Welt zu entsagen und als Einsiedler ein Gott wohlgefälliges Leben zu führen. Die zeitgenössische deutsche Übersetzung zieht in der Inhaltsangabe dieser Szene das Fazit: «Ist also Cenodoxus jhme selber höchstschädlich / Brunoni aber höchstnutzlich gewesen.» Das Ende des Dramas – wie auch die legendäre Zuschauerreaktion bei der Münchener Aufführung von 1609 – erfüllt die aristotelische Katharsisformel in ihrer zeitgenössischen Interpretation, wie sie etwa Pontanus im Anschluß an Viperano formuliert hatte: Die Reinigung bezieht sich nicht auf die Affekte Furcht und Mitleid, sondern es geht darum, «durch Mitleid und Schrecken die Seele von diesen Leidenschaften zu befreien, von denen derartige tragische Handlungen ihren Ausgang nehmen».

Cenodoxus wurde als einziges von Bidermanns Stücken ins Deutsche übertragen und in dieser Form vor dem lateinischen Original gedruckt, nicht als Text für eine Aufführung, sondern in dem Bestreben, die moralisch-erbauliche Botschaft des Stückes auch den Ungelehrten zugänglich zu machen. Der Übersetzer war Joachim Meichel, der bereits eine Reihe von Werken Jeremias Drexels und anderer jesuitischer Autoren verdeutscht hatte: *Cenodoxus Der Doctor von Pariß. Ein sehr schöne Comædi / von einem verdambten Doctor zu Paris* [...]. *Sehr lustig vnd an-nemblich / darneben auch erschröcklich / vnd dahero sonderlich zu diser Zeit gar nutzlich zulesen* (1635). Die deutsche Version unterscheidet sich an einigen Stellen von der gedruckten lateinischen Fassung (Auslassung und Umstellung von Szenen), doch handelt es sich bei diesen Änderungen nicht um willkürliche Eingriffe des Übersetzers; sie sind vielmehr durch Handschriften und Periochen belegt. Meichel übertrug die jambischen Senare (sechs jambische Versfüße) des Originals in deutsche Knittelverse, Beispiel für das Festhalten an älteren sprachlichen und formalen Traditionen in der oberdeutschen Literatur.

Bis 1619 ließ Bidermann im Rahmen seiner Lehrtätigkeit in München und Dillingen elf weitere Stücke folgen, die – bis auf zwei verlorene Texte – in der postumen Ausgabe der *Ludi theatrales sacri* von 1666 enthalten sind. Sie bestätigen in vielfältiger Form die den *Cenodoxus* charakterisierende Skepsis gegenüber der ‹Welt› und einer am Diesseits orientierten Lebenshaltung sowie die Ablehnung humanistisch-neustoischer, auf die Emanzipation des Individuums gerichteter Tendenzen. Von der den Jesuiten üblicherweise zugeschriebenen Weltoffenheit kann bei Bidermann keine Rede sein, weder in der Form späthumanistischen jesuitischen Gelehrtentums (Pontanus, Rader) noch im Sinn der von einer christlich-stoischen Pflichtenethik geprägten positiven Einschätzung der politischen Sphäre (Jeremias Drexel). Für Bidermann ist das irdische Dasein nur ein Exil, die falsche Einstellung zur Welt gefährdet das Seelenheil, wobei die Versuchungen wie im *Cenodoxus* durchaus auch subtiler, geistiger Art sein können. Das Heil kann nur in der unbedingten Abkehr von der Welt und der Hinwendung zu Gott liegen. Diese Wahrheiten bestätigen umgekehrt warnende Beispiele wie der hoffärtige Gelehrte Cenodoxus, der ehr- und ruhmsüchtige Feldherr Belisarius (*Belisarius*, München 1607) oder – mit positiver Schlußwendung – der Fall der Umkehr eines Wucherers im letzten Augenblick im Mirakelspiel *Jacobus Usurarius* (um 1615–18), während Märtyrer die vorbildliche Lebensentscheidung exemplifizieren (*Philemon martyr*, um 1615–17) und weltverachtende Eremitengestalten das Konzept vom Dasein auf der Welt als Exil vorleben (*Macarius Romanus*, München 1613; *Joannes Calabyta*, Dillingen 1618; *Josaphatus*, Dillingen 1619). Von der Distanz zur politisch-geschichtlichen Welt zeugt auch das Parabelstück *Cosmarchia sive mundi respublica* (Dillingen 1617), das Bidermanns Wahrheit aufs neue verdeutlicht, daß das irdische Leben nur ein Exil und die wahre Heimat des Menschen das Himmelreich ist.

Das Märtyrerdrama *Philemon martyr*, nachweislich 1618 in Konstanz aufgeführt, radikalisiert die Entscheidung zwischen dem rechten und dem falschen Leben, zwischen der Perspektive des Heils und der der ‹Welt› am Beispiel eines heidnischen Komödianten zur Zeit Diokletians, der eine wunderbare Wandlung zum christlichen Märtyrer durchmacht. Wie die zugrundeliegende Legende stellt Bidermann die beiden Lebensphasen des Mimen antithetisch einander gegenüber: Die ersten beiden Akte schildern sein den irdischen Genüssen zugewandtes Leben und Treiben, die letzten beiden zeigen ihn als zum Martyrium entschlossenen Christen. Dazwischen liegt der entscheidende Umschwung im dritten Akt, der durch einen Kleider- und Rollentausch versinnbildlicht wird. Ein Edikt des Statthalters verlangt von jedermann, Jupiter und Juno zu opfern. Die Christen sind entschlossen, lieber zu sterben. Nur Apollonius wird von Furcht in Gestalt einer allegorischen Figur gepackt und verpflichtet den Schauspieler Philemon, für ihn das Götzenopfer darzubringen. Der Kleidertausch erweist sich jedoch zugleich als Persönlichkeitswechsel: Philemon spürt, heißt es in der vorangestellten Inhaltsangabe (Übersetzung von Max Wehrli), «daß er nicht nur das Kleid, sondern auch den Geist eines Christen angezogen hat [...], daß er nicht nur einen Christen spielt, sondern einer ist». Er verweigert das Opfer und geht mit dem beschämten Apollonius unter großem Aufwand an wunderbaren Erscheinungen «mit Frewden in den Todt» (Perioche). Ein Wunder bewirkt die Bekehrung des Statthalters.

Bidermann (1578 Ehingen bei Ulm – 1639 Rom) besuchte das Jesuitengymnasium in Augsburg, wo Rader und Pontanus schon früh seine dichterische Begabung förderten. Nach der Aufnahme in den Orden absolvierte er die übliche Ausbildung und lehrte danach 1606–14 in München Poesie und Rhetorik und 1615–25 in Dillingen Philosophie und Theologie, bis er 1625 als Bücherzensor des Ordens nach Rom berufen wurde.

Literarisch interessierte Zeitgenossen, wenn sie nicht gerade Zeugen von Aufführungen seiner Stücke an einem Jesuitengymnasium waren, kannten Bidermann wohl vor allem als Autor einer häufig aufgelegten lateinischen Übersetzung einer spanischen Biographie des Ordensgründers und als neulateinischen lyrischen und epischen Dichter, dessen nicht für die Bühne bestimmten Werke lange vor der postumen Dramenausgabe in zahlreichen Auflagen verbreitet waren: u. a. Epigramme (*Epigrammatvm libri tres*, 1620), eine epische Darstellung des bethlehemitischen Kindermords (*Herodiados libri tres*, 1622; entstanden 1600–02), eine Sammlung von poetischen Briefen biblischer und allegorischer Gestalten (*Herovm epistolae*, 1630; späterer Titel *Heroidum epistolae*), Gedichte in Elfsilbern (*Sylvulae hendecasyllaborum*, 1634) und satirische Prosa (*Utopia*, 1640; entstanden um 1602).

Dramatiker neben und nach Bidermann

Daß die Jesuiten darauf verzichteten, die Verfasser der im Lauf des Schuljahres aufgeführten Stücken zu nennen, daß die Handschriften der Texte grundsätzlich anonym waren und auch die Periochen zwar noch den Spieler der letzten Nebenrolle verzeichneten, aber den Autor verschwiegen, daß nur wenige Autoren die eigenen Texte sammelten und nur eine verschwindend geringe Anzahl von Texten gedruckt wurden, diese Besonderheiten hatten entscheidenden Einfluß auf die Rezeption des Jesuitendramas und führten fast zwangsläufig zu einer Beschränkung des Kanons auf nur wenige Namen. Ohne etwas an der herausgehobenen Stellung von Jacob Bidermann oder Nicolaus von Avancini ändern zu wollen, sind aber in der letzten Zeit Anstrengungen unternommen worden, dieses etwas einseitige Bild zu modifizieren und einige andere Autorenphysiognomien deutlich zu machen.

In einigen Fällen scheitert dies allerdings an der Überlieferung. So zählte zwar Jacob Keller zu den erfolgreichen Autoren des Ordens in den Jahren nach 1600, doch fehlen die Texte. Immerhin wird seine blutige Haupt- und Staatsaktion *Mauritius* (1603) durch die Perioche einer Münchener Aufführung von 1613 greifbar (*Tragoedi von Mauritio dem Römischen Kaiser*). Keller behandelte damit wohl als erster einen im Jesuitendrama bis ins 18. Jahrhundert hinein äußerst beliebten Stoff, das schlimme Schicksal des Kaisers Mauritius, der samt seiner Familie einer Meuterei zum Opfer fällt und hingerichtet wird: göttliche Strafe für ein früheres frevelhaftes Verbrechen.

Ein namhafter Dramatiker der Bidermann-Ära war der aus Augsburg stammende Georg Stengel, der während seiner Ausbildung zwei Jahre am Jesuitengymnasium in Porrentruy bzw. Pruntrut/Schweiz und dann in Dillingen, Ingolstadt und München lehrte bzw. predigte und durch zahlreiche theologische und philosophische Schriften hervortrat; dazu zählt auch die populäre, mit vielen Exempeln illustrierte Rechtfertigung der göttlichen Vorsehung angesichts des Unglücks in der Welt (*Opus de iudiciis divinis*, 4 Bde., 1651; dt. Ausgabe 1712). Er war wie Bidermann und Jeremias Drexel Schüler Matthäus Raders und stand in enger Beziehung zu Jacob Gretser. Zehn Stücke lassen sich ihm mit Sicherheit zuschreiben, bei zwei weiteren ist seine Verfasserschaft wahrscheinlich. Erhalten sind allerdings nur noch vier Dramen; daneben ist eine Reihe von Periochen überliefert. Abgesehen von einem allegorischen *Triumphus veritatis* (Porrentruy 1608) behandelte Stengel vorwiegend Stoffe der Welt- und Kirchengeschichte. Zu nennen sind u. a. ein Drama über Kaiser Heinrich II. (*De Sancto Henrico Imperatore et eius coniuge Kunegunde*, Ingolstadt 1613), an das später Andreas Brunner anknüpfen konnte, ein *Otho redivivus* (Dillingen 1614) über den Begründer des Dillinger Jesuitenkollegs Otto von Waldburg, ein dreitägiger glanzvoller *Triumphus [...] Deiparae Virginis* zur Einweihung der neuen Marienkirche in Dillingen 1617, ein Spiel anläßlich der Heiligsprechung des Ordensgründers Ignatius von Loyola und des Apostels der Inder Franciscus Xaverius (*Comoedia de sanctis patribus Ignatio et Xaverio*, Ingolstadt 1622) und schließlich ein Beispiel für den Fall eines Frevlers, des Feldherrn von Kaiser Theodosius, der «auß gerechtem Vrtheil Gottes von seinem hohen Stand in eusserstes Ellendt gestürzt [...] worden» (*Stilico sacrilegus*, 1624). Bezeichnend für die sprachliche Form der Dramen Stengels ist die Verbindung von Prosa und metrisch geformten Partien.

Einige der bemerkenswertesten Stücke dieser Periode konnten erst von der neueren Forschung einem Autor zugeschrieben werden. Es handelt sich um den in München geborenen Georg Bernardt, der 1613 in den Orden eintrat und nach dem Studium in Dillingen und Ingolstadt als Theologieprofessor in Dillingen und später in verschiedenen Funktionen in München wirkte. Seine vier in einer einzigen Handschrift überlieferten Stücke sind – bis auf die eingefügten Gesänge – in (lateinischer) Prosa verfaßt: *Theophilus Cilix*, eine weitere Version der alten Legende nach dem Münchener *Theophilus* von 1596, *Tundalus hiberniae miles redivivus*, eine Dramatisierung der mittelalterlichen *Visio Tundali* bzw. *Tnugdali*, *Jovianus*, ein Spiel, in dem ein Engel dem hochmütigen König Jovianus die Kleider wegnimmt und seine Rolle spielt, bis dieser durch ein Leben in Armut zur inneren Umkehr gebracht wird, und schließlich das Becket-Drama *Sanctus Thomas Cantuariensis Archiepiscopus martyr*. Die ersten drei Stücke wurden jeweils zu Schuljahresbeginn im Herbst 1621, 1622 und 1623 in Ingolstadt aufgeführt, das vierte 1626 in Konstanz.

Die Geschichte des Bischofs von Kilikien, der seine Seele dem Teufel verschrieben hatte und nur dank der Hilfe der Jungfrau Maria vor der ewigen Verdammnis gerettet wurde, weist gewisse Parallelen zum Schicksal des Doktor Faust auf. Bernardt teilte offenbar diese später von Literaturwissenschaftlern immer wieder geäußerte Ansicht und setzte die beiden Teufelsbündnergeschichten ausdrücklich in Beziehung: Für ihn war die aktuelle Faustgeschichte – die *Historia* erschien 1587 – ein Beispiel für das Schicksal, das Theophilus gedroht hätte, wenn er nicht zur Einsicht gelangt wäre. Nach dem Ende der eigentlichen Handlung treten in Bernardts *Theophilus* in einer epilogartigen Schlußszene Faustus und Hieronymus Scotus, ein italienischer Magier des 16. Jahrhunderts, auf und beklagen in der Hölle, «wie das gleiche Verbrechen in ihrem Fall ein ganz anderes Ende genommen hat» (Szenenüberschrift). Das Verbrechen ist vergleichbar, das Ergebnis nicht: Der verstockte Faust ist verdammt, der reuige Theophilus gerettet. «Ah, sapite, mortales, sapite!», «Ach, seid vernünftig, ihr Sterblichen, seid vernünftig!», lauten die letzten, beschwörenden Worte der beiden Verdammten an die Zuschauer (Übersetzung von Fidel Rädle). Auch in den anderen Stücken Bernardts finden sich Anspielungen auf das Faustbuch.

Den Zuschauer zu warnen und zur Einsicht und Umkehr zu bewegen, ist auch das Ziel des *Tundalus*. Das Stück basiert auf der im 12. Jahrhundert aufgezeichneten legendären Jenseitsvision des irischen Ritters Tundalus und führt die Reihe der jesuitischen Memento-mori-Dramen fort, die mit dem *Euripus* des Brechtus begonnen hatte und u. a. von Bidermann mit dem *Cenodoxus* fortgeführt worden war. Bernardt zeichnet den irischen Ritter als besonders üblen, nach christlichen Maßstäben eindeutig der Verdammung geweihten Charakter, als einen Menschen, der das

Volk grausam unterdrückt und die Armen malträtiert, die Kirche mißachtet und Gott lästert, ja die Transzendenz überhaupt in Frage stellt. Den exzessiven Verfehlungen entspricht der Schock der Vision des Ritters, dessen Seele in Begleitung eines Engels die Schrecken der Hölle erfährt. Vom Schutzengel ermahnt und nach drei Tagen ins Leben zurückgeschickt, erhebt sich Tundalus von der Bahre und berichtet, den anwesenden Freunden und dem Publikum zur Warnung, in exaltiertem Ton vom furchtbaren Schicksal der ewig Verdammten und entschließt sich, sein Leben zu ändern und in ein Kloster einzutreten.

Von völlig anderer Art als diese traditionell in lateinischer Sprache abgefaßten und mit den neuesten theatralischen Mitteln arbeitenden Dramen waren die Stücke, die Andreas Brunner in der Innsbrucker Jesuitenkirche an Sonn- und Feiertagen, insbesondere in der Karwoche, in den Jahren von 1644 bis 1652 spielen ließ bzw. die dort postum zur Aufführung gebracht wurden. Es handelt sich um kurze Texte in deutscher Sprache mit Episoden der Heilsgeschichte, Stücke, deren dramatische Mittel sich im wesentlichen auf Textdeklamation, lebende Bilder und stumme Szenen beschränkten und die den Zweck verfolgten, die Zuschauer zum Nachdenken, zur Meditation über die Erlösung der Menschheit durch den Kreuzestod Christi zu bringen. Die postume Ausgabe der *Dramata sacra* Brunners von 1684 enthält eine umfangreiche Auswahl aus den aufgeführten Stücken.

‹Konventionelle› Dramen hatte Brunner bereits früher im Rahmen der Lehre bzw. seiner historiographischen Tätigkeit für den bayerischen Herzog geschrieben: 1618 war in Neuburg/Donau ein fünfaktiges Drama über Kaiser Heinrich II. gespielt worden, eine Art Fürstenspiegel im Hinblick auf eine die Einheit des Reichs garantierende katholische Politik, als dessen Anwalt in der aktuellen historischen Situation der bayerische Herzog galt (*Von S. Heinrichen Hertzogen in Bayrn / vnd Römischen Keyser / auch der heyligen Kunegunda*, lautet der in der Perioche nur auf deutsch überlieferte Titel). Auch das 1635 aufgeführte Festspiel *Nabuchodonosor* mündet in eine Laudatio auf den bayerischen Kurfürsten nach dem Motto: «Die Hoffnung einer Newen Welt / | Ist alle auff den Fürsten gestellt.»

Neue Tendenzen: Jacob Balde und Jacob Masen

Der Dreißigjährige Krieg schränkte die dramatische Tätigkeit der Jesuiten deutlich ein. Das gilt auch für die Verhältnisse in München. Nach dem prunkvollen *Nabuchodonosor* Brunners verlor hier das Jesuitentheater allmählich seine Bedeutung und repräsentative Funktion; die führende Rolle übernahm dann nach dem Dreißigjährigen Krieg, ebenfalls in der Form eines höfischen Repräsentationstheaters, Wien. Herausragende Dramatiker sind in dieser Phase des Übergangs im deutschen Sprachgebiet kaum bekannt. Der Anschluß an die außerdeutsche Entwicklung, in der die Form der Tragödie Senecas und damit auch die neustoische Philosophie eine entscheidende Bedeutung gewonnen hatten, war verlorengegangen. Die in Antwerpen erschienene zweibändige Anthologie *Selectae Patrum Societatis Jesu tragoediae* (1634) enthält keine Texte deutscher Jesuiten. In dieser Anthologie dominierte wie in den Tragödien Nicolas Caussins (*Tragoediae sacrae*, 1620) ein christlich gefärbter Stoizismus. Hier traten Heldinnen oder Helden auf, die sich durch entschiedene Affektbeherrschung und den unerschütterlichen Willen auszeichneten, Gott zu dienen und heroisch für den Glauben einzustehen: Erbauung und Trost durch die Vorstellung exemplarischen Verhaltens nach dem Vorbild von Leben und Passion Christi. Das Modell dieser Auffassung einer christlichen Tragödie hatte der Calvinist Hugo Grotius mit seinem *Christus patiens* geschaffen (1608).

Im deutschen Jesuitendrama nahm erst Jacob Balde die Auseinandersetzung mit Seneca und der christlich-neustoischen Auffassung der Tragödie auf, die ja auch die Grundlage der deutschsprachigen Barocktragödie bildet. Baldes Beitrag zu dieser Diskussion ist die 1637 in Ingolstadt aufgeführte Tragödie *Iephte*, die dann in der Druckfassung von 1654 den veränderten Titel *Iephtias* erhielt. Grundlage der Tragödie ist eine Erzählung aus dem Buch der Richter (11, 30–40), die davon handelt, wie Jephte (Jiftach) sich in einem Gelübde verpflichtet, bei einem Sieg über die Ammoniter das erste Wesen, das ihm zu Hause entgegentritt, Gott als Brandopfer darzubringen; es ist seine einzige Tochter Jephtias oder Menulema. Anders als in früheren Dramatisierungen des Stoffes, in denen das Problem des Gelübdes und die Frage seiner Legitimität eine wesentliche Rolle spielt, stellt Balde die Tochter und das Opfer in den Mittelpunkt der Handlung. Ihr Leben und Tod werden als Präfiguration von Christi Leben und Tod interpretiert: Der Name Menulema steht anagrammatisch für Emmanuel (und verweist damit auf Christus). Ihre innere Stärke, Seelengröße und Beständigkeit sind durchaus Eigenschaften eines stoischen Helden. Doch mit ihrer affektiven Bejahung des Opfertodes verläßt sie die (neu)stoische Gedankenwelt. Ihr Handeln wird von ihrem Selbstverständnis als Braut Christi bestimmt; in einem Zustand ekstatischer Entrückung strebt sie der mystischen Vereinigung mit ihrem Bräutigam entgegen. Sie demonstriert damit auch die Überlegenheit des christlich-mystischen Wegs zu Gott über das stoische Konzept der Affektbeherrschung und gibt damit der christlichen Tragödie einen neuen Sinn.

Die Verbindung von Theorie und Praxis ist charakteristisch für das Werk Jacob Masens, des einflußreichsten Poetikers des Ordens um die Jahrhundertmitte. Sein poetologisches Hauptwerk *Palaestra eloquentiae ligatae* (*Übungsschule der gebundenen Beredsamkeit*, Bd. 1–2: 1654, Bd. 3: 1657), enthält im ersten Band eine Darstellung der allgemeinen Poetik, der Formenlehre und der Metrik, der zweite handelt von der Elegie, der

epischen Dichtung und verschiedenen lyrischen Formen, der dritte ist der
Dramentheorie gewidmet. In allen Bänden illustrieren Musterbeispiele
die theoretischen Ausführungen. Das sind Texte anderer Autoren (etwa
Jacob Balde), vor allem aber eigene Werke wie ein Epos über Sündenfall
und Vertreibung (*Sarcotis*) oder die insgesamt sieben Dramen zur Ver-
deutlichung seiner Ausführungen über das Drama.

Masen führt die Diskussion über das Drama und über die aristotelische
Tragödiendefinition auf der Basis der Aristotelesrezeption der Humani-
sten und erweitert sie um die neueren theoretischen Vorstellungen seines
italienischen Ordensbruders Alessandro Donati bzw. Alexander Donatus
(*Ars poetica*, 1631). Dieser hatte das Problem erörtert, wie die christliche
Märtyrertragödie entgegen gewissen aristotelischen Forderungen – etwa
der *mediocritas* des Protagonisten – gleichwohl geeignet sei, die tragischen
Affekte Furcht und Mitleid auszulösen. Darüber hinaus setzt Masen neue
Akzente. Er bezieht die zeitgenössische Theaterpraxis ein und plädiert
mit Blick auf die vorherrschenden Formen für eine Erweiterung des Spektrums der dramatischen Gattungen. Zwischen Tragödie und Komödie
stellt er die ‹mittleren› Gattungen der «Tragicocomoedia» und der «Co-
micotragoedia» als Nachahmungen des wirklichen Lebens, alle Formen
jeweils definiert in bezug auf Stilhöhe, Dramenausgang und soziale Stellung der handelnden Personen. Außerdem beschäftigt er sich mit der
nicht nur im Jesuitendrama so häufigen Verwendung von Allegorien und
der Frage, wie sich das Auftreten allegorischer Gestalten mit der Forderung nach Wahrscheinlichkeit vereinbaren läßt. Er sieht die Gefahr, daß
ein Zuviel an Allegorien – und vor allem ihr willkürlicher, nur dem theatralischen Prunk dienender Gebrauch – nicht nur gegen das Gebot der
Wahrscheinlichkeit verstößt, sondern damit auch die affektive Wirkung
der Tragödie beeinträchtigt. Eine legitime Rolle kommt der Allegorie allerdings dann zu, wenn sie sich aus der Sache selbst ergibt, etwa bei der
Darstellung biblisch oder historisch-legendär beglaubigter Erscheinungen überirdischer Mächte, oder wenn die allegorische Darstellungsweise
die tiefere Wahrheit des Geschehens sichtbar macht und der Erkenntnis
dient (z. B. Kampf von Tugenden und Lastern, von geistlichen und weltlichen, von himmlischen und höllischen Mächten).

In diesem Zusammenhang gehört auch ein anderes Werk Masens, das *Speculum
imaginum veritatis occultae* (1650), ein Versuch, die verschiedenen Erscheinungsformen des Emblems zu systematisieren. Bedeutung für die angewandte Emblematik etwa im Hinblick auf die Theaterpraxis gewinnt es u. a. durch die Beschreibung des Aussehens allegorischer Figuren im Drama. Noch Franciscus Lang griff
im Abschnitt «Imagines symbolicae» seiner *Dissertatio de actione scenica* (1727)
ausdrücklich auf Masens Werk zurück.

Der dritte Band der Poetik Masens enthält sieben Dramen, die schon
früher aufgeführt worden waren und nun als Beispiele das dargestellte

Gattungsspektrum illustrieren. Es handelt sich um drei Komödien: *Ollaria* (*Topfkomödie*), die von der Heilung eines Geizhalses durch seinen Vater handelt (Stoffquelle ist ein Dialog Petrarcas), *Rusticus imperans* (*Der Bauer als Herrscher*) und *Bacchi schola eversa* (*Die vernichtete Bachusschule*); dazu kommen die geschichtliche Tragödie *Mauritius orientis imperator*, das Legendendrama *Josaphatus*, ein Parabelstück über die Erlösung des Menschen (*Androphilus*; von Sigmund von Birken 1656 ins Deutsche übersetzt), und *Telesbius*, die exemplarische Darstellung des Lebens eines Menschen, der nach allerhand Verirrungen reuevoll den rechten Weg findet. Zu den Besonderheiten der Dramen Masens gehört die Kommentierung des Geschehens durch allegorische stumme Szenen («scenae mutae»), die an die Stelle der Chöre treten. Den größten Erfolg hatte er mit der Komödie *Rusticus imperans* (s. S. 452 f.).

Jacob Masen (1606 Dalem/Herzogtum Jülich – 1681 Köln) besuchte das Kölner Jesuitengymnasium und lehrte hier nach seinem Eintritt in den Orden (1629) Poetik und Rhetorik. Nachdem er die großen Gelübde (1648) abgelegt hatte, wirkte er zunächst weiter in Köln, dann in Paderborn und Trier als Priester und Schriftsteller. Er fand als Gelehrter und Poetiker Anerkennung über die konfessionellen Grenzen hinaus. Mit seiner *Ars nova argutiarum* (1649) leistete er einen bedeutenden Beitrag zur Theorie des arguten, scharfsinnigen Stils. Auch in seiner systematischen Darstellung der Rhetorik (*Palaestra oratoria*, 1659) behandelte er den scharfsinnigen, sentenziösen Stil, ebenso in einer entsprechenden Stillehre mit Beispielen von Cicero bis John Barclay (*Palaestra styli romani*, 1659). Als Theologe erregte er Aufsehen mit Schriften zum Problem der Wiedervereinigung der christlichen Konfessionen (*Methodus certa pacem religionis in Europa et vera fidei unitatem consequendi*, 1652; *Meditata concordia protestantium cum catholicis in una confessione fidei*, 1661–65); seine historischen Interessen zeigen sich in Editionen von Quellen und Schriften zur Geschichte Triers (*Antiquitatum et annalium trevirensium libri XXV*, 1670; *Epitome annalium trevirensium*, 1676).

Ludi caesarei: Nicolaus von Avancini

Während in München das Jesuitentheater allmählich an Bedeutung verlor, entwickelte es sich in Wien seit den vierziger Jahren zu einem wesentlichen Faktor des Theaterlebens. Das hing sicherlich auch mit der Verlagerung der politischen Gewichte zusammen: Hatte sich Bayern früher angesichts einer eher zögerlichen Rekatholisierungspolitik der Habsburger als gegenreformatorische Führungsmacht im Reich empfunden und entsprechend gehandelt, so wurde durch den Verlauf des Krieges die bayerische Rolle stark geschwächt, während sich die Erblande als Vormacht des katholischen Glaubens etablierten. Dank großzügiger Subventionen durch die Herrscher konnte sich das Jesuitentheater in Wien durch einen aufwendigen Inszenierungsstil auch gegenüber der italienischen Oper behaupten. Dafür standen dem Wiener Jesuitentheater zwei feste

Bühnen zur Verfügung: eine seit 1620 bestehende ältere Bühne ‹am Hof› und ein 1650 von Kaiser Ferdinand III. errichtetes und mit den modernsten technischen Errungenschaften ausgerüstetes Theater in der Universität. Der 1658 zum Kaiser gekrönte Leopold I. setzte die Förderung des Theaters noch großzügiger fort. Einfaches Schultheater war hier nicht gefragt, obwohl dies auch in Wien weiterhin als Teil des sprachlich-rhetorischen Unterrichts seinen Platz hatte.

Erfolg hatte das jesuitische Theaterunternehmen in der Kaiserstadt nicht zuletzt deshalb, weil es einen Autor besaß, der in idealer Weise das religiöse Anliegen der Kirche mit dem politisch-repräsentativen Anspruch des Hofes zu verbinden in der Lage war: Nicolaus von Avancini.

Avancini (1611 Brez bei Trient – 1686 Rom), Sohn einer reichen Südtiroler Adelsfamilie, trat im Alter von 16 Jahren in den Jesuitenorden ein und absolvierte die übliche philosophische und theologische Ausbildung u. a. in Graz und Wien. 1664 begann sein Aufstieg in der Hierarchie des Ordens: Rektor in Passau, Wien, Graz, Visitator für Böhmen, Provinzial für Österreich (1676–80), schließlich «Assistens Germaniae» beim Ordensgeneral in Rom. Seit 1640 bemühte er sich in seinen verschiedenen Positionen um das jesuitische Ordenstheater. Sein dramatisches Werk wurde – nicht ganz vollständig – in den fünf Bänden der *Poesis dramatica* (1675–86) veröffentlicht. Daneben schrieb er u. a. ein sehr erfolgreiches Meditationsbuch (*Vita et doctrina Jesu Christi*, 1665), politisch-panegyrische und religiöse Lyrik (*Hetacombe odarum*, 1651; *Poesis lyrica*, 1659) und ein historisch-panegyrisches Werk über die deutschen Kaiser von Karl dem Großen bis zu Leopold I. (*Effigies, ac elogia quinquaginta germanico-romanorum caesarum*, 1658).

Die glänzende Periode des Wiener Jesuitentheaters begann mit Avancinis Festspiel zur Hundertjahrfeier des Ordens im Jahre 1640 (*Zelus sive Franciscus Xaverius Indiarum apostolus*) und reichte bis etwa 1680. Sie ist dokumentiert in der Ausgabe seiner Dramen; von den hier abgedruckten 27 Stücken stammt nur eins aus der Zeit vor 1640. Sechs Dramen sind Übersetzungen aus dem Italienischen. Das ist wichtig insofern, als Avancini damit einen Dramentyp einführte, der eine starke musikalische Komponente enthielt, von einer modernen technischen Bühnenausstattung ausging, manieristische Sprachformen pflegte und sich durch eine kunstvolle Verbindung verschiedener Handlungsstränge und die gekonnte dramaturgische Inszenierung von Verwicklungen auszeichnete. Zu diesen Texten gehört das Märtyrerdrama *Hermenegildus* bzw. ital. *Ermegildo* (Aufführung 1659, Druck 1661) des manieristischen Poetikers Emanuele Tesauro.

Avancinis eigenes dramatisches Schaffen umfaßt die ganze Spannweite vom normalen Schuldrama bis zu den großen höfisch-repräsentativen Festspielen, den sogenannten *ludi caesarei*. Die Stoffe stammen aus der Bibel (*Josephus, Judith, Susanna Hebraea*), der Sage (*Genoveva Palatina*), der Heiligen- und Märtyrerlegende (*Evergetes et Endoxa, Eugenia Ro-*

mana) und der Welt- und Kirchengeschichte (*Semiramis, Xerxes, Alexius Comnenus, Canutus, Pomum Theodosii, Pietas victrix, Cyrus* usw.). Obwohl Avancini mit Einsiedlergestalten auf die Unbeständigkeit des Irdischen und die durch den Sündenfall gefallene Welt verweist und mit den in der heidnischen Antike oder im Orient spielenden historischen Stükken ein kritisches Bild der politischen Sphäre entwirft, steht er insgesamt der asketischen, weltfeindlichen Haltung eines Bidermann eher fern.

Die grundsätzlich positive Einstellung zum Leben in der Welt teilt Avancini mit seinen Ordensbrüdern Nicolas Caussin (*La cour sainte*, 1624) und Adam Contzen (*Daniel. Aulae speculum sive de statu, vita, virtute aulicorum atque magnatum*, 1630). Sie sahen durchaus die Möglichkeit einer politischen Ordnung, die dem einzelnen ein christliches Leben erlaubte. Der symbolische Ort der Politik, der Hof, hatte seine durch eine lange Tradition gestützte negative Konnotation verloren: Das Böse komme von außen, heißt es in Avancinis Ode *Aulae defensio*, und es sei Aufgabe des richtig beratenen christlichen Herrschers, das Böse, die vom Gegner ausgehenden Häresien zu vertreiben. Exemplarischen Ausdruck findet diese christliche Herrschaft im Hof der habsburgischen Kaiser Ferdinand III. und vor allem Leopold I.; in der Monarchie der Habsburger verwirklicht sich die vollkommene christliche Monarchie in der Geschichte. Ausdruck dieser Weltsicht sind die *ludi caesarei* Avancinis, denen jede Tragik fehlt, ist doch ihr Ziel die Verherrlichung der bestehenden Ordnung. Es gibt daher keine wirklichen Konflikte, allenfalls Scheinkonflikte; eine Störung der Ordnung durch die gegnerischen Kräfte bestätigt nur ihre Festigkeit und Dauer. Am sieghaften Ausgang besteht, deutlich gemacht durch Vorausdeutungen und parallele allegorische Aktionen, nie ein Zweifel. Anlässe der prunkvollen Aufführungen waren bedeutende historische oder dynastische Vorgänge wie die Ratifizierung des Westfälischen Friedens (*Pax imperii* [...] *sive Joseph a fratribus recognitus*, 1650), die Krönung Ferdinands IV. zum römischen König (*Curae caesarum*, 1653), die Kaiserwahl Leopolds I. (*Pietas victrix*, 1659) oder die Hochzeit Leopolds mit der Erzherzogin Claudia Felicitas (*Cyrus*, 1673).

Als modellhafte Verwirklichung des Dramentyps der *ludi caesarei* gilt das Anfang 1659 in Wien aufgeführte Stück *Pietas victrix sive Flavius Constantinus Magnus de Maxentio tyranno victor* (Übersetzung des Titels in der Perioche: *Obsigende Gottseeligkait Das ist Flavius Constantinus Der Grosse Nach uberwundenen Tyrann Maxentio Sighafft*). Gedruckte Textbücher aus dem Jahr der Aufführung mit Regieanweisungen und neun Szenenbildern vermitteln – deutlicher als der Druck im zweiten Band der *Poesis dramatica* (1675) – einen guten Eindruck von der Theaterpraxis samt ihrem opernhaften Maschinenzauber und Prunk (z. B. feuerspeiende Drachen, Phaëton im Sonnenwagen, Luftkampf zwischen Drachen und Adler, Beleuchtungseffekte, Chor- und Balletteinlagen).

Pietas victrix (5 Akte, etwa 3000 Verse) handelt vom Sieg Konstantins des Großen über Kaiser Maxentius im Jahr 312, mit dem sich Konstantin die Herrschaft über Westrom sicherte. Schon die erste Szene, eine «Scena muta», nimmt das Ende vorweg: «Constantino dem Kayser wird», so heißt es in der deutschen Perioche, «im Schlaff vorgestellt der herrliche Einzug / welchen er als ein Obsiger in die Statt halten solte.» Anschließend erscheinen dem schlafenden Konstantin die Apostel Petrus und Paulus und versprechen ihm den Sieg über Maxentius «mit darreichung dess Creutzfahns», während in einem parallelen Traum Maxentius das Volk Israel das Rote Meer durchqueren und die Ägypter ertrinken sieht. Die Chöre an den Aktschlüssen kommentieren die Auseinandersetzung zwischen dem Kaiser und seinem Gegenspieler auf einer allegorischen Ebene als Kampf zwischen Pietas und Impietas, zwischen Frömmigkeit und Gottlosigkeit. Consilium und Industria (Weisheit und Fleiß) gesellen sich der Pietas bei und verweisen damit auf Kaiser Leopold I., dessen Motti sie sind. Der Sieg, den auf der historischen Ebene die Entscheidungsschlacht des vierten Aktes sichert, steht nie in Zweifel und wird im fünften Akt mit Triumph und Krönung gefeiert, während die «Götzenpfaffen» fliehen.

Wie die Semantik eindeutig ist – Konstantin ist immer der Kaiser, Maxentius, historisch ebenfalls Kaiser, nur der Tyrann –, so legen auch die Begleitumstände und die allegorischen Interpretationen von vornherein die richtige Deutung fest: Zauberer, höllische Geister, Abgötter, Wahrsagerei kennzeichnen das Umfeld des gottlosen Christenverfolgers Maxentius, während die Apostel Petrus und Paulus, der heilige Bischof Nicolaus, die Jungfrau Maria und die Kreuzfahne dem von der göttlichen Vorsehung erwählten Konstantin zugeordnet sind. Die Wertung wird auch dadurch unterstrichen, daß die gegnerischen Mächte immer weiter aus der Handlung gedrängt werden, bis sie im letzten Akt völlig verschwinden. Der Triumph der gerechten Sache und des wahren Glaubens soll ungestört bleiben, zumal er als Ankündigung, als Vorwegnahme der vollkommenen Gegenwart des Habsburgerreiches zu verstehen ist. Gegen Ende stellt Avancini den Bezug ausdrücklich her: Die hl. Helena und die Jungfrau Maria erscheinen mit zwei Engeln auf einer Wolke und stellen mit Hilfe von Bildern die Geschichte des Reiches von Konstantin bis zur leopoldinischen Gegenwart vor Augen. Dabei sprechen sie von der Übertragung des römischen Reiches auf die Germanen bzw. Deutschen (*translatio imperii*), bis es bei den Österreichern Dauer erhalten werde («post Imperium ad Germanos transferendum, et demum in Austriacis perennaturum»). Entsprechend heißt es in der Prophezeiung Daniels im *Cyrus*, die Vier-Monarchien-Lehre und die *translatio imperii* in habsburgischem Sinn interpretierend: «Austria Erit In Orbe Ultima.» Die geschichtliche Entwicklung erreicht ihr Ziel in der habsburgischen Monarchie als der unter irdischen Bedingungen bestmöglichen politisch-gesellschaftlichen Verfassung.

Die weitere Entwicklung des Jesuitendramas

Die bei Avancini angelegten opernhaften Tendenzen verstärkten sich in der Folgezeit noch. Das gilt für den Einsatz der modernen Theatermaschinerie an den entsprechend ausgestatteten Theatern und insbesondere für die herausgehobene Rolle der Musik und des Tanzes. Beispiel dafür sind die Dramen und Opern Paul Alers in Köln, etwa die Josefstrilogie mit musikalischen Vor- und Zwischenspielen (*Joseph venditus*, 1704; *Joseph agnitus*, 1704; *Joseph patrem excipiens*, 1705) oder die beiden Marienopern *Regina gratiae, Maria* (1696) und *Regina pacis, Maria* (1697). Auch bei Johann Baptist Adolph in Wien und Franciscus Lang in München zeigt sich die wachsende Bedeutung der musikalischen Elemente; bei Lang führte sie auch zur Schaffung neuer Formen.

Das Werk Adolphs, des bedeutendsten Vertreters des spätbarocken Jesuitendramas in Österreich, nimmt Momente der Dramaturgie und Inszenierungstechnik Avancinis auf, besitzt jedoch ein eigenes Gepräge. Wie Avancini operiert Adolph mit der Gegenüberstellung von Haupthandlung und allegorischen Zwischenspielen. Bei diesen Zwischenspielen dominieren musikalische und tänzerische Elemente. Neben den allegorischen Zwischenspielen gibt es, insbesondere in den Fastnachtsspielen, Interludien, die auf einer sozial niedrigeren Ebene das Geschehen spiegeln und dabei auch Lieder im Wiener Dialekt verwenden (und so auf das Wiener Volkstheater vorausweisen). Im Vergleich zu Avancini tritt die umfassende weltgeschichtliche Perspektive zurück zugunsten einer Konzentration auf die Charaktere, auf die individuellen Schicksale der handelnden Personen. Und während die Gestalten Avancinis statisch angelegt sind und sich bereits zum Guten oder Bösen entschieden haben, bevor die Handlung beginnt, räumt Adolph seinen Helden Entwicklungsmöglichkeiten ein, so daß das jesuitische Thema der Willens- und Entscheidungsfreiheit wieder eine stärkere Bedeutung erhält. Formal machen sich klassizistische Momente bemerkbar, etwa in der wachsenden Beachtung der ‹Einheiten› oder der Verknüpfung der Akte und der Strukturierung des Geschehens auf das Ende hin. Auffallend ist Adolphs Vorliebe für die Mischform der Tragikomödie, der sich die meisten seiner Texte zuordnen lassen. Daß er tragische Ausgänge vermeidet, entspricht seiner Vorliebe für das Anmutige und das Zierliche, aber auch seiner Glaubensauffassung, die Liebe und Gnade betont.

Die meisten der mehr als dreißig Dramen Adolphs sind in fünf Wiener Kodizes handschriftlich überliefert (*Dramata Augustissimi Caesari Leopoldo I. exhibita*); unter den Texten befinden sich neben einer Reihe von Moralitäten und Eucharistiespielen zu Fronleichnam u. a. die Tragikomödien *Alvilda* (1697) – Christian Weise behandelte denselben Stoff aus der dänischen Geschichte in seinem Drama *Ulvilda* –, *Judas Machabaeus* (1702) und *Sancta Coecilia* (1707) sowie als letztes

Werk das Märtyrerdrama *Philemon et Apollonius. Martyres* (1707), das sich gegenüber dem *Philemon martyr* Bidermanns durch eine strenge Konzentration des Handlungsverlaufs und ein Interesse an der Psychologie der Charaktere auszeichnet.

Ein umfangreiches dramatisches Werk hinterließ auch Franciscus Lang, der zunächst in Eichstätt und dann seit 1687 in München für die Schulbühne verantwortlich war. Erweiterte Möglichkeiten über die traditionellen Schulspiele und Deklamationen hinaus boten sich ihm dann in seiner Funktion als Präses der Großen Marianischen Kongregation (1694–1706). Für das auf sein Betreiben 1698 erbaute Oratorium, das auch als Theatersaal diente, schrieb er in Zusammenarbeit mit Kirchen- und Opernkomponisten eine Reihe geistlicher Singspiele. Hier fanden auch die Aufführungen seiner Meditationen im Rahmen der Andachtsübungen der Kongregation an Fastensamstagen und -sonntagen statt. Thematisch waren sie von den Exerzitien des Ordensgründers geprägt, formal handelte es sich um eine Verbindung von szenischem Oratorium und Kantate, wobei Lang bei der dramatischen Realisierung vielfach mit emblematischen Schaubildern arbeitete. Als Quelle benutzte er Jacob Masens *Speculum imaginum veritatis occultae* von 1650. Langs dramatische Meditationen erschienen 1717 in drei Textbänden (*Theatrum solitudinis ascetiae, Theatrum affectuum humanorum, Theatrum doloris et amoris*), begleitet von sieben Bänden und zwölf Heften mit Sing- und Instrumentalstimmen.

Langs Nachruhm beruht jedoch vor allem auf seiner Tätigkeit als Sammler und Bibliothekar – ihr verdanken wir eine umfangreiche Sammlung von Periochen von Theateraufführungen in der oberdeutschen Ordensprovinz und damit wichtiges Quellenmaterial zum Jesuitentheater – sowie seinem Interesse an praktischen Fragen des Theaters und der Schauspielkunst. Dies wird dokumentiert in der postum veröffentlichten *Dissertatio de actione scenica* (1727), der *Abhandlung über die Schauspielkunst mit erläuternden Abbildungen und einigen Bemerkungen über die dramatische Kunst*, der «symbolische Bilder für die theatralische Aufführung und Bekleidung» beigefügt sind. Der Bezug zur eigenen Praxis als Autor und Regisseur ist deutlich. Das gilt für den Abschnitt über die emblematischen Bilder ebenso wie für die Abhandlung über die Schauspielkunst selbst, bei der sich eigene Erfahrungen und der Rückgriff auf traditionelle poetologische und rhetorische Grundsätze verbinden. Lang zeigt, wie durch Gestik und Mimik das gesprochene Wort gestützt, Affekte dargestellt und die erwünschte dramatische Wirkung erzielt werden kann. Denn was die Alten über das Verfahren der Schauspielkunst hinterlassen hätten, betreffe nur die Aussprache und die Modulation der Stimme: «über den Körper und die Haltung aller Glieder haben sie wenig gesagt». Das holt Lang sehr detailliert vom «Niedersetzen der Fußsohlen» bis zu den Bewegungen des Gesichts und der Augen «als dem wichtigsten Sitz der Affekte» nach und vermittelt so ein deutliches Bild barocker Schauspielkunst (Übersetzung von Alexander Rudin).

Einen Sonderfall in der Geschichte des Jesuitendramas stellt das dramatische
Werk Franz Callenbachs dar, der von 1694 bis 1721, von wenigen Unterbrechungen abgesehen, als Prediger und Lehrer in Wetzlar wirkte und mit der Erziehung
der Angehörigen der katholischen Mitglieder des Reichskammergerichts beauftragt war. Im Rahmen dieser Tätigkeit verfaßte er um 1710 eine Reihe von satirischen Schuldramen. Zwei Momente machen diese Texte zu einer Besonderheit:
Sie greifen nicht auf die bewährten Muster der jesuitischen Tragödien- oder Komödienformen bzw. die daraus abgeleiteten Mischgattungen zurück, sondern auf
die Tradition der Satire, und sie durchbrechen – in einem weitgehend protestantischen Umfeld – die Sprachbarriere und verwenden statt des gelehrten Lateins das
oberdeutsche Idiom. Material für die Satire lieferten die Zustände am Reichskammergericht und in der Stadt Wetzlar, Ausgangspunkt einer generellen kritischen
Auseinandersetzung Callenbachs mit der Situation des Reichs und den Mißständen des absolutistischen Herrschaftssystems. Die Stücke, die meist aus lose aneinandergereihten Szenen bestehen, wurden von seinen Wetzlarer Schülern aufgeführt und erlangten durch anonyme Drucke überregionale Verbreitung (u. a.
Wurmatia Wurmland, 1714; *Quasi sive mundus quasificatus, Das ist: Die quasificirte Welt*, 1714; *Uti ante hac auff die alte Hack*, 1714.)

Der Einfluß der klassizistischen Poetik, der bereits in Ansätzen bei
Adolph zu spüren war, prägte die letzte Epoche des Jesuitendramas zwischen 1730 und 1773. Corneille, aber auch Gottsched galten als Musterautoren. Zu den wichtigsten Dramatikern gehören Anton Claus, Ignaz
Weitenauer und Franz Neumayr. Claus sammelte seine klassizistischen
Jambentragödien (*P. Cornelius Scipio, Stilicho, Themistocles, Protasius*) in
dem Band *Tragoediae ludis autumnalibus datae* (1741), bei Weitenauer
und Neumayr verband sich das dramatische Schaffen noch einmal mit
poetologischer Reflexion. Weitenauer kommentierte 1757 die *Ars poetica*
des Horaz, 1758 folgten seine klassizistischen *Tragoediae autumnales*
(*Annibal moriens, Arminii corona, Mors Ulyssis, Jonathan Machabaeus,
Demetrius Philippi, Ego comoedia*), 1759 das *Theatrum parthenium, seu
dramata Mariana*. Neumayr zog die Summe seiner dramaturgischen Erfahrungen als *pater comicus* an verschiedenen Jesuitengymnasien in den
rhetorischen bzw. poetologischen Schriften *Idea rhetoricae* (1748) und
Idea poeseos (1751), wobei er sich an klassizistischen französischen Ordenspoetiken und an Gottsched orientierte. Dem klassizistischen Programm – Wahrscheinlichkeit, Schicklichkeit, Einheiten – entsprach sein
dramatisches Schaffen, das 1731 mit einem *Titus imperator* begann und
dann in dem *Theatrum politicum sive tragoediae ad commendationem
virtutis et vitiorum detestationem* (1760) in Auswahl dokumentiert wurde.
Der Band enthält Tragödien, Komödien und ein Musikdrama, darunter
auch die 1733 in München und Salzburg aufgeführte Tragödie *Papinianus*,
die stofflich noch einmal zurück aufs Barock verweist: Es handelt sich um

eine Bearbeitung des Stückes von Gryphius aus dem Jahr 1659, die den politischen Aspekt betont, opernhafte Zwischenspiele einfügt und die narrativen Tendenzen bei Gryphius zugunsten eines dramatischeren Handlungsverlaufs zurückdrängt.

2. Das Drama der Benediktiner

Wie Jesuiten integrierten auch andere Orden Theateraufführungen in den Schulbetrieb. Das gilt etwa für die Schottenmönche in Wien oder die Piaristen in ihren Internaten in Wien, Krems und anderen Orten. Und in der zweiten Hälfte des 17. Jahrhunderts errichteten die Zisterzienser in ihrem Stift Heiligenkreuz im Wienerwald einen mit der modernsten Technik ausgestatteten Theatersaal, den sie anläßlich der häufigen Besuche Kaiser Leopolds zu prunkvollen und kostspieligen Aufführungen im Stil der *ludi caesarei* Avancinis nutzten. Doch waren es vor allem die Benediktiner, die an ihren Erziehungseinrichtungen und in ihren Stiften eine umfangreiche und künstlerisch bedeutende Theaterpraxis entwickelten, die mit der der Jesuiten mithalten konnte.

Die Benediktiner begannen später als die Jesuiten, das Theater für ihre Erziehungs- und Öffentlichkeitsarbeit fruchtbar zu machen. Es lag daher nahe, daß sie sich produktiv mit den Leistungen ihrer jesuitischen Konkurrenten auseinandersetzten. Sie schöpften aus demselben Stoffreservoir wie die Jesuiten: Bibel, Kirchen- und Heiligengeschichte, weltliche Geschichte, Mythologie, Sage usw. Als formale Muster dienten die spätmittelalterliche Moralität, die antike Komödie und später auch die Tragödiendichtung Senecas, vermittelt nicht zuletzt durch das Drama und die Poetiken der Jesuiten.

Unterschiede zeigen sich allerdings im Umgang mit der deutschen Sprache. Zwar war auch bei den Benediktinern die Sprache der Stücke zunächst das Lateinische, aber diese Vorgabe verlor allmählich ihre Verbindlichkeit. Die Salzburger Aufführungsgeschichte verzeichnet schon 1641 ein deutsches Stück (Bernard Berger: *Drama germanicorum de peccatore*, Karfreitag 1641), zu dieser Zeit sicher noch eine Ausnahme. Mehr Gewicht hatte es, daß in der zweiten Jahrhunderthälfte der bedeutendste Dichter des Ordens, Simon Rettenpacher, auch in deutscher Sprache schrieb. Vom Ende des Jahrhunderts an setzte sich die Volkssprache – oft im Dialekt – vor allem in den komischen Szenen und dann in den Gesangspartien nach und nach durch, bis schließlich in den letzten Jahren der Salzburger Spielpraxis vor ihrem Ende 1778 die deutsche Sprache auch in den Sprechpartien die Regel wurde.

Salzburg

Die entscheidenden Impulse für das Theater der Benediktiner gingen von Salzburg aus. Hier war das Benediktinergymnasium 1617 im Auftrag des Erzbischofs und Landesfürsten gegründet und im Rahmen einer Konföderation österreichischer und süddeutscher Benediktinerabteien zu einer der größten deutschen Universitäten ausgebaut worden. Der Anteil der geistlichen Studenten war dabei allerdings insgesamt relativ gering. Von Anfang an wurde Theater gespielt. Die führende Stellung der Salzburger Universität im Rahmen der Konföderation bedeutete einerseits, daß die Salzburger Theaterpraxis auf andere Benediktinerstifte in Österreich, Bayern und Schwaben ausstrahlte, daß aber andererseits auch zahlreiche Anregungen von den kooperierenden Stiften kamen, die Lehrkräfte und Studenten nach Salzburg sandten.

Von Beginn der Salzburger Spielpraxis 1617/18 bis zur Amtsniederlegung des letzten *pater comicus* im Jahr 1778 sind 654 Aufführungen belegt. Wenn man die 62 nachweislichen Wiederholungen abrechnet, kommt man auf 592 verschiedene Stücke. Für etwa die Hälfte sind Periochen überliefert, 66 Stücke sind im Druck erhalten, 131 handschriftlich (insgesamt 166 verschiedene Texte). Die sogenannten Finalkomödien zum Schuljahresende waren aufwendige öffentliche Produktionen, bei der die Universität und das Akademische Gymnasium zusammenwirkten. Während die erste Finalkomödie 1618 im Hof von St. Peter aufgeführt wurde, standen von 1621 an Theatersäle bzw. seit 1661 ein großes neues Theater mit den jeweils zeitüblichen Verwandlungsmöglichkeiten und vielseitiger Maschinenausstattung zur Verfügung.

Zu den wichtigsten bzw. am besten erforschten Spielorten nach Salzburg gehören u. a. die Stifte Admont, Kremsmünster, Lambach, St. Lambrecht und Seidenstetten in Österreich, Freising und Ottobeuren in Bayern und Weingarten in Schwaben. In manchen Fällen hängt die Theaterpraxis eng mit der Verbindung zum Kaiserhof und entsprechenden Besuchen zusammen; diese Prunkaufführungen der sogenannten Kaiserstifte (Klosterneuburg, Melk u. a.) sind dann auch in den Ordensgeschichten festgehalten.

Gespielt wurde selbstverständlich auch in anderen Regionen mit bedeutenden Benediktinerstiften. Das gilt nicht zuletzt für die Schweiz. Auch hier gingen die Anstöße von den Jesuiten aus, die 1574 in die Schweiz, zuerst nach Luzern, gekommen waren und danach weitere Schulen u. a. in Freiburg (1580), Porrentruy/Pruntrut (1591) und Solothurn (1646) eröffneten und überall Theater spielten. Wichtige Zentren des benediktinischen Schultheaters in der Schweiz waren Einsiedeln mit Gregor Hüsser als fruchtbarstem Dramatiker – zehn allegorisierende Stücke zwischen 1658 und 1702 sind ihm sicher zuzuschreiben – und St. Gallen. Hier ragt Athanas Gugger um die Jahrhundertmitte mit zahlreichen Legendenstücken heraus.

Der erste bedeutende Salzburger Dramatiker war Thomas Weiß, *pater comicus* von 1626 bis 1634. Ihm können elf Dramen zugeschrieben werden, darunter das zur Weihe des Doms 1628 aufgeführte St.-Rupertus-Festspiel, ein mehrfach gespieltes *Iephte*-Stück (1629) und zwei Dramen, die sich deutlich an Mustern des Jesuitendramas orientieren: Wie Bidermann Gericht über den verstockten Cenodoxus hält und wie in den *Theophilus*-Spielen der Teufelsbündner nach seiner aus eigener Einsicht vollzogenen inneren Umkehr dank der Fürsprache Marias gerettet wird, so stellt Weiß dem verdammten Agilbert (*Agilbertus centonatus, purpuratus, damnatus. Pauper, felix, miser*, 1630) den mit der Hilfe Marias geretteten Anastasius gegenüber (*Anastasius fortunae pilae, terrae piaculum, orci monstrum*, 1632).

Otto Guzinger, die beherrschende Gestalt des Salzburger Akademietheaters der folgenden Jahrzehnte, kam 1640 als Professor an die Universität und schrieb und produzierte von 1641 (*Theodoricus Amalus. Bonus et malus*) bis 1672 (*Triumphus amoris divini*) mehr als 25 Stücke, darunter zwanzig Finalkomödien. Er erwies sich dabei als Spezialist für große Gelegenheiten wie Fürstenbesuche, Amtseinführungen oder Krönungen (Kaiser Leopold I.) und setzte seine Dramentexte geschickt mit dem jeweiligen Anlaß in Beziehung. Auch das neue große Theater wurde mit einem Drama Guzingers eröffnet, das durch eine Vielzahl von Verwandlungen Gelegenheit bot, die verbesserten technischen Möglichkeiten vorzuführen (*Ira & clementia Dianae. In Agamemnone et Iphigenia demonstrata*, 1661). Im übrigen ragen aus seinem vielseitigen Schaffen die großen allegorischen Spiele *Tellus suo Erinophilo reconciliata* (1648 bzw., in neuer Bearbeitung, 1665 unter dem Titel *Pax conciliante augustissimo imperatore Leopoldo Austriaco telluri restituta*) und *Montani iter poeticum* (1664) heraus. Das erste ist ein ursprünglich zum Ende des Dreißigjährigen Kriegs verfaßtes Stück, das mit seinem Preis des Friedens und der Einfalt charakteristisch für Guzingers ruhige, versöhnliche Haltung ist, das zweite eine Traumallegorie. Hier führt Merkur den alten Bergknappen Montanus durch die Welt, in die elysäischen Felder und in die Hölle, bis er schließlich zur Erkenntnis der Falschheit und Nichtigkeit der Welt gelangt. Als er nach seiner Traumreise erwacht, findet er die Bestätigung seiner Einsicht: Seine Frau hat sich inzwischen mit einem anderen Mann verheiratet und seinen Besitz verteilt.

Zu den fruchtbarsten Dramatikern des Ordens gehört Otto Aicher mit 33 Zuschreibungen; es ist allerdings kein einziger Text erhalten. Er trat zunächst vor allem mit kleineren Stücken hervor (21 zwischen 1659 und 1675), über deren Inhalt nichts bekannt ist, da auch keine Periochen vorliegen. Seine zwölf Finalkomödien sind immerhin durch Periochen belegt. Die erste, *Horatius Romanus, victor, reus, absolutus* (1670), fällt in die letzten Jahre der Schaffenszeit Guzingers, dann kam er erst wieder nach dem Weggang Rettenpachers zum Zuge, der mit drei seiner dramatischen Hauptwerke die großen Jahresabschlußaufführungen von 1672–74 bestritt. Danach setzte Aichers große Zeit ein. Zwischen 1675 und 1687 schrieb er elf Finalkomödien, meist dreiaktige Stücke nach Stoffen aus der weltlichen und der biblischen Geschichte, die sich durch eine deutliche Vorliebe für aktions- und spektakelreiches Theater auszeichnen und zugleich politische Akzente setzen. In zwei Fällen dramatisierte er dieselben Stoffe wie Rettenpacher: ein Gattenmorddrama aus der langobardischen Geschichte (*Rosimunda regum filia felix, coniux infida, crudelis interitus,* 1675) und ein Stück über die Heimkehr des Odysseus (*Virtutis triumphus sive Ulysses, virtute duce, sapentia comite, victor discriminum,* 1687). Dazwischen stehen biblische und historische Dramen wie *Athalia* (1676), *Nabuchodonosor* (1683), *Valerianus* (1684) oder *Baltasar ultimus Babyloniorum Rex* (1685), eine Moralität (*Pendularia, seu Vaumorinus Parisiensis,* 1677), ein Jubiläumsfestspiel über St. Rupert, den ersten Salzburger Erzbischof (*Saeculum aureum,* 1682) u. a. Dabei ist auffallend, wie Aichers Stücke und die in den Periochen enthaltenen «observationes politicae» seit der Mitte der siebziger Jahre dem neuen, strengeren Geist der salzburgischen Politik unter Erzbischof Max Gandolf von Kuenburg entsprechen, unter dessen Herrschaft es zu den schlimmsten Hexenverfolgungen in der österreichischen Geschichte und rigorosen Maßnahmen gegen noch verbliebene Protestanten kam: Während Texte wie *Rosimunda* und *Athalia* mit ihrer militanten Frauenfeindlichkeit die Verfolgung von ‹Hexen› ideologisch untermauern, dient in Stücken wie *Saeculum aureum,* *Nabuchodonosor* oder *Valerianus* die Propaganda gegen den äußeren Feind, die Türken, zugleich der Agitation gegen die im Inneren drohende Gefahr durch die protestantischen Ketzer.

Unter den Nachfolgern Aichers in Salzburg war Wolfgang Rinswerger der Meister der kleineren Spiele zu Weihnachten, Fastnacht und Ostern. Er bevorzugte dementsprechend religiöse Stoffe (Bibel, Kirchengeschichte, Moralitäten), griff aber auch zu historischen Exempeln (*Invidia gloriae umbra in C. Iulio Caesare repraesentata,* 1697). Unter den 35 nachweisbaren Stücken sind aber auch zwei Finalkomödien, so sein letztes großes Stück für Salzburg *Honor divinus de respectu humano triumphans. Seu S. Thomas cancellarius, archi-episcopus, martyr* (1698). Rinswerger räumte der Musik (Instrumentalmusik, Gesang) einen bedeutenden Platz in seinen Stücken ein und hatte eine Vorliebe für Allegorien und lebende Bilder, zu denen dann ein Text gesprochen wurde. Anders als bei den meisten anderen Ordensdramatikern liegt ein Großteil von Rinswergers Produktion im Druck vor (*E funere Phoenix,* 3 Bde., 1729–30). *Patres comici* wie Placidus Seiz, Karl Bader, Alanus Ritter, Coelestin Leuthner und Martin Wimmer setzten die benediktinische Spieltradition in Salzburg fort, die – wie die der Jesuiten – immer stärker von den poetologischen Vorstellungen der Aufklärung beeinflußt wurde, bis sie nach dem Erlaß einer neuen Schulordnung durch Fürstbischof Hieronymus von Colloredo 1778 zu einem Ende kam.

Simon Rettenpacher

Konkurrenz entstand Salzburg vor allem durch Kremsmünster, das sich dank seiner kunstverständigen und theaterinteressierten Äbte zum zweiten bedeutenden Spielort der Benediktiner im 17. Jahrhundert entwikkelte. Zunächst bestanden enge Verbindungen zu den Linzer Jesuiten, doch seit das Gymnasium 1647 einen eigenen Theatersaal erhielt, scheute es in den folgenden Jahrzehnten keine Anstrengungen, um selbst das Jesuitentheater in den Schatten zu stellen. Man verfügte, Geschenk der oberösterreichischen Landstände, seit 1676 über eine neue, außergewöhnlich große und für alle Erfordernisse ausgestattete Bühne mit zahlreichen Dekorationen und hatte mit Simon Rettenpachers Rückkehr 1676 aus Salzburg überdies den größten Dramatiker des Ordens als Theaterleiter in Diensten. Rund zweihundert Dramenhandschriften aus dem 17. und 18. Jahrhundert in der Stiftsbibliothek dokumentieren die Bedeutung des Theaters in Kremsmünster.

Die erste erhaltene Finalkomödie stammt von 1650, verfaßt von Ernst Leopold, dem ersten *pater comicus* des Stifts. Sein Nachfolger und zugleich der bedeutendste Vorgänger Simon Rettenpachers war Placidus Marstaller, unter dessen Leitung die Bühne planmäßig ausgebaut wurde. Soweit die erhaltenen Handschriften und Periochen erkennen lassen, griff er mit Vorliebe auf Legendenstoffe zurück, zuerst mit *S. Hermengildus martyr* (1654), dann u. a. mit Stücken wie *Josaphat et Barlaam* (1655) und *Genovefa* (1666). 1673 wurde sein *Eustachius* aufgeführt, bei dem er zum erstenmal der ‹modernen›, vom Jesuitentheater ausgehenden Entwicklung folgt und dramatische und allegorische Handlung voneinander trennt, also mit zwei aufeinander bezogenen, aber nicht unmittelbar miteinander verbundenen Handlungsebenen arbeitet. Auch die komischen Figuren und Episoden werden nun aus der Haupthandlung herausgelöst und zu einem eigenen Intermedienspiel in Mundart ausgebaut. Die benediktinische Dialektkomödie fand dann im 18. Jahrhundert im Stift Lambach in Maurus Lindemayr ihren Meister.

Die größeren Theateraufführungen waren ohne Musik nicht denkbar, zumal die Musik im Ausbildungsprogramm des Gymnasiums wie im kulturellen Leben des Stifts überhaupt eine bedeutende Rolle spielte. Man beschäftigte hauptberufliche Instrumentalisten und Sänger; neben dem Leiter der Kirchenmusik gab es seit 1628 einen eigenen Hofkapellmeister. In den Theateraufführungen wurden zunächst einfache Liedeinlagen verwendet. Seit Marstallers *Hermengildus* (1654) schlossen die Akte mit Chören, und mit der Ausgestaltung der Chöre zu allegorischen Szenen entstanden an den Aktschlüssen regelrechte kleine Singspiele. Auch die anderen allegorischen Szenen wurden durchkomponiert. Die Perioche zum oben erwähnten *Eustachius* beschreibt eine allegorische Szene (II 5)

so: «Das Glück fahrt in der Welt-Kugl / wie in einem Schiffel / auff dem
Meer herumb / broglet sich [rühmt sich, tut groß] mit lieblichem Gesang / dass Glück regiere die Welt: die Sonn in dem Himmel zwischen
den zwölff Himmelszeichen singt / und broglet sich eben desthalben /
dass die Stern und Himmelszeichen / in welchen man geboren wird / diesen zum König / jenen zum Bauern machen / biss ihnen die göttliche Vor-
sichtigkeit das Maul stoppfet [...].» Rettenpacher führte die Entwicklung
weiter bis zur Oper oder opernähnlichen Spielen im italienischen Stil.

Simon Rettenpacher (1634 Aigen bei Salzburg – 1706 Kremsmünster) besuchte
das Gymnasium, dann die Benediktineruniversität in Salzburg. Er studierte Jura
und Philosophie; daran schloß sich 1658/59 eine Studienreise nach Siena, Rom und
Padua an. Nach seiner Rückkehr trat er in den Benediktinerorden ein und wurde
nach dem Theologiestudium 1664 zum Priester geweiht. Nach einer Zeit als Bibliothekar in Kremsmünster (1665–66) ging er zum Studium der orientalischen Sprachen nach Rom (1666–67). Von 1667–71 leitete er das Gymnasium in Kremsmünster, lehrte dann bis 1675 als Professor für Ethik und Geschichte in Salzburg
und war zugleich als *pater comicus* für das Akademietheater zuständig. 1675 wurde
er nach Kremsmünster zurückgerufen; hier umfaßte sein Aufgabenbereich die Leitung der Stiftsbibliothek («in Bibliotheca dum rex sim, caetera non aestimo») und
des Theaterbetriebs sowie die Lehre orientalischer Sprachen. Von 1689 bis 1706
wirkte er – er empfand das als Verbannung – als Pfarrer in Fischlham an der Traun.
Rettenpachers umfangreiches dichterisches Werk ergänzen Schriften, die seine
theologischen, seelsorgerischen und historischen Interessen spiegeln, z. B. die *Meditationes evangelicae* (1685) oder die *Historia Norica cum annalibus monasterii
cremifanensis* (1677), eine Jubiläumsschrift zur Feier des 900-jährigen Bestehens
des Klosters und zugleich erste wissenschaftliche Geschichte Oberösterreichs.
Eine satirische Auseinandersetzung mit den Mißständen an Schule, Universität
und Hof sowie mit den Unzulänglichkeiten der Vertreter verschiedener akademischer Berufe einschließlich der unzureichend gebildeten Dichter seiner Zeit erschien unter dem Titel *Ludicra et satyrica* (1678).

Rettenpachers lateinisches lyrisches Werk blieb im 17. Jahrhundert ungedruckt und damit den Zeitgenossen weitgehend unbekannt. Sie sahen
Rettenpacher vor allem als Dramatiker. Daß seine Dramen – jedenfalls in
Auswahl – im Druck erschienen, bestätigt seine Ausnahmestellung unter
den Dramatikern seines Ordens. Die drei Salzburger Finalkomödien der
Jahre 1672 bis 1674 begründeten seinen Ruhm als Theaterdichter, den er
dann in Kremsmünster von 1676 an mit z. T. aufwendigen theatralischen
Gesamtkunstwerken weiter befestigte, obwohl er offiziell erst 1681 (bis
1689) zum *pater comicus* bestellt wurde; die letzte Produktion, die ihm
mit einiger Sicherheit zugesprochen werden kann, ist das Schlußspiel von
1689 *Francia gallice delusa oder Die mit Gegenlist hintergangene französische Schelmerey* (Titel nach der lateinisch-deutschen Perioche). Bereits
vorher, 1683, waren die *Selecta dramata* mit neun Texten aus der Zeit von
etwa 1670 bis 1682 erschienen, ein Jahr nach dem Druck seines deutschen
Stücks *Frauen-Treu*.

Rettenpacher steht, das zeigen seine Bemerkungen in der satirischen Schrift *Ludicra et satyrica* von 1678 und die Vorrede zu den *Selecta dramata*, dem dramatischen Schaffen seiner Zeitgenossen kritisch gegenüber. In der Dramenproduktion der letzten Jahre kann er nur wenige Kunstwerke erkennen; in den meisten Stücken sieht er chaotisches Durcheinander, eine ungeordnete Masse («permixta chaos, indigesta moles»). Seine eigenen Tragödien entsprechen formal dem an Seneca orientierten fünfaktigen Dramentyp mit Chören bzw. allegorischen Szenen an den Aktschlüssen, wie er sich im Jesuitendrama und im deutschen Kunstdrama durchgesetzt hatte. Gegenüber dem im Humanismus entwickelten Regelkanon erlaubt er sich dabei – auch im Hinblick auf das Unterhaltungsbedürfnis und die Schaulust der Zuschauer – durchaus Freiheiten. Entscheidend sind für ihn die Geschlossenheit und Einheit der Handlung, während er den anderen ‹Einheiten› geringere Bedeutung zumißt. Das gilt auch für die sogenannte Ständeklausel: In seinen Tragödien treten auch Personen niederer Herkunft auf, weil sonst Handlung kaum möglich sei. Allegorische Szenen, nicht nur in den Schlußchören der einzelnen Akte, spiegeln und kommentieren das Geschehen. Dabei bleiben allegorische und pragmatische Handlung getrennt. Dieses Nebeneinander von historischer Darstellung und allegorischer Deutung findet seine Entsprechung in den emblematischen Doppeltiteln der Dramen. Der beherrschende Vers ist wie in der antiken Tragödie der jambische Trimeter; ausgenommen sind die Schlußchöre und andere Gesangspartien mit jeweils eigenen Versmaßen.

In den *Selecta dramata* lassen sich zwei Werkgruppen unterscheiden: Fünf auf historischen Stoffen beruhenden Tragödien, die formal und inhaltlich eine festumrissene Einheit bilden, steht eine lose Gruppe allegorischer, allegorisch-historischer oder opernhafter Schau- und Festspiele gegenüber, die jeweils eigenen, z. T. von den Anlässen bestimmten Gesetzen folgen. Zu diesen Werken gehören neben zwei Singspiel- bzw. Operntexten das allegorische Schauspiel *Pax terris reddita, seu felix Laophili ac Irenes connubium* (Kremsmüster zwischen 1678 und 1680), das an die Friedensspiele der Zeit um 1648 erinnert, und das fünfaktige Festspiel zur 900-Jahrfeier des Stiftes *Callirrhoes ac Theophobi amores, seu monasterii cremifanensis fundatio, eversio et instauratio* (Kremsmünster 1677).

Während das Festspiel und die anderen allegorischen Stücke einen eher lockeren Bau und episierende Züge aufweisen, ist Knappheit und dramatische Verdichtung das Kennzeichen der Tragödien Rettenpachers. Die Stoffe kommen aus der weltlichen (vorwiegend griechischen) Geschichte, nicht aus der Kirchen- oder Heiligengeschichte. Es gibt also auch keine Märtyrerdramen. Schauplatz ist der Hof, die politische Bühne, auf der die Protagonisten als Täter oder Opfer agieren, deren exemplarische Bedeutung Doppeltitel, Sentenzen und vor allem die allegorische Handlung deutlich machen. Hybris und Übermut, Rache und Machtgier sind die beherrschenden Leidenschaften der Täter; die Strafe, die sie schließlich ereilt, entspricht ihrer Schuld: Ausdruck der göttlichen Gerechtigkeit.

Den Zusammenhang von Schuld und Strafe und die wahre Beschaffenheit der politischen Welt demonstrieren beispielhaft die beiden stofflich zusammengehörigen ‹griechischen› Tragödien, die zu den frühesten seiner Dramen gehören: *Innocentia dolo circumventa, seu Demetrius Philippi macedonum regis filius, insidiis fratris Persei crudeliter peremptus* und die Fortsetzung *Perfidia punita, seu Perseus, ultimus Macedonum Rex à L. Aemilio Paulo victus, & in triumphum ductus* (Salzburg 1672 bzw. 1674). Diese Stücke behandeln Ereignisse der makedonischen Geschichte der Zeit um 180–167 v. Chr. auf der Grundlage der Darstellungen von Livius und Polybios. Konkret geht es um die Ermordung von Demetrius, des jüngsten Sohnes Philipps V. von Makedonien, und die Niederlage seines Bruders, des letzten makedonischen Königs, im Kampf gegen die Römer. Allgemeiner Kontext sind die zum Scheitern verurteilten makedonischen Bestrebungen, sich der römischen Kontrolle zu entziehen. Perseus, Titelheld des zweiten Dramas, ist bereits treibende Kraft des ersten. Er repräsentiert hier die Figur des ehrgeizigen Intriganten, wie sie zahlreiche lateinische und deutsche Barockdramen kennen. Persönliche Motive verbinden sich mit politischen Ambitionen. Perseus verleumdet seinen Bruder Demetrius und beschuldigt ihn, eine politische Übereinkunft mit den Römern anzustreben. Der leichtgläubige Vater läßt sich schließlich überzeugen; Demetrius wird gefangengesetzt und getötet. Am Schluß beklagt Philipp, als er die Unschuld des Demetrius erkennt, sein Schicksal und sein Versagen: «Sola mors misero est salus», sind seine letzten Worte und die letzten Worte des Stücks, in dem eine Fülle allegorischer Gestalten von Fraus und Crudelitas zu Innocentia, Conscientia und Mors in eigenen Szenen das Geschehen auf einer zweiten Ebene spiegeln und kommentieren. Daß die böse Tat keine Früchte trägt, zeigt dann die zweite Tragödie, in der Rom als Werkzeug der göttlichen Vorsehung Perseus' Herrschaft ein Ende setzt.

Dieses Scheitern teilt Perseus mit anderen Tragödienhelden Rettenpachers, die ebenfalls Opfer ihrer Affekte werden: mit dem ägyptischen König Osiris (*Ambitiosa tyrannis, seu Osiris crudeli vulnere a fratre Typhone occisus*, Aufführungsort und -jahr unbekannt), und der langobardischen Königin Rosimunda (*Pietas impia, seu Rosimunda pia in patrem, impia in maritum*, wahrscheinlich Kremsmünster 1676). Sind es in der von Diodorus Siculus überlieferten Geschichte von Osiris Hochmut und Hybris, die den Helden taub für Warnungen machen und so seine Ermordung nach sich ziehen, so wird Rosimunda allein vom Affekt der Rache geleitet: Der siegestrunkene König Alboin hatte seine Gemahlin Rosimunda gezwungen, aus der Gehirnschale ihres Vaters zu trinken, der von ihm überwunden worden war. Rettenpacher zeigt, affektpsychologisch motiviert, wie Rosimunda ihre Rache plant, Höflinge als Mörder gewinnt und schließlich ebenfalls zugrunde geht. Alboin hat den Tod verdient; gleichwohl ist seine Ermordung ein Verbrechen, das gesühnt werden muß. Quelle dieser mehrfach – u. a. auch von Rettenpachers Ordensbruder Otto Aicher – dramatisierten Begebenheit ist die *Historia Langobardorum* des Paulus Diaconus aus der zweiten Hälfte des 8. Jahrhunderts.

Auf einer anderen Ebene behandelt Rettenpachers Salzburger Drama von 1673, *Ineluctabilis vis fatorum, seu Atys Croesi Lydorum Regis filius, ab infelici Adrasto inopino vulnere peremptus*, das Thema von Schuld und Strafe, nämlich als Reflexion über die unabwendbare («ineluctabilis») Macht des Schicksals, über das Leiden und Scheitern trotz persönlicher Unschuld. Ein Traumbild offenbart Croesus, daß sein Sohn Atys durch einen eisernen Speer getötet werde. Er versucht daraufhin, alle Gefahren von Atys fernzuhalten und sein kriegerisches Gemüt durch eine Heirat zu besänftigen. Doch gerade Adrastus, der ihn behüten soll, tötet ihn bei einer Eberjagd aus Versehen und erfüllt so die Vorausdeutung. Was Jupiter bestimmt hat, kann durch menschliche Bemühungen nicht verhindert werden, kommentiert einer der Akteure, vielmehr beschleunigen derartige Versuche nur das unvermeidbare Schicksal. Den konkreten Grund für das auferlegte Schicksal nennt Merkur in einer späteren Szene: Croesus und Atys büßen für einen von Gyges, einem ihrer Vorfahren, begangenen Mord. In der Geschichte offenbaren sich exemplarisch die göttliche Vorsehung und die göttliche Gerechtigkeit, zeigt sich der Zusammenhang von Schuld und Sühne. Die Vorliebe Rettenpachers für historische Stoffe erhält so ihren tieferen Sinn.

Mit *Callirrhoes ac Theophobi amores*, dem Festspiel zum Klosterjubiläum, begann ein verstärkter Einsatz musikalischer Mittel über ihren üblichen Gebrauch in Schlußchören, allegorischen Szenen und eingelegten Liedern hinaus. Dieser Weg führte Rettenpacher schließlich zur Oper in italienischem Stil, wenn auch in lateinischer Sprache. Die erste Annäherung an dieses Muster zeigte sich in dem 1680 vor dem Kaiserpaar gegebenen Singspiel *Prudentia victrix, seu Ulysses post longos errores in patriam redux*, das Rettenpacher selbst in einem Brief als «novum quodammodo genus et more Italorum musicis numeris adaptatum drama» bezeichnete. Hier waren nicht nur die allegorischen Partien in Musik gesetzt, sondern auch Teile der übrigen Handlung. Verweist der *Ulysses* mit seiner großen Zahl an Akteuren – insgesamt 45 – noch auf die Zwänge des Schultheaters, so ist das 1682 aufgeführte «drama musicum» in drei Akten *Juventus virtutis* eine regelrechte Oper in italienischem Stil, ein Novum in der Geschichte des oberösterreichischen Ordenstheaters. Das straff gebaute Werk ist durchkomponiert; es kommt mit acht Gesangspartien aus, verzichtet auf die Schlußchöre und läßt statt dessen die Akte mit Duetten bzw. Terzetten enden. Das allegorische Spiel handelt davon, wie die Jugend durch schlechte Einflüsse (Erschlaffung, Bacchus, sinnliche Lust)

korrumpiert, dann aber durch Mars wieder gestärkt und schließlich durch
Pallas und Apoll zur Tugend zurückgeführt wird.

Daß Rettenpacher auch komponierte, ist sicher. In welchem Umfang er aber die
Musik für seine Texte schrieb, läßt sich nicht mehr aufklären. Noten sind nicht
erhalten. Nur für den *Ulysses* scheint Rettenpachers Autorschaft auch für die Musik gesichert; er spricht in einem Brief von «mea compositio». Die Musik ist – und
das gilt für alle seine Schauspiele – integraler Bestandteil des theatralischen Gesamtkunstwerks, das mit allen verfügbaren Mitteln der Verwandlungsbühne,
durch Kulissen und Requisiten, durch den Gebrauch einer effektvollen Theatermaschinerie, durch Musik und Tanz die religiöse und moralische Botschaft sinnlich erfahrbar machen und ihr so besondere Nachdrücklichkeit verleihen will: Erst
in der szenischen Verwirklichung sah Rettenpacher seine Dramen vollendet.

Rettenpacher gehört zu den bedeutenden neulateinischen Schriftstellern des 17. Jahrhunderts. Zugleich war er einer der wenigen katholischen
Autoren der Zeit, die sich auch mit der Entwicklung der deutschsprachigen Dichtung nach der Literaturreform auseinandersetzten und sie für ihr
eigenes deutschsprachiges Werk fruchtbar zu machen suchten. Allerdings
ließ Rettenpacher zunächst keinen Zweifel an dem niederen Rang der
volkssprachlichen Dichtung im Vergleich zur Poesie der Alten aufkommen, wie das Gedicht *Poetae novi et veteres* belegt. Um so überraschen-
der kam dann, Frucht seiner Beschäftigung mit der (protestantischen)
deutschen Barockdichtung, ein Hexametergedicht von 1684, das Opitz
auf eine Stufe mit Homer und Vergil stellt (*Homerus, Virgilius, Opitius*).
Und unter seinen Gedichten findet sich eine Ode, die die Vernachlässigung der Muttersprache beklagt und betont, daß auch die Deutschen «die
Möglichkeit wohlgesetzten sprachlichen Ausdrucks» hätten (*Silvae* XII,
8; Übersetzung von Walter Zrenner). So ist es dann nicht ohne innere
Konsequenz, daß er selbst neben deutschsprachigen Gedichten mit der
Dramatisierung der Sage von den treuen Weibern von Weinsberg auch
den Versuch eines ‹Kunstdramas› in deutschen Alexandrinern (und freieren Versformen in den allegorischen Szenen und Chören) unternahm:
*Frauen-Treu / Oder Hertzog Welff Auß Beyern durch Liebe seiner Frauen
von grosser Gefahr errettet / In deutsche Reym verfasset [...] / Sambt
einer Zugab etlicher so wol Geistlichen als Weltlichen Gedichten* (1682;
Aufführung 1681).

Hier wie in den deutschen Gedichten («Zugab» zur *Frauen-Treu* sowie
Teutsche Reim-Gedichte, ungedruckt) verbindet Rettenpacher oberdeutsche Sprachformen und oberdeutsche Traditionen der Versbehandlung
wie Synkope und Apokope mit einer deutlichen Hinwendung zu den metrischen Prinzipien, wie sie Martin Opitz formuliert hatte. Der Bau seiner
Alexandriner nähert sich der akzentuierenden Metrik der Literaturreformer, wenn Rettenpacher auch die grundsätzliche Prägung durch das
Oberdeutsche weder verleugnen kann noch will.

Rettenpachers Entgegenkommen hatte allerdings Grenzen. In einem nach 1690 geschriebenen Brief an den Nürnberger Verleger Martin Endter über das Projekt eines Heiligenlebens (*Leben der Heiligen*, ungedruckt) schildert er seine Schwierigkeiten: Er sei zwar bereit, sich dieser Aufgabe zu stellen, wenn seine Arbeit von angesehenen Männern («deren es zu Nürnberg gnug gibt») nicht verworfen werde: «Gefallet aber meine art Teutsch zuschreiben nicht, werd ich lieber aufhören, als mich weiter's bemühen. Bin doch willig vnd bereit alles verbeßern zulasßen, wo man fehler findet, sonderlich in der Rechtschreibung, in der ich zwar dem Herrn Spaten [Kaspar Stieler] gefolget, doch nicht in allem, weil es zu zeiten von vnßer Mundart gar weit entfernet.» Buchrechnungen und Bestände der Bibliothek von Kremsmünster bestätigen Rettenpachers Aufgeschlossenheit gegenüber den Entwicklungen der Literatur im protestantischen Deutschland.

IV. PROSASCHAUSPIEL UND PROTESTANTISCHES SCHULDRAMA

1. Tendenzen: Antiklassizismus und Politisierung

Mit den Produktionen des Straßburger Akademietheaters in lateinischer, griechischer und deutscher Sprache hatte das protestantische Schultheater in den ersten beiden Jahrzehnten des 17. Jahrhunderts seinen letzten Höhepunkt vor Beginn des Dreißigjährigen Krieges erreicht. Der Krieg beendete zwar die Theaterarbeit der Schulen als Bestandteil des Rhetorikunterrichts nicht, doch war sie wie bei den Jesuiten starken Einschränkungen unterworfen. Erst seit der Jahrhundertmitte entwickelte sich wieder eine auch literarisch bedeutsame Spielpraxis an den protestantischen Gelehrtenschulen. Dazu kam die Verbindung des Schultheaters mit dem neuen deutschsprachigen Kunstdrama, dessen Autoren auf diese Weise Gelegenheit erhielten, ihre Stücke – gewiß keine Schuldramen im üblichen Sinn – auf die Bühne zu bringen.

Unabhängig davon zeigen sich jedoch Bestrebungen, das protestantische Schuldrama selbst zu erneuern und den veränderten gesellschaftlichen und politischen Verhältnissen anzupassen, seine Funktion zu überdenken und neue theatralische Formen zu erproben. Aktualität gewann das Schultheater nicht zuletzt dadurch, daß es zum Ort der Diskussion zentraler Probleme der zeitgenössischen Politik und Staatstheorie wurde. Zugleich steigerte die Aufnahme von Elementen des professionellen Theaters der Wanderbühne den Unterhaltungswert der Stücke. Bestärkt wurden diese Tendenzen durch eine moderne Pädagogik, die darauf zielte, der Lebensferne der protestantischen Gelehrtenschule durch eine auf die Gegenwart ausgerichtete Wissensvermittlung zu begegnen und die rhetorische Ausbildung den Erfordernissen des Lebens unter den herrschenden Verhältnissen im tendenziell absolutistischen Staat anzupassen. Diese Entwicklung gipfelte in der ‹politischen› Pädagogik und Rhetorik Christian Weises und seinem darauf basierenden Zittauer Schultheater in den letzten Jahrzehnten des 17. Jahrhunderts.

Zu den charakteristischen Merkmalen des Schultheaters gehört seine Distanz zu den klassizistischen Kunstregeln. Die Lehre von den ‹Einheiten› und die Ständeklausel besitzen keinerlei Verbindlichkeit, tragische und komische Elemente stehen nebeneinander, Prosa ersetzt die gehobene Verssprache. Aber auch außerhalb des traditionellen Schultheaters zeigen sich Tendenzen, die klassizistischen Regeln zu ignorieren. Beispiel für die Hinwendung zu einer freieren Form des Schauspiels ist das dramatische Werk des Wedeler Pastors Johann Rist, der – wohl angeregt vom Theater der Wanderbühne – seit den dreißiger Jahren nach klassizistischen Begriffen regellose oder zumindest problematische Prosastücke schrieb. Später beantwortete er in einem seiner sogenannten *Monatsgespräche* die Frage, «Ob es besser sey / daß man die Traur- und Freudenspiele in gebundener oder ungebundener Rede fürbringe?», folgerichtig mit einem klaren Plädoyer für die Prosa und «die Freiheit im Reden» (*Die Aller-Edelste Belustigung* [...] *Eine Aprilens-Unterredung*, 1666).

Rist schrieb seine Dramen nicht für die Schule, wenn auch im Personenverzeichnis des gemeinsam mit Ernst Stapel verfaßten Stückes *Irenaromachia* (1630) zu dem recht umfangreichen Personal auch «30 oder 40 knaben» gehören. Vielmehr leitete der theaterbegeisterte Rist in dieser Zeit wohl eine Art Studentenbühne in Hamburg, die er mit einer größeren Anzahl von Dramen versorgte. Die Manuskripte gingen allerdings bei Plünderungen seines Hauses in Wedel während kriegerischer Auseinandersetzungen (1643/44, 1658/59) verloren, wie Rist später bedauernd feststellte. Erhalten ist jedoch aus dieser Zeit sein erstes eigenes Drama – über seinen Anteil an der *Irenaromachia* gibt es unterschiedliche Äußerungen –, die 1634 in Heide (Dithmarschen) gespielte und im selben Jahr gedruckte «newe Tragoedia» *Perseus*. Hier zeigt sich der Einfluß des Theaters der Wanderbühne nicht nur in der Verwendung der Prosa, der unklassizistischen Vermengung von Komischem und Tragischem und dem Auftreten von typischem Komödienpersonal (Schmarotzer, Aufschneider), sondern auch in der Definition des Zwecks der dramatischen Kunst: Dieser bestehe vor allem darin, «eine sonderliche Lust vnd Ergetzligkeit den Zuseheren [zu] erwecken», denn nichts trage mehr zur «Erquikkung» der «ermüdeten[n] vnd abgemattete[n] Gemüther der Menschen» bei als die vielfältigen sinnlichen Eindrücke, die Schauspielaufführungen böten, weil dadurch «der gantze Mensch höchlich erfrewet» werde. Die Praxis, die Handlung durch komische Zwischenspiele aufzulockern und auf einer anderen Ebene zu spiegeln, setzte Rist in seinen Friedensspielen *Das Friedewünschende Teutschland* (1647) und *Das Friedejauchtzende Teutschland* (1653) fort. Vom «Nutzen» ist in der *Perseus*-Vorrede erst nach der «Ergetzlichkeit» die Rede, und zwar ausführlicher von dem, den die Schauspieler aus den «Actiones» ziehen könnten, und eher summarisch und pflichtgemäß von dem moralischen Gewinn für die Zuschauer. Wie hoch auch noch der zu Amt und Würden gekommene Pastor von der Schauspielkunst dachte, macht die Diskussion in dem erwähnten *Monatsgespräch* von 1666 deutlich, in dem er die sozialen und moralischen Vorbehalte gegen die Komödianten und Komödiantinnen zurückweist und ihre Fähigkeit, die Zuschauer in ihren Bann zu zwingen, bewundernd hervorhebt.

In der zweiten Jahrhunderthälfte nimmt die Zahl der Schauspiele zu, die sich weder sprachlich noch formal oder inhaltlich den klassizistischen Kunstregeln unterwerfen, und das nicht nur aus schulpraktischen Gründen (etwa der Notwendigkeit der Beschäftigung einer sehr großen Anzahl von Schülern). Prosa ist hier die vorherrschende Sprachform. Das betrifft keineswegs nur die Komödie, bei der dies durch das Postulat des niederen Stils im Rahmen der klassizistischen Poetik ohnehin gerechtfer-

tigt wäre, sondern es gilt auch ausdrücklich für als Trauerspiel bezeichnete Texte wie etwa Christoph Kormarts freie deutsche Prosabearbeitungen französischer oder niederländischer Alexandrinertragödien. Diese
Freiheiten und Regelverstöße haben freilich eine gewisse Unsicherheit in
der Frage der Gattungsbezeichnung zur Folge: Begriffe wie Trauer-Freu-
den-Spiel, die auf den gemischten Charakter der Stücke verweisen, stehen
neben gattungsübergreifenden Bestimmungen wie Schauspiel oder in-
haltsbezogenen Bezeichnungen wie historisch-politisches Schauspiel;
Johannes Riemer schließlich bringt «Theatralische Discurse» auf die
Bühne.

So unterschiedlich wie die Bezeichnungen und Zuordnungen sind die
Dramen und ihre stofflichen Grundlagen (u. a. Romane, Geschichte, Zeitgeschichte und – seltener – Bibel). Gleichwohl sind viele dieser Texte
durch thematische Gemeinsamkeiten verbunden. Sie liegen im Bereich
der Politik und betreffen insbesondere die Probleme und Konflikte, die
sich aus den Veränderungen der Staatsorganisation in der Frühen Neuzeit
und dem damit verbundenen Normen- und Wertewandel ergeben, also
die Gegensätze zwischen der Konzeption der alten ständischen Ordnung
und den neuen absolutistischen Tendenzen, zwischen christlicher Moral
und den modernen, aus der Auseinandersetzung mit Machiavelli erwach-
senen politischen Klugheitslehren thematisieren. Im Unterschied zum
Kunstdrama allerdings, das auf seine Weise ebenfalls eine bedeutende politische Komponente besitzt, verzichtet dieser Typ des Prosadramas auf
eine metaphysische Überhöhung oder Begründung: Es geht um praktische, diesseitsorientierte Politik, um die Mechanismen ihres Gelingens
oder Scheiterns in einem gegenwartsbezogenen Kontext. Dabei hängt die
Akzentuierung durchaus von den jeweiligen politischen Konstellationen
in den einzelnen Territorien ab. Allerdings sind die gelegentlichen Hinweise in der Forschung auf ‹gegenhöfische› Tendenzen oder einen Kampf
gegen die höfische Kultur in höchstem Maß mißverständlich: Nicht die
höfische Kultur als solche wird in bestimmten Werken der Barockliteratur in Frage gestellt, sondern die Ablehnung gilt allein der spezifischen
Erscheinungsform der neuen absolutistischen Hofkultur und den daraus
resultierenden machtpolitischen Verschiebungen und neuen, als unmoralisch empfundenen Verhaltensweisen.

Übersetzungen und Bearbeitungen

Auch bei den Adaptionen ausländischer Stücke für die zeitgenössische
deutsche Bühne erhält die Prosa häufig den Vorzug. Das gilt etwa für die
Vondelübersetzungen von David Elias Heidenreich (*Die Rache zu Gi-
beon*, 1662; nach *De Gebroeders*, 1640) und Christoph Kormart (*Maria
Stuart: Oder Gemarterte Majestät*, 1673; nach *Maria Stuart of gemartelde*

Majesteit, 1646), ebenso für die Corneilleübertragungen von Isaac Clauß (*Der Cid,* 1655; nach *Le Cid,* 1637), Heidenreich (*Horatz oder Gerechtfertigter Schwester-Mord,* 1662; nach *Horace,* 1641) oder Kormart (*Polyeuctus oder Christlicher Märtyrer Trauer-Spiel,* 1669; nach *Polyeucte martyr,* 1643 und *Trauerspiel / Die Verwechselte Printzen / Oder Heraclius und Martian unter dem Tyrannen Phocas,* 1675; nach *Héraclius,* 1647). Es sind Versuche, die Rhetorik der ausländischen Wortdramen soweit wie möglich in Handlung umzusetzen. Diesem Ziel, das entsprechende Regieanweisungen unterstreichen, dienen die Verwendung von Prosa, eine starke Vermehrung der auftretenden Personen und spektakuläre Aktionen, etwa Hinrichtungen auf offener Bühne. Die Betonung des Theatralischen, die den Gegebenheiten des Theaters der Wanderbühne, aber ebenso der Entwicklung des Schultheaters seit der Jahrhundertmitte Rechnung trägt, verbindet sich mit der gleichen Tendenz zur Aktualisierung und Politisierung, wie sie auch das eigenständige deutsche Prosadrama der Zeit prägt.

So macht der juristisch gebildete Kormart aus den Märtyrerdramen Vondels und Corneilles politische Lehrstücke. Sein *Polyeuctus* verweist bereits zu Anfang mit einer langen politischen Beratungsszene auf diese Akzentverschiebung. Darin thematisiert er den zentralen politischen Konflikt zwischen absolutistischem Kaisertum in Rom und seinen machiavellistischen Machenschaften auf der einen und den ständischen Interessen des Adels in Armenien auf der anderen Seite. Kormart gibt den Christenverfolgungen auf diese Weise einen politischen Hintergrund. Polyeuctus stirbt hier nicht nur als christlicher Märtyrer, sondern steht als «Haupt des gantzen Adels in Armenien» auch für den ständischen Widerstand gegen den absolutistischen Herrschaftsanspruch des Kaisers.

Noch freier geht Kormart mit der *Maria Stuart* des Konvertiten Vondel um. Ihr Gegenstand ist das doppelte Martyrium der schottischen Königin: Sie stirbt bei Vondel für den katholischen Glauben und für das göttliche Recht der Könige. Ihre Gegenspielerin Elisabeth tritt nicht auf. Kormart interessieren hingegen «Staats-Sachen», Fragen der Staatsräson; er führt die Märtyrertragödie in die Welt der realen Politik. Zu diesem Zweck fügt er ausgedehnte Beratungs- und Gerichtsszenen ein, und er läßt Elisabeth selbst in zahlreichen Szenen auftreten: Der ganze zweite Akt kreist um die zunächst zögernde, dann im Namen des Staatswohls zur Bestätigung des Todesurteils überredete englische Königin, um so den Beratungs- und Entscheidungsprozeß zu zeigen. Nicht nur Maria, auch die von ihren Beamten hinters Licht geführte Elisabeth erscheint als Opfer der Staatsräson und politischer Intrigen. Sie bereut ihren Entschluß zu spät und will durch Briefe «die Unschuld Freund und Feinden offenbaren / wie unbillig man mit zwey Königinnen gehandelt», eine Reaktion, die – ob aufrichtig oder nicht – wieder als Ausdruck situationsgerechten politischen Handelns aufgefaßt werden kann.

Bei der deutschen Version von Corneilles *Héraclius* verfährt Kormart ähnlich. Es geht um eine komplizierte Kindesvertauschung und die daraus entstehenden persönlichen und politischen Konflikte, die ihre Auflösung in der Ermordung des Tyrannen Phocas finden. Dabei verstärkt Kormart die politischen Momente und thematisiert am Beispiel des als Usurpator und Tyrann gekennzeichneten Kaisers das Problem der Legitimität fürstlicher Macht: Den Usurpator ereilt das verdiente Schicksal dank der Aktivitäten des gegen ihn verschworenen Adels, der dem rechtmäßigen Thronfolger zu seinem Recht verhilft. Um die verschiedenen Positionen, Gruppeninteressen und politischen Machinationen deutlich machen zu können, kommt es auch hier zu Texterweiterungen.

Ähnlich wie Kormart setzt Heidenreich die Verssprache seiner Vorlagen in Prosa um. Auch sein Ziel ist die Theatralisierung, indem er sich auf das äußere Geschehen konzentriert und die Rede in Handlung umzusetzen sucht. Dazu akzentuiert er die politische Thematik. Seine Fassung von Vondels *De Gebroeders* wird so zum Fürstenspiegel, zur Mahnung an die Mächtigen, aus dem im ersten Buch Samuel des Alten Testaments erzählten Schicksal Sauls und seines Hauses Lehren zu ziehen.

2. Moralisch-erbauliche Lehrstücke für Schule und Hof

Das Schultheater in den Jahrzehnten nach Kriegsende reflektiert zunehmend die politischen und gesellschaftlichen Veränderungen der Epoche und ihre moralischen Konsequenzen. Das gilt nicht erst für Christian Weise, der das Theater als Instrument der Propagierung und Einübung seines modernen, auf die Bedürfnisse des absolutistischen Staates ausgerichteten Bildungsideals nutzte. Bereits vorher, vor allem in den sechziger und siebziger Jahren, zeigt sich in einer Reihe von eigenständigen Stücken wie in den Bearbeitungen ausländischer Vorlagen ein ausgeprägtes, vielfach theoretisch akzentuiertes Interesse an politischen und gesellschaftlichen Fragen. Dabei sorgt das jeweilige politische, religiöse und pädagogische Umfeld für durchaus unterschiedliche Antworten auf die Herausforderungen der Gegenwart, Antworten, deren Spektrum von einem konservativen, lutherisch orthodoxen Politik- und Gesellschaftsverständnis bis hin zur praxisbezogenen Affirmation absolutistischer Tendenzen reicht.

Beispiel für die kritische Opposition gegenüber den modernen Entwicklungen in Politik, Gesellschaft und Moral ist die Theaterpraxis am Ruthenaeum, dem Gymnasium in Gera, das von den Herren von Reuß-Gera und den Landständen gemeinsam getragen wurde. Hier kümmerte sich der 1646 zum Rektor bestellte Johann Sebastian Mitternacht mit Nachdruck um das Schultheater. Fünfzehn von ihm aufgeführte Schauspiele sind dem Titel nach bekannt – wie viele davon er selbst verfaßt hat, ist nicht zu ermitteln –, zwei eigene ließ er drucken: *Trauer-Spiel / Der Unglükselige Soldat Und Vorwitzige Barbirer / genant* (1662) und *Politica dramatica. Das ist Die Edle Regiments-Kunst In der Form oder Gestalt einer Comoedien* (1667). Aufgeführt wurden diese beiden Dramen anläßlich von Landtagen vor den Landständen, der regierenden Familie und den Bürgern von Gera, also in einem über den engeren Schulzweck hinausweisenden Rahmen. Dabei scheint das zweite Stück auf ausdrücklichen Wunsch des Herrschers als Fürstenspiegel für den Erbprinzen konzipiert worden zu sein, während das erste moralische Exempel an Hand einer aktuellen Schauergeschichte vorstellt, die aber in einem religiösen Begründungszusammenhang ebenfalls gesellschaftliche Relevanz besitzen.

Mit beträchtlichem Aufwand an Argumentatoren, Kommentatoren und allegorischen Gestalten gestaltet das fünfaktige Trauerspiel vom unglückseligen Soldaten und dem neugierigen Barbier eine Geschichte, die sich, wie es im Prolog heißt, «verwichenen Sommer / wo man anders denen Zeitungen trauen darf / zu Padua in Italien begeben» habe. Dabei werden die mit den Titelfiguren verbundenen Handlungen zunächst unabhängig voneinander parallel geführt, bis sie sich dann auf spektakuläre Weise verbinden. Treibende Kraft ist in beiden Fällen der Ehrgeiz. Der Kaufmannssohn Ariophilus weigert sich, dem Wunsch seines Vaters zu folgen und zu studieren, weil ein Gelehrter wenig Reichtum und Ruhm zu erwarten habe. Er beschließt statt dessen, «mit der Zeit ein Weltberühmter General zu werden». Zur gleichen Zeit bemüht sich der Barbier vergeblich um die behördliche Erlaubnis, eine Vivisektion bei einem zum Tode verurteilten Verbrecher vornehmen zu dürfen, um zu sehen, «wie das Menschliche Herz im Leibe beweget werde». Sein Motiv ist die wissenschaftliche Neugier und die Begierde, sich durch eine entsprechende Veröffentlichung «einen unsterblichen Nahmen» zu machen, weil «denn heutiges Tages kein Gelehrter etwas gilt / der nicht was neues / und zuvor unobservirtes hervor giebt». Als der Kaufmannssohn nach Erfahrungen im spanischen Kriegsdienst sein Verhalten bereut und sich abgerissen auf den Weg nach Hause macht, gerät er in Padua in die Hände eben dieses «Barbiers» bzw. Chirurgen. Dieser öffnet nach einem mit Hilfe von Allegorien geführten inneren Kampf (Conscientia versus Ambitio) seinem Opfer bei lebendigem Leib (und auf offener Bühne) die Brust: «So hab ich auch schon gesehen / was ich so lange begehret. Nun will ich ihm das Hertze gar heraus nehmen.» Der ganze letzte Akt ist der Gerichtsverhandlung gegen den Chirurgus gewidmet, um die Verwerflichkeit der Tat herauszustellen und sie stellvertretend für «Gottes gerechtes Gerichte» unnachsichtig zu bestrafen.

Soldat und Barbier folgen verderblichen Einflüssen und Einflüsterungen, verstoßen aus Ehrgeiz gegen die göttlichen Gebote und geraten so auf den Weg zur Verdammnis. Da hilft im Fall des Kaufmannssohns auch die Reue nicht; es gibt keine Heimkehr des verlorenen Sohnes. Die Entscheidung für die weltliche Ehre, die Rebellion gegen die väterliche (und göttliche) Autorität, als Konsequenz einer verfehlten, verweichlichenden Erziehung dargestellt, wird – ein warnendes Exempel für Schüler und Publikum – unnachsichtig geahndet. Und die «unersättliche curiosität», das Ungenügen an dem, «was offenbaret ist / und was andere wissen», ist widergöttlich und führt die nach verbotenem Wissen Strebenden dazu, sich teuflischer Hilfe zu bedienen. Dabei stellt Mitternacht den Barbier in eine Reihe mit den Jesuiten sowie mit Paracelsus und seinen Nachfolgern.

Die Zeitungsberichte, die 1661 die keineswegs belegten sensationellen Vorgänge in Padua kolportierten, wurden von Chroniken weiterverbreitet und regten nicht nur Mitternacht, sondern auch andere Autoren zu literarischen Bearbeitungen an: Jakob Daniel Ernst, ein lutherischer Theologe, verarbeitete sie zu einer moralischen Exempelerzählung *Der allzucuriöse Barbierer* (In: *Die Neu-zugerichtete Historische Confect-Taffel*, 1682) und Michael Wiedemann zu dem kleinen Versepos *Souvenello oder Der abgestraffte Vorwitz* (1689) im Rahmen seiner Folge von zwölf monatlich erscheinenden *Historisch-Poetischen Gefangenschafften*. Das Interesse an diesem Thema hängt mit der aktuellen medizinischen (und moralisch-religiösen) Diskussion über die Vivisektion zusammen, die durch die Entdeckung von der Bewegung des Herzens und der darauf basierenden Theorie William Harveys vom Blutkreislauf angeregt worden war.

Man kann Mitternacht weder in pädagogischer und religiöser noch wissenschaftlicher Hinsicht eine besondere Aufgeschlossenheit für neuere Entwicklungen bescheinigen, doch fand er offenbar mit seinen strikten pädagogischen Auffassungen und seinem orthodox lutherischen Standpunkt Rückhalt bei den Regierenden. Anders wäre es kaum zu erklären, daß er damit beauftragt wurde, den Thronfolger mit einem dramatischen Fürstenspiegel (*Politica dramatica*) auf seine Aufgaben vorbereiten zu helfen. Zu diesem Zweck griff Mitternacht auf ein politisches Lehrbuch zurück, das er selbst vielfach im Unterricht benutzt hatte (Hieronymus Praetorius: *Theatrum ethicum & politicum*, 1634 bzw. 1651). Dessen Lehrsätze sind die Basis für die Gegenüberstellung von Tyrannis und rechtmäßiger Monarchie, auf die das Stück hinausläuft. Wie bei seinem ersten Drama arbeitet Mitternacht mit Prologsprechern, Admonitoren und Argumentatoren, mit kommentierenden Philosophen und zahlreichen beratenden allegorischen Gestalten (z. B. Politica, Eruditio, Auctoritas, Prudentia, Justitia, Salus publica, Amor, Clementia, Pietas, Anarchia usw.), die dem fünfaktigen Werk einen stark diskursiven, epischen Charakter verleihen und die richtigen Lehren aus dem Geschehen zu ziehen helfen. Das erscheint nicht unnötig, wird doch den hohen Zuschauern der Anblick einer Rebellion nebst Hinrichtung eines Tyrannen vorgeführt, bevor aus dem Chaos eine neue, vorbildliche Ordnung erwächst.

Demonstriert wird zunächst, wie eine Herrschaft zugrunde geht, weil sie nicht das Wohl der Untertanen im Auge hat. Wie der Adel keine Gerechtigkeit beim König finden kann, so handeln die Räte, Amtleute in Stadt und Land willkürlich und bringen dadurch Bürger und Bauern gegen sich auf. Rebellion und Anarchie sind die Folge, mit dem Ergebnis, daß «die Bauren die Schösser [Steuereinnehmer] und Amtleute / die Bürger aber die Bürgermeister und Rathspersonen / und endlich der Adel den König gewalthätiger weise massacriren und hinrichten». Mit der Darstellung dieser Geschehnisse, den ruinösen Folgen von Untreue, Eigennutz und Tyrannei für die staatliche Ordnung, richte er sich, so läßt Mitternacht wenigstens den Prologsprecher «gar zierlich» protestieren, keineswegs gegen existierende Gewalten. Es gehöre vielmehr zur Lehre von der Politik, die Gründe für derartige Fehlentwicklungen zu zeigen. Wie es dann zur Befriedung und Erneuerung der politischen Ordnung aus der Bürgerkriegssituation kommt, zeigen der vierte und fünfte Akt. Anders als etwa bei Thomas Hobbes, wo der Ausweg aus der Anarchie in der Übertragung aller Rechte und aller Macht auf einen Souverän besteht, sorgen hier die Stände – beraten von den Personifikationen der Politica, Prudentia, Eruditio usw. – aus sich heraus für einen Neuanfang und errichten eine auf allen Ebenen der Hierarchie dem Gemeinwohl verpflichtete Monarchie im Geist lutherisch-patriarchalischer Vorstellungen. Dabei muß sich der gewählte König über die Tugenden eines Herrschers und seine Aufgaben belehren lassen und öffentlich etliche «fundamental-Gesetze» beschwören.

In den Jahren vor und nach 1670 erschien eine Reihe weiterer Prosadramen im Zusammenhang mit der zeitgenössischen Absolutismusdiskussion. Nach Norddeutschland gehören die beiden anonymen Stücke *Ratio Status, Oder Der itziger Alamodisierender rechter Staats-Teufel* (1668) und *Newes Historisch-Politisches Schau-Spiel / Genandt Die Teutsche Groß-Königin Leonilda* (1673), das erste eine u. a. in den Dialektszenen Johann Rist verpflichtete Abrechung mit der (dem Absolutismus zugeordneten) machiavellistischen Staatsräson, das zweite eine verschlüsselte Darstellung der aktuellen politischen Situation des Deutschen Reiches und Wunschbild eines absolutistischen Gesamtstaates unter Mitwirkung einer christlich geläuterten Personifikation der Staatsräson. Dagegen stellt Daniel Richters in Gotha gespieltes *Trauer- und Lust-Spiel / Von der Argen Grundsuppe der Welt* (1670) eine von lutherisch-patriarchalischem Geist getragene satirische Kritik an einem katholischen absolutistischen Hof machiavellistischer Spielart dar.

Direkten Bezug auf Mitternacht nahm etwa ein Jahrzehnt später der Saalfelder Rektor Christian Zeidler mit seinen beiden Schuldramen. Sein erstes Schauspiel demonstriert an den parallel geführten Entwicklungsgeschichten eines guten und eines bösen Knaben die Notwendigkeit einer sorgfältigen, strengen Erziehung und knüpft dabei an Mitternachts pädagogisches Konzept im Drama vom unglückseligen Soldaten und vorwitzigen Barbier an (*Paedia dramatica, Oder Die Gute und Böse Kinder-Zucht*, 1675). Darauf ließ Zeidler eine stark verkürzte Bearbeitung von Mitternachts *Politica dramatica* folgen, die das Beweisziel schon im Titel nennt: *Monarchia optima reipublicae forma* (1679).

Etwa gleichzeitig mit Mitternacht verfaßte der Straßburger Johann Joseph Beckh, Autor des Romans *Die Elbianische Florabella* (1667), vier Prosadramen, die ihm wohl helfen sollten, in Dresden Fuß zu fassen. Dabei handelt es sich um zwei Dramatisierungen von Romanen bzw. Romanepisoden und zwei Stücke aus «eigener Erfindung»: *Erneuerte Chariclia* (1666) nach Heliodors spätantiker *Aithiopika* (erste dt. Übersetzung 1559), *Schauplatz des Gewissens* (1666), *Die Wieder gefundene Liarta* (1668) nach einer Episode aus Giovanni Francesco Biondis *Eromena* (1624–32; dt. 1650–52) und *Polinte, Oder Die klägliche Hochzeit* (1669). Beckh war Jurist auf Stellungssuche, kein Schulmann, und seine Stücke waren nicht ausdrücklich für das Schultheater bestimmt, zumal man bei den Liebeskomödien bzw. -tragödien eher an einen höfischen Kontext denken würde. Sie fanden jedoch nachweislich den Weg auf die Schulbühne (Zittau, Guben, Leipzig). Beckhs Bemerkung zur *Chariclia*, daß er das Stück nicht geschrieben habe, daß es «nothwendig agirt soll werden», wird schon dadurch relativiert, daß er sich nach einer Polemik gegen den marktschreierischen Aufführungsstil der Wanderbühne ausführlich mit praktischen Aspekten des Theaterspiels – dem Gegenstand angemessene Sprechweise, Mimik und Gebärdensprache – befaßt. Und Beckh erweist sich in der Tat als geschickter Dramatiker, der im Unterschied zu Mitternachts schwerfälliger Gelehrtensprache flüssige Dialoge schreiben und lebendige, theaterwirksame Szenen gestalten kann.

Für Beckh verfolgt Dichtung vor allem didaktische Ziele; «Erbauliches und Politisches» stecke, so schreibt er selbst, auch in den «Liebes-Sachen». So verbindet er in der *Erneuerten Chariclia* eine höfisch-unterhaltsame Liebesgeschichte mit der Diskussion von «Regiments-Sachen» im Sinn absolutistischer Konzeptionen, während er mit der «Comoedi» *Schauplatz Des Gewissens Oder Eine rechte Vorstellung / eines von Anfang Weltliebenden / hernach von einem bösen Gewissen höchst überfallenen / letzlich aber wieder bekehrten Menschens* ein allegorisches Welttheaterkonzept mit religiös-erbaulichen Zielsetzungen verwirklicht. Diese eigentümliche Mischung von Jedermann-Spiel, religiösem Tendenzdrama und theologischer Abhandlung hat wegen ihrer Anklänge an das Faustthema schon früh die Aufmerksamkeit der Forschung gefunden.

Es treten auf Cosmophilus (der Weltfreund, der sich später zum Christophilus läutert), die Kaufleute Falsarius und Theophilus, dazu Cosmus (Welt), Amartia (Sünde), Atropos (Tod), Orcus (Hölle) und Conscientia (Gewissen); Christus und der Erzengel Michael auf der einen, Lucifer und die der Hölle zugeordnete griechische Helena auf der anderen Seite vervollständigen das Bild des Welttheaters. Die Handlung ist einfach, im Titel angedeutet. Cosmophilus kommt zu dem Entschluß, daß es sich nicht lohne, tugendhaft zu sein, da die Welt von einem willkürlichen Fatum regiert werde. Trotz eindringlicher Mahnungen ergibt er sich der Weltlust und Sünde. Er wird des Mordes schuldig. Lucifer befreit ihn unter der Bedingung aus dem Gefängnis, daß er sich ihm mit Blut zum «Leibeignen» verschreibe. Als ihn das schlechte Gewissen in einer «Einöde oder Waldung» plagt, erinnert ihn Helena an die Verschreibung und läßt ihn in die Hölle schauen. An dieser Stelle wird die Umkehr eingeleitet: Cosmophilus besinnt sich wieder auf Gott. Der Erzengel Michael und ein frommer Jugendfreund suchen ihn von der Überzeugung abzubringen, daß seine Sünden zu groß seien, um vergeben werden zu können. Es fehlt in diesem Kampf um die Seele nicht an Gegenaktionen der höllischen Partei. Im dritten und letzten Akt beeinträchtigt Beckhs didaktischer Eifer die dramatische Wirkung seines Stücks; hier entwickelt es sich zu einem theologischen Traktat über die Bedingungen der Möglichkeit göttlicher Gnade. Vier Priester, die Cosmophilus bzw. Christophilus in seiner Sterbestunde beistehen sollen, verkünden calvinistische, katholische und andere Irrlehren, die der bibelfeste Laie Christophorus entlarvt und zugunsten einer auf Gott und die Bibel gegründeten ‹einfältigen› lutherischen Frömmigkeit zurückweist.

3. Drama und gesellschaftliche Praxis

Johannes Riemer

Statt eines Rückzugs auf religiöse bzw. religiös begründete politische und moralische Positionen setzten Autoren wie Johannes Riemer und Christian Weise mit ihren Stücken auf die gesellschaftliche Praxis. Riemer hatte 1678 als Nachfolger Weises die Professur für Politik, Poetik und Eloquenz am Gymnasium illustre Augusteum in Weißenfels übernommen. Während seiner zehnjährigen Tätigkeit nutzte er das Theater, um rhetorische Regeln und Techniken zu demonstrieren, Redesituationen in einem fingierten höfisch-staatlichen Kontext durchzuspielen und politische Fragen aus dem Umkreis des Absolutismus zu diskutieren.

Sieben Stücke erschienen von 1678 bis 1685. Sie spielen in höfischem Milieu und verarbeiten entweder Ereignisse der Zeitgeschichte im Hinblick auf grundsätzliche politische bzw. politisch-moralische Probleme oder machen (pseudo)historische bzw. mythologische Stoffe für Fragestellungen der Gegenwart fruchtbar. Riemer stellte vier dieser «Theatralischen Discurse» in einem Band zusammen: *Der Regenten Bester Hoff-Meister Oder Lustiger Hoff-Parnassus Wie sich in demselben Glück und Unglück Hoher Häupter / in der Regierung / bey Staats-Eifer / Unruhe / und Friedens-Bündnißen; wie auch in unzeitiger Liebe und Ehelicher Zwietracht / praesentiret; Aus der Historie und besten Moral-Regeln zusammen getragen* (1681). Die drei anderen, nicht in diesem Band enthaltenen Stücke, *Glücklicher Bastard Oder Tyrannische Großvater* (1678) sowie zwei unter dem Obertitel *Amor Der Tyranne* (1685) gedruckte Texte, thematisieren den Umgang mit den Affekten.

Neben einem polemischen Beitrag zum Problem der Staatsräson mit antifranzösischer Note (*Von der erlösten Germania*) widmen sich vor allem die beiden Maria Stuart-Dramen in *Der Regenten Bester Hoff-Meister* der Diskussion grundsätzlicher Fragen der Politik und ihrer menschlichen Voraussetzungen. Das erste, *Von hohen Vermählungen*, behandelt die schottische Regentschaft Maria Stuarts und ihre Ehe mit Darnley, deren Basis – allein sexuelle Anziehungskraft – angesichts der «Regier-Seuche» Marias und der emotionalen Labilität und mangelnden Affektbeherrschung Darnleys zu schwach ist, um den Intrigen der rivalisierenden Parteien am schottischen Königshof standzuhalten. Die Uneinigkeit des Herrscherpaars, das sich gegeneinander ausspielen läßt, schwächt die ohnehin gefährdete Monarchie. Affekte wie Machtgier, Herrschsucht und persönlicher Ehrgeiz leiten auch die Handlungen der Verschwörer und Intriganten. Ergebnis sind anarchische Zustände, wie der Königsmord und die darauf folgenden Unruhen demonstrieren. Damit erhält England Grund zum Eingreifen. Riemer bietet ein Lehrstück ex negativo: Wenn politisches Handeln von persönlichem Machtstreben und Affekten statt von der Vernunft und der Rücksicht auf das Gemeinwohl bestimmt wird, wenn es an den zentralen Herrschertugenden fehlt, zerfällt die Autorität des Staates, ist der Weg in die Anarchie vorgezeichnet. Und daß die zerstörerischen Kräfte die Oberhand gewinnen können, hat seine Ursache in der von vornherein zum Scheitern verurteilten zerrütteten Beziehung der Monarchen. Riemer blendet religiöse oder metaphysische Gesichtspunkte völlig aus. Geschichte erscheint als Resultat menschlicher Taten oder Unterlassungen.

Die Folgen, die sich aus dem Zusammenbruch der staatlichen Ordnung für Maria Stuart ergeben, zeigt das zweite Stück, *Von Staats-Eiffer*, das das Geschehen bis zur Hinrichtung der schottischen Königin weiter verfolgt. Dabei tritt die affektkritische Thematik in den Hintergrund; diskutiert werden vielmehr die sich aus dem Verfahren gegen Maria ergebenden Fragen des Natur- und Völkerrechts, der Souveränität und des göttlichen Rechts der Könige. Riemer folgt hier Christoph Kormart, der aus Vondels Märtyrertragödie ein politisches Schauspiel gemacht hatte: «Religions- und Staats-Eiffer seyn / so zu sagen / die Politischen Zwillinge / deren einer immer dem andern in die Fersen greifft / wie Jacob dem Esau. Denn was ist gemeiner zu sagen / als umb die Religion streiten / und die Region meinen?», heißt es gleich einleitend in Riemers Vorbemerkung zu dem Stück. Es geht also nicht um Marias Charakter oder um Märtyrertum für die katholische Sache, sondern darum, ob Marias Gefangennahme durch eine ausländische Macht durch das Völkerrecht gedeckt ist, ob der Prozeß gegen Maria als rechtmäßig und die Prozeßführung als fair angesehen werden können. In all diesen Fragen erweist sich das englische Vorgehen als problematisch und im konkreten Gerichtsverfahren auch nach englischem Recht als parteiisch und von «Staats-Eiffer» bestimmt. Letztlich – und auf diese Rechtsposition zieht sich Maria in ihrer Verteidigung zurück – steht das göttliche Recht der Könige und die Unverletzlichkeit der königlichen Majestät einem derartigen Gerichtsverfahren auf der Basis von «bürgerlichen Gesetzen» grundsätzlich entgegen: «Unser Muth wird um so vielmehr hierdurch erhärtet / mit welchen wir in einer Freyheit vor das Recht göttlicher Majestät zu streiten entschlossen. Wir erkennen uns zu keiner Unterthänigkeit.» Auch Elisabeth hat Bedenken – «Wann das Exempel der Bestraffung einer Königin nur nicht so gar ungemein wäre» –, wird jedoch vom Parlament im Namen angeblicher nationaler Sicherheitsinteressen und der Staatsräson zu dem Schritt gedrängt, der als eine Verletzung der Souveränitätsidee auch eine Gefahr für Elisabeths absolute Gewalt darstellt. Als sie die Hinrichtung doch noch verhindern will, geben die Parlamentarier vor, das Urteil sei schon voll-

streckt – um dann ungehindert den «Enthauptungs Apparat» in Gang zu
setzen. Das Vorbild für diese Intrigen fand Riemer in Kormarts Vondel-
bearbeitung.

Die anderen Stücke Riemers nehmen vor allem das Thema Affektverhalten und
Affektkontrolle im privaten wie öffentlichen Bereich auf (*Vom gequälten Liebes-
Siege*, in: *Hoff-Meister*; *Glücklicher Bastard Oder Tyrannische Großvater* sowie
Amor Der Tyranne). *Amor der Tyranne* ist der Obertitel für zwei Stücke. Das erste
zeigt die Liebesverirrungen des arabischen Königs Asphalides, denen erst «Elge-
zills, des Königlichen Feld-Herrns Klugheit» Einhalt gebieten und so eine private
und politische Katastrophe verhindern kann; das zweite dramatisiert die Geschichte von Eginhard und Imma nach Hoffmannswaldau, von dem «auch zuweilen etliche Verse mit unterlauffen», und gibt mit der vernunftgegründeten, beherrschten Reaktion Karls des Großen das positive Gegenbild zu dem Verhalten
des seinen Affekten ausgelieferten Asphalides.

Riemers Dramen sind themenzentriert. Um der inhaltlichen wie rhetorischen ‹Lernziele› willen sind die Stücke relativ straff konzipiert; sie bemühen sich um die klassizistischen Einheiten und beschränken im Gegensatz zum üblichen Verfahren im Schultheater die Personenzahl. Wie
die anderen Verfasser von Prosadramen ignoriert Riemer die Ständeklausel. Wenn er die Texte als Theatralische Discurse bezeichnet und die
Stücke selbst wiederum in Discurse und Unterredungen gliedert, betont
er ihren rhetorischen, lehrhaften Charakter. Dementsprechend demonstrieren die Dialoge und Monologe im Interesse der späteren gesellschaftlichen Praxis der Schüler die Tugenden der neuen höfischen Rhetorik wie
Klarheit, Kürze, Deutlichkeit und Verständlichkeit.

Johannes Riemer (1648 Halle/Saale – 1714 Hamburg) wurde 1672 in Jena zum
Magister artium promoviert und nahm nach kurzer Lehrtätigkeit an der Universität 1673 eine Stelle am Gymnasium illustre Augusteum in Weißenfels an. Als Christian Weise 1678 Weißenfels verließ, erhielt Riemer dessen Professur. Hier entstanden neben den Dramen auch seine ‹politischen› Romane. 1687 bewarb er sich
erfolgreich um die Stelle eines Oberpfarrers in Osterwick/Kurbrandenburg und
ging dann, 1691 in Helmstedt zum Dr. theol. promoviert, als Superintendent nach
Hildesheim (1691–1704) und danach als Hauptpastor nach Hamburg (St. Jacobi;
1704–14). Nach dem Eintreten in den Kirchendienst veröffentlichte Riemer nur
noch geistliche Schriften (z. B. *Schrifft- und Lehr-reiche Gleichniß-Reden*, 1690;
Verblühmtes Christenthum, 1694).

Christian Weises ‹politische› Rhetorik und Pädagogik

Christian Weise gehörte neben Christian Thomasius zu den einflußreichsten Schriftstellern des ausgehenden 17. und beginnenden 18. Jahrhunderts. Ihm gelang in einer offenbar den Bedürfnissen seines Publikums
entsprechenden Weise, Altes und Neues miteinander zu verbinden und

die humanistisch-gelehrte Tradition den neuen Berufs- und Lebensbedingungen im frühneuzeitlichen Staat anzupassen. Seine Schularbeit und
seine Schriften zielen darauf, seine «Untergebenen» – so nennt er die
Schüler – auf ihre künftige Rolle als Beamte im Staats- und Hofdienst
oder als Angehörige der städtischen Kaufmannschaft vorzubereiten, sie
mit den gesellschaftlich gebotenen, nützlichen und erfolgversprechenden
Verhaltensregeln und -prinzipien vertraut zu machen und diese zugleich
praktisch einzuüben. Die neue Praxis steht unter dem Begriff des ‹Politischen› und basiert letztlich auf dem Universalitätsanspruch der Rhetorik, die freilich aus ihrer akademischen Lebensferne zu befreien und
auf die Erfordernisse des modernen Lebens in den verschiedenen
gesellschaftlichen Bereichen auszurichten war. Weise formulierte diesen
Anspruch zum ersten Mal ausführlich im *Politischen Redner* (1677),
einem häufig aufgelegten und 1684 um eine Fortsetzung erweiterten tau-
sendseitigen rhetorischen Kompendium. Zahlreiche weitere politische,
poetische und rhetorische Anweisungs- und Lehrbücher führten die Gedanken aus; auch die umfangreiche poetische Produktion ist der politischen Zielsetzung verpflichtet. Das gilt für den von Weise begründeten
Typ des satirischen politischen Romans, für seine Lyrik und vor allem für
sein mehr als 60 Stücke umfassendes, nur teilweise gedrucktes dramatisches Schaffen.

Als Weises *Politischer Redner* erschien, war ‹politisch› bereits zum Modewort geworden. Es hatte seine neue Bedeutung im Sinn eines weltklugen, erfolgsorientierten Verhaltens im Verlauf der Erweiterung des
Politikbegriffs seit Machiavelli und der Entwicklung eines von der (christlichen) Moral sich emanzipierenden Staatsräsondenkens sowie einer auf
dem Prinzip der *prudentia* beruhenden neuen Ethik diesseitigen Charakters erhalten. Diese auf Staats- und Lebensklugheit beruhende prudenti-
stische Moral blieb nicht auf den höfischen bzw. staatlichen Bereich als
Ort des eigentlichen politischen Handelns beschränkt, sondern wurde
bald auf das gesellschaftliche Leben im ganzen ausgedehnt. Diese politische Verhaltenslehre fand als Gegenbild zur religiösen Ethik der Konfessionen und einem in Pedanterie erstarrten Humanismus zunehmend Anhänger und wurde im späten 17. Jahrhundert durch die Rezeption der
Schriften Baltasar Graciáns zusätzlich gestützt. Sie war aber auch wegen
der ihr innewohnenden Tendenzen zur Veräußerlichung (Kleidung, Gebaren), bloßem Utilitarismus und moralischer Verflachung heftiger Kritik
im Namen deutscher Redlichkeit und christlicher Tugend ausgesetzt.
Logaus Epigramm *Heutige Welt-Kunst* («Anders seyn / und anders scheinen») bringt diese Gegenposition auf einen Nenner. Gegen die amorali-
sche Version des Politischen, die Logau um die Jahrhundertmitte attak-
kierte, vertritt Weise eine Konzeption, die die Spannung zwischen dem
politischen Lebens- und Verhaltensideal und den christlichen Tugendfor-

derungen zu überwinden und Weltklugheit und ethische Verantwortung miteinander zu vereinbaren sucht. In diesem Sinn veröffentlichte er 1684 eine Schrift, die bereits im Titel eine Antwort auf das Problem verspricht: *Christian Weisens Väterliches Testament* [...] */ Das ist Eine kurtze Nachricht / Wie ein zukünfftiger Politicus in seinem Christenthum soll beschaffen seyn / wenn Er auf der Welt ein gut Gewissen behalten / Und im Tode Die ewige Seligkeit davon bringen will.*

Die Konzeption einer auf das diesseitige Leben bezogenen, realistischen Lebenshaltung begann sich bereits in Weises Leipziger Studienzeit und Lehrtätigkeit auszubilden. Der Sohn eines Lehrers am Zittauer Gymnasium, geboren 1642, studierte von 1660–63 Theologie in Leipzig, fühlte sich aber bald mehr zur Jurisprudenz und der neuen Staatslehre hingezogen. Dabei konnte er dem sogenannten Pennalismus, der die jüngeren Studenten zu z. T. entwürdigenden Dienstleistungen für die älteren zwang, dadurch entgehen, daß er seine Fähigkeiten als sprachgewandter, flotter Gelegenheitsdichter zur Verfügung stellte. Diese Lieder und Gedichte, einige Jahre später gedruckt unter dem Titel *Der grünenden Jugend überflüssige Gedancken* (1668), markieren den Beginn seiner literarischen Laufbahn und weisen in ihrer Produktionsweise auf seine spätere Überzeugung von der Dichtung als Dienerin der Beredsamkeit voraus. Nach der Promotion zum Magister der Philosophie 1663 begann Weise mit seiner Lehrtätigkeit, wobei er sich vor allem auf Fächer wie Rhetorik, Geschichte, Politik und Dichtkunst verlegte und mit Überlegungen zu einer praxisbezogenen, mit Realien angereicherten Rhetorik auf sein späteres politisches Programm vorausdeutete. Für die weitere Entwicklung erwies sich ein Karriereknick als ausgesprochen förderlich: Als Weise nach mehrmaligem Anlauf scheiterte, an der Leipziger Universität Fuß zu fassen, wechselte er 1668 als Sekretär des Grafen Simon Philipp zu Leiningen-Westerburg, des ersten Ministers von Herzog August von Sachsen-Weimar, in die Welt der Politik.

Der Einblick in die politische Praxis und anschließende Erfahrungen als Erzieher im adeligen Milieu, niedergelegt in dem erfolgreichen Lehrbuch *Der Kluge Hoff-Meister* (1675), kamen dann 1670 seiner Tätigkeit als Professor der Politik, Rhetorik und Poesie am Gymnasium illustre Augusteum in Weißenfels zugute. Diese erst 1664 gegründete Schule war eine Art Ritterakademie, d. h. eine auf die standesgemäße Erziehung des Adels gerichtete Institution, deren Lehrplan gelehrte Studien und ritterliche Übungen miteinander verband und besonderen Wert auf die staatswissenschaftlichen Fächer sowie moderne Fremdsprachen, insbesondere Französisch und Italienisch, legte.

Hatte sich Weise seit seiner Tätigkeit als Sekretär in Halle im Umkreis des Adels aufgehalten, so kehrte er 1678 mit der Berufung zum Rektor des Gymnasiums seiner Heimatstadt Zittau in die bürgerlich-gelehrte Sphäre zurück. Er übte das Amt bis kurz vor seinem Tod im Jahr 1708 aus. Das Zittauer Gymnasium war eine protestantische Gelehrtenschule, und Weise stand nun vor der Herausforderung, seine in Weißenfels im Rahmen einer Adelsschule entwickelte politische Pädagogik und Rhetorik in das traditionelle humanistische Bildungssystem einzufügen. Dabei tastete er die alte, noch aus dem 16. Jahrhundert stammende Schulordnung nicht an. Die Unterweisung in Latein (mit der bei weitem höchsten Stundenzahl), Griechisch und Religion stand weiterhin im Vordergrund; in der Prima kamen noch Logik, Rhetorik und Hebräisch hinzu. Die modernen Realienfächer wie Geschichte, Geographie und Politik sowie die muttersprachliche politische Redekunst blieben Privatlektionen vorbehalten. Erst diese setzten mit der Vermittlung gesellschaftlich und beruflich relevanter Kenntnisse die Akzente im Sinn von Weises politischem Programm und machten das Gymnasium auch für Schüler höherer Stände attraktiv. Eine wesentliche Rolle in dieser auf das ‹Leben› hinführenden Pädagogik spielte das Schultheater, dem sich Weise sofort nach Antritt des Rektorats mit Nachdruck annahm und das er selbstbewußt gegen Kritik verteidigte: «In regard meiner Profession ist mirs keine Schande / wenn die Leute sprechen / ich könne Comoedien machen. Denn sie geben mir ein Zeugniß / daß ich mich in den Stylum, in den Unterscheid der Gemüther / in die Affecten / und in die politische Oratorie finden kann», heißt es in der Vorrede zu dem Dramenband *Lust und Nutz der Spielenden Jugend* (1690).

Pädagogische Dramaturgie

Weise nahm mit seinem «Zittauischen Theatrum» die Tradition des protestantischen Schultheaters auf und führte sie, indem er sie den Zielen seiner politischen Pädagogik und Verhaltenslehre dienstbar machte, zu ihrem letzten Höhepunkt. Er berief sich wie andere Verfechter des Schultheaters ausdrücklich auf «Herrn Lutheri judicium von Comödien» und legte seine Anschauungen vom Drama in einer Reihe von z. T. recht ausführlichen Vorreden zu Sammel- oder Einzeldrucken seiner Stücke nieder. Sie machen dem Leser die besonderen Voraussetzungen, Bedingungen und Ziele seiner Schuldramatik deutlich, erklären die daraus resultierenden Eigenheiten der Stücke und rechtfertigen die Schultheaterpraxis und ihren erzieherischen Wert auch gegen offenbar beträchtliche Widerstände von geistlicher Seite.

Das Schuldrama läßt sich nicht nach den Kriterien einer klassizistischen Dramentheorie beurteilen. Es handelt sich um Gebrauchsliteratur, bei der die schulischen Belange Priorität vor literarisch-künstlerischen Ambitionen besitzen. Dementsprechend sieht Weise die Aufgabe seiner Kunst darin, im Rahmen der Bedingungen des Schultheaters das Bestmögliche zu leisten und – in seinen eigenen Worten – das ganze dramatische «Gebäude gleichsam auff einen irregulairen Platz» zu errichten. Zu dieser Irregularität trägt vor allem die pädagogische Notwendigkeit bei, möglichst viele Schüler an der Aufführung zu beteiligen, ohne sich mit Massenszenen oder stummer Statisterie zu behelfen. Denn zu lernen war ja öffentliches Auftreten und vor allem Sprechen.

Die Menge handelnder Personen – Zahlen um die 40 können als normal gelten, im *Masaniello* sind es mehr als 70 Sprechrollen – führt notwendig dazu, daß im Unterschied zur Barocktragödie von Gryphius oder Lohenstein eine Konzentration auf die Titelfigur und nur wenige andere Handlungsträger nicht stattfinden kann. Weise bleibt also nur, die Handlung auf einen breiteren Personenkreis zu verteilen, wobei dann die Titelfigur keineswegs besonders herausragt. Das Problem sieht Weise allerdings nicht in der Verletzung äußerer Regeln, sondern in der Gefahr, gegen das grundsätzliche rhetorische Gebot der Verständlichkeit und Klarheit (*perspicuitas*) zu verstoßen. Die Spannung zwischen den Gegebenheiten des Schultheaters und den poetologischen und rhetorischen Anforderungen habe möglicherweise zur Folge, «daß die Menge von so vielen Neben-Personen / so dann auch der Uberfluß von allen Neben-Circumstantien, darauff ihre Discurse nothwendig reflectiren / mehr zur Confusion, als zur bessern Declaration helffen». Das Bemühen, dieses Problem in Grenzen zu halten, hat Konsequenzen für den Aufbau der Dramen: Gefordert ist «ein Meisterstücke / zuförderst in der Disposition an sich selbst». An Stelle des ‹geschlossenen› klassizistischen Formtyps tritt eine ‹offene› episodische Form, die so beschaffen sein muß, daß sie es trotz des Personenreichtums und der «unvermeidlichen Weitläufftigkeit» dem Publikum ermöglicht, die Übersicht zu behalten und der Handlung ohne «Verdrüßligkeit» zu folgen. Die Einheit stellt sich dann her, wenn «eine jedwede Scene zur Interpretation des vorhabenden Thematis» dient.

Das Ignorieren der Ständeklausel und die Vermischung von Komik und Ernst sind weitere Momente einer antiklassizistischen Poetik. Sie korrespondieren mit Weises Stilkonzept, das auf Einfachheit, Deutlichkeit und ungezwungene Natürlichkeit, auf eine realistische Annäherung an den üblichen sprachlichen Umgang zielt. Daraus folgt zugleich eine gewisse soziale Charakterisierung durch die Sprache, ein Nebeneinander verschiedener Stil- und Sprachebenen entsprechend der jeweiligen Personenkonstellation und Kommunikationssituation: «Soll das Sprüchwort wahr bleiben: Comoedia est vitae humanae speculum, so muß die Rede gewißlich dem Menschlichen Leben ähnlich seyn. Ein Cavallier, ein fürnehmes Frauenzimmer / ein liederlicher Kerl / ein gemeiner Mann / ein Bauer / ein Jude muß den accent führen / wie er im gemeinen Leben angetroffen wird.» In der Druckfassung seiner Stücke allerdings, gibt Weise zu bedenken, sei gerade die lebensnahe sozio- und dialektale Färbung nicht recht zu erkennen. Die intendierte sprachlich-stilistische Skala reicht jedenfalls vom derben Dialekt der Bauern zum höfischen Komplimentierstil der Fürsten und Herren in – wie es heißt – «gezwungenem» Hochdeutsch. Besondere Bedeutung für die Stilbildung der Schüler besitzt dabei der knappe, politisch zielstrebige, weltmännische, durchaus nicht ‹barock› überladene höfische Stil, der sich auch der Mode – etwa in bezug auf die Verwendung französischer Ausdrücke – nicht verschließt.

Zu Weises pädagogischer Methode gehört es, Lehren nicht direkt zu präsentieren, wie es etwa bei Mitternacht der Fall ist («Dieser actus weiset

uns / daß [...]»). Weise verlangt Mitdenken von seinen Zuschauern und
den agierenden Schülern, die Bereitschaft, die «vielen nachdencklichen
Lehren» wahrzunehmen, die aus der Handlung «hervor strahlen». Hinweise geben Prologe, Epiloge, allegorische Rahmenhandlungen, kritische
Kommentare der Narrenfigur, lehrreiche Kontrastierungen und Demon-
strationen rhetorischer Taktiken usw. Daß dabei Raum für Interpretation
bleibt, zeigt etwa die kontroverse Diskussion über den *Masaniello*. Ein
Grund für diesen Umstand liegt darin, daß es Weise nicht so sehr darum
geht, die üblichen moralischen Standpunkte zu präsentieren oder für bestimmte Regierungssysteme einzutreten – hier unterscheiden sich seine
Vorstellungen wenig von der zeitgenössischen communis opinio –, als
vielmehr am Verhalten der Personen zu zeigen, wie sie mit oder ohne Erfolg, klug oder weniger klug, situationsgerecht oder die Situation verfeh-
lend, ihre persönlichen oder politischen Ziele zu erreichen suchen. Mit-
spieler wie Zuschauer sehen sich so mit einer ganze Skala von Beispielen
konfrontiert, aus denen sie entweder direkt oder im Umkehrschluß an-
gemessenes und damit erfolgversprechendes politisches Verhalten in den
unterschiedlichsten simulierten Lebenssituationen lernen können. Und
indem Weise auch die niederen Schichten einbezieht, erhält die politische
Verhaltenslehre einen ständeübergreifenden Charakter.

«drey Tage nacheinander was neues»

Bei seiner Zittauer Theaterarbeit berief sich Weise auf die Tradition des
Gymnasiums. Dabei gab er der üblichen Praxis, «daß man drey Tage nach
einander was neues hat sehen wollen», ein festes Programm: «So machte
ich bald im Anfange die Eintheilung / daß erstlich etwas Geistliches aus
der Bibel / darnach was Politisches aus einer curiösen Historie / letztlich
ein freyes Gedichte / und in solchen allerhand nachdenckliche Moralia
die Zuschauer bey dem Appetit erhalten möchten.» Die drei Stücke, die
verschiedenen Gattungen angehören (das ‹freye Gedichte› ist in der Regel
eine Komödie bzw. hat ein lustiges Nachspiel), bildeten zusammen eine
Aufführungseinheit, also etwa: *Jephta, Der gestürtzte Marggraff von Ancre, Bäurischer Machiavellus* (1679), *Von Jacobs doppelter Heyrath, Masaniello, Die beschützte Unschuld / Lustiges Nachspiel [...] von Tobias
und der Schwalbe* (1682), *Vom verfolgten David, Von der Sicil. Argenis,
Von der verkehrten Welt* (1683) usw. Auch die Publikation von einigen
Sammelbänden mit der jeweiligen Trias unterstreicht die Zusammengehö-
rigkeit.

Die biblischen Stücke des ersten Tages gründen fast ausschließlich auf
dem Alten Testament. Sie unterscheiden sich letztlich nur im Stoff von
den historisch-politischen Dramen des folgenden Tages. Denn Weise
nimmt sich die Freiheit, die biblischen Ereignisse seinen politischen Lehr-

absichten gemäß zu aktualisieren, mit «Circumstantien» anzureichern und durch Nebenhandlungen und Episoden zu erweitern, die dem Geschehen eine höfisch-politische Dimension verleihen und gelegentlich auch für die Überwindung der episodenhaften Struktur mancher biblischer Geschichten sorgen.

Ein gutes Beispiel für dieses Verfahren bietet das 1680 aufgeführte Abraham-Stück *Das Ebenbild eines Gehorsamen Glaubens / Welches Abraham In der vermeinten Opferung Seines Isaacs beständig erwiesen.* Hier stellt Weise das zentrale Ereignis, die «Opferung Seines Isaacs», in einen größeren Rahmen, indem er verschiedene biblische Episoden miteinander verbindet, sie auf den Konflikt zwischen den beiden Söhnen Abrahams bzw. ihrer Mütter bezieht und diesen zugleich zum Gegenstand eines diplomatischen Vermittlungsversuchs durch Abimelech, den König von Gerar, macht, der wiederum zur Schlichtung von Streitigkeiten und Vertragsverhandlungen zu Abraham gekommen war. Die Bewährung von Abrahams Glauben kommt in diesem Kontext von familiärer Rivalität, Vermittlungsversuchen und der freundschaftlichen Beilegung ‹internationaler› Streitpunkte (samt heftiger Hirten- und Bauernkomik) eher spät im sechzehnten und letzten Auftritt des dritten Akts.

Die historisch-politischen Schauspiele des zweiten Tages basieren vorwiegend auf Stoffen aus Geschichte und Zeitgeschichte, vereinzelt auch aus der Bibel (*Herodes und Mariamne*, 1687; im 17. Jahrhundert ungedruckt) sowie der Welt der politisch-akzentuierten Literatur (*Argenis*, 1683, Druck 1684). Mehrere Stücke gehören zum Typus des Favoriten- oder Günstlingsdramas, an dem sich zentrale politische Verhaltenslehren demonstrieren ließen. Diese Stücke handeln von der Gefährdung eines Staatswesens durch einen Günstling, der seine einflußreiche Position am Hof mißbraucht und/oder sogar die Herrschaft an sich zu reißen sucht, von den Gegenmaßnahmen der anderen Hofparteien und der Wiederherstellung und Stabilisierung der politischen Ordnung durch den Sturz des Favoriten. Dabei ist der Aufstieg zu dieser Machtposition nicht Gegenstand der Handlung; die Stücke setzen in der Regel erst dann ein, wenn der Favorit den Zenit seiner Macht erreicht hat, sich Widerstand formiert und die Intrige zu seiner Entmachtung eingeleitet wird. Das wiederum hat zur Folge, daß der Günstling – obwohl meist Titelheld – keineswegs die dominierende Rolle spielt und meist nur als reagierender, nicht die Handlung bestimmender Akteur auftritt.

Beispiele für diesen Dramentyp sind u. a. *Der gestürzte Marggraff von Ancre In einem Trauer-Spiele* (1679; Druck 1681), *Ein ernsthafftes Schau-Spiel von dem Falle Des Spanischen Favoritens Des Grafen von Olivarez* (1685, Druck 1700) und *Der Fall des Frantzösischen Marschalls von Biron* (1687, Druck 1693), Stücke, die auf Ereignissen der jüngeren französischen bzw. spanischen Geschichte basieren; auch die *Vorstellung Einer Historie oder einer Fabel vom König Wentzel* von Böhmen (1686, Druck 1700) sowie die beiden nordischen Schauspiele *Der geplagte und wiederum erlöste Regnerus in Schweden* (1684; im 17. Jh. ungedruckt) und *Die boßhaffte und verstockte Prinzessin Ulvilda aus Dennemarck* (1685; im 17. Jh. ungedruckt) gehören in diesen Zusammenhang.

Die Stücke verzichten auf ausgreifende Staatsaktionen, diskutieren keine grundsätzlichen politischen Fragen, sondern inszenieren Intrigen und Gegenintrigen und führen die geschickte Instrumentalisierung und Manipulierung von Personen, Parteien und Volk und ihrer Affekte auf der Basis politischer Klugheitslehren vor. Dabei bedienen sich die konkurrierenden Parteien grundsätzlich der gleichen Mittel und Taktiken; der moralische Unterschied besteht darin, daß die eine Seite ausschließlich auf den persönlichen Vorteil sieht – das gilt als Machiavellismus –, die andere zugleich auch die allgemeine Wohlfahrt im Auge hat. Und indem die Favoritendramen den Sieg der für das Wohl des Staates eintretenden Partei bzw. Person und den Sturz der Machiavellisten darstellen, demonstrieren sie die Überlegenheit eines tugendgeleiteten Handelns, dem es gelingt, legitime persönliche Interessen mit übergeordneten, dem Gemeinwohl verpflichteten moralischen und politischen Gesichtspunkten zu verbinden. Der gute Zweck garantiert gewissermaßen den Erfolg, den persönlichen wie den politischen, ein Satz, der in seiner Wahrheit auch durch das Gegenteil, durch den Sturz des Günstlings, bestätigt wird. Dessen Fall ist keine Demonstration des barocken Gemeinplatzes von der Wechselhaftigkeit und Vergänglichkeit irdischen Glücks, sondern ein höchst diesseitiges Exempel für die Konsequenzen falschen politischen Verhaltens. Eine realistische Beschreibung zeitgenössischer Politik ist das nicht; vielmehr konfrontiert Weise seine Schüler (und die Zuschauer) mit einer moralischen Forderung im Hinblick auf ihr künftiges Handeln im öffentlichen Leben.

Daß die Prinzipien der Politik und politisch-weltklugen Verhaltens nicht nur im höfisch-aristokratischen Raum gelten bzw. nicht nur dort pervertiert werden, demonstriert programmatisch das Spiel des dritten Tages der ersten Zittauer Trilogie (1679). Nach dem Bibelstück *Der Tochter-Mord. Welchen Jephtha unter dem Vorwande eines Opfers begangen hat* und dem politisch-historischen Intrigen- und Favoritendrama *Der gestürtzte Marggraff von Ancre* ließ Weise in (nicht nur) komischem Kontrast ein Stück mit dem sprechenden Titel *Bäurischer Machiavellus* folgen. Auch hier geht es, wenn auch in komischer Verkleidung oder Verkehrung und auf einer niedrigeren sozialen Ebene, um Welt- und Menschenkenntnis, um Erkenntnisgewinn aus der exemplarischen Darstellung richtigen und falschen Verhaltens sowie der Vermittlung von Realien und Erfahrungstatsachen, um die Einübung eines auf Vernunft, Unterscheidungsvermögen und Selbsterkenntnis gegründeten situationsgerechten sozialen, also politischen Verhaltens und Redens.

Den Rahmen des Lustspiels bildet, nach dem Beispiel der beliebten *Ragguagli di Parnaso* (1612–13) von Traiano Boccalini, eine Gerichtsverhandlung auf dem Parnaß. Sie richtet sich gegen Machiavelli, der die Anklage, er sei allein für den schlimmen moralischen Zustand der Welt verantwortlich, entschieden zurückweist. Er argumentiert zunächst mit Beispielen aus der Geschichte und verweist dann auf die Gegenwart. Die Bauern nämlich seien «nach Innhalt der eingegebnen Klage die ärgsten Machiavellisten», obwohl kein einziger sein Werk gelesen. Er behält recht, wie der mit allen Mitteln durchgeführte Kampf um die Besetzung der Stelle des Pickelherings im kleinen bäuerlichen Querlequitsch zeigt: Hier wird in einem satirischen Ab- und Zerrbild der großen Welt in grober Form mit allen nur denkbaren ‹machiavellistischen› Praktiken gearbeitet, wird um des eigenen finanziellen und beruflichen Vorteils willen intrigiert, getäuscht, gelogen, bestochen und gekuppelt, so daß Machiavelli in diesem Fall vor Apollos Gericht bestehen kann. Für sein vieldiskutiertes Werk war er allerdings schon früher bestraft und aus der Gesellschaft der Tugendhaften verbannt worden.

Weise machte die Gerichtssituation auch für eine Reihe anderer Lustspiele fruchtbar, z. B. für den *Politischen Quacksalber* (Aufführung 1684) oder für das *Lust-Spiel Von der Verkehrten Welt* (Aufführung 1683). Zu den eher burlesk angelegten Spielen des dritten Tages gehören Stücke wie das eng an Andreas Gryphius' *Peter Squentz* angelehnte *Nachspiel* [...] *von Tobias und der Schwalbe*, das 1682 dem *Masaniello* folgte und die unfreiwillig komische Darbietung einer Handwerkertruppe zum Geburtstag eines Grafen bietet, und das Lustspiel *Von Einer zweyfachen Poeten-Zunfft* (Aufführung 1680), eine parodistische Auseinandersetzung mit der «Narrenkolben-Zunfft» und der «Tannzapffen-Zunfft», die nicht zuletzt Philipp von Zesen gilt. Den bekannten Stoff vom König für einen Tag, u. a. durch Ludwig Hollonius und Jacob Masen dramatisiert, nimmt *Das Schau-Spiel vom Niederländischen Bauer* (Aufführung 1685) auf (vgl. S. 453 ff.).

Vom richtigen Leben in der Welt, ohne satirisch-parodistische Verkehrung und spezifische politische Programmatik, handelt die 1688 nach *Hiob* und *Herodes und Mariamne* aufgeführte Komödie *Die unvergnügte Seele*. Das Stück, revueartig strukturiert, zeigt Vertumnus, die melancholische, ‹unvergnügte›, d. h. kein inneres Genügen findende Seele auf der Suche nach Glück und Zufriedenheit. Weder Gesellschaft noch Liebe, weder ererbter Reichtum noch Philosophie (der Philosophenzank auf dem Parnaß desavouiert den Stoizismus) bieten dem rastlosen Vertumnus Befriedigung, bis er – weiterhin unvergnügt – vor all den ihm begegnenden Mißlichkeiten in einen Wald flieht. An diesem allegorischen idyllischen Ort, trifft er, ebenfalls unzufrieden, seine Frau Theresia und den Fürsten Ferrante. Die Lösung tritt ihnen in Gestalt des Eremiten Christiano und des alten, frommen Ehepaars Contento und Quieto entgegen: Gottvertrauen, Genügsamkeit und Selbstbescheidung sind die Grundlagen der wahren Zufriedenheit, sind die Tugenden, mit deren Hilfe die ‹Unvergnügtheit› überwunden werden kann. In der Anlage des Charaktertypus und den anfänglichen Heilungsversuchen (lustige Gesellschaft, Liebe, Reichtum, Philosophie), allerdings nicht in der außergesellschaftlichen Lösung, liegen gewisse Ähnlichkeiten mit der sächsischen Komödie des 18. Jahrhunderts.

Die späten Schulkomödien kehren wieder zur Darstellung gesellschaftlicher Praxis zurück, setzen aber neue Akzente. Sie folgen zwar in manchen Zügen der Handlung und in ihrer Situations- und Sprachkomik komödienhaften Konventionen, weisen aber mit ihrer positiven Einbeziehung des bürgerlichen und handwerklichen Sozialbereichs auf aufklärerische Konzeptionen voraus. Es handelt sich um die Komödien *Curiöser Körbelmacher* und *Ungleich und gleich gepaarte Liebes-Alliance*, die nach einer von 1689 bis 1701 dauernden Unterbrechung des regulären Zittauer Spielbetriebs 1702 und 1703 aufgeführt wurden. Hier verbinden sich Geschichten musterhafter Liebe, Treue und Frömmigkeit (*Körbelmacher*) und Verwirrungen um die rechte Partnerwahl (*Liebes-Alliance*) mit der milieugerechten Darstellung der verschiedenen bürgerlichen Lebensbereiche und ihrer eigenen Wertigkeit. Zum Nutzen von dergleichen Stükken gehöre, so Weise, «daß junge Leute mit guter bequemlichkeit einen Blick in das gemeine Leben thun» könnten.

Die lange Unterbrechung der Zittauer Schulaufführungen, die Weise auch auf die Konkurrenz der Oper und eine veränderte Erwartungshaltung des Publikums zurückführte, nutzte er für Komödien anderer Art: Er schrieb Stücke «Von Wenig Personen», die sich nicht an den Erfordernissen der Schulbühne zu orientieren brauchten und dabei nicht nur thematisch, sondern auch formal an die internationale Komödientradition anknüpften (s. S. 455 ff.). Dazu gehören u. a. das Spiel *Vom Verfolgten Lateiner* (1696) und das *Schau-Spiel von betrübten und wiederum vergnügten Nachbars Kindern* (1699).

«Masaniello»

Das bekannteste Stück Weises ist das *Trauer-Spiel Von dem Neapolitanischen Haupt-Rebellen Masaniello* (1682, Druck 1683). Es behandelt ein Ereignis aus der unmittelbaren Vergangenheit, den antispanischen Aufstand in Neapel (Sitz des spanischen Vizekönigs), den Tommaso Aniello, genannt Masaniello, im Juli 1647 als «generalissimo» anführte. Nach zehn Tagen fiel er einer Verschwörung zum Opfer; die Hintergründe sind nicht aufgeklärt. Als politisches Lehrstück illustriert das Drama die Gefährdung eines Staatswesens durch die verfehlte Politik einer unfähigen Obrigkeit und einer eigennützigen Adelsclique, die eine Rebellion des unterdrückten und ausgebeuteten Volkes geradezu herausforderte. Am Schluß steht, wie bei den Favoritendramen, die politische Stabilisierung.

Der Volksaufstand im spanischen Vizekönigtum erregte großes Aufsehen in Europa; diskutiert wurden die Ereignisse auf der Grundlage der noch 1647 erschienenen und dann mehrfach neu aufgelegten Chronik *Le rivoluzioni di Napoli* von Alessandro Giraffi. Eine deutsche Übersetzung folgte bereits 1648 (*Kurtze warhaffte Beschreibung / Deß* [...] *Auffstands / So sich das verwichene 1647. Jahr* [...] *in der weitberümbten Königl.* Statt Neapoli angesponnen*), die dann weitgehend wörtlich in die Darstellung Georg Schleders im sechsten und letzten Teil des *Theatrum Europaeum* (1663) einging.

Während es bei biblischen Vorlagen gelegentlich erforderlich sei, Ergänzungen vorzunehmen, um zu einer ‹vollkommenen› Handlung zu gelangen, heißt es in einer dem Druck des *Masaniello* im *Zittauischen Theatrum* (1683) vorausgehenden Bemerkung, müsse man sich bei Stoffen wie dem *Masaniello*, bei dem von den Historikern «auch die geringsten Minutiae nicht vergessen worden», eher darum sorgen, «was man setzen oder auslassen sollte». In diesem Sinn verfährt Weise, wenn er zwar die Chronik als Grundlage seines Trauerspiels nimmt, aber zugleich durch Umstellungen, Auslassungen und Straffungen sowie durch die Erfindung zusätzlicher, durch die Quelle nicht vorgegebener Szenen neue Akzente setzt. Dadurch erhalten bestimmte Ereignisse und Personen besonderes Gewicht, wird das Material so arrangiert, daß es sich zum dramatischen Anschauungsunterricht über Geschehensabläufe und Verhaltensmuster in Krisensituationen eignet und in einer abgestuften Skala exemplarisch die positiven und negativen Möglichkeiten politischen Handelns und Verhaltens unter extremen Bedingungen vor Augen stellt.

Das fünfaktige Prosastück – nur die musikalische Eingangs- und der letzte Teil der Schlußszene sind in Versen gehalten – ist in zahlreiche kleine Szenen gegliedert, in denen Weise ein breites, personenreiches Panorama der neapolitanischen Gesellschaft entwirft; Lessing schrieb im Zusammenhang mit einem nicht ausgeführten Masaniello-Projekt in einem Brief an seinen Bruder vom «freien Shakespearschen Gang» (14. 7. 1773). Das numerierte Verzeichnis der Akteure zählt bis 82, darunter nur wenige stumme Rollen. Es umfaßt die gesamte gesellschaftliche Hierarchie, angefangen beim Vice-Roy Herzog Roderigo und seiner Familie bis hin zu Mönchen, Bauern, Banditen und Soldaten, wobei Weise auch innerhalb der verschiedenen Stände und Gruppierungen weiter differenziert und unterschiedliche Standpunkte sichtbar macht. Dazu kommt, sich dank seiner Beredsamkeit durch alle Macht- und Glückswechsel hindurchmanövrierend, Allegro, «des Vice-Roy kurtzweiliger Diener», als lustige Person in der Tradition der Wanderbühne. Sie verweist zugleich aber auch auf das karnevaleske Moment des in der Fastenzeit aufgeführten Trauerspiels, das sich u. a. in den Motiven der verkehrten Welt, der Verkehrung der Hierarchie, der Parodie religiöser (d. h. katholischer) Einrichtungen und Gebräuche und der närrischen Züge des scheiternden Helden niederschlägt.

Hauptgestalt des Trauerspiels ist mit dem Fischer Masaniello entgegen den Vorgaben der klassizistischen Dramenpoetik «ein schlechter [geringer] obscurer Mensch», wie es in der vorangestellten Inhaltsangabe heißt.

Er selbst versteht sich nicht als Revolutionär, der den Umsturz der politischen Verhältnisse herbeizuführen und die spanische Herrschaft abzuschütteln sucht, sondern als Beauftragter des Volkes von Neapel, das für die Wiederherstellung von Recht und Gerechtigkeit, für die Respektierung der alten Privilegien durch die Regierenden und die Abschaffung unerträglicher Belastungen kämpft: «GOtt gebe dem Könige in Spanien langes Leben / und uns eine beßre Regierung».

Masaniello hat, so betont er, keinen politischen Ehrgeiz; er sieht sich als Anführer wider Willen, der nach getaner Arbeit, «so bald unser Volck die alte Freyheit wiederum besitzen wird», wieder den «Regiments-Stab mit einem Fischer Angel vertauschen» und in sein voriges Leben zurückkehren will. Er bewegt sich in seinem tugendhaften Idealismus und seiner moralischen Rigorosität gleichsam im vorpolitischen Raum; ihm fehlt es an politischer Klugheit, an Einsicht in die Mechanismen der Politik, an der Fähigkeit, seine Freunde und Feinde richtig einzuschätzen und Taktiken und Strategien zur Sicherung der anfänglichen Erfolge zu entwickeln. Da er sich weigert bzw. unfähig ist, eine politische Rolle zu spielen, scheitert er notwendig. Die Wende findet eine sinnbildliche Darstellung in der Szene des Kleidertauschs bei den entscheidenden Verhandlungen über einen «Accord». Der als (scheinbar) uneigennütziger Vermittler auftretende Erzbischof Philomarini zwingt Masaniello «bey Straffe des Bannes», ein silbernes Prachtgewand anzulegen, aus dem er sich nicht mehr befreien kann («Er reist an dem Kleide / und kan nicht zu rechte kommen»): Damit wird er sich selbst entfremdet bzw. in eine ihm wesensfremde Rolle getrieben und öffentlich als ein die ständischen Grenzen verletzender Emporkömmling vorgezeigt. Dieser Schachzug führt zu zunehmender Isolierung und selbstzerstörerischem Wahnsinn und endet schließlich mit der Ermordung Masaniellos und der rücksichtslosen Wiederherstellung der alten Ordnung.

Eigentlicher Gegenspieler Masaniellos ist nicht der Vizekönig, sondern Kardinal Philomarini; an ihm scheitert der politisch naive, vertrauensselige Fischer. Beide Parteien akzeptieren den Kardinal als Vermittler, eine Position, die der Kirchenfürst mit dem ihm eigenen überragenden politischen Verstand voll ausspielt und dabei – der Eindruck drängt sich auf – weniger dem Gemeinwohl als den Machtinteressen der Kirche verpflichtet scheint. Der Kardinal steht der Regierungskunst der weltlichen neapolitanischen Obrigkeit durchaus kritisch gegenüber, macht sie für den Ausbruch der Unruhen verantwortlich und läßt auch Aktionen gegen Besitz und Leben der Adeligen ungerührt geschehen, während er zugleich alles tut, um den Aufstand zum Scheitern zu bringen. Das letzte Wort – sieht man vom «Nachredner» ab – hat Allegro, der Narr: «Der Koch hat angericht / Ihr Herrn komt zum Essen.» Der Kardinal hat – mit moralisch durchaus bedenklichen Schachzügen – zwar den Aufstand unterdrücken und die Ordnung wiederherstellen können, an den Ursachen aber – der Armut und Unterdrückung der Untertanen – hat sich nichts geändert; die Herren nehmen ihren gewohnten Platz bei Tisch ein. «Es ist ein schlechter Trost; der Vesuvius kan durch Menschliche Gewalt nicht eingeschlossen werden: Doch ein Auffstand solte billich durch unsere Klugheit seyn hintertrieben worden», kommentiert ein Adeliger das Geschehen. Und darum geht es: um politische Klugheit. Die Schüler Weises sollen an negativen und positiven Beispielen lernen, welche Eigenschaften einen Politicus auszeichnen – Anpassungsfähigkeit, vorausschauende Klugheit und Planung, strategisches Denken, Beobachtungsgabe, Menschenkenntnis usw. –, welche Probleme und Entscheidungsfragen sich in Krisensituationen ergeben, welche Maßnahmen getroffen werden müssen, wie es um das Verhältnis von Politik und Moral steht, inwiefern die zentralen ‹politischen› Techniken der *simulatio* und *dissimulatio*, der Verstellung und Täuschung, moralisch gerechtfertigt sind oder nicht.

Masaniello ist kein Revolutionsdrama, sondern ein Lehrstück politischen Verhaltens in Krisensituationen, die durch kluge Politik besser von vornherein zu vermeiden wären. Die mögliche Kritik an der Wahl eines derartigen Stoffes, «da hohe Personen ihrer Schwachheiten / und hingegen niedrige Menschen einer möglichen Freyheit erinnert werden», weist der «Nachredner» mit Hinweisen auf den pädagogischen Gewinn durch die gemütsbewegende Darstellung extremer Schicksale und Verfolgungen sowie des befreienden Eingreifens der Providenz und der Demonstration beispielhafter politischer Verhaltensweisen zurück: «Dannenhero belustiget sich die Klugheit in vielen nachdencklichen Lehren / welche aus dieser Historie hervor strahlen.» Doch diese Lehren – auch das ist Teil der didaktischen Zielsetzungen – müssen sich Spieler und Zuschauer aus dem komplexen dramatischen Geschehen selbst herausfiltern. Daß Weise die ‹Wahrheit› nicht einfach präsentiert, sondern Widerstände einbaut, zeigt sich auch in der offensichtlichen Spannung zwischen den Rahmentexten (Prolog, Epilog) und der Handlung des Dramas selbst: Die schonungslos ‹realistische› Darstellung moderner Politik im Drama umgibt ein Rahmen, der emphatisch die gottgewollte hierarchische Ordnung bestätigt und die Weisheit der weltlichen und geistlichen Obrigkeit bekräftigt. Es ist ein Kontrast zwischen Wirklichkeit und Ideal, ein weiterer Anstoß zur Reflexion für den zukünftigen Politicus und seine Verantwortung. Zugleich unterstreichen diese Spannungen den Gegensatz zwischen dem Schuldrama mit seinen ‹realistischen› Tendenzen und der ‹regulären› klassizistischen Barocktragödie, die gerade auf die Überhöhung und Idealisierung des geschichtlichen oder politischen Geschehens zielt.

V. TRAUERSPIEL

1. Poetik

Opitz' Aufmerksamkeit galt vor allem der Tragödie, die er in der Vorrede zu den *Trojanerinnen* als «die fürnemste art der Poeterey» bezeichnete. Sie war seit der Renaissance im Anschluß an die *Poetik* des Aristoteles vielfach Gegenstand poetologischer Erörterungen und Kommentare geworden, in denen auch die zeitgenössische Praxis – etwa die Vorliebe für die Märtyrertragödie – Berücksichtigung fand. Dabei kam es zu deutlichen Modifikationen der aristotelischen Dramenpoetik, etwa in bezug auf die Katharsislehre oder die Konzeption des Tragödienhelden. In seinem *Buch von der Deutschen Poeterey* beschränkt sich Opitz neben einem Hinweis auf die Ständeklausel auf eine von Scaliger übernommene inhaltliche Bestimmung der Tragödie – sie handele «von Königlichem willen / Todtschlägen / verzweiffelungen / Kinder- vnd Vätermörden / brande / blutschanden / kriege vnd auffruhr / klagen / heulen / seuffzen vnd dergleichen» – und verweist im übrigen auf Aristoteles und Daniel Heinsius (*De tragoediae constitutione liber*, 1611). Ein wichtiges Dokument der Poetik des barocken Trauerspiels stellt dagegen die Vorrede zu den *Trojanerinnen* (1625) dar, in der Opitz das Stück Senecas in den Kontext der Kriegskatastrophe der eigenen Zeit stellt, «da es von nöthen seyn wil / daß man das Gemüthe mit beständigen Exempeln verwahre». Es geht also um den Wirkungszweck der Tragödie, den Opitz, die Katharsislehre des Aristoteles im Anschluß an Heinsius umdeutend, zunächst allgemein mit dem Satz umschreibt, mit ihrer Hilfe könne man «die Feinde des gerhüglichen Lebens / nemlich die Verwirrung des Gemüthes / vnterdrücken vnd dämpffen», um dann auszuführen:

> «Dann eine Tragedie / wie Epictetus sol gesagt haben / ist nichts anders als ein Spiegel derer / die in allem jhrem thun vnd lassen auff das blosse Glück fussen. Welches wir Menschen ins gemeine zum gebrauche haben; wenig außgenommen / die eine vnd andere vnverhoffte Zufälle voran sehen / vnd sich also wider dieselbigen verwahren / daß sie jhnen weiter nicht schaden mögen als an eusserlichem Wesen / vnd an denen Sachen / die den Menschen eigentlich nicht angehen. Solche Beständigkeit aber wird vns durch beschawung der Mißligkeit des Menschlichen Lebens in den Tragedien zu föderst eingepflantzet: dann in dem wir grosser Leute / gantzer Städte vnd Länder eussersten Vntergang zum offtern schawen vnd betrachten / tragen wir zwar / wie es sich gebührt / erbarmen mit jhnen [...]; wir lernen aber daneben auch aus der stetigen besichtigung so vielen Creutzes vnd Vbels das andern begegnet ist / das vnserige / welches vns begegnen möchte / we-

niger fürchten vnd besser erdulden. Wer wird nicht mit grösserem Gemüthe als zuvor seines Vaterlandes Verderb vnd Schaden / den er nicht verhüten mag / ertragen / wann er die gewaltige Stadt Troja [...] sihet im Fewer stehen / vnd zu Staube vnd Asche werden? Wer wil nicht eines theils seiner Freyheit getroster vergessen / wann er Hecuben / die Fraw vnd Mutter so werther Helden / sihet überwunden vnd gefangen hinweg führen?»

Die Gegensätze sind deutlich markiert. Auf der einen Seite stehen die unbeeinflußbaren äußeren Widrigkeiten, die Wechselfälle der Fortuna («das blosse Glück», «vnverhoffte Zufälle»), sowie die inneren Feinde des Menschen, die Affekte («die Verwirrung des Gemüthes»), auf der anderen die stoischen Tugenden der Ruhe des Gemüts und der Beständigkeit, denen Justus Lipsius 1584 seinen ungemein einflußreichen neustoischen Traktat *De constantia* gewidmet hatte: «Die Bestendigkeit / nenne ich allhier eine rechtmessige vnnd vnbewegliche stercke des gemüts / die von keinem eusserlichen oder zufelligen dinge erhebt oder vntergedrückt wird», heißt es in der deutschen Übersetzung von Andreas Viritius (*Von der Bestendigkeit Zwey Bücher*, 1599). Und wenn die Tragödie einen «Spiegel» derjenigen darstellt, die sich blind – also wehrlos – der Fortuna ausliefern und die katastrophalen Konsequenzen ihres falschen Verhaltens zu tragen haben, so fordert sie damit den Zuschauer oder Leser heraus, sich gegen diese «Zufälle» des Lebens zu wappnen: durch Beständigkeit (*constantia*), die immer schon mit der Unbeständigkeit und der «Mißligkeit des Menschlichen Lebens» rechnet und auch angesichts äußeren Unglücks den inneren menschlichen Kern unversehrt bewahrt, und durch eine großmütige Haltung (*magnanimitas*), die sich – eine Art Abhärtungstheorie – aus der wiederholten Betrachtung des Leids und Unglücks in der Tragödie und dem Vergleich mit dem relativ größeren Unglück anderer Menschen ergibt. Das Trauerspiel hat, so interpretiert, einen konsolatorischen Effekt; die Katharsis wird in einer Zeit geschichtlicher Katastrophen zur Morallehre.

Was Opitz in neustoischer Akzentuierung über die tragischen Affekte und das Konzept der Katharsis vorbringt, zieht sich durch zahlreiche Tragödientheorien der Epoche: Reinigung der Leidenschaften meint Dämpfung, Mäßigung der in den Zuschauern hervorgerufenen tragischen Affekte Schrecken und Mitleid, so daß sich die Zuschauer «nicht zu sehr erschröcken noch sich gar zu jammerig bezeugen / wenn dergleichen Unglück einigen warhafftig zu stossen solte / was sie itzo nur erdichtet sehen». So steht es in der *Vollständigen Deutschen Poesie* (1688) von Albrecht Christian Rotth. Dieser schreibt allerdings der Tragödie neben dem konsolatorischen Effekt auch eine das Mitgefühl stärkende Wirkung auf die Zuschauer zu, nämlich daß diese «auch nicht gar ohne solche affecten seyn / sondern auch eine Empfindlichkeit gegen solche miserable Personen lernen tragen». In verstärkt moralisierender Auslegung kann Katharsis dann auch die Reinigung des Zuschauers von gefährlichen Affekten wie Zorn oder Gier bedeuten, die Katastrophen in der Tragödie hervorrufen. Andreas Gryphius, selbst kein Theoretiker, beruft sich

auf die in der italienischen Renaissance entstandene Auffassung, wenn er in der
Vorrede zu *Leo Armenius* (1650) schreibt, die «Alten» hätten das Trauerspiel «alß
ein bequemes Mittel menschliche Gemütter von allerhand unartigen und schäd-
lichen Neigungen zu säubern / gerühmet».

Die Lehre von der Katharsis geht letztlich im rhetorischen Dichtungskonzept
des Barock auf. Wie die Rhetorik zielt die Dichtung auf die Beeinflussung der
Affekte, versteht sich als Kunst der Gemütserregung und -beruhigung, die den
Zuschauer oder Leser und ihre «sonst unbeweglichen Gemüter» zu lenken in der
Lage ist, «gestalt das scharffsinnige Machtwort / gleichsam als ein schneller Pfeil /
der Zuhörer Hertzen durchschneidet / und einen Abscheu von den Lastern / hingegen aber eine Begierde zu der Tugend eindrukket». Und dieses *movere* leiste,
fügt Harsdörffer in seinem Johann Klajs Redeoratorium *Herodes* (1645) vorangestellten Brief hinzu, «der Poet füglicher als der Redner».

Das Trauerspiel verweist den Zuschauer auf die Tugenden der Beständigkeit und Großmütigkeit als geeignetes Rüstzeug, um sich in den
schrecklichen Zeiten von Krieg und konfessioneller Verfolgung zu behaupten und die persönliche Integrität zu bewahren. Es sind dies aber
auch die Tugenden der beispielhaften Bühnenfiguren, wie sie das Jesuitendrama und seit dem Ende der vierziger Jahre Andreas Gryphius auf
die Bühne stellen. Das bedeutet zugleich eine Abkehr von Aristoteles und
seiner Forderung eines Tragödienhelden mittleren Charakters. Bei dieser
veränderten Tragödienauffassung, die im Verlauf der Auseinandersetzung
mit Aristoteles und dem platonischen Verdikt der Dichtung in der Renaissance entstanden war, spielten auch Theoretiker des Jesuitenordens
eine wichtige Rolle; sie hatten die Vorliebe ihres Ordens für das Märtyrerdrama im Auge (Alessandro Donati: *Ars poetica*, 1631; im Anschluß
daran Jacob Masen: *Palaestra eloquentiae ligatae*, Teil 3, 1657).

«Das Trauerspiel sol gleichsam ein gerechter Richter seyn / welches in
dem Inhalt die Tugend belohnet / und die Laster bestraffet», heißt es ganz
im Sinn der moralischen Umdeutung der Katharsislehre bei Harsdörffer
im Abschnitt über die Tragödie im 1648 erschienenen zweiten Teil des
Poetischen Trichters, der Bruchstücke aus Aristoteles und den Renaissance-
poetiken in höchst unsystematischer, auch verwirrender Weise reiht. Für
den Tragödienhelden gilt, passend auch zur Konzeption des Märtyrerdramas: «Der Held / welchen der Poet in dem Trauerspiel auffführet / sol
ein Exempel seyn aller vollkommenen Tugenden / und von der Untreue
seiner Freunde / und Feinde betrübet werden; jedoch dergestalt / daß er
sich in allen Begebenheiten großmütig erweise und den Schmertzen /
welcher mit Seufftzen / Erhebung der Stimm / und vielen Klagworten
hervorbricht / mit Tapferkeit überwinde.» Auf dieser Beispielhaftigkeit
des vorbildlichen Helden, des Märtyrers, Heiligen oder frommen Herrschers, beruht die Wirkung des Trauerspiels, die durch die Darstellung
abschreckender Gegenbilder – Muster ist der Tyrann – noch gesteigert
wird.

In der Regel tritt in den deutschen Poetiken die Auseinandersetzung mit den zentralen Themen der Tragödienkonzeption hinter der Erörterung eher technischer Fragen zurück. Sie betreffen u. a. die äußere Gliederung, den Aufbau der Handlung, die szenische Darstellung, die Versifizierung oder das dramatische Personal. Zu den interessanteren Punkten gehören dabei die Bemerkungen zu den Chören oder «Reyen», die in Analogie zum antiken Chor die einzelnen Akte des barocken Trauerspiels (den fünften meist ausgenommen) beschließen. Ihre Funktion ist die eines moralisierenden Kommentars: «Dieses Lied sol die Lehren / welche aus vorhergehender Geschichte zuziehen / begriffen / und in etlichen Reimsätzen mit einer oder mehr Stimmen deutlichst hören lassen», heißt es durchaus repräsentativ bei Harsdörffer. In diesem Zusammenhang stellt sich auch die Frage nach der Zulässigkeit von Allegorien und Personifikationen, die ja nicht nur innerhalb der dramatischen Handlung Verwendung finden, sondern auch als charakteristisches Gestaltungsmittel in den Reyen eingesetzt werden. Zum einen geht es dabei um ihre Vereinbarkeit mit dem Wahrscheinlichkeitspostulat, zum anderen um den religiösen Aspekt. Das Gebot der Wahrscheinlichkeit sieht etwa Jacob Masen dann nicht verletzt, wenn sich die Allegorien aus der Sache selbst ergeben (z. B. Darstellung von biblisch oder sonstwie beglaubigten Erscheinungen überirdischer Mächte) oder tiefere Wahrheiten sichtbar machen. Der Verwendung des heidnischen Götterapparats, ein durch die humanistische Fundierung der neuen Kunstdichtung aktuell gewordenes Problem, lehnt Masen für die Tragödie ab, vor allem deshalb, weil dadurch ihre reinigende Wirkung beeinträchtigt werde. Mit seiner Haltung steht er nicht allein; durch christliches Eiferertum zeichnet sich dabei Sigmund von Birken aus, der aber andererseits – als eifriger Theaterbesucher auf der Höhe der Zeit – eine Vorstellung von den Möglichkeiten theatralischer Allegorik gibt. Es könnten, schreibt er in der *Teutschen Rede-bind- und Dicht-Kunst* (1679), anstatt heidnischer «Götzen» «Göttliche Eigenschaften / Tugenden und Laster / auch Flüße / Länder und Städte / in Frauen Gestalt / oder als gute und böse Engel / Genii und Knaben / in der Luft erscheinen / oder durch Machinen heruntergelassen werden / und wieder verschwinden».

Im ganzen beziehen sich die Theoretiker kaum auf die zeitgenössische Spielpraxis. Eine Ausnahme stellt Rotth dar, der gelegentlich auch auf Gryphius und Lohenstein verweist – etwa im Hinblick auf die für die Tragödie tauglichen Versarten oder auf Lohensteins ausgedehnte Reyen. Und generell empfiehlt er die Lektüre der Stücke der beiden berühmten Schlesier als Exempel der «neuen Art» der Tragödie – im Gegensatz zur «alten Tragödie» der Antike –, «wiewohl ich nicht läugne / daß Actionis unitas nicht allemahl bey denselben scheinet beobachtet zu seyn / und es daher schwer fält die Materie und derer Ausschmückung richtig zu finden». Die Beobachtung des Aristotelikers Rotth trifft durchaus zu. Die barocken Trauerspiele zielen nicht auf eine lückenlose pragmatisch-kausale Verknüpfung und Motivierung des dramatischen Geschehens. Der Zusammenhang stellt sich vielfach auf einer anderen Ebene dar: durch Parallelisierungen und Kontrastierungen, durch rhetorisches Zeigen, durch Deuthinweise in Form von emblematischen Bildern und lehrhaften Sentenzen.

Gleichwohl bleibt dem heutigen Leser bei der Lektüre barocker Trauerspiele der Eindruck einer strengen Geschlossenheit der Form. Sie verbindet sich mit einer starken Typisierung der handelnden Personen, einer aufs Exemplarische gerichteten Darstellungsweise und einer nach den Gesetzen der Rhetorik geformten, pathetischen Sprache, einer Sprache, die einerseits in Monologen oder Erzählungen weit ausholt, andererseits sich in stichomythischen Rededuellen sentenzartig verknappt. Der Grundvers ist nach dem Vorbild von Martin Opitz der Alexandriner, der allerdings an Höhepunkten der (inneren) Handlung von freieren, z. T. liedhaften Formen abgelöst werden kann; auch die Reyen, die sich zu kleinen mythologisch-allegorischen Singspielen auswachsen können, verwenden freie Formen.

2. Übersetzungen und frühe Versuche

Als das Straßburger Akademietheater zu Anfang des 17. Jahrhunderts antike Dramen in lateinischer und griechischer Sprache und zeitgenössische neulateinische Stücke aufführte, legte man gleichzeitig deutsche Übersetzungen vor, um dem ungelehrten Publikum den Zugang zu erleichtern. Diese Texte hatten allerdings dem künstlerischen Anspruch der Vorlagen nichts entgegenzusetzen und dienten nur der Vermittlung des Inhalts. Sie blieben sprachlich und formal den Gepflogenheiten des Schultheaters mit seinen Knittelversen verpflichtet und konnten daher nichts zur Weiterentwicklung des deutschen Dramas beitragen. Erst mit der Literaturreform änderte sich das Bild, und es gelang, die Diskrepanz zwischen inhaltlichem Anspruch und formaler Gestaltung zu überbrücken und das Niveau grundsätzlich zu wahren. Die Prosaübersetzungen und -bearbeitungen französischer und niederländischer Dramen stehen mit ihrem Bezug zum professionellen Theater in einem anderen Zusammenhang (s. S. 376 ff.).

Seneca war die entscheidende antike Bezugsfigur für die zeitgenössische europäische Tragödie. Das erklärt, warum Opitz' Wahl zuerst auf eines seiner Stücke fiel. Die Entscheidung für die *Trojanerinnen* (1625) begründete er mit ihrem künstlerischen Rang – es handele sich um die schönste unter den erhaltenen römischen Tragödien – und ihrem moralischen Nutzen, der wiederum auf ihrem exemplarischen Charakter beruht. Ebenso wirksam wie die in der Vorrede angedeutete neustoische Tragödienkonzeption wurde das formale Vorbild. Opitz folgte Seneca mit der Einteilung der Tragödie in fünf Akte, von denen die ersten vier mit Chorliedern abgeschlossen werden. Für die Wiedergabe der antiken Versarten fand er eigene Lösungen: Als Grundvers diente der Alexandriner, für die Chorlieder wählte er kürzere jambische oder trochäische

Verse. Diese Formmischung von antiken und barocken Elementen blieb dann weitgehend verbindlich für die barocke Verstragödie.

Seiner römischen Mustern verpflichteten Zeit voraus war Opitz mit der Übertragung der *Antigone* (1636) des Sophokles, der ersten – und für lange Zeit einzigen – Übersetzung der Tragödie ins Deutsche. Die bei Seneca vorgefundene Akteinteilung ließ sich bei den griechischen Stücken nicht durchführen, da hier Dialog- und Chorpartien ineinander verschränkt sind. Wie in den *Trojanerinnen* griff Opitz für die Dialogpartien anstelle des jambischen Trimeters der Vorlage auf den paarweise gereimten Alexandriner mit regelmäßigem Wechsel männlicher und weiblicher Versschlüsse zurück, während er für die Chorpartien liedhafte Formen von höchst unterschiedlichem Strophen- und Versbau bevorzugte. Trotz mancher Einschränkungen – sie betreffen die im Wortschatz angelegte christliche Interpretation griechischer Vorstellungen und die klassizistische Einebnung des Stils – bot die Übertragung dem deutschen Leser zum erstenmal eine einigermaßen genaue Vorstellung von der Form und der Handlungsführung einer griechischen Tragödie.

Der erste Versuch eines eigenständigen deutschen Trauerspiels nach den von Opitz vorgegebenen Beispielen stammt von Christoph Kaldenbach und entstand in Königsberg, wo man im Kreis um Simon Dach Opitz verehrte und sich entschieden für die Prinzipien der neuen humanistischen Kunstdichtung in deutscher Sprache einsetzte. Kaldenbachs *Babylonischer Ofen / Oder Tragoedie / Von den drey Judischen Fürsten in dem glüenden Ofen zu Babel*, eine Dramatisierung der Erzählung aus dem Buch Daniel (3, 1–97), erschien 1646, in dem Jahr, in dem Andreas Gryphius sein erstes Trauerspiel, den erst 1650 gedruckten *Leo Armenius*, in Straßburg schrieb. In der Vorrede nimmt der Verfasser ausdrücklich die Opitzsche Argumentation von der Würde der Gattung und dem sozialen Ansehen der Trauerspieldichter auf und betont zugleich die bahnbrechende Funktion seines Trauerspiels in einer Zeit, da die Deutschen – nur langsam «zur Richtigkeit vnd Zier jhrer Muttersprachen» gekommen – «solcher Getichte / die etwan den Alten gleich kemen / eigener Erfindung meines Wissens noch zur Zeit wenig auffzuweisen» hätten. Formal erfüllt es die poetologischen Anforderungen: königliches und fürstliches Personal, fünf Akte, Alexandriner für die monologischen und dialogischen Partien, andere Versmaße für den Chor. Insgesamt verweist das Stück mit seinen langen Reden und seinem statischen Charakter allerdings noch auf die Herkunft vom protestantischen Schuldrama.

Am entgegengesetzten Rand des deutschen Sprachgebiets, in der Schweiz, stieß angesichts der Kunst- und Theaterfeindlichkeit der reformierten Kirche die Rezeption der neuen Kunstdichtung und besonders des Dramas auf Widerstand, programmatisch ausgedrückt in den *Bedenken von Comoedien oder Spilen* (1624) und zahlreichen Predigten des Vorstehers der Züricher Kirchen Johann Jakob Breitinger. So fand das neue Kunstdrama nur einen einzigen Repräsentanten, den St. Gallener Josua Wetter, der in den vierziger Jahren bei einem Studienaufenthalt in Straßburg Anregungen von der opitzianischen Kunstdichtung empfing und meinte, daß «eben auch noch wol inner unseren Alpen» entsprechende dichterische Leistungen zum «unsterblichen Lob» der Schweiz erwachsen könnten (*Kurtze und einfältige Beschreibung Der Statt Sanct-Gallen*, 1642). Zugleich lernte er hier wahrscheinlich das französische klassizistische Drama kennen; der der reformierten Gemeinde angehörende Corneille-Übersetzer Isaac Clauß lebte in Straßburg. Nach seiner Rückkehr nach St. Gallen schrieb dann Wetter zwei höchst unterschiedliche Dramen. Das vaterländische Stück *Deß weyland Großmächtigen und Großmühtigen Hertzogen / Carle von Burgund / etc. vnglücklich geführte Krieg*, aufgeführt 1653, verweist mit seinen zwölf Akten, den rund 80 Rollen und den Knittelversen der Soldaten sowie der Beteiligung einer Musikkapelle noch auf die eidgenössischen Bürgerspiele des 16. Jahrhunderts zurück, läßt aber andererseits die Offiziere und Standespersonen in opitzianischen Alexandrinern sprechen. Dagegen folgt das 1654 gespielte fünfaktige Römerdrama *Denkwürdiges Gefecht Der Horatier und Curatier*, Corneilles *Horace* (1640) verpflichtet, den Prinzipien der neuen deutschen Kunstdichtung.

Daß Wetters Stücke, 1663 gedruckt, in St. Gallen aufgeführt werden konnten, hat mit der besonderen religiösen und politischen Situation St. Gallens zu tun: Magistrat und Patriziat der reformierten Stadt ignorierten die prinzipiellen Einwände der Geistlichkeit gegen das Theaterspielen, um den prunkvollen Feiern und Heiligenspielen des katholischen Stifts und seines Fürstabts öffentlichkeitswirksam entgegentreten und freiheitliche bürgerliche Grundsätze propagieren zu können. Auch die späteren Aufführungen von Gryphius' *Leo Armenius* (1666) und des republikanisch akzentuierten *Papinianus* (1680) in St. Gallen gehören zu diesem Theaterwettstreit.

3. Andreas Gryphius

So selten sich die Poetiker auf die aktuelle Dramenproduktion einließen, so wenig interessiert zeigten sich die Dramatiker an der gelehrten Diskussion. Gryphius begnügt sich in der Vorrede zu *Leo Armenius* mit dem einen schon zitierten Satz, daß die Alten «diese Art zu schreiben [...] als ein bequemes Mittel menschliche Gemütter von allerhand unartigen und schädlichen Neigungen zu säubern / gerühmet» hätten, um dann wegwerfend hinzuzufügen: «Wie zu erweisen unschwer fallen solte / wenn nicht andere vor mir solches weitläufftig dargethan / und ich nicht Eckel trüge / dieses zu entdecken / was niemand verborgen.» Ähnlich selbstbewußt distanziert er sich von der Übersetzungsliteratur – und damit auch von Opitz –, wenn er über seinen «Leo» schreibt: «Welcher da er nicht von dem Sophocles oder dem Seneca auffgesetzet / doch unser ist. Ein ander mag von der Außländer Erfindungen den Nahmen wegreissen und den seinen darvor setzen! Wir schliessen mit denen Worten / die jener weitberühmbte und lobwürdigste Welsche Poet über seinen Vördergiebel geschrieben: Das Hauß ist zwar nicht groß: doch kenn't es mich allein: | Es kostet Frembde nichts: es ist nur rein und mein.» Mit diesem Distichon, das sich am Haus Ariostos in Ferrara befand, unterstreicht Gryphius seinen Originalitätsanspruch. Es geht auf der nun erreichten Entwicklungsstufe der barocken Kunstdichtung nicht mehr um die Nachahmung der Alten, sondern um die eigene Leistung.

Allerdings führte auch Gryphius' Weg zum deutschen Kunstdrama über Übersetzungen, an denen er wahrscheinlich in den frühen vierziger Jahren arbeitete: Anders als Opitz griff er dabei jedoch nicht auf die antiken Muster zurück, sondern auf die moderne Tragödie, wie sie sich im europäischen Jesuitendrama und im Drama der Niederländer herausgebildet hatte. Er selbst ließ nur die Märtyrertragödie *Beständige Mutter / Oder Die Heilige Felicitas* aus den *Tragoediae sacrae* (1621) des französischen Jesuiten Nicolas Caussin in der Sammelausgabe *Andreae Gryphii Deutscher Gedichte / Erster Teil* (1657) drucken. Die wohl vorher entstandene, unselbständigere Übersetzung von Joost van den Vondels Trauerspiel *De Gebroeders* (1640) nahm erst Christian Gryphius 1698 in die Ausgabe der Werke seines Vaters auf (*Die Sieben Brüder / Oder Die Gibeoniter*).

Die Wahl der beiden Dramen steht im Einklang mit Gryphius' politischen und religiösen Interessen, die später auch die Thematik der eigenen Trauerspiele bestimmen. Vondels Stück konfrontiert David und Saul, eine Konstellation, die auch aus den Staatsräsontraktaten der Zeit bekannt ist. David erscheint dabei als Verkörperung der ‹guten›, Saul als Inbegriff der machiavellistischen ‹bösen› Staatsräson. Zugleich hebt Vondel die Tugenden des frommen, auch als figura Christi gedeuteten Fürsten hervor und zeigt den Konflikt zwischen seinem Willen zum unbedingten Gehorsam gegenüber den Geboten Gottes und seiner Menschenliebe. Caussins *Felicitas* dagegen ist eine typische, sehr statische Märtyrertragödie. Sie zeigt, formal Seneca verpflichtet, wie Felicitas gemäß der Legende in ihrem Glauben verharrt, standhaft die Hinrichtung ihrer ebenfalls standhaften sieben Kinder anschaut und schließlich selbst im Kerker verschmachtet. Gegenspieler der Dulderin und ihrer Kinder sind – die Konstellation wird sich in Gryphius' eigenen Stücken wiederholen – ein schwankender Herrscher (Marcus Aurelius) und machiavellistische Ratgeber. Inhaltlich beseitigt Gryphius einige für Lutheraner anstößige Stellen und bereichert den Text zugleich um lutherische Züge.

«Indem unser gantzes Vaterland sich nuhmehr in seine eigene Aschen verscharret / und in einen Schauplatz der Eitelkeit verwandelt; bin ich geflissen dir [dem Leser] die Vergängligkeit Menschlicher Sachen in gegenwertigem / und etlich folgenden Trauerspilen vorzustellen», schreibt Gryphius in der Vorrede zu seinem ersten eigenständigen Trauerspiel *Leo Armenius* (1646; Erstdruck 1650). Die folgenden Trauerspiele *Catharina von Georgien, Carolus Stuardus, Cardenio und Celinde* und *Papinianus* lösen diese Ankündigung ein, die mit dem Hinweis auf die Katastrophe des Dreißigjährigen Krieges den Gegenwartsbezug seiner Dichtung deutlich macht.

Die Entstehungsgeschichte der Trauerspiele ist nicht bis ins Einzelne geklärt. Auffallend ist, daß Gryphius seine Werke häufig länger liegen ließ, bis er sie zum Druck gab. Sein erstes Stück, *Leo Armenius*, schrieb (oder vollendete) er nach der Rückkehr aus Italien im Sommer und Herbst 1646 in Straßburg (zur Biographie s. S. 168 f.). Er übergab es mit anderen Manuskripten dem Straßburger Verleger Dietzel. Als dieser in wirtschaftliche Schwierigkeiten geriet, setzte ein Frankfurter Verleger den Druck fort. Gryphius distanzierte sich von dieser 1650 erschienenen ersten Sammelausgabe seiner Werke (*Andreas Griphen Teutsche Reim-Gedichte Darein enthalten I. Ein Fürsten-Mörderisches Trawer-Spiel / genant. Leo Armenius* […]). Autorisierte Ausgaben des *Leo Armenius* und der drei folgenden Trauerspiele enthält erst die Sammelausgabe von 1657 (*Andreae Gryphii Deutscher Gedichte / Erster Theil*): nach dem *Leo Armenius* die wahrscheinlich 1647/48 entstandene *Catharina von Georgien*, den als Reaktion auf die Hinrichtung Karls I. von England (30. 1. 1649) in Angriff genommenen und vor dem 11. 3. 1650 (Datum eines Widmungsgedichts) vollendeten *Carolus Stuardus* sowie das wohl nach 1650 anzusetzende, aber nicht genauer datierbare Trauerspiel *Cardenio und Celinde*. *Papinianus* erschien als einziges Trauerspiel zuerst in einer Einzelausgabe; der Titel nennt keine Jahreszahl, doch aus der Widmung – 23. September 1659 – und der Tatsache, daß die erste Aufführung bereits am 9. Februar 1660 stattfand, ergibt sich mit ziemlicher Sicherheit 1659 als Erscheinungsjahr. Da das Stück in der Sammelausgabe von 1657 fehlt, liegt die Entstehungszeit wohl zwischen 1657 und 1659. Danach – und nach den politischen Umwälzungen in England zwischen 1658 und 1660 – begann Gryphius mit der Umarbeitung des *Carolus Stuardus*, dessen zweite Fassung (mit den anderen Dramen) in der Ausgabe letzter Hand 1663 erschien (*Andreae Gryphii Freuden und Trauer-Spiele auch Oden und Sonnette*).

Geschichte, Politik und Martyrium

Daß das barocke Trauerspiel nicht zuletzt Geschichtsdrama ist, gilt auch für die Trauerspieldichtung von Andreas Gryphius. Eine Ausnahme stellt allein «der schreckliche Traur-Spiegel» *Cardenio und Celinde* dar. Die übrigen Stücke nehmen ihre Stoffe aus der Geschichte der Antike und des Mittelalters und der gegenwartsnahen Zeitgeschichte. Dabei sind die politischen, ethischen und religiösen Konflikte, die verhandelt werden, die sich überlagernden religiösen und politischen Konstellationen und Motivationen auf die Gegenwart bezogen: auf die (konfessionell definierten) Glaubenswahrheiten, auf den Gewissenszwang im Zusammenhang mit einer militanten Politik der Rekatholisierung, auf das Verhältnis von Politik und Moral bzw. Religion, auf grundlegende Fragen des Staatsrechts. Und wenn auch die Geschichte unter dem Signum der Vergänglichkeit steht, so ist sie doch zugleich der Ort der Bewährung. Nur die Märtyrerinnen und Märtyrer, vor der entscheidenden Zuspitzung der Handlung allesamt Akteure in einem politischen Kontext, durchbrechen den von Fall und Verfall bestimmten Geschichte: «wer meinen Fall beweint I Siht nicht wie hoch Ich sey durch disen Fall gestigen», erklärt der Titelheld von Gryphius' letztem Trauerspiel *Papinianus* (1659).

Gryphius' erstes Trauerspiel, kein Märtyrerdrama, verweist schon im Doppeltitel auf die politische Brisanz des Themas, das allerdings zugleich einen entschieden religiösen bzw. konfessionellen Aspekt besitzt: *Leo Armenius / Oder Fürsten-Mord*, so der Wortlaut des Titels in den autorisierten Drucken. Das Stück zeigt die heillose Beschaffenheit der geschichtlichen Welt, den sich wiederholenden Mechanismus von Machterwerb und Machtverlust, von Tyrannensturz und neuer Tyrannei. Das Exempel stammt aus der Geschichte von Byzanz. Wie der byzantinische Feldherr Leo im Jahr 813 Kaiser Michael I. gestürzt hatte, so wird – das ist die Handlung des Trauerspiels – Kaiser Leo Armenius sieben Jahre später in der Weihnachtsnacht Opfer einer Verschwörung seines Feldherrn Michael Balbus.

Gryphius übernimmt die historischen Fakten aus Kompendien byzantinischer Geschichtsschreiber des 11. und 12. Jahrhunderts (Georgios Kedrenos bzw. Cedrenus, Johannes Zonaras) und einem Jesuitendrama, weicht aber in der Charakteristik der beiden Hauptgestalten von den Quellen ab und übergeht überdies den religionsgeschichtlichen Hintergrund der Ereignisse, den sogenannten Bilderstreit um die Frage der Zulässigkeit der bildlichen Darstellung von Christus, Maria und den Heiligen. Hier stand Leo Armenius auf der Seite der Bilderfeinde, die von Rom zu Ketzern erklärt wurden. Die römische Sicht vertritt das Drama des englischen Jesuiten Joseph Simons mit dem sprechenden Titel *Leo Armenus seu impietas punita*: Sein *Leo Armenus* ist ein Tyrannen- und Ketzerstück; sein Titelheld, «erbitterter Feind der heiligen Bilder» und Katholikenverfolger, erhält die verdiente Strafe für seine Gottlosigkeit. Am Ende fährt der Ketzer Leo – stellvertretend für alle Gegner des wahren katholischen Glaubens – buchstäblich in die Hölle. Sein Gegenspieler Michael Balbus ist zwar Werkzeug der göttlichen Gerechtigkeit, aber im übrigen keineswegs eine Lichtgestalt. Er handelt aus eigennützigen politischen Motiven, und sein erfolgreiches Handeln impliziert keineswegs eine Rechtfertigung des Tyrannenmords. Eine Identifikationsfigur ist allein Balbus' gottergebener Sohn Theophilus. Gryphius kannte das um die Mitte der zwanziger Jahre entstandene Stück wohl aus einer Abschrift oder einer Perioche (ein Druck erfolgte erst 1656 in den *Tragoediae quinque* des Jesuiten); ob Gryphius das Drama im englischen «Collegium Angelorum» in Rom gesehen hat, bleibt ungewiß.

Gryphius setzt andere Akzente. Zwar besteht durchaus Übereinstimmung in der Darstellung von Aufstieg und Fall eines politischer Herr-

schers als Exempel für die Eitelkeit und Vergänglichkeit des Irdischen
und in der Ablehnung von Revolution und Tyrannenmord. Aber der veränderte zweite Teil des Doppeltitels impliziert über die politische und
staatsrechtliche Thematik hinaus ein Abrücken vom theologisch-propa-
gandistischen Konzept des Jesuitendramas. Gryphius setzt der bühnen-
wirksamen Demonstration eines gleichsam alttestamentarischen göttlichen Strafgerichts ein Drama der Gnade im Geist der Theologie Luthers
entgegen.

Gryphius verdichtet Handlung und Gegenhandlung aufs äußerste: «Dieses
Trauerspiel beginnet den Mittag vor dem heiligen Christtage; wehret durch die
Nacht / und endet sich vor Auffgang der Sonnen.» Leos Feldherr Michael Balbus,
ein entschlossener Machtmensch, setzt im Namen von Recht und Freiheit eine
Verschwörung der Unzufriedenen gegen den tyrannischen Kaiser in Gang, der
einzig ihm seine Macht verdanke. Er verrät sich und wird verhaftet. Der Kaiser,
«selbst Kläger und Richter», verurteilt ihn zum Tod, läßt sich jedoch von seiner
Frau Theodosia zu einem Aufschub bis nach dem Fest überreden («Woll't ihr mit
Mord befleckt zu JEsu Taffel gehen?»). Während der Kaiser voller Angst nachts
durch die Burg wandert und im Kerker seinen Gegner ruhig in königlichem Purpur schlafend vorfindet, hat dieser bereits den Kerkermeister auf seine Seite gebracht. Er drängt die Mitverschworenen zum Handeln, die in einer Art Gegen-
messe den ‹höllischen Geist› heraufbeschwören und beschließen, als Priester
verkleidet die Weihnachtsmesse zu ihrem Anschlag zu nutzen. Während der
«Reyen der Prister und Jungfrauen» am Ende des vierten Aktes die «freudenreiche
Nacht» feiert (und gleichzeitig der später nur im Botenbericht vergegenwärtigte
Mord geschieht), leitet Theodosia den letzten Akt mit dem Worten «Ach! grauen
volle Nacht!» ein: Der von der Kaiserin erreichte Aufschub, der ein Blutvergießen
am Weihnachtsfest verhindern sollte, hat in ironischer Umkehrung den Tod des
Kaisers zur Folge.

Leo stirbt nicht als Märtyrer; er ist ebenso Tyrann wie sein Vorgänger
oder sein Nachfolger, erscheint aber anders als diese als Person, die in
einem inneren Zwiespalt lebt, als eine Person mit ausgeprägt melancholischen Zügen. Er empfindet sich als «gekrönter Knecht», als Gefangener
der Geschichte und ihres heillosen Kreislaufs von Gewalt und Gegengewalt. Geschichte erweist sich als permanenter Machtkampf, und Gryphius macht das Drama zum Forum einer von den jeweiligen Interessen
der agierenden Parteien geprägten Diskussion der damit zusammenhängenden grundlegenden staatsrechtlich-politischen Fragen: Legitimation
von Herrschaft, Widerstandsrecht, Zulässigkeit des Tyrannenmords.

Auf die religiöse Dimension des politisch-geschichtlichen Dramas deuten schon Zeit und Ort des Geschehens hin – Mord während des Weih-
nachtsgottesdienstes in der Hagia Sophia –, und der Text selbst ist mit
einem Netz entsprechender Zeichen und typologischer Verweise überzogen. Sie verdichten sich in der (nur berichteten) Todesszene: «Ich hab es
selbst gesehn / wie er das Creutze küßte: | Auff daß sein Cörper sanck /
und mit dem Kuß verschid», berichtet ein Augenzeuge, das Kreuz, das

nach dem Willen des Autors in ausdrücklicher Berufung auf die dichterische Freiheit dasselbe ist, «an welchem unser Erlöser sich geopffert».

Diesem Ende fehlt die plakative Deutlichkeit eines jesuitischen Tyrannen- oder Märtyrerdramas, das das Wirken der göttlichen Gerechtigkeit durch demonstrative Eingriffe in die Geschichte vor Augen stellt. Gryphius' Trauerspiel, von der lutherischen Theologie und Geschichtsauffassung geprägt, läßt Fragen offen, Fragen nach dem Wirken des verborgenen Gottes, nach der Erlösung durch den Glauben, durch die göttliche Gnade allein. Bedeutet der Tod Leos auf dem Kreuz von Golgatha in der Nacht der Geburt des Erlösers, daß ihn in der Stunde der Umkehr die Gnade Gottes erreicht, daß sich an ihm das Heilsversprechen der Geburt Christi erfüllt? Wenn auch das Drama durch den indirekten Darstellungsmodus eine verbindliche Antwort in dem konkreten Einzelfall vermeidet, spricht es doch ganz im Sinn der lutherischen Geschichtsauffassung von der Möglichkeit des Triumphs der Gnade über das Gesetz und läßt so, Zuschauer bzw. Leser in ihrem Glauben herausfordernd, ein Moment der Hoffnung im Prozeß der Geschichte aufleuchten.

Daß es sich nur um einen Moment handelt, der die «Finsternüß» erhellt, und daß sich an der grundsätzlichen Beschaffenheit der geschichtlichen Welt nichts geändert hat, demonstriert noch einmal die Schlußszene des Dramas, die das In- und Gegeneinander von heils- und realgeschichtlich-politischen Aspekten demonstriert und zugleich auf die Fortsetzung des Trauerspiels der Geschichte verweist. Während Theodosia in einer Vision Leo als himmlischen Rächer erblickt, gehen die neuen Machthaber davon unberührt zur Tagesordnung über: «Der Käyser herrsch' und lebe!»

Die dem Modell des Märtyrerdramas verpflichteten Stücke *Catharina von Georgien*, *Carolus Stuardus* und *Papinianus* sind wie der *Leo Armenius* zugleich und vielleicht sogar vorrangig historisch-politische Schauspiele. Sie führen den realen politischen Machtkampf um Herrschaft, Vaterland oder Reich vor, der aus den Herrschern oder Politikern erst Märtyrer macht, und sie stellen darüber hinaus ein Diskussionsforum dar, das im Kontext der Handlung die zeitgenössischen politischen, politisch-theologischen und staatsrechtlichen Vorstellungen von allen Seiten beleuchtet. Während die Praxis das Scheitern des Konzepts vom göttlichen Recht der Könige und der Unverletzlichkeit ihrer Majestät drastisch demonstriert, behalten in den Streitgesprächen, unterstrichen durch kommentierenden Passagen in den Chören, die Verfechter der religiös fundierten, von der lutherischen Staatsauffassung geprägten Anschauungen die Oberhand. Die Absage gilt allen modernen Säkularisierungstendenzen, insbesondere den Konzepten der Volkssouveränität, des Widerstandsrechts und der Staatsräson mit ihrer Relativierung der Gewissensethik. Während die Märtyrer und Märtyrerinnen ihre Niederlage im

politischen Machtkampf in einen moralisch-religiösen Sieg verkehren und
mit ihrer dem Gewissen verpflichteten, weltüberwindenden Haltung als
Vorbildgestalten fungieren, bleibt die irdische Realität in ihrem heillosen
politisch-geschichtlichen Notstand zurück und bietet wenig Stoff für den
konsolatorischen Effekt, den das Trauerspiel zu bewirken sucht. Wenn
man so will, bestätigt die Konzeption des Märtyrerdramas geradezu die
Legitimationskrise des überlieferten christlichen Herrschaftskonzepts
vom unantastbaren Gottesgnadentum und die mit Machiavelli einset-
zende Emanzipation der Politik von den Normen der Religion und der
Moral. Daß diese auf politischer Klugheit und der Konzeption einer moralisch indifferenten bzw. dehnbaren Staatsräson gegründete moderne
Politik allerdings ebenfalls zum Scheitern verurteilt ist, zeigt sich nicht
nur an den Handlungen skrupelloser und verbrecherischer Herrscher und
Ratgeber, sondern auch an den positiven Herrschergestalten, die keineswegs Mittel und Techniken der politischen Klugheit verschmähen, solange Erfolgschancen zu bestehen scheinen. In diesem Dilemma setzt
Gryphius im Einklang mit lutherischen Vorstellungen – und durchaus gegen den Zeitgeist – auf eine ohne Wenn und Aber dem göttlichen Gesetz
verpflichtete Politik.

In der Gestalt des Märtyrers verbinden sich Elemente des stoischen Tu-
gend- und Weisheitsmodells mit Vorstellungen einer den Tod besiegenden
heiligen Liebe, die der christlichen Passionsmystik entstammen. Es ist
diese Liebe – «nicht zwar die Irdische und Nichtige / sondern die Heilig-
Ewige» (*Catharina von Georgien*) –, die den Märtyrer auszeichnet und
ihn über Vergänglichkeit und Tod triumphieren läßt. Hier geht die Mär-
tyrerhaltung mit ihrer hoffnungsvollen Erwartung der Ewigkeit und unverrückbaren Beständigkeit über das rationalistische Constantia-Modell
von Lipsius hinaus, der stoische und christlich-patristische Positionen zu
einer weithin wirkenden Synthese vereinigt hatte. Der hohe Stellenwert
der weltüberwindenden Liebe in Gryphius' Märtyrerkonzeption mit ihrer fundamentalen Spannung zwischen irdischem und himmlischem
Reich ist wohl auch der Grund für die Polemik in der Vorrede zum *Leo
Armenius* gegen die «Ketzerey» derjenigen, die glaubten, es «könte kein
Trauerspiel sonder Liebe und Bulerey vollkommen seyn». Gemeint war
Corneilles *Polyeucte* (1643).

Die Grundstruktur des Märtyrerdramas, bestimmt von der antithetischen Konfrontation von Märtyrer und Tyrann, hat etwas Statisches.
Die auf die Ewigkeit ausgerichtete, sich bewährende Beständigkeit des
Märtyrers bietet kaum Handlungsimpulse. Auf der anderen Seite scheitern Pläne und Aktionen des in die irdische Wirklichkeit verstrickten und
seinen Affekten ausgelieferten Tyrannen am unverrückbaren Widerstand
des zum Martyrium bereiten Gegenspielers, der als Sieger in dieser Auseinandersetzung die Welt verläßt. Eine gewisse Bewegung bringen Befrei-

ungs- oder Rettungsangebote oder diplomatische Gegenaktionen; sie verlaufen aber schon deswegen im Sand, weil sie von den Märtyrergestalten in ihrer heroischen Bereitschaft zum Martyrium als Versuchungen zurückgewiesen werden. Im Unterschied zum Jesuitendrama verzichtet Gryphius weitgehend auf direkte und damit eindeutige Interventionen der Transzendenz; für den Lutheraner stellt sich das Problem, wie das Wirken eines verborgenen Gottes im dramatischen Kontext dargestellt und durch welche Mittel es beglaubigt werden kann. Hier zeigen sich deutliche Differenzen zwischen den einzelnen Stücken, die auch im übrigen die Hohlform des Märtyrerdramas auf durchaus unterschiedliche Weise ausfüllen.

Mit dem Typus des Märtyrerdramas war Gryphius schon früh vertraut. Seit 1634 besaß er die Tragödien von Caussin, und dessen von ihm übertragene *Felicitas* sowie der ebenfalls in der Caussin-Ausgabe enthaltene *Hermengildus* wirkten ohne Zweifel auf *Catharina von Georgien* ein. Daneben zeigen sich Beziehungen zum Werk des zum Katholizismus konvertierten Niederländers Joost van den Vondel, insbesondere zu dessen Märtyrerdramen *De Maeghden* (1639) und *Maria Stuart of gemartelde Majesteit* (1646), die dem Jesuitendrama verpflichtet sind.

Das 1657 zuerst gedruckte Trauerspiel *Catharina von Georgien. Oder Bewehrete Beständikeit* ist Gryphius' erstes Drama nach dem Modell Märtyrertragödie. Seine Heldin, heißt es in der Vorrede, stelle «in ihrem Leib' und Leiden ein in diser Zeit kaum erhöretes Beyspill unaussprechlicher Beständigkeit» dar, und das emblematische Welttheater-Bild der Eingangsszene gibt den Deutungshorizont vor: «Der Schauplatz liget voll Leichen / Bilder / Cronen / Zepter / Schwerdter etc. Vber dem Schau-Platz öffnet sich der Himmel / unter dem Schau-Platz die Helle. Die Ewikeit kommet von dem Himmel / und bleibet auff dem Schau-Platz stehen.» In eindringlichen Bildern hebt die allegorische Gestalt der Ewigkeit in dem folgenden Prolog Vergänglichkeit und Tod als Signum der Welt hervor und stellt den Menschen im Einklang mit dem emblematischen Bühnenbild vor die Wahl zwischen Oben und Unten, zwischen Zeitlichkeit und Ewigkeit, Heil und Verderben, und fordert ihn zur Nachfolge der beispielhaften Märtyrerin auf. Nach diesem Aufruf «verendert» sich die Bühne in einen «Lustgarten»: Auf dem irdischen Schauplatz beginnt das Trauerspiel, das erst in der Schlußphase ein Spiel um das Heil ist, seinen Ausgangspunkt aber im Politischen hat, in der Situation eines kleinen Landes im Einflußbereich Persiens und des Osmanischen Reichs.

Die Gegenwartshandlung des Trauerspiels «bildet ab den letzten Lebens-Tag der Königin Catherine» nach achtjähriger Gefangenschaft in Persien. Als diplomatische Interventionen scheitern und Catharina, vor die Wahl zwischen Heirat und Glaubenswechsel oder Tod gestellt, keinen politischen Ausweg mehr sieht, nimmt sie in Demut Gottes Willen an, überwindet ihre Angst und folgt als Braut

Christi dem durch die Passion ihres Bräutigams vorgezeichneten Weg des blutigen Martyriums und stirbt nach furchtbaren Martern auf dem Scheiterhaufen. Als ihr Gegenspieler Chach Abas das Geschehen aufzuhalten sucht, ist es zu spät. Catharina erscheint dem wankelmütigen, von seinen Affekten getriebenen Tyrannen in der Schlußszene und kündigt ihm ewiges Verderben an. Damit kehrt das Drama am Ende mit der vom Himmel herabsteigenden Catharina und dem in verzweifelter Reue metaphorisch im Höllenfeuer brennenden Chach Abas zu der sinnbildlichen Bühnentopographie des Anfangs zurück.

Gryphius griff einen Stoff aus der jüngsten Vergangenheit auf; als Quelle benutzte er den Abschnitt «De Catherine, Reine de Géorgie, et des Princes Géorgiens, mis à mort par commandement de Cha-Abas, roi de Perse» aus den *Histoires tragiques de nostre temps* (1635) von Claude Malingre, Sieur de Saint-Lazare. Hier fand er nicht nur die Geschichte der Königin von Georgien-Gurgistan, die nach achtjähriger Gefangenschaft 1624 hingerichtet wurde, weil sie sich geweigert hatte, ihren christlichen (griechisch-orthodoxen) Glauben aufzugeben und Schah Abbas I. zu heiraten, sondern auch eine ausführliche Darstellung des historischen und politischen Kontexts der wechselhaften, blutigen Geschichte Georgiens.

Hier fand Gryphius Anschauungsmaterial nicht allein für die «Vergänglichkeit Menschlicher Sachen», sondern vor allem auch für die unheilvolle Sphäre der Geschichte und Politik mit Machtkämpfen, machiavellistischer Staatskunst, List, Verrat, Betrug, Gewissenszwang, Gewalt und Mord. Der Bezug zur europäischen Gegenwart in einem Jahrhundert der Kriege und speziell zur aggressiven Habsburger Rekatholisierungspolitik in Schlesien ist unverkennbar. Der Demonstration dieses Kreislaufs von Gewalt und Gegengewalt dienen die aus der Geschichtsquelle gewonnenen umfangreichen Berichte im ersten und dritten Akt des Dramas – sie machen etwa ein Viertel des gesamten Werkes aus –, die den Fortgang des Geschehens aufhalten und daher immer wieder aus der Perspektive einer modernen Dramenkonzeption als undramatisch kritisiert worden sind. Dieser Welt der ‹Realpolitik› entzieht sich Catharina erst gegen Ende, während sich Chach Abas ausweglos in sie verstrickt und seine Machtlosigkeit gegenüber dem von innerer Freiheit bestimmten Handeln der georgischen Königin erfahren muß. In innerer Freiheit nimmt sie, in der Haltung einer verantwortlichen und vorbildsetzenden Fürstin, das Martyrium «für Gott und Ehr und Land» auf sich. Indem sie, in himmlischer Liebe entbrannt, heroisch-standhaft Folter und Tod trotzt, triumphiert sie über die Hinfälligkeit des Irdischen und nimmt mit ‹bewährter Beständigkeit› stoischer und christlicher Prägung gleichsam schon die Ewigkeit vorweg. «Wer bis zum Tode libt wird ewig stehen / | Und kann im Tode nicht vergehen», heißt es im *Reyen der Tugenden / des Todes und der Libe* am Ende des vierten Aktes. In der Kronen-Metaphorik des Stückes spiegelt sich dieser Vorgang: Der Weg führt von der Krone als Symbol königlicher Herrschaft über die «Marter-Cron» schließlich zu der von Gott als Lohn des Glaubens verliehenen himmlischen Krone als Zeichen ewiger Herrlichkeit.

Während *Catharina von Georgien* mit ihrem emblematischen Eingangsbild zunächst den religiösen Deutungshorizont vorgibt, zeigt sich *Carolus Stuardus* unmittelbar als aktuelles politisches Schauspiel: *Ermordete Majestät. Oder Carolus Stuardus König von Groß Britanien* lautet der Titel des Dramas, das Gryphius unmittelbar nach der Hinrichtung des englischen Königs Karl I. am 30. Januar 1649 begann und in einer ersten Fassung im März 1650 abschloß (Druck 1657). *Carolus Stuardus* entstand als politisches Tendenzstück. Das belegt auch das an «einen höchstberühmten Feldherrn / bey Uberreichung des Carl Stuards» gerichtete Widmungsgedicht von 1650, das einer zeitgenössischen Abschrift des Dramas vorangestellt ist. Die Hinrichtung des Königs, so der Tenor des Sonetts, zerstöre «Ruh / und Zucht / und Recht», «Beschwärtzt das weisse Land» – man beachte das aparte Wortspiel – und isoliere es von den anderen europäischen Nationen. Das Gedicht mündet in einen Aufruf zu einer militärischen Racheaktion («Heer Schwerdter aus den Scheiden!») und reiht sich damit in die leidenschaftliche Kampagne (nicht nur) der deutschen Publizistik gegen die englischen Aufrührer und die verderblichen Vorstellungen des calvinistischen Widerstandsrechts ein. Allerdings sah Gryphius, vielleicht gerade wegen der agitatorischen Direktheit, von einer Veröffentlichung des Gedichts ab; es erschien erst 1698 aus dem Nachlaß. Es spiegelt jedoch neben der Zeitstimmung durchaus die Tendenz des Trauerspiels, das bei geringer äußerer Handlung die letzten Stunden des Königs bis zur Hinrichtung auf offener Bühne im fünften Akt umfaßt.

Beherrschendes Thema der Eingangsszene ist die Bürgerkriegssituation und ihre Vorgeschichte, evoziert in pathetischer Rede durch die Geistererscheinungen von William Wentwort(h), Statthalter in Irland, und William Laud, Erzbischof von Canterbury, die König Karl unter dem Druck des Parlaments aus Gründen der Staatsräson geopfert hatte und die 1641 bzw. 1644 hingerichtet worden waren. Darauf erscheint der Geist Maria Stuarts, der am Bett ihres Enkels die blutige englische Geschichte rekapituliert. Karl zeigt sich gefaßt, nimmt Abschied von seinen Kindern. Die beiden folgenden Akte sind vor allem politischen Auseinandersetzungen gewidmet; hier stehen Fragen politischer Opportunität – Mäßigung oder Strenge –, die Haltung ausländischer Mächte und ihrer diplomatischen Vertreter sowie Fragen des Widerstandsrechts im Mittelpunkt. Erst dann rückt das Märtyrerthema in den Vordergrund. Karl bekundet in Gesprächen und einem großen Rechtfertigungs- und Anklagemonolog seine innere Bereitschaft zum Märtyrertum in der Nachfolge Christi und verteidigt zugleich offensiv das göttliche Recht der Könige. Vor der Hinrichtung ergreift er noch einmal das Wort, hebt seine Unschuld hervor («daß ich sey ein Mann ohn arge List / I Daß ich ein gutter Printz / vnd vnverfälschter Christ») und betont noch einmal den beispiellosen Verstoß gegen staatliches, kirchliches und göttliches Recht. Daß das Parlament mit der Berufung auf eben diese Instanzen Prozeß und Todesurteil gerechtfertigt sieht, macht das Unerhörte des Geschehens aus; es ist eben kein ‹gewöhnlicher› Königsmord. Das Stück schließt mit einem apokalyptischen Aufruf der «Rache», von den Geistern der ermordeten englischen Könige heraufbeschworen.

Die zweite Fassung von 1663 weist beträchtliche Veränderungen und Erweiterungen auf. Sie haben historische, aber auch künstlerische Ursachen. Mit der Wiederherstellung der Monarchie hatte sich die politische Situation grundlegend verändert; neue Quellen legten eine Berichtigung in gewissen Punkten nahe. So entstand ein völlig neuer erster Akt, in der die Gemahlin des Feldherrn Fairfax ihren unentschlossenen, zur Schonung neigenden Mann zu einer Rettungsaktion zu gewinnen sucht – in der ersten Fassung war Fairfax im Gegensatz zu Cromwell als entschiedenster Königsgegner gezeichnet –, eine Handlung, die dann im folgenden weitergeführt wird und so zusätzliche Szenen hervorbringt. Durch diese Erweiterungen kommt es auch zu einer differenzierteren und ausführlicheren Darstellung der Positionen der Königsgegner, ohne daß damit eine veränderte Haltung des Dichters präjudiziert wäre. Wo Gryphius dem historischen Geschehen eine neue Perspektive verleiht, etwa indem er die zukünftigen Ereignisse – Tod Oliver Cromwells, Hinrichtung der Verantwortlichen bzw. Zurschaustellung ihrer Leichen, die Krönung Karls II. – in «Vorstellungen» sichtbar macht, verweist er auf die Wiederherstellung der göttlich sanktionierten Ordnung. Das geschieht, vielleicht in Anlehnung an Verfahren der Wanderbühne oder auch des Ordenstheaters, durch die Präsentation stummer Bilder auf der Hinterbühne, z.B.: «Vnter disen Worten öffnet sich der innere Schau-Platz / und stellet die Virtheilung Hugo Peters und Hewleds vor», oder: «Der Schau-platz öffnet sich zum drittenmal / und stellet vor wie der Bischoff / Carlen den II. krönet».

Nicht neu, aber konsequenter durchgeführt und damit auch von künstlerisch-struktureller Bedeutung für die Zweitfassung des Dramas, ist das typologische Verfahren, das Karls Schicksal nach dem Vorbild der Passion Christi stilisiert. Dabei ergänzt Gryphius die persönliche Christus-Stilisierung durch Parallelen in der Personenkonstellation, wenn er bei dem unentschlossenen Fairfax den Bezug auf Pilatus nahelegt und mit dem theaterwirksamen Auftritt des wahnsinnig gewordenen Verräters Poleh, einer neuen Figur, auf Judas abhebt. Damit – und mit der bereits aus *Catharina von Georgien* vertrauten Kronenmetaphorik – gewinnt das Drama an Beziehungsreichtum und Dichte, ohne seine Qualität als Tendenz- und Kampfstück, als politische Stellungnahme zu einem aktuellen, als unerhörten Bruch der göttlichen Ordnung verstandenen Fall zu verleugnen.

Die Vorgänge in England fanden ein gewaltiges publizistisches Echo; man schätzt die Zahl der einschlägigen Flugschriften und anderer Darstellungen der Vorgänge auf rund 30000. Gryphius nennt in seinen Anmerkungen zur zweiten Fassung 22 von ihm herangezogene Texte; von der Benutzung weiterer Quellen – etwa von Standardwerken zur englischen Geschichte und von Zeitungen – ist auszugehen. Gryphius hielt sich an die historischen Fakten, wie sie die meist königstreuen Publikationen präsentierten, informierte sich aber auch über die Argumente der Gegenseite. Zu den wichtigsten Texten zur englischen Revolution, die Gryphius für die Erstfassung auswertete, zählen das sogenannte *Engländische Memorial* (1649), die möglicherweise von Karl selbst stammende Verteidigungsschrift *Eikòn Basilikè. Vel Imago Regis Caroli* (1649), die *Defensio regia, pro Carolo I.* (1649) von Claudius Salmasius sowie das den gegnerischen Standpunkt vertretende *Außschreiben des Parlaments in Engeland / darin sie erklären die Gründe jhrer Processen / vnd der Veränderung ihrer gegenwertigen Regierung in die Weise eines freyen Standts* (1649). Wesentlich für die zweite Fassung, wenn sie nicht überhaupt der Anlaß für die Umarbeitung waren, wurden die Geschichte der Bürgerkriege des italienischen Historikers Maiolino Bisaccioni (*Historia delle guerre civili di questi ultimi tempi*, 4. erweiterte Ausgabe 1655) und – als das am häufigsten von Gryphius zitierte Werk – Philipp von Zesens *Die verschmähete / doch wieder erhöhete Majestäht; das ist / Kurtzer Entwurf der Begäbnüsse Karls des Zweiten* (1661). In diesen Schriften fand Gryphius u. a. Hinweise auf den Rettungsversuch durch Fairfax und seine Gemahlin.

Auch Gryphius' letztes Trauerspiel *Großmüttiger Rechts-Gelehrter / Oder Sterbender Aemilius Paulus Papinianus* (1659) verwendet das Gattungsmuster des Märtyrerdramas. Daß es sich dabei um das Beispiel eines nichtchristlichen Märtyrers handelt, hat zu weitreichenden Spekulationen über eine weltanschauliche Entwicklung oder Wandlung des Dichters im Hinblick auf die Autonomie des Individuums, auf Immanenz und Säkularisation geführt. Dagegen spricht aber schon der Umstand, daß die zweite Fassung des *Carolus Stuardus* mit ihrem betonten Christusbezug nach dem *Papinian* in Angriff genommen wurde. Nicht erledigt damit ist freilich das von einem Teil der Forschung favorisierte Konzept, daß alle Märtyrerdramen in Wirklichkeit keine Dramen der Transzendenz und der Consolatio seien, sondern in der ‹Verkleidung› des Märtyrerdramas den unauflöslichen Widerspruch zwischen den berechtigten Forderungen des absolutistischen Staates und den moralischen Ansprüchen des neuzeitlichen Individuums thematisierten.

Das Drama behandelt eine Episode der römischen Geschichte zur Zeit Kaiser Caracallas. Dieser hatte im Jahr 212 seinen Stiefbruder und Mitregenten Geta ermordet. Papinianus, ein bekannter Jurist, soll sich nach den auch von Gryphius herangezogenen historischen Quellen – in erster Linie Herodian und Dio Cassius – geweigert haben, die Tat zu rechtfertigen. Er wurde bei der anschließenden blutigen Verfolgung der Gegner Caracallas getötet. Im Stück wird Caracalla mit seinem ursprünglichen Namen Bassianus bezeichnet.

Die Handlung ist auf einen Tag zusammengedrängt. Am Anfang steht ein großer Monolog Papinians, der als höchster römischer Staatsbeamter den Gipfel seines Ansehens erreicht hat. Er schildert die verworrene politische Ausgangslage und stellt die Dialektik von Höhe und Fall und die Gefährdung des Unbestechlichen, nur dem Gemeinwohl Verpflichteten am Hof illusionslos vor Augen. Im folgenden zeigt das Stück das von Machtstreben, Intrigen, Neid und Haß geprägte Hofleben; hier erscheint der Mord Caracallas an Geta, angestiftet durch den Intriganten Laetus als Verkörperung eines skrupellosen Machiavellismus, nur folgerichtig. Mit der Weigerung, «den Bruder-Mord zu beschönen», d. h. ihn aus Gründen der Staatsräson öffentlich zu rechtfertigen, wird Papinians Fall unausweichlich. Er lehnt es ab, Hilfe des Militärs anzunehmen und sich selbst zum Kaiser ausrufen zu lassen, obwohl Caracalla seinen Sohn als Geisel benutzt: «Vil liber» wolle er «sein gantzes Haus mit sich zu grunde stürtzen», als das Recht auch nur «umb ein Haar» abzukürzen. Auf ebenso entschiedene Ablehnung stößt die Kaiserin, Getas Mutter, als sie ihm Ehe und Thron anbietet. So folgt das Trauerspiel bis in Einzelheiten der Handlung hinein dem Modell des Märtyrerdramas. Die Standhaftigkeit des Stoikers Papinian mit seiner Berufung auf das Recht und sein Gewissen erscheint als Präfiguration christlichen Märtyrertums. Nach einem Gebet an die «Heilge Themis», die bereits vorher in einem Reyen als transzendente Instanz, als Verkörperung des göttlichen und natürlichen Rechts, eingeführt worden war, stirbt er wie zuvor sein Sohn durch das Beil des Henkers.

Gryphius benutzt das Grundschema des Märtyrerdramas zur modellhaften Darstellung eines zentralen Konflikts absolutistischer Politik und beteiligt sich damit an einer seit dem 16. Jahrhundert kontrovers geführten Diskussion. Ausgelöst durch die Schriften Machiavellis geht es dabei um das Verhältnis von Politik und Moral, um die brisante Frage, ob politisches Handeln nicht vorrangig auf die Erhaltung des Staates ausgerichtet sein und gegebenenfalls gewisse Verletzungen ethischer und religiöser Normen in Kauf nehmen muß oder ob das von Gott gesetzte Recht bzw. das Naturrecht als Grundlage jeder staatlichen Ordnung unbedingte Gültigkeit besitzt. Als Beispiel diente in dieser Debatte immer wieder der Fall Papinian. Während etwa Philipp Melanchthon die Beispielhaftigkeit des römischen Juristen und seines Rechtsverständnisses hervorhob, sah Jean Bodin, der Theoretiker des frühneuzeitlichen Absolutismus, das Verhalten Papinians mit durchaus kritischen Augen und argumentierte, daß unter Umständen eine gewisse Flexibilität dem Wohl des Staates dienlicher sei und sich Papinian mehr tapfer als weise verhalten habe. Die Überzeugung, daß göttliches und natürliches Recht unverrückbare Normen des politischen Handelns darstellten, prägte im folgenden die lutherische Staatslehre, während zugleich im Rahmen einer vielstimmigen Staatsräsondebatte Konzepte politischer Klugheit und flexiblen Handelns angesichts der offensichtlichen Krise des frühneuzeitlichen Staates in einer Ära tatsächlich oder nur scheinbar religiös motivierter Bürgerkriege an Bedeutung gewannen.

Gegen die modernen politischen Klugheitslehren, in deren Kontext Papinians Standhaftigkeit als Starrsinnigkeit erscheinen mußte, steht Gryphius' Beharren auf der Verbindlichkeit und Unteilbarkeit religiöser und naturrechtlicher Vorstellungen. Damit verbindet sich, ebenfalls in Rede und Gegenrede diskutiert, das Problem des Widerstandsrechts gegenüber einem Tyrannen. Für Gryphius und sein lutherisches Obrigkeitsverständnis, das sich in diesem Punkt mit der absolutistischen Souveränitätslehre trifft, bleibt dafür kein Raum; Tyrannei muß als göttliche Strafe hinge-

nommen werden. Wenn der Regent eine Handlung fordert, die gegen
göttliches und natürliches Recht verstößt, gibt es für den einzelnen – wie
Papinian – allerdings einen Ausweg: Er kann bzw. muß unter Berufung
auf sein Gewissen, die verinnerlichte Instanz des heiligen Rechts, den Gehorsam verweigern – und hat dann die damit verbundenen Konsequenzen
auf sich zu nehmen. Papinian geht als Märtyrer des Gewissens standhaft
in den Tod.

Für das Interesse der Zeitgenossen an der aktuellen politischen Problematik des
Papinianus sprechen einige Zeugnisse der Rezeptionsgeschichte. Bereits das Sze-
nar einer Vorstellung 1661 in Halle, ein Jahr nach den ersten Aufführungen durch
Schüler des Breslauer Elisabeth-Gymnasiums, verweist allein durch den veränderten Wortlaut des Titels auf diesen Umstand: *Wahre Abbildung Eines großmüthi-*
gen Rechts-Gelehrten und Zustandes derer jenigen / so in hohen Ehren und Aemb-
tern sitzen / Jn einem Trauer-Spiel von Aemilio Paulo Papiniano. Das gilt auch für
die späteren Textbearbeitungen: 1680 führten St. Gallener Bürger in Konkurrenz
zu den absolutistischen Prunkveranstaltungen des Fürstabts eine Version des *Pa-*
pinianus mit ausgesprochen hofkritischer, die republikanischen Freiheiten beto-
nender Tendenz auf, und auch in der lateinischen Bearbeitung des späten Jesuiten-
dramatikers Franz Neumayr (*Papinianus Juris-Consultus*), 1733 in München und
Salzburg gespielt, dominieren die politischen Aspekte.

Die Wanderbühne legte in ihren Bearbeitungen geringen Wert auf die religiöse
und nur wenig mehr auf die politisch-staatsrechtliche Thematik; hier kam es mehr
auf krasse Effekte, Geistererscheinungen und Situations- und Sprachkomik an, die
u. a. durch die Einführung lustiger Personen garantiert wurden. *Papinian*-Auffüh-
rungen sind u. a. in München (1677), Schleißheim (1685) und Torgau (1690) bezeugt. Der Text einer Wanderbühnenfassung, die wie üblich den Vers durch Prosa
ersetzt, ist in einer Abschrift von 1710 überliefert (*Tragoedia genandt Der Groß-*
müthige Rechts Gelehrte Aemilius Paulus Papinianus oder Der Kluge Phantast
und wahrhaffte Calender-Macher).

Memento mori: *Cardenio und Celinde*

Cardenio und Celinde, Oder Unglücklich Verliebete, wahrscheinlich nach
der ersten Fassung des *Carolus Stuardus* entstanden, weicht deutlich vom
Typus des barocken Trauerspiels ab, wie ihn die Poetiker definieren und
wie ihn Gryphius selbst in seinen anderen Dramen verwirklichte. Die
Vorrede weist ausdrücklich auf die offensichtlichen Verstöße gegen die
poetologischen Normen hin; Gryphius erklärt sie u. a. damit, daß er das
Stück Freunden zu Gefallen geschrieben habe, «welche die Geschicht
sonder Poetische Erfindungen begehret» hätten. Die Verstöße betreffen
die sogenannte Ständeklausel (die Personen seien «fast zu nidrig vor ein
Traur-Spiel») und das Gebot der angemessenen Stilhöhe («Die Art zu reden ist gleichfalls nicht vil über die gemeine»). Auch der versöhnliche
Ausgang entspricht nicht den etablierten Normen und verweist auf das
im 17. Jahrhundert verbreitete Phänomen der Mischformen; Stücke mit

gutem Ende bezeichnen die Poetiker als Tragico-comoedia. Allerdings machen diese Abweichungen und insbesondere der Verzicht auf fürstliches Personal das Stück noch lange nicht zum ersten deutschen bürgerlichen Trauerspiel. Der «schreckliche Traur-Spiegel», wie Gryphius das Stück nennt, läßt sich am ehesten als Bekehrungsdrama charakterisieren.

Die Handlung von *Cardenio und Celinde* basiert auf der spanischen Novelle *La fuerça del desengaño* (*Die Macht der Enttäuschung*, 1624) von Juan Pérez de Montalván, die auch in italienischer (1628) und französischer Bearbeitung (1644) verbreitet war. Gryphius schreibt in der Vorrede, daß man ihm die Begebenheit «in Italien vor eine warhaffte Geschicht mitgetheilet» habe. Schauplatz ist Bologna, die Handlung beginnt «wenig Stunden vor Abends» und endet bei Tagesanfang. Der spanische Student Cardenio erzählt seinem Freund Pamphilius die wechselvolle Geschichte seiner Liebe zu Olympia, die er immer noch liebt, obwohl sie inzwischen mit Lysander verheiratet ist, der durch zweifelhafte Mittel seinen Nebenbuhler verdrängt hatte. Weiter berichtet er, daß er nach dem Verlust Olympias in «schnöder Lust» eine Beziehung zur wenig tugendhaften Celinde begonnen und ihren Liebhaber Marcellus getötet habe. Nun habe er beschlossen, am nächsten Morgen in seine Heimat zurückzukehren, vorher aber noch «durch gerechten Zorn Lysander aus der Welt» zu schaffen. Die verlassene Celinde sucht inzwischen Hilfe bei der Zauberin Tyche, um Cardenios Liebe zurückzugewinnen. Dessen Anschlag mißlingt, da ihn ein «Gespenst in Gestalt Olympiens» von ihrem Haus wegführt, bevor Lysander spät in der Nacht von einer Reise zurückkehrt und von Olympia in Liebe empfangen wird. Der «Lust-Garten», in den das Gespenst Cardenio führt, «verändert sich plötzlich in eine abscheuliche Einöde / Olympia selbst in ein Todten-Gerippe / welches mit Pfeil und Bogen auf Cardenio zilet». Noch unter dem Eindruck dieses Schocks, der eine innere Wandlung auslöst, gelangt Cardenio auf den Kirchhof und trifft Celinde, die in die Gruft des Marcellus hineingestiegen ist, um das Herz des Toten für einen Liebestrank herauszuschneiden. Auch sie wird wie Cardenio «durch ein abscheuliches Gesicht» «von ihrem Vorsatz abgeschrecket / und durch Betrachtung des Todes von ihrer Liebe entbunden». Cardenio und Celinde, zur Einsicht in die Verderblichkeit ihrer Leidenschaft gekommen, bitten Olympia und Lysander (und sich gegenseitig) um Vergebung und bereiten sich auf ein neues Leben vor.

Gryphius hebt in der Vorrede den exemplarischen Charakter des Werkes hervor, das zum einen «zweyerley Liebe: Eine keusche / sitsame und doch inbrünstige in Olympien: Eine rasende / tolle und verzweifflende in Celinden, abzubilden» suche, zum anderen «alle dise Eitelkeiten in welche die verirrte Jugend gerathen mag», «als in einem kurtzen Begriff» vor Augen stelle. Dabei zeichnet er ein durchaus differenziertes Bild und begnügt sich nicht mit einem einfachen Dualismus; es gibt Abstufungen, verschiedene Grade des Verhaltens zur Welt und der Verblendung. Auch die grundsätzlich positiven Charaktere sind nicht ausgenommen; das gilt etwa für Olympias Selbstgerechtigkeit und ihre Rücksicht auf öffentliches Ansehen oder Lysanders unlauteres Verhalten. Aber sie sind aus eigener Kraft zu Einsicht und Selbsterkenntnis fähig und gelangen so zu einer geläuterten Liebe in der Ehe, ein Prozeß, der auch Lysander von seiner

Schuld reinigt und den hohen Stellenwert ehelicher Liebe in Gryphius'
Denken illustriert. Sie ist ein Beispiel für die Überwindung der flüchtigen
Zeit, von der die Sentenz spricht, mit der der Reyen des dritten Aktes
(«Die Zeit / der Mensch / die Vir Theil des Jahres / in Gestalt der Vir Zei-
ten Menschlichen Alters») endet:

> Kein höher Schatz ist in der grossen Welt
> Als nur die Zeit / wer die nach Würden hält
> Wer die recht braucht / trotzt Tod und Noth / und Neid
> Vnd baut ihm selbst den Thron der Ewikeit.

Im Gegensatz zu den Tugendgestalten, die freilich eher blaß erscheinen,
ist die Verblendung der Titelhelden und ihre Verstrickung in Sünde derart
stark, daß sie nur durch den Eingriff höherer Mächte zur Umkehr, zu
Reue und Buße gebracht werden können – und so die Möglichkeit göttlicher Gnade auch für den sündhaften Menschen aufscheinen lassen. Die
Sünder sind zudem, jedenfalls für den modernen Leser, die interessanteren Figuren, wobei allerdings die Entschuldigungsgründe, die für ihr
Handeln angeführt werden könnten – sie sind von der Krankheit der Melancholie gezeichnet, Celinde durch Herkunft und Milieu geschädigt –
nicht dem zeitgenössischen Denken entsprechen und auch von den Betroffenen selbst in ihren reuevollen Rückblicken auf die vertane Lebenszeit
verworfen werden. Und wenn die Gestalt des Cardenio mit ihrer Leidenschaft und ihrem Forschungsdrang, ihrer Verbindung von Gelehrsamkeit
und weltmännisch-ritterlichem Wesen an das Persönlichkeitsideal der Renaissance erinnert, so ist das durchaus kritisch zu sehen: In seiner leidenschaftlichen Liebe erweist er sich als unbeständig, und seine geistige
Überlegenheit, sein fehlgeleiteter ‹hoher Sinn› verführen ihn zum Hochmut, zur Todsünde der *suberbia*: vielleicht auch eine Mahnung an die moderne Wissenschaft, der Gryphius durchaus zugetan war, die von Gott
und der Natur gesetzten Grenzen nicht zu überschreiten. Explizit wird
diese Kritik bei den Vertretern der Magie, die unter dem Vorwand moderner Wissenschaft mit teuflischen Mitteln auf Naturbeherrschung zielen.
In diesem Kontext scheint die Wahl des Schauplatzes – Bologna, «die
Mutter der Wissenschafften und freyen Künste» – nicht zufällig, zumal er
nicht durch die Quellen vorgegeben ist.

Der «schreckliche Traur-Spiegel» ist eine Memento-Mori-Dichtung,
die wie etwa die *Kirchhoffs-Gedancken* von 1657 den Zuschauer oder Leser mit der Vergänglichkeit der Welt und der Fragwürdigkeit menschlichen Handelns konfrontiert, ihn mit drastischen theatralischen Mitteln
zur Umkehr mahnt und an seine Bestimmung erinnert. Es geht, wie Cardenios Schlußworte sentenzhaft hervorheben, um das Heil der Seele, «die
ewig' Ewikeit»: «Wer hir recht leben wil und jene Kron ererben / | Die
uns das Leben gibt; denck jde Stund ans Sterben.»

4. Daniel Casper von Lohenstein

Bei Lohenstein, dem bedeutendsten Dramatiker nach Gryphius, erhält das barocke Trauerspiel eine neue Dimension. Während sich bei Gryphius ganz im Zeichen des Zeitalters des Konfessionalismus religiöse und politische Konstellationen überlagern und die Märtyrertragödie das zentrale Modell bildet, drückt das Trauerspiel bei Lohenstein ein anderes Verhältnis zum Diesseits aus: Sein Interesse richtet sich entschieden auf das Handeln im politisch-geschichtlichen Raum. Die geschichtliche Welt erscheint nicht mehr wie bei Gryphius als ein Schauplatz der Eitelkeiten, als Durchgangsstation zur Ewigkeit im Kontext der Heilsgeschichte, sondern sie besitzt einen Eigenwert im Rahmen eines sinnhaften weltgeschichtlichen Prozesses und des darin abgesteckten menschlichen Handlungs- und Entscheidungsraums. Geschichte bietet nicht mehr nur Beispiele für eindeutig vorbildliche oder verwerfliche Haltungen und Verhaltensweisen, wie sie bei Gryphius und im Jesuitendrama bereits in den emblematischen Doppeltiteln angezeigt werden. Lohensteins Protagonisten treffen keine Wahl zwischen Zeit und Ewigkeit, sondern zwischen politischen Alternativen politischen Handelns in Krisensituationen.

Damit treten Konzeptionen politischer Klugheit in den Vordergrund des Interesses, die wiederum Fragen nach dem Verhältnis von Politik und Moral und nach der Funktion der Affekte aufwerfen. Es gilt der grundsätzliche Vorrang der Politik vor der Religion bzw. Konfession: ganz im Sinn der Theoretiker des Absolutismus, die in der Herausbildung eines überreligiösen staatlich-politischen Handlungsbereichs den Ausweg aus der Krise des frühmodernen Staates, aus der Anarchie des religiösen Bürgerkriegs sahen. Diese Auffassung kennzeichnet auf der biographischen Ebene auch die juristische und politisch-diplomatische Tätigkeit, die Lohenstein im Dienst der evangelischen Stadt Breslau ausübte. Für sein diplomatisches Geschick spricht, daß er 1675 nach Verhandlungen mit der kaiserlichen Regierung in Wien, in denen er erfolgreich die Interessen Breslaus vertrat, von der Gegenseite «wegen seiner fürtrefflichen Qualitäten» zum Kaiserlichen Rat ernannt wurde. Ausgleichende Politik betrieb er auch mit Widmungen seiner Werke an Mitglieder des protestantischen schlesischen Herrscherhauses wie des katholischen Kaiserhauses; zugleich zeigt sich seine im Kontext der Reichspolitik prokaiserliche Einstellung in den Stücken selbst, ganz zu schweigen von der Übersetzung eines absolutistischen spanischen Fürstenspiegels – Baltasar Graciáns *El Político D. Fernando el Católico* (1640; *Lorentz Gratians Staats-Kluger Catholischer Ferdinand*, 1672) –, der in einer Apotheose des Hauses Habsburg gipfelt. Daß er dieses Werk dem letzten schlesischen Herzog widmete, zeigt erneut, daß es Lohenstein um eine den konfessionellen Interessen übergeordnete Form staatlicher Politik ging, einer Politik, die den inneren Frieden zu gewährleisten in der Lage war und damit die Voraussetzungen schuf, Bedrohungen von außen zu begegnen. Sein letztes Werk, der voluminöse *Arminius*-Roman, unterstreicht mit seiner verschlüsselten Darstellung die Folgen des deutschen politischen und konfessionellen Partikularismus.

Daniel Casper (1635 Nimptsch/Herzogtum Brieg – 1683 Breslau) war der älteste Sohn eines Nimptscher Ratsherrn und kaiserlichen Zoll- und Steuereinnehmers. Der erbliche Adelstitel mit dem Prädikat «von Lohenstein» wurde dem Vater des Dichters erst 1670 verliehen; es ist möglich, daß die Ehrung vor allem dem Sohn galt. Dieser besuchte zunächst das Breslauer Magdalenengymnasium (1642–51), studierte dann von 1651–55 Jura in Leipzig und Tübingen und ließ sich nach einer Bildungsreise (Schweiz, Niederlande) 1657 als Anwalt in Breslau nieder und heiratete. Seine öffentliche Laufbahn begann er als Regierungsrat des schlesischen Fürstentums Oels (1668–70). Das Angebot, als Geheimsekretär in die Dienste Herzog Christians von Liegnitz, Brieg und Wohlau zu treten, schlug er aus. Er übernahm statt dessen 1670 die hochdotierte Stelle eines Syndikus der Stadt Breslau; 1675 wurde er Obersyndikus und hatte damit eine der einflußreichsten Positionen im Stadtregiment inne. Zur gleichen Zeit war Hoffmannswaldau Ratsältester bzw. Präses. In seiner Funktion als Rechtsberater des Rats der Stadt führte Lohenstein 1675 die erwähnten diplomatischen Verhandlungen in Wien. Im selben Jahr starb der letzte Piastenherzog Georg Wilhelm I., von Lohenstein in einer *Lob-Schrifft* (1676), Trauerrede und Fürstenspiegel zugleich, geehrt; das Herzogtum fiel zurück an den Kaiser. Lohenstein starb, inzwischen Gutsbesitzer, «durch einen unvermuteten Schlag-Fluß» über der Arbeit am *Arminius*, dem literarischen Hauptgeschäft seiner letzten Lebensjahre. Den *Lebens-Lauff Deß sel. Autoris* gab sein Bruder Hans Casper von Lohenstein der Sammelausgabe von 1685 bei.

Lohensteins Dramen spiegeln ebenso wie der *Arminius*-Roman seine politischen Interessen. Ihre besondere Akzentuierung erhalten sie durch die Orientierung an den politischen Klugheits- und Verhaltenslehren, wie sie sich seit Machiavelli und der problematisch gewordenen Beziehung von Politik und Moral herausgebildet hatten. Dabei bezieht sich Lohenstein vor dem Hintergrund der Tacitus-Rezeption des 16. Jahrhunderts, repräsentiert durch Justus Lipsius, vor allem auf zwei spanische Autoren: auf Baltasar Gracián, dessen ästhetisierende Konstruktion eines vollkommenen katholischen Politikers und Herrschers er übersetzt hatte, und auf Don Diego Saavedra Fajardo und sein politisches Emblembuch *Idea de un príncipe político-cristiano, representada en cien empresas* (1640; veränderte und für die zahlreichen späteren Drucke und Übersetzungen maßgebliche Auflage 1642). Unter den mit diesen politischen Verhaltenslehren verbundenen Begriffen – Tugend, Klugheit, Verhängnis, Ruhm – nimmt die Klugheit (*prudencia*, *prudentia*) die zentrale Stelle ein: Politische Klugheit bildet die Grundlage vernünftigen Handelns mit dem Ziel der Verwirklichung der moralischen Tugenden und des Staatswohls. Sie nutzt die aus der Geschichte und der eigenen Praxis gewonnenen Erfahrungen als mögliche Orientierungspunkte für zukünftige Entwicklungen, sucht den richtigen Zeitpunkt für eigenes Handeln zu erkennen und zu nutzen, kontrolliert und instrumentalisiert die Affekte im Einklang mit der jeweiligen Situation. Täuschung und Verstellung, *simulatio* und *dissimulatio*, gehören zu den Voraussetzungen kluger Staatskunst; der Herrscher muß seine Affekte derart kontrollieren und verstellen können, daß seine eigenen Gedanken und Pläne im Verborgenen, Ungewissen bleiben und er sich so einen Vorteil gegenüber seinen getäuschten Gegenspielern verschafft. Daß dabei persönliche Interessen keine Rolle spielen dürfen und allein das öffentliche Wohl leitender Gesichtspunkt ist, gilt als unabdingbare Voraussetzung, und im Gegensatz etwa zu Lipsius' «prudentia mixta» will Saavedra Fajardo auch geringfügige Abweichungen vom Pfad der Tugend nicht gestatten. Allerdings bleibt die Grenzziehung zwischen erlaubter Verstellung als legitimem Mittel der Politik und Betrug umstritten, und die weitere Begriffsgeschichte zeigt, wie der Begriff der politischen Klugheit zunehmend unter moralischen Verdacht gerät.

Daß Lohenstein mit seinen Vorstellungen zur politischen Verhaltenslehre an Autoren anknüpfte, die wie Saavedra Fajardo der Stilrichtung des Konzeptismus (*conceptismo*) nahestanden oder diese spanische Form des Manierismus geradezu verkörperten – Gracián ist auch der Verfasser des einflußreichen Traktats über den Scharfsinn *Agudeza y arte de ingenio* (1642 bzw. 1648) –, steht im Einklang mit der verstärkten Rezeption manieristischer Tendenzen der Literatur Italiens und Spaniens in der zweiten Jahrhunderthälfte. Diese Neuorientierung mit ihrer Abkehr vom opitzianischen Klassizismus führte bei Lohenstein zu einer entschiedenen, in der neueren deutschen Literatur bis dahin unerhörten Intensivierung der Bildlichkeit. Dabei bevorzugte er entlegene Vergleichsbereiche, die er dank seiner beträchtlichen Gelehrsamkeit mit zahllosen Details mythologischer, historischer, naturgeschichtlicher, geographischer und emblematischer Natur ausstatten konnte. Zu einer weiteren Steigerung der manieristischen Metaphernsprache mit ihrer scharfsinnigen Verknüpfungskunst trug seine Vorliebe für einen raschen Wechsel der Bilder und Bildfelder bei. Gerade diese extreme Künstlichkeit forderte jedoch die aufklärerische Kritik heraus, die ihn mit lang andauerndem Erfolg zum exemplarischen Vertreter von ‹Unnatur› und ‹Schwulst› stempelte.

Die Entstehungsgeschichte der Dramen ist in manchen Punkten umstritten, die Reihenfolge des Erscheinens entspricht nicht immer der des Entstehens. Den Anfang markiert jedenfalls *Ibrahim*; das Werk des fünfzehnjährigen Gymnasiasten entstand um 1649/50 und wurde 1653 gedruckt. Im zweiten Druck von 1689 änderte der Verleger den Titel in *Ibrahim Bassa*, um den Text von Lohensteins späterem Türkenstück *Ibrahim Sultan* zu unterscheiden. In der Chronologie der Drucke folgen die Erstfassung der *Cleopatra* (1661), *Agrippina* und *Epicharis* (jeweils 1665), *Ibrahim Sultan* (1673) sowie *Sophonisbe* und die Zweitfassung der

Cleopatra (beide 1680). Auf eine davon abweichende Reihenfolge der Entstehung verweist die Bemerkung von Lohensteins Verleger Fellgiebel in der Sammelausgabe von 1685, daß die Römerdramen *Agrippina* und *Epicharis* «seiner ersten Jugend Schulfrüchte gewesen» seien; sie gehören also wohl noch in die fünfziger Jahre und gehen der *Cleopatra* voraus. Im übrigen liegt auch bei *Ibrahim Sultan*, verfaßt bereits zur Feier der ersten Ehe Kaiser Leopolds 1663 und dann bei der Veröffentlichung auf die zweite Eheschließung 1673 bezogen, ein langer Zeitraum zwischen Abfassung und Druck; das gilt ebenso für *Sophonisbe*, die bereits 1669 aufgeführt worden war.

Die übliche Gliederung von Lohensteins dramatischem Werk in türkische, römische und afrikanische Trauerspiele orientiert sich an historisch-geographischen Gesichtspunkten. Die afrikanischen und römischen Trauerspiele – *Cleopatra* und *Sophonisbe* bzw. *Agrippina* und *Epicharis* – behandeln Episoden aus der Geschichte des römischen Reichs, wichtige Stationen auf dem Weg Roms zur Weltmacht einerseits, Szenarien des Verfalls andererseits. Dagegen verweisen die türkischen Trauerspiele – *Ibrahim Bassa* und *Ibrahim Sultan* – auf die aktuelle politische Konstellation und porträtieren den Gegner der habsburgischen Universalmonarchie, Nachfolgerin des römischen Weltreichs, in exemplarischer Negativität. Lohensteins eigener Weg als Dramatiker kündigt sich bereits im *Ibrahim Bassa* an, wenn auch das Drama noch deutlich Andreas Gryphius verpflichtet ist: Der Leser werde unschwer erkennen, heißt es in der Vorrede, «daß Ich Mir in einem und dem andern einen fürtrefflichen Lands-Mann zu einem Weg-Weiser zu haben Mich nicht geschämet / der hierinnen die Bahn gebrochen / und dässen unterschidene Trauer-Spile Mir nicht alleine unter die Hände sondern auch auf den Schau-Platz kommen». Die Konstellation der Personen – Tugendhelden, bösartige Intriganten, ein seinen Leidenschaften ausgelieferter, schwankender Herrscher – und der daraus entwickelte Konflikt haben hier, etwa in der *Catharina von Georgien*, ihr Vorbild. Zugleich jedoch deutet der pathetische Prolog – «Asien wird in gestalt einer Frauen von den Lastern angefässelt auf den Schau-Platz gestället» – auf die welthistorische und geschichtsteleologische Perspektive der späteren Dramen voraus.

Die Handlung basiert auf Madeleine de Scudérys Roman *Ibrahim ou l'illustre Bassa* (1640); Lohenstein las ihn in der Übersetzung Philipp von Zesens (1645). Ibrahim ist seiner Herkunft nach ein italienischer Fürst, den Soliman II. (Suleiman II., der Prächtige, 1520–66) «aus einem Leibeigenen zum grossen Visihre gemacht» hatte. Während er sich im Krieg gegen Persien bewährt, verliebt sich der Sultan in Isabella, Ibrahims Geliebte. Die Flucht der beiden nach Genua scheitert. Ibrahim wird «auf Ohrenbläserisch Anstiften der Kaiserin [Roxelane] und des Rusthans / jämmerlich erwürget». Das Trauerspiel behandelt nur die letzten Stunden des Geschehens von der Gefangennahme bei der mißglückten Flucht bis zur Hinrichtung, charakterisiert durch plötzliche Umschwünge und die Konfrontation von verderblicher Leidenschaft und Tugendheroismus in einer intriganten Hofatmosphäre. Im Unterschied zum Roman, der die Geschichte korrigiert und für ein glückliches Ende sorgt, kehrte Lohenstein zum tragischen Ausgang zurück.

Das zweite Türkendrama, *Ibrahim Sultan*, in der Druckfassung Kaiser Leopold und seiner zweiten Frau Claudia Felicitas zur Vermählung gewidmet, gehörte zu den beliebtesten Dramen Lohensteins (vier Auflagen bis 1701). Es war aktuell, erfüllte – ohne durch Komplexität zu verwirren – politisch-propagandistische Zielvorstellungen im Einklang mit der Politik der Habsburger und des Reiches: «Diß Schauspiel entwirfft die Gemüths-Flecken und die zu unserer Zeit sichtbare Verfinsterung eines Oßmannischen Mohnden; umb durch Ew. Käyserl. Majest. Gegensatz für Augen stellen: wie jene zwar durch stetige Herrschens-Sucht sich aufblähen; die Sonnen von Oesterreich aber aller Vergrösserung überlegen sind.» Trägt die Darstellung des Osmanischen Reichs und seiner Herrscher Züge endzeitlicher Verdammnis, so verkörpern Leopold und Claudia Felicitas «Tugend und Glückseligkeit», gibt ihre Heirat einen «Vorschmack der güldnen Zeit». Prolog und Schlußreyen, die einzigen Teile des Dramentextes selbst mit direktem Bezug auf das Hochzeitspaar, verstärken diese utopischen Vorstellungen und konfrontieren Byzanz («hegt ietzt des Teufels giftge Saaten / Beherbergt nur Wolf / Schlangen / Tygerthier») mit Hilfe von Versatzstücken aus der biblischen Paradies-Metaphorik mit dem glückseligen Österreich, «wo Löw und Lämmer sich in vertrauter Eintracht gatten / | Wo man sieht auf Lantzen wachsen Trauben und Oliven-Beern». Es sind Gedanken, die der Utopie eines bis zum Ende der Welt dauernden Weltreichs der Habsburger als Ziel der Geschichte entsprechen, wie sie die afrikanischen Trauerspiele in ihren Geschichtsentwürfen genauer beschreiben. Parallelen zu den *ludi caesarei* des Jesuitendramatikers Nicolaus von Avancini sind unverkennbar.

Der Kontrast zwischen den rahmenden Partien des *Ibrahim Sultan* und dem eigentlichen Dramentext könnte kaum größer sein. Dessen Held ist Ibrahim, türkischer Sultan seit 1640, über den Lohenstein in seiner Quelle, Maiolino Bisaccionis Ibrahim-Biographie, wenig Gutes gefunden hatte (sie steht in der erweiterten Ausgabe von Francesco Sansovinos *Historia universale dell'origine, guerre et imperio de Turchi* von 1654). Unter Ibrahims Herrschaft begann der Krieg mit Venedig um Kreta, doch – so Lohenstein im Anschluß an Bisaccioni – hielt ihn seine Triebhaftigkeit so sehr von den Staatsgeschäften ab, daß er 1648 von den Janitscharen abgesetzt und getötet wurde. Entsprechend ist die Atmosphäre des Dramas («schwül» bzw. «gewitterschwül» sind die bevorzugten Adjektive in der Literatur), das die letzten beiden Tage im Leben des Sultans darstellt und den negativ-gegenbildlichen Charakter des türkischen Hofes als Ort moralischer Perversion im Vergleich zu *Ibrahim Bassa* aufs äußerste steigert.

Ibrahim setzt den Ton mit dem den ersten Akt einleitenden Versuch der Vergewaltigung seiner Schwägerin, und daß der «Huren-Hengst» und «Blutthund» auch weiterhin seinem Auftrag als Herrscher in keiner Weise gerecht wird, demonstriert das Stück im folgenden. Statt die bevorstehende Reise auf den Kriegsschauplatz Candia (Kreta) vorzubereiten, läßt sich Ibrahim von seiner Kupplerin die noch nicht fünfzehnjährige Ambre, Tochter des Muftis, zuführen. Mit ihrer Vergewaltigung beschleunigt er allerdings nur seinen Untergang. Ambre, keineswegs nur duldende Märtyrerin, ruft zum Sturz Ibrahims auf, bevor sie Selbstmord begeht. Sie hat Erfolg angesichts der am Hof weitverbreiteten Unzufriedenheit, und ihr Geist verfolgt den Sultan in einer gespenstischen Schlußszene bis in den Tod.

Wie *Ibrahim Sultan* stellen die römischen Trauerspiele den moralischen Verfall im Machtzentrum eines großen Reiches dar. Auch sie sind Lehrstücke, auch hier hat die Darstellung des Monströsen gegenbildliche Funktion, ist sie als Plädoyer für die Vernunft und eine vernunftgeleitete, dem Gemeinwohl verpflichtete Herrschaft zu verstehen. Rom unter Nero – *Agrippina* und *Epicharis* behandeln Episoden seiner Gewaltherrschaft –, das bedeutet ein entfesseltes, gleichwohl kühl kalkuliertes Theater sexueller Verirrungen, ungehemmter Machtgier und extremer Grausamkeit, in dem sich Tugend – sofern sie überhaupt in Erscheinung tritt – wie in den Trauerspielen von Gryphius gerade im Untergang behauptet.

In der Handlung der *Agrippina*, dem ersten der Römerstücke, hat Tugend freilich nicht den geringsten Platz. Das Drama zeigt vielmehr das Gegeneinander verbrecherischer bzw. moralisch fragwürdiger Aktionen auf beiden Seiten, einen mit allen Mitteln geführten Kampf um Einfluß und politische Macht auf der einen, um persönliche Sicherheit und das bloße Überleben auf der anderen Seite. Agrippina ist die Mutter Neros; ihre Ermordung, veranlaßt durch ihren Sohn, ist der Gegenstand des Stückes, das zugleich eine Demonstration der Perversion politischer Herrschaft darstellt. Im Mittelpunkt des Geschehens steht Nero, der sich auf dem Gipfel seiner Macht fühlt: ein maßloser Tyrann, wollüstig, ängstlich, überall Verschwörer und Verräter witternd und auf bloßen Verdacht hin zum Mord bereit. Unter Verdacht steht von Anfang an Agrippina, obwohl sie über keinen realen Einfluß mehr verfügt. Das bringt sie in akute Lebensgefahr, als Nero mit Sabina Poppea ein neues Objekt seiner Lust findet und diese den Kaiser wegen eines angeblichen Mordkomplotts gegen Agrippina aufhetzt. Erst als alle anderen Versuche scheitern, ihre Situation zu verbessern, greift Agrippina nach dem «Magnet der Laster» und reizt ihren Sohn zum – gerade noch durch andere Personen verhinderten – Inzest, eine Szene ohne Parallele in der deutschen Dichtung des 17. Jahrhunderts: keineswegs Ausdruck ihrer Triebhaftigkeit oder ihrer Eifersucht, sondern kalkulierte, die Natur des Kaisers in Rechnung stellende und sie manipulierende Affektsimulation. Agrippina kämpft um ihr

Leben; sie verfolgt keine politischen Ziele. Das unterstellt aber Neros Ratgeber Paris («Sie libet Kron und Reich / nicht aber / Käyser / dich»), und er bringt Nero dazu, ihrer Ermordung zuzustimmen. Als ein kunstvoll inszenierter Schiffbruch nicht das gewünschte Ergebnis bringt – dabei handelt es sich um eines der wenigen Beispiele dafür, daß ein Reyen das Geschehen weiterführt –, wird sie auf offener Bühne «mit vielen Stichen» getötet: Gelegenheit dann für Nero, sich in den Anblick des entblößten Leibes seiner Mutter zu vertiefen und in virtuos-petrarkistischer Manier die ihn immer noch erregenden sinnlichen Reize zu erfassen. Wie die Reyen insgesamt die moralischen Maßstäbe setzen, so malt der das Drama beschließende Reyen von Geistern und Furien drastisch die Gewissensqualen des Muttermörders aus und hält als Botschaft an das Publikum bereit: «Lernt Sterblichen: Daß ein verlätzt Gewissen | So wird gekwält / gehenckert und zerrissen.»

Die wichtigste Quelle des düsteren Verfallsgemäldes der *Agrippina* sind die *Annalen* des Tacitus. Daneben zog Lohenstein Sueton und andere Historiker heran. Vor allem auf Tacitus und Sueton basiert auch die Handlung der thematisch verwandten Oper *L'incoronazione di Poppea* (1643) von Gian Francesco Busenello (Text) und Claudio Monteverdi, und diese Verwandtschaft nutzte Hubert Fichte in seiner Agrippinabearbeitung: Es handelt sich dabei um eine Text-Musik-Collage, die Szenen des Lohensteinschen Schauspiels und der Oper Monteverdis sowie – entsprechend der von Fichte besonders hervorgehobenen Inzestthematik und seinem Interesse an der tiefenpsychologischen Schicht des Geschehens – Texte aus *König Ödipus* von Sophokles in der Übertragung Hölderlins miteinander verbindet (*Lohensteins Agrippina bearbeitet von Hubert Fichte*, 1978; Erstsendung der Hörspielfassung 1977).

Finden Verrat und Verschwörung in der *Agrippina* nur in der wahnhaften Vorstellungswelt Neros statt, so ist der Gegenstand der wohl unmittelbar danach entstandenen *Epicharis* eine tatsächliche Verschwörung und ihre blutige Niederschlagung. Es handelt sich um die sogenannte Pisonische Verschwörung gegen Nero (65 n. Chr.), deren Aufdeckung auch Neros früherem Erzieher und Minister Seneca das Leben kostete. Lohenstein stützte sich dabei wieder auf Tacitus, außerdem auf Schriften Senecas und verschiedene französische Quellen. Dazu zählen das Drama *La mort de Seneque* (1645) von Tristan L'Hermite und vor allem der Roman *Ariane* (1632, dt. 1643 und 1644) von Jean Desmarets de Saint-Sorlin, der die Freigelassene Epicharis als Haupt der Verschwörung hinstellt und ihre königliche Abstammung andeutet.

Das Stück erscheint auf den ersten Blick als grausiges Mord- und Folterkabinett. Das Vorhaben der Verschwörer, in einer großen Szene am Ende des ersten Aktes besiegelt, wird durch das unvorsichtige Verhalten eines der Beteiligten entdeckt. Durch Folter wird der Verrat weiterer Namen erzwungen, Beginn einer Reihe von Folter-, Selbstmord- und Hinrichtungsszenen, die verschiedene Verhaltensweisen angesichts des Todes kontrastieren und die beiden letzten Akte ausmachen. Sie enden mit dem Tod der Republikanerin Epicharis, die bis zuletzt dem «Blutthund» die Stirn bietet und sich schließlich «auf dem Folter-Stule in einer Binde selbst erwürget»: «Den Göttern opfert Vieh / der [=dem] Tyber diese Leichen», lauten Neros letzte Worte.

Neben dem blutigen Mord- und Folterritual, das emblematisch auf die Beschaffenheit der Welt deutet und den Menschen auf die extremsten Bewährungsproben stellt, ist das Drama zugleich politisches Diskussionsforum. Es reflektiert, nicht unähnlich den Trauerspielen von Gryphius, grundsätzliche politische und staatsrechtliche Positionen: die Frage nach der besten Staatsform («Wieder-Einführung eines freyen Bürger-Regiments» oder Monarchie), nach Widerstandsrecht und Tyrannenmord. So wenig wie in der Frage nach der Staatsform gibt es auch hinsichtlich des Tyrannenmords eindeutige Antworten; die Argumente sind jeweils auf die konkrete Diskussion und Situation bezogen. So nimmt Seneca eine generell ablehnende Haltung ein und betont seine Unabhängigkeit von beiden Seiten, sieht aber in diesem speziellen Fall die Notwendigkeit ein – «Wahr ists; ist sonst kein Fürst zu tödten / so ists der» – und wünscht das Gelingen der Verschwörung. Allerdings machen die «Wahrsager» im ersten Reyen deutlich, daß Epicharis und ihr Mitverschwörer mit dem geplanten Tyrannenmord ihre Grenzen überschreiten und – da Neros Zeit noch nicht gekommen ist – untergehen werden: «Des Reiches Ruh zerfällt | Und Rom das Haupt der Welt | Wird sich durch Zwytracht theilen. | Doch wird der Fürst beschirmt. | Denn / wer den Himmel stürmt / | Kommt umb von Donner-Keilen.»

Mögen die Verschwörer Grenzen überschreiten, der Gegensatz von Laster und Tugend, verkörpert durch Nero und Epicharis, bleibt eindeutig. Über Neros lasterhafte Natur lassen die Römerdramen keinen Zweifel, auch wenn die Niederschlagung eines Aufstands zunächst keiner Rechtfertigung bedarf. Anders als etwa bei den Heldinnen und Helden des Märtyrerdramas beweist sich Epicharis' Tugend nicht im passiven Widerstand gegen die Zumutungen ihrer Widersacher, im standhaften Hinnehmen von Leid und Tod, sondern im unbedingten Handeln hin auf ein diesseitiges politisches Ziel, den Sturz des Tyrannen und die Errichtung eines besseren Regiments. Und als sie für ihr Anliegen aufrecht in den Tod geht, gelten ihre Gedanken nicht der Hoffnung auf ein besseres Jenseits; die Ewigkeit, die sie für sich sieht, ist die eines positiven Beispiels in der Geschichte. Indem sie die Tugend-Laster-Antithese personalisiert, hält sie Nero entgegen: «Und wenn man mich und dich wird auf den Schauplatz heben / | Wird Nero nur durch Schmach / ich durch die Tugend leben.» Letzte Bestätigung für die innere Stärke, die ihr Handeln bis zum Ende bestimmt, ist ihr Suizid, durch den sie dem Tyrannen die Befriedigung verwehrt, sich noch lange an ihren Qualen zu weiden.

Dramatisieren die Nero-Dramen Episoden aus einer geschichtlichen Phase der Behauptung etablierter Macht, der trotz ihrer moralischen Ungeheuerlichkeit (relative) Dauer beschieden ist, so gehen *Cleopatra* und *Sophonisbe* zurück in eine frühere Periode der römischen Geschichte und thematisieren den historischen Prozeß von Aufstieg und Fall, der Ablösung einer Epoche durch eine andere. Der Untergang ehemals machtvoller afrikanischer Reiche – Ägypten, Karthago –, die der römischen Militärmacht und dem römischen Herrschaftsanspruch nichts mehr entgegenzusetzen haben, markiert Stufen des Aufstiegs Roms zur Weltmacht. Die Stücke bestätigen darüber hinaus die besondere Rolle Roms im Rahmen der Weltgeschichte.

Der Handlung der *Cleopatra* liegen die von Plutarch, Dio Cassius und anderen antiken Historikern beschriebenen Ereignisse nach der Seeschlacht bei Actium (31 v. Chr.) zugrunde: Rückzug Cleopatras und ihres Mannes Marcus Antonius nach Alexandria, Belagerung der Stadt durch Octavianus (Augustus), Selbstmord von Antonius und Cleopatra. Dieses Geschehen gehört zu den beliebtesten Sujets der Literatur- und Musikgeschichte. Mit Étienne Jodelles *Cléopâtre captive* (1574), der ersten französischen Renaissancetragödie, beginnt die Reihe dramatischer Versionen des Stoffes in den Literaturen Frankreichs, Italiens und Englands, denen sich bald auch Opernfassungen anschlossen. Anregungen empfing Lohenstein von Isaac de Benserades Tragödie *La Cléopâtre* (1636), aber auch von einem zeitgenössischen Roman, der *Cléopâtre* (1647–58) von Gautier de Costes de La Calprenède. Dieser Roman handelt zwar von der jüngeren Cleopatra, der Tochter von Antonius und Cleopatra, erzählt aber auch im Rückblick die Geschichte ihrer Eltern. Daß Lohenstein im Gegensatz zu den anderen Dramatikern die Kinder Cleopatras auftreten läßt, geht wohl auf das Beispiel La Calprenèdes zurück.

Das Trauerspiel konzentriert sich auf die letzten vierundzwanzig Stunden im Leben der Königin und des Antonius in der belagerten Stadt. Sie befinden sich in einer ausweglosen Lage. Augustus nutzt sie und setzt die das Ende beschleunigende Intrige in Gang, indem er seine Gegner gegeneinander ausspielt. Er verspricht dem Machterhalt bzw. ein Reichsdrittel, der den Partner opfert. Antonius erweist sich zu politisch rationalem Handeln unfähig. Um dem schwankenden Antonius zuvorzukommen und den Ausgleich mit dem Gegner zu verhindern, veranlaßt Cleopatra ihn zu einem Affront gegen Augustus und treibt ihn durch einen geschickt vorgetäuschten Selbstmord in den Tod. Als sie jedoch durchschaut, daß Augustus' Zusicherungen Täuschung sind und er sie nur in seine Hände bekommen will, um sie als Gefangene im Triumphzug nach Rom führen zu können, durchkreuzt sie seine Pläne und geht großmütig in den Tod: «Ein Fürst stirbt muttig / der sein Reich nicht überlebt.»

Cleopatra liegt in zwei Fassungen vor (1661 und 1680). Die Ausgabe von 1680 weist wesentliche Erweiterungen vor allem im ersten und fünften Akt auf. Sie basieren auf einer vertieften Auswertung historischer Quellen, wissenschaftlicher Darstellungen und neuerer Reisebeschreibungen. Die Folge sind detaillierter ausgeführte, aber auch gänzlich neue Szenen, zusätzliche handelnde Personen, eine genauere Ausgestaltung kultischer Elemente und eine schärfere Zeichnung der Hauptgestalten. Dabei bleiben aber die grundsätzlichen Positionen erhalten, und auch der Versuch, Kaiser Augustus aufzuwerten – vielleicht, um dem im Schlußreyen angesprochenen Kaiser Leopold I. nicht zu nahe zu treten, «der dem August es gleiche thut» –, ändert letztlich nichts an der moralischen Fragwürdigkeit seines Handelns.

Cleopatras Handlungsweise mag schlichtweg unmoralisch erscheinen, und die wissenschaftliche Literatur war nicht sehr zurückhaltend in ihren Urteilen über Machtweiber, die rücksichtslose Instrumentalisierung der Erotik zu politischen Zwecken und die «Dunst- und Brunstwelt Afrikas». Aber das Thema ist weder private Moral noch private Schuld, die Cleopatra übrigens durchaus einräumt. Es geht vielmehr ungeachtet der exotischen und erotischen Atmosphäre um politisches Handeln in einer Krisensituation, in der auf der einen Seite der Erhalt, auf der anderen die Erweiterung von Herrschaft auf dem Spiel steht; gefordert ist ein an den Maximen der Staatsräson und der politischen Klugheit orientiertes Agieren und Reagieren. Dieser Aspekt bleibt ständig präsent, in den Einlassungen der politischen Ratgeber, in den Überlegungen und Handlungen der Politiker. Die Antworten auf die Anforderungen oder Zumutungen sind verschieden, unterschiedliche Wertvorstellungen kollidieren in den Auseinandersetzungen der ausgedehnten Beratungs- und Botenszenen, immer wieder zugespitzt im Austausch von sentenzartigen Stichomythien und auf Seiten der Römer nicht ohne eine rassistische Komponente.

Cleopatra und Augustus erweisen sich wie ihre maßgeblichen politischen und militärischen Berater als Vertreter einer die Grenzen der Moral weit dehnenden Staatsräson. Diesen Ansprüchen nicht gewachsen ist Antonius, den ethische Bedenken und vor allem seine mangelnde Affektkontrolle an der rationalen Ausübung von Herrschaft hindern. Sein Beharren auf Liebe, Treue und Aufrichtigkeit ist im Kontext der durch Simulation und Dissimulation geprägten politischen Welt keine Tugend, sondern vielmehr unvernünftig, weil affektbestimmt. Dagegen handelt Cleopatra im Sinn des Staatsräsondenkens nur konsequent, wenn sie jede Möglichkeit nutzt, die vielleicht doch noch zur Erhaltung ihres Reiches und ihrer rechtmäßigen Herrschaft führen könnte, wenn sie der Argumentation ihrer Ratgeber folgt und in vollem Bewußtsein moralischer Schuld private Belange und Gefühle zurückstellt, um ihrer Herrscherrolle in einer Not- und Zwangslage gerecht zu werden. Sie opfert Antonius («mein Heil wächst auß der Todten-Baare»), doch als sie die Freiheit des Handelns wieder zurückerhält, d. h. keine politischen Spielräume mehr bestehen und sie daher kein herrscherlicher Auftrag mehr bindet, erneuert sie demonstrativ den Bund, indem sie «itzt noch einmal durch den Tod | Sich dem Anton» vermählt».

«Wer sich nicht anstelln [verstellen] kan / der taug zum herrschen nicht», gibt einer der Räte des Augustus zu bedenken (und zitiert damit, so die Anmerkung Lohensteins in der Erstfassung, eine Anekdote, nach der König Ludwig XI. von Frankreich seinen Sohn Karl VIII. «mehr nicht lernen lassen / als diese Lateinische Wortte. Qui nescit dissimulare, nescit regnare»). Unter diesem Gesichtspunkt, im Hinblick auf Täuschung und Verstellung, auf Affektbeherrschung und Affektmanipulation unterscheiden sich die Gegenspieler Cleopatra und Augustus nicht. Beide erweisen sich als vernunftbestimmte Politiker, die ihr jeweiliges Ziel mit allen Mitteln verfolgen. Dabei stellen sie die Notwendigkeiten politisch klugen, erfolgsorientierten Handelns über religiöse oder moralische Normen, beide sind Meister der Täuschung und Verstellung. Augustus kann kaum als positives Gegenbild zu Cleopatra gelten, zumal er als Aggressor erscheint und ohne Not zuerst zum Betrug als Mittel der Politik greift (und damit unter den gegebenen Umständen die Grenzen des von den Staatsräsontheoretikern Erlaubten überschreitet).

Wenn sich Augustus im Augenblick der Sieges als großmütiger, maßvoller Herrscher gibt, so setzt er damit nur sein bisheriges ‹politisches› Verhalten fort: Wie er Cleopatra und Antonius die jeweils gleichen, zur Beseitigung des Partners auffordernden (leeren) Versprechungen machte, ebenso doppelzüngig verhält er sich im Sieg mit dem Versuch, Cleopatra von seiner Liebe zu überzeugen, um sie leichter nach Rom bringen zu können. In diesem letzten Wettstreit von Verstellung und Täuschung, von Simulation und Dissimulation erweist sich Cleopatra allerdings als die Überlegene: Sie durchschaut das Vorhaben ihrer Gegner, geht zum Schein darauf ein und schafft sich so, indem sie einen Aufschub für die Bestattung des Antonius erhält, die Möglichkeit eines würdigen Todes. Der über den Fehlschlag seiner Pläne eher unkaiserlich enttäuschte Augustus braucht einige Zeit, bis er sich zur Anerkennung von Cleopatras Verhalten durchringen kann und ihr – gewiß auch zur Überhöhung seiner eigenen Person – geschichtliche Größe bescheinigt: «Cleopatra wird stehn / wenn Rom nicht Rom wird sein.» Er selbst zeigt auch weiterhin alle Merkmale eines seine Herrschaft absichernden Realpolitikers, wenn er einerseits den ermordeten Antyllus, Sohn des Antonius, ehrenvoll begraben und rächen läßt und sich der kleinen Kinder Cleopatras annimmt, andererseits den entflohenen Caesarion, Sohn Cäsars und Cleopatras, zu töten befiehlt, «Wo er sich in dreyer Mohnden Zeit | Nach Rhodos nicht gestellt». Diesen Aufschub kennt die erste Fassung nicht: «Sein Todt verleih't uns Ruh / sein Leben Ungemach», heißt es hier ohne Umschweife.

Das zweite der afrikanischen Trauerspiele, *Sophonisbe*, ist in einer vergleichbaren geschichtlichen Umbruchssituation angesiedelt wie *Cleopatra*. Weitere Gemeinsamkeiten liegen in den Personenkonstellationen und den Konfliktsituationen. Diese resultieren auch in der *Sophonisbe* aus der

Konfrontation der überlegenen Militärmacht Roms und einem dem Untergang geweihten afrikanischen Reich und seinen Repräsentanten. Dabei geht Lohenstein in eine weiter zurückliegende Periode der römischen Geschichte zurück, in die Zeit der Auseinandersetzungen mit Karthago. *Sophonisbe* behandelt eine Episode gegen Ende des Zweiten Punischen Krieges (218–201 v. Chr.), von der u. a. die Historiker Livius und Appian berichten und die wie die Geschehnisse um Cleopatra und Antonius seit der Renaissance ebenfalls häufig literarisch gestaltet wurde (u. a. von Gian Giorgio Trissino, Jean Mairet und Pierre Corneille). Wahrscheinlich kannte Lohenstein Mairets *La Sophonisbe* (1634).

Der numidische König Syphax und seine Gattin Sophonisbe, Tochter des Karthagers Hasdrubal, verteidigen ihre Residenzstadt Cyrtha gegen die afrikanischen Bundesgenossen Roms unter König Massinissa, der früher von Syphax aus seinem väterlichen Erbe vertrieben worden war und sich den Römern angeschlossen hatte. Als Syphax gefangengenommen wird, kämpft Sophonisbe mit allen Mitteln um ihre Herrschaft, bereit, Syphax seinem Schicksal zu überlassen und ihre Kinder den Göttern zu opfern. Syphax vermag jedoch zu fliehen und das Opfer zu verhindern. Massinissa erobert die Stadt und nimmt das Herrscherpaar gefangen. Sophonisbe verhilft ihrem Mann zur Flucht. Massinissa trägt ihr in seiner Leidenschaft die Ehe an. Sie willigt ein, weil sie so eine Möglichkeit sieht, die Herrschaft zu behaupten. Massinissa akzeptiert ihre Bedingung, sie nie in römische Hand fallen zu lassen. Der römische Oberbefehlshaber Scipio jedoch, der anders als Augustus in der *Cleopatra* außerhalb des erotischen Beziehungsgeflechts bleibt, «verweiset Masanissen ernstlich seine unbesonnene Heyrath / und bringet ihn zum Erkäntnüs seines Fehlers». Der zwischen Liebe und politischer Vernunft schwankende Massinissa schickt Sophonisbe Gift, um sein Versprechen halten zu können. Didos Geist «verkündigt Sophonisben ihren und Carthagens Untergang», und angesichts der Erkenntnis, daß das «Verhängnüs» ihrem Herrschaftsauftrag entgegensteht, geht sie freiwillig in den Tod, nicht ohne Schuld, aber durchaus mit Größe. Massinissa bereut sein Verhalten, kommt jedoch zu spät; Scipio vereitelt seinen Versuch, sich ins Schwert zu stürzen, «beruhigt ihn endlich durch bewegliche Zuredung» und setzt ihn an Syphax' Stelle als König ein.

Ungeachtet der stärker hervortretenden kultisch-exotischen Momente stehen auch in der *Sophonisbe* Fragen der Politik und des politischen Handelns im Kontext zeitgenössischer Affektenlehren im Mittelpunkt. Die Kontraste sind greller als in der *Cleopatra*, nicht zuletzt deshalb, weil hier zwei höchst unterschiedliche geschichtliche und kulturelle Entwicklungsstufen konfrontiert werden. Dabei lassen sich die von Lohenstein stark hervorgehobenen heidnisch-barbarischen Züge als Zeichen dafür lesen, daß die Zeit dieser afrikanischen Reiche abgelaufen ist. Gleichwohl bleiben die politischen Verhaltensmuster bei Siegern und Besiegten ähnlich. Es gilt für Sophonisbe wie zuvor für Cleopatra, daß Schuld Größe nicht ausschließt, daß sie sich in ihrer Notlage und angesichts mangelnder besserer Alternativen zu Taten gezwungen sieht, von denen sie weiß, daß sie sie moralisch ins Unrecht setzen, aber zur Erhaltung ihrer Herrschaft und ihres Reichs geboten erscheinen. Daß ihr Handeln, aus römischer oder auch heutiger Sicht, durch die düsteren und blutigen kultischen Aspekte barbarische Züge annimmt, kann in ihrem Verständnis keine Schuld begründen, wohl aber der persönliche Treuebruch gegenüber Syphax. Dieser allerdings disqualifiziert sich durch seine rein affekthaften Reaktionen als Herrscher.

Wie in der *Cleopatra* stehen auch hier die Gegenspieler im Zwielicht. Daß der wankelmütige, seinen Leidenschaften ausgelieferte und wortbrüchige Massinissa bis zum Schluß die hilfreiche Hand des römischen Feldherrn braucht, um seine unüberlegten Handlungen zu korrigieren und Schlimmeres zu verhüten, macht ihn gewiß nicht zu einem vorbildlichen Akteur auf der politischen Bühne, der unbedingt mit einer Krone belohnt werden müßte. Daß er Sophonisbe aufgibt, um sein Bündnis mit Rom und damit seine Herrschaft zu erhalten, ist durchaus ein Akt der politischen Vernunft (den Sieg der Tugend über die Wollust feiert der dieses Geschehen kommentierende vierte Reyen), aber in moralischer Hinsicht bleibt das eine ebenso fragwürdige Handlung wie Sophonisbes Treuebruch. Aber auch Scipios zweckrationaler römischer Machiavellismus ist nicht über alle Zweifel erhaben; allerdings hat er die Geschichte auf seiner Seite.

Anders als in der Märtyrer- und Tyrannentragödie der Jesuiten oder den Trauerspielen von Andreas Gryphius gibt es bei Lohenstein kein starres religiös fundiertes Tugendhandeln, das die Anforderungen irdischen Lebens negiert, es gibt aber auch keine idealisierenden, an der politischen Wirklichkeit vorbeigehenden Versuche, die Widersprüche zwischen ethischem und politisch notwendigem Handeln zu überdecken. Lohensteins Protagonisten leben mit dem Dilemma, daß sie in bestimmten Situationen in Konflikte mit ethischen Normen geraten und sie gegebenenfalls verletzen müssen.

Mit der Darstellung der verschiedenen Aspekte politischen Handelns und ihrer theoretischen Begründung bieten die Trauerspiele Lohensteins Anschauungsunterricht in den Fächern Politik, Verhaltenslehre und angewandte Affektenlehre, Lehrbeispiele für die spielenden Gymnasiasten ebenso wie für das Publikum. Antworten auf die Frage, warum Nero die Herrschaft behauptet, die tugendhafte Epicharis aber mit ihren Plänen scheitert, warum Cleopatra und Sophonisbe sich nicht gegen die römische Macht behaupten können, geben diese praktischen Politiklektionen jedoch nicht. Deutungshinweise zur Thematik von Tugend und Laster und ihren Zusammenhang mit geschichtlichem Erfolg oder Mißerfolg im Rahmen einer teleologischen Geschichtskonzeption finden sich dagegen in den Dramenteilen, die dem pragmatischen Handlungsnexus entzogen sind, also in den die einzelnen Akte beschließenden emblematischen, häufig singspielhaft ausgebauten Reyen und in der in den letzten Akt der *Sophonisbe* integrierten Prophezeiung der Dido. Nach Hinweisen auf die verhängnisvolle, blutige Geschichte Roms im Reyen der Kontinente und der Sibylla von Cuma in der *Epicharis* und auf die herausgehobene geschichtliche Stellung des Hauses Habsburg im *Ibrahim Sultan* erhält Lohensteins Geschichtsbild feste Konturen in den afrikanischen Trauerspielen, orientiert an der Prophetie Daniels im Alten Testament (Dan. 7–12) und der darauf basierenden Lehre von den vier aufeinanderfolgenden Weltreichen.

Dido deutet in ihrem prophetischen Geschichtsüberblick das Schicksal Sophonisbes und die Zerstörung Karthagos als Teil der römischen Episode der Weltgeschichte, die aber durch eigenes Verschulden zu einem Ende kommen wird: «Die Sicherheit wird Rom nach diesem Kriege | In Schlaff' und Faulheit wiegen ein.» Die römische Geschichte stellt nur ein «Vorspiel größrer Helden-Wercke» dar, die im Rahmen der habsburgischen Universalmonarchie «Europens Keyser-Vogel» verrichtet wird. Die geschichtsteleologische Begründung liefert der «Reyen Des Verhängnüsses / der vier Monarchien» am Schluß der *Sophonisbe*. Regiert vom ‹Verhängnis› findet die Geschichte nach der Abfolge der vier Weltmonarchien und der *translatio imperii* – der Übertragung des Reiches von den Römern auf die Deutschen – ihr Ziel im weltumspannenden Reich der Habsburger als eigenständiger, die Weltgeschichte gleichsam abschließender utopisch-friedlicher Geschichtsepoche.

Geschichte erscheint so nicht als ewiger Kreislauf von Gewalt und Gegengewalt, sondern als ein sinnvoller, zielgerichteter Prozeß. Dabei besteht, langfristig gesehen, ein Zusammenhang zwischen Tugend und politischem Erfolg bzw. zwischen moralischem und geschichtlichem Niedergang. Das aber schließt, wie etwa die Nerodramen zeigen, längere Perioden der Herrschaft des Unrechts und des Lasters nicht aus. So deutlich auch Lohenstein auf den Zusammenhang von Vernunft, Affektbeherrschung und politisch verantwortlichem Handeln verweist, eine unmittelbare Kausalität zwischen tugendhaften oder schuldhaften politischem Verhalten und Erfolg oder Mißerfolg läßt sich angesichts der unberechenbaren Folgen menschlicher Handlungen und der Willensfreiheit einerseits und der Unergründlichkeit der göttlichen Vorsehung und der Begrenztheit des menschlichen Verstandes andererseits nicht erkennen.

5. Haugwitz und Hallmann

Von den beiden Autoren, mit denen die kurze Geschichte des barocken Trauerspiels zu einem Ende kommt, bleibt August Adolph von Haugwitz seinem Vorbild Gryphius eng verbunden, während Johann Christian Hallmann das Dramenspektrum um eigene Facetten bereichert. Haugwitz verdankt seinen Platz in der Literaturgeschichte dem Trauerspiel

Schuldige Unschuld / Oder Maria Stuarda, Königin von Schottland (auf dem Titelblatt datiert auf 1683), enthalten in der Sammelausgabe seiner poetischen Werke *Prodromus Poeticus, Oder: Poetischer Vortrab / bestehende aus unterschiedenen Trauer- und Lust-Spielen / Sonnetten / Oden / Elegien / Bey- oder Uberschrifften und anderen Deutschen Poetischen Gedichten* (1684). Es handelt sich um eine Märtyrertragödie nach dem Beispiel des *Carolus Stuardus* und der *Catharina von Georgien* von Gryphius. Auf ihn verweist Haugwitz bereits in der Eingangsszene mit der «Ewigkeit als Vorredner», die demonstrativ an den Prolog zur *Catharina* anknüpft. Maria erscheint als unschuldige Märtyrerin, die wie Carolus Stuardus Rettungsversuche ablehnt und in ihrem Tod freudig die Passion Christi nachlebt. Anders als im Jesuitendrama, das den Stoff mehrfach auf die Bühne brachte, treten konfessionelle Aspekte zurück; Elisabeth, die Gegenspielerin der gläubigen Maria Stuart, handelt aus innerweltlich-politischen Motiven, aus einem von Haugwitz als machiavellistisch kritisierten Konzept der Staatsräson. Damit nimmt Haugwitz den politischen Diskurs der zweiten Jahrhunderthälfte auf, und wie sein Vorbild Gryphius betont er den Skandal der Hinrichtung einer nur Gott verantwortlichen Herrscherin.

Formal und sprachlich steht Haugwitz' Märtyrerstück für ein klassizistisches Programm, das sich an französischen Mustern zu orientieren scheint. In diesen Zusammenhang gehören eine deutliche Zurückhaltung bei der Darstellung und Schilderung von Greueltaten, eine ebenso weit von Gryphius' Pathos wie Lohensteins manieristischem Bildgebrauch entfernte, nach Klarheit strebende Verssprache im Stil der französischen klassizistischen Tragödie und eine deutliche Absage an die Tendenzen der Zeit zur Veroperung, wie sie Hallmann vertritt.

Hauptquelle der *Maria Stuarda* ist die auf einem niederländischen Bericht beruhende Darstellung vom Schicksal Maria Stuarts im zweiten Band einer Kompilation Erasmus Franciscis (*Der Zweyte Traur-Saal steigender und fallender Herren*, 1669). Daneben spielten literarische Vorbilder eine bedeutende Rolle, außer Gryphius vor allem Vondels *Maria Stuart of gemartelde Majesteit* (1646) und – vielleicht als Anlaß zum ästhetischen Widerspruch – die Prosabearbeitung dieses Stückes von Christoph Kormart (*Maria Stuart: Oder Gemarterte Majestät*, 1673).

Das Trauerspiel *Maria Stuarda* bildet mit den beiden anderen Dramen der Sammelausgabe eine Art Trilogie, die die Abstufungen der Dramengattungen vom Trauer- zum Lustspiel spiegelt: *Obsiegende Tugend / Oder Der Bethörte doch wieder Bekehrte Soliman. Misch-Spiel* und *Flora, Lust-Spiel*. Während Flora, ein mythologisches Schauspiel, auf ein französisches Hofballett zurückgeht, basiert *Soliman* auf dem gleichen Stoff wie Lohensteins *Ibrahim Bassa* (1653). Auch Haugwitz benutzte den Roman Madeleine de Scudérys in der Übersetzung Zesens. Dabei behielt er anders als Lohenstein den glücklichen Ausgang bei (daher «Misch-Spiel»)

und konnte so – umgekehrt wie im üblichen Märtyrer- und Tyrannen-
drama – die Überwindung verderblicher Leidenschaften und den Sieg der
Tugend und Menschlichkeit demonstrieren.

Haugwitz' Versuch einer klassizistischen Bändigung des barocken
Trauerspiels blieb ohne Folgen. In seiner letzten Phase dominierte vielmehr der weitaus produktivere Johann Christian Hallmann, der durch
die Integration von Elementen des Wanderbühnentheaters, der italienischen Pastoraldichtung und der Oper sowie durch die verstärkte Hinwendung zu psychologischen, innerweltlichen Fragestellungen der Gattung neue Impulse gab. Sein Werk umfaßt fünf Trauerspiele und zehn
andere Stücke, wobei das Gattungsspektrum von einem «Trauer-Freu-
den-Spiel» über Lust- und Schäferspiele bis hin zu Übersetzungen italienischer Operntexte reicht. Von weiteren Dramen sind nur die Szenare
von Breslauer Aufführungen bekannt. Daß Hallmann zeitweise auf die
Einkünfte aus seinen Theaterproduktionen angewiesen war, unterscheidet ihn von Gryphius, Lohenstein oder Haugwitz und blieb sicher nicht
ohne Einfluß auf die entschieden auf Publikumswirksamkeit ausgerichtete Konzeption vor allem der späteren Dramen.

Die überlieferte Dramenproduktion Hallmanns begann mit dem 1666
von Schülern des Breslauer Magdalenengymnasiums aufgeführten Trauerspiel *Die Göttliche Rache / Oder Der Verführte Theodoricus Veronensis*
(Druck 1684). Bei diesem Stück und den beiden folgenden Trauerspielen
Mariamne (Aufführung 1669, Druck 1670) und *Sophia* (Aufführung und
Druck 1671) sowie in weiteren, in der Sammelausgabe *Trauer- Freuden-
und Schäffer-Spiele* (1684) abgedruckten Texten orientierte sich Hallmann
an den technischen Möglichkeiten und der Aufführungspraxis der Breslauer
Schulbühnen, wie zuvor bzw. gleichzeitig Gryphius und Lohenstein.

Deren Dramen bilden den Ausgangspunkt für Hallmann. Er verbindet
die Tyrannen- und Märtyrerthematik mit Aspekten der politischen Verhaltenslehre, löst dabei allerdings den metaphysischen Hintergrund zugunsten psychologischer Fragestellungen ab und macht die Intrige zum
bestimmenden Moment des Trauerspiels. Ziel der politischen Intrige, die
aus dem üblichen Nährboden von Heuchelei, Neid und Verleumdung erwächst, ist der Herrscher, dessen Verhalten dadurch «offt wider Willen»
gesteuert wird. Einer der späteren Opfer im *Theodoricus* beschreibt den
Mechanismus und seine verderblichen Folgen:

> So geht's. Der Diener schleust dem Fürst die Augen zu /
> Und spielet üm den Thron mit ihm die blinde Kuh;
> So lang' ihn nun das Tuch der Heucheley verhüllet /
> Muß / was der Spieler will / vom Blinden seyn erfüllet /
> Da ist der Gottesdienst / die Sanfftmuth / Glaub' und Treu /
> Auf dem verdammten Spiel gantz unbekant und neu.

Hier ist es Theodoricus, ursprünglich ein vorbildlicher Herrscher, der «durch falsche Ohrenbläser», durch «hefftige Anreitzung etlicher seiner geheimtesten Räthe» eine Reihe unschuldiger Römer, darunter auch Boethius, vor dem Hintergrund der politischen und religiösen Gegensätze zwischen Römern und Gothen hinrichten läßt. Bedenken schiebt er beiseite, indem er sich auf die Staatsräson beruft («Weg Aberwitz. Der Stat erfodert itzt was mehr»). Einsicht in seine Schuld hat er nicht, und da nun sein «Sünden-Maß zihmlich voll» ist, sorgt die «Göttliche Rache» dafür, daß er den zum Abendessen servierten Fisch für das abgeschlagene Haupt eines seiner Opfer hält und, von Erscheinungen und Zweifeln gequält, schließlich seine «bekümmerte Seele ausbläset».

In *Mariamne* arbeitet Herodes' Schwester Salome mit allen Mitteln der Intrige daran, «wie Mariamne nebst jhrer Mutter und gantzem Hause zu vertilgen sey», und auch hier wird der «verhetzte König» nach seinen Bluttaten von Geistererscheinungen und «allerhand Vorstellungen künfftigen Unglücks erschrecklich geängstiget und gequälet». In *Sophia* dient die Christenverfolgung als Vorwand, die keusche römische Witwe Sophia zu martern und ihren Kindern vor ihren Augen den freudig begrüßten Märtyrertod zu bereiten, wobei Kaiser Hadrian einerseits von seinen Priestern dazu gedrängt wird, andererseits aus verschmähter Liebe und aus Rache wegen einer durch göttlichen Eingriff verhinderten Vergewaltigung Sophias handelt.

In allen diesen Stücken geht es nicht um eine tiefergehende religiöse oder ethisch-politische Problematik; die von Hallmann dargestellte höfische Welt hat keine Tiefendimension, sondern bleibt mit ihrem Intrigenspiel und ihrer Demonstration der leichten Verführbarkeit schwacher, ihrer Affekte nicht mächtiger Herrscher durchaus an der Oberfläche. Nur vorgeschoben sind die Hinweise auf die Erfordernisse des Staates, mit denen die Fürsten ihr verwerfliches Verhalten rechtfertigen, denn ihre Opfer und deren angebliche Vergehen haben keinerlei politische Relevanz, gefährden in keiner Weise Herrscher und Staat. Und damit verliert auch das Martyrium als ein nur zufälliges Ergebnis intriganter Machenschaften und menschlicher Manipulierbarkeit an Bedeutung. Als Gegenbild der ‹verführten› und ‹verhetzten› Fürsten erscheint in Reyen und Prophezeiungen Kaiser Leopold I. als Verkörperung idealen Herrschertums. Hallmanns Huldigungen geht allerdings die geschichtsteleologische Dimension Lohensteins ab.

Hallmann zeigt, beeinflußt auch vom Jesuitentheater, der Wanderbühne und der Oper, einen großen Sinn für theatralische Effekte. In dieser Hinsicht übertraf er Gryphius und Lohenstein durchaus. Dabei galt sein Interesse am Theater seiner Zeit immer auch den musikalischen Aspekten. Er übersetzte zwei Opernlibretti aus Venedig, *Die Listige Rache Oder Der tapffre Heraclius* (Nicolò Beregano: *L'Eraclio*, 1671) und *Die*

Schaubühne des Glückes Oder Die Unüberwindliche Adelheide (Pietro Dolfino: *L'Adelaide*, 1672), beide in der Sammelausgabe seiner Werke von 1684 gedruckt. Heinrich Anshelm von Ziegler und Kliphausen brachte übrigens Hallmanns Prosatext des *Heraclius* in Verse und integrierte ihn als finales Festspiel in seinen Roman *Die Asiatische Banise* (1689). Zugleich nahm die Bedeutung der Musik in Hallmanns eigenem Werk kontinuierlich zu, das immer mehr über die Möglichkeiten des Schultheaters hinaus auf ein an der italienischen Oper orientiertes, alle Sinne ansprechendes Gesamtkunstwerk zielt (*Die Sterbende Unschuld / Oder Die Durchlauchtigste Catharina Königin in Engelland / Musicalisches Trauer-Spiel*, 1684).

Hallmann wurde um 1640 als Sohn eines Beamten in Schlesien geboren. Unsicher wie die Geburts- sind die Sterbedaten; 1704 Breslau bzw. 1714/1716 Wien werden genannt. Nach dem Besuch des Breslauer Magdalenengymnasiums studierte Hallmann Jura in Jena (1662–65) und ließ sich dann nach Reisen 1668 als Advokat in Breslau nieder. Er fand trotz intensiver Bemühungen – etwa in Form literarischer Huldigungen – und trotz der (wahrscheinlichen) Konversion zum Katholizismus keine feste Anstellung am kaiserlichen Oberamt in Breslau. Auch die Audienzen im November 1673 bei Kaiser und Kaiserin, denen er sein aus Anlaß ihrer Hochzeit verfaßtes «Pastorell» *Die Sinnreiche Liebe Oder Der Glückseelige Adonis und Die Vergnügte Rosibella* überreichen durfte, brachte keinen zählbaren Erfolg. Gleichwohl blieb er bis in die achtziger Jahre hinein ein in höchsten Kreisen gefragter und wohl auch finanziell erfolgreicher Gelegenheitsdichter, -redner und -schriftsteller. Nach dem Band *Leich-Reden / Todten-Gedichte und Aus dem Italiänischen übersetzte Grab-Schrifften* (1682) und der Sammelausgabe *Trauer- Freuden- und Schäffer-Spiele* (1684) veröffentlichte Hallmann bis auf ein kleines Epigrammbuch (*Der Triumphirende Leopoldus / Oder Teutsche Epigrammata*, 1689) und das Trauerspiel *Die Unüberwindliche Keuschheit Oder Die Großmüthige Prinzeßin Liberata* (1700) nichts mehr. Später versuchte er sich als Theaterunternehmer. Szenare zu Theateraufführungen sind bis 1704 nachweisbar.

VI. KOMÖDIE

1. Theorie und Praxis

Die Komödie nimmt in der Geschichte der deutschen Literatur des 17. Jahrhunderts einen eher bescheidenen Platz ein. Das schlägt sich in der relativ geringen Zahl der Texte ebenso nieder wie in den Stereotypen der poetologischen Äußerungen zur Gattung, die 1624 mit Martin Opitz' *Buch von der Deutschen Poeterey* in fast wörtlichem Anschluß an Julius Caesar Scaligers *Poetices libri septem* (1561) einsetzen. Dabei ist die Diskrepanz zwischen dichterischer Praxis und den theoretischen Postulaten beträchtlich, Folge der unterschiedlichen Vorgaben und Zielsetzungen der gelehrten Autoren – z. B. Komödie im Kontext der Literaturreform, Komödie als Teil des rhetorisch-pädagogischen Schultheaters – wie der Eigendynamik des Theaters und seiner Traditionen.

In der Charakteristik der Komödie durch Martin Opitz verbinden sich die traditionellen poetologischen Forderungen nach einem angemessenen Verhältnis von Personen und Handlung mit der Kritik an (ungenannten) Autoren, die diesen zur Ständeklausel verdichteten Zusammenhang ignorierten. Die Komödie bestehe im Gegensatz zur «maiestet» der Tragödie, heißt es, «in schlechtem [geringen] wesen vnnd personen»: Sie rede von «hochzeiten / gastgeboten / spielen / betrug vnd schalckheit der knechte / ruhmrätigen Landtsknechten / buhlersachen / leichtfertigkeit der jugend / geitze des alters / kupplerey vnd solchen sachen / die täglich vnter gemeinen Leuten vorlauffen. Haben derowegen die / welche heutiges tages Comedien geschrieben / weit geirret / die Keyser vnd Potentaten eingeführet; weil solches den regeln der Comedien schnurstracks zuewieder laufft.»

In diesem Rahmen bleiben die Äußerungen über die Komödie zunächst auch weiterhin. In den Lust- oder Freudenspielen, so die deutschen Termini, agieren Personen, «die in gemeinen Burgerlichen Leben zu finden», heißt es im zweiten Teil von Georg Philipp Harsdörffers *Poetischem Trichter* (1648). Dementsprechend handeln sie von (privaten) Gegenständen aus diesem bürgerlichen Leben und sind, gemäß dem von der Poetik geforderten Zusammenhang von sozialem Status und Stilhöhe, «mit einer niedrigen / schertzhafften und mittelmäßigen Art zu reden vergnüget» (Balthasar Kindermann: *Der Deutsche Poet*, 1664). Das bedeutet in der Regel Prosa als Sprachform. Gelegentlich finden sich Hinweise auf eine Lockerung der Ständeklausel, etwa wenn Harsdörffer gegen Opitz schreibt, daß auch Könige auftreten könnten, «wann die Geschichte fröliche Händel betreffen», oder Rotth in seiner aristotelischen *Vollständigen Deutschen Poesie* (1688) mit Blick auf die tatsächliche Praxis der «Comödie heutiges Tages» einräumt, daß die dramatische Person («Sie sey wer sie sey») höheren Standes sein könne. Dabei bleibt der Widerspruch zu seiner eigenen Definition, die die Komödie im «bürgerlichen und gemeinen Leben» ansiedelt.

Allerdings ist diese Bestimmung auch von der sozial entgegengesetzten Seite fragwürdig. Denn das Komödienpersonal bietet, genau betrachtet, keinen Spiegel, sondern eher einen Zerrspiegel des ‹gemeinen bürgerlichen Lebens›. In der Regel bleibt es eben nicht – wie in Birkes Liste (*Teutsche Rede-bind und Dicht-Kunst*, 1679) – bei «gemeine[n] Personen des Hausstandes / als Herren und Frauen / Vätter und Mütter / Söhne und Töchter / Knechte und Mägde / und dergleichen Leute», sondern bei den Aufzählungen anderer Poetiker spielen neben den traditionellen Typen der antiken Komödie und der Commedia dell'arte vom prahlerischen Landsknecht über den Parasiten bis zum alten Geizhals gerade von der Gesellschaft ausgestoßene bzw. geringgeschätzte Personen oder Personengruppen die führende Rolle. Dazu zählen «gar unerbare Leute» wie Huren und Kuppler (Balthasar Kindermann) oder selbst Geisteskranke (Jacob Masen), aber auch, «wie es heutiges Tages gebräuchlich ist / Bauren / Jüden / und solche Personen / die das Volck zum lachen bewegen können». Dieser Hinweis Kindermanns auf die zeitgenössische Praxis reflektiert wie selbstverständlich den Antisemitismus der frühneuzeitlichen Gesellschaft und setzt zudem die traditionelle literarische Diskriminierung des Bauernstandes mit dem Bildungshochmut der humanistischen *nobilitas litteraria* fort; Bauern und Juden zählen wie die Spielleute und Gaukler zu den Gruppen verlachenswerter, gesellschaftlich minderwertiger Menschen.

Endzweck des Lustspiels ist, und da sind sich die von der humanistischen Dichtungsauffassung geprägten Poetiker einig, «daß entweder die Zuschauer die Fehler und Tugenden des gemeinen menschlichen Lebens gleichsam spielweise erkennen und sich bessern lernen / oder doch sonst zu einer Tugend auffgemuntert werden» (Rotth). Wenn dies mit einem derartigen negativen dramatischen Personal bewerkstelligt werden soll, geht das nur durch Kontrastfiguren und Kontrastwelten, die Maßstäbe für tugendhaftes und damit gesellschaftlich nützliches Verhalten setzen. Und da die Komödiendichter dies nur im Zusammenhang mit der hierarchischen Ordnung der höfisch-absolutistischen Gesellschaft zu sehen vermögen, setzen sie die theoretisch immer wieder postulierte Ständeklausel in der Praxis außer Kraft. Vom Miles-gloriosus-Stück *Von Vincentio Ladislao* (1594) des Herzogs Heinrich Julius von Braunschweig, das wesentliche Elemente der Barockkomödie vorausnimmt (s. S. 101), über die Lustspiele des Andreas Gryphius bis hin zu den Stücken Jacob

Masens oder Christian Weises vom Typ ‹König für einen Tag› – überall
gibt es einen höfischen Rahmen, stehen den gemeinen Leuten, traditionellen Lustspielfiguren und gesellschaftlichen Außenseitern hohe Herrschaften gegenüber: Der Hof und seine Repräsentanten stellen die Norm dar,
an der gesellschaftliches Fehlverhalten gemessen wird. Die Komik geht
selbstverständlich auf Kosten der niederen Schichten und Außenseiter,
die – so zeigt ihr Benehmen gegenüber der feinen Gesellschaft – ihren
Platz in der gesellschaftlichen Hierarchie verkennen und daher belehrt
und in die Schranken verwiesen werden müssen. Ziel ist die Komödie als
moralische und gesellschaftlich nützliche Veranstaltung. Die komische
Wirkung ergibt sich aus der Diskrepanz zwischen Anspruch und Wirklichkeit, zwischen Schein und Sein, wobei nicht zuletzt die Sprache als
Mittel der (Selbst-)Entlarvung bzw. der Normbekräftigung dient.

   Die entschiedene Betonung des *prodesse* entspricht den Grundsätzen
der humanistischen Poetik, ist aber auch eine Reaktion auf die aktuelle Situation des Theaters. Denn was außerhalb des Schultheaters vor allem auf
die Bühne kam, waren Stücke der Wanderbühne, von italienischen, englischen und dann auch deutschen Schauspieltruppen, denen es nicht um
religiöse, moralische und sprachliche Erziehung zu tun war, sondern um
publikumswirksame Unterhaltung mit allen, nicht zuletzt außerliterarischen Mitteln: Musik, Tanz, Akrobatik, Situationskomik, Prügelszenen
usw. Und die sprachliche Komik beruhte auf Zoten, Wortverdrehungen
und entsprechenden Mißverständnissen, Flüchen, Beschimpfungen und
dergleichen. Vor allem die Dienerfiguren, die die Handlungen und Reden
ihrer Herren travestierten, garantierten den komischen Erfolg. Zu diesen
gehörte auch die Figur des Narren oder Clowns – Jan Bouset, Pickelhering, Hanswurst –, die mit ihren handfesten Possen die Handlung auch tragischer Stücke begleitete oder in komischen Interludien und Nachspielen
das Publikum unterhielt und dabei ohne Rücksicht auf zimperliche Vorstellungen von Anstand und Moral Derbes, Unflätiges und Obszönes zu
bieten hatte. Sich von einer derart anarchischen Praxis abzusetzen, die bereits die komischen Zwischenspiele des mittelalterlichen geistlichen Spiels
und die Fastnachtsspiele geprägt hatte, lag im Interesse der humanistischen Gelehrtendichter, denen es auch um das soziale Ansehen ihres Standes zu tun war. Schon die von Plautus und Terenz angeregten Komödien
deutscher Humanisten vermieden exzessive verbale und grotesk-körper-
liche Komik, und die Geschichte der deutschen Komödie im 17. Jahrhundert ist nicht zuletzt – parallel zu den Tendenzen der Sozialdisziplinierung
im frühneuzeitlichen Staat – weitgehend auch eine Geschichte der Unterdrückung dieser anarchischen, kreatürlichen, unflätigen Elemente. Und
wenn es dann doch bei Andreas Gryphius oder Christian Weise derb oder
obszön zugeht, untersteht dieses Verhalten einer kritischen Zensur, stellt
es sich als Normverletzung ins gesellschaftliche Abseits.

Vor diesem Hintergrund scheint es verständlich, daß die Literaturreformer die Komödie als problematische Gattung ansahen und sich daher eher zurückhielten: Opitz legte für zahlreiche Gattungen Musterbeispiele vor – nicht jedoch für die Komödie. «Trawerspiele tichten ist vorzeiten Keyser / Fürsten / grosser Helden vnd Weltweiser Leute thun gewesen», schreibt Opitz Anerkennung einfordernd zu Beginn der Vorrede zu seiner Übertragung von Senecas *Trojanerinnen* (1625), eine Würdigung, die der Komödie nicht zuteil wird. Vielmehr bleibt sie ein Problemfall, und so kommt es nach der Literaturreform neben einigen Versuchen mit komischen Interludien in Fest- und Friedensspielen erst bei Andreas Gryphius zu einer literarisch anspruchsvollen Komödienproduktion.

2. Andreas Gryphius

Die barocke Komödie ist kein sozialkritisches, sondern ihrer Intention nach ein staatserhaltendes Unternehmen. Das wird nirgendwo deutlicher als bei Andreas Gryphius, der seinen Trauerspielen sieben Lust- und Festspiele, darunter zwei Übersetzungen, an die Seite stellte. Die wohl bekannteste Barockkomödie überhaupt ist seine *Absurda Comica. Oder Herr Peter Squentz / Schimpff-Spiel* (1658); die literarischen Höhepunkte markieren *Horribilicribrifax Teutsch* (1663), eine gleichsam verdoppelte Version des bramarbasierenden Maulhelden aus der Tradition der Commedia dell'arte, und das ‹Mischspiel› *Verlibtes Gespenste / Gesang-Spil. Die gelibte Dornrose Schertz-Spill* (1660–61), in dem Gryphius zwei sich einander spiegelnde Handlungen aktweise abwechselnd vorantreibt. Der Druck enthält auch Noten. Eher Nebenwerke sind – jeweils ohne Noten überliefert – das Singspiel *Majuma* aus dem Jahr 1653 (Druck 1657) zu Ehren des römischen Königs Ferdinand IV. und das als Huldigung der schlesischen Piastenherzöge wahrscheinlich 1660 entstandene opernhafte «Lust- und Gesang-Spiel» *Piastus* (Druck postum 1698).

Am Anfang seiner Bemühungen um die Komödie steht wahrscheinlich die wortgetreue Übersetzung einer älteren italienischen satirischen Typenkomödie, deren Intrigen allgemeinen Sittenverfall offenbaren: *La balia* (1560) von Girolamo Razzi, deutsch unter dem Titel *Seugamme oder Untreues Haußgesinde* 1663 in der Ausgabe letzter Hand erschienen, aber bereits in den vierziger Jahren entstanden. Seine zweite Übersetzungsarbeit, in der erweiterten Fassung von 1663 unter dem Titel *Der Schwermende Schäffer. Satyrisches Lust-Spiell* gedruckt (zuerst 1661), basiert auf Thomas Corneilles *Le berger extravagant* (1653) und ist als Auftragswerk für eine Geburtstagsfeier am schlesischen Herzoghof in Ohlau entstanden; es behandelt den beliebten Stoff der Wirklichkeitsverfehlung eines ‹Phantasten› nach dem Beispiel von Cervantes' *Don Quijote*, wobei Gryphius die sprachkritischen und -satirischen Tendenzen verstärkt.

Das «Schimpff-Spiel» *Absurda Comica. Oder Herr Peter Squentz* stellt dar, wie eine Gruppe von Handwerkern unter der Anleitung des ebenso eingebildeten und großsprecherischen wie dumm-dreisten Dorschulmeisters die aus Ovids *Metamorphosen* bekannte Geschichte von Pyramus und Thisbe als Theaterstück einstudiert und vor einer höfischen Gesellschaft aufführt. Das ist als dramatisches Sujet und dramaturgischer Einfall – Spiel im Spiel – nichts Neues; Shakespeares *Sommernachtstraum* bietet das berühmteste Beispiel. Gryphius kannte den originalen *Sommernachtstraum* allerdings nicht; krude Bearbeitungen des Stücks bzw. des daraus isolierten Pyramus-und-Thisbe-Teils waren jedoch durch die Englischen Komödianten auch auf deutsche Bühnen gelangt. In einem seiner *Monatsgespräche – Die AllerEdelste Belustigung Kunst- und Tugendliebender Gemühter* (1666) – schildert Johann Rist ausführlich die Wanderbühnenaufführung eines solchen Stückes.

Derartige Produktionen, nicht Shakespeare, bilden die Grundlage für entsprechende deutsche Versionen des Stoffes. Dazu gehört eine nicht erhaltene Komödie des vielseitigen, 1636 verstorbenen Altdorfer Philologen und Mathematikers Daniel Schwenter, auf die sich die Vorrede zum *Peter Squentz* bezieht, unterzeichnet von einem gewissen Philip-Gregorio Riesentod. Sein Freund, der Verfasser der vorliegenden Komödie, habe dieses ältere Stück von Schwenter kennengelert, es «besser ausgerüstet / mit neuen Personen vermehret / und nebenst einem seiner Traurspiele aller Augen und Urtheil vorstellen lassen». Riesentod ist, dafür gibt es eindeutige Hinweise, identisch mit Gryphius, der hier mit der im Barock so beliebten Herausgeberfiktion spielt. Allerdings bleibt offen, in welchem Umfang er die Vorlage umgestaltet hat, da sie bisher nicht aufgefunden werden konnte. Daher läßt sich auch nicht mit Sicherheit klären, wo Gryphius andere Quellen heranzieht. Bekannt war ihm natürlich die Dichtung Ovids, daneben wohl auch zur Parodie einladende ernsthaft-naive Knittelversdramen wie Samuel Israels *Sehr lustige newe Tragedi Von der grossen vnaussprechlichen Liebe zweyer Mensche, Pyrami vnnd Thysbes* (1601, ³1616).

In Shakespeares *Sommernachtstraum* stellen die Theaterszenen der Handwerker Teil eines auf verschiedenen Ebenen spielenden komplexen und kunstvoll ineinander verwobenen Geschehens dar. Dabei ist die den Laienspielern gewidmete Handlung in drei Abschnitte gegliedert: Rollenverteilung, Probe und Aufführung. Dem entspricht bei Gryphius die Abfolge der drei Akte: Im ersten verteilt Squentz, der Autor und Spielleiter, die Rollen, im zweiten trägt er dem König seine Absichten vor, im dritten – weit länger als die ersten beiden Akte zusammen – führen die Handwerker ihr Stück vor der Hofgesellschaft auf, die anders als im *Sommernachtstraum* nicht mit einer eigenen Handlung an dem Ganzen beteiligt ist. Squentz allerdings scheint Opfer einer Inszenierung zu sein, denn «deß Königes lustiger Rath» Pickelhäring ist wohl nicht zufällig von Anfang an dem Unternehmen beteiligt.

Peter Squentz, der die biederen Handwerker zu dem Spiel anstiftet, gehört zur Gattung der Großsprecher und Angeber. Er vertritt dabei die gelehrte, nicht die militärische Seite: «Ich bin ein Universalem, das ist in allen Wissenschafften erfahren», antwortet er auf die Frage des Königs Theodorus, was er studiert habe. Daß sich Squentz dabei mit jedem Wort selbst Lügen straft und in seinem Auftreten auch jede soziale Kompetenz vermissen läßt, gehört zum Wesen einer derartigen komischen Figur. Und daß er in seiner dünkelhaften Aufgeblasenheit unbelehrbar bleibt, verschärft die Kritik an seiner Anmaßung nur noch weiter. In dieser Kritik äußert sich aber nicht nur die auch von Gryphius vertretene elitäre Abgrenzung des humanistischen Gelehrten von den un- oder halbgebildeten Schichten. Zur Standesideologie kommt, ins Komische gewendet, die religiös begründete Warnung vor dem Hochmut als grundlegender Ursache menschlichen Fehlverhaltens. Verbunden damit sind die Hinweise auf die auch in der Theatermetaphorik angedeutete Scheinhaftigkeit alles Irdischen, auf den Gegensatz von Schein und Sein, Täuschung bzw. Selbsttäuschung und Wirklichkeit. Dieser Gegensatz wird nicht nur sichtbar in der persönlichen Verblendung des Peter Squentz, sondern ebenso in der Theaterproduktion der Handwerker, die ständig Spiel und Wirklichkeit verwechseln, ihre eigene Person und ihre Rolle nicht auseinanderhalten können und so die Illusion nicht etwa durchbrechen, sondern sie gar nicht erst aufkommen lassen.

Wie der Schulmeister und seine Freunde ihre soziale Rolle verfehlen, so erweisen sie sich auf literarischem Gebiet als ungebildet, rückständig und unfähig zugleich. Daß Squentz Ovid als Kirchenlehrer bezeichnet und die *Metamorphosen* als «Memorium phosis» zitiert, signalisiert seine Unbildung ebenso wie sein Schwanken zwischen den Gattungsbezeichnungen Komödie und Tragödie. Und natürlich entspricht das Pyramus-und-Thisbe-Spiel nicht den modernen poetologischen Anforderungen für eine Tragödie – hoher Stil, entsprechende Bildersprache, Alexandriner als Versmaß –, sondern ist ein stümperhaftes Produkt in veralteten Knittelversen mit zahllosen Stil- und Bildbrüchen, dessen Inszenierung überdies von komischer Hilflosigkeit gekennzeichnet ist. Die Gewährsleute und Vorbilder werden genannt: Einer der Handwerker, Meister Lollinger, ist Meistersinger, Hans Sachs dient als poetologische Autorität («Hans Saxe schreibet / wenn ein Spiel traurig ausgehet, so ist es eine Tragoedie»), und die Titel der Stücke, die die Laientruppe angeblich spielen kann, verweisen zum großen Teil auf Hans Sachs.

Doch ist die Literatursatire nicht das entscheidende Thema des Lustspiels. Das Verfehlen der literarischen Standards hat vor allem symptomatische Bedeutung im weiteren Kontext gesellschaftlichen Fehlverhaltens. Die theaterspielenden Handwerker und vor allem der anmaßende, seine Fähigkeiten völlig verkennende Schulmeister zeigen in allen ihren Handlungen und Äußerungen, daß sie ihren Platz in der ständischen Gesellschaft in grotesk-komischer Weise verkennen und so mit ihrem distanz-

und respektlosen Verhalten ihre Disziplinierung geradezu herausfordern. Die Maßstäbe zu setzen und die gegen die gesellschaftlichen Normen verstoßenden Kleinbürger in ihre Schranken zu verweisen, ist die Funktion der Hofgesellschaft um König Theodorus, bei der sich standesgemäße soziale Kompetenz und Bildung verbinden und die in ihrem überlegenen, nachsichtigen Umgang mit den Handwerkerschauspielern zeigt, daß sie zur Herrschaft berufen ist. Und hier liegt auch der Sinn des Verstoßes gegen die Ständeklausel der humanistisch-barocken Regelpoetik, die das Auftreten von Königen und anderen hohen Standespersonen in der Komödie für unzulässig hält. Gerade ihre Präsenz ermöglicht die Etablierung einer positiven gesellschaftlichen Norm.

Während für den *Peter Squentz* seit 1668 eine Reihe von Aufführungen im 17. Jahrhundert bezeugt sind, die Wanderbühnen das Stück in ihr Repertoire aufnahmen und Christian Weise die Beliebtheit der Komödie durch eine Bearbeitung unterstrich (*Lustiges Nachspiel / Wie etwan vor diesem von Peter Squentz aufgeführet worden / von Tobias und der Schwalbe*, 1683), blieb die Resonanz des *Horribilicribrifax Teutsch* mit nur zwei nachgewiesenen Aufführungen im 17. Jahrhundert (1674, 1686) eher gering. Das mag mit der komplexen Struktur des Stückes mit seinen fünf unterschiedlichen Handlungssträngen und dem Spiel mit mehreren Fremdsprachen zusammenhängen, Eigenheiten, die – anders als die einfache Konfrontation zweier Personengruppen im *Peter Squentz* – höhere Ansprüche an Schauspieler und Rezipienten stellten.

In der Vorrede zum 1658 gedruckten *Peter Squentz* heißt es, daß der Leser «mit ehistem» den *Horribilicribrifax* erwarten könne, der dann allerdings erst 1663 erschien. Anspielungen im Text deuten auf eine Entstehungszeit zwischen 1647 und 1650 hin. Möglicherweise war der Friedensschluß von 1648 der Anlaß für die Komödie um die beiden ‹reformierten›, d. h. aus dem Militärdienst entlassenen Hauptleute Horribilicribrifax und Daradiridatumtarides, die – allerdings mit untauglichen Mitteln – wieder Fuß im bürgerlichen Leben zu fassen suchen. Bemerkungen über verlorene Vermögen im Krieg oder hohe Preise verweisen ebenfalls auf die Umbruchssituation nach dem Dreißigjährigen Krieg. Mit den großsprecherischen Hauptleuten mit den ausgefallenen Namen knüpfte Gryphius an die auf Plautus zurückgehende Tradition des Miles gloriosus an; wichtig wurden ihm vor allem, wie die Reihe wörtlicher oder nahezu wörtlicher Übernahmen bezeugt, die Capitano-Dialoge der Commedia dell'arte von Francesco Andreini (*Le bravure del Capitano Spavento*, 1607), die – mehrfach gedruckt und erweitert – Gespräche zwischen dem in maßlosen Übertreibungen redenden Capitano und seinem Diener Trappola enthalten. Neu ist Gryphius' Kunstgriff, gleich zwei Maulhelden ins Spiel zu bringen.

Gryphius entwirft im *Horribilicribrifax* ein fast vollständiges Bild der gesellschaftlichen Hierarchie, wenn auch die höchste Instanz nur durch einen Statthalter, Cleander, und seinen Anhang vertreten ist. Neben die Hofleute Cleander, Palladius und Bonosus mit ihren Dienern treten vier

Jungfrauen (Selene, Sophia, Coelestina, Eudoxia), z. T. von verarmtem Adel, mit Angehörigen bzw. Kammerjungfer. Dazu kommen die beiden ‹reformierten› Hauptleute Don Horribilicribrifax und Don Daradiridatumtarides nebst Dienern sowie als letzte und sozial niedrigste Gruppe das groteske Paar Cyrilla («eine alte Kuplerin») und Sempronius (ein «alter verdorbener Dorffschulmeister von grosser Einbildung»). Das im Untertitel *Wehlende Liebhaber* angedeutete zentrale Thema der rechten Gattenwahl bestimmt die Handlung, setzt sie in Gang und schafft wechselnde Beziehungen zwischen den Personen. Das gilt auch für die Maulhelden, die sich durch eine reiche Heirat wieder einen Platz in der Gesellschaft zu verschaffen suchen. Vor allem diese beiden und ihre Diener sowie Cyrilla und Sempronius sorgen mit ihrer häufigen Bühnenpräsenz für Bewegung – und für Komik, denn je tiefer die handelnden Personen in der moralischen und sozialen Ordnung stehen, desto komischer wirken sie.

Durch Parallelisierungen und Konstatierungen der verschiedenen Paare in kurzen Szenen mit ständig wechselnden Konstellationen entsteht eine verwirrende Struktur, die jedoch die moralischen Abstufungen deutlich macht und erkennen läßt, worauf es in dieser betrügerischen, falschen Welt ankommt: Schein und Sein zu unterscheiden, dem Schein zu entsagen und sich gegen alle Widerstände tugendhaft zu behaupten. Am Schluß stehen acht Hochzeiten. Wenn man von den komischen Alten Sempronius und Cyrilla, dem kaum zur Geltung kommenden höfischen Paar Bonosus – Eudoxia und den Nebenfiguren absieht, konzentriert sich das Liebesgeschehen mit seinen Verwicklungen auf Coelestina, Selene (bzw. Selenissa) und Sophia, die sich auf unterschiedliche Weise – zu verstehen als positive und negative Beispiele – mit den Herausforderungen der Gattenwahl auseinandersetzen. Dabei sind es vor allem die Frauen, die sich moralisch bewähren müssen, um als Lohn ihrer Tugend am gesellschaftlichen Aufstieg teilnehmen zu können. Oder sie finden sich, ihrem moralischen Versagen entsprechend, bei sozial degradierten Partnern wieder. Im Fall Sophias, einer armen adeligen, doch keuschen Jungfrau, nähert sich die Komödie der Tragödie. Ehe sie Frau Cleanders wird, hat sie schwere Prüfungen ihrer Tugend zu überstehen. Nicht genug damit, daß sie ihr Haar – Sinnbild auch der Verführbarkeit des Menschen – verkaufen muß, damit sie und ihre Mutter nicht verhungern: Cleander läßt sie entführen und bedrängt sie in dieser rigorosen Tugendprobe derart, daß sie sich wie eine Tragödienheldin erstechen will, um ihre Tugend zu bewahren.

Wie der Statthalter als oberster Repräsentant des Hofes (und damit der gottgewollten Ordnung) die Tugend Sophias belohnt, indem er sie zur Frau nimmt, so richtet er in dieser letzten Szene des Lustspiels auch über die anderen Akteure, belohnt, bestraft, läßt Gnade vor Recht ergehen. Jeder erhält, was und wen er verdient – und sei es die Garantie einer schlimmen Ehe als irdischer Höllenersatz. Ist in der Tragödie der Tod der Prüfstein der Wahrheit, so ist es in der Komödie die Heirat: «Der Tod und Heyrath entdecken alle Dinge», bemerkt der Pfandleiher Rabbi Isaschar weise, als er die Wertlosigkeit des Schmucks erkennt, mit dem Daradiridatumtarides Selene beeindrucken wollte.

Das Lustspiel hat nicht nur mit der Liebe zu tun; es ist auch ein Stück über die Sprache. Dabei verbindet sich das Thema der Sprache mit dem der rechten Gattenwahl, denn wo Sprache dazu dient, eine Scheinwelt zu errichten und die Realität zu verschleiern, steht sie einer wahrhaftigen Beziehung nur entgegen. Die Sprachkritik trifft selbst positive Gestalten wie Palladius, der die richtige Sprachebene verfehlt, wenn er Coelestina mit der distanzierten Sprache des Hofes begegnet, wo die Sprache der Liebe angemessen wäre. Vor allem jedoch äußert sich die Sprachkritik als Satire und ist in dieser Form eine Hauptquelle der Komik des Lustspiels. Sie gilt ganz im Geist der Sprachgesellschaften der Fraktion der Sprachmenger und -verderber, also den aufschneiderischen Schein-Helden mit ihrer deutsch-italienischen bzw. deutsch-französischen Suada und dem pseudogelehrten Schulmeister Sempronius mit seinem griechisch-lateinisch-deutschen Kauderwelsch, das mit dem unsinnigen Gebrabbel der für ihn bestimmten Kupplerin korrespondiert. Während die Hauptleute ihren Ehrgeiz auf den höfischen Ton richten und – wie Horribilicribrifax – die «Zierlichkeit der Wohlredenheit» beanspruchen, karikiert Gryphius in Sempronius den Pedanten, seit der Commedia dell'arte ein beliebtes Objekt der Gelehrtensatire.

Die Reden der «Capitaine» und der beiden komischen Alten, aber auch das Sprachgemisch des Pfandleihers Isaschar stehen in scharfem Kontrast zur klugen, gewählten, wohlüberlegten Sprache der männlichen und weiblichen Normgestalten. Die sprachliche Unangemessenheit entspricht der gesellschaftlichen Deklassierung ihrer Sprecher; zugleich dient die sprachliche Differenzierung der moralischen Abstufung. Die gesellschaftliche Hierarchie ist auch eine sittliche. Ihr Garant ist wie in *Herr Peter Squentz* der Hof als höchste Instanz, repräsentiert durch den Statthalter Cleander. Das Ende mit «Hochzeiten über Hochzeiten» stabilisiert diese ideale Ordnung in der nun angebrochenen Zeit des Friedens.

Mit dem ‹Mischspiel› *Verlibtes Gespenste – Die gelibte Dornrose* setzt Gryphius neue Akzente in der deutschen Komödiendichtung des 17. Jahrhunderts. Das Doppelspiel, geschrieben für eine schlesisch-pfälzische Fürstenhochzeit, verbindet ein in höheren bürgerlichen Kreisen angesiedeltes Singspiel mit einer Bauernkomödie. Dabei werden nach einem allegorischen Auftritt der «Liebe», der das übergreifende Thema vorstellt, die jeweiligen Handlungen, beginnend mit dem ersten Akt des *Verlibten Gespenstes*, aktweise abwechselnd vorangetrieben und zielstrebig zum glücklichen Ende geführt. Ein Reyen mit dem Personal beider Stücke und einem auf die anlaßgebende Hochzeit bezogenen Auftritt des Brautgottes

Hymen beschließt die vier- bzw. achtaktige Komödie. Dem sozialen Kontrast zwischen den beiden Teilen entspricht ein formaler: Alexandriner in Dialogpartien bzw. andere Versmaße in den komponierten Arien und Ensembleszenen des Singspiels, Prosa – Hochdeutsch und schlesischer Bauerndialekt – im Scherzspiel.

Mit dem Doppelspiel, der Verbindung von zwei mehr oder weniger unabhängigen Stücken bzw. Textelementen, knüpft Gryphius an die ältere Praxis an, die Handlung eines Stückes durch inhaltlich selbständige, unterhaltsame Interludien zu unterbrechen. Die Englischen Komödianten und die deutsche Wanderbühne nutzten diese Technik ebenso wie Johann Rist. Gryphius' besondere Leistung besteht im Ausbau der Zwischenspiele zu einem vollgültigen Drama, das wiederum mit dem zweiten auf kunstvolle, beziehungsreiche Weise verknüpft ist.

Die Eigenwertigkeit der bäuerlichen Welt verweist auf die Beziehungen des Stückes zum Schäferspiel, das durch Torquato Tassos *Aminta* (Erstaufführung 1573, Druck 1580) und Giovanni Battista Guarinis *Il pastor fido* (1590) entscheidende Impulse erhalten hatte. Auf beide Stücke bezieht sich auch Jost van den Vondels ländliches Schauspiel *De Leewendalers* (1647), aus dem Gryphius wiederum u. a. das Motiv der verfeindeten Familie, Elemente der Handlung und – z. T. wörtlich – einige Dialogpartien übernahm. Mit der Schäferdichtung teilt Gryphius' «Schertz-Spill» nicht nur die positive Sicht des Landlebens und die Liebe als Hauptthema, sondern auch die konkrete Handlung – zunächst vergebliche Bemühungen des Liebhabers, Vergewaltigungsversuch, glückliche Auflösung – hat ihre Wurzeln in der Tradition des Schäferspiels; diese Momente prägen bereits Tassos Stück. – Dagegen sprechen die Parallelen des *Verlibten Gespenstes* zu Philippe Quinaults Stück *Le fantôme amoureux* (1658) nicht zwingend für einen direkten Einfluß.

Die beiden Teile des Doppelspiels sind, ungeachtet der sozialen und formalen Kontrastierung, durch das gemeinsame Thema der Liebe und die davon abgeleiteten Motive und Figurenkonstellationen eng aufeinander bezogen. Wird im Gesangspiel ein Mann von zwei Frauen umworben (Personenverzeichnis: «Cornelia verlibt in Sulpicius», «Chloris ihre Tochter / verlibt in Sulpicius»), so steht im Scherzspiel die Frau zwischen zwei Männern («Greger Kornblume verlibt in Dornrosen», «Matz Aschewedell verlibt auff Dornrosen»). Aber auch die anderen Personen im Gesangspiel – das Dienstpersonal und Sulpicius' Freund Levin – stehen im Bann der Liebe, die «den Kreiß der Welt: Der Himmel Bau» verbindet. Angesichts der Macht der Liebe, die im *Verlibten Gespenste* Familienbande zu zerstören droht, bedarf es starker Mittel, um die Leidenschaften zu lenken und zu einem guten Ende für alle zu finden: Der Weg zum Liebesglück führt hier gleichsam durch den Tod. Als Cornelia Sulpicius mit einem in Süßigkeiten verborgenen Liebesgift zur Gegenliebe zu bewegen sucht, täuscht dieser seinen Tod vor, um dann als Geistererscheinung die Dinge ins Lot zu bringen: Er führt Cornelia auf den rechten Weg zurück und zur Ehe mit seinem Freund Levin, während er selbst Chloris Treue gelobt, wodurch «endlich das Spill auff einen frölichen Ausgang aus-

laufft». Enttäuscht wird in der Dreierkonstellation der Dienerschaft –
Flavia, Fabricius und Cassander – nur der dumme, schwatzhafte und
französisch reimende Cassander («Mon ange! mein Licht und ma vie |
Permettetz daß ich nider knie»).

Auch im Scherzspiel spielen Zaubermittel eine Rolle, und auch hier
sorgt das Eingreifen ‹höherer Mächte› für das Ende der Verwicklungen,
Intrigen und Feindschaften. Dabei geschieht alles, dem Milieu entsprechend, auf einer handfesteren Ebene. Wie im Gesangspiel erweist sich der
Versuch, mit illegitimen Mitteln bzw. mit Gewalt zum Ziel zu gelangen,
als kontraproduktiv. Der Vergewaltigungsversuch Matz Aschewedells
bietet dem etwas einfältigen Greger Kornblume nicht nur Gelegenheit,
sich durch seine Rettungstat Lise Dornrose weiter zu verpflichten, sondern gibt ihm darüber hinaus die Legitimation, vor dem Gerichtsherrn
Anspruch auf die Geliebte zu erheben und damit die einer Verbindung
entgegenstehende Familienfeindschaft zu unterlaufen. Dieser Gerichtsherr nun, «Wilhelm von hohen Sinnen / Arendator [Pächter] des Dorffs
Villdünckall», ist eine mehrschichtige Figur: Einerseits tritt er als Maul-
held par excellence auf und sucht darüber hinaus mit der Androhung dra-
konischer Strafen Schrecken zu verbreiten, andererseits erweist er sich
schließlich als ein eher nachsichtiger, verständiger Richter, der die Familien versöhnt und Ehen stiftet (und dabei für Aschewedell und die zaube-
rische Kupplerin Salome die Strafen in eine gegenseitige Heiratsverpflich-
tung umwandelt).

Die Parallelisierung der beiden Handlungen und die Ausgestaltung der
Bauernhandlung zu einem eigenen, dem Gesangspiel gleichwertigen
Lustspiel führt zu einer Aufwertung der in der Literatur des 17. Jahrhun-
derts meist (und stereotyp) mit Verachtung dargestellten bäuerlichen
Welt. Sie ist nicht einfach Objekt der Komik, sondern auch hier leben
Menschen mit Wünschen und Hoffnungen, die denen der Vornehmeren
durchaus vergleichbar sind. Natürlich gibt es die üblichen Schimpforgien
und Prügelszenen, aber gleichzeitig kommt es zu einer durchaus differen-
zierten Darstellung der Beteiligten. Dabei spielt die Sprache als Mittel der
Charakterisierung eine wichtige Rolle, vom klaren Hochdeutsch der
Dornrose und der hochgestochenen, mit Fremdwörtern auf Kriegsfuß
stehenden Sprache des Gerichtsherrn über die verschiedenen Dialekt-
sprecher bis hin zu dem sinnlosen Gebrabbel der Kupplerin Salome,
Cyrilla im *Horribilicribrifax* vergleichbar. Die Sprache ist so zugleich
Hauptquelle der Komik, wobei dem Wortwitz – Verballhornung von
Fremdwörtern, Wortverdrehungen, Mißverstehen, Schimpftiraden und
Sprachmengerei (im Gesangspiel) – die größte Rolle zufällt. Doch insge-
samt tritt im Einklang mit dem Finale, das die Akteure beider Stücke zu-
sammenbringt, das Satirische hinter dem heiteren Geist des doppelten
Lustspiels zurück.

Drei Jahre vor Gryphius verknüpfte Johann Georg Schoch in seiner sechsaktigen *Comoedia Vom Studenten-Leben* (1657) ebenfalls ein auf einer höheren sozialen Ebene spielendes Geschehen mit einer Bauernhandlung. Er fügt sie als «Unterhandlung» jeweils zwischen den Akten ein, läßt sie aber – und das nicht nur am Schluß – auch in die andere Ebene übergreifen. Denn es geht höchst moralisierend um das richtige und falsche Studentenleben. Während Amandus und Floretto, Söhne eines Adligen bzw. eines reichen Kaufmanns, das Geld ihrer Eltern verschwenden, auf die schiefe Bahn geraten und vor die Universitätsobrigkeit zitiert werden, absolviert der strebsame Bauernsohn Jäckel ohne finanzielle Unterstützung der Eltern sein Studium mit Erfolg und gibt damit ein nachahmenswertes Beispiel. Das Verhältnis der beiden anderen Studenten gestaltet Schoch nach dem bereits im Drama des 16. Jahrhunderts beliebten Gleichnis vom verlorenen Sohn. Während Floretto eine Karzerstrafe zur Besinnung bringt und er eine Anstellung bei Hofe erhält, zieht Amandus nach seiner Relegation in den Krieg und findet den Tod. Die Schlußszene kontrastiert die glückliche Heimkehr des verlorenen Sohnes Floretto und den Erfolg des Bauernsohns mit der Trauer des Kaufmanns über seinen Verlust, der z. T. auch auf das Konto falscher Erziehung durch Vater und Mutter geht. Die Gestalt des Pickelherings, der als Diener die beiden sozial höhergestellten Studenten begleitet, verweist ebenso auf die Nähe zum Theater der Wanderbühne wie die zahlreichen Szenen, die die Handlung nur erzählend andeuten und Improvisation erfordern. Daß das Stück nicht völlig vergessen ist, liegt vor allem daran, daß seine Schilderungen des Studentenlebens auf ein gewisses sozialhistorisches Interesse gestoßen sind.

3. Höfisches Lustspiel: Kaspar Stieler

Gryphius' letztes Lustspiel handelt – nur gedämpft komisch – von der universalen Macht der Liebe und ihrer gesellschaftlich stabilisierenden und harmonisierenden Kraft in der institutionalisierten Form der Ehe. Damit nähert sich die Doppelkomödie *Verlibtes Gespenste – Die gelibte Dornrose* einem Typ der Komödie, bei dem das satirische Element, die Kritik der Laster und Verfehlungen der niederen Stände, zurücktritt und statt dessen Liebesverwicklungen auch unter hohen Standespersonen und ihre Auflösung in den Mittelpunkt rücken. Kaspar Stieler nennt diesen Typ des Lustspiels in seiner im 17. Jahrhundert ungedruckten Poetik (*Dichtkunst*, 1685) «Heldenspiel». Er selbst ist mit einigen seiner sogenannten Rudolstädter Festspiele – Aufführungen zu Hochzeiten und Geburtstagen im Haus Rudolstadt-Schwarzburg 1665–67 – ihr wichtigster Autor. Im Hinblick auf die Herkunft der Vorlagen bzw. Stoffquellen aus der Romania spricht man auch von italienischen Komödien.

Von den sechs in Rudolstadt aufgeführten Dramen gehören, wenn man eine Übersetzung mitrechnet, vier dem Typus der italienischen oder höfischen Komödie an. *Der Vermeinte Printz* (1665), *Die erfreuete Unschuld* (1666) und *Der betrogene Betrug* (1667) basieren auf Novellen Ferrante Pallavicinos, Matteo Bandellos (in der französischen Bearbeitung von Pierre Boaistuau und François de

Belleforest) und Paul Scarrons, während das «MischSpiel» *Ernelinde Oder die
Viermahl Braut* (1665) die Übersetzung eines italienischen Opernlibrettos von
Giacinto Andrea Cicognini darstellt (*La moglie di quattro mariti*, 1656). Daneben
schrieb Stieler für die Rudolstädter Festlichkeiten das dynastische «Singe- und
Freuden-Spiel» *Die Wittekinden* (1666) – der einzige Text in Versform – und das
Schäferspiel *Basilene* (1667).

Die Stücke erschienen anonym bzw. unter dem Pseudonym Filidor, das Stieler
bereits für seine Liedersammlung *Die Geharnschte Venus* verwendet hatte (1660).
Seine Verfasserschaft gilt inzwischen als sicher. Stieler war zu dieser Zeit als Hof-
bzw. Kammersekretär in Rudolstadt angestellt und u. a. auch für die Erziehung
und rhetorische und sprachliche Schulung der Pagen zuständig. Diese übernahmen zahlreiche Rollen in den Stücken Stielers, für sie zusätzliche praktische
Übungen in den als notwendig erachteten höfischen Fertigkeiten.

Stielers Komödien und «Mischspiele» (Tragikomödien) stehen für den
zunehmenden Einfluß des italienischen Theaters bzw. ihres französischen
Ablegers, des Théâtre italien. Das gilt für die Herkunft der Stoffe und die
Übernahme einer Reihe von typischen Komödienfiguren wie Scaramuc-
cia (Scaramutza), Colombina (unter verschiedenen Namen) und Pantalone, aber auch für die Dramentechnik. Und besonders hierin, in der
kunstvollen, theaterwirksamen Durchführung und Verknüpfung der
Intrigenhandlung(en) mit ihren Verwechslungen, Verkleidungen und
Täuschungsmanövern bis zur finalen Auflösung liegt – trotz erster Ansätze in Gryphius' Doppelkomödie – die für das deutsche Theater neue
Qualität der Stücke Stielers. Dazu kommt noch eine nicht auf die Haupthandlung einwirkende Handlung auf Dienerebene.

Die Komödie *Der Vermeinte Printz* verwirklicht zum ersten Mal diesen Lustspieltypus. Sie handelt davon, wie eine Prinzessin – durch das
Erbrecht von der Thronfolge ausgeschlossen – von ihrem Vater aus diesem Grund als Sohn aufgezogen wird, die Täuschung zunächst aufrecht
erhält, sich dann aber verliebt und nun zielstrebig alles daran setzt, das
Erbrecht zu ändern, um ihr die Thronfolge zu ermöglichen. Die Intrigen,
die sie in Gang setzt und erfolgreich zu Ende führt, verbinden sich mit
zwei Nebenhandlungen, bei denen der Geschlechtertausch ebenfalls eine
wesentliche Rolle spielt. Die Grenzen einer Komödie streifen die zentralen Handlungen der folgenden Stücke *Die erfreuete Unschuld* und *Der
betrogene Betrug*. Im Mittelpunkt des ersten Dramas steht die tugendhafte Fürstin Eleonore von Savoyen. In Abwesenheit ihres Mannes ist sie
den Annäherungsversuchen des Statthalters Pancalier ausgesetzt und wird
von ihm, da sie standhaft bleibt, verleumdet und des Ehebruchs bezich-
tigt. Nach vielen Verwicklungen findet sie im heimlich geliebten Prinzen
Mendoza einen Kämpfer für ihre Ehre und nach weiterer Verwirrungen
und dem Tod ihres Ehemannes einen neuen Gatten. Und im *Betrogenen
Betrug*, der gewagten Geschichte einer Frau, die ihren Ehemann durch
List und Täuschung von der Heirat mit einer anderen abzuhalten sucht,

gewinnt der Beinahe-Bigamist Don Ferdinand nach einem Prozeß der inneren Umkehr die Vergebung seiner Frau Victoria, während Elvira, die nun freie Braut, ihre wahre Liebe Don Alexandro heiraten kann.

Gemeinsam sind allen diesen Stücken mythologisch-allegorische Zwischenspiele, vergleichbar mit den Reyen barocker Trauerspiele, die auf einen tieferen philosophischen, politischen oder religiösen Sinn der mit leichter Hand durchgeführten Lustspielhandlungen verweisen: Jupiter gibt dem Sieg der Natur und der Liebe über willkürliche Gesetze den göttlichen Segen (*Der Vermeinte Printz*), Personal aus der Offenbarung des Johannes verfolgt die Personifikation der Kirche, bis auf ihre Gebete hin der Erzengel Michael erscheint und die Mächte des Bösen vertreibt (*Die erfreuete Unschuld*), und als mythologisches Pendant zum *Betrogenen Betrüger* dient die Geschichte von Danae und dem Goldregen.

In allen diesen Stücken fügt Stieler ein Ensemble von typischen Komödienfiguren der italienischen bzw. französischen Spieltradition hinzu und erfindet für sie eine Handlung, die freilich nicht direkt in das verwirrende Täuschungs- und Verkleidungsspiel um die anderen Personen einbezogen ist. Wichtig ist vor allem die Gestalt des Dieners Scaramutza, dem ein Kammermädchen, eine Colombina-Figur, beigegeben ist; sie vermehren die Anzahl der Paare, die sich im typischen Komödienschluß zusammenfinden. Scaramutza selbst, der auf italienische Capitano-Varianten zurückgeht, unterscheidet sich wesentlich von den eher handfesten komischen Typen der Wanderbühne, wie sie die Englischen Komödianten eingeführt hatten. Er ist, bei aller traditionellen animalischen Komik um Essen und Trinken, eine urbane Gestalt mit der Fähigkeit zu höfischen Umgangsformen und – in den Dialogen mit seiner Partnerin – zu gewandter, witzig-geistreicher Rede und Widerrede. Scaramutza lebt weiter in der deutschen Komödie bis hin zu Hugo von Hofmannsthals Opernlibretto *Ariadne auf Naxos* (1912). Auch in den später für den Weimarer Hof geschriebenen Prosastücken Stielers – dem blutigen Trauerspiel *Bellemperie* (1680) nach *Don Jeronimo* (1638), einer niederländischen Version von Thomas Kyds *Spanish Tragedy* (1592), und dem allegorischen Lustspiel *Willmut* (1680) – spielt Scaramutza mit und sorgt für komische Erleichterung und Illusionsdurchbrechung.

4. Könige für einen Tag

Kaum ein Stoff scheint so geeignet zu sein, die ‹barocken› Vorstellungen von der Welt als Theater bzw. dem Theater als Sinnbild der Welt, vom Leben als Traum oder von Sein und Schein zu demonstrieren wie die Geschichte vom König für einen Tag. Sie handelt von einem Menschen niederen Standes, der in einem Zustand völliger Trunkenheit zum König gemacht und nach einem Tag wieder in seine alte Welt zurückversetzt wird: verwendbar als Vorwurf für einen Schwank, aber auch für Reflexionen über das menschliche Leben und die menschliche Identität.

Ausgangspunkt ist *Die Geschichte von Abu el-Hasan oder dem erwachten Schäfer* in der orientalischen Sammlung *Tausendundeine Nacht*. Im 16. Jahrhundert gelangte sie in den Westen und wurde von Juan Luis Vives und anderen zunächst weiter in epischer Form tradiert, bis dann daneben auch z. T. höchst unterschiedliche dramatische Versionen entstanden: als Rahmenhandlung in Shakespeares Komödie *The Taming of the Shrew* (1594), als eigenständige Dramatisierungen bei Ludwig Hollonius (*Somnium vitae humanae*, 1605), Pedro Calderón (*La vida es sueño*, 1636), Jacob Masen (*Rusticus imperans*, 1657) und Christian Weise (*Ein wunderliches Schau-Spiel vom Niederländischen Bauer*, 1685); Vorlage für die späteren Dramen ist die erzählerische Gestaltung des Stoffes in Jacob Bidermanns *Utopia* (1640). Auch Georg Philipp Harsdörffer erzählt die Geschichte im zweiten Teil seiner *Frauenzimmer Gesprächspiele* (1642, ²1657).

Ludovico Vives siedelt das Geschehen am Hof Philipps des Guten von Burgund an. Diesem Beispiel folgen Hollonius, Masen und Weise, während Calderón mit der Geschichte des ohne Kenntnis seiner Herkunft im Kerker aufgewachsenen polnischen Prinzen Sigismund nicht nur einen neuen Rahmen schafft, sondern auch die Handlung entscheidend verändert und ihr dabei eine metaphysische Dimension verleiht.

Der protestantische pommersche Pfarrer Ludwig Hollonius zielt in seinem *Traum des menschlichen Lebens* auf die Gleichnishaftigkeit der «lustigen geschicht»: «Gleich in einem Spiegel gezeiget wird, das vnser zeitlichs leben, mit all seiner Herrligkeit nur ein nichtiger vnd betrieglicher Traum sey.» Neben dem höfischen Personal und den Bauern treten daher auch ein Beichtvater, ein Prediger und ein Pastor auf. Die Komödie wird trotz der Komik, die aus der Diskrepanz zwischen Sein und Schein und dem Ausspielen des ständischen Gegensatzes entsteht, zum dramatischen Exempel, zur Bühnenpredigt, die nicht mit mahnender Vanitas-Rhetorik spart. Zugleich ist sie Fürstenspiegel, bewußt in diesem Sinn inszeniert vom burgundischen Herzog: «Wir Fürstn vnd Herrn solln nicht stoltzirn, | Vnser schwacheit zu gmüth vns führn, | Bey guter zeit lernen verstehn, Das wir auch Menschen die vergehn.» Das Fazit des Fürsten variiert den Titel (und die Einsicht des Bauern Jan): «Aller Welt macht vnd Herrligkeit, | Ist nur ein traum vnd eitelkeit.»

Weist diese Version des Stoffes mit ihren Knittelversen und ihrer eher steifen Lehrhaftigkeit auf das Schuldrama des 16. Jahrhunderts zurück, so gelingt es dem Jesuiten Jacob Masen in seinem neulateinischen Lustspiel *Rusticus imperans* (*Der Bauer als Herrscher*), die allegorische Deutung aus einer lebendigen Komödienhandlung zu entwickeln. Das vieraktige Stück gehört zu den dramatischen Beispielen, mit denen er seine Dramentheorie illustrierte (*Palaestra eloquentiae ligatae*, Bd. 3, 1657). Held des Stückes ist der Schmied Mopsus, also kein Bauer, wie Titel und Stofftradition nahelegen. Masen gibt dem Schmid einen Gesellen, Congrio, bei. Aus dieser Konstellation erwachsen zusätzliche komische Verwicklungen: Der dem Laster der Trunksucht verfallene Schmied muß, als er sich in die Rolle des Fürsten versetzt sieht und sich allmählich in seiner neuen Rolle wohlzufühlen beginnt, über die Klage seines Gesellen entscheiden, der sich über seinen Herrn Mopsus beschwert, der ihn regelmäßig im Rausch verprügele. Dieser gibt ihm in seiner Funktion als Herrscher recht und befiehlt, der Geselle solle die Stelle des Meisters einnehmen. Als sich der König für einen Tag wieder betrinkt, erfolgt die Rückverwandlung, und Mopsus muß – seinem eigenen herrscherlichen Gebot zufolge – noch dazu mit seinem Gesellen tauschen.

Ausgangspunkt aller Verirrungen ist die Trunksucht des Schmieds, die zu Szenen ausgesprochen kreatürlich-vitalistischer, ‹karnevalesker› Komik führt, aber auch zu einer zeitkritischen satirischen Abrechung mit diesem Laster, dem besonders die Deutschen verfallen seien. Zugleich bietet dieses Thema nach der Standeserhöhung des Schmieds Gelegenheit zu subtilerer Komik, die dem Mißverhältnis von Sein und Schein und der Verletzung moralischer und sozialer Normen entspringt, wenn Mopsus als Fürst aus seiner Rolle fällt und unmäßig ißt und trinkt: Sein Magen hat den Stellungswechsel nicht mitgemacht («stomacho nondum se regem agnoscente»). Ein Element durchaus doppelbödiger Komik entsteht daraus, daß Mopsus die ihn verwirrende, potentiell zerstörerische Frage nach seiner Identität schließlich beiseite schiebt, sich schlau und anpassungsfähig mit den neuen Verhältnissen arrangiert und nun die Rolle des Fürsten so spielt, wie er sich das vorstellt. Und damit ist die Komödie mit ihrer Darstellung unfreiwillig schlechter Regierungspraxis auch ein satirischer Fürstenspiegel, ein Fürstenspiegel ex negativo.

Aber indem der Schmied die Fürstenrolle annimmt, verfällt er zugleich der Selbsttäuschung, verwirren sich ihm Traum und Wirklichkeit. Das Leben ist ein Traum: Das Schicksal des Schmieds, auf diesen einen Tag verdichtet, steht gleichnishaft für das des Menschen überhaupt, seine Begrenztheit, seine Verfallenheit an die Welt des Scheins, sein Ausgeliefertsein an die Willkür der Fortuna. Damit enthält das Stück zugleich die implizite Aufforderung, sich der Scheinhaftigkeit und Nichtigkeit der irdischen Existenz bewußt zu werden, sich in der von der Vorsehung zugewiesenen Rolle zu bewähren und auf das wahre, das jenseitige Leben auszurichten und damit ‹Schmied des eigenen Glückes› zu sein. Es gibt die Meinung, daß Masen nur wegen dieses Sprichworts aus dem Bauern einen Schmied gemacht habe.

Eine deutliche Abkehr vom allegorischen und heilsgeschichtlichen Aspekt der Geschichte vom König für einen Tag läßt Christian Weises *Schau-Spiel vom Niederländischen Bauer* erkennen, das 1685 in Zittau aufgeführt und 1700 gedruckt wurde. Nicht das Leben ist ein Traum, wie es Masen und zahlreiche andere Autoren der Zeit immer wieder in allegorischem Sinn formulieren, sondern dem Bauern Mierten wurde von Philipp dem Guten «zu einem galanten Traum geholffen»; es ist ein «Possen», der sich auf den irdischen Aspekt des Gleichnisses beschränkt und vor allem der Belustigung des Hofes und der Bestätigung der ständischen Ordnung dient. Miertens Traum ist ganz konkret das Ergebnis einer Bewußtseinstrübung durch Alkohol: «Wer Träume meiden will / der meide nur den Wein», lautet die durchaus diesseitige didaktische Botschaft des Herzogs.

Weise verfolgt im Gegensatz zur religiösen Weltinterpretation bei Calderón oder Masen mit seinen Stücken für die Schulbühne pädagogische Zielsetzungen anderer Art; es geht um die Vermittlung eines modernen weltmännischen, für die Übernahme von Funktionen im absolutistischen Staat qualifizierenden Bildungsideals. Und so demonstriert das Stück mit seinem Personal aus allen Ständen durch die Verwandlung des Bauern in einen Herrscher, daß ein Bauer ein Bauer bleibt und notwendig in hoher Position scheitert. Zugleich zeigt es die höfische Gesellschaft als kompetente Funktionselite mit einem Regenten an der Spitze, der sich als «Wächter des Volckes» versteht und sich mit weisen Worten über seine Amtspflichten gegenüber Vaterland und Untertanen äußert. Ein eingebautes allegorisches Singspiel unterstreicht diesen Aspekt noch zusätzlich; das Lustspiel ist auch ein Fürstenspiegel. Und wenn das Gespräch einmal auf den gleichnishaften Aspekt des Geschehens kommt, bleibt die Leben-Traum-Metapher pragmatisch auf die höfische Situation bezogen («Indessen ist das Menschliche Leben nichts anders als ein Traum / wie vielmahl haben sich die Ehren-Stellen zu Hofe verändert [...]»), während tiefergehende Zweifel an der Realität übergangen werden.

Der Fürst versteht die von ihm angeregte Inszenierung als Unterhaltung nach anstrengenden Regierungsgeschäften. Auf das Opfer des Experiments verschwendet man keine Gedanken, allenfalls daß er einen Tag im Kalender verliert – ein mehrfach auch von den Bauern wiederholter Witz. Immerhin gibt der Bauer Anlaß zum Nachdenken, denn er verhält sich nach dem Aufwachen nicht ganz so, wie es die Herren erwarten. Er überlegt, als man ihn endgültig hinauswerfen will, wie der erfreuliche Traum fortzusetzen wäre: «Ich will wohl thun / als wenn ich naus gienge / aber ich bleibe doch an der Thüre stehn / wer weiß ob mir nicht noch einmahl von der Fürstlichen Herrligkeit träumt / wenn ich hinter einen Zaune liege und schlaffe.» Und da gerät der Herzog einen Augenblick doch in Zweifel über Sein und Schein, über Traum und Leben, über die Realität des Irdischen und berührt damit den zentralen Aspekt der älteren Bearbeitungen des Stoffes: «Das war ein hartes Wort / ein Fürste muß dem Bauer gehorsam seyn / wenn er sich im Schlaffe will von ihm träumen lassen.» Aber die Hofleute sorgen für die Rückkehr zum realen irdischen

Leben, zur vorgegebenen gesellschaftlichen Ordnung – «Der Bauer wohnet recht / wo er die Ochsen treibt» –, und Herzog Philipp macht dem Ganzen unfeierlich ein Ende («Wir haben gnung geschertzt / der Bauer taug uns nicht»). Da kann man den keineswegs dummen Mierten gut verstehen, der nach dem Aufwachen der Leben-Traum-Thematik eine eigene Facette hinzugefügt hatte: «Ich wolte daß mir solche Sachen ungeträumet blieben / wenn sie nicht wollen wahr werden.»

5. Weise und Reuter oder Molière und die Folgen

Gegen Ende des Jahrhunderts erscheinen einige Lustspiele, die die Moral enger auf die bürgerliche Praxis beziehen und die Ablösung von dem allegorischen Überbau weiterführen, die sich bereits in Christian Weises Schulkomödien angedeutet hatte. Das gilt für einige Texte Weises selbst, die während einer längeren Unterbrechung des Spielbetriebs am Zittauer Gymnasium entstanden und daher als Stücke «Von Wenig Personen» nicht an pädagogische Vorgaben gebunden waren (*Vom Verfolgten Lateiner*, 1696; *Schau-Spiel von betrübten und wiederum vergnügten Nachbars Kindern*, 1699). Vor allem aber gehören die Leipziger Schlampampe-Komödien Christian Reuters hierher, aber auch die Übertragung seiner satirischen Methode auf eine adelige Standesperson in *Graf Ehrenfried* (1700). Bei diesen neuen Ansätzen spielt, auch im Hinblick auf Motive und Intrigenhandlung, die Molière-Rezeption eine gewisse Rolle.

Stücke Molières und anderer französischer Dramatiker hatten sich seit der Jahrhundertmitte zunehmend im Repertoire der Schauspieltruppen durchgesetzt. Waren 1620 und 1630 Sammlungen *Engelischer Comedien vnd Tragedien* erschienen, so lautet der entsprechende Titel 1670 *Schau-Bühne Englischer und Frantzösischer Comödianten*. Enthalten sind darin auch fünf Texte Molières: *Amor der Artzt* (*L'amour médecin*, 1655), *Die köstliche Lächerlichkeit* (*Les précieuses ridicules*, 1659), *Sganarelle, Oder Der Hanrey in der Einbildung* (*Sganarelle ou le cocu imaginaire*, 1660), *Der Geitzige* (*L'avare*, 1668) und *George Dandin Oder Der verwirrete Ehemann* (*George Dandin ou le mari confondu*, 1668). Bei den beiden letzten Stücken, die gerade zwei Jahre vorher uraufgeführt worden waren, zeigt sich, wie sehr man auf neue Stücke bedacht war, umso mehr als von *L'avare* nicht einmal eine Druckfassung vorlag. Es blieb nicht bei diesen Wanderbühnenfassungen. 1694 erschien in drei Bänden eine deutsche Ausgabe von 14 Molière-Komödien in Prosa (*Comedien Des Herrn Von Moliere*); auf die gelegentlich als Übersetzerin genannte Pietistin Johanna Eleonora Petersen verweisen allenfalls die Initialen J. E. P., sonst gibt es keinerlei Belege. Ein Jahr später ließ der Verleger die fehlerhafte Übersetzung überarbeiten (*Histrio Gallicus, Comico-Satyricus, sine exemplo: Oder Die überaus anmuthigen und lustigen Comödien […], 1695). Von der Rezeption Molières und später – seit etwa 1720 – des Théâtre italien durch Johann Ulrich König und Christian Friedrich Henrici führt der Weg zur sächsischen Verlachkomödie der Gottschedzeit.

Weises Komödie *Vom Verfolgten Lateiner* ist eines der ersten gut gebauten Intrigenlustspiele in deutscher Sprache. Auch wenn es 1693 in der
obersten Klasse des Zittauer Gymnasiums gespielt wurde, unterscheidet
es sich nachdrücklich von der üblichen Form der Weiseschen Schulkomö-
die mit ihrem großen Personenaufgebot und dem daraus resultierenden
Episodenreichtum. Das in der Sammlung *Comödienprobe / Von Wenig
Personen* (1696) zuerst gedruckte Stück knüpft vielmehr thematisch und
formal an die internationale Komödientradition an und weist mit seiner
stringent durchgeführten Intrigenhandlung, der Verankerung in einem
deutschen bürgerlichen Milieu und der auf die bürgerliche Lebenswelt bezogenen Moral voraus auf die sächsische Komödie des 18. Jahrhunderts.

Der *Verfolgte Lateiner* spielt unter den Honoratioren – Richter, Schöffe, Beisit-
zer und Familienmitglieder, Kirchschreiber – einer kleinen Stadt. In diese Welt
kommen die Studenten Balduin und Donat, um sich durch die Heirat mit den
Beisitzerstöchtern Urselchen und Villenchen zu sanieren («Es ist besser in einem
kleinen Städtgen fett gelebt / als in einer grossen Stadt hunger gelitten»). Das stößt
auf Widerstand, da der Kirchschreiber Pomponius die Konkurrenz der lateinkundigen Studenten fürchtet. Er verleumdet sie und macht, als Wahrsager verkleidet,
den ganz und gar gewöhnlichen jungen Frauen vor, demnächst erschienen zwei
Grafen als Bewerber um ihre Hand. Die abgewiesenen Studenten rächen sich auf
ihre Weise an dem sozialen Dünkel. Sie staffieren zwei gerade durch den Ort zie-
hende Schornsteinfeger («Feuermeuerkehrer») als Adelige aus. Diese haben den
gewünschten Erfolg bei den Frauen, wenn auch einer der Schornsteinfeger immer
wieder aus der Rolle fällt. Als die beiden Studenten bei den Ehevorbereitungen die
Täuschung offenbar machen, bekommen sie unter vorteilhaften Bedingungen Urselchen und Villenchen, die von ihren überspannten Erwartungen Abschied nehmen und zur Vernunft kommen.

Grundkonstellation und Verkleidungsintrige sind Molières *Les précieuses ridicules* entnommen, wo die Intrige allerdings auf einer anderen,
entschieden höheren sozialen Ebene ausgespielt wird. Weise überträgt sie
aus der großen Welt der Pariser Salons in die deutsche Provinz und verbindet die Kritik an kleinbürgerlicher, durch keine sozialen Fähigkeiten
gerechtfertigter Anmaßung mit der satirischen Bloßlegung von Kleinstadt-
intrigantentum, Bestechlichkeit, Unbildung und Dummheit. Die überle-
gene Intelligenz und Weltklugheit der Studenten setzen sich durch, die
damit auch für Weises politisches Bildungsprogramm werben. Am Schluß
kommt es zu einem harmonischen Ausgleich der unterschiedlichen Interessen: Die Kleinstädter sehen den Nutzen lateinischer Bildung für ihr Gemeinwesen, die Studenten erreichen ihr Ziel einer karrierefördernden
Heirat (wenn auch mit etwas beschränkten Partnerinnen). Sie nehmen ihren akademischen Dünkel etwas zurück, während die Bräute von ihrer
Adelssehnsucht lassen.
Noch stärker der bürgerlichen Lebenswelt verpflichtet ist Weises
Schau-Spiel von betrübten und wiederum vergnügten Nachbars Kindern,

das 1699 «Mit lauter Personen von guter Extraction Modest und ohn alle Possen» gespielt wurde. Es ist ein Stück über einen Nachbarszwist unter Bürgern, den die Kinder – ein Liebespaar darunter – durch eine Intrige nach etlichen Verwirrungen zu einem versöhnlichen Ende bringen, ein Stück ohne Situationskomik, ohne Satire, ohne den üblichen Sprachwitz, eine nützliche Übung in gepflegter «Conversation» als lebenspraktisches Gegenprogramm zur vorherrschenden Opernmanie in diesem «curiösen Seculo».

Kein Bildungsprogramm verfolgt Christian Reuter, wenn er zur gleichen Zeit die Intrigenhandlung der *Précieuses ridicules* übernimmt und in seinen Schlampampe-Komödien das verblendete Streben nach Höherem noch drastischer als Weise mit der Vulgarität der Aspiranten konfrontiert. Genauigkeit der Beobachtung und der Milieuzeichnung, Lebendigkeit der Darstellung und der Dialoge, Lebensechtheit der Figuren sind die hervorstehenden Merkmale der *L'Honnéte Femme Oder die Ehrliche Frau zu Plißine* (1695), des ersten Schlampampe-Stücks. Obwohl zunächst eher als privater Racheakt gedacht (und von den Behörden so eingestuft), erweist sich die Komödie mit ihrer Verbindung von typisierenden Elementen aus der Komödientradition und konkretem Wirklichkeitsbezug am Ende als treffsicheres satirisches Zeitbild.

Der Bauernsohn Christian Reuter (1665 Kütten bei Halle – nach 1712) begann erst im Alter von 23 Jahren mit dem Jurastudium in Leipzig, das er nicht zu Ende führen sollte: Satirische Anspielungen auf Leipziger Bürger in seinen literarischen Arbeiten hatten Karzerstrafen, vorübergehende Relegationen und schließlich 1699 den Verweis von der Universität auf Lebenszeit zur Folge. Während dieser Leipziger Jahre wohnte er mit einem Kommilitonen eine Zeitlang im Gasthaus «Zum roten Löwen». Als die beiden ihre Miete nicht zahlten, kündigte ihnen die Wirtin Anna Rosine Müller. Daraufhin verfaßte Reuter sein Lustspiel *L'Honnéte Femme Oder die Ehrliche Frau zu Plißine* und ließ es 1695, als Übersetzung deklariert, unter einem Pseudonym drucken. Frau Müller glaubte sich und ihre Familie in dem Stück zu erkennen und verklagte Reuter mit Erfolg wegen des zum großen Teil allerdings schon verkauften «Pasquills»: Pasquille, d. h. persönliche Schmähschriften, waren im Gegensatz zu allgemeinen Satiren durch Reichsgesetze seit dem 16. Jahrhundert verboten. Die Beteuerung, er hätte die Komödie «fingiret und auf niemand gemacht» und sie «aus den Molliere meistens genommen», konnte ihn nicht mehr retten. Ungeachtet der Strafen (Karzer, zweijähriges Universitäts- und Stadtverbot) ließ Reuter weitere satirische Attacken folgen, die schließlich das Ende seines Studiums bedeuteten. Dabei erreichten die Fortsetzungen nicht mehr den Rang des ersten Stücks; sie demonstrieren vielmehr Reuters Schwäche, aus eigenen Mitteln eine dramatische Handlung um seine Charaktere zu organisieren (*La Maladie & la mort de l'honnete Femme. Das ist: Der ehrlichen Frau Schlampampe Krankheit und Tod*, 1696; *Letztes Denck- und Ehren-Mahl / Der weyland gewesenen Ehrlichen Frau Schlampampe*, 1697). Um so bedeutender ist die erzählerische Version dieser Auseinandersetzungen, die phantastische «Reisebeschreibung» *Schelmuffsky* (1696–97).

Im Mittelpunkt der *Ehrlichen Frau zu Plißine* steht die Familie der Wirtin «im göldnen Maulaffen» mit der dummen, geizigen und unflätigen Frau Schlampampe, ihren putz- und adelsüchtigen Töchtern mit den höhere Ansprüche dokumentierenden Namen Clarille und Charlotte sowie dem aufschneiderischen älteren Sohn Schelmuffsky, bald Held eines eigenen Romans. Die zentrale Figur der Schlampampe ist dabei mehr als nur ein Porträt einer realen Person. Die gesperrt gedruckten wörtlichen Zitate des Leipzigers Vorbilds – «so wahr ich eine ehrliche Frau bin» und ähnliches – werden derart oft an passenden und unpassenden Stellen wiederholt und variiert, daß sie in ihrer Häufung nicht nur den Inhalt der Äußerungen dementieren, sondern mit ihrer karikaturistischen Reduktion der Wirtin auf einige wenige Redewendungen eine literarische Kunstfigur entstehen lassen.

Ohne viel äußere Handlung entwirft Reuter in den ersten beiden Akten das Bild einer Kleinbürgerfamilie, deren Streben nach höherem sozialen Rang und vornehmer Lebensart auf entlarvende Weise mit der eigenen Eitelkeit, Dummheit und Vulgarität zusammenstößt. Entgleisungen in Sprache und Benehmen sind äußere Zeichen der inneren Unangemessenheit der erhobenen Ansprüche. Schlampampe trägt ihren Namen – Anspielung auf unmäßige Nahrungsaufnahme und Schlampe – nicht umsonst, und Clarille und Charlotte bleiben «Rabenässer», so bezeichnet sie ständig ihre Mutter, auch wenn sie in «rothen Damasken Kleidern» und französischem Kopfputz auftreten. Dagegen verkörpern die Studenten Edward und Fidele und ihr juristischer Freund Cleander auch sprachlich die positive Norm. Edward und Fidele setzen im dritten Akt die Intrige in Gang, mit der sie sich gegen die verleumderischen Vorwände der Wirtin wehren und für die Kündigung ihres Zimmers rächen wollen, indem sie nach dem bekannten Molièreschen Muster die Prätentionen der ‹Aufsteiger› bloßstellen. Eine Liebeshandlung ist damit, anders als bei Weise, nicht verbunden. Statt Schornsteinfeger übernehmen zwei «Hüpeljungen» (Brezelverkäufer) die Adelsrollen – mit vorhersehbarem Erfolg und blamablem Ende ohne Erkenntnisgewinn bei den Düpierten. Im Gegensatz zu Weises harmloserem, aber dramaturgisch besser konstruiertem Lustspiel kommt es bei Reuter zu keinem harmonisierenden Ausgleich zwischen den Parteien, zu keiner Besserung versprechenden Einsicht der Schlampampe-Familie. Der auch in den verschiedenen Sprachebenen sichtbare Konflikt zwischen Vernunft und gesellschaftlich und moralisch verwerflichem Verhalten bleibt offen – und macht daher auch Fortsetzungen möglich.

Der Verweis von der Leipziger Universität beeinträchtigte Reuters Fortkommen zunächst nicht. Er besaß offenbar Gönner in Dresden und wurde 1700 Sekretär eines Kammerherrn am Dresdener Hof. Im selben Jahr entstand seine letzte Komödie, *Graf Ehrenfried*, laut Titelblatt 1700 mit königlich-polnischer und kursächsischer «Special-Bewilligung und Freyheit» gedruckt und trotz der Proteste eines karikierten Juristen in Leipzig aufgeführt. Reuter stellt einen heruntergekommenen Adeligen auf die Bühne, ein satirisches Porträt, inspiriert von einem real existierenden Angehörigen der Hofgesellschaft Augusts des Starken, das aber – ähnlich wie bei der Figur der Schlampampe – über den speziellen Fall hinaus zeitsymptomatische Bedeutung annimmt.

Graf Ehrenfried – das Vorbild hieß Georg Ehrenfried von Lüttichau – lebt derart über seine Verhältnisse, daß er sogar Kleider und Bett verpfänden und mit seinen zahlreichen, aber eher zweifelhaften Bedienten zusammen in einem Raum auf dem Stroh schlafen muß. Er lebt von der Hand in den Mund. Halbherzige Versuche, durch eine Lotterie («Glücks-Topf») zu Geld zu kommen, scheitern. Das ficht ihn aber ebensowenig an wie der Umstand, daß er sich von einem Bedienten einen Rock ausleihen muß, als er zu Hof gerufen wird. Vielmehr besitzt er in seiner närrischen Verkommenheit durchaus eine gewisse Souveränität, Selbstironie und einen skurrilen Witz. Er nimmt nichts mehr ernst, auch nicht die Konventionen und Privilegien seines Standes, auf denen er nur besteht, um seinen Spott damit zu treiben und sie durch sein Verhalten und seine Späße zu unterlaufen. Auch die Anwandlung, sich als Abt durch die reichen «Klöster-Intraden» ein «schönes Auskommen» zu verschaffen, vergeht schnell. Abgesichert ist diese satirische Anspielung auf den Konfessionswechsel Augusts des Starken (1697) durch die literarische Tradition, etwa die Bekehrungsszenarien der Erbauungsliteratur oder des Pikaroromans: «Ade / die Wollust-Welt / mit allen deinen Schätzen / | Mein Wandel soll hinfort ein frommes Leben seyn.»

Wenn Reuter hier, wie in den Schlampampe-Stücken, die Diskrepanz zwischen sozialem Status und Verhalten thematisiert und dabei in einigen Details auch an die Aufschneidereien seines Schelmuffsky anknüpft, so hat doch die Gestalt des Grafen nichts von der dummdreisten, unreflektierten Mentalität der Schlampampe-Sippe. Ehrenfried ist ein Narr, der weiß, was er tut. Vom Hof nicht nur geduldet, sondern zur eigenen Belustigung gefördert, höhlt er die ständische Ordnung gleichsam von innen aus. Damit allerdings verlieren Adel und Hof ihre normative und disziplinierende Funktion, die ihm etwa noch Gryphius oder Weise in ihren Lustspielen zugeschrieben hatten. Mit der traditionellen Barockkomödie und ihrer uneingeschränkten Bestätigung, wenn nicht gar religiös begründeten Überhöhung der herrschenden Gesellschaftsordnung ist es vorbei.

Ob diese Komödie die Ursache war, daß Reuter Dresden verließ oder verlassen mußte, ist nicht bekannt. Jedenfalls ist er seit 1703 am preußischen Hof in Berlin nachweisbar. Hier verfaßte er eine Reihe höfischer Gelegenheitsdichtungen zu den üblichen festlichen Anlässen, Brotarbeiten, die mit seinen früheren respektlosen Texten, die seinen Rang ausmachen, nichts mehr zu tun haben. Nach 1712 verliert sich seine Spur.

6. Der Einfluß des Théâtre italien: Henrici und König

Französische Vorbilder prägen auch die deutsche Komödie nach Weise und Reuter. Zwar nehmen in dieser Zeit die Gastspiele italienischer Schauspieltruppen wieder zu, wobei neben Wien vor allem Dresden und Leipzig bevorzugte Spielorte sind. Wichtiger jedoch werden nun die Drucke des Repertoires des von der Commedia dell'arte beeinflußten Théâtre italien in Frankreich, die der Darsteller des Arlecchino Evaristo Gherardi in sechs Bänden veröffentlichte (*Le théâtre italien de Gherardi*; erste definitive Ausgabe 1700). Die Sammlung bietet vollständige Texte – nicht nur Szenarien – von Stücken, die von 1682 an bis zum Verbot des Theaters 1697 aufgeführt wurden. Nach dem Verbot des Théâtre italien entwickelten das sogenannte Théâtre de la Foire, Theateraufführungen auf den Märkten von Saint-Germain und Saint-Laurent, literarische Ambitionen; auch diese Texte wurden gedruckt (*Le théâtre de la foire ou l'opéra comique*, hrsg. von Alain René Lesage und d'Orneval, 1721 ff.). Während in Wien ein Anonymus aus Gherardis Sammlung eine Art Repertoire komischer Szenen ohne Zusammenhang kompilierte und damit Schauspielern Material zum Extemporieren bot (*Ollapatrida des durchgetriebenen Fuchsmundi*, 1711), entstanden in Dresden und Leipzig um 1725 mehrere Komödien unter dem Einfluß der in Frankreich zu einem satirischen Intrigen- und Verwechslungsspiel umgeformten Tradition der italienischen Commedia dell'arte. Ihre Autoren sind der sächsische Hofdichter Johann Ulrich König, der bisher vor allem als Opernlibrettist hervorgetreten war, und Christian Friedrich Henrici, der unter dem Namen Picander publizierte und auch Kantaten- und Passionstexte schrieb.

König fand mit seinem einaktigen Lustspiel *Die verkehrte Welt* (1725) sogar den Beifall Gottscheds, jedenfalls solange, bis sich König in den dreißiger Jahren auf die Seite der Schweizer Bodmer und Breitinger schlug. Gottscheds positives Urteil in seiner Moralischen Wochenschrift *Die Vernünftigen Tadlerinnen* (44. Stück, 31. Oktober 1725) – er lobt den «guten und vernünftigen Geschmack» und sieht einen «teutschen Molière» am Werk – hat seinen Grund nicht nur darin, daß das Stück moralische Tendenzen verfolgt, sondern daß es auch in einer Szene ausdrücklich eine kleine Poetik des Dramas formuliert und darin die deutschen Verhältnisse kritisiert: König vertritt u. a. den horazischen Grundsatz des *prodesse et delectare*, sieht die französische Tragödie bzw. die italienische Komödie in allen Aspekten als vorbildlich an, fordert eine kunstvolle Handlungsführung statt einfacher Reihung und plädiert für einen natürlichen, dem guten Geschmack verpflichteten Stil.

Allerdings entspricht Königs Lustspiel in einem Punkt keineswegs diesem Programm, denn von einer kunstvollen Verknüpfung der Handlung

kann nicht die Rede sein. Daß *Die verkehrte Welt* im wesentlichen revueartig Szenen aneinanderreiht und keine Intrigenhandlung besitzt, liegt jedoch an der französischen Vorlage, einem Stück aus dem *Théâtre de la
foire* mit dem Titel *Le monde renversé*. König bezieht zwar die im ganzen
konventionelle Moral- und Standessatire konsequent und mit Erfolg auf
die deutschen Verhältnisse, stellt Szenen um und nimmt Kürzungen und
Erweiterungen vor, läßt aber das Aufbauprinzip des französischen Stücks
unangetastet. Die Hauptfiguren Arlequin und Pierrot sind der Commedia dell'arte entlehnt. Die beiden gelangen – bei König sind es dann Harlekin und Scaramutz, Komödianten aus Dresden – nach einer Luftreise in
die verkehrte Welt und begegnen hier in jeder Szene anderen Personen,
durch die ein jeweils weiterer Ausschnitt aus dieser Welt sichtbar gemacht
wird. Herrscher hier ist der Zauberer Merlin, und er regiert ein auf Vernunft und Tugend gegründetes Reich, das ein genaues Gegenbild zur gegenwärtigen Realität darstellt. In dieser verkehrten Welt, dem utopischen
Gegenentwurf zu den herrschenden Verhältnissen, ist eheliche Treue
selbstverständlich, orientiert sich die Medizin an der Erfahrung und der
Natur, nicht an Büchern, widmet sich der adlige Stutzer, statt Schulden zu
machen und Karten zu spielen, der Musik und der Literatur. Und ein Advokat zeichnet ein ideales Bild des Theaters in seiner Welt, in dem deutsche Schauspieler und deutsche Schauspiele großes Ansehen genießen, ein
Urteil, das Harlekin und Scaramutz aufs höchste erstaunt. Diese beiden
Commedia dell'arte-Figuren sind die Träger der Komik und stellen zugleich die Verbindung zwischen den beiden Welten her. Sie sorgen auch
für eine gewisse Abrundung der prinzipiell offenen und erweiterbaren
Revueform: Die in der wirklichen Welt närrisch gewordenen Komödianten werden in der verkehrten Welt am Schluß durch Merlin geheilt und
erhalten die Chance eines Neuanfangs.

Auf die spätere sächsische Typenkomödie verweist die Verwendung sprechen-
der Namen, die für eine Differenzierung der Charaktertypen sorgt. Tritt in der
Verkehrten Welt u. a. ein Herr von Erbarsheim als Muster eines vorbildlichen
Adeligen auf, so agieren in Königs zweitem Stück aus dem Jahr 1725, *Der Dreßd-
ner Frauen Schlendrian in einem Nachspiel*, Figuren wie der Herr Ohnesorge, der
um die Jungfer Sittsam wirbt, die wiederum von ihrem Bruder Herrn Bedachtsam
bewacht wird. Bis die Komödie mit den üblichen Hochzeiten ihr Ende findet, gibt
König der Satire auf die verfehlte Adelssucht bürgerlicher Frauen Raum. Dabei
benützt er wie Molière in den *Précieuses ridicules* das Mittel der indirekten Satire,
wenn er etwa die modebewußte Frau Rechts und Links, die die modische Ignoranz der anderen Frauen verlacht, in ihrer angemaßten Vorbildlichkeit selbst zum
Objekt der Satire macht. Der aus dem Repertoire der italienischen Komödie bzw.
des Théâtre italien stammende Diener Valentin sorgt mit seinem Witz und seinen
unverblümten Kommentaren für Komik und für eine Dynamisierung der Liebes-
und Heiratshandlung, die auch für ihn zu einem glücklichen Ende führt.

Während König seine moralisierenden Absichten mit theatralischer und sprachlicher Zurückhaltung verbindet, also grobe Possenhaftigkeit und Obszönitäten vermeidet, verfährt Christian Friedrich Henrici in seinen drei Stücken, unter dem Titel *Picanders Teutsche Schau-Spiele* 1726 erschienen, entschieden anders: Seine drastische und – so zeitgenössische Kritiker – gelegentlich obszöne Sprache entspricht der Aggressivität seiner Moral- und Sittensatire. Die Stücke nennen bereits im Titel den Gegenstand der Satire: *Der Academische Schlendrian, Der Säuffer* und *Die Weiber-Probe oder die Untreue der Ehe-Frauen*. Die allgemeinen Laster werden dabei speziell auf Leipzig und die Leipziger Verhältnisse bezogen; allerdings scheint sich Henrici von seinem Vorgänger Christian Reuter zu distanzieren, wenn er in der Vorrede den Vorwurf abwehrt, daß seine «Satyren aus lebendigen Exempeln bestünden». Er sei durchaus fähig, «einen Zusammenhang einer Begebenheit ohne Absicht auf einige wahrhaffte Personen» zu erfinden. Dafür bedient er sich aus dem Théâtre italien und dem Reservoir seiner Motive, Figuren, Situationen und Konstellationen.

Um eine Komödie «mit Nuzen» zu schreiben, müsse der Autor «ein oder mehr Laster zu tadeln zu seinem Hauptzweck nehmen», heißt es ungefähr im Sinn der späteren Komödiendefinition von Gottsched. Allerdings hält Henrici, anders als Gottsched, «die lustige Person in einer Comödie» für unentbehrlich, «weil die satyrischen Wahrheiten dadurch nicht so trocken, auch nicht zu empfindlich werden», d. h. die Anleihen bei der Komik des italienisch-französischen Theater dienen dazu, den Ernst der Satire aufzulockern bzw. die satirische Intention zu verkleiden. So präsentiert die *Weiber-Probe*, die Hahnreimotiv und Frauensatire verbindet, das in eine deutsche Umwelt verpflanzte Figurenarsenal der italienischen Komödie: Dienerfiguren (Harlequin und Ließgen), zwei bzw. drei betrogene Alte sowie Karikaturen des Dottore als Advokat und Arzt. Sie sorgen für eine turbulente, temporeiche Handlung, die mit ihren Täuschungsmanövern, Verkleidungen, Intrigen, absurden Situationen, Prügelszenen und Liebesverwicklungen sowie ihren Wortspielen und ihrer parodistisch-übersteigerten Rhetorik possenhafte Züge besitzt – und auch die Frage nach dem Stellenwert der Lasterkritik aufwirft. Jedenfalls vermag Gottsched anders als bei König hier keine positiven Ansätze zu erkennen. Gleichwohl gehören beide, Henrici und König, zu den Vorläufern der sächsischen Komödie der Gottschedära.

VII. SCHÄFERSPIEL / ALLEGORISCHES DRAMA

1. Ausländische Vorbilder und ihre Rezeption

Das Schäferdrama ist ein Produkt der italienischen Renaissance. Es verbindet sich dank seiner liedhaften Elemente früh und häufig mit der Musik, so daß sich vielfache Übergänge zu Singspiel und Oper ergeben. Gegen Ende des 17. Jahrhunderts wird die Schäferoper die dominierende Form der bukolischen Bühnendichtung. Die traditionsbildenden Muster des europäischen Schäferspiels sind Torquato Tassos *Aminta*, zuerst 1573 aufgeführt (Druck 1580), und Giovanni Battista Guarinis *Treuer Schäfer* (*Il pastor fido*, 1590). Die hier bereitgestellten Handlungsmodelle, Situationen, Typen, Personenkonstellationen, Darstellungsmittel, Argumentationsmuster, Liebesauffassungen und Motive kehren in unterschiedlichen Variationen und Kontexten immer wieder. Zugleich sind sie jedoch offen für weiter- bzw. tiefergehende Deutungen: Zwar ist Liebe das zentrale Thema des Schäferspiels, doch läßt die Liebeshandlung auch religiöse, moralische oder politische Auslegungen zu, abhängig von den jeweiligen Intentionen des Autors und dem Kontext der Entstehung und Aufführung.

Tassos *Aminta* ist ein Spiel über die Liebe vor dem Hintergrund neuplatonischer Auffassungen, aber auch ein Stück der Trauer über den Verlust der Freiheit – der Freiheit zur Liebe im Goldenen Zeitalter – durch einen falschen Ehrbegriff als Folge der zivilisatorischen Entwicklung. Daß dieses Goldene Zeitalter, in dem ohne gesellschaftliche Zwänge noch das erlaubt war, was gefällt («s'ei piace, ei lice»), in der Vergangenheit liegt, machen zwei Chöre deutlich. Die Handlung selbst stellt, utopische Verheißung aus dem Geist der Vergangenheit, den Sieg der universalen Macht der Liebe am Beispiel des Schäfers Aminta und der Nymphe Silvia dar. Die spröde Silvia verweigert sich der Liebe, deren Macht Amor im Prolog proklamiert, und stellt sich in den Dienst der keuschen Göttin Diana. Da helfen weder das gute Zureden und die Carpe-diem-Argumente ihrer Freundin Dafne noch die Errettung durch Aminta vor dem Vergewaltigungsversuch eines Satyrs. Aminta wiederum weigert sich, den Rat seines Freundes Tirsi anzunehmen und entschieden um Silvia zu werben. Statt dessen münden seine melancholischen Klagen in einen verzweifelten Suizidversuch. Erst als Silvia ihn tot glaubt, erwacht ihre Liebe, und ihr Kuß gibt dem nur Ohnmächtigen das Leben zurück.

Guarini erweitert das Personal um ein weiteres Liebespaar und andere Personen und nutzt die sich daraus ergebenden Möglichkeiten im Unterschied zu Tassos eher lyrischem Drama zu einer abwechslungsreichen Intrigenhandlung. Ausgangspunkt des *Pastor fido* ist ein Orakelspruch, nach dem die Arkadier sich nur durch die Heirat eines Paars von göttlicher Abstammung von einem über sie lastenden Fluch befreien können: Weil ihr Priester getötet worden war, verlangt Diana jedes Jahr ein Jungfrauenopfer. Die Möglichkeit einer befreienden Verbindung ist jetzt gegeben durch Silvio, Sohn des Priesters Montano, und die Schäferin Amarilli, die von Herakles bzw. Pan abstammen. Allerdings ist Silvio eher an der Jagd als an der Liebe interessiert, während Amarilli den Schäfer Mirtillo liebt, sich allerdings durch die aus dem Orakelspruch resultierende gesellschaftliche Verpflichtung gebunden glaubt. Silvio wiederum weist die ihn heftig umwerbende Dorinde zurück. Eine durchaus gefährliche Intrige schließlich setzt Corisca in Gang, eine liebeserfahrene Frau aus der Stadt, die Mirtillo zu gewinnen und zu diesem Zweck Amarilli aus dem Weg zu räumen sucht. Die Verwirrungen lösen sich auf, bevor das auf fehlgedeuteten Indizien beruhende Todesurteil gegen Amarilli bzw. Mirtillo, der für sie sterben will, vollstreckt werden kann. Mirtillo ist der totgeglaubte älteste Sohn Montanos und damit ebenfalls göttlicher Abstammung. Einer Heirat des treuen Schäfers mit Amarilli – und damit dem gesellschaftlichen Frieden Arkadiens – steht damit nichts mehr im Weg. Auch Silvio und Dorinde finden zusammen, während Corisca Besserung gelobt. Anders als Tassos herrschaftsfreie Idylle mit ihrem neuplatonischen Konzept der Liebe als universalem kosmischen Prinzip stellt Guarini die Diskussion über die Liebe in einen gesellschaftlichen Zusammenhang und die daraus resultierenden Verpflichtungen und Notwendigkeiten. Guarinis Goldenes Zeitalter ist, anders als das von Tasso imaginierte, nicht frei vom Gesetz und hierarchischen Strukturen, sondern gründet darauf. Zu beklagen ist ihre Pervertierung im geschichtlichen Prozeß.

Die deutschen Übersetzungen können lange nicht mit der poetischen Qualität der italienischen Werke konkurrieren. Immerhin gewinnt die Wanderbühnenfassung *Von den Aminta und Silvia* Tassos höfische Idylle für die Bühne, allerdings in einer bürgerlich-moralisierenden, vergröbernden Version mit zusätzlicher komischer Person (in: *Liebeskampff Oder Ander Theil Der Engelischen Comoedien vnd Tragoedien*, 1630). Im Kontext der nationalen Sprach- und Kulturprogrammatik stehen die Übersetzungen und Bearbeitungen der Buchner-Schüler Michael Schneider und Philipp von Zesen. Dabei bildet Schneiders *Amintas oder Waldtgedichte* (1639, ²1642), eine Prosaübersetzung nach dem italienischen Original und der französischen Fassung, den Ausgangspunkt für Zesens Version: *Der herzlich-verliebte schmerzlich-betrübte beständige Roselieb: oder Wald-spiel / fast nach dem des T. Tassens Amintas ümgesäzt* (1646). Zesen paßt gemäß seinen sprach- und kulturpatriotischen Auffassungen seinen *Roselieb* nicht nur äußerlich deutschen Verhältnissen an (Namen, Schauplatz usw.), sondern unterzieht seine Vorlage einer tiefgreifenden sprachlichen Bearbeitung. Sie gilt nicht nur seinen puristischen Zielen, sondern vor allem dem Bemühen um einen eleganten, klaren Prosastil, wie ihn auch die Kunstprosa seines gleichzeitigen Romanschaffens charakterisiert. Bei den Chören am Ende des ersten und zweiten Akts kehrt Zesen zur Versform des Originals zurück. Nach einigen metrischen Teilübersetzungen (Daniel Casper von Lohenstein, Christian Hölmann, Christoph Fürer von Haimendorf) erschien die erste vollständige metrische Übertragung des *Aminta* schließlich 1711 in Georg Wilhelm von Reinbabens *Poetischen Übersetzungen und Gedichten.*

Größere Resonanz als Tassos lyrisches Spiel fand Guarinis handlungs- und spannungsreicherer *Pastor fido.* Am Anfang der deutschen Übersetzungen steht eine protestantisch-lehrhafte Version in Knittelversen (Eilger Mannlich, 1619). Ihr folgt die bis auf die Chöre in Prosa gehaltene Fassung Statius Ackermanns (1636, ²1663), die sich in den Prosapartien genau an den Wortlaut der Vorlage hält und vor allem den Inhalt zu vermitteln sucht. Noch August Bohse benutzte Ackermanns Übersetzung für seine eigene Prosafassung (o. J. [1699]). Die beiden bedeutendsten Übertragungen des *Pastor fido* sind die von Christian Hoffmann von Hoffmannswaldau und Hans Aßmann von Abschatz.

Hoffmannswaldaus *Getreuer Schäfer* entstand Anfang der fünfziger Jahre und kursierte in handschriftlicher Form unter Freunden (zwei Handschriften von 1652 sind erhalten). Nach einem fehlerhaften unautorisierten Druck von 1678 nahm Hoffmannswaldau das Werk in seine Sammelausgabe *Deutsche Übersetzungen Und Getichte* (1679) auf. Wenn der Poetiker Daniel Georg Morhof (*Unterricht Von Der Teutschen Sprache und Poesie,* 1682, ²1700) bemerkt, daß Hoffmannswaldau den *Getreuen Schäfer* «fast mit grösserer Zierligkeit / als er geschrieben», übersetzt habe, so charakterisiert er damit dessen Orientierung an den nach Guarini verstärkt einsetzenden manieristischen Stiltendenzen, vor allem repräsentiert durch Giovan Battista Marino. Dabei verstärkt Hoffmannswaldau die petrarkistischen Züge und wählt zur Wiedergabe der madrigalischen Formelemente Guarinis eine «ungewöhnliche und zerstreuete Art der Reimen» mit verschiedenen Versarten und Verszeilen unterschiedlicher Länge, «weil solches der gemeinen Rede am nechsten kömt / und dann / weil theils Ausländer ihnen diese anmuthige Verwirrung / so wol mit / als ohne Reimschluß in ihren Spielen vor andern gefallen lassen». 1678 wurde Hoffmannswaldaus *Getreuer Schäfer* am Wolfenbütteler Hof aufgeführt.

Der Teutsch-redende Treue Schäffer von Abschatz nimmt gleichsam die manieristischen Übersteigerungen Hoffmannswaldaus zurück und sorgt in einem gedämpften galanten Stil für leicht sangbare Verse. Christian Gryphius, Herausgeber der postumen Abschatz-Sammelausgabe *Poetische Übersetzungen und Gedichte* (1704), bezeichnet den Unterschied zwischen den beiden Übersetzungen so: «Man möchte die eine Tracht genauer auff den Italiänischen Schnitt gerichtet / die andere nach Frantzösischem Stich gefertigt / und nicht so gedrang anliegend nennen […].» Eine weitere Übersetzung des *Pastor fido,* die der Danziger Heinrich Schwartzwald 1674 anfertigte, blieb ungedruckt. Ein Rezeptionszeugnis besonderer Art sind die 1640 entstandenen 42 Zeichnungen Johann Wilhelm Baurs, Maler am Wiener Hof, zu jeder Szene des Stücks. Sie wurden später von dem Augsburger Verleger Melchior Küsell in Kupfer gestochen und mit erzählenden oder kommentierenden Versen versehen (*Der Pastor fido inventiert vndt gezeichnet durch Johann Wilhelm Baur*, 1671).

Aus der umfangreichen französischen Produktion von Schäferspielen, die ebenfalls an die italienischen Muster anknüpfte, fanden nur wenige Texte einen deutschen Übersetzer. Nicolas de Montreux' *La Diana* erschien im Rahmen der deutschen Übersetzung seines Schäferromans *Les bergeries de Juliette* (*Der Schäffereyen Von der schönen Juliana Das Dritte Buch*, 1616), Jean Mairets *La Sylvie* (1627) wurde von Ernst Christoph Homburg als *Tragico-Comoedia Von der Verliebten Schäfferin Dulcimunda* (1643) verdeutscht (statt Alexandriner Prosa mit eingelegten Liedern und Chören) und dann mehrfach aufgeführt, und Augustus Augsburgers *Schäfferey* (1644) ist eine Übersetzung von Antoine de Montchrestiens *La bergerie* (1601), auf der auch Kasper Stielers *Basilene* (1667) beruht. Dazu kommt die auf Cervantes' *Don Quijote* zurückgehende «Pastorale Burlesque» Thomas Corneilles *Le berger extravagant* (1653), die in der Übersetzung von Andreas Gryphius 1661 zum Geburtstag des letzten schlesischen Piastenherzogs in der Residenz Ohlau aufgeführt wurde (*Der Schwermende Schäfer Lysis*, 1661; vollständige Fassung u. d. T. *Der Schwermende Schäffer. Satyrisches Lust-Spiell*, 1663).

Zu den erfolgreichsten ausländischen Schäferspielen auf der deutschen Bühne gehörte die *Aspasia* (1656) des wegen seiner moralisierend-lehrhaften Art auch in Deutschland sehr beliebten Niederländers Jacob Cats. Zahlreiche Wanderbühnenaufführungen des Stückes sind seit den sechziger Jahren bezeugt (eine Bearbeitung ist in einer Wiener Sammelhandschrift erhalten); im Druck erschien eine deutsche Fassung allerdings erst 1714 im 6. Teil der Cats-Gesamtausgabe (*Königliche Schäferin / Aspasia*). Übersetzer ist wahrscheinlich Barthold Feind. Eine Ernst Elias Heidenreich und David Pohle (Musik) zugeschriebene Singspielversion für den Hof in Weißenfels erschien 1672 (*Die Königliche Schäfferin Aspasia*). Auf einer niederländischen Vorlage, nämlich Jan Harmens Kruls *Cloris en Philida* (1631) beruht auch Hermann Heinrich Schers *New-erbawete Schäferey / Von der Liebe Daphnis vnd Chrysilla* (1638).

2. Deutsche Schäferspiele

Der Übergang von Übersetzung und eigener Schöpfung ist fließend. So gut wie alle deutschen Schäferspiele lassen sich von ausländischen Mustern inspirieren, selbst wenn sie auf keiner bestimmten Vorlage basieren. Stücke wie etwa Heinrich Elmenhorsts *Rosetta* (1653) oder Wilhelm Cronpuschs *Jauchzender Cupido / Oder Sigende Liebe* (1669) schöpfen aus dem gängigen Formen- und Motivrepertoire der internationalen schäferlichen Liebesdichtung. Während Cronpusch in seinem für den schlesischen Piastenherzog bestimmten Stück seinen Helden Amyntas die üblichen Variationen des Liebesthemas – Liebeshoffen, Klage, Liebeswerben, wirkliche oder vermeintliche Erfüllung – durchspielen läßt, operiert Elmenhorst im Rahmen der Liebeshandlung – Rosetta wird immerhin von sechs Männern umworben – überdies mit der ebenfalls traditionellen Gegenüberstellung von Hof- und Schäferwelt.

Neben dem Liebesschäferspiel gewinnt schon früh das allegorische Schäferspiel an Bedeutung. Georg Philipp Harsdörffers Bemerkung im zweiten Teil seines *Poetischen Trichters* von 1648 beschreibt bereits die Praxis: «Wann in dem Hirtenspiel ein verborgner Verstand verhüllet / so kan es nicht nur belustigen / sondern auch lehren / dahin der Poet billich zielen soll.» Damit nutzen die Autoren das allegorische Potential, das der Schäferpoesie seit der Antike innewohnt, und aktualisieren es im Hinblick auf politische, religiöse oder moralische Themen.

Zu den ersten Spielen dieser Art in Deutschland zählt Simon Dachs politisch-allegorisches Singspiel *Cleomedes. Der allerwehrteste und lobwürdigste trewe Hirt der Crohn Pohlen*, das 1636 anläßlich eines Besuchs des polnischen Königs Wladislaw IV. in Königsberg mit der Musik von Heinrich Albert aufgeführt wurde (Druck 1636, erweitert postum 1696). Hintergrund ist der Konflikt zwischen Polen, Brandenburg und Schweden, aus dem sich Königsberg heraushalten wollte, ohne Zweifel an der Treue der Stadt gegenüber dem polnischen Lehnsherrn aufkommen zu lassen. Das Stück stellt in schäferlicher Verkleidung die politischen Ereignisse in Polen seit dem Tod König Sigismunds III. im Jahr 1632 bis in die unmittelbare Gegenwart dar. Die Schäferin Venda (= «Kron Pohlen») betrauert in einer Liebesklage den Tod ihres geliebten Schäfers Nicomedes. Für die Gefahren, die dem herrscherlosen Land drohen, steht die Werbung von drei Satyrgestalten, die – das macht das Personenverzeichnis klar – Russen, Türken und Tataren repräsentieren. Auf die Bitte der einsamen Schäferin um göttliche Hilfe schlägt Mercurius Cleomedes (= Wladislaw) vor. Venda gibt ihm als Zeichen ihrer Liebe ihr Land, während er sie vor den Bedrohungen durch die Satyrn zu schützen verspricht. Als dann noch die Nymphe Herophile (= «Kron Schweden») Vendas Glück bedroht, ist Cleomedes aus Liebe erneut bereit, für Venda zu kämpfen, während andere Hirten, d. h. andere Staaten, zu vermitteln versuchen. Unverschlüsselt feiern dann am Ende Venda und der Chor der Hirten König Wladislaw als Friedensfürsten: Lobpreis und Mahnung zugleich beenden so die konsequente Umsetzung des politischen Geschehens in eine Schäferhandlung.

Einflußreiches Muster eines geistlichen Schäferspiels ist Georg Philipp Harsdörffers *Seelewig* (1644), zugleich der erste vollständig erhaltene Versuch einer deutschen Oper (s. S. 488). *Seelewig* handelt im Anschluß an eine italienische Vorlage davon, «wie der böse Feind den frommen Seelen / auf vielerley Weg nachtrachtet / und wie selbe hinwiderumb von dem Gewissen und dem Verstande / durch Gottes Wort / vom ewigem Vnheil abgehalten werden». Entsprechend kontrastiert das Spiel die Nymphe

Seelewig und ihre Freundinnen (mit den ebenfalls sprechenden Namen Sinnigunda, Gwissulda und Hertzigild) mit den Vertretern der ‹Welt›, dem um Seelewig werbenden Satyr Trügewalt und den ihm behilflichen Schäfern Künstling, Ehrelob und Reichimuht. Alle Werbungs- und Überredungsversuche scheitern, und auch beim Blindekuhspiel wird Trügewalts Annäherung in letzter Minute vereitelt: Die Überredung zur weltlichen Liebe zielt auf das Verderben der Seele. Chöre an den Aktschlüssen formulieren in These (Lob weltlicher «Hinterlist», der *dissimulatio*) und Antithese (Verachtung der Eitelkeit des irdischen Lebens) die das Geschehen strukturierenden Gegensätze, die dann am Schluß nach dem Sieg über das Böse im Lob Gottes und der göttlichen Gnade aufgehoben werden.

Dem von Harsdörffer vorgegebenen Strukturmodell verpflichtet ist Sigmund von Birkens *Neues Trauerspiel Psyche / ausbildend den Zustand der Seele* von 1652 (Aufführung und Druck; erhalten ist nur der Druck im Anhang von Birkens *Teutscher Rede-bind und Dicht-Kunst*, 1679). Die bukolischen Elemente sind hier allerdings auf Teilbereiche beschränkt und tragen nicht mehr die ganze Allegorie. Diese handelt wie bei Harsdörffer von den Versuchungen, Verfehlungen und der Rettung der menschlichen Seele. Im Unterschied zu Harsdörffer stellt Birken das Geschehen ausdrücklich in den Zusammenhang der christlichen Heilsgeschichte von Adam und Eva und dem Sündenfall bis zur ewigen Vereinigung der durch Christi Kreuzestod erlösten Seele mit Gott. Die Beziehung zum antiken Märchen *Amor und Psyche* in den *Metamorphosen* (2. Jh. n. Chr.) des Apuleius bleibt angesichts des spezifisch geistlichen Sinns bei Birken eher im Allgemeinen (Liebe, Verfehlung, Prüfungen, Leiden, Vereinigung).

Die vordergründige Handlung ist die einer politischen Haupt- und Staatsaktion. König Anarchus herrscht in Cosmopel; zur Herrscherfamilie gehören sein Sohn Prinz Theagenes und sein Onkel Diocles (Trinität). Im Dienst des Hofes stehen neben Räten auch der Statthalter Alastor (Luzifer), der von Alecto, seiner «Buhlschaft» (Superbia), zum Aufstand angestiftet wird. Als dieser scheitert, suchen die Aufrührer (die gestürzten Engel) ein neues Ziel: «Kan man nicht den König schlagen: lasst uns plagen seine Leut!» Das sind die Schäferin Psyche und ihr Bruder Sarcander (das erste Menschenpaar, Seele und Leib), die zu Verwaltern der königlichen Meiereien bestellt worden waren: das Paradies als bukolische Idylle. Von da ist es nicht mehr weit zu Versuchung und Sündenfall und zum Ausbruch des die Meierei verheerenden Drachens Apollyon (Tod) in die Welt als Folge der ersten Sünde. Hoffnung besteht deswegen, weil sich Theagenes (Christus) bereits vorher in Psyche verliebt hatte. Die Geschichte führt dann, weiterhin in der Verkleidung eines politisch-heroischen Dramas (Beratungen, Streitgespräche, Kämpfe, Täuschungsmanöver, Intrigen, Gerichtsverhandlung usw.), in mehr oder weniger geglückten Analogien über die einzelnen heilsgeschichtlichen Stationen bis hin zum Jüngsten Gericht und der Wiederherstellung der Schöpfung in ihrer alten Schönheit. Liedhafte Chöre an den Aktschlüssen kommentieren und verallgemeinern das Geschehen, das in den Akten selbst in einer Vielfalt metrischer Formen gestaltet ist, die der jeweiligen Situation und den ausgedrückten Affekten entsprechen sollen.

Birkens *Psyche* weist nicht nur Ähnlichkeiten mit Harsdörffers *Seelewig*, sondern auch mit *Androphilus* auf, einem lateinischen Drama des Jesuiten Jacob Masen, das 1645 und 1647 in Münster aufgeführt worden war, aber erst 1657 im dritten Band seiner Poetik *Palaestra eloquentiae ligatae* im Druck erschien. Birken hatte offenbar Zugang zu einer Abschrift des Stückes, denn auch seine deutsche Bearbeitung des *Androphilus* ging der Veröffentlichung der lateinischen Vorlage voraus: *Neues Schauspiel / Betitelt Androfilo Oder Die WunderLiebe* (1656; Aufführung Nürnberg 1655). Wahrscheinlich war ihm Masens Stück schon bei seiner Arbeit an der *Psyche* bekannt. In der Vorrede zum *Androfilo* verweist Birken selbst auf die Beziehung zwischen *Psyche* und *Androfilo*, die beide Handlungsstrukturen des politischen Dramas und ein ähnliches Figurenarsenal verwenden, um die Heilsgeschichte von der Erschaffung des Menschen bis zu seiner Erlösung darzustellen: «Meine *Psyche* / ein Schauspiel / gleiches Inhalts mit dem Androfilo / begehrte jhm einen Gefärten abzugeben.»

Am Beispiel Harsdörffers, dessen *Seelewig* 1654 am Wolfenbütteler Hof aufgeführt, vielleicht auch uraufgeführt worden war, orientierte sich auch Birkens zeitweiliger Schüler Anton Ulrich von Braunschweig-Lüneburg in dem «Singe-Spiel» *Amelinde, Oder: Dy Triumphirende Seele* (1657), seinem ersten Stück für die Wolfenbütteler Hoffeste, ohne allerdings die generell negative Sicht der Welt und der Liebe in Harsdörffers Text zu übernehmen. Den Gegenstand des zum 79. Geburtstag des frommen Herzogs August aufgeführten Spiels beschreibt die Muse Calliope im Vorspiel ähnlich wie zuvor Harsdörffer den von *Seelewig*: «Der Zweck ist aber der / wy GOtt dy Seele liebt / | Und wy dy Welt / das Fleisch / und Teuffel sy abführt / | Von dieser edlen Lieb / daß sy doch zeitig spüret / | Mit Reu der List entgeht / sich ihrem GOtt ergiebt.»

Harsdörffers und Birkens allegorisches Verfahren liegt auch den Schuldramen des Göttingers Heinrich Tolle zugrunde. Alle drei Stücke – *Kundegis* (1670), *Wahrgilt* (1672) und *Willbald* (1673) – tragen die Gattungsbezeichnung «Teutsche Schäfferey», doch bleibt die Schäfermaskerade rein äußerlich auf den Schauplatz beschränkt. Die typischen Konstellationen, Handlungselemente und Motive des Schäferspiels fehlen; es geht nur um allegorisch aufbereitete pädagogische Belehrung: um die Darstellung der Gefährdung des menschlichen Verstandes durch *ignorantia* und *opinio*, der Wahrheit durch falsche Autoritäten, des menschlichen Willens durch die Sinnenlust. «Schäfferey» ist in diesen personenreichen Schuldramen zur Bezeichnung für das allegorische Verfahren geworden.

Religiöse allegorische Bezüge weist auch Kaspar Stielers *Basilene* (1667) auf. Zugleich enthält das für eine fürstliche Geburtstagsfeier in Rudolstadt geschriebene Stück einen von Herrschaftslob und Friedenspreis bestimmten Rahmen, Beispiel für die Affinität von Schäferspiel bzw. -oper und Festspiel. Stieler übernimmt die an den *Pastor fido* angelehnte Handlung und einige Szenen und Motive aus Augustus Augsburgers *Schäfferey* (1644), der Übersetzung von Antoine de Montchrestiens *La bergerie* (1601). Er reduziert allerdings die Zahl der Liebesgeschichten um die Hälfte auf drei und strafft die Handlung, während er gleichzeitig das komische Dienerduo wie in seinen anderen Rudolstädter Stücken hinzufügt. Im Mittelpunkt des dramatischen Geschehens steht das jährliche Jungfrauenopfer für Diana, deren Zorn sich erst dann legen wird, wenn ein «Heyland», ein getreuer Liebhaber, «der um reiner Liebe willen / wie wohl sie ihm mit Undanck vergolten wird / sich selbst zum Opfer» darbietet. Der Priester Theofred befürchtet, daß in diesem Jahr das Los seine Tochter Basilene trifft. Das geschieht dann auch. Sie fügt sich dem Willen der Götter. Filidor, der vergeblich um Basilene geworben hat, bietet sich an, für sie in den Tod zu gehen. Diana ist versöhnt und befreit Basilene von ihrem Keuschheitsgelübde. Auch die Liebesverwirrungen um die beiden anderen Paare – Oridor und Melinde bzw. als komische Variation Scaramuza und Labelle – haben ihre Auflösung gefunden, so daß einem gemeinsamen Hochzeitsfest nichts mehr im Wege steht. Das Geschehen mit seinen traditionellen Konstellationen und Motiven deutet, das zeigt schon Stielers Wortwahl, zugleich allegorisch auf Heilsgeschichtliches und nimmt damit Momente des geistlichen Schäferspiels auf: Der Schäfer Filidor steht für den Erlöser, Basilene für die menschliche Seele, die ohne individuelle Schuld von der Erbsünde betroffen ist. Filidor-Christus ist aus göttlicher Liebe auch gegen ihren Widerstand bereit, für sie zu sterben. Die Heirat am Ende steht für die Vereinigung von Gott und menschlicher Seele. Daneben propagiert das Stück nicht nur an den Hauptpersonen das christlich-neustoische Beständigkeitsideal.

Ganz ohne schäferliche Verkleidung kommt die Allegorie in Stielers moralisierender Komödie *Willmut* (1680) für den Weimarer Hof aus, ein Stück um die Vereinigung von Willmut (dem auf den rechten Weg geführten freien Willen) und Allguda, der Verkörperung des höchsten Guts. Das geschieht nicht ohne Verirrungen des Prinzen Willmut, der zunächst gegen den Willen seiner Eltern um die verführerische Scheingude wirbt, schließlich aber im Widerstreit der Affekte und der Vernunft die für das Heil richtige Wahl trifft.

Durchaus eigenen Charakter besitzen die beiden Schäferspiele des schlesischen Dramatikers Johann Christian Hallmann. Sie nähern sich formal dem Trauerspiel (Alexandriner, fünf Akte, das Geschehen kommentierende Reyen) und nehmen die Schäfer- und Liebesthematik zum Anlaß gesellschaftsdienlicher christlich-neustoischer Tugendlehre. Das machte sie auch geeignet für die Schule: Das erste Schäferdrama, *Siegprangende Tugend Oder Getrewe Urania*, wurde 1666 von Schülern des Breslauer Magdalenengymnasiums aufgeführt und 1667 gedruckt; die

Einladungsschrift von 1666 trägt den an Guarini anspielenden Obertitel *Pastorella fida*. 1671 spielten die Breslauer Gymnasiasten auch Hallmanns zweites Schäferdrama, das im Programm den einfachen Titel *Rosibella Schäffer-Spiel* trägt. Zwei Jahre später gestaltete Hallmann das «Pastorell» aus Anlaß der Hochzeit Kaiser Leopolds I. mit der Erzherzogin Claudia Felicitas zu einem höfischen Festspiel um. Diese Fassung wurde gedruckt (und bei einer Audienz in Wien dem Kaiserpaar überreicht): *Die Sinnreiche Liebe Oder Der Glückseelige Adonis und Die Vergnügte Rosibella* (1673).

Urania zeige, so Hallmann, vier verschiedene Erscheinungsformen der Liebe, der «Königin aller Begierden»: «nehmlich eine Trewe und Sinnreiche / eine Verzweiffelnde / eine Närrische / und eine bescheidene Liebe». Für die tugendhafte Liebe, deren Sieg schon der Titel feiert, steht Urania, die ihrem Ehemann Silvano die Treue hält. Infortunio repräsentiert die verzweifelnde Liebe, d. h. er verliebt sich in die verheiratete Urania und sucht sie mit Hilfe eines Zauberers zu gewinnen, der ihm Silvanos Gestalt verleiht. Die «lüsterne Amande» stellt dem (zu) jungen Hierander nach, und Infortunios Schwester Chlorinde sucht vergeblich den schüchternen Rivaldo zu gewinnen, der aber lieber ehelos bleibt. Urania gelingt es schließlich, die rasenden Verliebten Infortunio und Amande zu bekehren, nachdem schon vorher Chlorinde, Rivaldo und Hierander den Preis des ehelosen Lebens angestimmt hatten. So stehen am Schluß des Stückes neben den bereits verheirateten Urania und Silvano nicht die für das Schäferspiel typischen, in glücklicher Liebe vereinten Paare, sondern der Sieg der Vernunft und die Überwindung der Leidenschaft. Liebe, tugendhafte Liebe, gibt es nur in der Ehe, und in einem tugendhaften Leben; außerhalb der Ehe hat die Liebe keinen Platz. Dabei steht die «Fürtrefligkeit des Ehelosen-Standes» außer Zweifel. Hallmann hat das Schäferdrama gleichsam umfunktioniert. Bei ihm werden keine Nymphen und Schäfer zur Liebe bekehrt. Er nutzt vielmehr Versatzstücke des Genres zur Propagierung eines christlich-asketischen Tugendideals, indem er das Liebesthema – durch beispielhafte Handlungen, Gespräche der Protagonisten und die kommentierenden Reyen in allen Facetten abgehandelt – in Beziehung zum Glauben setzt. Daß er in der Druckfassung auf die Anspielung auf Guarinis *Pastor fido* verzichtete, war nur konsequent.

Hallmanns zweites Schäferdrama folgt stärker der Tradition. Die Protagonisten Rosibella und Adonis entsprechen der Konstellation ‹verliebte Schäferin versucht spröden Schäfer zur Liebe zu bewegen›. Adonis jedoch möchte in Keuschheit leben, und erst nach manchen Verwicklungen – einschließlich des vermeintlichen Todes der zunächst verschmähten Partnerin analog zu Tassos *Aminta* – werden die Liebenden vereint. Statt zum Lobpreis der Keuschheit kommt es zur Feier der Liebe; sonst hätte das Stück auch kaum, in opernmäßig erweiterter Form, als Festspiel zur kaiserlichen Hochzeit dienen können.

VIII. ORATORIUM, REDEORATORIUM

1. Oratorium

Neben der Oper entwickelte sich, zuerst in Italien, die konzertante Form des Oratoriums, die erzählende Texte, lyrische Partien (Arien) und Chöre miteinander verband. Die deutsche Entwicklung, stark vom Protestantismus geprägt, ging von den Lesungen der Evangelien und anderen Bibeltexten zu kirchlichen Festtagen aus. Die so entstehenden Werke nannte man Historien (Heinrich Schütz u. a.). Sie waren eng an das biblische Wort und den Gottesdienst gebunden, so daß der Text zunächst keine besonderen dichterischen Anforderungen stellte. Das änderte sich erst, als Elemente der Oper und der weltlichen Kantate wie Rezitativ und Arie nach italienischem Vorbild in die geistliche Musik eindrangen, zuerst bei der Kirchenkantate und dann in der großen Form des Oratoriums. Die entscheidenden Impulse gingen von Erdmann Neumeister aus, der theologische und poetische Interessen miteinander verband und seit 1697 als Hofprediger in Weißenfels in Zusammenarbeit mit dem Komponisten Johann Philipp Krieger die neue Kantatenform entwickelte. In seinen 1695–97 gehaltenen Poetikvorlesungen, 1707 von Christian Friedrich Hunold unter dem Titel *Die Allerneueste Art / Zur Reinen und Galanten Poesie zu gelangen* veröffentlicht, schreibt Neumeister, daß die Kantate nicht anders aussehe «als ein Stück aus einer Opera, von Stylo Recitativo und Arien zusammengesetzt», wobei freie Madrigalverse dem erzählenden, lehrhaften oder meditativen Rezitativ und die strophische Form der affektzentrierten Da-capo-Arie vorbehalten blieben. Später erweiterte Neumeister die Form um Bibeltexte und Choräle.

Neumeisters geistliche Kantaten erschienen meist in einzelnen Heften, die dann zu Sammelbänden zusammengefaßt wurden, etwa im Band *Geistliche Kantaten Über alle Sonn- und Fest-Tage / Zu einer sehr bequemen Kirchen-Music ausgefertigt* (1704) oder später in der umfangreichen, mehrfach erweiterten Sammlung *Fünfffache Kirchen-Andachten bestehend In theils eintzeln / theils niemahls gedruckten Arien, Cantaten und Oden Auf alle Sonn- und Fest-Tage des gantzen Jahres* (1716–17, hrsg. von Gottfried Tilgner). Nach Krieger vertonten andere namhafte Komponisten Neumeisters Texte, darunter Georg Philipp Telemann und Johann Sebastian Bach. Der Erfolg der neuen Form löste eine rege Produktion geistlicher und weltlicher Kantaten bei galanten und frühaufklärerischen Autoren aus, an der sich u. a. Christian Friedrich Hunold, Johann Christian Günther, Christiane Mariane von Ziegler und Christian Friedrich Henrici (Picander) beteiligten (wobei Texte der der beiden Letztgenannten auch von Johann Sebastian Bach vertont wurden).

Nach dem Beispiel der Kantate erfolgte auch die Literarisierung des Oratoriums, beginnend mit Hunolds Passionsoratorium *Der Blutige und Sterbende Jesus*, das 1704 mit der Musik Reinhard Keisers in Hamburg aufgeführt wurde und – da der galante Textdichter nach neuestem italienischem Beispiel (Arcangelo Spagna) auf die Rezitation des Bibeltextes durch den Evangelisten verzichtete – sofort Proteste der Geistlichkeit auslöste (Druck in Hunold: *Theatralische / Galante Und Geistliche Gedichte*, 1706). Hunolds Versuch, durch die Eliminierung des Evangelisten ein Oratorium zu schaffen, in dem «alles aufeinander aus sich selbst fließet», machte keine Schule, aber die neuen literarischen Tendenzen setzten sich gleichwohl durch. So führte Christian Reuter in Berlin zwar den Evangelisten wieder ein, setzte aber dessen biblische Rede wie die der anderen Personen und der Chöre in Verse um (*Paßions-Gedancken Uber Die Historie Von dem Bittern Leiden und Sterben Unsers HErrn und Heylandes JEsu CHristi* (1708; Musik von Johann Theile). Das Zentrum des poetischen Oratoriums – eine zeitgenössische Abgrenzung vom streng kirchlichen – blieb jedoch Hamburg, wo die großen Opernkomponisten wie Keiser oder Händel auch Oratorientexte vertonten. Dieses poetische – oder opernhafte – Oratorium löste sich vom Gottesdienst und fand als geistliches Konzert zunehmend seinen Platz außerhalb der Kirche.

Das bedeutendste Beispiel dieser Oratorienform verfaßte Barthold Heinrich Brockes: *Der Für die Sünde der Welt / Gemarterte und Sterbende Jesus Aus den IV. Evangelisten* (1712). Die Uraufführung des von Reinhard Keiser vertonten Werkes fand in Brockes' eigenem Haus in Hamburg statt. Wie bei Reuter bleibt zwar die Rolle des Evangelisten erhalten, aber sie löst sich stärker vom Bibeltext. Dazu verkürzt Brockes dessen Reden zu kurzen Rezitativen in Madrigalversen und gewinnt so den Raum für zahlreiche Arien und Ariosi, für Soloszenen («Soliloqui») mit Rezitativ und Arie, für Duette, Terzette, Chöre und Choräle. Diese Vielgestaltigkeit und Kleinteiligkeit mit ihrer großen Bandbreite der Affektdarstellung entspricht dem Stil der zeitgenössischen Oper. Eine Zorn- und Rachearie wie die folgende des Petrus in der modernen Da-capo-Form könnte, ersetzte man den Namen Jesus durch einen beliebigen anderen, in jeder Barockoper stehen. Sie bezieht sich auf den Judaskuß:

> Gifft und Gluht /
> Strahl und Fluht
> Ersticke / verbrenne / zerschmettre / versencke
> Den falschen Verräther / die Mördrische Rencke.
> Man fesselt Jesum jämmerlich /
> Und keine Wetter regen sich?
> Auf dann / mein unverzagter Muht /

> Vergieß das frevelhaffte Blut /
> Weil es nicht thut
> Gifft und Gluht /
> Strahl und Fluht.

Brockes' Text fand den Beifall der Literaten wie der Musiker. Nach Reinhard Keiser vertonten u. a. Georg Friedrich Händel, Johann Mattheson und Georg Philipp Telemann das Oratorium, das in diesen und weiteren musikalischen Fassungen in vielen Städten aufgeführt wurde. Auch Johann Sebastian Bach verwandte für seine *Johannes-Passion* (1723) den Text einiger Arien daraus, allerdings in einer Bearbeitung Christian Friedrich Henricis, kehrte aber im übrigen wieder zum Bibeltext zurück und steigerte zugleich die Bedeutung der Choräle. Brockes griff auch später in seinem *Irdischen Vergnügen in Gott* (1721–48) auf formale Elemente des Oratoriums bzw. der Kantate zurück, gelegentlich gesteigert zu ausgesprochenen «Sing-Gedichten» mit erzählendem und betrachtendem Rezitativ, Arie oder Arioso.

2. Redeoratorium: Johann Klaj

Eine Sonderstellung im Gattungsspektrum nimmt das mit dem Namen von Johann Klaj, dem Mitbegründer des Nürnberger Pegnesischen Blumenordens, verbundene Redeoratorium ein. Es handelt sich dabei um eine nachträgliche Bezeichnung für sechs gattungsmäßig schwer einzuordnende Texte, bezogen auf formale Ähnlichkeiten mit dem Oratorium und die spezifische Vortragsweise Klajs: *Aufferstehung Jesu Christi In ietzo neuübliche hochteutsche Reimarten verfasset* (1644), *Höllen- und Himmelfahrt Jesu Christi.* […] *In jetzo Kunstübliche Hochteutsche Reimarten verfasset* (1644), *Herodes der Kindermörder / Nach Art eines Trauerspiels ausgebildet* (1645), *Der Leidende Christus / In einem Trauerspiele vorgestellet* (1645), *Engel- und Drachen-Streit* (1649 oder 1650), *FReudengedichte Der seligmachenden Geburt Jesu Christi / Zu Ehren gesungen* (1650).

Unterschiede zwischen den Texten zeigen sich nicht zuletzt in der unterschiedlichen Annäherung an bzw. Loslösung vom Drama, d. h. in der jeweiligen Gewichtung epischer und dramatischer Momente, die sich durch ein mehr oder weniger ausgeprägtes Hervortreten einer Erzählerfigur oder durch die Verwendung erklärender Prosapassagen im Rahmen der dramatischen Personenrede ergibt. Klaj selbst stellt, wenn er überhaupt spezifische Gattungsbegriffe verwendet und sich nicht auf Hinweise auf die neuen verstechnischen Errungenschaften beschränkt, den Zusammenhang zu traditionellen dramatischen Formen her. Und in der

Tat sind *Der Leidende Christus* und *Herodes der Kindermörder* Bearbeitungen von zwei neulateinischen Dramen, *Christus patiens* (1608) von
Hugo Grotius und *Herodes infanticida* (1632) von Daniel Heinsius. Auch
hier sorgen von Klaj eigenständig eingefügte epische Elemente für die
Nähe zum Oratorium, eine Konstante aller dieser Texte.

Über die Aufführungssituation heißt es auf den Titelblättern der ersten
beiden Texte, sie seien «in Nürnberg Bey hochansehnlicher Volkreicher
[bzw. «Volkreichster»] Versamlung abgehandelt» worden. Auf eine Kirche als Aufführungsort scheinen begleitende Gedichte von Johann Michael Dilherr zu verweisen, Lehrer des Theologiestudenten Klaj und
Rektor des Egidiengymnasiums, dann von 1646 an Hauptprediger an
St. Sebald und Leiter des Nürnberger Schul- und Kirchenwesens. Doch
zeitgenössische Aufzeichnungen verweisen darauf, daß die Aufführungen
zwar nach der Predigt, aber nicht in der Kirche, sondern im neuen Audi-
torium bei St. Egidien bzw. im großen Saal des Augustinerklosters statt-
fanden, in einem eher akademischen Kontext also. Dazu paßt, daß Klaj
hier auch seine *Lobrede der Teutschen Poeterey* (1645) vortrug, wiederum
vor «Einer Hochansehnlich-Volkreichen Versamlung». Die Verse, mit denen Dilherr für diese Veranstaltungen warb, zeigen ihn als entschiedenen
Förderer der deutschen Dichtung und der zeitgenössischen kulturpatriotischen Bemühungen. Religion und Lob der deutschen Sprache und Dichtung gehen Hand in Hand («[...] Führt Clajus herrlich auß in unsrer
Sprache Macht / | Erhebend Wolkenhoch deß Himmelfahrers Pracht»).
Diese poetische Ankündigung der *Höllen- und Himmelfahrt* schließt mit
folgender Aufforderung an die «Herren von dem Raht» und «alle / die ihr
seyd der klugen Künste Führer»:

> Wann morgen / liebt es Gott / die Predigt früh wird auß /
> Hört dem Poeten zu / was er vom Musenhauß
> Euch süsses bringen wird. Es müssen sich verkriechen
> Die grosse Mutter ROM / und alle Lügengriechen /
> Wann unser Sprache stralt. Die / wann sie sich erhitzt /
> Erschallet / prallet / brült / sie wetterleucht / vnd blitzt.

Klajs Aufführungen waren Solodarbietungen vom Rednerpult aus, bei
denen es dem Dichter offenbar gelang, durch seine Rezitationskunst ein
großes Publikum zu fesseln. Anläßlich der Darbietung des *Herodes*
schreibt Harsdörffer von «einer tapfern Stimme», mit der Klaj das ganze
Gedicht «begeistert» habe. Musik, d. h. Chöre oder rein instrumentale
Partien, spielten nur am Ende eines Aktes bzw. des Stückes eine Rolle.
Über den christlichen Glauben erfuhren die Zuhörer nichts Neues. Neu
hingegen waren die schwer definierbare Form mit dramatischen, epischen
und lyrischen Elementen und vor allem ihre poetische Gestaltung. Hier
bot Klaj die letzten metrischen Errungenschaften der deutschen Dichtung

auf, wie er sie bei seinem Studium bei Augustus Buchner in Wittenberg kennengelernt hatte. Wie andere Buchner-Schüler experimentierte Klaj mit daktylischen und anapästischen Versen, frei erfundenen Mischformen und antiken Odenstrophen. Im Druck werden diese «Reimarten» vor den einzelnen Textsegmenten jeweils genau bezeichnet: «Der Eingang ist von Dactylischen Versen auff Sapphische Manier» oder: «Christus in der Gestalt des Gärtners. (Anapestische Verse.)». Er nutzte, den jeweiligen Rollen, Inhalten und ausgedrückten Affekten entsprechend und auf suggestive Wirkung zielend, die ganze Spannweite der rhetorischen Stilkunst bis hin zu manieristischen Übersteigerungen und extremen Stilkontrasten. Dabei spielte er virtuos mit den Klangmöglichkeiten der deutschen Sprache, um Himmel und Hölle, Leiden und Klage, Angst und Schrekken, Freude und Triumph wortgewaltig auszumalen. Wirkliche Instrumental- oder Vokalmusik bleibt dabei Nebensache. Die Musik ist in der Sprache selbst. Klajs Dichtungen sind Gesamtkunstwerke allein mit den Mitteln der Sprache und vereinen auf ihre Weise Wort, Musik und Malerei.

Die geradezu manische (und gelegentlich sinnfreie) Suche nach Klangentsprechungen hat neben dem ästhetischen Reiz durchaus einen höheren, durch komplexe sprachtheoretische Spekulationen gestützten Sinn. Wenn Gott in der Sprache – wie in der gesamten Schöpfung – Spuren hinterlassen hat (Jacob Böhme spricht von «Signaturen»), die der Mensch kraft seiner Erkenntniskraft lesen kann, wer wäre dann besser geeignet als der universal gebildete Poet, diesen Geheimnissen auf die Spur zu kommen, der Dichter, den Klaj in seiner *Lobrede der Teutschen Poeterey* (1645) durchaus pro domo als göttlich inspiriertes, engelgleiches Wesen darstellt: «Er hebet die Last seines Leibes von der Erden / er durchwandert mit seinen Gedanken die Länder der Himmel / die Strasse der Kreise / die Sitze der Planeten / die Grentzen der Sterne […].» Sein Schlußappell an die Förderer der durchaus auch für das Gemeinwesen nützlichen Künste endet mit einer entsprechend selbstbewußten Einschätzung seines eigenen Dichtertums in an Ulrich von Hutten anklingenden Formulierungen:

> Ich hab es gewagt /
> Am ersten zu singen
> Von Himmlischen Dingen /
> Jetzt hab ichs gewagt
> Die Rede zu bringen
> Und lassen erklingen /
> Was Teutschen behagt /
>
> Ich hab es gesagt.

IX. FEST, FESTSPIEL, OPER

1. Feste

Die höfische Festkultur des Barock war nur am Rande ein literarisches Phänomen, stellte die Literatur aber immer wieder in ihren Dienst, sei es als lyrischer oder dramatischer Beitrag zu Festen oder Festaufführungen, sei es als nachträgliche repräsentative Beschreibung derartiger Ereignisse. Anlässe waren zum einen nicht spezifisch höfische Begebenheiten wie Geburt, Hochzeit, Leichenbegängnis u. a., die allerdings eine repräsentative Bedeutung besaßen bzw. erhalten konnten, zum anderen Ereignisse von politischer Bedeutung wie Krönungen, Huldigungen, Friedensfeiern oder dynastisch-politische Verbindungen durch Hochzeiten und dergleichen.

Das Spektrum der festlichen Veranstaltungen ist breit und umfaßt alte und neue Formen höfischer Unterhaltung und Repräsentation, wobei sich bei den älteren der ritterlich-feudale Charakter zugunsten einer neuen, einzig auf den Monarchen ausgerichteten absolutistischen Ästhetik verschiebt. Zu den Manifestationen dieser Festkultur zählen das Turnier, das sich vom Kampfspiel zum bunten emblematischen Schauspiel wandelt, der Trionfo (Triumphzug), der festliche Einzug eines Monarchen in eine Stadt mit geschmückten Wagen (oder Schiffen), allegorischen Darstellungen und Dekorationen im Rahmen eines choreographisch durchgestalteten Huldigungsprogramms, und schließlich das Feuerwerk als Abschluß eines Festes, nicht als bunte Knallerei, sondern als durchkomponierte allegorische Handlung zu höherem Ruhm des Herrschers bzw. zur Feier und Deutung epochaler politischer Ereignisse.

Auch das Theater vom Schauspiel über verschiedene musikalisch-dramatische Mischformen bis hin zur Oper war selbstverständlicher Teil höfischer Festlichkeiten. Und seit je gehörte der Tanz zum Fest; mindestens seit der Renaissance sah das adelige Erziehungsprogramm eine entsprechende Ausbildung vor. Aus dem artifiziellen Gesellschaftstanz entwickelte sich das Ballett als theatralische Kunstform mit einer in Szenen oder Akte gegliederten Handlung oft mythologischer Art oder einem übergreifenden anderen Konzept, wobei dann seit dem Ende des 16. Jahrhunderts im französischen «Ballet de Cour» auch Gesangspartien hinzutraten. Mit dem Maskenspiel («masque») florierte zur gleichen Zeit in England eine ähnliche Verbindung von Tanz, Schauspiel, Musik und Gesang. Beide Formen wurden an deutschen Höfen rezipiert. Beschreibungen von Aufführungen derartiger höfischer Ballette und «Aufzüge», so nannte man im Deutschen oft die «masques», lassen erkennen, daß die Tendenz zum höfischen Gesamtkunstwerk neben Tanz, Musik und Gesang auch die Rezitation von dichterischen Texten einschloß. Neben der Verbindung von Oper und Ballett im Singballett verschaffte sich schließlich die neue Gattung der Oper einen zentralen Platz im Festprogramm des Absolutismus. Daß an diesen Produktionen neben professionellen Tänzern und Musikern die gesamte höfische Gesellschaft bis hin zum Monarchen teilnahm, unterstreicht ihre politische und gesellschaftlich-disziplinierende Funktion. Zugleich wirkten sie über die höfische Gesellschaft hinaus auch nach außen auf die Untertanen, die u. a. bei Einzügen, Huldigungen oder Feuerwerken zuschauen konnten und sich überdies in Zeitungen oder im *Theatrum Europaeum* bis in alle Einzelheiten über die jeweiligen Festlichkeiten informieren konnten.

Den Umgang der Angehörigen der sozial differenzierten höfischen Gesellschaft untereinander und damit auch die den Festen zugrundeliegenden hierarchischen Verkehrsformen und Ordnungsprinzipien regelte das Zeremoniell. Zusammenfassend dokumentiert wird es am Ende der Epoche in umfangreichen Kompendien wie Johann Christian Lünigs *Theatrum ceremoniale historico-politicum, Oder Historisch- und Politischer Schau-Platz Aller Ceremonien* (1719–20) oder Julius Bernhard von Rohrs *Einleitung zur Ceremoniel-Wissenschafft Der Großen Herren* (1729).

Noch vor dem Dreißigjährigen Krieg kam es in einigen protestantischen Territorien zu ersten Manifestationen der neuen, auf das Barock vorausweisenden weltlichen höfischen Kultur. Das geschah im Kontext des sich verschärfenden politischen Klimas zwischen protestantischen und katholischen Territorien. Bündnisse formierten sich, gefestigt durch dynastische Beziehungen. Spektakulärstes Beispiel war die Hochzeit des Kurfürsten Friedrich V. von der Pfalz mit Elisabeth, der Tochter des englischen Königs Jakob I., die zur Stärkung der protestantischen Sache auf dem Kontinent beitragen sollte. Der politischen Bedeutung entsprach das durchkomponierte Reise- und Festprogramm, das nach den Hochzeitsfeierlichkeiten (einschließlich der Verleihung des Hosenbandordens an den Bräutigam) in London und mehr oder weniger enthusiastischen Empfängen unterwegs in den aufwendigen Begrüßungsfestlichkeiten in Heidelberg gipfelte. Eine repräsentative illustrierte Beschreibung hielt diese Ereignisfolge von September 1612 bis Juni 1613 in allen Einzelheiten für eine interessierte weitere Öffentlichkeit (und die Nachwelt) fest: *Beschreibung Der Reiß: Empfahung deß Ritterlichen Ordens: Vollbringung des Heyraths: vnd glücklicher Heimführung: Wie auch der ansehnlichen Einführung: gehaltner Ritterspil vnd Frewdenfests* (1614).

Dabei nahm die Inszenierung des Einzugs und des Empfangs in Heidelberg mit Ehrenpforten, Triumphbögen und Reden die Form des

Trionfos auf; anschließend kam es unter Beteiligung der hohen Gäste zu allegorischen Ritterspielen und mythologischen Aufzügen. Hier trat auch, wohl das früheste Beispiel für die Rezeption des Romans von Cervantes, «Don Quixote de la Mancha, Ritter von der trawrigen gestalt» auf. Die mythologisierenden Partien gipfelten in der Überreichung des goldenen Apfels aus dem Parisurteil an die neue Kurfürstin. Ein großes Feuerwerk auf dem Neckar fehlte nicht. Zu den Festbeschreibungen und zu den Aufführungen gehörten auch zahlreiche Gedichte und Lieder, die die mythologischen Szenen begleiteten und der Kurfürstin huldigten. Verfasser war Tobias Hübner, der auch Teile der allegorischen Spielprogramme entwarf und mit seinen poetischen Texten, die sich an die französische Renaissancepoesie anlehnten, einen frühen Beitrag zur Modernisierung der deutschen Verssprache leistete. Ähnliche, wenn auch weniger aufwendige Programme mit dichterischen Beiträgen entwarf Hübner für Feste und Trauerfeiern am Hof von Anhalt-Dessau, dem er als Hofmeister und schließlich als Kanzler und Geheimer Rat verbunden war.

Auch in Stuttgart dokumentierte man die höfischen Feste seit 1609 in großangelegten Festbeschreibungen. Literarischen Rang erhielten sie 1616–18 durch Georg Rodolf Weckherlin, der als eine Art württembergischer Hofdichter fungierte (offiziell: Sekretär und Hofhistoriograph) und hier auch seine frühesten Gedichte veröffentlichte. So entwarf er die Programme für Tauf- und Hochzeitsfeste der herzoglichen Familie und lieferte dann reich illustrierte Beschreibungen dieser Veranstaltungen mit ihren Ritterspielen, Maskentänzen, Balletten, Liedern, poetischen Huldigungen und anderen dichterischen Beiträgen (*Triumf NEwlich bey der F. kindtauf zu Stutgart gehalten*, 1616; *Kurtze Beschreibung / Deß* [...] *Jüngst-gehaltenen Frewden-Fests*, 1618; *Beschreibung Vnd Abriß Des jüngst zu Stutgarten gehaltnen F. Balleths*, 1618).

Nach einem starken Rückgang während des Dreißigjährigen Krieges lebten derartige Veranstaltungen seit den fünfziger Jahren wieder auf. Besonders prunkvoll geschah dies am Kaiserhof in Wien. Hier setzte unter Kaiser Leopold I. seit 1657 eine große Zeit des höfischen Theaters ein, wobei neben regelmäßigen Opern- und Schauspielaufführungen, Wasserspielen und Wasserballetten im Freien auch die traditionellen Formen des höfischen Festes wie Trionfo und Turnier phantasievoll wiederbelebt wurden. Einen Höhepunkt stellten die Festlichkeiten 1666–68 anläßlich der Hochzeit Kaiser Leopolds I. mit Margarita von Spanien (1667) dar. Das ausgedehnte Festprogramm mit mythologisch-allegorischem Feuerwerk, Empfängen, Komödien, Opern, Sing-Balletten und Balletten gipfelte in dem vierstündigen Roßballett *La contesa dell'aria, e dell'aqua*, das nach einem Libretto Francesco Sbarras mit der Musik Antonio Bertalis am 24. Januar 1667 im inneren Burghof der Wiener Hofburg aufgeführt wurde. Eine ausführliche deutsche Beschreibung des Ereignisses erschien unter dem Titel *Sieg-Streit Deß Lufft vnd Wassers Freuden-Fest zu Pferd*. Prunkvolle Bauten und Bühnenwagen sorgten für die gemäße Szenerie des komplexen mythologisch-allegorischen Gesamtkunstwerks, das große Oper, Ritterspiel und Trionfo mit einem gewaltigen Aufwand an Material und Personen – etwa 1300 Mitwirkende, z. T. zu Pferd – derart verband, daß der Kaiser zu Recht in einem Brief schreiben konnte, «dass a saeculis nix solches gesehn worden» sei.

2. Festspiele, Friedensspiele

Repräsentation, Legitimation und Überhöhung der fürstlichen Herr-schaft ist die zentrale Funktion der höfischen Festkultur. Dieser Zweck ist nicht an eine spezifische Gattung des Musik-, Tanz- oder Sprechthea-ters gebunden; Mischformen sind ohnehin die Regel. Auch eine Reihe von Schauspielen mit mehr oder weniger starken musikalischen Akzen-ten dient der allegorischen Herrschaftslegitimation, nicht zuletzt durch den Rückgriff auf eine mythische Gründungsgeschichte der Dynastie. Ein anderer Typus des Festspiels greift, wie das bereits erwähnte große Wiener Gesamtkunstwerk *La contesa dell'aria, e dell'aqua*, zu mytholo-gischen Handlungen, um bestimmte dynastische Anlässe zu feiern oder – ein großes, die Panegyrik überschreitendes Thema – die Sehnsucht nach Frieden zu artikulieren und schließlich den Frieden selbst zu feiern.

Einen besonderen Fall stellen die festlichen Bürgerspiele in der Schweiz dar, die Traditionen des Volksschauspiels des 15. und 16. Jahrhunderts aufnehmen und religiöse und politische Gesichtspunkte miteinander ver-binden. Dabei stehen ganz im Gegensatz zu den absolutistischen bzw. dynastischen Legitimierungsstrategien, die die höfischen Festspiele im Reich prägen, die freiheitliche Tradition des Landes und ihre Gründungs-legenden im Mittelpunkt. Die Spiele vom Ursprung der Eidgenossen-schaft bzw. die Tellspiele, die an die Praxis des 16. Jahrhunderts anknüp-fen, erreichen ihren Höhepunkt mit dem 1672 in Zug aufgeführten und ein Jahr später gedruckten *Eydgnoßsischen Contrafeth Auff- vnnd Ab-nemmender Jungfrawen Helvetiae* von Johann Caspar Weissenbach, dem bedeutendsten katholischen Barockdichter der Schweiz.

Das fünfaktige Stück wurde an zwei Tagen im September 1672 auf einer dreigeteilten Bühne auf dem Zuger Ochsenplatz von Bürgern der Stadt aufgeführt. Es stellte am ersten Tag Entstehung und Aufstieg (ein-schließlich Tellspiel), am zweiten den drohenden Niedergang der Schweiz durch falschen Glauben (Reformation), Geldwirtschaft und Adelsregi-ment dar und war als Aufruf zur geistigen Erneuerung der Eidgenossen-schaft konzipiert. Mehr als 200 Rollen (dargestellt von etwa 100 Spielern) erfordert Weissenbachs Bilderbogen von annähernd 400 Jahre Schweizer

Geschichte, der die Handlungssegmente mit Allegorien, biblischen und historischen Parallelen, Musik und Tanz verbindet und zu einem Schweizer Welttheater mit tiefer religiöser Färbung überhöht. Derb-komische Szenen dienen wie im geistlichen Spiel des Mittelalters der Unterhaltung der Zuschauer, denen viel Geduld abverlangt wurde. Die Sprache ist – von einigen Dialektpartien abgesehen – bewußt ‹altdeutsch›: «Die Mutter-Sprach / die unser Alten | Auffrecht geredt / auffrecht gehalten | Die ist veracht / Complementieren | Muß redlich Leuth mit List verführen.»

Zu den Festspielen, die die gegenwärtige Herrschaft durch Ursprungs- oder Gründungsmythen legitimieren und glorifizieren, zählt Andreas Gryphius' postum 1698 veröffentlichtes «Lust- und Gesang-Spiel» *Piastus*, eine wahrscheinlich 1660 entstandene Huldigung der schlesischen Piastenherzöge mit Chören, Feuerwerk, Ballett und massivem Einsatz der himmlischen Mächte. Wesentlich ausladender als Gryphius in seinem kleinen opernhaften Stück verfuhr Kaspar Stieler, der im Rahmen der sogenannten Rudolstädter Festspiele mit dem «Singe- und Freuden-Spiel» *Die Wittekinden* 1666 die Gründungslegende des Hauses Schwarzburg-Rudolstadt auf die Bühne brachte. Es war zugleich, vom Genre des Singspiels gefordert, Stielers einziges Stück in Versen. Es spielt zur Zeit Karls des Großen und präsentiert nach der glücklichen Auflösung einer Intrigenhandlung (und amourösen Versatzstücken aus der italienischen Komödientradition) den jüngeren Wittekind, Sohn des von Karl besiegten und zum Christentum konvertierten Sachsenherrschers «Ludewig, sonst Wittekind / und der Schwartze Ritter genannt», als Ahnherrn des mit der Festaufführung gefeierten gräflichen Hauses.

Während Stücke dieser Art mehr und mehr zur Oper tendieren, überwiegt der literarische Charakter bzw. das gesprochene Wort bei den Schauspielen, die den Dreißigjährigen Krieg, die Sehnsucht nach Frieden und schließlich die Feier des Friedens zu ihrem Gegenstand machen. Allerdings verzichten auch sie in der Regel nicht auf Lieder, Chöre, Tänze und instrumentale Einlagen. Die Reihe dieser Werke beginnt der «Tragico-comoedia Von Fried und Krieg» *Irenaromachia* von Ernst Stapel und Johann Rist, einem 1630 in Hamburg aufgeführten allegorischen Prosaschauspiel, in dem der Theologiestudent Rist den Krieg moralisch als Strafe Gottes deutet und am Schluß – in dieser Zeit ein von der Erfüllung weit entferntes Wunschbild – den Kriegsgott Mars von Irene, der Göttin des Friedens, «bey der ketten auff dem theatro» herumführen läßt. Diesem frühen, vom Theater der Wanderbühne beeinflußten Stück ließ Rist kurz vor und einige Jahre nach Kriegsende zwei weitere Friedensspiele folgen, umfangreiche, z. T. episch breite Prosastücke mit Liedeinlagen: *Das Friedewünschende Teutschland* (1647) und *Das Friedejauchtzende Teutschland* (1653). Beide sind allegorische Schauspiele wie die *Irenaromachia*, und wie in diesem frühen Schauspiel unterbricht Rist die allegorische Handlung durch Zwischenspiele, in denen Bauern in einem stilisierten niederdeutschen Dialekt und die Bramarbas-Gestalt des Junker Sausewind (im letzten Spiel auf Philipp von Zesen bezogen) für Komik sorgen. Im übrigen bleibt der Ton auch der späteren Stücke moralisierend: Wie im ersten Drama und wie in Rists Zeitgedichten und -klagen ist der Krieg göttliche Strafe für das sündhafte Leben der Menschen. Am Schluß des letzten Stückes steht – gültig auch für die anderen – die gegen die modernen Staatsräsonlehren gerichtete fromme Mahnung an Teutschland, «daß die rechte Glükseligkeit aller Herrschafften und Regimenter auff dem eintzigen Grunde der waaren Gottesfurcht bestehet».

Rists Friedensspiele wurden mehrfach gedruckt und häufig aufgeführt. Auch an direkten Nachfolgern fehlte es nicht. Zu ihnen zählen Enoch Gläsers *Fried-erlangendes Deutschland / Nach art eines kurtzen Schau-Spiels Poetisch abgebildet und vorgestellet* (1649) und Johann Heinrich Hadewigs Schuldrama *Friede Erlangtes Teutschland* (1651).

Im Unterschied zu den nicht spezifisch für höfische Feiern konzipierten Friedensspielen Johann Rists steht Justus Georg Schottelius' *Neu erfundenes FreudenSpiel genandt FriedensSieg* in einem höfischen Kontext. Die erste Aufführung fand 1642 auf der Braunschweiger Burg Dankwarderode vor den sächsischen und brandenburgischen Kurfürsten statt. Anlaß war der Goslarer Separatfrieden, der den Welfenherzogtümern schon vor Ende des Dreißigjährigen Krieges Frieden brachte. Mit dem Westfälischen Frieden 1648 erhielt das Stück neue Aktualität; es wurde im selben Jahr gedruckt und 1648 und 1649 in Wolfenbüttel und auf Veranlassung des Großen Kurfürsten in Kölln (bei Berlin) mehrfach gespielt.

Schottelius distanziert sich in *FriedensSieg* ausdrücklich von der antik-klassizistischen Tradition («Der Griechen Zier ist hin»): «Wir wollen Teutscher art ein FreudenSpiel aufführen.» Dazu gehören der Wechsel von Vers und Prosa, von Herzogin Sophie Elisabeth komponierte Lieder, Chöre und rein instrumentale musikalische Einlagen, Elemente des Trionfo in Form großer und kleiner allegorischer Aufzüge und – etwas Handlung in die Statik des Stückes bringend – ein Götter- und Heldenbesuch in der Art des *Iulius redivivus* (1585) von Nicodemus Frischlin. Damit unterstreicht Schottelius auch das kulturpatriotische Anliegen seines Stücks, das die ganze Gattung der Friedensspiele prägt: Tod und materielle Zerstörung sind nur eine Seite des Krieges; dazu kommt die Zerstörung der geistigen Grundlagen der deutschen Nation, die sich als Abkehr von den alten deutschen Tugenden wie Ehrlichkeit, Einfachheit, Redlichkeit manifestiert. Dabei besteht eine wechselseitige Beziehung zwischen Sittenverfall und Krieg, denn der Krieg, göttliche Strafe für das Überhandnehmen der Sünde, beschleunigt wiederum den moralischen Niedergang.

Sophie Elisabeth, die dritte Frau Herzog Augusts, vor allem als Musikerin bekannt, trug in den fünfziger Jahren mit Szenarien und Texten zu Maskenspielen und Balletten zur – vergleichsweise bescheidenen – Festkultur in Wolfenbüttel bei. Sie beteiligte sich aber auch in einem als Manuskript erhaltenen fünfaktigen allegorischen Prosaschauspiel mit dezidiert antimachiavellistischer Argumentation an der aktuellen Staatsräson-Diskussion: *Ein Frewden Spiell. Von Dem Itzigen betrieglichen Zustande in der Welt* (1656). Über die Intrigen der Machiavellisten triumphiert am Ende der König von Friedeland Adolofride, der für eine auf Gottesfurcht und entsprechende moralische Grundsätze beruhende Form der absoluten Monarchie steht.

Zur Feier des Westfälischen Friedens trafen sich 1649/50 Gesandte der an den Verhandlungen beteiligten Länder und Territorien in der Reichsstadt Nürnberg. An den aufwendigen Festlichkeiten beteiligten sich auch die im Pegnesischen Blumenorden ‹organisierten› Poeten der Stadt mit zahlreichen dichterischen und rhetorischen Beiträgen: mit Reden, Gedichten, Schäfereien, Schauspielen, mit der Gestaltung von Feuerwerken und anderen guten «Erfindungen» wie etwa sinnreichen «Auszierungen der Fried- und Freuden-Mahlen» (so der spätere Vorsitzende der Gesellschaft Magnus Daniel Omeis 1704). Die Aufträge kamen von der Stadt und anderen Beteiligten; besonders Johann Klaj und Sigmund von Birken taten sich hervor. So verfaßte Klaj ein großes Lobgedicht auf den *Geburtstag Deß Friedens* (1650) und eine dichterische Gesamtdarstellung der Feierlichkeiten mit einer einleitenden allegorischen Friedensdichtung (*Irene / das ist / Vollständige Außbildung Deß zu Nürnberg geschlossenen Friedens 1650. Mit vielen feyrlichen Begegnissen / Gastmalen / Feuerwercken / Musicen / und andern denckwirdigen Begebenheiten / nach Poetischer Reimrichtigkeit / vorgestellet und mit nohtwendigen Kupferstücken gezieret*, o. J. [1651]). Birkens vielseitige Beiträge umfassen eine öffentliche Rede (*Krieges- und Friedensbildung; in einer / Bey hochansehnlicher Volkreicher Versammelung / offentlich vorgetragenen Rede / aufgestellet*, 1649), ein Lob des Friedens in Form einer Schäferei (gedruckt im Anhang der genannten Rede), eine Beschreibung des Friedensfests (*Teutschlands Krieges-Beschluß / und FriedensKuß*, 1650), eine «Geschichtsschrift» über den Friedensschluß (*Die Fried-erfreuete Teutonie*, 1652) und zwei große Friedensspiele: *Teutscher Kriegs Ab- vnd Friedens Einzug / In etlichen Auffzügen* […] *Schawspielweiß* vorgestellt im Sommer 1650 und im selben Jahr gedruckt, und *Margenis oder Das vergnügte bekriegte und wiederbefriedigte Teutschland*, 1679 gedruckt, aber in erster Fassung bereits im Herbst 1651 aufgeführt.

Birkens erstes Festspiel *Teutscher Kriegs Ab- vnd Friedens Einzug* folgte einem Festmahl, das der Leiter der kaiserlichen Delegation Octavio Piccolomini, Herzog von Amalfi, gab. Die ganze Veranstaltung fand in den mit aufwendigen Bauten hergerichteten Pegnitzauen statt. Verbindendes Thema der drei Aufzüge des allegorischen Spiels war die Überwindung der Zwietracht durch die Eintracht bzw. des Krieges durch den Frieden. Dabei verzichtete Birken auf eine durchgehende Handlung zugunsten von mehreren allegorischen und mythologischen Szenenfolgen – einschließlich einer Transponierung des Themas in die Schäferwelt –, bis zum Schluß der Auftritt von Vulcanus in einer Art Epilog zum optischen Höhepunkt des Spektakels überleitete: Der «Götter Schmid und aller Schmide Gott» kündigt ein abschließendes Feuerwerk an, das der schwedische Thronfolger Carl Gustav entzündete und, entsprechend dem allegorischen Programm, in der Zerstörung des Schlosses der Zwietracht mündete.

Birkens zweites Friedensspiel, *Margenis oder Das vergnügte bekriegte und wiederbefriedigte Teutschland*, hat ebenfalls allegorischen Charakter. Allerdings entwickelte Birken hier eine durchgehende Handlung mit Intrige und glücklicher Auflösung im fünften Akt der Druckfassung; ursprünglich war der im wesentlichen unveränderte Text in drei Akte gegliedert. Im Mittelpunkt steht die Fürstin Margenis (Germanis), die zunächst höchst kriegerisch auftritt, dann aber nach einem Gespräch mit dem Schäfer Irenian (Friede) sich in diesen verliebt, dem Krieg abschwören und sich dem Schäferleben hingeben will. Der von Margenis verlassene Kriegsfürst Polemian sinnt auf Rache und sucht ihr Vorhaben mit Hilfe von Zaubermitteln, Intrigen und der Unterstützung der Großmächte (Osmanisches Reich, Spanien, Frankreich, Schweden) zu verhindern. Er kann Margenis zwar gefangennehmen, doch ein Genius befreit sie und erklärt ihre Leiden als Strafe für nun gebüßte vergangene Schuld. Die Widersacher zeigen nach der Klärung von Verwandtschaftsverhältnissen Reue, zwei Intriganten bringen sich um, der Verbindung von Margenis und Irenian, also dem deutschen Frieden, steht nichts mehr im Weg.

Andreas Gryphius beteiligte sich mit dem kleinen Singspiel *Majuma* aus dem Jahr 1653 (Druck 1657) ebenfalls an den dichterischen Friedensfeiern. Der Name Majuma bezeichnet ein römisches Volksfest zu Ehren der Göttin Flora am 1. Mai. Für den Mai steht auch die im Stück auftretende Gestalt der Maja, eine der Pleiaden und Namensgeberin für den Monat. Sie verweist auf die mit der Erneuerung der Natur verbundene Hoffnung (und zugleich auf die Auferstehung). Gryphius schrieb *Majuma* als Huldigung für Ferdinand IV., der im Mai 1653 zum römischen König gewählt und im Juni gekrönt wurde. Er nutzt wie die anderen Friedensspiele der Zeit mythologische Gestalten in allegorischer Bedeutung und greift dabei auf die von Ovid in den *Fasti* erzählte Liebesgeschichte von Chloris (Flora) und Zephir zurück. Auf Chloris' Klage hin, daß der Kriegsgott ihr ganzes «Blumen-Wesen» zerstört habe, bringt Mercurius den gefesselten Mars herbei. Dieser entschuldigt sich mit traditionellen Argumenten – Krieg als Sündenstrafe mit dem Ziel der Besserung – und wird dazu verurteilt, als Gärtner den Schaden wieder gut zu machen. Außerdem tritt ein großsprecherischer Soldat auf, der – ein warnendes Beispiel – als Krüppel aus dem Krieg zurückkehrt und sein Schicksal beklagt.

Blumenmetaphorik, Vanitasrhetorik und die Vorstellung von der Liebe als einer alles überwindenden Macht geben dem Stück trotz der Nähe zu den bekannten Mustern einen eigenen Charakter.

3. Oper

Voraussetzungen und Tendenzen

Die frühesten Aufführungen von italienischen Opern auf deutschsprachigem Gebiet fanden 1618 am fürstbischöflichen Hof in Salzburg statt. Österreich und Süddeutschland, vornehmlich die Residenzstädte Wien und München, blieben dann fast ausschließlich der italienischen Oper verpflichtet; eine kontinuierliche Spielpraxis entwickelte sich allerdings erst nach Ende des Dreißigjährigen Krieges. Neben dem italienischen wirkte dann auch in Braunschweig, Dresden, Stuttgart und anderen Höfen das französische Beispiel mit seinen von gesungenen Partien gerahmten Balletten und der *tragédie lyrique*. Die Oper in deutscher Sprache hatte ihre Zentren an den mittel- und norddeutschen Höfen (Wolfenbüttel-Braunschweig, Halle, Weißenfels, Rudolstadt u. a.) und in Hamburg. Auch hier kam es, von einigen frühen Beispielen abgesehen, erst seit der zweiten Jahrhunderthälfte zu einem regelmäßigen, umfangreichen Spielbetrieb.

Mit der Oper konkurrierten verschiedene Mischformen, die aus dem Zusammenwirken der sich wechselseitig befruchtenden Künste Musik, Tanz, Poesie und Ausstattung entstanden. Verbreitet war das Singballett nach französischen und englischen Vorbildern («Ballet de Cour», «masque»). Seit den zwanziger Jahren gehörte es auch in Deutschland, insbesondere in Dresden, unter aktiver Mitwirkung der Hofgesellschaft zum festen Bestandteil höfischer Unterhaltung und Repräsentation. So schrieb der Poetiker Augustus Buchner auf Bitten des Dresdener Hofkapellmeisters Heinrich Schütz den Text zum *Ballet* [...] *Von dem Orpheo und der Eurydice* (1638) und gelangte dabei, nicht zuletzt weil er entgegen Opitz' starren metrischen Vorstellungen auch den Daktylus verwandte, zu freieren, weniger schematischen Versformen. Ihm folgte sein Schüler David Schirmer u. a. mit dem *Singend Ballet von dem König Paris und der Helena* (1650), das Tanz, rezitativische und liedhafte Partien und opernhafte Ausstattung zu einem höfischen Gesamtkunstwerk vereint. Es mündet folgerichtig, dem Zweck der Gattung entsprechend, in einer Huldigung des Kurfürsten und des sächsischen Herrscherhauses. Zu den späteren Dresdener Produktionen zur höheren Ehre des Hauses Sachsen gehören das *Ballet Von Zusammenkunft und Wirckung derer VII. Planeten* (1678), ein *Frauen-Zimmer- und Mohren-Ballet* (1678) und das *Opera-Ballet Von dem Judicio Paridis, Und der Helenae Raub* (1679). Die Verfasserschaft dieser anonym erschienenen Texte ist umstritten. Genannt werden der für die deutsche Musik am Dresdener Hof zuständige Konzertmeister Constantin Christian Dedekind, der Hallenser Librettist David Elias Heidenreich und – wohl die wahrscheinlichste Lösung – David Schirmer. Diese Aufführungen fanden im Zusammenhang der großen Festlichkeiten im Februar 1678 (Karneval) aus Anlaß eines ‹Familientreffens› statt, bei dem der sächsische Kurfürst Johann Georg II. seine drei jüngeren Brüder und ihre Familien um sich versammelt hatte und mit großem Aufwand für die Unterhaltung der höfischen Gesellschaft sorgte. Eine prachtvoll illustrierte Beschreibung dieser Dresdener Festlichkeiten erschien 1680 (Gabriel Tzschimmer: *Die Durchlauchtigste Zusammenkunfft / Oder: Historische Erzehlung / was [...] Herr Johann George der Ander [...] Bey Anwesenheit [...] Seiner [...] Herren Gebrüdere / [...] zu sonderbahren Ehren / und Belustigung [...] An allerhand Aufzügen / Ritterlichen Exercitien, Schau-Spielen / Schiessen / Jagten / Operen, Comoedien, Balleten, Masqueraden, Königreiche / Feuerwercke / und anderen / Denkwürdiges aufführen und vorstellen lassen*).

In Wolfenbüttel war es Anton Ulrich, zweiter Sohn Herzog Augusts d. J., der nach der Rückkehr von seiner Kavalierstour nach Paris (1655/56) neben Singspielen eine Reihe höfischer Singballette nach französischen Vorbildern zu festlichen Anlässen schrieb: *Frühlings-Ballet* (1656), *Ballet Des Tages* (1659), *Ballet Der Natur* (1660), *Ballet Der Gestirne* (1661) und *Ballet Der Diana* (1663). Komponist dieser Werke war der Wolfenbütteler Kapellmeister Johann Jakob Löwe. Ob Herzogin Sophie Elisabeth, Anton Ulrichs Stiefmutter, musikalische Beiträge zu Anton Ulrichs Balletten und Singspielen lieferte, ist unsicher. Sigmund von Birken, enger Mitarbeiter Anton Ulrichs, folgte 1662 dem Beispiel des Herzogs und schrieb zum Empfang des Markgrafenpaars von Brandenburg-Kulmbach in Bayreuth ebenfalls ein *Ballet der Natur*. Birkens Festballett bestätigt nur eine an zahlreichen Höfen verbreitete Praxis, die der höfischen Selbstdarstellung ebenso diente wie der Verherrlichung des jeweiligen Herrschergeschlechts.

Den ersten Versuch einer deutschsprachigen Oper nach italienischem Vorbild unternahmen Heinrich Schütz und Martin Opitz. Dabei ging die Initiative von Schütz aus, dem bedeutendsten deutschen Komponisten seiner Zeit. Er machte Opitz den Text von Ottavio Rinuccinis *Dafne* zugänglich und regte eine Übertragung ins Deutsche an. Schütz teilte den Kulturpatriotismus der Literaturreformer. Auch ihm ging es vor dem Hintergrund der Vormachtstellung der italienischen Musik um den Anschluß an den europäischen Standard. Die Zusammenarbeit mit einem durch seine deutsche Fassung der *Trojannerinnen* (1625) als Dramatiker ausgewiesenen, sprachlich und formal bahnbrechenden Dichter schien Schütz wohl die beste Voraussetzung für dieses Unternehmen. Die erste Aufführung der Oper fand am 13. April 1627 auf Schloß Hartenfels bei Torgau statt: keine Auftragsarbeit des sächsischen Kurfürsten, der von der neuen italienischen Kunstgattung wohl noch gar nichts wußte, aber immerhin inoffizieller Teil des vielfältigen, wochenlangen Rahmenprogramms anläßlich der Hochzeit zwischen einer kursächsischen Fürstentochter und einem Landgrafensohn aus Hessen-Darmstadt.

Diese erste deutsche Oper blieb ohne Folgen; die Musik ist nicht erhalten. Der Text, eher eine Bearbeitung als eine genaue Übersetzung, demonstriert mit seinen verschiedenen Vers- und Strophenformen zwar die inzwischen gewonnene versifikatorische Fertigkeit des Dichtungsreformers, läßt aber zugleich die Schwierigkeiten erkennen, die er mit der Wiedergabe der ungewohnt freien, in Rhythmus, Versmaß und Reim flexiblen italienischen Madrigalverse hatte. Mit seiner Vorliebe für längere Verszeilen bis hin zum Alexandriner, der Reduzierung und Vereinheitlichung der metrischen Vielfalt in bezug auf Zeilenlänge, Versmaß (Alternation) und Rhythmus eliminierte bzw. reduzierte er auch zum Leidwesen von Schütz gerade die Elemente, die den italienischen Text so geeignet für den Opernkomponisten erscheinen ließen. Und so ist die folgende Geschichte der deutschsprachigen Oper auch die Geschichte des Bemühens um eine dem neuartigen monodischen Musikstil adäquate Verssprache. In diesem Kontext kommt es einerseits zur Entwicklung von Singspielen bzw. Opern, die formal und musikalisch dem traditionellen strophischen Lied verpflichtet sind, andererseits nähern sich die Librettisten mit der Rezeption und zunehmenden Beherrschung des Madrigalverses in der zweiten Jahrhunderthälfte den (sich ebenfalls weiterentwickelnden) französischen und vor allem italienischen Vorbildern.

Trotz der mangelnden Resonanz der *Dafne* versuchte sich Opitz an einem weiteren italienischen Operntext: *Judith*, 1635 erschienen, aber bereits «vor etzlichen Jahren» entstanden, ist eine Bearbeitung der 1626 in Florenz aufgeführten *Giuditta* mit dem Text von Andrea Salvadori (Musik: Marco da Gagliano). Opitz rechnete seine *Judith* der Tragödie zu, wenn sich das Stück auch – wie er einräumt – «deß Tituls eines vollkommenen Schawspiels nicht rühmen» könne. Führte *Dafne* in eine zeitlos-mythische Welt mit Hirtenstaffage, so verwies das biblische Beispiel Judiths auf die Gegenwart, auf die ersehnte Erlösung von Not und Unterdrückung. Schütz komponierte diesen Text nicht, der auch in den metrisch etwas freieren Partien dem Opernstil wenig entgegenkam und dessen längere Alexandrinerpassagen in der Manier der klassizistischen Tragödie denkbar ungeeignet für musikalische Rezitative waren. Eine von Andreas Tscherning erweiterte, für das Schultheater bestimmte Version wurde 1643 in Thorn gespielt (Druck 1646); die Musik schrieb Matthäus Apelles von Löwenstern, der allerdings nur die Lieder und Chöre vertonte, nicht die Rezitative (*Martin Opitzen Judith / auffs neu außgefertiget; worzu das vördere Theil der Historie sampt den Melodeyen auff iedwedes Chor beygefüget von Andreas Tscherningen*, 1646).

In der Gattungsentwicklung der deutschen Oper waren eine Reihe von Fragen zu beantworten bzw. Probleme zu lösen, die mit den unterschiedlichen musikalischen Traditionen in Deutschland und Italien zu tun hatten. Dabei ging es u. a. um das Verhältnis von Dialog und den musikalisch herausgehobenen Partien (Arie/Lied, Chöre), um die Form der Arien bzw. Lieder und Chöre, aber auch um die Art des Dialogs (gesprochener Dialog oder gesungenes Rezitativ mit entsprechenden metrischen Vorgaben). Im großen und ganzen lassen sich, sieht man von den Mischformen ab, zwei Tendenzen erkennen. Zum einen behaupten sich lange einheimische liedhafte Traditionen, zum andern gibt es von Anfang an (nicht immer erfolgreiche) Versuche der Nachahmung des italienischen rezitativischen Stils. Erst aus einer Verbindung der beiden Konzepte entsteht dann in der zweiten Hälfte des 17. Jahrhunderts die voll ausgebildete Form der deutschen Barockoper.

Die erste vollständig erhaltene deutsche Oper gehört trotz des Hinweises auf die «Italianische Art» zum ersten Typus: *Das Geistliche Waldgedicht / oder Freudenspiel / genant Seelewig / Gesangsweis auf Italianische Art gesetzet.* Der Text stammt von Georg Philipp Harsdörffer, der ihn zusammen mit der Musik Sigmund Theophil Stadens im vierten Band seiner *Frauenzimmer Gesprächspiele* (1644) veröffentlichte. Es handelt sich um eine allegorische lyrische Pastorale mit Chören, Solopartien, Duetten, Ensembles und Instrumental- bzw. Ballettpartien, deren Handlung darum kreist, wie sich die fromme Seele gegen vielerlei Nachstellungen in der Welt behauptet (s. S. 467 f.).

Auch die Vorbilder der geistlichen Oper kommen aus Italien. Emilio de' Cavalieris und Agostini Mannis (Libretto) *Rappresentatione di anima e di corpo* (1600) steht am Anfang einer Reihe von Dichtungen und Opern, die im Geist der Gegenreformation den Kampf zwischen irdischer und himmlischer Liebe thematisieren und den neuen, die Oper konstituierenden rezitativischen Stil mit Elementen der Schäferdichtung und der geistlichen Allegorie verbinden. Konkrete Vorlage Harsdörffers war die deutsche Übersetzung der italienischen «favola boscareccia et spirituale» *L'anima felice* (1609) von Nicolò Negri (*Ein gar Schön Geistliches Waldgetichte / genant Die Glücksselige Seele*, 1637).

Harsdörffer geht in seinem Text einen anderen Weg als vor ihm Opitz und Augustus Buchner, bei denen die metrische Freiheit und Flexibilität des rezitativischen Stils der italienischen Muster immerhin nachklingen. Er verwendet durchgehend regelmäßige Verse, strophische Lieder und Chöre und sogar Sonette, die zwar jeweils die unterschiedlichsten metrischen Schemata aufweisen, aber insgesamt – unterstützt noch durch die Vertonung Stadens – strophisch-liedhaften Charakter besitzen: *Seelewig* steht für den liedhaften Typus der deutschen Oper des 17. Jahrhunderts.

Die Entwicklung des Rezitativs dagegen und die konsequente Verbindung der beiden kontrastierenden Formelemente Rezitativ und Lied bzw. zunehmend Arie zu einer ‹regelrechten› Oper nach italienischem Muster machte erst in der zweiten Jahrhunderthälfte entscheidende Fortschritte. Zwar schrieben schon vorher im fernen Königsberg der Poet Simon Dach und der Musiker Heinrich Albert, Schüler (und Verwandter) von Heinrich Schütz, anläßlich von Festen zwei (nur teilweise erhaltene) musikdramatische Werke im rezitativischen Stil (*Cleomedes*, 1635; *Prussiarchus* bzw. *Sorbuisa*, 1644), doch sie blieben lokale Ereignisse. Die Situation änderte sich nach 1650 im Zusammenhang mit der verstärkten Auseinandersetzung mit dem italienischen Madrigalvers.

Sie beginnt mit der kleinen Abhandlung *Von den Madrigalen*, die Caspar Ziegler, Schwager von Heinrich Schütz, 1653 veröffentlichte. Dichter wie David Schirmer, Kaspar Stieler oder Hoffmannswaldau und seine galanten Nachfolger nutzten die neuen Möglichkeiten, und auch die Poetiker von Daniel Georg Morhof (1682) über Albrecht Christian Rotth (1688) und Christian Weise (1693) bis hin zu Magnus Daniel Omeis (1704) nahmen nun den (vorwiegend jambisch verstandenen) Madrigalvers zur Kenntnis und besprachen z. T. detailliert seine Verwendung in der Musik. Dabei konnten sie bei Ziegler anknüpfen, der von den Madrigalen als einer «schönen und zur Musik bequemesten Art Verse» gesprochen hatte, die wegen ihrer «natürlichen construction» besonders geeignet für die Rezitative in den «Singe Comedien» seien. Diese Vorstellungen führten dann mit der Hamburger Oper verbundene Praktiker wie Barthold Feind (*Gedancken von der Opera, in: Deutsche Gedichte*, 1708) oder Autoren wie Christian Friedrich Hunold bzw. Erdmann Neumeister (*Die Allerneueste Art / Zur Reinen und Galanten Poesie zu gelangen*, 1707) weiter aus. Sie waren sich auch im Plädoyer für kurze Verse und in der Ablehnung des Alexandriners einig, der wegen seiner Länge weder für Rezitative und schon gar nicht für die metrisch davon abgesetzten Arien oder Duette geeignet sei.

Inzwischen hatten sich die – nicht immer genannten –Textdichter diese Prinzipien zu eigen gemacht, vorbereitet durch die Operntexte von Anton Ulrich in Wolfenbüttel (u. a. *Andromeda*, 1659, nach Pierre Corneille; *Orpheus aus Thracien*, 1659, nach Alessandro Striggios Libretto zu Monteverdis *Orfeo*; *Iphigenia*, 1661; *Der Hoffman Daniel. Wie er bey dem Könige Dario gedienet*, 1663), Kaspar Stieler in Rudolstadt (*Die Wittekinden*, 1666) und vor allem David Elias Heidenreich, der seit 1666 für den sächsischen Hof in Halle bzw. Weißenfels zusammen mit dem Kapellmeister und Komponisten David Pohle wesentlich zur Entwicklung der deutschen Oper bzw. des Opernlibrettos beitrug (*Liebe kröhnt Eintracht*, 1669; *Die Verliebte Jägerin / Diana*, 1671 und 1687; *Der glückliche Liebes-Fehl Printz Walrams*, 1673 usw.). Stieler verfertigte auch, einem Wunsch des Herzogs von Sachsen-Weimar folgend, mit dem (ungedruckten) «Freüdenspiel» *Der Göldene Apfel* eine den metrischen Vorgaben recht genau folgende deutsche Version des Librettos der berühmtesten italienischen Oper seiner Zeit: *Il pomo d'oro* von Francesco Sbarra und Antonio Cesti (Musik), 1668 als später prunkvoller Höhepunkt der Festlichkeiten anläßlich der Hochzeit Kaiser Leopolds I. mit Margarita von Spanien in Wien aufgeführt.

Repertoire, Stoffe, Librettisten, Kontroversen

Während in Wien, München und dann später auch in Dresden, Hannover und Düsseldorf die italienische Oper dominierte, behauptete sich die deutsche Oper – deutschsprachige Libretti, deutsche Komponisten – an

zahlreichen anderen Orten. Dazu gehörten beispielsweise der badische
Hof in Durlach und, entscheidend für die starke Stellung der deutschsprachigen Oper in den Jahrzehnten vor und nach der Wende zum
18. Jahrhundert, eine Reihe von Höfen und Städten Mittel- und Nord-
deutschlands. Eine wichtige Rolle spielten die sächsischen Höfe in Weißenfels, Gotha und anderen Residenzstädten sowie der Welfenhof in
Wolfenbüttel (seit 1690 in Braunschweig). Dazu kamen, eine Neuerung
für Deutschland, nun städtische Neugründungen. Denn während in Venedig bereits 1637 ein öffentliches, d. h. dem zahlenden Publikum zu-
gängliches Opernhaus eröffnet wurde, blieb in Deutschland die Oper bis
zur Eröffnung der privat finanzierten Opernhäuser in Hamburg (1678)
und Leipzig (1693) eine höfische Domäne. Die Hoffnung auf finanziellen
Gewinn motivierte aber auch Herzog Anton Ulrich, als er das neue
Braunschweiger Opernhaus der Öffentlichkeit gegen Eintrittsgeld und
eine zusätzliche, gestaffelte Gebühr für den Platz zugänglich machte. Da
er das bei Braunschweiger Bürgern gegen 6% Zinsen geliehene Geld für
den Bau zurückzahlen mußte, ging es bis 1703 allerdings nur um Schul-
denabbau.

In der Hamburger Oper, dem führenden Unternehmen der deutschen
Oper, wurden von 1678 bis 1738 mehr als 250 verschiedene Stücke gespielt. Nimmt man noch die zahlreichen im gleichen Zeitraum in Weißenfels, Braunschweig, Leipzig und anderen Spielstätten produzierten deutschen Opern hinzu, so zeigt sich, daß sich die deutsche Oper trotz der
immer wieder auftretenden Finanzkrisen gegen die italienische und französische Konkurrenz als feste Größe etabliert hatte. Die Zahlen lassen
aber auch die großen Anforderungen erkennen, denen sich die Komponisten und Librettisten in der Blütezeit der Gattung mit dem Ruf nach
immer neuen Stücken ausgesetzt sahen. An Stoffen war, wie beim gespro-
chenen Drama, kein Mangel. Die Textdichter entnahmen sie der grie-
chisch-römischen Mythologie, der alten und neueren Geschichte (einschließlich lokaler Historie) und der ebenfalls historisch verstandenen
Bibel; daneben spielten Adaptionen von Romanen oder anderen literarischen Vorlagen, eigene Erfindungen, gegebenenfalls garniert mit historischen oder mythologischen Versatzstücken, Bukolisches und Allegorisches eine Rolle.

Dabei bedeutete die Hinwendung zu entlegenen Orten und Zeiten keineswegs eine Flucht ins Zeitlose: Nicht nur an den Fürstenhöfen hatten
die Aufführungen einen deutlichen dynastischen oder politischen Bezug,
der direkt in Eingangs- oder Schlußtexten oder implizit zum Tragen kam,
auch in der Hansestadt Hamburg kam es im Dienst der städtischen Au-
ßenpolitik mehrfach zu Festaufführungen zu Ehren von Herrschern des
In- und Auslandes, etwa für den Kaiser oder dänische und englische
Monarchen. So endet die Oper über den legendären zweiten römischen

König Numa Pompilius (*Ancile Romanum, Das ist Des Römischen Reichs Glücks-Schild*, 1690) von Christian Heinrich Postel (Text) und Johann Philipp Förtsch (Musik) mit einem an Lohenstein erinnernden Ausblick (der «ewigen Vorsehung Schluß») auf die «güldne Zeit», «Da man der vorgen Noth vergist / | *Wenn Leopold herrscht auff der Erden* | *Und Joseph wird gekrönet werden*». Aber über dergleichen dynastischen Lobgesängen, wie sie an den Fürstenhöfen zum Alltag gehörten, vergaß man im bürgerlichen Hamburg nicht, mit städtischem Selbstbewußtsein die eigene Größe herauszustellen. So feierte man etwa den 300. Jahrestag der Hinrichtung des Seeräubers Klaus Störtebecker und seiner Bande 1701 in der zweiteiligen Oper *Störtebecker und Jödge Michaels* (Musik von Reinhard Keiser nach dem Text eines gewissen Hotter) als Beispiel für die Tatkraft von Rat und Bürgermeister zum Wohl der Stadt: «Hamburg wächset Hamburg grünet | Hamburg blühet fort und fort.»

Zu den wichtigsten Librettisten der Hamburger Oper zählten Lukas von Bostel, Christian Heinrich Postel und Barthold Feind. Der Jurist und Politiker Lukas von Bostel, 1709 zum Bürgermeister gewählt, schrieb in den achtziger Jahren mehrere historische und mythologische Opern nach französischen und italienischen Vorbildern. Großen Erfolg hatte er mit der aktuellen Doppeloper *Cara Mustapha* (1686) über die Belagerung und Entsetzung Wiens (Musik von Johann Wolfgang Franck). Führender Librettist der Folgezeit war der Advokat Christian Heinrich Postel, der von 1688 bis 1702 zahlreiche Texte vor allem nach mythologischen und historischen Stoffen verfaßte. Sein auf einer italienischen Vorlage basierendes Libretto *Der Grosse König Der Africanischen Wenden Gensericus* (1693, Musik von Johann Georg Conradi) wurde 1722 von Georg Philipp Telemann noch einmal komponiert (jetzt unter dem Titel *Sieg der Schönheit*) und auch seine *Ariadne* (1691, Musik von Conradi) fand mit Reinhard Keiser ebenfalls 1722 einen neuen Komponisten. Größtes Lob spendeten die Zeitgenossen Postels Version des Iphigenie-in-Aulis-Stoffes nach Euripides, vertont wiederum von Keiser, dem lange Jahre die Hamburger Oper beherrschenden Komponisten (*Die Wunderbahr-errette Iphigenia*, 1699).

Keiser war auch der Komponist der meisten Texte Barthold Feinds, die seit 1705 entstanden und meist historische Themen behandelten: *Die Römische Unruhe. Oder Die Edelmühtige Octavia* (1705), *Die Kleinmühtige Selbst-Mörderin Lucretia. Oder: Die Staats-Thorheit des Brutus* (1705), *Masagniello furioso. Oder: Die Neapolitanische Fischer-Empörung* (1706) u. a. Von Feind stammt auch die deutsche Textfassung von Georg Friedrich Händels Oper *Rinaldo*, die 1715 in Hamburg aufgeführt wurde (zuerst London 1711).

Nach Hamburg hinein wirkte auch Friedrich Christian Bressand, der seit 1689 an den Hof Herzog Anton Ulrichs in Wolfenbüttel bzw. Braunschweig gebunden und u. a. als eine Art Intendant für das neue Braunschweiger Opernhaus verantwortlich war. Er übersetzte einige Dramen von Pierre Corneille und Jean Racine und schrieb mit dem Märtyrerstück *Hermenegildus* (1693) eine klassizistische Alexandrinertragödie nach französischem Vorbild. Doch seinen zeitgenössischen Ruhm verdankte er vor allem seinen mehr als 20 Operntexten, die oft an französische und italienische Vorlagen anknüpften und mythologische, bukolische und historische Stoffe behandelten: *Cleopatra* (1691; Musik von Johann Sigismund

Kusser), *Erindo oder Die unsträfliche Liebe* (1693; Musik von Kusser), *Circe, Oder Des Ulysses Erster Theil* und *Penelope, Oder Des Ulysses Anderer Theil* (1696; Musik von Reinhard Keiser), *Die Wiedergefundenen Verliebten*, 1695; Musik von Keiser), *Die sterbende Euridice* und *Die verwandelte Leyer des Orpheus* (1699; Musik von Keiser) usw. Die meisten der für den Braunschweiger Hof geschriebenen Opern gelangten auch nach Hamburg, manche bearbeitet von Postel, der durch die Einführung komischer Figuren für eine Auflockerung der klassizistischen Grundhaltung Bressands sorgte. Manche Texte schrieb Bressand direkt für die Hamburger Oper, während Reinhard Keiser auch für Braunschweig komponierte.

Die Stoffbereiche, aus denen Dichter und Komponisten schöpften, blieben im wesentlichen die gleichen. Es gab aber gewisse Verschiebungen. So verloren mythologische Opern allmählich an Bedeutung, während geschichtliche eine immer größere Rolle spielten, eine Entwicklung, die in Italien bereits früher eingesetzt hatte. In Hamburg sei man, schreibt Barthold Feind in seinen *Gedancken von der Opera*, «gantz degoutirt für die Heydnische Götter-Fabeln / und wüste ich kein eintziges Exempel von dieser Sorte, welches recht rëussiret». Auch die Darstellung biblischer Geschichten auf der Opernbühne betrachtet Feind mit Skepsis, denn selbst wenn man «auch nur ein indifferentes Sujet» wähle, so werde «sich doch ein Christliches Gemüht daran ärgern / oder entweder eine einfältige Meinung davon haben / oder gar in seinem Glauben und Gewissen sehr indifferent seyn / wenn er die foiblesses der heroum Scripturae auf dem Theatro ohne Eckel so deutlich vorstellen» sehe. In diesen Äußerungen klingen Erfahrungen aus der Hamburger Operngeschichte nach, Erinnerungen an den mit der Berufung des lutherischen Pastors Anton Reiser zum Hauptpastor von St. Jakobi im Jahr 1681 einsetzenden Opernstreit. Auch die Aufführung geistlicher Opern – das neue Haus war 1678 mit einer biblischen Oper um Adam und Eva (*Der erschaffene / gefallene und auffgerichtete Mensch*, Text von Christian Richter, Musik von Johann Theile) eröffnet worden –, konnte die Angriffe nicht verhindern. Der Streit war grundsätzlicher Natur.

Die Attacke auf die Oper, auf das Theater überhaupt, ging von Anton Reiser aus, der dem Pietismus nahestand. Das Hamburger geistliche Ministerium hatte dagegen keine grundsätzlichen Einwände gegen die Gründung der Oper geäußert und blieb auch später mehrheitlich auf dem Standpunkt, daß theatralische Vorstellungen zu den Dingen zählten, die an sich weder gut noch böse seien und es allein auf die jeweilige Praxis ankäme. 1681 veröffentlichte Reiser seine 400-seitige Abrechnung mit dem Theater unter dem sprechenden Titel *Theatromania, Oder Die Wercke Der Finsterniß In denen öffentlichen Schau-Spielen von den alten Kirchen-Vätern verdammet / Welches aus ihren Schrifften zu getreuer Warnung Kürtzlich entworffen L. Anton. Reiser.* Nur wenige Seiten in dem Buch beziehen sich auf die Hamburger Gegenwart, ansonsten reiht es alte Verdammungsurteile über das ‹heidnische› Theaterunwesen. Und so war es einfach, mit dem Argument dagegenzuhalten, daß das Theater der Gegenwart nichts mit dem heidnischen zu tun habe, vielmehr von christlichem Geist und pädagogischen Absichten geprägt sei (Christoph Rauch: *Theatrophania, Entgegen gesetzet Der so genanten Schrifft Theatromania*, 1682). Weitere Schriften folgten, hatten aber keine Konsequenzen. Der Streit flammte nach Reisers Tod (1686) erneut auf, als der Spielbetrieb nach einer Unterbrechung wegen städtischer Unruhen wieder aufgenommen werden sollte. Die Angriffe auf die Oper kamen dieses Mal direkt von der Kanzel, hatten aber auch jetzt keinen Erfolg, denn theologische Gutachten und die Mehrheit des geistlichen Ministeriums sprachen sich für die Tolerierung aus. In diesen Zusammenhang gehört auch die bedeutendste Zusammenfassung der für die Oper sprechenden Argumente durch den Pastor (und Opernlibrettisten!) Heinrich Elmenhorst (*Dramatologia antiquo-hodierna, Das ist: Bericht von denen Oper-Spielen*, 1688): Die heutigen «Oper-Spiele» würden nicht, so heißt es schon auf dem Titelblatt, «zur Unerbarkeit / und sündlicher Augen-Lust / sondern zur geziemenden Ergetzung / und Erbauung im Tugend-Wandel vorgestellet». Allerdings hatten die Spaltung der Geistlichkeit und die Verwicklung des Rates der Stadt in die religiösen Auseinandersetzungen schwerwiegende Folgen für den städtischen Frieden. Barthold Feind machte die bürgerkriegsähnlichen Unruhen zum Gegenstand eines Theaterstücks: *Das verwirrte Haus Jacob / Oder Das Gesicht der bestrafften Rebellion An Stilcke und Lütze* (1703).

Poetik

Die poetologischen Argumente gegen die Oper als verwerflicher, weil völlig ‹unnatürlicher› Kunstform waren durchaus bekannt, als der deutsche Opernbetrieb in den Jahrzehnten vor und nach 1700 seinen ersten Höhepunkt erreichte. Sie kamen auf der Grundlage klassizistischer Kunstvorstellungen aus Frankreich, und noch Gottsched berief sich in seinen Tiraden gegen die Gattung auf Saint-Évremonds Diskurs *Sur les opéras* (postum 1705): die Oper «sey ein ungereimter Mischmasch von Poesie und Music, wo der Dichter und Componist einander Gewalt thun, und sich überaus viel Mühe geben, ein sehr elendes Werck zu Stande zu bringen», heißt es in seiner Moralischen Wochenschrift *Der Biedermann* (95. Blatt, 28. Februar 1729). Schon wegen ihres Inhalts, der «geilen Liebe unzüchtiger Personen», sollten Opern «von rechtswegen gar nicht geduldet werden», zumal sie noch dazu gegen sämtliche Kunstregeln verstießen: «Die unwahrscheinlichsten Dinge sind darinnen allemahl glaublich genug. Man muß seinen Verstand entweder zu Hause lassen, und nur die Ohren mitbringen, wenn man in die Oper geht; oder man muß sich Gewalt anthun, und alle Unmöglichkeiten die uns darinn vorgestellt werden, verdauen können. [...] Man suchet das Wunderbare, und findet das Ungereimte; man will was neues und seltsames vorstellen, und macht lauter unglaubliche Dinge.»

Es sind keine neuen Argumente, und sie bleiben nicht ohne Antwort. Für die Apologeten der Kunstform gehören Opern zur Gattung des Dramas, und Operntexte gelten ihnen als vollwertige poetische Texte, nicht als bloßer Anlaß für Musik. Und gerade durch die gleichberechtigte Ver-

bindung von Text und Musik erscheint die Oper als Gipfel der dramatischen Gattungen bzw. der Poesie überhaupt. Die Oper sei «das galante-
ste Stück der Poesie», heißt es in der von Hunold 1707 herausgegebenen
und häufig gedruckten Poetik *Die Allerneueste Art / Zur Reinen und
Galanten Poesie zu gelangen.* Und Johann Ulrich König schreibt in der
Vorrede zu seiner Sammlung *Theatralische geistliche / vermischte und
Galante Gedichte* (1713): «Und wann ein Schauspiel die stärckste und
schwerste Sache in der Poësie / weil sich alles dasjenige / was nur in den
übrigen Arten der Gedichte vorkomme kan / darinnen als in einem Circul
vereiniget / so kan man eine Opera füglich das Meisterstück der Dichtkunst nennen [...].» Dabei sehen die Textdichter die Poesie – die Oper
verlange die Versform – als entscheidende Quelle auch der musikalischen
Inspiration. Barthold Feind 1708 in seinen *Gedancken von der Opera:*
«Solte man aber Opern in prosa machen / so blieben sie keine Opern
mehr; Denn eine Opera ist ein aus vielen Unterredungen bestehendes Gedicht / so in die Music gesetzet / als welche der Verse wegen allhier gebraucht wird / nicht aber ümgekehrt / weil der Poet den Musicum zu
allerhand Inventionen veranlasset / und der Musicus dem Poeten folgen
muß.»

In der Diskussion über die Oper geht es, wie immer in der klassizistischen Poetik, um Wahrheit und Wahrscheinlichkeit. Einen der beliebtesten Kritikpunkte zitiert Barthold Feind aus Saint-Évremonds Diskurs
Sur les opéra. Hier moniert der Verfasser an einer Stelle, es sei «tellement
contre la nature», wenn die Personen alle unwichtigen und wichtigen Begebenheiten ihres Lebens singend abhandelten – die Auftragserteilung an
einen Diener etwa oder das Töten mittels Degen oder Speer, und das alles
«melodieusement». Feind sieht darin ein naives Mißverständnis über das
Wesen der Fiktion:

«Die Warheit wird in den Schau-Spielen durch Fictiones vorgestellet / denn
sonst müsten es keine Verse seyn / die man redet und absinget. Man ahmet nur der
Natur einiger massen nach / und wer was gantz natürliches sehen will / dem giebt
der grosse Schau-Platz der Welt täglich neue Praesentationes, nicht aber der kleine /
in Opern und Comödien. Ein Schauspiel ist / so zu sagen / nur ein Schatten-Spiel /
allwo man zwar etwas siehet / aber kein Fleisch und Bein berühret / und wenn man
bey hellem Tage einige hundert Lichter anbrennet / und der Zuschauer im Finstern
in die Opera tritt / wer will ihn überreden / daß die Acteurs verlangen / er solle
glauben / daß es Nacht sey / da noch die Sonne übern Horizonte stehet?»

Zudem erscheint Feind die Kritik, es sei unnatürlich, sich in allen Lebenssituationen singend zu äußern, einfach zu undifferenziert. Sie lasse
außer acht, daß es musikalische Unterschiede zwischen den «ordinairen
Melodien der Arien, Lieder und Gesänge» und den vielfältigen Ausdrucksmöglichkeiten des dem Fortschreiten der Handlung dienenden
Rezitativs gebe: «Wenn etwas gefraget / erzehlet / anbefohlen oder abge-

lesen wird / so hat ein jedes in der Music seine eigene Regel / Thon und Harmonie.» Dann wird er grundsätzlich und stellt den kategorischen Unterschied zwischen Singen und der Deklamation in Abrede: «Ich glaube auch nicht / daß ein vernünfftiger Mensch leicht in Abrede seyn werde / daß man nicht im Singen einer Rede zehnmahl mehr Nachdruck geben könne / als in der Declamation und simplen Sprache; Denn was ist wol das Singen anders / als die Erhöhung der Rede und Stimme mit der höchsten Krafft und Nachdruck? Eine erhöhete Rede aber bleibt darüm doch eine Rede / ob sie gleich in einem andern Thon recitirt wird / und gar nicht etwas unnatürliches.»

Die Poetiker der Oper ziehen die Forderung nach Wahrscheinlichkeit und Naturwahrheit nicht in Zweifel, bestehen aber auf einer freieren Auslegung, denn da «alle Theatralische Sachen in der Opinion» beruhten, müsse man «dem Theatro, der Materie, der Zeit, und andern Circumstantien, eine Freyheit lassen» (Neumeister-Hunold). Feind formuliert es in der Vorrede zu seinem Operntext *La costanza sforzata* (1706) so: «So lange die Poësie eine Dicht-Kunst heisset / und kein Comicus ein Historicus ist / sondert sich dieselbe von der Warheit etwas / doch aber nicht von der Warscheinlichkeit ab / die allemahl in den Schau-Spielen muß beybehalten werden / deren Eigenschafften nach der Gewonheit der Zeiten bey einer jeden Nation variieren.» Und so sieht man sich angesichts nationaler Eigenheiten und geschichtlicher Veränderungen frei, sich von bestimmten Zwängen des klassizistischen Wahrscheinlichkeitspostulats zu lösen bzw. sie zu relativieren. Das gilt nicht zuletzt für die Einheit der Zeit, d. h. die Beschränkung der Handlung auf einen Tageslauf, und die Einheit des Ortes: In der Oper lasse «man sich nicht gerne so enge Gesetze vorschreiben», zumal die Regeln ohnehin wenig sinnvoll seien (Feind: *Gedancken von der Opera*).

Wenn Gottsched mit moralisierendem Eifer der Oper vorwirft, sie sei «von Anfang bis zum Ende mit verliebten Romanstreichen angefüllt», so hat er in der Sache nicht Unrecht. Liebe ist ein zentrales Thema der Barockoper, und eine Oper ohne Liebesgeschichte ist für Autoren und Publikum im späten 17. und frühen 18. Jahrhundert nur schwer vorstellbar. Das ist unabhängig vom gewählten Stoff; gegebenenfalls muß die Erfindungsgabe des Dichters für die erforderlichen Liebesverwirrungen sorgen. Also schreckt man auch vor weitreichenden Eingriffen in literarisch vorgeformte Stoffe oder historische Vorgänge zurück, um die Erwartungen des Publikums nicht zu enttäuschen. Zwei Beispiele, Texte von Christian Heinrich Postel und Barthold Feind, verdeutlichen diese Praxis.

Feind beklagt in der Vorrede zu *La costanza sforzata* die eher betrübliche Lage der deutschen Dichtkunst. Auch bei der Oper sei «unsere Poëtische Armuht groß», und «wenn der seel. gelehrte Herr Lic. Postell uns nicht gewiesen / wie man die schönsten Gedancken der alten Griechischen und Lateinischen Poëten auch zu unsern Zeiten mit gutem Applausu anbringen könte / hätten wir gar nichts aufzuweisen». Diese Anpassung an den Geschmack der galanten Epoche gelang Postel dadurch, daß er konsequent die Forderung nach Liebesgeschichten und -intrigen in der Oper erfüllte. Das gilt auch für einen seiner erfolgreichsten Operntexte, die Bearbeitung von Euripides' Tragödie *Iphigenie in Aulis*, die 1699 unter dem Titel *Die Wunderbahr-errettete Iphigenia* mit der Musik von Reinhard Keiser in Hamburg uraufgeführt wurde. Christian Friedrich Weichmann druckte das «berühmte Schau-Spiel» 1721 im ersten Band seiner großen Anthologie *Poesie der Niedersachsen* ab und charakterisierte Postels Verhältnis zu Euripides so: «Er ist demselben nicht allein gänzlich in der Ordnung gefolget / sondern hat auch so gar ganze Verse und Plätze davon beybehalten. Nur allein findet sich die Liebes-Geschichte vom Achilles und der Deidamia beym Euripides nicht / und hat der Herr Verfasser dieß einzige / zu desto größerer Abwechselung und Veränderung des Vortrages / eingerücket.» Diese ‹Einrückung› freilich verändert das Stück grundlegend, da die Liebeshandlung nicht Episode bleibt, sondern durchgehend mit den Szenen abwechselt, die Euripides folgen, bis am Schluß eine doppelte Liebesvereinigung die Verwirrungen aufhebt und die Akzentverschiebung hin zum Thema der alle Hindernisse überwindenden Liebe deutlich macht.

Daß Liebe und Barockoper zusammengehören, demonstriert Barthold Feind an einem Stoff der Zeitgeschichte, «üm eben nicht allemahl Materie aus dem Alterthum zu holen». Es handelt sich um den Fischeraufstand des Jahres 1647 in Neapel, ein in ganz Europa besprochenes und in allen Details beschriebenes Ereignis, das Christian Weise bereits 1682 zum Gegenstand eines Dramas gemacht hatte. Doch es ist nicht in erster Linie das politische Geschehen «einer so grossen Auffwiegelung und unerhörten Frevels», das Feind in seinem ebenfalls von Reinhard Keiser vertonten *Masagniello furioso. Oder: Die Neapolitanische Fischer-Empörung* (1706) interessiert. Seine Vorgehensweise gleicht vielmehr der Postels, und die Begründung spricht von der Rücksicht auf zarte Gemüter im Publikum, denen die «Wuht dieses tobenden Masaniello» und sein unglückseliges, doch wohlverdientes Ende (durch den Banditen Perrone, eine poetische Lizenz) «etwas zu cruel [...] vorkommen möchte»: «so hat man eine zweyfache verworrene Liebes-Intrigue in die Materie eingeflochten.» Und er fügt hinzu: «Ob dieselbe erdichtet / oder wahrhafftig also paßiret / davon verpflichtet sich der Verfasser eben keine Rechenschafft zu geben: Genug / daß nichts unwahrscheinliches mit darunter läufft / und dergleichen Begebenheiten sich woll können zu getragen haben [...].» Wie bei Postel die ursprünglich zentrale Opferhandlung, so erscheint bei Feind das politisch-soziale Geschehen nur als Kontrast zu den Liebesverwicklungen und ihrem affektbetonten poetisch-musikalischen Ausdruck.

Abgesehen vom ‹Volk› besteht das Personal der Oper aus sechs führenden neapolitanischen Adeligen (einschließlich des Vizekönigs), dem Fischer Masaniello,
dem ihm zeitweise verbündeten Banditen Perrone und einem Fruchtkrämer. Der
Aufstand – Grund ist die Erhöhung des Fruchtzolls – löst nicht nur (eher am
Rande) politische und militärische Gegenmaßnahmen aus, sondern bringt vor allem die erotischen Spannungen innerhalb der aus vier Männern und zwei Frauen
bestehenden Adelsgesellschaft zutage: Der Vizekönig und Don Antonio sind
«verliebt in Mariane», Mariane in Don Antonio; Don Pedro liebt Aloysia, die Frau
seines Vetters Don Velasco. Diese Konstellationen führen im Zusammenhang mit
den politischen Unruhen zu wechselnden Loyalitäten, Intrigen, Gefangenschaf-
ten, Treueproben, fatalen Verwechselungen, Konflikten zwischen Liebe, Vernunft
und Pflicht usw. Am Ende stehen Verzeihung und die Wiederherstellung der alten
Zustände, politisch und in den menschlichen Beziehungen, oder Verzicht bei denen, die leer ausgehen müssen.

EPISCHE VERSDICHTUNG:
EPOS, LEHR- UND ZEITGEDICHT

I. ZUR POETIK

Im kurzen Gattungsüberblick in seinem *Buch von der Deutschen Poete-rey* hebt Opitz das Epos deutlich hervor. Er stellt es nicht nur an die erste Stelle, sondern widmet seiner Charakteristik auch fast die Hälfte des den Gattungen eingeräumten Umfangs. Seine besondere Aufmerksamkeit gilt nach einer Kurzdefinition der Eingangspartie des Epos und den dabei möglichen Variationen, während die Aussagen über das «getichte vnd die erzehlung selber» eher summarisch gehalten sind und sich bei der knappen Charakteristik der Handlung bzw. des Handlungsaufbaus eines Epos ausschließlich auf Homer und Vergils *Äneis* stützen. Die zitierten Beispieltexte für die einzelnen Teile des Proömiums zeigen jedoch, daß Opitz einen weiteren, durch die Tradition abgesicherten Begriff der epischen Dichtung besitzt und neben dem Heldenepos auch das religiöse Epos und das Lehrgedicht in sein Konzept der epischen Dichtung einbezieht: Vergils *Georgica* und Lukrez' *De rerum natura* und sein eigenes *TrostGe-dichte In Widerwertigkeit Deß Krieges* stehen für das Lehrgedicht, Du Bartas mit seiner «andern woche» für die religiöse epische Dichtung.

Was Opitz über das «getichte vnd die erzehlung selber» schreibt, gilt vor allem der Frage nach dem Unterschied von Geschichtsschreibung und Dichtung und der Organisation des Stoffes. Im Hintergrund stehen dabei Ronsards Vorrede zu seinem Epos *La Franciade* (1587) und die *Ars poetica* des Horaz. Wenn es bei Opitz heißt, das Epos nehme es «nicht so genawe wie die Historien / die sich an die zeit vnd alle vmbstende nothwendig binden mußen», so ist damit keine Lizenz des Dichters zum freien Umgang mit der Geschichte gemeint. Denn für die epische Dichtung gelte bis auf begründete Ausnahmen grundsätzlich, daß «man nicht der zeiten vergeße / vnd in jhrer warheit irre». Die Freiheit gegenüber der Historie betrifft die Anordnung des Materials – *in medias res* (Dichter), *ab ovo* (Geschichtsschreiber) – und Möglichkeiten des Weglassens («lest viel außen was sich nicht hin schicken wil») sowie der poetischen Ausgestaltung durch «allerley fabeln / historien / Kriegeskünste / schlachten / rahtschläge / sturm / wetter / vnd was sonsten zue erweckung der verwunderung in den gemütern von nöthen ist».

Daß am Anfang des literarischen Reformprozesses noch nicht mit einem eigenständigen deutschen Heldenepos zu rechnen ist, sieht Opitz realistisch: «Ob aber bey vns Deutschen so bald jemand kommen möchte / der sich eines volkommenen Heroischen werckes vnterstehen werde / stehe ich sehr im zweifel / vnnd bin nur der gedancken / es sey leichtlicher zue wündschen als zue hoffen.» Der tatsächliche Mangel an epischen Dichtungen in den folgenden Jahrzehnten bestätigt Opitz' Skepsis. Noch bei Albrecht Christian Rotth steht der Satz, der allerdings den einzigen Versuch eines eigenständigen deutschen Heldenepos – Wolf Helmhard von Hohbergs *Habspurgischen Ottobert* (1663–64) – ignoriert: «Bey uns Deutschen ist noch kein solches Helden-Gedichte verfertiget» (*Vollständige Deutsche Poesie*, 1688). Aber die geringe Produktion ändert nichts an der Hochschätzung der Gattung, die sich in den entsprechenden, z. T. sehr ausführlichen Passagen der Poetiken niederschlägt: von Jacob Masen (*Palaestra eloquentiae ligatae*, Bd. 2, 1654) über Sigmund von Birken (*Teutsche Rede-bind und Dicht-Kunst*, 1679), Daniel Georg Morhof (*Unterricht Von Der Teutschen Sprache und Poesie*, 1682) und Rotth bis hin zu Magnus Daniel Omeis (*Gründliche Anleitung zur Teutschen accuraten Reim- und Dicht-Kunst*, 1704).

Ein weiter Begriff des Epos bzw. der epischen Dichtung liegt ausdrücklich Masens systematischer Darstellung in der *Palaestra eloquentiae ligatae* zugrunde. Masen unterscheidet zunächst zwischen epischer Lehrdichtung («genus physicum») und der epischen Dichtung, die sich mit den Handlungen der Menschen beschäftigt («genus ethicum»). Diese wiederum gliedert sich in Darstellungen lasterhafter bzw. tugendhafter Handlungen, also etwa die Satire auf der einen und das Lobgedicht sowie verschiedene Möglichkeiten des Heldengedichts auf der anderen Seite. Dann konzentriert sich Masen vor allem auf das Heldenepos und diskutiert, nicht zuletzt orientiert an Aristoteles, Zweck des Epos – Hinführung zur Tugend –, Anforderungen an die Handlung, das Verhältnis von Tragödie und Epos und schließlich die einzelnen Teile des Epos. Wie bei der Behandlung der anderen Gattungen illustriert Masen seine Vorstellungen durch Beispiele, hier u. a. durch ein Epos über Sündenfall und Vertreibung aus dem Paradies (*Sarcotis*), das möglicherweise einen Einfluß auf John Milton ausübte.

Neue Gesichtspunkte bringt Sigmund von Birken in die Diskussion. Einerseits behandelt er die «Carmina Heroica» in einem Kapitel zusammen mit Ekloge und Satire («Von den Feld- Helden und Straff-Gedichten. De Eclogis, Epicis & Satyris»), andererseits befaßt er sich mit dem Verhältnis von Epos und Roman, der – in der höfisch-historischen Variante – in der literarischen Praxis die Stelle des Epos im Gattungssystem einzunehmen im Begriff war bzw. bereits eingenommen hatte. Thema wird dies zuerst in seiner Vorrede zum ersten Band von Anton Ulrichs Roman *Aramena* (1669), die neben der Geschichtsschreibung im traditionellen Sinn zwei weitere Arten von «Geschichtschriften» unterscheidet: «Geschichtgedichte» und «Gedichtgeschicht-Schriften». Gedichtgeschichten sind der historischen Wahrheit verpflichtet, besitzen aber die Freiheit, «nebenumstände» hinzuzudichten. Zudem organisieren sie – verursacht durch den Einsatz *in medias res* – den Zeitablauf anders als die historischen Schriften. Als Beispiele führt Birken die Epen Homers und Vergils *Äneis* an, also das antike Heldenepos. Bei den Geschichtgedichten herrscht ein freierer (allerdings immer ‹wahrscheinlicher›) Umgang mit der Historie – verdeckte Namen, Veränderungen der Chronologie, Handlungszusätze –, wenn nicht die Erzählung völlig auf Erfindung beruht («ganz-erdichtete Historien»). Beispiele für diese von ihm bevorzugte Form findet Birken in der europäischen Romantradition seit Heliodor und insbesondere im neuen Genre des höfisch-historischen Romans, wenn auch die am Verhältnis zur Geschichte festgemachten Kriterien ebenso auf die Versepen der Renaissance und ihre deutschen Übersetzungen sowie die «Sinnbruten» Hohbergs zutreffen. Da im Hinblick auf die moralische Wirkungsabsicht die erfundenen Geschichten «zweifelsfrei weit nützlicher» sind als die historisch fundierten – und es zudem den Roman eines fürstlichen Auftraggebers zu feiern gilt –, läßt sich Birkens Vorrede durchaus als Plädoyer für den höfisch-historischen Roman lesen. In seiner Poetik, der *Teutschen Rede-bind und Dicht-Kunst* (1679), grenzt er die epische Versdichtung («HeldenGedichte» bzw. auch «GrosGedichte») von Homer bis Hohberg klar von den Romanen ab, die wiederum – die ursprüngliche Terminologie umkehrend – als «GeschichtGedichte» entweder auf der Historie aufbauen oder als «GedichtGeschicht» von erfundenen Helden und Heldentaten erzählen.

Vorbereitet durch Madeleine de Scudéry und ihre durch die *doctrine classique* geprägte Romanästhetik, tendieren mit dem Erscheinen von Pierre Daniel Huets *Traité de l'origine des Romans* (1670) und seiner Übersetzung durch Eberhard Werner Happel (1682) die Diskussionen über die Abgrenzung von Epos und Roman immer mehr zu einer Rechtfertigung der neuen bzw. erneuerten Gattung des Romans, die sich durch die Übernahme der ‹Regeln› des Epos zu legitimieren sucht und damit alte Gattungshierarchien in Frage stellt. Den Hauptunterschied zwischen Epos und Roman sieht Huet im Gegenstand der Handlung: Krieg und Politik auf der einen, Liebe auf der anderen Seite. Während etwa Rotth die Unterscheidung übernimmt (und im übrigen einfach Happels Übersetzung auszugsweise wörtlich übernimmt), bestehen die Autoren des deutschen höfisch-historischen Romans – wie des französischen *roman héroïque* – durchaus auf einer Verbindung von Helden- und Liebes-Geschichte und verringern so auch inhaltlich den Unterschied zum antiken Epos.

II. ÜBERTRAGUNGEN

Bei dem Bemühen, eine neue deutsche Literatursprache zu schaffen und Anschluß an die weiter fortgeschrittenen europäischen Literaturen zu gewinnen, maßen die Reformer um Opitz und die Sprachgesellschaften dem Übersetzen von vorbildlichen Werken der Antike und der Renaissance- und Barockliteraturen eine große Bedeutung bei. Angesichts der hohen Einschätzung des Epos in der humanistischen Poetik und der Beliebtheit der großen Renaissanceepen lag es daher nahe, daß man auch an dieser repräsentativen Form die Literaturfähigkeit des Deutschen zu erweisen suchte. Auffällig ist allerdings, daß die klassischen Muster der Antike – Homer und Vergil – dabei kaum eine Rolle spielten, sondern zunächst allein italienische und französische Epen Übersetzer fanden: Hinweis auch darauf, daß es weniger um den Wettstreit mit den Alten als vielmehr um die Konkurrenz mit den Literaturen der Gegenwart ging.

Von Vergils *Äneis*, in dieser Zeit als reinste Verwirklichung der Gattung meist über die homerischen Epen gestellt, entstand in der ersten Hälfte des 17. Jahrhunderts nur die schulmäßige Prosaübersetzung von Bernhardus Melethraeus (*Aeneis, das ist: Des hochberühmten Poeten P. Virgilii Maronis Bücher / Von Reisen vnd ritterlichen Thaten des gewaltigen vnd frommen Helden Aeneae*, 1644). In der zweiten Jahrhunderthälfte folgten weitere Übersetzungen in Prosa bzw. Vers (Alexandriner) von Schulmännern (Johann Valentin: *Publii Virgilii Maronis […] Gedichte*, 1660; Michael Schirmer: *Eigentlicher Abriß Eines / verständigen / tapfferen und frommen Fürsten […]*, 1668) sowie die einzige Übertragung mit künstlerischem Anspruch, Daniel Symonis' *Der Frygier Aeneas* (um 1658). Dabei handelt es sich um den Versuch, die *Äneis* zu einem Stück moderner Literatur umzuformen, d.h. das Epos in Form und Stil dem höfisch-historischen Roman anzunähern, Zeichen wohl auch für die Aufwertung des Romans. Dieser Tendenz entspricht auch die Titelvariante *Neu Eingekleideter Deutscher Virgilius / nach Art der Ariana und Arcadia auß den [!] Lateinischen übersetzet* (1658).

Anders als Vergil fand Homer im 17. Jahrhundert keinen Übersetzer; die Knittelvers-Version Johann Sprengs (*Ilias Homeri*, 1610) gehört ebenso wie seine deutsche *Aeneis Virgiliana* (1610) stilistisch und von der Entstehungszeit her noch ins 16. Jahrhundert. Daß diese Texte im Stil der Meistersinger 1630 bzw. 1629 noch einmal aufgelegt werden konnten, hat weniger mit ihrer Qualität oder gar Modernität zu tun als vielmehr mit dem Umstand, daß es keine anderen deutschen Übersetzungen gab. Erst Christian Heinrich Postel, der sich nach zahlreichen Opernlibretti der epischen Dichtung widmete, wandte sich wieder dem «Wunder-Poeten» Homer zu und stellte einem im griechischen Original wiedergegebenen Ausschnitt aus dem 14. Buch der *Ilias* (Verse 153–363) eine deutsche Fassung in Alexandrinern (324 Verse) gegenüber (*Die Listige Juno*, 1700). Damit wollte Postel an den in Deutschland inzwischen fast vergessenen Epiker erinnern und ganz im Einklang mit den Zielen der Sprachgesellschaften des 17. Jahrhunderts beweisen, «daß unsere edele Teutsche Sprache eben da zu geschickt / wo zu die andern Europäischen Sprachen gebrauchet werden». Die Übersetzungsprobe, die die Juno-Episode wortreich in eine galante Diktion umsetzt, verschwindet beinahe unter der Masse Begleittexte, unter denen die «Anmärckungen Uber die Listige Juno» mit rund 380 Seiten eine beherrschende Stellung einnehmen.

Kurz vor der Jahrhundertwende erschien noch die Übersetzung eines weiteren antiken Epos, die der *Pharsalia* von Marcus Annaeus Lucanus durch den Staatsrechtler und Politiker Veit Ludwig von Seckendorff (*Teutscher Fürsten-Staat*, 1656; *Christen-Stat*, 1685) in einer zweisprachigen Ausgabe: *Politische und Moralische Discurse über M. Annaei Lucani dreyhundert auserlesene lehrreiche sprüche / und dessen heroische gedichte genannt Pharsalia, auf eine sonderbare neue manier ins deutsche gebracht* (1695). Die «sonderbare neue manier» besteht in der Verwendung reimloser Alexandriner.

Die ersten Epenübertragungen im Kontext der literarisch-patriotischen Aufbruchsstimmung um 1620 entstanden im Umkreis der Fruchtbringenden Gesellschaft. Sie galten den religiösen Epen des französischen Calvinisten Guillaume de Saluste Du Bartas und den italienischen «Romanzi» Ludovico Ariostos und Torquato Tassos. Am Anfang steht Tobias Hübner mit seinen Übersetzungen von Du Bartas' biblischen Schöpfungsepen *La sepmaine, ou création du monde* (1578) bzw. *La seconde sepmaine* (1584–94). Zunächst veröffentlichte Hübner im Jahr seiner Aufnahme in die Fruchtbringende Gesellschaft Proben aus der ‹Zweiten Woche› (*La Vocation Oder* [...] *Der Beruff*, 1619; *Wilhelms von Saluste Herrn Von Bartas Reimen-Gedichte genand Die Altväter*, 1619). Der vollständige Text erschien dann 1622 ([...] *Die Andere Woche*) bzw. 1631 (*Erste Woche / Von Erschaffung der Welt und aller Geschöpffe*) in deutsch-französischen Parallelausgaben. Eine postume Gesamtausgabe, herausgegeben von Ludwig von Anhalt-Köthen und Diederich von dem Werder, versuchte der Kritik Rechnung zu tragen, die Opitz an Hübners Alexandrinern geübt hatte (*Die Erste und Andere Woche Wilhelms von Saluste Herren zu Bartas*, 1640).

Das Schöpfungsepos schildert auf der Basis der biblischen *Genesis* die Erschaffung der Welt in sieben Tagen. Dabei tritt der Schöpfer als epischer Held auf, dessen Taten das Werk strukturieren, das in großer Manier auf eine Darstellung der Vielfalt und Fülle der Schöpfung in allen ihren Phänomenen zielt. Die durch den großen Erfolg angeregte Fortführung, die die Geschichte der Menschheit seit Adam behandeln sollte, blieb (umfangreiches) Fragment. Du Bartas' metaphorisch-dekorative und zugleich expressive Verssprache stellte hohe Anforderungen an den Übersetzer. Hübner suchte sie vor allem in formaler Hinsicht zu erfüllen; sein Anspruch allerdings, er habe den Alexandriner als erster im Deutschen gebraucht, beruht auf einer Fehleinschätzung. Von der tröstlichen Funktion dieses großen religiösen Epos in Kriegszeiten – das gilt für die

Entstehung des französischen Werkes im Bürgerkrieg wie für die deutsche Übertragung im Dreißigjährigen Krieg – spricht die Vorrede von
1640: Die Dichtungen ermöglichten dem Leser «die betrachtung der hohen Wercke / wunderbaren regierung / und gerechten gerichte Gottes»
und trügen so dazu bei, die Widrigkeiten der Gegenwart «in gedult» zu
ertragen.

Tobias Hübner (1578 Halle – 1636 Dessau), Sohn eines adeligen Kanzlers von
Sachsen-Anhalt, kehrte nach Studium und Bildungsreisen 1613 nach Dessau zurück und wirkte hier zunächst als Hofmeister des Prinzen, dann als Kanzler und
Geheimer Rat. Seine frühen Dichtungen gehören in den Zusammenhang der höfischen Festkultur der Renaissance; es sind ritterliche Aufzüge, allegorisch-mytho-
logische Ritter- und Maskenspiele in Prosa und Vers (darunter zahlreiche Alexandriner), dokumentiert in repräsentativen, illustrierten Festbeschreibungen. Neben
Du Bartas' Schöpfungsepos und seiner Fortsetzung übertrug er auch dessen Dich-
tungslehre und andere Texte (*L'Uranie. La Judith: La Lepanthe: La Victoire
d'Ivry, &c. de Guillaume de Saluste Seigneur du Bartas. Das ist: Die himmlische
Musa: Die History von Judith in 6 Büchern: Die Wasserschlacht und Sieg der Christen wieder die Türcken vor Lepantho &c.* [...], 1623).

Angeregt vom Beispiel Hübners, dessen *Andere Woche* gerade in
Köthen erschienen war, begann Diederich von dem Werder 1622 mit der
Arbeit an der Verdeutschung von Torquato Tassos *La Gerusalemme
liberata* (1580), einem religiösen Ritterepos in 25 Gesängen mit mehr als
15 000 Versen in Stanzen (*ottave rime*). 1624 hatte Werder die Übertragung abgeschlossen. Der Verleger zeigte sie im Katalog der Herbstmesse
von 1624 an, doch das Erscheinen verzögerte sich um annähernd zwei
Jahre «wegen der langsamen außarbeitung» der Kupferstiche durch Matthäus Merian, wie es in der Vorrede heißt. Werders Übertragung *Gottfried von Bulljon, Oder Das Erlösete Jerusalem*, erschienen 1626, gehört
noch in den Kontext der vor der Opitzschen Versreform konzipierten
und vollendeten Werke. Als Werder 1625 ein Exemplar der Poetik von
Martin Opitz einsehen konnte, reagierte er durchaus zustimmend, doch
hatte er keine Gelegenheit mehr, seine Übersetzung nach den neuen Prinzipien zu überarbeiten. Das geschah erst in der revidierten Ausgabe von
1651 (*Gottfried. Oder Erlösetes Jerusalem. Verbessert*).
  Gegenstand des Epos ist der erste Kreuzzug; die Haupthandlung führt
von der Wahl Gottfrieds von Bouillon zum obersten Befehlshaber im
Winterlager über Schilderungen von Kampfhandlungen unter Beteiligung
himmlischer und höllischer Heerscharen bis zur Erstürmung Jerusalems
und endet mit der Befreiung des heiligen Grabes. Kunstvoll mit der
Haupthandlung verwoben sind eine Reihe von berühmt gewordenen Nebenhandlungen und Episoden (Armida-Rinaldo, Tancredi-Clorinda-Er-
minia, Sofronia-Olindo), die zahlreiche Opernlibrettisten und -komponi-
sten inspirierten. Inhaltlich folgt Werder der Vorlage bis auf einen Punkt:

Er betrifft die katholische Tendenz des Epos, die der dezidierte Calvinist durch die Streichung zweier Stanzen und verschiedene Textänderungen im Sinn eines überkonfessionellen christlichen Bekenntnisses abmilderte. Formal hingegen suchte Werder dem italienischen Original möglichst genau zu folgen, wenn auch der Unterschied der Sprachen (und der gegenwärtige Stand der deutschen Dichtkunst) gewisse Freiheiten notwendig machten. Die wichtigste betraf den Gebrauch des Alexandriners statt des italienischen Elfsilblers (*endecasillabo*), was konkret einen Gewinn von ein oder zwei Silben je nach Versschluß (männlich bzw. weiblich) brachte. Die Verse waren in der Erstfassung allerdings, wie erwähnt, noch nicht durchgehend reguliert. Werder orientierte sich an Hübners Beispiel, dem er dichterisch weit überlegen war. Er nutzte die Freiheiten, die der Renaissancevers nach französischem Muster bot, in einer variablen, abwechslungsreichen Diktion mit Satzschlüssen und Haupttönen an verschiedenen Stellen, wobei die Tendenz gleichwohl – ohne in starre Regelmäßigkeit zu verfallen – vielfach auf den regelmäßigen Wechsel von Hebung und Senkung zulief. Die Strophenform des Epos – Stanzen mit dem Reimschema abababcc – behielt Werder bei und stand damit vor der Schwierigkeit, für jede Strophe dreifache Reime finden zu müssen und zugleich den Inhalt genau wiederzugeben, da jede Stanze eine Einheit darstellt. Daß ihm dies mit gewissen Lizenzen bei den Reimen als erstem deutschen Dichter gelang, erregte die Bewunderung seiner Zeitgenossen, die fortan seinen Namen mit der Tassoübertragung verbanden.

Nach dem Erfolg des deutschen Tasso nahm Werder die Übersetzung eines zweiten großen italienischen Epos in Angriff, des *Orlando furioso* (1516) von Ludovico Ariosto. Die ersten drei Gesänge erschienen 1632 (*Drey Gesänge Vom Rasenden Rolandt / Aus Dem Jtalianischen Poëten Ariosto zur Prob vnd Anfang vbergesetzt*); eine Gesamtausgabe der insgesamt Fragment gebliebenen Übersetzung (30 Gesänge von insgesamt 46) folgte 1636 (*Die Historia Vom Rasenden Roland*). Hier löste sich Werder von der Stanze; er verwandte nun achtzeilige Strophen mit paarweise gereimten Alexandrinern.

Diederich von dem Werder (1584 Werdershausen bei Köthen – 1657 Reinsdorf bei Köthen) stammte aus reformiertem anhaltischen Adel, diente lange am hessischen Hof in Kassel, bis er 1622 in Ungnade fiel und in seine Heimat zurückkehrte. Hier widmete sich der gebildete Adelige bis zu seinem Tod vor allem der Arbeit auf seinem Gut und der Literatur, von manchen diplomatischen und militärischen Aktivitäten im Verlauf des Krieges abgesehen. Er war bereits 1620 als der «Vielgekörnte» in die Fruchtbringende Gesellschaft aufgenommen worden; nun aber entwickelte sich ein enges, freundschaftliches Verhältnis zu ihrem Oberhaupt Fürst Ludwig von Anhalt-Köthen, den er in literarischen Dingen beriet. Er arbeitete an den Schriften der Gesellschaft mit, entschied über Annahme und Verbesserungen von eingereichten Texten – nach der Satzung sollte jedes von einem Mitglied verfaßte Werk vor der Veröffentlichung der Gesellschaft zur Prüfung vorgelegt werden – und übernahm die Revision postumer Neuauflagen von Werken von Gesellschaftsmitgliedern.

Nach den Epen Tassos und Ariostos übertrug er als drittes Werk der italienischen Literatur 1644 noch Giovanni Francesco Loredanos Roman *Dianea Oder Rähtselgedicht* ins Deutsche, eine manieristische Variante des höfisch-historischen Romans in der Nachfolge von John Barclays *Argenis* (1621). Eine starke Affinität zu gesteigerter Rhetorisierung und manieristisch-artifiziellen Tendenzen zeigen auch seine eigenständigen Dichtungen; das gilt insbesondere für den Sonettenzyklus *Krieg vnd Sieg Christi* (1631). Mit seiner *Friedens-Rede* (1639), einer Imitatio von Erasmus von Rotterdams *Querela Pacis* (1517), richtete Werder einen eindringlichen Friedensappell an die kriegführenden Parteien.

Die einzige Übersetzung eines großen Epos des 17. Jahrhunderts galt John Miltons *Paradise Lost* (1667). Übersetzer war Ernst Gottlieb von Berge: *Das Verlustigte Paradeis / Auß Johann Miltons Zeit seiner Blindheit In Englischer Sprache abgefaßten und unvergleichlichen Gedicht In Unser gemein Teutsch übergetragen* (1682). Dabei konnte sich Berge teilweise auf einen früheren, abgebrochenen Übersetzungsversuch von Theodor Haak stützen. Es war ein beim Publikum zwar völlig erfolgloses, aber gleichwohl bemerkenswertes Unternehmen, mit dem Berge eine bedeutende zeitgenössische Dichtung zugänglich machen wollte und sich zugleich mit der im Deutschen bisher völlig ungebräuchlichen Form des reimlosen fünfhebigen Verses (Blankvers) auseinandersetzte. Für diese «ungebundene Freyheit der Poesie» mußte der Leser allerdings, wie die Vorrede ankündigte, «manche rauche Beschwärlichkeit» in Kauf nehmen, die nicht nur oft gewaltsam gelöste metrische Probleme, sondern auch die Nachahmung des gedrängten Sprachduktus betrafen. Daß sich Berge verschiedene Freiheiten erlaubte – Umformungen, Zusammenfassungen, Umstellungen, Anpassungen an den Horizont deutscher Leser – und die Sprache den Gegebenheiten der deutschen Barockliteratur anpaßte, unterscheidet seine Arbeit nicht von anderen Übersetzungen.

Berge hatte bei einem Englandaufenthalt in den Jahren 1678–80 Zugang zu einem Kreis von Gelehrten und Miltonverehrern gefunden. Darunter war auch der Pfälzer Theodor Haak, der in Cambridge und Oxford Theologie und Mathematik studiert hatte und dann durch den Krieg endgültig ins Exil getrieben worden war. Er stand pansophisch orientierten Gruppen nahe und übersetzte u. a. eine Reihe von englischen Erbauungsschriften ins Deutsche. Angeregt durch eine persönliche Beziehung zu Milton, wollte er auch dessen Werk einem deutschen Publikum zugänglich machen. Als er an den Schwierigkeiten scheiterte – die ersten drei Gesänge und ein Teil des vierten sind handschriftlich erhalten –, suchte er andere für das Projekt zu gewinnen. Berge übernahm die Aufgabe.

Haaks Einsatz für Milton führte zu einem weiteren Übersetzungsversuch, den der Nürnberger Pegnitzschäfer (und Theologieprofessor) Christoph Wegleiter unternahm, nachdem er in London Mitte der achtziger Jahre auf Milton hingewiesen worden war. Wegleiters Übersetzungsfragment ist in seinem Reisetagebuch enthalten und umfaßt 190 Zeilen in Alexandrinerreimpaaren, die sich im Gegensatz zu den schwerfälligen Versuchen Haaks und Berges, den reimlosen Fünfheber zu meistern, durchaus flüssig lesen. Gleichwohl stieß Wegleiter wohl bald an seine Grenzen. Rückblickend kommentierte er ironisch: «Zwar neulich ließ ich mich, ich alberer, bereden, | und schluge meine Hand an Miltons schönes Eden; | doch wurd mein Paradies gar bald was seines heisst: * [* Ein verlorenes Paradies] | dis grosse Werck erheischt mehr Zeit, mehr Kunst, mehr Geist.»

Unabhängig von diesen weitgehend unbekannt gebliebenen Übersetzungen bzw. Übersetzungsversuchen zeigte sich seit der Wende zum 18. Jahrhundert ein zunehmendes Interesse an Miltons Epos, etwa bei Postel, der in seinen Proben einer Homerübersetzung (*Die Listige Juno*, 1700) auch längere Milton-Zitate brachte, bis schließlich mit Bodmers Übersetzung 1732 eine neue Phase der produktiven Milton-Rezeption einsetzte. Auch Barthold Heinrich Brockes bemühte sich um Milton und übersetzte ausgewählte Partien aus *Paradise Lost*, die im Anhang seiner Pope-Übertragung (*Aus dem Englischen übersetzter Versuch vom Menschen*, 1740) und im achten Band des *Irdischen Vergnügens in Gott* (1746) enthalten sind. In einer anderen, früheren Periode seines Schaffens hatte er mit dem Rückgriff auf Giovan Battista Marinos *La strage degli innocenti* (1632) die Tradition barocker Epenübersetzungen aus dem Italienischen mit einem Mustertext des Manierismus weitergeführt und beschlossen (*Verteutschter Bethlehemitischer Kinder-Mord des Ritters Marino*, 1715).

III. HELDENEPIK

Anders als beim Roman führten die Übersetzungen ausländischer Muster bei der Heldenepik kaum zu produktiven Nachahmungen oder eigenständigen Versuchen. *Der Habspurgische Ottobert* (1663–64) des niederösterreichischen Freiherrn Wolf Helmhard von Hohberg ist das einzige vollendete epische Heldengedicht des Jahrhunderts in deutscher Sprache; Christian Heinrich Postels fragmentarisches Projekt eines heroischen Epos, *Der grosse Wittekind*, gehört bereits dem 18. Jahrhundert an.

Einen Sonderfall stellt Johannes Brandmüllers Versuch eines großen Geschichtsepos in deutschen Hexametern dar, das dem *Habspurgischen Ottobert* vorausging, aber ungedruckt blieb und nur unvollständig überliefert ist. Es handelt sich um die inhaltlich zusammengehörigen, in zwei getrennten Autographen überlieferten Texte *Vortrab, des weitleuffigen Raurachischen VersGedichtes* (vor 1658) und *Poema Rauricum oder [...] gantz Newes, Teutsches, Heroisches Versgedicht* (1658). Von den zwei Teilen des *Poema Rauricum* – *Sequania* und *Germania* – ist nur der erste erhalten. Insgesamt hätte das Werk etwa 29 000 Hexameter umfaßt. Der Titel bezieht sich auf den lateinischen Städtenamen Athenae Rauricae bzw. Basilia Rauracorum, der sich von dem Römerkastell Augusta Raurica östlich von Basel (heute Kaiseraugst) herleitet. Das Geschehen um das Heldenpaar Fidamor und Eumela sowie den Schäfer Erotander und zahlreiche weitere Gestalten spielt Ende des vierten nachchristlichen Jahrhunderts. Gegenstand ist die Schweizer Frühgeschichte, bezogen vor allem auf den Raum Basel, aber auch – in dem verlorenen Teil *Germania* – in die deutsch-germanischen Gebiete hineinreichend. Die Gewinnung der Schweizer Freiheit in dem sogenannten «Eugenianischen vnd Schwäbischen Rhein- Augst- vnd yberigen ReichsKrieg» (394/395) – ein Konstrukt der humanistischen Historiographie – dient dem in Basel geborenen und in dem verbündeten Mühlhausen als Pfarrer wirkenden Autor als Modell für die Gegenwart, als Aufruf, sich auf die Tugenden der Vorfahren zu besinnen. Wie die Kriegshandlung des Epos immer wieder Bezüge zum Dreißigjährigen Krieg erkennen läßt, so gilt auch die Lehre des christlich getönten Epos der Gegenwart: «Das man zusammen steht im Notfall getreulich | Vnd vns aus aller Kriegsangst erredte der Herre». Die politische Situation nach Ende des Dreißigjährigen Krieges, der der Schweiz die Unabhängigkeit brachte, bildet wohl den Hintergrund der Entstehung dieses Dokuments städtischen Selbstbehauptungswillens.

Während die fiktive Handlung mit ihrer Verbindung ritterlicher und schäferlicher Momente das Repertoire der zeitgenössischen Romanliteratur nutzt, ist Brandmüllers Entscheidung für den Hexameter in der deutschsprachigen Epik ohne Vorbild. Dabei lockerte Brandmüller das quantitierende Prinzip der antikisierenden humanistischen Verslehre auf (Conrad Gesner, Johannes Clajus) und suchte wenigstens ansatzweise den deutschen Wortakzent zu berücksichtigen.

Hohbergs *Habspurgischer Ottobert* umfaßt 36 Bücher mit annähernd 40 000 ‹heroischen›, d. h. paarweise gereimten Alexandrinern. Gegenstand des Epos sind, wie es einleitend heißt, Leben und Taten des «khünen Ottoberts», des fiktiven Ahnherrn des Hauses Habsburg, dessen zukünftige Größe in einer Traumvision sichtbar gemacht wird. Damit orientiert sich Hohberg am Beispiel der Fragment gebliebenen *Franciade* (1572) Ronsards, der mit der Schilderung des Lebens von Francus, Sohn des Trojaners Hektor und Gründer des Frankenreichs, dynastisch-panegyrische Zielsetzungen verfolgte. Allerdings ergibt sich für den protestantischen österreichischen Landadeligen Hohberg ein Dilemma, denn einer bedingungslosen Verherrlichung des Kaisers stand dessen kompromißlose Rekatholisierungspolitik als österreichischer Landesherr entgegen, die den protestantischen Landadel nach und nach seiner Privilegien beraubte. Und so enthält der *Ottobert* Passagen, die auf die alte germanische Freiheit verweisen und einer Mitwirkung der Stände bei der Herrschaftsausübung das Wort reden.

Die Handlung des Epos gliedert sich, getrennt durch die Traumvision, in zwei Teile. Der erste umfangreichere umfaßt die Bücher 1 – 22 und erzählt, ausgehend von einem Schiffbruch im Mittelmeer, von den Reisen bzw. Irrfahrten, Kämpfen und Abenteuern des tugend- und standhaften Protagonisten, seines Freundes Sigewald, Sohn eines Herzogs, und der byzantinischen Fürstentochter Ruremunda sowie anderer Personen, immer wieder unterbrochen durch Einschübe, Digressionen und vor allem Vorgeschichten. Ottobert und Ruremunda versprechen sich die Heirat und trennen sich. Er will bei ihren Eltern um ihre Hand anhalten, sie reist nach Rhodos. Ottobert erfährt von ihrem (angeblichen) Tod und erleidet auf der Fahrt zu ihrem Grab Schiffbruch. Darauf folgt, im 23. Buch, die Traumvision Ottoberts – der Erzengel Raphael eröffnet ihm in einer Genealogie der Habsburger deren künftige Größe –, die ihn zur Heimreise veranlaßt und ihn in Böhmen in Kämpfe gegen die Hunnen verwickelt. Diese Kämpfe bilden den Gegenstand des zweiten Teils des Epos (Buch 24–36), unterbrochen nur, um aus dem Blick geratene Personen – u. a. die totgesagte Ruremunda – wieder in das Geschehen zu integrieren. Mit dem Sieg über die Hunnen und der Heirat Ottoberts und Ruremundas endet die Dichtung.

Hohberg orientiert sich strukturell am antiken Epos. Die Zweiteilung seines Werkes entspricht der von Vergils *Äneis*, die zwischen die Reisehandlung der Trojaflüchtlinge (in Analogie zur *Odyssee*) und den Kampf mit den Italern (analog zur *Ilias*) die Unterweltfahrt des Helden mit der Offenbarung der Zukunft stellt. In manchen Einzelheiten und Handlungselementen bestehen durchaus auch Beziehungen zu den italienischen Renaissanceepen, etwa wenn Ruremunda als Ritter verkleidet mit Ottobert kämpft oder Übernatürliches und Zauberisches eine Rolle spielen. Ähnlichkeiten mit dem höfisch-historischen Roman folgen aus der beiden Gattungen gemeinsamen Zeitstruktur, die sich aus dem Einsatz *in mediis rebus* und den nachgeholten Vorgeschichten ergibt. Anders als im

Roman bildet die Liebesgeschichte bei Hohberg jedoch nicht das entscheidende, die Handlung auslösende und vorantreibende Element. Insofern ist der *Habspurgische Ottobert* kein «Roman in Versen» (Gottsched).
Allerdings entspricht er auch nicht mehr den Vorstellungen vom Epos als
universalem Weltentwurf. Statt die ‹Totalität› zu repräsentieren, die man
dem alten Epos nachsagt, verengt er sich zu einem Tugend- und Regen-
tenspiegel, der über die Vorbildlichkeit des Helden hinaus durch ausführliche Einschübe über Prinzenerziehung, Diskussionen über den Gegensatz von Hof- und Landleben und die Mitteilung eines Testaments mit
einer umfassenden Tugend- und Herrschaftslehre inhaltliche Substanz erhält. Die lehrhafte Tendenz unterstreichen zahlreiche Sentenzen und gnomische Elemente, die sich vielfach auf die Hohberg vertraute landadelige
Welt beziehen.

Wolf Helmhard Freiherr von Hohberg wurde 1612 auf Schloß Lengenfeld in
Niederösterreich geboren. Der Tod des Vaters 1621 und die daraus resultierenden
wirtschaftlichen Schwierigkeiten behinderten seine Ausbildung, so daß er erst
während seines Dienstes in der kaiserlichen Armee (1632–41) Gelegenheit fand,
v. a. seine Sprachkenntnisse zu vertiefen (Latein) und zu erweitern (moderne
Fremdsprachen, Griechisch, Hebräisch). Danach verwaltete er seine kleinen Be-
sitztümer in Niederösterreich. 1652 wurde er als «Der Sinnreiche» in die Fruchtbringende Gesellschaft aufgenommen. Nach dem Verkauf seiner Güter ließ sich
der Lutheraner Hohberg, der 1659 in den Freiherrenstand erhoben worden war,
angesichts zunehmender religiöser Pressionen in der zweiten Hälfte der sechziger
Jahre in Regensburg nieder. Hier starb er 1688.

Hohbergs Interesse galt von Anfang der epischen Dichtung. Er beschäftigte sich wohl schon während seines Kriegsdienstes eingehend mit
der Epik. Daniel Czepko erwähnt bereits 1639 seine Kenntnisse auf diesem Gebiet und sieht ihn schon – lange bevor die Produktion einsetzt
bzw. sichtbar wird – als epischen Dichter bzw. Übersetzer. Hohbergs erstes größeres Werk erschien 1661 im Druck, ein 14 000 Alexandriner umfassendes mythologisches Epos über den Raub der Fruchtbarkeitsgöttin
Persephone bzw. Proserpina. Anders als der *Habspurgische Ottobert* beruht die Dichtung auf einer (fragmentarischen) Vorlage, Claudians lateinischem Epos *De raptu Proserpinae* (um 400). Allerdings übertrifft Hohberg dessen Umfang durch Zusätze u. a. aus dem Repertoire der antiken
und neuzeitlichen Roman- und Ependichtung um mehr als das Zehn-
fache. Ungefähr um diese Zeit entstand auch sein an Vergil anknüpfendes
Projekt einer epischen Lehrdichtung, einer *Georgica / Versweise* mit mehr
als 19 000 paarweise gereimten Alexandrinern, die zunächst ungedruckt
blieb (s. S. 875 f.).
Neben Hohbergs *Habspurgischem Ottobert* gibt es in der deutschen
Barockliteratur nur noch einen weiteren Versuch eines großen Heldenepos: Christian Heinrich Postels *Der grosse Wittekind in einem Helden-*

Gedichte. Postel schrieb von 1698 bis 1701/02 an dem Werk, gleichzeitig mit der Arbeit an seiner ausführlich kommentierten Übersetzung der Juno-Episode aus der *Ilias*, brach aber nach 9212 Alexandrinern mitten im 10. Buch ab. Ein Plan für die weiteren Bücher – 12 nach dem Vorbild Vergils oder, wahrscheinlicher, 24 nach dem Beispiel Homers – ist nicht erhalten. Das Fragment erschien dann 1724, lange nach Postels Tod, herausgegeben von Christian Friedrich Weichmann.

Weichmann sah in Postels Werk den gelungenen Versuch, den «Geschmack der Alten und Neueren» zu verbinden. Wäre das Epos vollendet worden, hätte seiner Meinung nach Deutschland damit einen weit größeren Ruhm davon gehabt «als Italien von seinem Tasso und Marino zugleich». Jedenfalls erweist sich Postel als ausgezeichneter Kenner der epischen Tradition von Homer bis Camões, der er zahlreiche Anregungen verdankt, auf die er selbst in lateinischen Anmerkungen hinweist. Gegenstand des Epos ist die Auseinandersetzung zwischen dem Herzog der Sachsen Wittekind und Karl dem Großen, der die heidnischen Sachsen in mehreren Kriegen zu unterwerfen und zu bekehren sucht. Bis zu dem versöhnlichen Ende gelangt das Epos bei weitem nicht, doch machen Andeutungen schon zu Beginn das Ziel deutlich: «Wann Wittekind genesen | Von seiner Götzen-sucht, so würd' er mit der Zeit | Ein theures Kleinod sein der wahren Kristenheit», heißt es bereits zu Beginn des ersten Buches, als der Erzengel Michael bei einem Überfall auf Wittekinds Lager den Helden rettet.

Mit der Niederlage gegen die Franken beginnt eine Reise- und Abenteuerhandlung, die Wittekind und seine Anhänger über Dänemark und England nach Spanien führt, um Verbündete für den Kampf gegen die Franken zu gewinnen. Ein Schiffbruch vor Portugal bietet die Gelegenheit für eine Entsprechung zur Circe-Episode, in die Wittekinds Freund Adelwig verwickelt ist, während für Wittekind selbst mit der Rettung am Strand durch Fatima die Nausikaa-Episode das Muster bildet. Viel weiter gelangt die Handlung nicht, die durch Nebenhandlungen, Berichte von Kämpfen, Liebes- und Abschiedsszenen, aber auch durch Rückblicke auf das frühere Leben Wittekinds oder Berichte über die Geschichte der Sachsen und Spanier epische Breite gewinnt, ohne das verbindende Element, den Freiheitskampf gegen Karl den Großen, länger aus den Augen zu verlieren. Wie die Bekehrung Wittekinds und die Versöhnung mit dem Frankenherrscher ins Bild gepaßt hätte, ist unklar, zumal sich in dieser Konstellation auch die zeitgenössische politische Lage im Hinblick auf den deutsch-französischen Antagonismus spiegelt. Das hochgesteckte, aber unerreichte und aus inneren Gründen wohl kaum erreichbare Ziel Postels war es jedenfalls, den Nationalepen der europäischen Renaissanceliteraturen ein deutsches Beispiel an die Seite zu stellen, ein Epos mit einem deutschen Helden. Der Vergil verpflichtete Anfang läßt daran keinen Zweifel: «Den tapfren Sachsen-Held, und seine großen Thaten, | Der teutschen Freiheit Schutz sing' ich, und wie gerathen | Sein Ruhm zur Ewigkeit. Ich singe seinen Muht, | Dens Unglük zwar bestürmt mit Wellen, Stahl und Gluht, | Doch nie verzagt gemacht. Wer teutsche Geister heget | Im innern Schrein der Brust; wem nur ein' Ader schläget | Nach sächsischem Geblüht: derselbige befindt | Des Teutschen Hermans Geist im Grossen Wittekind.»

Neben den großen epischen Versuchen gibt es eine Reihe von panegyrischen Dichtungen, die sich – vor allem durch ihren Umfang – dem Heldenepos nähern. Dazu gehört das panegyrische Epos, das der Historiker Johannes Freinsheim auf den Feldherrn Bernhard von Weimar schrieb: *Teutscher Tugentspiegel Oder Gesang von dem Stammen und Thaten deß Alten und Newen Teutschen Hercules* (1634). In humanistischer Tradition verbindet Freinsheim in dieser mehr als 3000 Alexandriner umfassenden Dichtung seinen Lobgesang mit Anspielungen auf die altdeutsche Vergangenheit und Literatur. Sie gliedert sich in zwei Teile: Eine an Herkules gerichtete Prophezeiung der Muse Calliope stellt ihm die Taten seiner Nachkommen vor Augen, zu denen auch Bernhard gehört. Anschließend nimmt der Dichter ausdrücklich selbst das Wort– «ist das folgende auß deß Dichters Person zu verstehen» – und schildert Bernhards Leben und Taten im Geist der protestantischen Sache.

Daß auch Trauer- und Gedächtnisgedichte epische Ausmaße annehmen können, zeigt Georg Rodolf Weckherlins *Des Grossen Gustaven-Adolfen / etc. Ebenbild* von 1633, das in 101 Strophen bzw. 1006 Alexandrinern des «so schnellen als hellen Lebens-Laufs» trauernd und rühmend gedenkt. Ein Jahrhundert später unternahm Johann Ulrich König, seit 1720 sächsischer Hofdichter, den Versuch eines panegyrischen Epos zu Ehren Augusts des Starken und des sächsischen Herrscherhauses: *August im Lager, Helden-Gedicht* (1731). Gegenstand der Dichtung ist das sogenannte Lager von Mühlberg (1730), ein prunkvolles militärisches und höfisches Festlager zu Ehren des preußischen Königs Friedrich Wilhelm I. Von sechs geplanten Gesängen erschien allerdings nur der erste («Die Einhohlung»). Fragment blieb auch Johann von Bessers *Lob-Gedichte Oder der Zunahme, Friedrich Wilhelms des Grossen, Chur-Fürstens zu Brandenburg, 1688*, das mit knapp 1000 Versen abbricht und von König im ersten Teil der vom ihm herausgegebenen *Schrifften* Bessers (1732) veröffentlicht wurde.

Zwischen Lehrgedicht und Heldenepos steht das kleine, 1245 Hexameter umfassende neulateinische epische Gedicht über die Entdeckung Amerikas durch Christoph Kolumbus, *Atlantis retecta, sive de navigatione prima Christophori Columbi in Americam poema* (1659, verbessert 1668), das Vincentius Placcius noch in seiner Schulzeit am Hamburger Johanneum verfaßte. Es gehört in den Kontext einer Reihe neulateinischer Kolumbusepen (u. a. Lorenzo Gambara: *De navigatione Christophori Columbi*, 1581; Iulius Caesar Stella: *Columbeis*, 1585; Umbertino Carrara SJ: *Columbus*, 1715), unterscheidet sich aber von diesen deutlich. Zum einen verbindet Placcius die an antiken Mustern geschulte epische Schilderung der Entdeckungsfahrt mit weit ausholenden polyhistorischen Kommentaren und Exkursen, zum anderen teilt er die heilsgeschichtliche Akzentuierung der gegenreformatorisch motivierten Autoren der (außerdeutschen) Kolumbusepik nicht; der protestantische Hamburger steht vielmehr für ein bürgerliches Tugendideal.

IV. BIBELEPIK: ANDREAS GRYPHIUS

Die neuzeitliche Tradition der Bibelepik begründete der Humanist Marco Girolamo Vida mit seinem Hexameterepos in sechs Büchern *Christias* (1535), das in Anlehnung an Sprache und Darstellungstechniken Vergils die Geschichte Christi erzählt. Zahlreiche weitere Bibelepen in lateinischer Sprache und in den Volkssprachen folgten im weiteren Verlauf des 16. und 17. Jahrhunderts. Als Andreas Gryphius in den dreißiger Jahren sein mehrere Epen umfassendes neulateinisches Bibelprojekt begann, besaß das Genre eine unverminderte Aktualität; Beispiele sind u. a. die Epen des Jesuiten Jacob Bidermann (*Herodiados libri tres*, 1622) und des niederländischen Humanisten Caspar Barlaeus (*Rachel plorans infanticidium Herodis*, 1631). Ohne direkte Beziehungen zu seinen Vorgängern machte auch Gryphius die Geschichte des bethlehemitischen Kindermords zum Gegenstand von zwei seiner biblischen Epen, die allerdings in einem größeren Zusammenhang stehen, dem Projekt einer Darstellung der wichtigsten Lebensstationen Christi.

Die beiden Herodes-Epen *Herodis furiae et Rachelis lachrymae* (1634) und *Dei vindicis impetus et Herodis interitus* (1635) gehören zu den frühesten Dichtungen von Andreas Gryphius, entstanden zwischen 1633 und 1635 während seiner Gymnasialzeit in Fraustadt und Danzig. Das erste behandelt in 1071 Hexametern den von Herodes befohlenen Kindermord und die Klagen der Mütter über das Geschehen vor allem auf der Grundlage der Erzählung des Matthäus-Evangeliums sowie der Darstellung des Flavius Josephus in den *Jüdischen Altertümern*. Das Widmungsgedicht stellt den Bezug zum gegenwärtigen Kriegsgeschehen her, das Epos selbst sieht das Geschehen in einem heilsgeschichtlichen Zusammenhang, dem Kampf zwischen Himmel und Hölle: Nach dem Proömium beginnt das Epos mit der Schilderung einer höllischen Versammlung, in der Luzifer voller Wut von der drohenden Vernichtung des Reichs der Tiefe durch Gottes Sohn berichtet. Um das Unheil abzuwenden, setzen die höllischen Mächte auf Herodes, den Beelzebub schon als kleines Kind derart zum Bösen verführt habe, daß er nun den Lehrmeister selbst an Ruchlosigkeit übertreffe. Das zweite Herodes-Epos (1204 Hexameter) setzt das Geschehen fort und beginnt antithetisch zum ersten nach den einleitenden Versen mit einer Beratung im Himmel und einer Rede Gottes, der sich in dramatischen Szenen die Ausführung des göttlichen Racheentschlusses und die Schilderung des fürchterlichen Endes von Herodes anschließen.

Das dritte Epos schließlich, *Olivetum libri tres*, erschien zuerst 1646
während Gryphius' Italienreise in Florenz; eine überarbeitete Ausgabe
wurde 1648 gedruckt. Gegenstand der 1798 Verse umfassenden Dichtung
ist das Geschehen auf dem Ölberg, wobei die Passion Christi selbst im
dritten Buch eher knapp und indirekt in einer an die Nymphen gerichteten Erzählung des Flußgottes Cedron vor dem Hintergrund einer aus den
Fugen geratenen Natur geschildert wird. Die Darstellung ist – schon um
des christlichen Lehrgehalts willen – stärker als in den Herodes-Epen an
die Evangelienberichte gebunden: Das erste Buch erzählt das Geschehen
bis zum Verrat des Judas, das zweite zeigt Jesus und seine Jünger im Garten Gethsemane, Gefangennahme und Martyrium folgen im dritten. Mit
der Schilderung des Aufbruchs der höllischen Geister zu Anfang des
zweiten Buchs knüpft Gryphius an die Höllenszene des ersten Herodes-
Epos an und stellt das Geschehen wieder in den Kontext des Kampfes
zwischen himmlischen und teuflischen Mächten. Den hier nur kurz be-
rührten Fortgang der Ereignisse – Grablegung, Auferstehung – sollte
möglicherweise Gegenstand eines weiteren Epos mit dem Titel *Golgatha*
sein, das Gryphius im Zusammenhang mit *Olivetum* in der Vorrede zu
seinem vierten Odenbuch von 1652 erwähnt.

Diese epischen Dichtungen verbinden wie die gesamte neulateinische
Bibelepik formale und sprachliche Elemente der klassischen Überlieferung mit der christlichen Thematik. Trotz der Übernahme von Darstel-
lungsschemata, Bildern, Wendungen und Versen aus Vergils *Äneis* und
anderen antiken Dichtungen, die dem Schüler aus dem Poesie- und Rhe-
torikunterricht vertraut waren, lassen die Bibelepen bereits einen eigenen,
auf das zukünftige Werk verweisenden Stilwillen erkennen. Dazu gehören die antithetischen Strukturen und der expressive, spannungsreiche
Stil, zu dem die zahlreichen Reden und Dialoge ebenso beitragen wie die
Verwendung von Antithesen, Fragen und Interjektionen. Dabei wird
auch deutlich, daß Gryphius' lateinischer Stil nicht nur durch die antiken
Modelle geprägt wird, sondern ebenso durch spezifisch christliche Überlieferungen, d. h. durch die Sprache der Bibel und des Gottesdienstes bzw.
der protestantischen geistlichen Literatur.

V. LEHRDICHTUNG

Das bedeutendste Werk der epischen Lehrdichtung in der deutschen Literatur des 17. Jahrhunderts ist das *TrostGedichte In Widerwertigkeit Deß Krieges* von Martin Opitz, einer der frühen Höhepunkte der neuen deutschen Kunstdichtung. Das Werk entstand in den ersten Monaten des Jahres 1621 unter dem Eindruck der Niederlage der protestantischen Seite, des Scheiterns der böhmischen Ambitionen Friedrichs V. von der Pfalz und der Verwüstung der Pfalz durch das Heer des spanischen Söldnerführers Spinola. Aus politischen Gründen ließ es Opitz erst 1633 – ohne Verfasserangabe – drucken, als sein katholischer Dienstherr Karl Hannibal von Dohna von den Schweden vertrieben worden war. Mit dem *TrostGedichte* demonstriert Opitz auf seine Weise die Möglichkeit großer epischer Dichtung in deutscher Sprache an Stelle des von ihm kaum mehr erwarteten Heldenepos.

Das *TrostGedichte* umfaßt 2312 ‹heroische› Alexandriner und ist in vier Bücher gegliedert. Der Titel verweist auf die Tradition der Trostliteratur; Opitz ordnete das Werk später den *Geistlichen Poemata* zu. Doch ist es mehr als eine theologisch-erbauliche Meditation und Anleitung zur Standhaftigkeit in widrigen Zeiten: Als politische Dichtung richtet sich das *TrostGedichte* zugleich gegen die «Tyranney» der die Gegenreformation gewaltsam vorantreibenden Mächte. Zwischen diesen beiden Ebenen, der aktuellen Situation und den überzeitlichen Aspekten, bewegt sich die nicht auf lineares Fortschreiten angelegte Argumentation. Da werden einerseits konventionelle theologische Deutungen des Krieges und seiner Greuel abgerufen (Gott «straffe billich vns durch Fewer / Krieg vnd Schwerdt / | Weil wir auch vns von Ihm zum Bösen abgekehrt», «Creutz / Vnglück / Angst vnd Qual ist vnser Prüfestein») und christlich-neustoische Tugenden nach Justus Lipsius zur geistigen Bewältigung des Leidens und des Unglücks beschworen. Andererseits geht Opitz auf die konkrete politische Wirklichkeit ein und gibt ein drastisches Bild der schrecklichen Verwüstungen des Krieges, der Leiden der Bevölkerung und des Wütens der feindlichen Heere. Übertroffen werden diese konkreten Schreckenstaten durch die geistigen und moralischen: durch die Unterdrückung der Religion, des Rechts und der Künste, durch die Überfremdung der alten deutschen Werte. Dafür findet Opitz mehrfach Worte und Formulierungen, die dann wieder Andreas Gryphius als Bausteine für sein berühmtes Sonett *Trawrklage des verwüsteten Deutschlandes* dienten (*Sonnete*, Lissa 1637; Titel seit

1643 mit orthographischen Abweichungen: *Threnen des Vatterlandes /
Anno 1636).*

Aus dieser Situation ergibt sich die Alternative friedliches Zusammenleben oder Widerstand. Die Hoffnung auf ein friedliches Zusammenleben
artikuliert sich in einem emphatischen Aufruf zur Toleranz, zur Freiheit
des Bekenntnisses und des Gottesdienstes. Aber bei der Handlungsweise
der Gegner – Beispiel ist u. a. das Geschehen der Bartholomäusnacht («O
Schande dieser Zeit!») – bleibt nur der Widerstand. Obwohl ihm Friede
als höchstes Gut und Krieg als Inbegriff alles Bösen gilt, ist der Kampf
gegen die Tyrannei, d. h. gegen die katholischen Unterdrücker der Freiheit, nach dem Vorbild des heldenhaften Freiheitskampfs der Niederländer gerechtfertigte Notwehr. Und da Opitz die Drahtzieher des Krieges
im Ausland ansiedelt (Jesuitenorden, Spanien) und unterstellt, ihre Politik
richte sich gegen die deutschen Interessen und die deutsche Identität,
kann er den Appell zur Notwehr auch auf die deutschen Katholiken aus-
dehnen, die aus übergeordneten nationalen Gründen die religiösen Streitigkeiten zurückstellen und gemeinsam mit den Protestanten der Bedrohung der deutschen Freiheit begegnen und die Aggressoren vertreiben
sollten.

Opitz schrieb neben dem *TrostGedichte* eine Reihe weiterer epischer
Alexandrinerdichtungen, die seine Affinität zu dieser Form bestätigen.
Auch bei ihnen handelt es sich um Lehrgedichte. Einige dieser Texte neh-
men die Thematik des Krieges auf, andere sind eher der bukolischen
Dichtung in der Nachfolge Vergils verpflichtet. Im *Lob des Krieges Gottes Martis* (1628), seinem damaligen Dienstherrn Karl Hannibal von
Dohna gewidmet, nutzt Opitz die Form der ironisch-satirischen Lobrede
(«O Mars / ich singe dich / du starcker Gott der Kriege»), um sich grundsätzlich mit dem Phänomen des Krieges auseinanderzusetzen, indem er
sein Loblied auf die Kriegskunst mit einer drastischen Darstellung der
Kriegsgreuel kontrastiert. Zugleich formuliert er mit dem Hinweis auf die
christlich-neustoische Constantia die Rückzugsposition angesichts einer
vom Fatum des Krieges beherrschten Welt. Einen konkreten Bezug zu
den deutschen Verhältnissen stellt das letzte der Kleinepen her, *Vesuvius.
Poëma Germanicum* (1633), das sich an eine antike Vorlage anlehnt. Hier
führt die Darstellung einer Naturkatastrophe samt ihrer wissenschaftlichen, philosophischen und religiösen Erklärung in einer Schlußsteige-
rung zu dem Krieg in Deutschland: «Was diese newe Glut deß Berges vns
will sagen? | Der Außgang ist schon da. Das Bürgerliche Schwerdt | Hat
Teutschlandt durch vnd durch nunmehr fast auffgezehrt [...].» Auf andere Weise, mit dem Lob des Landlebens im Rückgriff auf die entsprechenden literarischen und philosophischen Traditionen und Topoi der
Antike und des Humanismus, kommentieren die Lehrgedichte *Zlatna,
Oder von Rhue des Gemütes* (1623), entstanden während seines Aufent-

halts in Siebenbürgen, *Lob deß Feldtlebens* (1623) und *Vielguet* (1629) die aus den Fugen geratene Welt. Im Leben in der Natur findet die Frage nach dem höchsten Gut ihre Antwort; hier ist der Ort, an dem man – fern von der Eitelkeit und Unbeständigkeit der Welt – zur Tugend («mit masse mässig leben», heißt es in *Vielguet*), Selbsterkenntnis, Gottvertrauen und damit zur Beständigkeit und Ruhe des Gemüts gelangen kann.

An die Lehrdichtung seines großen Vorbilds schloß sich Johannes Rist mit seinem 1440 Alexandrinern umfassenden *Kriegs- vnd Friedens Spiegel* (1640) an, der an den König von Dänemark gerichtet ist. Rist schildert nach einer Beschreibung der durch den Krieg verursachten Laster drastisch das Wüten einer enthemmten Soldateska, huldigt dann dem König als Friedensfürsten und setzt der Kriegsdarstellung ein Lob der im Frieden blühenden Tugenden und des Landes Holstein entgegen. Von Rist, Opitz und der *Friedens-Rede* (1639) Diederich von dem Werders inspiriert ist die Friedensdichtung von Andreas Scultetus. Sein *Friedens Lob- Vnd Krieges Leid-Gesang*, 1641 erschienen, entstand noch während der Schulzeit am Breslauer Elisabeth-Gymnasium und konfrontiert die pervertierte Menschenwelt mit der Ordnung in der Natur und im Kosmos und läßt die Schilderung der Kriegsgreuel in einen eindringlichen, christlich getönten Friedensappell münden.

In die Zeit vor der Literaturreform gehört das umfangreiche Lehrgedicht des reformierten Schweizer Pfarrers Hans Rudolf Rebmann, *Einn Neuw / Lustig / Ernsthafft / Poetisch Gastmal / vnd Gespräch zweyer Bergen / In der Löblichen Eydgnoßschafft* (1606). Es umfaßt in der Erstausgabe mehr als 14 000 paarweise gereimte achtsilbige Knittelverse, rund 18 000 in der postum erschienenen erweiterten Fassung von 1620. Der erzählerische Rahmen erklärt die Situation des Dialogs: Im August 1600 besucht das Stockhorn den Niesen, markante Schweizer Berge in der Nähe von Spiez, eine Art Staatsbesuch mit Hofstaat, bei dem sich die beiden Berge eher monologisch austauschen und «Ein Physicam Chorographicam vnnd Ethicam Descriptionem Von der gantzen Welt in gemein / Vnd sonderlich Von Bergen vnd Bergleuten» liefern (Untertitel). Das Buch basiert auf zahlreichen Quellen, bezieht aber auch mündliche Überlieferungen und eigene Beobachtungen ein. Zweck des Unternehmens ist es, durch die Erkenntnis bzw. Kenntnis der Welt und der Wunder der Natur den Weg zu Gott zu weisen. Das Lehrgedicht mündet nach der Ausbreitung des kosmographischen, geographischen und weltgeschichtlichen Wissens schließlich in eine christliche Moral- und Verhaltenslehre.

Zeitgenosse von Opitz – und mit diesem bekannt – war der Neulateiner Caspar von Barth, der neben seinen weitgespannten editorischen und philologischen Unternehmungen und seinen Übersetzungen spanischer und italienischer Dichtungen ins Lateinische ein deutsches Lehrgedicht in Alexandrinern verfaßte, das metrisch allerdings den neuen, von Opitz gesetzten Standard bei weitem nicht erreichte: Sein *Deutscher Phoenix* erschien 1626 und deutet den Vogel Phönix mit den Mitteln der traditionellen Allegorese und gelehrtem Aufwand als Sinnbild für Christus und christliche Lebensführung. Die Schlußverse ziehen das lehrhafte Fazit: «Diß ist mein Phœnix gut / ein zirt der Creatur / | Ein außerwehlter Heldt /

Christi eynig Figur. | Diß ist sein Lid / diß ist führ Gott seyn werthes Ampt / |
Selig wird wer jhm folgt / wer jhn veracht / verdampt.»

   Beispiel für die Offenheit des lehrhaften Epos im Hinblick auf Gegenstand und Darstellungsweise ist Daniel Czepkos epische Dichtung *Cori-*
don und Phyllis, die in den Jahren 1636 bis 1648 entstand, aber wie die
meisten Werke Czepkos im 17. Jahrhundert ungedruckt blieb und nur in
Abschriften des 18. Jahrhunderts überliefert ist. Czepkos umfangreichste
Dichtung verbindet in drei Büchern mit zusammen 1537 sechszeiligen
Strophen Elemente der Schäferdichtung, der Satire und der Ökonomik
und setzt der kritischen Schilderung seiner Zeit das utopische Potential
der Schäfer- und Landlebendichtung entgegen. Nicht Helden, «Welche
sonsten nichts gethan, | Als die Menschen todt geschlagen», sind sein
Thema, sondern: «Eine neue Schäfferey | Bring ich in den Büchern bey, |
Weit vom Stadt- und Hofe-Wesen. | Eines stillen Lebens Ziel | Ist mein
Werck, mein Lied, mein Spiel, | Dieses sol mein Deutscher lesen.»

   Diese «neue Schäfferey» ist das Ziel der Dichtung. Vorher ist vor dem
Hintergrund des Krieges von den Schäfern Daphnis, Coridon und der
unerreichbaren Geliebten Phyllis die Rede, von Freundschaft, Liebe und
Abschied. Ein Friedensappell an den Kaiser beschließt diesen Abschnitt.
Den Mittelteil bildet dann – ohne Handlung – eine kritische Darstellung
der Gesellschaft seiner Zeit, eine alle Stände vom Fürsten bis zum Bürger
einbeziehende Stände- und Lastersatire, eine Abrechnung mit der über-
fremdeten höfischen Kultur und den konfessionellen und kriegerischen
Auseinandersetzungen. Dagegen steht – in Zitat und Paraphrase – das ho-
razische «Beatus ille, qui procul negotiis»: «Seelig, Seelig ist der Mann, |
Der sich nimmt des Feldes an, | Und wil frey und freudig leben, | Er darf
nicht nach Hofe gehn, | Vor des Fürsten Taffel stehn, | Und geschminckte
Worte geben.» Als die Erzählung wieder zu Coridon zurückkehrt und
dieser Phyllis seinen Entschluß zum Landleben mitteilt, endet das Werk
mit der Schilderung eines vollkommenen Meierhofs («Wirthschaffts-
Lied»).

   Wenn Czepko das letzte Buch der Dichtung als «eine Bestellung einer voll-
kommnen Wirthschafft» beschreibt, unterstreicht er damit die Nähe dieser Partien
zur Ökonomik bzw. Hausväterliteratur. Zugleich erinnert er daran, daß Landleben und Landwirtschaft seit Vergil zu den traditionellen Gegenständen der Lehrdichtung gehören. Wolf Helmhard von Hohbergs *Georgica / Versweise*, die Vorstufe seines späteren Handbuchs der Ökonomik, verweist ebenfalls auf diese
Tradition.

   Czepkos *Coridon und Phyllis* ist das Werk eines kaisertreuen Lutheraners, das die Not des Krieges und den Gewissenszwang mit der Hoffnung
auf Frieden und die Überwindung der konfessionellen Gegensätze kontrastiert, die traditionellen Topoi der Hofkritik aufgreift und den absolutistischen Tendenzen seiner Zeit die Utopie eines selbstbestimmten

Lebens entgegenstellt. Humanistische Gelehrsamkeit und literarische Bildung charakterisieren die Dichtung ebenso wie alchemistisch-religiöse Perspektiven, Gedanken über das Buch der Natur und Mikrokosmos-Makrokosmos-Analogien, die an die mystische Epigrammatik der *Sexcenta monodisticha sapientum* erinnern. Ungewöhnlich ist die Wahl des Versmaßes, des trochäischen Vierhebers, der im Unterschied zur Getragenheit und Antithetik des epischen Standardverses, des Alexandriners, für eine gewisse Leichtigkeit und absichtsvolle Distanz zum hohen Stil des Epos sorgt: «Pegasus, der steht und braust, | Daß es mir in Ohren saust [...].»

Eine Verbindung von allegorisch-lehrhaftem Epos und Reiseschilderung stellt Otto Friedrich von der Groebens Alexandrinerdichtung *Des Edlen Bergone Und Seiner Tugendhafften Areteen Denckwürdige Lebens- und Liebes-Geschichte* (1700) dar, die Bergone (Anagramm des Verfassernamens) auf der Suche nach der Tugend (griech. Arete) auf annähernd 800 Seiten allerhand Anfechtungen überwinden läßt. Damit verbindet der weitgereiste Groeben – er verfaßte auch Reisebeschreibungen – zum Nutzen «Edeler Gemüther» die Darstellung der «Sitten und Gebräuche vieler Völcker / Und die Ausführliche Beschreibung Italien [!] / der Heiligen- und anderer Länder».

VI. BEISPIELE EPISCHER GESCHICHTS- UND ZEITGESCHICHTSSCHREIBUNG

Neben zahllosen ‹Zeitungsliedern› und ‹historischen Relationen› in Versform über Ereignisse und Personen der Zeitgeschichte, vor allem in Einblattdrucken und Flugschriften verbreitet, gehören gereimte Geschichtschroniken auch im 17. Jahrhundert noch zum Repertoire einer eher populären Geschichtsschreibung. Das geschieht z. T. noch wie im 16. Jahrhundert in Knittelversen, etwa bei Jacob Vogel in seiner Beschreibung der Schlacht bei Merseburg im Jahr 933, die den Sieg Kaiser Heinrichs I. über die Ungarn schildert (*Vngrische Schlacht. Das ist: Poetische Beschreibung der gewaltigen grossen Vngrischen Schlacht: welche Keysser Heinrich der Erste [...] gehalten*, 1626). Dabei spielen in die Darstellung die gegenwärtigen Kriegsereignisse indirekt hinein; zugleich fehlt es in humanistischer Manier nicht an Anspielungen auf Ereignisse und Personen der antiken Geschichte. Bekanntgeworden ist das Schlachtlied «Kein seliger Tod ist in der Welt», das eine Ansprache an das Heer beschließt.

Im Unterschied zu diesen metrisch antiquierten Texten verwendet das bereits 1613/14 entstandene, aber bis ins 20. Jahrhundert ungedruckte Zeitgedicht *Historische reimen von dem ungereimten reichstag anno 1613* Abraham von Dohnas den Alexandriner als epischen Vers. Es ist das erste Beispiel einer größeren epischen Dichtung (2597 Verse) in moderner Verssprache, wobei Dohna den Alexandriner nicht schulmäßig, sondern mit Freiheiten behandelt, lebendig erzählt und seine Erzählweise der Mannigfaltigkeit der Themen anpaßt. Erfahrungen und Kontakte auf seiner Kavalierstour nach Frankreich und Italien sowie Aufenthalte in Heidelberg (Paulus Melissus Schede, Johannes Posthius) und den Niederlanden mögen die Entscheidung für den Alexandriner als epischen Vers bestimmt haben. Allerdings blieb die Dichtung ohne Wirkung; bestimmt für einen engeren Kreis, kursierten nur einige Abschriften. Als weiteres Zeugnis dieser privaten literarischen Interessen Dohnas ist eine Liedersammlung mit Texten aus der Zeit von 1600 bis 1610 handschriftlich erhalten.

Thema der *Historischen reimen* sind die Verhandlungen auf dem Regensburger Reichstag und ihre Hintergründe, die Dohna, Leiter der brandenburgischen Delegation, ohne diplomatische Zurückhaltung satirisch, grimmig-witzig und anklagend schildert. Der aus Ostpreußen stammende Burggraf zu Dohna war Calvinist und zeigt es auch. Während er gegenüber den Lutheranern Zurückhaltung übt, bleibt der katholischen Seite wenig erspart, weder der Organisation der Kirche und ihren gewinnsüchtigen und verderbten Vertretern noch den jesuitischen Königsmördern. Dem Kaiser als Oberhaupt des Reiches gilt zwar seine Verehrung, doch seine Umgebung, insbesondere den Wiener Bischof Melchior Khlesl und den Vizekanzler des Reichs Hans Ludwig von Ulm, stellt er schonungslos bloß. Dohna tritt für eine Reichsreform ein, fordert die Säkularisation der geistlichen Güter, die den erwünschten Nebeneffekt der Stärkung der kaiserlichen Finanzen und Macht hätte: «Ihr wists besser als ich, wie kaal der adler ist, | wie wenig feddern er noch tregt zu dieser frist. | Kont man nit Salzburg, Bamberg, Wurzburg, dazu auch Aichstat | weltlich machen und schlagen zur kaiserlichen hofstat? | Es seint doch pfaffen gnug [...].»

Die satirische Kritik Dohnas greift weit aus auf die verschiedenen Bereiche der Gesellschaft und wendet sich im Geist calvinistischer Sittenstrenge insbesondere gegen die Prunk- und Verschwendungssucht seiner Standesgenossen. Sein Hauptanliegen ist jedoch die Warnung vor den drohenden Konsequenzen der Zwietracht. In einem Schlußappell («Ihr herren alzumal, wie ihr euch auch möcht nennen, | catolisch, evangelisch») heißt es nach der Aufforderung an alle Seiten, sich kompromißbereit zu zeigen:

> Befleist euch nur des friedens, fangt ja kein krieg nit an,
> sonst mus es entgelten der arme pauersmann,
> welcher unschuldig ist, weis nichts von euerm zank,
> den wolt ihr so mutwillig legen auf die schlachtbank.
> Woher nembt ihr denn gelt zu füllen eure taschen,
> wenn dörfer, stet und schlösser da liegen in der aschen?

Der Krieg, den Dohna kommen sieht, ist Gegenstand der Verschronik Georg Greflingers, die nach vorhergehenden Teilveröffentlichungen 1657 unter dem Titel *Der Deutschen Dreyßig-Jähriger Krieg / Poetisch erzählet durch Celadon Von der Donau* erschien. Das Werk mit seinen mehr als 5000 paarweise gereimten Alexandrinern ist in zwölf Teile gegliedert und entspricht damit – wie mit dem Musenanruf zu Beginn jeden Teils – der antiken Epenpraxis. Die Erzählung folgt im großen und ganzen der Chronologie, wenn auch die Parallelität von Ereignissen Rückblicke, Zusammenfassungen oder Vorausdeutungen erforderlich machte. Vorgeschichte und Anfangsphase des Krieges bis zum Kriegseintritt Schwedens werden nur knapp behandelt. Greflinger nimmt eindeutig Partei für die protestantische Seite; die Darstellung der Feldzüge des unkritisch verehrten Gustav Adolf nimmt beinahe ein Drittel des Werkes ein. Das Interesse liegt auf den militärischen und politischen Ereignissen, wobei die Vielzahl von Orten, Schlachten und Personen immer wieder zu bloßen Aufzählungen führt. Doch davon abgesehen sorgt Greflinger durch die Verwendung rhetorischer Mittel (Worthäufungen, rhetorische Fragen, direkte Rede,

Apostrophen usw.) für Lebendigkeit und läßt gelegentlich, etwa bei Schlachtbeschreibungen, durchaus auch seine poetischen Fähigkeiten erkennen.

Georg Greflinger (um 1620 Neunburg vorm Walde bei Regensburg – 1677 Hamburg), früh verwaister Sohn protestantischer Eltern, verließ im Zug der bayerischen Rekatholisierungspolitik seine Heimat und wandte sich nach dem Besuch des Gymnasiums in Nürnberg zunächst nach Sachsen. Bereits 1635 immatrikulierte er sich in Wittenberg; hier gehörte er zum Kreis um Augustus Buchner. Erst nach Umwegen ließ er sich 1646 als Notar in Hamburg nieder und erwarb das Bürgerrecht. Johann Rist nahm ihn in den Elbschwanorden auf («Seladon») und verlieh ihm 1653 den Dichterlorbeer.

Greflinger verdiente seinen Lebensunterhalt als Journalist, Herausgeber, Übersetzer und Sachbuchautor. Entsprechend umfangreich ist sein Schaffen, das neben den spezifisch dichterischen Werken (u. a. Lieder, Epigramme, die erste deutsche Übersetzung von Pierre Corneilles *Cid*, 1650, im Unterschied zur deutschen Fassung von Isaac Clauß von 1655 in Versen) praktische Anweisungsbücher und Ratgeber sowie neben den der deutschen Geschichte gewidmeten Werken weitere zeitgeschichtliche Schriften zu aktuellen Themen umfaßt (u. a. *Wahre Abbildungen der Türckischen Kayser vnd Persischen Fürsten*, 1648; *Der zwölff gekröhnten Häupter von dem Hause Stuart unglückselige Herrschafft*, 1652; *Zeit-Büchlein vom itzigen Türcken-Krieg*, 1663, erweitert 1664). Die von Greflinger seit 1665 redigierte Zeitung *Nordische Mercurius* erschien zweimal wöchentlich und entwickelte sich zu einem der bedeutendsten deutschen Korrespondenzblätter und hatte – später geleitet von seinen Söhnen – bis 1730 Bestand.

Zu den gereimten Chroniken, die nur begrenzte Abschnitte des Krieges oder einzelne Personen und Ereignisse behandeln, gehören u. a. die anonyme *Sieges- vnd Triumffs-Fahne Gustavi Adolphi Magni* [...]. *Zu dessen höchstlöblichen vnd vnsterblichen Gedächtnis auffgerichtet* (1632), *Ein schön newes und wahrhafftes Lied von dem durchläuchtigsten Könige Gustav Adolf* (1638) oder Johann Sebastian Wielands Schilderung der Schlacht von Lützen nach einer historischen Relation (*Der Held von Mitternacht*, 1633). Rund 2250 Verse umfaßt die Schilderung einer anderen Schlacht, Christian Ulrich Illenhöfers *Poetische Beschreibung Der Denckwürdigen Blutigen Schlacht / so den 23. Octobris / 2. Novembris Anno 1642. Im Breiten-Felde* [...] *vorgangen* (1643), die nicht ohne Spott auf die Gegner die schwedische Sicht der Dinge vertritt und – auch durch Reden der Feldherrn Piccolomini und Torstensen – für eine lebendige Darstellungsweise sorgt.

Aus dem Rahmen der üblichen chronikalischen Berichte fällt ein weiterer Text zur höheren Ehre des schwedischen Königs, die Alexandrinerdichtung *Achilles Germanorum. Retter der deutschen Freiheit. Darinnen der jetzige ganze deutsche Krieg von Anfang bis zu der jetzigen Zeit kürzlich beschrieben und fast mit dem alten trojanischen Kriege verglichen wird* (1632). Hier begnügt sich der unbekannte Verfasser nicht nach üblicher humanistischer Praxis mit einzelnen historischen bzw. literarischen

Vergleichen, sondern er parallelisiert durchgehend das alte und das gegenwärtige Geschehen, schildert den Dreißigjährigen Krieg gleichsam als homerisches Epos. Dabei stehen die Griechen für die evangelische und die Trojaner für die katholische Seite, Paris für das Haus Österreich, Helena für die deutsche Freiheit, Hektor für Tilly und Achilles für Gustav Adolf: «Du brennest Troja, bald in allen deinen Gassen; | Dann die zehn Hörner wolln die Hure Babel hassen, | Die Griechen wollen nun dem Siege hängen nach, | Achilles steiget dir gewaltig auf das Dach. | Er hat den Main und Rhein [...]. | [...] Viel werden helfen streiten | Vor unser Helenam, sie soll bald unsrer Seiten | Und heimgeführet sein.»

Weniger eine epische Dichtung als vielmehr ein historisches Referenzwerk ist Johann Tobias Wellers umfangreicher *Deutscher Adler / Das ist / Samtlicher Deutscher Kaiser Leben / In allerhand jetziger Zeit üblichen Versen beschrieben* (1685). Es beschreibt nicht nur das Leben jedes einzelnen Kaisers bis hin zu Kaiser Leopold mit mindestens 100 Versen, sondern sorgt auch durch umfangreiche Anmerkungen, chronologische Listen der Herrscher anderer Staaten (Byzanz, Osmanisches Reich, Frankreich) und der Päpste für weitere Informationen.

ROMAN

I. ROMANTHEORIE UND ROMANKRITIK

1. Einleitung

Der deutsche Roman des 17. Jahrhunderts gründet auf Entwicklungen in den anderen, weiter fortgeschrittenen europäischen Literaturen. Während in Deutschland noch der spätmittelalterliche *Amadís* übersetzt und weitergeführt wurde (1569–95) und die Prosaromane des 15. und 16. Jahrhunderts (‹Volksbücher›) großen Absatz fanden, bildeten sich in Spanien und in anderen süd- und westeuropäischen Literaturen die Gattungen heraus, die den europäischen Roman der Renaissance und des Barock konstituieren sollten. Der anonyme *Lazarillo de Tormes* (1554) und Mateo Alemáns *Guzmán de Alfarache* (1599–1604) begründeten die bis in die Gegenwart wirksame Tradition des Pikaro- oder Schelmenromans, Jorge de Montemayor legte mit seiner *Diana* (1559) die Grundlage für die weitere, in Honoré d'Urfés *Astrée* (1607–27/28) gipfelnde Entwicklung des Schäferromans, indem er Milieu und Thematik der Schäferpoesie der Renaissance mit Handlungselementen des Ritterromans verband. Und wenn dann in manchen Schäferromanen die ritterlich-höfischen Elemente verstärkt und das Geschehen formaler Disziplin nach dem Vorbild des griechischen Liebesromans unterworfen wurde (Sir Philip Sidney: *Arcadia*, 1590 bzw. 1593) und noch wie bei d'Urfé eine gewisse geographische und historische Fundierung hinzukam, deutete sich der Weg zum höfisch-historischen Roman des Barock an. Darüber hinaus ergänzen inkommensurable Meisterwerke wie Cervantes' *Don Quijote* (1605–15) und Genres wie der sentimentale Liebesroman (*novela sentimental, roman sentimental*), der *roman comique*, die Utopie oder das sich im Rückzug befindliche Modell des Ritterromans das facettenreiche Romanspektrum im 16. und 17. Jahrhundert mit seinen vielfältigen Variationen zwischen den sozialen und stilistischen Polen ‹Hoch› und ‹Niedrig›.

Vor diesem Hintergrund entfaltete sich die Geschichte des deutschen Barockromans mit seinen drei Hauptgattungen höfisch-historischer Roman, Schäferroman und Pikaroroman. Am Anfang standen Übersetzungen und Bearbeitungen der stil- und gattungsbildenden ausländischen Muster, Arbeiten, die nicht nur die moderne europäische Romanliteratur bekanntmachen, sondern auch der sprachlichen und stilistischen Schulung als notwendiger Voraussetzung für eine eigene Produktion dienen sollten. Dabei wurden ältere einheimische Erzähltraditionen wie die des frühneuhochdeutschen Prosaromans beiseite geschoben; sie wirkten

allenfalls auf einer unteren, dem gelehrten Literaturbetrieb entzogenen
Ebene weiter. Der langwierige, auch regional und konfessionell differenzierte Prozeß der Aneignung der internationalen Gattungsmuster führte
erst recht spät zu eigenständigen Romanen, die die tradierten Formen
zwar aufnahmen, zugleich aber auch die nationalen und historischen Differenzen sichtbar machten. Deutliche Modifikationen der Grundmuster
bis hin zu ausgesprochenen Mischformen waren die Folge. Die traditionelle Gattungsgliederung steckt daher nur den Rahmen der Darstellung
ab und dient dem Versuch, die Stoffmenge übersichtlich zu ordnen, ohne
jedoch die tatsächliche Vielfalt der Romanproduktion und den individuellen Charakter der Werke durch Verallgemeinerungen überdecken zu
wollen.

Insgesamt freilich war im 17. Jahrhundert der Anteil der Romanliteratur an der ohnehin nicht sehr umfangreichen poetischen Produktion in
Deutschland eher gering. Von einem raschen Anstieg der Romanproduktion und einer entsprechenden Erweiterung des Lesepublikums, wie sie
die Zeit nach 1740 kennzeichnet, war noch nichts zu spüren. Als sich der
reformierte Romanfeind Gotthard Heidegger in seiner *Mythoscopia Romantica* (1698) über ein «ohnendlich Meer» von Romanen beklagte, das
über den Leser hereinbreche, meinte er damit, daß vierteljährlich «einer
oder mehr Romans» erschienen. Neuere Berechnungen bestätigen diese
Annahme und kommen zu dem Ergebnis, daß gegen Ende des 17. Jahrhunderts kaum mehr als sechs bis acht Romane im Jahr, Übersetzungen
eingeschlossen, gedruckt wurden. Nicht die ‹schöne Literatur›, sondern
theologische und erbauliche Texte und – in geringerem Maße – weltliche
Literatur informativen Charakters (Philosophie, Geschichte, Recht, Politik usw.) dominierten die Buchproduktion. Das an dieser Gewichtung
ablesbare Bedürfnis des Publikums nach Erbauung und Information beeinflußte auf der anderen Seite die Romanautoren, die dieses Verlangen
nicht ignorieren wollten bzw. es sich zunutze machten. Entscheidende
Veränderungen vollzogen sich erst im Lauf des 18. Jahrhunderts, als sich
das Verhältnis von erbaulicher und schöner ebenso wie das von lateinischer und deutschsprachiger Literatur mit zunehmender Beschleunigung
umkehrte.

2. Legitimation und Kritik

Die allmähliche Herausbildung einer neuen deutschen Romanliteratur
wird seit Opitz' *Argenis*-Übersetzung (1626) von Reflexionen in Vorreden, dialogischen Schriften oder in den Romanen selbst begleitet, bis es
im letzten Jahrhundertdrittel gelingt, dem Roman durch die Orientierung
am Epos einen Platz im Gattungssystem der Poetik zuzuweisen. Zunächst

geht es nur am Rand um romanästhetische Probleme; im Mittelpunkt der Auseinandersetzung über den Roman stehen vielmehr allgemeine Fragen der Rechtfertigung einer durch den humanistischen Gattungskanon nicht legitimierten und überdies moralisch anrüchigen Gattung. Auch die von Aristoteles' Unterscheidung von Poesie und Geschichtsschreibung ausgehende Diskussion über Geschichte und (wahrscheinliche) Erfindung bzw. Wahrheit und Wahrscheinlichkeit zielt in diese Richtung und stellt in apologetischer Absicht den Nutzen wahrscheinlicher Erfindungen heraus. Denn während die Geschichtsschreibung durch ihre Verpflichtung gegenüber dem tatsächlichen Verlauf der Ereignisse starken Beschränkungen unterworfen ist, bietet die dichterische Erzählung die Freiheit, Gestalten und Geschehnisse entsprechend dem moralischen Endzweck anzulegen: «Ist also der Dichter seines Wercks Meister / der Geschichtschreiber aber der Warheit Knecht», schreibt Harsdörffer 1650 in der Vorrede zu Johann Wilhelm von Stubenbergs Übersetzung der *Eromena* Giovanni Francesco Biondis. Und Birken faßt diese Überlegungen, Gemeingut der humanistischen Poetik des 17. Jahrhunderts, 1669 in seiner Vorrede zum ersten Band von Anton Ulrichs *Aramena* im Hinblick auf den moralischen Nutzen prägnant zusammen: «Dergleichen Geschichtmähren / sind zweifelsfrei weit nützlicher / als die warhafte Geschichtschriften: dann sie haben die freiheit / unter der decke die warheit zu reden / und alles mit-einzufüren / was zu des Dichters gutem absehen und zur erbauung dienet [...].»

Der moralisierend-belehrende Wirkungszweck nimmt in der argumentativen Rechtfertigung des Romans einen breiten Raum ein. Die Romane selbst bestätigen dieses Konzept durch ihre exemplarische Darstellung tugendhafter Verhaltensweisen (und ihres abschreckenden Gegenteils) und eine betonte, durch die Integration vielfältiger Materialien gestützte Lehrhaftigkeit, die vor allem auf den theologischen und politischen Bereich zielt, aber darüber hinaus geradezu enzyklopädische Züge annehmen kann. Eine zweite Strategie baut auf die Gegenüberstellung von ‹altem› und ‹neuem› Roman und nutzt die Abgrenzung von der älteren Romandichtung zur Rechtfertigung einer neuen, in moralischer und ästhetischer Hinsicht auf der Höhe der humanistisch-aristotelischen Poetik stehenden Romanliteratur. Die Rolle des Sündenbocks spielte für lange Zeit der vielbändige *Amadís de Gaula*. Dabei genügte es Autoren wie Jean Pierre Camus in Frankreich oder Andreas Heinrich Bucholtz in Deutschland nicht, vor der Unmoral, Verlogenheit, Unwahrscheinlichkeit usw. des ‹schandsüchtigen› *Amadís* (Bucholtz) zu warnen, sondern sie präsentierten zugleich Gegenentwürfe in der Absicht, den ‹liederlichen Büchern› Leser abspenstig zu machen, zugleich aber alle Angriffe auf die Gattung des Romans als solche zu widerlegen und damit ihre Existenzberechtigung zu demonstrieren. Der Kampf gegen den *Amadís* wurde aus

diesem Grund auch dann noch fortgesetzt, wenn auch mit formelhaft
wiederholten Argumenten, als der alte Ritterroman längst an Anziehungskraft verloren hatte.

Die poetologische Legitimation des Romans fand die entscheidenden
Argumente durch Rückgriffe auf die Poetik des Aristoteles und auf das
Epos. Einen wichtigen Ansatzpunkt lieferte Aristoteles mit dem Hinweis,
daß der Dichter eher als Erfinder von ‹Mythen›, Handlungen, als von
Versmaßen anzusehen sei. Humanistische Aristoteliker des 16. Jahrhunderts, aber auch Cervantes in seinem *Don Quijote*, vertraten dieses Konzept, mit dem sich die Prosaform des Romans rechtfertigen ließ. Der Vergleich mit dem Epos gehörte dann, auch im Hinblick auf Struktur und
Erzählweise, zu den Grundlagen der klassizistischen französischen Romanästhetik des 17. Jahrhunderts; sie fand ihre Zusammenfassung in
Pierre Daniel Huets *Traité de l'origine des romans* (1670), der in seiner
deutschen Fassung als Exkurs in Eberhard Werner Happels Roman *Der
Insulanische Mandorell* (1682) erschien.

Die eher unsystematische Abhandlung Huets verbindet Romanpoetik und
-apologie mit einer Darstellung der Geschichte des Romans von den Anfängen in
der Antike bis zur Gegenwart. Dabei gründen die romanästhetischen Partien im
wesentlichen auf programmatischen Formulierungen Madeleine de Scudérys im
Vorwort zu *Ibrahim ou l'illustre Bassa* (1641) und in anderen Werken. Huet definiert Romane als «auß Kunst gezierte und beschriebene Liebes Geschichten in
ungebundener Rede zu unterrichtung und Lust des Lesers» («des fictions
d'aventures amoureuses, écrites en Prose avec art, pour le plaisir & l'instruction
des Lecteurs»). Romane sind – wie jede Kunst – nach «gewissen Regeln» organisiert, die unter dem übergreifenden Gesichtspunkt der Wahrscheinlichkeit im
klassizistisch-aristotelischen Sinn anhand des Epos und Heliodors *Aithiopika* definiert werden (Einheit der Handlung und der Zeit, zu erreichen durch eine organische Verbindung von Haupt- und Nebenhandlungen und durch die Beschränkung der Dauer der Gegenwartshandlung durch den Romaneinsatz *medias in res*;
‹wahrscheinliche› Verbindung von ‹wahrer› Historie und Fiktion; moralische Wirkungsabsicht). Inhaltlich grenzt Huet den Roman vom Epos ab: Im Epos stehe
eine politische und militärische Handlung im Mittelpunkt, im Romane dominiere
die Liebeshandlung.

Mit der Legitimierung des Romans als vollwertiger, weil dem Epos ver-
gleichbarer Literaturgattung stand seiner Aufnahme in die deutschen
Poetiken nichts mehr im Wege. Zuerst geschah dies bei Sigmund von Birken (*Teutsche Rede-bind- und Dicht-Kunst*, 1679), der bereits 1669 Anton
Ulrichs *Aramena* mit einer romantheoretisch bedeutsamen Vorrede eingeleitet hatte (s. S. 502 f.), und dann unter dem beherrschenden Einfluß
von Huet u. a. bei Daniel Georg Morhof (*Unterricht Von Der Teutschen
Sprache und Poesie*, 1682, ²1700), Albrecht Christian Rotth (*Vollständige
Deutsche Poesie*, 1688) und Magnus Daniel Omeis (*Gründliche Anleitung
zur Teutschen accuraten Reim- und Dicht-Kunst*, 1704). Noch Gottsched

knüpfte im Romankapitel («Von milesischen Fabeln, Ritterbüchern und Romanen») der vierten Auflage der *Critischen Dichtkunst* von 1751 vielfach an Huets Traktat an. Die inhaltliche Abgrenzung vom Epos und die Definition des Romans als Liebesgeschichte, die im übrigen nur partiell dem Erscheinungsbild des französischen *roman héroïque* entspricht, wurde in der deutschen Literatur unterschiedlich aufgenommen und den jeweiligen romangeschichtlichen Gegebenheiten bzw. den eigenen Interessen entsprechend interpretiert. Während sich etwa die Autoren des galanten Romans durch Huets Definition bestätigt fühlen konnten, bestanden die Verfasser der großen höfisch-historischen Barockromane auf der Verbindung von Helden- und Liebesgeschichte (und überdies auf der Verwendung von Exkursen, die Huet ablehnte). Auch die Poetiker reagierten nicht einheitlich. Während Birken, Morhof und Omeis allein auf die sprachlich-metrischen Unterschiede zwischen Epos und Roman abhoben (Vers gegenüber Prosa bzw. – bei Birken – Vers gegenüber einer Mischform aus Prosa mit eingelegten Versen), folgte Rotth Huets Differenzierung auch in bezug auf Inhalt und Personal.

Auf eigene Weise modifiziert Susanna Elisabeth Prasch in ihren *Réflexions sur les romans* (1684) die Vorstellungen Huets. Sie übernimmt von ihm die Ablehnung von Exkursen, das Wahrscheinlichkeitspostulat, die strukturelle Orientierung am Epos und die Konzeption des Romans als Liebesgeschichte. Aber genau hier setzt die Differenz ein, indem sie darauf besteht, die Liebe, den Hauptgegenstand des Romans, allegorisch im Sinn christlicher Erbauung zu verstehen, was ehrenwerte Unterhaltung nicht ausschließe. Sie sieht in der Geschichte des Romans im Gegensatz zu Huet (und im Einklang mit der traditionellen Romankritik seit Jean Pierre Camus und anderen) eher eine Verfallsgeschichte gerade im Hinblick auf seine moralische Bedenklichkeit. Die Kritik trifft nicht zuletzt auch den höfischen Roman, von dem sie sich auch mit ihrer Ablehnung labyrinthischer Konstruktionen distanziert. Statt dessen fordert sie aus der Verpflichtung Gott gegenüber den christlichen Roman, dessen Gegenstand die gegenseitige Liebe zwischen Christus und der Seele des Menschen sein müsse («l'amour mutuel de Jesus-Christ, & de l'Ame fidelle son Epouse»). Susanna Elisabeth Prasch widmete ihre Abhandlung ihrem Mann Johann Ludwig Prasch, der dann auch – als einziger – ihr Programm in seinem neulateinischen Roman *Psyche Cretica* (1685) zu verwirklichen suchte (s. S. 711).

Ebensowenig wie Huet die gesamte Breite des französischen Romanschaffens einbezieht, spiegeln die deutschen romantheoretischen Dokumente in seiner Nachfolge die tatsächliche Praxis. Das poetologische Interesse gilt fast ausschließlich den hohen Romangattungen, dem *roman héroïque*, dem höfisch-historischen Roman und verwandten Erscheinungsformen. Der Pikaroroman und andere Ausprägungen des niederen Romans bleiben weitgehend ausgeschlossen. Die Verengung hat mit der klassizistischen Perspektive zu tun. Die Autoren des niederen Romans führen daher eine eigene, durchaus auch auf den hohen Roman bezogene

Diskussion. Allerdings gibt es in Deutschland kein Gegenstück zu den Abhandlungen Charles Sorels, der in *La bibliothèque françoise* (1664) und *De la connoissance des bons livres* (1671) das dialektische Verhältnis von *roman comique* und *roman héroïque* prägnant beschreibt, die verschiedenen Romangattungen und ihre Unterschiede (nicht ohne polemischen Unterton) herausarbeitet. Hier – wie auch in Partien seines bekanntesten Romans, der *Histoire comique de Francion* (1623–33; dt. 1662 und 1668) – geht es um die Rechtfertigung der «bons Romans comiques & Satyriques», die im Gegensatz zu den unwahrscheinlichen und wirklichkeitsfremden Ritter- und Schäferromanen bzw. höfisch-historischen Romanen für Wahrheit und Lebensnähe stehen.

Die Autoren des niederen Romans in Deutschland teilen diese Ablehnung der hohen Romangattungen; auch sie verstehen ihre Texte als satirische Schriften, als Gegenbilder zum höfisch-historischen Roman, von dem sich der niedere Roman in wesentlichen Aspekten unterscheidet: in der Figur des Helden und seiner Welt bzw. seiner sozialen Stellung, in der Struktur der Erzählung, in der Erzählweise. Das Wahrscheinlichkeitspostulat des höfisch-historischen Romans mit seiner auf Täuschung des Lesers zielenden Vermischung von ‹Wahrheit› und Fiktion bedeutet für sie Verlogenheit, und die in den höfisch-historischen Romanen geschilderten Begebenheiten bzw. «erlogenen und großprahlenden Sachen» (Johann Beer) entbehrten jeder Nützlichkeit, weil sie im Leben weder vorkämen noch sich nachahmen ließen. Die Überlegungen dringen zunächst nicht in die allgemeine Romanpoetik ein, sondern bleiben im Kontext der Überlegungen und Polemiken der Verfasser niederer Romane. Das ändert sich erst bei Christian Thomasius, der auch den satirischen Roman in seine Betrachtungen einbezieht.

Allerdings setzt Thomasius in seinen Gesprächen und Rezensionen der *Monatsgespräche* andere Akzente als die Romanautoren selbst. Er konfrontiert nicht höfisch-historische und satirische Romane, sondern nutzlose und nützliche Bücher. Für ihn liegt der Wert eines Romans in seiner didaktischen Funktion, seiner Fähigkeit, durch Anschauung zu belehren («Nichts imprimiret sich besser / als was einem vor die Augen geleget wird»). Dabei finden sich dann in seiner Einteilung der Gattung in «viererley Classen» höfisch-historische und satirische Romane auf der positiven, Schäfer- und alte Ritterromane auf der negativen Seite. So böten sich höfisch-historische Romane geradezu als Lehrbücher für junge Menschen an, die aus den «darinnen versteckten sowol Politischen als Sitten-Lehren […] tausendmal mehr Nutzen» ziehen könnten, als wenn sie «alle *libros ad Nicomachum* nebst denen *magnis moralibus* und *libris Politicorum* außwendig» könnten. Dem Ziel einer solchen Erziehung durch Romane, die in einer «in dieser Welt hoch nöthigen an sich haltenden Klugheit» besteht, dienten auch die satirische Romane. Sie trügen zur Selbsterkenntnis bei, indem «sie uns die Thorheiten und Laster der Menschen fürzustellen wissen». Dagegen kritisiert Thomasius die alten Ritterromane und die Schäferromane, weil sie sich von der gesellschaftlichen Wirklichkeit abwendeten und damit auch keine nützlichen Einsichten vermitteln könnten (*Monatsgespräche*, August 1689). Es verwundert daher nicht, daß sich Thomasius' Hochschätzung des satirischen Romans (Cervantes, Sorel, Scarron) nicht auf den spanischen Pikaroroman und auf Grimmelshausen erstreckt; die hier erkennbaren asketischen, weltfeindlichen Züge stehen in direktem Widerspruch zu seinen Intentionen.

Offen zeigt sich Thomasius aber gegenüber neuen Entwicklungen des Romans, sofern ihn die Verfasser als Instrument der Vermittlung psychologischer und gesellschaftlich relevanter politischer und historischer Kenntnisse nutzen. Das gilt für den französischen psychologischen Kurzroman, aber auch für den enzyklopädischen Großroman, wie ihn Lohensteins *Arminius* repräsentiert, und für den von Eberhard Werner Happel vertretenen Romantyp, der auf eher praxisnaher Weltorientierung und Information zielt. Während Thomasius an Lohensteins Roman die Methode der Wissensvermittlung als Anleitung zum Selbstdenken rühmt, nimmt er in seiner Rezension von Happels *Africanischem Tarnolast* (1689) die «africanische» Geschichte zum Anlaß, die Offenheit des Romans für alle möglichen Materien zu betonen und entgegen der üblichen idealisierenden Menschendarstellung für einen weniger normativen, wirklichkeitsnäheren Wahrscheinlichkeitsbegriff zu plädieren: «Menschen wären allezeit Menschen», heißt es in der Zusammenfassung einer Diskussion, «und auch die grösten Helden wären menschlichen Schwachheiten unterworffen. Sie ässen / träncken / schlieffen / liebten / hasseten / erzürneten sich / u.s.w. wie andere Leute. Solcher Gestalt aber wäre es ja gantz nicht recht / daß man die Helden in denen Romanen fürstellete / als wenn sie beynahe nichts menschliches an sich hätten; und sey dannenhero der Herr Happel vielmehr zuloben / daß er von seinen Helden überall Menschheit vorblicken lassen.» Außerdem: «Der Herr Happel beschreibe einen Africanischen Fürsten / und keinen Europaeischen. Derowegen dörffte man auch seine inventiones nicht nach denen Europaeischen manieren ausmessen.»

Die Kritik am Roman richtet sich in der Regel nicht gegen die Gattung selbst, sondern gegen bestimmte Erscheinungsformen. Eine Ausnahme bildet die erwähnte polemische Abhandlung *Mythoscopia Romantica: oder Discours von den so benanten Romans* (1698) des reformierten Schweizer Pastors Gotthard Heidegger. Dieser, ein guter Romankenner, faßt alle nur möglichen Einwände gegen die Gattung zusammen, die letztlich in der auf ein Bibelzitat gegründeten Verurteilung alles fiktiven Erzählens gipfeln: «[…] wer Romans list / der list Lügen.» Besonders verwerflich sind gerade die Romane, die Geschichte (auch biblische) und Fiktion miteinander verbinden und sich damit anmaßen, Gott und seine Werke, die Geschichte, korrigieren zu wollen. Daß das Lesen von Romanen überdies einen

«greülichen Zeit-raub» bedeutet, der den Menschen davon abhält, seine gottgege-
bene Zeit zur Erlangung des Seelenheils zu nutzen, ist ein weiterer Punkt in Heideggers theologisch begründeter Argumentation. Immerhin sieht er einen Licht-
blick: Er konstatiert eine Abwendung von der vielbändigen Großform des
Barockromans und eine Tendenz zu kürzeren, übersichtlichen Romanen und interpretiert sie als Anzeichen für den ersehnten Verfall der Gattung überhaupt.
Heideggers Ansichten fanden Beifall in reformierten Kreisen der Schweiz; verwandte Argumente gebrauchte die radikale pietistische Fiktions- und Romankritik. Allerdings blieb Heideggers Polemik nicht ohne Widerspruch: Unter den kritischen Antworten auf das Buch befindet sich eine anonym erschienene Rezension
von Leibniz, der eine Vorliebe für den höfisch-historischen Roman (Madeleine de
Scudéry, Anton Ulrich) besaß und nun gegen Heidegger entschieden die Nützlichkeit schöner Erfindungen hervorhob.

II. DER HÖFISCH-HISTORISCHE ROMAN UND VERWANDTE ROMANGATTUNGEN

1. Das französische Beispiel

Eigenständige deutsche höfisch-historische Romane erschienen erst Jahrzehnte nach den frühesten Übertragungen. Entscheidend wurde das französische Beispiel. In Frankreich hatte man die Herausforderung angenommen, eine von der antiken und humanistischen Poetik ignorierte, ‹regellose› Gattung der herrschenden, auf aristotelischen Traditionen beruhenden Ästhetik zu unterwerfen (*doctrine classique*) und auf diese Weise zu legitimieren. Damit hatte auch der Roman, wenn er als Kunstform ernst genommen werden wollte, den Forderungen der Wahrscheinlichkeit und des moralischen und gesellschaftlichen Nutzens zu genügen und den im Einklang mit der Vernunft auf die Natur und die Nachahmung der Alten gegründeten Regeln nachzukommen.

Die Lösung der formalen Fragen geschah im Rückgriff auf das antike Epos und den hellenistischen Liebesroman, die ethische und gesellschaftliche Neuorientierung stand im Zeichen der höfischen Kultur im Kontext einer von den Theoretikern des Absolutismus maßgeblich bestimmten neuen Staatsauffassung. Beispielhaften literarischen Ausdruck fand der neue Geist zum ersten Mal in Honoré d'Urfés großem Schäferroman *L'Astrée* (1607–27/28); mit seinem höfisch-aristokratischen Ethos, seiner um die wahre Liebe kreisenden Thematik, der psychologisierenden Darstellungsweise und der historischen und geographischen Konkretisierung der Schäferwelt wurde d'Urfés Roman über die Pastoraldichtung hinaus Vorbild für jede höfische Romankunst des Barock. Etwa zur gleichen Zeit bot John Barclays neulateinischer Roman *Argenis* (1621), das Werk eines Franzosen schottischer Abstammung, durch den Rückgriff auf das Romanschema Heliodors eine überzeugende Lösung für die Formprobleme des hemmungslos wuchernden alten Ritterromans, während er zugleich dem traditionellen ritterlichen und amourösen Geschehen eine aktuelle politische Funktion im Rahmen des sich formierenden absolutistischen Staates verlieh.

Heliodors *Aithiopika* (3. Jh. n. Chr.), der bekannteste der spätantiken Liebesromane, war 1534 zuerst im Druck erschienen. Übersetzungen in die wichtigsten Literatursprachen förderten seine Verbreitung (frz. 1547, lat. 1552, span. 1554, ital. 1556, dt. u. engl. 1569); zunächst blieb seine Wirkung allerdings auf stoffliche Aspekte beschränkt. Bereits Julius Caesar Scaliger aber, der einflußreiche humanistische Poetiker, bezeichnete den Roman in seinen *Poetices libri septem* (1561) als Muster epischer Dichtkunst, ein Muster, das selbst Cervantes zu einem eigenen Versuch herausforderte (*Los trabajos de Persiles y Sigismunda,* 1617) und nicht zuletzt dank Barclays beispielhafter Erneuerung zum Vorbild für Handlungsverlauf und Erzählstruktur des höfisch-historischen Romans wurde. Der Roman erzählt – wie die anderen antiken Liebesromane – die Liebesgeschichte eines jungen Paars, das gegen seinen Willen auseinandergerissen und nach mancherlei Abenteuern, Verwirrungen und Gefährdungen physischer und psychischer Art wiedervereinigt wird und so, das delphische Orakel erfüllend, nach den bestandenen Prüfungen den Lohn für die bewährte Beständigkeit erhält. Die spezifische Erzählstruktur ergibt sich dadurch, daß der Roman unvermittelt an einem bereits relativ weit fortgeschrittenen Punkt der Handlung einsetzt (*medias in res*) und in der Folge das Gegenwartsgeschehen durch Erzählungen unterbricht, die die Vorgeschichte allmählich aufhellen und dadurch zugleich die Gegenwartshandlung beeinflussen. Diese streng konstruktive Technik, die in deutlichem Kontrast zum meist rein additiven Erzählen des Ritterromans steht, hat überdies die im 17. Jahrhundert aus poetologischen Gründen erwünschte Begrenzung der Handlungsdauer zur Folge.

Barclays *Argenis* erweitert die Liebesgeschichte Heliodors um einen neuen, epochemachenden Aspekt: Politik. Das ergibt sich ganz zwanglos aus der Handlung und der sozialen Stellung der Akteure: Das Liebesgeschehen spielt sich unter Mitgliedern regierender Häuser ab, deren Schicksale weitreichende Folgen für Völker und Staaten haben. Es gibt keine Trennung von privater und öffentlicher Sphäre, die Liebesgeschichten sind zugleich Staatsaffären. So ist der Kampf der Bewerber um Argenis, die Tochter des sizilischen Königs Meleander, zugleich ein Kampf um die künftige Herrschaft in Sizilien. Und bis Argenis und Poliarchus, der gallische Thronfolger, endgültig zueinander finden, sind vielfältige Verwirrungen zu klären, politische Intrigen und militärische Auseinandersetzungen zu überstehen. Lycogenes zettelt einen Bürgerkrieg an, der sardinische König Radirobanes verkehrt seine Hilfeleistung in eine Invasion und Poliarchus' Freund und Nebenbuhler Archombrotus erweist sich schließlich als Halbbruder der Argenis. Lycogenes und Radirobanes finden den Tod, Sizilien wird gerettet. Eine Doppelhochzeit beschließt den Roman: Archombrotus, der künftige Herrscher Siziliens, heiratet eine Schwester des Poliarchus; dieser tritt mit Argenis die Herrschaft über Gallien an, dessen künftige Größe beschworen wird.

Barclay konzipiert den Roman als politischen Tugend- und Lasterspiegel, der dem Leser helfen soll, sich über sich selbst und über seine Zeit Klarheit zu verschaffen. Ausgedehnte Grundsatzdiskussionen über Politik und Religion, über Tugend und Laster werden aus der geschilderten prekären Situation Siziliens abgeleitet, aus seiner Gefährdung durch ständisch und religiös motivierten Bürgerkrieg und Bedrohungen von außen. Die zeitgemäße Antwort auf die dargestellte Zerrüttung des Staatswesens besteht – ganz im Sinn der Staatstheorie Jean Bodins – in der Propagierung der absoluten Monarchie. Der König Ludwig XIII. von Frankreich gewidmete Roman spiegelt, verschlüsselt und ohne «sich genaw an die Warheit» zu binden, die politische Entwicklung Frankreichs. Sein überwältigender Erfolg in ganz Europa zeigt jedoch, daß seine Aktualität nicht an Landesgrenzen gebunden war.

Wie sich in der *Argenis* Reflexionen über diese Fiktion und Wahrheit vermischende «newe Art zu schreiben» finden, so gehören auch in der Folgezeit Diskussionen über Wahrheit und Erfindung zum festen Bestandteil der poetologischen Überlegungen zum Roman. Während sich Barclay noch mit einer fiktiven, auf die Gegenwart hin transparenten antiken Mittelmeerwelt begnügt hatte, wird in der Folgezeit die reale geschichtliche Fundierung – neben einer Reihe von formalen Regeln – zum Garanten der Wahrscheinlichkeit. Wichtige Stationen auf dem Weg zum geschichtlich fundierten höfisch-historischen Roman bilden die auch ins Deutsche übersetzten Werke von François du Soucy, Sieur de Gerzan (*L'histoire afriquaine de Cléomède et de Sophonisbe*, 1627–28; dt. 1644), Jean Desmarets de Saint-Sorlin (*L'Ariane*, 1632; dt. 1643 und 1644) und Madeleine de Scudéry (*Ibrahim ou l'illustre Bassa*, 1641; dt. 1645. – *Clélie, histoire romaine*, 1654–60; dt. 1664).

Über die romanästhetischen Aspekte hinaus besteht die Bedeutung der großen, Tausende von Seiten umfassenden Romane Madeleine de Scudérys in ihrer Kunst psychologischer Charakterschilderung, in ihrer dem Vorbild d'Urfés und der Kultur der Salons verpflichteten Feinfühligkeit und Sensibilität. Berühmt geworden ist die «Carte de Tendre» in der *Clélie*, eine Landkarte der Zärtlichkeit, die die Voraussetzungen und Gefährdungen der idealen Liebe allegorisch darstellt: Hinter der historischen römischen oder exotisch-orientalischen Fassade ihrer Romane verbirgt sich ein idealisiertes Bild der preziösen Gesellschaft des Hôtels de Rambouillet und ihrer Sitten. Der preziöse Ton blieb nicht ohne Wirkung auf den jungen Philipp von Zesen, dessen *Adriatische Rosemund* (1645) im selben Jahr erschien wie seine Übersetzung des Scudéryschen *Ibrahim*.

Das Erzählmuster des höfisch-historischen Romans war ausbaufähig. So ließ sich einerseits das den Roman beschließende glückliche Ende durch das Ersinnen immer neuer Hindernisse, Unglücksfälle, Verwirrungen und Tugendproben, aber auch durch Exkurse, Beschreibungen, novellistische Einlagen und ausgedehnte Gespräche spannungssteigernd fast beliebig hinauszögern. Andererseits stand es dem Autor frei, die einfache Grundkonstellation Heliodors (ein Paar) oder Barclays (zwei Paare) durch die Einführung zahlreicher weiterer Liebespaare mit einer jeweils eigenen, aber mit den Schicksalen der anderen verflochtenen Geschichte fast unüberschaubar zu verwickeln. Dieser Prozeß beginnt mit Marin Le Roy de Gomberville und seinem abenteuerlichen, zum erstenmal die Neue Welt ausführlich einbeziehenden *Polexandre* (endgültige Fassung

1637) und setzt sich bei Madeleine de Scudéry und vor allem bei La Calprenède und der komplexen Architektur seiner Großromane fort (*Cassandre*, 1642–45; *Cléopâtre*, 1646–58; *Faramond, ou l'histoire de France*,
1661–70). Mit La Calprenède, dem Vorbild Anton Ulrichs, erreichte der
barocke Staats- und Liebesroman seinen Höhepunkt – und in Frankreich
zugleich seinen Endpunkt. Als 1670 Pierre Daniel Huet seinen *Traité de
l'origine des romans* veröffentlichte, war der Hauptgegenstand seiner
Schrift zugunsten neuer Formen (galanter Roman, psychologischer Kurzroman) bereits aus der Mode gekommen. In Deutschland hingegen hatte
man gerade erst den Schritt über das Stadium der Übersetzungsarbeit hinaus zur Produktion eigenständiger höfisch-historischer Romane unternommen.

2. Der deutsche höfisch-historische Roman

Übersetzungen

Romane wurden nicht erst seit den Aufrufen zu patriotischer Spracharbeit übersetzt; schließlich verdankt auch der frühneuhochdeutsche Prosaroman seine Entstehung französischen Vorbildern. Und mit der *Amadís*-
Übersetzung (1569–95) gelang ein Werk, dessen sprachliche Form noch
im 17. Jahrhundert neben der Lutherbibel und den Reichsabschieden als
Vorbild für die Bemühungen um eine Erneuerung der deutschen Prosa
genannt wurde. Doch mit der Literaturreform erhielten die Romanübersetzungen eine wichtige Funktion im Rahmen einer programmatisch betriebenen Kulturarbeit und damit auch eine neue Qualität. Das bedeutendste frühe Beispiel legte Martin Opitz vor, Teil seiner systematischen
Bestrebungen, nachahmenswerte Muster für die verschiedenen Literaturgattungen bereitzustellen. Mit der *Argenis Deutsch gemacht* (1626) führte
er den höfisch-historischen Roman in die deutsche Literatur ein, ein re-
präsentatives Werk der höfisch-absolutistischen Kultur, dessen Rang
überdies dazu beitragen konnte, die Einwände gegen den Roman zu ent-
kräften und seinen Status im literarischen Gattungssystem aufzuwerten.

Opitz benutzte zwei verschiedene Vorlagen für seine Übersetzungsarbeit, das
lateinische Original und die zweite der beiden 1623 zuerst erschienenen französischen Übersetzungen («traduction nouvelle»). Genauigkeit, stilistische Einheitlichkeit und eine auf Rationalität gegründete Sprachform charakterisieren seine
Übertragung. Einen von A. de Mouchemberg stammenden zweiten Teil der *Argenis* übersetzte Opitz 1631; 1638 folgte dann noch seine mehrfach aufgelegte Bearbeitung einer älteren Übertragung von Sir Philip Sidneys *Arcadia*, die zuerst 1629
unter dem Pseudonym Valentinus Theocritus von Hirschberg erschienen war, Arbeit des Arztes und Astronomen Daniel Mögling.

Es ist gewiß Opitz' Anregung zu verdanken, daß selbst ein Lyriker wie Paul Fleming einen Roman mit politischer Tendenz in der Nachfolge Barclays plante («Meine Margenis soll stehen neben deiner Argenis»). Doch dazu kam es nicht; die Annäherung an den höfisch-historischen Roman geschah zunächst weiter durch Übersetzungen. Gleich zweimal wurde Jean Desmarets de Saint-Sorlins Römerroman *Ariane* (1632) übersetzt; einer hinter dem inzwischen erreichten sprachlichen Standard zurückbleibenden anonymen Übersetzung von 1643 folgte ein Jahr später die gewandte deutsche Fassung Georg Andreas Richters, zu der Andreas Gryphius ein rühmendes Gedicht beisteuerte. Auch er kündigte einen eigenen Roman an, der die Nöte der Zeit schildern sollte («Wofern mir Clotho nicht die feder wird entzücken: | Will ich Eusebien nach Ariana schicken»). Erst 1660 erschien mit Balthasar Kindermanns *Unglückseliger Nisette* – entgegen dem Titel endet das Werk durchaus glücklich mit den üblichen Hochzeiten – eine oberflächliche Nachahmung des durch Barclay und Desmarets repräsentierten Romantyps, die ohne Bedeutung für deutsche Romanentwicklung blieb.

Richters *Ariana* schlossen sich weitere Romanübersetzungen aus dem Französischen an, moderne höfisch-historische Romane, aber auch noch eher dem Muster des Ritterromans verpflichtete Werke. Zu den letzteren zählt Philipp von Zesens erste Romanübersetzung, die er zusammen mit Gottfried Hegenitz verfertigte (*Liebes-beschreibung Lysanders und Kalisten*, 1644; nach Vital d'Audiguiers *Histoire trage-comique de nostre temps, sous les noms de Lysandre et de Caliste*, 1616), während er sich mit der *Afrikanischen Sofonisbe* (1647) nach de Gerzan und vor allem mit der Scudéry-Übersetzung *Ibrahims oder Des Durchleuchtigen Bassa Und Der Beständigen Isabellen Wunder-Geschichte* (1645) auf der Höhe der Zeit befand. Zur Schulung des eigenen Stils durch das Übersetzen eigneten sich, so betont Zesen ausdrücklich, «die Französischen bücher am allerbesten» (*Rosen-mând*, 1651). Nicht zuletzt der *Ibrahim* gilt ihm als Werk von außerordentlicher Bedeutung: «Diß einige Buhch (iedoch dem unstärblichen Geiste des Hern von Urfe nichts benommen) unter den Liebes-geschichten ist es / damit Frankreich mit rächt prangen mahg», schreibt er in der Vorrede zur Übertragung.

Während Zesen nach französischem Vorbild das Ziel eines klaren, durchsichtigen, kunstvollen und zugleich flüssigen Prosastils verfolgte, gelangte zur gleichen Zeit durch Diederich von dem Werder, dem Tasso- und Ariost-Übersetzer, ein Beispiel manieristischer Prosakunst nach Deutschland: *Dianea Oder Rähtselgedicht* (1644) nach Giovanni Francesco Loredanos *Argenis*-Imitation *La Dianea* (1635). Mit Werders Spätwerk begann das Interesse am italienischen Roman, das vor allem in den fünfziger Jahren zu zahlreichen Übersetzungen führte. Es handelt sich meist um höfisch-historische Romane mit einem starken ritterlich-abenteuerlichen und märchenhaften Einschlag.

Die erste Übersetzung eines italienischen Romans nach der *Dianea* Werders legte der Arzt Johann Hellwig, Mitglied des Nürnberger Pegnesischen Blumenordens, vor: *Ormund Das ist / Lieb- und Helden-Gedicht* (1648) nach Francesco Ponas *L'Ormondo* (1635). Daran schlossen sich die Verdeutschungen des protestantischen österreichischen Adeligen Johann Wilhelm von Stubenberg an, der mit Zesen und Harsdörffer zu den bedeutendsten und fruchtbarsten Übersetzern erzählender Literatur im 17. Jahrhundert gehört: Seine *Eromena* (1650–52), ein ebenso erfolgreiches wie labyrinthisches «Liebes- und Helden-Gedicht» nach Giovanni Francesco Biondi (*La Eromena*, 1624) und die Übersetzungen von Romanen Giovanni Ambrogio Marinis (*Wettstreit Der Verzweifelten*, 1651; *Le gare de' disperati*, 1644. *Printz Kalloandro*, 1656; *Il Calloandro*, 1640) und Luca Assarinos (*König Demetrius*, 1653; *Il Demetrio*, 1643) repräsentieren den phantasievoll fabulierenden höfisch-historischen Roman. Dazu kommt als letzte Verdeutschung aus dem Italienischen der manieristische biblische Roman *Geteutschter Samson* (1657) nach Ferrante Pallavicino (*Il Sansone*, 1638). Stubenberg krönte sein Werk 1664 mit der Verdeutschung eines der großen französischen Romane, Madeleine de Scudérys *Clelia: Eine Römische Geschichte* (*Clélie, histoire romaine*, 1654–60). Mit Stubenberg bekannt war auch Veit Daniel von Colewaldt, der erste Übersetzer von Luca Assarinos *La Stratonica* (1635), die 1652 unter dem Titel *Die Stratonika* in Wien gedruckt wurde, aber offenbar keine Resonanz fand.

Als eigene deutsche höfisch-historische Romane zu erscheinen begannen, nahm die Zahl bedeutender Übersetzungen ab. Anstöße zu sprachlicher und formaler Erneuerung gingen von ihnen nicht mehr aus. An Romanen italienischer Herkunft sind nur noch die zweite *Stratonica*-Übersetzung von Johanna Laurentia von Adlershelm (*Verteutschte Stratonica*, 1666) und die anonyme Übertragung der *Taliclea* (1668) nach Ferrante Pallavicinos gleichnamigem Werk von 1636 zu nennen. Die Übersetzungen aus dem Französischen gelten vor allem dem Spätwerk der Scudéry und den bisher vernachlässigten Romanen La Calprenèdes. Madeleine de Scudérys *Célinte* (1661) erschien 1668 in einer anonymen deutschen Fassung (*Celinten und Polyanten Liebesgeschicht*), und ihr unvollendeter Roman *Almahide* (1660–63) fand in Ferdinand Adam Pernauer von Perney einen Übersetzer, der das Werk auch zu Ende führte und sich dabei «allerhand Begebenheiten / die bekandten guten Freunden würcklich begegnet sind», zunutze machte (*Almahide / oder Leibeigne Königin*, 1682–96). La Calprenèdes *Cassandre* (1642–45) wurde von dem vor allem als Dramenübersetzer bekannten Christoph Kormart nach einer niederländischen Vorlage übertragen (*Statira oder Cassandra*, 1685–88), während Johann Philipp Ferdinand Pernauer von Perney, jüngerer Bruder des oben erwähnten Pernauer, viele Jahre mit La Calprenèdes *Faramond, ou l'histoire de France* (1661–70) zubrachte (*Des Durchleuchtigsten Pharomunds / curiöse Liebs- und Helden-Geschicht*, 1688–99). Mit der deutschen Version von La Calprenèdes *Cléopâtre* (1646–58), *Der vortrefflichen Egyptischen Königin Kleopatra curiöse Staats- und Liebesgeschicht* (1700–01), beendete schließlich eine oder ein J. V. die Reihe der Übersetzungen französischer höfisch-historischer Großromane.

Andreas Heinrich Bucholtz

Obwohl die Übersetzung ausländischer Romane als dichterische Schulung gefordert und als wertvolle dichterische und kulturpatriotische Leistung anerkannt wurde, ließ eine Gegenbewegung nicht lange auf sich warten: «was eignes» hätte er doch schreiben können, statt den *Ibrahim* zu übersetzen, entschuldigte sich Zesen in der Vorrede und ließ sogleich die *Adriatische Rosemund* (1645) in betonter Opposition zu den ausländischen Liebesgeschichten folgen. Als Gegenentwürfe verstand auch Andreas Heinrich (Henrich) Bucholtz seine Romane, die Anfang der vierziger Jahre entstanden, aber erst zwanzig Jahre später einen Verleger fanden.

Bucholtz (1607 Schöningen bei Braunschweig – 1671 Braunschweig) ließ sich nach einem Theologiestudium 1639 in Rinteln an der Weser nieder und wirkte an der dortigen Universität als Professor für Moralphilosophie und Poesie, später auch für Theologie, bis er 1647 nach Braunschweig wechselte und im Dienst der Kirche und des Staates bis zum Superintendenten der Kirchen und Schulen aufstieg. Sein literarisches Werk, entstanden in engem Zusammenhang mit seiner Tätigkeit als Universitätslehrer und Seelsorger, beginnt mit zwei Horazübersetzungen (*Verteutschte vnd mit kurtzen Noten erklärte Poetereykunst*, 1639; *Erstes Verdeutschtes / vnd mit kurtzen Nothen erklärtes Odenbuch*, 1639), die das Reformprogramm von Opitz und der Fruchtbringenden Gesellschaft aufnehmen und mit nationaler Emphase die Literaturfähigkeit des Deutschen hervorheben. Ihnen schließen sich, abgesehen von einer Lukianübersetzung (1642), vorwiegend religiöse Dichtungen (*Geistliche Teutsche Poëmata*, 1651) und Erbauungsschriften an (*Christliche Gottselige Hauß-Andachten*, 1663; *Häußliche Sabbaths-Andachten*, 1665). Das horazische *prodesse*, so macht die Vorrede zu den *Geistlichen Teutschen Poëmata* deutlich, hat für Bucholtz die Bedeutung «Erbauung» und die ist «billich allenthalben der vornemste Zweg» der Dichtung. Diese Auffassung prägt auch seine beiden Romane: Sie seien, «um erbauliche Lehr-Unterrichtungen und Anmerkungen anzuführen / eigentlich geschrieben» worden, während der von den «Geschichts-Erzählungen» hervorgerufenen «Erlustigung» nur eine dienende Rolle zukomme.

Des Christlichen Teutschen Groß-Fürsten Herkules Und Der Böhmischen königlichen Fräulein Valiska Wunder-Geschichte, Bucholtz' erster Roman, erschien 1659–60 in zwei umfangreichen Bänden, 1665 folgte mit *Des Christlichen Königlichen Fürsten Herkuliskus Und Herkuladisla* [...] *Wunder-Geschichte* ein zweiter Roman mit Helden der nächsten Generation. Mit einem gewaltigen Aufwand – die Werke umfassen etwa 1920 bzw. 1460 Quartseiten – suchte Bucholtz einen Neuanfang für den deutschen Roman: Er sollte nicht nur christlich und patriotisch sein, sondern auch den neueren poetologischen Anforderungen gerecht werden, ohne jedoch die Liebhaber des traditionell Romanhaften zu enttäuschen. Ausgangspunkt war die Kritik am *Amadís*, obwohl es seit 1617 keine Nachdrucke der deutschen Übersetzung von 1569–95 mehr gegeben hatte. Drei Punkte vor allem machten das «schandsüchtige AmadisBuch» für den Theologen Bucholtz so anstößig: der Mangel an moralischen Grundsätzen (voreheliche Liebesbeziehungen mit Folgen sind die Regel), die Abhängigkeit der Amadísritter von «teils närrischen / teils gotlosen Bezäuberungen» und schließlich die Unwahrscheinlichkeit und fehlende bzw. fehlerhafte historische Einordnung des Geschehens. Aber Bucholtz blieb bei der Kritik des *Amadís* nicht stehen, denn auch die neueren Romane Barclays, Sidneys oder Desmarets' – diese Namen fallen – entsprachen nur bedingt seinen Vorstellungen, hatten sie doch bei allen guten moralischen Absichten und moderner Romantechnik einen grundsätzlichen Mangel: «die wahre Gottesfurcht ist in denselben nicht eingeführet / viel weniger des Christlichen Glaubens einige Meldung geschehen.»

Dieser doppelte Bezug – zum alten Ritterroman und zum zeitgenössischen europäischen Barockroman – prägte Bucholtz' Romankonzeption und führte zu Widersprüchen. Einerseits orientierte er sich an den poetologischen Grundsätzen und Formvorstellungen des modernen höfisch-historischen Romans, andererseits machte es die direkte Auseinandersetzung mit dem *Amadís* schwierig, diese Absichten zu verwirklichen, ohne typische Formen und Inhalte des Ritterromans mit einzubeziehen. Ein zusätzliches Problem stellte die Integration der ausführlichen lehrhaften und erbaulichen Passagen – Diskussionen, Lehrgespräche, Gebete, Lieder – in den Roman dar. Modifikationen der Form und der Erzählweise des höfisch-historischen Romans sind die Folge. Zwar haben Bucholtz' Romane mit diesem die geschlossene Form, die zeitliche Begrenzung der Gegenwartshandlung durch den Einsatz *medias in res* und nachgeholte Vorgeschichten sowie das mehrsträngige Erzählen gemeinsam, aber es kommt gleichwohl nicht zu einer kunstvollen Verschachtelung von gegenwärtigem und vergangenem Geschehen, zu langen Spannungsbögen und einem überlegen konzipierten Verwirrspiel, das erst am Schluß seine Auflösung findet. Vielmehr läßt die Aufklärung über dunkle Momente selten lange auf sich warten.

Bucholtz ist es trotz einer gewaltigen Ereignis- und Personenfülle um einen klaren, übersichtlichen Aufbau zu tun. Mittel, dieses Ziel zu erreichen, ist die strikte Chronologie der Romanhandlung. Erzählereingriffe, genaue Datierungen und Sprünge von einem Handlungsstrang zu andern, die durch das Bemühen um chronologische Parallelität motiviert sind, gehören daher zu seiner Erzählstrategie. Die zeitliche Strukturierung des Romans verbindet Bucholtz mit einer historischen Einordnung des Geschehens, um auch damit den Anforderungen der neuen Romanpoetik, allerdings in einem eher äußerlichen Sinn, gerecht zu werden. Daß sich

der Erzähler im *Herkules* als Herausgeber eines vor über 1400 Jahre ver-
grabenen Manuskripts ausgibt, gehört in den gleichen Zusammenhang.

Im Mittelpunkt des ersten Romans, Kaiser Leopold I. gewidmet, stehen Herkules, der Sohn des deutschen Großfürsten Henrich, und die böhmische Königs-
tochter Valiska, seine Verlobte und Schwester seines Freundes, des böhmischen
Thronfolgers Ladisla. Diesem wiederum ist Sophia, Tochter des Quintus Fabius,
Statthalter von Padua, zugeordnet. Herkules, am 15. April 204 geboren, befindet
sich mit Ladisla in Rom und kann wegen seines Übertritts zum Christentum nicht
in seine (noch) heidnische Heimat zurückkehren. Der Roman setzt mit den Worten ein: «Die wunderschöne Morgenröthe / welche dem Silberbleichen Monde
seinen Schein zu rauben sich bemühete / war aus ihrem Lager kaum hervor gekro-
chen / da erwachte Herkules vom Schlaffe / stieg seiner gewonheit nach / sanfte
aus dem Bette / daß sein Freund Ladisla dessen nicht gewahr wurde / legte sich auf
die Knie / und betete in herzlicher Andacht seinen Christlichen Morgen-Segen.»
Diese christliche Umfunktionierung des Einsatzes *in medias res*, dem noch das im
Wortlaut wiedergegebene Gebet folgt, hat programmatische Bedeutung. Und erst
nach einem darauf folgenden Glaubensgespräch zwischen Herkules und Ladisla
setzt die eigentliche Romanhandlung ein, die die beiden in ihrem Bedürfnis, als
«umschweiffende Ritter» einen «Ritterzug» zu unternehmen, zunächst nach Padua führt. Kommt es schon hier zu allerlei ritterlichen Bewährungsproben, so
setzt die Entführung Valiskas die ritterlichen Kräfte erst richtig frei. Die Verfolgung führt die Helden, zunächst getrennt, über Griechenland, Syrien und Mesopotamien schließlich nach Persien, wo bedeutende militärische Vorgänge stattfinden, bis sich der Schauplatz mit der Rückkehr der inzwischen wiedervereinigten
und verheirateten Heldinnen und Helden nach Böhmen und Sachsen verlagert.
Hier setzen sich dann dank der politischen und militärischen Fähigkeiten von
Herkules und Ladisla eine neue politische Ordnung und der christliche Glaube
durch.

Im Lauf des Geschehens verschieben sich die Akzente. Hatten sich
über weite Strecken des Romans Herkules und Ladisla vor allem als fahrende Ritter bewährt, Räubernester ausgehoben, Jungfrauen befreit und
Turniere gewonnen, so tritt mit der Rückkehr aus dem Orient die Ritter-
romantik immer mehr zurück und macht einem politisch motivierten
Handeln und Denken Platz, dem es nicht an aktuellen Bezügen fehlt. Damit erhält auch der *Herkules* wie zuvor die *Argenis* eine politische Dimension, und wie in dem politischen Musterroman Barclays werden in
Versammlungen oder in kleinerem Kreis die politischen Probleme und
anstehenden Entscheidungen diskutiert, gibt es umfassende politische,
wirtschaftliche, rechtliche und militärische Handlungsanweisungen im
Rahmen eines lutherisch-patriarchalischen Herrschaftsverständnisses:
«Hierbey sol er bedenken / was ein Haußvater in seiner engen Wohnung
bey seinen Kindern ist / eben daß sey ein Fürst oder König in seinem
grossen Hause bey seinen Untertahnen.» Die Abgrenzung vom Bodinschen Souveränitätsbegriff und der Vorstellung unumschränkter Herrschaft – und damit auch von der politischen Lehre der *Argenis* – ist expli-

zit. Es führe zum Verderben des Landes, wenn einem Fürsten eingeredet werde, «sein Wille sey frey und von allen Gesetzen ungebunden / so daß er nach Belieben machen möge». Andererseits gilt es für alle, sich in die gottgewollte Ordnung einzufügen. Das schließt, so zeigen exemplarische Fälle im Roman, ständischen Aufstieg durch selbstlosen Dienst nicht aus. Auf der anderen Seite demonstriert der Fall des usurpatorischen Feldherrn Dropion, der auf seine ihm eingeborene «Königliche Seel» pocht und sich – zweifellos ein späterer Zusatz – an Oliver Cromwell («Merkwol» im Roman) orientiert, daß die Störung der durch Gott eingesetzten Ordnung eine exemplarische Bestrafung nach sich zieht, die Bucholtz zur Abschreckung in allen gräßlichen Einzelheiten schildert. Auf dieser Ebene zeigt sich der Roman zugleich als moralischer Kosmos, als christlicher Tugend- und Lasterspiegel, darauf angelegt, durch exemplarische Personen und Vorgänge dem Leser in allen Fragen des Lebens und Glaubens eine Orientierung zu bieten und ihn auf den rechten christlichen, d. h. lutherischen Weg zu führen.

Die Helden seines zweiten Romans, Herkuliskus und Herkuladisla, sind die Söhne von Herkules und Ladisla, und wie ihre Väter ziehen sie in den Orient, um die Stätten kennenzulernen, an denen ihre Eltern so viel Ruhmreiches erlebt hatten, und um Herzogin Klara heimzuholen, die Witwe des Mederprinzen Arbianes und Schwester des Herkules. Unzählige ritterliche und kriegerische Abenteuer sind zu bestehen, bis die Helden und ihre zahlreichen Begleiter nach mannigfachen Umwegen nach Prag zurückkehren können – gerade noch rechtzeitig, um gegen die Polen zu Felde zu ziehen. Die unter Kaiser Decius beginnenden Christenverfolgungen – der Roman spielt in den Jahren 247–249 – veranlassen viele befreundete Familien, aus Italien und den römischen Provinzen nach «Teutschland» zu fliehen. Hochzeiten dann zum Schluß: Herkuliskus und Herkuladisla heiraten jeweils die Schwester des anderen, Klara geht eine zweite Ehe mit dem ebenfalls verwitweten Olaf von Dänemark ein usw. Auch der *Herkuliskus* ist reich versehen mit erbaulichen, moraldidaktischen und politischen «Lehr-Untersuchungen» und Anmerkungen.

In der Vorrede des *Herkules* beklagt Bucholtz die Selbstzerstörung der Deutschen im Dreißigjährigen Krieg, wo es doch viel besser wäre, die Kräfte darauf zu verwenden, «des Türken / Tartern und Persen Hochmuth und Gewalt zu dämpfen». Die Romane selbst, *Herkules* und *Herkuliskus*, lassen ohne Zweifel eine gewisse Kreuzzugsideologie durchschimmern, die der zeitgenössische Leser unschwer auf die Türkengefahr beziehen konnte. Daß Bucholtz dabei in seinem Patriotismus an der Idee eines Heiligen Römischen Reiches deutscher Nation festhält (bzw. in diese Vorstellung in die Vergangenheit projiziert), gehört in den Bereich des politischen Wunschdenkens. Seine durch Bündnisse und verwandtschaftliche Verflechtungen gestützte Konstruktion einer «Böhmisch-Teutsch-Römischen Freundschaft» läßt sich kaum anders als eine Reaktion auf den tatsächlichen Niedergang des Reiches im Dreißigjährigen

Krieg auffassen. Ob allerdings wirklich «der gantze teutsche Krieg / durch Veränderung etlicher weniger Umstände mit eingebracht» worden ist, wie Christian Thomasius später anmerkte (*Monatsgespräche*, Januar 1688), läßt sich nicht so genau verifizieren.

Bucholtz stellte sich mit seinen politisch-didaktischen Zielsetzungen bewußt in die Tradition des höfisch-historischen Romans, verlieh ihr aber durch die Verbindung mit dem Erbaulichen einen besonderen Akzent. Gerade die erbaulichen Züge waren es wohl, die dem *Herkules*, trotz einer gewissen Schwerfälligkeit, einen ungewöhnlichen Erfolg im 17. und 18. Jahrhundert brachten (Neuauflagen 1666, 1670, 1693 und 1728; die Bearbeitungen von 1744 und 1781–83 kürzen dann allerdings die erbaulichen Partien). Noch Goethes ‹Schöne Seele› fand sich durch den *Herkules* tief berührt: «die andächtige Liebesgeschichte war ganz nach meinem Sinne. Begegnete seiner Valiska irgend etwas, und es begegneten ihr grausame Dinge, so betete er erst, eh' er ihr zu Hülfe eilte, und die Gebete standen ausführlich im Buche.»

Exkurs: Ein katholisches Pendant

Einen katholischen Gegenentwurf zur weltlichen Romankunst stellt der dreibändige Roman *Vernuft-Trutz* (1686–88) des Kapuziners Rudolph von Schwyz (Rudolph Gasser) dar, der mit allen Mitteln des höfisch-historischen Romans die christliche Glaubensbotschaft zum Zweck der Seelsorge literarisch umzusetzen sucht und dabei schon im Titel seine Absichten deutlich macht: *Außforderung Mit Aller-demütigst gebottnem Vernunft-Trutz An alle Atheisten / Machiavellisten / gefährliche Romanen / und falsch-politische Welt-Kinder Zu einem Zwey-Kampff Auff dem Plan kurtzweiliger Dichtung / mit dem Schwerdt / der sonderbahren Beweißthumben.* Die nach dem Modell des höfisch-historischen Romans verwikkelte Handlung führt nach China und kreist um die Missionierung des Landes, Anlaß genug, um die christliche Lehre in Gesprächen und Belehrungen ausführlich darzustellen und mit dem üblichen romanhaften Erzählrepertoire zu verbinden. Die Bekehrung der kaiserlichen Familie bildet den Abschluß, wobei einige Prinzessinnen und Prinzen sowie Mitglieder ihres Gefolges in den geistlichen Stand treten, Kaiser und Kaiserin sowie andere Mitglieder der Familie aber entsprechend dem Finale des weltlichen Romans die Ehe schließen, allerdings «zu Ehren der allerreinsten Jungfräulichen Mutter Mariae» in Form der Josefsehe.

Mit seinem an Bucholtz erinnernden Vorhaben, den «Laster-Büchern» mit ihren verderblichen weltlichen Gesinnungen mit den Mitteln des Romans entgegenzutreten, richtete sich Rudolph von Schwyz im Unterschied zu der volksmissionarischen Programmatik der deutschsprachigen katholischen Literatur ausdrücklich an die Gebildeten, an die «hochen Geisteren / die von Natur zu den Wissenschaften gewidmet und also folgendlich auch von Naturs-neigung zu dem lesen verreitzet ja halber bezwungen diser Gemüths-Ubung und Verstandts-Lust zu öfteren abwarten». Die Reaktion der Leser war nach dem ersten Band offensichtlich wenig positiv, so daß in den folgenden Bänden die fiktionale Welt zunehmend hinter dem Erbaulichen zurücktritt und sich Rudolph später statt eines angekündigten weiteren Romans den konventionellen Formen der Glaubenspropaganda im Kontext der konfessionellen Auseinandersetzungen in der Schweiz zuwandte.

Philipp von Zesen

Die Geschichte des höfisch-historischen Romans in Deutschland läßt sich nicht als kontinuierliche Entfaltung der Gattung beschreiben. Ebensowenig wie etwa Bucholtz' Beispiel einer Verbindung von weit ausgreifendem Ritterroman, Erbauung und Politik in dieser Form Nachfolge fand, machten Zesens höfisch-historische Romane mit ihren biblischen Stoffen Schule. Es handelt sich jeweils um eigenständige Auseinandersetzungen mit Form und Poetik des europäischen höfisch-historischen Romans, und selbst da, wo – wie bei Bucholtz und Zesen – die christliche bzw. biblische Thematik nähere Beziehungen anzudeuten scheint, kommt es zu völlig verschiedenen Lösungen. Es liegt dem Pfarrerssohn Zesen nichts daran, vorgefundene Romanformen zum Vehikel moralisierender Indoktrination und Erbauung zu machen, sondern sein Ziel ist eine neue Form des Romans, die aus der Distanzierung von einigen Postulaten der aristotelischen Romanpoetik erwächst. Es geht wieder um Geschichte und Fiktion, Wahrheit und Wahrscheinlichkeit.

Zesen hatte in den vierziger Jahren neben der noch stark dem Geist des Ritterromans verpflichteten *Liebes-beschreibung Lysanders und Kalisten* Vital d'Audiguiers (1616; dt. Übersetzung zusammen mit Gottfried Hegenitz 1644) zwei Beispiele der modernen französischen Romankunst übertragen, Madeleine de Scudérys (*Ibrahim* 1641; dt. 1645) und de Gerzans *Afrikanische Sofonisbe* (1627–28; dt. 1647), Romane, die Geschichte und Erfindung im Dienst der Wahrscheinlichkeit zu verbinden suchen. Zesen ließ zwar manche Anregung aus dem *Ibrahim* der Scudéry in seinen ersten eigenen Roman, *Adriatische Rosemund* (1645), einfließen, doch die poetologischen Erörterungen in den Vorreden der Romane de Gerzans und Madeleine de Scudérys überging er und beschäftigte sich statt dessen vorwiegend mit Fragen des Übersetzens und der Verdeutschung von Fremdwörtern. Entweder war er sich über die Tragweite der Scudéryschen Romanpoetik nicht im klaren – oder er hatte andere Vorstellungen. Deutlich werden diese dann in den späten Romanen *Assenat; das ist Derselben / und des Josefs Heilige Stahts- Lieb- und Lebensgeschicht* (1670) und *Simson / eine Helden- und Liebes-Geschicht* (1679).

In der Vorrede zur *Assenat* stellt er sich ausdrücklich gegen die dominierende Auffassung von der Wahrscheinlichkeit als Fundament des höfisch-historischen Romans, gegen die Vorstellung, daß erfundene wahrscheinliche Geschichten dem moralischen Endzweck der Dichtung besser dienen könnten als wirkliche Geschichtsschreibung. In diesem Zusammenhang polemisiert er gegen die von Heliodor ausgehende Tradition der «nicht-heiligen / ja unheiligen Liebesgeschichten», die entweder völlig erdichtet seien oder Wahres, Wahrscheinliches und Unwahrscheinliches vermengten, «damit sie in den gemühtern der Leser üm so viel mehr verwunderung gebähren» bzw. «damit sie üm so viel schöner / üm so viel herlicher / üm so viel prächtiger ihren aufzug tuhn möchten». Dagegen streicht er sein Unternehmen als etwas «neues» heraus, als etwas «heiliges / dergleichen auf diese weise noch niemand verfasset» habe. Denn die «Heilige Stahts- Lieb- und Lebensgeschicht» gewinne ihre Heiligkeit nicht so sehr aus der Frömmigkeit und dem vorbildlichen Verhalten seines Helden oder gar aus eingeschobenen erbaulichen Betrachtungen als vielmehr aus der Würde und der Wahrheit des stofflichen Vorwurfs: «Fragstu / warüm ich sie heilig nenne? Freilich ist sie heilig / weil sie aus dem brunnen der heiligen Geschichte Göttlicher Schrift geflossen.» Zesen legt in seiner Argumentation den Akzent nicht auf die erbauliche oder moraldidaktische Wirkung, sondern auf den Anspruch, durch vollständiges Ausschöpfen der Quellen die «nakte Wahrheit dieser sachen» zu schildern und damit die Tugenden der Geschichtsschreibung in die Romankunst einzubringen: «diese meine Geschicht ist / ihrem grundwesen nach / nicht erdichtet. [...] Ich weis die Schriften der Alten anzuzeigen / denen ich gefolget.» Davon zeugen übrigens «Kurtzbündige Anmärkungen» von immerhin 185 Seiten (bei weniger als 350 Seiten Romantext), die laut Zesen zuerst gelesen werden sollten. Die wichtigsten der hier verarbeiteten Quellen sind neben dem Alten Testament (Gen. 37 und 39–50) die legendenhafte antike Geschichte von Josefs Frau (*Historia Assenat*) und die pseudepigraphischen *Testamente der Zwölf Patriarchen* sowie eine Reihe zeitgenössischer wissenschaftlicher Werke wie Athanasius Kirchers *Oedipus Aegyptiacus* (1652–54). Außerdem spielt, Anlaß für eine spätere Polemik, Grimmelshausens *Keuscher Joseph in Egypten* (1666), der erste Josefsroman der deutschen Literatur, eine gewisse Rolle.

Allerdings kommt auch Zesen nicht an Gattungskonventionen und Lesererwartungen vorbei. So muß er denn einräumen, daß er dem Roman «zu weilen / nach dieser ahrt zu schreiben / einen höhern und schöneren schmuk und zusatz / der zum wenigsten wahrscheinlich / gegeben» habe. Eine fürstliche Heirat, eine Entführungs- und Liebesgeschichte gehören dazu. Und so ist auch Zesen letztlich wieder bei der Verbindung des Historischen mit dem Fiktiven, bei der Kategorie der Wahrscheinlichkeit angelangt. Doch im Unterschied zur Scudéry und anderen haben sich die Akzente verschoben: Es geht Zesen nicht darum, eine fiktive Romanhandlung durch einige Bezüge zur geschichtlichen Wirklichkeit ‹wahrscheinlicher› zu machen, sondern sein Ziel ist eine quellenmäßig abgesicherte, ‹historische› Lebensgeschichte, die nur am Rand traditionell romanhafte Züge aufweist.

Wenn den Quellen die entscheidende Bedeutung zukommt und eine historisch getreue «Lebens-geschicht» das erklärte Ziel ist, hat das Konsequenzen für die traditionelle Struktur des höfisch-historischen Romans und ihren Sinn. Die *Assenat*, in sieben Bücher gegliedert, beginnt zwar unvermittelt mit der Ankunft Josefs in Ägypten – die Kindheitsgeschichte bis zum Verkauf durch seine Brüder wird bald darauf im zweiten Buch nachgeholt –, erzählt aber von da an, abweichend vom Muster Heliodors, chronologisch die bekannte Geschichte des Helden und die weniger bekannte seiner Frau Assenat, bis Josef «im 110 jahre seines alters» stirbt. Zesen verzichtet weitgehend auf die artifizielle Beschränkung der Handlungszeit, auf eine aus der Trennung der Liebenden resultierende Reise-

und Abenteuerhandlung mit einer Folge von exemplarischen Bewährungsproben, auf das glücklich-festliche Ende, das die Verwirrungen glücklich auflöst und hinter der vordergründigen Welt der Fortuna das Walten der göttlichen Providenz sichtbar macht. In Zesens Josefsroman wird die Macht der Vorsehung nicht erst vom Ende her erkennbar, sondern sie erweist ihre Wirksamkeit, wie Orakel, Vorausdeutungen und Träume verdeutlichen, durch Josefs ganzes Leben. Und während die ethischen Bewährungsproben der höfischen Romanheldinnen und -helden ihrer Liebe und Treue zueinander gelten, handelt Josef aus Treue gegenüber Gott: «Ich wil meinem Gotte / und nach ihm / meinem Fürsten getreu verbleiben bis in den tod», muß Sefira, Potiphars Frau, in der Verführungsszene hören. Die Treue erhält eine religiöse, ja heilsgeschichtliche Motivation. Josef erscheint als Präfiguration Christi und ist mit der Aura des Heiligen umgeben.

Die an Heliodor orientierte Struktur der meisten höfisch-historischen Barockromane ist dafür verantwortlich, daß die darin vertretenen politischen Programme selten in ihrer Verwirklichung gezeigt werden. In dem Moment, in dem das Chaos schwindet und die Friedensherrschaft mit den obligatorischen Hochzeiten einsetzt, enden normalerweise die Romane. So propagiert Barclay zwar den Bodinschen Absolutismus, seine Realisierung ist jedoch aus poetologischen wie historischen Gründen in die Zukunft verlegt. Zesen geht einen anderen Weg. Da Staats- und Liebesgeschichte bei ihm nicht zusammenfallen – Josefs Verbindung mit Assenat hat eher ‹privaten› Charakter – und der Roman keineswegs mit der Vereinigung des Paares endet, bleibt Raum, den Helden in verantwortlicher politischer Tätigkeit zu zeigen. Begünstigt wird dieses Unternehmen durch die biblische Vorlage selbst, die noch Thomas Mann zu politischer Aktualisierung anregte: Zesens Josefsroman handelt von absolutistischer Theorie und Praxis.

Die Familiengeschichte, aber auch die heilsgeschichtlichen Aspekte der Josefsgeschichte – Sicherung des Fortbestandes des jüdischen Volkes – treten hinter die politischen Vorstellungen zurück. Mit Josefs Prophezeiung im ersten Buch, daß einst die «Königliche macht / die nun noch zimlich gebunden ist / gantz frei und über alles erhoben» sein werde, ist das politische Programm des Romans genannt, das Josef nach seiner Zeit im Kerker als Vizekönig verwirklicht. Er sieht seine Aufgabe darin, «den König groß / und die Untertahnen wohlfahrend zu machen». In der Praxis bedeutet das, daß er dem König «das freie volgewaltige gebiete», die absolute Herrschaft, zu sichern sucht, wobei die Stärkung der königlichen Macht dank Josefs Vorsorgepolitik während der fetten und mageren Jahre mit einer wachsenden Unfreiheit der Untertanen einhergeht: «Dergestalt ward das gantze land / mit allen einwohnern / dem Könige eigen.» Die politische Rechtlosigkeit des Volkes, das vielfältige Arbeitsleistungen erbringen muß (Städte-, Schlösser-, Pyramidenbau, Bau von Wasserleitungen und Dammanlagen usw.), wird durch die Verpflichtung des Wohlfahrtsstaates kompensiert, das materielle Wohlergehen der Untertanen zu sichern.

Die besondere Perspektive, unter der das absolutistische Regiment in der *Assenat* erscheint, wird jedoch erst dann deutlich, wenn man die Stellung Josefs in die Betrachtung einbezieht: Er ist nicht Monarch, sondern erster Minister. Dadurch wird es möglich, neben der glänzenden Außenseite des Fürstenstaats auch das reibungslose Funktionieren des Staatsapparats und die Verdienste des dienenden Beamtentums darzustellen, Hinweis auch auf die zunehmende Bedeutung der Beamtenschaft im frühmodernen Staat mit seinen ständig wachsenden Aufgaben. Vor diesem Hintergrund erscheint Josef als durchaus aktuelle Vorbildgestalt, als «ein rechter Lehrspiegel vor alle Stahtsleute», als «ein lehrbild» für alle «Beamten der Könige und Fürsten».

Zesens *Assenat* ist allerdings mehr als eine ungebrochene Darstellung absolutistischer Ideologie und Praxis. Dagegen sprechen etwa die Christuspräfiguration und die legendenhaften Züge der Geschichte Assenats; vor allem aber macht Josefs Krise, ausgelöst durch den Tod seiner Frau und die Nachricht vom unbegreiflichen Schicksal seines Verwandten Job (Hiob), den Zwiespalt zwischen diesseitsorientierter absolutistischer Politik und dem Bewußtsein der Unzulänglichkeit irdischer Maßstäbe sichtbar. Aber wie schon bei Josefs Beziehung zu Assenat bleiben auch hier ‹privater› und ‹öffentlicher› Bereich getrennt, führt die aus den Schicksalsschlägen resultierende Tendenz zur Weltabkehr nur zu inneren, nicht öffentlichen Konsequenzen: Josef bleibt als Werkzeug der Vorsehung bis zu seinem Tod die bestimmende politische Kraft im Land. Der Leser sieht den Zusammenhang: Demütige Gesinnung und die Erfahrung der Heilsbedürftigkeit des Menschen und der Welt gehören zu den Voraussetzungen des vorbildlichen fürstlichen Beamten und christlichen Staatsmanns.

Während die *Assenat* zwischen 1670 und 1679 vier Auflagen erlebte und später in dänischer Übersetzung von 1711 bis 1776 sechsmal gedruckt wurde, blieb Zesens zweiter biblischer Roman, *Simson* (1679), ohne größere Resonanz. Ein ebenfalls angekündigter *Moses* ist nie erschienen. Auch für den *Simson* erhebt Zesen den Anspruch einer historischen Lebensbeschreibung, muß aber selbst sein Scheitern eingestehen, da Krankheit und unzureichendes Quellenmaterial ihn «gezwungen» hätten, den geplanten Umfang des Werkes zu reduzieren und «viel Dinges nicht allein anderwärts her und aus andern Geschichten / sondern auch selbst aus eigner Erfündung / wie man sonst in dergleichen Heldengeschichten oder vielmehr Gedichten zu tuhn gewohnt / miteinzufügen». Diese Bemerkung bezieht sich auf eine Reihe von Exkursen und vor allem auf die ausgedehnte Geschichte von der «Schönen Timnatterin»; sie steht, aus dem Geist und dem Motivvorrat des höfischen Romans geschaffen, in schroffem Gegensatz zur durchaus unhöfischen Geschichte Simsons. Deren Kompositionsprinzip, die Reihung, ist durch die

Quellen vorgegeben: Buch der Richter 13–16, Flavius Josephus, Johann Wilhelm
von Stubenbergs *Geteutschter Samson* (1657) nach Ferrante Pallavicino.
   Der Versuch, die episodische Struktur durch eine zweite Bedeutungsebene zu
überbrücken und eine übergeordnete Einheit zu stiften, ist der interessanteste Aspekt des Romans. Zesen, auch ein fruchtbarer Erbauungsschriftsteller, bedient
sich zu diesem Zweck der im 17. Jahrhundert durchaus noch lebendigen Methode
der figuralen oder typologischen Bibelauslegung. Simson ist Präfiguration Christi,
d. h. in Simsons Leben von seiner Geburt bis zu seinem Tod ist die Heilsgeschichte
vorgebildet, wobei ausführliche Vergleiche und Deutungen an den entscheidenden
Punkten der Handlung die Doppelgleisigkeit des Geschehens bewußt machen.
Die Anregung kam von einem gerade neu aufgelegten Predigtwerk Valerius Her-
bergers (*Magnalia Dei, Das ist: Die grossen Thaten Gottes*, 4. Auflage 1678; zuerst
1601–18). Zesen verfährt genau nach dem Muster der Vorlage, die nach der Wiedergabe der biblischen Geschichte und ihres historischen Sinns die Erhellung des
geistigen Sinns anschließt. Er überträgt Formelemente der religiösen Literatur auf
den Roman: «Aber ehe wir in Erzehlung hiesiger Geschicht fortschreiten / wollen
wir sie zuvor was näher betrachten.» Insgesamt gelingt es freilich nicht, die aus-
einanderstrebenden Bestandteile des Romans auf diese Weise zusammenzuhalten.
   Die Verbindung von Formen des Romans und der religiösen Literatur ist
durchaus keine Ausnahme in der Literatur des 17. Jahrhunderts, wie Werke von
Bucholtz, Grimmelshausen und Laurentius von Schnüffis oder ausgesprochene
Legendenromane wie Michael Staudachers *Genovefa* (1648) oder Hieronymus
Ambrosius Langenmantels Übersetzungen aus dem Französischen (*Genovefa, die
erkante Unschuld*, 1685; *Die Gekrönte Unschuld, Oder: Das Wundersame Leben
der Seeligen und Frommen Hirlandin*, 1690) bezeugen.
   Zu den auffallendsten Zügen der späten Romane Zesens gehört ihr
Prosastil, der das Ergebnis einer entschiedenen Kunstabsicht darstellt.
Gegen den zeitgenössischen Periodenstil – Zesen kritisiert schon in der
Vorrede zur *Ibrahim*-Übersetzung die «langen Geträkk' und Geschläppe
der Räde» – stellt er sein Stilideal der Kürze, Übersichtlichkeit und Klarheit. Seinen besonderen Ausdruck findet dieser Stilwille «in der sonderbahren / oder kurtzsinnigen / das ist gantz kurtzbündigen / oder kurtzsinnigen» Schreibart, die sich durch einen parataktischen, stakkatoartigen
Satzbau auszeichnet: «Mitlerweile kahm der König an. Unversehens
überraschete er dieses liebe Paar. Unvermuhtlich traht er zum zimmer
hinein. Zur stunde ward ein stilschweigen. Josef eilete ihm straks entgegen / die Königliche hand zu küssen. Da veränderte sich der schertz in
ernst; der liebeshandel in stahtsgeschäfte.» Da sich dieser Stil aber, wie
Zesen selbst schreibt, «zu Geschichten kaum / zu langen Erzehlungen gar
nicht» eignet, kommt es zu einem ständigen Wechsel mit einem gemäßigten Periodenstil, der als «gemeine Mittelahrt» bezeichnet wird, oder noch
längeren, fließenden Satzperioden. Zesens konsequente Arbeit am Prosastil, die sich über Jahrzehnte hinweg dokumentieren läßt, erreicht in den
späten Romanen und hier vor allem in der *Assenat* ihr Ziel: Das Ergebnis
gehört zu den originellsten Leistungen der deutschen Barockprosa.

Anton Ulrich, Herzog zu Braunschweig und Lüneburg

Unter den deutschen Romanciers des 17. Jahrhunderts ist Anton Ulrich, Herzog zu Braunschweig und Lüneburg, nicht nur wegen seiner herausgehobenen sozialen Stellung eine Ausnahmeerscheinung. Seine beiden Romane, die zeitweise in der Forschung synonym für den Barockroman überhaupt standen, gehören zu den imposantesten Großdichtungen des Jahrhunderts, idealisierende Weltentwürfe im Geist der höfischen Kultur des Absolutismus: «Wann nun», fragt Sigmund von Birken rhetorisch in seiner Vorrede zu Anton Ulrichs erstem Roman *Die Durchleuchtige Syrerinn Aramena* (1669–73) über die höfische Romankunst, «dergleichen Bücher / der Adel mit nutzen liset / warum solte er sie nit auch mit ruhm schreiben können: Und wer soll sie auch bässer für den Adel schreiben / als eine person / die den Adel beides im geblüt und im gemüte träget?» Wenn dann anschließend von den bisherigen deutschen Leistungen auf diesem Gebiet die Rede ist, fallen daher vor allem adelige Namen: der Freiherr von Kuffstein bzw. Kuefstein, der «dapfere Kriegsobriste» Diederich von dem Werder, der Landadelige Wolf Helmhard von Hohberg und natürlich «unser Teutscher Homerus», der *Argenis*-Übersetzer Martin Opitz von Boberfeld. Von Bucholtz, der seinen zweiten Roman *Herkuliskus* den Herzögen von Braunschweig gewidmet und für Deutschland eine Pionierleistung vollbracht hatte, ist nicht die Rede. Das erscheint durchaus konsequent, da sich Bucholtz' penetrantes Moralisieren wohl kaum mit der abgehobenen Exklusivität der «Fürstlichen Geschichten» und ihrem Anspruch auf Authentizität als «Hof- und Welt-Spiegel» und «Staats-Lehrstul» vereinbaren läßt.

Anton Ulrich (1633 Hitzacker – 1714 Salzdahlum bei Wolfenbüttel) war der zweite Sohn Herzog Augusts des Jüngeren, der Wolfenbüttel zu einem kulturellen Mittelpunkt gemacht hatte und seinen Kindern eine anspruchsvolle Erziehung angedeihen ließ. Verantwortlich dafür war der vielseitige Sprachgelehrte und Jurist Justus Georg Schottelius. An ihrem Ende stand die Kavalierstour, die Anton Ulrich 1655/56 über Straßburg nach Paris führte. Die Reise brachte bedeutende künstlerische und literarische Anregungen: Anton Ulrich kaufte Gemälde und Kunstgegenstände, besuchte häufig das Theater und lernte Madeleine de Scudéry kennen. Die Begegnung mit der höfischen Kultur Frankreichs führte zunächst zur Hinwendung zum Theater. Beginnend mit einem *Frühlings-Ballet* (1656) anläßlich seiner eigenen Hochzeit, entstand bis etwa 1663 mehr als ein Dutzend Singspiele und Ballette, mit denen Anton Ulrich dazu beitrug, die Geburtstage seines Vaters und andere gesellschaftliche Ereignisse gebührend zu begehen. Dieser Serie von Theaterdichtungen unter dem Einfluß der französischen Hofkunst und der italienischen Oper folgte 1665 eine Sammlung *Geistlicher Lieder*, die in der zweiten Auflage von 1667 den Titel *ChristFürstliches Davids-Harpfen-Spiel* erhielt. Ihr Grundbestand war freilich bereits 1655 dem Herzog handschriftlich als Neujahrsgabe überreicht worden, Zeichen für den frommen lutherischen Geist am Wolfenbütteler Hof des Vaters.

Als dieser 1666 starb, übernahm der älteste Sohn Rudolf August die Herrschaft, doch wurde Anton Ulrich in die Leitung der Staatsgeschäfte einbezogen, zunächst inoffiziell, dann von 1685 an förmlich als Mitregent. Er spielte bald die führende Rolle, wobei seinen politischen Projekten und Intrigen wenig Erfolg beschieden war. Der Aufstieg des Hannoveraner Welfenhofs – Kurwürde 1692 – war auch durch einen Krieg nicht zu verhindern. Herzogin Elisabeth Charlotte von Orléans, Liselotte von der Pfalz also, hatte es vorausgesehen: «Der krieg, so die Wolffenbüttelsche herren ahnfangen wollen, kompt mir eben vor alss wenn man in die höhe speit undt dass es einem wider auff die nass felt, denn ich glaube, dass es ihnen selbsten ahm übelsten bekommen wirdt.» Nach dem Tod seines Bruders übernahm Anton Ulrich 1704 die alleinige Regentschaft. Durch eine überlegte Heiratspolitik suchte er seinen Einfluß im Reich zu mehren; auch um seinen Übertritt zum Katholizismus (1710) ranken sich politische Spekulationen. Literarisch standen die Jahre seiner politischen Tätigkeit im Zeichen seiner Romane.

Am Wolfenbütteler Hof las man die neuesten französischen Romane nicht nur, man übersetzte sie auch: Sophie Elisabeth, die zweite Frau Herzog Augusts und Stiefmutter Anton Ulrichs, übertrug von 1641 an Teile der *Astrée* Honoré d'Urfés (*Historie der Dorinde*), und Anton Ulrichs Schwester Sibylla Ursula korrespondierte mit Madeleine de Scudéry und arbeitete 1656 und 1658–59 an teilweise handschriftlich erhaltenen Übersetzungen von Romanen La Calprenèdes (*Cassandre*, *Cléopâtre*). Sibylla Ursula scheint überdies, angeregt durch die Übersetzungsarbeit, den Schritt zu eigener Produktion unternommen zu haben: Die älteste Handschrift der *Aramena* (Buch 1 und Anfang von Buch 2) stammt aus ihrer Feder. Ob diese erste Konzeption des Romans auf sie allein zurückgeht oder ob sie als Gemeinschaftswerk gelten muß, läßt sich allerdings nicht entscheiden. Sicher ist nur, daß die Phase der engen Zusammenarbeit mit Sibylla Ursulas Hochzeit (1663 mit Herzog Christian von Holstein-Glückstadt) ein Ende hatte.

Eine erweiterte, die strukturelle Zusammenhänge entschiedener betonende Fassung der *Aramena* von Anton Ulrich repräsentiert dann die nächste Stufe der Arbeit. Dieser Text ging nach Nürnberg zu Sigmund von Birken, der 1646 für eine kurze Zeit unter Schottelius die Erziehung der Prinzen übernommen hatte und offenbar Anton Ulrichs uneingeschränktes Vertrauen besaß. Birken gab dem Roman den letzten stilistischen Schliff für den Druck, übernahm die Korrekturen und hielt diese Tätigkeiten in seinem Tagebuch fest: «An Aram. 2 Bl. ümgeschrieben», «An Aramena 4 Bl. geschrieben» oder «Den 3. Bogen der Aram. corrigirt» lauten einige der zahlreichen Einträge (hier aus dem Jahr 1671). Darüber hinaus steuerte er neben der romantheoretisch bedeutsamen Vorrede auch Gedichte und ein «Schäfer-Spiel von Jacob / Lea und Rahel» zum fünften Band des Romans bei.

1669 erschien der erste Band des Romans im Druck; bis 1673 folgte jedes Jahr ein weiterer Band (5 Bände mit insgesamt 3882 Seiten), jeweils einer von fünf ‹Freundinnen› gewidmet, darunter Sibylla Ursula (Bd. 3: «Der Bluts-Freundschaft») und Catharina Regina von Greiffenberg (Bd. 5: «Der Unbekanten Freundschaft»). Der fünfte Band trägt den Titel «Mesopotamische Schäferei» und enthält, den Konventionen der Schäferdichtung entsprechend, eine Reihe von Beiträgen von fremder Hand und Gespräche mit verschlüsselten Anspielungen auf Personen und Geschehnisse aus dem Umkreis Anton Ulrichs, der sich selbst hinter der Gestalt des Schäfers Ansicles verbirgt.

Die Handlung der *Aramena* führt in den Nahen Osten, vorwiegend nach Syrien und Mesopotamien, und spielt zur Zeit der alttestamentarischen Patriarchen; Jacob, Rahel, Lea, Esau u. a. treten in der «Mesopotamischen Schäferei» auf. In politischer Hinsicht geht es um die Befreiung Syriens, das nach dem Tod des letzten Königs Aramenes unter assyrische Herrschaft gekommen war. Kinder des Aramenes, schon lange als Romangestalten präsent, erfahren von ihrer Herkunft, und Abimelech übernimmt nach dem Sieg über die Assyrer die Herrschaft in Syrien, während seine Schwester Aramena, die zunächst den Namen Delbois führt und als Tochter des Königs von Assyrien gilt, den zeitweise unter dem Namen Cimber auftretenden Keltenfürsten Marsius den Jüngeren nach unzähligen Verwirrungen zum Mann nimmt und mit ihm nach Trier geht, wo er sein keltischdeutsches Erbe antritt. Eine erste Serie von Hochzeiten findet gegen Ende des vierten Bandes nach der Befreiung Syriens statt, eine zweite dann in der «Mesopotamischen Schäferei», in die sich Aramena angesichts der Verwicklungen um Marsius/Cimber zurückgezogen hatte. Natürlich ist damit die Komplexität des Romans nicht einmal angedeutet; Leo Cholevius benötigte allein für die Nacherzählung der Haupthandlung 30 Druckseiten.

Die ‹deutsche Dimension› des Geschehens, eine Art Vorgeschichte der Deutschen auf der Basis der humanistischen Vorstellungen von ihrem altehrwürdigen biblischen Stammbaum, gibt der *Aramena* eine patriotische Note. In weiträumiger Kombinatorik wird die Welt der Patriarchen des Alten Testaments wie die der syrischen und assyrisch-babylonischen Reiche durch verwickelte verwandtschaftliche Verbindungen mit einer fiktiven deutschen oder keltischen Vergangenheit in Beziehung gesetzt, so daß nun auch die Deutschen dank dieser Verflechtungen mit der biblischen Welt und dank großer geschichtlicher Taten als Inhaber eines der großen Weltreiche gewürdigt werden können. Diese Konstruktion zur höheren Ehre des Deutschen Reiches verbindet Anton Ulrich weniger mit Bucholtz' nationalem Eifer als mit La Calprenèdes historischer Legitimation des französischen Herrschaftsanspruchs in seinem letzten Roman *Faramond, ou l'histoire de France* (1661–70), der als erster französischer *roman heroïque* die eigene Frühgeschichte des fünften nachchristlichen Jahrhunderts einbezieht.

Innerhalb dieses weitgesteckten historischen und geographischen Rahmens entfaltet sich die komplexe und verwirrende Romankomposition Anton Ulrichs. Sie folgt ebenfalls dem Muster der Romane La Calprenèdes mit ihrer Neuformulierung des Handlungs- und Formschemas des hellenistischen Romans: Die einfache Grundstruktur des Heliodorschen Romans, der die Geschichte von Trennung, Abenteuern und glücklicher Vereinigung eines einzigen Paars erzählt, wandelt sich durch die Einführung zahlreicher weiterer Paare, die erzählenswürdige Vorgeschichten besitzen, zu einem förmlichen Gewebe von Liebesgeschichten, das um so verwirrender wirkt, als diese Geschichten mehrfach unterbrochen und miteinander verflochten werden können. Folge dieser Technik ist, daß die Dauer der Gegenwartshandlung im Sinn der Scudéryschen Romanpoetik beschränkt wird und daß sich die Vorgeschichten als mehr erweisen als der Begriff besagt: Sie bilden vielmehr als Lebensgeschichten einen wesentlichen Teil der Romanwelt. In der *Aramena* beispielsweise, in der die Geschicke von 27 Paaren geschildert werden, gibt es insgesamt 36 Lebensgeschichten, die durch das Einsetzen des Romans mitten im schon weit fortgeschrittenen Geschehen erforderlich werden und beinahe die Hälfte des Romanumfangs ausmachen.

Diese Geschichten dienen nicht nur der fortschreitenden Enthüllung zurückliegenden Geschehens und verborgener Zusammenhänge, bis schließlich hinter der scheinbar chaotischen Welt das Wirken der Providenz sichtbar wird, sondern sorgen auf diesem Weg auch für weitere Verwirrung des Lesers und der betroffenen Romanpersonen. «Es gienge ihm dismahl wie allezeit / daß er unwissender wurde / je mehr er erfuhre», heißt es, das erzählerische Verfahren auch generell charakterisierend, über eine Romanfigur in Anton Ulrichs zweitem Roman *Octavia*. Leser und Romanfiguren besitzen verschiedene «Erfahrungsausschnitte» (Adolf Haslinger), die sich im Verlauf des Romans durch die in den Lebensgeschichten und in der Gegenwartshandlung bereitgestellten Informationen nach und nach – wenn auch manchmal nur scheinbar – vergrößern, aber erst vom Ende her ihren wirklichen Sinn erhalten. Durch die Spannung zwischen den verschiedenen, sich ständig verändernden Erfahrungsausschnitten von Leser und Romanpersonen entsteht eine komplizierte Struktur, die allein der allwissende Autor überblickt.

Die große Zahl der Personen und der Umstand, daß deren Identität alles andere als gewiß ist, tragen dazu bei, Leser und Romanpersonen desto gründlicher in Verwirrung zu stürzen: Wenn es in der *Aramena* jeweils drei verschiedene Personen gibt, die Aramena oder Cimber heißen, und wenn der Roman zunächst von einer Aramena berichtet, die nicht die Titelheldin des Romans ist, die richtige Aramena dagegen lange als Delbois erscheint, so vermehrt das die sorgfältig geplante Verwirrung ebenso wie der Umstand, daß ein und dieselbe Person unter drei verschiedenen

Namen auftreten kann. Es verwundert dann nicht weiter, daß sich Männer als Frauen und Frauen als Männer verkleiden, daß Scheinehen geschlossen werden, die vielleicht dann doch nicht so scheinhaft bleiben, und daß Totgesagte in der Regel durchaus noch am Leben sind: ein Spiel um Schein und Sein mit tieferer Bedeutung.

Die Welt ist, so charakterisiert Birken in seiner Vorrede die traditionelle heilsgeschichtlich-exemplarische Geschichtsauffassung, «eine Spielbüne / da immer ein Traur- und Freud-gemischtes Schauspiel vorgestellet wird: nur daß / von zeit zu zeit / andere Personen auftretten». Es geschieht, unter moralisch-exemplarischem Aspekt, «nichts neues unter der Sonne». Daher geht die Forderung nach historischer Wahrheit am Sinn der Dichtung vorbei: Ihr moralisch-didaktischer Endzweck läßt sich besser durch erfundene Geschichten erfüllen. In der Tat ist die Struktur des höfisch-historischen Romans der französischen Schule La Calprenèdes und seiner Nachfolger nur unter der Voraussetzung sinnvoll, daß es nicht auf historische Wahrheit und Quellentreue ankommt, sondern auf die Darstellung von bedeutungsvollen, exemplarischen Konflikten und Situationen, in denen sich die fürstlichen Heldinnen und Helden bewähren und für die sittlichen und religiösen Ideale ihres Standes eintreten können. Das gleiche Prinzip gilt, unter umgekehrten Vorzeichen, für die negativen Exempel. Eine enge Bindung an die Geschichte wäre für einen Roman, der sich als Folge von Bewährungsproben versteht, nur hinderlich.

Von einer tieferen, über die moralisch-didaktische Wirkungsabsicht hinausgehenden Bedeutung schreibt Catharina Regina von Greiffenberg schon zu einem Zeitpunkt, als der Roman noch nicht abgeschlossen war. In Briefen und dem Gedicht *Uber die Tugend-vollkommene unvergleich-lich-schöne Aramena*, das dem dritten Band des Romans vorangestellt ist, sieht sie Anton Ulrichs Werk bewundernd als Abbild der göttlichen Weltordnung («ein Spiegel seines Spiels! ein klarer Demant-Bach / | in dem man schicklich sieht die Himmels-Schickungs Sach») und rühmt die Kunstfertigkeit des Dichters, der die Schicksale schön zu führen und das «Lebens-Labyrinth» richtig zu verwirren wisse, bis die Schlußapotheose die bisher verborgene göttliche Ordnung ans Licht bringe:

> Das künstliche zerrütten /
> voll schönster ordnung ist. Es gehet aus der mitten /
> des klugen absehns Punct: wan man die Striche zieht
> zum kunstbemerkten Dupf / das Fügungs-Bild man siht
> vollkommen klärlich stehn.

Diese Gedanken über den Roman als dichterische Theodizee führt später Leibniz weiter, wenn er in Briefen an den Herzog auf die Parallelität von kunstvoller Romanstruktur und Geschichte, von Romanautor und Gott zu sprechen kommt. In einer Anspielung auf den Frieden von Utrecht (1713) vergleicht er den «Roman dieser Zeiten», dem er «eine beßere entknötung» gewünscht hätte, mit Anton Ulrichs Arbeit an der *Octavia*: «Und gleichwie E. D. mit Ihrer Octavia noch nicht fertig, so kan Unser Herr Gott auch noch ein paar tomos zu seinem Roman machen, welche zulezt beßer lauten möchten. Es ist ohne dem eine von der Roman-Macher besten künsten, alles in verwirrung fallen zu laßen, und dann unverhofft herauß zu wickeln. Und niemand ahmet unsern Herrn beßer nach als ein Erfinder von einem schöhnen Roman.» Als Leibniz diesen Brief schrieb, hatte Anton Ulrich die Arbeit an der *Octavia*, seinem zweiten Roman, wieder aufgenommen, einem ehrgeizigen Projekt, das er seit der Vollendung der *Aramena* verfolgt, aber nicht zu Ende gebracht hatte. Es blieb eine Geschichte ohne Ende.

Bereits am 10. Januar 1675 erhielt Birken, der neben Anton Ulrichs Sekretär Christian Flemmer wieder eine wichtige Rolle spielte, den Anfang der *Octavia*. Von ihm «revidirt», «ümgeschrieben» und korrigiert erschienen dann 1677–79 die ersten drei Bände der *Octavia. Römische Geschichte* bei dem Nürnberger Verleger Johann Hoffmann. Danach stockte die Arbeit, da Anton Ulrich durch Reisen und politische Geschäfte in Anspruch genommen war. Nach dem Tod Birkens (1681) und Flemmers (1681/82) trat eine rund zwanzigjährige Pause ein, bis Anton Ulrich – nun unter der Mitwirkung seines Sekretärs Gottfried Alberti – das Werk vorläufig abschloß (Bd. 4–6: Nürnberg 1703–07). Um 1710 kehrte Anton Ulrich erneut zur *Octavia* zurück; für die neue Fassung wurden die älteren Teile zwar nicht konzeptionell verändert, doch überarbeitet und um neue Geschichten erweitert. Sechs Bände dieser Fassung mit mehr als 6000 Seiten erschienen unter dem Titel *Die Römische Octavia* 1712–14 bei Johann Georg Zilliger in Braunschweig; weiteres Material bringen fragmentarische Drucke des siebten Bandes (Braunschweig: o. J. [1716]; Wien 1762). Wie die *Aramena* enthält auch die *Octavia* eine Reihe von Texten, Gedichte und Spiele, von fremder Hand (Birken, Gottlieb Graf von Windischgrätz u. a.).

Eine stärker psychologisierende Darstellungsweise und vor allem die konkrete historische Dimension des Geschehens unterscheidet die *Octavia* von Anton Ulrichs früherem Roman. Die geschichtlichen Fakten verdankt Anton Ulrich römischen Geschichtsschreibern und Antonio Bosios Darstellung des unterirdischen Roms (*Roma sotterranea*, 1632). Dabei weitet sich die Darstellung Roms unter Nero und seinen Nachfolgern zu einer Geschichte der damals bekannten Welt, verbunden mit der noch von Goethes ‹Schöner Seele› rühmend hervorgehobenen Schilderung des Lebens der christlichen Gemeinden der Zeit, die sich in Rom und einigen Städten des Nahen Ostens in Katakomben zurückgezogen haben, um den Verfolgungen zu entgehen und den Sieg des christlichen Glaubens vorzubereiten.

Im Mittelpunkt der Handlung steht die Liebe des armenischen Königs Tyridates zur Kaiserin Octavia. Er hatte sich in ihr Bild verliebt, das durch Zufall in seine

Hände geraten war. Und nach einem Schiffbruch hatte er auf einer Insel diese ihm unbekannte Frau vor dem sicheren Tod bewahrt. Es war, was Tyridates nicht wußte, Neros Gemahlin Octavia, die auf dessen Befehl getötet werden sollte. In Rom nun, wo die ersten vier Bände des Romans überwiegend spielen und die allgemein für tot gehaltene Octavia bei einer Freundin bzw. in den Katakomben lebt, sucht Tyridates die Verbindung mit der Unbekannten, die er unter dem Namen Flora kennt. Zugleich wird er in die römische Politik hineingezogen, wie denn überhaupt persönliche und politische Motivationen zusammenspielen. Octavia weicht ihm aus, weil sie sich als Christin ihrem Gemahl Nero verpflichtet fühlt. Dies ändert sich auch nach dessen Tod zunächst nicht – Neros Ende ist ein erzählerischer Höhepunkt des Romans –, zumal Nero-Doppelgänger für Verwirrung sorgen. Die Handlung verlagert sich dann nach Dacien und bezieht auch hier das Leben der christlichen Gemeinden ein, bis schließlich Tyridates und Octavia und manch anderes Paar zum krönenden Abschluß zusammenfinden.

Anton Ulrich nimmt das Historische hinein in die kombinatorische Romankomposition, die die *Octavia* wie die *Aramena* charakterisiert. Wieder handelt es sich um ein Gewebe von Lebens- und Vorgeschichten – in der Nürnberger Fassung sind es 40 Geschichten dieser Art –, dessen Muster erst vom Ende her überschaubar ist. Wie in der *Aramena* führt Anton Ulrich eine Vielzahl von Personen ein, deren Schicksal sich mit dem der Hauptgestalten berührt; wie in dem ersten Roman entsteht weitere geplante Verwirrung aus der Ungewißheit der Identität, dem Spiel mit Sein und Schein: Totgeglaubte sind noch am Leben (wie entgegen den historischen Gegebenheiten die Titelheldin), während Tote noch als lebendig gelten (wie Nero, den es ohnehin dreimal gibt). Das Gefühl, auf schwankendem Boden zu stehen, vergrößert sich ferner dadurch, daß Personen und Ereignisse der Gegenwart verschlüsselt einbezogen werden. So kommen doppelbödige Geschichten zustande, die höfische Skandal- und Klatschhistorien verarbeiten, Geschichten von gewiß hohem Unterhaltungswert für die informierte höfische Gesellschaft. Leibniz kam im März 1714 in einem Brief an den Herzog auf das Thema zu sprechen: «Es wäre zu wünschen, dass Sie vor die Aramena sowohl als vor die Octavia (paucis locis exceptis) einen schlüssel, doch nur in geheim und pro confidentioribus aufsetzen möchten.»

So schildert der Roman beispielsweise unter jeweils verschiedenen Namen zwei Episoden aus dem unglücklichen Leben der Prinzessin Sophie Dorothea von Hannover, die als Prinzessin von Ahlden in die Geschichte eingegangen ist (Nürnberger Fassung, Bd. 3, 1679: «Geschichte des Julius Sabinus und der Epponilla»; Bd. 6, 1707: «Geschichte der Prinzessin Solane»; in der Braunschweiger Fassung, Bd. 6, 1714, u. d. T. «Geschichte der Prinzessin Rhodogune»). In der Braunschweiger Ausgabe (Bd. 4, o. J. [1712/13]) findet sich eine neue «Geschichte der Solane», die wie die postume «Geschichte der Givretta» (Bd. 7, 1762) Galantes vom kursächsischen Hof (Aurora von Königsmarck u. a.) erzählt, während im fünften Band (o. J. [1712/13]) Anton Ulrich in der «Geschichte des Corillus» seinen eigenen Lebenslauf verschlüsselt.

Man geht wohl nicht fehl, wenn man einen Zusammenhang sieht zwischen diesem Eindringen der realen Welt und den Schwierigkeiten Anton Ulrichs, den Roman zu Ende zu bringen. Denn rein erzähltechnisch dürfte es für ihn kein Problem gewesen sein, auch der neuen Romanfiguren und der zusätzlichen Lebensgeschichten Herr zu werden und die kunstvoll verflochtene Handlung zu einem krönenden Abschluß zu bringen. Er selbst schreibt über die Schwierigkeiten mit ironischer Distanz im März 1713 an Leibniz:

«Was den Confutius angehet, so habe ich denselben mit in die Octavia gebracht, da Er die confusionem hilft innen vermehren. Es ergehet mir mit dieser arbeit, als wan der geist des verfaßers vom Amadis in mich gefahren wäre, daß die Octavia anstatt von 6 theilen etliche und zwantzig bekommen solte, maßen ich noch immer hin arbeite und kein ende finden kan. Die größeste raritet bei diesem wercke wird sein, daß ein achtzigjähriger Courtisan author davon ist, der, liebesgeschichten zu beschreiben, wol solte vergessen haben.»

Den Grund für diese ‹Endlosigkeit› nennt ein Brief aus Braunschweig vom 19. Juni desselben Jahres, in dem er erwähnt, daß er wieder fleißig am siebten Teil des Romans arbeite: Er habe, schreibt er, «in den acht tagen, daß ich wieder hie bin, so viel neues gehöret, daß ich vermuhte, zu der Octavia werde der achte theil auch noch kommen». Er bestätigt mit diesen Worten nicht nur, daß er Hofgeschichten als Rohmaterial für seinen Roman betrachtet, sondern impliziert damit auch, daß das Interesse an der zeitgenössischen höfischen Welt die Konzeption des Romans zu verändern, ja zu sprengen droht. Denn es liegt nahe, daß sich unter diesen Umständen die Geschichten aus der realen Welt als gleichsam unendlich und damit als unabschließbar erweisen, daß sie sich nicht mehr der kombinatorischen Romanstruktur fügen, daß sie – wie beispielsweise die «Geschichte der Solane», die Geschichte der unglücklichen Prinzessin von Ahlden also – eine Realität reflektieren, in der gesellschaftliche Mechanismen, nicht die göttliche Vorsehung das Schicksal der Menschen bestimmen. Der höfisch-historische Roman als dichterische Theodizee, wie er in der *Aramena* beispielhaft verwirklicht scheint, hätte damit auch für Anton Ulrich seinen geschichtstheologischen Sinn verloren; bei der zeitgenössischen Durchschnittsproduktion war das schon lange der Fall.

Lohensteins *Arminius*

Sieht man von Anton Ulrichs gleichsam unendlicher *Octavia* ab – «der roman macht ahn die ewigkeit gedencken, denn er nimbt kein endt», schrieb die Romanleserin Liselotte von der Pfalz –, so erschienen 1689 und 1690 die letzten bedeutenden Barockromane: ein geradezu enzyklopädisches Werk der eine, Lohensteins *Arminius*, ein effektvoll inszenierter exotischer Reißer der andere, Zieglers *Asiatische Banise*.

Lohenstein starb 1683, kurz vor Vollendung seines großen Romans, des literarischen Hauptgeschäfts seiner letzten Jahre. Christian Wagner, ein Leipziger Prediger, führte das Werk zu Ende, das mit mehr als 3000 zweispaltig bedruckten Seiten im Quartformat zu den umfangreichsten Romanen der Zeit gehört: *Großmüthiger Feldherr Arminius oder Herrmann, Als Ein tapfferer Beschirmer der deutschen Freyheit / Nebst seiner Durchlauchtigen Thußnelda In einer sinnreichen Staats- Liebes- und Helden-Geschichte [...] vorgestellet.* Äußerlich stellt sich der *Arminius* so in die Tradition des höfisch-historischen Romans. Er verwendet erzähltechnische Verfahrensweisen und Strukturelemente der Gattung, doch fügen sie sich nicht zu einer providentiellen Ordnung, zu einem verwirrenden kombinatorischen «Schickungs-Spiel» (C. R. von Greiffenberg) in der Art der *Aramena* Anton Ulrichs, das als Abbild der göttlichen Weltordnung interpretiert werden könnte. Gleichwohl verbinden sich die scheinbar disparaten Elemente des Romans – an Tacitus angelehnte historische Darstellung, Liebeserzählungen und Darbietungen gelehrten Wissens in Gesprächen, Exkursen oder allegorischen Bildern – zu einer komplexen Einheit, die zeitgeschichtliche Relevanz und universalhistorische Perspektiven, ethische Verhaltensweisen am Beispiel der Liebeserzählungen, Klugheitslehren im Kontext der politischen Handlung und die Vielfalt des Wissensstoffes miteinander in Beziehung setzt.

Der in zwei Teile mit jeweils neun Büchern gegliederte Roman beginnt – nach einer an Tacitus orientierten Einleitung über den Zustand des römischen Reiches – gattungskonform *medias in res* mit der Auflehnung der Germanen gegen das römische Joch und der Niederlage des Varus im Teutoburger Wald (9 n. Chr.). Dabei wird Thußneldas Vater Segesthes gefangengenommen, der auf römischer Seite gekämpft hatte und auch weiterhin für Seitenwechsel gut ist. Herrmann und Thußnelda, die sich als Geiseln in Rom kennengelernt hatten, verloben sich. Bis es dann zur Vermählung und den Hochzeitsfeierlichkeiten im achten und neunten Buch des ersten Teils kommt, bleibt die Haupthandlung stehen. Die Zeit der Hochzeitsvorbereitungen wird überbrückt durch gelehrte Gespräche über wissenschaftliche, ethische und religiöse Themen, durch die Jugendgeschichte Herrmanns und Thußneldas und andere Liebeserzählungen sowie weit ausgreifende historische Diskurse. Dabei reicht die Spannweite von einer Darstellung der habsburgischen Kaiser – in germanischer Verkleidung – oder der deutschen Vergangenheit, soweit sie mit der griechischen und römischen Geschichte zusammenhängt, bis zur Geschichte der Amazonen oder von Ländern wie Armenien, China und Indien. Mit dem Einsatz *in medias res*, der nachgeholten Vorgeschichte des Heldenpaars, der Erzählung weiterer Liebesverwicklungen, der Vollendung des politischen Geschehens (Herrmann tritt die Herrschaft über die Cherusker an) und der Liebeshandlungen mit den obligatorischen Hochzeiten im achten und neunten Buch erfüllt der Roman frühzeitig, bereits mit dem ersten Teil, das Handlungsmuster der Gattung. Auch der zweite Teil nutzt Erzählkonventionen des höfisch-historischen Romans, doch eher als Versatzstücke denn als strukturierendes Prinzip. Zwar wird mit der Trennung des nunmehr verheirateten Heldenpaars durch die Entführung Thußneldas (und anderer germanischer Frauen) nach Rom noch einmal das Muster von Trennung und Wiedervereinigung verwandt – Thußnelda entzieht sich der Begierde des Kaisers Tiberius durch Flucht und gelangt schließlich nach einem Umweg über Asien wieder nach Germanien –, doch ändert das nichts an der grundsätzlich chronologischen Erzählweise im zweiten Romanteil, der die Romanhandlung mit der Darstellung der Feldzüge des Germanicus (14–16 n. Chr.) fortführt. Denn auch die zahlreichen anderen Liebeserzählungen mit Beispielen unterschiedlicher Liebeskonzeptionen und ethischer Haltungen von höchster Tugend bis zu abgrundtiefer Lasterhaftigkeit laufen zeitlich parallel zu der historisch-politischen Ereignisfolge. In diesem Zusammenhang gewinnt neben der Auseinandersetzung mit Rom die zunehmende Uneinigkeit der germanischen Fürsten, das Thema der deutschen Zwietracht, mit Streitigkeiten, Verschwörung und Verrat eine zentrale Bedeutung. Sie bedroht die mit dem Sieg über die Römer in der Schlacht im Teutoburger Wald erreichte Eintracht, die am Ende des ersten Teils mit der Verbindung von Herrmann und Thußnelda symbolisch überhöht worden war. Zum Thema der deutschen Zwietracht gehört auch eine verschlüsselte Darstellung der Reformationskriege und der konfessionellen Gegensätze. Wichtiger noch ist der aktuelle Bezug zur aggressiven französischen Politik (Französisch-holländischer Krieg, 1672–79), auf die Österreich recht zögerlich reagierte und 1674 erst durch den Reichstag zum Reichskrieg gezwungen werden mußte, wobei wechselnde Bündnisse und Sonderinteressen der beteiligten Länder bzw. Territorien nicht zuletzt dank der überlegenen französischen Diplomatie entscheidende Erfolge des Reichs verhinderten.

Den Bezug des germanisch-römischen Geschichtspanoramas zur Gegenwart stellt Lohensteins Verschlüsselungstechnik her; die alte Geschichte verweist auf die neuere. Die Komplexität dieses Verfahrens deuten schon die «Allgemeinen Anmerckungen» des ersten Herausgebers an. So heißt es beispielsweise über den tyrannischen Markomannenherzog Marbod: «So ferne er wider Briten seinen Herrn einen Aufruhr erwecket / ist er Oliver Cromwell; so ferne er den Bojen-König Critasir vertreibet / ist er Carl Gustav König in Schweden; so ferne er aber mit denen Römern / Cheruscern / Gothonen / Semnonern zu streiten hat / ist er nichts mehr / als der Marboduus beym Cornelius Tacitus.» Umgekehrt kann eine Gestalt der Zeitgeschichte durch mehrere Romanfiguren verkörpert werden. Christina von Schweden verbirgt sich, folgt man den Anmerkungen, gleich hinter vier erfundenen Namen.

Von außen bedroht durch Frankreich und das Osmanische Reich, im Inneren gekennzeichnet durch Spannungen zwischen Territorialstaaten und Kaisertum, durch ungeklärte Machtverhältnisse und eine wechselnde Bündnispolitik der deutschen Fürsten: Das ist die Situation des Reichs, die der Roman auf seine Weise im Freiheitskampf der germanischen Stämme gegen Römer und Markomannen und in den fortwährenden innergermanischen Auseinandersetzungen spiegelt. Insofern der Roman einen Kommentar zur politischen Situation des Reiches in der Gegenwart darstellt, will er zugleich als Mahnung zur Einigkeit angesichts der Bedrohung von außen und als Warnung vor den Folgen innerdeutscher Konflikte verstanden werden. In diesem Zusammenhang erhält auch der früher aus patriotischem Eifer kritisierte Aufbau des Romans seinen Sinn: Gerade der Kunstgriff Lohensteins, die siegreiche Schlacht im Teutoburger Wald nicht als Apotheose des Freiheitskampfes an den Schluß zu stellen, sondern den Roman damit beginnen zu lassen, ermöglicht die schonungslose, wenn auch verschlüsselte Kritik an den zeitgenössischen Krisenerscheinungen.

Eine Lösung der Probleme des Reiches sieht Lohenstein dabei trotz mancher panegyrischer Züge kaum in der Durchsetzung der absolutistischen Bestrebungen der Habsburger, denen er als Syndikus der Stadt Breslau und Vertreter schlesisch-protestantischer Interessen eher kritisch gegenüberstehen mußte. Es bleibt im Roman mit der Bestätigung der Herrschaft der germanischen Stammeskönige, der Territorialfürsten also, entsprechend der Verfassung des Reichs beim status quo. Darüber hinaus enthält die Rede, mit der Herrmann die cheruskische Krone angesichts der Anfeindungen aus dem eigenen Lager beleidigt niederlegt, im Lobpreis vorbildlichen, vernunftgeleiteten politischen Handelns eine versteckte, aber angesichts der habsburgischen Politik durchaus aktuelle Mahnung zur Mäßigung absolutistischer Bestrebungen: «Gewiß derjenige / der nimmermehr mit Reichs-Aepffeln ersättiget werden kann / ist [...] viel unseliger / als Tantalus. Wer hingegen seine Hersch-Sucht nach dem Befehl der gesunden Vernunfft beherschet / ist grösser / als wenn er die gantze Welt unter seiner Gewalt hätte.» Herrmann überläßt die Krone der Cherusker seinem Bruder und begnügt sich mit der Herrschaft über die Markomannen, die ihn zum König wählen. Wenn dann am Ende die losen Enden verknüpft, die Bösewichte bestraft, die Tugendhaften den Lohn ihrer Liebe erhalten und allegorische Festspiele den Sieg der Liebe besingen, nimmt Lohenstein noch einmal erzählerische Momente des höfisch-historischen Romans auf. Die erneute Wiedervereinigung Herrmanns mit Thußnelda und der Sieg der Liebe fallen mit einer neuen Eintracht unter den germanischen Stämmen zusammen, mit der sich ein idealisiertes reichsständisches Konzept zu verwirklichen scheint.

Die Verschlüsselung politischer Ereignisse selbst ist keine Besonderheit Lohensteins, höchstens die kombinatorische Raffinesse. Das Gattungsmuster lieferte John Barclay mit seiner _Argenis_. Selbst Bucholtz' erbaulicher Herkulesroman konnte als verdeckte Darstellung des Dreißigjährigen Krieges gelesen werden. Und von der Transparenz der Schäferdichtung zur geschichtlichen Realität ausgehend, entwickelt Michael Kongehl in seinem fragmentarischen Roman _Surbosia / Das ist Geschichtmässiges Helden-Gedicht / Darinn Unter allerhand Gemühts-Belustigungen / auch einige Krieges-Händel […] enthalten und verblümter Weise erzehlet werden_ (1676) aus einer konventionellen Schäferklage eine Art Schlüsselroman zur brandenburgisch-preußischen Geschichte.

Einen anderen wesentlichen Aspekt von Lohensteins Romanuniversum hatte bereits Christian Thomasius in seiner Diskussion des Werks in den _Monatsgesprächen_ vom August 1689 hervorgehoben. Im Vergleich zu den anderen Romanen habe Lohensteins _Arminius_ in jeder Beziehung «was sonderliches und irregulaires». Ihn interessierte dabei neben der ungemeinen Gelehrsamkeit des Verfassers vor allem die besondere Methode der Wissensvermittlung. Sie bestehe darin, «daß der Herr von Lohenstein mehrentheils / nachdem er eine Sache auff beyderley Recht erwogen / nichts determiniret, sondern dem Leser dasselbige zuthun überläst»: eine Art Anleitung zum Selbstdenken insofern, als dem Leser abverlangt wird, aus der rhetorischen Struktur und dem Argumentationszusammenhang zu einer – allerdings nur scheinbar – eigenen Lösung zu finden.

Der _Arminius_ sicherte Lohensteins Nachruhm für mehrere Jahrzehnte. 1731 kam es zu einer zweiten Auflage; vorher schon hatte Johann Christoph Männling Auszüge daraus für die Leser zusammengestellt, die «den großen Arminium zu erkauffen nicht vermögend» seien (_Arminius enucleatus. Das ist: Des unvergleichlichen Daniel Caspari von Lohenstein / Herrliche Realia, Köstliche Similia, Vortreffliche Historien / Merckwürdige Sententien, und sonderbahre Reden_, 1708). Der diskrete Hinweis auf die Kosten war übrigens berechtigt: Für den Preis des Romans, acht Reichstaler, mußte ein niederer Beamter, so hat man errechnet, einen Monat arbeiten.

Zieglers _Asiatische Banise_

Hält man Lohensteins _Arminius_ neben Zieglers _Asiatische Banise_, wird einmal mehr deutlich, wie verschieden die Werke sind, die unter dem Begriff des höfisch-historischen Romans gefaßt werden. Als monumentales, universalhistorisch ausgerichtetes Werk, in dem das Romanhafte im traditionellen Sinn nur noch den Rahmen ausmacht, stellt sich der _Arminius_ dar, als publikumswirksame dramatische Inszenierung der obligatorischen Liebes- und Staatsgeschichte mit exotischem Kolorit die _Banise_. Zu ihrem großen Erfolg trug sicherlich auch der Umstand bei, daß Ziegler die barocke Großform durch eine konsequente Beschränkung des Personals und der Exkurse auf ein überschaubares Maß reduzierte, ohne freilich die gattungsspezifische Struktur mit ihrer Verflechtung von Haupt-

und Nebenhandlungen und dem verwirrungs- und spannungsfördernden Ineinander von Vorgeschichten und Gegenwartsgeschehen aufzugeben.

Bezeichnend für die literarhistorische Situation scheint aber auch die Spekulation auf den ‹curieusen› Leser zu sein, dem in Konkurrenz mit Eberhard Werner Happel und anderen eine Alternative zu den journalistischen und populärwissenschaftlich-erbaulichen Auswertungen von Geschichtsbüchern und Reisebeschreibungen angeboten wird. Die Gewichtung des plakativen, fast marktschreierischen Titels ist entsprechend: *Die Asiatische Banise / Oder Das blutig- doch muthige Pegu / Dessen hohe Reichs-Sonne bey geendigtem letztern Jahr-Hundert an dem Xemindo erbärmlichst unter- an dem Balacin aber erfreulichst wieder auffgehet. Welchem sich die merckwürdigen und erschrecklichen Veränderungen der benachbarten Reiche Ava, Aracan, Martabane, Siam und Prom, anmuthigst beygesellen. Alles in Historischer / und mit dem Mantel einer annehmlichen Helden- und Liebes-Geschichte bedeckten Warheit beruhende.*

Südostasien also bildet den mit zahlreichen kulturhistorischen Details ausgestatteten Hintergrund des Romans. Soweit politisch-militärische Vorgänge betroffen sind, reflektiert die Handlung Ereignisse aus der Geschichte Hinterindiens im 16. Jahrhundert. Allerdings verfährt Ziegler dabei trotz aller Wahrheitsbeteuerungen recht frei. Wie schon Madeleine de Scudéry ihrem *Ibrahim* durch die Umkehrung der geschichtlichen Vorgänge ein glückliches Ende gegeben hatte, so kehrt auch Ziegler die tatsächlichen Verhältnisse um, damit der lehrhafte Zweck erfüllt und die Tugend belohnt und das Laster bestraft werden können. Unter seinen Quellen – Reisebeschreibungen, (religions)geschichtliche Werke und Kompilationen verschiedenster Art – nennt Ziegler an erster Stelle die «gelehrten Schriften des nie genung gepriesenen» Erasmus Francisci (*Ost- und West-Indischer wie auch Sinesischer Lust- und Stats-Garten*, 1668; *Neu polirter Geschicht- Kunst- und Sitten-Spiegel ausländischer Völcker*, 1670).

Den Part des Bösewichts im Roman spielt der Verräter und Tyrann Chaumigrem, den noch Goethes Wilhelm Meister auf seinem Puppentheater agieren läßt. Er hat die Herrschaft über Brama an sich gerissen und richtet nun im benachbarten Kaiserreich Pegu ein fürchterliches Blutbad an, dem auch Kaiser Xemindo zum Opfer fällt. Balacin, Prinz von Ava und Verlobter von Xemindos Tochter Banise, sucht vergeblich militärische Unterstützung bei seinem Vater. Banise – ein Anagramm von Sabine, dem Namen von Zieglers Frau – entgeht der Hinrichtung durch eine Vertauschung und wird schließlich von dem entflammten Chaumigrem vor die Alternative gestellt, ihn oder den Tod zu wählen. Hier setzt nun die Gegenwartshandlung mit einem Monolog Balacins ein. Den von Banise erreichten Aufschub der Entscheidung nutzt Chaumigrem zur Eroberung Siams, während Balacin sein Erbe antreten und damit endlich effektive Hilfe organisieren kann. Und wenn am Schluß des äußerst blutigen Geschehens der vorbildliche junge König Balacin die von Chaumigrem unterjochten Länder befreit, den Usurpator getötet und seine Banise in letzter Sekunde vor dem Tod gerettet hat, dann ist die gestörte Weltordnung wiederhergestellt, versöhnen sich festlich Gemeinwohl und persönliches Glück. Während der Festlichkeiten spielt man eine (zuerst 1671 aufgeführte) italienische Oper (*Die listige Rache / oder Der Tapffere Heraclius*), die auf ihre Weise – Sieg der Venus über Mars – den Sieg über die Tyrannei feiert und damit die Handlung des Romans spiegelt. Das vollständig wiedergegebene Libretto ist eine Versbearbeitung des von Johann Christian Hallmann übersetzten italienischen Textes aus seinen *Trauer- Freuden- und Schäffer-Spielen* (1684).

Bis weit ins 18. Jahrhundert hinein wurde die *Banise* immer wieder aufgelegt, überarbeitet, fortgesetzt, nachgeahmt und dramatisiert (u. a. Johann Georg Hamann d. Ä.: *Fortsetzung Der Asiatischen Banise*, 1724; Christian Ernst Fidelinus: *Die Engeländische Banise*, 1754; Friedrich Melchior Grimm: *Banise, ein Trauerspiel*, 1743). Selbst Gottsched fand den Roman «nicht ohne Werth», wenn er auch u. a. die Einführung einer lustigen Figur kritisierte. Karl Philipp Moritz' elfjährigem Anton Reiser bereitete die *Banise* «zum ersten Male das unaussprechliche Vergnügen verbotner Lektüre» (*Anton Reiser*, 1785), während der junge Johann Heinrich Jung-Stilling durch die Lektüre «bis auf den Grund seines Herzens» entzückt und gerührt wurde (*Henrich Stillings Jünglings-Jahre*, 1778).

Zieglers Roman bietet spannendes Geschehen, angereichert mit Ingredienzen des Sensationsberichts: Exotik, grelle Kontraste, extreme Charaktere, plötzliche Glückswechsel, pathetische Monologe, affektgeladene Konfrontationen, Komik, Hinrichtungen, Opferszenen, Feldschlachten, Belagerungen, Leichen über Leichen – und natürlich Hochzeiten. Reden und hitzige Dialoge setzen rhetorische Glanzlichter im Einklang mit den zeitgenössischen Affektenlehren, schwelgen in spätbarocker Metaphorik und Hyperbolik («Wolten die Götter! es könten meine Augen zu Donner-schwangern Wolcken / und diese meine Thränen zu grausamen Sünd-Fluthen werden: Ich wolte mit tausend Keilen / als ein Feuerwerck rechtmässigen Zorns / nach dem Hertzen des vermaledeyten Blut-Hundes werffen / und dessen gewiß nicht verfehlen [...].»). Auf der anderen Seite tragen die komischen Szenen um den Knappen Scandor Züge des niederen Romans bzw. der Komödie in den höfisch-historischen Roman. In bemerkenswertem Gegensatz zu dieser Bandbreite steht Zieglers defensive Vorrede, in der er seine stilistischen Fähigkeiten verkleinert und behauptet, daß der Inhalt seines Romans «sich mehr einer Historischen Beschreibung, als [einem] Helden-Gedichte» gleiche, weshalb er sich «durchgehends einer leichten und gewöhnlichen Redens-Art bedienen wollen». Das ist eine Behauptung, deren auf den Stil bezogene Komponente schon durch den ersten Satz des Romans widerlegt wird und die, wenn sie nicht einfach topischen Charakter hat («Armuth meiner Zunge»), vielleicht als weiteres Indiz für die Strategie interpretiert werden kann, durch die Akzentuierung des Historischen und der Realien neuen Leserbedürfnissen entgegenzukommen.

Mit ihrer dramatischen, grellen Erzählweise und ihrem Sinn für Komik und Ironie, aber auch mit ihrem handfesten Interesse an sensationellem historisch-exotischem Material durchbricht die *Asiatische Banise* die vornehme Exklusivität der höfischen Welt. Im Einklang damit stehen das deutliche Desinteresse an den theologischen bzw. geschichtsphilosophischen Aspekten der Gattung sowie die sich dem galanten Roman annähernde Auffassung der Liebe als dominantem Handlungsantrieb. Erhalten bleibt freilich die politische Komponente. Es geht auch hier um aktuelle Themen wie Absolutismus, Herrscherbild, ‹gute›, d. h. moralisch und religiös legitimierte, und ‹böse›, machiavellistische Staatsräson. Eine Skala von anschaulichen Beispielen vom blutrünstigen Tyrannen über mehr oder weniger fehlerbehaftete Herrscher bis zum vollkommenen Regenten sorgt für indirekte Belehrung, für direkte u. a. eine Diskussion über Fragen der Staatsräson und eine als Fürstenspiegel konzipierte Handlungsanleitung für Regenten, die Balacin anläßlich seiner Krönung zum neuen Kaiser von Pegu präsentiert wird.

Heinrich Anshelm von Ziegler (Zigler) und Kliphausen (1663 Radmeritz bei Görlitz – 1697 Liebertwolkwitz bei Leipzig) stammte aus einer alten sächsischen Adelsfamilie. Nach dem Tod seines Vaters brach er 1684 sein Studium ab und widmete sich fortan, verheiratet seit 1685, der Verwaltung und Vermehrung der ererbten und erheirateten Güter und seinen literarischen Neigungen. Sein Interesse an der Geschichte unterstreichen zwei umfangreiche Kompendien, die neben biblischen Heroiden (*Helden-Liebe Der Schrifft Alten Testaments*, 1690) und einem Opernlibretto (*Die Lybische Talestris*, 1696) sein literarisches Schaffen abrunden: Das erste, *Täglicher Schau-Platz der Zeit* (1695), stellt ein riesiges polyhistorisches Kuriositätenkabinett dar, das auf rund 1500 Folioseiten für jeden Tag die «merckwürdigsten Begebenheiten / so sich vom Anfange der Welt / biß auff diese ietzige Zeiten / an demselben zugetragen / vorstellig machet» (und dabei fast allen Todesfällen «Poetische Grabschrifften» beifügt); das zweite ist ein ähnliches, aber ungeordnetes *Historisches Labyrinth der Zeit* (1701; von Philipp Balthasar Sinold von Schütz zu Ende geführt).

3. Funktionswandel und Neuformulierung der Gattung: Roman, Journalismus und Schulwissen

Kaum hatte sich der höfisch-historische Roman durch die Bemühungen namhafter und z. T. auch sozial hochstehender Autoren als durchaus angesehene Gattung etabliert, setzte ein Prozeß ein, der einerseits als Auflösung einer Form und ihrer ethischen und religiösen Voraussetzungen erscheinen mag, andererseits aber auch neue Möglichkeiten eröffnete. Der Vorgang verläuft allerdings keineswegs geradlinig, sondern läßt durchaus widersprüchliche Reaktionen auf gesellschaftliche und kulturelle Entwicklungen erkennen. Zu den auffälligsten Tendenzen dieses Prozesses gehört die Umfunktionierung des höfisch-historischen Romans zu einem Medium der Vermittlung aktueller Informationen bzw. – dem Zeitgeist trotzend – traditionellen Schulwissens; gleichzeitig vollzieht sich eine Hinwendung zur reinen Unterhaltungsliteratur. Im Zusammenhang mit diesen Entwicklungen steigt auch die Zahl der Neuerscheinungen allmählich an, wohl auch eine Folge der ökonomischen Situation unfreiwillig ‹freier› Schriftsteller, die ihrerseits auf Veränderungen im Lesepublikum und veränderte Lesegewohnheiten reagieren.

Eberhard Werner Happel

Im Jahr 1673 erschienen der letzte Band der *Aramena* Anton Ulrichs und Happels erster Roman *Der Asiatische Onogambo* im Druck. Beide Werke zählen zur Gattung des höfisch-historischen Romans, und gleichwohl liegen Welten zwischen den Texten. Mit Anton Ulrichs Modell eines Romans, der hinter der chaotischen Fortunawelt die providentielle Ordnung sichtbar macht, haben Happels Romane wenig gemein. Auch Bucholtz' christlich-deutscher Kulturpatriotismus oder Zesens Konzept einer auf historischen Quellen gegründeten ‹wahren› Erzählung stehen ihm nicht näher. Happel hat andere Interessen, die wiederum eng mit seiner beruflichen Situation und einem sich wandelnden, auf ein breiteres Publikum zielenden Buchmarkt verbunden sind.

Der hessische Pastorensohn Eberhard Werner (Guerner) Happel (1647 Kirchhain – 1690 Hamburg) mußte nach der Amtsenthebung seines Vaters das Studium abbrechen und fand schließlich nach verschiedenen Hauslehrerstellen sein Auskommen als freier Schriftsteller in Hamburg, indem er mit seinem Werk das stetig wachsende Bedürfnis nach Informationen über fremde Länder und Völker, über Geschichte und Politik, aber auch über Natur und Naturwissenschaft zu erfüllen suchte. Er stellte auf der Basis von ihm verfaßter Zeitungsbeilagen vielbändige Kompendien mit «Denkwürdigkeiten» und «Raritäten» zusammen (vgl. S. 757 f.) und nutzte auch die Form des Romans derart erfolgreich zur Wissensvermittlung, daß noch Jahre nach seinem Tod Nachahmungen unter seinem Namen erschienen.

In Happels Romanproduktion lassen sich mehrere Gruppen unterscheiden, die z. T. Seriencharakter annehmen und sich der periodischen Erscheinungsweise von Zeitschriften annähern. Die erste Gruppe umfaßt die Romane, die das Schema der Helden- und Liebesgeschichte zur Vermittlung von Informationen über fremde Länder und ihre Geschichte und Sitten benutzen, indem sie die Helden auf weite Reisen schicken: *Der Asiatische Onogambo* (1673), *Der Europäische Toroan* (1676), *Der Insulanische Mandorell* (1682) und am Rande auch Happels entstehungsgeschichtlich erster Roman *Der Africanische Tarnolast* (1689; entstanden um 1670) gehören hierher. Man «reiset weit im Geist / und bleibet gleichwol hier», heißt es in einem dem *Onogambo* vorangestellten Lobgedicht auf Happels Werk, seinen Zweck und das verlegerische Kalkül recht genau bezeichnend. Und man kann sich vorstellen, daß die Reiseroute der Protagonisten und die Reisedauer nicht unwesentlich von den vorgesehenen politischen, geographischen oder ethnographischen Materien beeinflußt werden. Verspricht der *Asiatische Onogambo* u. a. «alle in Asien gelegenen Königreiche und Länder / sampt deren Beschaffenheiten / Ordnung ihrer Regenten / und deren vornehmsten Thaten etc. kürtzlich» mit einzubeziehen, so «ist» der *Toroan* eine «Beschreibung aller Königreiche und Länder in gantz Europa». Viel reisen, vor allem zur See, muß auch der Held des der Entstehung nach letzten Romans der Reihe: *Der Insulanische Mandorell, Ist eine Geographische Historische und Politische Beschreibung Aller und jeden Insulen Auff dem gantzen Erd-Boden / Vorgestellet In einer anmühtigen und wohlerfundenen Liebes- und Helden-Geschichte* (1682). Die Reihenfolge im Titel – erst der Hinweis auf die enthaltenen Informationen, dann auf die Romanform – ist typisch für Happel und bezeichnet die Gewichtung durchaus richtig. Literarhistorische Bedeutung hat der *Mandorell* vor allem wegen eines Diskurses aus einem anderen Sachgebiet, der ebenfalls auf dem Titelblatt angekündigten Abhandlung über den «Uhrsprung der so genanten Romanen». Die vollständige deutsche Übersetzung von Pierre Daniel Huets *Traité de l'origine des romans* (1670) wird dem Helden in den Mund gelegt, der «seine Melancholy durch eine grosse Weltreyse umb die gantze Kugel zu vertreiben» sucht, zahlreiche Abenteuer erlebt und die Fahrt von der indonesischen Inselwelt nach Amerika nutzt, um mit dieser «weitläufftigen Erzehlung» seine Mitreisenden zu belehren.

In den beiden folgenden Romangruppen steht die Zeitgeschichte im Mittelpunkt. Zwei große Werke mit insgesamt sieben Bänden mit jeweils mehr als 800 Seiten haben die jüngere Militärgeschichte «Unter einer anmuhtigen Liebes- und Helden-Geschichte auf Romanische Weise» zu ihrem Gegenstand: *So genanter Christlicher Potentaten Kriegs-Roman. Darstellend eine genaue Beschreibung aller blutigen Feldschlachten / Bestürmungen / Massacren* […] (2 Teile, 1680–81) und *Der Ungarische Kriegs-Roman* (5 Teile, 1685–89; Teil 6, 1697, nicht von Happel). Mit dem Roman *Der Italiänische Spinelli, Oder So genanter Europaeischer Geschicht-Roman, Auff Das 1685. Jahr* (4 Teile, 1685–86) beginnt die Reihe der jährlichen europäischen Geschichtsromane, die die Form der «Liebes- und Helden-Geschichte» in den Dienst der Vermittlung zeitgeschichtlicher Informationen und anderer aktueller und erbaulicher Materien stellen, also den Roman gleichsam zu einem journalistischen Medium machen. Die Aktualität sollte nicht zuletzt dadurch gewährleistet werden, daß die einzelnen Romane jeweils in vier vierteljährlich erscheinenden Teilen herauskamen, und da jedes Jahr ein neuer Roman (mit jeweils vier Teilen) folgte, war durch die vierteljährliche Erscheinungsweise die Periodizität einer Zeitschrift erreicht:

«Ich beginne / mit Gottes Hülffe / anietzo den Europäischen Geschicht-Roman, wovon der erste Theil zu diesem lauffenden 1685. Jahr den Anfang machet / und gehet mein Concept dahin / daß [...] alle Quartal oder Viertel-Jahr ein Theil davon in dieser Grösse [ca. 400 S.] herauß soll gegeben werden. Ich tituliere den Roman dieses Jahrs den Italiänischen Spinelli, weil ich darinn meist über lauter Italiänische Sachen romanisire / und gleichwie in den vier Theilen dieses Jahrs die Landschafft Italien / also soll [...] jedes Jahr von den folgenden eine andere Landschafft oder Königreich nach seinem Estaat / Historisch / Geographisch und Politisch beschrieben und abgehandelt / daneben aber und zwar führnehmlich die remarquablesten Geschichten eines jeden Jahrs / davon der Roman tractiret / eingeführt werden.»

So erschienen dann in den folgenden Jahren Geschichtsromane auf die Jahre 1686 bis 1689, wobei entsprechend der Ankündigung jeweils ein anderes Land im Mittelpunkt steht: *Der Spanische Quintana* (1686–87), *Der Frantzösische Cormantin* (1687–88), *Der Ottomannische Bajazet* (1688–89), *Der Teutsche Carl* (1690). In dem Maße freilich, in dem die aktuellen Ereignisse unergiebiger wurden, fügte Happel auch Texte aus der internationalen Novellentradition und – im *Teutschen Carl* – seine eigene Jugendgeschichte ein («Der Lebens-Lauff deß Kirchbergs»). Gleichwohl war das Konzept so erfolgreich, daß der Verleger nach Happels Tod für weitere Fortsetzungen sorgte (*Der Engelländische Eduard*, 1691; *Der Bäyerische Max*, 1692; *Der Sächsische Witekind*, 1693; *Der Schwäbische Ariovist*, 1694).

Es liegt auf der Hand, daß bei einem derartigen Programm ästhetische Erwägungen – etwa hinsichtlich der Romankomposition und der Integration der unterschiedlichen Materien – keine wesentliche Rolle spielen konnten. Die «liebliche Romanische Schreib-Art» ist allein Mittel zum Zweck, damit insbesondere die liebe Jugend «ohne Verdruß / und vielmehr zu ihrer höchsten Vergnügung hinter viele Dinge gelanget / welche derselben sonsten ohne Mühe schwerlich hätten können beygebracht werden» (Vorrede zum *Italiänischen Spinelli*). Happels Umgang mit der Form des höfisch-historischen Romans nimmt letztlich ihre Auflösung in Kauf. Gleichwohl steht dem Verlust ein Gewinn gegenüber. Er zeigt sich in der Aufgeschlossenheit gegenüber dem Geist einer neuen Zeit, die dem Bürger konkrete Weltorientierung statt religiös begründeter Vorstellungen von einer providentiellen Weltordnung bieten will.

Im Unterschied zu seiner übrigen Produktion folgt *Der Academische Roman, Worinnen Das Studenten-Leben fürgebildet wird* (1690) dem erzählerischen Grundmuster des Pikaroromans und des politischen Romans. Happel verbindet hier ausführliche sachliche Informationen über das zeitgenössische Universitätsleben mit einer durch Schwank- und Novellenmotive belebten Handlung um den adeligen Studenten Klingenbiel und seine Freunde. Sie stehen, zunächst in Oberitalien (Bologna, Padua usw.), im Mittelpunkt von Abenteuer- und Räubergeschichten, von Zechereien, Raufereien, Liebesabenteuern und Studentengeschichten, die den verderbten, sittenlosen Zustand des Universitätslebens vor dem Hintergrund einer angeblich glänzenden Vergangenheit illustrieren sollen. Die Rückreise bietet dann noch Gelegenheit für eine Pedanten- und Schulmeistersatire in schweizerischer Dorfatmosphäre. Sein Gegenstand, das «Studenten-Leben», hat dafür gesorgt, daß dieser Roman Happels im Gegensatz zu den anderen nicht ganz in Vergessenheit geriet und eine Reihe von verfälschend gekürzten Neuausgaben erlebte.

Meier, Autorff, Lehms

Nutzte Happel die Form des höfisch-historischen Romans dazu, die Bedürfnisse eines dem Neuen zugewandten, an praktischer Weltorientierung interessierten Publikums zu erfüllen, so trat wenig später der Göttinger Gymnasialprofessor und Polyhistor Joachim Meier mit seinen Romanen für die alte Bildung ein, die er durch neue Lernmethoden und -inhalte an Schulen und Universitäten gefährdet sah. Stein des Anstoßes war offenbar die Propagierung des neuen weltmännischen Bildungsideals, für das Begriffe wie politisch und galant stehen. Literarisch richtete sich Meier vor allem gegen August Bohse, der den Weg zum galanten Roman bereitete. Für Meier war er ein Verderber der Jugend, der er «den Gifft unter Süßigkeit des Honigs» darbot.

Als Mittel gegen die drohende «Barbarey» schrieb Meier zunächst Romane, die «einige Lateinische Poeten und die Geschichte derselben Zeit wieder in Auffnahm» bringen sollten. Am Anfang steht die *Durchl. Römerin Lesbia, Das ist / Alle Gedichte des berühmten Lateinischen Poeten Catullus / nebst Einführung fast aller Geschichten damahliger Zeit / und vieler Römischen Antiquitäten [...] In einer anmuthigen Liebes-Geschicht vorgestellet* (1690; 1714 unter dem nun doch dem Zeitgeist entgegenkommenden Titel *Das Galante Rom oder Catulli [...] Liebes-Geschichte* neu aufgelegt). Die ersten beiden der insgesamt dreizehn Bücher des umfangreichen Werkes sind eine Übersetzung von Jean de La Chapelles *Les Amours de Catulle* (1680–81), doch dann löst sich Meier vollständig von der Vorlage und konstruiert mit Catull, Lesbia und zwölf weiteren Liebespaaren ein Geflecht von Liebesgeschichten nach dem Schema Heliodors und seiner Nachfolger, wobei sich die politische Geschichte um den auch als Liebhaber aktiven Cäsar entfaltet. Die Verbindung von Catull und Cäsar fand Meier bei La Chapelle vor: Cäsar, von «sehr verliebter Art», erscheint als Nebenbuhler Catulls und sorgt durch Intrigen dafür, daß Lesbia und Catull erst nach langer Trennung wieder zusammenkommen. Hochzeiten stehen gattungstypisch am Schluß. Künstlerische Fragen bleiben dem Ziel möglichst umfassender Wissensvermittlung untergeordnet.

Das gleiche gilt für den unmittelbar nach der *Lesbia* entstandenen, doch erst wesentlich später veröffentlichten Tibull-Roman: Er enthält «alle Gedichte des berühmten Lateinischen Poeten Tibullus / und auch nicht geringen Theils des Horatius» und verbindet Liebesgeschichten – zentral ist die von Delia und Tibullus – mit der «Geschichte der Zeit des Augustus». Der erste Band erschien 1706 unter dem Titel *Die Durchlauchtigste Römerin Delia*, ein Jahr später folgte eine um einen zweiten Band vermehrte Ausgabe von mehr als 1700 Seiten, die aber die Handlung noch nicht zu Ende brachte (*Der Galante Römer Tibullus*). Warum Meier aufgab oder warum nicht noch ein weiterer Band gedruckt wurde, ist nicht bekannt. Es wirft aber ein Licht auf die Marktsituation, daß sich Meier bereits vor der späten Veröffentlichung des *Tibullus* an anderen Formen des Romans versuchte.

Meier wandte sich dem in Mode gekommenen französischen Kurzroman zu, übersetzte zwei Texte (*Zaraide*, 1695; *Die Türckische Asterie*, 1695) und schrieb selber fünf kürzere biblische Romane, vereinigt in dem Band *Der Durchlauchtigsten Hebreerinnen Jiska Rebekka Rahel Assenath und Seera Helden-Geschichte* (1697). Es sind Texte, die sich zwar als biblische Romane ausgeben und auch Namen und einzelne Begebenheiten des Alten Testaments verwenden, in Wirklichkeit jedoch weitgehend der Form und der Motivik des höfisch-historischen Romans verpflichtet sind. Für Zesens Vorstellungen, der Quellentreue über das Schema des höfisch-historischen Romans stellte, hat Meier daher nur Verachtung übrig. Er bescheinigt seinem Vorgänger elende und pöbelhafte Erfindungen, «ohne Abwechselungen / Anmuth und Verwirrungen». Den eigenen gelehrten Anspruch, der sich in einem wissenschaftlichen Kommentar niederschlagen sollte, löste er nicht ein.

Ein mittleres Maß zwischen den aus der Form geratenen römischen Dichterromanen und den biblischen Kurzromanen fand Meier dann in seinen beiden letzten Staats- und Liebesromanen, die strukturell ganz dem heliodorschen Formtypus folgen und die Heldinnen und Helden durch die Verwirrungen der Fortunawelt führen, bis am Ende die providentielle Ordnung aufscheint und die bewährte Beständigkeit ihre Belohnung findet. Der erste dieser Romane, *Die Durchläuchtigste Polnische Venda* (1702), läßt diese Liebesgeschichten in der deutsch-polnischen Vorzeit spielen («Unter Einführung der Alten Deutsch- und Polnischen Geschichte»), der zweite, *Die Amazonische Smyrna* (1705), führt in die griechische Frühzeit (Troja, Griechenland, Amazonenreich) und verzichtet ebenfalls nicht auf Belehrendes. Hier wird u. a. das mythische Amazonenreich mit einer wahnhaften Nachahmung in Argos konfrontiert, während die zentrale Liebesgeschichte um den von (kriegerischem) Abenteuer zu Abenteuer eilenden Helden Bellerophontes und die lycische Prinzessin Philonoe kreist. Für beide Romane erhebt Meier den nicht nachprüfbaren Anspruch, unter dem Deckmantel der Geschichte die «Veränderungen und Staats-Begebenheiten itziger Zeiten» zu erzählen.

Ähnliche Ziele wie Meier, vielleicht von dessen *Lesbia* angeregt, verfolgte der Schlesier Ernst Jacob von Autorff mit seinem zweiteiligen, annähernd 1850 Seiten umfassenden Römerroman *Publius Cornelius Scipio der Africaner Helden und Liebes-Geschichte* (1696–98), der die römische Geschichte «Von Eroberung der Stadt Troja an Biß Zu dem Tode obbemelten Heldens» «auff eine annehmlichere Weise / als in den Schulen [...] gleichsam spielende» zu vermitteln sucht. Struktur und Sinn des höfisch-historischen Romans bleiben dabei auf der Strecke. Die Rudimente einer Romanhandlung mit eingeschobenen Liebesgeschichten und dramatischen und poetischen Zugaben fallen angesichts der endlosen historischen und militärischen Berichte kaum ins Gewicht.

Schon vor dem *Scipio* war ein Roman Autorffs erschienen, den August Bohse ohne Kenntnis der Autorschaft herausgegeben und weitergeführt hatte: *Die Durchlauchtigste Olorena / Oder Warhafftige Staats- und Liebes-Geschichte dieser Zeit* (1694). Hier behandelt Autorff wie Happel die unmittelbare Vergangenheit, und zwar die Zeitereignisse von 1660 bis 1680 (bzw. 1690 in dem von Bohse hinzugefügten fünften Buch), wobei das Hauptgewicht auf der Darstellung von nur flüchtig verschlüsselten politisch-militärischen Vorgängen im Zusammenhang mit dem Kampf um die polnische Krone, den Türkenkriegen und den Auseinandersetzungen mit Frankreich liegt. Ebenfalls leicht zu durchschauen sind die Namen der Hauptakteure Carlloreno (Karl V. von Lothringen, kaiserlicher Feldherr) und Olorena (Eleonore, Stiefschwester Kaiser Leopolds I. bzw. Lepoldos im Roman).

An Meiers biblische Romane knüpfte der Darmstädter Hofbibliothekar Georg Christian Lehms an, bekannt vor allem als Verfasser eines Schriftstellerinnenlexikons (*Teutschlands Galante Poetinnen [...] Nebst einem Anhang ausländischer Dames*, 1715). Er behandelt bekannte Sujets aus dem Alten Testament und folgt erzähltechnisch und motivlich dem Beispiel Meiers, bleibt jedoch näher an den alttestamentarischen Vorlagen: *Die unglückselige Princeßin Michal und der verfolgte David* (1707), *Des Israelitischen Printzen Absalons und Seiner Princessin Schwester Thamar Staats- Lebens- und Helden-Geschichte* (1710), *Der Weise König Salomo, In einer Staats- und Helden-Geschichte* (1712), *Der schönen und Liebenswürdigen Esther merckwürdige und angenehme Lebens-Geschichte* (1713). Und anders als Meier nimmt Lehms, den fettgedruckten «moral-regeln» zum Trotz, in der Darstellung der Liebesszenen und mit einer realistischeren Psychologie Tendenzen des galanten Romans auf, der inzwischen den höfisch-historischen Roman verdrängt hatte.

4. Der galante Roman

Galant war seit den achtziger Jahren des 17. Jahrhunderts zu einem Modewort geworden, das auf alles und jedes angewandt werden konnte. Von Christian Thomasius stammt die satirische Beobachtung, daß es sogar

«von Hund und Katzen / von Pantoffeln / von Tisch und Bäncken / von
Feder und Dinten / und ich weiß endlich nicht / ob nicht auch von Aep-
ffel und Birn zum öfftern gesagt» werde (*Discours Welcher Gestalt man
denen Frantzosen in gemeinem Leben und Wandel nachahmen solle?*,
1687). Diese Beliebigkeit führt jedoch ebenso von der eigentlichen Bedeutung des Begriffes ab wie seine Verengung auf das Amouröse, die sich
bald darauf durchsetzte. Galant gehört wie der Begriff des Politischen
vielmehr in den Zusammenhang der Propagierung neuer diesseits- und
aufstiegsorientierter Lebens- und Verhaltensnormen im absolutistischen
Staat. Anleitungen zu ‹galanter Conduite›, Rhetoriken, Poetiken und
Briefsteller lehren die galante Stil- und Lebenshaltung, galante Gedichte,
galante Romane und galante Musik veranschaulichen sie. Über ihre Verwirklichung in der gesellschaftlichen Realität ist damit noch nichts gesagt.

Grundlegende Gedanken zu einer «warhafftige[n] galanterie» als gesellschaftlicher Tugend machte sich Thomasius in dem erwähnten *Discours* im Anschluß an französische Vorstellungen. Galanterie sei, so heißt
es nach einer Wendung gegen die mißbräuchliche und inflationäre Verwendung des Begriffs, «etwas gemischtes [...] / so aus dem je ne scay
quoy, aus der guten Art etwas zuthun / aus der manier zu leben / so am
Hoffe gebräuchlich ist / aus Verstand / Gelehrsamkeit / einem guten judicio, Höfflichkeit / und Freudigkeit zusammen gesetzet werde / und deme
aller zwang / affectation, und unanständige Plumpheit zuwieder sey». Er
sieht Galanterie in einem engen Zusammenhang mit Madeleine de Scudérys Charakteristik der «politesse» in ihren *Conversations sur divers sujets*
(1680); wie die «politesse» beruhe die Galanterie darauf,

«daß man wohl und anständig zu leben / auch geschickt und zu rechter Zeit zu
reden wisse / daß man seine Lebens-Art nach dem guten Gebrauch der vernünfftigen Welt richte / daß man niemands einige grob- und Unhöfligkeit erweise / daß
man denen Leuten niemals das jenige unter Augen sage / was man sich selbst nicht
wolte gesagt haben / daß man in Gesellschafft das grosse Maul nicht allein habe /
und andere kein Wort aufbringen lasse / daß man bey den Frauenzimmer nicht gar
ohne Rede sitze als wenn man die Sprache verlohren hätte / oder das Frauenzimmer nicht eines Worts würdig achte; hingegen auch nicht allzu kühne sey / und
sich mit selbigen / wie gar vielfältig geschiehet / zugemein mache; dieses alles sage
ich / sind solche Eigenschafften / die zu einen galanten Menschen erfordert werden.»

Auch der deutsche galante Roman orientierte sich an französischen
Entwicklungen. Früher als in Deutschland war hier das Ende der Groß-
romane gekommen. Neue Formen hatten sich durchgesetzt, die sich
durch Kürze, größere Wirklichkeitsnähe, eine veränderte Auffassung der
Liebe und – etwa in den Werken der Madame de La Fayette – durch eine
Tendenz zur Verinnerlichung auszeichneten. Wirklichkeitsnähe heißt in

diesem Fall auch, daß zeitgenössische Hof- und Klatschgeschichten verschlüsselt, aber leicht erkennbar zu einem beliebten Gegenstand von Romanen wurden: Zu nennen sind die *Histoire amoureuse des Gaules* (1665) von Bussy-Rabutin (Roger de Rabutin, Comte de Bussy), der seine Skandalchronik des französischen Hofes mit einem Aufenthalt in der Bastille und der Verbannung auf sein Schloß bezahlen mußte, oder die in Deutschland besonders aufmerksam gelesene «histoire galante & véritable» *L'illustre Parisienne* (1679; dt. zuerst 1686) des Sieur de Préchac: Von diesem Roman, der den Aufstieg einer französischen Landadeligen zur Herzogin von Celle zum Gegenstand hat, wird im Zusammenhang mit Hunold noch die Rede sein. Inhaltlich zeigt ein Titel wie *Les désordres de l'amour* (1675–76) der Mme de Villedieu die Richtung an; formal bleiben Elemente des höfisch-historischen Romans, wenn auch stark reduziert und ihres ethischen und theologischen Gehalts entkleidet, von Bedeutung. Damit sind auch die Tendenzen des deutschen galanten Romans beschrieben, der sich in den achtziger und neunziger Jahren herausbildet und durchsetzt.

Diese Entwicklung deutet sich bereits vor Bohse und Hunold in einigen Werken an, bei denen sich die ethischen und gesellschaftlichen Normen des höfisch-historischen Romans zu lockern beginnen und die die gattungsspezifische Einheit von Staats- und Liebesgeschichte aufgeben. Beispiele dafür sind einige Romane Johann Beers wie *Der verliebte Europeer* und *Der Verliebte Oesterreicher* und der unter dem Pseudonym Erasmus Grillandus erschienene Roman *Der Politische / possirliche / und doch manierliche Simplicianische Hasen-Kopff* (1683). Dieses Werk, gelegentlich ohne überzeugende Begründung Johannes Riemer zugeschrieben, knüpft zwar im Titel wohl aus Reklamegründen an modische Schlagwörter an, ist aber weder ein politischer Roman noch eine Simpliziade. Erzählt wird vielmehr die Liebesgeschichte des Grafen Fortunio und der arragonesischen Herzogin Bellarisis, die trotz der Rivalität des Kronprinzen Palenor zu einem guten Ende gelangt. Es ist eine Geschichte unter hohen Standespersonen, kontrastiert durch Parallelhandlungen auf niedrigerem sozialen Niveau; die Liebe bleibt aber immer Privatangelegenheit und erhält nie politische Signifikanz. Nicht heldisches Gehabe, sondern Höflichkeit, Geschicklichkeit und Anpassung, die auch eine gewisse moralische Flexibilität einschließen, führen zum Ziel. Daß daneben auch die ständische Rangordnung im Hinblick auf Verdienst und Tugend vorsichtig relativiert wird, unterstreicht die Übergangsstellung des Werkes, in dem – trotz mancher Anleihen an den niederen Roman und trotz ausgedehnter moralisierender Partien – die auf den galanten Roman vorausweisenden Züge dominieren.

August Bohse

Die konsequente Annäherung an französische Vorbilder ging von August Bohse aus, der unter dem Pseudonym Talander berühmt wurde, freilich auch heftigen Anfeindungen ausgesetzt war. Mit seinen Modifikationen des höfisch-historischen Romans bereitete er dem deutschen galanten Roman den Weg.

Bohse (1661 Halle/Saale – 1742 Liegnitz) gehört zu den Schriftstellern, die – wenigstens für einen Abschnitt ihres Lebens – vom Ertrag ihrer Feder leben muß- ten. Er führte nach dem Abbruch seines Studiums 1681 (Pest in Leipzig) zunächst ein unruhiges Wanderleben, unterbrochen nur durch längere Aufenthalte in Ham- burg (1685–88) und Weißenfels (1693–97; Sekretär am dortigen Hof). Erst 1708, inzwischen in Jena zum Dr. jur. (1700) promoviert, erhielt er eine feste Anstellung als Professor an der neugegründeten Ritterakademie in Liegnitz. Es ist gewiß kein Zufall, daß ein Jahr später sein letzter Roman erschien und seine weiteren Veröf- fentlichungen einen anderen Charakter annahmen (Reden zu festlichen Anlässen an der Akademie, juristische Disputationen, eine *Wohlangerichtete und neu-er- fundene Tugend-Schul*, 1740). Vorher jedoch bestimmte der literarische Markt seine umfangreiche Produktion, die neben Gelegenheitsgedichten, Übersetzungen vor allem französischer Literatur und Anekdoten- und Geschichtensammlungen äußerst erfolgreiche Briefsteller und fünfzehn eigene Romane umfaßt.

Bohses Romane sorgten nicht nur für zeitgemäße Unterhaltung, son- dern sie dienten wie seine verschiedenen Lehrbücher einem adeligen bzw. aufstiegswilligen bürgerlichen Publikum zur Orientierung in einer Zeit sich wandelnder gesellschaftlicher Verhaltensnormen, indem sie das ga- lante Lebensideal auf anschauliche und unterhaltsame Weise präsentier- ten. Ausgangspunkt ist der höfisch-historische Roman. Bohse paßt ihn den neuen Bedürfnissen an: Er reduziert Komplexität und Umfang der Werke beträchtlich (nur ein Roman übersteigt mit mehr als 1250 Seiten den durchschnittlichen Umfang um das doppelte), verkürzt die Span- nungsbögen, vermeidet jeden gelehrt-wissenschaftlichen Aufwand, ver- schiebt den Akzent von den Staatsaffären zu den privaten Liebesgeschich- ten und nimmt dem Geschehen die transzendente Orientierung. Die Romane zielen nicht mehr auf die Demonstration christlich-stoischer Be- ständigkeit und Tugend inmitten einer scheinhaften Fortunawelt, sondern auf eine diesseitige, auf Konformität, auf Anpassung an die gesellschaft- lichen Normen zielende Moral.

Während das heroische Element (Rittertum, Staatsgeschehen) in den Hintergrund gedrängt wird, tritt die Darstellung von Liebesverwicklun- gen und -intrigen in den Vordergrund. Die Liebe bestimmt das Verhalten der Personen und den Handlungsverlauf, nicht die göttliche Providenz. Die Welt erscheint – darauf verweisen schon die Titel seiner ersten Ro- mane – als der «Liebe Irregarten» oder «Liebes-Cabinet» (*Der Liebe Irre- garten*, 1684; *Liebes-Cabinet der Damen*, 1685, Teil 2, 1694). Die Akteure in diesem Irrgarten tragen nicht mehr die exemplarische Tugendhaftigkeit vor sich her wie die Heldinnen und Helden des höfisch-historischen Ro- mans; sie sind nicht vollkommen, sondern menschlich. Am deutlichsten zeigt sich diese Hinwendung zu einer etwas wirklichkeitsnäheren Psycho- logie bei der Modifikation des barocken Constantia-Ideals. Wo kommt es im höfisch-historischen Roman vor, daß sich ein Liebhaber (Verdibond) durch Intrigen von seiner Geliebten (Stellanie) trennen läßt, seine Neigungen einer anderen (Apollonia) zuwendet, diese guten Gewissens ehelicht und seiner früheren Geliebten rät, den Intriganten (Roderich) zu heiraten? Genau das geschieht in Bohses erstem Roman, *Der Liebe Irregarten*, und gleichwohl mindert diese Abweichung vom Constantia-Ideal den moralischen Wert Verdibonds und Stellanies offenbar nicht. Eine vorsichtige Anpassung an unvorhergesehene Entwicklungen scheint vielmehr durchaus gerechtfertigt – und führt letztlich doch noch zu einem glücklichen Ende.

Vergleichbares ereignet sich im *Liebes-Cabinet der Damen*, dessen Untertitel eine «Curieuse Vorstellung der unterschiedlichen Politic und Affecten» verspricht, «welcher sich alles galante Frauen Zimmer in den Lieben bedienet». Uranie und der Hofmann Leontes lieben sich. Aurelie wiederum liebt Leontes und sucht durch Intrigen die Verbindung mit Uranie zu hintertreiben. Dabei zeigt es sich, daß Leontes durchaus Gefallen an Aurelie findet: «und Leontes, weil sie ihm immer ie länger ie schöner vorkam / begunte die ausgeschickte Post an Uranien allmählich zu vergessen / und sich hier eine Gelegenheit zugebrauchen / wozu ihm das Glück und die Liebe die Hand bothen. Ich weiß nicht / ob es ihm zuverdencken / wenn er etwas zu frey gewesen.» Doch anders als im ersten Roman hat die Intrige keinen Erfolg, und während seines Exils in England wegen eines Duells hat Leontes Gelegenheit, zwischen sinnlichem Begehren und wahrer Liebe zu unterscheiden. Seine Erfahrungen mit der Gräfin Merdanes, die seine Liebe durch Entführung und Gefängnis zu erzwingen sucht, festigen seine Persönlichkeit und bestärken ihn in seiner Liebe zu Uranie, mit der er schließlich vereinigt wird.

Mit *Der Liebe Irregarten* und *Liebes-Cabinet der Damen* vollzieht Bohse ganz bewußt den Schritt vom höfisch-historischen zum galanten Roman, von der repräsentativen Liebes- und Staatsgeschichte unter fürstlichen Personen zu privaten Liebesgeschichten in mittleren adeligen Kreisen, von rigidem Tugendidealismus zu einer flexibleren gesellschaftsbezogenen Moralauffassung. Das alles geschieht noch im Rahmen des auf Heliodor zurückgehenden Handlungsschemas, das aber durch die fast ausschließliche Konzentration auf die Thematik der Liebe und die neue Rolle der die Unwägbarkeiten der Fortuna ersetzenden Intrige als Movens der Handlung einen ganz anderen Sinn erhält.

Nach diesen Vorstößen in Neuland ließ Bohse zahlreiche Romane folgen, die sich wieder dem Modell des höfisch-historischen Romans annäherten, allerdings mit jeweils unterschiedlicher Akzentuierung der amourösen und politisch-kriegerischen Thematik. Dafür stehen Titel wie *Unglückselige Prinzessin Arsinoë* (1687), *Die Durchlauchtigste Alcestis aus Persien* (1689), *Amor An Hofe* (1689–91), *Arsaces* (1691), *Bellamira* (1692), *Aurorens / Königlicher Princeßin aus Creta, Staats- und*

Liebes-Geschichte (1695), *Die Amazoninnen im Kloster* (1696; entstanden 1685), *Die getreue Sklavin Doris* (1696), *Ariadnens Königlicher Printzeßin von Toledo, Staats- und Liebes-Geschichte* (1699).

In diesen Jahren erschien auch ein Roman, der ein Schlaglicht auf die Tätigkeit eines ‹freien Schriftstellers› jener Tage wirft: *Die Liebenswürdige Europäerin Constantine* (1698). Bohse schrieb diese ‹wahrhaftige› Liebesgeschichte im Auftrag eines Mannes, der seine Liebesbeziehung festgehalten sehen wollte und dafür auch den Briefwechsel zwischen ihm und seiner Geliebten zur Verfügung stellte. Bohse schickte das vollendete Manuskript an den Auftraggeber, der jedoch tiefgreifende Veränderungen vornahm, so daß Bohse das Werk nicht mehr als sein eigenes ansah und es in der Vorrede zu *Ariadne* (1699) heftig kritisierte. Als bürgerliche Milieuschilderung mit einer ausgesprochenen Betonung der finanziellen Aspekte – die Heldin verdankt ihre Stellung allein dem Geld – ist der Roman gleichwohl von Interesse für eine Sozialgeschichte der Literatur.

Inmitten dieser Reihe wenig innovativer Romane fällt ein Werk mit ausgesprochen experimentellen Zügen auf: *Schauplatz Der Unglückselig-Verliebten / Welche sich Unter der Regierung Carl des achten Königes von Franckreich befunden* (1693). Es ist der Roman Bohses, der sich trotz seines verhältnismäßig großen Umfangs (mehr als 1250 Seiten) und vielfacher Berührungspunkte mit Formelementen und Motiven des höfisch-historischen Romans am engsten mit den Tendenzen des zeitgenössischen französischen Romans berührt. Wie zu erwarten, schreibt Bohse auch hier einen Roman über die Liebe, aber wie davon in dieser Geschichte des Fräuleins von Montbason gehandelt wird, ist vergleichsweise recht ungewöhnlich.

Fräulein von Montbason gerät – freiwillig und unfreiwillig – in engere Beziehungen zu einer großen Zahl von Männern; dreizehn hat man gezählt. Es geht nie gut, auch in den Fällen nicht, in denen die Beziehungen ihrem Willen entsprechen. Für das Scheitern gibt es verschiedene Ursachen: Eingreifen ihres Vaters oder des Königs, rachsüchtiges und verbrecherisches Verhalten der Männer, politische Erwägungen und nicht zuletzt der Tod. Bohse schreibt rechtfertigend in der Vorrede, von negativen Beispielen könne man ebenso lernen wie von positiven. Aber das trifft die Hauptperson selbst nicht; sie hat keineswegs eine frivole Auffassung von der Liebe, sondern sie verhält sich recht vorsichtig und erweist sich, wenn sie sich einmal entschieden hat, als durchaus standhaft. Die Ursachen ihres Unglücks liegen nicht in ihrer Person, sie ist vielmehr Opfer einer von Täuschung, Intrige, Verrat, Verbrechen, unglücklichen Zufällen und politischen Überlegungen dominierten höfisch-adeligen Welt. Und als dann am Schluß ihr erster Geliebter de Berry und sie doch noch zusammenfinden – beide sind nach vielen niederschmetternden Erfahrungen wieder frei –, bleibt ihnen nur ein kurzes Glück: Er fällt in einer Schlacht, sie begeht durch Verweigerung von Essen und Trinken Selbstmord.

Allerdings wird die Konsequenz dieses Schicksals durch periphere Zutaten aus dem Repertoire des höfisch-historischen Romans und vor allem durch die Vielzahl der Beziehungen der Heldin eher verdunkelt. Zudem reiht Bohse die desillusionierenden Erfahrungen und Ereignisse aneinander, ohne die seelischen Vorgänge schildern zu können, die schließlich zum Verlöschen des Lebenswillens der Heldin führen. Es liegen Welten zwischen Bohse und Madame de La Fayette.

Bohse unternahm keine weiteren Versuche dieser Art, bis er nach den konventionelleren Variationen des höfisch-historischen Romanschemas zum Abschluß seines Romanschaffens mit dem zweiteiligen Roman *Talanders Letztes Liebes- und Helden-Gedichte* (1706) bzw. *Antonio de Palma [...] so des letzten Romans Andren Band vollends abgiebet* (1709) noch einmal neue Akzente setzte: Das geschieht zunächst durch die religiösen Momente in der von der Ergebung in das Schicksal bestimmten und (deshalb?) glücklich endenden Geschichte Alexanders und Francescas im ersten Band, zum andern im zweiten Band durch den Versuch, dem Thema der Liebe im Kontext des absolutistischen Staats und der Ansprüche des Souveräns gerecht zu werden. Es gelingt Bohse dabei, die verschiedenen Facetten des höfischen Lebens mit seinen Abhängigkeiten und Zwängen zu schildern und sich so, wie schon in seinen beiden ersten Romanen, von den Konventionen und Stereotypen des höfisch-historischen Romans und seinem Programm der idealisierenden Überhöhung der Realität abzusetzen.

Wenn Bohse in der Vorrede zu seinem letzten Roman selbstbewußt den galanten Roman verteidigt, so argumentiert er weniger mit dem ästhetischen als vielmehr mit dem pragmatischen Wert dieser Werke für ein Publikum auf der Suche nach gesellschaftlicher Verfeinerung, nach galanter Lebensart. Es ist eine Einschätzung, die seinem Werk gerecht wird und zugleich eine Wende in der Geschichte des hohen deutschen Romans markiert: Die allmähliche Aushöhlung der theologischen Gattungsvoraussetzungen des höfisch-historischen Romans hatte zwar schon vor Bohse eingesetzt; sie erreichte jedoch mit dem galanten Roman und seiner diesseitig orientierten Gesellschaftsmoral und seinem innerweltlich motivierten Geschehen den kritischen Punkt, den Herbert Singer – parallel zu Vorgängen bei den anderen Romangattungen – als den Beginn der «Säkularisation des Romans» bezeichnet hat.

Christian Friedrich Hunold

Menantes, wie sich Hunold nannte, knüpfte unmittelbar an Bohses Werk an. Stärker noch als bei seinem Vorbild läßt sich an Hunolds Schaffen die wachsende Bedeutung der großen städtischen Zentren für die Literaturproduktion und für die Existenzform des freien Schriftstellers erkennen. In diesem Fall war es, wie zeitweise auch für Bohse, Hamburg. Benjamin Wedel berichtet in seiner Hunold-Biographie *Geheime Nachrichten und Briefe von Herrn Menantes Leben und Schrifften* (1731), daß der Ham-

burger Verleger Gottfried Liebernickel nach dem großen Erfolg von Hunolds erstem Roman «merckte / daß mit diesem neuen Autore ein mehrers zu gewinnen sey / zahlte ihm einige Gelder im voraus / und bestellte
alle seine Schrifften / so er heraus geben würde / in Verlag zu nehmen».
Hunold, mittellos und über seinen weiteren Weg unschlüssig, ergriff die
Chance und wurde, wenigstens vorübergehend, zu einem gefragten
Schriftsteller.

Christian Friedrich Hunold (1681 Wandersleben/Thüringen – 1721 Halle/
Saale) war im Februar 1700 nach Hamburg gekommen. Seine akademische Ausbildung – Gymnasium in Weißenfels, seit 1698 Jurastudium in Jena – hatte er abgebrochen, als sein väterliches Erbe aufgebraucht war. Sein literarisches Schaffen
umfaßt neben vier zwischen 1700 und 1707 erschienenen Romanen zwei Libretti
für den Hamburger Opernkomponisten Reinhard Keiser (*Die über die Liebe Triumphirende Weißheit / Oder Salomon*, 1703; *Der Gestürtzte und wieder Erhöhte
Nebucadnezar*, 1704), Gedichte (u. a. *Galante, Verliebte / Und Satyrische Gedichte / Erster Und Anderer Theil*, 1703; *Theatralische / Galante Und Geistliche
Gedichte*, 1706) und eine Reihe von übersetzten und eigenen Anleitungsbüchern
und Briefstellern, die mit beträchtlichem Erfolg seine Vorstellungen von Galanterie und eines an französischen Vorbildern orientierten ‹natürlichen› Stils propagierten.

Weißenfelser Skandal- und Klatschgeschichten bilden die Grundlage
von Hunolds erstem Roman: *Die Verliebte und Galante Welt In vielen
annehmlichen und wahrhaftigen Liebes-Geschichten / Welche sich in etlichen Jahren her in Teutschland zugetragen* (Teil 1, 1700; Teil 2, 1707).
Unterbrochen von zahlreichen, z. T. lustspielhaften Episoden und Erzählungen galant-frivolen Inhalts aus dem adeligen Milieu stellt Hunold zwei
aufeinander bezogene, symmetrisch gebaute Liebesgeschichten in den
Mittelpunkt. Dabei schließt er sich äußerlich der Formkonvention des
höfisch-historischen Romans mit Trennung und Wiedervereinigung an,
erzählt jedoch nicht von heroischer Standhaftigkeit, Treue und göttlicher
Vorsehung, sondern wie Bohse von Liebesverwirrungen, Untreue, Täuschung und Intrige. Zentrales Thema der Haupterzählungen ist die Untreue und damit die Fähigkeit der Helden, sich den Gegebenheiten anzupassen, sich zu arrangieren.

Droht hier das Hauptgeschehen hinter den Episodenerzählungen zu
verschwinden, so zeichnet sich der folgende Roman, *Die Liebens-Würdige Adalie* (1702), durch eine klare, übersichtliche Komposition aus, die
nicht zuletzt der französischen Vorlage zu verdanken ist. Es handelt sich
um Jean de Préchacs Roman *L'illustre Parisienne* (1679), dem ein auf-
sehenerregendes Ereignis der höfischen Welt zugrunde liegt: der Aufstieg der Eléonore d'Olbreuse, Tochter eines hugenottischen Adeligen
aus Poitou, zur Herzogin von Celle (1676). Préchac, ein auf die romanhafte Verarbeitung von aktuellen höfischen Ereignissen, politischen Vorgängen und Klatschgeschichten spezialisierter Unterhaltungsschriftstel-

ler, verstärkte den märchenhaften Charakter der Aufstiegsgeschichte: Aus
der Hofdame landadeliger Herkunft machte er eine in der höfischen Gesellschaft absolut nicht salonfähige Pariser Bankierstochter. Darüber hinaus fügte er neue Personen und Situationen ein und paßte das Ganze mit
den üblichen Täuschungen, Verwirrungen und Verwechselungen – und
einem Minimum an historischen Fakten – in das traditionelle Romanschema von Zusammentreffen, Trennung und endgültiger Vereinigung
ein.

Bereits 1680 war die erste deutsche Übersetzung des kleinen Romans erschienen; weitere folgten 1686, 1722 und 1734. Die gewissermaßen amtliche Version des
unerhörten Ereignisses war kurz vor Préchacs Geschichte im Auftrag der Herzogin im Stil höfischer Panegyrik anonym veröffentlicht worden (*Aventure historique écrite par l'ordre de Madame****, 1679; der nicht genannte Autor war Asche
Christoph von Marenholtz). Auch Herzog Anton Ulrich konnte dieser höfischen
Sensation nicht widerstehen, wie der Sophie-Dorothea-Zyklus der *Octavia* be-
weist.

Hunold folgt Préchac, bringt jedoch seinen Roman durch eine
ausgedehnte, wiederum dem Schema Heliodors verpflichtete Nebenhandlung und durch andere Zusätze auf mehr als den doppelten Umfang.
Die einleitenden Absätze der *Adalie* führen mit ihrer Opposition von
Mars und Venus zum eigentlichen Gegenstand des Romans: Während
«noch überall auf Teutschlandes Gräntzen» das «Mordbegierige Schwerd
des unruhigen Kriegeß-Gottes» blitzt, macht sich Amor in Paris bereit,
«seine Unümschränckte Gewalt desto empfindlicher sehen [zu] lassen / je
mehr er durch den entzogenen Gehorsam war beleidiget worden». Und
so spielen kriegerische Auseinandersetzungen, heroisches Gebaren und
repräsentative Öffentlichkeit, aber auch das im französischen Roman betonte Sensationelle der Aufstiegsgeschichte im folgenden keine Rolle. Geboten wird, wie es die Vorrede in Anlehnung an Bohse formuliert, ein
Blick auf «die Welt nicht als einen aller Augen geöffneten Platz / sondern
als ein geheimes Liebes-Cabinet».

Die «unvergleichliche Adalie», die ebenso schöne wie kluge Tochter des Pariser
Bankiers Brion, bleibt unbeeindruckt von dem Werben der sich um sie bemühen-
den Kavalliere. Das ändert sich, als der junge Prinz von Allerona (Celle) in Brions
Haus gelangt. Er reist wegen der kriegerischen Verwicklungen inkognito und gilt
als Sohn eines deutschen Geschäftspartners von Brion. Bosardo, so nennt sich
Prinz Rosantes, erwächst in Renard ein Nebenbuhler, der jedoch erfolgreich auf
Adalies Schwester Barsine abgelenkt werden kann, die in ein Kloster gesteckt
worden war. Daraus entwickelt sich dann eine ausgedehnte Nebenhandlung. Während der Prinz nach England flieht, um möglichen Vergeltungsmaßnahmen gegen
deutsche Standespersonen wegen der Verhaftung eines Franzosen in Deutschland
zu entgehen, wird Renards Verlobte kurz vor der Hochzeit entführt. Renard begibt sich auf die Suche nach Barsine, holt schließlich den Entführer ein, tötet ihn –
und verliert die Verlobte wieder. Sie gerät in die Hand des adeligen Lüstlings

Curton, während Renard auf einem Landschloß bei galant-erotischen Wechsel-
spielen aufgehalten wird. Als in der Zwischenzeit der Prinz, den man für tot gehalten hatte, wieder nach Paris gelangt, ist Adalie im Gefolge der Herzogin von
Mommorancy nach Deutschland abgereist (möglich, weil ihr Vater inzwischen geadelt worden war). Am Hof von Allerona kommt es zu amourösen Verwicklungen und Täuschungsmanövern und einer gespenstischen Begegnung zwischen
Adalie und dem Prinzen – er schläft, sie hält den Totgeglaubten für einen Geist –,
doch erst nach weiteren Umwegen führt Hunold die kurz vor der Vermählung mit
einem anderen stehende Adalie und Prinz Rosantes endgültig zusammen. Zuvor
hatte Rosantes noch Barsine und den inzwischen ebenfalls gefangenen Renard aus
den Händen des adeligen Wüstlings befreit – und bei diesem durch Prügelstrafe
und Todesdrohung einen erbaulichen Besserungsprozeß in Gang gesetzt.

Äußerlich dem Schema des höfisch-historischen Romans verpflichtet,
folgt Hunold gerade in den von ihm erfundenen Episoden dem Beispiel
Bohses und seiner Sicht der Welt als der «Liebe Irregarten» oder als «Liebes-Cabinet». Der «listige Amor» hat die Rolle der Fortuna oder des Ver-
hängnisses übernommen, Werte wie Treue und Beständigkeit werden relativiert und durch moralische Indifferenz und gesellschaftlichen
Konformismus ersetzt. Dabei gibt es Abstufungen. In den sinnlich-eroti-
schen Bereich des Irrgartens der Liebe führt allein die Nebenhandlung,
die in der frivolen Landschloßepisode in nächtlichen Partnertausch- und
Verwechslungsspielen gipfelt: Über diesen «lustigen Possen» vergißt
Renard seine verlorene Braut zunächst einmal.

Im allgemeinen nehmen die Liebesverwicklungen einen untragischen
Verlauf. Über Treue- und Ehebruch kann – auch schadenfroh – gelacht
werden, niemand fühlt sich geschädigt. Katastrophen oder Schwierigkeiten drohen nur da, wo die gesellschaftlichen Formen und Konventionen,
wo Höflichkeit, Konzilianz und Anpassung als die höchsten sozialen Tugenden mißachtet werden. Aufschlußreiches Beispiel dafür ist die Auflösung der Verwicklungen am Ende im Rahmen der untadeligen höfischen
Gesellschaft um Prinzessin Emilie, Graf Alfredo und den inzwischen
zum regierenden Herzog aufgestiegenen Rosantes. Alfredo weigert sich,
die durch das Erscheinen von Rosantes veränderte Situation anzuerkennen, auf Adalie zu verzichten und so eine Neugruppierung der Paare zu
ermöglichen. Sein Verhalten, das ein Duell nach sich zieht, gilt als Starr-
sinn. Erscheint aber Alfredos Pochen auf Ehre und Treue tadelnswert, so
ist es nur konsequent, daß es der Heldin nicht verübelt wird, daß sie dem
totgeglaubten Rosantes untreu wird – so sähe es jedenfalls der höfisch-
historische Roman mit seinem Ethos der Beständigkeit – und dem Werben Alfredos und dem Zureden der Prinzessin Emilie nachgibt.

Der *Adalie* ließ Hunold mit *Der Europaeischen Höfe / Liebes- Und Helden-
Geschichte* (1705) einen Schlüsselroman eher konventioneller Art folgen. Den Erfolg des 1200-seitigen Werkes dokumentieren neben den insgesamt sechs Auflagen
auch die beiden Fortsetzungsbände, die Johann Georg Hamann 1728 und 1740

folgen ließ, nachdem er bereits Zieglers *Asiatische Banise* mit einem zweiten Teil weitergeführt hatte. Die Verschlüsselung ist leicht zu durchschauen, mit Absicht: Nutzen und Vergnügen werden durch das Wiedererkennen der «wahrhaffte[n]» Geschichte» vergrößert. In Hunolds *Satyrischem Roman* (1706) heißt es zu diesem Thema: «Die Freude ist gewißlich nicht gering / wenn man dieselben errahten hat.» Dabei interessiert, wie kaum anders zu erwarten, Geschichte vor allem als höfische *chronique scandaleuse* der letzten fünfzig Jahre, wenn auch – so die Vorrede – unter Beobachtung des «gebührenden Respects».

Der eher antiquierten höfischen Geschichts- und Skandalchronik ließ Hunold ein Werk zwischen Satire und Pasquill, zwischen galantem Roman und kritischem Anti-Roman folgen: *Satyrischer Roman, In Unterschiedlichen / lustigen / lächerlichen und galanten Liebes-Begebenheiten* (1706). Das Werk bezieht sich im wesentlichen auf Hamburger Verhältnisse, insbesondere im Umkreis der Oper, und wie groß auch immer der Anteil der Erfindung sein mochte, es reichte für einen ordentlichen Skandal: «Es ist nicht zu sagen / was dieser Roman für einen Alarm in Hamburg machte / und wie ein jedweder diesem oder jenem darinnen eine Historie zueignete», schrieb Hunolds Verleger und Freund Benjamin Wedel. Die noch nicht verkauften Exemplare wurden konfisziert, Hunold verließ die Stadt fluchtartig.

Den lockeren Rahmen des Romans bildet die Geschichte von Tyrsates und Selander, die sich zu Beginn treffen und über weite Strecken hin ganz in der Art des politischen Romans als Beobachter und Kommentatoren, gelegentlich aber auch als Provokateure fungieren und so den Blick auf meist anzügliche bzw. eindeutige erotische Situationen und Geschichten sowie Beispiele gesellschaftlichen Unvermögens in Salamoena (Weißenfels), Lindenfeld (Leipzig) und zuletzt Venedig (Hamburg) richten. Gegenüber der Episodenvielfalt – einschließlich einer phantastischen Entführungsgeschichte mit obligaten Seeräubern à la *Schelmuffsky* – vermögen sich die eigenen Liebesgeschichten der Helden kaum durchzusetzen. Am Schluß steht dann, dem konventionellen Schema entsprechend, die Vereinigung von Tyrsates und Asterie bzw. Selander und Arismenia, deren wahrhaft galante «Conduite» und auf «Übereinstimmung der Hertzen» beruhende Liebe sich entschieden von der satirisch und parodistisch bloßgestellten Un- und Scheinmoral und der Lächerlichkeit einer veräußerlichten, auf das eindeutig Sexuelle heruntergekommenen Galanterie abheben. Eine überraschende Wendung von der galanten Welt ins Bukolische setzt den Schlußpunkt und modifiziert auf diese Weise frühere religiöse Gedanken der Weltabsage: Selander geht nach England und findet «in dem angenehmen und geruhigen Land-Leben ein irdisches Paradies / und in Gesellschaft eines so annehmlich als tugendhaften Engels / alles / was die Conversation der galanten und edlen Welt schönes geben kan». Moralisierende Kommentare, belehrende Gespräche und Gedanken über

Liebe, Tugend und Vergänglichkeit sorgen für die rechte Bewertung der unterschiedlichen Situationen.

Christian Reuters Schelmuffsky und seine Sippe lassen grüßen, wenn die Nachahmung höfisch-galanten Benehmens und Komplimentierens grotesk mißlingt und der Lieblingsausdruck des Maulhelden leicht abgewandelt zu seinem Recht kommt («der T... hohl mich»); und ebenso parodistisch ist es, wenn die Helden einen Studenten belauschen, der mit einem «Exzerpten-Buch von allen Complimenten aus des Herrn Talanders Romanen» ohne großen Erfolg Konversation übt. Neben dem falsch verstandenen Galanten trifft die Satire nicht weniger den höfisch-historischen Roman und entlarvt ihn und seine Ethik aus dem Geist des Anti-Romans. Das geschieht, indem Hunold den Leser in vertraute Romanszenarien einführt, um ihn dann um so gründlicher zu überraschen und in seiner Erwartung zu enttäuschen: Die bedrängte Unschuld, der beherzte Kavaliere zu Hilfe eilen, entpuppt sich als das Gegenteil, als eine junge Frau, die vergeblich versucht, endlich die Unschuld zu verlieren; die unnahbare Schönheit wird in einer verfänglichen Situation mit ebendieser glücklosen Unschuld überrascht usw.

Den großen (Skandal-)Erfolg des Romans wird man vor allem der – allerdings eher andeutenden als expliziten – Darstellung der sexuellen Abenteuer im Milieu der Hamburger «Opern-Personen» zuzuschreiben haben. Aber gerade von diesen das Skandalöse betonenden Aspekten (einschließlich einer Neigung zum Rachsüchtigen und Polemischen) distanzierte sich Hunold später: wohl nicht nur deshalb, weil er seit 1708 im pietistischen Halle als Gelehrter (Promotion zum Dr. jur. 1714) mit Vorlesungen über Moral, Rhetorik und Poesie seinen Lebensunterhalt verdiente, sondern weil sie seiner Konzeption des Galanten als situations- und erfolgsorientierter Lebens- und Weltklugheit widersprachen, wie sie seine Anweisungsbücher lehrten.

Der galante Roman nach Hunold

Nur wenige Autoren galanter Romane lassen sich hinter den nun üblich gewordenen Pseudonymen erschließen. Die beiden wichtigsten sind Johann Leonhard Rost (Meleaton) und Michael Erich Franck (Melisso), zugleich die letzten, die durch eine größere Romanproduktion galanter Art hervortraten.

Rost erlangte als Astronom und astronomischer Schriftsteller eine gewisse Bedeutung; daneben veröffentlichte er zwischen 1708 und 1728 eine Reihe von Übersetzungen und mehr als ein Dutzend eigener Romane nach dem Vorbild Bohses und Hunolds. Sichtbar wird eine Vorliebe für ausführlich geschilderte gesellige «Divertissements», für Liebesverwirrungen und Verwechselungsspiele heiterer Art, für Schwänke und Possen. Doch fehlt es deswegen nicht an Hofintrigen, Ehebruchsgeschichten und pompösen öffentlichen Aufzügen, etwa in den Pariser Szenen des Romans *Der verliebte Eremit* (1711). Dabei folgen die Romane meist dem Handlungsmuster des höfisch-historischen Romans («ist es mit eines mit von den Requisitiis der Romanen / die Geschichte durch mancherley Verwirrungen zu praesentiren») und verlegen das Geschehen wie üblich in räumliche und/oder zeitliche Ferne. Es gibt aber auch Romane, die an aktuelle Ereignisse anknüpfen oder – mit Anleihen an den niederen Roman und sein Erzählen «nach der Ordnung» – in das volle Studentenleben greifen. Damit steht Rost für eine Tendenz des galanten Romans, die seit Bohse das Genre charakterisiert: die Verbindung galanter Konzepte mit verschiedenen Romanformen.

Zu dem konventionellen ersten Typ gehören Romane wie *Die getreue Bellandra* (1708), *Die Türckische Helena* (1710), *Die Durchlauchtigste Prinzessin Tamestris Aus Aegypten* (1712) oder *Liebes-Geschichte des Durchlauchtigsten Hermiontes / Cron-Printzens aus Syrien* (1714). Dagegen läßt Rost in seinem Zieglers *Banise* verpflichteten «Asiatischen Helden-Gedicht» *Die Unglückseelige Atalanta Oder Der schönen Armenianerin Lebens- Und Liebes-Beschreibung* (1708) die begehrte, aber stand- und tugendhafte Heldin und ihren Prinzen Pallamedes aus Turkestan als Opfer von Hofintrigen und Herrscherwillkür ein böses Ende im Stil des Anti-Märchens finden. An Hunolds europäische Hofgeschichten orientiert sich Rosts über 1400-seitiger Roman *Die Helden- und Liebes-Geschichte dieser Zeiten. Welche sich bey dem verwichenen Spanischen Succesions-Krieg / hin und wieder in Europa zugetragen* (1715). Darin spielen die «Martialischen Begebenheiten» eine gewisse Rolle, um «dem curieusen Leser im Durchblättern / eine Abwechselung der Materien [zu] verschaffen», wobei Propaganda für Kaiser und Reich dabei ebensowenig fehlt wie antifranzösische Polemik. Im übrigen werden ohne große Kunst «über funfzig Avanturen», selbstverständlich «verliebte Historien», aneinandergereiht. In das von Happel und anderen für den niederen Roman reklamierte Studentenmilieu führen Texte wie *Die Liebenswürdige und galante Noris* (1711) oder der langatmige, aber nützliche und kostensparende Ratschläge einschließende *Schau-Platz Der Galanten und Gelährten Welt / Welcher Die mancherley Begebenheiten auf Universitäten In einem Roman fürstellet* (1711).

Der Pfarrersohn Michael Erich Franck veröffentlichte unter seinem Pseudonym Melisso zwischen 1715 und 1720 fünf Romane. Als Hauptwerk gilt sein erster Roman, dessen autobiographische Momente – einschließlich eines Personenschlüssels – die Identifikation des Autors ermöglichten: *Des glückseeligen Ritters Adelphico Lebens- und Glücks-Fälle / In einem Liebes-Roman Der Galanten Welt vorgestellet* (1715). Reihung ist das bestimmende Strukturprinzip dieses Werkes. Im Mittelpunkt stehen der junge und schöne Adelige Adelphico und seine Beziehungen zu drei jungen Damen, unterbrochen durch verschiedene, das Thema der Liebe variierende Episoden. Der heiteren Atmosphäre der Adelssitze auf dem Land mit ihrem geselligen Treiben, ihren Unterhaltungen und Festen entspricht die Unverbindlichkeit und Leichtigkeit von Liebes- und Treueschwüren, bis schließlich Adelphico nach Amoene und Statterie mit Irenie die Richtige findet und Hochzeit feiert. An dem Arrangement und seiner dichterisch-musikalischen Ausgestaltung ist der Dichter Musano beteiligt, hinter dem sich der Autor verbirgt, wie sich denn überhaupt im Roman die Geschichte einiger Landadelsfamilien um Coburg spiegelt, mit denen Franck in näherer Beziehung stand. So hat der heiter-galante «Komödienroman» (Herbert Singer), rokokohaft stilisiert und nicht ohne ironische Untertöne erzählt, zugleich Züge eines Schlüsselromans.

Mit seinen anderen Romanen schließt sich Franck enger an traditionelle literarische Muster an. Die «Liebes- und Helden-Geschicht» *Der Unglücklich-Glückselige Epirotische Graf Rifano, Oder Dessen ausgestandene Verfolgung / und endliche Erhebung auf den Königl. Epirotischen Thron*, schon zur Zeit des *Adelphico* begonnen, aber erst 1720 oder 1722 erschienen, ist der Versuch eines hohen Romans nach dem üblichen Muster mit fürstlichem Personal, weitverstreuten Schauplätzen, Kriegszügen, höfischen Festen, Turnieren, Seeräuberüberfällen und tugendhaften Heldinnen und Helden. Allerdings relativieren auch hier, wie in den Romanen Bohses und Hunolds, pragmatische, auf Nutzen und gesellschaftliche Akzeptanz bezogene Überlegungen die barocken Kardinaltugenden der Beständigkeit und Treue, wenn auch nicht bei dem zentralen Paar Rifano und Rictorine. Ihre Geschichte macht allerdings nur etwa ein Viertel des Romans aus, so daß ihre integrierende Kraft angesichts der zahlreichen anderen Liebeserzählungen und -episoden eher überbeansprucht wird.

Ähnliche Probleme treten bei den weiteren Romanen Francks auf, die kaum mehr als Geschichtensammlungen sind, ein häufiges Phänomen in dieser Spätzeit: *Die Rachgierige Fleurie, über Den grausamen Mord ihres geliebtesten Lucidamors, in einer Liebes und Helden-Geschicht* (1715), *Die in dem Grabe erlangte Vermählung der beeden Verliebten / Rapymo und Sithbe* (1717), *Die Galante und Liebens-würdige Salinde, Der Galanten Welt in einem Academischen und Liebes-Roman* [...] *zum Besten ans Licht gestellet* (1718). Der letzte Text gehört zu dem beliebten Genre des Studentenromans, der sich unter dem Vorwand, nützliche Informationen über Studium und Universitätsleben zu vermitteln, ganz in das studentische Treiben in Jena vertieft.

Unter der anonymen bzw. pseudonymen Produktion der Zeit ragt der Roman *Der Närrische und doch Beliebte Cupido, oder Ein schertzhaffter Roman* (1713) von Selamintes heraus. Das Werk beginnt als satirischer Roman in der Nachfolge Hunolds und hält in satirischen Szenen und Porträts dem «Unvergleichlichen Frauen-Zimmer» (einschließlich des «Opern-Frauenzimmers») und den achtbaren Bürgern Hamburgs den Spiegel vor, wobei das Augenmerk vor allem dem geizigen Herrn Inquietus gilt. Beobachter und Kommentatoren sind dabei die Kavaliere Tichander und Daferno, zu denen sich dann noch Seladon und Lorandi gesellen. Von den locker gereihten satirischen Beobachtungen in «Seestadt» verlagert sich das Geschehen in der zweiten Hälfte des Romans auf das Schloß des Herrn von Friedeborn, wo die erwähnten Kavaliere, andere Gäste und der Gastgeber mit seinen beiden Töchtern Constantine und Helena einige Tage in fröhlicher, der Anbahnung von Liebesbeziehungen günstiger Geselligkeit verbringen. Eine besondere Rolle bei diesem Aufenthalt auf dem Land kommt dem mündlichen Erzählen zu, bei dem witzige Darbietung und ironische Pointen mindestens so wichtig sind wie die galanten und ‹curieusen› Begebenheiten. Dieses literarisch-gesellige Landleben erinnert an die Kunst Johann Beers in den *Teutschen Winternächten* (1682) und *Kurtzweiligen Sommer-Tägen* (1683). Mit einer Rückkehr nach «Seestadt» – und damit wieder zur ausgesprochenen Satire – und mit der Ankündigung der Vermählung der vier Kavaliere Lorandi, Seladon, Tichander und Daferno mit ihren Damen Constantine, Helena, Dorinde und Amalia endet der Roman.

Mit Selamintes' *Cupido* und Francks *Adelphico* erreicht der galante Roman seine letzten Höhepunkte. Bald darauf, mit dem Durchbruch einer spezifisch bürgerlichen Aufklärungsliteratur, geht seine Zeit zu Ende. Späte Beispiele bieten allerdings u. a. noch ein gewisser Benindus, der 1733 mit dem Roman *Die Von der Liebe verfolgte, Doch zuletzt beglückte Printzeßin Hermoine* Bohses *Amazoninnen aus dem Kloster* (1696) plagiierte, und Johann Gottfried Schnabels *Der im Irr-Garten der Liebe herum taumelnde Cavalier* (1738), der einerseits die erotische Seite des galanten Romans aufnimmt, andererseits die Wirkungen des vernunftgegründeten Tugendprogramms der Aufklärung und pietistischer Bekehrungsgeschichten erkennen läßt.

Orientiert an dem Muster der Kavaliersmemoiren erzählt Schnabels Roman im Rahmen einer distanzierenden Herausgeberfiktion in zwei Teilen die «Reise- Und Liebesgeschichte» des Herrn von Elbenstein. Pikante Affären in Italien, in denen liebeshungrige maskierte Damen, grausame Prinzessinnen, Entführung, Kerker und Folter eine Rolle spielen, und weitere, von Heiraten kaum aufgehaltene amouröse Verwicklungen an deutschen Höfen machen den Inhalt des Romans aus. Dabei schließen die einzelnen Episoden in schöner Regelmäßigkeit mit Reueanwandlungen, moralisierenden Rechtfertigungen und «recht ernstlichen tieffen Buß-Gedancken». Da diese Gedanken keine Konsequenzen nach sich ziehen, bleibt es bei einem Wechsel von abenteuerlich-erotischen und moralisierend-lehrhaften Sequenzen. Das Ergebnis ist entsprechend zwiespältig und reflektiert auf seine Weise die Bedingungen und Zwänge der prekären Schriftstellerexistenz Schnabels.

5. Die Endphase des höfisch-historischen Romans im 18. Jahrhundert

Dem tiefgreifenden kulturellen Wandel zum Trotz bewiesen die alten barocken Gattungsmuster ein erstaunliches Beharrungsvermögen, wenn sich auch die Tendenz zur Gattungsmischung und zur Verbindung z. T. höchst heterogener Elemente verstärkte. Klare Grenzlinien lassen sich daher in dieser späten Phase der Gattungsentwicklung nicht immer ziehen, in der beispielsweise Züge des niederen Romans – etwa des beliebten

Studentenromans – in den galanten Roman eindringen oder bürgerliche Lebensformen und Moralmaximen die heroische Attitude des höfisch-historischen Romans konterkarieren. Rechnen muß man auch mit irreführenden Gattungsbezeichnungen; vor allem der Begriff des Galanten findet inflationäre Verwendung. Überdies darf man nicht davon ausgehen, daß Berufungen auf ältere Vorbilder in jedem Fall berechtigt sind. Das gilt für die in einem anderen Gattungszusammenhang behandelten Simpliziaden ebenso wie für Texte wie die *Sonderbare Lebensgeschichte der Deutschen Baniese* (1752) von Johann Carl Eberhard, einen Abenteuerroman ohne jede Beziehung zu Zieglers immer noch berühmtem Werk.

Zur Vielfalt der Romanproduktion tragen auch Texte bei, die an ältere Traditionen desillusionierender Liebesdarstellung, etwa des französischen Intrigenromans, anknüpfen und damit gleichsam einen doppelten Kontrapunkt setzen: zu dem konformistischen, auf ausgleichende Konfliktlösung zielenden galanten Roman und zu dem die Bewährung der Tugend im glücklichen Ende feiernden höfisch-historischen Roman. Schon Bohse hatte mit *Dem Schauplatz Der Unglückselig-Verliebten* (1693) einen entsprechenden Versuch unternommen. Die Linie führt dann weiter zu Rosts *Unglückseeliger Atalanta* (1708) und Gottlieb Sigmund Corvinus' (Amaranthes) *Das Carneval der Liebe, Oder Der in allerhand Masquen sich einhüllende Amor* (1712). Corvinus, ein fruchtbarer Gelegenheitsdichter und Verfasser eines *Frauenzimmer-Lexicons* (1715), gab seinem «wahrhafftigen Liebes-Roman» einen eher irreführenden Titel: Das Werk bietet keine galanten oder pikanten Abenteuer, sondern eine Folge von Geschichten, die distanziert und ohne Moralisieren stets die negativen, oft grausamen Aspekte von Amors «Theatrum» zur Schau stellen und damit an die älteren *histoires tragiques* (François de Rosset, Jean Pierre Camus) erinnern. «Der Anfang seiner Liebe», heißt es programmatisch zu Beginn über den Liebhaber (im allgemeinen), «ist insgemein mit Zucker-süsser Benzoe überzogen, das Amen hingegen schmecket nach lauter bittern Coloquinten.»

Der galante Roman erwies sich als recht kurzlebig, obwohl er mit der Zeit ging, d. h. Ethos, Form und Stil des höfisch-historischen Romans modifizierte und in Einklang mit den neuen gesellschaftlichen und literarischen Vorstellungen zu bringen suchte. Mit Franck und Rost war seine Zeit im wesentlichen vorbei, während sich der höfisch-historische Roman, wenn auch in reduzierter Form, bis über die Jahrhundertmitte hinaus behauptete: Es entstanden nicht nur immer neue Liebes- und Heldengeschichten, auch die alten aus dem vorigen Jahrhundert wurden weiter gedruckt, gelesen und – mit Einschränkungen – auch kritisch gewürdigt. John Barclay, Andreas Heinrich Bucholtz, Anton Ulrich von Braunschweig, Lohenstein und vor allem Ziegler blieben anerkannte Größen. Dagegen fehlt es nicht an Warnungen vor den Romanen Bohses und Hunolds, es sei denn, der Leser zeige Standfestigkeit: «Es erfordern dieselbe Leser von einem wohlgesetzten Gemüthe, das sich nicht leicht zu sündlicher Wollust reitzen läst», merkte Christian Ernst Fidelinus an, der Verfasser der *Engeländischen Banise* (1754). So unzeitgemäß der Heroismus und Rigorismus der Tugendhelden des höfisch-historischen Romans jetzt auch erscheinen mochten, im Vergleich zur moralischen Indifferenz und Frivolität des galanten Romans konnten die großen Werke der Vergangenheit von Barclay bis Ziegler im Kontext einer moralisierenden Aufklärung nur gewinnen. Hinzu kam, daß ihre gelehrten und belehrenden Tendenzen, etwa in bezug auf Staat und Politik, auf verwandte Interessen stießen.

Allerdings bieten die neuen höfisch-historischen Romane nur noch einen recht schwachen Abglanz der alten Muster. Waren schon bei Meier, Autorff oder Lehms die epigonalen Züge deutlich genug, so setzte sich dieser Prozeß nun verstärkt fort. Die Romanautoren bedienten sich frei aus dem Repertoire der überlieferten Schemata, Techniken, Motive und Stilmittel, wobei die Berufung auf Fortuna, Providenz oder den «Himmel» kaum tiefere Bedeutung hatte. Und da mit der Form kein Sinn mehr verbunden war, stand einer Vermischung verschiedener Gattungstraditionen oder der Einfügung fremdartiger Zusätze kaum etwas im Wege. So kombinierte ein gewisser Severinus Elemente des höfisch-historischen Romans und der Robinsonade (*Des Durchlauchtigsten Philanders und anderer Hohen Persohnen merckwürdige Begebenheiten*, 1733), während Ethophilus – die Autoren dieser Romane lassen sich selten identifizieren – die spannende Handlung nach dem Muster des höfisch-historischen Romans nur benutzte, um der «Tugendliebenden Jugend beyderley Geschlechts» «eine vernünftige Sitten-Lehre» im bürgerlich-aufgeklärten Geist von 1743 und eine «richtige reine teutsche Schreib-Art» nahezubringen (*Die Obsiegende Tugend In einem Moralischen Romain Vorstellend Die Liebes- und Helden-Geschichte des tapfern Bellerophon mit seiner unvergleichlichen Philonoë Königl. Prinzeßin aus Lycien*, 1743).

Zu den enger der höfisch-historischen Tradition verpflichteten Romanen gehören Werke wie die *Banise*-Imitation *Die unvergleichliche Darine, Cron-Printzeßin aus Creta In einer Helden- und Liebes-Geschichte* (1730) von Florander oder Mirandors «Liebes- und Helden Roman» *Die Heldenmüthige Printzeßin Bellisandra / Oder die nach vielem Ungemach endlich beglückte Kayserin aus Persien* (1742), um nur einige Titel zu nennen. Den Schlußpunkt setzt ein Roman, der sich nicht nur im Titel an das erfolgreichste Beispiel der Gattung anlehnt, Fidelinus' *Engeländische Banise Oder: Begebenheiten der Prinzeßin von Sussex, in einer Liebes- und Helden-Geschichte* (1754). Es handelt sich um eine Übertragung von Zieglers hinterindischer Geschichte in das England des 10. Jahrhunderts, die neuere Entwicklungen wie den galanten Roman ignoriert: Die Vorrede argumentiert, als habe sich in den letzten hundert Jahren nichts verändert. Dem *Amadís* fällt immer noch die Rolle des Buhmanns zu, während auf der ‹guten› Seite Barclay, Bucholtz, Anton Ulrich und Ziegler

stehen: Ihre Romane verbreiteten Tugend, Gelehrsamkeit und insbesondere «Staats-Maximen» und verdienten es, nachgeahmt zu werden.

Bemerkenswerter als die epigonalen Produkte selbst ist der Umstand,
daß sie überhaupt so lange Leser fanden. Vielleicht wirkte sich hier wie
schon früher gegenüber dem galanten Roman noch einmal ihre ‹Seriosi-
tät› aus, die sie gerade angesichts der Flut der ebenso vielgelesenen wie
verachteten Robinsonaden und Avanturierromane als eine Unterhal-
tungsalternative mit einem gewissen Anspruch erscheinen lassen mochte.

III. DER NIEDERE ROMAN

1. Pikaroroman und roman comique *in Deutschland*

Später noch als der höfisch-historische Roman fand der deutsche niedere Roman mit dem Werk Grimmelshausens zur Eigenständigkeit: Mehr als fünf Jahrzehnte liegen zwischen den frühen deutschen Fassungen und Fortsetzungen spanischer Pikaroromane und -erzählungen und dem *Simplicissimus Teutsch* (1668–69). Diese Verspätung hatte Konsequenzen, denn nun bestimmten ganz andere historische Erfahrungen – nicht zuletzt die des Dreißigjährigen Krieges und seiner Folgen – Schreibmotivation und Schaffensprozeß. Zudem hatten sich die Bindungen an die spanischen Muster in ihrer verdeutschten Form gelockert, während zugleich andere Ausprägungen des niederen Romans wie der französische *roman comique* und ältere Traditionen und Formen der Satire wie Narrenrevue und menippeische Satire an Bedeutung gewannen und so die Voraussetzungen für das relativ vielfältige Formenrepertoire des niederen Romans in Deutschland schufen.

Am Anfang der rasch alle wichtigen europäischen Literaturen erfassenden Entfaltung eines oppositionellen, niederen Romangenres steht die spanische *novela picaresca* mit dem anonym erschienenen *Lazarillo de Tormes* (1554) und – in beträchtlichem zeitlichen Abstand folgend – Mateo Alemáns zweiteiliger *Guzmán de Alfarache* (1599, 1604). Dessen Erfolg nutzte nach Erscheinen des ersten Teils Juan Martí aus, der – vor der genuinen Fortsetzung Alemáns – 1602 einen zweiten Teil des *Guzmán* folgen ließ. Die weitere Geschichte des spanischen Pikaro- oder Schelmenromans führt dann, die Gattungsmuster variierend, kritisierend oder parodierend, über Francisco López de Úbedas *Pícara Justina* (1605) zu Francisco de Quevedos *Buscón* (1626; entstanden bereits um 1603), um nur die bekanneren, auch in Deutschland rezipierten Texte zu nennen. Verbindende, gattungsbestimmende Elemente bleiben, bei aller Unterschiedlichkeit der Romane im einzelnen, die Form der fiktiven Autobiographie eines gesellschaftlichen Außenseiters und ein antiidealistisches Erzählkonzept: apologetische Schelmenbeichte eines durchaus ‹unzuverlässigen›, weil seine eigenen Interessen offen oder versteckt verfechtenden und sich rechtfertigenden Erzählers und satirisches Welt- und Gesellschaftsbild in einem.

Während die pikareske «Generalbeichte» (Alemán) in der Regel Töne asketischer Weltabsage anschlägt, stellt der spätere französische *roman comique* – die zweite bedeutende Ausprägung des europäischen niederen Romans – eine diesseitig orientierte, in jeder Beziehung lebensvolle, burlesk-komische Variante dieses Genres dar, die trotz prinzipieller poetologischer Opposition Anleihen an Techniken und Motive des hohen Romans nicht verschmäht (Charles Sorel: *La vraye histoire comique de Francion*, 1623–33, und *Le berger extravagant*, 1627–28; Paul Scarron: *Le roman comique*, 1651–57).

Bei den deutschen Fassungen spanischer Pikaroromane handelt es sich fast ausschließlich um recht freie Übersetzungen oder Bearbeitungen, z. T. aus zweiter Hand. Sie reflektieren die anderen nationalen, sozialen und religiösen Bedingungen, ergreifen beispielsweise durch veränderte Akzentuierungen Partei im Zusammenhang mit den aktuellen konfessionellen Auseinandersetzungen. Zugleich verlieren die spezifisch spanischen Voraussetzungen und Vorstellungen, verständlich nur vor dem Hintergrund der jüngeren spanischen Geschichte, an Gewicht oder werden gänzlich beiseite geschoben (Konflikt zwischen Alt- und Neuchristen, Ideologie der Reinheit des Blutes). Im Fall des *Lazarillo de Tormes* bedeutete schon die Wahl der Vorlage(n) eine Vorentscheidung über den Geist der Übersetzung.

Der ebenso kurze wie kunstvolle Roman erschien 1554 ohne Verfasserangabe, 1555 folgte eine ebenfalls anonyme Fortsetzung. Doch 1559 wurde der *Lazarillo* wegen seiner antiklerikalen Tendenzen verboten und schließlich durch einen ‹gereinigten› Text ersetzt, den sogenannten *Lazarillo castigado* (1573). Beide Versionen bestanden in der Folge nebeneinander, denn außerhalb des spanischen Einflußbereichs konnte die unzensierte Fassung weiter gedruckt und in einer zweiten Fortsetzung konsequent gesellschafts- und kirchenkritisch fortgeschrieben werden (Juan de Luna: *Segunda parte de la vida de Lazarillo de Tormes*, Paris 1620).

In Deutschland blieb die unzensierte Fassung ohne Bedeutung für die Wirkungsgeschichte. Sie wurde zwar zusammen mit dem ersten Kapitel der Fortsetzung von 1555 als neuem Schluß 1614 von einem um Genauigkeit bemühten schlesischen Humanisten ins Deutsche übertragen, aber nicht gedruckt (*Leben vnd Wandel Lazaril von Tormes: Vnd beschreibung, Waß derselbe fur vnglück vnd widerwertigkeit außgestanden hat. Verdeutzscht 1614*). So bestimmte die spätere, 1617 in Augsburg veröffentlichte Übersetzung das Bild des Romans im deutschen Sprachraum. Sie erschien zusammen mit Niclas Ulenharts sprachlich und atmosphärisch gelungener Verpflanzung von Cervantes' Novelle *Rinconete y Cortadillo* (*Novelas ejemplares*, 1613) in das Gaunermilieu des Rudolfinischen Prag, einer Schelmengeschichte, die die Möglichkeiten eines eigenständigen deutschen pikaresken Erzählens schon früh und überzeugend erkennen läßt (*Zwo kurtzweilige / lustige / vnd lächerliche Historien / Die Erste / von Lazarillo de Tormes, einem Spanier [...]. Die ander / von Isaac Winckelfelder / vnd Jobst von der Schneid [...]. Durch Niclas Vlen-*

hart beschriben). Im Unterschied zur Prager Gaunererzählung handelt es
sich bei dem deutschen *Lazarillo* um eine konventionelle anonyme Übersetzungsarbeit. Sie beruht auf einer 1598 in Antwerpen erschienenen
französischen Ausgabe, einer radikal gereinigten Fassung einer älteren
Übersetzung von 1560; bei einigen besonders widersprüchlichen Stellen
griff der deutsche Übersetzer oder ein weiterer Bearbeiter allerdings auf
das spanische Original zurück. Insgesamt bietet diese deutsche Übersetzung einen verstümmelten Text, der auch die strukturbestimmende Begründung des Erzählanlasses in der Einleitung fallen läßt: Lazarillos Geschichte ist ursprünglich ein scheinbar naiver, in Wirklichkeit höchst
raffinierter Rechtfertigungsversuch seines in einem skandalösen Drei-
ecksverhältnis gipfelnden Weges in die gesellschaftliche Respektabilität.
Diese Begründung fehlt hier, und die Folge ist eine Auflösung des Erzähl-
zusammenhangs und der innertextlichen Bezüge in eine Reihe mehr oder
weniger selbständiger Episoden und Schwänke.

Das gilt auch für die deutsche Fassung von Juan de Lunas Fortsetzung
des *Lazarillo de Tormes*. Sie stammt von einem gewissen Paulus Küefuß
und erschien 1653 in Nürnberg zusammen mit einer Neuauflage des
Augsburger Textes von 1617 (*Der Ander Theil / Lazarilli von Tormes /
bürtig aus Hispanien*). Juan de Luna hatte den Helden, der sich im ursprünglichen Roman um des Überlebens willen der korrupten Gesellschaft angepaßt und als königlicher Ausrufer und Ehemann der Geliebten
des Erzpriesters von Toledo eine prekäre Sicherheit gefunden hatte, wieder in eine extrem feindliche Welt hinausgestoßen, bis er schließlich –
Spielball der Fortuna und Opfer von Kirche und altchristlicher spanischer
Gesellschaft – einsam dem Tod entgegensieht. Das steht auch so in der
französischen Übersetzung von 1620. Der deutsche Bearbeiter griff jedoch stark in den Text ein, eliminierte wohl aus Gründen des Kommerzes
und der Vermeidung von Zensurschwierigkeiten jegliche Kirchen- und
Geistlichkeitkritik, mißverstand das Pikarische als bloße Bettelei und reduzierte das Buch letztlich auf eine Folge von unterhaltsamen Schwankerzählungen, die die Unbeständigkeit der Welt illustrieren und – vielleicht
ohne Absicht – wie die deutsche Fassung von Alemáns *Guzmán de Alfarache* die Absage an die Welt als Lösung suggerieren.

Neben deutschen Übersetzungen bzw. Bearbeitungen des *Lazarillo* gibt es zwei
lateinische Versionen, die ihrerseits auf den deutschen Fassungen beruhen. Nur
handschriftlich überliefert ist die unvollständige Übersetzung von Fridericus
Berghius, eines Breslauer katholischen Geistlichen, die auf der ebenfalls unge-
druckten schlesischen Übersetzung von 1614 basiert. Die zweite Übertragung ins
Lateinische stammt von dem Polyhistor Caspar Ens und folgt dem deutschen
Lazarillo von 1617. Ens fügte sie in seine lateinische Fassung von Mateo Alemáns
Guszmán de Alfarache ein, die er nach der italienischen Übersetzung von Barezzo
Barezzi (1606) vornahm: *Vitae humanae proscenium: in quo sub persona Gusmani
Alfaracii virtutes & vitia; fraudes [...] repraesentantur* (1623). Die komprimierte

Geschichte Lazarillos («Lazarillus adolescentiae suae narrat historiam», lautet die
Überschrift) dient hier als Exempel und hat die Funktion, den jungen Guzmán
nach seinen ersten schlimmen Erfahrungen zu trösten, die Tugend der Standhaftigkeit in ihm zu wecken und ihn so auf noch schwereres Unheil vorzubereiten.

Mateo Alemáns *Guzmán de Alfarache* stellt sich als kirchen- und
gesellschaftskonforme Beichte eines reuigen Ich-Erzählers vor, der im
Rückblick seine Sünder- und Verbrecherlaufbahn offenlegt. Die Perspektive ist durch die Haltung des *desengaño* bestimmt, d. h. der Desillusion
und der Einsicht in die wahre, negative Beschaffenheit der Welt und des
Lebens. Daher spart der Erzähler, anders als der ohne Kommentare
scheinbar naiv erzählende Lazarillo, nicht mit ausgedehnten moralischen
Betrachtungen und Reflexionen zum Nutzen des Lesers. Zugleich erwächst dem Roman jedoch aus der Konfrontation der Erlösungsge-
schichte des Außenseiters mit der Realität eine gesellschaftskritisch-sati-
rische Dimension.

Die deutsche Fassung des Romans trägt den Titel *Der Landtstörtzer:*
Gusman von Alfarche oder Picaro genannt / dessen wunderbarliches /
abenthewrlichs vnd possirliches Leben [...] hierin beschriben wirdt (1615).
Sie ist ein Werk des Münchener Hofratssekretärs Aegidius Albertinus
und als Teil seines umfangreichen und einflußreichen moralisch-aszeti-
schen Œuvres (vgl. S. 773 ff.) eher ein Text moralisch-religiöser Unterweisung denn ein Roman: «theils auß dem Spanischen verteutscht / theils
gemehrt vnd gebessert», heißt es deutlich genug über Albertinus' Arbeitsweise, in der sich Übersetzung, Bearbeitung und Kompilation im Dienst
der nachtridentinischen katholischen Reform und seines bayerischen
Landesherrn verbinden. Als Vorlage benutzte er Alemáns ersten Romanteil (1599) und die apokryphe Fortsetzung von Juan Martí (1602); Alemáns
zweiten Teil (1604) scheint er nicht gekannt zu haben.

Albertinus' *Landtstörtzer* umfaßt zwei ungleiche Teile, die anders als
bei Alemán für eine strikte Trennung von Handlung und Reflexion stehen. Im ersten, wesentlich längeren Teil erzählt der Pikaro seine sündhafte Lebensgeschichte und folgt dabei im großen und ganzen Alemán,
fügt aber eine lange Folge von moralsatirischen und erbaulichen Diskursen und Materialien aus der Fortsetzung Juan Martís und Hippolytus
Guarinonius' Gesundheitsschrift *Die Grewel der Verwüstung Menschli-*
chen Geschlechts (1610) hinzu. Die Anleihen bei Guarinonius betreffen
insbesondere Gusmans Komödiantentätigkeit und Beobachtungen zu
Deutschland. Nicht unmittelbar den Helden berührende Handlungs-
momente, aber auch auf den Kontext der spanischen Gesellschaft bezogene kritische Aspekte läßt Albertinus dagegen weg, ebenso die aus der
Sicht des geläuterten Sünders erzählten erbaulichen Digressionen. Der
zweite Teil, ein originales Werk, vollendet in einer Art Bußpredigt die
geistliche Umfunktionierung des spanischen Schelmenromans; er bringt

im Rahmen einer Begegnung mit einem Einsiedler die Deutung und die religiöse Nutzanwendung der exemplarisch verstandenen Lebensgeschichte und beschreibt, wie man die Welt, den Ort der Sünde, durch Reue, Buße und gute Werke überwinden und das «Himmlische Jerusalem» erreichen könne. Am Schluß kündigt Albertinus' Held noch einen dritten Teil an; er werde schildern, «wie es nemblich mir auff der Reiß gen Jerusalem ergangen / was ich daselbst für buß gethan / folgents vom Türcken gefangen / gen Constantinopel geführt / aber wider ledig worden: Nach solchem die Indianische Länder besucht / vnnd was ich aller orten gesehen / gehört / erfahren / gelitten vnd außgestanden».

Nicht Albertinus jedoch, sondern ein noch nicht mit Sicherheit identifizierter Martinus Frewdenhold schrieb eine Fortsetzung, angeblich die deutsche Übersetzung eines spanischen Originals (*Der Landtstörtzer Gusman, Von Alfarche, oder Picaro, genant. Dritter Theil*, 1626). Dieser Text verläßt die geistlich-allegorische Ebene, auf die Albertinus das Geschehen gehoben hatte, und führt den auf dem Weg nach Jerusalem rückfällig gewordenen Helden zunächst in einem mit vielen Versatzstücken aus Reiseberichten und Kompilationen aufgefüllten Reise- und Abenteuerroman durch weite Räume bis nach Indien und Japan. Dafür zeigt die Handlung des Romans nach der Rückkehr des Pikaro nach Deutschland nur noch wenig Bewegung. Das Buch erstarrt zu einer von Tomaso Garzonis *Piazza universale* (1585, dt. 1619) abhängigen Beschreibung der verschiedenen Berufe, die Gusman nacheinander ausübt: Kalendermacher, Apotheker, Diener, Tänzer, Gaukler und Wahrsager sind einige dieser Tätigkeiten. Als er sich aus Melancholie und Verzweiflung der Zauberei zuwendet und damit sein Seelenheil aufs äußerste gefährdet, erfolgt die Umkehr: Bibellektüre – eher ein protestantischer Zug –, nicht Hilfe der Kirche gibt den Anstoß zu einem neuen gottesfürchtigen Leben, für das auch wieder «deß frommen Einsidlers trewe Vermahnungen / so er mir vor meinem Abreisen vnnd Pilgramfahrt nach Jerusalem mit getheilet», in Erinnerung gerufen werden. Auch dieses Werk, nicht nur der *Gusman* des Albertinus, gehört zur frühen Geschichte des deutschen Pikaroromans – und damit zur Vorgeschichte von Grimmelshausens *Simplicissimus*, der in einer Reihe von Details Übereinstimmungen zeigt.

Der letzte der spanischen Pikaroromane, der noch vor dem Auftreten Grimmelshausens nach Deutschland gelangte, hat vor allem deswegen Interesse gefunden, weil hier zum erstenmal ein weiblicher Pikaro, eine *pícara*, im Mittelpunkt steht. Es handelt sich um die *Pícara Justina* (1605) des Francisco López de Úbeda, die von einem unbekannten Übersetzer nach der freien italienischen Bearbeitung Barezzo Barezzis (um 1615/16) ins Deutsche übertragen wurde: *Die Landstörtzerin Iustina Dietzin Picara genandt* (1620, 2. Teil 1627). Die deutsche Übersetzung folgt im wesentlichen der italienischen Fassung, die allerdings nur die ersten beiden der vier Bücher des Romans umfaßt, dafür aber den Text um weitere Novellen, Schwänke und moralische Exkurse vermehrt. Überhaupt unterbrechen derartige Einschübe auf lange Strecken die Erlebnisse der *pícara*, einer Heldin, die weder eine Eingliederung in die ständische Gesellschaft anstrebt, noch sich von der Sorge um ihr Seelenheil leiten läßt, sondern ihr ungebundenes Leben als Positivum betrachtet und genießt. Allerdings sorgen lange einleitende Bemerkungen sowie moralisierende Anhängsel am Schluß der einzelnen Kapitel für eine Beruhigung der Zensur. Daß es in diesem Roman vor dem Hintergrund kaum noch nachvollziehbarer Anspielungen auf Verhältnisse am spanischen Hof um eine satirische Auseinandersetzung mit der zeitgenössischen spanischen Gesellschaft und ihrer Ideologie der Ehre und der Reinheit des Blutes geht, bleibt für die deutsche Bearbeitung ohne Belang. Dagegen mögen die Züge des Romans, die ihn als Parodie eines Heiligenlebens erscheinen lassen, im Kontext der konfessionellen Auseinandersetzungen und der antispanischen Polemik in Deutschland instrumentalisiert worden sein und zum im übrigen eher unverständlichen Erfolg des Romans – mindestens sechs Auflagen der deutschen Fassung im 17. Jahrhundert – beigetragen haben.

Während die spanischen Pikaroromane durch Neuauflagen der Übersetzungen, Bearbeitungen und Fortsetzungen sowie den recht spät verdeutschten zweiten Teil des *Lazarillo* (1653) von Juan de Luna weiterhin präsent blieben, erweiterte sich mit der Rezeption des französischen *roman comique* das Spektrum des niederen Romans in Deutschland. Übersetzt wurde allerdings nur Charles Sorels *Francion*, sieht man von Georg Philipp Harsdörffers eigenwilliger Zusammenfassung von Sorels Schäferromanparodie *Le berger extravagant* (1627) in seinen *Gesprächspielen* ab (Bd. VI, 1647: *Der wahnwitzige Schäfer*). Vom *Francion* freilich erschienen gleich zwei verschiedene Übersetzungen, beide anonym, beide nach der zwölf Bücher umfassenden, die ursprünglich dezidiert libertinistischen Züge mildernden letzten Fassung des Werkes: *Warhafftige vnd lustige Histori / Von dem Leben des Francion* (1662) bzw. *Vollkommene comische Historie des Francions* (1668). Im Gegensatz zum spanischen Pikaroroman ist der Held kein ‹gemeiner Kerl von üblem Lebenswandel› – so die Bedeutung des seit der Mitte des 16. Jahrhunderts belegten Wortes *pícaro* –, sondern ein armer Adeliger mit einer ungehemmten, durchaus nicht platonischen Passion für Frauen, dem es schließlich nach mannigfachen Umwegen und einem Gelöbnis der Besserung gelingt, seine geliebte italienische Marquise und damit eine seinem noblen Herzen entsprechende soziale Stellung zu erringen.

Sorel verbindet Erzählweisen des hohen und des niederen Romans, d. h. er beginnt wie der höfisch-historische Roman *medias in res*, gestaltet dann aber die nachgeholte Vorgeschichte als pikaresken Lebensbericht des Helden, der studierend, vagabundierend und liebend durch das Land zieht und dabei mit allen möglichen Lebensbereichen und Personenkreisen in Berührung kommt. Daraus entsteht ein breites satirisches Bild der französischen Gesellschaft. Deutlich ist aber auch die Absicht, trotz der pikaresken Züge im *Leben des Francion* das soziale Niveau im Vergleich zum spanischen Pikaroroman zu heben, ohne sein auf Wahrheit und Lebensfülle zielendes Literaturprogramm aufzugeben, das die Qualitäten der «bons Romans Comiques & Satyriques» gegenüber der Unwahrscheinlichkeit, Lebensferne und Wirklichkeitsarmut der sentimentalheroischen «Romans de Guerre & d'Amour» hervorhebt. Grimmelshausen und Johann Beer kannten den deutschen *Francion*.

2. Grimmelshausen

Der Autor, dem wir einen der großen Romane der Weltliteratur verdanken, war bereits 45 Jahre alt, als er mit dem *Satyrischen Pilgram* (1666–67) sein erstes Werk veröffentlichte, einen Text, der in ironischer Selbst- und Vorwärtsverteidigung auch auf die prekären Voraussetzungen der literarischen Existenz seines Verfassers anspielt und zugleich schon sein Hauptwerk ankündigt. Momus, der personifizierte literarische Neid, stellt in der ersten der drei Vorreden des Werkes die polemische Frage, was denn wohl Nützliches und Lehrreiches «von einem solchen Kerl wie der Author ist / zu hoffen seyn» sollte. Schließlich wisse man ja, «daß Er selbst nichts studirt, gelernet noch erfahren: sondern so bald er kaum das ABC begriffen hatt / in Krieg kommen / im zehenjährigen Alter ein rotziger Musquedirer worden / auch allwo in demselben liderlichen Leben ohne gute disciplin und Unterweisungen wie ein anderer grober Schlingel / unwissender Esel / Ignorant und Idioth, Bernheuterisch uffgewachsen» sei.

Gewiß, der Autor widerspricht sich selbst mit dieser überlegten Verwendung des alten Bescheidenheitstopos, der ja gerade auf seine Kenntnis literarischer Techniken und Überlieferungen verweist. Gleichwohl steckt in diesem satirischen Scheinangriff – und der gleich darauf folgenden «Gegenschrifft des Authors» – ein Problem, das Grimmelshausen offenbar zu schaffen gemacht hat («solches ist niemand leider als mir»): Das Fehlen einer akademischen Ausbildung beeinträchtigte nicht nur seine beruflichen und gesellschaftlichen Aufstiegschancen, sondern auch seine Stellung im literarischen Leben, in dem die humanistisch gebildeten Gelehrtendichter den Ton angaben und akademische Bildung als selbstverständliche Voraussetzung literarischer Betätigung galt.

Lange Strecken von Grimmelshausens Leben liegen im Dunkeln; für die ersten 20 bis 25 Lebensjahre etwa gibt es keinerlei dokumentarisches Material. Einen nicht ganz unproblematischen Ausweg bietet der Blick auf den *Simplicissimus* und den Lebenslauf seines Helden, der manche autobiographischen Momente enthalten dürfte und so – in vergleichender Betrachtung mit historischen Begebenheiten und Anspielungen in anderen Werken Grimmelshausens – wenigstens einige Lücken in der realen Biographie zu schließen hilft. Die Unsicherheiten freilich bleiben groß,

und Biographien des Simplicissimusdichters zeichnen sich daher in der
Regel durch einen Wortschatz aus dem Sinnbezirk der Möglichkeit aus
(«wird er wohl auch dabei gewesen sein»). Kein Zweifel besteht jedoch
daran, daß der Krieg sein Leben entscheidend beeinflußte und sein Werk
prägte.

Geboren wurde Hans (Johann) Jacob Christoph (Christoffel) von Grimmelshausen 1621 oder 1622 im hessischen Gelnhausen, einer lutherischen Reichsstadt
in der Wetterau, die damals etwa 1500 Einwohner zählte. Wahrscheinlich wuchs er
nach dem Tod seines Vaters und der Wiederheirat der Mutter (1627) im Haus seines Großvaters, des Bäckers Melchior Christoph auf, der den Adelstitel der Familie aufgegeben hatte. Doch nach der Schlacht bei Nördlingen (5./6. 9. 1634), mit
der die Schweden ihre Vormachtstellung in Süddeutschland verloren, griff der
Krieg auch auf die Wetterau über. Als Gelnhausen Mitte September von kaiserlichen Truppen geplündert wurde, floh ein Teil der Bewohner in die Festung Hanau, die von Schweden und Hessen unter dem Kommando des Obristen James
Ramsey – dem «Gubernator» des Romans – gehalten wurde. Von da an bestimmte
der Krieg das Leben Grimmelshausens; das bedeutete zugleich nach sechs oder
sieben Jahren protestantischer Lateinschule das Ende seiner formalen Ausbildung.
Anfang 1635 von kaiserlichen kroatischen Soldaten nach Hersfeld verschleppt und
bald darauf von hessischen Truppen gefangengenommen, scheint er schließlich
nach einigem Hin und Her in kaiserlichen Diensten gestanden haben, zunächst
wohl als Troßjunge und Pferdeknecht, später als aktiver Soldat. Magdeburg (Belagerung Mai 1636), Wittstock (Schlacht 4. 10. 1636) und Westfalen (Ende 1636 bis
März 1638) sind die aus dem *Simplicissimus* und aus Regimentsbewegungen erschlossenen Stationen der folgenden Jahre. Wahrscheinlich gelangte er dann mit
dem Leibdragonerregiment des bayerischen Feldmarschalls Hans Graf von Götz
an den Oberrhein. Dieser scheiterte an seiner Aufgabe, das belagerte Breisach zu
entsetzen, und Grimmelshausen schloß sich nach der Absetzung von Götz und
dem Fall Breisachs 1639 dem Regiment Hans Reinhards von Schauenburg an, das
die Stadt Offenburg verteidigte. Vom Musketier arbeitete sich Grimmelshausen
zum Schreiber in der Regimentskanzlei hinauf, ein deutlicher sozialer Aufstieg.
Schriftstücke von seiner Hand sind seit etwa 1644 überliefert, die ersten direkten
Zeugnisse seines Lebens überhaupt. Kurz vor Kriegsende nahm er noch, nun als
Regimentssekretär, an einem Feldzug in Bayern teil.
    Die im Krieg geknüpften Beziehungen erleichterten ihm den Übergang ins bür-
gerliche Leben. Inzwischen zum Katholizismus übergetreten, heiratete er am
30. 8. 1649 in Offenburg Catharina Henninger, Tochter eines ihm aus dem Schau-
enburgischen Regiment bekannten angesehenen Zaberner Bürgers. Noch im selben Jahr trat Grimmelshausen, der nun den Adelstitel der Familie wieder verwandte, in die Dienste seines früheren Kommandanten Hans Reinhard von
Schauenburg und dessen Vetters Carl Bernhard, deren Stammsitz in Gaisbach bei
Oberkirch in der Ortenau lag. Dort bekleidete er bis 1660 die Stelle eines «Schaffners», d. h. er hatte als Vermögensverwalter, Wirtschafts- und Rechnungsführer in
der schwierigen Aufbau- und Konsolidierungsphase nach dem Krieg die Abgaben
einzutreiben, säumige Zahler zu mahnen und gegebenenfalls die Erfüllung der
herrschaftlichen Forderungen gerichtlich zu erzwingen. Von 1662 bis 1665 übernahm er eine ähnliche Verwalterstelle auf der nahegelegenen Ullenburg, die Dr.
Johann Küffer (Küeffer), ein erfolgreicher Straßburger Arzt mit Verbindungen zu

den dortigen literarischen Kreisen, als Teil einer sozialen Aufstiegsstrategie erworben hatte. Anschließend betrieb Grimmelshausen eine Wirtschaft in Gaisbach, die er – wie eine bereits 1657/58 geführte – «Zum Silbernen Stern» nannte, bis es ihm 1667 mit der erfolgreichen Bewerbung um die Schultheißenstelle im benachbarten Renchen endgültig gelang, die Existenz seiner vielköpfigen Familie zu sichern. Oberster Dienstherr war der in Zabern (Saverne) residierende Bischof von Straßburg Franz Egon von Fürstenberg; Dokumente weisen Grimmelshausen als politisch einsichtigen Fürsprecher der Einwohner seines Amtsbereichs gegenüber seinem aus dynastischen Gründen mit Frankreich sympathisierenden Landesherrn aus, als mit dem Ausbruch des Französisch-holländischen Krieges (1672–79) der Oberrhein wieder Kriegsschauplatz wurde. Die Eintragung von Grimmelshausens Tod am 17. 8. 1676 in Renchener Kirchenbuch hält fest, daß er sich zum Wehrdienst gemeldet habe, aber – «durch frommen Empfang des Sakraments der Eucharistie gestärkt» – im Kreis seiner Familie gestorben sei. Der Pfarrer bezeichnet den Verstorbenen als einen Mann von hoher Begabung und großer Bildung («et magno ingenio et eruditione»).

Nichts in diesen Daten deutet auf den großen Epiker und Satiriker, auf den Verfasser des *Abentheurlichen Simplicissimus Teutsch* und anderer simplicianischer und nichtsimplicianischer Schriften. Es gibt, neben den Dichtungen selbst, keine Dokumente, die über seine literarischen Neigungen Auskunft geben könnten, keine Aussagen, die den Abstand zwischen einem tätigen bürgerlichen Leben in eher untergeordneten Verwaltungspositionen und dem souveränen Satiriker überbrücken würden. Die Annahme freilich liegt nahe, daß es die Erfahrung des Krieges war, die ihn zum Dichter werden ließ, und daß er, abgeschnitten vom üblichen akademischen Weg und auf sich selbst verwiesen, jede Gelegenheit genutzt haben muß, sich durch eigene Lektüre weiterzubilden, um wenigstens annähernd den Voraussetzungen der humanistischen Literaturproduktion gerecht werden – oder sie kritisch in Frage stellen zu können. Dabei waren allerdings Grimmelshausens Bildungsdrang, der mit einem entschiedenen Behauptungs- und Aufstiegswillen gepaart war, durch die ungünstigen äußeren Bedingungen recht enge Grenzen gesetzt, und von den Möglichkeiten, die seinen glücklicheren Dichterkollegen während ihres Studiums und ihrer Bildungsreisen offenstanden, konnte er nur träumen.

So fand Grimmelshausen erst spät zur Dichtung, und die Verspätung blieb ebenso wie die Distanz zum akademisch-gelehrten Literatentum nicht ohne Folgen für die eigene Position. Er würdigte zwar die in nationalhumanistischem Geist betriebene Sprach- und Literaturreform und das Wirken der Fruchtbringenden Gesellschaft als historische Leistung, aber der elitäre Charakter der humanistischen Gelehrtendichtung war seine Sache nicht. Während die Gelehrtendichter nur für ihresgleichen schrieben, suchte Grimmelshausen durch eine Mischung von Unterhaltung, Satire und Erbauung Gelehrte wie Ungelehrte (den ‹gemeinen Mann›) zu erreichen. Dabei blieb er auch offen für die älteren deutschen

Überlieferungen, die mit der Literaturreform unzeitgemäß geworden waren. Unbeeindruckt von der nun vorherrschenden Verachtung der Literatur des 15. und 16. Jahrhunderts schätzte Grimmelshausen das ‹Altfränkische› (Hans Sachs, den *Parzival* in Form der Inkunabel von 1477, Schwanksammlungen, ‹Volksbücher›, Meisterlieder, Legenden u. v. a.), und dabei mochte es fast provozierend wirken, wenn er Hans Sachs – allerdings im Rahmen der dialektischen Argumentation des *Satyrischen Pilgram* – den vom göttlichen Furor ergriffenen großen Dichtern zuordnete.

Doch das ist nur eine Seite seiner literarischen Bildung, die freilich viel zum Mißverständnis vom literarisch etwas rückständigen, dafür nationalbewußten Volksdichter beigetragen hat. Die andere Seite ist charakterisiert durch seine Kenntnis der europäischen Literaturtradition, soweit sie durch Übersetzungen zugänglich war, und ohne die weder der *Simplicissimus* noch die meisten seiner anderen Werke möglich gewesen wären. Spanisches Erbauungsschrifttum (Antonio de Guevara), europäische Erzähl- und Romanliteratur der Renaissance und des Barock (die deutschen Bearbeitungen spanischer Schelmenromane, die erste – unvollständige – Übersetzung des *Don Quijote* von Joachim Caesar aus dem Jahr 1648, Charles Sorels *Francion*, Harsdörffer, Moscherosch, Zesen usw.), Texte der Antike (die *Ars poetica* des Horaz, Apuleius *Goldener Esel*), Hausväterliteratur, astrologische, historische und merkwürdig-curieuse Werke – dies alles hat ganz im Sinn der gelehrten Verarbeitung literarischer und wissenschaftlicher Quellen und der gelegentlich auch ironisch gefärbten Demonstration von Wissen und Gelehrsamkeit Spuren in Grimmelshausens Schriften hinterlassen. Es reflektiert die Problematik seines Bildungswegs, daß ihm ein Werk wie Tomaso Garzonis *Piazza universale*, ein ins Monumentale geratenes Ständebuch aus dem 16. Jahrhundert, als vielfach genutzte Stoffquelle und als Enzyklopädieersatz dienen mußte (*Piazza Vniversale, das ist: Allgemeiner Schawplatz / oder Marckt / vnd Zusammenkunfft aller Professionen / Künsten / Geschäfften / Händlen vnd Handtwercken / so in der gantzen Welt geübt werden* (1585, deutsche Übersetzung 1619). Daß gleichwohl nur wenige Jahre zwischen den ersten Versuchen und der Meisterschaft des *Simplicissimus Teutsch* liegen, spricht für Grimmelshausens dichterisches Ingenium, das – bewegt durch «einen sonderbaren Himlischen Gaist» – «seine Sachen gleichsamb aus aigner Natur verrichtet», wie es im *Satyrischen Pilgram* heißt.

Grimmelshausens umfangreiches Werk erschien in einem Zeitraum von nur zehn Jahren. Im Zentrum stehen der *Simplicissimus* und die damit zusammenhängenden Texte romanhaften und/oder satirischen Charakters. Dazu kommen weitere satirische Schriften und – als Gegenpol zur insgesamt dominierenden satirischen Welterfassung – ein politischer Traktat, der erste Josefsroman der deutschen Literaturgeschichte und zwei erbauliche Romane. Die Werke figurieren unter so phantasievollen Verfassernamen wie Samuel Greifnson vom Hirschfeld, Melchior Sternfels von Fuchshaim, Philarchus Grossus von Trommenheim, Michael Rechulin von Sehmsdorff oder gar Acceeffghhiillmmnnoorrssstuu, allesamt Anagramme seines wirklichen Namens. Nur drei Texte, die beiden erbaulichen Romane und der politische Traktat *Ratio Status*, verzichten auf das einfallsreiche Versteckspiel und nennen als Autor «Hans Jacob Christoph [oder: Christoffel] von Grimmelshausen Gelnhusano». Das hat möglicherweise etwas mit den Widmungen an oberrheinische Adelige zu tun. Darüber hinaus enthält eines dieser Werke, *Dietwalt und Amelinde*, in vor- und nachgestellten Gedichten ausdrückliche Hinweise auf den Verfasser («Edler Herr von Grimmelshausen!») und die Einheit seines vielseitigen Werks. Im 19. Jahrhundert allerdings mußte der wahre Name des meist als Greifnson figurierenden Dichters hinter den Verschlüsselungen neu entdeckt werden.

Simplicissimus Teutsch *und* Continuatio

Das literarische Hauptgeschäft Grimmelshausens war schon früh der *Simplicissimus*, wenn nicht überhaupt in dieser Erinnerungsarbeit das entscheidende Motiv für seine Hinwendung zur Schriftstellerei zu suchen ist. Die beiden vorausgehenden Veröffentlichungen, *Satyrischer Pilgram* (1667; recte 1666/67) und *Histori vom Keuschen Joseph in Egypten* (1667; recte 1666, ²1670), mochten dem Anfänger helfen, sich «etwas im Schreiben zu üben» – so der Erzähler im *Simplicissimus* über den Josefsroman –, nähern sich aber auch auf andere Weise dem großen Roman: Stellt der biblische Roman den ersten Versuch einer romanhaften Lebensgeschichte dar, so beginnt mit dem *Satyrischen Pilgram*, noch etwas schematisch, die satirische Auseinandersetzung mit der Welt. Es handelt sich um antithetisch angelegte, die doppelte Funktion der Satire (Tadel und Lob) aufnehmende Diskurse über höchst unterschiedliche, nicht zuletzt von Garzonis *Piazza universale* angeregte Themen – und um die erste Hinführung zum Thema Krieg. So wird auch schon der *Simplicissimus* als Buch über und vor allem gegen den Krieg angekündigt. Im Diskurs «Vom Krieg», der den zweiten Teil des Buchs beschließt, heißt es am Ende: «ICh gestehe gern / daß ich den hundersten Theil nicht erzehlet / was Krieg vor ein erschreckliches und grausames Monstrum seye / dann solches erfordert mehr als ein gantz Buch Papier / so aber in diesem kurtzen Wercklein nicht wohl einzubringen wäre / Mein Simplicissimus wird dem günstigen Leser mit einer andern und zwar lustigern Manier viel Particularitäten von ihm erzehlen [...].»

Dies geschieht dann auch in einer derart eindringlichen Weise, daß noch das heutige Bild vom Dreißigjährigen Krieg von der Darstellung Grimmelshausens beeinflußt ist, obwohl von seiner eigenen militärischen Betätigung kaum etwas in den Roman eingegangen ist. Vielmehr bestimmen häufig literarische Vorbilder und Versatzstücke die Kriegsschilderung, wobei das satirische Prinzip der verkehrten Welt als durchgängiges

Muster der Darstellung ebenso für kritische Distanz sorgt wie die Suche nach Alternativen, die die Sehnsucht nach einem friedlichen Leben in einer friedlichen Welt thematisieren.

Vordatiert auf 1669 erschien Grimmelshausens Hauptwerk im Herbst 1668, angeblich in Mömpelgard (Montbéliard), in Wirklichkeit bei Felsecker in Nürnberg: *Der Abentheurliche Simplicissimus Teutsch / Das ist: Die Beschreibung deß Lebens eines seltzamen Vaganten / genant Melchior Sternfels von Fuchshaim / wo und welcher gestalt Er nemlich in diese Welt kommen / was er darinn gesehen / gelernet / erfahren und außgestanden / auch warumb er solche wieder freywillig quittirt. Überauß lustig / und männiglich nutzlich zu lesen. An Tag geben Von German Schleifheim von Sulsfort.* Schon im Frühjahr 1669 wurde eine zweite Auflage erforderlich, vermehrt um die auch separat erhältliche *Continuatio des abentheurlichen Simplicissimi Oder Der Schluß desselben.* In kurzer Zeit wurden insgesamt sechs autorisierte und nichtautorisierte Auflagen auf den Markt geworfen. Neben dem heute meist bevorzugten Erstdruck kommt der sprachlich revidierten, allerdings nicht unumstrittenen zweiten Fassung als eine Art Ausgabe letzter Hand eine besondere Bedeutung zu (*Gantz neu eingerichteter allenthalben viel verbesserter Abentheurlicher Simplicius Simplicissimus,* 1671). Darüber hinaus prägte eine mit moralisierenden Prosa- und Verskommentaren versehene postume Gesamtausgabe der Werke Grimmelshausens die Rezeption bis weit ins 18. Jahrhundert hinein (*Der Aus dem Grab der Vergessenheit wieder erstandene Simplicissimus,* 3 Bde., 1683–84; Nachdrucke bis 1713). Der Zusatz «Teutsch» im Titel spielt auf die zeitübliche Gleichsetzung von ‹teutsch› und ‹aufrichtig› oder ‹offenherzig› an und bezeichnet den Roman zugleich als deutsches Gegenstück zu *roman comique* und Pikaroroman.

Grimmelshausens großer Roman ist eine Synthese von eigener Welt- und Lebenserfahrung und einer ebenso selbständigen wie selbstbewußten Auseinandersetzung mit den relevanten europäischen Roman- und Satiretraditionen. Er erzählt die Lebensgeschichte «eines seltzamen Vaganten» und öffnet zugleich, durch das Medium seines Helden, den Blick auf die Welt, auf die Menschen und ihre Laster; der *Simplicissimus Teutsch* ist fiktive Autobiographie und satirische Zeit- und Gesellschaftsschilderung in einem. Das Grundkonzept stammt aus der Tradition des pikaresken Erzählens, die Grimmelshausen allerdings nur in ihren deutschen und französischen Abwandlungen, nicht jedoch in ihrer originalen spanischen Form kannte. Um so bemerkenswerter scheint es, daß es ihm gelingt, gleichsam hinter Albertinus und seinen eindimensionalen, zum erbaulichen Traktat tendierenden *Gusman* zurückzugehen und – ohne seine moraldidaktischen und erbaulichen Zielsetzungen zu verleugnen – die fiktive Autobiographie als lebendige, welthaltige Form wiederzugewinnen.

Daß es sich dabei um ein schwieriges Unterfangen handelt, machen die programmatischen Äußerungen in der sogenannten nachgeholten Vorrede zum *Simplicissimus* im ersten Kapitel der *Continuatio* deutlich. Sie thematisieren das Dilemma des Satirikers, der einerseits um der Wirkung willen die heilsamen «Pillulen» «überzuckert und vergült», andererseits gerade deswegen mit Mißverständnissen rechnen muß. Heftig weist der Erzähler jeden Zweifel am Ernst seiner Absichten zurück, «dann viel lachen ist mir selbst ein Eckel». Wenn er aber gleichwohl, so rechtfertigt er sich, «zu zeiten etwas possierlich auffziehe» oder vielleicht «zuviel Satyricè» vorginge, so geschehe dies aus guten Gründen: Einerseits könnten empfindliche Gemüter der Wahrheit nicht direkt ins Gesicht sehen, andererseits ließe sich so das Interesse der Leser länger wachhalten, zumal der «Theologische Stylus», so behauptet er, «beym Herrn Omne (dem ich aber diese meine Histori erzehle) zu jetzigen Zeiten leyder auch nicht so gar angenehm [sei] /daß ich mich dessen gebrauchen solte». Das letzte Argument kann allerdings kaum überzeugen – gerade Werke der Erbauungsliteratur zählen zu den Bestsellern des 17. Jahrhunderts –, es verleiht aber dem Plädoyer für den eigenen simplicianischen Stil mit seiner Absicht, «mit Lachen die Wahrheit» zu sagen, besonderen Nachdruck.

Die Gefahr dieser in seiner Sicht gleichsam aufgezwungenen Schreibweise («ich protestire hiemit vor aller Welt / kein schuld zuhaben») besteht darin, daß der Leser an der Oberfläche bleibt und – Grimmelshausen wechselt von der Pillen- zur ebenso vertrauten Hülse-/Kern-Metaphorik – sich mit der Hülse begnügt und den verborgenen Kern übersieht: «so wird er zwar als von einer kurtzweiligen Histori seine Zufriedenheit: Aber gleichwohl das jenig bey weitem nicht erlangen / was ich ihn zuberichten aigentlich bedacht gewesen [...].» Aber nicht zuletzt die verschiedenen Rezeptionsmöglichkeiten haben den Roman lebendig erhalten, wobei die von Grimmelshausen angedeutete Problematik nicht allein auf den an Belehrung und Erbauung desinteressierten Leser zurückzuführen sein wird: Vielmehr entsteht durch eine unverkennbare Lust am Erzählen keineswegs nur frommer Geschichten, durch vielfältigen Realitätsbezug und unverstellte Weltfreude ein Überschuß, der in der theologisch-asketischen Weltinterpretation nicht aufgeht und so das kritisierte Rezeptionsverhalten verständlich erscheinen läßt.

Fiktive Autobiographie, pikarischer Lebenslauf und Satire

Grimmelshausen nutzt souverän die der fiktiven Autobiographie innewohnenden Möglichkeiten. Was der Ich-Roman durch die Einschränkung auf die Perspektive der Ich-Gestalt auf der einen Seite verliert, gewinnt er auf der anderen durch das virtuos inszenierte dialektische Wechselspiel von erzählendem und erlebendem (erzähltem) Ich, das die Fiktionalität und Vieldeutigkeit der so geschaffenen Welt erst recht hervorhebt. Dabei ist die Erzählerebene vor allem in der Reflexion gegenwärtig: Der Erzähler kommentiert, macht Anmerkungen, weist auf den zeitlichen Abstand zwischen Ereignis und Bericht hin, verliert sich in ausgedehnten historisch-mythologischen Exkursen, formuliert ironische Kapitelüberschriften und rahmt Kapitel häufig mit moraldidaktischen Reflexionen ein. Auf diese Weise sorgt Grimmelshausen für Distanz zwischen Erzähler und epischem Geschehen, das er so zugleich bewertet und strukturiert – und damit die Rezeption lenkt.

Wir hören die Stimme eines Erzählers, der seinem früheren Ich durchaus kritisch und oft auch ironisch gegenübersteht, doch seine eigene Situation, die Schreibsituation, für lange Zeit im Dunkeln beläßt. Erst die *Continuatio* bringt Aufklärung, eine Aufklärung allerdings, die neue Fragen aufwirft. Nach einem Schiffbruch hat der Erzähler in einer Robinsonade avant la lettre auf einer einsamen Insel Ruhe vor den Versuchungen des Weltlebens gefunden. Nachdem der zweite Überlebende den Tod gefunden und er sich in ein gottesfürchtiges, andächtiges Leben eingerichtet hat, gibt der Erzähler auf einer «Art grosser Palmblätter» mittels einer selbstgefertigten Tinte Rechenschaft über sein Leben, getragen von Reue über seinen «gantzen geführten Lebens-Lauff» und erfüllt von Dankbarkeit über «die Göttliche Barmhertzigkeit»: Ohne ihr Mitwirken kann der religiöse Durchbruch nicht gelingen. Daß der Erzähler dem christlichen Leser mit dieser Haltung als Vorbild dienen soll, bestätigt die der fiktiven Autobiographie folgende «Relation Jean Cornelissen von Harlem [...] vom Simplicissimo», die nicht nur erklärt, wie «die allergröste Raritet», nämlich «gegenwertiges Buch [...] auß Palmblättern gemacht», an den Herausgeber German Schleifheim von Sulsfort gelangen konnte, sondern nun auch in einer Perspektive von außen das Bild des Einsiedlers als eines gottseligen Mannes und sinnreichen Poeten entwirft.

Es bleiben allerdings, so überzeugend sich diese Schilderung des Schreibanlasses und der Schreibsituation auch liest, Unsicherheiten. Denn wenn es in der Robinsonade der *Continuatio* heißt, daß die ganze Lebensbeschreibung auf der Insel entstanden sei, so steht dem eine Bemerkung am Ende des fünften Buches entgegen, die der «Adjeu Welt»-Litanei und dem ersten Entschluß zur Weltabsage folgt. Hier deutet der Erzähler mit einem Wechsel vom Präteritum zum Präsens an, daß die simplicianische Lebensbeschreibung bis zu diesem Zeitpunkt in der Schwarzwälder Einsiedelei entstanden ist: «Begab mich derhalben in eine andere Wildnus / und fienge mein Spesserter Leben wieder an; ob ich aber wie mein Vatter seel. biß an mein End darin verharren werde / stehet dahin.»

Der Lebenslauf des Simplicius Simplicissimus, wie ihn der Erzähler in seiner Rückschau kommentierend, reflektierend und moralisierend schildert, verläuft allerdings keineswegs geradlinig und zielstrebig auf das erbauliche Ende zu. Für ihn gelten vielmehr die Worte aus dem Gedicht zu Beginn der *Continuatio*, daß nämlich «Unbeständigkeit | Allein beständig sey / immer in Freud und Leid». Dabei sorgen äußere Glückswechsel und mangelnde Beständigkeit des Helden für ein bewegtes Auf und Ab, dem auf der religiös-moralischen Ebene ein ebenso unsteter Prozeß der Hinwendung zu oder der Entfernung von den christlichen Lebensmaximen entspricht. Diese werden dem unschuldigen und unwissenden Knaben vermittelt, als er, vom Krieg aus der Idylle des Spessarter Bauernhofs bzw. dem Paradies der Kindheit vertrieben, Zuflucht bei einem Einsiedler findet. Hier erhält er seinen Namen Simplicius (der allzu Einfältige; danach auch Simplex, der Einfältige, und Simplicissimus, der Einfältigste) und Belehrungen über die christlichen Grundwahrheiten: «Simplicius wird auß einer Bestia zu einem Christenmenschen.» Darüber hinaus gibt ihm der Einsiedler – Simplicius' Vater, wie sich später herausstellt – kurz vor seinem Tod drei knappe Lehren mit auf seinen Weg in die Welt: «sich selbst erkennen / böse Gesellschafft meiden / und beständig verbleiben.»

Was Simplicius hier gelernt hat – Wissen über die Welt gehört nicht dazu –, geht nie ganz verloren und bleibt als abstrakter, lebensferner Maßstab und kritisches Korrektiv im Bewußtsein des Helden erhalten, auch wenn es sein praktisches Handeln auf unterschiedliche Weise oder zeitweise auch gar nicht bestimmt. Zugleich sind die durch die religiöse Erziehung vermittelten moralischen Wertmaßstäbe Voraussetzung für die satirische Auseinandersetzung mit der Welt bzw. den Lastern der Menschen. Diese vollzieht sich in mehreren Phasen, die wiederum mit dem Lebenslauf des pikarischen Helden verbunden sind. Nach den ersten Erfahrungen mit den Schrecken des Krieges und der Lehrzeit bei dem Einsiedler gelangt Simplicius in die schwedische Festung Hanau, die erste Station seiner satirischen Weltreise. «DAmals», so schreibt der Erzähler, «war bey mir nichts schätzbarliches / als ein reines Gewissen / und auffrichtig frommes Gemüt zu finden / welches mit der edlen Unschuld und Einfalt begleitet und umbgeben war; ich wuste von den Lastern nichts anders / als daß ich sie etwan hören nennen / oder darvon gelesen hatte [...].» Dieser Zustand der Unschuld macht den Helden zum idealen Medium der Kritik; seine naiv-unschuldige Verwunderung über das, was er sieht und hört, ermöglicht einen unbefangenen Blick von außen auf die tatsächlichen Verhältnisse, auf einen Zustand, in dem jeder zwar «den ernstlichen Willen Gottes» kennt, aber nichts unternimmt, «denselben zu vollbringen». Er sieht sich mit einer Gesellschaft konfrontiert, in der alle Werte auf den Kopf gestellt sind, einer verkehrten Welt, in der er als Narr gilt und in der auch – so kommentiert der Pfarrer – «unsere erste fromme Christen / die zu Christi Zeiten gelebt / ja die Apostel selbst / [...] von jedermänniglich vor Narren gehalten würden».

Simplicius' Aufenthalt in Hanau erfährt eine einschneidende Zäsur durch den Versuch, ihn «aller Vernunfft zu berauben» und zum wirklichen Narren zu machen. Der barbarische Initiationsritus erreicht zwar nicht das gewünschte Ziel, da der vorgewarnte Simplicius Vorkehrungen treffen kann, doch signalisiert die äußere Verwandlung, das erzwungene Anlegen eines närrischen Kalbsgewandes, eine neue Rolle des Helden. Er bleibt zwar weiterhin Medium der Satire, aber die Satire erwächst nicht mehr aus dem Erstaunen und der Verwunderung über die Laster, aus dem Nichtfassenkönnen einer Lebenshaltung, für die die göttlichen Gebote allenfalls Lippenbekenntnisse sind. An die Stelle der gleichsam unmittelbaren Spiegelung der lasterhaften Welt in einer reinen Seele tritt die gezielte Lasterschelte. Mit dem Kostüm übernimmt Simplicius bewußt die Funktion des weisen Narren, d. h. er wird, als er «zum Narren werden solte / allererst witzig». Die Annahme der Rolle des Hofnarren gibt ihm die Freiheit, ungestraft die Hofgesellschaft, ja selbst den Gubernator zum Gegenstand der Kritik zu machen und «alle Thorheiten zu bereden / und alle Eitelkeiten zu straffen». Er zeichnet so nicht nur das Bild einer moralisch zutiefst gefährdeten Menschheit, sondern verweist mit seinen Tiraden u. a. gegen die Anmaßung des Adels und die problematische Praxis weltlicher Herrschaft auf die Folgen der moralischen Defizienz für die Gesellschaftsordnung selbst, der er als satirisch verkehrte Welt ein Lob der vernünftigen Tiere entgegenstellt. Die Doppelbödigkeit der Narrenrolle bleibt den Betroffenen nicht verborgen: «Ich halte ihn vor einen Narrn / weil er jedem die Warheit so ungescheut sagt / hingegen seynd seine Discursen so beschaffen / daß solche keinem Narrn zustehen», kommentiert der Gubernator.

Als Simplicissimus nach Entführung, Flucht und verschiedenen Zwischenfällen in das Lager vor Magdeburg gelangt und im alten Herzbruder einen Mentor und in seinem Sohn einen Freund findet, läßt ihn Grimmelshausen noch einmal in der Rolle des Unschuldig-Naiven auftreten, der angesichts der unverhüllten Lasterhaftigkeit und Gottlosigkeit der Soldateska nur staunen kann. Zugleich setzt sich hier eine bereits zuvor angedeutete Entwicklung fort, die ihn selbst Teil jener so heftig kritisierten lasterhaften Welt werden läßt. Dabei dokumentieren die schließlich erfolgreichen Bemühungen, sein Narrenkostüm loszuwerden, auch äußerlich, daß sich die Distanz zwischen dem beobachtenden Satiriker und der Welt zu verringern beginnt. Zusammen mit der Unschuld verliert der Held seine Funktion als Medium der satirischen Kritik; er wird, indem er die Rolle des unbeteiligten Beobachters bzw. des Opfers aufgibt und sich als Handelnder in Sünden und Laster verstrickt, selbst zum Gegenstand der Satire.

Der moralische Niedergang beginnt mit dem äußeren Erfolg als Soldat. Ohne Mentor – der alte Herzbruder war getötet, der junge nach einer Intrige aus dem Lager vertrieben worden – verhält sich Simplicissimus nun so, wie die von ihm zuvor kritisierten Soldaten. Hoffart, Geiz, Gottlosigkeit und andere Laster und Sünden kennzeichnen sein Verhalten als Jäger von Soest. «Buhlerey» kommt dann in einer Periode des durch Gefangenschaft erzwungenen «Müssiggangs» in Lippstadt hinzu und dominiert, auch nach einer erzwungenen Heirat, eine ausgedehnte Phase seines

Lebens. Sie findet nach einem Höhepunkt in Paris («Venusberg») ihr Ende erst im Schwarzwald mit der «gantz blind und ohne Verstand» eingegangenen zweiten Ehe. Waren es «vihische Begierden», die ihn zu dieser Heirat bewegten, so faßt er nun nach dem Tod der Frau «einen Eckel ab aller Weiber Beywohnung und Gemeinschafft»: Beginn einer Umkehr, die über den sexuellen Bereich hinausreicht und schließlich, nach weiteren Umwegen und vergeblichen Anläufen, in ein neues, beispielhaftes Leben in Gott mündet bzw. zu münden scheint.

Von der Schwierigkeit, ein Ende zu finden

Die Wende ist durchaus vorbereitet. Denn auch im Verlauf von Simplicius' wechselhafter Karriere als Freireiter, Frauenheld, Opernsänger, käuflicher Liebhaber, Quacksalber, Landstreicher und Räuber, die den Helden im Rückblick des moralisierenden Erzählers geradezu als Ausbund aller nur möglichen Sünden und Laster erscheinen läßt, bleibt die Hoffnung auf Besinnung und Besserung stets gegenwärtig. Zum einen geht sie vom Helden selbst aus, der die entscheidenden Wertmaßstäbe seit der Lehrzeit beim Einsiedel mit sich trägt. Dieses Wissen wird nie ganz verloren, und es führt immer wieder auch auf der Ebene des erlebenden Ich zu selbstkritischen, moralisierenden Bemerkungen und Einsichten und zu Besserungsversuchen. Zum anderen geben positive und negative Beispiele Anstöße zur Besinnung. Besondere Bedeutung kommt dabei den wiederholten Begegnungen mit dem jüngeren Herzbruder und mit Olivier zu, den seit dem Magdeburger Lager antithetisch eingesetzten Verkörperungen des Guten und des teuflisch Bösen. Die erneute Konfrontation mit Olivier am moralischen und sozialen Tiefpunkt seines Lebens unter den «Merodebrüdern» im vierten Buch und die unmittelbar darauf folgende Gemeinschaft mit Herzbruder zu Anfang des fünften Buchs bringen Simplicius zum erstenmal zu einem grundsätzlichen Überdenken seiner Position und damit zur wirklichen Bereitschaft, sein Leben zu ändern. Es fehlt freilich noch, das zeigen die Geschichte der Wallfahrt nach Einsiedeln und seiner Bekehrung zum katholischen Glauben sowie der gescheiterte erste Versuch, der Welt «Adjeu» zu sagen, am beständigen Willen zu asketischer Lebensführung und an wahrer Liebe zu Gott. Von seiner Bekehrung in Einsiedeln heißt es, sie habe «ihren Ursprung nicht auß Liebe zu Gott / genommen: sondern auß Angst und Forcht verdampt zu werden». Insofern hat die *Continuatio*, deren Funktion immer umstritten war, durchaus auch einen Sinn im pragmatischen Handlungszusammenhang, indem sie die unvollständige Bekehrungsgeschichte abschließt und damit den satirischen Roman zu einem erbaulichen Ende bringt.

Der *Simplicissimus Teutsch* endet in seiner ersten Ausgabe mit dem fünften
Buch. Unsicher ist, ob von vornherein eine Weiterführung beabsichtigt war. Die
Möglichkeit dazu ließ Grimmelshausen offen; der Entschluß zur Weltabsage erscheint alles andere als unumstößlich («ob ich aber wie mein Vatter seel.
biß an
mein End darin [in der Einsiedelei] verharren werde / stehet dahin»). Vor dieser
Entscheidung hatte Grimmelshausen verschiedene Handlungsstränge zu Ende geführt und auf dieser Ebene die Voraussetzung für eine Abrundung des Geschehens
geschaffen. Das gilt vor allem für die Beziehungen zu den Personen, die das Leben
des Helden begleiten, und für die offenen Fragen in seiner Biographie. Im vierten
und Anfang des fünften Buches findet die Reihe der Begegnungen mit Olivier und
Herzbruder mit dem Tod dieser beiden exemplarischen, Simplicius' Leben begleitenden Figuren ihren Abschluß. In dieser Phase erinnert sich Simplicius wieder an
seine Frau, die er in Lippstadt zurückgelassen hatte. Dort erfährt er, daß er inzwischen Witwer geworden und für die Zukunft seines Kindes bestens gesorgt ist.
Und schließlich kehrt der Roman in einem weiten Bogen mit der Vereinigung des
Simplicius und seiner Spessarter Pflegefamilie (Knan, Meuder) gleichsam zum Anfang zurück und klärt zugleich die Frage nach der Herkunft des Helden, über die
sich freilich bereits zuvor begründete Vermutungen anstellen ließen: Vom Knan –
«also nennet man die Vätter im Spessert» – «vernam ich umbständlich / daß ich
meines Einsidlers und deß Gubernators Ramsay Schwester leiblicher Sohn gewesen». Mit der auch amtlich bestätigten adeligen Herkunft des Helden, die ihn vom
typischen Pikaro unterscheidet, endet der Roman der ‹Vatersuche›, ohne daß dieses Wissen über seine Herkunft besondere Konsequenzen nach sich zöge. Mit dem
Schlußstrich unter der Vergangenheit und dem Ende der zweiten Ehe sind die Voraussetzungen für einen äußerlichen Abschluß der Romanhandlung geschaffen.
    Gleichwohl verläuft das weitere Geschehen nicht geradlinig dem Ende zu. Der
Vorsatz, «weder mehr nach Ehren noch Geld / noch nach etwas anders das die
Welt liebt / zu trachten», sondern vielmehr «zu philosophiren» und sich «eines
gottseligen Lebens zu befleissen», findet nur teilweise Erfüllung in der sogenannten Mummelsee-Episode und der Versenkung in verschiedene Wissenschaften,
denn Simplicius läßt sich durch Hoffnungen auf kriegerischen Ruhm verlocken.
Dieser Irrweg führt ihn nach Moskau und von dort durch die halbe Welt, bis er –
alles auf wenigen Seiten erzählt – nach mehr als drei Jahren wieder nach Hause
zurückkehrt, indessen «der Teutsche Fried geschlossen worden» war. Ohne Umschweife kommt dann das fünfte Buch nach einem Hinweis auf das apollinische
«Nosce te ipsum» («Solches machte daß ich mich hindersonne / und von mir selbst
Rechnung über mein geführtes Leben begehrte») und der durch ein langes Zitat
belegten Guevara-Lektüre zu einem eher abrupten Ende.

    Es verwundert angesichts dieses forcierten Abschlusses nicht, daß
Grimmelshausen seinen Helden noch einmal in die Wirren der Welt hin-
ausschickt, bevor er ihn zur Ruhe kommen läßt. Zwar ist Simplicius der
Wille zur Besserung nicht abzusprechen, und Liebe bzw. Sexualität und
das Streben nach Geld, Hauptursachen seines früheren moralischen Ab-
stiegs, bedeuten nun keine unwiderstehlichen Versuchungen mehr.
Gleichwohl fehlen ihm weiterhin die entscheidenden inneren Voraussetzungen für ein Leben in Askese: Ohne Beständigkeit, Festigkeit und tiefen Ernst muß das Ziel der «Mortification oder Abtödtung deß Fleisches»,

das «vornemblich in betten / fasten und wachen» besteht, unerreichbar
bleiben. Damit ist der Weg vorgezeichnet, den Simplicius zu gehen hat.
Allerdings kommt es jetzt ebensowenig wie zuvor zu einer psychologisierenden Darstellung der Entwicklung des Helden; die Phase der Anfechtung und Bewährung findet nach einer Art Pilgerschaft um die halbe Welt
durch einen Schiffbruch ein recht unmotiviertes, von außen bestimmtes
Ende. Und nun, abgeschieden von der Gesellschaft, gelingt ihm ein neues
Leben, das im letzten Teil der *Continuatio* geschildert wird: mit erbaulicher Emphase durch den Ich-Erzähler selbst auf den letzten Seiten seiner Lebensbeschreibung, distanziert von außen betrachtet durch die «Relation» des holländischen Kapitäns, der mit seinem Schiff zufällig zur
Insel gelangt.

Auch hier, auf der paradiesischen Insel, bleibt Simplicius – wie die Einsiedler der Heiligenlegenden – nicht von Versuchungen und Anfechtungen verschont; doch sie vermögen nichts mehr über ihn. Denn er vermeidet ganz bewußt die Fehler seines ersten Versuchs eines eremitischen
Lebens, indem er sich einer strengen, von der üppigen und wohltätigen
Natur keineswegs geforderten Arbeitsdisziplin unterwirft, um den ins
Verderben führenden Gefahren des Müßiggangs zu begegnen. Dazu preist
er in regelmäßigen Gebeten und andächtigen, durch das Buch der Natur
inspirierten Gedanken seinen Schöpfer und vollzieht meditativ den Le-
bens- und Leidensweg Christi nach. So weit komme ein Mensch auf dieser Welt und nicht höher, kommentiert der holländische Schiffsgeistliche
die Zeichen des gottseligen Lebens, die überall auf der Insel zu finden
sind und die Seeleute (und die Leser) auf die Erscheinung des Einsiedlers
vorbereiten. Schon um das Bild dieses mit Zügen des Wunderbaren um-
gebenen Lebens nicht zu beeinträchtigen, kann die Frage nach einer möglichen Rückkehr nach Europa hier nur eine ablehnende Antwort finden.
Begründet wird sie mit zwei Argumenten: Das erste geht von den politischen und moralischen Zuständen in Europa aus, die sich mit dem Eintritt des Friedens keineswegs gebessert hätten, das zweite stellt die eigene
Versuchbarkeit in Rechnung und sieht in der Insel «eine stille Einsame
ohne Zorn / Hader und Zanck; eine Sicherheit vor eitlen Begierden / ein
Vestung wider alles unordenliches verlangen; ein Schutz wider die vielfältige Strick der Welt und eine stille Ruhe / darinnen man dem Allerhöchsten allein dienen: seine Wunder betrachten / und ihm loben und preysen
kan».

Daß der wechselvolle Lebenslauf in der Einsiedelei endet, verweist auf
die pikarische Tradition, wie sie durch Albertinus in der deutschen Rezeption umgeprägt worden war. Die Einsiedlerszenen rahmen den Roman ein, runden ihn – allerdings gleich zweifach – ab und suggerieren
durch die Rückkehr zum Anfang, der ersten Einsiedlerepisode im Spes-
sart, eine Art Kreisstruktur. Auch auf einer anderen Sinnebene, die vom

Motiv des Paradieses bestimmt ist, begegnen sich Anfang und Ende des Romans, scheint sich ein Bogen von der paradiesisch-unschuldigen (und unwissenden) Kindheit des Spessarter Hirtenlebens («wie unsere erste Eltern im Paradis») zur größtmöglichen Abgeschiedenheit von der Welt am Ende zu spannen, veranschaulicht durch den Raum bzw. die Metapher der Insel, mit ausdrücklicher Erinnerung an das verlorene Paradies bzw. «den Fall unserer ersten Eltern».

So gesehen erscheint die Weltabsage als notwendige Konsequenz aus der Erkenntnis der Nichtigkeit und Sündhaftigkeit der Welt. Ob mit diesem Konzept freilich die ideologische Summe des komplexen Werkes gezogen ist, scheint trotz der Rahmenkonstruktion eher fraglich. Denn die inneren Spannungen des Romans, in dem sich ‹mittelalterliche› und neuzeitliche Denkströmungen und damit widersprüchliche Konzeptionen der Welt und der Weltinterpretation überlagern, bleiben bestehen und verweigern sich einer harmonisierenden, eindimensionalen Interpretation, ganz zu schweigen von der Weiterführung der simplicianischen Lebensgeschichte mit der Rückkehr eines zwar frommen, aber tätig-weltzugewandten Simplicissimus im *Seltzamen Springinsfeld*. Daß Simplicius' Leben erst hier eine soziale Komponente gewinnt, stellt die private Lösung der *Continuatio* als durchaus unvollkommen, weil durch Egoismus, Selbstzufriedenheit, Bequemlichkeit und fehlendem sozialen Engagement charakterisiert, entschieden in Frage und legt den Zwiespalt zwischen Weltverneinung und dem Postulat eines tätigen Lebens im Dienst der Mitmenschen offen.

Exkurs: Ein eindimensionales Gegenstück

Gleichzeitig mit Grimmelshausens Simplicissimus erschien Hieronymus Dürers Roman *Lauf der Welt Und Spiel des Glücks / Zum Spiegel Menschliches Lebens vorgestellet in der Wunderwürdigen Lebens-beschreibung des Tychanders* (1668). Es handelt sich um eine Art protestantisch-erbaulicher Version des Pikaroromans, wobei Dürer wie Grimmelshausen Motive und Erzähltechniken des hohen und niederen Romans miteinander verbindet, sich allerdings auf ein Thema beschränkt und weit von der strukturellen und inhaltlichen Komplexität des *Simplicissimus* entfernt ist. Die Grundkonzeption von Dürers Roman stammt aus der pikarischen Tradition. Wie Albertinus' *Gusman* zielt der Roman des protestantischen Theologen und späteren Osnabrücker Pastors und Superintendenten Dürer auf die fettgedruckte Einsicht, «daß auf der welt Nichtes beständig als die Unbeständigkeit / und keine wahre ruhe in einigem zeitlichen Gute zu finden» sei. Erzählt wird in der ersten Person rückblickend aus der Perspektive des nun «in der seligen anfurt der Verschmähung der Welt» angelangten Helden. Diese Haltung ist die Konsequenz eines wechselvol-

len Lebenslaufs, der Tychander nach dem Tod der Eltern mittellos – auch
Folge eigener Verschwendung – in die Welt führt (Mitglied einer Bettler-
gesellschaft, Kriegsdienst, Schulden, Flucht, unglückliche Liebe, Schiffbruch auf dem Weg nach Ostindien, Sklave in Ostafrika, Aufstieg zum
Feldherrn und schließlich zum König von Abessinien, Sturz ins Elend).
Tychanders Fall von der Macht in den dem höfisch-historischen Roman
verpflichteten Schlußpartien ist der letzte und größte Umschwung in seinem Leben. Er sieht hierin ein göttliches Zeichen, eine Strafe für seine
Sünden, unter denen der Hochmut am schwersten wiegt; er bereut und
beschließt, jeden Gedanken an irdischen Erfolg und irdische Liebe aufzugeben und sein «gantzes hertze nach dem Himmel» zu richten. Die Abkehr von der Welt findet, der Verfasser ist Protestant, «nicht mit dem
leibe / doch mit gedancken» statt. Der letzte Satz des Romans, das Bibelzitat «Es ist alles Eitel!», zieht das Fazit des durchaus nicht satirischen
Werkes, das den Menschen über die von der Fortuna beherrschte Welt
aufzuklären und auf seine religiöse Bestimmung zu verweisen sucht.
Übereinstimmungen mit Grimmelshausens *Simplicissimus* gründen auf
gemeinsamen Quellen, zu denen auch Frewdenholds dritter Teil des *Gusman* gehört.

Die diskursive Ebene oder der Roman in seinem Widerspruch

In der *Continuatio* tritt die Geschichte des Helden bis zur entscheidenden Wende durch die Robinsonade über lange Strecken hinter diskursiven Passagen zurück, die die Problematik der Geschichte auf einer allegorischen Ebene beleuchten: Sei es, daß sie die auch im Leben des Helden so
bedeutsame Rolle des Geldes als Ursache zahlreicher Laster und Sünden
thematisieren (Traumallegorie von Iulus und Avarus), sei es, daß sie das
universale Thema der Unbeständigkeit des Glücks und der Vergänglichkeit alles Irdischen zu ihrem Gegenstand machen wie der Schermesser-
Diskurs oder die mehrdeutige Baldanders-Episode mit ihrem poetologischen Hintersinn.
Mit diesen Partien, die über den konkreten Lebenslauf des Simplicius
Simplicissimus hinausführen, verstärkt die *Continuatio* Tendenzen, die
bereits in den ersten fünf Büchern angelegt waren. Denn auch hier beschränkt sich Grimmelshausen nicht auf das Erzählen einer Lebensgeschichte, sondern weitet die Geschichte des «seltzamen Vaganten» zu
einem Panorama der Zeit und des menschlichen Lebens. Das geschieht
einmal dadurch, daß er nach Art des pikaresken Romans seinen Helden
durch die Welt schickt und drastisch mit der gesellschaftlichen, politischen und militärischen Realität der Epoche des Dreißigjährigen Krieges bekannt werden läßt; zum andern unterbricht er wie in der *Continuatio* die Handlung durch Einschübe und Episoden, die dem Roman eine

weitere Dimension hinzufügen und, obwohl in Bearbeitungen des Romans oft weggelassen, geradezu als Schlüsselszenen des Romans gelten können: die Traumvision vom Ständebaum im ersten, die Jupiter-Utopie im dritten und die Mummelsee-Episode im fünften Buch. Dabei greift Grimmelshausen wie bei der Iulus und Avarus-Allegorie der *Continuatio* u. a. auf Formen der menippeischen Satire wie phantastische Reise, Unterweltfahrt, Traumvision und Götterversammlung zurück und bedient sich souverän der kritischen Möglichkeiten ihrer indirekten, durch eine verfremdende und verzerrende Perspektive charakterisierte Darstellungstechnik.

Es sind vor allem diese Partien, die die individuellen Lebensgeschichten in einen breiteren Kontext stellen. Sie reflektieren über den Krieg und seine Folgen für Individuum und Gesellschaft und diskutieren in diesem Zusammenhang den für die ständische Ordnung brisanten Konflikt zwischen Geburtsprivileg und Leistungsstreben (Ständebaum-Allegorie), sie artikulieren in utopischen Entwürfen und satirischen Gegenbildern zur schlechten Realität die Sehnsucht nach einem Leben in Frieden und gesellschaftlicher Harmonie (Jupiter-, Mummelsee-Episode; Wiedertäufer-Kapitel) und verweisen zugleich in eschatologischer Perspektive auf die Bestimmung des Menschen (Mummelsee-Episode). Eindeutige Antworten auf die aufgeworfenen Fragen, soweit sie nicht direkt religiöse oder moralische Forderungen betreffen, gibt es nach Art der menippeischen Satire nicht oder nur selten; manches bleibt daher in der Deutung umstritten.

Diese Offenheit der Satire – und das damit verbundene Interpretationsproblem – zeigt sich beispielhaft an der Jupiter-Episode. Einerseits machen die näheren Umstände, die Ironiesignale und die satirischen Kommentare unzweideutig klar, daß die utopischen Entwürfe nicht als konkrete Handlungsanweisungen gedacht sind, andererseits stellen persönliche Unzulänglichkeiten, etwa die partielle geistige Verwirrung ‹Jupiters›, und Momente des Wunderbaren die Notwendigkeit und Wünschbarkeit von grundlegenden Reformen nicht in Frage. Simplicius' Haltung reflektiert die Hintergründigkeit der satirisch-utopischen Methode. So hält er den selbsternannten Gott zunächst für einen «Phantasten», «der sich überstudirt / und in der Poëterey gewaltig verstiegen» habe; später kommen ihm Zweifel: «der Kerl dörffte vielleicht kein Narr seyn wie er sich stellte / sondern mirs kochen / wie ichs zu Hanau gemacht».

Der Entwurf ‹Jupiters›, der auf eine Abschaffung des Feudalsystems, ein Ende der Religionsstreitigkeiten und eine weltumfassende Friedensordnung unter deutscher Vorherrschaft zielt, hat wie die anderen utopischen Partien die Funktion eines kritischen Gegenbildes. Im Kontext des christlichen Glaubens – und damit des Glaubens an die Erbsünde und ihre Folgen – bleibt eine vollkommene diesseitige Welt von vornherein ausgeschlossen. Das ist eine Prämisse der literarischen Utopie seit Thomas Morus; in diesen Gedankenexperimenten der utopischen Tradition stellt sich die Frage nach der Verwirklichung nicht: Die Norm, an der die Erfahrungswelt gemessen wird, ist außergeschichtlich und prinzipiell nicht zu verwirklichen.

Beispielhaft illustriert Grimmelshausen dieses Thema an den Bewohnern der unterirdischen Wasserwelt in der Mummelsee-Episode, deren vollkommenes Leben nur unter bestimmten Voraussetzungen möglich ist. Zwar erspart ihnen ihre besondere Natur die menschliche Leiderfahrung, doch das von Schmerzen und Sünden freie Leben hat seinen Preis: Die Sylphen sind zwar vernunftbegabte, aber rein diesseitige Wesen, denen die ewige Seligkeit versagt ist. Daß ihnen gerade diese Eigenschaften ein ideales, harmonisches Leben ermöglichen, läßt die Betroffenen aber keineswegs vergessen, daß ihnen Entscheidendes versagt bleibt. Unverständlich erscheint ihnen daher das Verhalten der mit einer unsterblichen Seele begabten Menschen, die ihre bevorzugte Stellung in der Schöpfung zu vergessen und die ewige Seligkeit durch ihre Lasterhaftigkeit zu verspielen drohen. Die sehnsüchtige Rede des Sylphen-Prinzen, der die Welt als einen «Probierstein Gottes» charakterisiert, an dem sich sein Geschlecht bewähren würde, betrifft in Wirklichkeit den Menschen (und damit den Leser), sein Versagen und seine Möglichkeiten. Die eschatologische Perspektive, der Hinweis auf die eigentliche Bestimmung des Menschen, unterstreicht die Diskrepanz zwischen christlicher Forderung und wirklichem Leben, die Simplicius in seiner Antwort, einem ironisch-satirischen Lobpreis auf die irdischen Zustände, indirekt bestätigt.

Grimmelshausen thematisiert sein zentrales satirisches Verfahren in einem eigenen Traktat: *Des Abenteuerlichen Simplicii Verkehrte Welt* (1672). Auch hier verbindet er es wie in der Mummelsee-Episode mit dem alten Motiv der Unterweltfahrt; Ziel ist nun allerdings die christliche Hölle. Hier berichten die Sünder von ihrem lasterhaften Leben und der lasterhaften Welt zu ihrer Zeit und befragen ihrerseits Simplicius über die jetzigen irdischen Zustände. Und wie in der Mummelsee-Episode zeichnet er in seinen Entgegnungen Bilder eines vollkommenen, harmonischen Lebens ohne Sünden und Laster, Bilder, die dem zeitgenössischen Leser nur ‹verkehrt› vorkommen können und ihn so auf die schlechte Wirklichkeit verweisen. Denn gerade im Kontrast zur ironischen Schilderung der idealen, lasterfreien Welt wird deutlich, daß die Hölle die wahren irdischen Verhältnisse spiegelt. Auch eine gleichnamige Geschichte im *Ewig-währenden Calender* veranschaulicht den Stellenwert des satirischen Prinzips der verkehrten Welt für Grimmelshausen als eine die Einbildungskraft anregende «artliche Invention».

Von großer Ernsthaftigkeit ist der letzte utopische Gesellschaftsentwurf des Romans, den der zum Utopisten gewordene Held entwickelt. Es handelt sich um das Modell einer überschaubaren sozialen Gemeinschaft nach dem Vorbild der Wiedertäufer, genauer der Huterer. Hier gibt es weder Unterdrückung und Ausbeutung noch Armut und Not. Wie in den klassischen Utopien der Renaissance füllen Männer und Frauen die ihnen zugewiesenen Rollen in Handwerk, Erziehung, Hauswirtschaft und Krankenpflege in einer genau geregelten Ordnung aus, die das Zusammenleben auf eine neue, höhere Stufe stellt: «da war kein Zorn / kein Eifer / kein Rachgier / kein Neid / kein Feindschafft / kein Sorg umb Zeitlichs / kein Hoffart / kein Reu! In Summa / es war durchauß eine solche liebliche Harmonia, die auff nichts anders angestimbt zu seyn schiene / als das Menschlich Geschlecht und das Reich Gottes in aller Erbarkeit zu vermehren [...].» Es ist eine betont biblische Lebensweise, charakterisiert durch das Bemühen der Mitglieder der Gemeinschaft, «durch ihrer Hand Arbeit ihren leiblichen Unterhalt zu gewinnen / und sich die übrige Zeiten mit dem Lob und Dienst Gottes und ihrer Seelen Seeligkeit zu bemühen». Dabei gibt das Paradox zu denken, daß gerade «diese Widertäufferische Ketzer» ein wahrhaft christliches Leben führen, und es wird zur Herausforderung der katholischen Kirche, wenn Simplicius das tätige Christentum der Wiedertäufer über das Klosterleben erhebt.

Anders als bei der Vorstellung der Pläne ⟨Jupiters⟩ fehlen bei der Beschreibung der vorbildlichen sozialen Organisation der Wiedertäufer die satirischen Seitenhiebe oder Ausflüge ins Phantastische. Aber obwohl der Erzähler funktionierende Gemeinschaften der geschilderten (und historischen belegten) Art gesehen haben will, wird auch hier die Frage der Verwirklichung durch entsprechende Signale abgewehrt. Das Problem besteht weniger darin, daß ausgerechnet Ketzer das Vorbild abgeben, sondern in einer anderen Auffassung von der menschlichen Natur: Während die Huterer und andere Täufergruppen ein grundsätzlich optimistisches Menschenbild vertreten und die orthodoxe Erbsündelehre katholischer oder lutherischer Prägung ablehnen, überwiegt hier die Skepsis. Wie sich Simplicius selbst seiner Wankelmütigkeit bewußt ist, so kommentiert sein Pflegevater Gedanken des Romanhelden, seinen Hof und sein Vermögen «so einer vereinigten Christlichen Gesellschafft [...] zum besten» zu geben und sich ihr anzuschließen, sarkastisch mit den Worten, daß er «wol nimmermehr solche Bursch zusammen bringen» werde.

Es ist zweifellos ein Paradox: Einerseits wird darauf verwiesen, daß die irdischen Verhältnisse grundlegend verändert werden müßten, andererseits läßt Grimmelshausen keinen Zweifel daran, daß eine vollkommene Welt angesichts der Bedingtheit des Menschen und seiner Natur nicht realisierbar ist. Allerdings ändert sich dadurch an der Kritik am Weltzustand nichts; seine Mängel werden – gemessen am utopischen Programm – vielmehr nur noch deutlicher: eine Aufforderung, sich an den Maßstäben zu orientieren und auf eine Verbesserung im Rahmen des Möglichen hinzuarbeiten. Nicht das utopische Denken, sondern die irdischen gesellschaftlichen und politischen Verhältnisse und der Verlust an moralischen Normen, wie er sich etwa in der Perversion des Krieges, im haltlosen Treibenlassen des Helden oder in der machiavellistischen Argumentation Oliviers zeigt, sind Gegenstand der Kritik.

So ambivalent diese direkten und indirekten Hinweise auf Modelle einer besseren Welt als Gegenbilder zur zeitgenössischen Realität auch erscheinen mögen, so wichtig ist ihre Funktion in der Konzeption des Romans. Zusammen mit den anderen diskursiven Partien geben sie dem *Simplicissimus* eine Bedeutungsebene, die – als Ergänzung und Kontrast – über den Lebenslauf des Simplicius Simplicissimus als einer exemplarischen Sünder- und Bekehrungsgeschichte mit dem Ziel der Überwindung der Welt hinausführt. Im Gegensatz zur ‹barocken› Vorstellung von der Nichtigkeit und Vergänglichkeit als Signum der Welt, die die fiktive Lebensbeschreibung am Ende zu bestätigen scheint, diskutieren diese Texte Themen, die ein intensives Interesse gerade am Leben in dieser Welt voraussetzen.

Das gilt auch für den sogenannten Schermesser-Diskurs, eine allegorische Partie, in der ein «Octav von einem Bogen Pappier» in der «Cantzeley» seinen Lebenslauf vom Hanfsamen zum feinsten Leinen und schließlich zum Toilettenpapier erzählt und Simplicius um Rettung vor dem endgültigen Untergang anfleht: eine drastische Spiegelung des simplicianischen Lebenslaufs und eine Illustration des Gemeinplatzes von der Wandelbarkeit, Unbeständigkeit und Nichtigkeit der Welt und des Menschen. Zugleich beschreibt Grimmelshausen den Vorgang als Teil eines ökonomischen und gesellschaftlichen Prozesses in einer konkret bezeichneten historischen und geographischen Wirklichkeit. Er schildert die Stationen der Leiden der gequälten Kreatur – darauf allein zielten Grimmelshausens Quellen – mit genauer Kenntnis der wirtschaftlichen Vorgänge als eine Geschichte des «Gewinns», der sich einstellt, wenn der Wert der Ware durch menschliche Arbeit gesteigert wird. Das Papier hört beim «achtzehenden Gewinn» auf zu zählen. Daß dann wieder der «Geiz» einer religiös begründeten Kritik unterliegt, ist charakteristisch für die Spannung zwischen ‹curieusem› Weltinteresse und religiöser Bewertung, die den Roman durchzieht.

Geradezu programmatischen Ausdruck findet diese Spannung in den Partien, in denen Grimmelshausen das Handeln seines Helden mit dem Begriff der Neugier, *curiositas*, in Verbindung bringt. So erfindet Simplicius als Jäger von Soest eine Art Hörrohr mit Fernwirkung, stattet sich in seiner Einsiedelei auf dem Mooskopf in seinem «Fürwitz» mit einem Fernrohr aus und verlangt und erhält, da er seiner «Begierde den Mummelsee zu beschauen» und dessen Inneres zu erforschen, nicht widerstehen kann, Einblick in Dinge, die den Menschen normalerweise verschlossen sind. Was der Erzähler als «Fürwitz» und ‹Thorheit› bezeichnet und sein Pflegevater als Vermessenheit bewertet, ist zugleich das Kennzeichen des neuzeitlichen Menschen: die theoretische Neugierde (Hans Blumenberg), die den Dingen auf den Grund geht. Wenn auch die Wertung negativ bleibt, bestätigt der Roman gleichsam nebenbei den Eigenwert, den das Leben in dieser Welt ungeachtet der religiösen Vorgaben und eines entschiedenen Vanitasverdikts gewonnen hat. Dabei ist die Welt nicht nur Objekt menschlichen Forschergeists, sie ist vor allem auch der reale Schauplatz, auf dem sich der Mensch in seinem Leben zu bewähren und seine Stellung in der Gesellschaft zu finden hat – und über dessen Beschaffenheit und mögliche Verbesserung sich daher nachzudenken lohnt.

Die Spannung zwischen verschiedenen Konzeptionen der Welt und des menschlichen Lebens, die wohl ebenso in der Lebenswirklichkeit des 17. Jahrhunderts aufeinander stießen, äußert sich auch im Erzählen selbst. Einerseits legt die Erzählsituation, der kritische Rückblick des Einsiedlers auf sein früheres Leben, Weltabsage als notwendige Konsequenz nahe, andererseits entspricht die Haltung des Erzählers keineswegs dieser Vorgabe einer konsequenten Weltverneinung. Vielmehr entzieht er sich mit seiner Neugier auf die Dinge der Welt, der nicht immer höheren Zwecken dienenden Integration zahlreicher Schwänke aus dem deutschen und internationalen Repertoire und einer unbändigen Fabulierfreude (einschließlich ungehemmter geräusch- und geruchsintensiver Drastik) immer wieder striktem Moralisieren und dem Geist strenger Askese. Dieser Aspekt läßt sich zwar als implizite Kritik an den Irrwegen des Helden auffassen, es bleibt aber gleichwohl ein Überschuß, der in der theologisch-asketischen Weltinterpretation nicht aufgeht. Dabei hat ohne Zweifel das Beispiel von Sorels *Francion* zur Selbstfindung des Erzählers Grimmelshausen und zur Ausbildung seiner ironisch-satirischen Schreibweise beigetragen, wenn er auch in seinem religiösen Ernst Sorels Konzeption einer «histoire qui soit toute comique» sicher so nicht teilen konnte. Jedenfalls gewinnt der *Simplicissimus* erst durch die Loslösung von eindimensionaler christlicher Unterweisung, wie sie etwa Albertinus betreibt, einen Perspektivenreichtum und eine Welthaltigkeit, die ihn vor allen anderen Romanen des 17. Jahrhunderts auszeichnet.

Romanform

Auf Grimmelshausens *Simplicissimus* haben verschiedene literarische Formen und Traditionen eingewirkt; prägend wurden die des Pikaroromans und der Satire. Gemeinsam ist den poetologisch und historisch verbundenen Gattungen der betonte Abstand von einem klassizistischen Kunstreglement und damit die Freiheit von einengenden Formzwängen. Darauf verweist Grimmelshausen, wenn er in seinem *Satyrischen Pilgram* Juvenals Wort vom satirischen Mischmasch («farrago») aufnimmt und sein erstes Buch als ein Werk ohne «Ordnung» charakterisiert, «als ein wercklichs Mischmasch / von lauter Fähl und Mängeln zusammen gestickelt». Dieser ironischen Charakterisierung durch den Satiriker entspricht die Bestimmung der Satire als eines «poema liberum» in der autoritativen Poetik des Humanisten Julius Caesar Scaliger (*Poetices libri septem*, 1561), die für die Verssatire ebenso Gültigkeit besitzt wie für die vielgestaltige menippeische Prosasatire. Dabei gehören zu dem Mischmasch bei Grimmelshausen durchaus auch Motive und Strukturelemente des höfisch-historischen Romans, z. B. nachträgliche Aufdeckung der hohen Geburt, Wiedererkennung (Anagnorisis) oder die Konstruktion von geschlossenen Handlungsbögen.

Diese Elemente ändern jedoch nichts an der Distanz des Romans zu den Postulaten der klassizistischen Poetik. Ein deutliches erstes Signal gibt das Monstrum auf dem Titelkupfer des *Simplicissimus*: Die halb tierische, halb menschliche Gestalt mit der Spott- und Verhöhnungsgeste der linken Hand verweist auf den Satyr und damit die «Satyre» (nach einer im 17. Jahrhundert weitverbreiteten Theorie vom Ursprung der Satire); zugleich läßt sich dieses Monstrum als Anspielung auf das Fabelwesen verstehen, das Horaz zu Beginn seiner *Dichtkunst* schildert und mit dem er vor Verstößen gegen ein klassizistisches Kunstreglement, gegen die Gebote der Naturnachahmung, Wahrscheinlichkeit, Einheit usw. warnt. Wie schon Lukian, der dem Monstrum («Fisch-Pferd», Ziegen-Hirsch») positive Bedeutung als Bild für seine satirische Dichtung verleiht, deutet Grimmelshausen das Warnbild im Sinn seiner eigenen Kunstabsicht um, die sich im Rahmen einer satirisch-realistischen Literaturtradition gegen die idealisierenden Literaturgattungen wendet und – ähnlich wie Charles Sorel – auf die «Vollkommenheit der Historie» zielt, eine nicht durch Vorschriften begrenzte, alle Bereiche der Wirklichkeit umfassende Darstellung. ‹Wahrheit› hat Vorrang vor der Wahrscheinlichkeit des höfischen Romans, die sich in einer Reihe von Regeln manifestiert und so die Wirklichkeit ästhetisiert. Der Satiriker dagegen zielt nicht auf ein derartiges Kunstgebilde, das illustriert, wie das «künstliche zerrütten / voll schönster ordnung ist» (Catharina Regina von Greiffenberg), er schreibt vielmehr in dem Bewußtsein, daß die Welt aus den Fugen geraten ist: Der satirische Roman erscheint – in der Formulierung Johann Fischarts – als «ein verwirretes ungestaltes Muster der heut verwirrten ungestalten Welt».

Die prinzipiell offene Form der Satire und des satirischen Romans schließt übergreifende Zusammenhänge nicht aus. Ihre Freiheit wird gewissen Beschränkungen unterworfen, wenn auch nicht in der Weise, daß Widersprüche harmonisierend aufgelöst würden. Diese Beschränkungen ergeben sich aus der formalen Organisation des Romans, der Konzeption des *Simplicissimus* als fiktiver Autobiographie, die Grimmelshausen der pikarischen Tradition verdankt. Der Rückblick eines innerlich gewandelten Menschen auf sein früheres Leben ist die große Klammer, die den Roman zusammenhält. Dabei erhalten die verschiedenen literarischen For-

men, die das Werk anreichern, einen Stellenwert in der Biographie des
Romanhelden. Moralisierende und menippeische Satire, Schwank-, Aben-
teuer- und Exempelerzählungen, erbauliche, historische, allegorische und
utopische Diskurse, sie alle werden in die historischen und biographischen Zusammenhänge der fiktiven Lebensbeschreibung integriert und
verleihen dem *Simplicissimus* eine für das 17. Jahrhundert außergewöhnliche Lebensfülle. Aus dieser Offenheit heraus entsteht ein anschauliches,
zuweilen drastisches Bild eines widerspruchsvollen Lebens in einer widerspruchsvollen Zeit, der Zeit des Dreißigjährigen Krieges, als deren
wahrer Chronist Grimmelshausen, der «homo Satyricus in folio», lebendig geblieben ist.

Lange galt der *Simplicissimus* als Bildungs- bzw. Entwicklungsroman, eine
These, die im Hinblick auf die Voraussetzungen der ohnehin kaum definierbaren
Gattung wenig für sich hat. Zu diesen gehören die emanzipatorischen Tendenzen
der Aufklärung, eine organische Geschichtsauffassung, die Entdeckung der eigenen, unverwechselbaren Individualität, die Vorstellung der Entfaltung eingeboro-
ner Anlagen in einem kontinuierlichen, organischen Reifungsprozeß, in dessen
Verlauf individuelle Natur und äußere Welt zu einem Ausgleich finden bzw. danach streben. Dafür, daß dieses im Grunde nur in Goethes *Wilhelm Meister* verwirklichte Konzept einer harmonischen Ausbildung der geistigen Anlagen zu
einer abgerundeten Persönlichkeit auf den *Simplicissimus* zutreffen könnte, fehlen
überzeugende Argumente. Die Sprünge und Ungereimtheiten in diesem Vagan-
tenleben, die von vornherein festgelegte überindividuelle Weltsicht und Weltinterpretation und eine heilsgeschichtlich geprägte Sicht der Geschichte als Ansamm-
lung von Exempeln zeigen den Abstand von den Konzeptionen des 18. Jahrhunderts. Wenn man aber trotzdem, was gelegentlich auch heute noch oder wieder
geschieht, die Kategorie der Entwicklung auf den Roman und seinen Helden anwenden will, muß man von ihrer historischen Komponente abstrahieren. Denn in
dem ganz allgemeinen Sinn, nämlich daß er am Ende nicht mehr derselbe wie am
Anfang ist, hat sich Simplicius durchaus verändert.

Die ‹Fortsetzungen›: *Courasche, Springinsfeld, Vogel-Nest*

Als Grimmelshausen dem *Simplicissimus Teutsch* von 1668 ein Jahr später
die *Continuatio* folgen ließ, nannte er sie den «Schluß desselben». Das
hinderte ihn nicht daran, vier weitere Texte nachzuschicken und sie rückblickend als Teile seines großen Romans zu bezeichnen: *Trutz Simplex:
Oder Ausführliche und wunderseltzame Lebensbeschreibung Der Ertz-
betrügerin und Landstörtzerin Courasche* (1670), *Der seltzame Springinsfeld* (1670) und in zwei Teilen *Das wunderbarliche Vogel-Nest* (1672 bzw.
1675). In der Vorrede zum zweiten Teil des *Wunderbarlichen Vogel-Nests*,
seinem letzten Werk überhaupt, heißt es nach einer Darlegung seiner sati-
risch-erbaulichen Absichten und einer beschwörenden Warnung vor dem
«Höllischen Schlund» lapidar:

«Sonsten [so, in der Weise] wäre dieses billich das zehende Theil oder Buch deß Abentheuerlichen Simplicissimi Lebens-Beschreibung / wann nemlich die Courage vor das siebende / der Spring ins Feld vor das achte / und das erste part deß wunderbarlichen Vogel-Nests vor das neundte Buch genommen würde / sintemahl alles von diesen Simplicianischen Schrifften aneinander hängt / und weder der gantze Simplicissimus, noch eines auß den obengemeldten letzten Tractätlein allein ohne solche Zusammenfügung genugsam verstanden werden mag.»

Zusammenhänge in der Handlung und personelle Verbindungen bestehen vor allem zwischen dem *Simplicissimus*, der *Courasche* und dem *Springinsfeld*: Randfiguren des Romans werden Helden eigener Geschichten, in denen auch Simplicius eine Rolle spielt. Überdies kommt es zu Beziehungen dadurch, daß die Erzähler die vorhergehenden Lebensgeschichten kennen und darauf antworten. Das gilt auch noch für die beiden Teile des *Vogel-Nests*, die sich am weitesten von der eigentlichen simplicianischen Lebensbeschreibung entfernen. *Trutz Simplex* überschreibt Courasche ihre Geschichte, die sie, wie es am Ende heißt, Simplicius «zu Spott» an den Tag gegeben habe, um sich für die Behandlung im *Simplicissimus* zu rächen. Dort ist von einer namenlosen Schönen die Rede, die Simplicius «mehr mobilis als nobilis» vorkommt. Auf diese Charakteristik erwidert Courasche mit ihrer Version des Geschehens im Sauerbrunnen, worauf der von der Kreuz-Insel zurückgekehrte Simplicius die Angelegenheit im nächsten «Tractätlein», dem *Springinsfeld*, richtigstellt. Die Verbindungen zwischen den Texten gehen aber noch weiter: Springinsfeld und Courasche haben einen Teil ihres Lebenswegs gemeinsam zurückgelegt, ihre Lebensbeschreibungen stammen aus der Feder desselben fiktiven Autors bzw. Schreibers. *Das wunderbarliche Vogel-Nest Der Springinsfeldischen Leyrerin* schließlich knüpft, wie es schon der Titel des ersten Teils andeutet, an den *Springinsfeld* an, dessen Titelheld sich mit einer «Leyrerin», einer Leierspielerin, verheiratet, die ein unsichtbar machendes Vogelnest findet und mit seiner Hilfe ein betrügerisches Leben führt, das allerdings ein böses Ende nimmt. Der erste Teil des *Vogel-Nests* beginnt dann mit einem ausdrücklichen Hinweis des Ich-Erzählers und Helden auf die «Lebens-Beschreibung» Springinsfelds, während der zweite Teil wiederum nach Auskunft von dessen Protagonisten die Lektüre des inzwischen «in offenem Truck» erschienenen ersten Teils voraussetzt. Insofern wird Grimmelshausen seinem Anspruch durchaus gerecht, daß «alles von diesen Simplicianischen Schrifften aneinander hängt».

Gleichwohl lassen sich die dem *Simplicissimus* folgenden «Tractätlein» nicht einfach als Fortsetzungen der Lebensgeschichte des Simplicius begreifen, der im *Vogel-Nest* ohnehin keine Rolle mehr spielt. Zusammenhänge entstehen auch auf andere Weise: durch den Entwurf eines facettenreichen, vielstimmigen Bildes der Zeit in Krieg und Frieden, durch eine Ausrichtung der verschiedenen Erzählkomplexe und Lebensgeschichten auf das zentrale Thema der satirischen Entlarvung der verkehrten Welt und des ebenso verkehrten, verblendeten und wahnhaften menschlichen Verhaltens. Dies wiederum führt zu Grimmelshausens Satire-Programm, das er in der Vorrede zum zweiten Teil des *Vogel-Nests* noch einmal mit den üblichen Metaphern (Kern/Schale, überzuckerte Pille) charakterisiert und auf den gesamten simplicianischen Geschichtenkosmos angewendet wissen will. Er spricht davon, daß er sich durch Mißverständnisse nicht habe beirren lassen, «immerhin im angefangenen Glaiß fortzufahren» und, wie «in deß Abentheuerlichen Simplicissimi Lebens-Beschreibung», auch «in dieser ernstlichen Sach seinen gewöhnlichen lustigen Stylum» zu gebrauchen «und viel lächerliche Schwänck» mit einzubringen. Der verständige Leser werde den «Kern» schon zu finden wissen. Und wenn dann diese Rechtfertigung seiner satirischen Methode unmittelbar in die Bemerkung über den Zusammenhang der zehn simplicianischen Bücher mündet, darf man dies als Hinweis Grimmelshausens darauf lesen, daß er in der satirischen Schreibart ein wichtiges, die einzelnen Teile des Romans übergreifendes Stil- und Formelement sieht, ohne daß angesichts der prinzipiell offenen Form von einem geschlossenen Zyklus die Rede sein kann.

In der *Courasche*, der ersten Sproßgeschichte im Rahmen der großen simplicianischen Fiktion, gilt der satirische Blick vordergründig dem zentralen Romanhelden. Der Obertitel lautet *Trutz Simplex*. Er bezeichnet den Erzählanlaß und das Leitmotiv, das die Abenteuerfolge des Lebenslaufs strukturiert. Im ersten Kapitel schließt Courasche die Begründung ihres Erzählens mit den Worten: «Aber höre Courage, wann du noch nicht im Sinn hast dich zu bekehren / warumb wilst du dann deinen Lebens-Lauff Beichtsweiß erzehlen / und aller Welt deine Laster offenbahrn? Das thue ich dem Simplicissimo zum Trutz! weil ich mich anderer Gestalt nicht an ihm rächen kan [...].»

Courasches Geschichte, Racheakt an Simplicius, ist auf einer anderen Ebene Gegenstück zu dessen Lebensbeschreibung. Dem erbaulichen Rückblick in Reue folgt das genaue Gegenteil. Die auf ihr Leben zurückschauende Courasche hat keine neue, höhere Stufe der Erkenntnis erreicht; sie kennt wie ihre spanische Vorgängerin, die Picara Justina, keine Reue. Wenn die alte Courasche jeden Gedanken an Bekehrung oder ein bürgerliches Leben ablehnt, so ist diese ebenso selbstbewußte wie trotzige Haltung als Resultat der Erfahrungen eines langen Lebens zu verstehen. Das wird aus ihrer Erzählung deutlich, die – wie der *Simplicissimus* – eine Spannung zwischen dem erzählenden bzw. in diesem Fall diktierenden und dem erlebenden Ich erkennen läßt. Nur ist das Verhältnis umgekehrt: Während der Einsiedler auf der Kreuz-Insel eine höhere Stufe der Erkenntnis erreicht hat und seinem früheren Ich höchst kritisch gegenübersteht, zeigt sich die alte Courasche unbeugsam und keineswegs zur Umkehr und zur Eingliederung in die Gesellschaft bereit, während ihr jüngeres Ich durchaus noch andere Ziele verfolgte.

Mit der Erstürmung ihrer böhmischen Heimatstadt wird die dreizehnjährige illegitime Tochter eines Grafen in den Dreißigjährigen Krieg hineingerissen und gezwungen, ihr Überleben mit den ihr verfügbaren Mitteln zu sichern und sich in der Gesellschaft zu behaupten. Möglich ist das allerdings nur in der Ehe, die ihr als Frau allein Schutz gewähren kann. Dabei gibt sie sich aus Schwäche, mangelnder Frömmigkeit und angesichts widriger Umstände manche Blöße, doch ist bei allem Auf und Ab und der Vielzahl von Heiraten ihr Verlangen nach einem ehrbaren Leben spürbar. Daß sie damit scheitert, ist nicht allein ihre Schuld, sondern ebenso Folge des Krieges und ihrer sozialen Stellung als Frau. Aus der allgemeinen Unsicherheit und Ungewißheit, die das wechselnde Kriegsglück mit sich bringt, gibt es kein Entrinnen. Alle Versuche, sich dem Krieg zu entziehen und ihr Schicksal selbst zu bestimmen, scheitern: «Es gieng mir halt wie den Wittiben / die von jederman verlassen seyn», heißt es an einer Stelle.

Wenn ein Ehemann geradezu lebensnotwendig ist, kann die rasche Folge der durch den Krieg meist gewaltsam abgekürzten Ehen kaum verwundern. Der Schutz, den die Institution der Ehe vor der gewalttätigen, brutalen Männerwelt des Krieges bietet, besteht jedoch häufig nur darin, daß Courasche die Unterwerfung unter einen Mann der Vergewaltigung durch viele vorzuziehen gezwungen ist. So lassen auch hier die Konflikte nicht auf sich warten; die dominierende Rolle, die sie schließlich übernimmt, ist keineswegs von Anfang an intendiert. Es geschieht durchaus gegen ihren Willen, daß sie mit ihrem dritten Ehemann «umb die Hosen mit Prügeln» kämpfen muß.

Courasche stellt die richtigen Verhältnisse auf den Kopf, indem sie traditionelle Vorstellungen mißachtet und in Ehe und Gesellschaft männliche Rollenmuster übernimmt; außerdem lebt sie in ihrer selbstbewußten Immoralität ihre Sexualität aus und setzt sie überdies gewinnbringend ein. Wenn sie darüber hinaus gleichsam als eine Verkörperung mittelalterlicher Lasterkataloge erscheint und allegorische Deutungen als Frau Welt oder als apokalyptische Hure Babylon nahegelegt werden, scheint kein Raum mehr für differenziertere Wertungen zu bleiben.

Dieser Eindruck ist aber eine Folge der spezifischen, durchaus widerspruchsvollen Erzählsituation. Zum einen stilisiert sich Courasche selbst in ihrem Affekt gegen den scheinheiligen Simplicius in diesem negativen Sinn, zum andern verweisen die «Zugab des Autors» am Ende der *Courasche* und genauer noch die Rückbezüge im *Seltzamen Springinsfeld* darauf, daß das Werk – nicht nur in der wörtlichen Bedeutung – die Handschrift eines andern zeigt: Dem Schreiber Philarchus Grossus von Trommenheim war «diese tolle Zigeunerin» schon bei ihrer ersten Begegnung wie «ein Ebenbild der Dame von Babylon» vorgekommen, und diese Sicht vermittelt er durch entsprechende Signale in seiner Niederschrift von Courasches Erzählung. Der Text mit seinem den Lebensaltern zugeordneten Lasterkatalog (*luxuria, ira, invidium, acedia*), die distanzierenden und wertenden Kapitelüberschriften und nicht zuletzt die offen frauenfeindliche «Zugab» charakterisieren den engen Horizont des Schreibers – und seine Angst vor der übermächtigen Persönlichkeit der Courasche.

Der Adressat ihres Rachefeldzugs freilich, Simplicius, reagiert anders: nicht nur, weil er erleichtert ist, daß Courasche nicht die Mutter des ihm im Sauerbrunnen auf die Türschwelle gelegten «Bankerts» ist und sie so als betrogene Betrügerin dasteht, sondern weil er in wahrem christlichen Geist an ihr Seelenheil denkt und trotz ihrer Unbußfertigkeit die Hoffnung nicht aufgibt, «daß die Güte GOttes ihr Hertz erleuchten und sie zu wahrer Busse bringen» möge. Der selbstgerechte moralisierende Eifer des Schreibers wie auch der Haß des alten Springinsfeld auf seine zeitweilige Lebensgefährtin sind ihm fremd. So könnte aus dem negativen Exempel, den der Lebenslauf der Courasche im Kontext christlicher Glaubensvorstellungen ohne Zweifel darstellt, noch ein positives werden, deutet der Kommentar im *Springinsfeld* an. In jedem Fall bleibt für den heutigen Leser, unabhängig von den zeitgenössischen christlichen Deutungsmustern, die Faszination durch eine starke Persönlichkeit, die sich mit teuer erkaufter Lebenserfahrung, Witz und einem unbeugsamen Behauptungs- und Freiheitswillen gegen eine barbarische Welt der Männer und des Krieges durchzusetzen vermag.

Die *Kurtzweilige / lusterweckende und recht lächerliche Lebensbeschreibung. Eines weiland frischen / wolversuchten und tapffern Soldaten / Nunmehro aber ausgemergelten / abgelebten doch dabey recht verschlagnen Landstörtzers und Bettlers*, die der Untertitel der folgenden Lebensgeschichte des *Seltzamen Springinsfeld* verspricht, macht nur den letzten Teil der Erzählung aus (Kapitel 10–27). Die ersten neun Kapitel bilden zusammen mit dem Schluß des letzten einen Rahmen, dessen Bedeutung weit über eine Einführung in die Erzählsituation und die pragmatischen Zusammenhänge hinausgeht. Das Zusammentreffen des stellungslosen Schreibers Philarchus Grossus von Trommenheim, Simplicissimus und des heruntergekommenen Soldaten Springinsfeld in einem Wirtshaus öffnet zum einen den Blick auf die vielfältigen Verflechtungen der simplicianischen Romane, zum andern ergeben sich aus der Unterhaltung der drei Protagonisten und der Demonstration von Simplicissimus' ‹Gaukelkünsten› Hinweise auf Sinn, Zweck und Möglichkeiten des simplicianischen Erzählens. Diese Andeutungen werden ergänzt durch die Auseinandersetzung des Simplicius mit seiner eigenen Lebensbeschreibung, wobei sich Zweifel an der Wirksamkeit der dort angewandten satirischen Methode mit einer Kritik am allzufreien Gebrauch unterhaltsamer Momente verbinden.

Aus der grimmigen Kälte des Winters und seiner Erfahrung sozialer Kälte bei seiner vergeblichen Bewerbung um eine Stelle bei Hof flüchtet sich Trommenheim in die warme Wirtsstube, in der Simplicius als beherrschende Figur für ein der Kommunikation günstiges Klima sorgt. Wärme und Kälte bleiben in der Folge Sinnbilder des menschlichen Lebens und tragen mit ihrer Gegensätzlichkeit zur Strukturierung der Erzählung bei. Der familiären, aufgeschlossenen Atmosphäre kann sich auch – ein schwieriger Fall – der alte «Krontzer mit einem Steltzfus» Springinsfeld nicht entziehen, als er bald nach dem Schreiber das Wirtshaus betritt. Dieser wiederum vermag mitzureden, kennt er doch die anderen aus der Lektüre des *Simplicissimus* und den Erzählungen der Courasche, die ihm ihre Sicht der Dinge in die Feder diktiert hatte. Und Simplicius, «der vor einem halben Jahr noch in India gewesen» war, hat sich verändert. Der asketische Lebensentwurf der *Continuatio* erweist sich nun als Episode. Ein innerlich gefestigter Mann tritt in ein neues, verantwortliches Verhältnis zur Welt und zu den Menschen: sei es, daß er mit seiner «Gauckeltasch» auf einem «volckreichen Platz» den Leuten satirisch einen Spiegel vorhält und als Schriftsteller auf die erbauliche Wirkung seiner Kunst zielt, sei es, daß er an Springinsfeld sein moraldidaktisches Programm gleichsam in der Praxis erprobt und diesen dazu bringt, seine Lebensgeschichte zu erzählen.

Gegenstand der pikaresken Lebensgeschichte Springinsfelds ist der Krieg, das Ausgeliefertsein und die Deformierung des Menschen. Zu einem großen Teil ist die Erzählung eine Chronik des großen deutschen Krieges (mit einem Ausblick auf die Türkenkriege einschließlich des Kampfs um Kreta), die aus der Distanz des Historikers vom Geschehen berichtet und sich dabei vor allem auf Eberhard von Wassenbergs *Ernewerten Teutschen Florus* (1647) und die einschlägigen Bände des *Theatrum Europaeum* stützt. Hinter dem kargen Berichtstil wird jedoch auch Springinsfelds persönliche Erlebniswelt sichtbar. Es zeigt sich, was der Krieg für den einzelnen Menschen bedeutet, der sich in ihn hineinziehen läßt, nicht mehr loskommt und in seiner Verblendung sein Glück zu machen sucht und immer wieder scheitert. Rauben, Plündern, Quälen, Morden, Ausbeuten und Ausgebeutetwerden, die fatalistische Hinnahme von Krankheit, Hunger und Tod – das sind die Themen, die immer wieder anklingen und die Regel «Junge Soldaten, alte Bettler» bestätigen, wenn sie denn überhaupt lebendig davonkommen. Für die Unfähigkeit zu tieferen Bindungen stehen die Beziehungen zu den Frauen, darunter Courasche und die «Leyrerin», die Springinsfelds haßerfülltes Frauenbild geprägt haben und immer noch bestimmen.

Fremdheit, Kälte und Bindungslosigkeit in einer von undurchschaubaren Mechanismen beherrschten gottlosen Welt, in der der Mensch des Menschen Wolf ist: etwas anderes kennt Springinsfeld seit seiner Kindheit nicht, und er verhält sich danach. Grimmelshausen verdichtet diese Erfahrung in der Wolfsepisode des 16. Kapitels, die davon erzählt, wie Springinsfeld in einem verlassenen Dorf von einem Rudel Wölfe belagert wird und die Nacht in eisiger Kälte auf einem Dach verbringen muß. Es ist ein Sinnbild für das Ausgeliefertsein des einzelnen an eine feindliche Welt und damit für das Soldatenleben Springinsfelds, Sinnbild aber auch für die seelische Gefährdung des Menschen. Nur in Ausnahmesituationen wie dieser wird dem sonst wenig zur Reflexion geneigten Springinsfeld die eigene Lage bewußt; doch wie Courasche zieht er aus derartigen Einsichten keine Konsequenzen. Er hat sich in der Welt eingerichtet, und es bleibt letztlich ungewiß, ob es Simplicius gelingt, den mißtrauischen, allein auf sich und sein Geld bauenden alten «Krontzer» nicht nur physisch aus der Isolation und Kälte zu holen und ihn vielleicht doch noch «auff den Christlichen Weeg eines Gottseeligen Lebens» zu bringen.

Mit der Verbindung von tiefer Frömmigkeit und gesellschaftlich-kommunikativem Wirken, wie sie im *Springinsfeld* verwirklicht ist, hat Simplicius' Lebenslauf sein Ziel erreicht. In den beiden abschließenden Texten des Zyklus wird er folgerichtig nicht mehr weiter verfolgt. Hier, in den beiden Teilen des *Wunderbarlichen Vogel-Nests*, entfernt sich Grimmelshausen am weitesten vom Ausgangspunkt, der Lebensbeschreibung des *Abentheurlichen Simplicissimus Teutsch*. Der äußere Zusammenhang zu den vorhergehenden Teilen des Zyklus ist nur noch sehr lose, das simplicianische Personal tritt nicht mehr auf. Und führten bisher die Lebensbeschreibungen durch die pervertierte Welt des Dreißigjährigen Krieges, so wird nun die zunächst friedliche, dann durch neue Kriege erschütterte unmittelbare Gegenwart zum Gegenstand der satirischen Kritik. Fortsetzung finden hingegen die Experimente mit verschiedenen Formen der Ich-Erzählung, die noch stärker und eindeutiger als bisher in den Dienst moralisch-religiöser Belehrung gestellt werden. Dabei weisen die beiden Teile trotz der ähnlichen erzähltechnischen Ausgangsposition deutliche Unterschiede auf. Sie ergeben sich u. a. aus dem unterschiedlichen Charakter der Ich-Erzähler und ihrem jeweils verschiedenen Umgang mit dem Zaubergegenstand, den der Titel der Erzählungen bezeichnet.

Dieser Zaubergegenstand, der unsichtbar macht, stellt auch die äußere Verbindung zur vorigen Erzählung, dem *Springinsfeld*, her. Hier erzählt der Landstörzer am Ende seiner Lebensgeschichte von seiner Frau, der «Leyrerin», die ein Vogelnest in einer Astgabel gefunden und mit dessen Hilfe allerhand «Diebsgriff» und «Possen» angestellt habe, bis sie erschlagen und «ihr Cörper als einer Zauberin» verbrannt worden sei, während ein Hellebardierer bei ihrem Tod plötzlich verschwunden sei. «Dieser verschwundene Kerl nun werther Leser / bin ich»: Mit diesen Worten stellt sich der Ich-Erzähler zu Beginn des ersten Teils des *Wunderbarlichen Vogel-Nests* vor, während er das vergangene Geschehen rekapituliert und – er erzählt wie die anderen pikarischen Erzähler im Rückblick – seine damalige naive Gedanken- und Sorglosigkeit betont, zugleich aber mit Erinnerungen an «Seckel und Wünschhütlein» des alten *Fortunatus*-Romans von 1509 auf die zwiespältige Natur derartiger «GlücksStücke» verweist.

Auf den ersten Blick erscheint der erste Teil des *Vogel-Nests* kaum
mehr als eine Folge von Episoden, die die Beobachtungen und Erlebnisse
des Ich-Erzählers auf seinem Weg durch Stadt und Land schildern. Ihn
leitet neben der Suche nach gutem Essen und Trinken und einem bequemen Nachtlager immer mehr auch die Neugier. Mit dem unsichtbar ma-
chenden Vogelnest besitzt er das Mittel, das Treiben der Menschen auch
im privaten Bereich unbemerkt zu beobachten und aus dieser für die menippeische Satire charakteristischen, verfremdenden Perspektive auf die
Diskrepanz zwischen Schein und Sein aufmerksam zu machen und hinter
die Masken zu blicken, mit denen die Menschen sich selbst und ihre Mitmenschen zu täuschen pflegen: «Gibt mich [...] nicht Wunder / daß der
alte Simplicissimus in alle Kupferstück so sich in seiner Lebens-Beschreibung befinden / gesetzt hat: Der Wahn betreugt!», kommentiert der Erzähler. Was sich dem Blick des Wanderers im einzelnen darbietet, fügt
sich zum Bild einer in allen Ständen weitgehend verderbten Gesellschaft,
wobei der in oft schwankhaften Episoden dargebotene Lasterkatalog von
Geiz, Habgier, Betrug und Diebstahl zu Ehebruch, Sodomie und Mord
reicht und die Weltverfallenheit der in ihrer Urteilskraft durch die Affekte beeinträchtigten Menschen offenbart.

Als Quellen dienten Grimmelshausen vor allem Schwank- und Geschichtensammlungen des 16. und 17. Jahrhunderts von Johannes Pauli bis zu Georg Philipp
Harsdörffer. Daneben nutzte er die offene Struktur der Erzählung, um zwei ‹gelehrte› Episoden einzufügen, die über den Horizont der Schwankliteratur und des
Erzählers hinausgehen, sich aber durchaus in den Kontext der satirischen Erzählung und die beherrschende Thematik von Schein und Sein einfügen. Die erste
behandelt die damals aktuelle, durch Isaac de Lapeyrère 1655 ausgelöste Diskussion über die Existenz von Menschen vor Adam (Präadamiten), eine Gelehrtensatire mit durchaus ernsthaftem Hintergrund; die zweite trägt die literaturkritische
und polemische Auseinandersetzung mit Philipp von Zesen, der Grimmelshausens Josefsroman zu kritisieren gewagt hatte, in eine Wirtsstube.

Indem nun Grimmelshausen den unsichtbaren Erzähler seine Beobachterposition überschreiten und selbst handelnd in das Geschehen eingreifen läßt, gibt er seiner Erzählung eine weitere Dimension: Sie ist über
die episodischen Exempelerzählungen hinaus auch die Geschichte des
Hellebardierers, die in einem Prozeß zunehmender Selbsterkenntnis
schließlich zur inneren Umkehr und einem neuen Leben führt. Ihm wird
allmählich bewußt, daß er mit seinem allen Blicken entzogenen, korrigie-
rend eingreifenden Handeln gleichsam eine göttliche Rolle usurpiert: «diß
hat uns GOtt bescheret», heißt es in einer bezeichnenden Reaktion von
Betroffenen. Schlüsselerlebnis ist das von ihm belauschte «leffelhafftig
Gespräch» zwischen einem jungen «Baurskerl» und einer «Baurendirn»,
die sich auf dem Weg zu einem Marktstädtchen begegnen. Als sie schließlich den Burschen mit der Bemerkung zur Tat auffordert, «daß der Busch

daselbst hierzu bequem und niemand vorhanden wäre / der es sehe», kommt es zu einer unerwarteten Replik des Bauernburschen, die ihren Eindruck auf den Beobachter nicht verfehlt: «du leichtfertiger Schleppsack siehet es denn GOtt nicht? GOtt siehets und wird dadurch erzürnet; die Engel sehens und werden dadurch betrübet; der Teufel siehets und wirds am letzten Gericht anklagen; Wann es aber nur Menschen sehen / so wäre es nur umb die zeitliche Schand zu thun / welche du mehr scheuest als die ewige Verdammnis!»

Damit ist nicht nur diese eine Situation gekennzeichnet, sondern der Zustand der im *Vogel-Nest* beschriebenen Welt überhaupt. Bis auf wenige Ausnahmen verhalten sich die Menschen so, als ob Gott abwesend wäre: eine Einsicht, die der Erzähler nun auch auf sich bezieht. Seine selbstkritischen Reflexionen führen ihn zur Erkenntnis, daß ihn seine Unsichtbarkeit nicht vor Gottes Allwissenheit und Allgegenwart schützt und von der Verantwortung für sein Handeln befreit, daß es im Gegenteil vermessen ist, in das Leben anderer einzugreifen und Gott zu spielen. Von hier aus ist es nicht mehr weit zu einer vollständigen Absage an sein bisheriges verantwortungsloses Tun und zu einer tatsächlichen Änderung seines Lebens, wobei allegorische Momente die geistliche Dimension dieses Prozesses bekräftigen. Die Bekehrung führt freilich nicht zur Weltabsage und zum Rückzug in die Einsiedelei, sondern zum Vorsatz, sich in dieser Welt zu bewähren, begangenes Unrecht wieder gutzumachen und ein arbeitsames, beständiges Leben in christlicher Nächstenliebe zu führen. Und weil der Erzähler nun auch die Gefahren des Vogelnests für das Seelenheil erkennt – sich auf das Vogelnest statt auf Gottes Hilfe zu verlassen, wäre «die gröste Abgötterey von der Welt» –, zerreißt er das Zauberding. Daß es gleichwohl seine Wirkung nicht verliert und wie es in andere Hände gerät, erfährt der Leser noch zu Ende des ersten Teils.

Wie im ersten erzählt Grimmelshausen auch im zweiten Teil des *Vogel-Nests* die Geschichte einer Bekehrung, einen pikarischen Rückblick in Reue, setzt aber andere Akzente. Im ersten Teil öffnet die Bekehrungsgeschichte eines nur mäßig schlimmen Sünders den Blick auf ein facettenreiches Panorama der menschlichen und gesellschaftlichen Gebrechen der Zeit; im Vergleich zu den beobachteten Sünden und Lastern wiegen die eigenen Vergehen des «Hellebardierers» entschieden weniger schwer, zumal sie oft nur funktionalen Charakter haben: Der Weg zur «Ersättigung» seiner Begierden, «das ist / zu essen / zu trincken und zuschlaffen», öffnet in einer Vielzahl von Episoden erst den Blick auf die verborgenen Laster. Dagegen ist der zweite Teil in erster Linie die Geschichte des neuen Vogelnestbesitzers, der die Kraft des Zaubergegenstands skrupellos zu seinem Vorteil nutzt und nun rückblickend in heftiger Selbstanklage von seinen sündhaften Machenschaften berichtet. Gewiß bleibt auch hier die geschilderte Welt ein Ort der Sünden und Laster, doch im

Mittelpunkt des in wenigen Erzählkomplexen konzentrierten Geschehens steht jeweils der Ich-Erzähler. Es handelt sich um einen Kaufmann, der bereits im *Springinsfeld* als Opfer der «Leyrerin» erwähnt worden war und nun mit Hilfe eines Zauberers seinen damals verlorenen Schatz («vil Gold und Silber von Gelt und Kleinodien») wiederzugewinnen sucht – und statt dessen die immer noch zauberkräftigen Überreste des Vogelnests erhält.

Das Streben nach Reichtum ist das entscheidende Movens seines Lebens. Bereits das Eingangskapitel schlägt das Thema an («Würckung deß Gelts / beydes wann man dessen viel besitzt und verlustigt wird») und warnt vor der Gefährdung des Seelenheils durch das Geld, mit dem der Teufel den Menschen an die Welt und ihre Verlockungen zu binden und von seiner wahren Bestimmung abzuführen sucht. Es ist das Geld, das den Kaufmann in die Hände des Zauberers treibt, ihn später in das Haus eines reichen Amsterdamer Juden bringt und schließlich zur Kriegsteilnahme motiviert. Demonstriert wird nicht nur, wie flüchtig und unbeständig die irdischen Güter sind, sondern auch wie die Geldgier zu immer verzweifelteren Unternehmungen führt.

Der Welt verfallen ist der Kaufmann auch durch seine sexuellen Begierden, die nach der schwankartigen Geschichte eines verhinderten Ehebruchs in der vielschichtigen Erzählung vom falschen Messias im Mittelteil des Werkes zum beherrschenden Thema wird. Hier verbindet sich die Darstellung einer sündhaften Liebe mit einer Kritik an jüdischen Glaubensvorstellungen und religiösem Wunderglauben, wobei freilich der gehässige Antisemitismus des Erzählers sich schon dadurch relativiert, daß er zur Rechtfertigung des eigenen verbrecherischen Vorgehens dient. Der Kaufmann nutzt die jüdischen Messiashoffnungen skrupellos zum Betrug an der schönen Amsterdamer Jüdin Esther und ihrem Vater (und fügt dabei das weitverbreitete Novellen- und Schwankmotiv in einen aktuellen Kontext ein, das Auftreten des falschen Messias Sabbatai Zwi 1666 in Amsterdam). Das Ende des Abenteuers allerdings, eine entscheidende Stufe im nach unten verlaufenden Lebensweg des Kaufmanns, läßt ihn als betrogenen Betrüger in «wütende Melancholey» und äußerste «Verzweifelung» versinken.

Dieser Zustand wiederum führt den gottlosen Kaufmann, an den Anfang der Erzählung anknüpfend, noch tiefer in den Bann des Aberglaubens, der schwarzen Magie und des gottwidrigen Gebrauchs von Zaubermitteln, dem neben Geldgier und sexueller Begierde dritten großen Themenkomplex. Daß hier «Ewige Verdammnus» droht, macht der «Simplicianische Autor» schon in der Vorrede in seiner Warnung «vor der Kund- und Gemeinschafft mit dem bösen Geist» explizit deutlich, während das Titelkupfer mit seiner Darstellung einer Geisterbeschwörung den Kontext ikonographisch herstellt.

Gelangte der Erzähler des ersten Teils aus eigener Kraft zur Einsicht in die Sündhaftigkeit seines Tuns, so bedarf es im zweiten angesichts der Verblendung des Kaufmanns und seiner immer tieferen Verstrickung in Sünden eines aufrüttelnden Erlebnisses, der Erfahrung der Todesnot im Krieg, um die Wende anzubahnen. Dem tiefen Fall entspricht die abrupte Umkehr, «ein hertzliche Reu / und innigliches Seufftzen zu der Grund-losen Barmhertzigkeit deß Allerhöchsten» und der Vorsatz eines christlichen Lebens «zu Gottes Ehren / und anderer Menschen Aufferbauung». Zum Gelingen braucht es freilich noch kräftiger Bemühungen eines Geist-lichen, um den Kaufmann tatsächlich von der Sündhaftigkeit und Nutz-losigkeit magischer Praktiken (wie des Festmachens) zu überzeugen. Trotz der Befürchtungen der Vorrede besteht hier wohl keine Gefahr, daß der moralisch-religiöse Gehalt mißverstanden werden könnte, denn kein anderer Teil des simplicianischen Romans ist derart eindeutig und ein-dimensional auf den geistlichen Sinn hin ausgerichtet. Anders als der erste Teil des *Wunderbarlichen Vogel-Nests* mit seinen vier Auflagen zu Leb-zeiten Grimmelshausens war der düstere Abschluß des Unternehmens kein Publikumserfolg.

Kalender, Kalendergeschichten und Roman

Eine Reihe weiterer Schriften Grimmelshausens bezieht sich schon im Titel auf Simplicius Simplicissimus oder die satirische simplicianische Schreibart. Diese Texte stehen außerhalb des Romans und sind doch in vielfältiger Weise thematisch und formal mit ihm verbunden. Unter die-sen recht unterschiedlichen Texten findet sich neben der kunstkritisch deutbaren sagen- und märchenhaften Geschichte *Der erste Beernhäuter* (1670; im Anhang die im *Springinsfeld* erprobte *Wunderliche Gauckel-Tasche*), einer Warnung vor abergläubischen Praktiken (*Simplicissimi Galgen-Männlin*, 1673) und einem Beitrag zur aktuellen Absolutismus- und Staatsräsondiskussion (*Simplicianischer Zweyköpffiger Ratio Status*, 1670) vor allem Satirisches, häufig mit antifranzösischer Tendenz: ein von Moscherosch angeregter menippeischer Blick aus der Hölle auf die ir-dischen Zustände (*Des Abenteuerlichen Simplicii Verkehrte Welt*, 1672), eine formal an Harsdörffers *Gesprächspiele* angelehnte Unterhaltung über die Rolle des Geldes im Rahmen eines ständeübergreifenden utopischen Gesellschafts-und Kommunikationsmodells (*Rathstübel Plutonis Oder Kunst Reich zu werden*, 1672), eine Variation der Geschichte vom verlo-renen Sohn als Warnung vor Krieg und Kriegsdienst (*Der stoltze Melcher*, 1672), eine parodistische Widerlegung von Vorurteilen gegen Rotbärte (*Bart-Krieg*, 1673) und ein kritischer Beitrag zur zeitgenössischen Sprach-diskussion (*Deß Weltberuffenen Simplicissimi Pralerey und Gepräng mit seinem Teutschen Michel*, 1673).

Eine besondere Stellung im Werk behauptet *Des Abenteurlichen Simplicissimi Ewig-währender Calender* (datiert auf 1670, erschienen wohl 1671), ein mit allerhand «Discursen» und seltsamen «Wunder-Geschichten» angereichertes Werk, das auch zahlreiche Kalendergeschichten enthält, die an die Person des Simplicius Simplicissimus gebunden sind. Ursprünglich in einer Meßkataloganzeige von 1669 als Anhang zum *Simplicissimus* angekündigt, erschien der Kalender dann als eigenständiges, fast durchgehend sechsspaltig gedrucktes Werk, dessen Sinn sich nicht leicht erschließt: Es ist ein Kalender, der die «Calendermacherey» sowie ihre astronomischen und astrologischen Grundlagen reflektiert und zugleich ironisch und satirisch in Frage stellt, spielerisch mit der simplicianischen Romanfiktion verbunden wird und mit seiner artifiziellen Verknüpfung heterogener Elemente wohl auch als poetologisches Dokument gelesen werden kann.

Der Gliederung des Kalenders in sechs Spalten entsprechen sechs «Materien». Die erste Spalte enthält das Kalendarium nach dem Muster des christlichen Fest- und Heiligenkalenders, die zweite und dritte bringen – noch einigermaßen im Einklang mit der Kalenderpraxis der Zeit – ein «Chaos, oder Verworrnes Mischmasch ohn einige Ordnung» von Bauernregeln, Rezepten, praktischen landwirtschaftlichen Anweisungen, historischen Glossen und Wundergeschichten aller Art. Die vierte, fünfte und sechste Materie handeln in ausführlichen Dialogen zwischen Simplicius und Zonagrius bzw. Simplicius und Johannes ab Indagine von Fragen der Astrologie und der Praxis der Kalendermacherei und ihren Schwierigkeiten sowie der Prognostik im allgemeinen. Das geschieht in einer Weise, die Zweifel an der Ernsthaftigkeit des kalendarischen Unternehmens geradezu herausfordert. Daß die Autoritäten unterschiedliche Meinungen zur Astrologie und zur Prognostik einnehmen und überdies längst veraltete astronomische und astrologische Anschauungen vertreten, ist vielleicht weniger Grund für eine gewisse Skepsis als die Motivation des Kalendermachers Simplicius Simplicissimus, der von der großen Nachfrage nach «Prognosticken und Practicken» profitieren und sich daher schnell mit den Rudimenten der Kalendermacherei vertraut machen will. Als selbstverständliche Geschäftsgrundlage gilt ihm dabei der alte Brauch «M.V.D.»: Mundus vult decipi. Zu den wichtigsten Quellen dieser Gespräche gehören die deutsche Übertragung von Tomaso Garzonis [=Zonagrius] *Piazza Universale* (1585, dt. 1619), *Deß Hochgelehrten Astronomi Johannes Indagine Astrologia naturalis* (1630, ²1664; deutsche Übersetzung der zuerst 1523 [!] erschienenen *Introductiones apotelesmaticae elegantes*) und Wolfgang Hildebrands *New außerlesen Planeten-Buch* (1613). Die Satire auf die Kalender- und Prognostikenschreiberei hat ihrerseits bereits einen bedeutenden Vorgänger, Johann Fischarts *Aller Practick Großmütter* (1572).

Der Kalender setzt den Roman voraus; die Verbindungslinien werden mit Bedacht gezogen, die Chronologie ist aufeinander abgestimmt. Das geschieht vor allem in der dritten Materie des Kalenders. Hier machen die landwirtschaftlichen Ratschläge bald Diskursen zwischen Simplicissimus, Meuder und Knan über das Kalenderprojekt und einer Überlieferungs-

und Publikationsgeschichte des Kalenders sowie einer Folge von Geschichten Platz. Diese Partien erhellen, daß die Gespräche zwischen Simplicissimus und seinen Pflegeeltern in den Kontext des fünften Romanbuchs gehören und der Kalendertext 1669, nach Erscheinen des Romans, ‹gefunden› wird, während sein Verfasser in der neuen Welt verschollen ist. Das beziehungsreiche Spiel führt über die konkreten Berührungspunkte hinaus; es trägt einerseits parodistische Züge und läßt andererseits poetologische Deutungen zu.

Diese können sich u. a. auf die gemeinsame Überschrift der zweiten und dritten «Materie» stützen, die wohl über dem ganzen Kalender stehen könnte: «Chaos, oder Verworrnes Mischmasch ohne einige Ordnung / darinnen obgleich wie in einem Labyrinth / oder besser zu sagen / in einem lustigen Irrgarten / jedoch allerhand Historien / gewisse Künste / nohtwendige Wissenschafften / und ohnzählig andererley Gattungen / seltsame Raritäten sich neben der mit untermischten Bauren-Practick befinden [...].» Wörtlich genommen ist es ein in sich widersprüchliches Programm, denn ein Labyrinth ist alles andere als chaotisch, sondern zeichnet sich gerade durch eine höchst kunstvolle, wenn auch erst zu erschließende Ordnung aus: «Das künstliche zerrütten / voll schönster ordnung ist», schreibt Catharina Regina von Greiffenberg im selben Jahr (1671) über Anton Ulrichs Romankombinatorik der *Aramena*. Doch genau dies trifft für den «lustigen Irrgarten» des Kalenders nicht zu; er läßt sich vielmehr in seiner wirren, fragmentarischen und teilweise grotesk-abstrusen Art als ironischer Kommentar zur Konzeption eines in seiner Mannigfaltigkeit wohlgeordneten Kunstwerks als Abbild der Weltordnung verstehen. In der Tat bietet der Kalender ein «Chaos, oder Verworrnes Mischmasch ohne einige Ordnung», eine Selbstcharakteristik, die zugleich eine Anspielung darstellt: Schon seine erste Veröffentlichung, den *Satyrischen Pilgram* (1666–67), hatte Grimmelshausen «als ein wercklichs Mischmasch / von lauter Fähl und Mängeln zusammen gestickelt», beschrieben und damit auf die Auffassung von der Satire als einer von Regelzwängen weitgehend freien Form angespielt. Insofern mag auch der Kalender mit seiner Spannung zwischen der Ordnung des Kalendariums und dem Verwirrspiel der unterschiedlichen Materien auf die kontrastreiche Vielfalt und Vielseitigkeit des satirischen Romans verweisen.

Grimmelshausens elementare Lust, Geschichten zu erzählen und mit Schwänken zu unterhalten (und zu belehren), charakterisiert den Kalender ebenso wie die simplicianischen Romane. Neben den Exzerpten aus Wundergeschichten- und Historiensammlungen sowie bäuerlicher Ökonomieliteratur enthält er eine Reihe von wirklichen Kalendergeschichten, die am Anfang der Traditionslinie stehen, die schließlich zu Hebel und Brecht führt. Es handelt sich um die insgesamt 88 «Stück», «Stücklein» oder «Schwänck», die der fiktive Herausgeber Christian Brandsteller zusammengetragen hat, Geschichten, die er «von Leuthen so mit

Simplicissimo bekandt gewesen», gehört haben will und die Teil der Biographie des Romanhelden werden.

Aus den Geschichten sei abzunehmen, schreibt der Herausgeber, daß «Simplicissimus von zimblicher Conversation: unnd ein gantz Apophthegmatischer Mensch gewesen seyn muß». Er gibt damit einen Hinweis auf die Gattungstradition, der Grimmelshausens Kalendergeschichten neben der des Schwanks verpflichtet sind. Es ist die des Apophthegmas, einer höfisch-humanistischen, im 17. Jahrhundert besonders beliebten Form situationsbezogenen, prägnant-scharfsinnigen Sprechens, die Grimmelshausen u. a. durch die Sammlungen Julius Wilhelm Zincgrefs (*Der Teutschen Scharpfsinnige kluge Sprüch*, 1626; erweitert 1628–31) und Georg Philipp Harsdörffers (*Ars Apophthegmatica, Das ist: Kunstquellen Denckwürdiger Lehrsprüche und Ergötzlicher Hofreden*, 1655–56) bekannt war. Allerdings bleibt Grimmelshausen in den seltensten Fällen bei einer bloßen Übernahme von Texten stehen, sondern er integriert sie in die simplicianische Fiktion, indem er ihnen einen konkreten historischen, geographischen und persönlichen Rahmen gibt. Das führt in der Regel zu einer Erweiterung der Kleinstform, die die Reduktion auf das witzige Gedankenspiel und die scharfsinnige Pointe bei Zincgref oder Harsdörffer wieder rückgängig macht. So finden sich unter den «Stücklein» durchaus auch längere Geschichten, die aus einem apophthegmatischen Kern entstanden sind (*Der teutsche Bawr*) oder erst durch eine Schlußpointe die Beziehung zum Apophthegmatischen andeuten (*Die verkehrte Welt*).

Erbauung, Moral und Politik

Einen Gegenpol zu Grimmelshausens satirischen Werken bilden seine biblisch- bzw. legendenhaft-erbaulichen Romane. Wegen ihrer Annäherung an manche stilistische oder inhaltliche Vorgaben des höfisch-historischen Romans hat man sie gelegentlich diesem Genre zugeordnet oder auch als Idealromane bezeichnet: *Exempel Der unveränderlichen Vorsehung Gottes. Unter einer anmutigen und ausführlichen Histori vom Keuschen Joseph in Egypten / Jacobs Sohn* (1666, vordatiert auf 1667; erweiterte Ausgabe 1670), *Dietwalts und Amelinden anmuthige Lieb- und Leids-beschreibung / Sammt erster Vergrösserung des Weltberühmten Königreichs Franckreich* (1670) und *Des Durchleuchtigen Printzen Proximi, und seiner ohnvergleichlichen Lympidae Liebs-Geschicht-Erzehlung* (1672).

Verbinden sich in den beiden späteren Romanen Erzählweisen und Motive des höfisch-historischen Romans mit Legendenhaft-Erbaulichem, so zeigt die Behandlung des biblischen Stoffes im Josefsroman eine gewisse Affinität zum Erzählen im *Simplicissimus*. Der *Keusche Joseph* stellt nicht nur Grimmelshausens ersten Versuch einer romanhaften Lebensgeschichte dar, sondern der Roman weist auch mit seiner Erzählweise, die den Ernst des biblischen Stoffes mit drastischen Worten, Ironie und schwankhaften Elementen durchsetzt, auf den *Simplicissimus* voraus. Und in der Tat mochte der biblische Roman dem Autor dazu dienen, sich «etwas im schreiben zu üben», wie es der Erzähler des *Simplicissimus* formuliert, als er vom Lippstädter Pfarrer mit seinem literarischen Jugendwerk konfrontiert wird. Eine weitere Annäherung an den simplicianischen Stil und die simplicianische Welt bedeutet dann *Des Grundfrommen keuschen Josephs getreuen Dieners und Schaffners Musai / Denck und Leswürdige Lebens-Erzehlung*, eine Art biblischer Pikarogeschichte, die Grimmelshausen der zweiten Auflage des Romans beifügte (*Des Vortrefflich Keuschen Josephs in Egypten / Erbauliche / recht ausführliche und viel-vermehrte Lebensbeschreibung / Zum Augenscheinlichen Exempel der unveränderlichen Vorsehung GOttes* [...], 1670).

Akzentuiert Zesen in seiner *Assenat* vor allem die politische Seite der Josefsgeschichte, so geht es Grimmelshausen zunächst um etwas anderes: um ein «Exempel der unveränderlichen Vorsehung GOttes». Dieses Thema wird an den entscheidenden Punkten der Handlung reflektiert und verleiht – zusammen mit den Vorausdeutungen, Weissagungen und Traumdeutungen – der Nacherzählung des biblischen Geschehens eine übergreifende Struktur. Innerhalb dieses Rahmens erzählt Grimmelshausen die Josefsgeschichte als exemplarische Bewährungsgeschichte. Schlüsselszene ist die Versuchung durch Potiphars Frau Selicha, die mit dem Sieg der Tugend über die Affekte die Grundlage für den Aufstieg des Helden und damit für den Triumph der göttlichen Vorsehung bildet. Politische Aspekte kommen mit der Etablierung und Festigung eines neuen absolutistischen Regiments im Zusammenhang mit der planvollen Vorratswirtschaft Josefs zur Geltung und finden dann noch einmal Beachtung im *Musai*, wo Musai – wohl im Einklang mit Grimmelshausens kritischer Meinung über die zeitgenössischen Verhältnisse nicht zuletzt in Frankreich – die absolutistische Politik Josefs als «dem Gesetz der Natur nicht so gar gemäß» kritisiert. Denn die großen Schätze, die er dem Pharao dank seiner Politik erworben habe, seien eigentlich «von der Natur gegeben worden / daß nit nur der König / sondern alle Menschen deren geniessen und sich ihrer erfreuen sollten», ganz zu schweigen von dem Unheil, den ein kriegslüsterner Herrscher damit anrichten könnte. Das entspricht Simplicius' Argumentation im *Rathstübel Plutonis*, als er in einer beißenden Satire den Absolutismus französischer Prägung als den schnellsten Weg zum finanziellen Ruin beschreibt.

1670, vier Jahre nach dem *Keuschen Joseph*, erschien Zesens Josefsroman *Assenat*. Übereinstimmungen in manchen Punkten sind nicht zufällig: Zesen bedient sich frei aus Grimmelshausens Roman und notiert das auch, allerdings nicht immer, in den Anmerkungen zu seinem Roman. An einigen Stellen übt er dabei Kritik an seinem Vorgänger. Dieser reagierte gereizt und nutzte den ersten Teil des *Wunderbarlichen Vogel-Nests* zu einer Replik. Der alte Simplex widmet sich in einem Gasthaus der vergleichenden Lektüre der beiden Texte; dabei wertet er die neuen Quellen ab, die Zesen herangezogen hat, kritisiert Veränderungen der Konstellation der Personen und ihrer Namen und eifert sich vor allem darüber, daß ihn Zesen an einigen Stellen zu kritisieren wage, obwohl er ihn doch sonst ausschreibe. Wie «würde euch gefallen», beschließt er seine lange Tirade mit einer Wendung an den staunenden Wirt, «wann jemand euch euer Geld hinweg nehme / und euch hernach außschrie / ihr hättet falsche Sorten? der Kerl zauset mir die Haar auß / und darff hernach allerdings sagen / ich hätte eine falsche Parücke.» Der Streit über die Qualität der jeweiligen Quellen und der Plagiatvorwurf lenken allerdings nur davon ab, daß beide Autoren völlig unterschiedliche Intentionen verfolgen und daß sich Grimmelshausen an einem wunden Punkt, seinem ‹gelehrten› Defizit, getroffen fühlte.

Das grundsätzliche Problem der Vereinbarkeit von christlicher Tugendübung und politischem Handeln steht im Mittelpunkt von *Dietwalt und Amelinde* und *Proximus und Lympida*. Die Haltung ist kompromißlos, eine Abweichung vom Tugendideal aus Gründen politischer Opportunität wird verworfen. Politische Klugheit, etwa im Sinn von Justus Lipsius' «prudentia mixta», hat hier ebensowenig Platz wie persönlicher Ehrgeiz. Dietwalt und Amelinde, deren Geschichte wohl einem Meisterlied des späten 15. Jahrhunderts verpflichtet ist (*Dy history des graffen von saffoy*), müssen dies erst noch lernen.

Zu Herrschern über Savoyen eingesetzt, werden sie beim Herrschaftsantritt auf die Probe gestellt und versagen, da ihnen die Lobreden und Prophezeiungen künftiger Größe zu Kopfe steigen. Ihre Sünde ist die Hoffart, doch die Erscheinung eines Engels, der in Gestalt eines Bettlers vor sie tritt, leitet die Umkehr ein. Sie ziehen zehn Jahre ins Elend, um ihre «Hoffart abzubüssen» und ihr Seelenheil zu retten. Sie erquicken ihre «zarte Leiber hie und da mit Wurzeln und grünen Kräutern», verbergen ihre körperliche Schönheit, schlagen sich mit Betteln, Viehhüten und anderen Arbeiten durch und bestehen verschiedene Abenteuer aus dem Repertoire des griechischen Reise- und Liebesromans und des höfisch-historischen Barockromans (Seeräuber, Entführung, Trennung), die Gelegenheit bieten, ihre Tugend zu bewähren. Nach weiteren wunderbaren Erscheinungen und Versuchungen steht ihrer Wiedervereinigung und einem glücklichen Ende nichts mehr im Weg. Sie haben «einen ruhmwürdigen und löblichen Sieg wider ihre stärckste Feinde / als den Teuffel / die Welt und ihre eigne Affecten erhalten».

Eine erbauliche Geschichte, exemplarische Lebensläufe zwischen Himmel und Hölle, geleitet von der Vorsehung Gottes: Das freilich ist nur die eine Seite des Romans; die andere nennt der Untertitel, der eine Darstellung der ersten «Vergrösserung des Weltberühmten Königreichs Franckreich» verspricht. Die Folge ist ein Wechsel zwischen der Darstellung politischen bzw. militärischen Geschehens und der Geschichte von Dietwalt und Amelinde. Diese beiden Bereiche laufen nebeneinander her, äußerlich nur am Anfang und am Ende miteinander verbunden. Gleichwohl besteht eine innere Beziehung, denn Demut vor Gott ist auch die Voraussetzung des christlichen Herrscherideals. Der Roman Grimmelshausens ist somit mehr als eine privat-erbauliche Liebesgeschichte; er ist zugleich Fürstenspiegel. Dietwalt und Amelinde sind als Kontrastfiguren zu den Verhältnissen der geschichtlichen Welt konzipiert: Demütige Gesinnung, Beherrschung der Affekte und die Erfahrung der Heilsbedürftigkeit des Menschen und der Welt gelten als Grundvoraussetzungen idealen Herrschertums, das im chronikalischen Teil des Romans – wie in der Wirklichkeit – kaum zu finden ist.

Auch in *Proximus und Lympida* konfrontiert Grimmelshausen die Welt des Hofes und der Politik mit einer idealen christlichen Lebensführung. Hier erweisen sie sich als unvereinbar, ist doch der Ort der Handlung das (ketzerische) Oströmische Reich, dessen politische Verhältnisse durch die Art und Weise charakterisiert werden, wie Machtwechsel stattfinden: durch Mord. Der Atmosphäre von Macht, Ehrgeiz, Mißtrauen und Gewalt suchen sich die Tugendhaften zu entziehen, wenngleich sie die Teilnahme am politischen Leben nicht grundsätzlich ablehnen. Das erste Beispiel dafür bieten Proximus' Eltern Modestus und Honoria, die sich nach einem Machtwechsel vom Hof zurückziehen und im Verborgenen ein demütiges und mildtätiges Leben führen. Ihnen folgt ihr Sohn Proximus mit der ihm durch göttliche Fügung bestimmten Lympida. Als Proximus zum Herrscher über Thessalien berufen wird, läßt er sich nicht blenden. Er sieht die Gefahren, die ihm von Politik und Hof drohen, tritt sein Fürstentum «gegen Darlegung eines grossen Stück baren Geltes» an den oströmischen Kronprinzen ab und segelt mit seiner Gemahlin nach Venedig, wo sie frei von Zwängen «geruewiglich beydes Gott vnd den Menschen: den Armen privat Persohnen vnd dem gemeinen Wessen dienen konden / wo sie weder mit Regierung über andere sich bemühen dörffen noch mit vnderthänigen Diensten einem tyrannischen Gewalt zugehorsammen gezwungen waren».

In *Dietwalt und Amelinde* gelingt die Vermittlung von christlicher Moral und Politik, in *Proximus und Lympida* scheitert sie. Das ist gewiß keine Frage der Charaktere – vorbildlich sind sie alle –, es ist auch kaum eine Frage der Weiterentwicklung der politischen Anschauungen Grimmelshausens. Beide Romane gehören vielmehr, soweit sie politisch argumentieren, in den Zusammenhang der von Machiavelli ausgelösten Diskussion über die Einheit bzw. die Trennung von Politik und Moral. Grimmelshausen hält entschieden an der Forderung nach ihrer Unteilbarkeit gegen den «gottlosen Machiauelli» fest und sieht hierin das Kriterium für ‹gute› bzw. – im entgegengesetzten Fall – ‹böse› Staatsräson. In seinem *Zweyköpffigen Ratio Status* (1670), einer Auseinandersetzung mit diesem zentralen Thema der Absolutismusdiskussion an biblischen Beispielen, heißt es über ‹den› *ratio status*: «ob er gleich 100 000fältig / so bestehet er doch principaliter nur in zweyerley Gestalt / nemlich in gut und böß / je nach dem er etwan von rechtmässigen / frommen / GOtt und der Welt gefälligen Regenten / oder aber von ungerechten / gottlosen Tyrannen / […] beherbergt / und ihme Folge geleistet wird.»

Hierin liegt denn auch der Unterschied zwischen *Dietwalt und Amelinde* und *Proximus und Lympida*: Reifen die Helden des ersten Romans zu demütigen Herrschergestalten heran, die sich selbst und ihre Herrschaft uneingeschränkt den moralischen und religiösen Grundsätzen des Christentums unterwerfen, so können Proximus und Lympida ihre hohe Tugend nur außerhalb der Sphäre der Macht verwirklichen. Denn diese gehört hier eindeutig in den Bereich der ‹bösen› Staatsräson; der oströmische Kaiser ist ein Ketzer und Tyrann. Auch die angetragene Herrschaft über Thessalien bleibt im Bannkreis der kaiserlichen Macht und der machiavellistischen Staatsräson; die Verwirklichung eines allein der christlichen Botschaft verpflichteten Regiments ist, so zeigt sich, unter diesen Bedingungen nicht möglich. Der Verzicht auf die Macht ist für Proximus und Lympida die einzige Möglichkeit, ihren christlichen Grundsätzen gemäß leben zu können. Auch sie haben, wie Simplicius, «den Machiavellum noch nicht gelesen».

Diesen Einwand macht Olivier, die Verkörperung des Bösen, in der letzten Konfrontation mit dem Romanhelden im vierten Buch des *Simplicissimus*. Während Olivier sein privates Morden und Rauben als «das aller-Adelichste Exercitium» eloquent mit Argumenten und Beispielen aus Geschichte und Politik rechtfertigt und Machiavelli als Gewährsmann für seine Haltung heranzieht, wirft ihm Simplicissimus vor, daß er damit gegen das positive, natürliche und göttliche Recht verstoße. Für Olivier hingegen zählt allein der Erfolg, und wenn es ihm gelänge, auf «solche Art eine Monarchiam» aufzurichten, werde wohl – das zeige die Praxis – kaum jemand viel dagegen sagen. Aber es geht letztlich nicht darum, daß gelegentlich oder vielleicht auch häufig Macht über Recht triumphiert und daß die weltliche Obrigkeit und ihre Vertreter unrechtmäßiger Handlungen geziehen werden; mit Verfehlungen ist in einer unvollkommenen Welt immer zu rechnen. Entscheidend ist vielmehr, daß Olivier seine eigene, private Handlungsweise mit Argumenten aus dem politischen Bereich begründet. Weil in der Politik allein der Erfolg zähle, weil hier im Interesse der Machterhaltung moralische Erwägungen in den Hintergrund zu treten hätten, weil sich politisches Handeln von der Moral emanzipieren müsse, wie es Machiavelli lehre, sei es auch ihm, Olivier, als einem den ‹Alten Helden› ebenbürtigen großmütigen Gemüt gestattet, sich entsprechend zu verhalten und sich über die Gesetze hinwegzusetzen, die nicht für seinesgleichen gemacht worden seien.

Mit dieser Darstellung illustriert Grimmelshausen die Gefahr, die seiner Meinung nach aus der von der modernen Staatslehre geforderten Trennung von Politik und Moral resultiert. Sie besteht nicht nur in der Etablierung eines machiavellistischen Herrschaftsstils und gottloser Tyrannei, sondern betrifft die Gesellschaft im ganzen. Folgt man Grimmelshausens Argumentation, so läßt sich eine von der Moral losgelöste Politik nicht betreiben oder propagieren, ohne daß auch der nicht-öffentliche Bereich berührt würde. Oder umgekehrt: Es ist nicht möglich, die religiösen Normen für die private Sphäre zu reservieren, während die poli-

tische Klugheit für den öffentlichen Bereich andere, machiavellistische
Handlungsstrategien diktiert. Mit dem Beispiel Oliviers demonstriert
Grimmelshausen, wie Maximen einer falsch verstandenen Staatsräson
mißbraucht und für persönliche Zwecke eingesetzt werden können. Implizit verteidigt Grimmelshausen damit das Prinzip der Unteilbarkeit der
Moral, das für den politischen wie privaten Bereich unumschränkte Gültigkeit besitzen müsse. Die Trennung von Politik und Moral bedeutet für
ihn in letzter Konsequenz, daß die Normen generell zusammenbrechen.
Mit dieser antimachiavellistischen Argumentation stellt sich Grimmelshausen, durchaus unzeitgemäß, gegen die im Zeitalter der Religionskriege
gewachsene Einsicht, daß allein die Emanzipation der politischen Moral
von religiösen Normen das Funktionieren des modernen Staates ermöglicht.

3. Der niedere Roman nach Grimmelshausen

Bezeichnend für den niederen Roman nach Grimmelshausen ist die formale und inhaltliche Vielfalt: Traditionen des Pikaroromans, des *roman
comique*, der menippeischen Satire und der satirischen Stände- und La-
sterrevue werden weitergeführt, abgewandelt und in unterschiedlicher
Weise miteinander verbunden. Romanübersetzungen aus dem Englischen,
Französischen und Niederländischen setzen neue inhaltliche Akzente,
während mit dem politischen Roman ein weiteres einflußreiches Gat-
tungsmodell entsteht und der Pikaroroman sich allmählich im Abenteuerroman auflöst. Dabei wird, im Vergleich zu Grimmelshausen, im großen
ganzen eine stärkere Diesseitsorientierung erkennbar. Zugleich lebt
Grimmelshausens Werk weiter; sein *Simplicissimus* dient einer Reihe von
romanhaften Lebensbeschreibungen als Modell, ohne daß freilich die erzählerische Kraft und die große Spannweite des Vorbilds erreicht würden.
Im übrigen zeigen sich andere Folgen seiner Popularität: ‹Simplicissimus›
und ‹simplicianisch› – schon von Grimmelshausen und seinem Verleger
als ‹Marken› kreiert – werden als Werbeschlagworte genutzt, wobei die
meisten der so angepriesenen Texte nichts oder nur wenig mit Grimmelshausens Roman zu tun haben.

Übersetzungen

Wenige Jahre nach dem *Simplicissimus* erschienen zwei Übersetzungen,
die die Gestalt des Pikaro in einem neuen Licht erscheinen lassen: *Der
Abentheurliche Buscon* (1671) und *Simplicianischer Jan. Perus* (1672). Die
«kurtzweilige Geschicht» des Buscón ist eine Übersetzung der französischen Version der *Historia de la vida del Buscón* (1626) von Francisco

de Quevedo y Villegas, die 1633 als Werk eines Sieur de la Geneste veröffentlicht worden war: *L'Avanturier Buscon, Histoire facetieuse*. Der französische *Avanturier Buscon* ist im Grunde ein neuer Roman. Zeigt die Schelmenbeichte des spanischen Buscón das Scheitern der Aufstiegsbestrebungen des aus niedrigsten Verhältnissen stammenden Helden – für ihn, den sozial Deklassierten, ist in der Feudalgesellschaft eine Karriere nur als Verbrecher möglich –, so kehrt der französische Roman die fallende Linie des pikarischen Lebenslaufs um und nähert ihn dem Geist des *roman comique*, wohl einer der Gründe, warum man Paul Scarron, den Verfasser des *Roman comique* (1651–57), als möglichen Bearbeiter nachzuweisen suchte. Während der spanische Buscón schließlich zum Mörder wird und nach Amerika fliehen will, findet der französische Avanturier nach den ersten Rückschlägen den Weg aus dem kriminellen Milieu und heiratet – freilich als pseudoadeliger Hochstapler – in die Familie eines reichen Kaufmanns ein und beschließt, sich «hinfüro wie ein ehrlicher Mann zu halten». Die «Fürsichtigkeit deß Himmels» und das reiche Erbe seiner Frau lenken alles zum Guten und ermöglichen dem einstigen Pikaro den Lebensstil eines Adligen, was wiederum dem sozialen Aufstiegsdenken seiner Frau entgegenkommt.

Zu einem guten, ebenfalls nichtasketischen Ende kommt auch der bedeutendste englische Pikaroroman des 17. Jahrhunderts, Richard Heads *The English Rogue* (1665; drei Fortsetzungen von Francis Kirkman 1671). Die deutsche Übersetzung erschien 1672 in zwei Teilen und umfaßt den Text Heads und den ersten Fortsetzungsband Kirkmans. Nichts im Titel deutet auf eine Übersetzung hin; dagegen werben der anonyme Übersetzer bzw. der Verleger mit dem populären *Simplicissimus: Simplicianischer Jan. Perus, Dessen Geburt und Herkommen / kurtzweiliger Lebens-Lauff / unterschiedliche Verheyrathung / Rencke / Schwencke / Elend / Reise / Gefängnuß / Verurtheil- und Bekehrung*.

In vielem gleicht die Laufbahn des Helden Meriton Latroon (span. *ladrón*: Räuber, Dieb, Gauner), wie er bei Head und Kirkman heißt, der des Guzmán von Mateo Alemán, wenn auch nun vor dem Hintergrund des städtischen Kaufmanns- und Handwerkermilieus. Sein wechselvoller Lebenslauf führt ihn zu immer schlimmeren Vergehen und Verbrechen, bis er schließlich als Straßenräuber gefaßt und zum Tode verurteilt wird. Die Begnadigung kommt überraschend wie im *Guzmán* und hat eine Wendung der Geschichte zur Folge, die sich an dem französischen *Avanturier Buscon*, 1657 ins Englische übertragen, orientiert: Latroon bzw. Perus nutzt seine kaufmännischen Fähigkeiten, kommt im Orient zu Reichtum und heiratet eine wohlhabende Frau: «Danach urtheilte ich / es könnte die Welt / in deme ich alles genug und vollauf hatte / [...] mein Leben nicht glückseliger machen.» Wenn er dann Lehren aus seinem Leben zieht und an den Leser appelliert, aus seinen Verfehlungen zu lernen, so geschieht das nicht unter heilsgeschichtlicher Perspektive, sondern im Geist einer pragmatischen Gesellschaftsmoral und eines bürgerlichen Arbeitsethos.

Buscon wie *Jan. Perus* setzen neue Akzente; religiöse Aspekte verlieren gegenüber den gesellschaftlichen an Bedeutung. Anonyme Übersetzungen aus dem Niederländischen bestärken diese Tendenzen, wobei auch hier das Modell des *Avanturier Buscon* bzw. des *Jan. Perus* durchscheint (*Der Ruchlose Student*, 1681; *Das Verderbte Kind*, 1687; *Die Verblendete Jungfrau*, 1690). Noch der Abenteuerroman des 18. Jahrhunderts, ob er sich Avanturierroman oder Robinsonade nennt, ist vielfach der französischen Version von Quevedos *Buscón* verpflichtet. Eine zweite deutsche Übertragung erschien 1704 in einer Quevedo-Sammelausgabe (*Sehr Lustige und sinnreiche Schrifften*).

Aus dem Niederländischen stammt auch die späte Adaption des spanischen Pikaroromanmodells, die um 1700 ein gewisser Cyrus vom Hamelstern unter dem Titel *Das wunderbare Leben des listigen und lustigen Biscajino* vorlegte. Trotz des Hinweises auf ein spanisches Original bereits in der niederländischen Fassung (*Het Leven en Bedrijf van de drollige Bisschayer*, 1669) gilt der hier als Übersetzer genannte Guillian de Bay als Verfasser des Romans, dessen junger Held seinen Weg durch die Welt bei einem Kaufmann beginnt. Und indem er verschiedenen Herren dient und Geschichten erzählt, vorliest oder anhört, kommt er in Spanien herum, bis er schließlich Seeräubern in die Hände fällt und (vorübergehend) in türkische Gefangenschaft gerät. Die episodische Geschichte demonstriert zwar auch noch im Geist des Pikaroromans den Scheincharakter der Welt, tendiert aber bereits stark zum unterhaltsamen Abenteuerroman. Sie ließ sich daher ohne Schwierigkeiten im 18. Jahrhundert, leicht bearbeitet, als Robinsonade vermarkten (*Der Bißcajische Robinson oder wunderbare und abentheuerliche Reisen und Begebenheiten des kurzweiligen Spaniers Don Bißcajino*, 1769).

Simpliziade und Pikaroroman

Grimmelshausens *Simplicissimus* war für die Verhältnisse des 17. Jahrhunderts ein außerordentlich erfolgreicher Roman. Und wie der Autor selbst in weiteren Texten auf die Bekanntheit seines Romanhelden baute, so nutzten auch andere seine Popularität, indem sie mit Anspielungen auf Grimmelshausens Roman, seine Gestalten oder die ‹simplicianische› Schreibweise warben. Man hat für diese Texte – etwa 30 erschienen bis 1744 – analog zu ‹Robinsonade› den Begriff ‹Simpliziade› geprägt, wenn auch die Beziehung zu Grimmelshausen meist nur äußerlicher Natur ist. Es handelt sich um sehr unterschiedliche Texte, um politische und religiöse Traktate und Flugschriften, Kalender, Briefsteller, Geschichtensammlungen und schließlich auch um Romane.

Die Romane, ein Drittel dieser Schriften, sind dem Muster des Pikaroromans verpflichtet. Allerdings ist die Variationsbreite groß und die dürftige Handlung dient zuweilen nur als Gerüst für die Präsentation geographischer, historischer oder politischer Materien. Selbst Kochrezepte fehlen nicht, wie die letzte der romanhaften Simpliziaden, *Simplicissimus redivivus* (1744), lehrt: ein spätes Werk, das den Geist des Simplicius Simplicissimus in einem jungen Soldaten der Zeit des Österreichischen Erbfolgekriegs (1741–43) lebendig werden läßt und so die Kriegsabenteuer und -berichte auf diese Art genießbar machen will. Die übrigen Romane gehören fast ausnahmslos in die siebziger und achtziger Jahre des 17. Jahrhunderts: der aus dem Englischen übersetzte *Simplicianische Jan. Perus*, Werke von Johann Beer, Wolfgang Caspar Printz, Johann Georg Schielen und Daniel Speer. Ein Großteil der in dieser Zeit veröffentlichten Pikaroromane trägt damit in irgendeiner Form das Attribut ‹simplicianisch›, das nun dank der Bedeutung und des Erfolgs des *Simplicissimus Teutsch* für pikarisch steht.

Wolfgang Caspar Printz' *Güldner Hund* (Teil 1, 1675 [recte 1676]; Teil 2, 1676) ist der erste Originalroman, der sich auf Grimmelshausen bezieht, allerdings nur in einem Vergleich: «So nützlich und lustig zu lesen als deß Apuleji güldner Esel / oder Samuel GreifenSohns Simplicius Simplicissimus». Es ist die «Ausführliche Erzehlung / wie es dem so genannten Cavalier aus Böhmen / welcher nicht / (wie etliche mit Unwahrheit vorgegeben /) wegen greulicher Gotteslästerung / sondern durch Zauberey / in einen Hund verwandelt worden / bißhero ergangen / Und wie er wieder seine vorige menschliche Gestalt überkommen».

Der Ich-Erzähler, ein «Schösser» (Steuereinnehmer), gibt vor, falsche Berichte über dieses Ereignis korrigieren zu wollen: In der Tat waren entsprechende sensationelle Geschichten seit 1633 in Flugblättern, in Zeitungen und schließlich auch in Geschichtswerken wie *Theatrum Europaeum* von 1670 im Umlauf («Erschreckliche Geschicht von einem gottlosen Edelmann in Polen»). Bei dem Versuch, «von einer Witwen ihre schuldige Contribution» einzutreiben, sei er, schreibt der Erzähler, keineswegs aber ein adeliger «Cavalier», von dem bösen Weib in einen «Buttelhund» verzaubert worden. Seine Versuche, sich verständlich zu machen, scheitern; er wird weggejagt: So «resolvirte ich mich / mein aufferlegtes Creutz gedultig zu tragen / und irgends wo einen Herrn zu suchen / von welchen ich meine Nahrung haben möchte». Daß ihm trotz seiner Verwandlung der menschliche Verstand erhalten bleibt, ist die Voraussetzung für seine Position als kritischer Beobachter auf seinem Weg durch eine Welt des Betrugs, der Lüge und der Verleumdung. Die Reise führt ihn durch die ganze gesellschaftliche Hierarchie und setzt ihn dabei den Launen und Grausamkeiten der jeweiligen Besitzer aus, einschließlich eines Versuchs der Kastration in einem Kloster. Als ihm nach vierjährigem Leidensweg die Rückverwandlung gelingt, muß er erneut davonziehen: Seine Frau ist nun die Geliebte seines ehemaligen Herrn. Der zweite Teil erzählt weitere Abenteuer des Hundes und enthält überdies recht unmotiviert einen «Musicalischen Discurs»: indirekter Hinweis auf den Verfasser des unter einem Pseudonym erschienenen, angeblich aus dem Polnischen übersetzten kleinen Romans. Printz war seit 1665 Kantor in Sorau im sächsisch-böhmisch-polnischen Grenzgebiet und hatte bereits vor seinem ersten erzählenden Werk, dem *Güldnen Hund*, musiktheoretische Schriften veröffentlicht. Drei Musikerromane folgten 1690–91 (s. S. 651 f.).

Der Titel des Romans erinnert nicht zufällig an den *Goldenen Esel* (*Metamorphosen*) des Apuleius, auch wenn der Ich-Erzähler später glauben machen will, daß er «den güldenen Esel des Apuleji weder gesehen noch gelesen» habe. Printz verdankt der antiken Verwandlungsgeschichte, 1538 zuerst in deutscher Übersetzung erschienen, die satirische Methode seines Romans. Es ist das Verfahren der menippeischen Satire, durch eine verfremdende, verzerrende Perspektive den Blick für die wahren Zustände zu schärfen. Damit erhält auch die Zuordnung des *Güldnen Hunds* zu den Simpliziaden ihre tiefere Rechtfertigung, denn auch bei Grimmelshausen konnte Printz entsprechende Verfahrensweisen studieren.

Direkter und zugleich äußerlicher bezieht sich der Ulmer Bibliotheksgehilfe Johann Georg Schielen, der Verfasser des Romans *Deß Frantzösischen Kriegs-Simplicissimi, Hoch-verwunderlicher Lebens-Lauff* (1682–83), auf Grimmelshausens Roman. In einem Gasthaus, so die Rahmenerzählung, trifft der fiktive Herausgeber einen alten, abgerissenen Soldaten, der sich als Vetter von Simplicissimus ausgibt und nun die Geschichte seines Lebens erzählt. Die bewegte pikarische Jugendzeit – er läuft von zu Hause weg, gelangt nach Rom, konvertiert, tritt in ein Kloster ein, geht wieder auf Wanderschaft, dient bei einem faulen Junker – endet mit dem Entschluß, sich zu bessern. Er gerät jedoch nach anfänglichen Erfolgen als Kaufmann in Paris in schlechte Gesellschaft, greift zu betrügerischen Praktiken und muß schließlich fliehen. Als Freireiter tritt er 1672 in französische Kriegsdienste (Französisch-holländischer Krieg). Im zweiten der insgesamt sechs Bücher ändert sich der Charakter des Werkes: Die pikarische Ich-Erzählung verliert sich im Hintergrund; statt dessen geben wechselnde Teilnehmer der Gesprächsrunde im Wirtshaus ausgedehnte Berichte vom Kriegsgeschehen, von Kämpfen, Belagerungen und Verhandlungen. Der Roman wird, ganz im Einklang mit anderen Publikationen Schielens, zu einem journalistischen Unternehmen, das die einschlägigen Quellen – historische Werke, Flugschriften, Zeitungsberichte – ausschreibt und dabei durchaus auf Fortsetzung angelegt ist. Der Vergleich mit Eberhard Werner Happel liegt nahe, der zur gleichen Zeit die Form des höfisch-historischen Romans ähnlichen Zwecken dienstbar machte. Im übrigen ist auch in den erzählenden Partien des *Kriegs-Simplicissimus*, abgesehen von manchen Details der Jugendgeschichte, wenig Eigenes zu finden. Schielen schreibt dabei nicht Grimmelshausens *Simplicissimus* aus, sondern u. a. Johann Beers *Narren-Spital* (1681) und – besonders ausgiebig – den *Simplicianischen Jan. Perus*, dessen neue Bewertung der bürgerlichen Tugenden in positiven und negativen Exempeln ausdrückliche Bestätigung findet.

Die Tendenz, die Form des Pikaroromans der Vermittlung von Wissen und Sachinformationen zu öffnen, setzt sich in den Simpliziaden des aus Breslau stammenden Göppinger Lehrers und Kantors Daniel Speer fort.

Sein *Ungarischer Oder Dacianischer Simplicissimus* (1683) beginnt mit einer pikaresken Kindheits- und Jugendgeschichte, die vom wechselvollen Schicksal des jung verwaisten Simplex oder Simplicissimus erzählt. Eine Zeitlang lebt er mehr schlecht als recht bei seinem Vetter, dann in einem Waisenhaus, bis ihn ein polnischer Edelmann als Schreibergehilfe aufnimmt. Anschließend besucht er in einer polnischen Stadt die Schule und reist dann als Achtzehnjähriger mit anderen schlesischen Studenten nach Ungarn. Hier erlernt er bei verschiedenen Lehrherrn die «Music-Kunst», wird Heerpauker und beteiligt sich als ungarischer Soldat an den Kämpfen gegen die Türken. Nach kurzer Gefangenschaft dient er als Trompeter und in anderen Funktionen verschiedenen Herren in Ungarn, Siebenbürgen und Moldavien; mit einem von ihnen macht er eine Reise nach Konstantinopel, wo er krank zurückbleiben muß. Von einer anschließenden Orientreise und der Rückkehr verspricht er in einem künftigen «Tractätlein» zu handeln.

Sind die Anfänge der Geschichte noch lebendig und mit durchaus individuellen Zügen erzählt, so treten mit dem Ende der Lehrzeit die Erlebnisse des Ich-Erzählers, des ungarischen Simplicissimus, immer stärker hinter anderen Materien zurück. Das unstete Leben des Musikers und Soldaten gibt Anlaß zu ausführlichen Landschaftsbeschreibungen, Städtebildern und landeskundlichen und historischen Exkursen, die einschlägige Literatur verarbeiten. Dieser Simplicissimus unternimmt keine allegorischen Reisen, seine Erfahrungen beziehen sich durchaus eindimensional auf diese Welt. Damit stieß Speer allerdings auf großes Interesse, denn gerade in der entscheidenden Phase der Türkenkriege besaßen Nachrichten aus dem umkämpften Ungarn und aus der Türkei oder die als Anhang beigefügte «Kurtze Lebens-Beschreibung» des vom Kaiser abgefallenen ungarischen Grafen Thököly größte Aktualität. Drei Auflagen innerhalb von zwei Jahren bezeugen den Erfolg des Romans, der sich in einer Vorbemerkung werbend auf seine «zween Vettern / den Teutschen und Französischen Simplicissimum», bezieht.

Mit der Fortsetzung, dem *Türckischen Vaganten* (1683), wird der Roman vollends zur (orientalischen) Reisebeschreibung, die sich im wesentlichen auf zwei Reiseberichte stützt (Salomon Schweigger: *Ein newe Reyßbeschreibung auß Teutschland Nach Konstantinopel und Jerusalem*, 1608; Leonhard Rauwolf: *Aigentliche beschreibung der Raiß so er vor diser zeit gegen Auffgang inn die Morgenländer [...] selbs volbracht*, 1582). Über das Leben des Helden lernen wir immerhin, daß er schließlich als reicher Mann zurückkehrt, aber bald zu neuen Reisen aufzubrechen gedenkt. Der dritte Roman Speers, *Simplicianischer Lustig-Politischer Haspel-Hannß* (1684), führt in eine andere Welt: Hier schickt Speer seinen Ich-Erzähler mit dem Spottnamen Haspelhans nach einer unerfreulichen Kindheit auf insgesamt 15 Universitäten von Krakau bis Basel und hat dabei vor allem die negativen Seiten des Studentenlebens (Pennalismus) im Auge. Neben den Romanen veröffentlichte Speer, abgesehen von musikalischen Schriften und

Kompositionen, eine Reihe von Flugschriften zu aktuellen politischen Themen (Türkenkrieg, Pfälzischer Erbfolgekrieg). Außerdem beteiligte er sich mit handfester antikatholischer Polemik an einer theologischen Kontroverse (*Simplicianisches Pfaffen-Gehätz*, 1684).

Der politische Roman

Die Entwicklung des sogenannten politischen Romans ging von Christian Weise und seinem Konzept der politischen, d. h. weltklugen, auf Erfahrung, Klugheit und Selbsterkenntnis basierenden Erziehung aus, das sich bereits während seiner Studienzeit und seiner anschließenden Leipziger Lehrtätigkeit zu formen begann und das er dann – nach einem Einblick in die praktische Politik – als Professor der Politik, Rhetorik und Poesie am Gymnasium illustre Augusteum in Weißenfels seit dem Spätsommer 1670 weiter erprobte und festigte. Ausgehend von Weise etablierte sich dann, parallel zu Tendenzen der Verbürgerlichung des Pikaroromans, in den siebziger und achtziger Jahren der politische Roman als eigene Untergattung des niederen Romans. Johannes Riemer erwies sich als bedeutendster Nachfolger Weises; Johann Beer, Johann Kuhnau und andere setzten die Tradition bis in die neunziger Jahre fort. Dabei kam es, angelegt bereits bei Weise, zu durchaus unterschiedlichen Ausprägungen des Romantyps, der zwanglos Elemente verschiedener Erzähltraditionen – etwa des Pikaroromans, der Narrenrevue, der Satire oder der Visionsliteratur – aufnahm und somit offen für jeweils eigene Akzentuierungen der Autoren war.

Christian Weise

Nach seiner ersten satirischen Prosaschrift, *Die drey Haupt-Verderber In Teutschland* (1671), die vor allem Moscheroschs *Gesichten Philanders von Sittewalt* und seiner Alamode-Kritik verpflichtet ist, legte Weise mit dem Roman *Die drey ärgsten Ertz-Narren in der gantzen Welt* (1672) den Prototyp der Gattung vor, die mit neuen satirischen Darstellungstechniken und Formen der Leserbeeinflussung «unvermerckt» zu den «klugen Lebens-Regeln» hinführen sollte. Mit zehn Drucken bis 1710 erwies sich das Buch als der erfolgreichste Roman dieses Genres. Ausgangspunkt des Geschehens ist ein Testament; dessen Aufgabenstellung motiviert und strukturiert die Handlung und gibt ihr zugleich einen didaktischen Sinn. Anders als Grimmelshausens *Simplicissimus*, auf den die Vorrede zu sprechen kommt, spielt Weises satirische Narrenrevue in einer Zeit des Friedens, in der Aufbauphase nach den Verwüstungen des Dreißigjährigen Krieges. So läßt ein großer Herr seinen zerstörten Palast «auf eine neue und schönere Manier anlegen», stirbt jedoch, bevor er das Werk fertigstellen kann. Er hinterläßt ein Testament, das von dem Erben verlangt, den Bau genau nach Plan zu vollenden, bevor er das Erbe antreten dürfe. Schwierigkeiten ergeben sich nur an einer Stelle: «da war ein Saal / bey dem die Verordnung geschehen / es solten in den drey grossen Feldern der Thüre gegen über die drey ärgsten Narren auf der Welt abgemahlet werden.» Da man nicht sicher ist, wem die Krone «in der grossen und weitläufftigen Narrenschule der Welt» gebühre, und da man zudem vermutet, daß es die Absicht des Erblassers gewesen sei, den jungen Erben «einen Blick in die gantze Welt» tun zu lassen und ihn durch die Betrachtung der vielfältigen Narren und Narrheiten «desto verständiger» zu machen, beschließt man, das junge adelige «Fäntgen» Florindo hinaus in die Welt zu schicken.

Mit ihm machen sich sein Hofmeister Gelanor, der Verwalter Eurylas, ein Maler (der die Narren porträtieren soll) und drei Diener auf die Narrensuche. Sie reisen durch ganz Deutschland und – nur summarisch erwähnt – weiter durch Holland, England, Frankreich, Spanien, Italien und Österreich. Auf der Reise treffen sie in Postkutschen, Herbergen, Wirtshäusern, Badeorten, auf Märkten und Gesellschaften unzählige ‹Narren›: Pantoffelhelden, Haustyrannen, Ehebrecher, Büchernarren, Aufschneider, Heuchler, Verschwender, Geizhälse, Fresser, Säufer, Quacksalber, Liebesnarren, Sprachverbesserer (eine Parodie auf die Reformschläge Philipp von Zesens), skurrile Pädagogen, verwirrte Überstudierte, Büchergelehrte, heruntergekommene Edelleute usw. Da aber eine Entscheidung angesichts der närrischen Vielfalt nicht möglich erscheint, holen die Reisenden bei einem «Collegium Prudentium» ein Gutachten ein, das die «Erörterung Der Frage Welcher der gröste Narr sey?» in Punkt 20 mit der Feststellung abschließt, daß der der größte Narr sei, «der umb zeitliches Kothes willen den Himmel verschertzt. Nechst diesem / der umb lüderlicher Ursachen willen entweder die Gesundheit und das Leben / oder Ehre und guten Nahmen in Gefahr setzet.» So kann der Maler nach der Rückkehr die leeren Felder im Saal mit entsprechenden Emblemen «außputzen» und Florindo sein Erbe antreten.

Der vom «Collegium Prudentium» hervorgehobene religiöse Aspekt, die Frage nach dem Heil des Menschen, spielt im Roman selbst keine besondere Rolle. Denn das Gutachten basiert nicht auf den Erfahrungen der Reisenden, sondern auf dem Begriffssystem der Tugendlehre; es ist reine Deduktion. In der Romanhandlung selbst geht es vielmehr um Beobachtungen und Erfahrungen in der diesseitigen Welt, in der «Thorheit» weniger eine Sünde im theologischen Sinn als vielmehr einen «Mangel der Klugheit» darstellt. Die Reisenden (und Leser) erfahren an zahlreichen Beispielen und Erzählungen lehrreicher «Possen», wie blinde, unkontrollierte Affekte, wie Unvernunft, fehlende Unterscheidungsfähigkeit und mangelnde Selbsterkenntnis den Menschen in die Irre leiten und von einem glücklichen und erfolgreichen Leben abhalten können: Der Weg zum «Privat-Glück» führt über «Experientz» und die kritische Beobachtung der Welt und der menschlichen Torheiten. Die von großer Neugier beflügelte Reisegesellschaft kommentiert und diskutiert ständig ihre Beobachtungen und Erfahrungen und macht sie so pädagogisch fruchtbar. Es bleibt allerdings nicht immer bei der Beobachterrolle: Florindo und andere begehen zuweilen selbst Dummheiten, verüben verantwortungslose Streiche – und lassen sich über die eigenen Fehler belehren und zu Einsicht und Selbsterkenntnis führen. Sie lernen im Unterschied zu den vielen beobachteten Narren den Schein der Welt zu durchschauen, wobei der Hofmeister Gelanor, der an Expertus Robertus, den guten Geist Philanders bei Moscherosch, erinnert, aufklärend die maßgebenden Einsichten vermittelt.

Der Roman folgt dem Verfahren der älteren Narrenrevue, die in der frühen Neuzeit mit Brants *Narrenschiff* ihren hervorragendsten Ausdruck gefunden und in Moscheroschs Prosasatire neue Aktualität gewonnen hatte. Dabei dient eine Art Bildungsreise als strukturelles Bindemittel, das die Abfolge von Begebenheiten bzw. Erzählungen und die sich jeweils daran anschließenden Kommentare und Nutzanwendungen zusammenhält. Zu den belehrenden Sentenzen und Diskursen nach den einzelnen Beispielen treten ausgesprochene Traktate, die aus dem Erzählzusammenhang heraustreten und den Nutzen über die individuellen Fälle hinaus auf einer allgemeinen Ebene formulieren. Das gilt für alle Romane Weises. Ist es in den *Ertz-Narren* die bereits erwähnte «Erörterung Der Frage Welcher der gröste Narr sey?», so bringt der folgende Roman *Die Drey Klügsten Leute in der gantzen Welt* (1675) im dritten Buch mit der «Bude der Klugheit aus des Alten Epicteti kurtzen Handbuche» eine fast vollständige, mit eigenen Kommentaren versehene Übersetzung von Epiktets *Handbüchlein der Moral (Encheiridion)*, während *Der Politische Näscher* (1678) mit dem Traktat «Der Weg Zu der wahren Glückseligkeit» endet.

Weises nachdrücklicher Gebrauch von Traktaten und traktathaften Elementen in seinen satirischen Romanen gibt dem Verhältnis von «Lust» und «Nutz», das in der Tradition der Satire immer wieder thematisiert und neu bestimmt wurde, einen eigenen, auf das direkte Moralisieren zielenden Akzent. Dieses Verständnis des satirischen Schreibens liegt wohl auch seiner Kritik an Grimmelshausen zugrunde, die er in der Vorrede zu den *Ertz-Narren* mit der Rechtfertigung des eigenen satirischen Unternehmens verbindet:

> «DIeß Buch hat einen närrischen Titul / und ich halte wohl / daß mancher meinen wird / er wolle seine Narrheit daraus studiren. Doch es geht hier wie mit den ApotheckerBüchsen / die haben außwendig Satyros oder sonst Affengesichte angemahlt / inwendig aber haben sie Balsam oder andre köstliche Artzneyen verborgen. Es siehet närrisch aus / und wer es obenhin betrachtet / der meint / es sey ein neuer Simplicissimus oder sonst ein lederner Saalbader wieder auffgestanden. Allein was darhinter versteckt ist / möchte ich denenselben ins Hertz wünschen / die es bedürffen.»

Ein Salbader ist, nach Auskunft der Wörterbücher, ein seichter, langweiliger, alberner Schwätzer, und wenn Weise dem Verfasser des *Simplicissimus* den Ernst des Moralisten abspricht und zu einem oberflächlichen Schwätzer degradiert, liegt die Ursache wohl darin, daß dieser zwar in seiner Vorredenpoetik mit dem gleichen Vokabular der Satiretradition wie Weise arbeitet, als Erzähler aber einen anderen Weg geht, einen Weg, der Weise verdächtig erscheint. Während dieser den Formen der älteren Moralsatire mit ihrer direkten Lehrhaftigkeit und ihrer eher anspruchslosen Reihungstechnik treu bleibt, schreibt Grimmelshausen einen welthaltigen, durch ein komplexes Perspektivenspiel gekennzeichneten Roman, der das Verhältnis von «Nutz» und «Lust» anders gewichtet und es viel stärker der Anstrengung des Lesers überläßt, durch die «Schale» zum «Kern» vorzudringen. In der Vorrede zum zweiten Teil des *Wunderbarlichen Vogel-Nests* (1675) reagierte Grimmelshausen verärgert auf den Vorwurf der «Salbaderey» und bescheinigte seinem Kritiker Mißgunst und Neid.

Die Drey Klügsten Leute in der gantzen Welt stellen bereits im Titel die Beziehung zum vorigen Roman her. Auch das Romanpersonal ist z. T. identisch, und die Handlung schließt direkt an das Ende der *Drey ärgsten Ertz-Narren* an. Die Suche nach den drei klügsten Leuten erhält ihren Zusammenhalt durch eine komplizierte, auf dem Motiv der Täuschung beruhende Intrigenhandlung, in der die nun vereinigten Florindo und Sylvie aus den *Ertz-Narren* und ein anderes Paar (Lysias und Belise) sowie Verwandte die Hauptrollen spielen. Die Suche nach der Klugheit, auf die Florindo, Lysias und einige Begleiter gehen, erweist sich unter umgekehrten Vorzeichen als Fortsetzung der Narrensuche: «Wo unterweilen der größte Schein von der Klugheit hervor gläntzet / da steckt ein leibhafftiger Fantast darhinter», heißt es in der Vorrede.

Der Politische Näscher, 1678 erschienen, aber wohl bereits vor den *Ertz-Narren* entstanden, nimmt Elemente des Pikaroromans auf und schickt seinen jungen, naiven Helden mit dem sprechenden Namen Crescentio («der Wachsende», auch an Erfahrung) mit seinem Vetter Philander auf die Reise, ohne ein vorher definiertes spezifisches Bildungsziel. Die Handlung weist mit zahlreichen Episoden, Novellen, Schwankerzählungen und moralisierenden Kommentaren die für Weise typische lockere Fügung auf und gibt vor allem Einblick in die bürgerliche Welt. Der leitende didaktische Gedanke, nämlich daß sich der Mensch «vor überflüßigen Begierden hüten / und allen daher entstehenden Schaden möglichst vermeiden solte», drückt sich auch in der Definition der Titel-Metapher aus, mit der jemand bezeichnet wird, «der sich umb ein Glücke / umb eine Lust oder sonst umb einen Vortheil bekümmert / der ihm nicht zukömmt / und darüber [...] sich offt in seiner Hoffnung betrogen findet».

In seinem *Kurtzen Bericht vom Politischen Näscher / wie nehmlich Dergleichen Bücher sollen gelesen / und Von andern aus gewissen Kunst-Regeln nachgemachet werden* (1680) faßt Weise den Inhalt der ursprünglich geplanten Fortsetzung zusammen (Crescentio gelangt an einen Hoff und erkennt, «wie sich ein unzeitiger Näscher das Maul schändlich zuverbrennen pflegte»); vorher aber macht er das Verfertigen «lustiger Bücher» zum Thema, deren Kunstfertigkeit hinter einer vermeintlichen Regellosigkeit und Leichtigkeit verborgen sei («weil das Artificium ziemlich versteckt / und durch eine äußerliche Confusion aus den Augen des Lesers gerücket wird»). Dazu verweist er in einer Affektenlehre auf die notwendige Berücksichtigung der Leserpsychologie, behandelt detailliert «Kunstgriffe» der satirischen Schreibart und Fragen der logischen und rhetorischen Disposition und schlägt dazu auch gleich Titel (und damit Themen) für die weitere Produktion satirischer politischer Romane vor: «Politischer Quacksalber», «Politische Trödel-Frau», «Politischer Leyermann», «Politische Podagra» oder «Politischer Bauerwetzel» usw.

Johannes Riemer

Weises Kollege und Nachfolger als Professor für Poesie und Beredsamkeit am Gymnasium in Weißenfels stellte sich ausdrücklich in die von seinem Vorgänger begründete Tradition, indem er seinen ersten politischen Roman «Denen Dreyen Ertznarren / wie auch Denen Dreyen Klügsten Leuten der gantzen Welt / Meinen Patronen und grossen Gönnern», widmete. Riemers Romane lassen ein ursprüngliches Erzähltalent erkennen, das dazu beiträgt, die der Gattung innewohnende Gefahr pädagogischer Abstraktheit einigermaßen zu vermeiden, obwohl natürlich auch seine Romane auf den rhetorischen Inventions- und Dispositionstechniken beruhen, wie sie Weise in seinem *Kurtzen Bericht* am Beispiel eines ‹Politischen Quacksalbers› beschreibt. Aber er verfährt weniger schematisch als Weise und vermeidet weitgehend das stereotype Muster der Narrenrevue. Er versteht sich auf anschauliche, milieugetreue Situationsschilderungen, eine pointierte und psychologisch motivierte Handlungsführung und den souveränen Gebrauch von Witz, Satire und Ironie, Mittel, die selbstverständlich auch hier über die Unterhaltung hinaus der Selbsterkenntnis und der Anleitung zur Weltklugheit dienen.

Gegenstand der beiden ersten seiner insgesamt drei Romane sind Untugenden, die das soziale Miteinander beeinträchtigen und damit auch dem Staatswohl entgegenarbeiten. Dabei handelt es sich nicht immer um Dinge, bemerkt er, die sich durch Gesetze regeln ließen. Abhilfe könne bei «vielen ungezognen Leuten» nur dadurch geschaffen werden, daß man ihnen ihre Fehler «in einem lächerlichen absurdo» bewußt mache, sie also mit den Mitteln der Satire zur Selbsterkenntnis führe und damit zur dauerhaften Besserung beitrage: «Massen denn die beßerung welche von sich selbst anfänget / weit beständiger ist / als die man mit Furcht der real-Straffe erst einzwingen muß.» Konkret geht es um die Hoffart einfältiger

Leute, «welche mehr wollen von sich geben / als Sie verstehen / und höher gehalten seyn / als Sie verdienen» (*Der Politische Maul-Affe*, 1679), sowie um «Geitz / verbotene Liebe / und verschwendung» (*Die Politische Colica*, 1680). Der dritte Roman kehrt die Sicht um und stellt am Beispiel einer höfisch-pikaresken Lebensgeschichte den persönlichen und beruflichen Aufstieg eines klugen und weltgewandten jungen Mannes dar (*Der Politische Stock-Fisch mit seinem Kunst-Stücke Wie ein kluger Liebhaber wie niedrig er auch sey Reich / Schön und vornehm heyrathen kan*, 1681).

Der Politische Maul-Affe beginnt mit Abenteuern der beiden verliebten Schüler Philurt und Tamiro, wobei der Witz nicht zuletzt auf Kosten der Einfalt der Väter der Angebeteten geht. An der Unreife der Jungen besteht aber ebensowenig Zweifel wie an der kritischen Haltung gegenüber dem Thema unzeitiger Liebe. Doch erhält die List der jugendlichen Protagonisten im Kontext des Romans einen gewissen positiven Einschlag, insofern sie auf die (noch zu erwerbende) politische Klugheit vorausweist. Zu ihrer noch durchaus verfehlten Weltklugheit gehört auch die Art und Weise, mit der sie ihre Gläubiger um beträchtliche «Studentenpöstgen» prellen. Ohne Abschied machen sie sich von Mechelen auf den Weg zur Universität nach Löwen. Unterwegs verweilen sie in einem Gasthaus. Erst hier – in Kapitel 34 – fällt das Stich- und Schimpfwort «Maul-Affe». Definiert wird es nach einiger Diskussion unter allgemeiner Zustimmung der Gesellschaft von einem alten Candidatus Juris so: «diejenigen wären nur rechte Maulaffen zu nennen / welche am Verstande schwach / und der Einbildung nach die klügsten seyn wolten. Und darinnen eben bestünde die gröste Narrheit der Welt. Was wegen denn solche / zum Unterscheid der von Natur Einfältigen und zugleich Demüthigen / mit einen Zusatz: Politische Maulaffen / könten genennet werden.»

Damit ist die Grundlage für die übliche Reisehandlung gegeben. Angeregt von den Wirtshausgesprächen beschließen Philurt und Tamiro, das Studium um ein Jahr aufzuschieben und sich auf «Inquisition der Politischen Maul-Affen» zu begeben. Sylvanissus, der Ich-Erzähler und «teutscher Lutheraner», schließt sich den beiden an. Die Suche ist selbstverständlich erfolgreich. Zahlreiche Maulaffen werden klassifiziert und katalogisiert und zugleich in lebendigen, genau beobachteten und unterhaltsam erzählten Begebenheiten und Geschichten in ihrem eitlen, hoffärtigen und ehrgeizigen Tun satirisch entlarvt. Alle Stände und Professionen sind betroffen, vom verbummelten Studenten über die den «Privat-Nutzen» suchenden Inhaber öffentlicher Ämter bis hin zum brutalen Adeligen. Besondere Aufmerksamkeit gilt einer verantwortungslosen Geistlichkeit. Maßstab der Kritik ist eine nüchterne bürgerliche Tugendhaftigkeit, die dem persönlichen Fortkommen wie dem sozialen Zusammenleben dient; verwerflich erscheint – neben den üblichen Lastern und Untugenden – nicht zuletzt die Diskrepanz zwischen Leistung und gesellschaftlichem Nutzen auf der einen und beanspruchtem sozialen Status auf der anderen Seite. Kein Laster sei verderblicher, heißt es zusammenfassend, «alß Hoffarth oder Ehrgeitz», denn «ein Ehrsüchtiger unterstehet sich / was er nicht vermag / und eignet sich zu / was er nicht würdig ist; wobey er denn einen ieden seines gleichen verachtet».

Am Ende zeigt sich auch der Erfolg der Bildungsreise. Die Protagonisten nehmen nach diesem Anschauungsunterricht mit größtem Eifer ihr Studium auf, um nützliche Mitglieder der Gesellschaft zu werden. Tamiro erhält «ohne vergüldete Hände» eine Pfarrstelle, Philurt wird Anwalt und der Ich-Erzähler tritt sein väterliches Erbe an und hebt in seinem Fazit noch einmal den Nutzen der praktischen Welterfahrung hervor. Bezogen auf die politischen, sozialen und mentalen Gegebenheiten, nicht auf Sehenswürdigkeiten, ist sie neben einer qualifizierten Ausbildung Voraussetzung für ein erfolgreiches und glückliches Leben in Gesellschaft und Staat. Daß man «dennoch in allen affairen GOtt dancken» müsse, ist eine Selbstverständlichkeit, die nur am Rande erwähnt wird und die betont diesseitige Orientierung des Genres nicht berührt.

In seinem zweiten Roman, *Die Politische Colica*, modifiziert Riemer das Reiseschema. Hier ist es ein gewissenhafter junger Arzt, Eurilus, der seine politischen Erfahrungen bei den täglichen Krankenbesuchen macht. Daß diese Krankheiten gesellschaftlicher Natur sind, macht schon die Einleitung klar, die von der Metapher vom Staat als politischem Körper ausgeht und die Tätigkeit des Politikers bzw. Regenten und des Arztes miteinander vergleicht. Beide gründen ihre Maßnahmen zur Gesundung oder Gesunderhaltung des Staates bzw. des Patienten auf Erfahrung und die Erforschung der Ursachen der Krankheit. Auf der politischen Ebene braucht der Regent dabei Hilfe, denn: «Der jenige fühlts an besten / wo der Schuch drücket / welcher seinen eigenen Fuß darein gesetzet hat.» In dieser Rolle sieht sich der Autor selbst; er stellt seine eigenen Erfahrungen gleichsam als politischer Arzt zur Verfügung.

Auf seinen Krankenbesuchen wird Eurilus mit vier Hauptlastern konfrontiert – Verschwendung, Ehrsucht, verbotene Liebe und Geiz bzw. Habgier –, die sich an vier Personen konkretisieren: dem Kaufmann Indianus, der mit einer heftigen Colica auf die Forderungen seiner Schuldner reagiert; dem hoffärtigen, ehrsüchtigen Labilis, dessen Krankheit «auß Verlust der gesuchten und nicht erhaltenen Syndicat-Ehren herrührete»; der Jungfer Lisalanda, die dringend nach einem Mann verlangt; und schließlich der geizigen und habgierigen Belinde, Eurilus' Mutter. Es sind alles Kranke, «welche die Colica im Kopffe haben» und bei denen Abhilfe, wie Eurilus merkt, nicht durch medizinische Mittel zu erreichen ist. Vielmehr gilt es, den Menschen zur Selbsterkenntnis und zur Einsicht in seine Grenzen zu führen und ihn so zu einem vernunftgeleiteten Verhalten im privaten und öffentlichen Leben anzuleiten.

Bezeichnend für Riemers Erzählweise ist auch hier die detail- und milieugetreue Anschaulichkeit, mit der er Vorgänge schildert und Konstellationen und Oppositionen auch durch zahlreiche weitere Exempel sichtbar macht. Sie ist nicht Ausdruck eines neuen Realismus, sondern Teil einer rhetorischen Erzählstrategie, die im Dienst der didaktischen Intention des politischen Romans dem Leser Geschehen und Thematik näherzubringen sucht. Das geschieht in der mittleren Stillage, in einer unprätentiösen, doch geistreich-ironischen Diktion, zu der die Verwendung von ‹spitzfindigen› Sprichwörtern beiträgt. Dabei ist die Moral keine Angelegenheit einer ausgedehnten Conclusio, sondern wird dem Leser im Lauf des Romans punktuell vermittelt, wobei nicht zuletzt das ironische Erzählen als Herausforderung zur Reflexion verstanden werden muß.

In seinem letzten Roman, *Der Politische Stock-Fisch*, weicht Riemer von den Rezepten des politischen Romans ab. Motive und Versatzstücke des höfisch-historischen Romans verbinden hier sich mit Elementen des Pikaroromans und des *roman comique* zur Lebensgeschichte Solandes, eines jungen Mannes von vornehmer, reicher Herkunft. Die glänzenden Versprechungen, von denen am Anfang überschwenglich die Rede ist, lassen den bald folgenden Glückswechsel nur noch spektakulärer erscheinen.

Als Solande nach dem Tod seiner Eltern von seiner Heimatstadt Taranta aus zur Bildungsreise nach Frankreich aufbricht, wird er um sein Vermögen gebracht. Er gerät in tiefste Armut, wird fälschlich eines Attentats beschuldigt und in letzter Sekunde vor der Hinrichtung bewahrt. Das Auf und Ab geht weiter und sorgt für Abwechselung und Überraschungen: Erfolg am Hof und seinen Damen, Leben bei einer Schauspieltruppe, Liebesabenteuer, Seesturm, Räubergeschichten usw. Erst nach der Rückkehr in seine Heimat erhält Solandes Leben eine Richtung und der Roman eine ‹politische› Dimension: Er verliebt sich in Floramene, die für den verarmten Adeligen unerreichbar scheint, und gelangt gleichwohl mit ihrer Hilfe nach einem Täuschungsmanöver, einer vorgetäuschten Schwangerschaft, gegen den Widerstand der Eltern zum Ziel.

Beständige, tugendhafte Liebe setzt sich durch und nimmt dabei auch die Mißbilligung der Eltern und die moralische Verurteilung durch die Gesellschaft in Kauf (Floramene: «dieweil die Keuschheit eines Weibes-Bildes nicht in der Leute Gedancken / sondern in einen reinen Hertzen und unberührten Leibe bestehet»). List und Lüge gehören offenbar, sofern an der grundsätzlichen Tugendhaftigkeit kein Zweifel besteht, zu den erlaubten Mitteln im Streben nach individuellem Glück und Erfolg. Darauf bezieht sich auch der Romantitel: Ein kluger Stockfisch ist «ein solcher Mensch / welcher sich und seinen Vortheil mit unschädlicher List dienet / und die wieder sich versuchte Klugheit zu seinem interesse brauchet».

Der Politische Stock-Fisch wurde Riemers erfolgreichster Roman mit neun Drucken bis 1734; Raubdrucke suchten seit 1687 mit dem neuen Titel *Der verliebte Solande / und die gegenliebende Floramene* vom Erfolg der Modegattung des galanten Romans zu profitieren. Zur angedeuteten Erweiterung der privaten

Erfolgsgeschichte auf die öffentlich-politische und höfische Sphäre, auf die sich Riemers Dramen konzentrieren, kam es nicht.

Der politische Roman nach Weise und Riemer

Die zahlreichen politischen Romane in der unmittelbaren Nachfolge Weises und Riemers beschränken sich nicht auf einen formalen Typus. Verantwortlich dafür sind nicht zuletzt die Musterautoren selbst, die verschiedene Modelle satirisch-politischer Romankunst anzubieten hatten und ihre didaktischen Ziele in unterschiedlicher Weise umsetzten. Das Modell der durch eine Reise strukturierten, auf ein bestimmtes Thema fixierten Revue, wie es Weise eingeführt hatte, fand ebenso Nachahmer wie die von Weise und Riemer angebotenen Alternativen: die Annäherung an den Pikaroroman, die Überwindung der schematischen Einzelbilder durch ihre Integration in einen Lebenslauf oder andere Formen der satirischen Weltorientierung. Besondere Wirkung zeigte Weises *Kurtzer Bericht vom Politischen Näscher* mit seinen praktischen Hinweisen und seinen Titelvorschlägen. Es kam natürlich auch vor, daß das modische Adjektiv politisch vor allem zu Werbezwecken oder zur Verschleierung anderer Absichten – etwa der Erzählung erotischer Geschichten wie etwa im *Politischen Hof-Mädgen* (1685) – verwendet wurde. Außerdem entfernte sich die Lehrabsicht häufig von Weises Programm; Autoren nutzten die lockere, nur lose definierte und verschiedenartigen Einflüssen offene Form für andere, ihren sozialen und beruflichen Interessen entsprechende Inhalte.

Im Zusammenhang mit der Ausweitung der Produktion politischer Romane und romanähnlicher Traktate in den achtziger Jahren kam es zu literarischen Auseinandersetzungen, die meist unter dem Deckmantel von Pseudonymen ausgetragen wurden, wie denn überhaupt die Verfasserschaft einer Reihe dieser Romane ungeklärt ist. Besonders heftige Reaktionen löste offenbar Riemers *Politischer Maul-Affe* aus; dazu gehört auch die literarische Antwort eines gewissen Antonino Turchetto – ein Pseudonym – unter dem Titel *Der Castrirte Maul-Affe* (1682), ein Werk, das Kapitel aus Riemers Roman abdruckt und dann von verschiedenen Lesergruppen diskutieren und im Hinblick auf die erotischen Aspekte und die scharfe Satire auf die Geistlichkeit kritisieren läßt. Diese ‹Kastration› wiederum veranlaßte einen ebenfalls unbekannten Autor (Pseudonym: Florian de Francomonte; für die erwogene Verfasserschaft Riemers oder Beers gibt es keine Beweise) in einem weiteren Maulaffen-Roman zu einem heftigen Angriff auf den «Herrn Affenschneider» und seinen «Quark» (*Die Andere Ausfertigung Neu-gefangener Politischer Maul-Affen*, 1683). Diese Praxis wechselseitiger Bezüge und Polemiken, die wiederum das Bemühen um Anonymität bzw. den Gebrauch von Pseudonymen verstehen läßt, ging weiter. Auch Johann Beer war mit pamphletartigen Texten an dieser Entwicklung beteiligt. Auf seine frauenfeindliche Satire *Der Politische Feuermäuer-Kehrer* (1682) antwortete noch im selben Jahr ein Anonymus – die gelegentlich vermutete Verfasserschaft von Riemer ist nicht erwiesen – mit einem Frauenpreis unter dem Titel *Der Ausgekehrte Politische Feuer-Mäuer*

Kehrer. Zu den phantasievolleren Titeln der weiteren Produktion zählen etwa *Der Politische Grillenfänger* (1682), *Der Politische Ratten und Mäuse Fänger* (1682), *Der Politische Leyermann* (1683), *Der Politische / possirliche / und doch manierliche / Simplicianische Hasen-Kopff* (1683), *Die Politische Mause-Falle* (1683) oder *Der lustige Politische Guckguck* (1684).

Um die Jahrhundertwende setzten Autoren wie die Musiker Wolfgang Caspar Printz und Johann Kuhnau und der Mediziner Johann Christoph Ettner noch einmal neue Akzente. Sie verbanden Aspekte und Formen des politischen Romans, modifiziert durch Züge des Pikaro- und Abenteuerromans, mit fachgebundener Belehrung und/oder ständespezifischen sozialen Anliegen. Zwar hatten bereits vorher Beer und Riemer Musik und Musiker bzw. die ärztliche Kunst zum Thema gemacht, doch standen fachliche Interessen nie im Zentrum der Romane. Dies geschah erst in den Musikerromanen von Printz und Kuhnau und, eindeutig auf Wissensvermittlung gerichtet, in den medizinischen Lehrromanen Ettners. Gleichsam als spielerische Umkehrung und Travestie des politischen Romans läßt sich schließlich – ohne andere Aspekte der Interpretation zu negieren – Christian Reuters *Schelmuffsky* (1696–97) verstehen, ironischer Kommentar zu einer zunehmend der Trivialisierung unterworfenen Gattung.

Printz ließ seinem ersten, in der Nachfolge von Grimmelshausen bzw. Apuleius entstandenen *Güldnen Hund* von 1676 in größerem zeitlichen Abstand drei fiktive Musikerbiographien folgen, die durch ihre Hauptgestalten miteinander verbunden sind und sicher auch Details aus Printz' unstetem Leben als Musiker vor seiner dauerhaften Anstellung 1665 als Kantor in Sorau verwerten: *Musicus Vexatus* (1690), *Musicus Magnanimus* (1691) und *Musicus Curiosus* (1691). Die Romane schildern das Leben der drei Musiker Cotala, Pancalus und Battalus, erzählen von ihren Lehr- und Studienjahren und der anschließenden Wanderzeit mit unterschiedlichen Anstellungen und zahlreichen Zwischenfällen und Abenteuern, bis sie endlich zu (klein)bürgerlicher Seßhaftigkeit und Eheglück finden. Schildert im ersten Roman Cotala seine Geschichte bis zur Hochzeit, so bilden Hochzeitsfeiern und Reisen, an denen alle drei Protagonisten teilnehmen, den Rahmen für die beiden anderen Lebensgeschichten. Die Musiker können zusammenbleiben, da Cotala, nun Kunstpfeifer in Wurmfeld, den beiden anderen Musikern zu Anstellungen als Lehrer und Organist verhilft.

Wie etwa Cotala am Ende zu Frau und Anstellung kommt, wirft ein satirisches Licht auf die alltägliche Borniertheit und Korruption, zeigt aber auch die Lebensklugheit des Helden, dem es gelingt, sich zu arrangieren, ohne sich zu unterwerfen, sich mit seiner Kunst trotz der vorherrschenden Beschränktheit und Verständnislosigkeit einen Platz in der Gesellschaft zu sichern und die Widerstände in den traditionellen städtischen Zünften zu überwinden. Dabei geht es Printz und seinen standesbewußten Protagonisten um die Anerkennung der Musikausübung als handwerklich bzw. akademisch fundierte Kunst und die Abgrenzung von den nicht zünftig oder akademisch ausgebildeten gewöhnlichen «Spielleuten» und «Bierfiedlern» sowie um den Rang der Musiker in der Hierarchie der Hofbeamten. Während im *Musicus Magnanimus* im Zusammenhang mit dem Dienst an einem italienischen Hof über dieses Thema diskutiert wird, enthält der dritte Roman sogar eine Komödie in der Art des *Peter Squentz* von Andreas Gryphius über den «Praecedenz-Streit der Kunst-Pfeiffer und Spielleute», in der in einem Urteil am Schluß das Betätigungsfeld der Bierfiedler auf Wirtshäuser, Dorfkirchweihen und Bauernhochzeiten beschränkt wird. Das Politische reduziert sich auf das beharrliche Anstreben eines Kompromisses, der wenigstens die Tolerierung des Kunstanspruchs des zünftigen Musikers und zünftiger Musikpraxis bedeutet.

Die pikaresken Ausbildungs- und Wanderjahre bieten Gelegenheit zur Schilderung von vielfältigen Reise- und Kriegsabenteuern, Erlebnissen bei den verschiedenen Engagements (Stadt, Hof, Oper), von Liebesgeschichten und Erzählungen aus dem Repertoire der Schwankliteratur des 16. und 17. Jahrhunderts. Satirische Blicke auf die Gesellschaft, geschult durch Grimmelshausen und Weise, fehlen nicht. Sie gelten – neben den ungebildeten und unfähigen Bierfiedlern – u. a. dem ausbeuterischen Verhalten verantwortungsloser Lehrherren, der Engstirnigkeit und Kunstfeindlichkeit der Kleinbürger, dem intriganten Hofleben und einem amoralischen opportunistischen Erfolgsstreben ohne ethisch-religiöse Fundierung.

Während es Printz um die gesellschaftliche Stellung des Musikerstandes geht, hat Johann Kuhnau, unmittelbarer Vorgänger Johann Sebastian Bachs als Kantor an der Leipziger Thomasschule und Musikdirektor der drei Hauptkirchen, andere Ziele. Sein literarisches Hauptwerk, *Der Musicalischen Qvacksalber* (1700), steht wie die beiden vorausgehenden Romane *Der Schmid Seines eignen Unglückes* (1695) und *Des klugen und Thörichten Gebrauches Der fünf Sinnen Erster Theil Vom Fühlen* (1698) in der direkten Nachfolge Christian Weises. Präsentiert der erste Roman eine Revue von Menschen, die aus eigenem Verschulden ihr Glück verfehlen, und demonstriert der zweite, ebenfalls in einer Reiserevue, wie das Gefühl zu unklugem oder klugem Verhalten führen kann, so macht *Der Musicalische Qvacksalber* die Kritik an musikalischen Scharlatanen zu seinem Gegenstand; die Musik selbst ist als eine göttliche Gabe keinem Legitimationszwang unterworfen. Der Titel des satirischen Romans stammt aus Weises Liste von Vorschlägen für weitere politische Romane im *Kurtzen Bericht vom Politischen Näscher*, und das Werk zeigt am Beispiel der Geschichte des Schwindlers und Hochstaplers Caraffa Auswüchse einer falsch verstandenen politischen Aufstiegsstrategie bzw. demonstriert, welche Eigenschaften und Verhaltensweisen einem auf solidem Fundament beruhenden, dauerhaften Erfolg entgegenstehen.

Caraffa gibt sich nach einem Aufenthalt in Italien als italienischer Virtuose und Komponist aus. Zunächst hat er auf seinen Reisen durch Deutschland Erfolg und wird deutschen Musikern vorgezogen, wenn er auch sein mangelndes Können häufig durch Tricks verschleiern muß und in Theorie und Komposition ziemlich ahnungslos ist. Musikerkollegen und Studenten erkennen seine Scharlatanerie und stellen ihn bloß. Schließlich gerät er in «Verachtung und Schande». Ein Pfarrer behandelt seine «Kranckheit und Thorheit» und nimmt gleichsam seine Beichte entgegen. Darüber hinaus versorgt er ihn mit einem Schriftstück («Der wahre virtuose und glückselige Musicus»), das moralische und praxisbezogene Ratschläge für eine auf Können und Redlichkeit gegründete Künstlerkarriere enthält. Caraffa nimmt sich die Lektüre zu Herzen, heiratet günstig, und der Weg zu einem wahren Musikertum deutet sich an. Daß ihm in Wirklichkeit das Talent fehlt, spielt bei dem etwas aufgesetzten Schluß keine Rolle.

Anders als in Riemers *Politischer Colica* geht es in den Romanen des Breslauer Arztes und medizinisch-chemischen Fachschriftstellers Johann Christoph Ettner vor allem um fachliche Information und Belehrung. Er veröffentlichte sechs umfangreiche Romane; ihr Obertitel *Medicinischer Maul-Affe* lehnt sich an Riemer an. Die Untertitel nennen die Themen der einzelnen Romane (in der inhaltlichen Reihenfolge, die von der chronologischen abweicht): *Der Entlarvte Marcktschreyer* (1694), *Unwürdiger Doctor* (1697), *Verwegener Chirurgus* (1698), *Entlauffener Chymicus* (1696), *Ungewissenhaffter Apotecker* (1700), *Unvorsichtige Heb-Amme* (1715). Eine Gesellschaft geht auf eine mehrere Jahre dauernde Reise, die sie durch das Reich, dann weiter nach Italien, Frankreich, England, die Niederlande und schließlich nach Nordeuropa führt. Dabei erleben sie allerhand Abenteuer – auch an Geistererscheinungen fehlt es nicht –, erhalten Audienz bei zahlreichen Herrschern und anderen bedeutenden Persönlichkeiten, begegnen Scharlatanen und anderen zweifelhaften und unfähigen Vertretern der verschiedenen Heilberufe, deren Fehlleistungen und persönliche Defizite satirischer Kritik verfallen. Die Reisen selbst wiederum bieten die Gelegenheit für zahlreiche Gespräche und Diskussionen – hier wirken Formen der Gesprächsliteratur nach –, die vorwiegend medizinische Fragen betreffen. Dazu kommen Diskurse und Traktate über medizinisch-therapeutische und standesethische Fragen, wobei im Verlauf des Romans bzw. der Reise das Fachliche immer stärker in den Vordergrund tritt. Der politische Reiseroman dient hier der bloßen Verkleidung von Lehrinhalten und wird zu einer Art frühneuzeitlichem Sachbuch.

Nicht fachspezifische Belehrung, sondern ein weitgespanntes, geradezu enzyklopädisches Interesse an den Erscheinungen der Welt charakterisiert den postum 1696 veröffentlichten Roman *Der Edelmann* von Paul Winckler, einem Neffen von Andreas Gryphius. Die dialogischen und dokumentarischen Partien, die den Großteil des 800-seitigen Werkes ausmachen, sind in einen erzählerischen Rahmen integriert, der zunächst vom politischen Roman, dann von der Gesprächsliteratur geprägt ist. Florissohn, Sohn eines vermögenden Amsterdamer Kaufmanns, ist nach einer ausgedehnten und erfolgreichen Bildungsreise auf dem Weg nach Hause. Kriegerische Verwicklungen in seiner Heimat veranlassen ihn aber abzuwarten und die Zeit für eine Reise über Belissa (Breslau) nach Wien zu nutzen. In der Nähe von Belissa macht er Station in einem Wirtshaus und erhält in der Lebensgeschichte des Wirtes ein anschauliches Exempel eines verfehlten sozialen Aufstiegsstrebens; daneben wird der Adel der Umgebung Gegenstand satirischer Kritik. Hier kann man Elemente des Schlüsselromans vermuten. Auf einem Landgut nimmt Florissohn dann an Unterhaltungen einer Gruppe gebildeter Menschen über vielfältige politische, geschichtliche, juristische oder theologische Themen teil, wobei die Gesprächsteilnehmer auch zahlreiche fremde Texte einführen: Flugblätter, Zeitungsartikel, Epigramme, vor allem aber Sachtexte wie etwa den Katalog der kaiserlichen Schatzkammer oder Auszüge aus Christian Knorr von Rosenroths deutscher Übersetzung der *Pseudodoxia epidemica* (1680) von Thomas Browne, einer Untersuchung der «Irrthümer / so bey dem gemeinen Mann [...] im Schwange gehen». Darüber hinaus dienen Listen – etwa von Speisen, Tieren oder Pflanzen – dazu, die Mannigfaltigkeit der Dinge zu erfassen, offensichtlich eines der Ziele des Werkes. Nach einigen Tagen setzt der junge Mann seine Reise fort. – Winckler selbst führte ein wechselvolles Leben, von dem er in einer mit Anekdoten und Abenteuergeschichten angereicherten Autobiographie erzählt. Sie wurde erst im 19. Jahrhundert veröffentlicht; vorher benutzte Christian Stieff, der (mutmaßliche) Verfasser des *Schlesischen Robinsons* (1723–24), das Manuskript als Quelle.

Johann Beer

Beer war von Beruf Musiker. Nur wenige seiner literarischen Arbeiten erschienen unter dem eigenen Namen: Trauergedichte, *Deutsche Epigrammata* (1691) und ein Passionsgedicht (*Das bittere Leyden und Sterben unsers Herren und Heylandes Jesu Christi*, 1695). Auch die musikalischen Fachschriften werden selbstverständlich als Werke des «Hochfl. Sächs. Weißenfels. Concert-Meisters» vorgestellt. Der Rest seines Schaffens kam unter verschiedenen Pseudonymen oder Anagrammen heraus. Als singulärer Erzähler wurde er erst 1932 von Richard Alewyn ‹entdeckt›; ihm gelang es, das Spiel mit den wechselnden Pseudonymen zu durchschauen und das Geheimnis der Identität Beers zu lüften, der auch in seinen handschriftlich überlieferten autobiographischen Aufzeichnungen kein Wort über diese Seite seines Schaffens verliert (s. S. 842 f.). Dabei handelt es sich um ein vielseitiges, rund 20 Romane und satirische Erzählungen umfassendes Œuvre, das mit seinem Einfallsreichtum, seinen satirischen Impulsen und seiner die proklamierte Kunstlosigkeit widerlegenden Vielschichtigkeit den zweiten Höhepunkt in der Geschichte des niederen Romans im 17. Jahrhundert nach Grimmelshausen darstellt.

Das erzählerische Werk Beers erschien bis auf wenige Ausnahmen in den Jahren 1677 bis 1685, wobei die Entstehung von drei 1700 bzw. 1704 veröffentlichten Romanen wohl ebenfalls in diesen Zeitraum fällt. Das

Faktum, daß die Romanproduktion unvermittelt abbricht, als Beers berufliche Karriere in Gang kommt, paßt zum Schweigen der 1690 begonnenen Autobiographie über seine literarischen Arbeiten und zu der für den niederen Roman typischen Praxis, die Verfasserschaft zu verschleiern. Die Autoren reagierten damit auf die prekäre Stellung des niederen Romans im zeitgenössischen Literatursystem, seiner in der Regel negativen Einschätzung durch das tonangebende akademisch-gelehrte und höfische Publikum. Die Folge sind die bekannten Versteckspiele und gleichzeitig ausgeklügelte Rechtfertigungsstrategien in den Romanen selbst. Als Beer schließlich die versteckt – und ursprünglich wohl auch zum Geldverdienen – betriebene Romanschriftstellerei ganz aufgab, wollte er möglicherweise einer Beschädigung seiner Position in der höfischen und städtischen Gesellschaft von Weißenfels vorbeugen, mit der sich seine Art der satirischen Literaturproduktion nicht vereinbaren ließ. Daß Beer zudem als Verfasser zweier von der Leipziger Bücherkommission konfiszierter Schriften (*Der Politische Feuermäuer-Kehrer*, 1682; *Der verliebte Europeer*, 1682) aktenkundig geworden war, mag ihn in seinem Entschluß bestärkt oder ihn sogar herbeigeführt haben. Ob der Hof in Weißenfels über die Vorgänge informiert war, ist nicht bekannt. Jedenfalls verläuft Beers beruflicher und gesellschaftlicher Aufstieg bis zu seinem Tod ohne Brüche.

Die im letzten Lebensjahrzehnt niedergeschriebenen autobiographischen Aufzeichnungen zeigen ihn allerdings in einem inneren Zwiespalt zwischen seinen beruflichen Aufgaben im Rahmen der Weißenfelser Hofkultur und einer neuen oder veränderten religiösen Orientierung. Er, der selbst Opern schreiben bzw. an Opern mitwirken mußte, kommentierte im Mai 1700: «den 7t. wurde eine Opera, die Arthemisia genannt, praesentirt. Gott erleuchte doch alle grosse Herrn, daß sie anstatt solcher einreissender Eitelkeiten Allmosen geben! Amen!» Als im Mai 1698 eine aufwendige Geburtstagsfeier mit «Comoedien, Operen, und Redutten» sowie einer auf einem Schiff präsentierten «Schäfferey» wegen tagelangen Regens abgebrochen werden mußte, heißt es: «Die Weltliche Freud Werth kurtze Zeit und bringet nichts als Hertzeleid.» Diese Haltung entspricht nicht zufällig der grundsätzlichen Kritik des Pietismus an weltlichen Lustbarkeiten und Künsten: Beer stand in näherer Beziehung zum einem pietistischen Weißenfelser Hofdiakon und vermerkte unter dem 1. August 1693 ausdrücklich eine Reise nach Halle, wo er u. a. «den so genanten Pietisten Franken predigen [...] und den berühmten Philosophum Christianum Thomasium disputiren» gehört habe. Daß Beer unter solchen Voraussetzungen nichts daran liegen konnte, auf seine ‹Jugendsünden› aufmerksam zu machen, versteht sich von selbst. Allerdings auch, daß diese nicht unter den veränderten Prämissen der späteren Jahre interpretiert werden können.

Beer wurde 1655 in St. Georgen im oberösterreichischen Attergau geboren. «Mein Vater», so schreibt er in seinen autobiographischen Aufzeichnungen, «so daselbst ein Gastwirth war, zog hernach wegen der Religion nacher Regenspurg.» Die Familie Beer oder Bähr gehörte wohl zu den zahlreichen Protestanten, die angesichts der rigoros durchgeführten gegenreformatorischen Religionspolitik die österreichischen Erblande verlassen mußten. Dies geschah 1670; vorher hatte der junge Beer die benediktinischen Klosterschulen in Lambach und Reichersberg/Inn und die Lateinschule in Passau besucht und somit eine katholische Erziehung erhalten. In Regensburg absolvierte er das Gymnasium Poeticum; 1676 ging er mit einem Stipendium des Rates der Stadt zum Theologiestudium nach Leipzig. Doch eine Reihe von Kompositionen und literarischen Versuchen ließen bereits zu dieser Zeit seine wahren Interessen erkennen. Schon im Herbst 1676 trat er als Sänger und Streicher in die Hofkapelle Herzog Augusts von Sachsen-Weißenfels in Halle ein, heiratete drei Jahre später die Gastwirtstochter Rosina Elisabeth Bremer und machte nach der Verlegung des Hofes nach Weißenfels (1680) Karriere als Hofmusikus. 1685 wurde er zum Konzertmeister ernannt, 1697 erhielt er dazu das Amt des Hofbibliothekars. Er verstand sich nicht nur als ausführender Musiker und Komponist, sondern äußerte sich in seinen *Musicalischen Discursen* (1719; entstanden 1690) – wie in seinen Romanen – über das zeitgenössische Musikleben und die soziale Stellung des Musikers am Hof und in der Gesellschaft überhaupt. Am 28. Juli 1700 nahm der Hofmann mit «ihro Durchl.» an einem «Vogelschiessen» teil – d. h. an einem Schützenfest, bei dem auf einen hölzernen Vogel geschossen wurde –, wobei «dem Haubtmann Barthen seine Kugel-Flinthe unvorsichtiger Weise» losging und Beer «auf das allergefährlichste verwundet» wurde. Er starb nach «unsäglichen schmertzen» – so seine eigenen Aufzeichnungen vom 29. und 30. Juli – nur wenige Tage später.

Beers Selbstverständnis als Romanautor

Das erzählerische Werk Beers spiegelt die Situation des Romans in den letzten Jahrzehnten des 17. Jahrhunderts, die durch eine zunehmende Tendenz zur Vermischung von Elementen heterogener Gattungstraditionen gekennzeichnet ist. Neben strukturellen und inhaltlichen Momenten der verschiedenen Ausprägungen des niederen Romans (Pikaroroman, *roman comique*, politischer Roman) und der Satire verwendet Beer auch Strukturen und Motive des höfisch-historischen Romans und des Ritterromans. Dazu spielen im Einklang mit der großen Bedeutung des geselligen Geschichtenerzählens bei Beer die breiten Traditionen der novellistischen Rahmenerzählung und der Gesprächsliteratur im Lateinischen wie in den verschiedenen Volkssprachen eine wesentliche Rolle, für die etwa Jacob Bidermanns *Utopia* (1640) bzw. die oberdeutsche Version *Bacchusia Oder Faßnacht-Land* (1677) von Christoph Andreas Hörl von Wättersdorff oder die von Beer nachweislich genutzte deutsche Übersetzung der gesprächspielartigen Novellensammlung *Noches de Invierno* (1609) von Antonio de Eslava stehen. Vor diesem Hintergrund relativiert sich auch die übliche, vor allem der Übersichtlichkeit dienende Gliede-

rung des Beerschen Erzählwerks; sie kann, orientiert an den jeweils vorherrschenden Zügen, nur Tendenzen andeuten. Und es bleibt ein bedeutender Rest, der sich nicht den Genres des Ritterromans (bzw. seiner
Parodie), des Pikaroromans oder des politischen Romans zuordnen läßt.
Dazu gehört neben auf den galanten Roman vorausweisenden Texten
auch Beers erzählerisches Hauptwerk, der ‹Doppelroman› *Teutsche Winternächte* (1682) und *Die kurtzweiligen Sommer-Täge* (1683).

Eindeutig ist freilich eines: Wie die anderen Verfasser niederer Romane
grenzt sich Beer scharf vom hohen, vom höfisch-historischen Roman ab
und stellt diesem die eigenen Romane entgegen. Ganz im Einklang mit
der Tradition des Pikaroromans und des *roman comique* geht Beer dabei
von einem Gegensatz von Wahrheit und Lüge als grundsätzlicher poetologischer Differenz aus. In diesem Sinn kontrastiert er Lebensnähe bzw.
Lebensferne der dargestellten Ereignisse und Weltausschnitte und gelangt
auch hinsichtlich des jeweiligen Nutzens zu eindeutigen Ergebnissen:
Nutzen bzw. Nutzlosigkeit definieren sich aus der Anwendbarkeit im
alltäglichen Leben. So argumentiert eine Zuhörerin im Anschluß an die
Erzählung einer pikaresken Jugendgeschichte ganz im Sinn der Vorredenpoetik Beers, sie halte «dergleichen Historien», wie sie «noch tausendfäl-
tig / und absonderlich unter uns» geschähen, viel höher als die «Sachen»
in den «hohen grossen Liebes-Geschichten», «weil sie uns begegnen können / und wir also Gelegenheit haben / uns darinnen vorzustellen / solche
Lehren / die wir zu Fliehung der Laster anwenden und nützlich gebrauchen können» (*Teutsche Winternächte*, 1682).

Diese geforderte Wirklichkeitsnähe im Sinn der Alltagswirklichkeit der
«gemeinen Sachen» und der «gemeinen Leute» erfordert eine Schreibweise, die schmucklos und ohne Umschweife dem Gegenstand folgt, die
der Sache, nicht den Wörtern verpflichtet ist. Umgekehrt gilt die Kritik
dem höfisch-historischen Roman mit seinen auf eitle Hoffart gegründeten, weitschweifigen Wortgepränge und seiner eingebildeten und affek-
tierten Höflichkeit, wie es eine entsprechende Attacke in den *Winternächten* und zahlreiche Stilparodien deutlich machen. Erweitert auf die
Romankomposition bringt ein Gleichnis in der Vorrede zum vierten Teil
des *Simplicianischen Welt-Kuckers* (1677–79), Beers erstem Roman, die
Gegensätze zum Ausdruck:

«Es kommen zwey Männer in eine Stadt / werden darinnen Bürger. Der erste
fänget an ein Hauß zubauen von sonderlicher Kostbarkeit. Nach dem an diesem
Gebäude fast 6. Sommer Gebauen / bald da eine Seule hinein geflicket / bald dort
wieder eine hinaus geworffen / bald da ein Fenster vergrössert / das andere verkleinert worden / komt es endlich mit grosser Mühe und Arbeit zum Stand. Der
anderer Bürger aber wischet geschwind über die Sache her / kauft Holtz / Brett
und Nägel / richt seine Wohnung innerhalb 8. Wochen zum Stande. Nun fragt
sichs hat der letztere recht oder unrecht gethan? Antwort; er hat wohl gethan /

dann ob ihm schon dörffte vorgeworffen werden / sein Hauß sey nicht so kostbar als seines Mit-Bürgers / so ist es doch ein Hauß / und deßwegen hatte er keine Ursach / sein geringes Hauß nicht zubauen / es schlüge ihm auch nicht ungleich aus. Dann in das grosse Hauß kamen gar selten Gäste / in das kleinere aber fanden sich täglich Pursch genug ein / also daß dieser gegen demselben doppelten Abgang hatte / lag also nicht an dem Gebäude / sondern an dem Nutzen / den man daraus haben kunte.»

Auf den Roman bezogen meint das (Beer selbst läßt die «Application» in seinem «Schul-Sack» stecken): Was immer dem niederen, nichthöfischen Roman an Größe, Kostbarkeit und stilistischer wie kompositorischer Kunstfertigkeit fehlt, wie wenig Zeit, Mühe und Arbeit seine Verfertigung erfordern mag – gerade das Nicht-Elitäre macht ihn einem breiten Publikum zugänglich und begründet damit seinen Nutzen. Das Gegenteil gilt folgerichtig für den höfisch-historischen Roman.

Am besten, so heißt es bei Beer mehrfach in Vorreden und Digressionen, ließen sich seine Ziele durch die Verwendung der satirischen Schreibart verwirklichen; sie garantiere Wirklichkeitsnähe und eine zwanglose Verbindung des Unterhaltsamen mit dem Nützlichen. Was den Nutzen und die Lehre betrifft, so wiederholt Beer die üblichen Topoi der Begründung und Rechtfertigung der Satire, spricht von einem Spiegel der Laster und Tugenden, von der Absicht zu strafen und zu bessern, von Schale und Kern und rechtfertigt die Verwendung des Unterhaltenden und Komischen als Strategie, das Publikum zu erreichen.

In der Romanpraxis freilich ergeben sich durchaus Probleme, und es ist umstritten, wie ernst es Beer mit dem Moralisieren angesichts mancher Eigenheiten seines Erzählens ist: der vielstimmigen Erzählweise, einem Sprachwitz, der alle Lesarten zwischen Sinn, Unsinn, Komik und tieferer Bedeutung erlaubt, der Spannung zwischen Erzählgestus und behauptetem moralischen Nutzen. Dazu gehören die ständige Wiederholung stereotyper Handlungs- bzw. sexuell motivierter Abenteuer-Reue-Umkehr-Rückfall-Muster, die so sicher nicht an Überzeugungskraft gewinnen, eine zum Grotesken neigende Darstellungsweise etwa im Hinblick auf die detailfreudig beschriebenen Freß- und Sauforgien oder die vielfach eher infantile Situations- und Fäkalkomik. Bereits Zeitgenossen sahen hier einen Ansatzpunkt für Kritik.

Gleichwohl geht der gelegentlich geäußerte generelle Verdacht, Beer schiebe das Moralische nur vor, wohl an seinen Intentionen – wenn auch vielleicht nicht immer an der Praxis – vorbei. Die Verbindung von Satire und Moral bleibt bestehen, sei es durch Mahnungen nach dem üblichen Muster von Sündenstrafe und Tugendlohn, durch positive Beispiele reuevoller Umkehr oder durch die Versuche, eine Balance zwischen geselligem Leben und Tugend zu finden. Daß das Fehlverhalten der Akteure vielfach nicht von direktem Moralisieren begleitet wird, gründet auf Beers

Zweifel an der Wirksamkeit abstrakter Belehrung und dem Vertrauen auf
die Fähigkeit des Lesers, «unter dem Bösen und Guten einen Unterscheid
zu machen» und die Freiheit richtig zu gebrauchen, von der der Erzähler
der *Winternächte* spricht: «Ich habe niemalen etwas auf Erden höher ge-
schätzet / als die Freyheit / darum vergönne ich auch einem jeden / dieses
Buch / nach seinem Gutdünken / auszulegen / weil ich nicht zu berauben
gedencke des jenigen Kleinods / welches ich selbst vor das köstlichste
halte.»

Allerdings macht Beer klar, daß es letztlich nicht seine Schuld sei, wenn
sich der angestrebte Nutzen nicht einstelle und die Darstellung der Laster
keine abschreckende und bessernde Wirkung habe und die Tugendbei-
spiele wenig Nachfolge fänden. Es hänge letztlich vom Leser ab, welche
Konsequenzen er aus dem Blick in das satirische Spiegelbild der Welt
ziehe und wie er das Gebotene bewerte: «Ich hab ein Korb voll Obst bey-
sammen / und unter solchen ist gewiß ein oder andere faule Birn. Ich will
sie aber gleichwol keinem vorlegen / wil er sichs selbst zueignen / so ist
der Fähler sein», heißt es in der Vorrede zu den *Kurtzweiligen Sommer-
Tägen* (1683). Einer Kritik an seiner Schilderung der lasterhaften Welt hält
er in der *Vollkommenen Comischen Geschicht Des Corylo* (1679–80) –
ganz im Einklang mit seiner Forderung einer wirklichkeitsnahen Darstellung – den Weltzustand selbst als Argument entgegen: «Dann dieses Buch
hat nicht die enthaltenen Laster/ sondern die Laster haben dieses Buch
außgearbeitet.» Allerdings bleibt die Hoffnung auf die bessere Einsicht
des Lesers: «Ich schreibe hier sehr lose Stück / nicht wie es die Welt machen soll / sondern wie sie es gemacht hat. Lerne also keinen folgen /
sondern flühen.»

Pikarisches und satirisches Erzählen

Beers Erzähltalent fand sein erstes Betätigungsfeld im Kreis seiner Mit-
schüler am Regensburger Gymnasium, denen er «manche Stund der
unbesternten Nacht» mit «viel Historien, so mehr alß halb erlogen», verkürzte: «da must es Ritter regnen [...].» So schreibt er, zum Theologiestudium nach Leipzig geschickt, in seiner nostalgischen poetischen
Beschreibung der Statt Regenspurg. Zu den Früchten dieser frühen Inventionen zählen ohne Frage die phantasievollen, mit Versatzstücken aus
seiner *Amadís*- und ‹Volksbuch›-Lektüre gespickten Pseudo-Ritter-
geschichten *Der Abentheuerliche / wunderbare / und unerhörte Ritter
Hopffen-Sack von der Speck-Seiten* (o. J. [1677]), *Printz Adimantus und
der Königlichen Princeßin Ormizella LiebesGeschicht* (1678) und *Des
Abentheurlichen Jan Rebhu Ritter Spiridon aus Perusina* (1679). Sie alle
versprechen, wenn auch jeweils in leicht variierter Form, schon auf den
Titelblättern ritterliche und wunderbare Begebenheiten mit verfallenen

oder verzauberten Kastellen, «Einöden / Gespenstern / Abentheuern / Duellen / Turnieren / Verzauberungen und dergleichen»; darüber hinaus hängen sie auch durch Personen, Handlungsverläufe und Anspielungen zusammen. Allerdings besaß das Genre der Rittergeschichte, parodiert oder nicht, kaum Entwicklungsmöglichkeiten. Die bot erst die Auseinandersetzung mit dem Pikaroroman und seiner Form des autobiographischen Erzählens.

Entlarvt Beer in den Erzählungen von ritterlichem Wesen und Unwesen die Hohlheit und Prätention vergangener und zeitgenössischer hoher Literatur durch ihre parodistische Übertreibung, so stellt er ihr mit seinen satirischen Romanen und romanhaften Satiren eine andere, diametral entgegengesetzte Konzeption aus dem Geist des niederen Romans entgegen. Beers erster Roman in der pikarischen Erzähltradition, eine bereits im Titel an das große Vorbild erinnernde Simpliziade, steht zusammen mit den parodistischen Rittergeschichten am Anfang seiner epischen Produktion überhaupt: *Der Simplicianische Welt-Kucker / Oder Abentheuerlicher Jan Rebhu*, in vier Teilen 1677–79 erschienen. Der Hinweis auf Grimmelshausen diente gewiß Werbezwecken, hat aber durchaus auch einen tieferen Sinn: Über die nachweisbaren stofflichen und motivlichen Beziehungen hinaus läßt sich Beers *Welt-Kucker* als eine Auseinandersetzung mit Grimmelshausens Konzeption des Pikaroromans verstehen.

Seit dem *Lazarillo de Tormes* thematisiert der Pikaroroman nicht zuletzt die Unbeständigkeit des menschlichen Lebens und der Welt überhaupt. Auch der *Simplicianische Welt-Kucker* beginnt mit Reflexionen über den Gemeinplatz des wechselhaften Glückes, und dem Ich-Erzähler Jan Rebhù erscheint sein Lebenslauf gerade deswegen erzählenswert, weil er ein «rechtes Muster» der «wunderlichen Veränderungen der Menschlichen Zufälle» darstelle. Der Leser werde sich, so der Erzähler gattungskonform, «nicht der geringsten Unwahrheit zu befürchten haben».

Im Alter von neun Jahren verliert Jan Rebhù seine Eltern und wird von einem Verwandten in Tirol aufgenommen. Er nutzt die Gelegenheit einer Reise, um sich abzusetzen; in einer Residenzstadt findet er eine Stellung als Diener und Schüler eines Kastraten. Er hat Erfolg als Sänger am Hof, insbesondere «in denen Welschen Comoedien», und wird «sehr stolz und hoffärtig», wie der Erzähler im Nachhinein kommentiert. Im Alter von 15 Jahren erregt er die Aufmerksamkeit einer schönen «Welschen Gräfin», die alles daran setzt, ihn zu verführen. Das Abenteuerliche als dritter wesentlicher Themenkomplex des Romans neben der Musik und dem Erotischen kommt in der nächsten Station hinzu. Weitere Engagements, gefährliche Liebesverhältnisse, Reisen nach Italien und Verwicklungen aller Art bis hin zu einem Todesurteil charakterisieren den Fortgang seiner Geschichte, die – wie die der anderen beteiligten Personen – von Variationen wiederkehrender Muster getragen wird: Die typische Handlungssequenz besteht in der Folge von Liebesabenteuer (meist Verführung durch die Frau), Strafe, Gefängnis, Todesdrohung, Flucht bzw. Befreiung. Damit korrespondiert der Wechsel von sündhafter

Gedankenlosigkeit und Reueanwandlungen bis hin zu einem (meist zeitweiligen) Rückzug aus der Welt. Zugleich sucht Beer jedoch die offene episodische Struktur zu überwinden und – nach dem Muster von Sündenstrafe und Tugendlohn bzw. belohnter Reue und Buße – die Schicksale sämtlicher wichtiger Personen zu Ende zu erzählen. Bei Jan Rebhù selbst geht das nicht ohne ironisch-parodistische und groteske Momente ab. Sein erster Versuch, seinem pikarischen Leben durch Heirat ein Ende zu bereiten, scheitert daran, daß die Braut beim Hochzeitsmahl übermäßig viel ißt und stirbt (worauf sich der Witwer auf eine einsame Insel zurückzieht). Schließlich heiratet er, durch eine Erbschaft zu Reichtum gekommen, eine junge Frau, deren Namen nicht einmal genannt wird, und überläßt es seinem «Concellisten», seine Lebensgeschichte zu Ende zu bringen. Durch diese Außenansicht schafft Beer eine gewisse Distanz gegenüber dem Helden, wie ja auch bereits Grimmelshausen am Ende der *Continuatio* die fiktive Autobiographie durch die ‹objektive› «Relation» des holländischen Kapitäns ergänzt hatte. Ein Wortspiel steht am Ende der Geschichte seines Lebens: Jan Rebhù stirbt zwölf Jahre nach seiner Verehelichung «endlichen gantz vergnüglich / nach dem er sich an einem Rebhun tode gefressen.»

Das autobiographische Erzählen mit seiner doppelten Perspektive, die Konzeption der Handlung als wechselvolle Abenteuerfolge und ihre Strukturierung durch die Dialektik von sündhaftem Leben und Anwandlungen der Reue, von Weltverfallenheit und – versuchsweisem – Rückzug in die Einsiedlerhütte stellen den *Simplicianischen Welt-Kucker* in die deutsche pikarische Tradition. Gleichwohl setzt Beer eigene Akzente. Das betrifft neben der Einbindung von Elementen aus dem Repertoire des höfisch-historischen Romans oder des Ritterromans mit verwunschenen Schlössern und Gespenstererscheinungen vor allem die Deutung des Pikaro und seiner Rolle in der Welt, die Erweiterung des Themenspektrums und das Aufbrechen der linearen Erzählstruktur durch weitere, sekundäre Erzähler und durch scheinbar (oder tatsächlich) handlungsirrelevante diskursive Passagen. Wohl in diesem Sinn hat Beer selbst den *Welt-Kucker* «als eine fliegende Sommer-Mücken» seines «verparenthesirten Geistes» bezeichnet, d. h. eines Geistes, der gleichsam in Parenthesen denkt, also Erzähl- und Gedankenfluß immer wieder durch Nebengedanken und Einschübe unterbricht und damit in spielerischer, satirischer oder moralisierender Weise Widerstände einbaut.

Auch thematisch setzt der Roman neue Akzente. Das gilt zunächst für den Bereich des Erotischen, der weit stärker als in der pikarischen Tradition üblich die Abenteuerfolge motiviert, dann aber in besonderem Maß für die Musik. Dabei ist nicht zu übersehen, daß Musik und Erotik in enger Beziehung stehen, daß die Liebesverwicklungen des Helden nicht zuletzt durch seinen Beruf als Musiker befördert werden; die Venusberg-Episode des *Simplicissimus* steht als Anregung im Hintergrund. Darüber hinaus jedoch werden Musik und Musikerberuf auch für sich selbst ernst genommen; hinter Jan Rebhùs fiktivem Musikertum steht das reale Beers. Durch die Einbeziehung dieser beruflichen Ebene gewinnt auch der pikarische Lebenslauf eine andere Qualität – und der Held einen Fixpunkt im Leben. Er steht dadurch nicht nur in einem engeren Bezug zur gesellschaftlichen Realität, sondern diese Realität selbst erhält einen neuen, weniger auf das pikarische Außenseitertum fixierten Charakter. Sie zeigt die Lebenswelt eines Musikers, der nach bescheidenen Anfängen dank seiner Begabung schnell in die Sphäre des höfischen Musikertums aufsteigt und sich – sofern er nicht gerade auf der Flucht ist, in Verließe gesteckt wird oder sich in die Einsiedelei vergräbt – in einer entsprechenden gesellschaftlichen Umgebung bewegt und durchaus die Chance zum gesellschaftlichen Aufstieg erhält und nutzt.

Die seit Albertinus für die Gattung typische Gegenüberstellung von Welt und Seelenheil verliert an Bedeutung. Eine Reihe von Lebensläufen ist zwar nach diesem Muster gestaltet und endet dementsprechend. Aber für die Hauptgestalt und seine Aufstiegsgeschichte gilt das nicht. Rebhûs Reueanwandlungen haben keine Wirkung – und die Rückfälle keine negativen Folgen. Auch als verehelichter Rittergutbesitzer bietet er kein überzeugendes Beispiel für ein bußfertiges Leben: Der «Concellist» spricht höchst lebendig von «allerley Kurtzweil», «Schabernack», lustigen «Actionen» und kurzweiligen «Comoedien», mit denen Jan Rebhù seinen Neigungen gefolgt sei. Eher nebenbei bescheinigt er ihm Frömmigkeit und ehrliche Reuegedanken über seine Jugendsünden; von Askese ist keine Rede. Wie das Ergebnis zeigt, erscheint Abkehr von der Welt nicht mehr als notwendige Voraussetzung für die Erlangung des Seelenheils – es sei denn, man nennt Jan Rebhùs komfortables und heiteres Landleben auf einem Rittergut wie der Kanzlist «ein recht Einsiedlerisches Leben».

Neue Facetten gewinnt das pikarische Erzählen in den folgenden Romanen unter dem Eindruck des *roman comique*. Bereits im Titel spielt *Die vollkommene Comische Geschicht Des Corylo. Das ist: Die absonderliche und denckwürdige Beschreibung Eines Ertz-Landstreichers Coryli* (1679–80) auf Charles Sorels Hauptwerk an, das 1668 als *Volkommene comische Historie des Francions* zum zweiten Mal in deutscher Sprache erschienen war. Beer teilt mit Sorel die Mannigfaltigkeit der Geschichten und Diskurse, der komödienhaften Verwicklungen und komisch-parodistischen Einlagen, mit denen er bzw. sein Ich-Erzähler Corylo («Ich agiere eine Comedia») den pikarischen Lebenslauf – auch mit Hilfe von ebenfalls erzählfreudigen Reisegefährten – anreichert. Dabei rückt er den Ich-Erzähler im Unterschied zum traditionellen Pikaroroman zunehmend an den Rand – eine Position, aus der dieser satirisch berichten oder auch handelnd und strafend eingreifen kann. Die satirische Kritik ergibt sich wie häufig bei Beer aus den erotischen Verwicklungen mit dem zentralen Motiv der Verführung und gilt vor allem der Affektverfallenheit des Menschen. Melancholische Anwandlungen führen wie in anderen

Romanen Beers immer wieder zu Reflexionen über die Unbeständigkeit des Glücks und die Eitelkeit alles Irdischen.

Die Geschichte des Helden erweist sich, ungeachtet ihres scheinbar pikaresk-zufälligen Verlaufs, als die zielgerichtete, wenn auch nicht überraschungsfreie Rekonstruktion der Herkunft eines Findelkindes. Am Anfang steht die Desillusionierung: Als sich Corylo, vermeintlicher Grafensohn, in Sancissa verliebt, wird er mit seiner ungeklärten Herkunft konfrontiert und aus dem Schloß geworfen. Von dieser ersten Berührung mit der Schlechtigkeit der Welt an folgt sein Leben dem üblichen Auf und Ab, ohne allerdings je die moralischen Abgründe Jan Rebhûs zu erreichen. Schließlich scheint sich das Geheimnis seiner Herkunft aufzuklären: Er trifft einen Einsiedler, der sich als sein Vater und ehemaliger normannischer Herzog zu erkennen gibt. Mit der Gewißheit seiner Ebenbürtigkeit heiratet Corylo die Jugendgeliebte Sancissa und lebt – Beers pikareske Helden neigen zunehmend zur Seßhaftigkeit – mit ihr auf den Gütern seines Vaters. Nach drei Jahren stirbt sie – und Corylo erfährt von der Vertauschung: Er ist in Wirklichkeit ein Bauernsohn.

Beer nimmt das Motiv der unbekannten Herkunft des Helden auf; er beginnt mit seiner Umkehrung und scheint – wie der höfisch-historische Roman – auf eine konventionelle Auflösung zu zielen. Es ist eine Auflösung, die zugleich eine Travestie des Motivs bedeutet: Sie ermöglicht eine in Wirklichkeit illegitime Verbindung. Die Entdeckung der Wahrheit kann dieser allerdings nichts mehr anhaben; Sancissa ist tot. Beer löst das Problem des Helden mit einer Rückkehr zu den Konventionen des Pikaroromans, wenn auch nicht ohne ironischen Beigeschmack: Corylo feiert mit seinen ‹Untertanen› ein Abschiedsfest und zieht sich aus dem «Irrgarten» der Welt in ein Kloster zurück – und niemand erfährt etwas von seiner niedrigen Herkunft.

Spielt Beer hier mit der Durchlässigkeit der Standesgrenzen und demonstriert, daß der Adel in der Tat allein eine Funktion des Zufalls der Geburt darstellt, so geht der kleine Roman *Jucundi Jucundissimi Wunderliche Lebens-Beschreibung* (1680) noch einen Schritt weiter: Die Standesunterschiede spielen keine Rolle mehr, dem aus einer armen Ziegelbrennerfamilie stammenden Helden mit dem sprechenden Namen (*iucundus*: angenehm, anziehend) gelingt der Aufstieg zum adeligen Schloßherrn. Vom Muster des Pikaroromans bleibt in der Haupthandlung im wesentlichen nur noch die niedrige Herkunft von Jucundus, und was die Herrschaft der launigen Fortuna angeht, so erweist sich der Held als Glückskind und der Glückswechsel zu Anfang als dauerhaft: Eine Adlige gelangt durch Zufall in die abgelegene Ziegelbrennerhütte in einem Schwarzwaldtal, nimmt den Jungen wegen seines angenehmen Wesens bei sich auf, sorgt für seine Erziehung, adoptiert ihn und setzt ihn als Erben ein. Zu guter Letzt heiratet er auch noch die Tochter seiner Gönnerin, die auf die schiefe Bahn geraten war und am Ende reuevoll zu ihrer Mutter zurückkehrt. Während (nicht nur) hier die zerrütteten Familienverhältnisse deutlich werden, hat der Erzähler keinen Anlaß zu einem Rückblick in Reue (von Religion ist ohnehin nicht die Rede); ihm ist alles gelungen. Es gibt keine tiefergreifenden Konflikte, keinen religiös begründeten Vorbehalt gegen das Weltleben. Deutlich ist auch: Der Weg des Beerschen Pikaro führt nicht zur Verbürgerlichung, wie ihn etwa englische und niederländische Modelle vorführen, sondern in den Landadel. Dessen – idealisierte – Lebensform ist dann die Basis für die späteren Romane *Teutsche Winternächte* und *Die Kurtzweiligen Sommer-Täge.*

Der Roman spielt im Titel auf den *Simplicius Simplicissimus* an, hat aber im übrigen nur einige äußerliche Beziehungen zu Grimmelshausen. Er bestätigt vielmehr die allmähliche Entfernung von dem geschätzten Vorbild, die schon mit dem *Simplicianischen Welt-Kucker* begonnen hatte. Für den Ablösungsprozeß steht auch cin weiterer kleiner Roman, *Der Kurtzweilige Bruder Blau-Mantel* (1700), der ebenfalls um 1680 entstanden sein dürfte: Einerseits handelt es sich um eine pikareske Ich-Erzählung mit einem direkt an Grimmelshausen anknüpfenden «Adieu O Welt» am Ende, andererseits markiert er mit seinen ausgedehnten satirischen und didaktischen Partien und der Einführung einer kommentierenden Freundesgestalt den Übergang zu einer Reihe ausgesprochen satirischer Texte mit Anklängen an den politischen Roman.

Souveräner und unterhaltsamer als im *Bruder Blau-Mantel* gelingt Beer die Verbindung verschiedener literarischer Traditionen in den beiden Teilen des *Artlichen Pokazi* (1679–80). Hier verknüpft er in lockerer Manier Elemente einer Pikaro-Vita mit phantasievoller Bürger- und Schulsatire sowie märchenhafter Phantastik, so daß die Ernennung des Helden und Ich-Erzählers gegen Ende zum Herrscher im großen «Königreich der unergründlichen Inventionen» nicht unbegründet erscheint. Dafür spricht bereits die Geschichte, wie der Köhlerjunge aus dem Thüringer Wald in die weite Welt befördert wird: Als er wie gewöhnlich seinen Schulweg in einem Baßgeigenfutteral absolviert, das auf einem wegkundigen Esel befestigt ist, fällt er einem Dieb in die Hände, der dann freilich erstaunt ist, als er die erbeutete Geige seinen Freunden in der Stadt vorführen will. Pokazi läuft weg und schlägt sich durch, bis er mit achtzehn Jahren Stadtschreiber und später Gerichtsbeamter wird. Diese Tätigkeiten bieten viele Gelegenheiten für skurrile Scherze und Beschreibungen grotesker Gerichtsfälle, für parodistische Briefwechsel und, in einem drohenden militärischen Verteidigungsfall, für drastische Schilderungen schildbürgerhafter Vorkehrungen der Zünfte. Pokazi bewährt sich im folgenden als einfallsreicher Helfer Graf Neros in Kriegszeiten und gewinnt schließlich auf wundersame Weise eine Grafentochter, mit der er in einem «Luft-Schiff» auf ein «Adeliches Gut» in England segelt. Nach 20 Jahren stirbt seine Frau, und die Stadt London bestellt ihn zum Examinator von Studenten, eine Einladung, die hohle Schulgelehrsamkeit zu karikieren und zu parodieren. So erweist sich der pikarische Lebenslauf im *Pokazi* vor allem als Rahmen für einfallsreiche satirische Attacken auf ein kleinliches, streitsüchtiges und beschränktes Bürgertum und seine verstaubten und verknöcherten Institutionen, auf eine Welt, der sich offenbar nur durch sozialen Aufstieg oder durch die Flucht bzw. einen Flug in das Reich der «Inventionen» entgehen läßt.

Romane wie *Bruder Blau-Mantel* und *Artlicher Pokazi* mit ihren ausgedehnten satirischen Partien führen direkt zu einer größeren Gruppe von Satiren, die bis auf eine Ausnahme zwischen 1680 und 1685 gedruckt wurden. Ihre zentralen Themen bzw. Objekte sind vielfach bereits aus den anderen Romanen und Erzählungen bekannt: Affektverfallenheit, Frauen, Klerus, Schule, Mode, Machiavellismus, kleinbürgerliche Enge und Beschränktheit in all ihren Facetten. Eine eigene Untergruppe bilden dabei die Texte, in denen Beers Misogynie auf die unerfreulichste, im 17. Jahrhundert allerdings keineswegs beispiellose Weise kulminiert: *Des berühmten Spaniers Francisci Sambelle wolauspolirte Weiber-Hächel* (1680), *Der Neu ausgefertigte Jungfer-Hobel* (1681), *Die Mit kurtzen Umständen entworffene Bestia Civitatis* (1681), *Der Politische Feuermäuer-Kehrer* (1682) und, eher am Rand, *Der Deutsche Kleider-Affe* (1685). Die Erzählerfiguren sind hier außenstehende Beobachter, die im rein formalen Rahmen einer Pikarogeschichte bzw. der an den politischen Roman angelehnten Revueform die vor allem aufs Sexuelle bezogene Lasterhaftigkeit der Frauen mit moralisierendem Eifer anprangern. Am originellsten ist die Perspektive des Schornsteinfegers bzw. «Feuermäuer-Kehrers» Verutzo, dessen Tätigkeit ihm die Gelegenheit zu unbemerkter Beobachtung des lüsternen Treibens bietet. Die Affinität zum politischen Roman bestätigen Texte wie *Der Politische Bratenwender* (1682), der Kritik an Hof und Stadt sowie antimachiavellistische Satire miteinander verbindet, und *Der verkehrte Staats-Mann* (1700) mit seiner Darstellung machiavellistischer Machenschaften. Für *Die Andere Ausfertigung Neu-gefangener Politischer Maul-Affen* (1683), eine Fortführung von Johannes Riemers Roman *Der Politische Maul-Affe* (1679), ist Beers Verfasserschaft eher unwahrscheinlich.

Wenn sich auch Beer mehrfach in seinen satirischen Texten dem Reise- und Revueschema des politischen Romans anschließt und ihm dazu in der Personenkonstellation folgt – dem naiven Beobachter wird ein erfahrener Kommentator beigegeben –, in seiner Auffassung vom Politischen und der Intention seiner satirischen Romane weicht er beträchtlich von seinen Vorgängern ab. Ziel seiner satirischen Romane mit seinen oft eher kleinbürgerlichen Protagonisten ist nicht die Vermittlung weltklugen Verhaltens, höfischer Umgangsformen und einer im Kontext des modernen Staates relevanten Bildung und Rhetorik. Er steht dem Politischen, das er im Sinn traditioneller Hofkritik eher mit dem Machiavellistischen gleichsetzt, durchaus kritisch gegenüber.

Die Satire wendet sich zum Grotesken in dem vielleicht originellsten und geschlossensten (und zugleich unappetitlichsten) der kleineren Romane Beers, der Christian Weises Narrensuche höchst drastisch überbietet: *Der Berühmte Narren-Spital / Darinnen umschweiffig erzehlet wird / was der faule Lorentz hinter der Wiesen vor ein liederliches Leben geführet / und was vor ehrliche Pursche man im Spital angetroffen habe* (1681). Ein «auff der Einöde wohnender» Ich-Erzähler blickt auf einen Abschnitt seiner Jugendzeit zurück, auf seine Schulzeit und auf den Dienst bei dem reichen, aber faulen Landedelmann «Lorentz hinter der Wiesen», den er nach der Flucht vor einer brutalen und sadistischen Prügelpädagogik angetreten hatte. Lorenz, der Held der Erzählung, ist nicht nur ein extremer Müßiggänger, der der Bequemlichkeit wegen alle seine Bedienten einfach Hans nennt, sondern er verstößt überdies in grotesker Weise, seine Körperlichkeit hemmungslos und genußvoll auslebend, gegen alle Regeln zivilisierten Benehmens und auch nur durchschnittlicher Hygiene. Zudem verweigert er sich der Religion und den Normen seines Standes. In seinem konsequenten Protest gegen jede Disziplinierung gewinnt er durchaus Statur, zumal er sich bei seinem einzigen größeren Ausflug in die Welt – zu einer Hochzeit einschließlich des Besuchs eines Narrenspitals – auch als schlagfertiger satirischer Kommentator erweist.

Die Revue der Narren führt den Erzähler jedoch zur Erkenntnis, daß die größten Narren in Wirklichkeit sie selber, die Beobachter, seien: Sein Herr, weil er weder Himmel noch Hölle kenne, ein nutzloses Leben führe, sein Gut zugrunde richte und dem Untergang zueile; er, der Erzähler, weil er seine «edle Zeit / die weder mit Gold noch Silber kan gekauffet werden / so elend» zubringe, daß er wohl als Straßenräuber und Dieb am Galgen enden werde. Diese Einschätzung macht vorübergehend Eindruck; Lorenz sucht sich eine Frau, fällt aber schon bei der Hochzeit in seine alten Manieren aus dem grobianischen und skatologischen Repertoire der Frühen Neuzeit zurück. Der Erzähler, des Dienstes «nunmehr gantz sat und überdrüssig», verläßt das Schloß und endet – die dazwischenliegende Lebensphase ist ausgeblendet – seine Geschichte abrupt mit Gedanken an das Seelenheil und die Narrheit der Welt.

Beer nutzt hier im Rahmen einer ausschnitthaften pikaresken Erzählung das von Weise und Riemer erprobte Verfahren des politischen Romans, durch die revueartige, mit Kommentaren begleitete Darstellung von negativen Beispielen einen Erkenntnisprozeß in Gang zu setzen. Das gelingt zwar bei dem jungen Ich-Erzähler, doch nicht bei den unreflektiert selbstsicheren adeligen Besuchern, Lorenz ausgenommen, der durchaus die Diskrepanz zwischen Schein und Sein bei seinen Standesgenossen durchschaut und eine gewisse Distanz zu sich selbst gewinnt, aber sich bewußt – oder aus Blindheit im Hinblick auf die Konsequenzen – einer Veränderung verweigert. Sein durch anarchische Körperlichkeit und totale Verweigerung vorgetragener Protest gegen die disziplinierenden Normen der Gesellschaft, seine von ihm selbst hervorgehobene «wahre Gemüths-Ruhe» und Freiheit («Herr vor mich allein und Käyser in meinem Schlosse») bedeuten zugleich Verzicht. Der Preis für die ‹karnevaleske› Narrenfreiheit ist Isolation, Verwahrlosung und Melancholie, eine in der Tat groteske Weltentsagung, die ihn gewiß nicht dem ewigen Leben näher bringt. Aber das provozierend nicht angepaßte und anpassungsun-

willige Verhalten dieses ‹Narren› – religiös gesehen derart offensichtlich
sündhaft, daß man sich fragt, weshalb in seiner Verurteilung das Darstellungsziel liegen sollte – läßt sich auch als Kritik der Standesgesellschaft
und der hohlen kirchlichen und adeligen Normen verstehen, als satirische
Demaskierung der Narrheit einer erstarrten Gesellschaft im Spiegel eines
vorsätzlich unangepaßten melancholischen Narren.

‹Adelsromane›

Was in *Corylo* und *Jucundus Jucundissimus* mit dem Hineinwachsen der
pikarischen Helden in die Welt des Adels beginnt, setzt sich in den Romanen *Der verliebte Europeer, Oder Warhafftige Liebes-Roman* (1682) und
Der Verliebte Oesterreicher (postum 1704) fort: eine Annäherung an den
galanten Roman der eine, eine Abenteuergeschichte im Adelsmilieu der
andere. Diese Texte führen als Vorübungen oder Werke des Übergangs zu
dem ehrgeizigsten Romanprojekt Beers, dem durch Personen, Handlung
und Handlungsraum miteinander verbundenen Romanen *Teutsche Winternächte* (1682) und *Die kurtzweiligen Sommer-Täge* (1683), auch wenn
die Chronologie der Entstehung wegen der postumen Veröffentlichung
des *Verliebten Oesterreichers* unklar bleiben muß.

Diese beiden für Beers Verhältnisse recht umfangreichen Romane verbinden Elemente des niederen und des höfischen Romans mit Formen des
novellistischen Erzählens zu einem eigenständigen Romankosmos, der
der satirisch-oppositionellen Weltsicht des Pikaroromans ebenso fernsteht wie der Stilisierung und Idealisierung des höfisch-historischen Romans. Für seine Konstituierung kommt dem Erzählen als gesellschaftlicher und gesellschaftsbildender Tätigkeit eine entscheidende Rolle zu.
Diese Gesellschaft, die sich so in ihrer Existenz bestätigt und sich, der
Langeweile und Melancholie begegnend, die Zeit verkürzt, besteht aus
oberösterreichischen Landadeligen, die sich zu einem «Orden der Vertrauten» zusammengeschlossen haben und sich auf ihren nahe beieinander gelegenen Landschlössern treffen, Feste feiern und dabei sich durch
Streiche, Bauernkomödien und vor allem durch Geschichtenerzählen unterhalten. Sie sind wohlhabend, verfügen über Personal und bäuerliche
Untertanen, grenzen sich entschieden von der Welt der Fürstenhöfe und
großen Städte ab und betonen die Vorteile des unabhängigen Landlebens.
Ihnen steht eine zahlenmäßig weit größere, heterogene Gruppe von Menschen gegenüber, die neben den Bediensteten und Bauern Schüler, Studenten, Musikanten und andere nichtseßhafte Personen umfaßt, die auf
ihrem pikarischen Wanderleben vorübergehend Aufnahme finden oder
Arbeit annehmen. Gerade die angehenden Akademiker und Vaganten
sind willkommen, weil sie mit ihren Einfällen, Possen und durch das Erzählen ihrer Lebensgeschichten oder interessanter Begebenheiten die

Langeweile der ländlichen Idylle unterbrechen. Standesunterschiede spielen dabei keine besondere Rolle, auch für Freundschaft und Liebe nicht, zumal sich in den meisten Fällen die adelige Herkunft der betroffenen Personen herausstellt. Dieses durchaus fiktive oder utopische Milieu, dessen Realismus nur scheinbar ist, hat durchaus literarische Wurzeln: Es reflektiert mit der ihm zugeschriebenen Lebensform der weitgehenden Unabhängigkeit von den politischen und gesellschaftlichen Zwängen der großen Welt und der Möglichkeit eines selbstbestimmten Daseins die lange Tradition der Idyllen- und Landlebendichtung.

Der frauenfeindliche Affekt Beers, der sich so kraß in seinen Satiren äußert, hinterläßt aber auch hier seine Spuren. Frauen werden ausgegrenzt; anders als die Männer, die durch das Erzählen Kontur gewinnen, haben sie offensichtlich keine Lebensgeschichten, die sich zu berichten lohnen. Und wenn sie einmal zu Wort kommen – «Etliches Frauenzimmer erzehlet ihren Lebenslauff», verheißt ein Kapitel der *Winternächte* –, bleibt es bei kurzen Abrissen, die ihre untergeordnete Stellung nur bestätigen. Von den Momenten der Selbstbesinnung und Meditation sind sie ausgeschlossen, und in der Regel verschwinden sie nach Hochzeit und Kindbett aus dem Blickfeld. Zugleich bestätigen Gestalten wie die lasterhafte Gräfin Veronia in den *Winternächten* das negative, durch unkontrollierte Sexualität charakterisierte Frauenbild Beers.

Die beiden Romane hängen eng zusammen, obwohl sie unter verschiedenen Pseudonymen erschienen und die Ich-Erzähler sowie die Protagonisten andere Namen tragen. Die Handlung des zweiten Romans setzt da ein, wo der erste endet, und das Personal ist in der zentralen Gruppe der Landadeligen dasselbe: Der Erzähler der *Winternächte* Zendorio à Zendoriis ist identisch mit Wolffgang von Willenhag, dem Erzähler der *Sommer-Täge*, seine Frau heißt einmal Caspia, dann Sophia, der derb-lebenslustige Ludwig des ersten Romans wird zu Philipp von Oberstein im zweiten, Isidoro zu Gottfried, der fromme Irländer zu einem frommen Schotten usw. Die Identifizierungen werden dadurch bestätigt, daß Beer in den *Sommer-Tägen* in einigen Fällen – aus Versehen? – die früheren Namen verwendet. Seit Richard Alewyn bezeichnet man die beiden Werke nach dem Erzähler der *Sommer-Täge* als Willenhag-Dilogie.

Die *Teutschen Winternächte* stellen sich als Übersetzung eines ausländischen Werkes vor. Die Quellen- und Übersetzerfiktion dient dabei weniger der spielerischen Verdunkelung als vielmehr dem Versuch, an den Erfolg eines aus dem Spanischen übersetzten Buches anzuknüpfen. Es handelt sich um die ähnlich einem Gesprächspiel angelegte Novellensammlung *Noches de invierno* (1609) von Antonio de Eslava. Die deutsche Übersetzung von Matthaeus Drummer von Pabenbach bzw. Papenbach, einem österreichischen Landadeligen, erschien unter dem Titel *Noches de invierno, Winternächt* 1649 in Nürnberg und wurde in den folgenden Jahrzehnten mehrfach nachgedruckt. Beer übernimmt nicht nur den Titel der Übersetzung Drummers – mit dem unterscheidenden Zusatz ‹teutsch› –, sondern organisiert wie Eslava/Drummer das Erzählen um einen Freundeskreis. Was den Inhalt der Geschichten angeht, gibt es keine Beziehungen zwischen den Werken; außerdem sind bei Beer die Geschichtenerzähler als handelnde Personen in das

Romangeschehen integriert, während es bei Eslava/Drummer bei der Statik einer Rahmenerzählung bleibt.

Sieht man von der Quellen- und Übersetzerfiktion der *Winternächte* ab, so verfahren beiden Romane Beers in gleicher Weise. Ein Ich-Erzähler – Zendorio à Zendoriis bzw. Wolffgang von Willenhag – erzählt Ausschnitte aus seiner Lebensgeschichte, tritt aber immer wieder hinter weiteren, sekundären Ich-Erzählern zurück, die ihrerseits von ihrem Leben oder von anderen Begebenheiten berichten. Auf diese Weise ergeben sich Zusammenhänge zwischen Personen und Ereignissen, wenn auch z. T. erst im nachhinein erkennbar, weil der Ich-Erzähler in der Ordnung berichtet, in der ihm die Ereignisse bekannt bzw. von untergeordneten Erzählern vermittelt werden, also nicht unbedingt in der zeitlichen Reihenfolge des Geschehens. In der Erzählstruktur des Doppelromans überschneiden sich damit verschiedene Tendenzen: Durch einen Rahmen gesellschaftlich fixiertes novellistisches Erzählen kontrastiert mit den zahlreichen Lebensgeschichten der Seßhaften wie der Nichtseßhaften, die in Form und Inhalt pikareske Züge aufweisen. Und trotz der Distanzierung von der Ideologie des höfisch-historischen Romans verwendet Beer Techniken auch dieses Genres, etwa das Aufbrechen des linearen Erzählens und die Einführung zahlreicher sekundärer (und tertiärer) Erzähler. Aber das führt nicht zur strukturbestimmenden Konstruktion längerer Spannungsbögen und hat keine tiefere Bedeutung wie etwa bei Anton Ulrich. Auffallendstes Beispiel für die Beziehung zum höfisch-historischen Roman ist der Einsatz *medias in res* der *Winternächte*, die mit dem Rätsel der Einkerkerung und der ebenso unerklärlichen Befreiung des Ich-Erzählers Zendorio beginnen.

Die Handlung um den Ich-Erzähler Zendorio á Zendoriis (so genannt, weil er seinem Vater Lampen und Kerzen in der Kirche anzünden half) sorgt für das erzählerische Gerüst der *Winternächte*. Der Student Zendorio wird nach einem unfreiwilligen Kleidertausch in einem Gasthaus von einem Grafen gefangengesetzt, dann aber von dessen Frau Veronia wieder befreit. Er gelangt auf das Schloß des jungen Adeligen Isidoro, an dessen Stelle er irrtümlich wegen der getauschten Kleider eingesperrt worden war: Isidoro hat ein Verhältnis mit der Gräfin Veronia; ihm war der Graf auf der Spur. Zendorio bleibt auf dem Schloß; weitere Freunde kommen hinzu; Feste, übermütige Streiche. Zendorio verliebt sich in das Edelfräulein Caspia, doch er glaubt nicht an sein Glück, hält sich doch für den Sohn eines Abdeckers. Er wandert weiter, erfährt von seiner adeligen Abstammung, aber auch vom Tod Caspias. Er wird Einsiedler, hört jedoch bald, daß die Geliebte noch lebt und im Begriff steht zu heiraten. Es gelingt ihm und seinen Freunden, den Nebenbuhler durch eine List zu vertreiben. Die pikarische Phase seines Lebens erreicht hier, am Ende des zweiten von insgesamt sechs Büchern des Romans, ihr Ziel. Das Hochzeitsfest findet auf Herrn Ludwigs Schloß statt, Anlaß für das Erzählen von (Lebens-)Geschichten. Die Freunde treffen sich wieder bei der Totenfeier bei Isidoros Mutter und gleich anschließend bei einem wilden Hochzeitsfest. Weitere Geschichten werden erzählt, Ehen gestiftet und Feste gefeiert. Veronia, die buhlerische Gräfin, hat inzwischen das Schicksal ereilt; ihr Mann hat sie erstochen. Ein Einsiedler, der fromme «Irrländer», tritt mahnend auf, als es die Freunde bei einer Hochzeit wieder einmal toll getrieben haben; und sie eilen mit dem steifen, aber gewiß nicht unumstößlichen Vorsatz nach Hause, ihr «bißher geführtes Leben zu bessern / und in einem gottseeligen Wandel zuzubringen».

An diesem Punkt fahren die *Kurtzweiligen Sommer-Täge* fort, nicht mit einem erneuten Medias-in-res-Einsatz, sondern mit der Vorstellung der adeligen Freunde (mit ihren neuen Namen), einer kurzen Rekapitulation und der Verwirklichung des Entschlusses, sich als Einsiedler «in die umliegende Wälder» zu verteilen. Sie kehren freilich bald zurück und tauschen ihre Erlebnisse aus. Die Liebe von Friderich, dem frommen Schotten, zu Amalia von Ocheim und das Auftreten des Raubritters Barthel auf der Heyde als Nebenbuhler gibt der Handlung neue Akzente. Die Freunde schlagen eine von Barthel angezettelte Bauernrebellion nieder. Nach der Hochzeit Friderichs und Amalias löst sich die Gesellschaft nach und nach auf (Hof- und Militärdienst, Italienreise). Die Aufmerksamkeit des Erzählers richtet sich nun vor allem auf sein eigenes Haus und die Menschen, denen er Aufenthalt gewährt (und die sich durch Geschichten und Dienstleistungen revanchieren). Darunter ist auch der alte Soldat Krachwedel, der sich am Ende als sein älterer Bruder herausstellt. Nach dem plötzlichen Tod seiner Frau und einer unglücklichen zweiten Heirat setzt er einen Studenten als Schloßverwalter ein, lebt als Einsiedler (zuerst in der Nähe, dann in Tirol) und kehrt schließlich mit zwei Freunden, die auf dem Rückweg aus Italien in die Hände von Räubern gefallen waren, auf sein Schloß zurück. Inzwischen ist Wolffgang ein alter Mann. Er resümiert kurz die Schicksale der Freunde, beschäftigt sich immer mehr mit erbaulichen Gedanken, zitiert aus seiner eigenen Übertragung der *Imitatio Christi* von Thomas von Kempen eine Art ‹Adieu Welt› und macht sich – die bewußte Anlehnung an Grimmelshausen geht weiter – «wieder in den Wald; ob ich aber darinnen bleiben [...] werde / das muß man der künfftigen Zeit anheim stellen».

Der Charakter der *Sommer-Täge* ist düsterer als der des ersten Romans, auch wenn es nicht an Festen, Streichen, Possen, Komödien und wechselvollen Lebensgeschichten fehlt. Die Leichtigkeit und Lebensfreude der Akteure scheint gedämpft; Gespenstererscheinungen, Todesfälle, Mordanschläge, Bauernaufstände, blutige Kämpfe und Hinrichtungen sowie Reflexionen über moralische Themen entsprechen der Stimmung der Melancholie und der Vergänglichkeit, die der Erzähler zunehmend verbreitet und durch seine Beschäftigung mit dem spätmittelalterlichen Erbauungsbuch des Thomas von Kempen unterstreicht. Das Thema des Rückzugs aus der Welt verliert einen Teil seines spielerischen Moments; im religiösen Ernst des alternden Erzählers spiegelt sich die Frage nach dem richtigen, christlichen Leben. Die Antwort liegt aber nicht in asketischer Weltflucht; der Mensch ist – es wird ausdrücklich Aristoteles zitiert – ein soziales Wesen, und auch die Zitate aus Thomas von Kempen, die den Roman gleichsam einrahmen, gelten nur als Beleg für die Notwendigkeit, daß der Mensch «zuweilen eine gelegene Stunde suche allein zu seyn», um in Andacht zu sich selbst und zu Gott zu finden. Als Ausdruck von Reueanwandlungen, als Gelegenheit der Meditation, Reflexion und Selbsterkenntnis setzen diese Einsiedlerepisoden Akzente im Leben der Adelsgesellschaft und verweisen wie die erbauliche Lektüre auf die sich verstärkende religiöse Note des Doppelromans und auf Konstanten des deutschen Pikaroromans. Zwar bleibt Einsiedlertum als Lebensform auch bei Grimmelshausen nicht unbestritten, doch Beer führt die Reflexion weiter; seine Gestalten fragen unbefangener danach, was der menschlichen Natur angemessen sei. Mehrmals variiert der Erzähler den Gedanken, «daß die wahre Frommkeit nicht in Verwechßlung der Oerter / sondern vielmehr in Veränderung des Gemüthes bestünde», und der fromme Friderich resümiert, als er seinen Freunden in der «Eremiterey» bei «einem guten Gläßlein Vigerner Wein» seine Heiratspläne mitteilt:

> «Wir sind darum nicht heiliger / ob wir gleich einsamer als andere Menschen sind / und wer nicht absonderlich zu einer solchen Lebens-Art geboren / kan sie schwerlich / ja fast ohne grosse Widerwärtigkeit / nicht ertragen. [...] Diese / und noch mehr andere / Einwürffe des Friderichs waren nicht zu verwerffen / und dannenhero gar wol anzuhören / dann in Betrachtung / daß ein fleissiger Welt-Mann / so wol / als der einsamste Mönch / die Seeligkeit erlangen kan / so er seines Beruffs fleissig abwartet / wäre es freylich besser gewesen / daß wir / statt der grauen Einsidlers-Röcke / einen guten Harnisch angezogen hätten / und dem Feind / so dazumal unsere Provintz anfiele / mit gewaffneter Hand / entgegen gegangen wären. Darumben machten wir einen andern Entwurff unsers Lebens [...]».

Gewiß ist damit keine Lehre gegeben; es ist eine Momentaufnahme aus dem Leben jener Adelsgesellschaft, die in der weitgehenden Unabhängigkeit von der großen Welt (und entsprechender Verantwortungslosigkeit, die sich gleichsam das Erwachsenwerden erspart) eine ideale Lebensform gefunden zu haben glaubt, dafür aber den Preis der Melancholie und der Langeweile zahlt. Als Mittel dagegen dienen das fast obsessive Geschichtenerzählen und die oft in Exzesse ausartende Festkultur. Die Reuegefühle und das Sündenbewußtsein bleiben punktuell; der Rückzug in die meist kommode Einsiedelei bzw. Momente der Selbsterkenntnis und Meditation haben daher keine Dauer, der gleiche Prozeß beginnt von neuem. Von dem im Zitat angesprochenen «Beruff» zeigt dagegen der Roman noch wenig, obwohl hin und wieder die tüchtige Verwaltungstätigkeit der Guts- und Schloßbesitzer ins Blickfeld rückt. Gleichwohl deutet der Hinweis auf die gleiche Berechtigung von Mönchs- und Weltleben und auf das Berufsethos, dem der Musiker und Hofbeamte Beer später seine Unterhaltungsschriftstellerei opfern sollte, auf eine Alternative zur barocken Vanitasrhetorik, aber auch zum verantwortungslosen Festefeiern und Streichespielen an.

Christian Reuter

Bevor sich der niedere Roman mit den Avanturiersgeschichten und Robinsonaden von seinen satirische Intentionen verabschiedete und endgültig den Weg zum abenteuerlichen Unterhaltungsroman beschritt, setzte Christian Reuter, wegen der Schlampampe-Komödien als Pasquillant gerichtsnotorisch, mit seinem einzigen kleinen Roman einen satirischen Schlußpunkt unter die Epoche: *Schelmuffsky Curiose und Sehr gefährliche Reißebeschreibung zu Wasser und Land* (1696) bzw. in erweiterter Fassung *Schelmuffskys Warhafftige Curiöse und sehr gefährliche Reisebeschreibung Zu Wasser und Lande* (1696–97). *Schelmuffsky* ist eine konsequente, sich jeglichen moralischen Kommentars enthaltende indirekte Satire, die nicht zuletzt in parodistischer Absicht Elemente des Pikaroromans, des politischen Romans, der Reisebeschreibung, der Literatursatire und der Lügengeschichte aufnimmt, ohne einer dieser Gattungen zugeordnet werden zu können. Der Name des Helden, eine polonisierte Form von Schelm («ehrlos gewordener Mensch»), kommt bereits bei Daniel Speer vor (*Simplicianischer / Lustig-Politischer Haspel-Hannß*, 1684).

Held und Ich-Erzähler des dem «Grossen Mogol» gewidmeten Romans ist der bereits aus Reuters Komödie *L'Honnéte Femme* (1695) als abgerissener, großmäuliger Reisender bekannte Sohn der Wirtin des Gasthauses zum Göldnen Maulaffen. Anna Rosina Müller, Reuters frühere Wirtin, fühlte sich persönlich verunglimpft und klagte gegen diese neue Schmähschrift ebenso wie zuvor gegen die Komödie; *Schelmuffsky* wurde konfisziert. Schelmuffsky beginnt mit dem Bericht von seiner verfrühten Geburt, in dem eine große Ratte eine wichtige Rolle spielt («der Tebel hohlmer nicht ein eintziges Wort erlogen»). Frühreif kann er schon nach neun Tagen gewandt konversieren, doch Schule und Kaufmannslehre werden ihm sauer. Er beschließt, durch Reisen «ein berühmter Kerl» zu werden. Er reist zunächst von Schelmerode nach Hamburg. Mit einem Grafen, den er unterwegs getroffen hat, logiert er in einem vornehmen Gasthaus. Die Dame Charmante verliebt sich sofort in ihn. Er duelliert sich für sie, flieht aber dann nach einer weiteren Rauferei, bei der er reihenweise Leute niedersticht, nach Stockholm. Hier reißen sich wieder die Damen um ihn; auch Charmante und der «Herr Bruder Graf» treffen ein. Amsterdam, Indien und London sind die nächsten Stationen, und auf dem Weg nach Spanien gerät er nach heldenhaftem Kampf in die Hand von Seeräubern, die ihn nach St. Malo bringen. Seine Mutter löst ihn aus, und er kommt schließlich als völlig zerlumpter Pikaro nach Schelmerode zurück. Sein kleiner Vetter vergällt ihm die Rückkunft – zweiter Teil –, indem er ihn mit der Frage konfrontiert, was er schon wieder zu Hause wolle, da er doch kaum vierzehn Tage weg gewesen und nicht weit von hier «mit liederlicher Compagnie im Toback und Branntweine versoffen» sei. Er begibt sich wieder auf Reisen, dieses Mal nach Italien. In Venedig kommt er durch eine Lotterie zu Geld, in Padua begegnet er seinem genauen Ebenbild, dem aufschneiderischen Sohn der Wirtin Zum rothen Stier, in Rom küßt er dem Papst die Füße und rächt sich an dem Seeräuber, der ihn einst gefangengenommen hatte. Auf dem Rückweg, der ihn über Polen und Nürnberg führt, wird er im Schwarzwald ausgeraubt und kommt wieder «in blossen Hembde» nach Hause. Ein am Ende angekündigter dritter Teil erschien nicht.

Reihender Aufbau und Erzählform des *Schelmuffsky* sind dem Pikaroroman verpflichtet, das Reiseschema verweist überdies auf den politischen Roman und die Reiseliteratur. Aber während es diesen Gattungen um (satirische oder rein beschreibende) Welterkenntnis geht, zeigt Reuters Roman ein Bild der Welt, wie es sich im Hirn, in der Vorstellung eines kleinbürgerlichen Angebers darstellt, der in Wirklichkeit nicht über die Wirtshäuser der Umgebung hinausgekommen ist, der nichts gelernt hat außer mit dem Blasrohr zu schießen und zu lügen. Und da er mangels Bildung und Weltkenntnis nicht fähig ist, eine widerspruchsfreie Phantasiewelt aufzubauen, entlarvt er sich unfreiwillig ständig selber, so daß der Text – beginnend mit der plump-vertraulichen Widmung an den «Grossen Mogol» – fortwährend Lügensignale aussendet und durch die Diskrepanz zwischen dem Anspruch feinster adeliger Lebensart und Weltläufigkeit und dem wahren rüpelhaften Wesen des Helden, zwischen vorgeblicher Weltkenntnis und grotesken geographischen und topographischen Fehlleistungen, zwischen angelernten galanten Phrasen und Rückfällen ins Handfest-Grobianische für Komik sorgt. Dabei zielt Reuter ganz bewußt auf Grenzverletzungen, auf das Überschreiten gesellschaftlicher Tabus. Das gilt für die Exzesse beim Essen und Trinken mit ihren unappetitlichen Folgen, für die geschmacklosen und groben Schilderungen des Austauschs von Zärtlichkeiten und vor allem für die groteske Geschichte seiner Geburt, die als Begebenheit von der Ratte wie ein Leitmotiv den Roman durchzieht und die Schelmuffsky als eine Art Nachweis seiner adeligen Geburt ständig im Mund führt.

Zu den gelungensten Einfällen Reuters gehört die Konfrontation mit einem Doppelgänger, dem Wirtssohn in Padua, der zerlumpt «wie der ärgste Marode-Bruder» nach Hause zurückkehrt und von seinen Reiseabenteuern schwadroniert. Das entspricht genau der Situation zu Anfang des zweiten Romanteils – einschließlich der Entlarvung durch den kleinen Bruder –, nur daß Schelmuffsky in den Aufschneidereien, die ja durchaus die seinen sind, nun nichts als Lügen erkennen kann, schon um die eigene Einmaligkeit zu behaupten: «Ey sapperment! was schnitte der Kerl Dinges auff / wo er überall gewesen wäre / und waren der Tebel hohl mer lauter Lügen. [...] Denn ich kunte es ihn gleich an Augen absehen / daß er über eine Meile Weges von Padua nicht muste gewesen seyn.» Am Ende steht die Pointe, daß sich Schelmuffsky mit seinem Ebenbild duelliert und so die Bestrafung für die Lügenexistenz gleichsam an sich selbst vollzieht.

Reuters Roman verbindet Literatursatire und Gesellschaftskritik. Die Literatursatire macht vor kaum einer der zeitgenössischen Gattungen halt

und trifft mit seinem parodistischen Verfahren den galanten Roman
ebenso wie den Pikaroroman oder den politischen Roman; diesen kehrt
Reuter auf seine Weise um: Schelmuffsky wird durch seine imaginären
Reisen gewiß nicht klüger. Als Gesellschaftssatire hat der Roman ein
Doppelgesicht, wobei die biographischen Anlässe durchaus außer Betracht bleiben können. Die Satire auf den bramarbasierenden, spießigen
Kleinbürger und den Geltungsdrang eines adelssüchtigen Bürgertums
trifft umgekehrt auch die höfisch-galante Barockkultur selbst, die als Fassade erkennbar wird. Dabei gewinnt der Held Schelmuffsky durch seine
zwanghaften, grandios hilf- und einfallslosen Lügengespinste, aber auch
durch seine animalisch-anarchischen Qualitäten durchaus Statur, die ihn –
nach der Wiedererweckung in der Romantik, die den Verfasser nicht
kannte – als eine der wenigen Erfindungen der deutschen Barockliteratur
am Leben erhalten hat.

Utopie und Robinsonade

Utopie und Barockroman

Wenn von Utopien bzw. literarischen Utopien der Frühen Neuzeit die
Rede ist, ergibt sich notwendig der Bezug zu Thomas Morus' *Utopia* von
1516, dem Werk, das der Gattung den Namen gab und einer Reihe von
Nachfolgern als Muster diente, etwa Tommaso Campanella (*Civitas solis*,
1623) oder – im deutschen Sprachraum – Johann Valentin Andreae mit
seiner *Reipublicae Christianopolitanae descriptio* (1619). Diese *Beschreibung des Gemeinwesens von Christianopolis*, erst 1741 ins Deutsche übersetzt, ist der Entwurf eines idealen Staatsgebildes in der Tradition von
Morus und Campanella, dessen *Civitas solis* bereits vor Erscheinen im
Druck handschriftlich verbreitet war. Andreae widmete seine Utopie Johann Arndt, als dessen Schüler er sich betrachtete: «Dieser unser neuer
Staat schuldet dir Anerkennung und Achtung. Denn da sich unsere win-
zige Kolonie aus jenem großen Jerusalem herleitet, das du den Sophisten
zum Trotz mit überragendem Geist errichtet hast, muß in der Tat alles auf
dich zurückgeführt werden.»

Eine allegorische Reise auf dem «Schiff der Phantasie» trägt den Erzähler Andreaes aus einer Welt der «Tyrannei, Sophisterei und Heuchelei» auf das «Akademische Meer» hinaus. Als einziger Überlebender eines Schiffbruchs gelangt er auf
eine Insel, auf der aus religiösen Gründen aus ihrer Heimat Vertriebene eine Stadt
errichtet haben, die nun in 100 Kapiteln beschrieben wird (Einleitungskapitel plus
3 mal 33, das Lebensalter Christi). Der Grundriß der idealen Stadt ist quadratisch.
Innerhalb der Befestigungsanlagen aus Graben und Stadtmauer sind vier Gebäu-
dequadrate ineinandergeschachtelt; im Mittelpunkt steht ein runder Tempel: eine
Art Gottesstadt. Dem geometrischen Bauplan entspricht die rationale Planung
und Organisation der Arbeit, des sozialen Lebens und der Ausbildung, wobei die

Labore der Wissenschaftler und die Werkstätten der Handwerker zentrale Bedeutung erhalten. In der Gottesstadt verwirklicht sich ein praktisches Christentum, ein Christentum der Tat. Eine enzyklopädische Darstellung der Wissenschaften dominiert große Teile der Utopie und bestätigt ihre besondere mathematisch-naturwissenschaftliche und technische Note, die sich mit dem Geist evangelischer Frömmigkeit verbindet.

Andreae nahm das Bild der Christenstadt noch einmal in einem deutschsprachigen allegorischen Versepos auf, das den siegreichen Kampf eines christlichen Inselvolks gegen den Ansturm Satans und der Welt schildert: *Christenburg. Das ist: Ein schön geistlich Gedicht* (1626; vielleicht schon 1620).

Bei Texten wie der *Utopia* oder der *Christianopolis* handelt es sich um den Typus der sogenannten Raumutopie, bei der das literarische Verfahren stets das gleiche ist: Ein Reisender erzählt, von Fragen und Kommentaren der Zuhörer unterbrochen, nach der Rückkehr von seiner abenteuerlichen Seefahrt und der fernen, von der Außenwelt abgeschlossenen Insel und den dort herrschenden idealen Verhältnissen. Dabei erleichtert es die dialogische Form, durch Vergleiche kritisch auf die empirische Wirklichkeit einzugehen und sie satirischer Kritik zu unterziehen. Die inhaltlichen Vorstellungen dieser Utopien konkretisieren sich in geometrischen und symmetrischen Konstruktionen, die die unüberschaubare Komplexität der wirklichen Welt reduzieren. Sie kontrollieren und kanalisieren die Emotionalität des Menschen im Zeichen der Vernunft, bringen die Bedürfnisse des einzelnen und der Gesellschaft in Einklang, schließen historische Veränderungen angesichts der erreichten Vollkommenheit aus und verheißen so Überschaubarkeit und Beherrschbarkeit und damit Ordnung und Glück. Voraussetzung ist – und das macht auch Morus deutlich –, daß die christliche Vorstellung von der Erbsünde und ihren Folgen, die irdische Vollkommenheit ausschließt, bei diesen Gedankenexperimenten außer Kraft gesetzt wird. Die frühneuzeitliche Utopie versteht sich also nicht als Handlungsanweisung; sie verkörpert vielmehr eine absolute, außergeschichtliche Norm, an der sich die gesellschaftliche Wirklichkeit und ihre Normen und Institutionen messen lassen müssen.

Daß es diesen idealen Ort grundsätzlich nicht geben kann, deutet Morus bereits im Namen Utopia, zusammengesetzt aus griechisch ou (‹nicht›, ‹kein›) und *topos* (‹Ort›) an: Der vollkommene Staat ist Fiktion, ‹Kein-Ort›, ‹Nirgendwo›. Aber auch wenn ihre Verwirklichung unter christlichem Vorzeichen als unmöglich angesehen werden muß, haben innerweltliche Utopien ihren Sinn: Sie bieten dem Staatsmann eine Richtschnur, nach der er die menschliche Gesellschaft, «soweit es wegen der menschlichen Ohnmacht geschehen kann, zu einer wie auch immer beschaffenen Ähnlichkeit mit der Idee» heranzuführen vermag. So wenigstens begründet der Kieler Professor Georg Pasch in seinem (lateinischen) *Disput über die Dichtungen vom besten Staat* (1704) und dann in seinem Buch *De variis modis moralia tradendi* (1707) die Beschäftigung mit utopischen Gesellschaftsentwürfen.

Dabei handelt es sich um höchst statische Gebilde. Die erzählerische Komponente beschränkt sich auf einen recht kargen Rahmen, dialogische und allegorische Strukturen bestimmen die Form. Sie erwies sich, ungeachtet unterschiedlicher inhaltlicher Akzentuierungen, als wenig entwicklungsfähig, und man möchte es als Reflex dieser Schwierigkeiten ansehen, daß die deutsche Literatur des 17. Jahrhunderts nur wenige Versuche dieser Art kennt. Dazu gehören die christliche Kontrafaktur des Genres durch den Danziger Pfarrer Michael Albinus, bei dem die allegorische Reise zur Entdeckung einer Garteninsel mit dem Gemeinwesen der «Sionitischen Gesellschaft» führt und schließlich in eine Utopie des Gottesreiches mündet (*Geheimer Nachricht Sionitischer Walfart*, 1653), sowie die Wissenschaftsutopie *See-Farth nach der Neuen Welt / ohne Schiff und Segel* (1670) des Kieler Mediziners und Polyhistors Johann Daniel Major. Major schließt sich mit der Konzentration der Wissenschaftsutopie fast ausschließlich auf den naturwissenschaftlichen Bereich an Francis Bacons *Nova Atlantis* (1627) an und reiht die hundert Forschungsgebiete – anders als etwa Andreae – ohne symbolisches Ordnungskonzept einfach aneinander. Völlig auf erzählerische Momente verzichtet die Utopie *Der wohleingerichtete Staat Des bishero von vielen gesuchten / aber nicht gefundenen Königreichs Ophir* (1699).

Der Pädagoge und Erbauungsschriftsteller Johann Georg Schiebel ergänzte das Spektrum der utopischen Literatur mit der kleinen antiutopischen Schrift *Nutz- und Ergötzungs-reicher Vorschlag / eine Neue Weldt ohne Schiff und Seegel ehestes zuerfinden* (1678). Fazit: Eine bessere Welt ist allein durch die Besserung und Tugend des Einzelnen zu verwirklichen. Im übrigen trat Schiebel in der Nachfolge Harsdörffers mit einer Historiensammlung (*Neu-erbautes erbauliches Historisches Lust-Hauß*, 1679) und dem emblematischen Erbauungsbuch *Neu-erbauter Schausaal* (1684) hervor.

Der Mangel an selbständigen Sozialutopien bedeutet allerdings nicht, daß utopische Konzepte in der deutschen Literatur des 17. Jahrhunderts keine Rolle spielten. Schon früh werden Versuche erkennbar, den starren Formtypus mit erzählerischen Mitteln aufzubrechen, ihn zu dynamisieren und mit anderen Gattungen – Roman und Reisebeschreibung vor allem – zu verbinden. Beispiele dafür bieten etwa die *Histoire des Sévarambes* (1677–79) von Denis Vairasse (Veiras), die 1689 ins Deutsche übersetzt wurde (*Eine Historie der Neu-gefundenen Völcker Sevarambes genannt*), oder auch die utopischen Partien in Grimmelshausens *Simplicissimus*. Geht bei Vairasse die Utopie in den Formen des Romans und der Reisebeschreibung auf, so baut Grimmelshausen verschiedene Versatzstücke aus der Geschichte des utopischen Denkens als Zitate in den Roman ein, wo sie dann als Gegenbilder zum geschilderten perversen Weltzustand fungieren. Andere Möglichkeiten der literarischen Auseinandersetzung mit utopischen Denkformen manifestieren sich im Schäferroman bzw. in der Schäferdichtung im ganzen mit ihren Entwürfen einer arkadischen Gegenwelt zu den Zwängen der frühneuzeitlichen Gesellschaft, aber auch im eminent politischen höfisch-historischen Roman.

Denn der höfisch-historische Roman befaßt sich mit der Frage nach einer vollkommenen gesellschaftlichen und politischen Ordnung und entwirft Staats- und Gesellschaftsmodelle, die ein Zusammenleben in Frieden und Wohlstand – weniger allerdings in Freiheit – garantieren sollen. Es sind Antworten auf das Chaos und die Not der Bürgerkriege und Kriege des konfessionellen Zeitalters, auf ein Chaos, das Autoren wie Anton Ulrich in ihrer labyrinthischen Romankonstruktion auf ihre Weise abbilden und am Ende in eine optimale irdische Ordnung – verstanden als Abbild der göttlichen – überführen. Diese Romane demonstrieren, daß die unbeständige Welt der Fortuna letztlich doch einer höheren Macht untersteht und nur die scheinhafte Außenseite der Dinge darstellt. Sie durchbrechen den Schein, «die Wolcken des Wahns», wie es in der deutschen Übersetzung von Lipsius' *De Constantia* heißt, und dringen zum Wesen der Welt vor, enthüllen ihr wahres, göttliches Bild. Sie machen diese Wahrheit durch ihre ästhetische Vermittlung gleichsam sinnlich erfahrbar und setzen in der als chaotisch erlebten Wirklichkeit ein Moment der Hoffnung und damit der Utopie frei – Gegenbild zur tatsächlichen Welterfahrung in dem von Krieg und Verfolgung geprägten Zeitalter. Diese Ordnung ist, füllt man sie mit Inhalt, die Apotheose der absolutistischen Staatsidee.

Der Unterschied zu Utopien der Morus-Tradition besteht im Grundsätzlichen darin, daß die Vorstellungen vom bestmöglichen Gemeinwesen im höfisch-historischen Roman nicht von der negativen Anthropologie abstrahieren, sondern vielmehr – realistisch, wenn man will – die Unvollkommenheit des Menschen in ihren Konstruktionen berücksichtigen, mit deren Hilfe eine bedrohliche Gegenwart gemeistert werden soll. Damit legitimieren sie angesichts drohender bzw. herrschender Anarchie ein rigoros reglementiertes Staatswesen, eine Art absolutistischer Staatsmaschine, die den Untertanen eine sichere Existenz in Frieden verheißt. Garant des neuen goldenen Zeitalters, das die Romane in ihren Schlußbildern ankündigen, ist der absolute Herrscher. Beispielhaft demonstriert dieses Konzept John Barclays *Argenis* (1621), die im Schlußkapitel, «Ankündigung künfftiger Glückseligkeit» überschrieben, Herrscher und Volk in ihren künftigen Rollen vorstellt. Das Volk reagiert auf die gattungstypisch glückliche Auflösung aller Schwierigkeiten derart ausgelassen und fröhlich, daß es «ohn Ansehung einigen Standes oder Gelegenheit» durcheinander läuft – und damit ganz im Sinn der absolutistischen Staatstheorie als einheitlicher Körper dem Herrscher gegenübersteht. Mit dieser – wenn auch nur vorübergehenden – Formierung der Untertanen zu einer homogenen Masse deutet sich die Folgerung aus der absolutistischen Doktrin an, die Reinhart Koselleck so formuliert hat: «Die absolute Verantwortlichkeit des Souveräns erfordert die absolute Beherrschung aller Subjekte und setzt sie voraus. Nur wenn alle Untertanen in gleicher Weise dem

Herrscher unterworfen sind, kann dieser die Verantwortung für Frieden
und Ordnung allein übernehmen.» Der Preis der absolutistischen Utopie
ist die völlige Unterwerfung des einzelnen.

Robinsonade und Utopie

Die Episierung der traditionellen Sozialutopie, wie sie bereits Vairassses
Histoire des Sévarambes charakterisierte, erhielt durch die Verbindung
mit der sich seit 1720 entfaltenden Gattung der Robinsonade einen neuen
und folgenreichen Anstoß, der zugleich eine zunehmende Subjektivie-
rung des Erzählens mit sich brachte. Unmittelbar nach der deutschen
Übersetzung von Daniel Defoes Roman *The Life and Strange Surprising
Adventures of Robinson Crusoe, of York, Mariner* (1719), die ein Jahr
nach dem Original unter dem Titel *Das Leben und die gantz ungemeinen
Begebenheiten des berühmten Engelländers, Mr. Robinson Crusoe* erschien, warfen die Verleger zahlreiche deutsche Robinsone auf den Markt:
abenteuerliche Lebensbeschreibungen, die sich v. a. durch Herkunftsbe-
zeichnungen voneinander zu unterscheiden suchten (z. B. *Der Sächsische
Robinson*, 1722–23; *Der Americanische Robinson*, 1724) und Elemente
verschiedener Romangattungen aufnahmen. Züge des Pikaroromans und
des spätbarocken Abenteuerromans (Avanturierroman) herrschen vor
und bestimmen die episodische Struktur; das autobiographische Muster
unterstreicht die ‹Wahrheit› des Erzählten.

Wie die Robinsonaden gehören die Avanturierromane zu den letzten Ausläu-
fern des barocken niederen Romans. Beide gehen auf ausländische Vorbilder zurück, beide verdanken ihre Existenz den Mechanismen des literarischen Marktes.
Avanturierromane sind Abenteuerromane, Lebensgeschichten von meist aus kleinen Verhältnissen stammenden Helden, die von ihren mannigfachen Abenteuern,
Glückswechseln und Reisen erzählen. Die Herkunft vom Pikaroroman zeigt sich
in der Genealogie: Das Modell der Gattung, *Der kurtzweilige Avanturier* (1714),
ist eine Übersetzung des niederländischen Romans *Den Vermakelijken Avanturier* (1695) von Nicolaas Heinsius, der wiederum an den *Avanturier Buscon* (1633),
die französische Version von Francisco de Quevedos Schelmenroman *Buscón*
(1626), anknüpfte. Mit dem Erfolg des *Robinson Crusoe* und der Robinsonaden
wurden Avanturierromane vielfach als Robinsonaden ausgegeben, obwohl der für
dieses Genre konstitutive Inselaufenthalt fehlte. So erschien die zweite Auflage
des *Kurtzweiligen Avanturiers* unter dem Titel *Der Niderländische Robinson*
(1724).

Selbstverständlich gab es schon ‹Robinsonaden›, bevor sich die Gattung im
18. Jahrhundert herausbildete. Das zentrale Motiv ‹Schiffbruch und Rettung auf
eine abgelegene Insel› hat eine bis zu Homer zurückreichende Tradition. Im
17. Jahrhundert verdichtete es Grimmelshausen in der *Continuatio des abentheurlichen Simplicissimi* (1669) zum exemplarischen Sinnbild barocker Weltabsage;
Anregungen erhielt er dabei durch die kleine Erzählung *The Isle of Pines* (1668)
von Sir Henry Neville, die noch im Erscheinungsjahr des Originals ins Deutsche

übersetzt und u. a. auch in Georg Greflingers Zeitung *Nordischer Mercurius* unter dem Titel *Die Entdeckung der Insul Pines* abgedruckt wurde. Es handelt sich um eine Art Parodie des biblischen Paradiesmythos und der frühen Geschichte der Menschheit (insbesondere ihrer raschen Vermehrung). Im Kontext der Robinsonadenflut nach Defoe wurde der Text von einem unbekannten Verfasser zu einem satirischen Roman erweitert (*Wahrhaffte und merckwürdige Lebens-Beschreibung Joris Pines von Dublin aus Irrland bürtig*, 1726).

Die Robinsonaden übernehmen aus Defoes Roman durchgängig nur das Motiv des Schiffbruchs mit anschließendem Inselaufenthalt. Sie erzählen zunächst die fiktiv-autobiographische Jugend- und Berufsgeschichte des Helden, der dann aus unterschiedlichen Gründen in Not gerät, seinen sozialen Status verliert und aufbricht, um in der Ferne sein Glück zu machen. Nach mannigfachen Abenteuern rettet sich der Robinson nach einem Schiffbruch auf eine einsame Insel, auf der er dann häufig einen Schatz findet. Nach seiner glücklichen Heimkehr kann er so den verlorenen sozialen Status wiedererlangen und den ihm gebührenden Platz in der bürgerlichen Gesellschaft einnehmen. In diesen Romanen, die sich dem Avanturierroman annähern, ist die Insel nicht ein Ort utopischer Sehnsucht, sondern eine als Exil empfundene Station in einem Leben, das in der Heimat, in Europa, sein Ziel findet.

Wenn hier Schiffbruch und Inselaufenthalt nur einen ungewollten und vorübergehenden Abschied von der europäischen Zivilisation und ihren Gesellschaftsstrukturen bedeuten, so bezieht die utopische Variante der Robinsonaden ihren Sinn gerade aus dem Bruch mit den Zuständen und Lebensbedingungen im absolutistischen Europa: Die Insel wird zum Zufluchtsort, an dem die Schiffbrüchigen unter paradiesischen Bedingungen eine eigene, auf Tugend und Moral gegründete Ordnung errichten – kritisches Gegenbild der Welt, die sie hinter sich gelassen haben. Bedeutendstes Beispiel einer utopischen Robinsonade ist Johann Gottfried Schnabels vierbändiger Roman *Wunderliche Fata einiger See-Fahrer, absonderlich Alberti Julii, eines gebohrnen Sachsens, [...] entworffen Von dessen Bruders-Sohnes-Sohnes-Sohne, Mons. Eberhard Julio* (1731–43), bereits im 18. Jahrhundert kurz *Insel Felsenburg* genannt.

Schnabel erkennt die Möglichkeiten, die Defoes Darstellung der symbolischen Situation des einzelnen auf einer einsamen Insel innewohnen, und baut sie zum Entwurf eines auf pietistischer Frömmigkeit, Vernunft und Tugend gegründeten Gemeinwesens von Europamüden aus. Dabei gelingt es ihm, den der traditionellen Utopie eigenen statischen Charakter zu überwinden, indem er Elemente des Abenteuerromans und der Utopie miteinander verbindet und in eine komplexe epische Struktur integriert, die durch ein System von ineinander verschachtelten Lebensgeschichten und Berichten über Entstehung und Entwicklung der utopischen Gemeinschaft charakterisiert ist. Die Einbeziehung der Geschichte des utopischen Gemeinwesens kann allerdings nicht verhindern, daß mit dem Erreichen des gegenwärtigen, vollkommenen Zustandes sich dann doch der Stillstand einstellt und der Stoff ausgeht, so daß sich Schnabel in den letzten beiden Bänden wenig überzeugend mit Abenteuer- und Gespenstergeschichten zu behelfen sucht.

Als fiktiver Herausgeber fungiert ein gewisser Gisander, der nach einer Kritik an der zeitgenössischen Robinsonadenliteratur und einem Spiel mit den Begriffen Wahrheit und Fiktion schildert, wie das Manuskript in seine Hände kam. Die zentrale Erzählerfigur in dem von Gisander veröffentlichten Manuskript ist Eberhard Julius, Großneffe des Felsenburg-Begründers Albert Julius, der ihn auf die Insel eingeladen hat. Eberhard Julius berichtet zunächst von seinem Leben in Europa, dann von dem Gemeinwesen auf der Insel Felsenburg. Dabei wird die Erzählung von ihrer Beschaffenheit und von ihren Einrichtungen, die sich zwanglos aus den täglichen Inspektionsreisen ergibt, regelmäßig von dem Fortsetzungsbericht des «Altvaters» Albert Julius über sein Leben und die Geschichte der patriarchalischen Inselrepublik und durch die Lebensgeschichten der anderen Felsenburger abgelöst.

In dem Entwurf einer Gegenwelt zu den Verhältnissen in Europa zeigt sich der utopische Charakter der *Wunderlichen Fata*. Wie die Vorrede andeutet, geht es Schnabel nicht um die abgezirkelte Konstruktion eines vollkommenen Staatswesens (einen «Staats-Cörper anzuraisoniren»); daher schenkt er dem institutionellen Rahmen der patriarchalischen Republik keine besondere Aufmerksamkeit. Vielmehr weckt das geschilderte «irrdische Paradies», das neue «Canaan», gezielt biblische Assoziationen. Die Autorität des Patriarchen Albert Julius bleibt unangetastet, zu ernsthaften Konflikten kommt es nicht. Voraussetzung für diese familiäre Idylle ist die Fruchtbarkeit der Natur, die ein Leben ohne Not erst ermöglicht; daneben sorgt die göttliche Vorsehung dafür, daß benötigte Werkzeuge und andere Gegenstände beim Schiffbruch gerettet bzw. später angeschwemmt werden. Die Natur wird, ohne jede Schwärmerei, durchweg nach dem Kriterium der Nützlichkeit beurteilt und der menschlichen Herrschaft unterworfen. Diese Unterwerfung gilt auch für die menschliche Natur, denn die Beherrschung der eigenen Affekte, die Selbstdisziplinierung der Mitglieder der Gemeinschaft – unterstützt durch vorsorgliche Maßnahmen des «Altvaters» einschließlich einer planvollen Heiratspolitik – ist die Voraussetzung für ihr Funktionieren. Hier wird die Kritik an der Utopie wegen ihrer unhaltbaren Prämissen einsetzen.

Dieses allmählich sich entfaltende Bild der utopischen Gemeinschaft und ihrer Geschichte ist ein Gegenbild zu den bedrückenden religiösen, gesellschaftlichen und politischen Verhältnissen der europäischen Gegenwart, wie sie sich in den Lebensgeschichten der auf der Insel gestrandeten bzw. später gezielt dorthin eingeladenen Menschen spiegelt. Alle Bereiche der Gesellschaft sind betroffen. Diebe, Räuber, Goldmacher, Falschmünzer, bestechliche Akademiker, barbarische Militärs, habgierige Bürger, beschränkte Adelige, militante Jesuiten und korrupte protestantische Geistliche bevölkern Schnabels europäische Welt. Grundsätzlich steht es schlecht mit den Beziehungen zwischen den Menschen. Liebesgeschichten enden in der Regel unglücklich. Gewinnsucht, Ehrgeiz, Heuchelei, Verleumdung und Intrigen bestimmen das Zusammenleben, und am Schluß tröstet keineswegs der Satz, daß Tugend belohnt werde. So wiederholt es sich von Lebenslauf zu Lebenslauf. Deren Erzähler sind häufig gescheiterte Existenzen, von vornherein durch unerfreuliche Familienverhältnisse benachteiligt und später durchweg von Unglück verfolgt. Aber auch Menschen, die schuldig geworden sind oder geradezu auf eine Verbrecherlaufbahn zurückblicken können, sind auf der Insel willkommen, sofern sie auf den Weg der Tugend zurückkehren, exemplarische Vorgänge, die vom «Altvater» mit christlich-erbaulichen Gedanken unterstützt werden. Die Umkehr eines einzelnen ist immer möglich; an eine Veränderung der gesellschaftlichen und moralischen Verhältnisse im ganzen scheint jedoch kein Felsenburger zu glauben. Die vielfach geprüften Existenzen ergreifen ohne zu Zögern die Gelegenheit eines neuen Anfangs und verschwenden keinen Gedanken an eine mögliche Rückkehr in die europäische Anarchie; sie haben, geführt von der «Wunder-Hand des Himmels», «endlich durch viele Unglücks-Wellen den Haafen eines irrdischen Paradieses gefunden».

Johann Gottfried Schnabel wurde 1692 in Sandersdorf bei Bitterfeld geboren. Von 1702 an besuchte der früh verwaiste Pfarrerssohn die Lateinschule in Halle. Anschließend erwarb er medizinische Kenntnisse bzw. erlernte die Barbierkunst. 1710–12 nahm er wahrscheinlich als Feldscher an den Feldzügen Prinz Eugens während des Spanischen Erbfolgekriegs teil; von 1714–18 ist er als Feldscher in einem kursächsischen Regiment nachweisbar. 1724 legte er den Bürgereid in Stolberg im Harz ab, wirkte als schlecht bezahlter «Hofbalbier», Kammerdiener und Hofagent der Grafen von Stolberg und suchte durch die Herausgabe einer Zeitung und schriftstellerische Arbeiten seine finanzielle Lage zu verbessern (*Stolbergische Sammlung Neuer und Merckwürdiger Welt-Geschichte*, 1731–41). Eine Bittschrift vom April 1744 ist das letzte Stolberger Zeugnis; man nimmt an, daß Schnabel Stolberg verlassen hat. 1750 erschien der letzte ihm sicher zuzuschreibende Roman (*Der aus dem Mond gefallene und nachhero zur Sonne des Glücks gestiegene Printz*). 1760 wird er als verstorben bezeichnet.

Neben seinem ungemein erfolgreichen vierbändigen Hauptwerk *Wunderliche Fata einiger See-Fahrer* und dem ebenfalls viel gelesenen galanten Roman *Der im Irr-Garten der Liebe herum taumelnde Cavalier* (1738) werden Schnabel noch einige andere Romane zugeschrieben, ohne daß seine Autorschaft gesichert wäre (u. a. *Die ungemein schöne und gelehrte Finnländerin Salome*, 1748; *Der Sieg des Glücks und der Liebe über die Melancholie*, 1748). Zu seinen auf aktuelle Ereignisse bezogenen literarischen bzw. journalistischen Arbeiten gehört seine Biographie des Prinzen Eugen von Savoyen, die er unmittelbar nach dem Tod des Feldherrn in Angriff nahm (*Lebens- Helden- und Todes-Geschicht des berühmtesten*

Feld-Herrn bißheriger Zeiten Eugenii Francisci, Prinzen von Savoyen und Pie-mont, 1736).

Auf Schnabels *Insel Felsenburg* folgten weitere utopische Robinsonaden wie etwa Johann Friedrich Bachstroms *Land der Inquiraner* (1736–37) und der von einem unbekannten Verfasser stammende *Americanische Freybeuter* (1742–45). Bereits bei Bachstrom setzt die Kritik an den Voraussetzungen der utopischen Modelle – Beherrschung der inneren Natur, Affektregulierung – ein, die auf die späteren Romane von Johann Carl Wezel (*Robinson Krusoe. Neu bearbeitet*, 1779–80) oder Gottlob Benjamin Pfeil (*Die glückliche Insel*, 1781) vorausweist, die das Scheitern der utopischen Programmatik parodistisch inszenieren. Gleichwohl blieb Schnabels *Insel Felsenburg* einer der populärsten Romane des 18. Jahrhunderts. Mit ihrem utopischen Traum einer Flucht aus der deformierten und deformierenden Welt des europäischen Absolutismus in ein neues «gelobtes Land» beginnt, trotz der Verwendung mancher Versatzstücke aus der barocken Tradition, der bürgerliche Roman der deutschen Aufklärung.

IV. SCHÄFERLICHE UND SENTIMENTALE LIEBESROMANE UND -ERZÄHLUNGEN

1. Der europäische Schäferroman und seine Rezeption

Für die Ausbildung des europäischen Schäferromans in der Renaissance blieb das antike Beispiel, Longos' *Daphnis und Chloe* (2./3. Jh. n. Chr.), ohne Bedeutung. Die Entwicklung ging vielmehr von Jacopo Sannazaro aus, der in seiner *Arcadia* (1502) die lyrische Hirtendichtung um eine epische Komponente erweiterte und die zwölf Eklogen des Werkes durch Prosatexte eines Ich-Erzählers in einen losen Handlungszusammenhang stellte. Diese Ansätze baute Jorge de Montemayor in *Los siete libros de la Diana* (1559) zum ersten vollgültigen Schäferroman der Neuzeit aus; Alonso Pérez (*La Diana de Jorge de Montemayor, segunda parte*, 1564) und im selben Jahr Gaspar Gil Polo (*Diana enamorada*) knüpften an den Erfolg der *Diana* an und schrieben Fortsetzungen. Beherrschendes Thema in Montemayors episodenreichem Werk ist wie bei Sannazaro die Liebe, vor allem die klagende Liebe mit ihren verschiedenen Aspekten. Damit dringen petrarkistische und neuplatonische Auffassungen in den Schäferroman ein.

Anlaß zum Klagen hat nicht nur der Schäfer Sireno, der seine Geliebte Diana nach längerer Abwesenheit mit dem reichen Delio verheiratet findet. Denn Montemayor verbindet die Haupthandlung um Sireno mit zahlreichen weiteren Erzählungen von Liebe und Leid, die sich aus der Begegnung mit anderen Hirten und Hirtinnen ergeben. Auch diese sind wie Sireno auf der Suche nach der Erlösung von ihrem Liebesleid, und die gemeinsame Wanderschaft führt sie schließlich zum (allegorisch zu verstehenden) Schloß der Priesterin Felicia, die Sireno durch einen Trank des Vergessens von seinem Leiden befreit, während die anderen Liebenden glücklich zueinander finden. Diana bleibt unglücklich. Die Fortsetzer distanzieren sich von Montemayors Neuplatonismus und kommen zu anderen Lösungen für Sireno und Diana.

Sir Philip Sidneys *Arcadia* (1590 bzw. 1593), der englische Beitrag zur großen epischen Schäferdichtung, erweitert den Schäferroman ins Heroische und Politische; eine eindeutige Gattungszuweisung des Werkes erweist sich angesichts des überlegten kompositorischen Gegen- und Miteinanders der verschiedenen Elemente letztlich als unmöglich. Mit dem Einsatz *medias in res* und der glücklichen Vereinigung der Liebespaare am Ende orientiert sich Sidney an der Struktur des hellenistischen Liebesromans. Basilius, der Herrscher Arkadiens, hat sich in die Einsamkeit einer Schäferidylle zurückgezogen, weil er glaubt, dadurch einen Orakelspruch außer Kraft setzen zu können, eine Handlungsweise, die seiner politischen Verantwortung nicht gerecht wird. Zusammen mit dem schäferlichen Liebes- und Verkleidungsspiel der jungen, um die Königstöchter Pamela und Philoclea werbenden Helden Musidorus und Pirocles und den daraus resultierenden Verwirrungen führt diese Abkehr vom politischen Geschäft zu einer völligen Zerrüttung der staatlichen Ordnung. Sie kann erst durch eine Intervention von Außen, durch Evarchus von Makedonien, wiederhergestellt werden. Daß dann die jungen Prinzen das gleichsam private Schäferdasein hinter sich lassen und zur öffentlichen Wirksamkeit zurückkehren, bestätigt die rechten Verhältnisse. Mit dieser Wendung, die den heroisch überhöhten Schäferroman zum Medium politischer Diskussion macht, wuchs Sidneys Werk eine Wirkung zu, die weit über die Gattung des Schäferromans hinausreichte: Die *Arcadia* ist eine wichtige Vorstufe des höfisch-historischen Barockromans, wie er mit John Barclays *Argenis* (1621) erstmals voll ausgebildet erscheint.

Auf andere Weise ging der französische Schäferroman mit der pastoralen Tradition um. Während die fünf Bände von Nicolas de Montreux' Schäferdichtung *Les bergeries de Juliette* (1585–98) keine einheitsstiftende Handlung erkennen lassen, sie also hinter Montemayor zurückfallen, führte Honoré d'Urfé mit seiner in ganz Europa bewunderten *Astrée* die Gattung zu ihrem künstlerischen Höhepunkt. Der Roman, konzipiert auf fünf Bände mit jeweils zwölf Büchern, erschien zwischen 1607 und 1627/28, wobei nach dem Tod des Autors (1625) zunächst der Romancier Marin Le Roy de Gomberville und dann abschließend d'Urfés Sekretär Balthasar Baro für die Vollendung des gewaltigen Werkes sorgten. Ort der Handlung ist die kleine Provinz Forez im Quellgebiet der Loire, ein von der Außenwelt abgeschirmtes Arkadien in der Heimat des Dichters. In dieser Landschaft leben zwei adelige Gesellschaften, die gegensätzliche Haltungen und Normen repräsentieren. Diese Konstellation ermöglicht es d'Urfé, Vorstellungen von einem vorbildlichen aristokratischen Ethos und einem freien und zugleich geordneten gesellschaftlichen Zusammenleben zu formulieren (und so die unter Heinrich IV. erreichte Machtbalance zu verklären). Dies geschieht in der Form eines Liebesromans mit Astrée und Celadon als zentralem Paar, um das sich zahlreiche weitere Figuren gruppieren, deren Geschichten mit der Haupthandlung verbunden sind und verschiedene Facetten und Auffassungen der Liebe durchspielen.

Der Roman beginnt damit, daß der von der «Schäferin» Astrée wegen angeblicher Untreue vom Hof verbannte Celadon in den Fluß Lignon springt, sich eine Weile treiben läßt und schließlich zum Schloß Galathées, der Herrscherin über die Provinz, gelangt, während Astrée bei den Schäfern zurückbleibt (und es einiger tausend Seiten bedarf, bis das Paar wieder zusammenfindet). So stellt d'Urfé die Verbindung zwischen den beiden Zentren her, die auch die ideelle Struktur des Romans bestimmen. Die Angehörigen der schäferlichen Welt der *Astrée* stammen aus dem ländlichen Adel. Sie verkörpern mit ihrer Auffassung der Liebe als Quelle der Tugend ein ethisch fundiertes Adelsideal. Diese Welt der «belles âmes» und «honnêtes hommes» steht der höfischen Sphäre der «Nymphe» Galathée gegenüber, in der Liebe und Treue vom persönlichen Vorteil abhängig sind. Hier bewährt sich Celadon, den Werbungen Galathées und den Verlockungen des Hofes ausgesetzt, als der sprichwörtliche treue, beständige, vollkommene Liebhaber, so daß es dann auch – wie im spätantiken Liebesroman und im höfisch-historischen Roman des Barock – als Belohnung der Treue und der Tugend zur Wiedervereinigung mit der Geliebten kommen kann. So erweist sich die Überlegenheit des ethischen Ideals der «Schäfer», beispielhaft verkörpert in der Liebesauffassung, gegenüber der Welt des Hofes und des höfischen Adels. Als allerdings eine Rebellion die politische Ordnung bedroht, finden die beiden Gruppen zu gemeinsamem Handeln, um die Monarchie zu verteidigen. Daß es letztlich um einen historischen Ausgleich nach den Konfessionskriegen geht, zeigt auch die Darstellung der Religion im Forez, einem fiktiven keltischen Glauben auf der Grundlage des Katholizismus, aber mit Einbindung reformierter Vorstellungen.

Die breite literarische und gesellschaftliche Wirkung der *Astrée* setzte schon vor ihrer Vollendung ein. Insbesondere die Autoren des *roman héroïque* fanden in Form, aristokratischem Ethos und psychologischer Darstellungskunst des Romans wichtige Anknüpfungspunkte. Große höfische Schäferromane entstanden jedoch in Frankreich nicht mehr.

Die Versuche, die großen europäischen Schäferromane einzudeutschen, begannen schon vor dem Wirksamwerden der literarischen und kulturpolitischen Reformprogramme. Die Ergebnisse waren zwiespältig, da manche Übertragungen schon bald nicht mehr den neuen sprachlichen und stilistischen Anforderungen entsprachen. Überdies blieb die Übersetzung der *Astrée* d'Urfés, des bedeutendsten Romans, Fragment. Einige Texte, etwa die *Arcadia* Sannazaros, fanden keine Übersetzer. Der Anstoß zur Übertragung französischer Schäferromane ging von dem Drucker Jacques Foillet aus, der sich in der württembergischen Enklave Mömpelgard (Montbéliard) u. a. der Vermittlung moderner französischer Literatur widmete und dabei enge Beziehungen zu Basel und Straßburg unterhielt. Die Übersetzer kamen aus dem Umkreis des Baseler Späthumanismus und knüpften an das Beispiel der hier entstandenen deutschen Fassungen der späten *Amadís*-Bücher an.

Zunächst erschien 1605 unter dem Titel *Die Schäffereyen Von der schönen Juliana* der erste Band von Nicolas de Montreux' *Bergeries de Juliette*, übersetzt von dem Baseler Gelehrten Friedrich Castellio. Erst nach einer längeren Pause und einer Neuauflage des ersten Bandes 1615 folgten 1616–17 die weiteren vier

Bände des Romans sowie – als Zusammenfassung der Übersetzungsarbeit – eine *Schatzkammer Aus den Fünff Büchern der Schäffereyen von der schönen Juliana* (1617) nach dem Vorbild der entsprechenden Blütenlesen aus dem *Amadís* (1596). Übersetzer dieser Bände der *Juliana* war der Baseler Johann Balthasar Burckhardt. Während seiner Übersetzertätigkeit diente er in einem Berner Regiment, das 1617 zu einer gemeinsamen Aktion verschiedener Staaten gegen spanische Expansionsbestrebungen nach Oberitalien geschickt wurde. Ob er bei dieser Gelegenheit den Marquis Honoré d'Urfé kennenlernte, der ebenfalls an der Aktion beteiligt war, ist nicht belegt. Jedenfalls begann Burckhardt nach Abschluß der *Juliana* mit der Verdeutschung der *Astrée*. Er kam allerdings nicht über den ersten Band hinaus, der im Todesjahr des Verlegers Jacques Foillet erschien: *Von der Lieb. Astreae vnd Celadonis Einer Schäfferin vnd Schäffers* (1619). Während Burckhardt in philologischer Manier den Originaltext nachzubilden suchte, kam wenige Jahre später zuerst in Halle bzw. Leipzig eine zweite, zu manieristischer Wortfülle und Aufschwellung neigende Übersetzung heraus (*Die Schäfferinn Astrea*). Ihr Verfasser war Carl von Barth, Bruder des späthumanistischen Neulateiners Caspar von Barth. Auch diese Übersetzung blieb fragmentarisch; die beiden ersten Teile erschienen 1624; 1625 und 1632 folgten, jeweils unvollständig, der dritte und der vierte Teil.

In eine andere Literaturlandschaft, nach Oberösterreich, führt die Übertragung von Montemayors *Diana*. Sie ist das Werk des Freiherrn Hans Ludwig von Kuefstein bzw. Ku(f)fstein, der zur Reihe der bedeutenden Barockschriftsteller aus dem protestantischen österreichischen Landadel gehört (Stubenberg, Greiffenberg, Hohberg u. a.). Kuefstein übersetzte Montemayors Roman zusammen mit der Fortsetzung von Alonso Pérez und bemühte sich dabei, den Handlungsverlauf durch Zusätze und Erläuterungen zu verdeutlichen und psychologisch zu motivieren (*Erster vnnd anderer Theil Der newen verteutschten Schäfferey / von der schönen verliebten Diana / vnd dem vergessenen Syreno*, 1619). Georg Philipp Harsdörffer revidierte Kuefsteins Übersetzung 1646, wobei ihm insbesondere zwei Punkte der voropitzianischen Übersetzungspraxis, Versbehandlung und Fremdwortgebrauch, korrekturbedürftig erschienen. Die Schuld dafür sei aber nicht dem verdienten Übersetzer beizumessen, «sondern der bösen Gewonheit selber Zeit / und der damals noch unausgeübten Poeterey / da man unser Sprache für unfähig aller Zierlichkeit gehalten» habe. Den beiden Teilen der Kuefstein-Übersetzung fügte Harsdörffer die eigene Übertragung der «zuvor nie-gedolmetschten» Fortsetzung Gil Polos hinzu. Sie basiert, was die Prosa angeht, auf der neulateinischen Version, die Caspar von Barth unter dem Titel *Erotodidascalus* (1625) veröffentlicht hatte. Dagegen suchte Harsdörffer bei den Gedichten den spanischen Formen genau zu folgen (*Diana, Von H. J. de Montemajor, in zweyen Theilen Spanisch beschrieben / und aus denselben geteutschet Durch Weiland [...] Herrn Johann Ludwigen Freyherrn von Kueffstein / etc. An jetzo aber Mit deß Herrn C. G. Polo zuvor nie-gedolmetschten dritten Theil vermehret*, 1646).

Bereits vor Harsdörffers *Diana*-Bearbeitung hatte Opitz den Auftrag übernommen, eine ältere Übertragung dem neuen sprachlichen Standard anzugleichen. Er galt Sir Philipp Sidneys *Arcadia*, die 1629 von einem gewissen Valentinus Theocritus von Hirschberg – es handelt sich um den Arzt und Astronomen Daniel Mögling – übersetzt worden war (*Arcadia Der Gräffin von Pembrock*, 1638).

2. Deutsche Schäfererzählungen und -romane

Poetik

Die Übertragungen der europäischen Schäferromane führten, von einer späten Ausnahme abgesehen, nicht zu entsprechenden deutschen Versuchen mit der pastoralen Großform. Kleinere, oft traktatähnliche und an die europäische Novellentradition angelehnte Schäfererzählungen bestimmen hier das Bild. Dazu kommen Texte aus dem Umkreis des europäischen sentimentalen Romans, die – mit oder ohne pastorale Ingredienzen – durch ähnliche Haltungen und Themen charakterisiert sind. Die von Opitz begründete Gattung der Schäferei oder Prosaekloge gehört nicht in diesen Zusammenhang (s. S. 190 ff.). Insgesamt bleibt der Begriff ‹Schäferroman› angesichts der im einzelnen höchst unterschiedlichen Texte inhaltlich eher vage; er führt in die Irre, wenn man den europäischen Schäferroman der Renaissance als Maßstab setzt.

Sofern sich deutsche Poetiker überhaupt mit dem Roman beschäftigen, gilt ihr Interesse fast ausschließlich dem durch die Analogie zum Epos legitimierten höfisch-historischen Roman. Zu ihm rechnen sie auch die großen Schäferromane der Renaissance. So beziehen sich auch die poetologischen und historischen Erörterungen Harsdörffers zu diesem Themenbereich, die ausführlichsten eines deutschen Poetikers, auf den repräsentativen, hohen Roman. Sie leiten seine *Diana*-Übertragung ein und behandeln den Schäferroman im Kontext der gesamten bukolischen Dichtung, die in einer Art rückwärtsgewandter Utopie die friedliche, geschichtslose «guldne Zeit der ersten Welt» zurückrufe, «in welcher die Menschen von der Vieh-Zucht / ohne Ehr und Geltgeitz / mit höchster Vergnügung jhr Leben hingebracht» hätten: Gegenbild zum «Landverderblichen Kriegswesen» und den «Städt- und Hoflastern» der Gegenwart. Den allegorischen Charakter der Schäfermaske unterstreicht Harsdörffer dabei durch ein Zitat aus seinem (und Johann Klajs) *Pegnesischem Schäfergedicht* (1644), das der Vorrede zur *Diana* vorausgeht: «Durch die Hirten / oder Schäfer werden verstanden die Poeten / durch ihre Schafe / die Bücher / durch derselben Wolle / ihre Gedichte / durch die Schafhunde ihre von wichtigen studiren müssige Stunden.» Für die poetologische Rechtfertigung des hohen Schäferromans gelten die gleichen Argumente wie für den höfisch-historischen Roman, die auf die didaktische wie ästhetische Überlegenheit der Fiktion gegenüber der ‹wahren› Geschichte abzielen.

Die Autoren deutscher Schäferromane vertreten dagegen eine andere Konzeption. Sie knüpfen bis auf die Ausnahme der *Macarie* von Maria Katharina und Heinrich Stockfleth weder an die große Form an, die die Romane Montemayors, d'Urfés oder Sidneys auszeichnet, noch an den damit verbundenen repräsentativen Kunstanspruch. Den eigenen Charakter ihrer kleinen Texte bezeichnen sie in den Vorreden mit Begriffen wie «Historie» bzw. «historische Beschreibung» und «privat-werck»; dazu gehört in der Regel eine moralisierende Behandlung des Liebesthemas. Aus diesen Vorgaben folgt auch, abgesehen wiederum von der *Macarie* der Stockfleths, ein weitgehendes Desinteresse an der utopischen Komponente der Schäferdichtung. Allerdings bleiben die allgemeinen Gattungscharakteristika erhalten: die Prosa und Vers verbindende Mischform, der bukolische Rahmen, Liebe als zentrales Thema. Darüber hinaus gibt es zahlreiche konkrete punktuelle Bezüge, die Motive, Situationen, Personenkonstellationen und vor allem Aspekte der gesellschaftlichen Bildung betreffen können.

Der in verschiedenen Variationen wiederkehrende Hinweis, die Texte seien als historische Beschreibungen zu verstehen, läßt sich auf der einen Seite als Abgrenzung vom Wahrscheinlichkeitspostulat des höfisch-historischen Romans interpretieren, auf der anderen bezeichnet er die spezifische Qualität dieser Texte: Historisch meint nicht allgemeine politische Geschichte im Sinn des Historikers, sondern bezieht sich auf die Schilderung vergangener Begebenheiten und Ereignisse nichtöffentlichen Charakters. Dementsprechend bekräftigen die Autoren die Wahrheit ihrer Geschichten mit Hinweisen auf die eigene Erfahrung oder die enge Vertrautheit mit den Personen oder Umständen. Und da sich die Schäferromane als Schlüsselromane präsentieren, geschieht das auch indirekt dadurch, daß die Autoren ihre Leser um Verschwiegenheit bitten, falls sie ihnen möglicherweise bekannte Personen und Ereignisse hinter der Schäfermaske entdecken sollten.

Der Bezug auf persönliche Erfahrung oder Selbsterfahrung und damit die Authentizität der dargestellten Ereignisse drückt sich zudem in der wiederkehrenden Bezeichnung «privat-werck» aus. Der private Charakter der Liebesgeschichten, der in einigen Fällen einen geringeren Kunstanspruch rechtfertigen muß, gilt darüber hinaus auch für die Beziehung zum Publikum: Im Gegensatz zum öffentlich-repräsentativen Anspruch des höfischen Schäferromans richten sich diese Werke, jedenfalls ursprünglich, an einen begrenzten gelehrt-bürgerlichen oder adeligen Freundes- und Bekanntenkreis. Diesen Aspekt teilen sie mit der barocken Gelegenheitsdichtung, und insofern stehen Privatheit und die unrepräsentative Darstellungsweise nicht in Widerspruch zu dem gesellschaftlichen Grundcharakter der frühneuzeitlichen Dichtung; ebensowenig machen die Berufung auf die eigene Erfahrung und die Betonung des Authentischen die deutschen Schäferromane zur ‹Erlebnisdichtung›. Vielmehr dominiert ein moraldidaktisches Programm die Liebesthematik.

Schäferroman, Novellistik, sentimentaler Roman

Die Verfasser der deutschen Schäferromane behandeln Liebe in der Regel nicht als eine Tugend oder Teil eines ästhetisch-gesellschaftlichen Erziehungsprogramms, sondern als eine starke, verderbliche Leidenschaft, die es durch die Vernunft zu überwinden gilt. Die Rolle der Frau bleibt ambivalent, während der junge Held sein inneres Gleichgewicht wiederfindet und seiner Bestimmung folgen kann. Daher enden die diesem Konzept verpflichteten Erzählungen oder Romane bis auf wenige Ausnahmen mit der Trennung des Liebespaars. Die vergleichsweise kurzen Texte unterscheiden sich aber nicht nur durch den unglücklichen Ausgang vom höfisch-historischen Roman und vom europäischen Schäferroman, sondern auch durch ihre einfache, reihende Erzählweise, in der die Geschehnisse in chronologischer Folge vom Kennenlernen der Protagonisten über eine Phase mehr oder weniger glücklicher Liebe bis zur Trennung dargestellt werden.

Struktur, Thematik und Darstellungsform der Texte verweisen darauf, daß sich die Autoren neben dem Schäferroman auch auf andere europäische Erzähltraditionen beziehen. Ausdrücklich geschieht dies in der Vorrede zur *Jüngst-erbaweten Schäfferey* (1632), dem ersten deutschen Schäferroman, der zugleich die Umrisse der deutschen Sonderentwicklung festlegte. Hier erwähnt der Verfasser unter den «nützlichen Schrifften», die «gleichsam als weise Richtschnuren des Lebens» dienen könnten, noch vor der bukolischen Tradition «die Geschichten der Amanten / oder LiebesHistorien / welche öffters wahrhaffte Geschichte / so vnter dem Vorhang eines anmutigen Gedichtes verborgen / vnd mit entlehneten Namen» schilderten. Die Bemerkung bezieht sich auf die französische Novellistik, die seit dem späten 16. Jahrhundert unter dem Einfluß der italienischen Novelle Matteo Bandellos das Genre der *histoires tragiques* ausgebildet hatte und im 17. Jahrhundert mit ihren beiden Hauptzweigen – Rache- und Mordgeschichten auf der einen Seite, sentimentale Liebesgeschichten auf der anderen – einen großen Aufschwung nahm. Durch Bearbeitungen und Übersetzungen fand das Genre auch in Deutschland große Verbreitung.

Zu den wichtigsten Autoren zu Beginn des Jahrhunderts zählen Antoine de Nervèze mit seinen *Amours diverses* (1605) und François de Rosset, der neben seinen erfolgreichen Mord- und Greuelgeschichten (*Les histoires tragiques de nostre temps*, 1614) in einem Band *Histoires des amans volages de ce temps* (1617) auch von den «Amours» verschiedener unbeständiger Liebhaber unter entlehnten Namen («sous des noms empruntez») erzählt. Rossets Titel lieferte wohl die Vorlage für die Charakteristik der «LiebesHistorien» in der Vorrede der *Jüngst-erbaweten Schäfferey*; eine deutsche Übersetzung von Rossets Buch erschien erst 1638 (*Histoires des amans volages de ce temps. Das ist: Geschichte von den wanckelmütigen Liebhabern zu dieser Zeit*). Zu den Eigenschaften dieser Liebeserzählungen von jungen Leuten vorwiegend aus dem niederen Adel, die in einer Vielzahl von Sammlungen und Einzeltexten als «Amours» oder «Histoires» auf den Markt kamen, gehören relative Kürze, Hinweise auf die Authentizität des Erzählten, eine einfach strukturierte und unglücklich endende Liebeshandlung, vielfach mit moralisierenden Gedanken an Anfang und Ende. Dagegen kann von psychologischer Durchdringung zunächst kaum die Rede sein; vielmehr spielen rhetorische Gesichtspunkte eine wesentliche Rolle, die für die Auflockerung (und Aufschwellung) des Geschehens durch die Wiedergabe von Briefen, Reden, Gedichten und Beschreibungen sorgen und so dem Leser neben moralischer Belehrung auch in der Gesellschaft verwendbare Stilmuster liefern.

Die «Amours» weisen Beziehungen zum Genre des sentimentalen Romans auf, das sich seit der Mitte des 16. Jahrhunderts in Frankreich entfaltet hatte und dabei auf italienische und spanische Vorbilder zurückgreifen konnte. Angeregt von Texten wie Boccaccios *Fiametta* (1343; Erstdruck 1472) und Enea Silvio Piccolominis *Euryalus und Lucretia* (auch: *De duobus amantibus historia*, 1444; Erstdruck 1468), bildete sich zunächst in Spanien die *novela sentimental* heraus: melancholisch gestimmte und einfach strukturierte unglückliche Liebesgeschichten mit einer starken didaktisch-moralischen Note und traktathaften Zügen. Romane wie Juan de Flores' *Historia de Grisel y Mirabella* (Erstdruck 1495) und Diego de San Pedros *Tractado de amores de Arnalte y Lucenda* (Erstdruck 1491) und *La cárcel de amor* (Erstdruck 1492) fanden breite Resonanz in ganz Europa. Auch beim französischen *roman sentimental* handelt es sich um Texte, die in einer betont rhetorischen Manier der Gefühlsdarstellung von den Situationen und Stadien der unglücklichen Liebe erzählen. Sie sind meist in der Gegenwart und in vertrauter Umgebung angesiedelt und kommen mit wenigen Personen aus. Viele Autoren suggerieren, sie erzählten wahre Geschichten, und die Hindernisse, die der Liebe entgegenstehen, sind real genug: Religionsverschiedenheit, Elternwille, Rivalität, Krieg, Gefangenschaft.

Wie eine Reihe französischer Romane und Erzählungen in deutscher Übersetzung erschien – zu nennen wären u. a. Rossets *Histoires des amans volages de ce temps* oder Texte im vierbändigen *Theatrum Amoris. Oder Schawplatz der Liebe* (1626–31) –, so fanden auch die älteren spanischen sentimentalen Romane Übersetzer, wobei der Weg z. T. über französische Zwischenstufen führte. Diego de San Pedros *Cárcel de amor* wurde von Hans Ludwig von Kuefstein, dem *Diana*-Übersetzer, aus dem Spanischen übertragen und erzielte bis 1675 sechs Auflagen (*Carcell de amor. Oder Gefängnüß der Lieb*, 1625); ausgedehnte Zusätze unterstreichen Kuefsteins Auffassungen von höfischer Zucht und Liebe. Wenig später übersetzte ein im übrigen unbekannter Christian Pharemund nach einer französischen Vorlage Juan de Flores' *Historia de Grisel y Mirabella (Honny soit, qui mal y pense.* Historia *Von Aurelio vnd Isabella,* 1630; die veränderten Namen gehen auf die französische Version zurück). Schließlich folgte noch Augustus Augsburgers Verdeutschung von Diego de San Pedros *Arnalte y Lucenda (Der Von seiner Liebsten Vbelgehaltene Amant. Oder Arnalte vnd Lucenda,* 1642). Sie basiert auf der französischen Fassung des *Amadís*-Bearbeiters Nicolas de Herberay des Essarts (*L'amant mal traicté de s'amye,* 1539), die mit zahlreichen Drucken bis zum Ende des Jahrhunderts zum Erfolg des sentimentalen Romans in Frankreich beitrug.

In direkter Nachfolge zum romanischen sentimentalen Roman steht die unter dem Pseudonym Fortunatus erschienene *Unglückselige Liebes- und Lebens-Geschichte des Don Francesco und Angelica* (1667). Die Beziehungen sind so eng, daß man gelegentlich eine Übersetzung vermutet hat. Die Liebe zwischen dem spanischen Ritter Don Francesco zur Hofdame Angelica steht von vornherein unter einem unglücklichen Stern, da die Familie ihre Ehe mit einem andern erzwingen will. Francesco flieht vom Madrider Hof nach Sizilien, hält die Verbindung zu Angelica brieflich aufrecht, leistet Kriegsdienst und tötet bei einem Anschlag auf sein Leben ein Mitglied von Angelicas Familie. Nach einer schweren Verwundung Francescos im Krieg kommt es zu einem Treffen der Liebenden und einer Bekräftigung ihres Bundes, aber eine erneute Abwesenheit Francescos resultiert in Zweifeln und unglücklichen Mißverständnissen, obwohl eine sichere Stellung in Deutschland eine Lösung verspricht. Angelica siecht dahin, Francesco sucht den Tod im Krieg und haucht das Leben mit einem französischen Klagegedicht aus («Tristeße, Ennüy, chagrin, langueur, Melancholie»).

Briefe und Monologe sind die vorherrschenden Formen der emphatisch-rhetorischen Gefühlsaussage dieses tränenreichen sentimentalen Romans. Einbezogen werden auch bukolische Elemente: Treffpunkt der Liebenden ist ein von der ganzen höfischen Gesellschaft als Erholungsraum genutzter schäferlicher *locus amoenus* mit entsprechender Kostümierung. Das zentrale Liebesthema behandelt der Roman unter den widerstreitenden Aspekten von Vernunft und Affekt, wobei – wie seit dem Beispiel Enea Silvios – die Rollen geschlechtsspezifisch verteilt sind und der Mann trotz aller Zerrissenheit («sein Hertz wünschte / was sein Verstand nicht zulassen konte») im Namen der Moral, der Ehre oder der gesellschaftlichen Konventionen die «Vernunfts-Hoheit» behauptet. Ähnlichkeiten mit Zesens zwanzig Jahre früher erschienener *Adriatischen Rosemund* (1645) sind wohl nicht zufällig.

Die *Jüngst-erbawete Schäfferey* und die weitere Entwicklung des Genres

Ausgangspunkt der deutschen Gattungstradition des Schäferromans als «privat-werck» ist die *Jüngst-erbawete Schäfferey* (1632); dieses Werk ist das Muster für weitere Texte, die zugleich in unterschiedlichem Maß der internationalen Erzähltradition verpflichtet sind. Um die Jahrhundertmitte setzt eine Differenzierung ein. Es entstehen nun Romane mit einem höheren Kunstanspruch und zeitgenössischer Problematik (Philipp von Zesen, Johann Joseph Beckh, Tobias Nißlen), satirische Darstellungen exemplarischer Liebesfälle (Jacob Schwieger, Johann Gorgias) und Texte von ausgesprochen allegorischer und religiöser Natur (Maria Katharina und Heinrich Arnold Stockfleth, Laurentius von Schnüffis, Konrad Heinrich Viebing). Damit sind allerdings nur Tendenzen bezeichnet, denn der jeweils individuelle Charakter der Texte, aber auch die Existenz verwandter melancholisch-empfindsamer Romane, die entweder schäferliche Elemente nur als Episode verwenden (Zesens *Adriatische Rosemund*) oder in ihrer Darstellung trauriger Liebesbegebenheiten ganz auf die pastorale Verschlüsselung verzichten (*Don Francesco und Angelica*), verbieten allzu enge Klassifizierungen. Noch vor Ende des Jahrhunderts endet die keineswegs kontinuierliche Entwicklung des Schäferromans als eigenständiger Form.

Mit mehr als einem Dutzend Ausgaben zwischen 1632 und 1669 gehört die *Jüngst-erbawete Schäfferey / Oder Keusche Liebes-Beschreibung / Von der Verliebten Nimfen Amoena, Vnd dem Lobwürdigen Schäffer Amandus* zu den meistgelesenen Romanen des 17. Jahrhunderts. Die Erstausgabe erschien im selben Jahr und beim selben Verleger – Elias Rehefeld in Leipzig – wie der vierte und letzte Band der deutschen *Astrée*-Übersetzung, ein Zusammentreffen, das den Abstand zwischen der europäischen Schäferromantradition und der deutschen Sonderentwicklung um so deutlicher hervortreten läßt: auf der einen Seite ein komplexer, vielstimmiger höfisch-repräsentativer Roman, auf der anderen eine kleine, um ein Liebespaar und wenige weitere Personen kreisende, einfach gegliederte Erzählung mit Zügen eines moralischen Exempels, die den privaten Charakter und die grundsätzliche Faktizität des Geschehens hervorhebt («vnter entlehnetem Namen / vnd mit weniger Veränderung etlicher Vmbstände / zu Papier bracht»). Die Vorrede an das «Adeliche / lieb-löbliche Frawenzimmer» macht deutlich, wie derartige Liebesgeschichten verstanden werden wollen und worin ihre unerschöpfliche «Nutzbarkeit» besteht. Zum einen dienen sie «der blühenden Jugend» ganz allgemein als Sitten- und Tugendspiegel, zum anderen geben sie ihr ein spezifisches Beispiel für das rechte Verhalten in der Liebe: nämlich «wie sie in der Liebe (im Fall jhr blühender vnd noch vnweiser Verstand

der Gewalt der Liebe nicht zu stewren vermag) ein gewisses Maß halten /
vnd dieselbe auff der Wage des Gewissens abwegen sollen / hiermit sie
mit Vberschreitung des Ziehles der Mässigkeit im Lieben / jhre zeitliche
vnd ewige Wolfahrt nicht etwa aus den Augen setzen möchten».

Von diesem Endzweck geleitet, berichtet der Erzähler auf Bitten der weiblichen
Hauptperson und «auch zu vertreibung der Verdrießligkeit der Zeit» von der
Liebe zwischen der jungen Prinzessin Amoena – ihr Vater wird als «ein damaliger
Printz vnd Obrister aller gesampten Schäffer in gantz Elsisien» bezeichnet – und
dem erfahrenen Kavalier Amandus. Obwohl Amoena bisher jeden Gedanken an
Liebe und Ehe entschieden von sich gewiesen hatte, entbrennt sie – wie es ein
Traum vorausdeutet – beim ersten Anblick in Liebe zu Amandus. Sie ergreift die
Initiative, so daß es nach einem Briefwechsel und einem ersten Besuch in ihrem
«Losament» (mit Liebesszenen in einem emblematischen Bildersaal) zu wieder-
holten Treffen und heftigem Austausch von Zärtlichkeiten und Gedichten in
bukolischer Umgebung kommt. Das Ende, vorbereitet durch eine nächtliche
locus-terribilis-Situation, wird als göttliche Schickung dargestellt; worin dieses
«Verhängnis» besteht, teilt der Erzähler, von Amandus zur Verschwiegenheit verpflichtet, nicht mit. Jedenfalls kommt die Trennung in einem Moment, in dem
Amandus «etwas zu begierig auff das liebe Brot» erscheint, so «daß auch endlich
die gute Amoena des Küssens so vberdrüssig wurde / als hette sie es mit Löffeln
gessen / vnd es were jhr viel lieber gewesen / daß er die Zeit / welche er also mit
vbrigem Küssen zubrachte / etwa auff schön Gespräche gewendet hette». Die
«durch Göttliche Bestimmung» getrennten Liebenden geraten «in eusserste / ja
sterbende Trawrigkeit». In der etwa ein Viertel des Werks umfassenden Schlußpartie unterhalten sich Amandus und sein «Neben-Schäffer» Philippus über das
Wesen der Liebe und der Frau sowie über die Bestimmung des Mannes, bis schließlich Amandus, von den philosophisch fundierten Vorträgen seines Freundes überzeugt, die «kluge Vernunfft» sprechen läßt und sich auf die Reise begibt, um seinen
Geschäften nachzugehen: «Die Freyheit ist mein Theil / | Ich werde nu nicht mehr
der Liebe wieder feil», reimt er gegen Schluß.

Die Liebesgeschichte erweist sich als warnendes moralisches Exempel.
Der Schlußteil rückt die von den Akteuren gelebte (und vom Erzähler
bereits kritisierte) Form der Liebe von einem höheren Standpunkt aus
zurecht. Das Beispiel des Amandus, dessen «Hunger der geilen Wollust»
«das Ziel der Mässigkeit im Lieben» überschreitet, warnt vor der ungezügelten Herrschaft der Affekte, die die «zeitliche vnd ewige Wolfahrt» des
Menschen gefährdet. Darüber hinaus lenkt die Liebe speziell den Mann
von seiner Bestimmung in dieser Welt ab, die mit Tugend, Wissenschaft
und ähnlichen humanistischen Begriffen umschrieben wird. Die Frau,
Amoena, nimmt dabei eine höchst ambivalente Position ein. Zwar verstößt die «Schäfferin», von ihren Affekten geleitet, gegen jede Etikette
(«vnnöthige Schamhafftigkeit»), aber die junge Prinzessin erweist sich dadurch, daß sie bei Amandus «Höffligkeit» einfordert und ihre Keuschheit
gegen sein Begehren bewahrt, trotz ihrer Jugend dem erfahrenen «Cavalier» in sittlicher Hinsicht überlegen. Gleichwohl ist die Frau, wie die auf

traditioneller christlicher Anthropologie basierende frauenfeindliche Tirade des Philippus deutlich macht, an allem Schuld; von ihr geht – auch
ungewollt – die Versuchung aus, und sie hat sich, dies die Botschaft an das
weibliche Geschlecht, anders als Amoena demütig und zurückhaltend zu
verhalten und jeden Anschein eines Fehlverhaltens zu vermeiden, bis sie
die ihr von Natur aus innewohnende Sinnlichkeit in die Ehe einbringen
kann.

Wie die Opitz-Zitate und andere Anspielungen auf den «Stiffter der
deutschen Poeterey» illustrieren, ist der romanhafte Traktat oder traktat-
hafte Roman trotz seines privaten Charakters nicht ohne Kunstanspruch.
Er steht durchaus im Kontext der Erneuerungsbestrebungen in der deutschen Literatur und schließt sich in Prosastil und Versbehandlung ausdrücklich an Opitz an. Insbesondere die *Schäfferey Von der Nimfen Hercinie* (1630), selbst eine Neuschöpfung aus verschiedenen Elementen der
pastoralen Dichtungstradition, hat u. a. auch mit der argumentativen Behandlung der Liebesthematik auf die *Jüngst-erbawete Schäfferey* gewirkt.
So verweist nicht zuletzt die lehrhafte Schlußpartie auf die Diskussion
über die Liebe am Ende der *Hercinie*, wenn auch Opitz deutlich weniger
moralisiert und mit der Absage an die Frauen eine wesentlich stärkere
Betonung humanistischer Bildungskonzeptionen verbindet.

Friedrich von Logau kannte den Verfasser der *Jüngst-erbaweten Schäfferey* und
würdigte sein Werk in einem seiner *Sinn-Getichte* (*Uber die Schäferey Amoena,
eines vngenanten Freundes*), nannte aber, dem Wunsch des Autors folgend, dessen
Namen nicht. Dank der nur leicht verschlüsselten Hinweise im Text haben sich
jedoch die biographischen und geographischen Bezüge aufklären lassen. Ort der
Handlung des moraldidaktischen Exemplums ist Brieg (Schloß, Schloßpark) und
Umgebung. Es richtet sich an die junge schlesische Herzogstochter Sibylle Margarete (geb. 1620). Auf sie spielt die Gestalt der Amoena an (ohne mit ihr identisch
zu sein bzw. ihre ‹Erlebnisse› wiederzugeben); hinter Amandus «von Walechim
aus Elsisien», verbirgt sich der Landadelige Hans Adam von Gruttschreiber und
Czopkendorf aus Michelau bei Brieg. Er diente wie Logau, mit dem er zur Schule
ging und dessen erste Frau eine geborene Gruttschreiber war, in der Verwaltung
des Herzogtums Brieg. Aus ihrem Verwandtenkreis stammt auch der wahrscheinliche Verfasser des Werkes George Christoph von Gregersdorf, auf den die Initialen der Vorrede zu passen scheinen. Über ihn ist wenig bekannt, außer daß er
zeitweilig als kaiserlicher Hauptmann diente und einem Kreis des Fürstentums
Brieg als Landesältester vorstand.

Mit Selbstcharakteristiken wie «Historische Beschreibung» und «kein
public, sondern privat-werck», aber auch mit der ‹Umkehrung› des Titels
bezieht sich *Die verwüstete vnd verödete Schäferey / Mit Beschreibung
deß betrogenen Schäfers Leorianders Von seiner vngetrewen Schäferin
Perelina* aus dem Jahr 1642 auf die *Jüngst-erbawete Schäfferey*. Anders
jedoch als Gregersdorf steht der unbekannte Verfasser mit seiner «kriegs-
männischen Hand vnd Feder» der Dichtungsreform fern, wie die fremd-

wortreiche Prosa mit ihrem mäandrierenden Satzbau und die schon lange nicht mehr zeitgemäße Reimerei bezeugen. Der Titel verweist einerseits auf den Krieg und die reale Zerstörung der «Schäferey», wobei die bukolische Staffage insgesamt eher marginal bleibt, andererseits bezieht er sich auf die moralische Destruktion eines adeligen Offiziers, der sich in seiner Liebe zur Schäferin Perelina weder durch ihr Desinteresse noch durch ihre fortgesetzte Untreue («antipenelope») und drohende öffentliche Verachtung beirren läßt und selbst nach der unfreiwilligen Trennung – er gerät in Kriegsgefangenschaft – an seiner fehlgeleiteten «Heroischen Beständigkeit» festhält: Weniger eine individuelle Liebestragödie als ein warnendes Beispiel für weibliche Untreue und vor allem für die fatale Leidenschaft eines pervertierten Liebhabers, dessen «affection» die Vernunft außer Kraft setzt.

Von «wahrhaften Begebenheiten» spricht auch Christian Brehme, der zeitweise dem Leipziger Kreis um Paul Fleming angehörte, in seinem vierteiligen, den Jahreszeiten folgenden Schäferroman: *Die Vier Tage Einer Newen und Lustigen SChäfferey / Von der Schönen Coelinden Vnd Deroselben ergebenen Schäffer Corimbo* (1647); der erste Teil, *Winter-Tages Schäfferey*, war bereits 1636 erschienen. Auch hier gibt es Hinweise auf die historische und biographische Realität, etwa auf Krieg, Personen, Liebesbeziehungen, auch hier bildet kein zeitloser arkadischer Raum den Hintergrund. Dafür operiert der Roman mit dem Gegensatz von abgegrenzter Schäferwelt mit den üblichen idyllischen Requisiten um ein Landschloß herum und dem kritisch gesehenen Bereich des Hofes und der Politik. Die Maskenhaftigkeit des Schäferlebens bleibt deutlich; die bukolische Idylle bietet Raum für den zeitweiligen Rückzug aus der höfisch-repräsentativen Öffentlichkeit und ihren Zwängen und ermöglicht in ‹privater› Geselligkeit und Freiheit Besinnung auf sich selbst und die eigene Position.

Zentrales Thema ist dabei, gattungstypisch, die Liebe. Die Haupthandlung kreist um Corimbo und Coelinde, die sich am Ende resignierend in ihr Schicksal fügen, als Corimbo aus unbekannten Gründen die Gunst der Nymphe bzw. Prinzessin Melibella verliert und Coelinde einem anderen versprochen wird. Innerhalb dieses Rahmens tauschen die Personen weitere Liebesgeschichten aus, wobei immer wieder Lieder, Gespräche und Briefe das Hauptthema umspielen. Dabei zeigt die Dichtung eine stärkere Bindung an die europäische Romtradition als die meisten anderen deutschen Schäferromane. Das gilt für formale Elemente wie das Nachholen von Vorgeschichten oder die Behandlung der Episoden, aber auch für inhaltliche Vorstellungen mit der Orientierung am Ideal des vorbildlichen Kavaliers und dem Konzept preziös tugendhafter Liebe und gesellschaftlicher Verfeinerung.

Zu den Werken, die sich in einigen Aspekten enger an den europäischen Schäferroman anschließen, gehört auch der anonym erschienene und einer anhaltischen Hofdame gewidmete Roman *Zweyer Schäfer Neuge-*

pflanzter Liebes-Garten (1661). Der Text kreist, nun in einer Welt des Friedens, um die Liebe zweier Paare, Amadorus und Charabelle sowie Dorimenus und Floraminde. Das äußere Geschehen beschränkt sich, nachdem die Liebenden zueinander gefunden haben, auf die üblichen Schäferaktivitäten wie Schafeweiden, Umherwandern oder Spazierengehen, auf Abschied und Wiederkehr der Schäfer – Dorimenus etwa wird vorübergehend in einen anderen Landesteil versetzt –, auf vergebliche Bemühungen von Nebenbuhlern und Nebenbuhlerinnen. Anders als bei Brehme fehlt jegliche Spannung zwischen höfischer und schäferlicher Welt; wirkliche Konflikte zwischen den Liebenden über Eifersuchtsszenen hinaus gibt es nicht. Und auch die Verzweiflung des unglücklich liebenden Roselius, der vergeblich das «steinharte Hertz» Floramindes zu erweichen sucht und sich wie d'Urfés Celadon in einen Fluß stürzen will, wird durch die ironische Erzählhaltung und die anderen Schäfer aufgefangen, die «ihn mehr mit Gewalt / als mit Guten» in die Gemeinschaft zurückholen. Mit dem Einbruch des Winters kommt es zu einer wohl vorübergehenden Trennung der Liebenden. Das Ende des Romans bleibt offen, wobei der Erzähler mitfühlend «den verliebten Schäfern [...] / nebenst andern Liebhabern / zu fernerer Geniessung ihrer Begierden / allen glücklichen progress» wünscht.

Charakteristisch für diesen Roman ist der sentimentale, empfindsame Ton, mit dem die Personen in Gesprächen, Monologen oder Liedern ihrer Liebe oder ihren Liebesklagen Ausdruck geben und ihre Gefühle ohne tiefgreifende Änderung oder Steigerung in jeweils verschiedenen Situationen immer wieder aufs neue rhetorisch ‹ausreden›. Dabei sind die Situationen und Motive vielfach der *Astrée* verpflichtet, wie auch die Protagonisten mit all den vorbildlichen charakterlichen und seelischen Eigenschaften ausgestattet sind, wie sie d'Urfés höfische Kavaliere und Damen auszeichnen. Allerdings tritt die ethische Dimension seines Liebeskonzepts im deutschen Roman in den Hintergrund; ein gewisser spielerischer und gelegentlich auch parodistischer Umgang mit dem französischen Muster ist erkennbar: «da wir ihn denn seinen Willen wollen lassen», kommentiert etwa der Erzähler die Selbstmordabsicht des unglücklichen Roselius und gibt der ganzen Szene den Charakter einer eher unterhaltsamen Einlage. Anders als bei den ersten deutschen Schäferromanen fehlt hier der moralisierende und frauenfeindliche Ton. Das ergibt sich zum einen aus der Orientierung an d'Urfé, wenn auch in einer auf eher äußerliche gesellschaftliche Aspekte reduzierten, verharmlosten Form, zum andern aus Rücksicht auf die Adressatinnen, auf ein höfisch-galantes, vorwiegend weibliches Publikum («zu beliebenden Händen des Frauen-Zimmers / als des gantzen Hofes schönster Galanterie»).

Nicht ohne kritische Spitzen ist der Bezug auf die *Astrée* im Roman *Des Hylas auß Latusia Lustiger Schau-Platz Von einer Pindischen Gesell-*

schaft (1650) von Andreas Hartmann. Der Verfasser, später Sekretär beim Herzog von Sachsen-Zeitz, hatte von 1633–36 in Leipzig studiert; sein Roman spiegelt Erinnerungen an diese Zeit (und möglicherweise an den Kreis der Leipziger Lyriker) und läßt durch die Schäfermaske und die idyllischen Requisiten des Schäfcrromans studentisches Leben durchscheinen. Die Mitglieder der «Pindischen Gesellschaft» treffen sich am Ufer der Pleiße in einer amönen Landschaft. Ihre ursprünglich wissenschaftlichen Interessen treten immer mehr zurück, verdrängt vom Thema der Liebe, das in einem heiter erotischen Ton episodisch in Liebesabenteuern und -geschichten der Mitglieder, in Liedern, Gesprächen und Briefen behandelt wird. Damit verbunden ist die Schilderung ihres geselligen Lebens mit Spielen, Ausflügen, Trinken und Musizieren. Das Ende der Liebesbeziehungen ergibt sich aus der Abreise der Studenten in die Heimat. Die Hauptgestalten tragen Namen aus der *Astrée* – Hylas, Coeladon, Astrea, Sylvander u. a. –, teilen aber nicht unbedingt die wichtigste Charaktereigenschaft ihrer Namensgeber, die Treue.

Auch in zwei späteren Schäferromanen, den letzten Beispielen der Gattung überhaupt, gehen die männlichen Helden adeliger Herkunft zum Studium an die Universität. Das studentische Milieu bildet den blassen Hintergrund, vor dem sich die Liebesgeschichten zweier Paare noch einmal nach dem seit der *Jüngst-erbaweten Schäfferey* gängigen dreiteiligen Schema im üblichen bukolischen Rahmen entfalten: Erwachen der Liebe, Liebesglück, unglücklicher Ausgang durch Tod bzw. Trennung. Formelhafte, exaltierte Empfindsamkeit kennzeichnet den anonymen ersten Text, *Wahrhafftiger Lebens- und Liebesroman gewisser Standes-Personhen Unter dem Namen Chrysanders und Magdalis Deroselben beyderseits biß in den Tod getreu doch höchst unglücklichste Liebes-Händel [...] fürstellende* (1687). Er endet mit der Ankündigung einer Fortsetzung, da sich der den Tod der getreuen Magdalis überlebende Chrysander nach heftigem Klagen später wieder frei für eine neue Liebe fühlt. Untreue der Geliebten sorgt für das Ende der mit allen Mitteln der petrarkistischen Liebessprache beschriebenen zweiten Geschichte, herausgegeben von einem gewissen Wartreu: *Der Steigende und Fallende Selimor / in einer gantz neuen Liebes-Geschicht nebst vielen Anmuthigen Brieffen in gebundener Redens-Art* (1691).

Einen ausgesprochenen Sonderfall unter den Schäferromanen stellt Johann Thomas' «Liebes-Beschreibung» *Damon und Lisille* dar, die unter dem Pseudonym Matthias Jonsohn zuerst 1663 erschien (*Lisille*) und 1672 um einen zweiten Teil erweitert wurde (*Damon und Lisillen Keuscher Liebes-Wandel In zweyen unterschiedlichen Teilen [...] beschrieben*). Mit den früheren Schäferromanen teilt das Werk die Betonung des Privaten und den Wahrheitsanspruch einer historischen Beschreibung, und es beginnt auch nach einer Einleitung über den endlich eingekehrten Frieden mit den üblichen Stadien eines schäferlichen Liebesromans. Doch der Bruch mit der Konvention läßt nicht lange auf sich warten, denn der Schilderung von Kennenlernen, Werbung und Liebesglück folgt keineswegs die abschließende Trennung oder ein offener Schluß. Es kommt vielmehr ziemlich bald, noch im ersten Drittel des Textes, zur Hochzeit, und der Text handelt von da an – nur leicht durch Schäferrequisiten verfremdet – vom Alltag einer Ehe mit ihren Höhen und Tiefen, einem dem Barockroman sonst eher fremden Thema. Dabei bieten die geschilderten Geschehnisse und Situationen – Anblick der Geliebten, Hochzeit, Rätselspiele, Abschied, Wiedersehen, Streit, Eifersucht, Geburt, Krankheit, Tod, Leid, Jahreszeiten usw. – immer wieder Anlaß für lyrische Einlagen, die im Verlauf der zwölf kurzen Bücher einen immer breiteren Raum einnehmen. Sie geben den privaten Situationen, die auch die der barocken Casuallyrik sind, allgemeine, exemplarische Bedeutung. Die Darstellung von tugendhafter Liebe und Ehe hat trotz der familiären Intimität durchaus überindividuellen Charakter und dient moraldidaktischen Zwecken.

Man kann den Vorgang, der zugleich die Affinität des Schäferromans zur Gelegenheitsdichtung unterstreicht, auch umgekehrt interpretieren: Der Prosatext ist nur verbindender Rahmen für die Gedichte, die der Verfasser auf Ereignisse und Gelegenheiten seines Lebens verfaßt hat und nun in der für private Gegenstände prädestinierten Gattungsform des Schäferromans gesammelt vorstellt (Gerhard Spellerberg). Der zweite Teil des Werkes besteht nach einer knappen Einleitung nur aus Gelegenheitsgedichten.

Die autobiographischen Details, die durch die Schäfermaske nur leicht verhüllt werden, beziehen sich auf den promovierten Juristen Johann Thomas, der seit 1652 am Hof in Sachsen-Altenburg wirkte, verschiedene diplomatische Missionen ausführte (Reichstag in Regensburg 1653, Kaiserkrönung in Frankfurt a. M. 1654 u. a.) und 1653 Marie Elisabeth von Bohn heiratete.

Philipp von Zesens *Adriatische Rosemund*

Zesens erster Roman ist kein Schäferroman, teilt aber mit dieser Gattung und dem damit verwandten *roman sentimental* wesentliche Züge. Das gilt zunächst für die sentimental-melancholische Liebesdarstellung, die Handlungsstruktur und die Auflockerung des Erzählflusses durch Gedichte, emblematisch-mythologische Beschreibungen, Briefe oder Gespräche; darüber hinaus hat die *Adriatische Rosemund* ihr geistiges Zentrum in einer großen Schäferepisode. Allerdings entspricht eine einfache Liebeserzählung nicht dem hohen Kunstanspruch Zesens. Dieser zeigt sich nicht nur in seinem durchgebildeten Prosastil und der Verwendung von Kompositionselementen des höfisch-historischen Romans (Beginn *medias in res*, nachgeholte Vorgeschichte), sondern auch in der Anreicherung der einfachen Handlung durch mehrere Novellen und zwei der Heimat der Liebenden gewidmete Exkurse, Einschübe, in denen sich verschiedene Aspekte des Geschehens spiegeln bzw. seinen historischen und politischen Hintergrund deutlich machen.

Der Roman läßt zum einen den Einfluß der Poetik Augustus Buchners erkennen, der ihn während seiner Studienzeit in Wittenberg mit der Vorstellung von der Überlegenheit der Fiktion bzw. der Kunst über die Tatsachenwahrheit oder die «Natur» vertraut gemacht hatte: Diese könne, so Zesen später in der *Hochdeutschen Helikonischen Hechel* (1668), «ohne Kunst nimmermehr zur rechten volkommenheit gelangen». Zum anderen hatte Zesen bei seiner Arbeit an der Übersetzung des *Ibrahim ou l'illustre Bassa* (1641) der Madeleine de Scudéry ein von ihm selbst hoch eingeschätztes Beispiel moderner französischer Romankunst vor Augen, ein Werk, das das Konzept von der Überhöhung der Natur durch die Kunst etwa in Beschreibungen von Kunstobjekten oder Gemütsregungen bereits in vorbildlicher Weise umgesetzt hatte und damit, zusammen mit dem kunstvoll-preziösen, empfindsamen und zugleich durchsichtigen Prosastil, entschieden auf Zesen wirkte.

Dieser Sachverhalt wirft auch ein Licht auf die autobiographische Komponente des Romans, die im 17. Jahrhundert zu hämischen Kommentaren u. a. von Johann Rist und Christian Thomasius führte, während sie seit dem 19. Jahrhundert die Grundlage für die Interpretation des Textes als zukunftsweisender innerer, erlebnishafter Geschichte bildete. Ohne Zweifel schimmert in der *Adriatischen Rosemund*, wie bei dem deutschen Schäferroman generell, Persönliches durch. Zesen selbst macht den Bezug zur eigenen Person deutlich genug. Sein Pseudonym Ritterhold von Blauen, unter dem der Roman erschien, verweist ebenso auf ihn (lat. *caesius*: blau) wie der Name des Titelhelden Markhold (Übersetzung der griechischen Namensbestandteile von Philipp) und dessen Devise «Keine Lust sonder Last», die mit der des Autors fast identisch ist (das Titelkupfer der *Adriatischen Rosemund* zitiert sie: «Last hägt Lust»). Außerdem zeigt Zesens Lebensweg Übereinstimmungen mit dem seines Helden. Hingegen sind die Versuche gescheitert, ein historisches Vorbild für die weibliche Hauptgestalt zu identifizieren. Doch in jedem Fall spielen die autobiographischen Bezüge in der äußeren Handlung nur eine untergeordnete Rolle in dem komplexen Bedeutungsgefüge des Romans, das poetologische, moralische, religiöse und politische Aspekte einschließt.

Die Handlung beginnt mit der ersten Trennung der Liebenden Markhold und Rosemund, er protestantischer deutscher Dichter, sie katholische Tochter eines in Amstelgau (Amsterdam) lebenden, aber aus Venedig stammenden Kaufmanns (und ehemaligen Prokurators von S. Marco). Markhold reist mit dem Schiff nach Paris, wo gerade Ludwig XIV. gekrönt wird (14. 5. 1643). Hier erzählt er einem Freund die Geschichte seiner Liebe, von den Begegnungen und Gesprächen mit Rosemund und der ausweglosen Situation, die aus dem Konfessionsunterschied und den Heiratsbedingungen ihres Vaters Sünnebald resultiert. Während Markhold in Paris ritterliche Abenteuer besteht, sich in galanter Gesellschaft bewegt und wissenschaftliche und patriotische Gespräche führt, zieht sich Rosemund, wie Markhold von einem Augenzeugen berichtet wird, in ihrem Kummer in ein gut ausgestattetes «schähffer-hütlein» in der Nähe der Amstel zurück. Nach achtmonatiger Abwesenheit sucht Markhold seine Rosemund hier auf, nachdem noch ein Zwischenaufenthalt in Rouen Gelegenheit zu geselligem Erzählen geboten hatte. Sie nutzen ihr Zusammensein, nun wieder im Stadthaus, vor allem für zwei große Hintergrundberichte, bei denen Rosemund bzw. der später dazukommende Sünnebald und Markhold das Wort führen: «Uhrsprung und Beschreibung der Stat Venedig» und «Kurzer entwurf Der Beschaffenheit däs Venedischen Stat-wäsens» sowie «Kurzer entwurf der alten und izigen Deutschen». Dabei zeichnet Zesen, seine Quellen eigenwillig interpretierend, ein recht idealisierendes Bild der venezianischen Staatsverfassung und Gesellschaftsordnung, in der dem Dogen nur eine repräsentative Rolle zukomme, Volk und Adel den sozialen Konsens suchten und Aufstieg durch Leistung möglich sei. Daß so für viele Jahrhunderte politische Stabilität, Wohlstand und Freiheit bewahrt werden konnten, macht Venedig zu einem Wunschbild angesichts der deutschen Wirklichkeit. Der folgende Deutschland-Exkurs mündet in eine Klage über die Selbstzerstörung des Reiches im noch andauernden Krieg. Danach nimmt Markhold wieder Abschied und reist nach Reinwurf (Utrecht), um einen Freund zu treffen und zu arbeiten. Nach seiner erneuten Rückkehr – die Probleme bleiben ungelöst – unterhält er seine Freundin mit einer «Nider-ländischen geschicht von einer ahdlichen Jungfrauen und einem Rit-meister», die die Haupthandlung des Romans auf einer anderen Ebene spiegelt und, wenn auch mit fragwürdigen Mitteln, zu einem glücklichen Ende kommt. Markhold sieht sich ein weiteres Mal «gezwungen / si zu verlahssen», Rosemund verliert jede Hoffnung und wird krank vor Kummer und Schmerz. Das Ende bleibt offen.

Zesen, selbst Übersetzer von drei Romanen aus dem Französischen, erklärt in der Vorrede, daß es nun an der Zeit sei, den ausländischen Liebesgeschichten «was eignes» entgegenzustellen, Geschichten, die aber «nicht alzu geil und alzu weichlich», sondern «bisweilen / wo es sich leiden wolte / mit einer lihblichen ernsthaftigkeit vermischet» sein sollten, «damit wihr nicht so gahr aus der ahrt schlügen / und den ernsthaften wohlstand verlihssen». Die Charaktere seines Romans entsprechen in ihrem Ernst und ihrer Zurückhaltung diesem Programm einer deutschen «wohl-anständigen ernsthaftigkeit». Ihr Verhalten zueinander ist von einer preziös-höflichen Distanz gekennzeichnet, die körperliche Annäherungen weitgehend ausschließt. Auch die Darstellung ihrer Gefühlsäußerungen bleibt indirekt, d. h. Zesen zeigt kaum, daß die Liebenden miteinander über ihre Liebe und die sich daraus ergebenden Probleme reden, sondern läßt sie sich in empfindsamen, melancholischen Briefen und Monologen, in Unterhaltungen mit Freunden oder Freundinnen oder in Gedichten aussprechen. Dabei fallen Unterschiede zwischen männlichem und weiblichem Verhalten und seiner Beurteilung auf. Sie lassen – bei aller Überhöhung der Gestalt Rosemunds – traditionelle Rollenmuster erkennen, wie sie auch für einige Schäferromane, Opitz' *Schäferey Von der Nimfen Hercinie* oder Texte der romanischen Novellistik wie Enea Silvio Piccolominis *Euryalus und Lucretia* charakteristisch sind.

Die Zurückhaltung Markholds, der sich vom Affekt der Liebe nicht beherrschen läßt, hat ihren Grund in der anderen Bestimmung des Mannes: Sie liegt in einem tätigen Leben, dem humanistischen Streben nach Bildung, Ehre und Ruhm. Diese Vorstellung steht hinter Markholds kaum motivierter oder erklärter Geschäftigkeit und seinen Treffen mit Freunden, hinter der langen Parisreise, deren konkreter Anlaß im Dunkeln bleibt, und den Aufenthalten in Reinwurf. Hier wird der Erzähler ausnahmsweise deutlich, wenn er hervorhebt, daß der Ort seinem Helden die Gelegenheit biete, sich ohne Störung den Büchern zu widmen: «Dan / so lang' er zu Amstelgau wahr / so verstöreten ihn teils seine tähglichen fräunde / teils auch das alzu nahe beisein der härz-entzükkenden Rosemund.» Den Kommentar zu dieser Haltung liefern Gedichte Markholds, die Rosemund hervorholt, als sie nach einem distanzierten Brief aus Paris an Markholds Liebe zweifelt: «Weich- und weiblich-sein» gezieme «einer Jungfer und den Weibern», während den Mann Liebe allein nicht ausfüllen dürfe, heißt es in einem dieser Texte. Das wäre «knächtisch» bzw. «weibisch», und – auch wenn der Verlust der Gunst der Geliebten droht – gelte:

> schöhnheit hält mich ganz nicht auf /
> tugend gäht doch ihren lauf.

> Ehre bleibt mihr / oder nichts;
> reisen mus ich / oder stärben:
> doch di kraft däs nahch-gerüchts
> lässt ohn dis mich nicht verdärben:
> meine starke Tichterei
> macht mich fohr dem tode frei.

Für Rosemund bleibt angesichts dieser männlichen «tugend» nur ein Lern- und Läuterungsprozeß, für den die zentrale Schäferepisode steht. Trotz der üblichen idyllischen Versatzstücke und Kostümierung, trotz des äußerlich konventionell-spielerischen Charakters des Schäferlebens, dem sich auch die Besucher anpassen, hat diese Episode einen tieferen, religiösen Sinn. In der Einsamkeit erkennt und überwindet die fromme, sich dem Luthertum Markholds annähernde Rosemund ihre «laster» Eifersucht und Hoffart: «Jah ich bin from / demühtig / stil und sitsam worden; da ich fohr-mahls (ich mus es wüllig bekännen) argwähnisch / hohch-fahrend / auf-geblasen und unruhig gewäsen bin», schreibt sie in einem Brief an Markhold, in dem sie «mit demühtigem härzen und nidrigem geiste» ihr «verbrächchen» bereut und um Verzeihung bittet. Ihre Haltung, ihr Weg zu Demut und Selbstverleugnung entspricht dem Geist der Zesen vertrauten Erbauungsbücher Johann Arndts und der darin propagierten vertieften, gelebten Frömmigkeit: Du «must ja zuuor auffhören Hoffertig zu seyn / ehe du anfehest demütig zu werden», heißt es zu den Bußgedanken des ersten der *Vier Bücher Von wahrem Christenthumb*. Rosemund erscheint schließlich als Bild vollkommener christlicher Tugend, in dem sich Demut, Beständigkeit und selbstlose, opferbereite Liebe verbinden.

Damit erhält das Thema der Liebe eine neue Dimension im deutschen Roman, und seine religiös vertiefte und psychologisch differenzierte Gestaltung erfüllt die Forderung der Vorrede nach einer dem deutschen Charakter gemäßen «lihblichen ernsthaftigkeit». Die mit dieser Vorstellung verbundene selbstbewußte Distanzierung von den ausländischen Romanen und ihrer Behandlung der Liebe gilt gewiß für erotisch freizügige, frivole Texte, hat aber im übrigen ihre Grenzen: Romanciers wie Madeleine de Scudéry und Honoré d'Urfé gehören zu den prägenden Vorbildern Zesens. Das schließt zwar Kritik im einzelnen nicht aus – so unterscheidet sich etwa Markhold in seiner betont ‹männlichen› Gefühlsbeherrschung und seinem weltzugewandten humanistischen Streben nach Ruhm deutlich von der ‹weichlichen› Gestalt des schmachtenden Liebhabers Celadon in der *Astrée* –, doch bleibt die französische Gefühls- und Gesellschaftskultur, wie sie sich in den Werken d'Urfés und Scudérys manifestiert, auch für die *Adriatische Rosemund* verbindlich. Darauf verweisen die preziöse Rhetorik, die psychologische Beschreibungskunst und die melancholisch-empfindsame Grundhaltung ebenso wie die Einbettung der Handlung in ein verfeinertes aristokratisches Ambiente oder die Charakterisierung des Helden als *honnête homme*, als Weltmann, der sich, gelehrt und gesellschaftlich versiert zugleich, überall mit größter Selbstverständlichkeit zu bewegen weiß und entsprechend geachtet und umworben wird.

Die *Adriatische Rosemund* ist eine beziehungsreiche, unglückliche Liebesgeschichte, die ihrer tugendhaft-entsagungsvollen Heldin, der «über-mänschlichen Adriatischen Rosemund», ein Denkmal setzt und ihr rühmliches «gedächtnüs» in der Kunst verewigt. Darüber hinaus gibt es jedoch eine weitere Bedeutungsebene, die sich der Forschung erst erschloß, als die biographischen Erklärungsmuster aufgegeben werden mußten. Andere Werke Zesens, insbesondere seine sprach- und literaturtheoretischen Schriften, aber auch Äußerungen seiner Zunftgenossen in der Deutschgesinnten Genossenschaft lassen einen ausgesprochenen Rosemund-Kult erkennen, in dem die «über-irdische» Rosemund als Symbol für Zesens Bemühungen um die deutsche Sprache und Dichtung und insbesondere für die von ihm gegründete Sprachgesellschaft steht.

Bürgerliche Morallehre, Satire und Schäferroman

In den sechziger Jahren erschien eine Reihe von schäferlichen Romanen, die dezidiert bürgerliche Wert- und Moralvorstellungen vertreten. Sie vermitteln nützliche Lebenslehren für alle Gelegenheiten (Beckh: *Elbianische Florabella*), kritisieren adelige Anmaßung und Unmoral (Schwieger: *Die Verführte Schäferin Cynthie*), setzen sich satirisch (und z. T. entschieden frauenfeindlich) mit dem lasterhaften oder unbeständigen Frauenzimmer auseinander und warnen vor vernunft- und gottloser Liebe (Gorgias: *Veriphantors Buhlende Jungfer*; anonymer Verfasser: *Thorheit Der Verliebten*).

Johann Joseph Beckhs *Elbianische Florabella / Oder Liebes-Begäbnüße / Nach Arth einer Schäfferey In vier Theile abgetheilet* (1667) läßt wie der frühe Schäferroman oder Zesens *Adriatische Rosemund* autobiographische Realität durchschimmern. Zugleich ist der Roman literarischen Vorbildern verpflichtet: zum einen Zesens *Adriatischer Rosemund*, wie die Titelgebung, das Motiv des Konfessionsunterschieds als Ehehindernis und Übereinstimmungen in der Konstellation der Personen deutlich machen, zum anderen Christian Brehme. Auch bei Beckh bilden die vier Jahreszeiten, denen ebenso viele Stadien im Leben des männlichen Protagonisten Amandus zugeordnet sind, das Gliederungsprinzip des Romans.

Der erste Teil kreist um die Liebe zwischen Amandus und Kathrinde. Bestimmende Jahreszeit ist der Frühling als Zeichen für das Erwachen der Liebe. Die Beziehung scheitert jedoch, weil sich Amandus nicht entscheiden kann und schließlich ein berufliches Angebot in der Ferne der Ehe vorzieht. Als er nach zwei Jahren zurückkehrt, heiratet Kathrinde gerade. Es ist Sommer. Amandus reitet weiter, um sich von diesem Erlebnis zu befreien, belauscht den Gesang einer «Nymphe» – Florabella –, die ihn zu neuer Liebe bewegt. Damit korrespondieren die Vorgänge in der nach Erfrischung und Erneuerung verlangenden Natur; ein Gewitter belebt die ausgedörrte Erde: «was zuvor gelbe / das ward wieder schön grün / und was verdorret / das war wieder frisch anzusehen». Die Liebenden verkehren heimlich miteinander. Der Lutheraner Amandus ist nicht bereit, seinen Glauben aufzugeben, die katholische Florabella will ihm nach dem Tod ihrer Eltern folgen. Der dritte Teil steht im Zeichen des Herbstes und seines «Nutzens». Er zeigt Amandus zunächst im Kreis seiner Schäfergesellen am Rhein. Die Schilderung eines Schäferfestes nimmt hier breiten Raum ein, während im übrigen Roman das pastorale Rollenspiel nur eine untergeordnete Rolle spielt. Die Schäfer erzählen von ihren Liebesbeziehungen, illustriert durch zahlreiche Lieder und Briefe. Amandus bleibt Außenseiter in dieser Gesellschaft glücklicher Paare, die den «Nutzen» auf der menschlichen Ebene einbringen. Als er wieder zu Florabella zurückkehrt, verhindern ihre Eltern eine Fortführung der Beziehung. Die Liebenden ergeben sich in ihr Unglück. Außerdem verliert Amandus durch verdächtige Machenschaften seinen Besitz und beschließt, elend und verarmt, die Stätten seines Unglücks zu verlassen. Es ist Winter geworden, die Jahreszeit, die den letzten Teil des Romans charakterisiert. Obwohl sich seine Handlung über mehrere Jahre hinzieht, dominiert der Winter, wobei die «äußerlichen Wiederwärtigkeiten» für die innere Not stehen und eine der ‹Winterreisen›, eine Bergbesteigung, eindringlich das Leiden von Mensch und Kreatur in einer feindlichen Umwelt schildert. Es vergehen weitere Winter, bis sich Talander, so nennt sich Amandus im Unglück, in einer Gesellschaft von «ElbeSchäffern und Schäfferinnen» Aufnahme und Trost findet. Hier hört er auch vom Tod Florabellas.

Der Inhalt des Buches sei, schreibt Beckh in der Vorrede, «meistentheils der Wahrheit gemäß»; er nimmt damit die Argumentation der frühen Schäferromane auf. Die literarische Leistung des Romans besteht jedoch nicht in der Verarbeitung biographischen Materials, sondern in den über die Geschichte und ihren pragmatischen Inhalt hinausgehenden Sinn- und Strukturelementen. Das betrifft zum einen die allegorische

Struktur des Romans, die durchgehende Parallelisierung von Naturgeschehen und menschlichem Schicksal, und die Qualität der damit zusammenhängenden Naturschilderungen. Diese gehen mit ihrem Blick für das charakteristische Detail vielfach über die Topoi des *locus amoenus* und – in den Winterschilderungen – des *locus terribilis* hinaus bzw. bereichern sie um neue Facetten. Zum anderen, und das war wohl Beckhs eigentliches Anliegen, gibt sich der Roman als eine Art Lehrbuch für junge Menschen, die lernen sollen, sich in der Welt einzurichten. Er hält Ratschläge für alle Bereiche des menschlichen Lebens bereit und verspricht schon im Titel poetisch-gesellschaftliche Hilfestellung («Darinnen Natürliche Beschreibungen / Höffliche Wort-Wechsel / liebliche Lieder / nützliche Lehrsätze / und zierliche Liebes-Brieffgen nach unterschiedener Begebenheit zufinden»). Hauptthemen sind richtiges Verhalten in der Gesellschaft, Politik, Poesie und vor allem die Liebe: «Beyspiehl und Lehre von der Liebe zu geben / ist so heilsam / als von etwas anders zu schreiben / weilen in keinem stükke mehr gefehlet wird / dann in der Liebe.» Die Liebe verlangt den Zusammenklang von göttlichem Willen und Tugend; die tugendhafte Liebe ist maßvoll und vernünftig, gründet sich auf Gegenseitigkeit und erkennt die sozialen Realitäten an. Und bei dem Scheitern der beiden Liebesbeziehungen des Amandus interessieren den Erzähler weniger die Gründe dafür, sondern die vernünftigen Reaktionen seines Helden: Er wendet sich nach dem selbstverschuldeten Verlust Kathrindes einer neuen Liebe zu, lehnt sich nach der erzwungenen Trennung von Florabella nicht gegen das Geschick auf, gebraucht keine unerlaubten Mittel und verzehrt sich nicht in Trauer. Ergebung in den Willen Gottes ist die vorbildliche Haltung, ob es sich um unglückliche Liebesbeziehungen, um gesellschaftliche Ungerechtigkeiten oder um andere widrige Zufälle handelt: «was Raths? Er untergabe sich dem Willen GOttes», heißt es, als Amandus durch betrügerische Machenschaften seine «Schaafe», d. h. sein Vermögen, verliert.

Auch wenn die Verbindungen nicht zustande kommen, bleibt das Ziel einer tugendhaften Liebe die christliche Ehe. Diese wiederum ist Teil der gottgewollten irdischen Ordnung. Richtig lebt der, der Gottes Willen nachlebt. Dabei verträgt sich der an bürgerlichen Normen orientierte Tugendbegriff des Lutheraners Beckh eher mit einem einfachen Leben als mit der Welt der «hohen und vornehmen Personen». Ergebung in das Unabänderliche, Selbstbescheidung und Mäßigkeit verbinden sich mit lutherischem Arbeitsethos («sintemahl der Mensch zur Arbeit gebohren wie ein Vogel zum fliegen»). Ein bürgerliches oder bäuerliches Arbeitsleben bildet die Grundlage einer zufriedenen, gottgefälligen Existenz: «wer es recht bey Licht besieht / was ein ruhiges Leben zunennen / der sehe nur einen geringen Stand an / bleibt ein solcher in seinem ordentlichen Beruff / und Arbeit / so erlanget er schon so viel Seegen von Gott […].»

Das einfache Leben, das Beckh als Alternative zur Welt der Mächtigen und Reichen anbietet, hat nichts vom traditionellen Arkadien.

Vermittelt Beckh bürgerliche Moral- und Lebenslehre direkt und unverblümt, so entwickelt sie Jacob Schwieger in seinem Roman *Die Verführete Schäferin Cynthie / Durch Listiges Nachstellen des Floridans* (1660) aus der Gegenüberstellung von galanter und keuscher Liebe, von bürgerlicher Tugend und adeliger Unmoral. Das geschieht, ungewöhnlich genug für das Genre, aus der Perspektive der Frau. Cynthie öffnet sich dem Schäfer Siegreich, der zuvor zufällig ihre «mit Liebe / Zorn und Rach-gier» vermischte nächtliche Klage gehört hatte, und erzählt die Geschichte einer arglosen Schäferin, die von Floridan, einem «höfischen Gesellen», mit allen Mitteln der Galanterie und Verstellung verführt und schließlich betrogen und noch dazu verhöhnt wird: Floridan wirft ihr in seinem Abschiedsbrief ihre «Leichtsinnigkeit» vor und wendet sich «besserer Liebe» zu. Cynthie ist sich durchaus ihrer Verfehlung bewußt: «Doch werde ich nicht aufhören meine Unschuld und seine Falschheit den Ufern zu klagen / die mihr zu Trost dasselbe sollen widerschallen.»

Floridan hat sich als «Wolf» in den Schäfcrorden eingeschlichen. Er unterscheidet sich von der übrigen Schäfergesellschaft durch seinen höheren Stand und sein ganzes Auftreten, charakterisiert u. a. durch seine verlogene petrarkistische Sprechweise und seine Alamode-Kleidung: Er kommt «in einer gantz neüen Tracht», «als hätt' er nie gesehn das guhte Teütsche Land». Dagegen vertreten die anderen Schäfer Werte wie Tugend, Unschuld, Einfalt, Aufrichtigkeit, Treue oder Freundschaft und gehören eindeutig der bürgerlichen Sphäre an. Sie sind Teilzeitschäfer, weiden ihre Schafe und tragen die üblichen schäferlichen Requisiten, aber ihre Schäferlandschaft befindet sich vor den Toren der Stadt Glücksburg, in die sie abends vor dem Schließen des Stadttors zurückkehren. Diese Schäfer sind keine Poeten, sondern verkleidete Stadtbürger, und Schwiegers Geschichte ist eine exemplarische, die bürgerliche Moral gegen der «Falschheit Schlang», gegen höfische Unmoral und Speichelleckerei stellt: «Das tieffe höflich sein und bükken | da man der Erden Staub auflekt / | wil sich bey Schäfern gar nicht schikken.»

Ein Jahr vor der *Cynthie* war Schwiegers allegorische Traumerzählung *Verlachte Venus* (1659) erschienen, die das Thema der keuschen Liebe in anderer Form und aus anderer Perspektive, aber auf derselben Basis bürgerlicher Moralvorstellungen behandelt. Dem Schäfer Siegreich – auch hier das Sprachrohr Schwiegers – erscheint im Traum ein verführerisches «schönes Weib nur mit Spinweben bekleidet». Am nächsten Tag denkt er über die Erscheinung nach und führt dann mit der Schäferin Constantia ein ausführliches, die Vision allegorisch und moralisch ausdeutendes Gespräch. Wie Floridan in der späteren Erzählung, so steht Venus in diesem Traktat für unkeusche und zugleich undeutsche Liebe, für «Verdamte Lust». Die gewünschte Erkenntnis, daß nämlich «Zucht und Ehrbarkeit | allein beständig sey in dieser eitlen Zeit», formuliert bereits das Widmungsgedicht an die «Hoch- Ehr- und Tugend-edelen Glüksburgerinnen». Das pastorale Element ist nicht mehr als Rahmen für den Dialog.

Den Gegensatz von Tugend und Laster thematisiert auch Johann Gorgias, seit 1679 Rektor in Kronstadt (Siebenbürgen), in der unter dem Pseudonym Veriphantor erschienenen satirischen Erzählung *Buhlende Jungfer* (1665). Das geschieht aber im Gegensatz zu Schwieger mit entschieden frauenfeindlichen Akzenten, die auch die anderen satirischen Texte von Gorgias charakterisieren. Der Ich-Erzähler Eutrapelius durchschaut als einziger die lasterhafte Filidora. Während er in einem Wäldchen über die Hindernisse nachdenkt, die seiner Liebe zur tugendhaften Charilise im Wege stehen, beobachtet er Filidora und Charaxus bei «ihren unzüchtigen Händeln». Später bringt er die Geschichte bei einem Streit während eines Hochzeitsfestes an die Öffentlichkeit, wird aber von Filidoras reichem Pflegevater wegen Verleumdung vor Gericht zitiert und zu einer Geldstrafe verurteilt. Damit, nach etwa 15 Seiten, ist die Handlung zunächst zu Ende; es folgt auf mehr als 90 Seiten ein moralischer Traktat über die Lasterhaftigkeit des weiblichen Geschlechts, für die die Geschichte Filidoras als Exempel steht. Erst am Schluß, in einer Anrede an den Leser, führt der Erzähler die Exempelgeschichte zu Ende: Eine Schwangerschaft macht die Lasterhaftigkeit Filidoras unübersehbar. Sie flucht «allen ihren Beyschläffern», weil sie sie nicht mehr kennen wollen, und haucht in Angst und Schrecken bei der Geburt des Kindes «ihre unkeusche Seele» aus.

Die Abfolge von kurzer Exempelgeschichte und moralisierendem Traktat, allerdings ohne schäferliche Verkleidung, charakterisiert auch Gorgias' mehrfach aufgelegte Schrift *Jungferlicher Zeit-Vertreiber* (1665), die später auch unter dem Titel *Jungferliche Erquick-Stunden* herauskam und die meist zweifelhaften Belustigungen, Tätigkeiten, Eigenschaften und Laster der Frauen – geordnet nach Jahreszeiten, Wochentagen und Tageszeiten – moralisierend und anklagend beschreibt. Gorgias' wohl letztes Werk, *Betrogener Frontalbo* (um 1670), strukturell dem höfisch-historischen Roman verpflichtet, erzählt eine grelle Geschichte von den Folgen einer verfehlten Erziehung, von unmoralischer Liebe, zauberischen Doppelgängerinnen und teuflischen Frauen. Auch sie mündet in einen Traktat, der in diesem Fall in zehn Punkten über den Umgang mit dem weiblichen Geschlecht belehrt und die Fehler aufzählt, die «weibische Männer» dabei machen. Sein negatives Frauenbild verteidigte der orthodoxe Lutheraner Gorgias in der Schrift *Poliandini / Gestürtzter Ehrenpreiß / des hochlöblichen Frauenzimmers Oder Verthädiger Männliches Geschlechts* (1666).

Die Annäherung an den niederen Roman, wie sie bei Schwieger und vor allem bei Gorgias im Hinblick auf Milieu, Stilhöhe und satirische Intention sichtbar wird, setzt sich in dem anonymen Roman *Ohne Gott und der gesunden Vernunfft vorgenommene und von vielen begangene Thorheit Der Verliebten / In einem Schäffer-Gedichte vorgestellet* (1668) fort. Auch das ist eine moralisierende Exempelgeschichte, allerdings ohne den Charakter eines Traktats anzunehmen; ihre Zielrichtung – Ablehnung der sinnlichen, von Vernunft und Religion ungezügelten Liebe – nennt bereits der Titel.

Allegorische und religiöse Schäferromane

Die Kunst- und Tugend-gezierte Macarie (1669–73) von Maria Katharina und Heinrich Arnold Stockfleth ist der einzige Versuch eines Schäferromans in der deutschen Literatur, der an die europäische Großform der Gattung anknüpft. Zugleich besteht eine enge Verbindung zu Dichtung und Poetik der Nürnberger Dichtergesellschaft, des Pegnesischen Blumenordens, dem die Autoren als Dorilis und Dorus angehörten. Von Harsdörffer übernahmen sie die moralisch-allegorische Akzentuierung der Schäferdichtung und die Gleichsetzung von Schäfer und Dichter, die sich in einer ausgedehnten poetischen Produktion der Protagonisten Macarie und Polyphilus sowie in poetologischen Betrachtungen manifestiert. Die religiöse Orientierung ihrer Dichtung («Man ehrt und mehrt und lehrt GOtt / Kunst und Poesie») entspricht der Haltung Birkens, Nachfolger Harsdörffers als Oberhaupt der Pegnitzschäfer, sowie dem geistlichen Beruf Stockfleths.

Der edle Schäfer Polyphilus («der Viel-Liebende») hat dem Schäferdasein den Rücken gekehrt, um die Welt kennenzulernen und sich zu bilden. In Thessalien findet er Macarie («die Geist-beseligte»), die vollkommenste der Frauen, und die Königin Atychintida («die Unglückselige»), die in einem versenkten Schloß lebt und auf Erlösung wartet. Zwischen den beiden Frauen bewegt sich nun das Leben des Helden – die Konstellation erinnert an d'Urfés *Astrée* –, bis nach mancherlei schlechten Erfahrungen das Schäferleben wieder ins Blickfeld rückt und Polyphilus sich vom Hof und von Atychintida losreißen kann. Im Gefängnis – er wird zu Unrecht des Mordes beschuldigt – erkennt Polyphilus, daß er den Schäferstand «aus blosser Hoffart und Ehrgeitz» verlassen hat, um «durch Kunst und Tugend groß zu werden». Mit Macarie, die sich allmählich von ihrem Einsamkeitsgelübde abbringen läßt, zieht er sich wieder – als «Vorsteher» eines Unterbezirks – in die Schäferprovinz zurück. Auch seine Mutter kann ihn nicht davon abhalten, indem sie seine adelige Abstammung ans Licht bringt und argumentiert, es wäre «ihrem Stand verkleinerlich / wann sie ihren Sohn unter den Schäfern lassen solte». Aus dem ‹verkehrten Schäfer› des ersten Teils, der sein Glück in der Welt suchte, ist ein der Tugend geweihter, ‹bekehrter› Schäfer geworden (so die jeweiligen Untertitel der beiden Teile). Am Ende steht die Hochzeit von Polyphilus und Macarie.

In der «Kunst- und Sitten-Lehr», die der Leser hinter der leswürdigen «Geschicht» erkennen soll, liegt das eigentliche Ziel des Romans. Ausdrückliche Lehrgespräche und Unterhaltungen auf Reisen oder in Gesellschaft über die verschiedensten Themen (Politik, Wissenschaften, Künste, Dichtung, Gesellschaftslehre, Philosophie u. a.) nehmen einen breiten Raum ein und vermitteln dem Helden Polyphilus wie dem Leser konkrete Inhalte. Diese Lehren fügen sich in die allegorische Konzeption des Ganzen ein, die die Vorrede – einschließlich der Bedeutung der Namen – erläutert: So steht die Versenkung des Schlosses für die «Unterdruckung der Kunst und Tugend», während Macarie als Verkörperung ebendieser

Kunst und Tugend «also das gleichsam aufgesteckte Ziel» darstellt, «welches zu errennen / wir Menschen allesamt / durch den viel-liebenden Polyphilum gedeutet / uns angelegen seyn lassen».

Anders als die übrigen deutschen Schäferromane hält die *Macarie* am utopischen Potential der Schäferdichtung fest und aktualisiert die gattungsspezifische Spannung zwischen geschichtlich-politischer Wirklichkeit und dem Gegenbild eines idealen Arkadien im Hinblick auf den barocken Fürstenstaat und die Situation des gelehrten Bürgertums. Kritik an der Hof- und Adelsgesellschaft auf der einen, die Vorstellung einer auf Tugend und Bildung gegründeten Lebensform auf der anderen Seite charakterisieren den Roman. Unbeständigkeit, Hoffart, Ehrgeiz, Furcht, Mißtrauen, Lebensgefahr, listige Staatsgriffe, verbotene Künste und Krieg kennzeichnen das Leben am Hof und zum Teil auch in der Stadt. Die Entfaltung von Kunst und Tugend ist hier nicht möglich. Die *Macarie* bietet zwei Auswege an. Der Rückzug vor den Gefahren des Hoflebens auf die eigenen Güter, der dem Landadel offensteht, resultiert immerhin in einem sicheren, ruhigen Leben («ob gleich bey geringerm Ansehen», wie ein Edelmann konstatiert, ohne seine Entscheidung zu bereuen); die Selbstverwirklichung im Zeichen von Kunst und wahrer Tugend ermöglicht jedoch erst das Schäferleben in der Gesellschaft von Gleichgesinnten und im Einklang mit der Natur.

In beiden Fällen handelt es sich um einen Rückzug von der Gesellschaft, deren Grundlagen selbst nicht angetastet werden. Es gilt ausdrücklich die lutherische Obrigkeitslehre. Die Kritik beschränkt sich daher auf eher traditionelle Themen wie die Entartung von legitimer Herrschaft in Tyrannei oder die Gefahren des Hoflebens für den einzelnen. Die Antwort auf diese Bedrohungen ist eine individuelle, nämlich sich ihnen zu entziehen und sich einen inneren Bereich der Freiheit als Voraussetzung der Selbstverwirklichung zu schaffen. Dafür steht das bürgerliche Dichter- und Gelehrtenreservat der Schäferprovinz, in das die Hoffnung auf eine vernünftige, tugendhafte Obrigkeit projiziert wird. «Unsere Freyheit [...] bestehet in den Gemüte / und in der Art zu leben / welche durch eine vernünftige und gerechte Obrigkeit nicht gehemmet wird», lautet die neustoisch getönte Antwort des Polyphilus auf die Frage eines Schäfers, warum er sich mit seiner Gesellschaft unter den Schutz der Obrigkeit der Schäferprovinz begeben wolle. Denn auch diese besteht wie «die gantze Welt in hohen und niedern / Untern und Obern»; nur die Beschaffenheit dieser Obrigkeit ist eine andere: eine durchaus bescheidene Utopie unter den Bedingungen des absolutistischen Staates.

Hinter der Gelehrten- und Dichterprovinz steht das Modell des Pegnesischen Blumenordens und sein «Ordens-Zweck» «GOtt / Kunst und Poesie». Maria Katharina Hedenus geb. Frisch und Heinrich Arnold Stockfleth heirateten 1669. Bereits vorher, 1668, waren sie als Dorus und Dorilis in die Nürnberger Dichtervereinigung aufgenommen worden. Seitdem beteiligten sie sich, wie zahlreiche Widmungs- und Glückwunschgedichte bezeugen, rege an dem gesellig-literarischen Treiben. Auch als sie von Nürnberg wegzogen – Stockfleth hatte seit 1668 verschiedene Pfarr- und Superintendentenstellen in Brandenburg-Bayreuth inne und stieg schließlich zum Generalsuperintendenten des Fürstentums und zum Direktor des Bayreuther Gymnasiums auf –, blieben sie dem Blumenorden und seinen Zielen verbunden. Die *Macarie* ist eine Gemeinschaftsarbeit aus den Anfangsjahren ihrer Bekanntschaft und Ehe. Der erste Band nennt Dorus, der zweite Dorilis als Verfasser bzw. Verfasserin. Es gibt jedoch Hinweise in Briefen und Tagebüchern, daß Maria Katharina im Lauf des Jahres 1668 die Hauptarbeit bereits am ersten Band übernommen und ihn im Frühjahr 1669 abgeschlossen hatte.

Ist in der *Macarie* die Schäferwelt der Rückzugsraum von Hof und absolutistischer Politik, in dem sich die Liebe zu Tugend und Kunst verwirklichen kann, so deutet der geistlich-allegorische Schäferroman die Liebesthematik ins Religiöse um. Es handelt sich um geistliche Kontrafakturen: Formen, Motive und Topoi der schäferlichen Liebesdichtung erhalten einen religiösen Sinn, Arkadien wird zu einem Ort der geistlichen Liebe. Dabei bleiben aber die traditionellen poetologischen Topoi des Genres unangetastet, die von verschlüsselter Wahrheit, Privatheit und Vertrautheit mit dem Dargestellten sprechen.

Das gilt jedenfalls für den Roman *Philotheus. oder deß Miranten durch die Welt / unnd Hofe wunderlicher Weeg nach der Ruh-seeligen Einsamkeit* (1665), mit dem das literarisch-erbauliche Werk des Kapuziners Laurentius von Schnüffis einsetzt. Nach zwei weiteren unveränderten Auflagen legte der Autor 1689 eine stark bearbeitete und erweiterte Fassung des Roman unter einem neuen Titel vor: *Des Miranten / Eines Welt- und hof-verwirrten Hirtens wunderlicher Weeg nach der Ruhseeligen Einsamkeit*. Laurentius arbeitet mit den üblichen Komponenten der Bukolik wie der Kontrastierung von Hof- und idyllischem Landleben. Und der Held ist, wie es der bukolischen Tradition entspricht, kein wirklicher Schäfer, sondern ein weltgewandter, gebildeter Hofmann und inspirierter Dichter, der mit seinen Liedern wie Orpheus die Natur derart zu bezaubern weiß, «daß die durch die Bäume spihlende Zephir-Winde vor Verwunderung entzucket / und vor Liebe gantz athemloß ihr zartes Rauschen eingehalten».

Thema der geistlichen Schäferallegorie ist der mystische Weg des Menschen zu Gott. Sie erzählt zunächst, nicht ohne Anklänge an das vorklösterliche Leben des Autors, vom Aufstieg des jungen Hirten Mirant (Anagramm von Martin, dem bürgerlichen Namen des Autors). Seine Gegenspielerinnen am Hof des Königs Daphnis Dorilis und Evadne, die auf allegorischer Ebene die Welt bzw. den Hof verkörpern, stehen für die Gefahren für sein Seelenheil. Schließlich errettet ihn die «auß sonderbahren Genaden» Gottes erfolgte Bekehrung «auß dem Irrgarten deren eitlen Wollüsten»; der bekehrte Hofmann zieht sich in eine Einsiedelei zurück und sagt der Welt ab. Wie seine Romane – dem *Philotheus* folgte noch der erbauliche Roman *Mirantische Wald-Schallmey* (1688) – zielen auch Laurentius' Lieder- und Erbauungsbücher auf die Bekehrung des «Welt-Menschen».

Die Hofkritik des *Philotheus* bleibt im Rahmen der traditionellen Argumentation, wie sie etwa Albertinus in seiner Guevara-Übertragung im katholischen Raum vorgegeben hatte: Der Hof gilt zwar als Ort der Falschheit, Eitelkeit und Üppigkeit, aber die politische Ordnung selbst und ihr Repräsentant, der König, bleiben von jeglicher Kritik ausgenommen. Der Rückzug in ein gleichsam eremitisches Schäferleben ist eine individuelle Lösung, weil am Hof ein auf Gott ausgerichtetes Leben unmöglich erscheint. Das entspricht strukturell dem Muster der *Macarie*. Zahlreiche Lieder und Gedichte, durch eigene Überschriften herausgehobene allegorische Einschübe, Einreden des Autors und erbauliche Betrachtungen sowie ein scheinbar volkstümlicher, der oberdeutschen Literaturtradition verpflichteter Erzählton prägen den Charakter des Romans, der mit seinen nur wenig verfremdeten und psychologisch eindringlichen Selbstaussagen und der Tendenz zur Selbsterforschung auf die pietistische Autobiographie oder den psychologischen Roman vorauszuweisen scheint.

Die protestantische Version eines geistlichen bukolischen Romans stammt von Konrad Heinrich Viebing, Pfarrer in der Nähe von Helmstedt und Anhänger Zesens, der ihn in die Deutschgesinnte Genossenschaft aufnahm und 1677 zum Dichter krönte. Gegenstand seines zweiteiligen allegorischen geistlichen Romans ist die Geschichte der Schäferin Weisemunde, in der sich das Leben Christi von der Passion bis zur Himmelfahrt, transponiert in ein bukolisches Milieu, wiederholt: *Der Unvergleichlichen / Wunderschönen aller Tugend Vollenkomnesten Weisemunden Lebens- und Leidens-Geschicht / In einer Geistlichen Schäferei [...] Andächtig betrachtet / und einfältig besungen* (1680–84).

Der Roman erzählt zunächst vom Leben der frommen Schäfer Roselieb und Treu-muht; Roselieb liebt die schöne Schäferin Weisemunde. Im weiteren Verlauf der Geschichte nimmt Weisemunde immer mehr Züge Christi an. Sie gründet mit befreundeten Schäfern die «Rosen-Geselschaft»; sprachliche und motivliche Anlehnungen an Zesen und seine Sprachgesellschaft sind häufig. Sie lehrt, bekehrt und vollbringt Wunderheilungen, bis sie verraten, von einer wütenden Meute aus der Stadt überfallen und von dem rothaarigen Wolfgang erstochen wird: «Du aber GOTT mein Vater hie ist mein Geist! Den befehle ich in deine Hände. Ich habe das Meinige überstanden. Guhte Nacht! Und so fiel sie hin zur Erde.» Treumuht verleugnet sie, Wolfgang begeht Selbstmord. Mit dem Begräbnis Weisemundes, die nach dem Tod ans Kreuz geschlagen worden war, endet der erste Teil. Der zweite ist ihrer «Wiederkunft» und «königlichen Heimfahrt» gewidmet und folgt dabei vom Auffinden des leeren Grabes bis zur Himmelfahrt ebenfalls dem biblischen Geschehen.

Auch Viebing aktiviert den moralischen Gegensatz von Welt- und Schäferleben. Für die Beschaffenheit der Welt stehen der städtische Mob, die Sorge um materielles Wohlergehen und die Üppigkeit und Verschwendung an den Höfen, so «daß bisweilen das ganze Land darüber seufzet». Auf der anderen Seite führen die Schäfer ein einfaches, naturnahes und gottgefälliges Leben, das überdies eine besondere Würde durch die biblische Bildlichkeit vom göttlichen Hirten und vom geistlichen Hirtenamt erhält: «Wer hat doch diese Nacht deine Seele beschützt und behütet?», fragt sich Roselieb, als er von der Sorge um seine «Schäfgen» auf den obersten Hirten kommt und für die erbauliche Nutzanwendung sorgt: «Hats nicht der gethan der dich gemacht zu seinem Volck und zu einem Schäflein seiner Weide?» Neben derartigen geistlichen Ausdeutungen und Kommentaren sorgen zur Hausandacht geeignete geistliche Lieder, Betrachtungen, Hinweise auf entsprechende Bibelstellen und Sentenzen für Belehrung und Erbauung.

Geistliche Kontrafakturen weltlicher Romangattungen sind nicht auf die Schäferdichtung beschränkt. Mehrere Traditionen verknüpft Johann Ludwig Praschs neulateinischer Roman *Psyche Cretica* (1685), der das antike Märchen von *Amor und Psyche* aus den *Metamorphosen* des Apuleius ins Christliche transponiert und damit den Forderungen der *Réflexions sur les romans* seiner Frau Susanna Elisabeth Prasch nachkommt (s. S. 533). Der Roman enthält, z. T. in der Vorlage angelegt, Elemente des Märchens und der christlichen Bukolik und macht darüber hinaus Anleihen an die Handlungsstruktur des höfisch-historischen Romans bzw. des hellenistischen Liebesromans. Die *Psyche Cretica* beginnt *in medias res* mit dem Versuch von Cosmos, der Welt, die kretische Prinzessin Psyche, die Seele, zu vergewaltigen. Sie entkommt mit Hilfe des Fürsten Theophrast. In dessen Garten in Athen gelangt sie zur inneren Ruhe, so daß sie innerlich gestärkt nach Kreta zurückkehren kann, dort im Geist Amors, d. h. Jesu, herrscht und allen Anfechtungen des allegorischen Personals widersteht. Der endgültigen Vereinigung mit ihrem Bräutigam im Himmel, der sie wegen der Verletzung eines Gebots verlassen hatte, steht nichts mehr im Wege. Eine deutsche Fassung erschien 1705 unter dem Titel *Psyche Cretica oder Geistlicher Roman / von der Menschlichen Seelen.*

Tendenzen zur Gattungsmischung: Tobias Nißlen

Die in der zweiten Hälfte des 17. Jahrhunderts sich verstärkenden Tendenzen zur Gattungsmischung betreffen alle Romanformen und damit auch den Schäferroman. Während etwa manche satirische Schäferromane Übereinstimmungen mit dem niederen Roman aufweisen, gibt es auf der anderen Seite wechselseitige Annäherungen zwischen höfisch-historischem Roman und Schäferroman. So findet die Großform des europäischen Schäferromans mit ihrem aristokratischen Ethos in den romanischen Ländern wie in Deutschland ihre eigentliche Fortsetzung im höfisch-historischen Roman. Und wie dessen Autoren nicht auf Elemente der bukolischen Tradition verzichten wollen und schäferliche Episoden einfügen oder – wie Anton Ulrich in der «Mesopotamischen Schäferei» seiner *Aramena* – ganze Romanteile als Schäfereien konzipieren, so verwenden Schäferromane, etwa der einzige ‹große› deutsche Schäferroman, die *Macarie* der Stockfleths, Motive und Strukturelemente des höfisch-historischen Romans. Dabei ist dann der Übergang zu nicht mehr eindeutig zuzuordnenden Texten fließend; dafür liefert die *Adriatischen Rosemund* Zesens bereits ein frühes Beispiel.

In diesen Zusammenhang gehört auch das Werk von Tobias Nißlen, der unter verschiedenen Pseudonymen (u. a. De La Grise, De La Sireg) in Traktat- und Romanform Belehrendes für den württembergischen Adel und seine «fürstliche Jugend» schrieb und seit 1669 als Pfarrer in Weiltingen sowie als fürstlicher Beichtvater und Hofprediger wirkte. In zwei seiner fiktionalen Texte benutzt er dabei die äußere Form des Schäferromans, erweitert aber den beschränkten Handlungsraum der schäferlichen Idyllik u. a. durch Reise- und Kriegsabenteuer. Hier haben seine Gestalten Gelegenheit, sich in ihrer persönlichen Entscheidungsfreiheit zu beweisen. Dabei geht es anhand negativer und positiver Beispiele um die vernünftige, d. h. gesellschaftlich angemessene und aussichtsreiche Liebe.

Nißlens Romanwerk beginnt mit der *Krieg- Hof- und LandLebens Beschreibung / Aufs kürtzeste In diese Schäfferey verfasset* (1676). Ein idyllischer Natureingang führt den nun in der Fremde herumschweifenden Schäfer Parimon ein, der nach Kriegsdienst und negativen Erfahrungen am Hof sich für das Schäferleben entschieden hat. Er findet in Leandra die ihm gemäße Liebe, gegen die auch Intrigen des reichen Nebenbuhlers Tirse nichts ausrichten können. Ein zweiter Handlungsstrang führt Tisippus und Lisimena zusammen, die sich der drohenden Verheiratung Lisimenas mit dem von «viehischen Begierden» geleiteten Tiris durch Flucht entziehen können, heiraten, nach dem Muster des höfisch-historischen Romans getrennt werden, an Kriegen zu Lande und Wasser teilnehmen und von ihren Abenteuerfahrten nach einem Friedensschluß glücklich zurückkehren. Parimon wiederum offenbart seinen Reichtum und seine vornehme Abkunft, und nach einer ordentlichen Klage beim Landgericht auf Unterlassung gegen Tirses z. T. gewalttätige Verhinderungsmaßnahmen steht der «Ehe-Alliantz» mit Leandra nichts mehr im Wege. Ein Abschlußgedicht des Autors, der an der Hochzeit teilnehmen darf, nennt die entscheidenden Themen: Liebe, Beständigkeit, der «freye Will». Wie die Episode mit der Klage vor Gericht illustriert, sieht der Autor das Schäferleben auch von seiner praktischen, realistischen Seite. Dazu gehört, daß das topische Lob des Landlebens Kulinarisches sowie Belehrendes über rechte Wirtschaftsführung einschließt.

Die didaktischen Interessen des Verfassers zeigen sich in Nißlens zweitem Schäferroman bereits im Titel; auch die gattungstypische Berufung auf Erfahrungswahrheit fehlt nicht: *Der unglückselige Misoneur, In sich haltende Allerhand Lehr-reiche Gespräche / Nachsinnliche Reimem und Lieder / so wol auß erfahrener Wahrheit als eigener Erfindung / gleich einer Schäfferey [...] beschrieben / und auf die Bühne der irdischen Zeitligkeit jedermänniglich wolmeinende vorgestellet* (1681). Auch dieser Text, der mit seinen Personen an Familiengeschichten des vorigen Romans anknüpft, erweitert den Handlungsraum des Schäferromans um Abenteuerepisoden, die auf See und im fernen Portugal spielen und sich an Gil Polos *Diana*-Fortsetzung anschließen. Diese Szenen wiederum sind Folge der durch den vermeintlichen Tod der weiblichen Heldin Mameda verursachten vorübergehenden Trennung der Liebenden, ein dem höfisch-historischen Roman verpflichtetes Strukturelement, das die bekannten Stadien des Geschehens schäferlicher Liebeserzählungen – Kennenlernen, Werbung, erfüllte Liebe, unglückliches Ende – ergänzt.

Der Roman belehrt in ausführlichen Gesprächen und Ermahnungen über Tugend und Vernunft und übt deutliche Kritik an der petrarkistischen Liebes- und Leidensauffassung; dagegen steht das Plädoyer für eine auf Gegenseitigkeit beruhende Liebe, eine Liebe, die von der Vernunft regiert wird und die gesellschaftlichen Umstände und Erfolgsaussichten in Betracht zieht. Man muß sich, wie bereits Beckh lehrte, in die Verhältnisse schicken und sich nicht in aussichtsloser Liebe verirren. Und so beschließt der Titelheld des Romans, Misoneur, nach dem falsch interpretierten Scheintod seiner Geliebten, «nach seines Schöpffer Willen vergnügt zu leben / sich nicht mehr so sehr um das Verlohrne zu quählen / noch zu betrüben». Falsches Verhalten und seine Folgen demonstriert Nißlen dagegen am Beispiel des Nebenbuhlers Telifan, «welcher auß unmässigen Begierden getrieben keine Maaß» beobachtet, Mißerfolge nicht hinnimmt und mit seinem Racheakt ein für einen Schäferroman ungewöhnliches, sinnloses Ende herbeiführt, das an die Tradition der *histoires tragiques* erinnert: Als Misoneur und die keineswegs tote Mameda schließlich trotz der Feindschaft der Familien in glücklicher Ehe zusammengefunden haben, erschießt Telifan den Helden. Der Mörder wird hingerichtet, auch Mameda stirbt.

Nißlens umfangreichstes Werk, der in sechs Teilen 1679–85 erschienene *Liebes-Kampf*, enthält abenteuerliche Geschichten unglücklicher und glücklicher Liebe. Einige Teile sind, wenn man den Angaben auf den Titelblättern Glauben schenken darf, Übersetzungen aus dem Italienischen und Französischen, erzählen jedenfalls Geschichten mit entsprechendem Kolorit. Andere haben als Hintergrund der Abenteuer- und Liebeshandlungen die Landschaften, Schlösser und Höfe der näheren und weiteren Umgebung von Nißlens Heimatlandschaft Württemberg. Auch beim *Liebes-Kampf* handelt es sich um ein Lehrbuch der Liebe, das weder unbedingten Tugendheroismus noch strenge Askese propagiert, sondern auf eine abgewogene, vernünftige, die Umstände und gesellschaftlichen Gegebenheiten berücksichtigende Haltung zielt. Diese schließt Entscheidungsfreiheit und selbstverantwortliches Handeln der Heldinnen und Helden ein.

Die Tätigkeit Nißlens als «württembergischer Informator und Inspektor der
fürstlichen Jugend» und als Pfarrer spiegelt sich in didaktischen bzw. moraldidaktischen Werken wie *Junger Fürsten Tugend-Schul* (1660), der Albertinus-Bearbei-
tung *Neu-gefaßt- und Polirter Hof-Spiegel* (1683), den biblischen Erzählungen
Susanna (1682) und *Tobias* (1682) oder der von dem Holländer Jacob Cats angeregten *Tugend-Liebe* (1688) wider.

FIKTIONALE UND NICHTFIKTIONALE PROSA

I. SATIRE

Die Erscheinungsformen der Satire und des Satirischen in der deutschen Literatur des 17. Jahrhunderts sind vielfältig. Von den spezifischen Gattungstraditionen der Satire, der Verssatire und menippeischen bzw. varronischen Prosasatire mit Verseinlagen, spielt die Verssatire mit Ausnahme der lateinischen Satireproduktion Jacob Baldes eine relativ geringe Rolle, auch wenn sie von der Theorie bevorzugt wird. Während die alten Lateiner, schreibt der Poetiker Albrecht Christian Rotth, ihre Satiren «meistentheils Vers weise» vorgebracht hätten, seien «bey uns Deutschen [...] die Satyrischen Schrifften mehr in ungebundener Rede bisher beliebet worden» (*Vollständige Deutsche Poesie*, 1688). Neben den beiden historischen Gattungen der Satire – das Satyrspiel hat keine bedeutende nachantike Wirkung – steht das breite Spektrum des Satirischen bzw. der satirischen Schreibart, verstanden als literarische Verfahrensweise, die sich als kritische, mahnende, polemische oder spöttische Auseinandersetzung mit moralischen Verfehlungen und gesellschaftlichen Mißständen mit den verschiedensten Gattungsformen verbinden und vom Epigramm über die Predigt bis hin zu Schauspiel und Roman in allen literarischen Äußerungen als prägendes, wichtiges oder auch nur peripheres Moment Verwendung finden kann. Vor allem beim Roman besteht eine enge Beziehung zur Satire: Die Verfasser niederer Romane wie Grimmelshausen, Beer, Weise oder Riemer verstehen ihre Werke ausdrücklich als satirische Schriften.

Die Satiredefinitionen der Barockpoetiker stehen in der Tradition der humanistischen Poetik, die in Anlehnung an die antiken Ausprägungen der Gattung durch Juvenal und Horaz zwischen dem Typ der unnachsichtig strafenden und der heiter ironischen Satire unterscheiden. Rotth bezeichnet in einer Art Mittelweg die Satire «als ein stachlichtes / hefftiges und doch lustiges Gedichte / welches [...] die im schwange gehende Laster und Mängel und den daher rührenden wunderlichen Zustand an einer oder der andern Person mit schlechten Worten durchhechelt / üm dadurch die Sache selbst verhaßt zu machen und die Leuthe zu bessern». Der Endzweck, die Verbesserung der Sitten, verbietet auch persönliche Schmähschriften («Pasquille»), ein wichtiges Argumente in den poetologischen Rechtfertigungen der Satire. Diese Eindeutigkeit verliert sich, wenn es um Aufbau- und Formfragen geht, handelt es sich doch, wie Julius Caesar Scaliger in seinen *Poetices libri septem* (1561) schreibt, bei der Satire um ein «poema liberum». Sie habe, paraphrasiert Rotth, «eigendlich keine partes oder gewisse Abtheilung / sondern fließt / wie sie kömmt», weswegen es auch vergebliche Mühe wäre, «eine Arth vorzuschreiben / wie solche Satyrischen Schrifften müsten gemacht werden». Sie können, bemerkt Daniel Georg Morhof im Hinblick speziell auf die Prosasatiren, «auff vielerley Arten [...] eingerichtet werden», gibt aber dann einige Hinweise auf mögliche Formen: Es kämen «insonderheit die Fictiones, Träume / Gesichter / Fabeln wohl zu statten», für deren Gestaltung wiederum «hundert wege und Arten ersonnen werden» könnten. Er nennt Gespräche, Briefe, Romane, Reisebeschreibungen «und viel andere» (*Unterricht Von Der Teutschen Sprache und Poesie*, 1682, ²1700).

Es handelt sich also um ein weites Feld, dessen Grenzen durch die offene Form der Satire und die immer mögliche Verbindung mit anderen Gattungen eher unübersichtlich und dehnbar bleiben. Ebenso vielfältig sind die Themen. Die satirische Schreibart erstrecke sich, schreibt Morhof, «durch alle Dinge / politica, moralia, œconomica, scholastica», während Rotth konkreter wird und darauf hinweist, daß nur die Laster für die Satire in Frage kämen, die «einen Spott oder Gelächter» verdienten: «dergleichen denn sind die wunderlichen Bezeigungen / die manche Väter bey Erziehung ihrer Kinder / manche Regenten bey Verwaltung der Gerechtigkeit / manche Priester bey dem Unterricht ihrer Zuhörer begehen oder andere im menschlichen Leben insgemein vorfallende Laster / als Fressen / Sauffen / Wuchern / Courtesiren etc. und deren possierliche Zufälle.» Schwerwiegende «Laster» wie «Blutschande / Vater-Mord / Verrätherey etc.» dagegen weist Rotth der Tragödie zu. Hinter seiner Aufzählung steht ein traditioneller Narren- und Lasterkatalog, der über die umfangreiche satirische Dichtung des vorhergehenden Jahrhunderts weitergegeben wurde.

Für die Wiederaufnahmen alter Themen stehen Werke der moralisierenden Temperenzliteratur wie das anonyme, gelegentlich fälschlich Moscherosch zugeschriebene *Tractätlein / genannt Zäch-Bruder Spiegel* (1654), die Erneuerung der Narrenrevue bei Abraham a Sancta Clara (*Wunderlicher Traum Von einem grossen Narren-Nest*, 1703) und seinen Nachahmern sowie die zahlreichen Frauensatiren bzw. Manifestationen misogyner Gesinnung von Christoph Schorers *Mann-Verderber* (1648) über Johann Balthasar Schupps *Corinna* (1660) und Balthasar Kindermanns *Die Böse Sieben Von Welcher heute zu Tage die unglückseligen Männer grausamlich geplaget werden* (1662) bis hin zu den Ausfällen Johann Beers. Aber auch die Teufelbücher, beliebte didaktisch-satirische Gattung protestantischer Autoren der zweiten Hälfte des 16. Jahrhunderts, werden weiter gedruckt.

1. Johann Michael Moscherosch

Zentrum der satirischen Literaturpraxis um die Wende vom 16. zum 17. Jahrhundert war das Elsaß und hier insbesondere die Verlagsstadt Straßburg. Hier konnte man auf eine lange Satiretradition zurückblicken, die nach Sebastian Brant und Thomas Murner zwischen 1570 und 1590 mit dem Werk Johann Fischarts einen neuen Höhepunkt erreicht hatte. Daran knüpfte dann Wolfhart Spangenberg mit seinen Ergänzungen von Johann Fischarts *Flöh Haz / Weiber Traz* in der Auflage von 1610 und seinen eigenen Tierdichtungen in Vers und Prosa an (*Gans König*, 1607; *EselKönig*, 1625), Werken, die menippeischen Satireformen verpflichtet sind. In Straßburg erschien kurz vor der Jahrhundertwende auch das anspielungsreiche *Lalebuch* (1597) mit «Geschichten und Thaten der Lalen zu Laleburg», ein Schwankroman eines unbekannten elsässischen Verfassers, der als satirische Verkehrung von Thomas Morus' Entwurf eines vollkommenen Gemeinwesens (*Utopia*, 1516) ebenfalls Techniken der menippeischen Satire aufnimmt (s. S. 96).

Mit dem Dreißigjährigen Krieg bzw. seinen politischen, sozialen und kulturellen Folgen und der Rezeption neuer ausländischer Muster erweiterte sich das Themen- und Formenspektrum der deutschen satirischen Dichtung. Das gilt nicht zuletzt für das Werk Johann Michael Moscheroschs, des größten Satirikers des 17. Jahrhunderts. Dessen Hauptwerk meinte Morhof, als er auf «Fictiones, Träume / Gesichter / Fabeln» als zentrale Formen der Satire hinwies, nämlich die zuerst 1640 erschienenen und dann bis 1650 mehrfach erweiterten *Gesichte Philanders von Sittewalt*. Das Buch gehört zu den großen Bucherfolgen des 17. Jahrhunderts: «Diese Traumgesichte sind von den neugirigen Leuten so beliebet / daß sie vielmals nach einander aufgelegt worden / und haben fast mehr Früchte gebracht / als manches Bet- und Predigt Buch / welches man unter der Bank ligen läßet», urteilte Justus Georg Schottelius in seiner *Ausführlichen Arbeit Von der Teutschen HaubtSprache* (1663) fast wörtlich nach Carl Gustav von Hilles Würdigung im *Teutschem Palmbaum* (1647) über die «Straff-Schrifften», die ihrem Verfasser den Gesellschaftsnamen des «Träumenden» in der Fruchtbringenden Gesellschaft und beträchtlichen, wenn auch gelegentlich nationalistisch gefärbten Nachruhm einbrachten.

Der erste Teil des Werkes erschien 1640 in Straßburg; der Titel verweist auf Moscheroschs Vorlage: *Les Visiones de Don Francesco de Qvevedo Villegas. Oder Wunderbahre Satÿrische gesichte Verteutscht durch Philander von Sittewalt*: Er enthält sieben ‹Gesichte›: *Schergen-Teuffel, Welt-Wesen, Venus-Narren, Todten-Heer, Letztes Gericht, Höllen-Kinder* und *Hoff-Schule*. Ein *Anderer Theil der Gesichte Philanders von Sittewalt* folgte 1643, der von zunächst vier auf sechs (1644) und schließlich sieben Gesichte (1650) anwuchs: *Ala mode Kehrauß, Hanß hienüber Ganß herüber, Weiber-Lob, Thurnier, Pflaster wider das Podagram, Soldaten-Leben* und *Reformation*. Neben den mehrfach aufgelegten autorisierten Straßburger Drucken gab es seit 1641 unautorisierte Auswahlausgaben und Nachdrucke in Leipzig, Frankfurt, Köln und Leiden. Frankfurter und Leidener Verleger nutzten die Popularität der *Gesichte* zu Erweiterungen bis auf sieben Teile, indem sie zahlreiche nicht von Moscherosch stammende Texte hinzufügten. Dagegen polemisierte Moscherosch bereits in der ersten vollständigen Ausgabe seiner *Gesichte*: «ein Unholder Mänsch» sei da aus «Geltgirigkeit» am Werk gewesen.

Den Gesichten des ersten Teils liegen mit Ausnahme des siebten die *Sueños* des spanischen Satirikers Francisco de Quevedo y Villegas zugrunde, allerdings nach der französischen Übersetzung eines Sieur de la Geneste, dessen Identität nicht geklärt ist. Es sind satirische Traumgesichte und Visionen, die mit den Mitteln der menippeischen Satire – Perspektivenwechsel, Verzerrung, Distanzierung usw. – den Schein durchdringen und einen entlarvenden, desillusionierenden Blick auf menschliche Gebrechen und Laster richten. Moscherosch bearbeitete seine Vorlage frei, paßte sie inhaltlich den deutschen Verhältnissen an und verband die Visionen durch einen epischen Rahmen. Mit den acht weiteren Gesichten und ihren Themen löste er sich von Quevedo, blieb ihm aber in der satirischen Technik verpflichtet.

Den erzählerischen Rahmen des ersten Teils bildet eine Reise des jungen Philander von Sittewalt (Anagramm: Menschenfreund von Wilstaedt, Moscheroschs Geburtsort Willstätt), die ihn von Straßburg über Paris, Orléans, Angers, Lyon, Genf und Basel wieder zurück nach Straßburg führt. Anlaß der Reise ist die Erkenntnis Philanders, der als Ich-Erzähler fungiert, daß sein auf der nächstgelegenen «Hoheschul» erworbenes Bücherwissen der alltäglichen Erfahrung widerspreche und der Gegensatz von Schein und Sein das menschliche Leben bestimme: «Es dauchte mich aller Menschen Wesen nur eine angenommene weise / eine eitele Heucheley sein / vnnd solches fast ohne vnderscheid bey allen Ständen.» Um zu sehen, ob es anderswo besser sei oder «ob daselbsten Trew vnd Religion, Glauben vnnd Redlichkeit auch also vermummet», zieht es ihn «in einander Land vnnd Reich». Es ist eine durchaus erfolgreiche Bildungsreise, bei der dem jungen Mann vom zweiten Gesicht an der ältere, erfahrene Expertus Robertus zur Seite steht und dazu beiträgt, daß Philander lernt, durch den Glanz und Schein der Welt zur ernüchternden Wahrheit vorzudringen (*desengaño*, ‹Enttäuschung›, bei Quevedo). Die Begegnungen und Erlebnisse auf dieser Reise liefern die Themen für die Visionen und Träume. Im zweiten Teil bildet die Wasserburg Geroldseck an der Saar den geographischen Mittelpunkt der Rahmenhandlung, die als Gerichtsszene ganz der Tradition lukianischer Göttergespräche und ihrer Erneuerung in Humanismus und Barock u. a. durch Traiano Boccalini (*Ragguagli di Parnaso*, 1612–13) verpflichtet ist.

So unruhig sich die äußere Erscheinungsform der *Gesichte* mit ihrer variationsreichen Typographie – wechselnde Schrifttypen und -grade, absichtlich verstümmelte Typen, Fettdruck, Marginalien – und zahlreichen deutschen und fremdsprachigen Zitaten, Gedichten und Epigrammen präsentiert, so vielfältig und strukturell kleinteilig sind die formalen Mittel und Techniken, mit denen Moscherosch das Wirkungsziel seiner Satiren verfolgt: nämlich «die eingerissene Laster» zu entdecken und «durch die hechel» zu ziehen, um den Menschen zu Einsicht und Besserung zu führen, auch im Hinblick auf «ein ewiges præmium». Denn: «wer sich gern züchtigen last vnd thut darnach / der wird klug werden», heißt es abschließend in der Vorrede zum zweiten Teil. Um die Menschen wirklich zu erreichen, die «die Edele Warheit» als eine «vngeschmackte Artzney» nicht schlucken wollen, muß man ihnen – und hier greift Moscherosch auf die alte Formeln zurück – die bitteren «Pillulen» und «Träncklein» vergolden bzw. versüßen, so daß «sie beydes ein lustigers ansehen / vnd einen lieblichern Geschmack bekommen mögen».

Dafür steht Moscherosch ein buntes, rasch abwechselndes formales und stilistisches Repertoire zur Verfügung, zu dem u. a. revueartig gereihte komische Szenen und Geschichten, perspektivische Verkehrungen und Verzerrungen, eingeschobene Gedichte und Zitate, Sprachspiele oder Wortkaskaden in der Manier von Rabelais bzw. Fischart gehören. Auch die Sprachenvielfalt der *Gesichte*, die er «sonst an einem gebornen Teutschen billich schelte» (und die im Text selbst polemisch angegangen wird), rechtfertigt Moscherosch in einer «Teütsche[n] Zugabe» mit dem Argument, es hätten «vnsere alamode Tugenden anderst als mit alamodefarben nicht sollen entworffen vnd angestrichen werden».

Die Norm, die der Lehre Autorität verleiht, der Maßstab, an dem sich menschliches Verhalten messen lassen muß, ist wie bei allen Satirikern des 17. Jahrhunderts die «Edele Warheit» des christlichen Glaubens: «Der einige vnfehlbare Probirstein / die Richtschnur / nach deren man das Wesen der Menschen abzusehen hat / ist das Wort Gottes», heißt es programmatisch. Daneben bzw. darunter steht, wenn es um patriotische Kulturkritik geht, als weltliche Entsprechung der religiösen Richtschnur das Ideal der «Alten Teutschen Redligkeit», ein an lutherischer Ethik und altständischer Bürgerkultur orientiertes konservatives Gegenbild zur absolutistischen Hofkultur und ihren als verderblich empfundenen Folgen.

Im ersten Teil dominieren im Anschluß an Quevedo thematisch die religiösen Aspekte, wie die Teufelbeschwörung im *Schergen-Teuffel* und die Höllenvisionen und -fahrten einschließlich eines luziferischen Reichstags in anderen Gesichten deutlich machen. Daß Quevedo «alles fast durch den Teuffel [habe] vorbringen lassen», erklärt Moscherosch in der Vorrede zum zweiten Teil der *Gesichte* als Kunstgriff des Satirikers, um den Leser auf diesem indirekten Weg zu gewinnen, weil «ja wir Mänschen von einander selbst nicht gestrafft noch getadelt sein wollen». Dabei verbindet er Quevedos satirische Teufel mit der verbreiteten, wenn auch unhaltbaren Theorie vom Ursprung der Satire «von den Satyris», die auch

für die im 17. und 18. Jahrhundert übliche Schreibung «Satyre» verantwortlich ist: Denn die Satyrn oder «Wald-Götter», die «mit lächerlichen
hönischen geberden» den Menschen «alle Laster vnd Vntugenden / vnge-
schewt vnder gesicht sagten», seien «Leibhaffte Teüffel». In seinem zweiten Teil verläßt Moscherosch den von Quevedos Höllenvisionen vorge-
prägten Weg und verspricht, möglicherweise die Unterscheidung zwischen
der strafenden und der heiter-ironischen Satire aufnehmend, «auff eine
gelindere weise / nicht so förchterlich» zu verfahren. Und hier kommt
dann das andere große Thema der Satire, Moscheroschs kulturpatrioti-
sches Anliegen, zur Geltung.

Das programmatische erste Gesicht des zweiten Teils, *Ala mode Kehrauß*, setzt den Ton. Thema sind die Tendenzen hin zu einer neuen höfischen Kultur, Folge der kulturellen und politischen Vormachtstellung
Frankreichs. Moscherosch und zahlreiche andere Autoren sehen eine
kausale Beziehung zwischen moralischem und politischem Niedergang
und der Übernahme fremder Umgangsformen, fremder Kleidung, fremder Frisuren und Barttrachten, und nicht zuletzt fremder Wörter und Re-
deweisen. Es sind äußere Zeichen der Abkehr von den alten deutschen
Werten und christlicher Tugendhaftigkeit. Die Konsequenzen schildert
«Teutschlands Propheceyung», die dem sagenhaften ersten deutschen
König Tuitscho zugeschrieben wird und in Fettdruck erscheint:

> «Es wird eine zeit kommen / weil alle Ding vergänglich sind / wan das Teutsche
> Reich soll zu grunde gehen: so werden Burger gegen Burger / Brüder gegen Brü-
> der im Felde streitten vnd sich ermorden / vnd werden jhre Hertzen an frembde
> Ding hängen / jhre Mutter sprach verachten / vnd der Wälschen gewäsch höher
> halten / wider jhr eigen Vatterland vnd Gewissen dienen: vnd alsdan wird das
> Reich / das mächtigste Reich / zu grunde gehen; vnd vnder derer hände kommen /
> mit welcher Sprach sie sich so gekützelt haben; wo GOtt nicht einen Helden er-
> wecket / der der Sprach wider jhre maß setze / Sie durch Gelehrte Leut auffbringe /
> vnd die Wälschlende Stimpler nach verdienst abstraffe.»

Die Prophezeiung beschreibt die heillose Gegenwart. Und sie nennt
auch, da sie von dem Zusammenhang von sprachlichem, moralischem
und politischem Niedergang ausgeht, den Ansatz zu einem möglichen
Ausstieg aus dem durch den Krieg beschleunigten Zerfalls- und Über-
fremdungsszenario. Gefordert ist die Besinnung auf die eigene kulturelle
und sprachliche Tradition im Sinn der Sprachgesellschaften und der von
Moscherosch besonders hervorgehobenen patriotischen Literaten Harsdörffer und Schottelius. Die Instanz, die für dieses Gegenbild inmitten
einer schlimmen Realität steht, ist ein «Teutscher Helden-Raht» auf Burg
Geroldseck, der den geistigen Mittelpunkt des zweiten Teils der *Gesichte*
bildet und Gericht über die Gegenwart hält. Er besteht ganz in der Tradition der durch den Humanismus ausgelösten Germanen- und Vergan-
genheitsverklärung aus Helden der deutschen Vorzeit wie Ariovist

(«Ehrenfest»), Hermann und Widukind. Als Sekretär dient der noch im 17. Jahrhundert hoch angesehene humanistische Geschichtsschreiber Hans Thurnmeyer (d. i. Johannes Turmair, gen. Aventinus), der ausführlich aus seiner eigenen *Baierischen Chronik* zitiert (Druck der deutschen Fassung 1566) und für die Autorität dieser Beschwörung einer idealisierten Vergangenheit zu stehen scheint.

Philander wird auf der Suche nach dem Parnaß, wo «Fried / Tugend / Kunst vnd Ehr» wohnen, mit seinem Begleiter Expertus Robertus von einer Schar seltsam aufgemachter Reiter aufgegriffen und auf die Burg Geroldseck gebracht. Hier bei den Altdeutschen hält man ihn wegen seines Namens, seines Aussehens, seiner Kleidung und seiner Sprache zunächst für einen «Wälschen», Anlaß für einen zitatgespickten Rundumschlag gegen sämtliche nur denkbaren Modetorheiten, verweichlichende ausländische Sitten und sprachliche Fehlleistungen. Und die eingefügte Erzählung einer Suche nach dem größten Narren in der Welt – Christian Weise machte später einen Roman daraus – findet natürlich ihr Ziel bei den «Alamode-Kerls». Philander muß sich vor diesem «Helden-Raht» für seine Vorliebe für das «Wälsche» verantworten, erhält aber zunächst nur die Auflage, die Burg nicht zu verlassen. Er flieht jedoch und gerät unter die Soldaten oder besser Räuber. *Soldaten-Leben*, das sechste Gesicht des zweiten Teils, entwirft – auf Grimmelshausen vorausweisend – ein drastisches Bild der Verrohung des Menschen in Kriegszeiten und der Terrorisierung eines ganzen Landstrichs durch marodierende Soldaten- und Räuberbanden. Wieder auf Geroldseck spricht ihn der Heldenrat frei, verpflichtet ihn aber, einem Gutachten der Helden zu folgen und sein Buch, *Philanders Gesichte*, entsprechend zu ändern. Philander kommt das Urteil unverständlich vor, Expertus Robertus hindert ihn daran, Beschwerde einzulegen. Im letzten Gesicht *Reformation* (1650) muß er sich übrigens erneut für sein Buch rechtfertigen, das wegen seiner zahlreichen fremdsprachigen Zitate bereits im *Ala mode Kehrauß* heftig attackiert worden war. Nun verhelfen ihm anerkennende Briefe von Mitgliedern der Fruchtbringenden Gesellschaft, in die er 1645 als der «Träumende» aufgenommen worden war, zum Freispruch.

Der altdeutsche Gegenentwurf mit seiner regressiven Germanenromantik und Heldengalerie sowie seiner Berufung auf die alten deutschen Tugenden hat etwas Zwiespältiges. Er erfüllt zwar seine Funktion als Folie für die Kritik an zeitgenössischen Fehlentwicklungen, ist aber wohl kaum als Vorlage für die gesellschaftlich-kulturelle Praxis der Gegenwart geeignet. Denn die seltsamen Gestalten aus der Vorzeit legen in Sprache und Verhaltensweisen einen Grobianismus an den Tag, der eher atavistische als vorbildliche Züge aufweist und zudem ganz entschieden der auf gute Sitten bedachten Programmatik der kulturpatriotischen Fruchtbringenden Gesellschaft widerspricht. Wie später bei Grimmelshausen verfällt das scheinbar ideale Gegenbild stellenweise selbst wieder der satirischen Kritik oder erscheint zumindest in komischem Licht.

Auch an anderer Stelle macht Moscherosch deutlich, daß bloße Regression nicht das Ziel sein kann und auch die Alamode-Kritik ungeachtet der zuweilen heftigen Rhetorik keineswegs auf eine generelle Verdammung alles «Wälschen» hinausläuft. Diese Kritik wird immer wieder dank der Mehrstimmigkeit der Gespräche relativiert, wie denn auch Moscherosch an anderer Stelle die französische Sprache und französische Kulturleistungen rühmt. Die Gefahr besteht vielmehr in der gedankenlosen Übernahme von Äußerlichkeiten und dem dadurch drohenden Verlust der kulturellen Identität. Es gilt daher einen Prozeß der Selbsterkenntnis einzuleiten, der den Menschen aus seiner Verfallenheit an die Affekte und den falschen Schein der weltlichen Güter befreit. Daß Moscherosch selbst im Lauf seines widerspruchsvollen Lebens nicht unbedingt nach den kulturellen und moralischen Vorgaben der *Gesichte* handelte, steht auf einem anderen Blatt.

Johann Michael Moscherosch (1601 Willstätt bei Kehl – 1669 Worms), Sohn eines Verwaltungsbeamten, unternahm nach Gymnasiums- und Universitätsbesuch in Straßburg (Magister artium 1624) eine Bildungsreise über Genf nach Frankreich (Lyon, Bourges, Orléans, Angers, Paris: die umgekehrte Reiseroute seines Philander), das für ihn politisch und literarisch durchaus Vorbildcharakter besaß. Danach mußte er eine Hofmeisterstelle übernehmen, doch endete seine pädagogische Tätigkeit recht unvermittelt, als er einem seiner gräflichen Zöglinge im Affekt den Arm brach. Die Bewerbung um den Straßburger Lehrstuhl für Poesie schlug 1630 fehl – im selben Jahr waren seine lateinischen *Epigrammata* erschienen –, so daß er sich 1630 bis 1641 mit Verwaltungsstellen im deutsch-französischen Grenzgebiet in Lothringen begnügen mußte. Hier waren er und seine Familie Überfällen und Plünderungen ausgesetzt; Entbehrungen und die Pest führten zum Tod seiner beiden ersten Frauen (er heiratete ein weiteres Mal). Unter dem Eindruck dieser Erfahrungen, die seine Auffassungen über die französische Politik verändert hatten, schrieb er sein Hauptwerk, die satirischen *Gesichte*, und das moraldidaktische Gegenstück *Insomnis cura parentum. Christliches Vermächtnuß oder / Schuldige Vorsorg Eines Trewen Vatters* (1643), eine Ehe- und Erziehungslehre in Form von Briefen an Frau und Kinder im Geist der lutherischen Reformorthodoxie. Nach dem Umweg über eine Sekretärsstelle in der schwedischen Festung Benfeld erhielt er schließlich 1645 eine angemessene Stellung in Straßburg. Er wurde zum «Frevelvogt» bzw. Fiskal, eine Art Polizeidirektor, berufen und sorgte im Verein mit dem Straßburger Kirchenpräsidium für eine rigorose moralische und religiöse Disziplinierung der Bürger und der zahlreichen Flüchtlinge. Editionen patriotischer Schriften des elsässischen Humanismus begleiteten diese Tätigkeit. Angesichts des wachsenden Widerstands gegen die Disziplinierungspolitik genügte ein unbewiesener Verdacht des Ehebruchs, um den Sittenwächter Ende 1655 zum Rücktritt zu zwingen. Nach Ende der reichsstädtischen Karriere trat er als Gräflicher Rat in den Dienst des verschuldeten absolutistischen Duodezfürsten Friedrich Casimir von Hanau. Unstimmigkeiten und Verdächtigungen wegen finanzieller Unregelmäßigkeiten beendeten den Fürstendienst 1660. Nach einem Zwischenspiel als freier Schriftsteller in Frankfurt a. M. bekleidete er zuletzt von 1663–64 an bescheidene Amtmann-Stellungen an der Nahe.

Anregungen und Wirkungen

Moscheroschs Satire gehört zu den einflußreichsten Dichtungen des 17. Jahrhunderts. Das gilt zum einen für den ganzen Bereich der Alamode-Kritik, zum anderen für die Form der lukianischen Traumsatire. Die kritische Auseinandersetzung mit den ausländischen Einflüssen und drohender Überfremdung, die bereits vor Moscherosch begonnen hatte, erhält nun ihr prägendes Modell und gehört fortan zum Standardrepertoire der satirischen Dichtung. Das gilt für die Epigramme bzw. Verssatiren von Friedrich von Logau, Johannes Grob, Johann Lauremberg oder Joachim Rachel, für die Prosasatire Grimmelshausens oder die sprachkritischen Schriften Christoph Schorers (*Der Unartig Teutscher Sprach-Verderber*, 1643), Johann Heinrich Schills (*Der Teutschen Sprach Ehren-Krantz*, 1644) und Gottfried Wilhelm Sacers, in dessen Schrift mit dem sprichwörtlich gewordenen Titel *Reime dich / oder ich fresse dich* (1673) der alamodische Fremdwortgebrauch allerdings nur einen Nebenaspekt darstellt. Flugblätter nehmen das Thema auf, und in Komödien wie Andreas Gryphius' *Horribilicribrifax Teutsch* (1663) sorgt die Sprachmengerei für komische Effekte.

Auch die Formen der menippeischen Satire, die seit dem Humanismus eine breite europäische Verbreitung gefunden hatten, geraten durch Moscheroschs Beispiel wieder stärker ins Blickfeld der deutschen Schriftsteller. Dabei verbindet sich seine Wirkung mit der von Johann Valentin Andreaes neulateinischen Dialogen *Menippus sive dialogorum satyricorum centuria inanitatum nostratium speculum* (1617), die Mißstände in Staat, Kirche und Bildungswesen kritisieren und zu einem christlichen Leben aufrufen: satirisches Gegenstück zu seinen in Utopien und Reformschriften entworfenen Programmen einer grundlegenden religiösen und gesellschaftlichen Erneuerung. Moscherosch selbst berief sich mehrfach auf Schriften Andreaes, der ihm auf Grund der *Insomnis cura parentum* die Freundschaft angeboten hatte. Auch der lateinische Dialog am Ende der *Gesichte* in der Ausgabe von 1650 orientiert sich an Andreae.

Eine Reihe von Übersetzungen vor allem aus dem Lateinischen und Italienischen stärkte die deutschsprachige menippeische Tradition des 17. Jahrhunderts. Großen Erfolg hatte Gabriel Rollenhagens Lukian-Übertragung, die bis 1717 immer wieder neu aufgelegt wurde: *Vier Bücher Wunderbarlicher biß daher vnerhörter / vnd vngleublicher Indianischer Reysen / durch die Lufft / Wasser / Land / Helle / Paradiß / vnd den Himmel. Beschrieben von Dem grossen Alexander. Dem Plinio Secundo. Dem Oratore Luciano. Vnd von S. Brandano. Mit etlichen warhafften / jedoch bey vielen Gelehrten glaubwirdigen Lügen* (³1605; Erstausgabe 1603). Von Traiano Boccalinis einflußreichen *Ragguagli di Parnaso* (1612–13), satirischen Nachrichten von Beratungen am Hof Apolls über Fragen aller Art, erschienen zunächst jeweils vermehrte Auswahlausgaben in deutscher Sprache (1614, 1616, 1617), übersetzt von dem Tübinger Professor Christoph Besold; am umfassendsten ist die spätere Sammlung *Relation aus Parnasso Erster / Zweyter und Dritter Theil* (1644).

In der elsässischen Satiretradition steht Georg Friedrich Messerschmid, der drei Texte aus dem Italienischen übersetzte bzw. bearbeitete, die dem seit Erasmus' *Lob der Torheit* beliebten menippeischen Genre des ironischen Enkomions angehören: *Sapiens stultitia. Die kluge Narrheit* mit dem zweiten Teil *Die Lustige Narrheit* (1615; nach Antonio Maria Speltas *La saggia pazzia* bzw. *La dilettevole pazzia*, 1606), *Von Deß Esels Adel. Vnd Der Saw Triumph* (1617; nach Adriano Banchieris *La nobilità dell' asino Attabalippa dal Peru*, 1590) und *Spital Vnheylsamer Narren / vnnd Närrinnen* (1618; nach Tomaso Garzonis *L'hospidale de' pazzi incurabili*, 1586). Diese Übersetzungen blieben nicht ohne Wirkung. So machte Wolfhart Spangenberg Messerschmids Lob des Esels (*Von Deß Esels Adel*) zum Ausgangspunkt seines *EselKönigs*, wobei der Vorgänger wegen seiner stilistischen Unzulänglichkeiten auf dem Parnaß nach Art Boccalinis einer kritischen Prüfung unterzogen, aber nicht ohne Wert befunden wird (s. S. 92 f.). Die Wirkung der Garzoni-Übersetzung reicht von Moscheroschs *Gesichten* («Narrenhauß»-Führung im Gesicht *Venus-Narren*) und ihren Fortsetzern über Georg Philipp Harsdörffer, der sich zu zwei Spielentwürfen im ersten bzw. sechsten Teil seiner *Gesprächspiele* (1641 bzw. 1646) anregen ließ, bis hin zu Johann Beers kleinem Roman *Der Berühmte Narren-Spital* (1681), wobei vor allem strukturelle Momente übernommen wurden.

Neben den Verdeutschungen und Bearbeitungen fremdsprachiger Texte trug die neulateinische Satireproduktion zur weiteren Verbreitung menippeischer Literaturformen bei. Mit mehr als 30 Auflagen des lateinischen Textes im Verlauf des 17. Jahrhunderts (und französischen und niederländischen Übersetzungen) gehört John Barclays *Euphormionis Lusinini Satyricon* (1605–10) zu den bekanntesten und erfolgreichsten Satiren der europäischen Literatur. Hier schildert der aus einer idealen Welt stammende Ich-Erzähler Euphormio seine wenig erfreulichen Erfahrungen in verschiedenen europäischen Ländern, gewinnt also die satirische Perspektive aus der Konfrontation alternativer Welten. An Barclays Verfahren lehnt sich der deutsche Neulateiner Johannes Bisselius in seiner satirischen Reisebeschreibung *Icaria* (1637) an, und strukturell weist der *Euphormio* mit der Verbindung von loser Episodenfolge und übergreifenden Bezügen auf spätere Romane wie Grimmelshausens *Simplicissimus* voraus, zu dem es auch motivische Entsprechungen gibt (Narrengeschichte).

2. *Johann Balthasar Schupp und Balthasar Kindermann*

Zu den bedeutendsten Prosasatirikern neben und nach Moscherosch zählt der seit 1649 in Hamburg als Hauptpastor an St. Jacobi wirkende Johann Balthasar Schupp, offenbar ein streitbarer Mann, der in heftige Fehden verwickelt und auch wegen seines unterhaltsamen Predigtstils der Kritik ausgesetzt war. In seinen Satiren und Streitschriften verarbeitete er Anregungen aus der menippeischen Satiretradition und ihrer wichtigsten Vertreter im 17. Jahrhundert (Traiano Boccalini, Johann Valentin Andreae, Moscherosch). Er verwendet Formen wie ironisches Enkomion, Götterversammlung oder Traumgesicht – und verweist auch ausdrücklich auf diese Muster, etwa wenn er sich auf Lukians satirische Methode beruft oder mit einer *Relation aus dem Parnasso* (1658) schon im Titel auf Boccalini anspielt und eine Götterversammlung (unter Beteiligung Petrarcas und Boccalinis) einen ihn selbst betreffenden Streitfall behandeln läßt.

«Verleumbdern», die ihn «einen Lucianischen Speyvogel» genannt hatten, antwortet er mit Ironie in einer *Deutscher Lucianus* (1659) überschriebenen satirischen Streitschrift. Seinen Kritikern und Lesern stellt er Lukian vor («ein hochgelahrter Philosophus») und charakterisiert dessen Verfahren: «Es hat aber dieser Lucianus die Welt beschrieben, nicht wie sie seyn soll, sondern wie sie vor Zeiten gewesen ist. Die Regenten waren damals Tyrannen, und man konte ihn die Warheit nicht beybringen, wann sie nicht gleichsam mit Zucker überzogen war. Ihre Räthe und Diener waren Fuchsschwäntzer und eigennützige Leut. Unter dem gemeinen Mann giengen alle Laster im schwange. Die Philosophi in den Schulen wolten für weise Leute gehalten seyn, aber im Werck selbsten, und wann es zum Treffen gieng, waren sie grosse Narren.» Und diese Narren habe Lukian so traktiert wie «Reuchlin und Eraßmus, die hochgelahrte Männer, hiebevor die unsinnige Mönch tractirten», heißt es in Anspielung auf die *Dunkelmännerbriefe* und das *Lob der Torheit*.

Auch Schupps bekanntestes und wohl auch bedeutendstes Werk, die Erzählung *Corinna Die Erbare und scheinheilige Hure* (1660), verweist auf Lukian. Wichtigste Quellen sind dessen *Hetärengespräche*, vor allem der Dialog *Crobyle und Corinna*, daneben die Dialoge *Die Mutter und Musarium* sowie *Glycera und Thais*.

Die verwitwete und verarmte Crobyle, «welche in der Newstatt zu Ninive wohnete», macht ihrer Tochter Corinna den eigenen früheren lockeren Lebenswandel schmackhaft. Corinnas moralische Bedenken sind nicht von Dauer; auch ein Kirchenbesuch mit einer Predigt gegen die Hurerei zeigt keine Wirkung. Mit Hilfe der Kupplerin Thais und dank vieler zahlender Kunden gelangen Corinna und ihre Mutter rasch zu Wohlstand. Aber das Glück ist nicht von langer Dauer. Crobyle erkrankt und empfindet «in ihrem Hertzen eine rechte Höllenangst» wegen ihrer Sünden. Sie läßt den (bisher erfolglosen) Priester Ehrenhold rufen, der «nicht allein die Sünder erschrecken, sondern auch die erschrockene gewaltig trösten» könne. Er kommt zu spät, steht jedoch der über den Tod ihrer Mutter erschütterten Corinna auf ihrem Weg der inneren Umkehr bei. Sie bereut ihre Sünden, tut Buße und stirbt an den Folgen der Syphilis. Vor ihrem Tod bittet sie den Priester, er möge «in gantz Ninive kund und offenbar machen, daß die Hure und Ehebrecherin glückselig sey, welche in dieser Welt und nicht im höllischen und ewigen Feuer gestrafft werde. Und daß Corinna unter viel tausend Huren die glückseligste gewesen sey», weil sie «durch Hülff und Beystand des Heiligen Geistes» zur Umkehr gelangt sei «und also ihr böses Leben habe genommen ein seliges ENDE».

Corinna bewegt sich zwischen satirischer Erzählung und Predigtexempel. Dabei weitet Schupp die Exempelerzählung zu einer romanartigen Schilderung des Sittenverfalls in «Ninive» aus, sorgt aber immer wieder durch ausführliche Hinweise und predigtähnliche Einschübe dafür, daß kein Zweifel am geistlichen Sinn der Geschichte und ihrem Bezug auf Hamburg aufkommen kann. Das beginnt schon mit der Widmung, in der er dem Adressaten Herzog Ferdinand Albrecht von Braunschweig-Lüneburg die Stadt Hamburg als Sündenpfuhl schildert, der Gottes Strafgericht geradezu herausfordere. Sein Predigtpublikum charakterisiert er entsprechend: «Allein Hurer, Ehebrecher, Diebe, Betrieger, und dergleichen Gottloses Volck sehe ich immerdar vor mir, wenn ich predigen soll.» Dabei bleibt es nicht; ein zweiter Teil – *Die andere Rede von Corinna* – dient ausschließlich dem geistlichen Zweck, berichtet von der öffentlichen Wirkung der von Priester Ehrenhold veröffentlichten Hurenerzählung und unterstreicht so noch einmal ihre Funktion als Exempelgeschichte. Das Ganze mündet dann in eine große Predigt über die Unzucht und ihre Ursachen, die sich weitgehend auf ein Teufelbuch des 16. Jahrhunderts stützt (Andreas Hoppenrod: *Wider den HurenTeufel*, 1565).

Johann Balthasar Schupp (1610 Gießen – 1661 Hamburg) hatte eine gründliche humanistische Ausbildung an deutschen und niederländischen Universitäten erhalten und zunächst die Universitätslaufbahn eingeschlagen. Von 1635 an wirkte er als Professor der Rhetorik und Geschichte in Marburg. Neben seiner Lehrtätigkeit studierte er Theologie (Lizentiat 1641, Prediger an der Marburger Elisabethkirche 1643) und wurde nach seiner Promotion zum Dr. theol. 1645 Hofprediger und Kirchenrat am Hof des Landgrafen von Hessen-Braubach. 1648 nahm er als Gesandter des Landgrafen an den Friedensverhandlungen in Münster teil, wo man ihn auch zum Prediger der schwedischen Gesandtschaft berief. Von 1649 an wirkte er als Hauptpastor an St. Jacobi in Hamburg. Schupps Söhne besorgten mehrfach aufgelegte und veränderte postume Sammelausgaben seiner Schriften, die auch vorher nicht veröffentlichte Texte enthalten (*Schrifften*, 1663; *Zugab. Doct: Ioh: Balth: Schuppii Schrifften*, 1667).

Mit menippeischer Satire, Predigt und Polemik ist Schupps Repertoire keineswegs erschöpft. Seine Schul- und Universitätserfahrungen hatten ihn zum entschiedenen Kritiker einer weltfernen humanistischen Gelehrsamkeit und Rhetorik («Pedanterey») werden lassen. Das zeigen z. B. die häufig aufgelegten lateinischen (und in der Sammelausgabe der *Schrifften* in deutscher Übersetzung aufgenommenen) Texte *Orator ineptus* (1638; dt. von Balthasar Kindermann: *Der ungeschickte Redner / mit Einwilligung seines Meisters übersetzet*, 1660) und *De opinione* (1639; *Von der Einbildung / oder vorgefasten eingebildeten Meynung der Menschen*). Später führte er mit der Abhandlung *Teutscher Lehrmeister* (entstanden 1658, Druck postum 1667) und ihrem Plädoyer für den Gebrauch der deutschen Sprache an Schulen und Universitäten seine Auseinandersetzung mit dem als scholastisch empfundenen Bildungswesen weiter, eine Kritik des Pedantismus, die dann bei Christian Thomasius am Ende des Jahrhunderts mit seinen an französische Vorbilder angelehnten Vorstellungen einer galanten Gesellschafts- und Wissenschaftskultur eine neue Dimension erhielt.

Schupps Wechsel zur Theologie schlug sich nicht nur in Predigten und geistlichen Liedern nieder, sondern auch in erbaulichen und didaktischen Lehrschriften. Die wichtigsten Beispiele sind die auf die Bibel gegründete Fürstenlehre *Salomo Oder Vorbild eines guten Regenten* (1657) und die Schrift *Freund in der Noth* (1657): ein an Moscheroschs *Insomnis cura parentum* (1643) anschließendes Lehrgespräch, in dem ein Vater seinem Sohn Lehren für den weiteren Lebensweg mitgibt, dabei praktisch-weltliche Unterweisung an den Anfang stellt und in einem religiösen Traktat – Gott ist der beste, der einzige Freund – endet. Aber auch profaneren Dingen wandte er sich zu, etwa dem beliebten Thema Dienstboten, und lieferte damit – wie mit einer Reihe anderer Texte – zahlreiche kulturhistorische Informationen (*Sieben böse Geister / Welche heutiges Tages Knechte und Mägde regieren und verführen*, 1658).

Sowohl Schupp als auch Moscherosch verpflichtet war Balthasar Kindermann, dessen rasche Produktion von praxisnahen Werken zur Rhetorik und Poetik sowie von moralisierenden und satirischen Schriften sich der Nachfrage anpaßte (bis er sie, kein seltener Fall, mit der Übernahme eines festen Kirchenamts 1667 in Magdeburg einstellte). Er gehörte dem Elbschwanenorden Johann Rists an, und sein Ordensgenosse Daniel Bärholtz ordnete in einem Begleitgedicht Kindermanns satirisches Werk richtig ein: «Du gehst dem Moscherosch nach / der gnügsam kündig ist / | Und schafft / das man auch dich / dich Edlen nicht vergist.» Kindermann selbst machte mit Titeln wie *Schoristen-Teuffel. Das Erste* bzw. *Ander Gesicht* (1661), *Warhafftiger Traum und Träumende Warheit Betreffend Den ietzigen neuen Undeutschen Zustand in gantz Deutschland* (1664) und *Neue Gesichter* (1673; entstanden 1666) kein Geheimnis aus seiner Abhängigkeit. *Der Schoristen-Teuffel* ist eine Imitation von Moscheroschs *Gesichten* mit Anleihen bis in das geringste Detail. Entgegen dem Titel, der eine Satire auf den sogenannten Pennalismus erwarten ließe («Schoristae» sind ältere Studenten, die die Anfänger drangsalieren), handelt es sich wie bei Moscherosch um eine weit ausholende Stände- und Lastersatire. Der *Wahrhafftige Traum* kopiert Moscheroschs *Ala mode Kehrauß*, während die *Neuen Gesichter* bis auf eine titelkonforme Höllenvision (*Der Verdammte Spätling*) ein Sammelsurium verschiedener Traktate bieten. Selbst seine misogyne Satire *Die Böse Sieben* (1662) firmiert als wunderbares «Gesicht».

Als Antwort auf den von Moscherosch wenig geschätzten Kindermann kann man ein spätes Werk Moscheroschs und seines Sohnes Ernst Bogislaus verstehen: *Güldner Zanck-Apfel / Das ist: Gerichtliches und reiff-erwogenes End-Urtheil: So von des löblich-lieblichen Weibervolckes Nutz und Schutz / In geheimen Rath Apollinis […] geschlossen und abgelesen worden* (1666). Der *Zank-Apfel*, formal Boccalini verpflichtet, bezieht sich kritisch auf eine einleitend abgedruckte Erzählung Machiavellis, die Kindermann – allerdings anonym – übersetzt hatte: *Der vom Weibe überteuffelter Teuffel / Aus dem Machiavello ins Teutsch übertragen Durch Siman von Leiden* (um 1662).

3. Satirische Reisen

Zum Repertoire menippeischer Satiren gehören seit je Schilderungen von Reisen bzw. imaginierten Reisen zu fremden oder verfremdeten Schauplätzen, die auf verzerrte, verkehrte Weise die eigene Welt spiegeln und durch die veränderte Perspektive einen frischen Blick auf sie und damit Erkenntnisgewinn ermöglichen. Die verschiedenen Möglichkeiten seltsamer Reisen führte bereits Lukian vor mit Reisen in die Unterwelt, auf den Mond und – in der Regel per Schiff – zu fernen Weltgegenden bzw. Inseln. Quevedo, Moscherosch oder Kindermann nehmen diese Tradition auf, ebenso Grimmelshausen und andere Autoren von Pikaroromanen. Schon vorher hatte Johannes Kepler mit seinem kleinen satirischen Traktat *Traum vom Mond* (*Somnium, seu opus posthumum de astronomia lunari*, 1610; erschienen 1634) auf Lukian bzw. Rollenhagens Kompilation (*Vier Bücher Wunderbarlicher biß daher vnerhörter / vnd vngleublicher Indianischer Reysen / durch die Lufft / Wasser / Land / Helle / Paradiß / vnd den Himmel* [...], ³1605) zurückgegriffen. Dazu wirkten neben Texten aus den antiken und romanischen Literaturen auch Werke wie Francis Godwins *The Man in the Moone* (1638) und Joseph Halls *Mundus alter et idem* (um 1605) weiter.

In Halls Bericht mit dem paradoxen Titel schildern akademische Besucher des Landes der Antipoden die vorgeblich alternative neue Welt der Antipoden (Terra Australis) als verzerrte Spiegelung der alten. Die deutsche Übersetzung Gregor Wintermonaths deutet das bereits im Titel an: *Utopiae Pars II. Mundus alter & idem. Die heutige newe alte Welt. Darinnen außführlich vnd nach nottdurfft erzehlet wird / was die alte nunmehr bald sechstausendjährige Welt für ein newe Welt geboren / Aus derer man gleichsam in einen Spiegel ihrer Mutter vnd Gebärerin Art / Sitten / Wandel vnd Gebrauch augenscheinlich mag sehen vnd erkennen* (1613). Die deutsche Fassung dieser satirischen Darstellung einer völlig perversen Welt, einer Art Anti-Utopia, mit Ländern und Landesteilen mit sprechenden Namen wie (in Übersetzung) Saufland, Freßland, Weiberland oder Langfingerland folgte wohl nicht zufällig als zweiter Teil einer deutschen Ausgabe von Thomas Morus' *Utopia* desselben Übersetzers. Diese Zusammenstellung zeigt die enge Beziehung zwischen Utopie und Satire, zwischen positiver und negativer Verzerrung der Wirklichkeit.

Francis Godwins *Man in the Moone* verbindet auf unterhaltsame Weise die menippeische Mondreise mit Strukturelementen der literarischen Utopie und des Pikaroromans. Das Werk wirkte u. a. auf Cyrano de Bergeracs *Histoire comique. Contenant les estats & empires de la lune* (1657–62) und – die verzerrende menippeische Fiktion wieder auf die Erde transferierend – Jonathan Swifts *Gulliver's Travels* (1726). In der deutschen Literaturgeschichte fand es nur deshalb Beachtung, weil die auf der französischen Version (1648) basierende deutsche Übersetzung lange Zeit fälschlich Grimmelshausen zugeschrieben wurde. Sie erschien zuerst 1659 unter dem Titel *Der fliegende Wandersmann nach den* [!] *Mond: Oder Eine gar kurtzweilige und seltzame Beschreibung der Neuen Welt deß Monds.* Der Autor der unbeholfenen Übertragung ist nicht bekannt; weder Balthasar Venator noch Grimmelshausen, die beide als Übersetzer genannt wurden, kommen in Frage. Von Grimmelshausen stammen allerdings ein «Anhang Etlicher wunderlicher Antiquitäten / so der fliegende Wandersmann Zeit seiner wehrenden Reiß [...] gesehen und verzeichnet», die Parodie eines Verzeichnisses einer Antiquitätenkammer sowie eine parodistische Wirtshausrechnung («Extract»), Texte, mit denen der Nürnberger Verleger Felsecker den letzten Druckbogen der von ihm veranstalteten Ausgabe von 1667 füllen ließ Dabei handelt es sich um Reihungen von Argutia-Übungen, die auf die Herstellung komischer oder witziger Beziehungen zwischen den Dingen zielen.

In die Reihe der Satiren, die sich der Techniken der literarischen Utopie bedienen, gehört auch François Hédelin d'Aubignacs *Histoire du temps, ou relation véritable du Royaume de Coqueterie* (1654), die der Straßburger Isaac Clauß 1659 in einer freien deutschen Fassung vorlegte: *Le Royaume de la Cocqueterie. Oder Beschreibung des New-entdeckten Schnäblerlandes.* Es handelt sich um die Beschreibung einer utopischen Insel (und der Reise dorthin) in der seit Thomas Morus üblichen Form. Der Plan der Insel stellt ein satirisches Gegenstück zu der «Carte de Tendre» dar, der Karte der Zärtlichkeit aus Madeleine de Scudérys Roman *Clélie* (Bd. 1, 1654): Statt der Wege zu empfindsamer Zärtlichkeit im Geist der Preziösen beschreibt sie in allegorischer Form die zu sexuellen Ausschweifungen, allerdings mit einer wohl kaum ernstgemeinten Weltabsage am Ende. Clauß steht in der Nachfolge Moscheroschs, ein spätes Beispiel der elsässischen Satiretradition, zumal die Thematik – Kritik des Preziösentums und der modischen höfischen Verkehrsformen – mit der der Alamode-Satire übereinstimmt.

Zwei Texte in der Tradition der menippeischen Satire veröffentlichte der fälschlich als Godwin-Übersetzer genannte Balthasar Venator, der zum Heidelberger Kreis um Opitz und Zincgref gehört hatte und nach den Pfälzer Wirren seit 1631 in herausgehobenen Funktionen (Erzieher, Diplomat, Hofrat, Amtmann) für das Herzogtum Pfalz-Zweibrücken tätig war. Venators negative Erfahrungen mit der Hofgesellschaft schlagen sich in seinen Satiren nieder, von denen die erste Anregungen Moscheroschs aufnimmt (*Seltzame Traum-Geschicht Von Dir und Mir*, 1656), während die zweite an Godwins Mondreise anknüpft und dazu ausdrücklich auf Lukian anspielt (*Kurtze und Kurtzweilige Beschreibung der zuvor unerhörten Reise / Welche Herr Bilgram von Hohen Wandern ohnlängsten in die Neue Ober-Welt des Monds gethan*, 1660). Beide Satiren galten ebenfalls zeitweise als Werke Grimmelshausens (auch weil sie zusammen mit der Godwin-Übersetzung 1684 in den dritten Teil der ersten postumen Gesamtausgabe seiner Werke aufgenommen worden waren).

In der *Traum-Geschicht* schildert ein Ich-Erzähler die Begegnung mit einer reisenden Gesellschaft, die sich auf dem Weg zum Hof befindet und den Erzähler einlädt mitzukommen. Die Reise und der Aufenthalt am

Hof bieten Gelegenheit zu einer umfassenden Ständesatire und zu individuellen satirischen Porträts, wobei allein das Fürstenpaar ausgenommen bleibt. Der Akzent liegt auf der Kritik am Hofleben – Neid, Mißgunst, Intrigantentum, Verschwendung usw. – und am Verhalten des Adels, der für sein Wohlleben die Bauern bluten läßt. Daneben finden sich Beispiele für Mißstände bei Geistlichen, Ärzten oder Juristen ebenso wie für die üblichen Alamode-Torheiten. Nach einem wütenden Auftritt des Rentmeisters, der sich über die Verschwendung am Hof aufregt, erwacht der Erzähler. Die Beschreibung der *Reise* [...] *in die Neue Ober-Welt des Monds* erschien zusammen mit der zweiten Ausgabe der *Traum-Geschicht*. Der Ich-Erzähler gibt vor, er wisse nicht, ob «er gefahren, geritten, gesegelt oder gangen» sei, als er eines Abends spät die Grenzstadt Hellmond erreicht habe. Die offenbar recht menschenähnlichen Mondbewohner, mit denen er sich unterhält, fragen ihn über seine Heimat aus, und er selbst nutzt seine Beobachtungen auf dem Mond zu Vergleichen mit den irdischen Gegebenheiten. So läßt er sich über die politischen und kirchlichen Zustände in Europa aus, wobei sich Satire und Fürstenlob (auf die mit Zweibrücken dynastisch verbundenen Schweden und – ohne Namensnennung – auf den Sohn des ‹Winterkönigs›, Kurfürst Karl Ludwig) verbinden. Als der Ich-Erzähler wegen einer Liebesintrige in Schwierigkeiten gerät, rettet er sich durch einen Sprung aus dem Fenster und landet wieder – «das Haus stund uff der äußersten Schnippen des Lands» – sanft auf der Erde, «allwo ich jetzt noch im Bett liege, eben uff der Seiten, wie ich mich gestern schlafen gelegt hatte».

Während in diesen Satiren entsprechend dem Verfahren der literarischen Utopie der Weg in die alternative Welt nicht interessiert, geht es in der satirischen Reisebeschreibung um die Beschreibung dessen, was den Reisenden auf ihrem Weg durch eine bestimmte Gegend oder ein bestimmtes Land begegnet: Landschaften, Orte, Personen, religiöse, politische, wirtschaftliche oder kulturelle Sachverhalte können die kritische Aufmerksamkeit erregen. Das geschieht in verschlüsselter Form, mit Orts- und Personennamen, die aus Anspielungen, Anagrammen oder Übersetzungen gewonnen sind, mit metaphorischen Bezeichnungen oder Übernahmen von Begriffen aus anderen Kulturen bzw. Religionen.

John Barclay hatte mit seinem ungemein einflußreichen *Euphormionis Lusinini Satyricon* (1605–10) diese Technik der Verschlüsselung in die menippeische Satire eingeführt, und auf Barclays Werk spielt die neulateinische menippeische Reisesatire *Icaria* (1637) des Jesuiten Johannes Bisselius (deutsche Namensform Büslin oder Bislin) in der Vorrede ausdrücklich an, wenn er bemerkt, daß der Leser sein Buch wohl als Satire in der Art des Verfassers der *Lusinia* verstehen werde. Folgt Bisselius in der Verschlüsselungspraxis dem Beispiel des *Euphormio*, so widerspricht er in einem anderen Punkt der Satire Barclays entschieden: Gegen die heftigen

Attacken des Katholiken Barclay auf die Jesuiten, die Acigniani (anagrammatisch auf den Namen des Ordensgründers anspielend), setzt Bisselius immer wieder zum Lob seines Ordens und seiner Ordensbrüder an. Damit will er einerseits der negativen Sicht Barclays entgegenwirken, andererseits liegt die Hervorhebung des eigenen, mit Missionsaufgaben betrauten Ordens in der Logik der gegen die protestantischen Konfessionen gerichteten polemischen Satire in einer prekären geschichtlichen Situation.

Die Auseinandersetzung mit dem Gegner beginnt bereits mit dem Titel: Icaria ist der Name der Insel, in deren Nähe Ikarus bei seinem Flugversuch zur Sonne ins Meer stürzte. Ebenso habe das besiegte «Königlein» Friedrich V. von der Pfalz das Land, die Oberpfalz, durch das Scheitern seiner hochfliegenden Pläne zu Icaria gemacht.

Die Reise durch die Oberpfalz, die Bisselius beschreibt, fand im Mai 1632 statt und führte von Regensburg nach Mitterteich mit Stationen u. a. in Amberg, Sulzbach, Hirschau und Weiden. Anlaß war das befürchtete Vorrücken der Schweden auch in die Oberpfalz, vor denen sich die Reisenden – Ilebissus (Bisselius) und zwei Ordensgenossen – in Sicherheit bringen wollten. Die Oberpfalz war nach dem Sieg am Weißen Berg über Friedrich V. von der Pfalz von Bayern besetzt worden, und die Einwohner, Lutheraner und Calvinisten, wurden 1628 in einem Edikt vor die Wahl gestellt, entweder die katholische Konfession anzunehmen oder auszuwandern. Bei der Rekatholisierungspolitik spielten die jesuitischen Niederlassungen, an denen sich Bisselius' Reise orientiert, eine wesentliche Rolle. Daß die zwangsweise Konversion noch nicht besonders tiefe Wurzeln gezeitigt hatte, zeigen die kritischen Kommentare des Jesuiten über die zwar klugen und listigen, aber in Religionssachen störrischen Oberpfälzer.

Die Reisebeschreibung – Prosa mit Verseinlagen in der Tradition der menippeischen Satire – verbindet auf abwechslungsreiche Weise satirische Kritik an den im Glauben unzuverlässigen Bewohnern der Oberpfalz, Landschaftsschilderungen, heftige Ausfälle gegen Andersgläubige (Lutheraner, Calvinisten, Juden) und ein Lob des Jesuitenordens, Hinweise auf die Kriegswirren und einen ehrenden Nachruf auf den kaiserlichen Feldherrn Tilly mit unterhaltenden Begebenheiten und Geschichten. Auch diese dienen der moralischen Belehrung. Die Anlässe ergeben sich durch Beobachtungen und Begegnungen der Reisenden, wobei Topoi wie der betrügerische Gastwirt, der tölpelhafte Bauer oder andere Schwankmotive ebensowenig fehlen wie Berichte von komischen Zwischenfällen, schlagfertigen Wortwechseln oder dem närrischen Verhalten der Bewohner eines oberpfälzischen Schilda («Salomonia» bzw. Hirschau), das auf ihren calvinistischen Glauben zurückgeführt wird. Dazu kommen moralisierende Geschichten, die sich die Reisenden zur Zeitverkürzung – und um den Hunger zu vergessen – erzählen, Geschichten, die aus dem europäischen Erzählrepertoire stammen und beträchtlichen Umfang annehmen können. Die Reise endet mit düsteren Bildern. Bisselius erzählt – er

war Augenzeuge – von den großen Zerstörungen, die von einem Blitzschlag in einen Regensburger Pulverturm ausgegangen waren, ein Ereignis, das der Erzähler mit dem Untergang Trojas vergleicht. Diese Schilderung wiederum löst apokalyptische Traumgesichte aus, die auf den
konfessionsübergreifend auch von anderen Autoren proklamierten Zusammenhang von Sittenverderbnis und Untergang verweisen und in eine
die *Icaria* beschließende Mahnung zur Umkehr münden.

Johannes Bisselius (1601 Babenhausen/Schwaben – 1682 Amberg) gehört zu
den bedeutenden Schriftstellern des Jesuitenordens im 17. Jahrhundert. Neben lateinischen und deutschen Predigtwerken veröffentlichte er mehrere Sammlungen
neulateinischer geistlicher Lyrik wie *Cliens Marianus elegiis descriptus* (1624;
vierte erweiterte Auflage 1634) und die ersten beiden Teile eines nicht vollendeten
Kirchenjahr-Zyklus *Deliciae veris* (1638) bzw. *Deliciae aestatis* (1644). Darüber
hinaus verfaßte er als zeitweiliger Hofhistoriograph in München eine Reihe von
Werken zur älteren und neueren Geschichte und die neulateinische romanhafte
Umdichtung des Reiseberichts *Naufragio y perigrinación en la costa del Perú*
(1610) des spanischen Jesuiten Pedro Govea de Victoria. Dessen deutsche Übersetzung (*Wunderbarliche vnd seltzame Raiß Des* [...] *Herrn Petri de Victoria Auß
Hispanien in das Königreich Peru*, 1622) bildet den Ausgangspunkt für Bisselius'
Argonauticon Americanorum, sive, historiae periculorum Petri de Victoria [...]
libri XV (1647). Es handelt sich um eine tiefgreifende Umarbeitung zu einem allegorischen Roman, der den Helden durch die Konfrontation mit der Welt und der
Natur zu sich selbst und damit zur Unterwerfung unter Gottes Willen führt.

Ein deutschsprachiges Gegenstück zu Bisselius' *Icaria* stellt die *Heutelia* (1658) dar, eine in die Form einer Reisebeschreibung gekleidete Satire
auf die Schweiz (Hevtelia: Helvetia). Das Werk erschien anonym; die
Berner Behörden, die das Buch bald nach Erscheinen verboten, konnten
den Verfasser nicht ermitteln. Als Autor gilt heute – aber nicht unbestritten – Hans Franz Veiras, ein Calvinist französischer Abstammung, der
zeitweilig im Dienst Friedrichs V. von der Pfalz stand und dann als Glaubensflüchtling in der Schweiz lebte. Schon jeweils der erste Satz der lateinischen wie der deutschen Vorrede stellt den Bezug zu Bisselius her. Als
«Icariae filiam» bezeichnet der lateinische Text die *Heutelia*, und im deutschen heißt es, an den Leser gerichtet: «hier hast du die eigentliche Beschreibung, der von alters weit berühmten Provintz *Heuteliae*, in der Newen Welt gelegen, welche der Author dieser Beschreibung selbsten,
nachdem jhme zuvor Icaria Ioannis Bisselij Iesuitae bekandt worden,
durchreist, und derohalben dieselbig also mit jhren lebendigen Farben abmahlen [...] wöllen». Dementsprechend weist auch die *Heutelia* Merkmale der menippeischen Satire auf wie distanzierte Beobachterposition,
Verseinschübe oder unterhaltende Geschichten. Die Reise, ob fiktiv oder
nicht, läßt sich auf Grund von Anspielungen auf die Jahre zwischen 1634
und 1638 datieren. Die Praxis der Verschlüsselung von Namen und Bezeichnungen entspricht der von Bisselius, wobei sich Veiras kleine Spit

zen erlaubt, so wenn er – wie zuvor Bisselius die calvinistischen Geistlichen – nun seinerseits die katholischen Priester als «Mufti» bezeichnet. Ein angefügter Schlüssel bringt teilweise Aufklärung.

Den erzählerischen Rahmen bietet eine Reise durch die Schweiz, die die Reisenden auf einer eher ungewöhnlichen Route durchqueren (Schaffhausen, Zürich, Baden, Königsfelden, Schloß Liebegg im Aargau, Beromünster, Luzern, Bern, Freiburg, Lausanne, Genf). Die Reiseroute ist wohl nicht zufällig so angelegt, daß sie die Möglichkeit bietet, zwanglos die unterschiedlichsten Aspekte des politischen, religiösen und kulturellen Lebens des Landes zu diskutieren und satirisch zu beleuchten. Dabei scheint die Darstellung einem recht starren Muster zu folgen, wie es etwa Reisehandbücher (Apodemiken) nahelegten. Im Unterschied zu Bisselius' lebendigen Schilderungen bleibt die Reise selbst recht blaß. Es gibt keine Zwischenfälle auf dem Weg von Stadt zu Stadt, die Landschaftsschilderungen sind ebenso handbuchmäßig wie die jeweiligen Lagebeschreibungen der Städte. In einer Stadt angekommen, erkundigen sich die Reisenden nach den politischen und rechtlichen Institutionen und Verhältnissen, gehen in die Kirche und besichtigen die wichtigsten Sehenswürdigkeiten und Einrichtungen.

Anders als bei Bisselius besteht die Reisegruppe aus Menschen unterschiedlicher Konfession, zunächst aus dem Erzähler, einem calvinistischen Glaubensflüchtling aus der Pfalz, und einem Württemberger Lutheraner, der gerade sein Studium in Basel abgeschlossen hat; unterwegs stößt ein katholischer Priester dazu, der vor den Schweden aus Bayern geflohen war, und schließlich noch – neben anderen zeitweiligen Begleitern – ein Anglikaner. Diese Zusammensetzung läßt sich als Gegenprogramm zu Bisselius' eifernder Konfessionspolemik verstehen, denn die Reisenden kommen ganz gut miteinander aus. Ihre Diskussionen über religiöse Themen bleiben immer zivilisiert, und die Teilnehmer sind Kompromissen in irenischem Geist nicht abgeneigt. Kritik gibt es an allen Konfessionen, insbesondere auch an dem feindseligen Verhältnis von Lutheranern und Calvinisten. Die Versuche von Gesandten fremder Mächte (Spanien, Österreich) und der Jesuiten, Unfrieden zwischen den protestantischen und katholischen Kantonen zu stiften und die Schweiz in den Krieg hineinzuziehen, finden keinen Beifall. Dabei erscheint der katholische Geistliche mit seinem Witz und seiner kritischen Haltung gegenüber dem Papst (etwa im Hinblick auf den Zölibat oder die für Laien unerwünschte Bibellektüre) keineswegs in negativem Licht. Der Konfessionskritik der *Heutelia* fehlt die intolerante, polemische Note der *Icaria*, und im Fall des Katholizismus gilt die Kritik nicht dem normalen Gläubigen oder katholischen Priester, sondern dem Papst und – im Einklang mit Barclay – vor allem dem Jesuitenorden. Die Jesuiten, als «Bonzi Corvini» bezeichnet, sind «Rabenhafftig» nicht nur wegen ihres schwarzen Rockes, sondern auch, weil sie «gleich wie die Raben von den todten Cörpern sich mästen und feist machen» (d. h. sich an Nachlässen bereichern).

Läßt sich die Zusammensetzung der Reisegesellschaft und der versöhnliche Umgang der Reisenden miteinander als Plädoyer für ein neues Verhältnis der Konfessionen in irenischem Geist verstehen, so fördert der Blick auf die politischen und moralischen Verhältnisse der Schweiz wenig Positives zutage. Hier ist nicht von einem irdischen Paradies die Rede, wie es Simplicius bei Grimmelshausen zu sehen glaubt, sondern von einem Staatswesen und einem Rechtssystem, das sich in der Hand von inkompetenten und korrupten Räten, Amtleuten, Pfarrern und Richtern befindet. Verantwortlich dafür ist aus Veiras' dezidiert aristokratischer Sicht vor allem das Wahlrecht breiterer Bevölkerungskreise. Allerdings sind, das machen allgemeine Sentenzen immer wieder deutlich, derartige Mißstände nicht auf die Schweiz beschränkt. Das gilt auch für die Abteilung Lasterschelte, bei der es vor allem um das Verhältnis der Geschlechter und sexuelle Fragen geht, sei es im Kontext der Zölibatdiskussion bzw. unerlaubter Beziehungen zwischen Nonnen und Mönchen, sei es im Hinblick auf die Untreue von Ehefrauen. Des weiteren gilt die Satire, auch das ein altes Thema, dem übermäßigen Trinken der Schweizer, insbesondere der Berner. Der Realitätsgehalt dieser und anderer Partien bleibt angesichts der topischen Momente offen.

II. KLEINERE ERZÄHLFORMEN, KOMPILATIONEN

1. Apophthegma

«*Keyser Sigismund.* Als einer von ihm begehrte Geadelt zu werden; sagt er: *Wir können wol Reich machen / aber nicht Edel.*» Dieses Apophthegma stammt aus Julius Wilhelm Zincgrefs patriotisch gestimmter Sammlung *Der Teutschen Scharpfsinnige kluge Sprüch* (1626), dem Werk, das die deutsche Gattungstradition begründete und 1628–31 in einer erweiterten Fassung erschien. Der Text zeigt die charakteristischen Merkmale der ‹einfachen› literarischen Form, die auf Plutarch zurückgeht und im Humanismus erneuert wurde. Sie läßt sich als situationsgebundener, pointierter Denkspruch in Prosa definieren, der auf einen den Anlaß übersteigenden lehrhaften Sinn zielt und folgende Eigenschaften aufweist: Kürze, Zweiteiligkeit – Situationsbezug bzw. Anlaß und sentenziöse Aussage –, Nennung eines Sprechers und (Anschein von) Historizität oder Faktizität. Entsprechende zeitgenössische Definitionen finden sich u. a. bei dem Jesuiten Jacobus Pontanus (*Attica bellaria*, Bd. 1, 1616), Georg Philipp Harsdörffer (*Ars Apophthegmatica*, 1655–56) oder schließlich am Ende der deutschen Gattungstradition bei Daniel Georg Morhof (*Commentatio de disciplina argutiarum*, 1693).

Zincgrefs Apophthegmensammlung entstand im Zusammenhang mit den Bestrebungen der Heidelberger Späthumanisten, die deutsche Kultur und Literatur aus der Stagnation herauszuführen und dem Niveau der europäischen Renaissanceliteraturen anzugleichen. Der ‹teutsche› Charakter des Werkes zeigt sich in der Ablösung der antiken Beispiele vorbildlichen Verhaltens und Sprechens durch solche aus der eigenen Geschichte: «Gestalt auch ebenmässig vnsere fromme Vorältern [...] bey diesen jhren kurtzen weisen Sprüchen / auffrichtiger / redlicher / sittsamer vnd Tugendeifferiger vnter einander gelebt / als die Römer vnd Griechen bey allen jhren weitläuffigen Rechten / Gesetzen / vnd Philosophirungen [...].» Damit verbunden ist der sprachliche Aspekt: Der Versuch, die knappe, auf scharfsinnige Pointierung zielende Form im Deutschen nachzuahmen, dient nicht zuletzt dazu, den Nachweis der Ausdrucks- und damit Literaturfähigkeit der uralten deutschen Sprache zu erbringen.

Die folgenden Apophthegmenwerke zielen vor allem auf Breitenwirkung und Unterhaltung. Dabei nehmen sie es mit der Abgrenzung von anderen Kurzformen nicht mehr so genau. Das gilt bereits für die neuen Teile, um die Johann Leonhard Weidner 1644 und 1653–55 Zincgrefs Werk erweiterte, dann vor allem für Samuel Gerlachs Sammlung *Eutrapeliarum philologico-historico-ethico-politico-theologicarum libri III* (1656; zuerst 1639), die in der letzten Ausgabe rund 3000 Einzeltexte umfaßt. Hier stehen neben Apophthegmen zahlreiche Texte aus der Fazetien- und Schwankliteratur, vielfach allerdings auf pointiert-witzige Weise zusammengefaßt. Für die Wirkung von Zincgrefs Werk bzw. für die Zugkraft seines Konzepts spricht neben weiteren derartigen Kompilationen auch der plagiierende Untertitel der anonym erschienenen Sammlung *Exilium Melancholiae, Das ist / Vnlust Vertreiber: Oder Zwey Tausend Lehrreiche / scharffsinnige / kluge Sprüche / geschwinde Außschläg / artige Hofreden / denckwürdige Schertz / [...] vnd was dem allem gleichförmig / sonsten Apophthegmata genannt* (1643). Es handelt sich dabei jedoch keineswegs um eine Weiterführung des Zincgrefschen Ansatzes, sondern um ein teilweise auf einer französischen Vorlage beruhendes Unterhaltungsbuch, das neben apophthegmatischen oder witzig zugespitzten Reden zahlreiche Stücke verschiedenster Art (Exempel, Sprüche, Schwänke, heitere Erzählungen usw.) enthält und wie Gerlach die Popularisierung (und Auflösung) von Zincgrefs Konzeption betreibt.

Neue Akzente setzte Harsdörffer mit seiner großen zweibändigen *Ars Apophthegmatica* (1655–56), die im Untertitel den Aspekt der geselligen Verwendung ebenso wie den der Textproduktion im Kontext der Rhetorik hervorhebt: *Ars Apophthegmatica, Das ist: Kunstquellen Denckwürdiger Lehrsprüche und Ergötzlicher Hofreden; Wie solche Nachsinnig zu suchen / erfreulich zu finden / anständig zugebrauchen und schicklich zu beantworten.* Es handelt sich dabei nicht um ein herkömmliches Apophthegmenbuch, sondern um eine umfangreiche Materialsammlung, die als Hilfsmittel zur Verfertigung apophthegmatischer Rede gedacht ist und daher auch Texte enthält, die nicht den spezifischen Gattungsanforderungen entsprechen (z. B. einfache gnomische Formen ohne Pointe, Schwankartiges), also erst in eine apophthegmatische Form gebracht werden müssen. Man solle, heißt es in der Vorrede, «dieses alles nicht nur mit müssigen Gedancken lesen / sondern in Reden und Schreiben zu Wercke bringen lernen».

Der Begriff «Kunstquellen» im Titel, eine Übersetzung von «fontes», verweist auf die Topik, den Bereich der rhetorischen *inventio*, der das Auffinden geeigneter Gedanken und Argumente für die Rede bzw. den Text durch ein systematisches Suchprogramm erleichtern soll. Möglicherweise angeregt durch Jacob Masens *Ars nova argutiarum* (1649), benutzt Harsdörffer ein derartiges System zur Gliederung seiner mehr als 6000 Stücke umfassenden Sammlung, die im Unterschied zu Zincgrefs patriotischem Ansatz entschieden über den deutschen Horizont hinausgeht («aus Hebräischen / Syrischen / Arabischen / Persischen / Griechischen / Lateinischen / Spanischen / Italiänischen / Frantzösischen / Engländischen /

Nieder- und Hochteutschen Scribenten / angewiesen»). Zu den zehn
«Kunstquellen» – in der geläufigen rhetorischen Terminologie *loci to-
pici* –, nach denen Harsdörffer diese Texte sortiert, gehören u. a. lehrhafte
Stücke («Lehrsprüche»), aus dem Sprachmaterial abgeleitete Aussprüche,
Gleichnisse, Gegensätze und die Geschichte(n). Ein Register erschließt
dann die spezifischen Inhalte.

In der zweiten Jahrhunderthälfte verliert die Form des Apophthegmas
(bzw. das Gattungsbewußtsein) zunehmend an Bedeutung; die einschlägigen Sammlungen enthalten nun ein Sammelsurium der verschiedensten
epischen und poetischen Kleinformen. Es dominieren die schwank- und
fazetienartigen Texte, denen es um die witzige Pointe, nicht um den pointierten Denkanstoß des apophthegmatischen Sprechens geht. Daneben
nehmen manche Sammlungen aber auch weiterhin Apophthegmen auf,
vorwiegend witzig-scherzhafte. Zugleich beginnt eine eher kurze Wirkungsgeschichte mit ganz unterschiedlichen Tendenzen. Zum einen kann
es zur Reduktion des Apophthegmas auf die sentenzartige Aussage
kommen, das so mit seinem Situationsbezug auch den spezifischen Gat-
tungscharakter verliert, zum anderen zu Erweiterungen, zu längeren Geschichten mit einem apophthegmatischen Kern. Beispiel dafür ist Grimmelshausen mit seinen Kalendergeschichten, den «Stücklein» seines
Ewig-währenden Calenders, und seinem Romanhelden Simplicius Simplicissimus, der als «ein gantz Apophtegmatischer [!] Mensch» bezeichnet
wird.

2. Schwankbücher

Die zunehmende Unschärfe des Gattungsbegriffs führte zur Aufnahme
anderer Kleinformen in die Apophthegmenbücher und schließlich zu
deren Auflösung bzw. Verschwinden. Parallel dazu kam es zu einem Wie-
deraufleben der Schwankbuchtradition, die im 16. Jahrhundert nach
Johannes Paulis *Schimpf und Ernst* (1522) dann vor allem durch Jörg
Wickrams *Rollwagenbüchlin* (1555) starke Impulse erhalten hatte. Die
neuen Sammlungen sind keinem engen Begriff der Gattung verpflichtet,
sondern enthalten neben Schwänken und schwankartigen Geschichten
eine Vielfalt an unterhaltenden Klein- und Kleinstformen – Lügenge-
schichten, Fabeln, Wortspiele, Rätsel, Scherzfragen usw. – und gelegentlich auch Verseinlagen (Lieder, Epigramme, Spottverse, Rätsel). Das Niveau ist unterschiedlich. So gibt es zu Anfang des Jahrhunderts noch
letzte Vertreter der humanistischen Fazetientradition, die in lateinischer
oder deutscher Sprache an ein gebildetes Publikum appellieren. Dazu gehören etwa Otho Melander mit seiner zunächst lateinisch erschienenen,
dann ins Deutsche übersetzten Sammlung *Iocorum atque seriorum* [...]

liber primus [*-tertius*] (1601–04) bzw. *Joco-Seria, Das ist: Schimpff vnd Ernst* (1605), Michael Caspar Lundorff bzw. Lundorp (*Wißbadisch Wisenbrünlein: Das ist / Hundert schöne kurtzweilige / zum theil new / zum theil aber auß etlichen Lateinischen vnd Teutschen Scribenten zusammen gelesene vnd verdeutschte Historien*, 1610–11) oder Julius Wilhelm Zincgref mit seinem anonym erschienenen, mehrfach erweiterten deutschen Fazetienbuch *Facetiae Pennalium, Das ist / Allerley lustige Schulbossen* (zuerst 1618).

Gegen Ende des Dreißigjährigen Krieges setzt dann die Produktion herkömmlicher Schwankbücher mit Macht ein. Eine Unzahl von Titeln erscheint, wobei die Verfasser bzw. Kompilatoren häufig ziemlich hemmungslos von älteren und neueren Schwankbüchern abschreiben. Die Frage des geistigen Eigentums stellt sich bei dieser Form der Gebrauchsliteratur nicht. Doch obwohl zahllose Schwänke und Schwankmotive auf das 15. und 16. Jahrhundert zurückverweisen, unterscheiden sich die Schwankbücher in einigen wichtigen Punkten von ihren Vorgängern. Das gilt zunächst für die Vielfalt der aufgenommenen Textsorten, zeigt sich aber auch in der Erzählweise der Schwänke selbst. Vorherrschend ist nicht mehr eine gewisse epische Breite, sondern – wohl auf den Einfluß der auf geschliffene Kürze zielenden Fazetien- und Apophthegmenliteratur zurückzuführen – ein schnell auf eine überraschende, witzige Pointe hinführender Erzählduktus. Außerdem schlagen sich die Veränderungen und Differenzierungen der frühneuzeitlichen Gesellschaft nieder. Zwar gibt es weiterhin die üblichen typischen Figuren aus dem ländlichen und städtisch-kleinbürgerlichen Bereich (Bauer und Bäuerin, Landjunker, Pfaffe, Wirt, Handwerker, Händler usw.), aber sie gehören nun zu einem wesentlich erweiterten sozialen Spektrum. Die Schwänke beziehen nun, im Rückgriff auf die lateinische Exempelliteratur, das anekdotische Schrifttum und die humanistischen Fazetien- und Apophthegmenbücher, Repräsentanten der gesamten weltlichen und geistlichen Hierarchie ein, vom Fürsten zum Bettler, vom Papst zum Landgeistlichen, vom Offizier zum einfachen Soldaten, von den Gelehrten und Vertretern akademischer Berufe bis zu den verschiedensten städtischen und ländlichen Berufsgruppen. Daneben bleibt als wichtige thematische Konstante der Bereich der Sexualität, vielfach mit misogynen Tendenzen.

Zu den frühesten Beispielen dieser neuen Schwankbuchgeneration gehört das Werk des wohl aus der Schweiz stammenden, im übrigen unbekannten Johann Talitz von Liechtensee: *Kurtzweyliger Reyßgespahn Darinnen Schöne / schimpffliche Historien und Geschichten von allen Ständten der Welt begriffen* (1645). Das bis 1702 mehrfach aufgelegte und vermehrte Buch knüpft an die Schwankbücher des 16. Jahrhunderts an, bemüht sich aber um Distanz zum Grobianischen und Obszönen («erbare Schwenck») und vergrößert die soziale Spannweite im Sinn der modernen Gesellschaftsentwicklung. Die wohl einflußreichste und erfolgreichste Schwanksammlung der zweiten Jahrhunderthälfte war die *Lustige Gesellschaft* (1656) von Johannes Petrus de Memel (wahrscheinlich Pseudonym für Johann Praetorius) mit zunächst 1000, dann in den weiteren Auflagen (mindestens 20 bis 1703) bis zu 1450 Einzeltexten. Sie wurde vielfach ausgeschrieben und diente mit ihrem Verzicht auf didaktische Absichten, der absichtsvollen Ignorierung von Gattungsgrenzen und dem daraus resultierenden Neben- und Durcheinander von komischer Kleinprosa aller Art und gereimten unterhaltsam-humoristischen Stücken als Vorbild und Steinbruch für weitere Unterhaltungsbücher dieser Art bis ins 18. Jahrhundert hinein.

Es hat Tradition, daß sich Schwänke an bestimmte historische oder fiktive Personen heften. Wie man etwa im 16. Jahrhundert Geschichten um Claus Narr, einen angeblichen Hofnarren mehrerer sächsischer Kurfürsten, sammelte (Wolfgang Büttner: *Sechshundertsieben vnd zwantzig Historien von Claus Narren*, 1572), wurde im 17. und 18. Jahrhundert merkwürdigerweise der französische Renaissancedichter Clément Marot zur Kristallisationsgestalt derartiger Schwänke und Anekdoten, die nach einer niederländischen Vorlage zuerst 1660 in der Übersetzung von Johann Praetorius auf Deutsch erschienen (*Das Kurtzweilige Leben von Clement Marott / Oder Allerhand lustige Materi für die Kurtzweil-liebende Jugend*). Marot erscheint hier, historisch ohne Basis, als spöttisch-kritischer Spaßmacher und Schwankerzähler am Hof von König François I. Vergleichbar ist die Gestalt des Wittenberger Neulateiners und Professors für Poesie Friedrich Taubmann, der um die Wende vom 16. zum 17. Jahrhundert dem sächsischen Kurfürsten zeitweise als ‹kurzweiliger Rat› diente und um den sich zahlreiche Anekdoten und witzige Aussprüche rankten (zuerst 1618 in einer Lebensbeschreibung dokumentiert, dann nach weiteren Sammlungen seit 1702 in den häufig aufgelegten *Taubmanniana* verbreitet).

Neben dieser Projektion auf historische Persönlichkeiten blieb die schon in den Schwankromanen des Mittelalters und der Frühen Neuzeit praktizierte Zuordnung von Schwänken zu bestimmten fiktiven Narrengestalten und Vaganten auch im 17. Jahrhundert üblich. Dafür stehen Titel wie *Der Uberaus lustige und kurtzweilige Scheer-Geiger* (1673), *Der lustige Heer-Paucker* (1660), *Der Geist von Jan Tambour* (1662), *Der Pohlnische Sackpfeiffer* (1663) oder – gewissermaßen im Paket – *Des Uhralten jungen Leyer-Matzs Lustiger Correspondentz-Geist mit Clem. Marot, Jan Trompeter, dem lustigen Heerpaucker / Jan Tambour, Polnischem Sackpfeiffer […] / sampt der gantzen fürtrefflichen lustigen Gesellschafft* (1670). Bei diesen z. T. aus dem Niederländischen übersetzten Schwankbüchern und/oder aus älteren und neueren Sammlungen kompilierten Sammlungen besteht keine inhaltliche Verbindung der Schwänke mit den vagantischen Titelfiguren, wie überhaupt die Schwänke in der Regel vor den Figuren da waren, auf die sie dann bezogen wurden.

Die Schwanksammlungen verfolgen, so suchen es Titel und Vorreden glaubhaft zu machen, den doppelten Zweck der Unterhaltung und der Belehrung. Hinsichtlich der Lehrhaftigkeit gibt es freilich beträchtliche Unterschiede. Gemeinsam ist den Büchern jedenfalls die Absicht, wenn auch auf verschiedenem Niveau, als Konversationshilfen einen Beitrag zu einer geselligen Kultur zu leisten, wobei auf die jeweiligen gesellschaftlichen Gelegenheiten als Kaufanreiz immer wieder in den Titeln verwiesen wird («bey Lustliebenden Gesellschafften / vertraulichen Collationen / auf Reisen und in friedlichen Zusammenkunften»). Dazu kommt die vielfach angesprochene Funktion als «Zeitvertreiber», als Gegenmittel gegen die Zeitkrankheit der Melancholie, die durch «Kurtzweil» vertrieben werden soll. Anlaß und heilsamer Zweck verbinden sich, häufig mit identischen oder ähnlichen Formulierungen, in marktschreierischen Titeln wie *500 Frische und vergüldete Haupt-Pillen / Oder: Neugeflochtener Melancholie-Besem. Das ist: Fünffhundert außerlesene Antiquitäten / lustige Schwäncke und mehrentheils neugebackene Historien und lächerliche Possen / welche bey den Maulhenckolischen Häuptern alle Unlust purgiren und außkehren / hingegen Fröligkeit pflantzen / und das Gemüthe in eine wolgeformte Condition setzen. Auf Reisen / so zu Wasser als zu Land / beydes zu Schiff und zu Kutsch / wie auch bey den Sauer-Brunnen Curen und in den warmen Bädern / wider die langweilige Melancholie und schwermüthige Miltzsucht / gar nützlich zu gebrauchen* (1669). Als Verfasser dieses anschaulich erzählten Schwankbuchs mit lehrhaften lateinischen Sentenzen firmiert Ernst Wolgemuth, «Der Paracelsischen geheimen Curir-Kunst der Melancholie Doctorn und Professorn zu Warhausen im Warnethal».

3. Novellentradition

Die Novellentraditionen Italiens, Frankreichs und Spaniens wirkten auf höchst unterschiedliche, z. T. indirekte Weise auf die deutsche Erzählliteratur des 17. Jahrhunderts. Dabei ging der unmittelbare Bezug zu Boccaccios *Decamerone*, dem Schlüsselwerk der europäischen Novellenkunst, zunächst verloren. Die erste deutsche Übersetzung aus der Zeit des Frühhumanismus, die der Nürnberger Heinrich Schlüsselfelder um 1472 unter dem Pseudonym Arigo drucken ließ, übte zwar über den sprachlich bearbeiteten Druck von 1535 eine bedeutende Wirkung aus, aber nur als Stoffquelle, aus der sich Hans Sachs und andere Meistersinger sowie die Autoren der Schwankbücher bedienten. So gelangten die Stoffe auch weiter ins 17. Jahrhundert. Mit der aus dem geselligen Gespräch hervorgehenden und in einen erzählerischen Rahmen eingebetteten Novellenkunst Boccaccios hat das allerdings nichts zu tun. Das gilt auch für die etwa hundert meist recht kurzen Erzählungen des Ende des 13. Jahrhunderts entstandenen anonymen *Novellino*, das einzige italienische Novellenbuch, das im 17. Jahrhundert ins Deutsche übersetzt wurde. Diese Übersetzung der ältesten italienischen Novellensammlung entstand um 1622–24 als Gemeinschaftswerk von adeligen Frauen aus dem Umkreis der Fruchtbringenden Gesellschaft auf der Grundlage der zweiten Druckausgabe (*Libro di novelle et di bel parlar gentile*, 1572). Jedoch blieben die *Erzehlungen aus den mittlern Zeiten*, wie sie die Übersetzerinnen nannten, ohne Wirkung, da es nicht zum Druck kam. Der am Vorbild Boccaccios orientierte Novellenzyklus Marguerites von Navarra (*L'heptaméron des nouvelles*, 1559) fand keinen Übersetzer im 16. oder 17. Jahrhundert. Und in Frankreich selbst setzte sich mit dem Anschluß an die Novellistik Matteo Bandellos ein neuer, ‹tragischer› Novellentyp durch, bei der die auf geselliges Erzählen hindeutende Rahmenfiktion zurückgedrängt, wenn nicht völlig aufgegeben wurde. In dieser Form der *histoires tragiques* spielte dann die französische und damit indirekt die italienische Novellistik eine wesentliche Rolle in der deutschen Erzählliteratur des 17. Jahrhunderts. In diesen Kontext ordnete auch Georg Philipp Harsdörffer seine Bearbeitungen von Cervantes-Novellen ein. Harsdörffer war es wiederum, der in seinen *Gesprächspielen* die Fiktion geselliger Unterhaltung aus dem Italienischen übernahm, während er in seinen Erzählsammlungen nach französischem Vorbild auf die Rahmenfiktion verzichtete.

Allerdings bedeutet das nicht, daß die komplexe Form der Rahmenerzählung für Erzählwerke völlig verschwunden wäre. Sie bleibt, abgesehen von den verschiedenen Ausprägungen der Gesprächsliteratur, auch in der Form novellistischen Geschichtenerzählens zur Unterhaltung einer Gesellschaft bestehen, sei es in eigenständigen Werken oder integriert in die Großform des Romans. Beispiele für den ersten Fall bieten eine Übersetzung aus dem Spanischen und ein Werk des Jesuitendichters Jacob Bidermann, für den zweiten stehen u. a. Romane Philipp von Zesens und Anton Ulrichs von Braunschweig-Lüneburg.

1649 erschien in Wien die deutsche Übersetzung eines Novellenzyklus aus dem Spanischen, der in der Boccaccio-Nachfolge steht und vor allem wegen seiner möglichen Beziehung zu einem Roman Johann Beers auf Interesse gestoßen ist: *Noches de invierno* (1609) von Antonio de Eslava. Die deutsche Fassung stammt von Matthäus Drummer von Pabenpach (Papenbach), der dem niederen Landadel angehörte und möglicherweise als Beamter am Kaiserhof tätig war. Der ausführliche Titel seiner mehrfach nachgedruckten Übersetzung deutet Erzählsituation und Inhalt an: *Noches de invierno, Winternächt. In welchen etliche vertraute / wolgereiste / vnterschiedener Sprachen vnd rümlicher Wissenschafften erfahrne / vnnd wolbelesene Freunde / einander besuchen / die Zeit theils mit erzehlung / mehrerley lehrreich: vnd denckwürdigen Historien vnd Geschichten / theils aber mit andern scharpfsinnig: Politisch: vnd Philosophischen Gesprächen / Fragen / vnnd wolbegründten Antworten / kürtzen und zubringen.*

Vier befreundete spanische Kaufleute treffen sich in Venedig an drei Abenden nach den Tagesgeschäften und unterhalten sich, versorgt von Dienern mit Essen und Trinken, durch das Erzählen von Geschichten, die sie dann ausführlich diskutieren und nach ihrem belehrenden Gehalt befragen. Später nimmt auch eine der Ehefrauen gleichberechtigt – und die Sache der Emanzipation der Frau beredt vertretend – an den Gesprächen teil. Die Erzählungen selbst stehen in einem gewissen Widerspruch zur gesellschaftlichen Realität, die die Fernkaufleute repräsentieren und in ihren Gesprächen auch thematisieren. Es handelt sich um novellistische Bearbeitungen von mittelalterlichen Sagen- und Legendenstoffen und um wunderbare und sentimentale Abenteuergeschichten aus einer an den *Amadís* erinnernden Feudalwelt. Johann Beer kannte nachweislich Eslavas Werk, auf das er im Titel seiner *Teutschen Winternächte* (1682) anspielt. Darüber hinaus allerdings bleiben die Beziehungen zwischen beiden Texten eher vage, sieht man von entfernten Parallelen im Erzählverfahren und den barocken Gemeinplätzen von der Verbindung von Nützen und Erfreuen bzw. der Vertreibung melancholischer Gedanken durch das Erzählen ab.

Aus der gleichen Zeit wie der spanische Novellenzyklus stammt Jacob Bidermanns Erzählwerk *Utopia*, das allerdings erst 1640, ein Jahr nach dem Tod des Autors, erschien und zahlreiche Auflagen bis weit ins 18. Jahrhundert hinein erlebte. Der Herausgeber, Bidermanns Ordensbruder Georg Stengel, schreibt in seiner Widmungsschrift, daß Bidermann die einzelnen Geschichten im Rahmen seiner Lehrtätigkeit geschrieben habe, um seinen Schülern die lateinische Beredsamkeit näherzubringen, und sie dann 1604 zu einem (im übrigen nicht ganz abgeschlossenen) Zyklus verbunden habe. Eine deutsche Version legte Christoph Andreas Hörl von Wättersdorff vor, der im Untertitel auch einen Hinweis auf die Erzählform gibt: *Bacchusia Oder Faßnacht-Land Allwo Es drey Teutschen jungen Herren auff jhrer Raiß sehr übel ergangen / darbey allerhand kurtzweilige Geschichten eingemischt werden* (1677).

Allerdings ist die Anlage wesentlich komplizierter. Die äußere Rahmengeschichte handelt von drei Freunden (Bemardinus, Philippus, Hugo), die sich in idyllischer Umgebung (Park, Landhaus) treffen und sich zwei Tage und eine Nacht lang mit Geschichten unterhalten. Zunächst erzählt Hugo nach einer längeren Exposition einzelne Fabeln, aber vom zweiten Tag an erhalten die Geschichten eine Art inneren Rahmen und einen gemeinsamen Schauplatz, nämlich das Land Kimmerien oder Utopia. Und das geschieht dadurch, daß Bemardinus (Anagramm für Bidermanus) von einer Reise dorthin berichtet, die er einst mit zwei Kommilitonen, Georgius und Antonius, unternommen habe. Unterwegs hätten sie einen zerlumpten jungen Mann getroffen, der sie vor der Weiterreise gewarnt und davon gesprochen habe, wie er dort von angeblichen Verwandten beraubt worden sei. Darin eingefügt ist die Erzählung des betrügerischen alten Hausvaters, eine phantastische Piratengeschichte, deren Personen wiederum das Wort für weitere Binnengeschichten erhalten. Dann übernimmt im äußeren Rahmen nach dem Abendessen Philippus die Fortsetzung der Geschichte des Bemardinus und schildert dessen Erlebnisse und die seiner Freunde in Utopia, einer Stadt des verwirrenden Maskentreibens, des Saufens, Fressens und Spielens, der Lüge und des Betrugs. Im folgenden geraten die drei Freunde in ein turbulentes Geschehen mit Würfelspiel, Bankett, Gerichtsverhandlung und (Schein-) Hinrichtungen hinein, treffen andere Bekannte, werden getrennt, finden sich wieder und berichten dann jeweils von ihren Erlebnissen. Die Ereignisse geben Anlaß für eine Fülle von Abenteuergeschichten, Schwänken, Anekdoten, wobei die Verschachtelung bis zur vierten Erzählebene gehen kann: Der Ich-Erzähler gibt einer anderen Figur das Wort, die im Verlauf ihrer Geschichte einen anderen erzählen läßt, der wiederum .... Unter diesen Geschichten, die alle aus dem internationalen Erzählrepertoire des Orients wie des Westens stammen, ist auch die vom König für einen Tag, beliebter Stoff bei den Barockdramatikern. Nach den Rückblicken der zeitweilig getrennten Freunde bricht das Werk ab; es fehlt die Erzählung von Heimkehr aus Utopia und die Rückkehr zum äußeren Rahmen.

Bidermann und seine primären (sekundären usw.) Erzähler verzichten weitgehend auf direktes Moralisieren, sieht man von einer Polemik zu Anfang gegen die verderbliche zeitgenössische Literatur mit ihren heimlichen Liebesgeschichten von Rittern und Jungfrauen ab, für die wohl der um 1600 noch aktuelle *Amadís* das Modell bietet. Doch auch ohne explizite Morallehren wird deutlich: Dieses Utopia ist eine Anti-Utopie, zeigt eine Welt des Scheins, der Täuschung und Selbsttäuschung, eine lasterhafte Vanitas-Welt, die dem Menschen keine Gewißheiten bietet, ein Eindruck, der durch die komplexe Struktur und das vielstimmige Erzählen noch verstärkt wird. Die Konsequenz, die der Leser aus der Weltverfallenheit der Utopier ziehen sollte, bleibt ungenannt. Bidermanns Dramen geben die Antwort.

Die deutsche Version Christoph Andreas Hörls von Wättersdorff (Wattersdorf), eines bayerischen Landadeligen aus der Gegend von Traunstein, war im Gegensatz zu Bidermanns lateinischem Original kein Erfolg. Hörl vermeidet jeden Hinweis auf den wahren Verfasser und sein Werk. Der neue Titel *Bacchusia Oder Faßnacht-Land* trifft vor allem mit seinem zweiten Teil das Wesen des Landes der Utopier als einer verkehrten, gottfernen Fastnachts- und Narrenwelt. Dabei zeigen sich Ansätze einer Aktualisierung in der Kontrastierung von schreckenerregender Residenzstadt und idyllischem adeligen Landleben, das Hörl im Erzählrahmen ausgestaltet und auch in der Sehnsucht des Ich-Erzählers im fünften Buch (Philippus) nach seinem «lieben Vatterland / dem redlichen Teutschland» zum Ausdruck kommt. Mit der Formulierung vom «redlichen Teutschland» schließt sich Hörl jedenfalls verbal der altständischen Opposition gegen die modernen absolutistischen Tendenzen an; bei Bidermann sagt der von der Barbarei einer Hinrichtungsszene angewiderte Erzähler nur, daß er von hier weggehe. Zu den Freiheiten, die sich der Übersetzer nimmt, gehören eine gewisse Anpassung an deutsche Gegebenheiten sowie Streichungen oder Kürzungen von Verspartien und Zitaten. Im großen und ganzen folgt er jedoch der Vorlage und behält ihren Geschichtenbestand – wenn auch in freier Wiedergabe – bei. Allerdings arbeitet er auch einige neue Schwänke ein. Und während der lateinische Text unvermittelt abbricht, läßt Hörl die Reisenden auf zwei knappen Seiten wieder nach Hause kommen und Bemardinus und seine Freunde die äußere Rahmenhandlung beschließen.

Zu den Eigenschaften der Großform des Romans gehört nicht nur im Barock die Fähigkeit, die verschiedenartigsten Materialien und dichterischen Formen zu integrieren. Das gilt für wissenschaftliche Exkurse und lyrische und dramatische Texte ebenso wie für novellistisches Erzählen im gesellschaftlichen Rahmen. Ein frühes Beispiel in der deutschen Literatur des 17. Jahrhunderts bietet gleich der erste deutsche Roman mit prononciertem Kunstanspruch, Philipp von Zesens *Adriatische Rosemund* (1645): Markhold, die männliche Hauptgestalt, trifft während eines Aufenthalts in Rouen zwei deutsche Bekannte, mit denen er sich die Zeit mit Geschichtenerzählen vertreibt. Es sind zwei Geschichten, die als selbsterlebt in der Vergangenheit des jeweiligen Ich-Erzählers angesiedelt werden, aber keine unmittelbare Beziehung zur Romanhandlung aufweisen (wohl aber allgemein zur Liebesthematik). Einer der Freunde erzählt eine schäferliche Version des Paris-Urteils («Der Lust-wandel des Guhtsmuhts»), und Markhold selbst schildert drastisch, wie er einen Freiherrn aus Rache bei einer Gräfin in Ungnade gebracht und wie der Verstoßene sich durch eine «lächcherliche libe» zu einer Bauernmagd blamiert habe («Di Begäbnüs Der Böhmischen Gräfin und des Wild-fangs»). Eine weitere Erzählung, mit der Markhold gegen Ende des Romans seine Rosemund unterhält, handelt im Kontrast zur Handlung des Romans davon, wie ein Liebespaar sich gegen äußere Zwänge durchzusetzen vermag («Eine Nider-ländische geschicht von einer ahdlichen Jungfrauen und einem Rit-meister»).

Im selben Jahr wie die *Adriatische Rosemund* kam Zesens Übersetzung von Madeleine de Scudérys höfisch-historischem Roman *Ibrahim ou l'illustre Bassa* (1641) heraus, ein Werk, das mehrfach novellistische Einlagen als Moment gesellschaftlicher Unterhaltung einfügt. Von diesen relativ selbständigen Erzählungen zu unterscheiden sind die biographischen Rückblicke, die sich aus der Erzählform des Romans ergeben. Sie vergegenwärtigen das zurückliegende Geschehen und können Impulse für die weitere Handlung geben, sind – wenn sie etwa wie bei Anton Ulrich in großer Zahl auftreten – Teil einer komplexen kombinatorischen Romanstruktur, kein auf ein Ende zielendes novellistisches Erzählen. Während die Lebens- bzw. Lebensabschnittsgeschichten Überschriften wie «Die Geschichte Des Tyridates König in Armenien» (Anton Ulrich) oder «Die geschichte von dem Justiniahn und der Isabellen» (Scudéry-Zesen) tragen, verweisen die Titel der geschlossenen Erzählungen auf bestimmte Themen oder Begebenheiten. Bei Anton Ulrich lauten sie etwa «Die Übel-stiftende Schönheit», «Der erfüllte Wunsch» oder «Die grausahme Hülffe». Diese Geschichten aus dem zweiten Teil der *Octavia* (zuerst 1678, letzte Fassung 1712) wachsen neben anderen aus einer typischen Erzählsituation im Rahmen einer Gesellschaft, dem Gastmahl der Crispina, hervor: Man setzt sich in einen Kreis, und es «solte / auf der

Crispina Veranlassen / ein jedes eine Geschicht erzehlen / um also die Zeit / ehe es zum Nacht-Essen käme / zu verbringen», wobei dann das Los die Reihenfolge bestimmt. Eine andere Möglichkeit novellistischen Erzählens ergibt sich aus dem Interesse des Herzogs an neuen höfischen Skandal- und Klatschhistorien wie die der unglücklichen Prinzessin Sophie Dorothea von Hannover, die in verschlüsselter Form als in sich geschlossene Geschichten in den Roman aufgenommen werden, ohne sich in die providentielle Romankonstruktion einfügen zu lassen.

4. Moralisch-erbauliche und andere Geschichten

«Histoires tragiques»

Von größerer Wirkung auf die deutsche Literatur als die novellistische Rahmenerzählung in der Nachfolge Boccaccios war die Form der tragischen Erzählung, die sich in der zweiten Hälfte des 16. Jahrhunderts in Frankreich nach einem neueren italienischen Muster, den Novellen Matteo Bandellos (1554, 1573), herausgebildet hatte. Dabei kamen die französischen Bearbeiter dem deutschen Hang nach exempelhafter Erbaulichkeit durchaus entgegen. Traditionsbildend wirkte die französische Übersetzung einer Auswahl aus den Novellen Matteo Bandellos, die Pierre Boaistuau begann und François de Belleforest weiterführte. Sie erschien 1559 unter dem Titel *Histoires tragiques extraictes des œuvres italiennes de Bandel* und enthielt, wie der Titel andeutet, überwiegend Liebesgeschichten ernsten Charakters, darunter auch die Romeo-und-Julia-Novelle. Es sind Bearbeitungen, die sich durch eine Rhetorisierung der Sprache, Aufschwellungstendenzen und ein Interesse an Psychologie sowie durch Änderungen und Erweiterungen im Dienst der Moral auszeichnen. Der Titel und die Konzentration auf tragische und grausige Ereignisse, auf Unglück, Tod und Mord machten Geschichte, *histoire tragique* wurde zur Gattungsbezeichnung.

Die neuen *histoires tragiques*, die seit der Wende zum 17. Jahrhundert in größerer Zahl meist anonym erscheinen, verstärken den Zug des Sensationellen, Skandalösen und Grausigen. Die Stoffe stammen dabei weniger aus der novellistischen Tradition als aus der Gegenwart. Die Verfasser verwerten für ihre Schauer- und Mordgeschichten zeitgenössische Sensationsnachrichten, deren angebliche Authentizität und Faktizität mehr zählt als kunstvolle Handlungsführung. Bekanntestes Beispiel ist die im In- und Ausland außerordentlich erfolgreiche Geschichtensammlung von François de Rosset *Les histoires tragiques des nostre temps, ou sont descrites les morts funestes, déplorables & desastreuses* (1614). Sein wichtigster Nachfolger wurde Jean Pierre Camus, Bischof von Belley (Departement

Ain), ein entschiedener Gegner des *Amadís*-Romans, den er durch fromme Liebesromane zu verdrängen suchte. Daneben veröffentlichte er umfangreiche Sammlungen greller Mord- und Kriminalgeschichten, die ihm Anlaß genug zu christlichem Moralisieren boten, darunter *L'amphithéâtre sanglant, où sont representées plusieurs actions tragiques de nostre temps* (1630) und *Les spectacles d'horreur* (1630).

Daß dieser neue Buchtyp mit seiner moralisierenden Präsentation sensationellen, aktuellen und vorgeblich authentischen Materials auch in Deutschland auf großes Publikumsinteresse stieß, zeigt bereits die Rezeptionsgeschichte von Rossets *Histoires tragiques*, die Martin Zeiller übersetzte (und am Ende jeder Geschichte um «etliche Moralia vnd Lehrpuncten / neben andern hierzue tauglichen alten vnnd newen Exempeln» erweiterte): *Les Histoires Tragiques de Nostre Temps. Das ist: Newe / Warhafftige / trawrig / kläglich vnd wunderliche Geschichten* (1624). Diese als ‹andere Edition› bezeichnete Ausgabe ist nach Zeillers eigener Erklärung in der Vorrede wohl die erste (und die immer wieder genannte Ausgabe von 1615 nicht existent). Mehr als 20 Auflagen folgen, darunter eine von 1640, für die Martin Opitz «die Deutschen Reimen» – meist kurze Zitate – «gantz anders gemacht» habe. Seit 1628 tragen die Ausgaben in der Regel den Obertitel *Theatrum Tragicum.*

Zeiller hängt einerseits lange moralisierende und belehrende Zusätze an die Geschichten Rossets an, andererseits kürzt er sie. Er streicht Episoden und gelehrte Abschweifungen ebenso zusammen wie Rossets rhetorische Amplifikationen bei Beschreibungen von Orten und Personen und richtet die Geschichten auf diese Weise für ein literarisch weniger anspruchsvolles Publikum her. Wie nicht anders zu erwarten, unterstreicht die Vorrede die moralisierenden Intentionen des Übersetzers. Aus den tragischen Beispielen, meist Folgen «vnordenlicher Lieb», könnten alle, unabhängig von Stand, Geschlecht und Alter, gehörigen Nutzen ziehen und lernen, das Böse zu meiden und das Gute zu verfolgen. Angesichts der krassen Fälle – neben den üblichen Ehebruchsgeschichten «Sodomiterey» aller Art (mit Teufeln, Tieren und gleichgeschlechtlichen Partnern) – ergibt sich eine eigentümliche Verbindung von Sensationslust und Voyeurismus auf der einen und moralischer Verbrämung auf der anderen Seite. Es ist nicht anzunehmen, daß Rossets und Zeillers Anthologien des Abnormen und Grausamen deshalb so großen Erfolg hatten, weil sich die Leser in erster Linie an der moralischen Belehrung erfreuen wollten. Anziehend waren vor allem die aktuellen Inhalte, die novellistischen Schilderungen außergewöhnlicher ‹wahrer› Begebenheiten, die mit einem gewissen wohligen Schauer verbundene Unterhaltung bringen mochten.

Martin Zeiller (1589 Ranten/Steiermark – 1661 Ulm), Sohn eines lutherischen Pfarrers, hinterließ ein ungemein umfangreiches polyhistorisches Werk. Es entstand in Ulm; hier wirkte er seit 1633 als Schulinspektor und Bücherzensor. Mit seiner z. T. serienmäßigen deutschsprachigen Produktion und seinen Kompendien vermittelte er einem nicht lateinkundigen Publikum ein breites geographisches und historisches Wissen, sorgte aber auch für moralische Erbauung und Unterhaltung durch «Allerley zusammen getragene Politische / Historische und andere denckwürdige Sachen», wie es im Untertitel zu einer dieser Publikationen heißt. Diese erschienen u. a. als «Episteln», Gespräche oder – in Anlehnung an die akademische Quästionenform – als Fragen und Antworten zu den unterschiedlichsten Themen, z. B. *606 Episteln oder Sendschreiben Von allerhand Politischen Historischen und anderen Sachen gestellet* (1656, eine Sammelausgabe von 1640–47 erschienenen sechs Einzelbänden) oder *Ein Hundert Dialogi, oder Gespräch / Von unterschiedlichen Sachen / zu erbaulicher Nachricht / auch Nutzlichem Gebrauch / und Belustigung* (1653). Unter den zahlreichen weiteren Publikationen, in denen Zeiller eine Vielfalt von Quellen im Hinblick auf aktuelle Begebenheiten, politische Ereignisse und wunderbare Geschichten ausschrieb und kommentierte, widmen sich auch einige ausdrücklich Nachrichten aus der Ferne, z. B. *Collectanea Oder Nachdenckliche Reden / verwunderlich / vnd seltzame Geschichten / vnd andere sonderbare Sachen. Sambt Beschreibung etlicher gegen Auffgang der Sonnen gelegenen Länder / und was in denselben [...] sich / vornemblich aber die Letztere Jahr hero denckwürdiges zugetragen hat* (1658). Zu seinen bekanntesten Werken gehört das große Reisebuch *Itinerarium Germaniae* (1632–40), dem er andere geographische Schriften folgen ließ. Von ihm stammen auch die Texte zu Matthäus Merians *Topographiae Germaniae* (1642 ff.). Mit einer Fülle von Fortsetzungswerken und Kompilationen suchte er angesichts eines rapiden Wissenszuwachses das zunehmende Bedürfnis nach Orientierung und Informationen über historische, aktuelle politische oder einfach nur ‹curieuse› Materien zu befriedigen. Ästhetische Ansprüche verfolgt dieser Literaturtypus eher nicht, wohl aber das Ziel, mit der Vermittlung von informativen und unterhaltenden Materien Voraussetzungen für informierte gesellige Unterhaltung zu schaffen und die Urteilsfähigkeit des Lesers zu stärken.

Harsdörffers «Schauplätze» und einige Nachfolger

Daß Moral, Stoff und Form ein spannungsvolles Verhältnis bilden, zeigt sich nach Zeiller-Rosset dann auch bei Georg Philipp Harsdörffer, allerdings auf einem wesentlich höheren literarischen Niveau. Mit seinen Kompilationen hatte der ungemein produktive Pegnitzschäfer seine größten Publikumserfolge, abhängig allerdings nicht zuletzt vom Unterhaltungs- und Neuigkeitswert und dem Sensationsgehalt der Stoffe. Mit je acht Auflagen stehen *Der Grosse Schau-Platz jämmerlicher Mordgeschichte* (1649–50) und *Der Grosse Schau-Platz Lust- und Lehrreicher Geschichte* (1650–51) mit jeweils 200 Erzählungen (und zusätzlichen «lehrreichen Sprüchen», «scharffsinnigen Hofreden», «verborgenen Räthseln» sowie «artigen Schertzfragen und Antworten») mit weitem Abstand an der Spitze. Danach folgt mit drei Auflagen der *Mercurius Historicus* (1657), während sich die anderen Sammlungen mit einer oder zwei Auflagen begnügen mußten: *Heraclitus und Democritus Das ist C. Fröliche und Trauriger Geschichte* (1652, «zweytes C.» 1653), *Penta-*

gone Histoirique [!] *H. von Belley / Historisches Fünffeck* (1652), *Der Geschichtspiegel: Vorweisend Hundert Denckwürdige Begebenheiten* (1654). Auch die ausgesprochenen Lehrschriften wie *Nathan und Jotham: Das ist Geistliche und Weltliche Lehrgedichte* (1650–51), die in 600 je eine Seite umfassenden parabelhaften Geschichten und 200 Rätseln christliche und gesellschaftliche Tugenden lehren, fuhren nicht besser.

Harsdörffers Erzählungen basieren zum großen Teil auf französischen Vorlagen, die wiederum vielfach italienische und spanische Quellen auswerten. Sein wichtigster Gewährsmann war Jean Pierre Camus, dem er Hunderte von Geschichten verdankte – und die Anregung für den Titel seines ersten großen Erfolgs: *Der Grosse Schau-Platz jämmerlicher Mordgeschichte*, freie Übersetzung von *L'amphithéâtre sanglant* («Von Wort zu Wort könte man sagen: Der blutige Schauplatz / in welchem die traurigen Geschichte unsrer Zeit vorgestellet werden»). Daneben erwähnt er in der programmatischen Vorrede zu den *Mordgeschichten* u. a. Belleforest und Rosset, kennt aber auch – das zeigt sein Verzeichnis der für die *Gesprächspiele* benutzten «Scribenten» (Teil 2, 1642) – Zeillers deutsche Rosset-Version in der Ausgabe von 1634. Im Gegensatz zu den französischen «Lehrgeschichten» lehnt Harsdörffer die italienische Novellistik ab («daraus mehr böses als gutes zuerlernen»); hier vermißt er die Moral. Das gilt aber nicht für die moralisierenden Bandello-Bearbeitungen Belleforests. Bei den Spaniern nennt er in einer etwas dunklen Stelle als Verfasser solcher «Lehrgeschichte (*novelas morales*)» u. a. Cervantes. Wenn er hier kritisch von «unnöhtiger Weitläufftigkeit» und «vielen müssigen ümständen» spricht, so ist das eine Feststellung, die ebenso für seine anderen Quellen gilt und zu entsprechenden Bearbeitungsmaßnahmen führt. «Also haben wir auch zu Zeiten überflüssige ümbstände in den Erzehlungen untergelassen / den Leser / welcher deß Außgangs begierig ist / nicht verdrüßlich aufzuhalten. Wie wir nun in diesem davon also haben wir in den Lehren aus unsrem Vorraht fast aller Orten darzu gethan», heißt es im Hinblick auf den – abgesehen von seinem katholischen Eiferertum – hochgeschätzten Camus.

Das ist eine gute Charakteristik der Bearbeitungsmethode Harsdörffers, die von seinem didaktischen Programm geleitet ist. Er versteht seine Art der «Geschichtschreibung» als Fortführung des gesellschaftlichen Bildungswerks der *Gesprächspiele*, allerdings nun mit einer Verlagerung vom Spielerischen zum explizit Lehrhaften. Der Mensch, unbeständig von Natur aus, braucht eine moralische Richtschnur, beispielhafte Vorbilder in Leben und Kunst, aber auch – da er die Eigenschaft hat, «dem Bösen viel leichter als dem Guten» zu folgen – die abschreckende Darstellung des Lasters. Das Didaktische verwirklicht sich am überzeugendsten im Exempel: Alle Künste sind, heißt es weiter in der Vorrede zum zweiten Teil von *Heraclitus und Democritus*, dem Gesetz verpflichtet, «daß man ohne Exempel nichts recht lehren / oder lernen kan». Wert oder Unwert der Literatur bemißt sich daher nach ihrem ‹exemplarischen›, d. h. durch Beispiele belehrenden Gehalt. Vorbild ist die Bibel mit ihren zahlreichen Exempeln. Sie ist auch der Maßstab, nach dem menschliches Verhalten beurteilt werden muß, zumal ihre Leitsätze noch dazu mit dem «Gesetze der Natur durchgehend einstimmig sind».

Wahre Geschichten sollten es sein, aber auch neue für das deutsche Publikum. Anders als die bekannten «Bücher von Exempeln», die «von der Griechen und Römer Geschichten» handelten, bringe er mit seinen Übersetzungen aus den romanischen Sprachen hierzulande bisher noch unbekannte Texte, schreibt Harsdörffer in der Vorrede zum zweiten Teil der *Lust- und Lehrreichen Geschichte*. Aber das Interesse an neuen Stoffen, nach im wörtlichen Sinn unerhörten Begebenheiten geht noch weiter und führt Harsdörffer in der Vorrede zum zweiten Teil von *Heraclitus und Democritus* zu dem Versprechen, bei wohlwollender Publikumsresonanz «ins künfftig noch ein hundert seltener Erzehlung [...] zu sammlen: Massen sich täglichs / wie in Africa wunderliche neue Dinge ereignen». Sie müßten ihm nur «durch gute Freunde zu Hande gebracht werden», und daher bitte er «einen jeden nach StandesGebühr / uns dergleichen / so ihm wissend seyn mag / zu zufertigen». In einigen Sammlungen, insbesondere in den *Lust- und Lehrreichen Geschichten* und im *Geschichtspiegel*, zeigt sich zudem eine Tendenz, die Geschichten durch Informationen über naturwissenschaftliche, medizinische, juristische oder andere Neuigkeiten und Kuriosa, aber auch durch Erörterungen über Fragen der gesellschaftlichen Bildung zu ergänzen. Die Folge sind Spannungen oder Widersprüche zwischen Informations- und Wissensvermittlung und dem Konzept des moralischen Erzählens bis hin zur Auflösung der Form.

Anregungen für diese sachlichen Inhalte boten u. a. die 400 Gesprächsthemen der *Conférences du bureau d'adresse* (1634–41) von Théophraste Renaudot, des Begründers der französischen Presse (*Gazette*, 1631), die Harsdörffer auch für die *Gesprächsspiele* ausschöpfte. Mit seiner Offenheit für die verschiedensten aktuellen Themen und Stoffe nähert sich Harsdörffer der journalistischen Arbeitsweise, und der Wert, den er auf «wunderliche neue Dinge» und Informationen legt, zeigt, daß er das Interesse des zeitgenössischen Publikums an Neuigkeiten und Kuriosa teilt und es zugleich bedient. Es ergibt sich so eine eigenartige Verbindung von exemplarischer Morallehre, novellistischem Erzählen in einem weiten Sinn und Informationsvermittlung, ein Rezept, das offenbar großen Erfolg hatte.

Innerhalb des moralisierenden Rahmens erzählt Harsdörffer meist knapp und holzschnittartig den jeweiligen Fall, in der Regel aus dem Leben von «Privat-Personen» und ihrem familiären Umkreis. Das bestimmende Stilprinzip der Erzählungen wie der moralischen Resümees ist das der Kürze («Wir befleissen uns der beliebten Kürtze»). Für den moralischen Endzweck irrelevante Umstände, Beschreibungen, Digressionen, zu denen etwa die französischen Gewährsleute Belleforest und Camus neigen, fallen weg. Ihre moralisierende Grundhaltung erleichterte die reduktionistische, typisierende Adaption gleichwohl entschieden. Andere Vorlagen stellten Harsdörffer vor größere Probleme; hierzu gehören die Novellen des Cervantes, des einzigen großen Novellisten, den Harsdörffer in seine Sammlungen aufnahm. Er bearbeitete sieben der zwölf *Novelas ejemplares* für den *Schauplatz Lust- und Lehrreicher Geschichte*; davon stehen zwei auch in etwas anderer Form in den *Gesprächspielen*. Trotz ihres Titels sind Cervantes' Novellen weit von der Art der Exempelerzählung entfernt, die Harsdörffer nach dem Vorbild von Camus vorschwebte. Sie müssen sich daher, da sie sich als komplexe Erzählgebilde einfachem Moralisieren weitgehend entziehen, tiefgreifende Veränderungen gefallen lassen: Zerstörung novellistischer Strukturen, Reduktion der Erzählung und der Lehre auf bestimmte Aspekte. Das Ergebnis ist Trivialisierung, aufgepfropftes Moralisieren ohne Bezug zur Geschichte selbst bis hin zum (unausgesprochenen) Eingeständnis der Unmöglichkeit, die Novelle dem Exempel-Schema zu unterwerfen.

Die Konsequenzen dieses Verfahrens zeigt beispielsweise die Bearbeitung der Novelle *La fuerza de la sangre*. Harsdörffer erzählt den Inhalt der Novelle unter dem Titel *Die Regung deß Geblüts* kurz, aber ziemlich genau nach: die Geschichte einer gewissenlosen Entführung und Vergewaltigung mit einem märchenhaften Ausgang nach Jahren «dank der Fügung des Himmels und der *Stimme des Blutes*». Der Versuch jedoch, ein didaktisches Fazit aus der mit den Maßstäben der Moral kaum begreifbaren Novelle zu ziehen, führt zu einem eher gewagten Schlußabschnitt, der die vorher mit deutlichen Worten verurteilte Untat zu einem «Fehler» verkleinert und das märchenhafte Ende bei Cervantes zu einer ökonomischen Erfolgsgeschichte umschreibt. Am Ende steht die frauenfeindliche Stammtischmoral: «Kurtz zu sagen Rudolf hat seinen begangenen Fehler ersetzet / die betrübte Leocadiam gefreyet und erfreuet / welche ihre Armut mit der Tugend erstattet / und alles außgestandenen Unglückes vergessen; ja erkennet / daß sie sonder solches zu einer so stattlichen Heurat nicht gelangen mögen. Hierin haben nun beederseits Eltern gewilliget / und sich diese Eheleute schiedlich und friedlich mit einander betragen / daß also wahr scheinet / daß der die Erste Blum der Jungferschafft abbricht / bey der verunehrten Person leichtlich wider zu Gnaden kommet / und sie ihme die Zeit ihres Lebens nicht abhold seyn könne.»

Bei einer anderen Cervantes-Novelle – *La Señora Cornelia* bzw. *Der Findling* – scheitert das moralisierende Programm völlig. Sie beginnt mit dem Sprichwort «Mann soll das Kind nit mit dem Bad außgiessen» und spricht dann warnend von «Raben Eltern», die ihre «in Unehr» geborenen Kinder aussetzen und so der öffentlichen Fürsorge überantworten: «Von einem solchen Findling soll folgende Geschichte umständige Meldung thun.» Das Thema der Beispielerzählung scheint festzustehen, nur handelt die episodenreiche, verwickelte Novelle um Cornelia Bentibolli (bzw. Bentivogli bei Harsdörffer) und den Herzog von Ferrara auch in der Harsdörfferschen Kurzfassung weder von Kindesaussetzung noch von Rabeneltern. Das voreheliche Kind Cornelias gilt in keinem Augenblick als anstößig. Die Liebesgeschichte findet ein gutes Ende; unglückliche Umstände, nicht moralisch fragwürdiges Verhalten rufen die Verwirrungen hervor. Thema und Tonfall der Einleitung werden nirgends mehr angeschlagen; die Geschichte hat mit dem von der Einleitung suggerierten Thema nichts tun. Damit wird auch der für das Exempel konstitutiven moralisierenden Nutzanwendung, die den Rahmen hätte schließen können, der Boden entzogen. Sie fehlt denn auch.

Die von Zeiller und Harsdörffer mit großem Erfolg aufgenommene französische Tradition der tragischen Liebes- und Mordgeschichten fand breite Nachfolge. Es erschienen weitere Sammlungen zu diesem Themenbereich mit seinen Manifestationen des Schrecklichen, Grausamen und Bösen, aber auch thematisch weitergefaßte Kompilationen; zudem enthalten Reihenwerke wie das *Theatrum Europaeum* oder Zeitungen vielfach Erzählungen von unglücklicher Liebe, Verbrechen und Tod. Sie umfassen das ganze soziale Spektrum von «gefällten grossen Männern» bis hin zur betrübten «Fatalität besonderer Familien und Privat-Personen», wie es Johann Christoph Beer, Korrektor und ungemein produktiver Autor, Übersetzer und Kompilator in Nürnberg, 1709 in der Vorrede zum zweiten Band seiner vierbändigen, z. T. postum erschienenen Sammlung ausdrückte, deren Titel Programm ist: *Neu-eröffnete Trauer-Bühne Der vornehmsten unglücklichen Begebenheiten / welche sich in dem vergangenen Seculo von 1601. biß 1700. in der gantzen Welt / Theils mit Regenten / und hohen Staats-Personen / Theils auch mit andern Mittelmässigen und Geringern ereignet und zugetragen* (1708–31). Die Anordnung der Geschichten von Morden und anderen kriminellen Aktivitäten sowie Naturkatastrophen, Aufständen und dergleichen folgt der Chronologie, einer Ordnung, die er bei seinen Vorgängern vermißt. Von der Qualität seiner Arbeit überzeugt, äußert er die Hoffnung, nach dem «Abgang» von Harsdörffers «jämmerlicher Mord-Geschichte» diese mit seinem Buch «ziemlich» zu ersetzen. Mit Harsdörffer teilt er die erbauliche Tendenz, die angehängte «Reflexiones morales» unterstreichen.

Vorher waren bereits Erasmus Francisci, ebenfalls in Nürnberg, und andere mit einschlägigen Titeln in das Geschäft eingestiegen: *Neu-erbauter Schau-Platz denckwürdiger Geschichte / und seltzamer / mehrentheils trauriger Fälle* (1663; Francisci), *Der Hohe Traur-Saal / Oder Steigen und Fallen grosser Herren* (4 Teile, 1665–81; Francisci), *Trauer-Schau-Bühne der durchleuchtigen Männer unserer Zeit* (1669; Übersetzung aus dem Niederländischen von Johann Merck) usw. Daneben florierten Neuauflagen und Raubdrucke von Zeillers *Theatrum Tragicum*, und auch Harsdörffers *Mordgeschichten* wurden 1713 noch einmal gedruckt. Außerdem erschienen in den Jahrzehnten vor und nach der Wende zum 18. Jahrhundert eine Reihe von Werken, meist Übersetzungen, deren Geschichten sich auf andere Verbrechen konzentrieren, etwa auf die Aktivitäten von Beutelschneidern, Räubern und Räuberbanden.

Das Rechtswesen wiederum lieferte den Stoff für das Hauptwerk des oberösterreichischen Juristen Matthias Abele (von und zu Lilienberg), der – von Harsdörffers Schriften angeregt und von diesem wiederum der Fruchtbringenden Gesellschaft empfohlen – seine Erfahrungen und Erlebnisse als Jurist in Zivil- und Strafprozessen zu Geschichten verarbeitete. Diese sollen im Unterschied zu denen seines Vorbilds den Leser freilich weniger moralisch belehren als belustigen «und ihme die zuezeiten einschleichende Unordnungen und Verwirrungen / wie auch die von spitzfindigen und verschlagenen Sophistischen Köpfen / herrührende hockes und pockes Griffel» vorführen: _Metamorphosis telae judiciariae, Das ist: Seltzame Gerichtshändel_ (1651–54; erweitert 1655–58). Die juristischen Fälle bzw. die ebenfalls in ein juristisches Schema – Casus, Klage, Replik, Duplik, Bescheid o. ä. – gebrachten Geschichten aus älterer Überlieferung sind amüsant und nicht selten skurril. Sie betreffen Vertreter aller Stände, so daß sich das Werk der alten Form der Ständesatire annähert und sich dabei den Disziplinierungstendenzen des Absolutismus zugunsten der ‹alten teutschen Redlichkeit› verweigert.

In der zweiten, fünfteiligen Erzählsammlung Abeles mit dem sprechenden Titel _Vivat Unordnung_ (1669–75) bilden die Rechtsfälle nur einen Aspekt in einer bunten Mischung von Erzählungen, Schwänken, lustigen Einfällen, Gedichten, persönlichen Erfahrungen und Anmerkungen auch zu aktuellen politischen Ereignissen. Es ist ein Werk, das stärker noch als die erste Sammlung das Programm der Fruchtbringenden Gesellschaft ignoriert, der Abele seit 1652 angehörte: durch seinen fehlenden, d. h. gar nicht angestrebten Kunstcharakter, durch unverhüllte autobiographische Elemente und durch das Festhalten an der oberdeutschen Sprachtradition einschließlich der alten silbenzählenden Metrik. Das unterscheidet den aus einer zum Katholizismus konvertierten Familie stammenden Abele von anderen österreichischen Autoren wie den Protestanten Johann Wilhelm von Stubenberg, Wolf Helmhard von Hohberg oder Catharina Regina von Greiffenberg, die sich konsequent die Prinzipien der Literaturreform zu eigen gemacht hatten. Stubenberg äußerte denn auch sein Mißfallen über Harsdörffers Fürsprache und den neuadeligen Emporkömmling, «der keinen deutschen Reimen, geschweige was mehrers schreiben» könne.

Varia

Neben den Kriminal- und Verbrechensgeschichten, deren Produktion den Obrigkeiten als Bestätigung der Notwendigkeit weiterer Disziplinierungs- und Ordnungsmaßnahmen durchaus willkommen sein mochte, erschienen zahlreiche Sammlungen, die sich anderen, mehr oder weniger genau umrissenen Themenbereichen widmeten oder ganz auf einen übergreifenden thematischen Zusammenhang verzichteten: Erzählungen von sagenhaften und übernatürlichen Begebenheiten, Nachrichten und Geschichten von fremden Schauplätzen und alten und neuen ‹Wundern›. Und auch die theologische Exempelliteratur protestantischer Geistlicher, die seit dem 16. Jahrhundert als Hilfsmittel für Prediger florierte, zeigte zunehmend Züge moralisierender, auf ein breites Publikum zielender Unterhaltung (s. S. 807 f.).

Bei den Titeln der Sammelwerke kehren bestimmte metaphorische Bezeichnungen immer wieder: *Acerra* (Behälter für Weihrauch) bzw. die deutsche Übersetzung Rauchfaß, Goldkammer, Trauersaal, Lusthaus, Lustgarten, Schauplatz u. a. gehören dazu. Der Polyhistor Johann Heinrich Alsted faßte das weite Feld der Kompilationsliteratur, das von einfachen Sammlungen von Lesefrüchten bis zu den unterschiedlichsten Formen der Erzählliteratur reicht, in seiner *Encyclopaedia* (1630) unter den Begriff «Florilegium philosophiae practicae». In der Antike, die das Phänomen zwar kannte, aber ebenfalls keinen Gattungsbegriff dafür hatte, tragen entsprechende Sammlungen Titel wie Varia, Collectanea oder Silvae. Aulus Gellius, der mit den *Noctes Atticae* eines der bedeutendsten antiken Werke dieser Art schuf, sprach von «Varia et miscella et quasi confusanea doctrina», also einem bunten, gemischten und gleichsam verwirrten Lehrbuch. Die Klassische Philologie führte dafür im 19. Jahrhundert den Begriff Buntschriftstellerei ein, angelehnt an den Titel des Sammelwerks *Bunte Historia (Poikíle historía)* von Claudius Aelianus (Ailianos).

Frühes Beispiel für sagenhafte Wundergeschichten ist Heinrich Kornmanns *Mons Veneris, Fraw Venus Berg* (1614), ein lange nachwirkendes Buch über die Liebesgöttin mit vielen «wunderbaren Geschichten», natürlich Tannhäuser und sprechende und agierende Venusstatuen eingeschlossen. Bekanntester Vertreter dieses Genres wurde dann nach der Jahrhundertmitte Johann Practorius, der dem Interesse an populärem Erzählgut und volkstümlichen Überlieferungen, an Wundergeschichten und prognostischem Schrifttum mit seinem umfangreichen und vielseitigen Werk entgegenkam.

Vor allem mit zwei Themenkomplexen wirkten seine Sammlungen weit über das 17. Jahrhundert hinaus. Zum einen trug er rund 250 Rübezahlgeschichten aus schriftlichen Quellen und mündlichen Überlieferungen zwischen 1662 und 1673 zusammen, die Fabulierfreude und Witz mit Endzeitvorstellungen verbinden. Dabei setzte er, wie bereits Opitz in der *Schäfferey Von der Nimfen Hercinie* (1630), Rübezahl mit dem «Antichristlichen Thiere» in Beziehung. Diese Texte wurden zur Grundlage der Erforschung der Rübezahlsagen seit den Brüdern Grimm (u. a. *Daemonologia Rubinzalii Silesii. Das ist / Ein ausführlicher Bericht / Von den […] wunderbarlichen / sehr Alten / und weit-beschrienen Gespenste Dem Rübezahl,* 1662–65; *Satyrus Etymologicus, Oder der Reformirende und Informirende Rüben-Zahl,* 1672). Und noch Goethe und Heine griffen auf seine Sammlung von Hexengeschichten und anderer abergläubischer Vorstellungen zurück: *Blockes-Berges Verrichtung / Oder Ausführlicher Geographischer Bericht / von den hohen trefflich alt- und berühmten Blockes-Berge: ingleichen von der Hexenfahrt und Zauber-Sabbathe* (1668). Mit dem geographischen Bericht ist es nicht weit her, wenn auch noch viele andere Orte aufgezählt werden, wo es ebenfalls Gespenster gibt; es geht vor allem um eine Darstellung des sogenannten Hexenwesens und der im Volk umlaufenden Hexengeschichten, gegliedert in materialreiche Kapitel mit Überschriften wie «Von der Hexen Reisefahrt», «Von der Hexen Salbe», «Von dem Bock-Küssen», «Von dem Hexen-Tantz» oder «Hexen buhlen mit dem Teuffel». Der Zweck der unkritischen Kompilation ist gruselige Unterhaltung, nicht Auseinandersetzung mit dem Hexenwahn und seinen unmenschlichen Folgen.

Johann Praetorius (1630 Zethlingen/Altmark – 1680 Leipzig), geboren als Hans Schultze, wurde 1655 zum Magister promoviert. Der Versuch einer akademischen Laufbahn scheiterte, vielleicht auch an seinen auffälligen Lehrinteressen mit einem Hang zum Spekulativen bis hin zu Zauberpraktiken (Handlesekunst, Astrologie, Zahlenmystik, Wundererscheinungen). Zu dem rund 80 deutsche und lateinische Publikationen umfassenden Werk des Poeta Laureatus Caesareus (1659) gehören Bücher über die Chiromantie, Lehrkartenspiele, historische und geographische Kompilationen, zahlreiche Kometen- und Prodigienschriften, apokalyptische Zahlenspielereien, prodigiöse Türkenschriften, Geschichtenanthologien, ein Buch über Weihnachtsbräuche, Kompendien abergläubischer Vorstellungen und – wahrscheinlich – das unter dem Pseudonym Johannes Petrus de Memel erschienene Schwankbuch *Lustige Gesellschafft* (1656).

Das wachsende Interesse des Publikums an Neuem und Unerhörtem bezog sich immer mehr auch auf die Bereiche, in denen ein rapider Wissenszuwachs einen neuen und neugierigen Blick auf die größer gewordene Welt und auf die Natur eröffnete. Zwar hatten außergewöhnliche Naturphänomene und Nachrichten von fernen Völkern schon immer Aufmerksamkeit erregt, aber die Fülle des im 16. und 17. Jahrhundert angehäuften Materials in Form von Reisebeschreibungen und geographischen, völkerkundlichen, historischen und naturwissenschaftlichen Darstellungen bedeutete eine neue Qualität. Diese Informationsflut zu kanalisieren, zu ordnen und auszugsweise einem breiteren Leserkreis zugänglich zu machen, entwickelte sich vor allem in der zweiten Hälfte des 17. Jahrhunderts zu einem wichtigen verlegerischen Geschäftsbereich, der vielfach auch journalistische Züge annahm. Zu den produktivsten Autoren derartiger Kompilationen polyhistorischer Art gehörten neben Martin Zeiller Erasmus Francisci und Eberhard Werner Happel. Dabei bestehen durchaus Beziehungen zu den Erzählsammlungen im engeren Sinn, denn auch die eher auf die Vermittlung von Sachinformationen ausgerichteten Kompilationen erzählen immer wieder spannende Geschichten und Lebensläufe.

Geradezu als Spezialist für ferne Länder kann Erasmus Francisci gelten, der sich 1657 als Korrektor des Verlagshauses Endter in Nürnberg niedergelassen hatte. Er entwickelte sich hier zu einem ungemein produktiven und erfolgreichen Schriftsteller, der ein breites Themen- und Wissensspektrum in stilistisch gefälliger, absichtlich wenig systematischer Form aufbereitete. Mit seinem umfangreichen Werk – 2000 Druckseiten pro Jahr hat man als Schreibleistung errechnet – kam er den Bedürfnissen einer breiteren Leserschaft nach Belehrung, Erbauung und Unterhaltung nach, wobei er flexibel auf aktuelle Ereignisse und auf neue Entwicklungen auf dem Buchmarkt reagierte.

Das Interesse am amerikanischen und asiatischen Exotismus befriedigen Werke wie der in Gesprächsform gefaßte Folioband *Ost- und West-Indischer wie auch Sinesischer Lust- und Stats-Garten* (1668), ferner ein nicht nur der Flora gewidmeter *Guineischer und Americanischer Blumen-Pusch* (1669) und ein *Neu-polirter Geschicht- Kunst- und Sitten-Spiegel ausländischer Völker / fürnemlich Der Sineser / Japaner / Indostaner / Javaner / Malabaren / Peguaner / Siammer / Peruaner [...] und theils anderer Nationen mehr* (1670). Und selbstverständlich enthalten bzw. wiederholen auch die nach anderen Gesichtspunkten zusammengestellten Bände Erzählungen von diesen fremden Ländern. Bei Francisci fand Heinrich Anshelm von Ziegler und Kliphausen die exotischen Hintergrundinformationen für seinen Roman *Die Asiatische Banise / Oder Das blutig- doch muthige Pegu* (1689).

Das Exotische, so lautet Franciscis Rechtfertigung seiner Kompilationen, ermöglicht einen verfremdeten Blick auf uns selbst. Geschichten, gerade «wenn sie aus weit-entländeter Gegend» stammen, erregen unsere Aufmerksamkeit leichter, auch wenn sie im Grunde nichts Neues enthalten. Denn Francisci sieht letztlich keinen Unterschied zwischen ‹Barbaren› und zivilisierten Europäern. Seine kritische Schilderung der Eroberung Süd- und Mittelamerikas zeigt, «wie leicht der Mensch in einen grausamen Tiger / und seine Art und Sitten in bestialische Eigenschafften sich verwandlen mögen; wann ihm der Zwang seines höchsten Oberhaupts zu fern von der Hand / und die Tugend der Gnügsamkeit nicht seine stetige Beywohnerin ist» (*Der Hohe Traur-Saal / Oder Steigen und Fallen grosser Herren*, Bd. 1, 1665). Der Rückfall in die Barbarei ist immer möglich. Den Menschen davor zu bewahren, ist Aufgabe des Staates als Erziehungs- und Zwangsinstitution.

Neue Akzente setzte Eberhard Werner Happel. Sein fünfbändiges polyhistorisches Kompendienwerk *Gröste Denkwürdigkeiten der Welt Oder so genannte relationes curiosae* (1683–89) ist Ergebnis journalistischer Arbeit, und Happel verzichtet im Gegensatz zu Francisci auf eine höhere Rechtfertigung seines eher an den ‹curieusen› als tugendliebenden Leser gerichteten Unternehmens. Happel arbeitete seit 1680 für die mehrmals wöchentlich erscheinende Hamburger Zeitung *Relations-Courier* und entschloß sich dann, mit einer wöchentlich erscheinenden «sogenannten curieusen Relation» ergänzendes Material zu liefern und dem ehrlichen, aber fremder Sprachen unkundigen deutschen Leser die «schönsten Künste / herrlichsten Wissenschafften / und grösten Wunder / so bißhero mehrentheils in Griechischer / Hebräischer / Frantzösischer / oder Lateinischer Erde vergraben gelegen», vor Augen zu stellen. Das war, wenn man so will, die erste deutschsprachige Zeitschrift; allerdings sind die einzelnen Hefte nicht erhalten, sondern nur die unmittelbar darauf veröffentlichten Sammelbände. Die «Wunder» werden, wie es im Untertitel heißt, nach «dem Probier-Stein der Vernunfft examiniret» und umfassen «die vornehmsten Physicalis. Mathematis. Historische und andere Merckwürdige Seltzamkeiten / Welche an unserm sichtbahren Himmel / in und unter der Erden / und im Meer jemahlen zu finden oder zu sehen gewesen / und sich begeben haben». Die Beiträge sind höchst abwechslungsreich, wobei sich Happel nicht einfach mit der bloßen Wiedergabe seiner Quellen begnügt, sondern über die für einen Journalisten hilfreiche Fähigkeit verfügt, Sachthemen lebendig abzuhandeln und das novellistische Potential mancher Berichte zu nutzen.

Die *Denkwürdigkeiten* bringen die üblichen Auszüge aus Reiseberichten und Länderkunden (etwa über die Inkas oder den Großmogul), historische und politische Berichte (z. B. über die Belagerung von Magdeburg oder den Fischeraufstand in Neapel), behandeln die berühmtesten, merkwürdigsten oder größten Bibliotheken, Kunstkammern, Berge oder Höhlen, erzählen Anekdoten und Geschichten von Tieren, Menschen und seltsamen oder schrecklichen Begebenheiten, berichten von tierischen und menschlichen Mißgeburten usw. Zugleich zeigt sich eine starke Spannung zwischen alten und modernen Themen, zwischen der ausgiebigen Berücksichtigung übernatürlicher Phänomene und der Präsentation neuerer wissenschaftlicher Experimente und Erkenntnisse. So lesen wir auf der einen Seite zahlreiche Teufels- und Gespenstergeschichten oder Erzählungen von Geistern, Geisterbeschwörern und Zauberern, auf der anderen führt Happel in das mathematische Wurzelziehen ein, schildert ausführlich die Experimente Otto von Guerickes (mit einer Abbildung u. a. der Demonstration mit den berühmten Magdeburger Halbkugeln), berichtet über Erfindungen wie die Taucherglocke, das Fernglas und das Mikroskop und bietet dazu die genaue Beschreibung und eine große «Abbildung einer durch ein Microscopium observirten Lauß». Unter den Gespenstergeschichten findet sich im dritten Band auch eine der Quellen von Eichendorffs Novelle *Das Marmorbild* (1818) unter dem Titel *Die seltzahme Lucenser-Gespenst*. Zwei weitere große Kompilationen schlossen sich an (*Mundus mirabilis tripartitus, Oder Wunderbare Welt / in einer kurtzen Cosmographia*, 1687–89; *Thesaurus exoticorum. Oder eine mit Außländischen Raritäten und Geschichten Wohlversehene Schatz-Kammer*, 1688).

Das offenbar andauernde Interesse an Teufel-, Geister- und Gespensterge-schichten, das Happels Bücher dokumentieren, veranlaßte auch Erasmus Francisci zu einer eigenen Kompilation, die ebenfalls bis in die Romantik nachwirkte: *Der Höllische Proteus / oder Tausendkünstige Versteller / vermittelst Erzehlung der vielfältigen Bild-Verwechslungen Erscheinender Gespenster / Werffender und polternder Geister / gespenstischer Vorzeichen der Todes-Fälle* [...] *abgebildet* (1690).

Aber auch humanistisches Wissen ließ sich, unterhaltsam aufbereitet, mit Erfolg vermarkten. Zu den erfolgreichsten Büchern des 17. Jahrhunderts überhaupt gehört die als Schulbuch für lateinische Stilübungen konzipierte Sammlung Peter Laurembergs, deren Titel den Inhalt umreißt und zugleich wie üblich mit der Doppelfunktion von Unterhaltung und Nutzen wirbt: *Acerra philologica Das ist / Zwey hundert auserlesene / nützliche / lustige und denckwürdige Historien und Discursen, zusammengebracht aus den berühmsten Griechischen und Lateinischen Scribenten. Darin verhalten / Die meisten Gedichte der Poeten / von Göttern und Göttinnen: Die fürnemste Geschichte der alten Römer und Griechen: Etliche gebräuchliche Sprüchwörter / Unterschiedlicher natürlicher Dinge Erzehlung und Erklärung / Lustige Gespräche / und dergleichen. Allen Liebhabern der Historien zur Ergetzung: Insonderheit der studierenden Jugent zur mercklichen Ubung und nothwendigem Unterricht in allen Stücken zur Gelartheit beforderlich.* Das ohne Verfasserangabe 1633 zuerst gedruckte Werk wuchs in den folgenden Jahrzehnten auch ohne Beteiligung des 1639 verstorbenen Verfassers stark an; die Ausgabe von 1667 enthält bereits 700 Geschichten. Zahllose Auflagen sorgten bis weit ins 18. Jahrhundert hinein für die Verbreitung des Buches, das sicherlich wesentlich zur Vermittlung mythologischen Wissens und seiner christlichen Auslegung im Barock beitrug. Die in der Regel ein- bis zweiseitigen Geschichten, stereotyp aufgebaut, enden nach Angabe der Stoffquelle und der Nacherzählung mit einer sprichwortartigen Moral und christlicher Allegorisierung der heidnischen Texte.

Mit den Erweiterungen der *Acerra* gewinnen allerdings zunehmend Stoffbereiche und Themen an Bedeutung, die über den traditionellen humanistischen Bildungsvorrat hinausgehen und dabei auch die Grenzen zum bloß Kuriosen überschreiten («Exempel starcker Fresser») und das Werk so immer mehr popularisieren. Angesichts ihres Erfolgs fand die *Acerra philologica* eine Reihe von Nachfolgern, u. a. eine lateinische *Acerra philologica: mille variarum historiarum, physicarum, ethicarum, mythicarum* [...] *ex innumeris autoribus selectarum* (1670) von Johann Heinrich Ursinus sowie Johann Quirsfelds *Historisches Rosen-Gebüsche* (1689), das «in Drey Lehr- und Lust-Gängen [...] mit denckwürdigen Antiquitäten und mannichfältigen Wissenschafften» dient.

III. DIALOGLITERATUR: ÄSTHETISCH-GESELLSCHAFTLICHE ERZIEHUNG UND WISSENSVERMITTLUNG

1. Harsdörffers Frauenzimmer Gesprächspiele

Harsdörffers Hauptwerk erschien 1641 bis 1649 in acht Teilen in einem auffälligen Querformat (für die ersten beiden Bände erst in der zweiten Auflage), das «wegen des Randes [für Marginalien] / der Kupffer / Verse und Singwerke» gewählt worden sei. Der Titel *Frauenzimmer Gesprächspiele* wurde vom dritten Teil an auf *Gesprächspiele* verkürzt. Mit dem ursprünglichen Titel bezeichnet das Werk seinen innovativen kulturellen Anspruch genau: Auch die Frauen sollen in die Lage versetzt werden, gleichberechtigt am literarischen Diskurs teilzunehmen, indem man ihnen Gelegenheit gibt, «ihren zwar fähigen / aber ohne Gebrauch unverständige[n] Verstand» «bey rühmlicher Gesellschafft / oder durch Lesung guter Bücher nechst fleissigem Nachdencken» auszubilden. Auf den Einwand, «es sey den Jungf. viel nohtwendiger mit der Nadel und Spindel zuspielen / als sich mit müssigen Gesprächen zu belustigen», heißt es in dem zitierten Gesprächspiel von «Der Gesprächspiele Verbesserung» im zweiten Teil des Werkes: «Welche allein mit der Hand und niemals mit dem Verstand arbeiten wollen / die lassen den edelsten Theil ihrer selbsten unbemüssiget / und als einen nie besäeten Acker mit Unkraut verwilden und verwüsten.» Ziel ist eine neue Gesellschaftskultur nach italienischem Vorbild, von der auch die Männer profitieren würden. Deren liebste Spiele – «Kartenspiel / Bretspiel / Kegelspiel» und insbesondere «die gröste Kurtzweil mit Gläsern» – könnten anregenderen, lustigeren und geistreicheren Spielen und Unterhaltungen im Rahmen einer gebildeten, zivilisierten Gesellschaft Platz machen, in der Frauen eine aktive Rolle spielten. Es war angesichts der deutschen kulturellen Rückständigkeit und starker misogyner Tendenzen ein utopisches Konzept. Die Umbenennung in *Gesprächspiele* mag diese Widerstände, die es durchaus auch in Italien gab, reflektieren.

Die *Gesprächspiele* gehören in den Zusammenhang der seit der Antike gepflegten Dialogliteratur. In der italienischen Renaissance erlangte der Dialog, nach antiken Mustern im Geist eines freien Gesprächs unter Gebildeten erneuert, eine ungewöhnlich große Bedeutung in Literatur, Philosophie und anderen Wissenschaften. Zugleich entwickelten sich im

Rahmen einer höfisch geprägten Gesellschaftskultur Spielformen des Dialogs, die sowohl der geistreichen Unterhaltung wie der Bildung dienten. Bereits Giovanni Boccaccios *Decamerone* (um 1350), eine durch eine Rahmenhandlung verknüpfte Sammlung von 100 Erzählungen, enthält die Elemente, die später für die Form der Gesprächspiele charakteristisch werden sollten. Ein weiteres wichtiges Modell stellt Baldassare Castigliones dialogischer Traktat *Il libro del cortegiano* (1528) dar, in dem eine höfische Gesellschaft die Eigenschaften eines vollkommenen Hofmanns diskutiert, aber auch Geschichten erzählt und von Sprachspielen als Element höfischer Konversation spricht. Weiterentwickelt wurden diese Vorstellungen einer Gesellschaft von Gleichgesinnten als Nährboden kultureller und literarischer Entfaltung in städtischen Akademien, wobei sich – deutlich abgegrenzt von Hof und Kirche – bürgerlich-humanistische und aristokratische Momente miteinander verbanden. Hier entstand nun auch die spezifische Form der Gesprächspiele mit sinnreichen Gedanken- und Sprachspielen, der Deutung von Sinnbildern und novellistischem Geschichtenerzählen.

Harsdörffers Vorstellung einer kultivierten Gesellschaft, die er in seinen *Gesprächspielen* idealtypisch vorführt, orientiert sich vor allem an diesen italienischen literarischen Akademien, die er aus eigener Anschauung kannte: Insbesondere hebt er die Accademia degli Intronati in Siena, die der Incogniti in Venedig, der Illustrati in Casale Monferrato und der Filarmonici in Verona hervor bzw. bezieht sich auf Schriften ihrer Mitglieder; er selbst gehörte seit etwa 1646 der neapolitanischen Accademia degli Oziosi an. Diese Akademien waren im Unterschied zur berühmten florentinischen Accademia della Crusca, dem Vorbild der Fruchtbringenden Gesellschaft, keine Sprachakademien im engeren Sinn, sondern literarisch und naturwissenschaftlich orientierte Gesellschaften von Gleichgesinnten und Gleichgestellten, die im Gespräch ihre intellektuellen Fähigkeiten erproben und mit literarischen Mitteln zur Erkenntnis der Welt beitragen wollten, indem sie die sinnbildliche Bedeutung hinter der vordergründigen Realität zu erkennen suchten. Bei Harsdörffer heißt es über die Imprese (*impresa*), das Sinnbild, der Sieneser Intronati: Sie «führten zu einem gemeinen (General) Sinn-Bild / einen ablang-bauchigen Kürbs / welcher in der Sonnen getrucknet und ausgehölet / den Baurs-Leuten zu Verwahrung deß Saltzes dienet / mit diesen Worten: *Das Beste ligt verborgen.* Zu verstehen gebend / daß ihre Gesellschafft das Saltz der Weißheit / Verstand und Wissenschafft verborgen halte / vermittelst welches hohe Geister vor Fäulung und Anbruch der Zeit gesichert / zu unsterblichem Lob erhalten werden können. Diese sind die Erfinder und Urheber der Gesprächspiel gewesen / und aus ihren Schrifften verlangen wir zu lernen.»

Die «Erfinder», auf die Harsdörffer hier anspielt, sind Girolamo Bargagli mit seinem *Dialogo de' giuochi che nelle vegghie sanesi si usano di fare* (1574) und sein Bruder Scipione Bargagli mit einer Sammlung von ‹Unterhaltungen› (*I Trattenimenti* [...]. *Dove da vaghe donne, da giovani huomini rappresentati sono honesti, et dilettevoli giuochi; narrate novelle; e cantate alcune amorose canzonette,* 1591). Außerdem zitiert Harsdörffer mehrfach eine Lobrede Scipione Bargaglis auf die Akademie (*Delle lodi dell'accademie,* 1569), in der er den Menschen von seiner Natur her als «animal conversevole» charakterisiert und den Frauen eine wichtige Rolle im literarischen Leben seit der Antike zuschreibt. Die Bedeutung der Konversation als zivilisatorischem Moment unterstreicht Stefano Guazzo, Mitglied der Illustrati in Casale Monferrato, in seiner programmatischen Schrift *La civil conversatione* (1574). In der deutschen Fassung von 1599 lautet die Übersetzung im Untertitel «Von dem Bürgerlichen Wandel vnd zierlichen Sitten». Wenn Harsdörffer meint, statt «vom Burgerlichen Handel» [!] hätte es «vieleicht rechter von Höflicher Besprächung» heißen sollen, will er damit keine ständische Korrektur vornehmen: «civil conversatione» bezeichnet gebildete, höfliche, ‹zivilisierte› literarische Unterhaltung, wie sie in den Akademien der Städte unabhängig von Stand und Geschlecht unter gleichgesinnten kultivierten Bürgern gepflegt werden sollte, um zur Verfeinerung der Sitten beizutragen.

Natürlich gibt es noch zahlreiche weitere Quellen, aus denen Harsdörffer Anregungen und Spielvorlagen bezieht. Dazu zählen Innocentio Ringhieris *Cento giuochi liberali et d'ingegno* (1551), aber auch französische Texte wie Charles Sorels *La maison des jeux* (1643), zitiert als «eines unbekanten Scribentens Buche / welches betitelt ist / das Spielhaus», und Théophraste Renaudots *Conférences du bureau d'adresse* (1634–41). Außerdem schlagen sich in Harsdörffers *Gesprächspielen* neben den italienischen Vorstellungen von «civiltà» und «gentiluomo» bzw. «gentildonna» auch das Konzept der «honnêteté» – «honnête homme» bzw. «honnête femme» – und andere Züge der französischen Salonkultur und der Preziösenzirkel nieder.

Die aktive Teilnahme von Frauen am literarischen Diskurs in den Akademien und Salons bedeutete nicht nur eine Bereicherung und Verfeinerung der Gesellschaftskultur, sondern setzte auch ein Bildungskonzept voraus, das die fehlende Schul- und Universitätsausbildung der Frauen berücksichtigte und daher auf gelehrtes Spezialistentum zugunsten eines breiten Wissens auf allen Gebieten verzichtete. Dementsprechend unterscheidet Harsdörffer wie seine italienischen Gewährsleute zwischen dem, der aus der Wissenschaft einen Beruf macht, und dem, «welcher zum Lust studiret / was ihm beliebt / und begierig ist von allen fremden Sachen einen Bericht zu haben». Alle Bücher können so Gesprächsgegenstand werden, «weil nichts in den Wissenschaften begriffen / so zu den Gesprächspielen nicht solte gezogen werden können». Für die deutsche Situation beschränkt der kulturelle Rückstand die Möglichkeiten noch, weil – wie es einer der Gesprächsteilnehmer ausdrückt – «unser Frauenzimmer in Weltlichen Schriften nicht so belesen [ist] / als in Welschland vnd Frankreich». Und es ist nicht zuletzt das Ziel der *Gesprächspiele,* auf unterhaltsame Weise – von «Kurtzweil» ist immer wieder die Rede – diesem Zustand durch die

Vorstellung möglichst vieler Bücher und Wissensbereiche, durch den Abdruck von Werken der Literatur, Musik und Kunst, durch das spielerische Lösen von Aufgaben zwecks Schärfung des Verstandes abzuhelfen.

Die acht Teile der *Gesprächspiele* Harsdörffers erschienen in jährlicher Folge von 1641 an; nach einer Unterbrechung 1648 folgte der letzte Band mit einjähriger Verspätung 1649. Die Titel variieren. Die beiden ersten Teile waren trotz der für die damaligen Verhältnisse hohen Auflage von 1000 Stück bereits 1643 vergriffen. Die Neuauflage des ersten Teils erschien 1644, die des zweiten erst 1657, beide nun wie das ganze Werk im Querformat. Harsdörffer nahm dabei neben sprachlichen und stilistischen Verbesserungen zahlreiche weitere Änderungen vor, ergänzte einige Spiele und fügte neue hinzu. Außerdem vergrößerte er den Gesprächskreis von vier auf sechs Personen, was wiederum eine neue Verteilung der Gesprächsbeiträge nach sich zog. Alle Teile enthalten Zugaben oder Beilagen, z. B. *Das Schauspiel Teutscher Sprichwörter* im zweiten oder *Melisa / Oder Der Gleichniß Freudenspiel* im dritten Teil.

Harsdörffers idealtypische Gesellschaft trifft sich in einer Zeit der «Zerrüttung alles Wolstandes», d. h. im Krieg, in dem nach Ausweis der Kupferstiche idyllisch gelegenen Landhaus eines der Gesprächsteilnehmer. Die Gruppe besteht aus sechs Personen, die eine gemeinsame geistige Haltung verbindet. Die Außen- und Arbeitswelt bleiben ausgeschlossen bzw. werden nur am Rande erwähnt. Die Namen haben typisierenden Charakter: «Angelica von Keuschewitz / eine Adeliche Jungfrau», «Reymund Discretin / ein gereist- und belesener Student», «Julia von Freudenstein / eine kluge Matron», «Vespasian von Lustgau / ein alter Hofmann», «Cassandra Schönlebin / eine Adeliche Jungfrau», «Degenwert von Ruhmeck / ein verständiger und gelehrter Soldat».

Die acht Bände enthalten insgesamt 300 Spiele, die allerdings nicht alle wirklich durchgespielt werden; es bleibt dann bei Hinweisen, wie die Spiele durchzuführen seien. So versteht Harsdörffer die *Gesprächspiele* einerseits als «Anleitung», «wie bey Ehr- und Tugendliebenden Gesellschaften freund- und fruchtbarliche Gespreche aufzubringen / und nach Beschaffenheit aus eines jeden Sinnreichen Vermögen fortzusetzen» seien, andererseits handelt es sich angesichts des Umstands, daß die meisten Gespräche ausgeführt und geschildert werden, als hätten sie so stattgefunden, um einen fiktionalen Text. Die Spiele selbst sind sehr unterschiedlich, die Abfolge bewußt unsystematisch, die Thematik weitgespannt. Sprache, Literatur, Musik, bildende Kunst, Ethik sowie verschiedene Wissenschaften («Naturkündigung», «Sternkündigung», Francis Bacons *Nova Atlantis*) und handwerkliche und gesellschaftliche Fertigkeiten sind Gegenstand der Gesprächspiele und Diskussionen und lassen eine enzyklopädische Tendenz erkennen. Distanz hält Harsdörffer allerdings zu amourösen Materien, und natürlich übergeht er auch die freigeistigen Neigungen mancher seiner italienischen Vorbilder.

Zentrale Bereiche sind Sprache und Literatur sowie die wechselseitigen Beziehungen zwischen den verschiedenen Künsten. Dabei stellen die acht Bände der *Gesprächspiele* auch ein Kompendium verschiedener Kunstformen dar, das u. a. literarische Texte in Vers und Prosa, musikalische bzw. musikdramatische Werke und Bild-Text-Verbindungen enthält. Selbst längere Werke werden, z. T. in den Anhängen, vollständig mitgeteilt. Das gilt neben Schauspielen oder anderen, zur Vertonung bestimmten allegorischen Spielen und «Aufzügen» auch für *Das Geistliche Waldgedicht / oder Freudenspiel / genant Seelewig / Gesangsweis auf Italienische Art gesetzt* mit der (ebenfalls abgedruckten) Musik Sigmund Theophil Stadens: *Seelewig* ist der erste vollständig erhaltene Versuch einer deutschen Oper. Die kürzeren Formen sind meist in den Spielablauf einbezogen, z. B. Gedichte (Lehrgedichte, Grabschriften, Figurengedichte, Echogedichte), Embleme, Apophthegmen, Exempel und Geschichtsreden, aber auch Anekdoten und verschiedene andere Erzählformen.

Angeregt von den neueren poetologischen Tendenzen in Italien, gilt die besondere Aufmerksamkeit Harsdörffers der Bildlichkeit der Sprache und dem allegorischen Verständnis von Dichtung, der Beziehung von bildender Kunst und Poesie und der Emblematik. Man könnte die *Gesprächspiele* als die eigentliche, allerdings unsystematische Poetik Harsdörffers ansehen, ungleich komplexer als der berühmte bzw. wegen seines Titels eher berüchtigte *Poetische Trichter*. Das zeigt sich vor allem dann, wenn die metaphorische Ebene angesprochen wird. Das geschieht in zahlreichen Gesprächspielen mit Titeln wie «Die Gleichniß», «Die Sinnbildkunst», «Bilderschrift» oder «Der Sinnbilder Figuren», «Die Erfindung der Sinnbildkunst» usw., aber auch in Rätselspielen oder in Spielen, in denen eine passende Erzählung zu einem Gleichnis gefunden oder umgekehrt der allegorisch-moralische Sinn einer Geschichte auf den Punkt gebracht werden soll. Dabei steigt der Schwierigkeitsgrad: Man muß auf eine Sache ein passendes Gleichnis finden («was ist Gott? Ein Liecht. Was ist der Mensch: Ein Spiegel» usw.), man soll Vergleichspunkte zwischen (z. T. höchst) verschiedenen Dingen nennen (etwa zwischen «einer Waage und des Menschen Haubt» oder zwischen Ehestand und Kartenspiel) oder schließlich gar aus disparaten Stichwörtern im höheren, allegorischen Sinn bedeutungsvolle Geschichten concettistischen Charakters entwickeln.

Kunst hat nicht zuletzt eine sinnbildliche Funktion und verlangt den Scharfsinn des Dichters, aber auch ein breites Wissen einschließlich der Kenntnis der sinnbildlichen und ikonographischen Traditionen. Umgekehrt ist es das Ziel der *Gesprächspiele*, dem Leser bzw. Betrachter die Augen (und die anderen Sinne) für die sinnbildliche Bedeutung von Kunst und von Literatur zu öffnen, das Ingenium so zu schulen, daß es hinter die Welt der Erscheinungen dringt, verborgene Beziehungen und Verbindungen erkennt und so den Beitrag der Künstler und Poeten zur Erkenntnis der Welt und ihrer gottgewollten Ordnung nachzuvollziehen in der Lage ist.

Eine wichtige Rolle in diesem Unterfangen, die Welt bzw. die Dinge dieser Welt in ihrer sinnbildlichen Bedeutung zu erfassen, kommt dabei den Emblemen und Impresen zu, in denen sich Bild und Wort verbinden und zur Deutung herausfordern: «Es werden aber solche Gemähl und Schriften Sinnbilder genant / weil selbe von Bildern / vnd wenig Worten / darinn der Sinn / Meinung und Verstand deß Erfinders begriffen / zusammengesetzet: welche dann mehr weisen / als gemahlet oder geschrieben ist / in dem selbe zu ferneren Nachdencken fügliche Anlaß geben», heißt es in dem mit zahlreichen Illustrationen versehenen Spiel «Die Sinnbildkunst».

Harsdörffer nimmt dabei die Diskussion der «klugen Italiäner» in den Akademien auf, bei denen die Sinnbildkunst für die Theorie der Metaphorik eine zentrale Rolle spielt. Für die deutsche poetologische Diskussion sind das neue Akzente, wenn Harsdörffer der vorherrschenden klassizistisch-mimetischen eine sinnbildlich-allegorische Auffassung von Kunst entgegenstellt. Für den Rezipienten gilt es dabei, die Beziehungen zwischen Bild und (kurzem) Text herzustellen, zu verstehen, was die beiden auf einer anderen, nicht explizit dargestellten höheren Ebene verbindet und so den ‹Mehrwert› der Sinnbilder zu erkennen. Der Schwierigkeitsgrad hängt davon ab, wie entfernt und verschlüsselt die Andeutungen und Vergleichsbezüge sind, wie sehr sich das «Nachdencken» zum Nachvollzug ingeniöser, scharfsinniger Gedankengänge steigern muß. Harsdörffer bzw. einer seiner Gesprächsteilnehmer entscheidet sich – und das trennt ihn noch von den italienischen und den späteren deutschen Manieristen – für eine mittlere Position, für Sinnbilder, die «nicht allzuhoch / nicht allzu nieder kommen; die wol verstanden werden können / aber nicht gleich einem jeden eröffnet darliegen; die einen Stachel in den Gedanken lassen / und [...] ihren kräfftigen Nachdruk / nur denen / so ihnen nachsinnen und nachsetzen / erweisen.»

Wenn auch bei Harsdörffer nicht selten der Spielcharakter zugunsten lehrhafter, sachlicher Diskussion zurücktritt, so bleibt doch der Aspekt des Spielerischen im Geist «nutzlicher Ergetzlichkeit» als ein entscheidender Bestandteil des zivilisatorischen Unternehmens erhalten. Inwieweit es im tatsächlichen gesellschaftlichen Leben Entsprechungen gibt, muß offenbleiben. In Romanen jedenfalls kommen Gesprächspiele vor, wie das Beispiel von Anton Ulrichs *Aramena* (1669–73) belegt, wobei die ‹Spielgespräche› – so der Begriff des eng mit den Nürnberger Literaten verbundenen Herzogs – ebensosehr ein literarischer Reflex wie ein Hinweis auf höfische Praxis sein mögen. Da geht es ganz in der Manier Harsdörffers darum, eine Geschichte anzufangen und sie dann von den anderen Mitgliedern der Gesellschaft weitererzählen zu lassen, oder einander Reimwörter zuzuwerfen, die dann zu Zweizeilern zu verwenden sind («Gedichte-zuwurf»). Die Leiter der Spiele sind stets Frauen. Daß im fünften Band der *Aramena* ein Hirtenfest den Rahmen auch für ein Gesprächspiel bietet, verweist wiederum auf die Nürnberger Poeten mit ihrer Vorliebe für die Schäferdichtung. Sigmund von Birken, Mitarbeiter Anton Ulrichs an der *Aramena*, hatte bereits 1665 in einem dichterischen Beitrag zu einem «HochGräflichen Beylager» die Schäferidylle als Ort für Gesprächspiele ausgewählt: *Pegnesische Gesprächspiel-Gesellschaft von Nymfen und Hirten* (1665).

2. Dialogische Wissensvermittlung

Harsdörffers Nachfolger nutzen die Form des Dialogs – von Gespräch-spielen wird man nicht mehr sprechen können – auch im Rückgriff auf andere Traditionssstränge der Dialogliteratur vorwiegend zur Vermittlung von Wissen. Sie bieten keine Spielanweisungen, die auf die Realisierung in der Gesellschaft angelegt sind, sondern nutzen die Gesprächssituation zur mehr oder weniger abwechslungsreichen Präsentation von Sachver-halten, entweder auf ein spezifisches Thema bezogen oder im Geist der Kompilationsliteratur offen für alle möglichen ‹curieusen› Materien: Philipp von Zesen, Johann Rist und Erasmus Francisci sind die wichtig-sten, aber nicht die einzigen Autoren, die in der zweiten Jahrhundert-hälfte die dialogische Form aufnehmen.

Bei Philipp von Zesen ergibt sich ein eigentümlicher Kontrast zwischen der romanhaften Beschreibung des Anlasses und des Orts der Gespräche und ihrem eher trockenen wissenschaftlichen Charakter. In *Rosen-mând: das ist in ein und dreissig gesprächen Eröfnete Wunder-schacht zum uner-schäzlichen Steine der Weisen* (1651) geht es um «das lautere gold» der deutschen Sprache, wobei Zesen humanistisch-patriotische Vorstellungen vom (Ur-)Alter der deutschen Sprache und Elemente von Jacob Böhmes Lehre von der Natursprache zu detaillierten und anmerkungsreichen Darlegungen verbindet. Diese «Lust-gespräche» führen drei junge Män-ner (Mahrhold, Deutschlieb und Liebwährt) an sieben Tagen in den Un-terbrechungen der Feier von Rosemunds Geburtstag in einer liebevoll ausgestatteten bukolischen Umgebung, wobei der «hertz-entzükkende gesang» einer Nachtigall das erste Gespräch über den Ursprung der Spra-chen auslöst. In einer Art Fortsetzung, die Fragen der Poetik behandelt, nimmt auch die vor allem für Zesens frühes Werk zentrale (symbolische) Gestalt der Rosemund an den Unterhaltungen teil (*Hochdeutsche Heli-konische Hechel / oder des Rosenmohndes zweite woche*, 1668).

Wie bei Zesen hat auch in Johann Rists sogenannten *Monatsgesprächen* der literarische Doppelgänger des Verfassers, der Rüstige, bei den freund-schaftlichen Unterhaltungen mit drei Mitgliedern seines Elbschwanenor-dens stets das letzte Wort. Gefragt wird nach einem bereits von Harsdörf-fer verwandten Muster, welcher unter vier vergleichbaren Gegenständen der jeweils «alleredelste» sei. Der Sammeltitel *Monatsgespräche* ergibt sich aus Rists Vorsatz, «nach den zwölf Monahten des Jahres / auch zwölf Gespräche / aufs Papir zu bringen / in welchen allemahl von den fürnehmsten Bluhmen / Kräutern und Gewächsen / welche im selbigen Monaht blühen / der Anfang gemachet / und ferner darauf von allerhand merkwürdigen Dingen / in der Natur / ja schier von allen Sachen / so unter dem Himmel befindlich / solte gehandelt» werden. Sechs Monatsbände, von Januar bis Juni, wurden so von 1663 bis zu Rists Tod vollendet; der sechste Band erschien postum 1668. Die Fragen gelten dem «alleredelsten Nass der gantzen Welt» (Tinte), dem «alleredelsten Leben» (Landleben), der «alleredelsten Tohrheit» (Suche nach dem Stein der Weisen), der «alleredelsten Belustigung» (die Malerei erhält den Vorrang vor Musik, Poesie und Schauspiel), der «alleredelsten Erfindung» (die «Letterkunst», das Lesen und Schreiben) und der «alleredelsten Zeit-Verkürtzung» (Todesbetrachtung).

Das Alterswerk des Wedeler Pastors hat neben der therapeutischen Funktion, die «alzu große Schwehrmühtigkeit» des Verfassers zu vertreiben, einen doppelten Zweck: den der rhetorischen Übung und den der Wissensvermittlung. Die Jugend könne hier «die Teütsche Redekunst [...] mit sonderbahrer Beliebung erlernen und fast von allen Dingen / so unter dem Himmel gefunden werden / ein libliches und vernünftiges Gespräch gestalten / dadurch also gleichsahm mit Spielen der wahren Geschiklichkeit [...] theilhaft werden». Bei den Inhalten zeigt sich, sieht man von den frommen Betrachtungen im letzten Band ab, ein großes Interesse an den Dingen der Erfahrungswelt, die kaum noch nach ihrem geistlichen Sinn befragt werden. Das beginnt mit den einleitenden ausführlichen Unterhaltungen des dezidierten Gartenfreundes Rist mit den Gärtnern bzw. den Freunden über die Kräuter und Blumen seines Gartens, deren Schönheit und pharmazeutischer Nutzen hervorgehoben werden, und setzt sich fort mit Beschreibungen und Erörterungen vielfältiger Gegenstände des alltäglichen Lebens: von Milch, Butter, Bier und Wein über verschiedene Arten von Mühlen und Erfindungen wie den Kompaß zu den Künsten mit besonderer Berücksichtigung der Hamburger Kirchenmusik, der Malerei und den Auftritten von Schauspieltruppen. Daraus ergibt sich, durchaus unsystematisch, ein anschauliches Bild der Zeit und eines Lebens, in dem sich Geselligkeit, Gartenlust, naturwissenschaftliche und künstlerische Interessen und Frömmigkeit harmonisch miteinander verbinden.

Nach Rists Tod 1667 erhielt Erasmus Francisci von dem Frankfurter Verleger Johann Georg Schiele den Auftrag, die *Monatsgespräche* weiterzuführen. Die sechs weiteren Bände für die Monate Juli bis Dezember erschienen von 1668 bis 1671. Sie folgen dem gleichen Schema und handeln mit stark erbaulichem Akzent von Themen wie der edelsten Rache (christliche Vergebung), dem edelsten Unglück (unschuldiges Leiden eine beständigen Christen), dem edelsten Pferd (persisches Rassepferd) oder der edelsten Veränderung (Bekehrung zum Christentum).

Daß Francisci den Auftrag zur Fortsetzung der Ristschen *Monatsgespräche* bekam, war kein Zufall, denn er hatte sich bereits 1663 mit dem ersten Band der *Lustigen Schau-Bühne von allerhand Curiositäten*, einem Werk in Gesprächsform, für diese Aufgabe profiliert. Zwei weitere Bände der *Schau-Bühne*, ebenfalls jeweils über 1000 Seiten stark, folgten 1671 und 1673. Auch in anderen Kompilationen nutzte Francisci die Gesprächsform. In der *Lustigen Schau-Bühne* treffen sich sechs Freunde, die jeweils einen Gast mitbringen dürfen und auf einen «besonderen Discurs» vorbereitet sein sollen, damit der Stoff für Unterhaltungen nicht ausgeht. Das Themenspektrum ist groß und umfaßt die unterschiedlichsten Gegenstände aus Politik, Geschichte und Natur. Deutlich wird auch das Interesse Franciscis am Exotischen. Musik und wechselnde Schauplätze sorgen für Auflockerung dieses «anmutigen erbaulichen Red-Wechsels», dessen Teilnehmer sich entschlossen hätten, wie Francisci vorgibt, «bald mit ernsthafften Discursen / Frucht- und Lehr-reichen Exempeln einander zu erbauen / bald mit kurtzweiligen possirlichen Erzählungen sich zu ergetzen; mit beeden aber / eine Schau-Bühne tugendgeneigter und höflicher Zeit-Kürtzung schauen zu lassen». Die hier vorgeführte modellhafte «löbliche Conversation» hat, und das verbindet sie mit Harsdörffers Projekt, über die Vermittlung von Inhalten hinaus durchaus auch den Zweck, zur Hebung der gesellschaftlichen Kultur beizutragen.

Ausschließlich auf exotische Materien ausgerichtet ist Franciscis rund 1800 Folioseiten umfassender und mit zahlreichen Kupfertafeln prächtig ausgestatteter *Ost- und West-Indischer wie auch Sinesischer Lust- und Stats-Garten* (1668), in dem Francisci «auf annehmliche Unterredungs-Art» eine Fülle von Material über Blumen und Pflanzen, Landschaften und Bodenschätze, Staatswesen, Kriege, Sitten und Gebräuche und vieles andere aus Amerika und Asien – detailliert auf der großen Titelseite vermerkt und durch ein Register erschlossen – aus alten und neuen Geschichtsbüchern, Länderkunden und Reisebeschreibungen zusammenstellt. Francisci betont die Mühe der Umsetzung derartiger Stoffmassen in die Form von Gesprächen, die wie eine wirkliche Unterhaltung «in einer lieblich-verwirrten Ordnung / und wolgeordneten Verwirrung fließen» müßten. Den übergreifenden Zusammenhang stellt er durch eine Rahmenhandlung her, die den Blick auf den zeitgeschichtlichen Hintergrund richtet, den Krieg zwischen England und den Niederlanden (1665–67), indem er drei in den Krieg verwickelte Männer – den Kommandanten eines niederländischen Kriegsschiffs, seinen deutschen Freund und einen englischen Offizier – unter dramatischen Umständen auf See zusammenführt. In Amsterdam erwarten sie dann das Kriegsende, wobei sie sich zusammen mit drei Freundinnen und gelegentlichen Besuchern mit Gesprächen die Zeit vertreiben.

Für Abwechselung sorgen neben der Entwicklung persönlicher Beziehungen und verschiedenen Schauplätzen (Landhaus, Kriegsschiff, Raritätenkabinett, Gärten, freie Landschaft usw.) vor allem die Gespräche selbst mit vielfachem Themenwechsel, galanten Unterhaltungen und der Verbindung von sachlicher Information mit Frage-, Rätsel- und Pfänderspielen. Besondere Aufmerksamkeit gilt der ungemein ausführlich und detailliert geschilderten exotischen Blumen- und Pflanzenwelt, wobei zwar auch traditionelle emblematische Deutungsmuster eine Rolle spielen, aber durch die Vielfalt der botanischen Beschreibungen und kulturgeschichtlichen Fakten in den Hintergrund gedrängt werden. Allerdings ist die Form des Gesprächspiels letztlich überfordert, eine derartige Materialfülle durchgehend zu strukturieren, so daß es immer wieder zu langen gelehrten Diskursen kommt, die dem zugrunde liegenden Prinzip der spielerischen Abwechselung entgegenlaufen. Gleichwohl stellt Franciscis Unterfangen dialogischer Wissensvermittlung eine bedeutende literarische Leistung dar, mit der er zweifellos sein Ziel erreichte: nämlich daß das, «was aus vielen Scribenten zusammen gesuchet / etwas annehmlicher falle zu lesen». Christian Thomasius jedenfalls, der in seinen *Monatsgesprächen* (1688–89) – allerdings mit anderen Intentionen – selbst die Gesprächsform verwandte, stellt Francisci über antike und zeitgenössische französische Autoren und nennt ihn einen «Meister» dieser Form. Für seinen *Neu-polirten Geschicht- Kunst- und Sitten-Spiegel ausländischer Völcker* (1670), von ihm selbst als zweiter Teil des *Lust- und Stats-gartens* bezeichnet, verzichtet Francisci allerdings auf den ästhetischen Mehrwert der Dialogform. Er habe gehört, «daß theils hochverständigen Leute dergleichen Materi solte annehmlicher zu lesen fallen / wenn sie nicht Unterredungs- sondern Beschreibungs-Weise / würde eingerichtet».

Erasmus Francisci (eigentlich: Erasmus von Finx, 1627 Lübeck – 1694 Nürnberg) war der Sohn eines adeligen Juristen und studierte selbst an mehreren deutschen Universitäten Jura, musste sich aber wegen des Tods seiner Eltern als Hofmeister und Reisebegleiter verdingen (Italien, Frankreich, Niederlande). 1657 ließ er sich als Korrektor des Verlagshauses Endter in Nürnberg nieder. Hier entwickelte er sich zu einem ungemein produktiven und erfolgreichen Schriftsteller mit Sinn für aktuelle Themen. Das zeigen neben den genannten Kompilationen u. a. seine Publikationen zur Kometenerscheinung von 1680 (*Verwerffung des Cometen-Gespötts*, 1681) oder zu den Türkenkriegen bzw. der Belagerung Wiens (*Die heran dringende Türcken-Gefahr*, 1663; *Neue und kurtze Beschreibung des Königreichs Ungarn*, 1664; *Türckisches Städt-Büchlein*, 1664; *Schau- und Ehren-Platz Christlicher Tapfferkeit*, 1684; *Der blutig-lang-gereitzte / endlich aber Sieghafft-entzündte / Adler-Blitz / Wider den Glantz deß barbarischen Sebels / und Mord-Brandes*, 1684). Einen breiten Raum in seinem Schaffen nehmen erbauliche Publikationen ein, z. T. mit emblematischen Kupfern ausgestattet (*Derer / Die nach der ewigen und beständigen Ruhe trachten / Seelen-labende Ruhstunden*, 1676–80; *Das Unfehlbare Weh der Ewigkeit*, 1682; *Das Ehr- und Freuden-reiche*

Wol der Ewigkeit, 1683 usw.). Das 1691 erschienene *Verzeichniß meiner / Erasmi Francisci / bißhero gedruckter Schrifften* umfaßt 34 Seiten.

Sieht man von der Fortsetzung der Ristschen *Monatsgespräche* und wenigen anderen Werken ab, so erschien Franciscis literarische Produktion im Nürnberger Verlagshaus Endter, seinem Arbeitgeber. Hier hatte bereits Harsdörffer die *Gesprächspiele* veröffentlicht. An diese Tradition knüpfte der lutherische Theologe Johannes Lassenius an, der sich in den Jahren vor einer festen Anstellung um 1661 in Nürnberg aufhielt und mit zwei ebenfalls von Endter verlegten Texten in Gesprächform zum erstenmal eine breitere literarische Öffentlichkeit erreichte: *Adeliche Tisch-Reden / in sich begreiffende zwölff Lehrreiche / nützliche und anmuthige Gespräch* (1661) und *Bürgerliche Reiß- und Tischreden / In zwölff nützliche und anmutige Gespräch / abgetheilet* (1662). In beiden Werken trifft sich eine homogene Gruppe – Adlige bzw. wohlhabende Bürger –, um in geselliger Runde sie betreffende Themen zu erörtern. Aber es bleibt nicht bei Gesprächen über adelige Lebens- und Verhaltensweisen oder die «zur Kauffmannschafft gehörigen Sachen und Eigenschafften». Lassenius sorgt vielmehr immer wieder für Auflockerung durch assoziativen Themenwechsel, durch das Erzählen von Anekdoten, Geschichten und historischen und länderkundlichen Kuriositäten, durch das Zitieren aus wissenschaftlichen und literarischen Texten. 1666 ließ er noch in gleicher Manier, nun auch im Titel auf Harsdörffer anspielend, ein *Frucht-bringendes Gespräch-Spiel* folgen, das mit «Untermischung vielerhand Geschichten / und erbaulichen Sitten-Lehren» Belange des «Bürgerlichen und Stadt-Leben[s]» sowie aller anderen Stände thematisiert. Der Nachwelt blieb Lassenius, seit 1676 Hauptpastor der deutschen Gemeinde in Kopenhagen, eher durch zahlreiche, bis ins 19. Jahrhundert hinein aufgelegte Erbauungsschriften im Gedächtnis.

Eine kleine Fußnote in der Geschichte der deutschsprachigen Gesprächsliteratur gebührt einem Werk der Schweizer Autorin Hortensia von Salis, das u. a. an Madeleine de Scudérys *Conversations sur divers sujets* (1680) anschließt: *Geist- und Lehr-reiche Conversations Gespräche / Welche in ansehenlicher Gesellschafft / bey unterschidlichem Anlaß / von Göttlichen / Sittlichen und Natürlichen Sachen geführet* (1696). Das «absönderlich dem Frauenzimmer zu Ehren» und zur «Belustigung» verfaßte Buch enthält eine Reihe von Gesprächen in einer Runde mit wechselnden Teilnehmern während eines Aufenthalts in einem Bad, wobei «anmutige Abwechßlung» das gestaltende Prinzip ist. Die Themen reichen von Fragen des gesellschaftlichen Umgangs und der Kindererziehung über Theologisches und Medizinisches bis hin zu einer Erörterung, ob Steine wachsen. Wenn sie ihren Gesprächen im Titel die «Form eines Romans» attestiert, so ist das allenfalls durch einige Beschreibungen gerechtfertigt. Der Romanhasser Gotthard Heidegger nahm jedenfalls keinen Anstoß an dem Werk und stellte es in seinem «Vorbericht» in den Zusammenhang der antiken Symposienliteratur.

IV. GEISTLICHE PROSA

Während des ganzen 17. Jahrhunderts und noch im ersten Drittel des 18. Jahrhunderts dominierten theologische bzw. religiöse Schriften den Buchmarkt. Ihr Anteil von etwa 40 % an der Buchproduktion im Reich veränderte sich in diesem Zeitraum kaum. Selbst wenn man die spezifische theologische Fachliteratur ausklammert, nehmen die Predigtliteratur aller Konfessionen und das der Förderung privater Andacht und individueller Frömmigkeit dienende Erbauungsschrifttum mit einem breiten Gattungsspektrum (Traktat, Andachts-, Gebet-, Beicht- und Liederbuch, Trostschriften, Legendensammlungen usw.) immer noch ein Viertel der gesamten Buchproduktion ein. Demgegenüber erscheinen die 3–5 % für die ‹schöne Literatur› bei aller Ungenauigkeit der auf den durchaus unvollständigen Angaben der Meßkataloge beruhenden Zahlen doch recht bescheiden.

1. Predigt und Erbauungsliteratur

Die Predigt war für lange Zeit die wichtigste Form der öffentlichen Rede, und dem Predigeramt kam in der Frühen Neuzeit, gestützt durch die weltliche Obrigkeit, neben den seelsorgerischen Aufgaben eine wichtige gesellschaftliche Funktion zu. Das belegt auch die Vielfalt der Predigtanlässe, die über die regelmäßigen Gottesdienste und die von religiösen Handlungen begleiteten Stationen des menschlichen Lebens von der Geburt bis zum Tod hinaus zahlreiche weitere Gelegenheiten umfaßt: dynastische Ereignisse, Fest- und Erinnerungstage, Katastrophen (Feuer, Seuchen, Hungersnöte, Krieg) usw. Charakteristisch für die Predigt ist ihre Stellung zwischen Mündlichkeit und Schriftlichkeit; als gehaltene Rede richtet sie sich an ein begrenztes Publikum in einer genau definierten Situation, als gedruckter Text wird sie einem breiteren Rezipientenkreis zugänglich gemacht und der Konkurrenzsituation des Buchmarkts ausgesetzt. Predigten können zwar auch als Einzeldrucke erscheinen; größere Wirkung entfalten sie jedoch in überarbeiteter und von der Redesituation abstrahierender Form in Predigtsammlungen und -zyklen. Diese dienten dann, erschlossen durch Register, als Hilfsbücher für andere Prediger und als Trost-, Erbauungs- und Unterhaltungslektüre für den privaten Gebrauch. Mit der Übersetzung der Predigt in das Medium des Buches wird sie Teil der Erbauungsliteratur.

Die Gründe für die starke Stellung der erbaulichen Literatur im 17. Jahrhundert liegen in den nachreformatorischen Reform- und Erneuerungsbestrebungen, mit denen die beiden tonangebenden Konfessionen auf die veränderten politischen bzw. konfessionspolitischen Bedingungen und die im Kontext der dogmatischen Festlegungen und Auseinandersetzungen vernachlässigten emotionalen Bedürfnisse der Gläubigen reagierten. Erbauliche Literatur sucht, im Unterschied zu verschiedenen anderen Formen der geistlichen Literatur, die Gefühlsebene der Gläubigen zu erreichen und Hilfe für die Lebens- und Glaubenspraxis zu leisten. So kamen im lutherischen Protestantismus seit dem Ende des 16. Jahrhunderts Strömungen auf, die die religiöse Dogmatik und Polemik zurückstellten und nach der Reform der Lehre nun auch für eine Reform des Lebens eintraten, für eine gelebte, innere Frömmigkeit. Im Katholizismus waren die Reformbeschlüsse des Konzils von Trient (1545–63), die Fragen der Lehre und der Kirchenorganisation klärten, der Ausgangspunkt für eine Politik der Wiedergewinnung des verlorenen Bodens (und der verlorenen Seelen), publizistisch und seelsorgerisch unterstützt durch eine umfangreiche moralisch-erbauliche und meditative Literatur, die den Zugang zum Inneren des Gläubigen über die sinnliche Erfahrung suchte. Impulse kamen dabei zunächst aus dem von der Reformation unberührten Spanien und wirkten über Bayern, wo die Herzöge die Gegenreformation am frühesten und konsequentesten betrieben, auf die anderen katholischen Territorien des Reiches. Hier, im Bereich der katholischen und protestantischen geistlichen Prosa, und nicht in der ‹schönen› Literatur, sind die Bestseller und wahren Erfolgsschriftsteller der deutschen Literatur des 17. Jahrhunderts zu finden. Das war im übrigen kein spezifisch deutsches Phänomen; auch in den anderen europäischen Literaturen erzielten Erbauungsbücher u. a. von François de Sales, Lewis Bayly oder John Bunyan hohe Auflagenzahlen.

Allerdings gibt es keine strenge Trennung zwischen ‹schöner› und ‹erbaulicher› Literatur, wie denn auch erbauliche Tendenzen nicht an bestimmte Gattungen gebunden sind. Zu den zahlreichen Grenzüberschreitungen aus dem Bereich der erzählenden Literatur zählen etwa die Legendenromane Grimmelshausens und andere religiöse Romane, die Pikaroroman-Bearbeitung des Aegidius Albertinus, die geistliche Umfunktionierung der Schäferdichtung und des Schäferromans oder der Versuch des Superintendenten Andreas Heinrich Bucholtz, das horazische *prodesse et delectare* als «Erbauung» und «Erlustigung» zu interpretieren und diesen Vorgaben entsprechende höfisch-historische Romane zu verfassen – und das, bevor er explizite Erbauungsbücher schrieb.

Erbauungsliteratur und Predigt im Katholizismus

Bayern: Aegidius Albertinus und Jeremias Drexel

Bayern war das erste katholische Territorium des Reichs, das nach den Beschlüssen des Tridentinums mit Hilfe der Jesuiten eine konsequente Rekatholisierungspolitik betrieb. In diesem Zusammenhang kam es zu einer ausdrücklichen Förderung katholischer geistlicher Literatur und ihrer Verleger, verbunden mit einer streng überwachten Ausgrenzung alles Nichtkatholischen durch Zensur und die Kontrolle von Importen. Zur Abgrenzungspolitik gehörte auch die betonte Distanz zu den mit der Lutherbibel assoziierten Tendenzen zur Vereinheitlichung der deutschen Schriftsprache auf der Grundlage des Mitteldeutschen. Statt dessen hielt man an den eigenen sprachlichen Traditionen fest.

Einen wesentlichen Beitrag zur Festigung dieser oberdeutschen Sprachtradition leistete der Münchner Hofratssekretär Aegidius Albertinus, der produktivste Autor deutschsprachiger geistlicher Prosa um die Wende zum 17. Jahrhundert. Mit seinen Übersetzungen und Bearbeitungen wurde er zum wichtigsten Vermittler romanischer, vor allem spanischer Literatur der Gegenreformation. Sein Werk fügt sich nahtlos in die konsequente bayerische katholische Reform- und Konfessionspolitik Herzog Wilhelms V. und – seit 1597 – Maximilians I. ein, die neben der Kirche auch den Interessen territorialer Machtbildung diente.

Aegidius Albertinus (1560 Deventer/Niederlande – 1620 München) war kein Geistlicher. Über sein Leben vor seiner Anstellung zum Hofkanzlisten Herzog Wilhelms V. von Bayern im Jahr 1593 ist kaum etwas bekannt. Seine Kenntnisse lassen auf eine gründliche Ausbildung schließen. Warum Albertinus nach München kam, ist nicht bekannt. Hier heiratete er kurz nach seiner Anstellung, erwarb das Bürgerrecht und diente in verschiedenen Funktionen am Hof (1595 Sekretär am Geheimen Rat, 1597 Hofratssekretär, 1601–06 zusätzlich Hofbibliothekar, 1612 zusätzlich Sekretär des Geistlichen Rats). Neben diesen amtlichen Tätigkeiten fand er offenbar genug Zeit für seine schriftstellerische Tätigkeit; Vorwürfe über die Vernachlässigung seiner Pflichten blieben nicht aus. Auf einen «unverdienten verweiß» durch den Hofkanzler reagierte er 1614 mit einem Brief an den Herzog: Seine Bücher schreibe er nicht während seiner Dienstzeit, sondern «maistens beim Liecht, wan andere Leuth schlafen oder zechen»; zudem seien sie nützlich, und er brauche das Geld für seine vielköpfige Familie. Die Vorwürfe gegen ihn seien völlig unberechtigt und beruhten auf reiner «malevolentz».

Zwischen 1594 und 1618 veröffentlichte Albertinus mehr als fünfzig Bücher: Übersetzungen, Kompilationen und eigene Texte, wobei die Grenzen nicht so genau zu ziehen sind. Es handelt sich fast ausschließlich um Werke der geistlichen Literatur. Dabei spielen ausgesprochen erbauliche Texte wie Trost- oder Sterbebücher und Anleitungen zur Meditation und Kontemplation eine geringere Rolle als die didaktische, auf religiöse und gesellschaftliche Praxis hin ausgerichtete moralisch-aszetische Literatur. Eine Reihe von Schriften führt die Tradition der mittelalterlichen Spiegelliteratur weiter, hält also dem Betrachter exemplarische Beispiele vorbildlichen Lebens entgegen, die zur Selbsterkenntnis hinführen und damit einen Anstoß zur Besserung geben sollen. Den gleichen Zweck verfolgen ex negativo die Darstellungen abschreckender Beispiele. Diese Texte, nicht immer ausdrücklich als Spiegel bezeichnet, richten sich an bestimmte Stände bzw. mehr oder weniger eng definierte Personengruppen (z. B. *Spiegel eines Christlichen Fürsten*, 1604; *Weiblicher Lustgarten*, 1605; *Der Welt Thurnierplatz*, 1614) oder zielen als generelle Tugend- oder Lasterspiegel auf ein allgemeines Publikum (z. B. *Lucifers Königreich vnd Seelengejaidt*, 1616; *Christi vnsers HErrn Königreich vnd Seelengejaidt*, 1618). Daneben stehen Schriften, die mit Beispielen aus Natur und Geschichte bzw. dem Bereich menschlicher Handlung allgemein für exemplarische Belehrung sorgen. Zu dieser Gruppe zählen u. a. die Kompilation *Der Teutschen recreation oder Lusthauß / Darinn das Leben der allerfürnembsten vnnd denckwürdigsten Mans: vnd Weibspersonen / so von anfang der Welt hero gelebt [...] begriffen* (1612), eine Art Universalgeschichte in exemplarischen Einzelbiographien, eine Reihe von Übersetzungen historischer Werke, in denen das Eingreifen Gottes in den Lauf der Geschichte im Sinn der katholischen Kirche vor Augen gestellt wird, Darstellungen exemplarischer bzw. allegorischer Lebensläufe einzelner Personen und das moraldidaktische Emblembuch *Hirnschleiffer* von 1618, das letzte zu seinen Lebzeiten gedruckte Werk.

Albertinus' Schaffen beginnt mit dem allegorischen Ritterroman *Deß Irrenden Ritters Raiß. Der Welt Eitelkeit / vnd den Weg zu der ewigen Seligkeit begreiffend* (1594). Vorlage ist ein Roman des französischen Karmeliters Jean de Cartheny bzw. Cartigny (*Le voyage du chevalier errant*, 1557), in dem die Reise des Ritters als Pilgerfahrt des menschlichen Lebens in drei Stufen – Sünde, Bekehrung, Bewährung – geschildert wird. Dies wiederum nimmt das Muster von Albertinus' bekanntestem Werk vorweg, der deutschen Version des spanischen Pikaroromans *Guzmán de Alfarache* (1599–1604) von Mateo Alemán (*Der Landtstörtzer. Gusman von Alfarche oder Picaro genannt*, 1615), die eine geistliche Umfunktionierung des Schelmenromans im Geist der Gegenreformation darstellt. Der Bezug auf die Form des Romans ist nicht zufällig: Zweck der guten Bücher, seiner Bücher also, sei es auch, «schambare Büecher» wie den *Amadís* und andere «eytele Büecher der Poeten oder Buelerische Historien» zu verdrängen, wie er an verschiedenen Stellen deutlich macht (*Haußpolicey*, 1602; *Weiblicher Lustgarten*, 1605).

Zu den erfolgreichsten Werken des Albertinus gehören seine Übersetzungen von Werken Antonio de Guevaras, des Hofpredigers von Karl V., die wesentliche Elemente einer katholisch-barocken Geistigkeit in den deutschen Sprachraum trugen und z. T. bis in die Mitte des 18. Jahrhunderts neu aufgelegt wurden. Von zentraler Bedeutung sind dabei die

Schriften, die man als Hofspiegel bezeichnen kann und vom Hofleben und seinen Gefahren handeln: *Institutiones vitae aulicae, Oder HofSchul* (1600; nach *Aviso de privados*, 1539) und *Contemptus vitae aulicae, & laus ruris* (In: *Zwey schöne Tractätl*, 1598; nach *Menosprecio de corte y alabanza de aldea*, 1539). Für Guevara/Albertinus ist der Hof nicht die Sphäre, an dem man durch einen sittlich-ästhetischen Erziehungsprozeß seine Anlagen entfalten und sich zum vollkommenen Hofmann bilden kann, sondern ein Ort der Gefahr für das Seelenheil und damit der Bewährung für den christlichen Hofmann. Die Herausforderung besteht darin, der «Könige vnd Fürsten Gnad erwerben / behalten / vnd beynebens selig werden». Legt schon die *HofSchuel* stellenweise die Abkehr vom Hofleben nahe, so führt der Traktat *Contemptus vitae aulicae* diese Argumentation weiter, stellt dem unruhigen, gefährlichen Hofleben das glückselige Landleben gegenüber und schließt mit einer litaneiartigen Weltabsage, die später Grimmelshausen in dem «Adjeu Welt» seines Romanhelden aufnimmt.

Aufschluß über die Grundlagen von Albertinus' religiösem Denken geben vor allem die beiden komplementären Spiegel der Laster bzw. der Tugenden *Lucifers Königreich vnd Seelengejaidt* (1616) und *Christi vnsers HErrn Königreich vnd Seelengejaidt* (1618). In dem Lasterspiegel verbinden sich Elemente verschiedener mittelalterlicher und frühneuzeitlicher Literaturtraditionen (Narrensatire, Teufelbücher, Jagdallegorie, Ständesatire); sie gewinnen ihre Einheit durch das Bild des Teufels als Jäger, der auf Seelenjagd geht (‹gejaidt›: Jagdwesen, Jagd, Jagdrevier u. ä.), und das der Gliederung zugrunde liegende System der sieben Hauptsünden mit ihren jeweiligen Unterabteilungen. Nach einer kurzen Dämonologie hebt das erste ‹Gejaidt› die mangelnde Selbsterkenntnis, die *ignorantia sui*, als Urgrund der Sündhaftigkeit des Menschen hervor. Aus dieser Blindheit folgt die Hoffart, die als «Königin vnd Wurtzel aller Sünden vnd lastern» die anderen, in den folgenden Kapiteln behandelten Hauptsünden nach sich zieht. Der Ausblick ist nicht erfreulich, wie das achte ‹Gejaidt›, ein eschatologisches Schlußkapitel, mit drastischen Höllenbildern unterstreicht.

Mit seiner Gegenüberstellung von *civitas terrena* und *civitas dei* nach Augustin macht Albertinus gleich zu Anfang die antithetische Struktur des Textes deutlich. Dementsprechend agiert der Teufel durchgehend als Gegenspieler Christi. Und so ist es nur konsequent, daß Albertinus das komplementäre Werk «von dem herrlichen vnnd wahren Königreich vnnd Seelengejaidt Christi» folgen ließ: Wie Lucifer wird Christus als Jäger dargestellt, doch wo jener den Menschen zur Sünde zu verführen sucht, zielt Christus darauf, den Menschen zu Selbsterkenntnis, Demut, Reue und Buße zu führen. Die Darstellung der christlichen Tugenden bildet dann die genaue – positive – Entsprechung zu dem Lastersystem in *Lucifers Königreich*. Der Mensch steht, so das Fazit aus den beiden Büchern, im ständigen Kampf mit seinen Feinden Welt, Fleisch und Teufel; sie sind zu überwinden durch Einsicht in die Eitelkeit alles Irdischen, durch die Beherrschung der Sinnlichkeit.

Während bei Albertinus moralsatirische und -didaktische Tendenzen dominieren, machte der Jesuit Jeremias Drexel, seit 1615 Hofprediger in München, die Meditationspraxis der *Exercitia spiritualia* (1548) des Ordensgründers Ignatius von Loyola für seine aus Predigten hervorgegangenen Traktate fruchtbar. Sie verzichten auf konfessionelle Polemik und suchen statt dessen den Gläubigen in seiner Frömmigkeit, seinem Gehorsam gegenüber Gott zu stärken. Drexel schrieb zwar seine Traktate bis auf eine Ausnahme (*Tugendtspiegel*, 1636) in lateinischer Sprache, aber das tat ihrem Erfolg keinen Abbruch, zumal sie rasch nach Erscheinen u. a. von Joachim Meichel, dem Übersetzer von Jacob Bidermanns *Cenodoxus*, und dem jesuitischen Kontroverstheologen Conrad Vetter ins Deutsche übertragen wurden. Drexels Werke erreichten, so eine Berechnung seines Münchener Verlegers, allein im Zeitraum von 1620 bis 1639 eine Gesamtauflage von 158 700 Exemplaren – eine für die Zeit außergewöhnlich hohe Zahl. An anderen in- und ausländischen Druckorten erschienene Einzel- und Sammelausgaben in lateinischer und deutscher Sprache sowie in anderen Volkssprachen belegen die Beliebtheit seines Werkes.

Gründe für den internationalen Erfolg liegen in dem unpolemischen Charakter seiner Schriften, ihrem anschaulichen Stil und ihren eingängigen Beispielen, mit denen sie die theologischen Wahrheiten einem breiteren Publikum verständlich zu machen suchen. Sie zielen auf eine Frömmigkeit, die den Gläubigen dazu anhält, sich in Gottes Willen zu ergeben, die eigene gesellschaftliche oder ökonomische Situation und das persönliche Schicksal als göttliche Fügung anzuerkennen. Umgekehrt heißt das, daß Drexel keine sozialkritischen Fragen nach den realen Ursachen gesellschaftlicher Ungleichheit oder wirtschaftlicher Krisen zuläßt. Dem entspricht auch, daß seine Lektüreempfehlungen Werke stoischer Autoren einschließen und daß er selbst auch auf die neustoischen Schriften des von ihm bewunderten Justus Lipsius zurückgreift. Mit seiner durch die christlich-stoische Pflichtenethik geprägten positiven moralischen Einschätzung des Hoflebens, die die negative Bewertung durch Albertinus genau umkehrt, steht Drexel im Einklang mit den Tendenzen des Frühabsolutismus. Damit erreichte er auch Leser anderer Konfessionen.

Einen Eindruck von Drexels Verfahrensweise gibt der Traktat *Heliotropium seu confirmatio humanae voluntatis cum divinà* (1627), der ein komplexes theologisches Problem, das der Willensfreiheit des Menschen, anschaulich zu erklären und zugleich den Gläubigen zum rechten Leben zu führen sucht. Dabei wandelt Drexel Konzepte der spanischen Mystik und Ignatius' von Loyola ab, die darauf zielen, den Menschen von seinen

Leidenschaften zu reinigen und seinen Eigenwillen zu unterdrücken, Voraussetzung der bedingungslosen Unterwerfung unter den göttlichen Willen bzw. die Lehren der Kirche. Der Titel *Heliotropium* (*Sonnenwende*) ist Programm: Weil diese Pflanze dem Lauf der Sonne folgt, gilt sie im 17. Jahrhundert als Symbol der Frömmigkeit und der Wendung zu Gott. An diesem eingängigen (und vereinfachenden) Bild arbeitet Drexel die jesuitische Stellung zur Willensfreiheit heraus. Es kommt darauf an, den freien menschlichen Willen mit dem Willen Gottes in Einklang zu bringen – so wie sich das Heliotrop stets nach der Sonne wendet. Dem «aufrechten Hertzen» erscheint alles, was es «seinem Willen zuwider leydet / als Trübsal / Kummernuß / Anligen / Arbait / Vndertruckung», als Ausfluß des gerechten Willen Gottes; die Menschen «boßhafften» oder «verkerten Hertzens» dagegen schreiben dem eine Ungerechtigkeit zu, «durch dessen Willen sie solches leyden», oder entsetzen ihn gar «der Regierung». Die politische Analogie ist deutlich. Den Leser dazu anzuleiten, den Willen Gottes zu erkennen und seine Freiheit richtig, d.h. in einer dem Seelenheil dienlichen Weise zu gebrauchen, ist Ziel der Betrachtungen. Ein Bibelwort am Ende faßt zusammen, was zuvor mit Beweisgründen, Beispielen und Beispielerzählungen verdeutlicht worden war: «Die Welt vergehet mit ihrem Lust / wer aber den Willen Gottes thut / der bleibt in Ewigkeit.» Joachim Meichel übersetzte den Text noch im selben Jahr «mit deß Authors bewilligung vnd guettheissen» als *Sonnenwend das ist / von Gleichförmigkeit deß Menschlichen Willens mit dem Willen Gottes*. Jeweils mehr als 10 Auflagen der lateinischen und deutschen Fassung sind nachgewiesen.

Drexels Werk umfaßt etwa 30, z.T. postum erschienene und meist auflagenstarke Titel, die die verschiedensten Aspekte eines gottgefälligen Lebens bzw. die ihm durch falsche Verhaltensweisen drohenden Gefahren darstellen. Neben zahlreichen Sammelausgaben unterschiedlichen Umfangs in lateinischer Sprache seit 1628 erschien 1645 in Mainz eine dann mehrfach nachgedruckte deutsche Werkausgabe: *Opera Omnia Germanica: Das ist: Christliche / Andächtige Betrachtungen vnd Vbungen / in der Liebe Gottes vnd deß Nächsten*.

Rheinische Provinzen: Friedrich Spee und Martin von Cochem

Nach und neben München war das Rheinland ein Schwerpunkt der Produktion katholischer Erbauungsliteratur. In Bayern hatten die Herzöge den Aufbau eines leistungsfähigen Druckwesens unterstützt und durch die Stiftung Güldenes Almosen für den Vertrieb geistlicher Schriften und liturgischer Texte gesorgt. Im Rheinland war es der Kölner Wilhelm Friessem, der sein Druck- und Verlagshaus nach Ende des Dreißigjährigen Krieges zu einem der führenden Unternehmen für die Produktion und Distribution von Literatur für das katholische Deutschland machte.

Zu seinem Programm zählte u. a. einer der Bestseller der katholischen Gebet- und Erbauungsliteratur, *Das Himmlisch Palm-Gärtlein Zur beständigen Andacht / vnd Geistlichen Ubungen* (²1664; Erstausgabe wahrscheinlich 1662) des Jesuiten Wilhelm Nakatenus, das auch in Auswahlausgaben und einer lateinischen Übersetzung (*Coeleste palmetvm*, 1667) verbreitet wurde. Auch Friedrich Spees *Trutznachtigall* und sein erbauliches *Güldenes Tugend-Buch* erschienen in Friessems Offizin. Zur *Trutznachtigall* steuerte Nakatenus, der früher als ihr Herausgeber galt, ein Widmungsgedicht bei.

Spees *Güldenes Tugend-Buch, das ist / Werck vnnd übung der dreyen Göttlichen Tugenden. deß Glaubens, Hoffnung, vnd Liebe* (1649) wurde wie sein geistliches Liederbuch erst postum gedruckt. Es spiegelt in noch stärkerem Maße als das Werk Jeremias Drexels den Einfluß der *Geistlichen Übungen* des Ignatius von Loyola auf die katholische geistliche Literatur. Das *Güldene Tugend-Buch* ging aus der seelsorgerischen Arbeit des Verfassers hervor, aus der von den «Obern» unterstützten Bitte eines wohl adeligen Beichtkindes, daß er «ihr zu papier setzen wollte, wie man sich das gantze jahr durch, in den fürnemsten Tugenden nutzlich vben köndte». Spee trug der jungen Frau auf, jeden Samstag zur Beichte zu kommen, um ihr jeweils «auff einem zettel» Anweisungen für die Woche zu geben («welche Tugend, vnd auff welche weiß du sie die zukünfftige woch vben sollest»). Aus diesen Zetteln und bereits früher verfaßten Meditationen entstanden die einzelnen Kapitel des Buches, das in drei Hauptteilen die drei christlichen Haupttugenden systematisch einzuüben sucht. Das ‹Einzettelverfahren› verweist – wie manche ausdrückliche Übernahmen – auf den Einfluß der *Geistlichen Übungen* des Ignatius, die ebenfalls die Konzentration auf ein Thema vorgeben, damit es sich um so stärker einprägt. Danach ist dem Exerzitienmeister Rechenschaft abzulegen. Entsprechend heißt es bei Spee: «Am Sambstag wan du beichtest, soltu allezeit rechenschafft abgeben, wie du dich geübet, vnd obs wol, oder nit wol abgangen seye.» Die Themen werden oft dialogisch nach dem Schema Frage und Antwort behandelt, und Spee erwartet vom Leser, der die Übungen nachvollzieht, daß er zuerst selbst auf die Frage antwortet und seine Antwort dann an der gedruckten überprüft: «vnd wird deine antwort desto mehr bevestiget, vnd gleichsam wie mit einem widerholten hammerschlag desto tieffer ins hertz hinein getrieben». Es ist, wie Spee einleitend schreibt, ein Buch, das «eigentlich zum *Brauchen*, vnd nicht nur zum *Lesen* gemacht ist».

Das Lesen ist freilich Voraussetzung für den rechten Gebrauch, und da seiner Erfahrung nach die Aufmerksamkeit des Lesers häufig nachläßt, wenn es allzu «drucken» hergeht, setzt Spee auf Anschaulichkeit durch Beispiele und Beispielgeschichten und formt seine Übungen über das Frage-Antwort-Schema hinaus häufig in Dialoge um, in Gespräche zwischen Beichtvater und Beichtkind, zwischen dem Beichtkind und dessen Seele, zwischen der Seele und Christus, aber auch zwischen Christus am Kreuz, den Nägeln, dem Hammer usw. Dazu kommen zahlreiche, z. T. auch dialogische Gedichte an emotionalen Höhepunkten, die zugleich ein Gegengewicht zu den betont lehrhaften Partien bilden. Es sind derartige abwechslungsreiche Verfahren und «schöne Einfäll», mit denen Spee das Interesse wachzuhalten und die affektive Wirkung zu steigern sucht.

Vor allem der erste Teil – Glaube – hat weitgehend Katechismuscharakter und vermittelt, illustriert durch biblische Beispielgeschichten, die grundlegenden Glaubenswahrheiten. Die Übungen der folgenden Hauptteile über Hoffnung und Liebe – den Schwerpunkt bildet der über die Liebe – zeigen dann deutlicher die Prinzipien des meditativen Verfahrens. Es führt wie bei Ignatius von der Betrachtung von (sichtbaren oder unsichtbaren) Dingen, Ereignissen oder Personen, die mit Hilfe der Einbildungskraft («Bilde dir für») sinnlich vergegenwärtigt werden bzw. in die sich die meditierende Person nacherlebend hineinversetzt, zur Besinnung und meditierenden Sinngebung. Das gilt für das Leiden Christi am Kreuz, aber ebenso auch für die Betrachtung der Natur als Werk des Schöpfers oder von Gegenständen wie der Uhr, die Spee zur «Vergleichung eines Vhrwercks, vnd eines frommen andächtigen Menschens» und zu einer Reihe von Übungen veranlaßt («Wans drey schlägt, erinnere dich der H. Dreyfaltigkeit»). Spees Übungen setzen nicht zuletzt auf affektive Wirkungen («erweckung aller-hand lieb-reichen affekten»), um die Tugenden einzuüben und im Inneren des Menschen zu befestigen. Die Liebe zu Gott schließt die Liebe zur Schöpfung ein, deren Betrachtung wiederum «zur erkantnuß vnd liebe deß Schöpffers auß den geschöpffen» führt, wie es in der Überschrift zu einem Gedicht heißt, das wie 23 andere auch in seiner Gedichtsammlung *Trutznachtigall* enthalten ist. Und zur Liebe Gottes, zu den Werken der Liebe, gehört auch «die Liebe des nechsten vmb Gottes willen».

Leibniz zeigte großes Interesse für Spees *Güldenes Tugend-Buch*, übersetzte zwischen 1677 und 1686 die Vorrede ins Französische und zitierte Spee in seinen *Essais de Théodicée* (1710) im Zusammenhang mit der Frage nach dem Wesen der vollkommenen Liebe. Darüber hinaus sah er in Spees Theologie Annäherungen an protestantische Auffassungen, ein Thema, das kontrovers diskutiert wird. Clemens Brentano gab 1829 eine Neuausgabe des *Güldenen Tugend-Buchs* heraus; sie ist – im Gegensatz zu seiner nur orthographisch modernisierten *Trutznachtigall*-Edition von 1817 – stilistisch stark bearbeitet.

Der erfolgreichste katholische Erbauungsschriftsteller der zweiten Jahrhunderthälfte war der Kapuziner Martin von Cochem, dessen Werke auch der Kritik der kirchlichen Aufklärer standhielten und bis ins 20. Jahrhundert immer wieder neu aufgelegt und bearbeitet wurden (mehr als 450 Ausgaben zwischen 1666 und 1740, weit über 1500 bis ins 20. Jahrhundert hinein). Aber wie man aus Martins Reaktionen in Vorworten schließen kann, setzte die Kritik schon zu seinen Lebzeiten ein und galt gerade den Eigenschaften seiner Schriften, die ihre Breitenwirkung ermöglichten. So heißt es 1707 im Vorwort der letzten von ihm selbst bearbeiteten Auflage seines ersten großen Bucherfolgs, *Leben Christi* (1677; spätere Version unter dem Titel *Das Große Leben Christi*, 1682): «[...] die gemeine fromme Leut in Ablesung dieses Buchs erbauen sich, bereuen ihre Sünden, und beweinen das bittere Leiden Christi und Mariä: wie ich dann auch selbiges nicht ohne Zähren hab schreiben können. Die Schrifftgelehrten aber ärgern sich in diesem Buch, tadlen die einfältige Schreibens-Manier, halten die Leut von Lesung dieses Buchs ab, und sprengen aus, es seyen viele Fablen, Falschheiten, ja Ketzereyen darinn begriffen.»

Martin von Cochem (1634 Cochem/Mosel – 1712 Waghäusel bei Bruchsal) hieß bürgerlich Martin [?] Linius. Er trat 1653 in den Kapuzinerorden ein und wurde 1659 zum Priester geweiht. Von 1664–68 lehrte er als Lektor Theologie in Mainz, widmete sich dann der Seelsorge und seinen schriftstellerischen Arbeiten im Dienst der innerkirchlichen Reformbewegung. 1682–85 übte er das Amt des Visitators im Erzbistum Mainz aus. Anschließend wirkte er als Seelsorger an verschiedenen Klöstern des Ordens im Kurstift Trier. Zwischen 1689 und 1696 hielt er sich, von Kriegswirren vertrieben, in Österreich und Böhmen auf. Danach war er bis 1700 Visitator im Erzbistum Trier und lebte dann als Wallfahrtsprediger und Beichtvater in Waghäusel.

Mit seinen Schriften deckte Martin von Cochem ein breites Spektrum erbaulicher Literatur ab. Zahlreiche Auflagen erzielten seine lateinischen und deutschen Meßerklärungen und Gebetbücher wie *Der Grosse Wohlriechende Myrrhen-Garten* (1687), *Guldner Himmels-Schlüssel / Oder Neues Gebett-Buch / Zu Erlösung der lieben Seelen deß Fegfeurs* (1690) oder *Heylsames Gesund- und Krancken Buch Oder / Nutzliches und nothwendiges Gebet Buch* (1695). Vor allem aber verbindet sich Martins Nachruhm mit seinen Historien- und Legendenbüchern, in denen sein Talent als Erzähler am stärksten zum Ausdruck kommt. Werke wie *Auserlesenes History-Buch* (1687–1717) oder *Lehrreiches History- und Exempel-Buch* (1696–99) enthalten vor allem Mirakel- und Heiligengeschichten und waren weniger als Predigthilfen denn als unterhaltsame und erbauliche Lese- und Vorlesebücher zur «geistlichen Recreation und Belustigung» konzipiert. Das gilt ebenso für die ausgesprochenen Legendensammlungen: *Verbesserte Legend Der Heiligen* (1705), die Bearbeitung eines Legendenbuchs seines verstorbenen Ordensbruders Dionysius von Luxemburg (Lützenburg), und *Neue Legend der Heiligen* (1708). Die Sammlungen enthalten die Viten der bekannten Heiligen und Märtyrer, darunter auch die für den Literaturhistoriker interessanten von Genovefa, Griseldis oder Jeanne d'Arc. Deutlich ist das Bestreben, neuere Heilige zu den altbekannten hinzuzufügen und die Zahl der (zur Nachfolge eher ungeeigneten) Märtyrerviten zugunsten anderer vorbildlicher Lebensläufe zu reduzieren, «deren Exemplen wir nachfolgen können».

Die Zielgruppe bilden die einfachen Leute («gemeine fromme Leut»); ihrem Verständnis und ihrer Lebenspraxis müssen die beispielhaften Viten und die daraus ablesbare Moral ebenso entsprechen wie Darstellungsweise und Stil.

Auf Titelblättern und in Vorreden spricht Martin wiederholt über sein erzählerisches Verfahren, das – in poetologischen Kategorien ausgedrückt – die Verbindung Nutzen und Erfreuen anstrebt. Seine Stilvorgaben schwanken zwischen der niederen und der mittleren Stilart (*genus humile* bzw. *genus medium*), wenn er einerseits im *Leben Christi* um der Breitenwirkung willen einen dezidiert einfachen Stil nach dem Vorbild der Evangelien propagiert («keine hohe / sonder niderträchtige Wort»), andererseits sich im *Lehrreichen History- und Exempel-Buch* moderne Konzepte zu eigen macht und zur «jetzigen zierlichen und fliessenden Red-Art oder Stylo» bekennt. Mit beiden Stilformen zielt er freilich – und das ist in der Rhetorik eigentlich nicht Sache des niederen Stils – auf den Gefühlsbereich der Leser oder Zuhörer.

Martin von Cochem versteht sich als geistlicher Erzähler, der so schreibt, «wie es die andächtige Seelen zubetrachten / und nit wie es die Theologen zuerklären pflegen». Er vertraut mehr auf seine erzählerischen Mittel als auf die zurückhaltend eingesetzten autoritativen Applikationen, und sein Werk überdauerte lange gerade wegen dieses scheinbar einfachen Erzählstils, den noch Goethe ungeachtet der «abgeschmackten Anwendungen» rühmte. Wirkungsabsicht ist, die Menschen im Innern zu ergreifen, zu frommer Betrachtung hinzuführen und über die Einbildungskraft ihre Affekte in die richtige Richtung zu lenken («eine Bewegung zum Mitleyden / oder zur Andacht / oder zur geistlichen Frewd»). Was er so in der Vorrede zum *Leben Christi* (Ausgabe von 1681) als «fürnembstes Ziel und Ursach der Beschreibung dieses Buchs» bezeichnet, gilt auch für seine anderen Schriften. Das hat Folgen für seinen Umgang mit den Quellen und der historischen ‹Wahrheit›.

So gut wie alles, was Martin geschrieben hat, beruht auf Vorlagen, auf älteren Legendaren, Mirakelbüchern, Exempelsammlungen und nicht zuletzt den erbaulichen Kompendien des Frankfurter kaiserlichen Bücherzensors Valentin Leucht (*Vitae sanctorum*, 1593; *Viridarium regium illustrium miraculorum et historiarium. Daß ist Koniglicher Lustgart*, 1614). Martins Eigentum ist die stilistische Bearbeitung im Sinn einer auf Rührung ausgerichteten Erzählweise, was einerseits Kürzungen, Straffungen des Handlungsablaufs oder das Weglassen wissenschaftlicher Zutaten bedeutet, andererseits liebevolles Ausmalen von quellenmäßig nicht abgesicherten Nebenumständen und Dialogen. Er kritisiert in der Vorrede zu seinem *Lehrreichen History- und Exempel-Buch* die Autoren, die sich auf die «Substanz und Wesenheit deß Exempels» beschränken, ein Vorgehen, das ihnen «Geist und Leben» nimmt und dem Leser mehr «Verdruß als Belustigung» bringe, während das «Exempel noch einmal so schön / so lebhafft / und so anmuthig» herausgekommen wäre, wenn man die genaueren Umstände erfahren hätte, also etwa «wie, und was die Personen mit einander geredet hätten». So habe er es gehalten, ohne dadurch dem Exempel die «Wahrheit» benommen zu haben, «dieweil dessen Wesenheit nicht umgekehrt / sonder zierlicher an den Tag gehen wird». Ähnlich argumentiert er auch in seinem *Leben Christi*; es geht bei den Nebenumständen nicht um Wahrheit, sondern um die poetologische Kategorie der Wahrscheinlichkeit: «Deßwegen protestire und bezeuge ich wiederumb daß meine Mainung nit seye die Einfältige weyß zu machen / als wan die Ding so ich nach meiner Einfalt ohn Anziehung einiges Authors beschrieben / würcklich also geschehen wären / wie ichs hieher gesetzt hab: sonder daß es meine Mainung sey zu erklären / daß es also hätte können geschehen; weil es gemeiniglich also zugeschehen pflegt.» Das sind Formulierungen, die auch die Verfasser geistlicher bzw. biblischer Romane hätten unterschreiben können.

Zu Sprache, Stilmitteln und Formen der katholischen Barockpredigt

Die wichtigsten Anlässe der katholischen Predigt und ihre Themen waren nicht anders als bei den Protestanten durch die Sonn- und Festtage des Kirchenjahres und die ihnen zugeordneten Bibeltexte vorgegeben; zahlreiche entsprechend organisierte Predigtsammlungen spiegeln diese Praxis. Das Konzil von Trient hatte die Geistlichen verpflichtet, in jeder Gemeinde regelmäßig wenigstens an Sonn- und Festtagen zu predigen. Neben den allen Konfessionen gemeinsamen weiteren Predigerpflichten im Rahmen des gesellschaftlichen und kirchlichen Lebens oder zu herausgehobenen Gelegenheiten ergänzten spezifische Frömmigkeitsformen des Katholizismus das Repertoire der Predigttypen u. a. um Wallfahrts-, Bruderschafts-, Marien- und vor allem Heiligenpredigten. Predigten zu dynastischen Anlässen finden – soziologisch – ihr Äquivalent in der lutherischen Regentenpredigt und dienen wie Kirchenwesen und Gottesdienst überhaupt neben der Festigung der Frömmigkeit nicht zuletzt der gesellschaftlichen Stabilität.

Die Predigt hatte sich der Volkssprache zu bedienen, um ihrer Aufgabe der Verkündigung und der Einübung der Frömmigkeit breiter Bevölkerungskreise nachkommen zu können. Angesichts der Stärke der lateinischen Tradition empfanden manche Prediger den Gebrauch der deutschen Sprache durchaus als Verzicht und Mühsal. Andere allerdings teilten trotz der traditionellen Latinität der katholischen Kirche den Kultur- und Sprachpatriotismus der Sprachgesellschaften: «Hab aber solches auß Lieb meiner Teutschen Mutter-Sprach gethan / dardurch in etwas zuerweisen / daß selbige ohne Beyhülff anderer Sprachen bestehen mag», schrieb der Prediger Tobias Johannes Becker 1694 (*Schuldigstes Andencken Des bitteren Leydens und Sterbens Christi Jesu Vnseres Erlösers und Seeligmachers*). Das richtet sich zugleich gegen die Sprachmengerei, gegen die sich die ‹altdeutschen› Alamode-Kritiker bereits in der ersten Jahrhunderthälfte gewandt hatten und die mit der französischen Vorbildern verpflichteten galanten Mode nicht nur in der höfischen Konversation, sondern auch in der Literatur erneut salonfähig geworden war. Wo die früheren Kritiker den Zusammenhang zwischen Sprachverfall und kulturellem und politischem Niedergang hervorhoben, so sieht der Jesuitenprediger Conrad Purselt die Sprachmengerei als Ausdruck der Todsünde der Hoffart, Anlaß für eine Tirade, die so beginnt: «O du Edle und redliche und uhralte Teutsche Sprach / wie wenig giltest du itzt bey den hoffärtigen Teutschen? die Kinder darffen nicht mehr ihre Eltern auff gut Teutsch heissen Vatter oder Mutter / sondern den Vatter Papa oder Momper / die Mutter Mamma oder Mammer [...]. O hoffärtige teutsche Narren / die sich ihrer Sprach schämen und an statt der Edlen Teutschen ein frembde Sprach suchen» (*Fons aquae triplici* [...] *Ein Brunn Des Mit Dreyfacher Quellen springenden Wasser ins ewige Leben*, Bd. 3, 1702).

Die Übereinstimmung mit den Bestrebungen der Sprachgesellschaften ging in der Regel jedoch nicht so weit, daß das oberdeutsche Idiom oder die grundsätzliche Bevorzugung der niederen Stilebene zugunsten der auf eine höhere stilistische Ebene zielenden Spracharbeit der Sozietäten in Frage gestellt würde: «Ciceronianische / oder auß der Fruchtbringenden Gesellschafft hochgesuchte Wort seind in meinen Sermonen nit zu finden», heißt es in der 1667 zuerst erschienenen Predigtsammlung *Gallus Cantans* von Ignaz Trauner. Ein anderer Prediger, Johannes Braumiller, erklärt, daß er «niemals in die Schul der fruchtbringende Gesellschaft» gegangen sei, «allwo man sich der zierlichsten Wörter zu reden befleisset» (*Lebhafftes Conterfey deß Sünders*, 1693).

Allerdings gab es in den Jahren nach Ende des Dreißigjährigen Krieges bemerkenswerte Abweichungen vom oberdeutschen Sprachkonzept, die aber bald unterdrückt wurden. Erfahrungen dieser Art machte der seit 1650 in Innsbruck wirkende jesuitische Hofprediger Michael Staudacher: Seine *Genovefa* (1648), ein Legendenroman mit «eingebrachten sittlichen Lehren und Ermahnungs-Predigen», wurde bald nach Erscheinen von der Kirchenbehörde wegen ihres ‹exotischen› deutschen Stils aus dem Verkehr gezogen («ob exoticum stylum germanicum»). Es war der Stil der protestantischen Literaturreformer, und ganz in diesem Sinn enthält Staudachers Widmungsschreiben an eine Gräfin zu Oettingen einen geradezu überschwenglichen Lobpreis Georg Philipp Harsdörffers, «dessen sinnreicher Verstand / scharffsichtiges Urtel / Kunst-flüssende Feder /

zierd-quellende Redens-Art unser uhralte Teutsche Mutter und Heldensprach zu jenen Gipfel der Vollkommenheit erhebet / zu welchen der Weltberühmte Cicero sein Lateinische Sprach hat angeleitet» (zitiert nach: *Genouefa, Das ist: Wunderliches Leben und denckwürdige Geschichten der H. Genouefa,* 1660). Ein Zensurgutachten, das nach der ersten Sammlung von Staudachers Festpredigten (*Geistliche vnd Sittliche Redverfassungen,* 1656) den Druck einer zweiten verhinderte, präzisiert die Gründe für die Ablehnung von Staudachers Texten: Sie mißachten die Konventionen der oberdeutschen Sprache und das Gebot des *sermo humilis,* indem sie sich neuer Wörter (aus dem Bereich der protestantischen opitzianischen Literatursprache), allzu weltlicher Erfindungen und vor allem einer ausgeprägt literarischen Bildlichkeit bedienen.

Ein anderes Beispiel der Annäherung an die Poetik der Sprachgesellschaften bietet die Sammlung von Leichen- und Heiligenpredigten des Wiener Barnabiten Florentius Schilling, die 1658 unter dem Titel *Amaradulcis Oder Je Länger / Je Lieber. Das ist: Lob-Predigten etlicher Heiligen / vnnd Besingnuß-Rede vber vnterschiedliche Adels-Personen* ohne kirchlichen Approbationstext in Wien erschien. Es ist eine Sammlung, deren Anordnung eher dem Prinzip kunstbewußter Abwechselung als liturgischen Anforderungen oder praxisbezogener Zweckmäßigkeit folgt und die in den Begleitgedichten vor allem als humanistisch-rhetorisches Literaturwerk gerühmt wird. Zwei der Begleitgedichte stammen von (literarisch unauffälligen) Mitgliedern der Fruchtbringenden Gesellschaft, lutherischen Wiener Adeligen, und beglaubigen damit die literarischen Aspekte des Predigtwerks. Dem entspricht die sprachlich-stilistische Form der Predigten, Lobpredigten auf Verstorbene und auf Heilige im bilder- und figurenreichen hohen Stil, mit dem Schilling auf ein gehobenes, gebildetes Publikum zielt und damit die Vorgaben der katholischen Sprachenpolitik mit ihren stilistischen Konsequenzen für die deutschsprachige Predigt – niedere Stilebene – ignoriert.

Staudacher und Schilling sind jedoch wohl Ausnahmen. Die Abgrenzung zur Programmatik von Opitz und der Sprachgesellschaften bleibt, kultur- und kirchenpolitisch gewollt, die Regel; und sie führt, gerade weil sie eine einheitliche deutsche ‹Nationalliteratur› verhindert, zu einer sprachlichen und literarischen Bereicherung. So ist eine Reihe von Predigern offen für Mittel einer ausgesprochen barocken Poetik auf der Basis des Oberdeutschen, für Aspekte des Sprachspielerischen ebenso wie für den manieristischen Concettismus romanischer Herkunft. Sie konnten sich u. a. auf Jacob Masens *Ars nova argutiarum* (1649) oder Emanuele Tesauro berufen, Verfasser eines berühmten Traktats über die im Concetto gipfelnde ingeniös-scharfsinnige Metaphorik (*Il cannocchiale aristotelico,* 1654) und Befürworter der Verwendung von *concetti predicabili.* An Warnungen vor allzu verstiegenen, der Verkündigung und Lehre abträglichen Gedanken fehlte es nicht; gleichwohl war die Concettipredigt (auch Paragraphenpredigt genannt) eine beliebte Form der Predigt im Spätbarock, was sicher auch mit ihrem – jedenfalls z. T. – unterhaltsamen

Charakter zu tun hatte: Manifestation vielleicht einer erfolgreichen Gegenreformation, die es sich leisten konnte, literarischen und artistischen Aspekten einen derart hohen Stellenwert einzuräumen.

In der Praxis bedeutet das vor allem einen variationsreichen Gebrauch unterschiedlicher sprachlicher und sprachspielerischer Verfahren, denen ein geistlicher Sinn abgewonnen wird. Der Kapuziner Athanasius von Dillingen beispielsweise operiert in einer Predigt auf das Sakrament des Altars mit einer abnehmenden Echofolge, einem Kunstgriff aus «Welschland», bei dem «allzeit ein Syllaben wird abgebrochen» und der sich zu seinem Vorhaben «aigentlich» schicke, «will sagen: wir sollen loben / ehren / und preisen / das hochwürdigiste Sacrament deß Altars / überal / durch Berg und Thaal Clamore, mit schreyen. Amore, mit Lieb. More, mit Sitten. Ore mit dem Mund. Re, mit dem Werck» (*Argonautica spiritumoralis ex mortali ad immortalem* [...]. *Geistliche und Sittliche Schiffart Auß dem Sterblichen in das Vnsterbliche*, 1689). Bei Abraham a Sancta Clara, Meister einer zwischen manieristischer Sprachspielerei und handfester Volkstümlichkeit changierenden Predigtkunst, bietet bereits seine erste veröffentlichte große Predigt *Astriacus Austriacus Himmelreichischer Oesterreicher* (1673) auf den hl. Leopold, einen mittelalterlichen Markgrafen aus dem Haus der Babenberger, entsprechende Beispiele, etwa wenn er «ein gantzes Lob Abc.» auf Leopold bringt oder in einer Art etymologischem, die Zeichenfunktion von Wörtern bzw. Buchstaben betonenden Concetto zur Heiligkeit Leopolds gelangt (nicht zuletzt auch zum Ruhm des anwesenden, namensgleichen Kaisers): «Wie sich da diser Marggraff in angehender Regierung erwiesen / kan mit einen Buchstaben erkläret werden. [...].»

Im Gegensatz zu Abraham und anderen Manieristen oder Concettisten ist der Kapuziner Prokop von Templin ausdrücklich dem einfachen Stil verpflichtet. Ganz im Sinn der Satzungen seines Ordens verzichtet er auf grelle Wirkungen und rhetorische Feuerwerke, erreicht aber eine poetische Qualität gerade durch den schlichten und gelegentlich naiven Ton seiner Prosa. Doch auch für ihn sind Bilder, Gleichnisse und Beispielgeschichten notwendige Stilmittel der Volkspredigt, um dem Laien die «uneinbildliche Mayestät» der Herrlichkeit Gottes zu erklären (*Triennale dominicale primum*, 1676). Ein Weg zur Erkenntnis und zum Lob Gottes führt dabei über die Schöpfung. Das ist ausdrückliches Programm seiner Predigtsammlung *Encaeniale, Das ist: Hundert Kirch-Tag-Predigen / In welchen Das Menschliche Gemüth durch den Weeg der vielfaltigen edlesten Creaturen zu der Erkantnuß Gottes ihres Erschaffers mit einer sonderbars lieblichen Manier geleitet / auch zum Lob seiner hiermit an vns erwiesenen Güte auffgemuntert vnnd Geistreich angefrischet / wie nicht weniger mit mancherley erwünschlichen Wissenschafften gar lustig contentirt vnd vergnüget wird* (1671). Die Welt, die Erscheinungen der Natur verweisen als *mondo simbolico* auf ein Höheres: Prokop benutzte u. a. Filippo Picinellis gleichnamiges Emblembuch, das zuerst 1653 erschienen war.

Zu den Mitteln, mit denen Prokop die Aufmerksamkeit seiner Zuhörer zu gewinnen sucht, gehört neben Beispielerzählungen und Sprichwörtern auch der häufige Gebrauch von eigenen und fremden Liedern und Gedichten. Sie stehen oft am Ende der Predigten, die sie gleichsam resümieren und so auf poetisch-unterhaltsame Weise dem seelsorgerischen Anliegen dienen. Zu den Zitaten zählt das Nachtigallenlied aus Grimmelshausens *Simplicissimus*, das die fünfte Predigt im *Encaeniale* beschließt; aus den eigenen Texten ragt das Gedicht *Gott lobende Welt-Music* aus dem zweiten Teil von *Hertzens-Frewd vnd Seelen-Trost* heraus (1661; Teil 1, 1660). Johannes Khuen, bedeutendster Vertreter der deutschsprachigen Lieddichtung in München, rühmte Prokop in einem Lobgedicht von 1666 als eine «Zier» beider «Facultäten», nämlich, daß «er ein Redner sey / vnd ein Poet gebohren».

Auch andere Prediger wie Wolfgang Rauscher oder Conrad Purselt, der u. a. Spee zitiert, greifen immer wieder auf Lieder und Gedichte zurück, um die Hörer auf festliche Anlässe (z. B. Ostern, Weihnachten) einzustimmen, um die emotionale Wirkung zu steigern oder um für Abwechselung und angenehme Unterhaltung zu sorgen. Ausgesprochene Liedpredigten – statt eines Bibelworts dient ein Liedvers als Ausgangspunkt – sind dagegen im Katholizismus im Gegensatz zum Protestantismus eher selten.

Zu den wichtigsten rhetorischen Mitteln einer kalkulierten Volkstümlichkeit gehörte der Einsatz von Predigtmärlein, also von Beispielgeschichten, um die Lehre zu veranschaulichen und für alle Zuhörer verständlich zu machen. Dabei überwogen bei weitem belehrende Exempel ernsthafter Art aus dem Bereich der (biblischen) Geschichte und der Natur, Legenden und Berichte von Wundern (Mirakelgeschichten). Aber es blieb, meist verbunden mit bestimmten Terminen, auch Raum für Fabeln und heitere oder komische Erzählungen, die zwar durchaus mit geistlichem Sinn versehen wurden, aber gleichwohl wegen ihres unterhaltsamen Charakters äußerst beliebt beim Publikum waren. Eine wesentliche Rolle spielte der wieder aufgenommene mittelalterliche Brauch, die Zuhörer am Ostermontag durch unterhaltsame Geschichten zum *risus paschalis*, zum Ostergelächter, zu animieren. Es sei «ein uraltes Herkommen bey den Teutschen», heißt es in einer 1690 gedruckten Ostermontags-Predigt des Jesuiten Wolfgang Rauscher, «daß man zur Vermehrung der Freud ein Fabel oder Oster-Märlein (wie sie es nennen) auf der Cantzel erzehlte».

Über diesen speziellen Anlaß hinaus hatten unterhaltsame Geschichten immer wieder die Funktion, die Aufmerksamkeit der Zuhörer zu erhalten: «Wann man euch allemahl den Eulenspiegel fürlesete vnd predigte / so möchtet ihr vileicht wohl gerner darbey bleiben vnd lieber zuhören / als da man euch das Evangelium prediget / welches euch gar langweilig fürkommet / jener wäre vil lustiger», kritisiert Prokop von Templin in einer seiner «Kirch-Weyhung Jahr-Tag»-Predigten (*Encaeniale*, 1671). Diese Praxis war nicht unumstritten, und es gab keine verbindlichen Regeln. In erster Linie handelte es sich um ein Problem des rechten Maßes, und meist ging es keineswegs so lustig her, wie moderne Anthologien und das populäre Bild von der saftigen katholischen Barockpredigt suggerieren. Die Rechtfertigung der Beispielgeschichten lieferte die Bibel mit ihren zahlreichen ‹Fabeln›, während Kritiker bei allzu freizügigem Gebrauch die Prediger zu «Fabel-Hannsen» herabsinken sahen und vor groben «Zotten» warnten. Auf der schwarzen Liste der zu vermeidenden Texte, einer Art negativer Literaturliste, standen u. a. Schwanksammlungen und Prosaromane des 16. Jahrhunderts (Jörg Wickrams *Rollwagenbüchlin, Dil Ulenspiegel, Historia von D. Johann Fausten, Fortunatus* usw.), dazu die gesamte erotische Literatur von Ovid bis zum *Amadís*, dem Prototyp des verwerflichen modernen Liebesromans.

Die in die Predigten integrierten kleineren Erzählformen lassen sich grob in ‹wahre› Geschichten und nicht verbürgte Erzählungen einteilen. Zur ersten Gruppe gehören religiöse Exempel, Mirakelgeschichten, Legenden und Sagen. Bei den Sagen reicht die Spannweite von den bekannten Geschichten von den Weibern von Weinsberg oder der Rattenfängersage über Erzählungen von Wassergeistern, Riesen und Zwergen bis zu Hexen- und Teufelerzählungen, an deren Wahrheitsgehalt kein Zweifel aufkommt. Bei der zweiten Gruppe, den ‹Fabeln›, handelt es sich um Geschichten aus der antiken Mythologie, um Tierfabeln, Novellistisches vom Typus der unschuldig verfolgten Frau (Genovefa, Griseldis), gelegentlich um (schwankhafte) Märchen und vor allem um Schwänke, nicht zuletzt zum Thema Ehekrieg. Als Quellen nutzen die Prediger neben mündlichen Überlieferungen und den gedruckten Predigtsammlungen ihrer Kollegen mittelalterliche Exempelsammlungen (z. B. den weitverbreiteten und weithin wirkenden *Dialogus miraculorum* des Caesarius von Heisterbach aus dem 13. Jahrhundert), die zeitgenössische Hexenliteratur, Kompendien wie das *Viridarium regium* (1614) des Frankfurter kaiserlichen Bücherkommissars Valentin Leucht oder das mit zahlreichen Exempeln angereicherte vierbändige *Opus de iudiciis divinis* (1651) des Jesuiten Georg Stengel, didaktische Erzählliteratur wie Jacob Bidermanns postum erschienene Sammlungen *Utopia* (1640) und *Acromata academicorum* (1642) sowie neuere Schwankbücher.

Der katholischen Volkspredigt kommt eine wichtige Funktion als Vermittlerin zwischen schriftlich fixierter Literatur und mündlicher Tradition zu. Wie man sich das vorzustellen hat, beschreibt der Jesuitenprediger Amandus von Graz 1695 in der Vorrede seiner *Seelen-Wayde der Christlichen Schäfflein*. Er habe beobachtet bzw. gehört, daß manche Zuhörer seine Geschichten noch während der Predigt «mit fleissigen Federn notiret», daß andere sie zu Hause vor dem Gesinde wiederholt und daß sie «so gar die Bauers-Leuth auff dem Feld unter ihrer Arbeit erzehlet und viel gutes daraus gelehrnet» hätten. Die Predigt hat in der Tat einen bedeutenden Anteil an der Überlieferung und Verbreitung erzählerischer Kurzformen, also von Sagen, Wundergeschichten, Fabeln, Märchen oder

Schwänken, trägt aber zugleich auch weitere Stoffe und Themen mit vielfältigen literarischen Beziehungen ins Volk. Das gilt etwa für die oben
erwähnten Novellenstoffe, die in der Bruno-Legende überlieferte und
von Bidermann in seinem *Cenodoxus* verarbeitete Geschichte von «Eines
Parisiensischen Doctors grausame Verdammnus» (Lucianus Montifonta-
nus u. a.) oder die verbreitete und auch von Grimmelshausen in der sogenannten Schermesser-Episode verwendete allegorische Leidensgeschichte
des Flachses (u. a. Andreas Strobl). Als gründlicher Leser Grimmelshausens erweist sich Prokop von Templin, der nicht nur das Nachtigallenlied
zitiert, sondern in seinem *Encaeniale* neben anderen Passagen des Romans auch die Inselepisode der *Continuatio* des *Simplicissimus* als Warnung vor den Praktiken des «bösen Feindes» auf mehr als drei Spalten
ausführlich nacherzählt. Es geht noch länger: Gelegentlich wachsen sich
die Oster-Märlein zu seitenlangen Erzählungen aus. So nimmt Wolfgang
Rauscher auf sieben großformatigen Seiten (in der Edition Elfriede Mo-
ser-Raths) die satirischen Utopia- oder Schlaraffenland-Vorstellungen
auf, wie sie u. a. bei Bidermann sichtbar werden, und verbindet sie mit der
durch ein Testament veranlaßten Suche «nach dem grösten Narren von
der Welt», wie sie Christian Weise in seinem politischen Roman *Die drey
ärgsten Ertz-Narren in der gantzen Welt* (1672) veranstaltet hatte. Nach
der Geschichte heißt es dann, den Predigtzweck im Auge: «Jetzt von der
Nußschalen zu dem Kern, von der Fabel zu der Auslegung und sittlichen
Lehr» (*Zugab Etwelcher Predigen von der guten und schlimmen Hauß-
haltung*, 1695).

Die einfallsreichsten und fruchtbarsten Prediger und Geschichtenerzähler, geboren zwischen 1630 und 1645, gehören mit ihrem Werk der
zweiten Jahrhunderthälfte an. Dazu zählen mit umfangreichen, oft mehr-
bändigen Predigtsammlungen u. a. die Kapuziner Lucianus Montifonta-
nus und Heribert von Salurn, der Augustinereremit Ignatius Ertl, der
Franziskaner Leo Wolff, der Jesuit Wolfgang Rauscher, der Salzburger
Prediger Christoph Selhamer und – als wohl geschichtenreichster Erzähler auf der Kanzel – der bayerische Landgeistliche Andreas Strobl. Dieser
spricht in der Widmung eines Bandes seiner Osterpredigten, auf sein
Publikum anspielend, von sich «als einer schwartzen Bauren-Ambsel».
Seine äußerst umfangreiche Produktion umfaßt neben Erbauungsbüchern,
Sammlungen von Kirchweih-, Sonn- und Feiertagspredigten auch meh-
rere Bände von Osterpredigten (*Ovum paschale novum, Oder Neuge-
färbte Oster-Ayr*, 1694; weitere Bände folgten 1698 und 1708), die ausdrücklich auf darin enthaltene «Verschidene schöne Geschicht / vnd
Gedicht / oder Oster-Märl / sambt denen herauß gezogenen Sitten-Leh-
ren» verweisen. Die Brüder Grimm nutzten Strobls Geschichten für die
Kinder- und Hausmärchen.

Abraham a Sancta Clara: Vom Prediger zum geistlichen Schriftsteller

Erinnert wird Abraham a Sancta Clara vor allem als witzig-komischer Prediger. Das verdankt er Schiller mit dem sprachlich von Texten Abrahams inspirierten Auftritt eines Kapuzinerpredigers in *Wallensteins Lager*. Schiller nennt «Pater Abraham» ein «prächtiges Original» und räumt ein, es sei eine keineswegs leichte Aufgabe gewesen, es ihm «in der Tollheit und in der Gescheidigkeit nach oder gar vorzutun». Allerdings werden diese auf die sprachlich-ästhetischen Qualitäten zielenden Vorstellungen, die seit Christian Thomasius' durchaus positiver Besprechung in den *Monatsgesprächen* vom Januar 1688 das Bild Abrahams prägen, weder der Vielseitigkeit des Werkes noch seinem geistlichen Zweck gerecht.

Abraham a Sancta Clara, mit bürgerlichem Namen Johann Ulrich Megerle, wurde 1644 als Sohn einer kinderreichen Gastwirtsfamilie in Kreenheinstetten bei Meßkirch geboren. Nach ersten Schuljahren in Meßkirch, das zur Herrschaft der Fürsten von Fürstenberg gehörte, erhielt er auf dem Jesuitengymnasium in Ingolstadt und am Benediktinergymnasium in Salzburg eine gelehrte Schulbildung; 1662 trat er in Wien in den Orden der Augustiner-Barfüßer ein. Der Orden ermöglichte ihm das Theologiestudium in Wien, Prag und Ferrara; 1668 wurde er zum Priester geweiht und auf Grund seiner rhetorischen Begabung zum Prediger bestimmt. Wien stand fortan im Mittelpunkt seines Wirkens, wenn er auch vorübergehend Aufgaben an anderen Orten wahrnahm (1670–72 Wallfahrtsprediger im Kloster Taxa bei Augsburg, seit 1683 Prediger und von 1686–88 Prior in Graz). 1677 erhielt er den Titel eines Kaiserlichen Predigers, der allerdings nicht mit einem Amt verbunden war, und wurde zum Subprior des Wiener Klosters ernannt (Prior 1680–82). Nach seiner Grazer Zeit diente er dem Orden in verschiedenen hohen Funktionen in der Verwaltung der deutsch-böhmischen Ordensprovinz (Sitz in Wien), u. a. seit 1689 für drei Jahre als ihr Provinzial (Vorsteher). Er starb 1709 in Wien.

Die ersten Veröffentlichungen Abrahams waren Drucke von Einzelpredigten, Heiligenpredigten zumeist, wobei sich die Lobrede auf die Heiligen durchaus mit den politisch-dynastischen Zielen Kaiser Leopolds I. vereinbaren ließ; die Ernennung zum kaiserlichen Prediger bestätigt diesen Zusammenhang. Anders als viele seiner Predigerkollegen legte Abraham keine Zyklen von Perikopen-, Sonn- oder Festtagspredigten vor; sein Feld war die ‹extraordinari›-Predigt zu herausgehobenen Gelegenheiten. Den Schritt zum ‹Buchautor› und damit zu größeren Formen, ohne daß damit der Bezug zur Predigt verlorengegangen wäre, vollzog er aus aktuellem Anlaß, der verheerenden Wiener Pestepidemie des Jahres 1679 und der Belagerung Wiens (*Auff /auff / Ihr Christen! Das ist Ein bewegliche Anfrischung der christlichen Waffen wider den Türckischen Bluet-Egel*, 1683).

In seiner ersten Pestschrift *Mercks Wienn / Das ist Deß wütenden Todts ein vmbständige Beschreibung In Der berühmten Haubt vnd Kayserl.*

Residentz Statt in Oesterreich (1680) verwendet er den Totentanz als strukturierendes und integrierendes Prinzip, verbunden mit Elementen anderer Gattungstraditionen wie der Predigt, der Pestbeschreibung und der Emblemliteratur. In den einleitenden Kapiteln evoziert Abraham die Allmacht des Todes am Beispiel der Pest und konkretisiert sie gleichsam topographisch (und wortspielerisch): «In dem Schlossergassel / hat der Todt vielen die Thür auffgesperrt in die Ewigkeit. In dem Jungfraugassel / hat der Todt nicht wenig Galanisieret. In dem Hutergassel / hat der Todt wohl nicht vnter dem Hütel gespielet / sondern offentlich gewütet. [...].» Im Mittelteil entfaltet er die Erkenntnis von der Gewißheit des Todes – «Es sey gleich morgen oder heut / | Sterben müssen alle Leuth» – in sechs totentanzähnlichen, mit emblematischen Kupferstichen und Versen illustrierten Abschnitten: Geistliche, schöne Frauen, Gelehrte, Reiche, Soldaten und Eheleute – aber nicht der vor der Pest geflohene Hof – werden in einer Art lockerer Ständerevue vorgestellt und mit der Macht des Todes konfrontiert: «Kombt her ihr Welt-Affen / ihr Gesichter-Narren / ihr Venus Genossen / geht mit mir an vnterschiedliche Orth zu Wienn / allwo grosse Gruben mit vielen tausend Todten-Cörper angefüllt / schaut ein wenig das jenige was ihr habt angebett [...].» So mündet alles in die eindringliche geistliche Mahnung, auf den Tod vorbereitet zu sein und «die Buß nicht auff die letzt» aufzusparen, um nicht das Seelenheil zu verscherzen. Medizinische Aspekte oder naturwissenschaftliche Erklärungen interessieren nicht («ihr Wahr taugt mir auff meinen Marckt nicht», heißt es zu «der Medicorum Aussag»); es gilt das alte theologische Erklärungsmuster von der Strafe für «die Boßheit vnd Sünd jetziger verkehrter Welt», das die Angst zu religiösen Zwecken instrumentalisiert.

Mercks Wienn war Abrahams erster großer Bucherfolg und wurde in wenigen Jahren mehr als ein dutzendmal nachgedruckt; weitere Verbreitung fand der Pestbericht durch seine Aufnahme in den Sammelband *Reimb dich / Oder Ich liß dich* (1684; elf Nachdrucke bis 1754). Direkt an *Mercks Wienn* schließt der kleinere Traktat *Lösch Wienn* an, den Abraham noch im selben Jahr folgen ließ: eine Aufforderung an die Wiener, durch Gebete und Opfer zur Erlösung der Seelen ihrer durch die Pest hingerafften Angehörigen aus dem Fegefeuer beizutragen. In den Kontext der Pestepidemie gehören auch die Festbeschreibung und Predigt *Oesterreichisches Deo Gratias* (1680) anläßlich der Einweihung der Dreifaltigkeitssäule (Pestsäule) in Wien «Wegen gnädiger Abwendung der über vns verhängten schwären Straff der Pest» und die Bruderschaftsschrift *Grosse Todten-Bruderschafft / Das ist: Ein kurtzer Entwurff Deß Sterblichen Lebens* (1680), die das universale Konzept des Totentanzes mit dem Gedenken an die an der Pest gestorbenen Augustiner verbindet.

Nutzt Abraham in *Mercks Wienn* die Form des Totentanzes als strukturellen Rahmen, so übernimmt in seinem umfangreichsten Werk das Modell der Lebensbeschreibung diese Funktion: *Judas Der Ertz-Schelm / Für ehrliche Leuth / Oder: eigentlicher Entwurff / vnd Lebens-Beschrei-*

bung deß Iscariotischen Bösewicht (1686–95). Diese Lebensgeschichte beruht auf der Version der *Legenda aurea* (um 1270) des Jacobus a Voragine. Hier wird sie – nicht unkritisch – im Zusammenhang mit der Legende des hl. Matthias erzählt, der durch Los an Stelle des Verräters Judas zu den Aposteln hinzugewählt wurde (Apostelgeschichte 1, 26).

Von bösen Träumen gewarnt, setzt die Mutter den neugeborenen Judas auf einem Körbchen auf dem Meer aus. Die Königin entdeckt ihn am Strand der Insel Iscariot und nimmt ihn auf. Als Judas später aus Eifersucht ihren eigenen Sohn erschlägt, flieht er an den Hof des Pilatus nach Jerusalem und schmeichelt sich ein. In einem Streit erschlägt er seinen (ihm unbekannten) Vater; auf Betreiben des Pilatus verheiraten sich Judas und seine Mutter. Als er die Wahrheit erfährt, schließt sich Judas reuevoll Jesus an, begeht Verrat, verzweifelt und erhängt sich «aus Anleitung des bösen Feinds».

Abraham geht es jedoch in den vier umfangreichen Bänden – zusammen rund 2500 Seiten – nicht wirklich um eine Erzählung der Lebensgeschichte des Judas; sie bietet vielmehr den Anlaß, durch «unterschiedliche Discurs, sittliche Lehrs-Puncten / Gedicht / vnd Geschicht» sowie einen reichen «Vorrath Biblischer Concepten» in großer Ausführlichkeit vor dem Laster zu warnen und vor dem Beispiel der konträren Lebens- und Leidensgeschichte Christi zur Tugend hinzuführen. Kurze Berichte über die einzelnen Lebensabschnitte leiten jeweils ungleich längere Exkurse mit zahlreichen Exempeln ein, die in moralisierend-predigthafte Ermahnungen münden und damit zum Hauptzweck des seelsorgerischen Unternehmens führen. So ist die unglückliche Ehe der Eltern des Judas Ausgangspunkt für einen langen Diskurs über den Ehestand, während der Mord an dem Königssohn zu einer exempelgespickten Rede über den Neid und Judas' Begräbnis zu einer langen Beispielreihe herrlicher («Sepulchrum Pulchrum») und schlimmer Gräber bzw. Bestattungen («Grab, Echo, Rab») mit jeweils passender moralischer Anwendung führt. Gedacht war der bis zur Mitte des 18. Jahrhunderts häufig nachgedruckte Traktat zum einen als Hilfsbuch für «Prediger auff der Cantzel», zum andern als häusliches Erbauungsbuch, das ein «ein Privat- und einsamber Leser zur ersprießlichen Zeit-Vertreibung / vnd gewünschten Seelen-Hayl gebrauchen» könne.

Der Prediger Abraham a Sancta Clara, mit *Mercks Wienn* zum geistlichen Erfolgsschriftsteller geworden, gelangte zur Buchform des Traktats, indem er verschiedene literarische Gattungen und volkstümliche religiöse Gebrauchsformen als Dispositionsschemata nutzte, die in ihrer Flexibilität und Offenheit die Integration unterschiedlichster Materialien und kleinerer Formen erleichterten und zugleich seiner auf Abwechselung und Überraschung zielenden Erzähl- bzw. Predigtweise einen festen Halt gaben. Waren es für *Mercks Wienn* und *Judas* Totentanz und Biographie, so greift er in anderen Werken u. a. auf kirchliche Gebrauchsformen wie das Wallfahrts- und Mirakelbuch (z. B. *Gack / Gack / Gack / à Ga.* [...] *Das ist: Ein außführliche / vnd vmbständige Beschreibung der berühmten Wallfahrt Maria Stern InTäxa*, 1685), auf die geistliche Emblematik (*Stella ex Jacob orta Maria* bzw. *Stern / So auß Jacob auffgangen Maria*, 1680) oder auf Formen der populären enzyklopädischen Literatur zurück. Hierher gehören die unterschiedlichen Ordnungskriterien folgenden illustrierten Kompendien *Etwas für Alle / Das ist: Eine kurtze Beschreibung allerley Standts- Ambts- und Gewerbs-Persohnen* (1699), *Neu-eröffnete Welt-Galleria, Worinnen sehr curios und begnügt unter die Augen kommen allerley Aufzüg und Kleidungen unterschiedlicher Stände und Nationen* (1703) oder *Huy! und Pfuy! Der Welt. Huy / oder Anfrischung Zu allen schönen Tugenden: Pfuy Oder Abschreckung Von allen schändlichen Lastern* (1707). Dagegen erklärt ein Werk wie *Heilsames Gemisch Gemasch / Das ist: Allerley seltsame und verwunderliche Geschichten* (1704) schon im Titel den Verzicht auf Systematik; es nähert sich der unterhaltenden Kompilationsliteratur an, wie denn überhaupt in Abrahams Spätwerk die formalen Strukturen einfacher und der seelsorgerische und lehrhafte Charakter schwächer werden.

Diese Entwicklung kennzeichnet auch die kleinen Schriften, die sich als Neujahrsgaben am Kalenderschrifttum orientieren: u. a. *Geflügleter Mercurius* (1701) und *Continuation Deß Geflügleten Mercurii* (1702) sowie *Wunderlicher Traum Von einem grossen Narren-Nest* (1703) und *Ein Karrn Voller Narrn* (1704), Folgen von jeweils zwölf Narrenbeschreibungen, die in einen Rahmen eingebettet sind. Mit den sehr erfolgreichen Narrenschriften gab Abraham den Anstoß für eine neue Welle der Narrenliteratur mit unautorisierten Erweiterungen des *Narren-Nests*, Fortsetzungen und Nachahmungen, wie denn überhaupt die Verleger mit Nachlaßausgaben, Bearbeitungen, Kompilationen und Anthologien aller Art die Popularität Abrahams ausbeuteten und zur Verselbständigung des Stereotyps vom lustigen Pater Abraham beitrugen.

Zu der an Abraham anschließenden, meist völlig ins Unterhaltende abgleitenden Narrenliteratur gehören u. a. das anonyme emblematische Narrenbuch *Centifolium stultorum in quarto. Oder Hundert Ausbündige Narren In Folio* (1709), Johann Valentin Neiners Erweiterungen und Fortsetzungen des *Narren-Nests* unter Titeln wie *Wunderwürdiges Gantz neu ausgehecktes Narren-Nest* (1707) und Joseph Albert Conlins Narrenbücher, die seit 1706 erschienen und noch Abrahams Unwillen erregten («protestire also mit höchstem Fug»): *Der Christliche Welt-Weise Beweinet Die Thorheit Der neu-entdeckten Narrn-Welt* (5 Bde., 1706–09), *Der Christliche Welt-Weise Beweinet Die Thorheit Derer in diesem Buch beschriebener 25.* [und mehr] *Närrinnen* (2 Bde. 1710–11), *Glückliche Narren-Cur* (1725).

Der Erfolg des Predigers und Schriftstellers Abraham a Sancta Clara beruht auf der Verbindung von wirkungsvoller Rhetorik und geistlichem Anliegen. Die besondere stilistische Qualität seiner Texte ergibt sich aus ihrer Nähe zur zeitgenössischen Argutia-Poetik, allerdings nicht in ihrer elitären Form. Abraham appelliert entsprechend dem Selbstverständnis der oberdeutschen Literatur an gebildete und ungebildete Zuhörer oder Leser. Charakteristische Elemente seines Stils sind überraschende, witzige und komische Wort- und Sprachspiele, Wiederholungen, Reihungen und Anspielungen, weit hergeholte Metaphern und Verseinlagen parodistisch-spielerischer oder sentenziöser Art; dazu kommt ein Nebeneinander unterschiedlicher Sprachebenen, von gelehrter Bildung und volkstümlicher Drastik. Der zehn Jahre jüngere Abraham a Sancta Clara erweist sich so als stilistischer Antipode Martins von Cochem, des anderen geistlichen Erfolgsschriftstellers der zweiten Jahrhunderthälfte.

Abraham befindet sich im Einklang mit zahlreichen anderen Predigern, wenn er den Einsatz komischer und unterhaltender Elemente rechtfertigt. Er selbst charakterisiert seine unterhaltsame Schreibweise mit der auch bei Satirikern wie Grimmelshausen beliebten Pillenmetaphorik, mit dem Bild von der verzuckerten Pille, die die bittere Wahrheit transportiert. In der Widmung zum Sammelband *Reim dich / Oder Ich liß dich* (1684), Schillers Quelle für *Wallensteins Lager*, heißt es: «Ich seze beynebens etwas von confect auf, verstehe hierdurch keine fabas [Saubohnen], sondern fabulas, deren ich mich bißweillen bediene, wie die zuckerbecken, welche nit selten räßes [scharfes] oder bitteres mit zucker überziehen, also ich auch die ohnedas bittere verhaste wahrheit in etwas verklaide, und desto füglicher unter die leuth bringe.» Das Komische ist Mittel zum Zweck, auch um sich gegen die weltlichen Zeitvertreiberbücher behaupten und so ein breites Lesepublikum mit der geistlichen Botschaft erreichen zu können. Dabei verliert Abraham das geistliche Redeziel – einige Spätwerke vielleicht ausgenommen – nie aus den Augen, zumal die Binnenstruktur seiner Texte eher kleinteilig angelegt ist und die «application» nicht lange auf sich warten läßt. Hinter dem stilistischen Einfallsreichtum und den vergoldeten «Artzeney-Kügelein» kommen in der lehrhaften Anwendung die immer gleichen traditionalistischen Anschauungen zutage, die mit dem Dualismus von Gott und Welt, Tugend und Laster, Gnade und Sünde usw. operieren und so dem üblichen Schema von Tugendlob und Lasterschelte entsprechen.

Entscheidend für die unmittelbare Wirkung auf sein Publikum war wohl, daß es Abraham gelang, über die bekannten Argumente hinaus in einem allgemeineren Sinn den Erwartungen und Bedürfnissen seines (städtischen) Publikums gerecht zu werden und den Menschen in einer zu Recht als krisenhaft erfahrenen Zeit auf glaubwürdige Weise religiöse, politische und gesellschaftliche Orientierungshilfen zu geben: positiv durch spezifische Angebote zur Herstellung von Gemeinschaft durch Identitätsstiftung religiöser und politischer Natur (Heiligen- und Marienverehrung, Totenkult, Kaiserhaus, Ständelehre auf der Basis katholischen Ordodenkens), negativ durch Abgrenzung, durch die Aktivierung von Vorteilen und traditionellen Feindbildern (Juden, Türken, Ketzer, He-

xen). Mit dem Spätwerk beginnt sich die Autorgestalt zu verselbständi-
gen; sie wird – losgelöst von ihrem ursprünglichen Wirkungsbereich – zu
einem von Verlegern und Autoren geschäftstüchtig ausgenutzten Markenzeichen für komische Unterhaltung.

Die Manier Abrahams, das ‹Abrahamisieren›, fand seit etwa 1680 zahlreiche
Nachfolger. Seine Erzähltechnik mit ihren Reihenbildungen, der Installation von
Sprecherfiguren, dem Einsatz lebendiger Figurenrede und der überraschenden
Verbindung von Argumenten, weit hergeholten ‹Inventionen› und geistlicher ‹Application› ließ sich nachahmen. Johann Valentin Neiner beutete in mehreren Publikationen nicht nur den Nachlaß Abrahams aus, sondern betätigte sich auch als
Fortsetzer. Dabei schreibt er – sich wohl überschätzend – in einer seiner Weiter-
führungen des *Narren-Nests* (*Neu-fortgesetztes / Sinnreiches* [...] *Narren-Nest*,
1707): «Und ist dieser gegenwärtige Tractat / meines Gedunckens mit solchem
Vortheil stylisiret worden / daß / wann es dem ersten Authori dieses Werckleins
sollte entgegengesetzt werden / man gewißlich zwischen der Schreibart / Biblischen Concepten / Sinn-reichen Moralien und lächerlichen Einfällen gantz wenigen oder gar keinen Unterscheid finden würde.» Bedeutender ist das Werk des
Benediktiners Rupert Gansler, der Abraham auf ähnlich hohem stilistischen und
erzählerischen Niveau auf dem Weg zur satirisch-unterhaltenden Kompilationsliteratur folgte (*Lugenschmid / Das ist: Unter dem Schein der Wahrheit verborgener / anjetzo aber entdeckter Welt-Betrug*, 1697–1700).

Predigt und Erbauungsliteratur im Protestantismus

Neue Frömmigkeitsauffassung: Johann Arndt und die weitere Entwicklung der protestantischen erbaulichen Literatur

Um die Wende zum 17. Jahrhundert sehen eine Reihe von zeitgenössischen Theologen und Seelsorgern die lutherische Orthodoxie in einer
Krise. Die zentrale lutherische Vorstellung der Rechtfertigung des sündhaften Menschen allein durch den Glauben beantwortete dem Laien nicht
die Frage, wie denn der Glaube zu leben sei. Die Antwort bestand in der
Forderung einer neuen Frömmigkeit, eines erlebten, verinnerlichten
Glaubens, der mit Hilfe von erbaulichen Schriften und Anleitungen in
regelmäßiger privater Andachtsübung zu gewinnen und zu festigen sei.
Ihren besonderen Charakter erhielt diese neue Frömmigkeitsauffassung
nicht zuletzt durch den Rückgriff auf die mittelalterliche mystische Tradition und die Form und Praxis der Meditation, wobei auch die zeitgenössische katholische Meditationsliteratur rezipiert wurde. Diese Konzepte vertraten zuerst Martin Moller (u. a. *Praxis Euangeliorum. Einfeltige
erklerung vnd nützliche betrachtung der Euangelien*, 1601) und Philipp
Nicolai (*FrewdenSpiegel deß ewigen Lebens*, 1599), dann mit stärker spiritualistischen Tendenzen Johann Arndt, einer der einflußreichsten nach-
lutherischen protestantischen Theologen und Erbauungsschriftsteller.

Johann Arndt (1555 Edderitz bei Köthen – 1621 Celle), Sohn eines lutherischen Pfarrers im Fürstentum Anhalt-Köthen, studierte von 1575–81 in Helmstedt, Wittenberg, Straßburg und Basel Theologie und Medizin. Dabei prägten ihn Späthumanismus und Paracelsismus, weniger die aristotelische protestantische Schulphilosophie. Die Hauptstätten seines Wirkens als Pfarrer waren Quedlinburg (1590–99), Braunschweig (1599–1609) und Eisleben (1609–11), bis er 1611 zum Generalsuperintendenten des Herzogtums Braunschweig-Lüneburg ernannt wurde. Nach einer gegen die calvinistische Bilderfeindlichkeit gerichteten Schrift (*Ikonographia. Gründtlicher vnd Christlicher Bericht / Von Bildern*, 1596) und einer Neuausgabe des bereits von Luther edierten mittelalterlichen mystischen Textes *Theologia Deutsch* (1597) erschien 1605 das erste Buch seines erfolgreichsten Werkes: *Von wahrem Christenthumb / heilsamer Busse / wahrem Glauben / heyligem Leben vnd Wandel der rechten wahren Christen*. Bis 1609 folgten drei weitere Bücher; als Ganzes – *Vier Bücher Von wahrem Christenthumb* – wurde das Werk zum erstenmal 1610 gedruckt und dann in späteren postumen Ausgaben durch Zusätze aus Traktaten und Briefen schließlich auf sechs Bücher erweitert. Ähnlich große Verbreitung wie die *Vier Bücher Von wahrem Christenthumb* fand Arndts Gebetbuch *ParadißGärtlein / Voller Christlicher Tugenden* (1612).

Als Ausgangspunkt der *Vier Bücher Von wahrem Christenthumb* und der Forderung einer gelebten, den Menschen innerlich verwandelnden Frömmigkeit nennt Arndt den krisenhaften Zustand der zeitgenössischen protestantischen Theologie, die über der Bewahrung und Verteidigung der rechten Lehre (Orthodoxie) die Frömmigkeit vernachlässige: «Viel meinen / die Theologia sey nur eine blosse Wissenschafft vnd Wortkunst / da sie doch eine lebendige Erfahrung vnd Vbung ist. Jederman studiret jetzo / wie er hoch vnd berümbt in der Welt werden möge / aber from seyn wil niemand lernen.» Das wahre christliche Leben ergibt sich nicht aus dem falschen Vertrauen auf die reine Lehre, sondern aus einer gelebten, inneren Erfahrung, die wiederum ethische Konsequenzen hat, also auf eine christliche Lebenspraxis zielt. Bei diesem Versuch, zu einem neuen Leben in der Nachfolge Christi anzuleiten, kommt mittelalterlichen mystischen Texten, interpretiert im Sinn der lutherischen Theologie, eine wesentliche Bedeutung zu (*Theologia Deutsch*, Thomas von Kempen: *De imitatione Christi*, Johannes Tauler, Bernhard von Clairvaux u. a.).

Arndts Anleitung zu einer gelebten Frömmigkeit beginnt mit Gedanken von «Heilsamer Busse / Hertzlicher Rewe vnd Leid», mit der Erinnerung daran, wie «in einem wahren Christen Adam täglich sterben / Christus aber in jhm leben soll»: «Du must ja zuuor auffhören Hoffertig zu seyn / ehe du anfehest demütig zu werden», heißt es im Rückblick auf die Bußgedanken in der Vorrede zum zweiten Buch. Dieses nimmt die Heilsgeschichte von der Menschwerdung Christi bis zur Kreuzigung als «Spiegel / Regel vnd Buch» des menschlichen Lebens. Auf das Reich Gottes im Menschen verweist dann das dritte Buch: Denn obwohl Gott «in allen dingen ist», «so ist er doch sonderlich vnd eigentlich in des Menschen er-

leuchte Seele / darin er wohnet vnd seinen siz hat als in seinem eignen
Bilde vnd Gleichheit.» Den Abschluß bildet das von neuplatonischer und
paracelsischer Naturspekulation beeinflußte vierte Buch («Liber naturae»); es handelt davon, wie «das grosse Weltbuch der Natur / nach
Christlicher Außlegung / von Gott zeuget / vnd zu Gott führet»», wie die
göttliche Schöpfung durch ihren Verweischarakter, «durch so viel tröst-
liche Gleichnuß das wahre Christenthumb vnd das Himmelreich erkläret».

Das Werk übte, trotz heftiger Kontroversen um Arndts Rechtgläubigkeit, tiefen Einfluß auf die verschiedenen protestantischen Strömungen
des 17. Jahrhunderts (Orthodoxie, Pietismus, mystischer Spiritualismus)
und die von ihnen ausgehende Predigt- und Erbauungsliteratur aus (Valerius Herberger, Johann Matthäus Meyfart, Johann Gerhard, Heinrich
Müller, Christian Scriver u. a.). Auch Johann Valentin Andreae verband
seine Konzepte einer umfassenden religiösen und gesellschaftlichen Erneuerung ausdrücklich mit Arndts Namen. Darüber hinaus wirkte Arndt
in vielfältiger Weise auch auf die geistliche Dichtung und Emblematik des
Barock: mit der Rückbesinnung auf mystische Traditionen, der Forderung einer andächtigen Frömmigkeitsübung sowie seiner Form der alle-
gorisch-erbaulichen Naturbetrachtung. Vor allem das geistliche Lied
wurde zum Ausdruck der neuen privaten Andachtsfrömmigkeit.

Fruchtbar wurden die von Arndt ausgehenden Impulse bereits bei Zeitgenossen wie Valerius Herberger («Gute Predigten kommen von Hertzen / vnd gehen
wieder zu Hertzen»: *HertzPostilla*, 1613) und dem Arndt auch persönlich eng verbundenen Johann Gerhard, der mit seinen *Meditationes sacrae* (1606; dt. *Meditationes sacrae Das ist GEistreiche Hertzerquickende vnd lebendigmachende
Betrachtungen*, 1607) das erfolgreichste protestantische Meditationsbuch mit mehr
als 220 Auflagen in 16 Sprachen vorlegte: eine Anleitung zur Meditationspraxis,
die von biblischen Texten ausgeht und wie die jesuitischen Exerzitien die Sinne
und Affekte einbezieht. An der Theologie Johann Gerhards orientierte sich der
Schlesier Johann Heermann, der mit ihm auch die zahlreichen Berufungen auf
Bernhard von Clairvaux teilt. Das geschieht vor allem im Zusammenhang mit der
ausgeprägten Passions- und Wundenfrömmigkeit Heermanns, die seine Predigten
und seine Lieddichtung charakterisieren (s. S. 225 ff.). Gerhards Wirkung auf die
geistliche Lyrik läßt sich u. a. bei Andreas Gryphius, Johann Rist und Paul Gerhardt nachweisen. Trotz seiner Nähe zu Arndt blieb Gerhard allerdings stets im
Rahmen der Dogmatik der lutherischen Orthodoxie, die ihm das Grundlagenwerk
der *Loci theologici* (1610–22) verdankt.

Den Reformvorstellungen Arndts war auch Johann Matthäus Meyfart
verpflichtet, der in den ersten Jahrzehnten des Dreißigjährigen Krieges in
seinen Predigten vehemente Zeit- und Sozialkritik mit eindringlichen
Mahnungen zur Buße und aufrüttelnden Schilderungen des Jüngsten Gerichts verband. Er hielt sich allerdings fern von mystischen Konzepten
und blieb stets im Rahmen der dogmatischen Grundsätze der Ortho-

doxie, wie sie Johann Gerhard vertrat. Ausgehend von zyklischen Predigten – z. B. *Tuba poenitentiae prophetica* (1624) und *Tuba novissima, Das ist / Von den vier letzten dingen des Menschen* (1626) – schrieb Meyfart eine umfangreiche eschatologische Trilogie, die wie zuvor Philipp Nicolais *FrewdenSpiegel* von den vier letzten Dingen Tod, Jüngstes Gericht, Himmel und Hölle handelt, einem zentralen Thema erbaulicher Literatur und meditativer Gedichte. Sie umfaßt die jeweils zweibändigen Erbauungsbücher *Das Himmlische Jerusalem* (1627), *Das Hellische Sodoma* (1630) und *Das Jüngste Gericht* (1632) und zielt darauf, die mit diesen Begriffen verbundenen biblischen Vorstellungen ohne Diskussion von theologischen Fachfragen oder konfessionellen Kontroversen darzulegen und für den Leser, für seine Frömmigkeit, für seine innerliche Vervollkommnung fruchtbar zu machen.

Der erste und der zweite Teil der Trilogie beschreiben in genauem Kontrast jeweils den Zustand der Seele vom Tod bis zum Jüngsten Gericht sowie das Jüngste Gericht und das Schicksal der Seele danach: einerseits Einzug der auserwählten Seele in den Himmel, Beschreibung der unvergleichlichen Schönheit des himmlischen Jerusalem, «selige Anschauung Gottes von Angesicht zu Angesicht», Jüngstes Gericht und Auferstehung der Toten in einem neuen Körper, Verklärung, Freude der Auserwählten, Aufruf an alle Christen, an das Jenseits zu denken und sich zu prüfen usw., andererseits Einzug der verdammten Seele unter teuflischer Begleitung in die Hölle und ihre Beschreibung, Klagen der Verdammten, Furcht vor dem Jüngsten Gericht, ewige Marter und Qual, Mahnung: «Bedencke täglich die höllische Pein / das wird dir zeitlich vnd ewiglich nützen.» Der letzte Teil der Trilogie stellt das Jüngste Gericht in den Mittelpunkt, spricht von der Blindheit und Sündhaftigkeit der vom Teufel verführten Menschen, der Verfolgung der Frommen und der göttlichen Gerechtigkeit, den Vorzeichen Hunger, Pestilenz und Krieg und schließlich vom Jüngsten Gericht selbst in einer dramatischen Inszenierung mit Rede und Gegenrede, Gesängen und Liedern.

Meyfarts Schriften zeichnen sich durch einen syntaktisch klaren und rhetorisch durchgeformten Prosastil mit Sinn für klangliche und rhythmische Wirkungen aus: Es ist kein Zufall, daß Meyfart neben einem lateinischen Rednerhandbuch auch nach einem vergessenen Vorläufer im 16. Jahrhundert die erste deutsche Rhetorik verfaßte, die *Teutsche Rhetorica / Oder Redekunst* von 1634, ein von kulturpatriotischem Geist erfülltes Gegenstück zu Opitz' *Buch von der Deutschen Poeterey* (1624). Die *Teutsche Rhetorica* stellt sich die Aufgabe, die traditionelle lateinische Rhetorik, wie sie die Werke der Antike und der Renaissance lehren, für die «Wohlredenheit» in deutscher Sprache fruchtbar zu machen: «zu nutz allen rechtschaffenen Studenten der H. Schrifft / der Rechten / der Artzney / der freyen Künsten und Sprachen». Sie beschränkt sich auf die Teile *elocutio* und *actio/pronuntiatio* und beschäftigt sich im Dienst einer deutschen Kunstprosa vor allem mit der Stilistik. Damit führt Meyfart nur ausdrücklich aus, was Erbauungsschriftsteller seit Arndt, Moller oder Nicolai stilistisch auszeichnet: eine von klassischen Vorbildern und von der Bibel rhetorisch geprägte Sprache, die syntaktische Klarheit mit einer gesteigerten Verwendung von rhetorischen Figuren insistierend wiederholenden und besonders eindringlichen Charakters verbindet (‹rhetorische› Frage, Parallelismus, Anapher, Antithese usw.).

Das traditionell für die geistliche Literatur, vor allem für die Predigt, geltende Gebot des *sermo humilis*, des sachlich argumentierenden Stils, wird auf diese Weise gerade in der Erbauungsliteratur, die ja das Innere des Menschen zu berühren sucht, deutlich gelockert zugunsten einer stärkeren Betonung der affektiven Wirkungsabsicht (*delectare, movere*). Diese neuen stilistischen Tendenzen, in denen sich syntaktische Übersichtlichkeit mit rhetorischer Intensität verbindet, sind zwar nicht auf die Erbauungsliteratur beschränkt, erhalten aber hier durch die Massenhaftigkeit des Phänomens ein besonderes Gewicht als Gegenpol zum syntaktisch komplexen, verschachtelten Kanzleistil. Auswirkungen auf die weitere Entwicklung der deutschen Prosa auch außerhalb der Erbauungsliteratur lassen sich u. a. an den späten Romanen Philipp von Zesens erkennen.

Johann Matthäus Meyfart (1590 Jena–1642 Erfurt) wurde nach seinem Studium in Jena und Wittenberg 1617 als Professor an das Akademische Gymnasium in Coburg berufen (1623 Direktor, 1624 Dr. theol.). 1633 ging er als Professor der Theologie und Dekan der Theologischen Fakultät an die Universität Erfurt (Rektor 1634–35). Als Erfurt mit dem Prager Frieden 1635 wieder kurmainzisch, d. h. katholisch, wurde, wirkte Meyfart als Gemeindepfarrer. Auch als die Schweden Erfurt erneut besetzten, blieb er Pastor und übernahm als «Senior des Ministerium theologicum» die Leitung der gesamten Geistlichkeit im Erfurter Gebiet.

Er begann seine publizistische Tätigkeit mit kontroverstheologischen Schriften in lateinischer Sprache und ging mehr und mehr zur deutschen Sprache über. Das bekannte Kirchenlied *Jerusalem du hochgebawte Stadt* stammt aus dem Predigtzyklus *Tuba novissima*. Die Predigten und Erbauungsbücher wurden von den leidvollen Erfahrungen des Krieges geprägt; zugleich wandte sich Meyfart in lateinischen und deutschen kulturkritischen Schriften gegen Verfallserscheinungen im kirchlichen und akademischen Leben. Besondere Aufmerksamkeit verdient seine sehr persönliche Schrift gegen die Praxis der Hexenprozesse (*Christliche Erinnerung*, 1635; s. S. 835 ff.).

Zu den wichtigsten Vertretern der Reformorthodoxie im Westen des Reichs zählte der Straßburger Professor und Kirchenpräsident Johann Schmidt, einer der Lehrer Philipp Jacob Speners, der den Weg zur meditativen Verinnerlichung der Glaubenslehren u. a. durch einfache literarische Hilfen (Katechismen, Bilderbibeln, biblische Geschichten usw.), aber auch durch die Förderung von Übersetzungen anglikanischer Meditationstexte zu bereiten suchte. Seine zunächst in Predigten vorgetragenen Glaubensvorstellungen faßte er in dem Buch *Zelus Pietatis Oder Eiverige übung wahrer Gottseeligkeit* (1641) zusammen. Er stand in Verbindung mit Johann Saubert, seit 1637 erster Prediger an St. Sebald in Nürnberg, der wie sein Straßburger Kollege zu den führenden Vertretern der Reformorthodoxie gehörte. Neben Predigten und gelehrten Arbeiten veröffentlichte Sauber eine Reihe von Texten, die zu einer christlichen Lebenspraxis und einem vertieften Glauben beitragen sollten. Es sind Liederbücher, aber auch Schriften wie ein *Zuchtbüchlein Der Evangelischen Kirchen* (1633), ein *Buß- vnd Gebets-Spiegel* (1639) oder eine Nacherzählung biblischer Geschichten für Kinder (*Lesebüchlein auß heiliger Schrifft*, 1629). Sein wichtigster Beitrag zur protestantischen Andachtsliteratur besteht jedoch in dem Versuch, nach dem Beispiel jesuitischer Erbauungsbücher durch eine Verbindung von Wort (Bibelwort, Predigttext, Gedicht) und Bild auch die Sinne anzusprechen und so die Wirkung zu steigern. Von geistlichen «Lehr vndt trost figuren» spricht Saubert im Untertitel seiner vierteiligen *Emblematum Sacrorum* (1625–30), «deren fleißige betrachtung zur Glaubens übung vndt erweckung Christlicher andacht durch Gottes gnade, sehr dienlich sein kan». Nach den *Icones precantium, Das ist: Christliche Figuren / zur Gebetstund angesehen* (1639) erschienen postum 1652 noch *Geistliche Gemaelde Vber die Sonn- vnd hohe Festtägliche Evangelia*.

Sauberts Nachfolger an St. Sebald, Johann Michael Dilherr, setzte diese Praxis geistlicher Emblematik fort. Dabei arbeitete er mit Georg Philipp Harsdörffer und anderen Dichtern des Pegnesischen Blumenordens zusammen, denen er auch sonst verbunden war und die ihn nach seinem Tod mit der Prosaekloge *Himmel-klingendes Schaeferspiel* (1669) ehrten. Unter Dilherrs zahlreichen Veröffentlichungen befinden sich mehrere große illustrierte Werke, die Embleme mit Evangelienausschnitten oder -resümees, Predigt- und Andachtstexten, Epigrammen, Gebeten und Liedern mit Melodien namhafter Nürnberger Komponisten zu komplexen Andachtsbüchern verbinden: *Göttliche Liebes-Flamme: Das ist Christliche Andachten / Gebet / und Seufftzer* (1651), *Heilige Sonn- und Festtags-arbeit* (1660), *Hertz- und Seelen-Speise / Oder Emblematische Haus- und Reis-Postill* (1661), *Augen- und Hertzens-Lust. Das ist / Emblematische Fürstellung der Sonn- und Festtäglichen Evangelien* (1661), *Heilig-Epistolischer Bericht / Licht / Geleit und Freud* (1663).

Noch vor Dilherr hatte Harsdörffer die Form des emblematisch illustrierten Erbauungsbuchs in den zwei Bänden seiner *Hertzbeweglichen Sonntagsandachten* (1649–52) aufgenommen, nachdem er bereits im sechsten Band der *Gesprächspiele* (1646) auf die geistliche Emblematik («Andachts-Gemähle») eingegangen war. Allerdings setzte er bei seinen Lesern, im Gegensatz zu dem für erbauliche Literatur üblichen *sermo humilis*, kombinatorische Fähigkeiten voraus, um den Zusammenhang von Text und Bild zu erkennen. Ausgangspunkt bilden, vermehrt um weitere Bibelzitate, die Texte der sonn- und festtäglichen Evangelien bzw. der Episteln des Kirchenjahres; darauf beziehen sich die geistlichen Embleme, wobei Gedichte Deutungshinweise geben und Lieder und Gebete die einzelnen Einheiten abrunden.

In den Kontext erbaulicher Literatur gehört auch Harsdörffers *Nathan und Jotham: Das ist Geistliche und Weltliche Lehrgedichte / Zu sinnreicher Ausbildung der waaren Gottseligkeit / wie auch aller löblichen Sitten und Tugenden vorgestellet* (1650–51) mit 600 je eine Seite umfassenden parabelhaften Geschichten und 200 Rätseln. Hier wie schon in den *Sonntagsandachten* zeigt sich seine irenische Haltung, die er mit Dilherr teilte, wenn er Texte von Autoren unterschiedlicher Konfessionen aufnimmt: So enthalten die *Sonntagsandachten* im Anhang einen Katechismus des niederländischen Arminianers Hugo Grotius, *Nathan und Jotham* bringt «geistreiche Denk-Sprüche» der spanischen Mystikerin und Heiligen Teresa von Avila, und in einem Übersetzungsband vereinigt er Schriften des italienischen Theatinermönchs Luigi Novarini mit Texten des französischen Jesuiten Paul de Barry (*Göttliche Liebes-Lust*, 1653). Das Spektrum vergrößert sich weiter, wenn man noch die Übersetzungen von lehrhaft-erbaulichen Schriften des anglikanischen Bischofs Joseph Hall hinzunimmt (*Kennzeichen der Tugenden und Laster gedolmetscht* als Anhang der Geschichtensammlung *Pentagone Histoirique*, 1652).

Bereits Johann Schmidt hatte Texte der englischen Erbauungsliteratur übersetzt, und nach Harsdörffer zeigte auch Andreas Gryphius Interesse für englische Erbauungsliteratur. Seine Übersetzung von Richard Bakers *Frag-Stück und Betrachtungen über Das Gebet des Herren* erschien in seinem Todesjahr 1663; postum folgten noch Bakers *Betrachtungen der […] sieben Buß-Psalm* (1667). Gryphius griff dabei auf niederländische Vorlagen zurück.

Sigmund von Birken, Harsdörffers Nachfolger als Oberhaupt der Nürnberger Pegnitzschäfer, favorisierte vor allem die geistliche Lieddichtung, zu der er und andere Mitglieder der Gesellschaft wesentliche Beiträge leisteten und durch Gesangbücher und Gesangbuchbearbeitungen für eine breite Resonanz sorgten. Das schloß erbauliche Prosaschriften nicht aus, wie Birkens letztes zu seinen Lebzeiten erschienenes Werk (*Heiliger Sonntags-Handel und Kirch-Wandel*, 1681) oder die Andachtsbücher Heinrich Arnold Stockfleths zeigen (z. B. *Sonntägliche Andachts-Stunden*, 1677; *Tägliche Haußkirche Oder Morgen- und Abend-Opffer / Zur Ubung wahrer Gottsehligkeit*, 1698). Mit ihrer Vorliebe für die Lieddichtung trugen die Nürnberger Dichter auch zur weiteren Verbreitung eines populären Erbauungsbuchs des Rostocker Pfarrers und Theologieprofessors Heinrich Müller bei, der mit Werken wie *Himmlischer Liebes-Kuß / Oder Ubung deß wahren Christenthumbs / fliessend auß der Erfahrung Göttlicher Liebe* (1659), *Creutz- Buß- und Bet-Schule* (1661) und nicht zuletzt den *Geistlichen Erquick-Stunden* (3 Teile, 1664–66) für eine Erneuerung der Kirche und des Glaubens arbeitete und das Innere des

Menschen ansprechen wollte. Die Pegnitzschäfer nahmen unter Birkens Leitung die *Geistlichen Erquick-Stunden* als Ausgangspunkt für ein geistliches Liederbuch, das die Themen der Betrachtungen in zunächst 50, dann 110 «Arien» aufnahm (*Der Geistlichen Erquickstunden* [...] *Poetischer Andacht-Klang*, 1673; vermehrt 1691).

In enger brieflicher Verbindung mit Sigmund von Birken stand die niederösterreichische Dichterin Catharina Regina von Greiffenberg, seitdem er den Druck ihrer *Geistlichen Sonnette / Lieder und Gedichte* (1662) besorgt hatte. 1680, ein Jahr vor seinem Tod, siedelte sie nach Nürnberg über, und hier führte sie ihr meditatives Werk über Leben und Sterben Christi weiter, das in drei Bänden (der dritte in zwei Teilen) insgesamt mehr als 4000 Seiten umfaßt: *Des Allerheiligst- und Allerheilsamsten Leidens und Sterbens Jesu Christi Zwölf andächtige Betrachtungen* (1672), *Der Allerheiligsten Menschwerdung / Geburt und Jugend Jesu Christi / Zwölf Andächtige Betrachtungen* (1678) und schließlich *Des Allerheiligsten Lebens Jesu Christi Sechs Andächtige Betrachtungen Von Dessen Lehren und Wunderwercken* bzw. *Des Allerheiligsten Lebens Jesu Christi Ubrige Sechs Betrachtungen Von dessen Heiligem Wandel / Wundern und Weissagungen* (1693).

Birken beriet sie bis zu seinem Tod auch bei diesem Werk. Sie teilte ihm ihre Zweifel an ihrer «Dicht-Tüchtigkeit» ebenso wie ihre Aufschwünge («Lust im Eifern») mit, bat ihn um sein Urteil, wobei es auch um die Nürnberger Spezialität der geistlichen Emblematik ging. Denn die in jede Betrachtung einführenden Embleme sollten «Zu gleich klaar und dunkel seyn / verständlich und unverständlich». Da sich der Verlag Endter wegen des schlechten Absatzes ihres Gedichtbandes weigerte, ein weiteres Buch der Dichterin in sein Programm aufzunehmen, sorgte Birken für einen neuen Verleger, Johann Hoffmann in Nürnberg. Der Erfolg der ersten beiden Bände, sie wurden 1683 bzw. 1693 neu aufgelegt, gab ihm recht. Der dritte Band, so umfangreich wie die beiden ersten zusammen, besitzt nicht mehr deren Geschlossenheit.

Wenn Catharina Regina von Greiffenberg von «Dicht-Tüchtigkeit» spricht, gibt sie einen Hinweis auf den besonderen Kunstcharakter ihres Werkes, das Emblematik, Lyrik, Gebete und von Bibelzitaten ausgehende Prosabetrachtungen miteinander verbindet. Die Gedichte, darunter zahlreiche Sonette, wachsen mit innerer Logik an argumentativen oder emotionalen Höhepunkten aus den Prosabetrachtungen heraus, deren affektive Kunstprosa assoziativ-spielerisch die kombinatorischen Möglichkeiten der Sprache voll ausschöpft, um Gott zu preisen und durch das meditative Nacherleben des Heilsgeschehens zur andächtigen Nachfolge anzuregen. Diese Werke sind keine didaktischen Frömmigkeitslehren oder praktischen Anleitungen zur Hausandacht, sondern gehören der Tradition meditativer Andachtsliteratur und Brautmystik an, die in liebender Verehrung oder mystischer Versenkung um die Gestalt Christi und die

Passion kreist und dem subjektiven Empfinden stärkere Entfaltungsmöglichkeiten bietet. Diese Vorstellungen wurden in der jesuitischen Meditationspraxis erneuert und wirkten u. a. über das Werk des Petrus Canisius, der treibenden Kraft der katholischen Reform im Reich in der zweiten Hälfte des 16. Jahrhunderts, aber ebenso über das ungemein erfolgreiche geistliche Emblembuch *Pia desideria* (1624) des Jesuiten Herman Hugo auch auf die protestantische Erbauungsliteratur nicht zuletzt der Nürnberger. Allerdings bleibt davon die protestantische Grundhaltung der Dichterin unberührt: Ausgangspunkt der Ausdeutungen und sprachmächtigen Paraphrasen und Assoziationsketten ist stets das Wort der Schrift, und die Schriftstellen wiederum gliedern und strukturieren die einzelnen Betrachtungen, die den einzelnen Stationen im Leben und in der Passion Christi folgen.

Die Arbeiten religiös motivierter Laien zeigen den hohen Stellenwert der geistlichen Literatur im 17. Jahrhundert. Neben den genannten Autoren – Harsdörffer, Birken, Greiffenberg – lassen sich noch zahlreiche andere anführen, darunter weitere bedeutende Dichter und Schriftsteller wie Andreas Gryphius mit seinen Übersetzungen von Erbauungsschriften Richard Bakers, der Stegmann-Bearbeitung *Himmel Steigente HertzensSeüfftzer* (1665) und den *Dissertationes Funebres, Oder Leich-Abdanckungen*, 1666), Justus Georg Schottelius mit seinen eschatologischen Prosa- und Versdichtungen wie der *Eigentlichen und sonderbaren Vorstellung Des Jüngsten Tages* (1668) und Philipp von Zesen, der u. a. eine ältere niederländische Übersetzung von Johann Arndts *ParadißGärtlein* neu bearbeitete (*Paradys-Hofken*, 1658) und stilistisch innovative Gebetbücher verfaßte (*Frauenzimmers Buß- Beicht- und Beht-Büchlein*, 1657; *Frauenzimmers Gebeht-Buch*, 1657).

Bei der Erfolgsgeschichte der Erbauungsliteratur braucht es nicht zu verwundern, daß sie eine wesentliche Rolle im verlegerischen Kalkül spielte, ohne daß damit etwas über (oder gegen) den religiösen Ernst der Verleger oder ihrer Autoren gesagt ist. Erbauungsliteratur wird auch neben der mit dem geistlichen Amt verbundenen Produktion aus jedem mittleren Pfarrhaus und den Werken religiös motivierter Laien zum Arbeitsfeld für Berufsschriftsteller wie Erasmus Francisci. Bekannt für seine großen Kompilationen, dehnte er marktgerecht seine Produktion auf die Erbauungsliteratur aus und verfaßte mehrere mit emblematischen Kupferstichen illustrierte Kompendien zu den traditionellen protestantischen Themenbereichen, die im Umfang – kein Band unter 1200 Seiten – mit seinen anderen Büchern konkurrieren konnten. Gleich drei Bände umfaßt die erste dieser Publikationen, die in Leipzig erschien und mehrfach neu aufgelegt wurde: *Derer / Die nach der ewigen und beständigen Ruhe trachten / Seelen-labende Ruhstunden / unter den unruhigen Mühen und Threnen dieser Welt* (1676–80). Es folgten für seinen Nürnberger Arbeitgeber Endter ein Zyklus von Werken über die vier letzten Dinge mit plakativen Titeln: *Die Brennende Lampen der Klugen; Zu Sorgfältiger Beleuchtung der Sterblichkeit / fürsichtiger Bewachung der Seelen / und vorbereitlicher Rüstung deß Gemüts gegen den Tod* (1679), *Die Letzte Rechen-*

schafft Jeglicher und aller Menschen [...] *In vier und sechszig Bedenckungen Deß Sonderbaren Seelen-Gerichts / und Allzumenschlichen End-Gerichts,* 1681), *Das Unfehlbare Weh der Ewigkeit für die Verächter der Gnaden-Zeit; Mit Grunderwiesenem Bericht von der Hellen / und ihrer Gewißheit* (1682) und *Das Ehr- und Freuden-reiche Wol der Ewigkeit / für die Verächter der Eitelkeit* (1683). Daneben beteiligte er sich mit Schriften wie *Erinnerung der Morgenröte / Oder: Geistliches Hanen-Geschrey* (1672) und *Gegen-Stral Der Morgenröte / Christlicher und Schrifftmässiger Warheit / Wider das Stern-gleissende Irrlicht Der Absondrung von der Kirchen und den Sacramenten* (1685) an der Auseinandersetzung mit den Schriften Jacob Böhmes und den heutigen «Böhmisten».

Der Weg zum Pietismus

Johann Arndts Frömmigkeitsvorstellung prägte zahlreiche Theologen und Nichttheologen und ihre erbaulichen Schriften und Dichtungen. Der Weg führte, andere Strömungen aus dem In- und Ausland aufnehmend, schließlich zum Pietismus. Zu seinen Wegbereitern gehörte auch der Wolfenbütteler Superintendent Joachim Lütkemann, wie denn überhaupt der fromme Wolfenbütteler Hof Herzog Augusts d. J. in Arndt die entscheidende Bezugsfigur sah. In Lütkemanns Religiosität fließen wie bei Arndt Vorstellungen der mittelalterlichen Mystik ein, und mit seinem Konzept von der «Schönheit der Seele» wirkte er weiter auf den Pietismus. Sein einflußreichstes Erbauungsbuch, *Der Vorschmack Göttlicher güte durch Gottes gnade* (1653), wurde in den ersten pietistischen Zirkeln Philipp Jacob Speners gelesen. Zu seinen weiteren erbaulichen Werken zählen die *Harpffe Von Zehen Seyten* (1658), eine «Gründliche Erklärung» der ersten zehn Psalmen, und die Postille *Apostolische Auffmunterung zum Lebendigen Glauben in Christo Jesu* (1652).

Einer der Schüler Lütkemanns während seiner Zeit als Professor an der Rostocker Universität war Christian Scriver, der später auch mit Spener in Beziehung trat und mit seinen erfolgreichen Erbauungsbüchern in der Nachfolge Arndts ebenfalls zu den zum Pietismus hinführenden Theologen gehört. Auf Predigten beruht sein *Seelen-Schatz / Darinn von der menschlichen Seelen hohen Würde / dessen Sündenfall / Busse und Erneuerung durch Christum / Göttlichen heiligen Leben / vielfältigen Creutz / und Trost im Creutz / seligen Abschied aus dem Leibe / Triumphirlichen und frölichen Einzug in den Himmel / und ewiger Freude und Seligkeit / erbaulich und tröstlich gehandelt wird* (1675; mehrfach erweitert). Eine «Hand voll Kreuzblumen aus dem Buch der Natur» bieten *Gottholds Zufällige Andachten Bey Betrachtung mancherlei Dinge der Kunst und Natur* (1663; mehrfach erweitert), während seine persönliche Leiderfahrung ihren Ausdruck in *Gottholds Siech- und Siegs-Bette* (1687–94) findet.

Neben den Vertretern der lutherischen Reformorthodoxie behaupteten sich auch – häufig gezwungen, in die toleranteren Niederlande auszuweichen – die radikaleren kirchenkritischen Richtungen, die Gedanken des mystischen Spiritualismus des 16. Jahrhunderts weitertrugen und ebenfalls nicht ohne Einfluß auf den Pietismus blieben. Zu diesen Kreisen zählte der als Dorfpfarrer in Brandenburg wirkende Joachim Betke, der den Abfall vom Glauben in Deutschland geißelte, für die Lehre vom allgemeinen Priestertum eintrat und zur Erneuerung der Kirche im Geist des leidenden Christus im Herzen («Creutz-Kirche») aufrief (u. a. *Mensio Christianissimi* […]: *Das ist / Geistliche Abmessung Vnsers heutigen Christenthumbs vnd Predigampts*, 1636; *Mysterium Crucis* […]: *Hoc est: Schrifftliche Eröffnung der Geheimnissen und Krafft des Creutzes Christi*, 1637).

Bei Betke hielt sich zeitweise auch Christian Hoburg auf, der auf Grund seiner entschiedenen Kritik an der lutherischen Amtskirche mehrfach seine Stellung verlor und später in die Niederlande emigrierte. In seinem von einer irenischen Haltung begleiteten mystischen Spiritualismus war kein Platz für eine den Glauben regulierende Kirchenorganisation. Es ging ihm im ausdrücklichen Anschluß an Johann Arndt um die Verwirklichung eines inneren Christentums. In mindestens 14 Auflagen verbreitet war seine *Praxis Arndiana, Das ist / Hertzens-Seufftzer Vber die 4. Bücher Wahren Christenthums S. Johann Arnds* (1642), die «das wahre lebendige Hertzens-Christenthumb» gegen «das falsche Heuchel- Schein- und Spott-Christenthumb» stellt. Dieses ist auch – die Meinung teilt er mit Betke – für den schrecklichen Krieg, «das grimmige Fewer deß Zorns Gottes», verantwortlich (*Heutiger / Langwieriger / verwirreter Teutscher Krieg*, 1644; *Teutsch Evangelisches Judenthumb*, 1644). Noch größeren Erfolg als das Arndt-Buch hatte seine ebenfalls auf die persönliche Frömmigkeit abzielende Schrift *Der unbekandte Christus; Das ist / Gründlicher Beweiß Daß die heütige Christenheit in allen Secten / den wahren Christum nicht recht kennen* (1669). Auf die mystischen Wurzeln seiner Vorstellungen verweisen eine große *Theologia mystica* (1655), eine emblematische *Lebendige Hertzens-Theologie* (1661) und eine Bearbeitung von Hermann Hugos jesuitischer *Pia desideria* unter dem Titel *Emblemata sacra* (1661).

Auch der Gründungstext des Pietismus, Philipp Jacob Speners *Pia desideria: Oder Hertzliches Verlangen Nach Gottgefälliger Besserung der wahren Evangelischen Kirchen* (1675), ist eng mit dem Namen Johann Arndts verbunden. Er erschien ursprünglich als Vorrede zu einer Neuausgabe von Arndts *Postilla, Das ist: Geistreiche Erklärung Der Evangelischen Texte / Durchs gantze Jahr* (Erstdruck 1616). Spener zeichnet zunächst ein düsteres Bild von der allgemeinen Verderbtheit der Christenheit und propagiert als Modell einer besseren Kirche die Verhältnisse im Urchristentum. Dabei knüpfen die Reformvorschläge einerseits an die Theologie Luthers an, andererseits beziehen sie die gegen die erstarrte Amtskirche gerichteten spiritualistischen Tendenzen im Protestantismus ein. Es geht darum, gestützt durch die Lektüre erbaulicher und mystischer Schriften sowie durch erbauliche Übungen und Betrachtungen, einen inneren Wandel der Menschen herbeizuführen (Wiedergeburt), «weil ja unser gantzes Christenthum bestehet in dem innern oder neuen menschen / dessen Seele der glaube und seine würckungen die früchten deß lebens sind».

Speners Konzeption eines verinnerlichten Glaubens, die zwar Züge des kirchenkritischen Spiritualismus aufnahm, aber im Rahmen des lutherischen Bekenntnisses blieb, fand große Resonanz. Mit seinen zahlreichen Schriften und weitreichenden persönlichen Beziehungen, mit der Gründung von pietistischen Gemeinschaften und einer planvollen Politik bei der Besetzung theologischer Lehrstühle förderte Spener – trotz aller Behinderungen durch die lutherische Orthodoxie – Entstehen und Wachstum einer breiten religiösen Bewegung, die über ein Jahrhundert lang die evangelische Kirche entscheidend prägte. Zugleich war der Pietismus, trotz ausgesprochen fiktionsfeindlicher Züge, von epochaler Bedeutung für die deutsche Literaturgeschichte. Das gilt in doppelter Beziehung: für den eigenen Beitrag zur Literatur und für die von der Bewegung ausgehende innovative Wirkung auf die sprachliche und literarische Entwicklung vom Ende des Barock bis zur Goethezeit.

Angesichts der kunstfeindlichen Tendenzen war die pietistische Literaturproduktion auf ein bestimmtes Gattungsspektrum beschränkt, d. h. neben geistlicher Lyrik und Lieddichtung als einzig erlaubter poetischer Gattung vor allem auf das Lehr- und Erbauungsschrifttum und auf ebenso erbauliche persönliche Lebens- und Erfahrungsberichte. Einen guten Eindruck typischer pietistischer Lektüre vermittelt das tatsächlich erschienene Titel wiedergebende Angebot des «Bücher-Krämers» in Luise Gottscheds antipietistischem Lustspiel *Die Pietisterey im Fischbein-Rocke* (1736). Eine wichtige Rolle spielten auch Übersetzungen, mit denen Werke aus verwandten europäischen Strömungen (Puritanismus, Jansenismus, Quietismus u. a.) zugänglich gemacht wurden. Neben der massenhaften Neuproduktion gehören die älteren Texte aus der Tradition einer verinnerlichten Glaubenspraxis seit Johann Arndt weiterhin zum erbaulichen Lektürevorrat.

Den folgenreichsten Beitrag des Pietismus zur literarischen Entwicklung stellt der große Bereich der persönlichen Lebensberichte und Aufzeichnungen dar (Biographie, Autobiographie, Tagebuch, Brief). Auch in Gottfried Arnolds großer *Unparteyischer Kirchen- und Ketzer-Historie* (1699–1700), einem der bedeutendsten Werke eines pietistischen Autors um die Wende zum 18. Jahrhundert außerhalb der spezifisch erbaulichen und autobiographischen Literatur, besitzen die Biographien der wahren Christen und Heiligen einen hohen Stellenwert.

Exkurs: Exempelgeschichten, Sprichwort und protestantische Predigt

Die protestantische Predigt, Zentrum des Gottesdienstes, war auf der Basis der von Philipp Melanchthon und Andreas Hyperius (*Methodus concionandi*, 1595) entwickelten Homiletik vor allem Lehrpredigt, die das in der Bibel überlieferte Wort Gottes weiterzugeben und auszulegen und so die Grundlagen des evangelischen Glaubens und Lebens zu vermitteln hatte. In diesem Konzept besaßen selbstverständlich auch die Exempel und Exempelgeschichten (Predigtmärlein) ihren Platz, die die Lehre sinnfällig machen sollten. Allerdings legte man Wert auf Distanz zur katholischen Praxis. So spielten Fastnachts- oder Osterpredigten mit ihrem traditionell eher unterhaltsamen Charakter keine Rolle mehr. Aber selbst Prediger, die wie Valerius Herberger ausdrücklich nichts «von Fabeln und unnützen Mährlein» wissen wollten, verwandten Beispielerzählungen. Den Zwiespalt, in dem sich auch die protestantischen Prediger befanden, benennt bereits Luther in einer eher abfälligen Bemerkung: «wenn man vom Artikel der Rechtfertigung prediget, so schläft das Volk und hustet; wenn man aber anfähet Historien und Exempel zu sagen, da reckts beide Ohren auf, ist still und höret fleißig zu.»

Zu den geschichtenreichsten Predigern zu Anfang des 17. Jahrhunderts gehörte trotz seiner kritischen Äußerungen der genannte Valerius Herberger aus dem schlesischen Fraustadt. Mit seinen Predigten, die wöchentlich fortlaufend die Bücher des Alten Testaments behandelten (1601 bis 1618 zunächst in zwölf Einzelbänden unter dem Obertitel *Magnalia Dei* erschienen), seinen Leichenpredigten (*Geistliche Trauer-Binden*, 1669; in sieben Einzelbänden zuerst 1608–21) und seinen erbaulichen Perikopenauslegungen der *Evangelischen Hertzpostille* (1613) erreichte er dank seiner anschaulichen Sprache und seiner beispielreichen Erzählweise eine breite Leserschaft im 17. Jahrhundert; Neu- und Auswahlausgaben erschienen bis weit ins 19. Jahrhundert hinein. Neben den bereits von Luther empfohlenen Fabeln finden sich in seinen Predigten Sagen, Teufelgeschichten, Mirakelerzählungen, Märchen, Schwänke, novellenhafte Kurzerzählungen und – allerdings eher spärlich – Legenden. Vor allem jedoch prägt ein extensiver Sprichwortgebrauch seinen Predigtstil, der dadurch an Anschaulichkeit, Lebendigkeit und Volkstümlichkeit gewinnt und seinen Predigten über die theologische Aussage hinaus den Charakter praktischer Lebensunterweisung verleiht. Gelegentlich gelangt er wie seine katholischen Kollegen zu den Sprichwörtern und volkstümlichen Sprüchen über lateinische Sentenzen oder Verse, die dann, z. T. in Sprichwortreihen, ins Drastisch-Volkstümliche umgesetzt werden. Darüber hinaus gibt es ausgesprochene Sprichwortpredigten, d. h. das Thema wird durch ein Sprichwort, nicht durch eine Bibelstelle angegeben.

Das Sprichwort, seit dem Mittelalter in Sammlungen überliefert und besonders im 16. Jahrhundert wesentliches Element zahlreicher volkssprachlicher Dichtungen, tritt zwar im 17. Jahrhundert angesichts der gelehrt-höfischen Orientierung eines großen Bereichs der Literatur etwas in den Hintergrund, bleibt aber in verschiedener Weise präsent: in neuen Sprichwortsammlungen (z. B. Friedrich Peters: *Der Teutschen Weisheit*, 1604/05; Christoph Lehmann: *Florilegium politicum. Politischer Blumengarten*, 1630), in der katholischen und evangelischen Volkspredigt, in den satirischen Literaturgattungen, aber auch als Gegenstand artifiziellen Spiels wie etwa in Georg Philipp Harsdörffers *Schauspiel Teutscher Sprichwörter* im zweiten Teil der *Gesprächspiele* (1642) oder als Teil der patriotischen Spracharbeit mit der Aufgabe, die geschichtlich gewachsene Erfahrungsweisheit des deutschen Volkes und seine unverbildete Sprechweise zu erhalten. So steckt nach Justus Georg Schottelius im «Vorrahte Teutscher schöner Sprichwörter [...] gleichsam ein kurtzer Auszug und das Kernhafte der Weißheit und Klugheit / und ein Handzeiger zu allem ehrlichen Wolverhalten / wie auch ein abzeiger vom bösen / Gierden und Lasteren». Darüber hinaus scheinen ihm Sprichwörter unentbehrlich für einen rechten Stilisten, sonst fehle der Sprache die Würze, schmecke sie «wie ungesaltzene Erbsbrühe» (*Ausführliche Arbeit Von der Teutschen Haubt-Sprache*, 1663).

Herberger blieb nicht der einzige evangelische Prediger mit erzählerischem Talent und einem Sinn für sprachliche Effekte. Zu nennen sind u. a. noch der teilweise in niederdeutscher Sprache predigende Hannoveraner Jacobus Sackmann, vor allem bekannt wegen seiner sprachlichen Drastik, und der aus Altenburg stammende Gottlieb Cober, der die sozialkritische Wirkung seiner Predigten durch Erzählungen und Märchen sowie Verseinlagen, Sprichwörter, Wortspiele und andere sprachliche Mittel steigerte (z. B. *Der aufrichtige Cabinet-Prediger*, 1711). Christian Scriver wiederum, einer der Wegbereiter des Pietismus, griff in seinen Predigten bzw. den daraus hervorgegangenen Erbauungsbüchern vielfach auf Exempel aus der mittelalterlichen Tradition zurück, aber auch auf Sagenhaftes und Anekdotisches, oft verbunden mit eigenen Erlebnissen.

Den protestantischen Predigern standen umfangreiche Exempelsammlungen zur Verfügung, z. B. Caspar Titius' *Loci theologiae historici, oder Theologisches Exempelbuch* (1633) oder Johannes Stieffelers «über 4100. heilsame und sehr erbauliche Exempel» umfassender Wälzer *Loci theologiae historici, Das ist: Geistlicher Historien-Schatz* (1668). Im Verlauf der zweiten Hälfte des 17. Jahrhunderts nahmen diese Kompendien allmählich den Charakter von belehrend-unterhaltenden Geschichtenbüchern an. Zu diesen Werken gehören z. B. das *Florilegium historicum, Oder Historischer Lust- und Blumen-Garten: Darinnen zu finden Viel schöne / liebliche und nuzliche Blumen merkwürdiger Geschichten / scharffsinniger Reden / und wolerfundener Gleichnissen* (1665) des Schaffhausener Predigers Rudolph Huber und vor allem die Kompilationen des Altenburger Predigers Jakob Daniel Ernst: *Das Neu-auffgerichtete Historische Bilder-Hauß* (1674–84), *Die Neu-zugerichtete Historische Confect-Taffel / Worauff in einhundert anmuthigen Schaalen / viel und mancherley außerlesene / sehr denckwürdige / und meistentheils neue Trauer- Lust- und Lehr-Geschichte [...] auffgesetzet worden* (3 Bde.,

1681–82) und *Historiae miscellae amphitheatrum curiosum, oder Der neuauffge-richtete Schauplatz / vieler Curiösen / sonder- und wunderbaren Laster-, Trauer-, Lehr- und Lust-Begebenheiten* (2 Bde., 1696–99).

Kritik am geschichtenreichen Predigtstil blieb wie bei der katholischen Predigt nicht aus. So ging es in den Streitigkeiten, in die der Hamburger Prediger Johann Balthasar Schupp verwickelt war, nicht nur um sein satirisch-polemisches Temperament, sondern auch um seinen drastischen, mit Anekdoten, Fabeln und Schwänken angereicherten Erzählstil. Er solle, heißt es in einem Zensurbeschluß seiner orthodoxen Kollegen im geistlichen Ministerium von 1657, «auch die fabulas, facetias pennalium, satyras, risus, jocos, lächerliche Historien unter die dicta scripturae undt res sacras nicht einmengen, das stehe einem Theologo undt Prediger nicht an». Das war ein Verdikt, dem sich Schupp wohl nicht beugte – es sind allerdings kaum Predigten Schupps direkt überliefert – und das zugleich zum Auslöser für seine Streitschriften und Satiren wurde. Unter diesen Satiren nimmt *Corinna Die Erbare und scheinheilige Hure* (1660) eine besondere Stellung zwischen satirischer Erzählung und Predigtexempel ein (s. S. 727 f.).

Daß das volkstümliche Geschichtenerzählen von der Kanzel auch noch zu Beginn des 18. Jahrhunderts weitverbreitete Praxis war, läßt sich aus der (allerdings auch der Eigenwerbung dienenden) Feststellung des lutherischen Theologen Friedrich Andreas Hallbauer schließen, daß sich manche Prediger nicht anders zu helfen wüßten, «als daß man alle seine collectanea aufschlägt und seine vermeintliche Schatz-Kammern öffnet: aus diesen holt man allerley, wirfts in eine Brüh und kocht endlich daraus eine Quodlibet-Predigt [...].» Abgesehen davon, daß die Predigten «mit Allegorien, Gleichnissen, Historien, Zeugnissen, emblematibus, Müntzen, hieroglyphischen Figuren, Wappen und dergleichen Raritäten» überladen seien: «Am ärgsten vergehen sich die, welche gar mit lustigen Schwencken und Fratzen ihre Reden ausspicken oder auf der Cantzel Comödien spielen», schreibt Hallbauer über seine Amtskollegen (*Nöthiger Unterricht zur Klugheit zu predigen, zu catechetisiren und andere geistliche Reden zu halten*, 1723).

2. Leichenpredigt und Leichabdankung

Trauerreden zum Andenken und zur Ehrung Verstorbener stehen in einer bis zur Antike zurückreichenden Tradition. Das Christentum nahm die Praxis auf. Nach der Reformation gewann die Leichenrede eine wachsende Bedeutung; sie entwickelte sich schließlich in gedruckter Form zu einem massenhaften Phänomen, bis sie Mitte des 18. Jahrhunderts wieder außer Gebrauch kam. Für den Protestantismus gab Luther das Beispiel mit seinen Trauerreden auf die verstorbenen sächsischen Kurfürsten, aber auch die katholische Kirche übernahm den Brauch bzw. behielt ihn bei, wenn es auch Widerstände gegen die Praxis und Verbote gab. Seit der Mitte des 16. Jahrhunderts wurde es üblich, Leichenpredigten zu drucken und an Familienmitglieder, Freunde und Berufskollegen oder Standesgenossen zu verteilen: eine kostspielige Sitte, die sich nur Angehörige des Adels oder des wohlhabenden Bürgertums leisten konnten. Aber auch Prediger begannen ihre Leichenpredigten zu sammeln und – wie ihre anderen Predigten – in separaten Sammlungen herauszugeben und so als erbauliche Lektüre einem breiteren Leserkreis zugänglich zu machen.

Aus den auf Veranlassung der Hinterbliebenen gedruckten Leichenpredigten wurden mit der Zeit umfängliche Trauer- und Gedenkschriften, die neben der Leichenpredigt des Geistlichen noch weitere Teile enthielten. Der Prozeß der Erweiterung begann mit der Ausgrenzung des Personaliateils, des Lebenslaufs des Verstorbenen, der ursprünglich in die lutherischen Leichenpredigten integriert war und sich nun mit eigener Überschrift an die eigentliche Predigt anschloß. In katholischen Gedenkschriften fehlen diese Personalia. Weitere Teile kamen hinzu, wenn auch nicht in jeder Gedenkschrift: vor der Predigt Widmung und Vorrede, danach die Abdankung (Parentation), die sich im 17. Jahrhundert zu einer zweiten großen Trauerrede entwickelte, Standrede (Nachruf von Freunden, Berufskollegen u. a.), Abbildungen, Lebenszeugnisse, Trauergedichte (Epicedien) und Trauermusik, Liste der Teilnehmer an der Leichenprozession u. a.

Schätzungen gehen davon aus, daß im deutschen Sprachraum zwischen 1550 und 1750 mit etwa 250000 Leichenpredigten zu rechnen ist. Allerdings hat die bisherige Konzentration auf den protestantischen Bereich dazu geführt, daß die katholischen Bestände nicht annähernd erfaßt sind und daher kein abschließendes Urteil möglich ist. Die größte Sammlung von Leichenpredigten bzw. Gedenkschriften entstand bereits in den ersten Jahrzehnten des 18. Jahrhunderts durch die Gräfin Sophie Eleonore zu Stolberg Stolberg, die sie als erbauliche Lektüre schätzte und mit Hilfe von Geistlichen durch Kauf oder Tausch annähernd 25 000 verschiedene Texte (mit Dubletten etwa 45 000) zusammenbrachte. Standen lange genealogische Interessen bei der Erforschung der Gattung im Mittelpunkt (Personaliateil), so hat sich inzwischen der Quellenwert der Gedenkschriften für zahlreiche Aspekte der Kultur- und Sozialgeschichte bewährt. Das Interesse der Literaturwissenschaft gilt neben den Epicedien den beiden rhetorischen Hauptteilen, der Predigt und vor allem der Abdankung. Die Abdankungsrede endet – daher der Name – mit einem Dank an die Trauergäste, ist aber im übrigen eine nach den gleichen rhetorischen Vorgaben wie die Leichenpredigt des Geistlichen gestaltete Trauerrede. Der Redner, in der Regel ein Laie, würdigt den Verstorbenen und setzt ihm ein den Tod überdauerndes Denkmal, das hohen literarischen Rang besitzen kann.

Die Funktion der Leichenpredigt wie der Abdankungsrede bestimmt auch ihre Gliederung in die Teile Lob (*laudatio*), Klage (*lamentatio*) und Trost (*consolatio*). Dabei stehen Lob und Klage in enger Beziehung, die

Klage antwortet gleichsam auf die *laudatio* mit ihren traditionellen Topoi. Die *consolatio* nimmt ihre Argumente aus der antiken Trostliteratur und ihren christlich-stoischen Nachfolgern sowie den Topoi christlicher Weltverachtung, die den Tod als willkommenes Geschehen erscheinen lassen: «Denn wer solte sich nicht freuen und den HErrn anbeten / wenn er seinen ausgedienten treuen Knecht ausspannet / und ihn zum Zeugniß über die Welt / eben zur rechten Zeit mitten aus dem Gerichte der Menschen hinweg nimmt; ja aus dem Thränen-Thal in sein Reich translociret [...]?», heißt es 1698 in einer Rede auf den Berliner Prediger Johann Caspar Schade. Die Abdankungsrede fügt zu den Abschnitten Lob, Klage und Trost noch die abschließende *gratiarum actio* hinzu, die meist recht formelhafte Danksagung an die Teilnehmer an der Trauerfeier.

Sowohl Leichenpredigt als auch Leichabdankung stehen in Gefahr, so monieren Kritiker schon früh, den geistlichen Zweck der Mahnung und Belehrung zu verfehlen. Das geschieht etwa dann, wenn sie sich von der frühen protestantischen Praxis der engen Anlehnung an biblische Texte zu lösen beginnen, wenn die Würdigung des Verstorbenen sich allzu sehr von der Lebenswirklichkeit entfernt und die Leichenpredigt oder Abdankung letztlich zu einer überhöhenden Lobrede wird – statt als mahnende Erinnerung an die Sterblichkeit und einen christlichen, mit der Hoffnung auf das ewige Leben verbundenen Tod zu fungieren. In *Welt-Wesen*, dem zweiten der *Gesichte Philanders von Sittewalt* von Johann Michael Moscherosch, das 1640 zuerst erschien, gibt es die satirische Schilderung eines Leichenbegängnisses, die zu einer Abrechnung mit der damit einhergehenden Heuchelei wird. Wie gut sich das Genre der Abdankungsrede parodieren läßt, zeigt Christian Reuter im dritten Akt seines zweiten Schlampampe-Dramas *La Maladie & la mort de l'honnete Femme* (1696) und in der separat veröffentlichten «Gedächtnüß-Predigt» *Letztes Denck- und Ehren-Mahl / Der weyland gewesenen Ehrlichen Frau Schlampampe / In Einer Gedächtnüß-Sermone* (1697).

Seriöses Beispiel einer entschiedenen Umdeutung der Leichabdankung zur Lobrede stellt Lohensteins *Lob-Rede* anläßlich des Leichenbegängnisses von Hoffmannswaldau im Jahr 1679 dar. Sie beginnt mit dem Ausruf «DEr grosse Pan ist todt!» und rühmt dann mit großem rhetorischen Gestus den Verstorbenen als Menschen, Bürger, Ratsherrn und Dichter; erst am Schluß ist in einigen Sätzen vom Christenmenschen Hoffmannswaldau die Rede, dessen Seele sich nun «ungezweifelt unter der Zahl derer tausendmal-tausend Himmlischer Sänger» befinde. Der Bezug zum Bibelwort, charakteristisch für die traditionelle protestantische Leichenpredigt und -abdankung, bleibt angesichts der antikisierenden Haltung des Redners peripher.

Daß sich die germanistische Barockforschung näher mit der Gattung der Leichabdankung zu beschäftigen begann, hat nicht zuletzt mit Andreas Gryphius' postum 1666 gedruckten gesammelten *Dissertationes Funebres, Oder Leich-Abdanckungen* zu tun, die – Werk eines der bedeutendsten Dichter der Zeit – für die Interpretation der Bildersprache seiner Dramen und Gedichte fruchtbar gemacht werden konnten. Die Sammlung, die auch die Gedenkschrift auf Gryphius selbst enthält, besteht aus 14 zwischen 1637 und 1663 gehaltenen bzw. veröffentlichten Leichenreden. Sie besitzen nicht den Charakter von Lobreden, sondern kreisen in Anlehnung an Vorstellungen der Bibel und der patristischen Tradition um das dem Anlaß gemäße Thema der Vergänglichkeit und um die eschatologische Perspektive der vier letzten Dinge. Das Verfahren ist allegorisch. Dabei geht Gryphius wie in einer Themenpredigt von einem Leitsatz aus, den er aus der allegorischen Ausdeutung von Namen, Wappen, Beruf, Alter oder Lebensumständen des Verstorbenen ableitet. So wird seine erste Abdankung, die auf seinen Mäzen Georg von Schönborn, zu einem rhetorisch hochkomplexen *Brunnen-Discurs* (Born: Brunnen). Und das Motto seiner Leichenrede auf Hans Georg von Stosch, die den Titel *Flucht Menschlicher Tage* trägt, gewinnt Gryphius aus der Betrachtung des Wappens der Familie:

> «Ich stehe unter lauter Todten-Fackeln / und betrachte der Stoscher Ehren-Kleinodi und Wapen / nicht wie vorhin mit Anmuth / sondern gantz erstarreten Gemüth. Denn auch dieses zeiget mir die Vergängligkeit aller Sachen / und die Flucht Menschlicher Tage. Was anders lehren die anmuthigen See-Blumen / als daß wir Blumen-gleich verwelcken und verfaulen? Was die ausgespanneten Adlers-Flügel / als daß unsere Tage weg eilen / als flögen sie dahin? Mit einem Wort / das gantze Wapen kommt mir vor / als ein artiges Sinnen-Bild / durch welches zwar der Mensch / doch auch dessen Vergängligkeit abgebildet [...].»

Von diesen Vorstellungen und ihren allegorischen Bedeutungen ausgehend, entwirft Gryphius im Wechsel von Adler- und Blumenallegorese ein Bild des Menschen, seiner Erziehung, Leistungen, Eigenschaften und Gefährdungen. Dabei erweist vor allem das Adler-Sinnbild mit Bezügen zu Bibel, Patristik, Naturkunde und Emblematik seine Ergiebigkeit für die Deutung zahlreicher Aspekte des menschlichen Lebens: «Einem Adler kan ich die Seele des Menschen mit recht vergleichen / wenn wir erwegen beyder Vortrefflichkeit. [...] Der Adler fleuget vor allen Vögeln in die Höhe / und schwinget sich durch die Wolcken / als ob er in einer andern Welt auszureisen gesonnen. Wer wird den Geist des Menschen hemmen / und seinen Gedancken ein Ziel stecken? [...] Ein Adler selbst ist hier nicht sicher: ihm wird allenthalben nachgesetzet.» Und wie dem Adler, «wenn er dem Tod nahe / mit Dunckelheit des Gesichts / Verlust der Federn / und Schliessung des Schnabels gequälet» wird, ergeht es dem Menschen: Rückkehr zum nie aus den Augen verlorenen Generalthema der Vergänglichkeit und Ausgangspunkt zu einer den Tag des Jüngsten Gerichts beschwörenden *peroratio*. Der abschließende Satz, nach der obligatorischen

Danksagung, verweist noch einmal mahnend auf den Sinn der Leichenrede: «Wir aber allerseits erinnern uns / daß wir zwar anietzt von diesem
Grabe hinweg gehen / doch unserm eigenen zueilen: sintemal der Prophet
auch uns diese Weissagung auffgesetzet: Ihr müsset darvon: hier könnet
ihr nicht bleiben.»

Wenn Gryphius sein im Hinblick auf die Trauerspiele formuliertes
poetisches Programm, «die Vergänglikeit Menschlicher Sachen» schildern zu wollen, auch in seinen Leichabdankungen umsetzt, so folgt er
damit der didaktischen Intention der Gattung, wie sie vor allem im Protestantismus gesehen wurde. Dazu gehört, daß die protestantische Leichenpredigt im Einklang mit der lutherischen Schrifttheologie wesentlich von
der Exegese des Bibelworts geprägt ist bzw. sein sollte. Das unterscheidet
sie von der katholischen Leichenpredigt, in der dieser Aspekt eine geringere Rolle spielt. Ein wesentlich größeres Gewicht kommt hier dem Lob
des Verstorbenen zu; es bildet das Zentrum der Rede und kann, insbesondere wenn sie hohen kirchlichen oder staatlichen Würdenträgern gilt, alle
Züge einer überhöhenden panegyrischen Rhetorik aufweisen. Im übrigen
entspricht die Gliederung auch der katholischen Leichenrede in *laudatio*,
lamentatio und *consolatio* grundsätzlich dem seit der Antike überlieferten
Muster der Trauerrede. Ein spätes Beispiel panegyrischer Überhöhung
stellt die 1736 gedruckte *Lob- und Trauer-Rede Uber den Todt Des
Durchleuchtigen Printzen Eugenii Francisci* des Jesuiten Franz Peikhart
dar, die auch den Beifall Gottscheds fand.

Abraham a Sancta Clara variiert die Form in seiner 1702 gehaltenen
Trauerrede auf den kaiserlichen Rat Johann von Eilers auf seine Weise.
Auch hier eine Lobrede auf einen Mann, den alle in gutem Gedächtnis
behalten werden, aber nun in der Form einer Concettipredigt, die keinen
Wert auf große rhetorische Architektur oder Steigerungen legt. Vielmehr
setzt Abraham am Faden der Biographie des Verstorbenen kleinteilig Bilder und Exempel aus der Bibel und lobwürdige Eigenschaften und Leistungen des Verstorbenen in Beziehung. Das geschieht nach dem Muster
der Argutia-Poetik durch das Aufweisen von überraschenden Analogien
zwischen Bild- und Sinnbereich und nicht ohne wortspielerische Momente: Ein Doktor, heißt es über die entsprechende Station im Leben des
Juristen, «ist wie ein Dotter / wann ein Dotter im Ey gut ist / mutatur in
alitem, so bekombt er mit der Weil Flügel / wann ein Doctor gut ist / und
mit einer wohlgegrünter Wissenschafft begabt / da bekombt er mit der
Weil Flügel / fliegt hoch / und wird ferners promovirt, wie es dann mit
unserem Gottseeligen geschehen». Von da geht er unvermittelt über zu
David und Goliath und von Goliaths bloßer, ungeschützter Stirn zum
leeren Hirn mancher Juristen, von denen sich natürlich «unser Verstorbener» desto klarer abhebt …

Die katholische Leichenpredigt ist ein bisher nur wenig erforschtes Gebiet. Wie im Protestantismus, wo die Zahlen wohl wesentlich größer sind, sind Leichenpredigten bzw. Gedenkschriften vorwiegend ein literarisches Kommunikationsphänomen der Bildungs- bzw. Oberschichten. Daß ihr Gebrauch, trotz verschiedener Eingrenzungs- und Verbotsversuche, durchaus verbreitet war, bestätigt auch die Aufnahme der Gattung in Rhetoriklehrbücher; so handelt Otto Aichers *Iter oratorium* (1675) auf zehn Seiten «De Funebri Oratione». Aicher war Benediktiner, und Angehörige dieses Ordens stellten nach Auskunft der wenigen empirischen Untersuchungen nach den mit großem Abstand führenden Jesuiten die meisten Verfasser von Leichenpredigten. Gelegenheiten für Leichenpredigten und Trauerreden boten neben der Beisetzung auch andere Anlässe wie Exequien, Seelenmessen oder Trauergottesdienste. Die meisten katholischen Leichenpredigten sind aus dem späten 17. und der ersten Hälfte des 18. Jahrhunderts überliefert. Die Gedenkschriften enthalten neben Titelblatt und Leichenpredigt, den zentralen Bestandteilen, eher selten weitere Zugaben wie Kupferstiche, Widmungsvorreden oder Epicedien. Ein Personalteil war unüblich, ebenso Trauerreden von Laien.

V. PANSOPHISCHE UND MYSTISCHE STRÖMUNGEN

Krisenhafte Entwicklungen in allen Bereichen charakterisieren die Jahrzehnte vor Ausbruch des Dreißigjährigen Krieges. Während die Konflikte zwischen den Konfessionen und Territorien seit 1600 zunahmen, verstärkten sich zugleich die innerkonfessionellen Spannungen, und zwar vor allem im Luthertum. Das Spektrum der Kritik an der Veräußerlichung und Erstarrung der orthodoxen Amtskirche war breit und reichte von der gemäßigten, gleichwohl von orthodoxen Geistlichen heftig angegriffenen Forderung einer erlebten, verinnerlichten Frömmigkeit im Rahmen der bestehenden Kirchenorganisation bis hin zur radikalen Ablehnung der institutionalisierten Kirche. In den oppositionellen Gruppen trafen sich die Vertreter unterschiedlicher Strömungen, die sich bei allen religiösen, gesellschaftlichen oder wissenschaftlichen Differenzen in ihrer Kritik an der lutherischen Orthodoxie, der Kirchenstruktur und an dem aristotelisch-rationalistischen Wissenschaftsbetrieb trafen: Anhänger der reformatorischen Abweichler wie Caspar von Schwenckfeld oder Valentin Weigel, die ein spiritualistisch-mystisches Christentum propagierten, Autoren, die in ihren Schriften neuplatonische, pansophische, alchemistische, kabbalistische oder astrologische Vorstellungen auf komplexe, jeweils eigene Weise miteinander verknüpften.

Die Konzepte, die in den verschiedenen Zirkeln oder von einzelnen entwickelt wurden, zielten auf eine umfassende Erneuerung von Religion, Gesellschaft und Wissenschaft und hatten in ihrem Anspruch, die universelle Einheit der göttlichen Schöpfung in allen ihren Manifestationen zu ergründen, letztlich utopischen Charakter. Zwei Erkenntniswege boten sich an: über das göttliche Buch der Natur oder durch die unmittelbare, mystische Gotteserkenntnis. Beide setzten die Anschauung voraus, daß der Mensch am Göttlichen teilhaben könne, eine Radikalisierung der Vorstellung von der Gottesebenbildlichkeit des Menschen, wie sie in der Renaissance im Zusammenhang mit neuplatonischer Naturspekulation und neuplatonischem Analogiedenken (Mikrokosmos-Makrokosmos) formuliert worden war. Der Mensch hat die Möglichkeit, durch die Pflege seiner intellektuellen Fähigkeiten «zu *einem* Geist mit Gott» zu werden, zu einem «Gott mit menschlichen Fleisch umkleidet» (Pico della Mirandola: *De dignitate hominis*, 1486).

Zu den esoterisch-okkulten Quellen der neuplatonisch inspirierten Versuche spekulativer Naturerkenntnis mit Hilfe eines analogischen Beziehungsdenkens gehört auch das um die Wende zum ersten nachchristlichen Jahrhundert entstandene und Hermes Trismegistos (ägypt. Thoth) zugeschriebene *Corpus hermeticum* mit seinen pseudoägyptischen Weisheitslehren platonischen Charakters. Neben die verschiedenen Formen der Naturspekulation traten jedoch immer mehr Bemühungen um rationale Naturerkenntnis und Empirie, die zu bedeutenden Fortschritten etwa auf den Gebieten der Astronomie, der Chemie bzw. Alchemie, der Metallurgie oder der Medizin führten. Eine wesentliche Vermittlerrolle im Hinblick auf die spekulative wie die empirische Naturforschung und -deutung kam dabei dem Werk des Paracelsus zu, das seit 1589–91 auch in Gesamtausgaben vorlag und einen überragenden Einfluß auf spekulative und empirische Denkrichtungen bis weit ins 17. Jahrhundert hinein ausübte.

1. Prag

Um die Wende vom 16. zum 17. Jahrhundert bildete der Prager Hof Kaiser Rudolfs II. ein wissenschaftliches und kulturelles Zentrum von europäischem Rang. Der Kaiser hatte nach seinem Herrschaftsantritt 1576 die Reichsregierung von Wien nach Prag verlegt und zahlreiche Wissenschaftler und Künstler aus ganz Europa ohne Ansehen der Religion hierher berufen. Dabei galten seine Interessen, verbunden mit einem universalen Sammeleifer, vor allem dem pansophischen Projekt, die den unterschiedlichen Wissenschaften und Künsten zugrunde liegende, in der universellen Harmonie der göttlichen Schöpfung begründete innere Einheit der Dinge zu erkennen.

Zu den Künstlern und Wissenschaftlern, die sich zeitweilig am Prager Hof aufhielten, gehörten u. a. die Astronomen und Mathematiker Tycho Brahe und Johannes Kepler, die Ärzte Oswald Croll und Michael Maier, die Musikdichter Jacob Regnart und Hans Leo Haßler, die aus England stammende neulateinische Dichterin Elisabeth Westonia; dazu kamen Maler, Kunsthandwerker, Emblematiker, Musiker usw.

Das Werk Johannes Keplers teilt mit seiner Affinität zu neuplatonischen Vorstellungen in mancher Hinsicht das religiöse Konzept von der inneren Einheit der göttlichen Schöpfung. Doch anders als die spekulativen Pansophen mit ihren Berufungen auf esoterische Quellen suchte er seine Theorie über die Weltharmonie seit seiner ersten Veröffentlichung (*Mysterium cosmographicum*, 1596) mathematisch und empirisch zu überprüfen: «Die Spekulationen a priori sollen sich nämlich nicht an der offenbaren Erfahrung stoßen, sondern mit dieser in Übereinstimmung gebracht werden», heißt es in einem Brief aus dem Jahr 1600. Es gelang ihm in den folgenden Jahren, die Planetenbewegungen und die sie bestimmenden mathematischen und physikalischen Gesetze zu ermitteln (*Astro-nomia nova*, 1609), Grundlage für die zehn Jahre später vollendeten *Harmonices mundi libri V* (*Fünf Bücher von der Harmonik der Welt*, 1619). Hier verbinden sich alte pythagoreische Vorstellungen von einer aus der Bewegung der Gestirne resultierenden, in Zahlenproportionen faßbaren Sphärenharmonie mit präzisen mathematischen Berechnungen. Die als harmonisch empfundenen Zahlenverhältnisse und geometrischen Grundformen, die die Planetenbewegungen charakterisieren, haben ihre Parallele in der Musik. Die musikalischen Harmonien, die sich in Zahlenverhältnissen ausdrücken lassen, finden sich in den Bewegungen der Planeten wieder: Mit Notenbeispielen illustriert er, welche Planeten den Diskant (Merkur), den Alt (Erde und Venus), den Tenor (Mars) oder den Baß (Saturn und Jupiter) vertreten. In der modernen mehrstimmigen Musik offenbart sich für Kepler, nächst seinen eigenen Erkenntnissen, die universale Harmonie am eindringlichsten. Darüber hinaus fügen sich alle Bereiche der Schöpfung – von den Proportionen der Pflanzenblüten über die heiligen Zahlen der Bibel bis hin zu den elliptischen Planetenbahnen – in ihren geometrischen Formen und mathematischen Zahlenverhältnissen zu einer großen, von Gott so gewollten Weltharmonik. Das Buch endet mit einem Lobpreis des Schöpfers in einem Gebet. Trotz der Bemühungen Keplers, seine Theorien empirisch zu überprüfen und wissenschaftlich zu begründen, bleibt der Ausgangspunkt und Antrieb seines Werkes religiös und spekulativ: Nachvollzug und Feier der göttlichen – und das heißt für Kepler notwendig mathematischen – Ordnung der Schöpfung in ihrer universalen Harmonie.

Im Bereich der Natur- und Arzneikunde kann der Arzt Oswald(us) Croll(ius), ein Paracelsist, mit seinem Hauptwerk *Basilica chymica* (1609) und dem daran angehängten *Tractatus de signaturis internis rerum, seu de vera et viva anatomia majoris et minoris mundi* als Repräsentant eines auf Naturerkenntnis ausgerichteten pansophischen Denkens gelten. Beide Texte wurden häufig aufgelegt und 1623 (und noch einmal 1684) ins Deutsche übertragen. Die *Basilica chymica* beginnt mit einer ausführlichen naturkundlichen Abhandlung, die zunächst auf die beiden dem Arzt zur Verfügung stehenden und miteinander zu verbindenden Erkenntniswege verweist («Der Arzt muß geboren werden aus dem Licht der Gnade und dem der Natur»), dann aber vor allem auf die Natur als Quelle der Erkenntnis eingeht. Natur, das ist der ganze Bereich der Schöpfung von den Sternen bis zum Menschen, verbunden durch ein universales Geflecht von Beziehungen und Wirkungen. Diese Zusammenhänge zwischen Makrokosmos und Mikrokosmos zu erkennen und für die Medizin und Arzneikunst fruchtbar zu machen, zeichnet den an Paracelsus geschulten Arzt aus: «Dieser Medizin Fundament ist, in welchem Maße die kleine Welt – das ist der Mensch – mit der großen und äußerlichen übereinstimme.» Der zweite Teil des Buches ist dann eine ebenfalls z. T. Paracelsus verpflichtete praktische Arzneikunde mit Anweisungen zur Herstellung von Heilmitteln mit Hilfe (al)chemischer Verfahren und ihrer Anwendung. Gerade dieser Teil trug wohl zum Erfolg der *Basilica chymica* im 17. Jahrhundert bei. Das Werk wurde an Universitäten und von paracelsisch orientierten Medizinern und Apothekern benutzt. Der Mediziner und Dichter Paul Fleming etwa stellt Croll in einem Gedicht auf den Gesandtschaftsarzt und Freund Hartmann Grahmann von 1635 auf eine Stufe mit Paracelsus und Raimundus Lullus. Andererseits äußerten Gegner der paracelsisch-naturkundlichen Richtung heftige Kritik – einschließlich der Empfehlung, die *Basilica chymica* zu verbrennen.

Crolls Traktat *De signaturis internis* (Titel der deutschen Übersetzung von 1623: *Von den jnnerlichen Signaturn / oder Zeichen aller Dinge. Oder Von der wahren vnd lebendigen Anatomia der grossen vnd kleinen Welt*) beruht ebenfalls auf dem Analogiedenken der Makrokosmos-Mikrokosmos-Konzeption. Konkret knüpft Croll an die Signaturenlehre des Paracelsus an, der u. a. in seiner *Astronomia magna oder philosophia sagax* (1537) von den «zeichen der natur» gesprochen hatte, die den Dingen eingeprägt seien und Rückschlüsse von äußeren Merkmalen auf das Wesen der Dinge ermöglichten. Diese Zeichensprache der Natur – Croll spricht von «Wahrzeichen deß vnsichtbahren Gottes in seinen Creaturn», von «Schatten / Ebenbild deß Schöpfers den Creaturn eingeprest» – kann der divinatorische Geist des Naturforschers dank der «natürlichen Magia» lesen, «welche in Liecht der Natur eine Lehrmeisterin vnd der gantzen natürlichen Philosophiae aller vollkommenste Wissenschafft ist». Und dieses Lesen beruht auf dem Erkennen von Ähnlichkeiten, das von äußeren Merkmalen ausgeht und durch «Vergleichung von Form und Figur» die «Erkanntnuß» der inneren Kräfte der Dinge ermöglicht. Der Weg zu Jacob Böhmes Signaturen- und Natursprachenlehre ist vorgezeichnet.

Nach der grundsätzlichen Einleitung behandelt Croll die Signaturen der «Gewächse, mit welchen sie sich mit den Gliedern deß Menschlichen Leibs vergleichen», d. h. er sicht Ähnlichkeiten und Verwandtschaften zwischen den Signaturen der Pflanzen und Körperteilen des Menschen, wobei sich dann aus diesen Entsprechungen auf Heilwirkungen der Pflanze auf den betreffenden Körperteil nach dem Grundsatz ‹Ähnliches heilt Ähnliches› schließen läßt. Das Buch enthält auch eine Tabelle, die Korrespondenzen der Signaturen zwischen großer und kleiner Welt oder zwischen Tieren und Menschen bzw. menschlichen Eigenschaften und Tätigkeiten verzeichnet, Entsprechungen, die nach Croll in den Gegenständen selbst liegen und die gottgewollte Ordnung sichtbar machen. In einem Anhang folgen noch, «den Hermetischen Schülern vnd gantzen Chymischen Gemeinde zum besten», eine Liste der hieroglyphischen

Zeichen. Beziehungen zur Emblematik, die ebenfalls im Prager Kreis ge-pflegt wurde, liegen nahe: Eine Art allegorisch-alchemisch-musikalisches Gesamtkunstwerk und Kompendium der alchemistischen Symbolwelt legte Michael Maier Jahre nach seinem Prager Aufenthalt mit seinem Em-blembuch *Atalanta fugiens, hoc est, emblemata nova de secretis naturae chymica* (1617) vor.

Crolls Werk reiht sich mit seinem Nebeneinander von empirischer Naturbeob-achtung und spekulativem Denken bzw. spiritueller Allegorie im Anschluß an neuplatonische und hermetische Vorstellungen in die pansophischen Strömungen seiner Zeit ein. Der Begriff Pansophie (‹Allweisheit›, ‹Allwissenheit›) allerdings, eine Prägung des 17. Jahrhunderts, erhielt erst im 20. Jahrhundert seine umfas-sende Bedeutung als Sammelbegriff für dieses Konglomerat mystischer, hermeti-scher, alchemistischer und kabbalistischer Vorstellungen. Im 17. Jahrhundert diente der Begriff den Polyhistoren Johann Heinrich Alsted und Peter Laurem-berg zunächst als Bezeichnung ihres enzyklopädischen Anspruchs der Erfassung aller Wissenschaften (Alsted: *Encyclopaedia*, 1630; Lauremberg: *Pansophia sive paedia philosophica: instructio generalis [...] ad cognoscendum ambitum omnium disciplinarum*, 1633). Johann Amos Comenius, der bei Alsted studiert hatte, wei-tete den Begriff der Pansophie aus zu einer den Gesamtbereich des Wissens umfas-senden Weisheit, die mit wissenschaftlichen Mitteln zu erreichen sei. Ermöglicht wird das durch die Gottebenbildlichkeit des Menschen und die daraus resultie-rende Teilhabe an der göttlichen Weisheit. Comenius faßte sein pansophisches Programm 1637 in den *Praeludia* zusammen, die zwei Jahre später den neuen Titel *Prodromus pansophiae* erhielten. Es handelt sich um ein universales pädagogisches Programm, das die beklagte Zerstückelung von Bildung und Wissenschaft zu überwinden und zu einer «allumfassenden Erkenntnis der Dinge» hinzuführen sucht, zur «Pansophia, d.h. zur vollen, allumfassenden, in sich und mit allem ko-härenten Weisheit». Dadurch werde dann der Geist des Menschen das, was er wer-den soll, nämlich «das Ebenbild des allwissenden Gottes» («pansophi Dei imago»). Das Erziehungsprogramm, das auch auf die englische puritanische Revolution wirkte, mündet in eine alle Spaltungen der Gegenwart überwindende Friedens-utopie.

2. Johann Valentin Andreae und die Rosenkreuzer

Während in den späteren Jahren seines Lebens die Klage über den Zerfall der alten Ordnungen stärker in den Vordergrund seiner Zeit- und Kir-chenkritik trat, hatte der württembergische Theologe Johann Valentin Andreae in seiner Jugend mit weit ausgreifenden Reformkonzepten auf die Umbruchszeit vor dem Dreißigjährigen Krieg reagiert, beeinflußt von Johann Arndts Vorstellungen von einem vertieften, gelebten Christen-tum, dem Genfer Modell calvinistischer Sittenstrenge, humanistischen Sozietätsgedanken sowie mystischen, schwärmerisch-spiritualistischen und kabbalistischen Strömungen. Ausdruck fanden die Reformbestre-bungen zunächst in einer Reihe von anonymen Rosenkreuzerschriften.

Die erste, *Fama fraternitatis, Oder Brüderschafft / des Hochlöblichen Ordens des R. C.*, erschien zusammen mit der Übersetzung einer Satire Traiano Boccalinis aus den *Ragguagli di Parnaso* (1612–13), die der Ausgabe den reißerisch-programmatischen Titel gab: *Allgemeine vnd General Reformation, der gantzen weiten Welt. Beneben der Fama fraternitatis, Deß Löblichen Ordens des Rosenkreutzes / an alle Gelehrte vnd Häupter Europae geschrieben* (1614). Ein Jahr später folgte die die erste Schrift kommentierende und auslegende *Confessio fraternitatis, Oder Bekanntnuß der löblichen Bruderschafft deß hochgeehrten Rosen-Creutzes*, 1616 schließlich die allegorische Erzählung *Chymische Hochzeit: Christiani Rosencreütz. Anno 1459.*

Die Rosenkreuzerschriften haben ihren Ursprung im Tübinger Freundeskreis Andreaes. Obwohl er sich ausdrücklich nur als Autor der *Chymischen Hochzeit* zu erkennen gab und später insbesondere die *Fama fraternitatis* verurteilte, gilt seine Verfasserschaft als wahrscheinlich und seine Haupturheberschaft am Rosenkreuzermythos als sicher. Dargestellt wird dieser vor allem in der *Fama*, die die Geschichte des Christian Rosenkreuz erzählt – der Name spielt auf das Familienwappen Andreaes an –, der vor 120 Jahren gestorben sei, nachdem er im Orient die Geheimnisse des Mikro- und Makrokosmos ergründet und diese nach seiner Rückkehr nach Deutschland an wenige Gleichgesinnte weitergegeben habe. Die geheime Fraternität entwickelte eine «Magische Spraache und Schrifft mit einem weitleufftigen Vocabulario» und zeichnete ihr geheimes Wissen für die «posteritet» auf, heilte Kranke und ging schließlich auseinander, nachdem jeder der Brüder «ein vollkommen discurs der heimlichen und offenbahren Philosophy» erlangt hatte. Die Mitglieder der Bruderschaft verpflichteten sich, die Vereinigung 100 Jahre (in späteren Ausgaben 120 Jahre) geheimzuhalten. Mit der scheinbar zufälligen Entdeckung des Grabes von Christian Rosenkreuz durch einen Bruder der dritten Generation ergeht nun in der bevorstehenden Endzeit die Aufforderung an Gleichgesinnte, sich in der Hoffnung auf eine allgemeine Umwälzung der Bruderschaft anzuschließen und im Geist der paracelsischen Philosophie und Theosophie im Buch der Natur zu lesen, das durch den Sündenfall verlorene Wissen wieder zu gewinnen, falschen Theologen, Philosophen und alchemistischen Goldmachern abzusagen und auf der Basis einer neuen Universalwissenschaft für eine zweite, umfassende Reformation zu sorgen. Dabei bekennt sich die Bruderschaft ausdrücklich zur lutherischen Konfession; Beziehungen ihrer Gedankenwelt zu chiliastischen, kabbalistischen und vor allem neuplatonisch-paracelsischen Vorstellungen bleiben davon unberührt.

Weitergeführt wurden diese Gedanken u. a. in Werken des Arztes Daniel Mögling (*Pandora sextae aetatis, sive speculum gratiae*, 1617; *Speculum sophicum rhodo-stauroticum*, 1618), des alchemistischen Schriftstellers und allegorischen

Emblematikers Michael Maier (*Lusus serius*, 1616; *Atalanta fugiens, hoc est, emblemata nova de secretis naturae chymica*, 1617; *Silentium post clamores*, 1617; *Symbola aureae mensae duodecim nationum*, 1617; *Themis aurea*, 1618; *Viatorium, hoc est, De montibus planetarum septem seu metallorum tractatus*, 1618) und des englischen Arztes und Naturphilosophen Robert Fludd (*Utriusque cosmi maioris scilicet et minoris metaphysica, physica atque technica historia*, 1617).

Andreae bezeichnete die *Fama* später als «ludibrium», d. h. als Posse oder Spielwerk, und bezog sich möglicherweise darauf, daß seine fiktive Bruderschaft für Wirklichkeit genommen wurde und – statt zu einer Auslese der Besten zu führen – eine Vielzahl von Scharlatanen, Phantasten und Weltverbesserern auf den Plan rief. Doch zeigt die große Resonanz auch, daß Andreae und seine Tübinger Freunde mit ihrer Kritik an Wissenschaft und Kirche, mit der Hoffnung auf eine Erneuerung von Religion, Wissenschaft und Gesellschaft in christlichem Geist für viele sprachen. Dabei ist auch ein Zusammenhang mit den von der Kurpfalz ausgehenden politischen Bestrebungen nicht auszuschließen (Frances A. Yates), zumal der Heidelberger Hof den esoterischen Strömungen aufgeschlossen gegenüberstand und eine Reihe von Mitgliedern des Prager Kreises nach dem Tod Rudolfs II. hier Zuflucht fand. Dem von seinen Rosenkreuzerschriften ausgelösten publizistischen «Chaos» – von 1614 bis 1622 erschienen an die 200 Antwortschriften – setzte Andreae seine Schrift *Turris Babel sive judicorum de fraternitate rosaceae crucis chaos* (1619) entgegen, in der er sich von diesem Treiben distanzierte; doch an den Vorstellungen einer «Generalreformation» und einer wahren christlichen Gesellschaft hielt er weiterhin fest.

Einen anderen Charakter als die programmatischen Rosenkreuzerschriften *Fama fraternitatis* und *Confessio fraternitatis* trägt die märchenhafte allegorische Erzählung *Chymische Hochzeit: Christiani Rosencreütz*. Die Handlung umfaßt sieben Tage, von Gründonnerstag bis Mittwoch nach Ostern. Sie setzt mit der Einladung zu einer «heimlichen und verborgenen Hochzeit» ein, Beginn einer Folge von Prüfungen, die den Helden Christian Rosenkreuz von Stufe zu Stufe zur wahren christlichen Erkenntnis führt. Im Verlauf dieser Prüfungen zeigt sich, daß die Einweihung in die höchsten Geheimnisse der Natur und das wahre Christentum allein den vom göttlichen Geist erfüllten, begnadeten Menschen gewährt wird, während die anderen geladenen Gäste den Aufgaben nicht gewachsen sind, Täuschungen anheimfallen und scheitern. Die Prosaerzählung, in die immer wieder Gedichte und Lieder eingefügt sind, stellt sich als eine Reihe von esoterisch dunklen Bildern und Vorstellungen aus den verschiedensten Bereichen dar (Neuplatonismus, Kabbala, Mystik, Alchemie), die den zur «Hochzeit» führenden Prüfungs- und Erkenntnisweg beschreiben und durch diesen zugleich strukturiert werden. Die alchemistischen Verrätselungen, die den Vorgang als Transmutationsprozeß beschreiben, sind nur Mittel zum Zweck, stehen als Chiffren dafür, daß allein dem von göttlichem Geist erfüllten wahren Christen tiefere Einblicke in die göttliche Schöpfung möglich sind.

3. Jacob Böhme; Wirkungen

Um 1610 hatte Jacob Böhme eine Vision, die ihm, wie er 1621 in einem Brief an den Beuthener Zolleinnehmer Caspar Lindner schrieb, plötzlich «die Pforte eröffnet» habe: «Dann ich sahe und erkante das Wesen aller Wesen, den Grund und Ungrund: Item, die Geburt der H. Dreyfaltigkeit, das Herkommen und den Urstand dieser Welt, und aller Creaturen durch die Göttliche Weisheit: Ich erkante, und sahe in mir selber alle drey Welte, als (1.) die Göttliche Englische oder Paradeisische; Und dann (2.) die finstere Welt, als den Urstand der Natur zum Feuer; Und zum (3.) diese äussere, sichtbare Welt, als ein Geschöpf und Ausgeburt, oder als ein ausgesprochen Wesen aus den beyden inneren geistlichen Welten. Ich sahe und erkante das gantze Wesen in Bösem und Guten, wie sich eines von dem andern urständete [...].»

Mit diesem Erlebnis ging Böhme zwölf Jahre um, bis ihm die «Auswikkelung», die Umsetzung des Geschauten in Sprache, möglich wurde. Wie ein «Platzregen» – «was der trift, das trift er» – kamen ihm die Bilder. So entstand 1612 sein erstes Werk, *Morgen Röthe im auffgang* (Titel des Autographs von 1612), das bald in mehreren Kopien zirkulierte. Der Görlitzer Pastor Primarius Gregor Richter wandte sich 1615 an den Rat der Stadt, der Böhme ermahnte, «von solchen Sachen abzustehen». Das Manuskript wurde konfisziert, Böhme selbst als ‹Enthusiast› gebrandmarkt, einem Glaubensverhör unterzogen und mit Schreibverbot belegt, das er seit 1618 allerdings ignorierte. Das geschah möglicherweise im Zusammenhang mit den politischen Hoffnungen, die sich an Friedrich V. von der Pfalz knüpften. In der kurzen Zeit der Herrschaft Friedrichs als böhmischer König, 1619–20, hielt sich Böhme in Prag auf, wo er u. a. mit seinem Anhänger Johann Theodor von Tschesch, Rat Friedrichs, verkehrte und in «Send-Briefen» apokalyptische Andeutungen von Krieg, Sterben und bevorstehendem Untergang Babels machte («und scheinet vor uns, als sey die Zeit alsobalde vorhanden»).

Die Maßnahmen gegen Böhme waren deswegen so rigoros, weil sich die Görlitzer Orthodoxie einer Reihe von bedrohlichen Herausforderungen gegenübersah. So hatte der Paracelsismus Fuß gefaßt, Vertreter des ‹linken Flügels› der Reformation wie Caspar von Schwenckfeld oder Valentin Weigel hatten hier und unter dem lausitzischen Landadel der Umgebung ihre Anhänger, wie denn auch insgesamt die politische Lage im Grenzgebiet zwischen dem lutherischen Sachsen und den habsburgischen katholischen Gebieten im Osten und Süden den verschiedensten religiösen Strömungen (Calvinisten, Täufer, Mährische Brüder, Schwenckfeldianer) einen gewissen Freiraum bot. Böhme hatte Kontakte mit diesen Gruppen und mit humanistischen Gelehrten und Ärzten der Stadt; er war nicht der arme, einsame schlesische Sucher, sondern lebte in einer Umgebung, in der die Gedankenwelt verschiedener spiritualistischer Strömungen und der Kabbala, der Alchemie und des Paracelsismus entscheidend die Diskussion bestimmte und damit seinen Interessen entgegenkam.

Jacob Böhme (1575 Alt-Seidenberg bei Görlitz – 1624 Görlitz) stammte aus einer offenbar recht wohlhabenden Bauernfamilie, erlernte aber wegen seiner schwachen Gesundheit das Schuhmacherhandwerk. Als Meister erwarb er 1599 das Bürgerrecht und Hausbesitz in Görlitz; später verlegte er sich durchaus erfolgreich (und nicht immer gesetzestreu) mit seiner Frau auf den Handel mit Garn und Leder. Finanziell abgesichert konnte er sich so, unterstützt von einflußreichen Freunden, seinen Interessen und seinem Werk widmen. In Schwierigkeiten geriet er noch einmal, als 1624 trotz des Druckverbots *Der Weg zu Christo* erschien. Es blieb bei einer Verwarnung. Wenig später starb Böhme nach einer Reise an den Dresdener Hof.

Böhme beschreibt im 19. Kapitel der *Morgen-Röte im Aufgangk* (Titel der ersten vollständigen Druckfassung, 1656) den Ausgangspunkt seines Werkes. Es ist die Erschütterung des ptolemäischen Weltbilds, die ihn angesichts der Unermeßlichkeit des Universums die Frage nach der Wohnung Gottes stellen läßt, wie er denn im Himmel «hoch über den Sternen […] allein da innen sein sonderliches wesen [habe] / und regiere nur allein in Krafft seines H. Geistes in dieser Welt», und zugleich als persönlicher Gott dem Menschen nahe sein könne. Durch diese Gedanken sei er «endlich gar in eine harte melancholey und traurigkeit gerathen», die durch die Betrachtung der ganzen Schöpfung und das dadurch aufgeworfene Theodizeeproblem nur noch bestärkt worden sei: «Weil ich […] befand / daß in allen dingen böses und gutes war / in den Elementen so wol als in den Creaturen / und daß es in dieser Welt dem gottlosen so wol ginge als dem fromen / auch daß die Barbarischen Völcker die besten Länder innen hätten / und daß ihnen das glücke noch wol mehr beystünde / als den fromen.» Aus dieser «trübsahl» habe er «als in einem grossen sturme» mit Gottes Liebe und Barmherzigkeit gerungen, bis ihn dieser erleuchtet habe: «alsbald nach etlichen harten stürmen ist mein geist durch der Höllen Porten durchgebrochen biß in die innerste Geburth der Gottheit / und alda mit lieb umbfangen worden / wie ein Bräutigam seine liebe Braut umbfähet.» Aus diesem mystischen Erlebnis, diesem «der Aufferstehung von den todten» vergleichbaren «triumphiren in dem geiste» und der daraus resultierenden umfassenden Schau der Schöpfung in ihrer alle Widersprüche auflösenden Einheit, sei der Wille erwachsen, «das Wesen Gottes zu beschreiben».

Daraus entsteht ein umfassender, sprachmächtiger Schöpfungsmythos, eine Art Kommentar zur Genesis, in dem sich mystische Erfahrungen mit alchemistisch-paracelsischen und kabbalistischen Vorstellungen verbinden: «Die Wurtzel oder Mutter der Philosophiae, Astrologiae und Theologiae» nannte Böhme selbstbewußt sein erstes Werk im Untertitel, wie er denn überhaupt Demutsgesten mit einem nicht geringen Sendungsbewußtsein verband. Philosophie handelt «von der göttlichen krafft / waß GOtt sei / und wie im wesen GOttes die Natur / sternen und elementa beschaffen seind / und woher alle ding seinen ursprung hat»; Astrologie befaßt sich mit «den kräfften der Natur / der sternen und elementen, wie daraus alle Creaturen seind herkommen / und wie dieselben alles treiben / regieren und in allem würcken / und wie böses und gutes durch sie gewürcket wird in Menschen und thieren»; Theologie schließlich spricht vom Reich Christi, dem höllischen Reich und der Bestimmung der Menschen: wie sie «durch den Glauben und geist können der höllen reich überwinden / und Triumphieren in göttlicher krafft» bzw. wie sie sich «durch die würckung der höllischen qualität selbst in die verderbung» werfen. Wenn Böhme dann noch den Titel seines Buches als «Mysterium» bezeichnet, das sich in Kürze offenbaren werde, meint er – im Anschluß an Luther – das bevorstehende Weltende: die Morgenröte als Anbruch des Jüngsten Gerichts, die die Hinweise auf die (freie) Entscheidung des Menschen zwischen Gott und Teufel um so dringlicher erscheinen lassen.

Böhme führte die Ansätze seines eher bildlich als begrifflich entworfenen dualistischen bzw. dialektischen Systems mit seinen Widersprüchen und ihrer Aufhebung in Gott seit 1618 in einer Reihe großer Schriften weiter. Zu diesen zunächst bis auf eine Ausnahme ebenfalls nur handschriftlich verbreiteten Werken zählen u. a. – Titel nach der Gesamtausgabe von 1730 – *De tribus principiis, oder Beschreibung der Drey Prinzipien göttliches Wesens* (1619), *Mysterium pansophicum, oder Gründlicher Bericht von dem Irdischen vnd himmlischen Mysterio* (1620), *Sex puncta theosophica, oder Von sechs Theosophischen Puncten hohe und tiefe Gründung* (1620), *De signatura rerum, oder Von der Geburt und Bezeichnung aller Wesen* (1622) und *Mysterium magnum, oder Erklärung über Das Erste Buch Mosis, Von der Offenbarung Göttlichen Worts durch die drey Principia Göttliches Wesens, auch vom Ursprung der Welt und der Schöpfung* (1622/23), *De electione gratiae, oder Von der Gnaden-Wahl* (1623) und – das einzige zu Lebzeiten gedruckte Werk – *Der Weg zu Christo* (1624; in späteren Ausgaben auch unter dem Obertitel *Christosophia* erschienen). Theologisch wurzelt Böhmes Schaffen im lutherischen Glauben und seiner Konzepte (*sola fide, theologia crucis*); der Institution der Kirche allerdings, der «Maur-Kirchen» oder «steinerne Kirchen», gilt in ihrem jetzigen Zustand seine heftige Kritik. Die wahre Kirche ist Christus, heißt es wie bei Sebastian Franck und den Spiritualisten. Die Befreiung von einer in der Orthodoxie erstarrten Kirche und das Betonen der Erkenntniskraft und Würde des Menschen gehen zusammen mit der absoluten Abhängigkeit von Gott. Göttliche Gnade und Erleuchtung vorausgesetzt, hat der Mensch die Fähigkeit, die Geheimnisse und Wunder der göttlichen Schöpfung zu erkennen und zu beschreiben: «Also hat nun der Mensch den Gewalt von dem unsichtbaren Worte GOttes empfangen zum Widerausssprechen, daß er das verborgene Wort der Göttlichen Scientz wieder in Formungen und Schiedlichkeit ausspricht, auf Art der zeitlichen Creaturen», heißt es in der Vorrede zum *Mysterium magnum*, seinem umfangreichsten Text.

Die naturmystischen Vorstellungen konkretisierte Böhme in der Signaturenlehre und dem daraus folgenden Konzept von der «Natursspraache» in der Abhandlung *De signatura rerum: Das ist / Bezeichnung aller dingen / wie das Innere vom Eusseren bezeichnet wird* (Titel der ersten Druckausgabe, Amsterdam 1635). Die Schrift steht unter dem Einfluß von Paracelsus, der wiederholt von den «zeichen der natur» gesprochen hatte und dessen Gedanken u. a. von Oswald Croll aufgenommen und weitergeführt worden waren. Böhme versteht die Schöpfung als ein Sich-Offenbaren des göttlichen Wesens. Gott hat in der Schöpfung Sprachzeichen, «Signaturen», hinterlassen, die gelesen werden wollen und dank der Erkenntniskraft des Menschen («ein gantz bilde Gottes oder deß Wesens aller wesen») im Zustand der Erleuchtung auch gelesen bzw. zum Klingen gebracht werden können. Dabei geht es ihm im Unterschied zu Paracelsus oder Croll weniger um Form und Figur, als vielmehr – das göttliche Wort hat den Schöpfungsprozeß in Gang gesetzt – um den «hall», um den Wortklang. Es

«ist kein ding in der natur das geschaffen oder gebohren ist / es offenbahret seine innerliche gestalt auch eusserlich / dann das innere arbeit stets zur Offenbahrung / als wir solches an der krafft vnd gestaltniß dieser Welt erkennen / wie sich das einige wesen mit der außgebährung in der begierde hat in einem gleichniß offenbahret wie es sich hat in so viel Formen vnnd Gestaltniß offenbahret [...] / darumb ist in der Signatur der gröste verstand / darinnen sich der Mensch (alß das Bild der grösten tugend) nicht allein lernet selber kennen / sondern er mag auch darinnen / das Wesen aller Wesen lernen erkennen / dann an der eusserlichen gestaltniß aller Creaturen / an jhrem trib vnd begierde / item an jhrem außgehenden hall / stim vnd spraache / kennet man den verborgnen Geist / dann die natur hat jedem dinge seine spraache (nach seiner Essentz vnd gestaltniß) gegeben / dann auß der Essentz vhrständet die spraache oder der hall [...]: ein jedes ding hat seinen Mund zur offenbarung / vnd das ist die Natursspraache / darauß jedes ding auß seiner eigenschafft redet / vnd sich immer selber offenbahret [...].»

Böhmes spekulative Lehre von der Natursprache fiel im weiteren Verlauf des Jahrhunderts bei einer Reihe von Dichtern und Sprachtheoretikern auf fruchtbaren Boden. Sie steht auch noch hinter dem Anspruch

Quirinus Kuhlmanns, in seiner Dichtung mit Hilfe einer hermetischen Metaphorik und kabbalistischer Sprach- und Zahlensymbolik den göttlichen Zustand der Sprache wiederherstellen zu können – wie er denn überhaupt der Böhme-Lektüre die entscheidende Wende in seinem Leben, die Erkenntnis seiner Berufung, zuschreibt. Auch Abraham von Franckenberg, der erste Biograph Böhmes, verweist in einem Brief vom August 1644 auf die Aufgabe, «alte ursprüngliche Natursprache widerumb hervohr» zu suchen, also beispielsweise «nach art der Kabalisten» die Eigenschaft der Wörter zu ‹anatomieren›, so daß man schließlich «auch immer weiter auf den grund und ewigen heiligen wortverstand als in das große geheimnis deß eingefleischten worts Jesu Christi wird gelangen».

Franckenbergs 1637 in lateinischer Sprache konzipierte Böhme-Biographie erschien in deutscher Übersetzung zuerst in der Ausgabe des *Mysterium magnum* von 1640 (*Kurtze erinnerung Des Lebens vnd Wandels Jacob Böhme*). Die 1651 entstandene zweite Fassung in deutscher Sprache wurde dann Bestandteil der großen Gesamtausgaben (*De vita et scriptis oder Historischer Bericht Von dem Leben und Schriften Jacob Böhmens*) und prägte das Böhmebild für lange Zeit. Die Biographie beruht, so Franckenberg, auf Gesprächen mit Böhme («aus dessen eigenem Munde») und Nachrichten von Freunden, und sie verleiht durch Erzählungen von wunderbaren Ereignissen dem Leben des «in GOtt selig-ruhenden Teutschen Wunder-Mannes» und Propheten die Aura des Außergewöhnlichen und Übersinnlichen. So sehr die Biographie zur Legendenbildung beitrug, so wenig verschwieg sie die Verständnisschwierigkeiten, die Böhmes Texte bereiteten: «muß man es dem Geist GOttes […] für diese Zeit also heimgestellt seyn lassen, bis eines und anders bey künftiger Auswicklung besser erkant, und dem Würdigen eröffnet werden möchte».

Daß Böhmes Werke eine breite Resonanz finden konnten, ist zunächst das Verdienst seiner schlesischen Anhänger und Freunde, die Abschriften seiner Schriften weitergaben und so schließlich auch Druckausgaben ermöglichten. Zwar konnten trotz des Druckverbots einige Texte ohne Orts- und Verlagsangaben in Deutschland erscheinen – so auch das einzige zu Böhmes Lebzeiten veröffentlichte Werk *Der Weg zu Christo* (1624) –, doch entscheidend für die weitere Verbreitung des Böhmeschen Werkes wurden die im religiös freieren Amsterdam, Zufluchtsort zahlreicher Dissidenten, seit den dreißiger Jahren erschienenen Einzel- und Sammelausgaben. Die erste Gesamtausgabe gab hier Johann Georg Gichtel 1682 in 15 Teilen heraus (*Des Gottseeligen Hoch-Erleuchteten Jacob Böhmens Teutonici Philosophi Alle Theosophische Wercken*). Von den Spiritualisten- und Sektiererkreisen in den Niederlanden, aber auch in England wirkten die Gedanken des Philosophus Teutonicus wieder zurück nach Deutschland. Hier erwiesen sich vor allem die Pietisten empfänglich für Böhme und seine Gedankenwelt. Gottfried Arnold widmete ihm ein einflußreiches Kapitel in seiner *Unparteyischen Kirchen- und Ketzer-Historie* (1699–1700), und Friedrich Christoph Oetinger sorgte für seine Wirkung im schwäbischen Pietismus (*Aufmunternde Gründe zu Lesung der Schrifften Jacob Boehmens*, 1731), die wiederum auf die deutsche Romantik ausstrahlte. Verbesserte Neuauflagen der Amsterdamer Gesamtausgabe (Hamburg 1715, Leiden 1730) hielten Böhmes Texte verfügbar.

Franckenbergs eigenes Schaffen ist neben Böhme dem Spiritualismus des 16. Jahrhunderts, kabbalistischen Überlieferungen und der mittelalterlichen Mystik verpflichtet. Seine Naturauffassung verweist auf paracelsische Traditionen. Außerdem zeigt sein Werk durchaus Merkmale späthumanistischer Gelehrsamkeit, die sich u. a. an seinen philologisch-editorischen Interessen und seinem persönlichen und brieflichen Umgang (z. B. mit Athanasius Kircher oder Georg Philipp Harsdörffer) erkennen lassen. Franckenberg, nominell Lutheraner, wandte sich in irenischem Geist entschieden gegen die Kirchenspaltung und charakterisierte seine eigene Religion so: «ego sum religionum COR, i. e. Catholicae, Orthodoxae, Reformatae». Er war ein entschiedener Gegner orthodoxer Glaubensverfestigungen und der traditionellen aristotelischen Gelehrsamkeit, denen er Vorstellungen einer auf innere Erneuerung und die mystische Vereinigung mit Gott gerichteten Lebensführung sowie die theosophische Konzeption einer Verbindung von Natur- und Gotteserkenntnis entgegensetzte. Die Kritik an der Mauerkirche thematisierte er u. a. in *Jordans Steine* (1636; Druck 1684), während er in *Vita veterum sapientum Das ist: Weg der alten Weisen* (1639; Druck 1675) mit einer Sammlung von Bibelstellen zu einer wahren, inneren Frömmigkeit anzuleiten suchte. Seine mystischen Vorstellungen formulierte er in der Schrift *Mir Nach. Das ist / Eine Ernstliche und Träuhertzige Ermahnung [...] Zu Heiligem und GOttsehligem Wandel in dem Forbilde und der Nachfolge Jesu Christi, Durch eine Stümme in der Wüsten* (1637; Druck 1675), die auch Sprüche, Gedichte und Lieder enthält. Kabbalistische Zahlenmystik betrieb er im ungedruckten *Sephiriel* (1631); für sein naturmystisches Denken, das über die Betrachtung der Wunder der Schöpfung zu einer gründlicheren «Erkändtnuß Gottes und der Natur» hinführen wollte, steht sein ‹astrosophischer Discurs› *Oculus sidereus Oder / Neu-eröffnetes Stern-licht und Ferngesicht* (1644), zugleich ein Zeugnis der Kopernikus- und Giordano-Bruno-Rezeption. Geistliche, nicht (al)chemische Medizin lehrt das erbauliche Buch *Raphael oder Artzt-Engel* (1639; Druck 1676). Zu einem Korpus von unechten Werken Franckenbergs, die das Nachwirken seines Konzepts einer Verbindung von Natur- und Gotteserkenntnis unterstreichen, gehört auch die u. a. Böhmes pansophischem Gedankengut und chiliastischen Vorstellungen verpflichtete Schrift *Oculus aeternitatis Das ist Geistliche Erkäntnüs Gottes / Oder Schrifftmässige Erklärung viel und grosser Gottseligen Geheimnüsse* (1677).

Franckenberg (1593 Schloß Ludwigsdorf bei Oels/Schlesien – 1652 ebd.) lebte nach einer akademischen Ausbildung zurückgezogen auf dem Familiengut Ludwigsdorf, unterbrochen von einem durch den Krieg bedingten Aufenthalt in Danzig (1642–49). Er übernahm keine öffentlichen Aufgaben und Ämter, wohl auch, um Konflikte mit der lutherischen Orthodoxie und der habsburgischen Politik zu vermeiden. Zu seinem Freundeskreis zählten u. a. Johann Theodor von Tschesch, Daniel Czepko und Johannes Scheffler; ihnen vermittelte er auch – eine direkte innerschlesische Rezeptionslinie – die Gedankenwelt Böhmes und die sie prägenden mystischen und hermetischen Traditionen, die wiederum in ihrer Dichtung fruchtbar wurden. Mit Scheffler verband ihn in den letzten Lebensjahren eine freundschaftliche Beziehung; er vererbte ihm einen Teil seiner Bibliothek.

4. *Christian Knorr von Rosenroth*

Das kleine Herzogtum Sulzbach in der Oberpfalz war im Kontext der erbitterten konfessionellen Auseinandersetzungen und Zwangsmaßnahmen im Deutschen Reich des 17. Jahrhunderts ein Ausnahmefall. Hier war es Herzog Christian August gelungen, ein ungewöhnliches religiöses Toleranzmodell zu verwirklichen und überdies den Sulzbacher Hof im Lauf seiner langen Regierungszeit (1645–1708) durch die Berufung bedeutender Gelehrter und Künstler zu einem kulturellen Zentrum zu machen. Nach Ende des Dreißigjährigen Krieges führten die ungeklärten religiösen Verhältnisse 1652 zu einem Vertrag, der Protestanten und Katholiken gleiche Rechte zuerkannte (Simultaneum): Die Kirchen konnten von beiden Konfessionen benutzt werden, die Kircheneinkünfte, Schulen und andere kirchliche Einrichtungen wurden aufgeteilt. Der protestantische Herzog trat aus politischen Erwägungen 1656 zum Katholizismus über; die Toleranzpolitik änderte das nicht. Vielmehr förderte der gebildete und kulturell vielseitig interessierte Herzog auch noch die Gründung einer jüdischen Gemeinde in Sulzbach und erteilte jüdischen Buchdruckern Privilegien zur Errichtung von Druckereien; 1669 wurde das erste hebräische Buch in Sulzbach gedruckt. Eine Edition des hebräischen Urtextes des Buchs *Sohar* der Kabbala finanzierten gemeinsam Herzog Christian August, Christian Knorr von Rosenroth und Franciscus Mercurius van Helmont (*Liber Sohar sive collectanea de dictis & gestis R. Schimeon Filii Jochai*, 1684).

Christian Knorr von Rosenroth (1636 Alt-Raudten/Schlesien – 1689 Gut Großalbersdorf bei Sulzbach) stammte aus einem protestantischen Pfarrhaus. Von 1655 an studierte er in Leipzig u. a. Theologie, Philosophie, Medizin und Sprachen; 1660 wurde er mit einer Arbeit über römische Münzen zum Magister promoviert. Nach einer Bildungsreise nach Frankreich, Holland und England trat er 1668 als Hofkanzleirat (seit 1687 Kanzleidirektor) in den Dienst des Sulzbacher Hofes und gehörte damit dem höchsten Verwaltungsgremium des Territoriums an. 1677 wurde er in den erblichen Freiherrenstand erhoben. Die Verbindung zu Sulzbach stellte wohl der flämische Wissenschaftler Franciscus Mercurius van Helmont her, den Knorr auf seiner Bildungsreise kennengelernt hatte und der gute Beziehungen zum Sulzbacher Herzog unterhielt.

Es war wohl nicht zuletzt die aufgeklärte, kulturell interessierte Atmosphäre am Sulzbacher Hof, die Knorr trotz seines wachsenden Ansehens und seiner weiten europäischen Verbindungen in Sulzbach hielt. Zugleich hatte er selbst durch seine Arbeiten und seine Beziehungen zu zahlreichen Gelehrten des In- und Auslandes wesentlichen Anteil an der Entwicklung der kleinen Residenzstadt zu einem bedeutenden kulturellen Zentrum. Seine Interessen galten insbesondere der wissenschaftlich fundierten Pflege hermetisch-kabbalistischer Traditionen sowie religiösen, naturphilosophischen und alchemistischen Themen. Er verstand sich als Vermittler dieser europäischen Überlieferungen. Sein Werk besteht daher vor allem aus Übersetzungen und Kommentaren. In den wenigen dichterischen Texten äußern sich die gleichen naturkundlichen und religiösen Neigungen. Das zeigen seine geistlichen Lieder (*Neuer Helicon mit seinen Neun Musen*, 1684) mit ihren mystischen Zügen und geistlichen Naturbetrachtungen ebenso wie die Friedensutopie *Conjugium Phoebi & Palladis* (1677), eine mit großem allegorischen Aufwand inszenierte Gelegenheitsdichtung («Chymisches Pracht-Spiel») zur Hochzeit Kaiser Leopolds – seiner dritten – mit der Pfalzgräfin Eleonora Magdalena Theresia.

Knorrs Interesse am Judentum findet in seinem ersten größeren eigenen Werk, einem Apokalypse-Kommentar, seine theologische Begründung. Die *Eigentliche Erklärung über die Gesichter der Offenbarung S. Johannis* (1670) ist ein origineller Beitrag zur Auslegung der apokalyptischen Visionen des Johannes. Um die mehrdeutige Bildlichkeit der Apokalypse zu enträtseln, in der Gott den Verlauf der Weltgeschichte als Kampf zwischen Gut und Böse in verschlüsselter Form offenbart hat, dekonstruiert Knorr gleichsam den Text, ordnet ihn in seinen bildlichen und begrifflichen Zusammenhängen neu und deutet ihn dann mit allen Mitteln der Exegese und symbolischer Denkweisen im Hinblick auf das Friedensreich Christi als Ziel der Geschichte. Das bedeutet auch die Überwindung der Gegensätze zwischen den Konfessionen und zwischen Juden- und Christentum, d. h. daß einerseits das Judentum im Christentum aufgeht, andererseits das Christentum sich auf seine jüdischen Wurzeln besinnt und sie anerkennt. Wie die Überwindung aller Spaltungen das Ziel darstellt, so geht diesen umgekehrt eine auf göttlicher Offenbarung beruhende ursprüngliche Einheit voraus. Diese Auffassung begründet auch den Wert jüdischer Überlieferungen für Knorr, der damit die vom Florentiner Neuplatonismus des 16. Jahrhunderts angeregten und u. a. von Johannes Reuchlin weitergeführten humanistischen Versuche aufnimmt, die gemeinsamen Momente jüdischer, altägyptischer, antiker und christlicher Glaubensvorstellungen und Traditionen herauszuarbeiten.

Die kritische Basis dafür lieferte Knorr von Rosenroth, wohl zusammen mit van Helmont und jüdischen Gelehrten, mit dem in zwei Bänden

1677/78 und 1684 erschienenen Kompendium zur jüdischen mystischen Tradition: *Kabbala denudata seu doctrina Hebraeorum transcendentalis et metaphysica atque theologica.* Es enthält eine Vielzahl unterschiedlicher Texte – Lexikon, Traktate, Kommentare, Tafeln usw. –, die sich vor allem auf das *Buch Sohar (Buch des Glanzes)* beziehen, einen Kommentar zu den fünf Büchern Mose. Der *Sohar* gilt Knorr von Rosenroth in Übereinstimmung mit jüdischen Gelehrten als Werk eines Rabbiners aus dem 2. Jahrhundert (Schimon Bar Jochai); es wurde aber wohl zum großen Teil von Moshe de Leon im 13. Jahrhundert kompiliert und vertritt den jüdisch-spanischen Beitrag zur Kabbala. Die Datierung in die Frühzeit des Christentums fügt sich in Knorrs Vorstellung, daß in der Kabbala ursprüngliches, Juden- und Christentum verbindendes Wissen aufgehoben sei. Den Zugang zur kabbalistischen Überlieferung und insbesondere zum *Buch Sohar* zu ermöglichen bzw. zu erleichtern und die europäische Gelehrtenwelt für die Beschäftigung mit dieser vernachlässigten Tradition zu gewinnen, war der Zweck des handbuchartigen Unternehmens. Im Erscheinungsjahr des zweiten Bandes erschien dann auch der hebräische Text des *Liber Sohar.*

Neben einer Übertragung eines Werkes seines Freundes van Helmont (*Kurtzer Entwurff des Eigentlichen Natur-Alphabets der Heiligen Sprache*, 1667) und seiner Beteiligung an einer Boethius-Übertragung (*Christlich-Vernunfft-gemesser Trost und Unterricht / in Widerwertigkeit und Bestürtzung*, 1667) unterstreichen drei große Arbeiten Knorrs übersetzerische Leistung. Die erste – «aus dem Englischen und Lateinischen / mit Beyfügung der Lateinischen Kunstwörter / in die reine Hochteutsche Sprache übersetzt» sowie mit «ungemeinen Anmerkungen erläutert» – geht auf ein Original des englischen Arztes Thomas Browne aus dem Jahr 1646 über «Vulgar and Common Errors» zurück: *Pseudodoxia epidemica, Das ist: Untersuchung derer Irrthümer / so bey dem gemeinen Mann / und sonst hin und wieder im Schwange gehen* (1680). Ebenfalls 1680 erschien Knorrs deutsche Bearbeitung eines naturkundlichen Kompendiums: *Des Vortrefflichen Herren Johann Baptista Portae, von Neapolis Magia naturalis, oder Haus Kunst- und Wunder-Buch.* Wenn er auch Della Portas Text von 1589 vielfach vorsichtig korrigierte und durch sein eigenes Fachwissen bereicherte, so teilte Knorr den Ansatz des Neapolitaners: Diesem ging es – wenn auch nicht immer mit Erfolg – darum, die Naturphänomene rational zu erklären, also auf chemische, mechanische oder physiologische Ursachen zurückzuführen bzw. zu ihrer Erforschung beizutragen und so Aberglauben, Vorurteilen und Wundersucht entgegenzutreten.

Die Widerlegung von Vorurteilen – bzw. einer als verfehlt angesehenen medizinischen Schule – ist auch der Ausgangspunkt von Johann Baptist van Helmonts *Ortus medicinae* (1648), dessen Druck sein Sohn Franciscus Mercurius, Knorrs Freund, nach dem Tod des Vaters besorgt hatte. Knorr übertrug das lateinische Werk 1683, ergänzt um Erweiterungen aus der niederländischen Fassung: *Aufgang der Artzney-Kunst / Das ist: Noch nie erhörte Grund-Lehren von der Natur / zu einer neuen Beförderung der Artzney-Sachen / so wol Die Kranckheiten zu vertreiben / als Ein langes Leben zu erlangen.* Van Helmont wendet sich gegen «die Irrthümer der Schulen», d. h. der galenischen Medizin mit ihrer Säftelehre, und nimmt statt dessen Anregungen der Alchemisten und Paracelsisten auf, verbindet aber diese empirisch-experimentelle Orientierung mit einer mystisch-religiösen Fundierung und der Auffassung von der Notwendigkeit göttlicher Erleuchtung und Gnade als Grundlage medizinischen Wissens und medizinischer Praxis. Knorrs Anmerkungen beschränken sich auf Paracelsus-Zitate, Erklärungen von dunklen Stellen und Fachtermini sowie Anweisungen zur Herstellung und Anwendung von Heilmitteln; die ‹übersinnlichen› Aspekte von van Helmonts Lehre bleiben unkommentiert. Sie standen wohl auch einer größeren Wirkung des Werkes in Deutschland und Frankreich entgegen, während es in England zu einem regelrechten Helmontismus kam.

VI. HEXENLITERATUR

Die Verfolgung von sogenannten Hexen setzte mit Macht in den letzten Jahrzehnten des 16. Jahrhunderts ein und erreichte in der Folgezeit eine im Vergleich zur mittelalterlichen Praxis neue, epidemische Dimension. Begleitet wurde sie von einer umfangreichen Literatur, die ihren Ausgang von dem Handbuch der Hexenverfolgung nahm, das die vom Papst zu Generalinquisitoren für Deutschland ernannten Dominikaner Heinrich Institoris und Jakob Sprenger 1487 veröffentlicht hatten. Es ist kein Zufall, sondern Ausdruck kirchlich sanktionierter offener Frauenfeindlichkeit, daß der Titel dieses Werks, *Malleus maleficarum* (*Hexenhammer*), die weibliche Form verwendet, während die als Begründung der Verfolgungen immer wieder herangezogene Bibelstelle (2. Mose 22, 18) in der Fassung der Vulgata das (beide Geschlechter bezeichnende) Maskulinum benutzt: «Maleficos non patieris vivere». Luthers Übersetzung des Satzes – «Die Zeuberinnen soltu nicht leben lassen» – bestätigt konfessionsübergreifend dieses Vorurteil. Dabei nimmt der *Hexenhammer* nur alte kirchliche Traditionen auf, wenn er die Frau als «animal imperfectum» bezeichnet und schreibt: «Also schlecht ist das Weib von Natur, da es schneller am Glauben zweifelt, auch schneller den Glauben ableugnet, was die Grundlage für die Hexerei ist.» Und Johann Praetorius, Sammler von Rübezahlsagen und Autor der unkritischen Kompilation *Blockes-Berges Verrichtung* (1668) deutet den (nach Luthers Übersetzung wiedergegebenen) Satz aus dem 2. Buch Mose ganz im Sinn der herrschenden Praxis: «das Gesetz Gottes hat damit wollen zuverstehen geben / daß Manns-Personen mehrentheils weniger mit dieser Sucht behafftet sind / und daß an stat eines Mannes wol funfftzig Weiber damit beschleppet zu finden.»

Zu den Standardwerken, die die Praxis der Hexenverfolgung juristisch und theologisch zu begründen suchen und sich im wesentlichen auf die Autoritäten, d. h. die Buchtradition, stützen, gehören Bücher wie *De la démonomanie des sorciers* (1580; dt. von Johann Fischart 1581) des französischen Staatsrechtlers und Absolutismustheoretikers Jean Bodin, der *Tractatus de confessionibus maleficorum et sagarum*, 1589; dt. 1590) des Trierer Suffraganbischofs Peter Binsfeld und – wie Bodins Werk auch im 17. Jahrhundert häufig nachgedruckt – die *Disquisitionum magicarum libri VI* (1599) des in den katholischen Niederlanden wirkenden Jesuiten Martin Delrio (Del Rio). Sorgte Delrio für die theologische Untermauerung der Hexenprozesse, so der angesehene Leipziger Jurist Benedikt

Carpzov für die juristische mit seinem bis weit ins 18. Jahrhundert immer wieder aufgelegten Buch über das sächsische Strafrecht (*Practica nova rerum criminalium Imperialis Saxonica*, 1635). Daneben erschienen zahlreiche weitere Schriften und Predigten von Autoren aller Konfessionen, die die Obrigkeiten zum Vorgehen gegen die angeblichen Hexen und Zauberer aufforderten. Gegenstimmen aus dem 16. Jahrhundert wie die medizinisch-wissenschaftlich argumentierenden Bücher der Ärzte Johann Weyer (*De praestigiis daemonum*, 1563; dt. 1565) und Johann von Ewich (*De sagarum natura, arte, viribus ac factis*, 1584; dt. 1585), die die Hexenberichte als Phantasien und als krankhafte Einbildungen klassifizieren, oder die Kritik des Juristen Johann Georg Godelmann (*De magis, veneficiis et lamiis recte cognoscendis et puniendis*, 1591; dt. 1592) an den Hexenprozessen und der Untauglichkeit der Folter zur Wahrheitsfindung hatten keine Wirkung.

Die Verfechter des Hexenglaubens und der Hexenprozesse bestimmten im 17. Jahrhundert fast unangefochten die öffentliche Meinung, während zugleich die Zahl der Hexenprozesse ständig zunahm und in den zwanziger Jahren ihren Höhepunkt erreichte. Angesichts der herrschenden Hysterie und der damit verbundenen Gefahren ist es um so bemerkenswerter, daß zwischen 1602 und 1635 immerhin vier Schriften gegen die Hexenprozesse erschienen – danach bis 1701 keine mehr –, wenn auch nur mit mäßigem buchhändlerischen Erfolg. Es sind dies ein *Gründlicher Bericht von Zauberey vnd Zauberern* (1602; erweitert 1613) des calvinistischen Pfarrers Antonius Praetorius, der im Titel auf den *Hexenhammer* anspielende *Malleus Iudicum, Das ist: Gesetzhammer der vnbarmhertzigen Hexenrichter* (um 1628–30), Werk eines anonymen katholischen Autors, Friedrich Spees lateinische *Cautio criminalis, seu de processibus contra sagas liber* (1631) und Johann Matthäus Meyfarts *Christliche Erinnerung / An Gewaltige Regenten / vnd Gewissenhaffte Praedicanten / wie das abschewliche Laster der Hexerey mit Ernst außzurotten / aber in Verfolgung desselbigen auff Cantzeln vnd in Gerichtsheusern sehr bescheidentlich zu handeln sey* (1635). Im Rahmen eines größeren Werkes, der vierbändigen *Universalis theologia scholastica, speculativa, practica* (1626–27), hatte sich auch der Jesuit Adam Tanner, Professor in Innsbruck, kritisch mit den Hexenprozessen auseinandergesetzt; Spee übernahm Argumente und Zitate aus diesem Werk.

Gemeinsam ist allen Gegnern der Hexenprozesse, daß sie nicht den Glauben an Hexen zu widerlegen, sondern die institutionellen Mängel und die völlige Untauglichkeit, Ungerechtigkeit, Gefährlichkeit des Verfahrens bloßzustellen suchen. Adressaten sind daher vor allem die Obrigkeiten, die – statt die Prozesse zuzulassen oder zu fördern – gegen sie bzw. ihre Pervertierung einschreiten sollten. Im Fall von Spees Buch kann man Erfolge vermuten: Johann Philipp von Schönborn, der Spee 1631/32 in Köln kennengelernt hatte, beendete nach seinem Amtsantritt (1642 Bischof von Würzburg, seit 1647 in Personalunion auch Kurfürst und Erzbischof von Mainz) die Hexenprozesse, die gerade im Bistum Würzburg schreckliche Ausmaße angenommen hatten; und Königin Christine von Schweden ließ 1649 die Prozesse in den von Schweden besetzten Gebieten verbieten, nachdem der in schwedischen Diensten stehende Feldprediger Johann Seifert die *Cautio criminalis* 1647 auszugsweise ins Deutsche übersetzt hatte.

Die erste Ausgabe der *Cautio criminalis* erschien 1631 in Rinteln, ohne Verfasserangabe («incerto theologo romano», von einem unbekannten römisch-katholischen Theologen) und ohne Approbation der jesuitischen Ordenszensur. Ein Jahr später folgte eine wahrscheinlich von Spee selbst verbesserte neue Ausgabe dieses «pestilentissimus liber» (Johannes Pelking, Weihbischof von Paderborn, in einem Brief vom 14. Mai 1631). Der gerafften deutschen Version von Johann Seifert (*Gewissens-Buch: Von Processen Gegen die Hexen An Alle Hohe Obrigkeiten in Teudtschlandt*, 1647, die auf der ersten Auflage basiert, folgte 1649 eine vollständige deutsche Übersetzung von Hermann Schmidt, Rat des Grafen zu Nassau-Siegen: *Cautio criminalis [...]. Das ist: / Peinliche Warschawung von Anstell: vnd Führung deß Processes gegen die angegebene Zauberer / Hexen vnd Vnholden: An die Obrigkeit Teutscher Nation*. Diese Übersetzung nahm der Thomasius-Schüler Johann Reiche ebenso wie das Werk Meyfarts in seine Sammlung *Unterschiedliche Schrifften Von Unfug Des Hexen-Processes* auf (Bd. 1, 1703). Neben weiteren lateinischen Ausgaben im 17. und 18. Jahrhundert erschienen Übersetzungen ins Niederländische (1657) und Französische (1660). Spees Verfasserschaft blieb außerhalb des Ordens bis zum Anfang des 18. Jahrhunderts unbekannt.

Spees Text ist äußerlich ein juristischer Traktat, gegliedert in 51 «Fragen», die dann – in einzelne Punkte zerlegt und durch Einwürfe unterbrochen – abgehandelt werden. Im ersten «Dubium» räumt Spee zwar die Existenz von Zauberern und Hexen ein, aber die folgende Auseinandersetzung mit der Praxis der Hexenprozesse und den daran beteiligten Institutionen und Personen stellt den Ausgangspunkt indirekt, aber doch deutlich und mit Leidenschaft in Frage. Spee vermeidet weitgehend theoretische Diskussionen, sondern setzt sich mit dem juristischen Verfahren auseinander, das in jeder Beziehung ungeeignet sei, Hexen zu identifizieren, wie Vernunft und eigene Erfahrung bestätigten. Während Hexerei im Mittelalter vorwiegend mit Schadenzauber verbunden war, erhielt das Verbrechen nach der Hexenlehre des *Malleus maleficarum* eine neue Dimension, die durch den Umgang mit dem Teufel – Teilnahme am Hexensabbat, Pakt und Geschlechtsverkehr mit dem Teufel – als Bündnis gegen Gott aufgefaßt wurde. Hexerei galt daher nun als *crimen exceptum*, als Sonderverbrechen, das besonderen Prozeßregeln unterlag.

Es war ein Inquisitionsprozeß, bei dem ein bloßer Verdacht bzw. eine entsprechende Denunziation zur Verhaftung ohne förmliche Anklage genügte, bei dem die Angeklagten keinerlei Rechte besaßen, sie also weder ihrem Ankläger gegenübertreten noch einen Anwalt nehmen durften. Im Hexengefängnis waren sie den Henkersknechten ausgeliefert; niemand sonst hatte Zutritt. Das Geständnis war einzige Voraussetzung für eine Verurteilung zum Feuertod. Folter war in allen Graden erlaubt, handelte es sich doch um ein Verbrechen gegen Gott und um den Kampf gegen den Teufel. Der Prozeß führte in jedem Fall zum Tod, entweder durch ein erzwungenes Geständnis oder durch die Folter. Vom Vermögen der Opfer profitierten Hexenrichter, Henker und Denunzianten.

Spee beschreibt das Verfahren und seine Konsequenzen in allen Einzelheiten, spricht von unmenschlichen, habgierigen Richtern, von Verfahrensfehlern und dem Versagen der Obrigkeiten, von der Blindheit und Dummheit der Gelehrten, Beichtväter und Prediger, von Unwissenheit und Aberglauben des Volkes usw. Entscheidender Punkt bleibt jedoch die Anwendung der Folter. Spee wirft den Richtern, Beichtvätern und Buchgelehrten vor, daß sie keine Vorstellung von der menschlichen Natur hätten, daß die unmenschlichen Qualen bzw. die Angst davor jedes Geständnis wertlos machten. In der 49. Frage argumentiert er gegen die Vorstellung, daß ein unter Folter erfolgtes Geständnis die Richtigkeit der Denunziation bezeuge, und schlägt den Richtern eine Art Selbstversuch vor:

«Daß die Mehrzahl der Denunzierten wirklich Hexen gewesen sind, ist mit ihren späteren Geständnissen nicht genügend bewiesen. [….] Wäre doch eine Denunzierte, die sich nicht schuldig bekennen wollte, eine Närrin, denn man wird sie mit endlosen Folterqualen zwingen, sodaß sie schließlich unterliegt, und wenn sie das nicht tut, dann wird man sie als verstockte Hexe lebendig verbrennen. […] Sie wissen gewiß alle nicht, wie furchtbar die Gewalt der Folter ist, die in Ruhe und Muße ihren Hirngespinsten nachhängen und harten, grausamen Sinnes niemals eine Vorstellung gewonnen haben, was für Schmerzen die Folterwerkzeuge verursachen. Nicht aus böser Absicht, nur aus aufrichtigster christlicher Liebe zu ihrem eigenen Besten und zum Heil ihrer Seelen wünschte ich, es käme ihnen in den Sinn, nur für ein halbes Viertelstündchen die Folter ein wenig versuchen zu wollen und sozusagen einen Vorgeschmack von ihr zu bekommen, ehe sie sich daran machen, diese widerwärtigen Streitigkeiten über das Verhalten der Angeklagten auf der Folter zu erörtern.» (Übersetzung von Joachim-Friedrich Ritter)

Erst die Folter habe aus der Hexenverfolgung eine Epidemie werden lassen. Denn durch die auf der Folter erzwungenen weiteren Denunziationen ziehe das Verfahren immer weitere Kreise. Die neuen Opfer, heißt es in der 51. und letzten Frage, «müssen dann wieder andere, und diese ebenfalls andere anzeigen, und so immer fort. Wer sieht nicht, daß das unendlich weitergehen muß?» Den Richtern bleibe letztlich nichts anderes übrig, «als die Prozesse abzubrechen und ihr eigenes Verfahren zu verurteilen, sonst müssen sie schließlich auch ihre eigenen Angehörigen, sich selbst und alle Welt verbrennen lassen. Denn zuletzt werden die falschen Denunziationen jeden erreichen, und wenn ihnen nur die Tortur nachfolgt, dann wird sie ihn als Missetäter erweisen.» Die eigene Erfahrung als Beichtvater führt den Jesuitenpater zu dem Urteil, daß er «jedenfalls bis jetzt noch keine verurteilte Hexe zum Scheiterhaufen geleitet habe, von der ich unter aller Berücksichtigung aller Gesichtspunkte aus Überzeugung hätte sagen können, sie sei wirklich schuldig gewesen».

Die äußere Form und logische Argumentationsstruktur bilden einen entschiedenen Kontrast zur leidenschaftlichen Anteilnahme mit dem Schicksal der Verlorenen, zum tiefen Mitleid und zum gerechten Zorn gegen die Verantwortlichen und ihre Helfer. «Unglückliche, was hast du gehofft?», heißt es an einer Stelle im letzten «Dubium», einer fiktiven Rede an eine unschuldig Verhaftete, in Wirklichkeit ein emotionaler Schlußappell an die Leser und die Verantwortlichen: «Nimm meinen Rat an, erkläre dich noch vor aller Marter für schuldig und stirb. Entrinnen wirst du nicht. Das ist letzten Endes die unselige Folge des frommen Eifers Deutschlands», eines blinden Eifers, der letztlich zum Untergang der Gesellschaft führen werde und – Spee ist schließlich Seelsorger für alle – «das Selenheil aller Obrigkeiten und Fürsten» in große Gefahr bringe. Der Traktat wird stellenweise zur Predigt.

Seine Überzeugungskraft gewinnt das Buch durch die Person des Autors, der sein Ich einbringt, als Augenzeuge berichtet, von seinen Erfahrungen und Erlebnissen spricht, von seiner Tätigkeit als Beichtvater von verurteilten Frauen. Dadurch erhält der Traktat einen autobiographischen Subtext, der von jemandem berichtet, der ursprünglich ganz von der Existenz von Hexen und der Notwendigkeit von Hexenprozessen überzeugt war, dann aber auf Grund persönlicher Erfahrungen zu zweifeln begann, die Absurdität der wirklichkeitsfremden «theologischen Tüfteleien» der gelehrten Theoretiker des Hexenwesens erkannte und es als seine Pflicht ansah, den Bedrängten zu helfen und die Verantwortlichen von der Notwendigkeit der Beendigung der unmenschlichen Praxis zu überzeugen: «Aufrichtig gesprochen, ich weiß schon längst nicht mehr, wieviel ich den Autoren, die ich früher voller Wißbegierde immer wieder eifrig las und hoch schätzte, dem Remigius [*Daemonolatreiae libri tres*, 1595], Binsfeld, Delrio und den übrigen überhaupt noch glauben kann. Ihre ganze Lehre stützt sich ja nur auf mancherlei Ammenmärchen und mit der Folter herausgepreßte Geständnisse. Gott weiß es, wie oft ich das unter tiefen Seufzern in durchwachten Nächten überdacht habe und mir doch kein Mittel einfallen wollte, der Wucht der öffentlichen Meinung Einhalt zu gebieten, bis die Menschen unvoreingenommen und von Leidenschaften ungetrübt die Sache gründlicher überdenken könnten.» Die *Cautio criminalis* ist auch die Darstellung eines persönlichen Erkenntnisprozesses.

Spees protestantischer Kollege Johann Matthäus Meyfart kannte die *Cautio criminalis*, dazu auch das Werk Tanners und anderer Kritiker der Hexenprozesse. Hauptgegner unter den Autoritäten ist für ihn Delrio. Die Argumentation in seiner *Christlichen Erinnerung* entspricht trotz des vorsichtig formulierten Titels weitgehend der Spees und wendet sich gegen die Form des Prozesses, gegen die Brutalität und sexuellen Übergriffe der Henkerknechte und vor allem gegen die Unmenschlichkeit und juristische Untauglichkeit der Folter. Kritik gilt den Hexenrichtern und ihrem Verfolgungseifer ebenso wie der Duldung durch die Obrigkeiten und dem Verhalten der Geistlichen, die von den Verurteilten Schuldbekenntnisse erwarteten statt auf die Wahrheit zu hören: «Die Hencker quelen nur den Leib / solche Geistliche quelen die Seele.» Auch wenn am Ende Reformvorschläge gemacht werden, Meyfarts Ziel ist unverkennbar die Abschaffung der Prozesse, die – selbst wenn man die Existenz von Hexen einräumt – vor allem Unschuldige treffen. Er zitiert das Gleichnis vom Unkraut unter dem Weizen (Matthäus 13, 24–30) und folgert daraus: «Wenn keinem Menschen gebühret / neben dem Vnkraut / auch den guten Weitzen wegzuschaffen / gebühret auch keiner Obrigkeit / neben den Bösen auch die Frommen hinzurichten / fürnemlich / so keine Mittel vorhanden / der Frommen allein zu verschonen vnd die Bösen allein zu straffen.»

Die für die Durchführung von Hexenprozessen Verantwortlichen und ihre Helfer lassen nicht nur Mitleid und Barmherzigkeit vermissen, indem sie Körper und Seele von Gottes Geschöpfen aufs grausamste zerstören. Sie sind de facto Werkzeuge des Teufels, dessen Einfluß sie durch die Verfolgungen einzudämmen glauben: «[...] ich bin der Meinung / gleichwie die hochgebenedeyte Dreyeinigkeit die lieblichste Ordnung gehalten / den menschlichen Leib zuerschaffen: Also hat der Teuffel die vnfletigste Ordnung gestiftet in der Tortur / das herrlichste Geschöpf zu verstören.» Wie Spee erinnert Meyfart die Obrigkeiten und die Hexenverfolger daran, daß sie ihr Seelenheil aufs Spiel setzen, und er steigert diese Mahnung in einer Art *peroratio* zu einer eindrucksvollen Höllenvision, die den «Inquisitoren, Officialen, Commissarien, Hexenmeister / Ober-Schultheiß / Schultheiß / CentRichter / Centgraff / Schösser / Castner / etc.» ihre Untaten vor Augen stellt und ihnen schreckliche Dinge ankündigt:

«Vnterdessen brechen die Gedanken loß / zertrümmern die Stätte des Verstandes vnd des Willens / lauffen vnd rennen / eylen vnd fahren / wüten vnd toben / durch alle Sinnen vnd Kräfften. Von vnten blasen die Wirbelwinde / vnd führen die tyrannischen Worte: Von oben sausen die Sturmwinde / vnd werffen die tyrannische Thaten: In der Mitte fliehen die Hagelwinde / vnd stossen die tyrannischen Begierden. Die Wort / welche die ruchlosen Hexenmeister geredet / die Thaten / welche die ruchlosen Hexenmeister verübet / die Begierden / welche die ruchlosen Hexenmeister geführet vnd gebilliget haben. Endlich rauschet die elende Seele dahin / außgeheischet von Teuffeln / gezerret von Teuffeln / geschleppet von Teuffeln / verspottet von Teuffeln / verspeyet von Teuffeln / zerschlagen von Teuffeln / beschryen von Teuffeln / vermaledeyet von Teuffeln.»

Im Unterschied zur äußerlichen Zurückhaltung und Stringenz der Argumentation, die sich Spee mit der Wahl der Traktatform auferlegt, ergreift Meyfart leidenschaftlich mit allen Mitteln der rhetorischen Kunst der Affekterregung Partei, appelliert durch detaillierte Beschreibungen etwa der Verwüstungen des menschlichen Körpers, die die Folter anrichtet, oder durch die anschauliche Erzählung der Vorgänge, die eine unschuldige Frau zum Opfer machen, an das Mitgefühl seiner Leser, während er andererseits den selbstzufriedenen Hexenrichter beim Essen im Rahmen seiner Familie zeigt. Auch wenn Meyfarts Hexenschrift inhaltlich nicht über seinen Vorgänger Spee hinausgeht, mit ihrer rhetorischen Sprachkunst, ihrem persönlichen Engagement und ihrer Leidenschaft gehört sie zu den bedeutenden Dokumenten der Menschlichkeit in einer finsteren Zeit, ausgezeichnet auch dadurch, daß sich Meyfart durch den Gebrauch der deutschen Sprache über den gelehrten Diskurs hinaus ungeschützt an eine breitere Öffentlichkeit zu wenden wagte.

Während sich in England und den Niederlanden bereits früher aufklärerisches Denken in der Hexenfrage durchgesetzt hatte, dauerte es in Deutschland bis zur Wende zum 18. Jahrhundert, ehe der Hexenglaube als Wahn entlarvt wurde. Eine juristische Niederlage war der Anstoß für Christian Thomasius, in die Debatte um die Hexenprozesse einzugreifen. In einem Gutachten hatte er 1694 – gestützt auf die Autorität Carpzovs – die Frage bejaht, daß eine einzige, unter der Folter erzwungene Denunziation die Tortur der beschuldigten Frau erlaube: «Warumb? Ich hatte es so gehöret und gelesen, und der Sache nicht ferner nachgedacht», urteilte er später selbstkritisch. Die juristische Fakultät der Universität lehnte das Gutachten ab; auch bei einem *crimen exceptum* sei eine einzelne Beschuldigung nicht ausreichend. Thomasius reagierte, indem er sich nun intensiv mit dem Thema beschäftigte und 1701 seine Abhandlung *De crimine magiae* veröffentlichte, die sein Schüler Johann Reiche 1704 ins Deutsche übersetzte (*Kurtze Lehr-Sätze von dem Laster Der Zauberey*).

Thomasius verwirft nicht nur die von Spee angeprangerte Praxis der Hexenprozesse – «Der Auctor Cautionis Criminalis von den Processen wider die Hexen wird recommendiret», heißt es in einer Überschrift –, sondern er bestreitet auch ihre Grundlage, indem er erweist, «daß kein Laster der Zauberey sey». Thomasius bestreitet zwar nicht die Existenz des Teufels, aber Geister hätten keinen Einfluß auf materielle Dinge, könnten keine leibhaftige Gestalt annehmen und also beispielsweise keine Bündnisse mit Menschen eingehen oder sexuellen Verkehr haben. Entsprechende Geständnisse seien durch «die greulichen und entsetzlichen Martern erzwungen worden» oder Wahnvorstellungen. Hexerei ist ein fiktives Verbrechen.

Unbeirrt von Angriffen lutherisch-orthodoxer Geistlicher setzten Thomasius und seine Schüler die Aufklärungsarbeit fort. Reiche gab eine zweibändige Sammlung mit kritischen Hexenschriften heraus (*Unterschiedliche Schrifften Von Unfug Des Hexen-Prozesses / Zu fernerer Un-*

tersuchung der Zauberey, 1703; *Fernerer Unfug der Zauberey / Aus ge-
lahrter Leute Schriften*, 1704). Wohl ebenfalls aus Thomasius' Schülerkreis
stammt die *Dissertatio de tortura* (1705), die entschieden für die Abschaffung der Folter plädiert, und Thomasius selbst ließ 1712 eine Abhandlung
folgen, die sich mit der Geschichte des Inquisitionsprozesses gegen Hexen befaßt: *De origine ac progressu processus inquisitorii contra sagas*,
noch im selben Jahr auf Deutsch erschienen unter dem Titel *Historische
Untersuchung Vom Ursprung und Fortgang Des Inquisitionsprocesses
Wieder die Hexen / Worinnen deutlich erwiesen wird / daß der Teuffel /
welcher nach buhlet / und sie auff den Blockers-Berg führet / nicht über
anderthalb hundert Jahr alt sey.* Zwei Jahre später erließ der preußische
König Friedrich Wilhelm I., Thomasius' Landesherr, ein *Edict wegen Ab-
stellung der Mißbräuche bey denen Hexen-Processen*, das die Prozesse
den lokalen Gerichtsherren entzog und schließlich zu ihrer Abschaffung
überhaupt führte (letzte Hexenverbrennung in Preußen 1728; letzte Hinrichtung einer ‹Hexe› in Deutschland 1775 in Kempten, in Europa 1782
im Schweizer Kanton Glarus).

VII. AUTOBIOGRAPHISCHE LITERATURFORMEN

Es gibt ein breites Spektrum autobiographischer Literaturformen im 17. und beginnenden 18. Jahrhundert: Autobiographien, Tagebücher, Mischformen verschiedener Art. Generelle Aussagen über Zahlen, Verfasser (-innen), Zweck und Intention sind allerdings problematisch. Die Erschließung der zum großen Teil ungedruckten Texte steht noch in den Anfängen; zudem ist mit zahlreichen Verlusten bzw. noch unentdeckten Manuskripten zu rechnen. Das mangelnde Interesse an der autobiographischen Literatur dieser Epoche, sieht man vom speziellen Fall des Pietismus ab, hatte auch damit zu tun, daß hier wenig Vergleichbares zu den großen bürgerlichen Selbstdarstellungen des späten 15. und frühen 16. Jahrhunderts bzw. den autobiographischen Zeugnissen der Goethezeit mit ihrem Akzent auf Kategorien wie Entwicklung und Geschichte eines Individuums zu entdecken war.

Auch wenn das autobiographische Schreiben eine gewisse Bildung voraussetzt, bleibt es nicht auf die mittleren und höheren Stände beschränkt. Angehörige des Hochadels gehören ebenso zu den Verfasserinnen bzw. Verfassern autobiographischer Literatur wie Nonnen, akademisch gebildete Bürger, Handwerker oder Soldaten. Da sind auf der einen Seite etwa die umfangreichen Tagebücher hessischer Landgräfinnen des 17. Jahrhunderts zu nennen, die im festen Rahmen der Hofgesellschaft zunächst eher stereotyp familiär-dynastische und höfische Gegebenheiten registrieren, dann aber auch zunehmend Selbstaussagen zulassen, auf der anderen Seite die nüchternen, ideologiefreien Aufzeichnungen eines namenlosen, aber nicht ungebildeten Söldners, dessen Leben als Illustration des simplicianischen Mottos dienen könnte, «daß Unbeständigkeit Allein beständig sey». Die Mehrzahl der Autobiographien stammt jedoch von Angehörigen der Bildungsschicht, von Autoren, die auf eine ‹gelehrte› Ausbildung, d. h. mindestens Lateinschule, zurückblicken konnten. Frauen bilden, soweit man den bisher ermittelten Zahlen vertrauen kann, eine deutliche Minderheit.

Die Motive für das Verfassen autobiographischer Texte wie Lebensbeschreibungen oder Tagebücher sind vielfältig. Neben dem Festhalten und Weitergeben von Familientraditionen spielen nicht zuletzt apologetische Gründe eine wichtige Rolle, aber auch zunehmend direkt oder indirekt die Tendenz zur Selbstvergewisserung des eigenen Ich und so profane Dinge wie Bewerbungen oder der Gedanke, der künftigen Leichenpredigt vorzuarbeiten. Daneben stehen Klosterchroniken, die zugleich Zeugnisse einer gewissen persönlichen Entwicklung der Autoren bzw. Autorinnen sein können. Mit dem Pietismus tritt dann – mit weitreichenden Folgen und unter starker Beteiligung von Frauen – eine neue Form der autobiographischen Bekenntnisliteratur in den Vordergrund. Zu Lebzeiten der Autoren gedruckt wurden vor allem religiös motivierte apologetische oder polemische Texte.

Zunächst bewegt sich das autobiographische Schrifttum des 17. Jahrhunderts im Rahmen älterer Traditionen: Haus- und Familienbücher, private Chroniken, Rechnungs- und Geschäftsbücher, aber auch Reiseberichte und -tagebücher bilden die bevorzugte Form bzw. den Rahmen für autobiographische Mitteilungen. Dabei verbinden sich Berichte über äußere Ereignisse und Vorfälle oder Beschreibungen von fremden Orten und Sitten mit Nachrichten aus dem privaten Bereich: Familie, eigene Lebensgeschichte bzw. Abschnitte daraus, berufliche Laufbahn, Geschäfte usw. Gelehrte und Künstler fügen in der Regel noch ein Schriften- oder Werkverzeichnis hinzu, Dichter lassen poetische Texte einfließen. Das Interesse ist nicht auf das Ich, sondern nach Außen gerichtet, wobei die Darstellung der ‹Welt› – Personen, Gemeinschaft, Dinge, Ereignisse – ihrerseits zur Konstitution des schreibenden Ich beiträgt. Eigene Gefühle und Empfindungen werden zwar benannt, aber es bleibt in der Regel beim bloßen Registrieren auch der inneren Vorgänge. So sind Deutungen des Erlebten bzw. Berichteten oder Urteile in der Regel zunächst ebenso ausgeschlossen wie kausale Verknüpfungen. Vorherrschendes Formprinzip ist vielmehr die chronikalische Reihung, ein einfaches Nacheinander der als notierenswert angesehenen Begebenheiten (tages-, monats- oder jahrweise zusammengefaßt), wobei die Form der rückblickenden Autobiographie häufig die Benutzung von Tagebüchern erkennen läßt und dann – etwa nach Erreichen der Schreibgegenwart – vollends in eine tagebuchartig bzw. chronikalisch registrierende Darstellung übergeht.

Unter den bedeutenden Autoren – und in einer Literaturgeschichte sollte es erlaubt sein, mit ihren Texten zu beginnen – haben sich im Fall von Sigmund von Birken sowohl eine überwiegend in lateinischer Sprache verfaßte Autobiographie (*Biographia*) als auch eine Reihe von penibel geführten, im großen ganzen deutschsprachigen Tagebüchern erhalten (16 Jahrgänge zwischen 1660 und 1679). Die fragmentarische *Biographia*, im wesentlichen zwischen 1671 und 1677 entstanden, führt bis in die Jahre 1654 bzw. 1656 (Marginalien). Sie enthält neben dem Bericht über Birkens Leben und Marginalien mit Daten und Angaben zu Familienereignissen, Reisen, Werken und Einnahmen eine Reihe von deutschen und lateinischen Dokumenten und Dichtungen: die Anstellung in Wolfenbüttel betreffende Zeugnisse, Gedichte von und auf Birken, ein *Eidyllion, in Dianam* in lateinischen Versen auf die *Diana*-Übersetzung Harsdörffers, die Trauerklage des Vaters auf den Tod seiner Frau, Briefe der Mutter an die Kinder u. a. Der *Biographia* vorangestellt ist ein Stammbaum der Familie (*Prosapia*), der wie die anderen auf die Familiengeschichte bezogenen Texte der Autobiographie auf ihre Herkunft von der traditionellen Haus- und Familienchronistik verweist. Der salbungsvolle Ton etwa, mit der Birken sein Eintreten in die Welt schildert, unterstreicht die Absicht des Werkes, sein Bild bei künftigen Familiengenerationen ins rechte Licht zu setzen. In der Übersetzung des lateinischen Textes durch die Herausgeber heißt es: «durch eine leichte, glückliche und rasche Geburt wurde ich ans Licht gebracht. Dort wurde mir die Glückseligkeit zuteil, daß ich im Schoße der wahren und reinen Kirche Christi geboren wurde, und nicht als Frau, sondern als Mann, auch daß ich nicht als unvernünftiges Tier oder als Pflanze, sondern als Mensch geschaffen wurde. Und in der Tat: Vernunftlosigkeit ist zum Tod der Seele bestimmt, das weibliche Geschlecht (sein Leben, da ja ohne Wissenschaft, ist ein Tod und Grab des lebendigen Menschen) zum sittlichen Tod, die Heiden aber sind zusammen mit den Türken und Juden zum ewigen Tod bestimmt.»

Wenn man spekulieren wollte, könnte man in diesem Frauenbild einen Reflex auf die heftigen Streitigkeiten mit seiner Frau sehen, den die Tagebücher in zahlreichen Bemerkungen dokumentieren (z. B. «Ux[oris] Rixae üm 2 Uhr noctu mich gewecket, und endlich genötigt, aus dem bedte zu entweichen, da ich kaum 2 1/2 Stunden gelegen»). Die Tagebücher blikken nicht auf die Nachwelt, sondern dienen dem Privatgebrauch. Sie dokumentieren Birkens Alltag zwischen 1660 und 1679 – bis auf die fehlenden Jahrgänge 1662, 1663, 1670 und 1674 – außergewöhnlich detailliert und offen. Sie geben Auskunft über Ausgaben und Einnahmen (in Form von Geld oder Geschenken), das Leben zu Hause, über Krankheiten, den gesellschaftlichen Verkehr und Kirchen- und Theaterbesuche. Darüber hinaus notiert Birken Daten und Adressaten seiner äußerst umfangreichen Korrespondenz, erwähnt seine jeweilige Lektüre und hält die Fortschritte bei seiner dichterischen Produktion und den Korrekturarbeiten (etwa für Herzog Anton Ulrichs *Aramena*) fest. Die Eintragungen über seine Tätigkeiten als Auftragsschriftsteller, Lektor und Korrektor erklären auch, wie sich ein Schriftsteller ohne Amt und Vermögen, von einer günstigen Heirat abgesehen, ökonomisch behaupten konnte. Zusammen mit der Autobiographie entsteht so ein einzigartig dichtes Bild einer Schriftstellerexistenz und der gesellschaftlichen und ökonomischen Bedingungen ihres Schreibens; bei vergleichbaren Autoren wie etwa Philipp von Zesen fehlt außer ein paar Briefen das dokumentarische Material. Obwohl bei Birken wie in allen weltlichen autobiographischen Zeugnissen der Zeit der Blick nach Außen gerichtet ist, gibt es Momente der Selbstreflexion und Introspektion. Dazu gehört, daß er – außergewöhnlich im 17. Jahrhundert – über die Jahre mehr als fünfzig Träume notiert. Eine größere Zahl hat sexuellen Inhalt; sie schreibt Birken meist in lateinischer oder in deutsch-lateinischer Mischsprache nieder («Somn[ium] Coitus cum Ux[ore] suavi[ssi]mus, cum voto, ach daß es doch ewig wärete. Praesagium gaudij coelestis [...]»). Träume dieser Art beziehen sich nicht nur auf die Ehefrau. Daneben hält er andere private Träume fest, Träume über Bekannte, über Tiere («Ich verfolgte ein Ungeziefer im Haus [...]») oder über den Tod. Und er registriert den Erwerb eines Traumbuchs, sagt allerdings nichts über seinen Gebrauch, wie denn seine Notizen das durch den Kauf des Buches angedeutete Interesse an den Vorgängen in seinem Inneren nur registrieren, aber nicht mit Inhalten, also etwa Versuchen der Traumdeutung, füllen.

Etwa zwanzig Jahre später als Birken begann der Musiker und Romanschriftsteller Johann Beer mit der Niederschrift seiner für die Nachkommen bestimmten autobiographischen Aufzeichnungen; private Tagebücher sind nicht erhalten. Sein Text verbindet rückschauende Erzählung und Eintragungen im Chronik- bzw. Tagebuchstil. Er beginnt mit der Erzählung seiner Jugendjahre, führt die Darstellung anschließend ab dem Jahr 1670 mit blockartigen Zusammenfassungen größerer Zeiträume und von 1680 an kleinteiliger und registerartiger – aber stark lückenhaft – weiter. Mit dem Beginn der kontinuierlichen Niederschrift des überlieferten Manuskripts um 1689/90 und der Annäherung der notierten Ereignisse an die Schreibgegenwart nimmt dann die Datendichte deutlich zu, während zugleich die jeweils mit Datum versehenen Einträge immer kürzer werden. Noch auf dem Sterbebett schreibt Beer, bei einem Schützenfest versehentlich getroffen, weiter («Den 29. Julii [1700] hatte unsägliche schmerzen, welcher sich von Stund zu stund vergrösserte. Den 30.st. deßgleichen») und beglaubigt das Geschriebene als Vermächtnis an seine Familie kurz vor seinem Tod mit seiner Unterschrift («Joh. Bähr»).

Dieser Text, 1965 zuerst veröffentlicht, zeigt typische Merkmale der aus der Familiengeschichtsschreibung hervorgegangenen Autobiographik. Das gilt nicht nur für die Namensnennung und die – allerdings einmalige – Anrede an seine Kinder, sondern vor allem auch für die Tendenz zur Vermischung verschiedener Formen und Gattungen: Die Lebensgeschichte verbindet sich nicht nur mit Aufzeichnungen von Begebenheiten aus Beers privater und beruflicher Umgebung, sondern ist darüber hinaus offen für Einschübe aller Art, die gleichsam Kommentare zur lebensgeschichtlichen Darstellung geben: Gedichte, Sprüche, Epigramme, Gebete und Geschichten gehören ebenso dazu wie eine «Kurtze Beschreibung des Carol Bades» in Böhmen und insgesamt 56 Zeichnungen von im Text genannten Örtlichkeiten, Gegenständen, Figuren und Szenen. Der auffallende Befund, daß Beer kein Wort über seine Romane und Satiren verliert, wird dadurch relativiert, daß er in einem Anhang – «Folgen etliche Geschichte, welche sich hin und wieder zu meiner Zeit begeben haben» – weitere Geschichten, insgesamt 71, anfügt. Sie erweisen nicht nur Beers

Interesse an der ihn umgebenden Welt und merkwürdigen Geschehnissen, sondern berühren sich z. T. direkt mit seinem erzählerischen Werk, in dem einige der Geschichten und Gestalten sowie verschiedene Motive wiederkehren. Darüber hinaus ergibt sich eine Parallele zwischen Selbstdarstellung und autobiographischer Erzählweise in den Romanen dadurch, daß das Interesse an der Welt und an Geschichten immer wieder von der Lebensgeschichte – real oder fiktiv – und ihren moralisierenden Zügen ablenkt.

Beer legt großen Wert darauf, sein Leben als berufliche und soziale Aufstiegsgeschichte zu beschreiben. Er notiert Kompositionen und Kompositionsaufträge, jede Gehaltserhöhung, jede Beförderung, jeden fürstlichen Gunsterweis, jede wichtige Begegnung und natürlich auch die Vermehrung seines Besitzes. Die Ereignisse des Familienlebens – Geburten, Krankheiten, Todesfälle usw. – erhalten je nach Ausgang stereotype dankbare oder tröstende Zusätze: Stoßseufzer, Gebete, Wünsche etc. Dabei fehlen direkte oder indirekte Hinweise auf höhere Fügung und göttliche Fürsorge nicht, sei es, daß Beer immer mal wieder «durch Gottes Hilffe» aus höchster Gefahr errettet wird, sei es, daß Erfolge auf Tage fallen, die eine höhere Weihe suggerieren: «Anno 1684. am 17 Sontage nach Trinitatis, da man das Evangelium lieset: Wer sich erniedriget, soll erhöhet werden etc: bekame Ich von dem Fürstl Hoff aus Coburg Schrifftliche Vocation zur Capell-Meisters Stelle.»

Beers Lebensbeschreibung ist nicht die erste Autobiographie eines deutschen Musikerdichters im 17. Jahrhundert. Wolfgang Caspar Printz, Komponist, Musikschriftsteller und Verfasser satirischer Romane, beschließt seine *Beschreibung der Edelen Sing- und Kling-Kunst* (1690), die wohl älteste Musikgeschichte in deutscher Sprache, mit einem autobiographischen Kapitel («Von Dem Leben des Authoris bis in das acht und viertzigste Jahr seines Alters»), die nach dem traditionellen Muster der Gelehrtenautobiographie verfährt und sich auch polemisch mit Kritikern seiner Arbeiten – nicht zuletzt mit Johann Beer – auseinandersetzt. Eine erweiterte Form der Autobiographie ging dann in Johann Matthesons Musikern gewidmetes biographisches Sammelwerk *Grundlage einer Ehren-Pforte* (1740) ein. Dieses Werk folgt dem Beispiel einiger Gelehrtenlexika der Zeit, deren Biographien noch lebender Autoren oft auf angefordertem Material basieren und die das gewachsene Selbstbewußtsein des Standes dokumentieren (Christian Polycarp Leporin: *Jetzt lebendes gelehrtes Deutschland*, 1724; Gabriel Wilhelm Götten: *Das Jetzt lebende gelehrte Europa*, 1735–40).

Wenn Beer sein Leben als soziale und ökonomische Erfolgsgeschichte beschreibt, so entspricht das durchaus der Tendenz autobiographischer Aufzeichnungen der Frühen Neuzeit: Ziel ihrer Verfasser ist es, das eigene Leben – Bildung, Berufslaufbahn, Reisen, Familiengeschichte – in seiner über sich selbst hinausweisenden Bedeutsamkeit festzuhalten und gegenüber den Nachkommen bzw. Lesern zu legitimieren. Dabei kommen dann auch apologetische Gesichtspunkte zur Geltung, die bereits die *Lebens-*

Beschreibung des Götz von Berlichingen prägen (entstanden 1561/62, Druck 1731), und vielfach der Verteidigung religiöser Positionen und der eigenen Rechtgläubigkeit gegenüber ‹Verleumdungen› gelten. Das trifft u. a. für die ursprünglich für Herzog August von Braunschweig-Lüneburg bestimmte lateinische *Vita ab ipso conscripta* Johann Valentin Andreaes von 1642 zu (Druck 1799 [deutsche Übersetzung] bzw. 1849), die eine wüste Polemik gegen alle Nichtlutheraner mit der Verteidigung seiner Rechtgläubigkeit verbindet und dabei konsequent über problematische Aspekte des eigenen Lebenslaufs hinwegsieht.

Das Motiv der Behauptung religiöser Positionen gegen Anfechtungen und Verleumdungen ist nicht auf die Lebensläufe von Theologen beschränkt. Daß Glaubensfestigkeit in der von religiösen Streitigkeiten geprägten nachreformatorischen Ära auch dem gemeinen Mann, dem Zunfthandwerker, zum Verhängnis werden und den materiellen und sozialen Niedergang seiner Familie verursachen konnte, zeigt Augustin Güntzers *Kleines Biechlin von meinem gantzen Leben* aus den fünfziger Jahren des 17. Jahrhunderts. Es beschreibt großenteils im Rückblick – Güntzer lebte von 1596 bis etwa 1657 – in fünf Teilen Kindheit und Lehrjahre, Jugendzeit, seine Reisen als Geselle («Mein Reißbiechlin»), Ehejahre und schließlich ab 1632 im «Biechlin meines Wittwerstandts» sein Leben als Witwer, bis die Aufzeichnungen mit dem Jahr 1657 enden. Es ist ein Lebenslauf mit absteigender Tendenz, von der Sicherheit und dem Wohlstand eines zünftigen Kannengießers und Bürgers aus einer angesehenen Elsässer Familie zum vermögenslosen gesellschaftlichen Außenseiter, der sich als Zuckerbäcker und Wanderhändler über Wasser hält und diesen Niedergang vor seinen Nachkommen zu rechtfertigen sucht. Es waren die konfessionellen Wirren und das unbedingte Festhalten an seiner reformierten Konfession gegenüber Katholiken wie Lutheranern, die ihn zweimal in die Emigration und schließlich in die soziale Isolation und den wirtschaftlichen Ruin trieben. Dabei notiert er penibel die jeweiligen finanziellen Verluste und rechtfertigt sich und sein Verhalten im Licht religiöser Deutungsmuster: Wo seine Tochter und sein Schwiegersohn den «Lumppen» und «Nahren» erkennen, der ihr Erbe verspielt, sieht er sich als zweiten Hiob in der Kreuzschule eines strafenden Gottes, der die göttlichen Prüfungen in Erwartung des ewigen Lebens auf sich nimmt, sich zugleich aber auch als Streiter gegen die Feinde des wahren Glaubens, gegen die «Babisten» und «Jesuzuwider» vor allem, versteht. Er bleibt jedoch, als Reisender und Handwerker, durchaus offen für die Welt und behauptet sich als Individuum, wenn er sein Leben entgegen der Hiob-Rolle auch in Notlagen aktiv zu gestalten sucht und es noch dazu zum Gegenstand seines Schreibens macht.

Das bedeutendste Werk weltlicher weiblicher Autobiographik in der Tradition der Familien- und Hausbücher stellt die in jüdisch-deutscher

Sprache verfaßte Autobiographie der Hamburger Kauffrau Glückel (Glikl) von Hameln dar (entstanden 1690 bis 1719; Erstdruck 1896). Glückel von Hameln begann sie nach dem Tod ihres ersten Mannes, mit dem sie dreißig Jahre lang erfolgreich im Gold- und Juwelenhandel tätig gewesen war. Familiengeschichte verbindet sich mit Geschäftsgeschichte, und insofern ist auch diese Autobiographie wie die weltlichen Lebens- und Familienaufzeichnungen christlicher Provenienz eine ertragreiche sozialhistorische Quelle. Schreibmotivation ist jedoch der Umbruch in ihrem Leben durch den Tod ihres Mannes. Sie richtet sich entsprechend der Tradition der Familienchroniken an ihre zahlreichen Kinder, die ihre Herkunft kennen und zugleich Anleitung zu einem gottesfürchtigen, der Thora gemäßen Leben finden sollen. Dabei will sie die Aufzeichnungen nicht als «Moralbuch» verstanden wissen; gleichwohl sind ihre *Memoiren* – so die Übersetzung des Originaltitels *Sichronot* – eine Art moralisches Testament, dessen Niederschrift zugleich ein Akt der Selbsthilfe in einer krisenhaften Situation darstellt: «es hat mir wohl getan, wenn mir die melancholischen Gedanken gekommen sind, aus schweren Sorgen, als wir waren wie eine Herde ohne Hirt und wir unseren getreuen Hirten verloren haben.» Die Sorgen betreffen sowohl die Geschäfte wie die Versorgung der noch unverheirateten Kinder, und beides nimmt sie tatkräftig in Angriff, wenn sich auch eine zweite Ehe, die ihr einen sicheren Lebensabend ermöglichen sollte, als Fehlkalkulation herausstellt. Gebete, religiöse Reflexionen, moralisch-religiöse Belehrungen, Lebensweisheiten, Erzählungen und Bibelzitate weisen immer wieder über die Lebensgeschichte hinaus, die gleichwohl strukturierendes Element der Aufzeichnungen bleibt. Wie in anderen frühneuzeitlichen Autobiographien, geht es dabei nicht um Äußerungen von Innerlichkeit. Das Autorinnen-Ich manifestiert sich in erster Linie im Akt des Schreibens in ihren «schlaflosen Stunden».

Wichtigster Rahmen autobiographischer Äußerungen von Frauen ist jedoch seit der Mystik die Religion bzw. geschieht im Rahmen religiöser Institutionen. Neben männlichen Funktionsträgern verfassen seit dem Mittelalter Äbtissinnen oder andere Klosterfrauen Chroniken, Register und Berichte über ihre Institutionen und ihre Arbeit. Die aus dem 17. Jahrhundert bekannten Zeugnisse bieten keine Visionen, sondern nüchterne Verzeichnisse – so auch der Titel einiger Berichte –, die jedoch zugleich autobiographische Relevanz besitzen. Die bekannten Texte stammen aus der Zeit des Dreißigjährigen Krieges. Sie richten sich in ihrem chronikartigen Charakter an die Nachwelt (d. h. die nachfolgenden Schwestern) und die Klosteraufsicht. Sie enthalten Nachrichten über das Leben der Autorinnen (Klostereintritt, Funktion u. a.) und registrieren, insbesondere wenn es sich um in offizieller Funktion geschriebene Aufzeichnungen handelt, Klosterleben und -wirtschaft betreffende Einzelheiten, schildern aber auch z. T. sehr ausführlich und anschaulich Kriegsereignisse und -folgen, soweit sie das Kloster betreffen: Überfälle, Plünderungen durch Soldaten aller Parteien, Flucht vor protestantischen Truppen, Hungersnöte, Seuchen usw.

So gibt Anna Maria Junius, Nonne im Bamberger Dominikanerinnenkloster Vom Heiligen Grab, als Begründung für ihr Schreiben ausdrücklich an, daß sie das Gedächtnis der Schrecken des Krieges für die Nachwelt, d. h. für «frumbe schwestern» nach ihrer Zeit, bewahren wolle, damit diese sehen könnten, was ihre Vorgängerinnen «mit der gnad und hülff gottes haben geliedten und auss gestandten in diessen langwerigen krigs Zeiten» (*Kurze Verzeignuß was sich von Jar an 1622 alls ich […] ins Kloster zum heilligen grab bin kumen hat verlauffen und zugetragen*). Die umfangreichsten Aufzeichnungen hinterließ Clara Staiger, seit 1632 Priorin des Augustinerinnenklosters Mariastein bei Eichstätt, die von 1631 an über einen Zeitraum von mehr als 20 Jahren entstanden: *Verzaichnus Und beschreibung Wenn ich S Clara staigerin geborn. in das closter komen Und was sich die jar fürnems begeben. Und verloffen.* Es handelt sich um ein annalistisch und z. T. auch tagebuchartig geführtes Werk, das weitgehend ohne Reflexion und ohne systematische Ordnung Haushaltsbuch, Rechenschaftsbericht, Kloster-, Familien- und recht detaillierte Kriegschronik zugleich ist und dazu angesichts des Ausnahmezustandes der Kriegszeit auch der Selbstvergewisserung der Autorin dient.

Traditionelle Muster prägen die eigenhändigen autobiographischen Aufzeichnungen des lutherischen Spiritualisten Friedrich Breckling, der sich – selbst suspendiert – für andere ‹Abweichler› einsetzte und Gottfried Arnold mit entsprechendem Material für seine *Unparteyische Kirchen- und Ketzer-Historie* (1699–1700) versorgte. Die Aufzeichnungen reichen bis 1704 und beginnen als Familienchronik mit einem genealogischen Abriß und enthalten auch sonst zahlreiche sachlich notierte biographische Details, geben Aufschluß über seine Kontakte und sein umfangreiches Korrespondentennetz. Ohne besondere Ordnung steht Persönliches – nicht Privates – neben Wetterbeobachtungen und zeitgeschichtlichen Ereignissen (Kriege, Todesfälle, Katastrophen usw.). In Kometenerscheinungen, Pestepidemien, Mäuseplagen und anderem sieht er Vorzeichen der Endzeit.

Neue Impulse erhielt das autobiographische Schrifttum seit dem späten 17. Jahrhundert durch den Pietismus und verwandte Strömungen mit ihren Tendenzen zur Innerlichkeit, zur Seelen- und Selbsterforschung. Dem pietistischen Interesse an bekenntnishafter Literatur verdanken auch die autobiographischen Aufzeichnungen der Visionärin Anna Vetter ihre Veröffentlichung. Gottfried Arnold nahm ihren «lebenslauff, den sie auf begehren eigenhändig aufgeschrieben und sonst mündlich zum öfftern erzehlet», in seine *Unparteyische Kirchen- und Ketzer-Historie* auf.

Ihre Autobiographie umfaßt den Zeitraum von 1632 bis gegen Ende des Jahrhunderts. Die Tochter eines Schmieds wird früh durch Verbrennungen gezeichnet, lebt in einer Ehe mit einem trunksüchtigen und gewalttätigen Maurer und Schloßwächter in Ansbach. Nach einer Krankheit und einer Vergewaltigung durch ihren Mann hat sie, schwanger geworden, zum erstenmal eine Vision. Religion – und das Schreiben der Autobiographie – wird zum Mittel, ihr Leid zu kompensieren, sich aus der bedrückenden familiären Situation im Rahmen einer patriarchalischen Gesellschaftsordnung zu befreien. Gott befiehlt ihr zu predigen. Als sie es versucht, führen sie Kirchendiener nach Hause. Vertreter der städtischen Obrigkeit «bringen eine eiserne kette mit sich, machen ein loch durch die wand, ziehen die ketten durch, und legen sie mir an mein linckes bein». Weitere leidvolle Erfahrungen und Erleuchtungen Anfang der sechziger Jahre bestärken sie in ihrer Berufung zur Prophetin und Erlöserin, auserwählt, um die Welt und insbesondere Ansbach zu retten. Nach ihrer Befreiung von den Ketten führen Bekehrungsreisen sie auch in die nähere Umgebung. In Ansbach beansprucht sie das Pfarramt für sich.

Ihre Visionen nehmen vor allem Bilder und Muster der Apokalypse Johannis auf; daneben zeigt ihr Wortschatz die Berührung mit mystischen und frühpietistischen Schriften. Ihr Prophetentum bezieht sich dabei konkret auf die Gegenwart; sie propagiert – heftig antikatholisch – den lutherischen Glauben als den allein seligmachenden. In ihrer Rolle als gottgesandter Predigerin sieht sie den frühen Tod einiger Pfarrer als Strafe dafür, daß sie ihr nicht die Kirche überließen. Vetter predigt nicht nur, sie schreibt auch auf Gottes Befehl, und sie schreibt ausdrücklich für die Öffentlichkeit. Sie stilisiert sich einerseits als frommes Werkzeug Gottes, andererseits beansprucht sie Interesse für ihr vor allem im ersten Teil, der Kindheits- und Jugendgeschichte, ausführlich geschildertes eigenes Leben vor dem religiösen Erweckungserlebnis. Das Modell der religiösen Erweckung und Auserwähltheit wird dabei wie bei anderen Mystikerinnen zur Legitimation des Schreibens.

Mit August Hermann Franckes *Lebenslauff* (1690) erhielt die spezifisch pietistische Autobiographik ihr prägendes Muster als Bekehrungsgeschichte nach augustinischem Vorbild. Francke beginnt mit einer ausführlichen Darstellung der Studien- und beginnenden Berufslaufbahn, die dem Beispiel traditioneller Berufs- und Gelehrtenbiographien folgt, hier aber für das Verlieren in gottferner Wissenschaft steht: Ausgangspunkt einer Glaubens- und Lebenskrise, die über einen Prozeß der Selbsterforschung, über Sündenerkenntnis und innerem Ringen um den Glauben schließlich zur Erleuchtung, zum Durchbruch der göttlichen Gnade und damit zur Wiedergeburt des neuen, geläuterten Menschen führt. Sein in Stationen gegliederter und an entscheidender Stelle dramatisch zugespitzter *Lebenslauff* wurde zum Vorbild für pietistische Tagebücher und Erweckungs- und Bekehrungsgeschichten, die das erzählfreudige, detailreiche Muster allerdings vielfach auf das bloße Gerüst des Bekehrungsschemas reduzierten und die in ihrer Uniformität kaum noch individuelle Züge aufwiesen. Ein weitverbreitetes Beispiel dafür bietet die Sammlung bei-spielhafter Lebensläufe aus dem Umkreis des Pietismus, die Johann Hen-rich Reitz seit 1698 unter dem Titel *Historie Der Wiedergebohrnen* veröf-fentlichte.

Der Titel ist Programm: *Historie Der Wiedergebohrnen / Oder Exempel gottse-liger / so bekandt- und benant- als unbekandt- und unbenanter Christen / Männ-lichen und Weiblichen Geschlechts / In Allerley Ständen / Wie Dieselbe erst von Gott gezogen und bekehret / und nach vielem Kämpfen und Aengsten / durch Gottes Geist und Wort / zum Glauben und Ruh ihrer Gewissens gebracht seynd.* In immer wieder erweiterten Auflagen wuchs das Werk bis 1717 auf fünf Teile an; zwei weitere Teile anderer Herausgeber wurden 1730 und 1745 angefügt. Von den insgesamt 161 frommen Lebensläufen stammt rund die Hälfte aus dem Pietismus, die anderen sind Vorläuferinnen und Vorläufern aus ganz Europa gewidmet (My-stiker, Spiritualisten, Vertreter der Reformorthodoxie, Puritaner, Hugenotten, Quietisten usw.): Seelen-, Bekehrungs- und Bewährungsgeschichten mit erbau-licher Funktion, die die Gnadenwirkung Gottes bezeugen und zur Nachfolge er-mutigen sollen und in denen die Beschreibung des äußeren Lebensgangs immer stärker zugunsten einer allerdings stark schematisierten Darstellung des inneren Lebens und der Erfahrung des Gnadendurchbruchs zurückgedrängt wurde. Die *Historie Der Wiedergebohrnen* regte weitere Sammlungen an. Bereits 1702 ließ Gottfried Arnold *Das Leben der Gläubigen* folgen, 1733, 1735 und 1753 erschien in drei Bänden Gerhard Tersteegens Sammlung *Lebens-Beschreibungen Heiliger Seelen.*

Ein Beispiel für eine pietistische Autobiographie, die nicht als Bekeh-rungsgeschichte konzipiert ist, bietet das *Leben Frauen Joh. Eleonora Pe-tersen / [...] Von Ihr selbst mit eigener Hand aufgesetzet* (gedruckt zuerst 1689; erweiterte Fassung 1718). Denn Johanna Eleonora Petersen geb. von und zu Merlau versteht sich von Anfang an als Auserwählte: «DAmit du, geliebter Leser, wissen mögest, wie wunderbahr mich der Höchste von Jugend auf geführt, und durch so mancherley Gelegenheit zu sich gezogen, als habe ich meinen Lebens-Lauff nur mit kurtzem hiebey fügen wollen; zumahl ich, nach meines Heylandes Exempel, viele und mancher-ley Lästerungen und Lügen über mich habe müssen ergehen lassen, da es viele befremdet, daß ich bey so jungen Jahren nicht mehr mit ihnen lauf-fen wollen, in das wüste Leben», heißt es einleitend in dem autobiogra-phischen Text im Anhang ihres Erbauungsbuchs *Gespräche des Hertzens mit Gott.* Die aus einer Adelsfamilie stammende Petersen erzählt, wie sie sich allmählich von der adeligen Welt distanziert, in der Heiligen Schrift und «im Schlaffe durch göttliche Träume» «Erquickung» findet, den Dienst als Hoffräulein verläßt und Gesellschafterin bei einer frommen Witwe mit Verbindungen zu den Frankfurter pietistischen Kreisen wird. Hier im Umkreis von Spener trifft sie auch Johann Wilhelm Petersen, später selbst Verfasser einer Autobiographie (1717), für den sie ein vom Vater arrangiertes Verlöbnis mit einem Adeligen bricht und damit ihrem

Stand den Rücken kehrt. Der «Durchbruch» nimmt hier eine andere Gestalt an; Gottes Führung und Gottvertrauen resultieren ohne Glaubenskampf folgerichtig in der Absage an den «Welt-förmigen Adelstand» und der Hinwendung zu einem religiösen Leben in einem bürgerlichen Kontext. Petersen zeichnet ihre als Prüfungen verstandenen Konflikte mit der adeligen Gesellschaft nach und stellt sich – wichtiger Schreibantrieb – selbstbewußt den Verleumdungen entgegen, die die Motive ihres Verhaltens in Frage stellen. Ihr Selbstbewußtsein bezieht sie auch aus dem Prozeß der zunehmenden religiösen Erkenntnis, zu dem Träume und die Fähigkeit, verborgene Bedeutungen in Gottes Wort zu erkennen, wesentlich beitragen und sie in der Konsequenz ihrer Lebensentscheidung bestärken. Die Spannung, in der diese Haltung zum Gebot der fraulichen Demut und Zurückhaltung steht, sucht sie dadurch aufzuheben, daß sie auf Gott als die eigentliche treibende Kraft in ihrem Leben verweist und ihre Lebensbeschreibung als Exempel der Wirkung göttlicher Gnade und Lenkung verstanden wissen will. Damit rechtfertigt sie auch ihr Schreiben: Es ist eine Demutshaltung, die wohl noch lange das Selbstbild schreibender Frauen beeinflußte.

Am Wendepunkt von pietistisch-erbaulicher Seelenerforschung zur psychologisch und anthropologisch fundierten Darstellung einer individuellen Entwicklung steht Adam Bernds *Eigene Lebens-Beschreibung* (1738). Der Leipziger Prediger hatte in einer Schrift gegen orthodoxe Lehrmeinungen verstoßen – es ging um Luthers Rechtfertigungslehre – und war einer Amtsenthebung durch Rücktritt zuvorgekommen. Er veröffentlichte in der Folgezeit zahlreiche theologische Rechtfertigungsschriften, zu denen letztlich auch seine rückhaltlos offene Autobiographie zählt. 1742 ließ er eine *Fortsetzung der eigenen Lebens-Beschreibung* folgen, an die sich noch eine Darstellung der *Ursachen, warum der Autor seine Lebens-Beschreibung nicht fortzusetzen gesonnen* (1745), anschloß. Bernds Werk ist keine erbauliche Bekehrungs- oder Erweckungsgeschichte, sondern die Geschichte eines «miserablen und Jammer-vollen Lebens».

Sie beginnt mit der Darstellung einer pietistisch geprägten Kindheit, die für viele spätere Probleme verantwortlich gemacht wird. Zyklisch wiederkehrende Krisen bestimmen die weitere Gliederung dieser autobiographischen Erzählung. Die Rede ist von der Leidensgeschichte eines hypochondrischen Melancholikers, von tabuverletzenden Beschreibungen verschiedenster «Leibes- und Gemüths-Plagen», von Zwangsvorstellungen, Selbstmordgedanken und Angstzuständen sowie – bis ins intimste und unappetitlichste Detail – ihrer körperlichen Symptome. Bernd versteht die Krankheitserscheinungen als Folgen seiner melancholischen Disposition. In diesem Zusammenhang gelangt er auch zu einer Verteidigung von Selbstmördern, die gleichsam wider Willen auf Grund von

Zwangsvorstellungen den Tod suchen und daher als Kranke zu verstehen seien. Bernd sieht den Zusammenhang von körperlichen und seelischen Gebrechen und will zur Aufklärung über die Natur geistiger Erkrankungen beitragen, über die es zu seiner Zeit kaum wissenschaftliche Erkenntnisse gab. Zugleich jedoch sucht er immer wieder religiöse Deutungen für seine Leiden, und trotz aller medizinischen Maßnahmen beenden in der Regel religiöse Erlebnisse (Predigt, Beichte) die jeweilige depressive Phase.

Das Nebeneinander von empirischer Beobachtung zum Zweck der Belehrung und Aufklärung auf der einen Seite und theologischen Deutungsmustern auf der anderen macht den Übergangscharakter des Werkes deutlich: «Den Unwissenden zum Unterricht / Den Gelehrten zu weiterem Nachdenken / Den Sündern zum Schrecken / und Den Betrübten / und Angefochtenen zum Troste» heißt es auf dem Titelblatt über die Adressaten des Buches. Karl Philipp Moritz, Begründer des *Magazins zur Erfahrungsseelenkunde* (1783–93) und selbst Opfer pietistischer Sozialisation, zeigte im Gegensatz zur ablehnenden Haltung Herders und Hamanns Interesse für Bernds Autobiographie und unterstrich, nicht mehr behindert durch religiöse Erklärungsmuster, ausdrücklich die Rolle der Religion, insbesondere ihrer pietistischen Variante, als Ursache psychischer Erkrankungen.

VIII. REISEBERICHT

1. Bildungsreisen und Kavalierstouren

Bildungsreisen und Kavalierstouren deutscher Studenten, Gelehrter und Adeliger in die Niederlande, nach Frankreich, England und Italien schlugen sich in zahlreichen Reisetagebüchern und -berichten nieder. Literarische Ansprüche waren damit in der Regel nicht verbunden, eine Veröffentlichung außer im Fall fürstlicher Repräsentationsveranstaltungen vielfach nicht beabsichtigt, so daß auch hier wie bei den autobiographischen Aufzeichnungen viele Texte noch unerschlossen bzw. verlorengegangen sind. Allerdings hatten die Besucher der umliegenden europäischen Länder – anders als die Amerika-, Rußland- oder Asienreisenden – kaum Neues und schon gar nichts Sensationelles zu bieten, denn sie bewegten sich auf gebahnten Wegen, konnten auf Postkursbücher zurückgreifen und brauchten nur den Vorschlägen von Reisehandbüchern, Itinerarien und Stadtführern zu folgen, die sie auf die wichtigsten Sehenswürdigkeiten hinwiesen.

Zu diesen Hilfsmitteln gehören Werke wie Johann Jacob Grassers *Newe vnd vollkommne Italianische / Frantzösische / vnd Englische Schatzkamer: Das ist: Wahrhaffte vnd eigendtliche Beschreibung aller Stätten in Italia* (1609–10) oder die reich illustrierten – wegen ihres großen Formats allerdings kaum zur Mitnahme geeigneten – Itinerarien Martin Zeillers (z. B. *Itinerarii Galliae, et Magnae Britanniae,* [...] *Reyßbeschreibung durch Franckreich / GroßBritannien / oder Engelland / vnnd Schottland / etc.,* 1634, oder *Itinerarium Italiae nov-antiquae: Oder Raiß-Beschreibung durch Italien,* 1640). Im Unterschied zu diesen Handbüchern spiegelt der Italienführer des Ulmer Stadtbaumeisters Joseph Furttenbach, der auf eine etwa zwölfjährige Studienzeit in Nord- und Mittelitalien zurückblicken konnte, durchaus auch seine eigenen künstlerischen und städtebaulichen Interessen (*Newes Itinerarium Italiae,* 1627). Im Hinblick auf Italien bedeutet dann Heinrich van Huyssens *Curieuse und vollständige Reiß-Beschreibung Von gantz Italien* (1701) einen Höhe- und Wendepunkt. Mit ihrem systematischen Charakter ist sie Reisehandbuch, mit der gewählten Darstellungsform – Huyssen berichtet in Briefen – erhält sie individuelle Züge. Und indem er sich durch Kontakte mit italienischen Gelehrten ein Gesamtbild des Landes und seiner Kultur zu verschaffen suchte, gelangt er über den kompilatorischen Charakter und die bloße Aneinanderreihung von Sehenswürdigkeiten der älteren Reisebücher hinaus.

August Bohse empfiehlt in seiner Anleitung für Hofmeister (*Der ge-treue Hoffmeister adelicher und bürgerlicher Jugend,* 1703), unterwegs das Gedächtnis durch mitgeführte «kleine Reise-Beschreibungen und Verzeichnisse der Denckwürdigkeiten» aufzufrischen, um sich dann «dessen / was man darin findet / [...] anwesend zu erkundigen». Julius Bern-hard von Rohr rät in seiner *Einleitung Zu der Klugheit zu leben* (1715) nicht nur zum Kauf der «neuesten und specialesten Beschreibungen» der Reiseziele, sondern daraus folgend auch zum sparsamen Gebrauch der eigenen Feder: «Du darffst [brauchst] dir nicht selbst die Mühe geben, aufzuschreiben, was andere schon bereits gethan, sondern supplirest nur, was sie ausgelassen, oder verbesserst, was sie unrecht gesetzt.» Damit be-schreibt er indirekt auch den nüchternen, kompilatorischen Charakter der üblichen praxisbezogenen Reisehandbücher und -führer.

Im Zusammenhang mit den praxisbezogenen Aspekten entstand eine eigene Gattung der Reiseliteratur, die die Methodik des Reisens behandelte: Diese Apode-miken behandelten allgemeine Fragen (Definition des Reisens nebst Unterbegrif-fen, Argumente dafür und dagegen usw.), gaben medizinische, religiöse und prakti-sche Ratschläge und vermittelten summarische Kenntnisse über die wichtigsten europäischen Länder; sie gaben aber auch Hinweise darauf – und das war wiederum von Bedeutung für Reisetagebücher und -beschreibungen selbst –, wie man beob-achten und fragen, was man sehen oder auch sammeln und wie man das Beobach-tete und Erfahrene festhalten sollte. Auch Martin Zeiller ergänzte seine Itinerarien durch ein derartiges Handbuch: *Fidus Achates, Oder Getreuer Reisegefert* (1651).

Die Unterscheidung zwischen Studien- und Bildungsreisen auf der einen und Kavalierstouren auf der anderen Seite läßt sich im 17. und 18. Jahrhundert nur bedingt aufrechterhalten. Da auch der Adel die aka-demische Qualifikation suchte, gehörten zu den Stationen der Auslands-reisen Adeliger neben den Höfen, an denen man die Feinheiten der höhe-ren Politik ebenso wie die des höfischen Zeremoniells lernen konnte, auch Akademien und Universitäten, die traditionellen Ziele der *peregrinatio academica.* So setzte Herzog August d. J. von Braunschweig-Lüneburg sein an deutschen Universitäten begonnenes Studium 1598 in Padua fort, bevor er Reisen bis nach Sizilien und Malta, beliebtes Ziel des Hochadels, unternahm. Auch sein Sohn Ferdinand Albrecht nutzte seine Reisen, die ihn mit kurzen Unterbrechungen von 1658 bis 1666 u. a. nach Frankreich, Italien, Malta, England und Frankreich führten, zu einem Studienaufent-halt in Siena. Ebenfalls bis nach Malta ging die zweite Bildungsreise von Fürst Ludwig von Anhalt-Köthen (1598–1602) nach einer ersten über die Niederlande nach England und Frankreich; die Italienreise fand ihren fol-genreichen ‹akademischen› Höhepunkt 1600 in Florenz mit der Auf-nahme in die Accademia della Crusca, Vorbild für die von Ludwig 1617 initiierte Gründung der ersten deutschen Akademie, der Fruchtbringen-den Gesellschaft.

Die genannten Herzöge verfaßten Reisetagebücher und/oder Beschreibungen ihrer Reisen. Herzog August schrieb einen stichwortartigen Bericht, der ungedruckt blieb, Ludwig von Anhalt-Köthen begann 1649, kurz vor seinem Tod, seine Reise in eine Versdichtung umzusetzen (*Reise-Beschreibung von ihm selbst in deutsche Verse gebracht*; der unvollendete Text – etwa 7800 Alexandriner – wurde erst 1716 in einem Werk zur anhaltischen Geschichte veröffentlicht), und Ferdinand Albrecht verfaßte auf der Basis seiner Tagebuchaufzeichnungen eine Reisebeschreibung nicht zuletzt, um seiner Aufnahme in die Fruchtbringende Gesellschaft (Gesellschaftsname «Der Wunderliche») gerecht zu werden bzw. dafür zu danken (*Wunderliche Begebnüssen und wunderlicher Zustand In dieser wunderlichen verkehrten Welt*, 1678–80). Der Bericht verzeichnet die seinem gesellschaftlichen Rang angemessenen Besuche (Papst, Königin Christina von Schweden, Großmeister des Malteserordens), zeigt aber nicht nur durch sein Studium in Siena tiefergehende künstlerische und wissenschaftliche Neigungen. In Rom verkehrte er mit dem Universalgelehrten Athanasius Kircher, in London wurde er Mitglied der Royal Society und verfolgte seine vielfältigen Interessen, d. h. er beschaffte sich Statistiken und politische und religiöse Informationen, sammelte Kunst, besuchte das Theater und befaßte sich mit den Biographien englischer Krimineller.

Weist die eigenhändige Reisebeschreibung Ferdinand Albrechts eine durchaus individuelle Note aus, so gibt es auch Reisebeschreibungen hoher Herrschaften, die allein zur höheren dynastischen Ehre in höfisch-repräsentativer Form festgehalten werden. Sie bedienen sich dabei gegebenenfalls der Hilfe von begleitenden Sekretären oder eines Berufsschriftstellers, der nicht einmal die Reise mitgemacht haben mußte. Dazu gehört etwa Sigmund von Birken mit seinem Auftragswerk *HochFürstlicher Brandenburgischer Ulysses: oder Verlauf der LänderReise / Welche […] Herr Christian Ernst / Marggraf zu Brandenburg […] Durch Teutschland / Frankreich / Italien und die Niderlande / Auch nach den spanischen Frontieren / hochlöblichst verrichtet* (1668). Als Materialgrundlage dienten Birken Tagebücher von Teilnehmern an der Reise des damals (1660–61) sechzehnjährigen Prinzen. Ältere Beispiele offizieller Reiseberichterstattung sind die von Reisebegleitern verfaßten Beschreibungen von Reisen des württembergischen Herzogs Friedrich nach England (1592) bzw. Italien (1599–1600), die 1603 erschienen (*Warhaffte Beschreibung zweyer Raisen*). Autor des ersten Berichts war Friedrichs Kammersekretär Jacob Rathgeb, des zweiten sein Architekt Heinrich Schickhard. Am Beispiel Schickhards, dessen Tagebuch und Zeichnungen überliefert sind, läßt sich erkennen, wie die künstlerischen Eindrücke und Interessen des Verfassers hinter der Hofberichterstattung zurückzutreten hatten.

Im Unterschied zu den privaten Reisetagebüchern und den der Imagebildung dienenden offiziösen Reisedarstellungen verfolgen die veröffentlichten konventionellen Reiseberichte, selbst wenn sie abenteuerliche und romanhafte Züge aufweisen, in der Regel den Zweck der Information über fremde Länder. Dabei führt die Entwicklung vom Interesse am Phantastischen und Kuriosen zu einer immer stärkeren empirischen Fundierung und Genauigkeit bei der Beschreibung des Fremden. Allerdings bringen die beobachtenden Reisenden immer schon eigene Vorstellungen und Vorurteile mit, die u. a. aus ihren nationalen oder religiösen Bindungen bzw. ihrer persönlichen, etwa durch Bildung, Beruf oder Stand bestimmten Disposition resultieren und – wenn es sich nicht gerade um eine kritische oder polemische Instrumentalisierung der Berichte handelt – unreflektiert in die Darstellung eingehen.

Das gilt etwa für das negative Spanienbild in den protestantischen Territorien Europas, das sich auch in manchen Berichten über die paradiesische Neue Welt und ihre Korrumpierung und Zerstörung durch die spanischen Eroberer niederschlägt; es gilt ebenso für das ambivalente Italienbild der Frühen Neuzeit, das einerseits Italiens kulturellen Vorbildcharakter betont, andererseits die Antithese vom ehrlichen, aufrichtigen, unverbildeten Deutschen und kulturell verfeinerten, aber listigen und betrügerischen Italiener aufrechterhält. Ebenso verfestigen sich Vorstellungen von der Barbarei und dem ‹asiatischen› Charakter Rußlands oder, verstärkt durch die andauernde Bedrohung, vom Osmanischen Reich als widerchristlichem Anti-Imperium despotischen Charakters. Lange hält sich auch, nun auf der positiven Seite, das von Marco Polo geprägte Bild vom märchenhaften Orient in den verschiedensten Variationen.

2. ‹Fernreisen›

An den Entdeckungs- und Eroberungsfahrten im Zeitalter der Renaissance hatten Deutsche kaum Anteil. Allenfalls als Soldaten, Seeleute oder Gelehrte in fremden Diensten oder unterstützt von Kaufmannsfamilien wie den Welsern waren sie an derartigen Unternehmungen beteiligt. Entsprechend gering fällt der deutsche Beitrag zur Reiseliteratur über die neu erschlossenen Länder und Regionen aus. Zu den wichtigsten Texten des 16. Jahrhunderts gehören Hans Stadens Beschreibung seiner Reise nach Brasilien und seiner Gefangenschaft bei den Tupinamba (*Warhaftige Historia vnd beschreibung eyner Landschafft der Wilden / Nacketen / Grimmigen Menschfresser Leuthen*, 1557) und die von Ulrich Schmidel aus den La-Plata-Ländern (*Neuwe Welt: Das ist / Wahrhafftige Beschreibung aller schönen Historien von erfindung viler vnbekanten Königreichen / Landschafften* [...], 1567). Im 17. Jahrhundert wurden dann die zahlreichen ausländischen Reiseberichte der Epoche dem deutschsprachigen Publikum in zwei großen und reich illustrierten Publikationsserien vermittelt: Johann Theodor de Bry und seine Nachfolger druckten in der vierzehnteiligen Reihe *America* (1590–1630) zahlreiche Berichte über beide Indien (einschließlich der Texte von Staden und Schmidel), und Levinus Hulsius versammelte in seinem Parallelunternehmen insgesamt 26 *Schiffahrten* (1598–1650) in ferne Regionen. Diese und andere Quellen machten sich Kompilatoren wie Erasmus Francisci oder Eberhard Werner Happel zunutze, so daß der Deutsche nun sein Streben «nach der Kenntniß ausländischer Sachen» auf bequeme Art befriedigen konnte, indem er «gleichsam zu Papier / in den Schrifften andrer Personen / tapffer herum[reiset] / und schauet also der Welt zu / durch fremde Augen» (Francisci).

Allerdings gab es am Ende der Epoche eine bedeutende Ausnahme, eine Reisende deutscher Herkunft, die eine fremde südamerikanische Welt mit eigenen Augen schaute und, weniger an einem Bericht über Land und Leute als vielmehr an naturwissenschaftlichen Forschungen interessiert, ihre Beobachtungen in einem großen wissenschaftlich-künstlerischen Werk über einen begrenzten Gegenstandsbereich festhielt: Maria Sibylla Merian. Die Tochter des Kupferstechers und Verlegers Matthäus Merian d. Ä. hatte früh eine künstlerische Ausbildung erhalten und ihre Fähigkeiten für ihre wissenschaftlichen Interessen eingesetzt. Noch bevor sie 1699 von Amsterdam aus ihre Reise nach Surinam antrat – sie hatte sich 1685 von ihrem Mann getrennt und war mit ihren Töchtern nach Holland gezogen –, war sie nach dem Blumenbuch *Florum fasciculus primus* [– *tertius*] (1675–80; zusammen 1680 unter dem Titel *Neues Blumenbuch*) mit nicht nur künstlerisch bedeutenden Beiträgen zur Erforschung der Metamorphose der Insekten und den Lebenszusammenhängen mit den Wirtspflanzen hervorgetreten (*Der Raupen wunderbare Verwandelung*, Teil 1–2, 1679–83; Teil 3 erschien postum 1717). Während ihres Aufenthalts in Surinam bis September 1701 sammelte sie Naturalien, machte Aufzeichnungen und fertigte zahlreiche Skizzen an, neben der einschlägigen wissenschaftlichen Literatur Grundlage für ihr Werk *Metamorphosis insectorum Surinamensium* (1705), mit dem sie die Insektenforschungen fortsetzte, überstrahlt freilich durch die Kunst ihrer bildlichen Darstellungen der Flora und Fauna Surinams. Das Buch machte Maria Sibylla Merian zu einer europäischen Berühmtheit. Briefe und Tagebuchaufzeichnungen enthalten neben wissenschaftlich motivierten Bemerkungen und Notizen auch Berichte über ihre Kontakte mit Indianern und Sklaven und deren Lage sowie Beschreibungen von Natureindrücken, etwa des kakophonischen Urwaldlärms oder eines Sonnenaufgangs.

Wenn auch der deutsche Beitrag zur Erweiterung der Kenntnisse über die neuen Welten im Westen wie im Osten zunächst begrenzt war – und was Amerika angeht, auch begrenzt blieb –, so entstanden doch seit der Mitte des 17. Jahrhunderts eine Vielzahl von Berichten über Länder des Mittleren und Fernen Ostens, die Missionare, Teilnehmer an offiziellen Gesandtschaftsreisen oder an Unternehmungen der Holländisch-Ostindischen Kompanie verfaßten. Darunter sind auch zahlreiche Berichte von ungelehrten Verfassern, die allein die Teilnahme an den Reisen zum Niederschreiben ihrer Erlebnisse und Beobachtungen veranlaßte (z. B. *Orientalische Reisebeschreibunge Jürgen Andersen* […] *Und Volquard Iversen*, 1669; Johann Jacob Saar: *Ost-Indianische Funfzehen-Jährige Kriegsdienste*, 1672; Johann Sigmund Wurffbain: *Vierzehen Jährige Ost-Indianische Krieg- und Ober-Kauffmanns-Dienste*, 1686; zuerst 1646).

Reisen in die asiatischen und afrikanischen Mittelmeerländer galten noch dem klassischen bzw. biblischen Kulturkreis und besaßen durch die Pilgerfahrten eine jahrhundertealte Tradition; dafür gab es spezielle Reiseführer. Die Pilgerberichte enthielten schon früh zahlreiche Beobachtungen und Reiseerlebnisse, die über das religiöse Anliegen hinausgingen; eine Sammlung älterer Texte hatte der Frankfurter Verleger Sigmund Feyerabend in seinem *Reyßbuch deß heyligen Lands* bereits 1584 veröffentlicht. Die Tendenz zu breiter gestreuten Informationen verstärkte sich im 17. Jahrhundert dadurch weiter, daß das Heilige Land oft nur noch eines von mehreren Zielen darstellte. Beispiel dafür ist das zunächst in lateinischer Übersetzung erschienene *Itinerarium Aegypti, Arabiae, Palaestinae, Syriae, aliarumque regionum orientalum* (1621) des protestantischen Nürnberger Patriziers Christoph Fürer von Haimendorf; die Familie sorgte 1646 für die Veröffentlichung der deutschen Originalfassung (*Reis-Beschreibung. In Egypten / Arabien / Palästinam / Syrien etc.*). Auch Heinrich Rantzaus lange nach der Reise gedrucktes *Reise-Buch Auff Jerusalem / Cairo in AEgypten und Constantinopell* (1669) gehört zu dieser Kategorie.

Seit dem Ende des 16. Jahrhunderts entstand eine Reihe von Berichten und Tagebüchern, in denen Mitglieder von Gesandtschaften an den Osmanischen Hof ihre Eindrücke von der Reise niederschrieben. Zu diesen gehören z. B. Salomon Schweiggers *Ein newe Reyßbeschreibung auß Teutschland Nach Constantinopel vnd Jerusalem* (1608) und Johann Jacob Ammans *Reiß In das Gelobte Land: Von Wien [...] auff Constantinopel: Ferner Durch Natoliam, Capadociam, Ciliciam, Syriam vnd Judaeam auff Jerusalem* (1618). Wenige Jahre später veröffentlichte Adam Wenner seine Aufzeichnungen, die er während einer Gesandtschaftsreise von 1616–17 gemacht hatte, der er sich in seinem Verlangen, «fremde Länder zu besehen», als «Privat-Person» angeschlossen hatte (*Ein gantz new Reysebuch von Prag auß biß gen Constantinopel*, 1622). Die Tradition der Gesandtschaftsberichte, die freilich nur teilweise veröffentlicht wurden, riß auch in den folgenden Jahrzehnten nicht ab. Spätere Beispiele sind u. a. der aus dem Lateinischen übersetzte Bericht des Jesuiten Paul Taferner (*Keiserliche Botschafft An die Ottomanische Pforte*, 1672), die aus dem Italienischen übertragene Reisebeschreibung des ‹Extraordinari-Gesandten› Giovanni Benaglia (*Außführliche Reiß-Beschreibung / Von Wien nach Constantinopel / und wieder zurück in Teutschland* (1687) oder die von Simpert Niggl aufgezeichnete Beschreibung der Gesandtschaftsreise eines Grafen zu Oettingen (*Diarium Oder: Außführliche curiose Reiß-Beschreibung / Von Wien nach Constantinopel und von dar wider zuruck in Teutschland*, 1701).

Das Osmanische Reich ist nicht nur Gegenstand von Berichten von Pilger- oder Gesandtschaftsreisen, sondern auch von Soldaten der Türkenkriege, die in Gefangenschaft gerieten und nach ihrer Freilassung ihre Erlebnisse niederschrieben. Entsprechende Texte, die das negative Bild des antichristlichen Erzfeindes nur bestätigen konnten, erschienen bereits im 16. Jahrhundert, und auch die neuen Berichte des 17. Jahrhunderts stießen, nicht zuletzt wegen ihres vielfach abenteuerlichen Charakters und der aktuellen politischen Situation, weiterhin auf großes Interesse. Zu Anfang des 17. Jahrhunderts veröffentlichte Michael Heberer seine *Aegyptiaca Servitus. Das ist / Warhafte Beschreibung einer Dreyjährigen Dienstbarkeit / So zu Alexandrien in Egypten jhren Anfang / vnd zu Constantinopel jhr Endschafft genommen* (1610), ein Werk, das neben den eigenen Erlebnissen auch – gestützt auf Literaturstudien – landeskundliche Informationen bietet und die Sehenswürdigkeiten beschreibt. Daraus wurde im folgenden Jahrhundert eine Robinsonade (*Der Churpfältzische Robinson*, 1747–48). Persönlicher ist die Erzählung Johann Wilds, der die Welttheatermetaphorik bemüht, wenn er seine Soldatenzeit und Gefangenschaft eine «siebenjährige Komödie» nennt, die er nun «auf Anregungen gutherziger Personen» schildere (*Neue Reysbeschreibung eines Gefangenen Christen / Wie derselbe neben anderer Gefährligkeit zum sibenden mal verkaufft worden / welche sich Anno 1604. angefangen / vnd 1611. jhr end genommen*, 1613). In dieser Schilderung ist auch das umkämpfte bzw. unter osmanischer Herrschaft befindliche Ungarn wichtiger Schauplatz.

Dem aktuellen Interesse an Ungarn und ungarisch-türkischen Angelegenheiten trägt auch Christian von Wallsdorff Rechnung, dessen *Türkischer Landstürtzer / oder Neue Beschreibung Der fürnehmsten Türkischen Städte / und Vestungen / durch Ungarn / Thracien / und Egypten* (1664) von seiner dreijährigen türkischen «Pilgramschafft» als Sklave eines türkischen Herrn erzählt und Selbsterlebtes durch Entlehnungen aus Reisebeschreibungen ergänzt, ein durchaus zeitübliches Verfahren. Es ist wohl kein Zufall, daß Wallsdorff einen Titel wählt, der sich an den Pikaroroman anlehnt und damit dem Publikum Abenteuerlich-Unterhaltendes suggeriert, wie denn auch Romane selbst Materialien aus Reisebeschreibungen (und anderen Sachtexten) integrierten. ‹Türkische› Beispiele bietet das erzählerische Werk Daniel Speers (*Ungarischer Oder Dacianischer Simplicissimus*, 1683; *Türckischer Vagant*, 1683). Daneben erschienen weitere Gefangenen- und Reiseberichte wie eine Neuauflage der 1635 zuerst erschienenen *Kurtzen vnd wahren Beschreibung / Der Fünff-jährigen harten Gefängnus / Welche Nicolaus Schmidt [...] beydes zu Constantinopel / und dann auf denen Reisen [...] außgestanden* (1684) oder die knappe *Reyß-Beschreibung Mein* (1691) Johann Philipp Ottos, der «theils in Kriegs-Diensten / als ein Soldat / und theils auch als ein Sclav» durch die halbe Welt kam.

Die wissenschaftlich wie literarisch anspruchsvollste deutsche Reisebeschreibung des 17. Jahrhunderts ist Adam Olearius' monumentaler Bericht über die Holsteinische Gesandtschaftsreise nach Rußland und Persien von 1633–39, mit der sich das Land durch eine neue Handelsroute in den Orient eine ergiebige Einnahmequelle zu erschließen hoffte. Olearius nahm als «Rath und Secretarius» der beiden Gesandten, des Juristen Philipp Crusius und des Kaufmanns Otto Brüggemann, an der Reise teil. Durch seine Vermittlung erhielt auch der mit ihm befreundete Paul Fleming eine Anstellung bei der Gesandtschaft (verzeichnet unter den «Hoff-Junckern und Trucksessen»). Das Unternehmen scheiterte; in Erinnerung blieb es durch die *Offt begehrte Beschreibung Der Newen Orientalischen Reise* von 1647 bzw. ihrer erweiterten, stilistisch überarbeiteten und besser gegliederten Fassung von 1656: *Vermehrte Newe Beschreibung Der Muscowitischen und Persischen Reyse So durch gelegenheit einer Holsteinischen Gesandschafft an den Russischen Zaar vnd König in Persien geschehen.*

In vier der sechs Bücher, Fassung von 1656, schildert Olearius den Verlauf der Reise – Travemünde, Riga, Nowgorod, Moskau, Reval, wieder Moskau, Isfahan, Moskau, Reval, Gottorf – und die damit verbundenen Umstände, Vorfälle, Sehenswürdigkeiten und geographischen Informationen. Dazwischen stehen im dritten und fünften Buch umfangreiche, aus dem Kontinuum der Reiseerzählung herausgenommene Darstellungen der Landeskunde Rußlands und Persiens. Sie handeln von der Geographie der Länder, der Bevölkerung, ihren Sitten und ihrer Lebensweise, von der Tier- und Pflanzenwelt, dem Regierungssystem, der jüngsten Geschichte, dem Rechtswesen und der Religion. Olearius bezieht auch, vor allem im persischen Teil, Sprache, Schrift, Poesie, Wissenschaften und schöne Künste in seine Darstellung ein. Nach der Reise, damit schließt Olearius' Bericht, wurde dem Gesandten Otto Brüggemann der Prozeß gemacht. Der hatte schon während des Unternehmens durch seine heftigen Auftritte, seine Unbeherrschtheit und sein undiplomatisch-martialisches Verhalten am persischen Hof für ein wenig erfreuliches Klima und gefährliche Situationen gesorgt. Mehrere Gesandtschaftsmitglieder flüchteten in Isfahan in einen Palastbezirk, der jedem Asyl bot, und Olearius selbst brachte sich nach einem nächtlichen Streit mit Brüggemann in der spanischen Augustinerniederlassung in Sicherheit, kehrte aber nach vierzehn Tagen wieder zur Gesandtschaft zurück. Stellenweise liest sich Olearius' Bericht eher wie ein Barockroman, der am Ende die gerechte Ordnung wiederherstellt: Brüggemann mußte sich nach der Rückkehr u. a. wegen Überschreitung seiner Vollmachten, finanzieller Unregelmäßigkeiten und sittlicher Verfehlungen verantworten; er wurde zum Tod verurteilt und hingerichtet. Olearius erhielt eine Anstellung als Hofmathematicus und Hofbibliothekar am herzoglichen Hof auf Schloß Gottorf und hatte bis zu seinem Tod 1671 wesentlichen Anteil an dessen künstlerischen und wissenschaftlichen Aktivitäten.

Mit dem repräsentativ ausgestatteten Werk verfolgte Olearius unterschiedliche Zielsetzungen, die sich an der üblichen Doppelformel vom Nützen und Erfreuen orientierten. Als Wissenschaftler lag ihm neben der genauen Wiedergabe des Gesehenen und Erfahrenen nicht zuletzt an der durch Empirie gestützten Korrektur älterer Berichte und Meinungen («mit meinen Füssen betreten / mit meinen Augen gesehen»). Dazu gehörten auch kartographische Vermessungen, die sich in großformatigen Landkarten (Persien, Wolga) niederschlugen. Die zahlreichen Kupferstiche mit Porträts, Stadtansichten, Landschaften, Bauten, Münzen, Schriftzeichen sowie Szenen aus dem russischen und persischen Volksleben unterstreichen ebenfalls den wissenschaftlichen Aspekt der Darstellung, wenn ihr auch gerade die Freude an «frembden vnd vngemeinen Sachen»

gelegentlich den Charakter eines Raritätenkabinetts verleiht. Da das Buch
aber zugleich dem höheren Ruhm des Gottorfer Hofes dienen sollte, berichtet Olearius ausführlich über die Reise selbst und vor allem die zere-
moniellen Auftritte (weniger über die politischen und wirtschaftlichen
Hintergründe); das schließt Bilder von Audienzen, Aufzügen und Reise-
szenen (Gesandtschaft unterwegs, im Lager, in Seenot usw.) ein. Steigert
die bildliche Ausstattung neben dem Informationswert auch den ästhetischen Reiz des Buches, so sorgen Gedichte Paul Flemings auf Landschaften, Personen und außergewöhnliche Ereignisse für die poetische Überhöhung, aber auch für Kontraste: Olearius' eher negativer Einschätzung
Rußlands, seiner Bevölkerung, seiner Sitten und seiner Religion («WEnn
man die Russen nach jhren Gemühtern / Sitten vnd Leben betrachtet /
seynd sie billich vnter die Barbaren zu rechnen») steht Flemings großes
Alexandrinergedicht *In grooß Neugart der Reussen* gegenüber, das alte
Topoi aktualisiert, wenn es der zivilisatorischen Verderbnis und der Welt
des Krieges das genügsame Leben der russischen Bauern gegenüberstellt
und den Mythos vom Goldenen Zeitalter beschwört.

In Olearius' Bericht über Rußland und Persien verbinden sich eigene
Beobachtungen und Erfahrungen, auf der Reise notiert in einem «Tage-
Register», mit Informationen und Wertungen aus der einschlägigen Literatur der Antike und der Neuzeit. Was er etwa in Rußland wahrnimmt
und mit dem Bemühen um Genauigkeit detailreich beschreibt, beurteilt
er aus dezidiert christlicher Perspektive nach den Kriterien eines gebildeten Westeuropäers und wiederholt dabei die Stereotypen der älteren Ruß-
landliteratur: Von der tyrannischen Herrschaft der Zaren oder der sklavi-
schen Natur und der Barbarei des Volkes ist bereits in den *Rerum
Muscouiticarum commentarii* (lat. 1549; dt. *Moscouia*, 1557) Sigmund von
Herbersteins die Rede, der als erster Deutscher über Rußland berichtet
hatte. Die Urteile über Persien fallen wesentlich differenzierter aus. Die
Begegnung mit einer Hochkultur – das gilt auch für die zeitgenössischen
Berichte über Japan, China und Indien – folgt anderen Prämissen als die
mit «Barbaren». So stehen bei Olearius neben negativen Charakteristiken
mancher Herrscher und der Ablehnung der Religion vielfach positive
Einschätzungen und eine Hochachtung vor den kulturellen Leistungen:
«DIe Perser sind von Natur mit statlichen Ingenij vnd guten Verstande
begabet / seynd scharffsinnig vnd lehrhafft / daher gibt es vnter jhnen viel
treffliche Poeten / welche nachdenckliche Dinge schreiben / vnd halten in
gemein die freyen Künste in hohen Werth […].» Daß Beobachtung und
sachliche Beschreibung Hand in Hand mit Wertung geht, macht Olearius
bereits im «Von Nutzbarkeit der frembden Reysen» überschriebenen
Einleitungskapitel klar. Reisen – und damit auch die Reiseliteratur – dienen neben dem Erwerb von Kenntnissen nicht zuletzt auch der moralischen Belehrung: «Man kan von frembden Völckern allezeit / wenn man

nur wil / etwas gutes lernen; Seynd jhre Sitten und Gebräuche tugend-
hafft und löblich / folget man jhnen billich / seynd sie Lasterhaftig / oder
stehen jhnen nicht wol an / sol man einen abschew darfür haben / daß
Widerspiel thun / und sich und sein Vaterland in solchem fall glückseliger
als Jene schätzen. Also kan man auch von Barbarischen und bösen Leuten
etwas gutes lernen.»

Ein weiteres Ergebnis der Reise stellt die deutsche Übersetzung eines Klassi-
kers der persischen Literatur dar, Saʿdis *Golestān* (*Der Rosengarten*); Olearius
wurde dabei von einem Perser unterstützt, der mit der Gesandtschaft nach Gottorf gekommen war und in Olearius' Haus lebte: *Persianischer ROsenthal. In welchem viel lustige Historien / scharffsinnige Reden vnd nützliche Regeln. Vor 400.
Jahren von einem Sinnreichen Poeten Schich Saadi in Persischer Sprach beschrie-
hen. Jetzo aber von Adamo Oleario, mit zuziehung eines alten Persianers Namens
Hakwirdi übersetzet* (1654). In Verbindung mit der Holsteinischen Gesandtschaftsreise steht auch die *Morgenländische Reyse-Beschreibung* von Johann Albrecht von Mandelsloh. Dieser war Mitglied der Gesandtschaft, von der er sich
1637 in Isfahan trennte, um nach Indien weiterzureisen. Schließlich gelangte er
nach einer gefahrvollen Schiffsreise um Afrika herum über London 1640 zurück
an den Hof in Gottorf. Seine Tagebücher bilden die Grundlage der Reisebeschreibung, die Olearius auf Bitten seines Freundes – allerdings erst postum – anfertigte
und 1658 veröffentlichte. Olearius fungierte auch als Herausgeber und kritischer
Bearbeiter von zwei ‹ungelehrten› Reiseberichten, die zusammen als *Orientalische
Reise-Beschreibunge Jürgen Andersen [...] Und Volquard Iversen* 1669 erschienen. Andersen und Iversen waren Untertanen der Herzöge von Schleswig-Hol-
stein-Gottorf und hatten sich, nicht zuletzt in der Hoffnung, im Ausland zu
Wohlstand zu gelangen, als Soldaten bei der Holländisch-Ostindischen Kompanie
verdingt. Von 1644 bis 1650 bzw. 1655 bis 1668 waren sie «beyde respective durch
OstIndien / Sina / Tartarien / Persien / Türckeyen / Arabien und Palestinam gezogen», und ihre abenteuerlichen Berichte kamen, da sie auch ausführliche Informationen über die fremden Welten enthielten, dem ausgeprägten Interesse des Hofes
an «Orientalischen Sachen» entgegen, «in derer erkäntniß» sich insbesondere der
Herzog «zu belustigen pflegte», wie es Olearius ausdrückte.

Gleichsam auf den Spuren von Olearius bewegte sich anfangs Engelbert Kaempfer, der als Sekretär einer schwedischen Gesandtschaft 1683
nach Rußland und Persien gereist war. Dann aber setzte er, wissenschaftlich ambitioniert, die Reise fort, nun im Dienst der Holländisch-Ostindischen Kompanie, die ihn 1684 in Isfahan als Oberchirurgus angestellt
hatte. Ein Jahr später reiste er über Persepolis und Schiras an den Persischen Golf, anschließend über Indien, Java und Siam nach Japan, wo die
Besatzung der holländischen Niederlassung auf einer kleinen Insel in der
Bucht von Nagasaki vom Festland abgeschlossen lebte. Nach zweijähri-
gem Aufenthalt in Japan (Herbst 1690 – Herbst 1692) trat er die Rückreise über Java und das Kap der Guten Hoffnung nach Europa an und ließ
sich nach seiner medizinischen Promotion in Leiden (1694) in seiner Heimatstadt Lemgo nieder.

Zu seinen Lebzeiten erschienen neben kleineren akademischen Schriften nur die lateinischen *Amoenitatum exoticarum politico-physico-medicarum fasciculi V* (1712), ein umfangreicher Foliant, der u. a. eine Landeskunde Persiens mit Akzenten auf den politischen Verhältnissen, eine Beschreibung der Ruinen von Persepolis und Zeichnungen von Keilschriftzeugnissen sowie Studien über die Dattelpalme und die japanische Pflanzenwelt enthält. Aber erst mit der postumen Übersetzung und Veröffentlichung seines Japanbuchs aus dem Material des nach London gelangten Nachlasses mit umfangreichen Reisetagebüchern setzte Kaempfers europäische Wirkung ein (*The History of Japan*, 1727). Wichtig für die Rezeption wurde vor allem die Übersetzung ins Französische (*Histoire naturelle, civile, et ecclésiastique de l'empire du Japan*, 1729); eine niederländische Fassung erschien im selben Jahr, während es erst 1777–79 zu einer modernisierten deutschen Ausgabe des von Kaempfer *Heutiges Japan* genannten Werks kam (*Geschichte und Beschreibung von Japan*).

Kaempfers Schriften trugen wesentlich zum europäischen Japanbild des 18. Jahrhunderts bei, wenn auch gewisse Grundtendenzen – Japan als hochstehendes Kulturland mit durchaus europanahen Zügen und einem vorbildlichen, weil Ordnung garantierenden Herrschaftssystem – bereits von früheren Reisenden seit dem Ende des 16. Jahrhunderts vorgeprägt worden waren. So urteilte Georg Meister 1692 – in dem Jahr, in dem Kaempfer die Rückfahrt antrat – in dem Buch *Der Orientalisch-Indianische Kunst- und Lust-Gärtner*, daß sich die Europäer angesichts der Errungenschaften der «Japponer / was Kunst / Wissenschaften und weltliches Regiment anbelanget», keineswegs einzubilden bräuchten, daß sie «alleine klug» wären. Der Umstand, daß Kaempfer in einer kulturellen Blütezeit nach Japan kam – und die kriegerische europäische Vergangenheit und Gegenwart vor Augen hatte –, bestärkte ihn in seiner positiven Sicht der Dinge. Der verhältnismäßig lange Aufenthalt im Land, die Unterstützung eines gebildeten Dieners, der ihn eigentlich bespitzeln sollte, bei der Beschaffung von Informationen und eine zweimalige Reise durch das Land zum regierenden Shogun in Edo (Tokio) ermöglichten es ihm, mit bisher unbekannter Genauigkeit über die Geographie Japans, die Pflanzen- und Tierwelt und über das Landesinnere (eines Teils der Hauptinsel Honshu) zu berichten und präzises, anschauliches Bildmaterial anzufertigen. Kaempfers Sachlichkeit bewährt sich auch bei der (auf schriftlichen Quellen basierenden) Beschreibung der Religion und Philosophie Japans und bei der Diskussion der japanischen Isolationspolitik, die allerdings keineswegs so konsequent war, wie Kaempfer annahm: Er hält sie angesichts der Insellage Japans und seiner Kulturleistungen als Abwehrmaßnahme gegen verweichlichende ausländische Sitten und die katholische Missionspolitik für durchaus gerechtfertigt und einen der Gründe für den Erfolg des japanischen Staatswesens.

Das Japanwerk ist, obwohl es seine Wirkung erst in der Aufklärung entfalten konnte, noch weitgehend dem barocken Verständnis von Wissenschaft verpflichtet. Kaempfer wertet europäische und japanische Quellen aus und übernimmt zahlreiche Partien, verfaßt seine Beschreibungen von Orten und Landschaften nach rhetorischen Prinzipien und trägt sein traditionelles Bibelverständnis in die Darstellung hinein, etwa wenn er seine Hypothesen über die japanische Sprache mit dem Turmbau zu Babel in Verbindung bringt und deren Reinheit damit erklärt, daß die Japaner nach der babylonischen Sprachverwirrung auf dem Weg zu den japanischen Inseln sich nirgends lange aufgehalten hätten. Dazu kommen gelegentlich anekdotische Schilderungen («Ich muß zum Kurtzweil dieses beyfügen»), besonders ausführlich etwa anläßlich der Audienz bei dem etwas exzentrischen Shogun, der den Europäern «ohnzehlbare affen streiche» abverlangte. Gleichwohl herrscht bei Kaempfer ein entschieden anderer Geist als in den Berichten der Missionare oder den zahlreichen eher aufs Abenteuerliche und Kurios-Exotische ausgerichteten Reisebeschreibungen, die an Unterhaltungswert durchaus mit manchen Romanen konkurrieren konnten. Und es ist die insgesamt vorherrschende Nüchternheit und vor allem die relative politische und religiöse Unvoreingenommenheit, die Kaempfers Wirkung auf die religionskritische, philosophische und politische Diskussion im aufgeklärten Europa möglich machte. Bis über die Mitte des 18. Jahrhunderts hinaus wurde Kaempfers Japanbild – Abgeschlossenheit, innerer Friede, eine durch höflichen Umgang ausgezeichnete Gesellschaftskultur und eine natürliche Religion (Konfuzianismus) – in Frankreich, England und Deutschland immer wieder als Folie der Kritik an den europäischen Verhältnissen instrumentalisiert.

Wenn in der französischen und deutschen Aufklärung, hier etwa bei Leibniz oder Christian Wolff, Chinas Religion und Ethik zum Diskussionsgegenstand werden, dann beruht die Argumentation vor allem auf den Berichten französischer, italienischer und portugiesischer Jesuitenmissionare. Deutsche Reisende spielten keine große Rolle; der wichtigste deutschsprachige Bericht stammt von dem Lübecker Kaufmann Adam Brand, der an einer russischen Gesandtschaft nach Peking teilnahm. Darin ist allerdings mehr von der Reise durch Sibirien als von China die Rede (*Beschreibung Der Chinesischen Reise / Welche vermittelst Einer Zaaris. Gesandtschaft [...] Ao. 1693. 94 und 95. von Moscau über Goß-Ustiga / Siberien / Dauren und durch die Mongolische Tartarey verrichtet worden*, 1698). Besitzt Brands Beschreibung einen eher anekdotischen Charakter, so legt der Bericht des Gesandten Eberhard Isbrand bzw. Evert Ysbrants Ides, zuerst in niederländischer Sprache erschienen, den Akzent auf sachliche Information und die Darstellung der repräsentativen Seite der Gesandtschaftsreise (*Driejaarige Reize naar China*, 1704; *Dreyjährige Reise Nach China*, 1707).

Häufiger ist Indien Reiseziel. Das hängt mit der Tätigkeit der Holländisch-Ostindischen Kompanie zusammen, und die meisten deutschen Reisebeschreibungen des 17. Jahrhunderts, die auch Indien einbeziehen, stammen von Barbieren, Soldaten und Kaufleuten in Diensten der Handelsgesellschaft. Daneben gibt es Berichte von Jesuitenmissionaren. Das Land ist u. a. Gegenstand der schon genannten Reiseberichte von Johann Jacob Saar und Johann Sigmund Wurffbain sowie der von Olearius herausgegebenen Reisebücher Andersens, Iversens und Mandelslohs. Die Indienreisenden lernten in der Regel nur die Hafenstädte kennen; nur wenige gelangten auch ins Landesinnere. Sie vermitteln ein in der Regel durchaus positives Indienbild (‹irdisches Paradies›), das auch die Begegnung mit absolut fremden kulturellen Erscheinungen (Kastensystem, Witwenverbrennung) oder das ‹Heidentum› der Inder nicht wesentlich beeinträchtigte. Es dominiert das Bild vom fernen Land voller Wunder, unermeßlichem Reichtum, Überfluß und herrscherlicher Pracht.

IX. ANLEITUNGSLITERATUR

1. Verhaltenslehren

Praxisbezogene Verhaltensliteratur umfaßt eine Vielzahl von Werken in lateinischer und deutscher Sprache. Allgemeine bzw. standesbezogene Gesellschaftslehren, politische Klugheits- und Verhaltenslehren sowie Anstands- und Kommunikationsbücher kamen offenbar einem verbreiteten Publikumsinteresse entgegen. In den weiteren Zusammenhang dieses Literaturkomplexes gehört auch, allerdings auf einer anderen literarischen Ebene, das Programm einer ästhetischen Erziehung, das Georg Philipp Harsdörffer mit seinen *Gesprächspielen* verfolgt.

Wie in Harsdörffers ästhetischem Programm spielten auch auf der Ebene praxisbezogener gesellschaftlicher Belehrung romanische Vorbilder eine wichtige Rolle. Zwar gab es durchaus einheimische Traditionen der Anstandsliteratur – nicht zuletzt satirischer, also ex negativo belehrender Art –, und sie blieben auch im 17. Jahrhundert nicht ohne Resonanz. So verlor Friedrich Dedekinds neulateinischer *Grobianus* (1549), eine Anleitung zum schlechtestmöglichen Benehmen vom Morgen bis zum Abend, nichts von seiner Anziehungskraft oder Aktualität. Das zeigt nicht nur der im 17. Jahrhundert andauernde Erfolg der Knittelversübersetzung Kaspars Scheidts von 1551, sondern auch Wencel Scherffers neue Version in Alexandrinern («nach anweisung H. Opitii gegebenen reguln»), die 1640 unter dem Titel *Der Grobianer und Die Grobianerin* erschien. Aber die entscheidenden Impulse gingen von der Romania aus, von einer Reihe von Übersetzungen ins Deutsche und Lateinische, die in den Jahrzehnten vor und nach 1600 erschienen und die Überlegenheit und die Vorbildfunktion romanischer Gesellschafts- und Anstandslehren deutlich machten. Baldassare Castigliones *Buch vom Hofmann* (*Il libro del cortegiano*, 1528) fand noch vor der Jahrhundertwende Übersetzer, ebenso Stefano Guazzos *Civil conversatione* (1574) – beides für die Gesprächspielliteratur bedeutsame Werke – sowie der besonders erfolgreiche *Galateo* (1558) von Giovanni Della Casa.

Castigliones *Cortegiano* wurde mehrfach ins Deutsche und Lateinische übertragen, ins Lateinische von Hieronymus Turler (*Aulico*, 1569) und Johann Ricius (*De aulico libri IIII*, 1584), ins Deutsche von Laurentz Kratzer (*Hofman*, 1565), Johann Engelbert Noyse (*Der Hofmann*, 1593) und noch einmal spät – nun von der französischen Übersetzung beeinflußt – von einem unbekannten Verfasser (*Der vollkommene Hofmann und Hof-Dame*, 1684). Nicolaus Rückers deutsche

Übersetzung von Guazzos Werk – *De civili conversatione, Das ist / Von dem Bürgerlichen Wandel vnd zierlichen Sitten* (1599) – folgte zwei wesentlich häufiger
gedruckten lateinischen Fassungen (1585, 1596). Das gilt auch für das Verhältnis
der lateinischen und deutschen Fassungen des *Galateo*, beide von Nathan Chy-
traeus, die zuerst 1579 bzw. 1597 erschienen. Der deutsche Text von 1597 trägt den
Titel *Galateus. Das ist / DAs Büchlein Von erbarn / höflichen vnd holdseligen Sitten*, in den der Übersetzer auch cinen auf die einheimischen Verhältnisse bezogenen Abschnitt über «Teutsche Rhetorica» einbaut. Dieser Passus enthält neben
Warnungen vor unnötigem Latein, unflätigen Wörtern, Grobheiten und dergleichen die Mahnung, sich «der gemeinen hochteutschen Sprache etlicher massen
kündig» zu machen.

Die Wirkung des von Castiglione formulierten höfischen Adelsideals
auf den europäischen Diskurs über das Bild des Menschen war groß und
lang andauernd: Der vollendete Hofmann, moralisch ohne Tadel und um-
fassend gebildet, zeichnet sich durch ein gesellschaftliches Verhalten aus,
das jeden Anschein von Anstrengung und Kunst hinter einer durch Anmut und Leichtigkeit charakterisierten Haltung verbirgt, so daß alles
gleichsam aus sich selbst zu geschehen scheint. Castigliones Werk beeinflußte die spanischen Verhaltenslehren ebenso (z. B. Baltasar Graciáns *El
héroe*, 1637; *El discreto*, 1646) wie das französische Konzept des *honnête
homme* (Nicolas Faret: *L'honneste homme ou l'art de plaire à la court*,
1630), das dann wiederum in Deutschland rezipiert wurde. Caspar Bier-
ling übersetzte Farets Werk als *L'honneste homme, Das ist: Der Ehrlie-
bende Welt-Mann* (1647–48).

Zur Leistung der italienischen Nachfolger Castigliones gehört, wie
Guazzos *Civil conversatione* und die Gesprächspielliteratur zeigen, die
Ausweitung des aristokratisch-höfischen Menschenideals auf die gebildeten patrizischen und akademischen Kreise der Städte der kleinen fürstlichen Territorien Italiens. Das gilt auch für Della Casas *Galateo*, der ausdrücklich auf das Verhalten im Alltag abzielt. Die hohen Tugenden wie
«mildigkeit / beständigkeit / oder großmütigkeit», Gegenstand etwa von
Fürstenspiegeln und politischen Verhaltenslehren, bleiben ausdrücklich
unberücksichtigt. Denn in der alltäglichen gesellschaftlichen Praxis

«begibt sichs schr offt / daß liebligkeit vnnd holdseligkeit guter sitten den jenigen / so damit begabet seyn / mehr forthelffen / als großmütigkeit vnd dapfferkeit
zuthun vermögen. Denn jenes gehört sich zum offtermal / ja auch täglich zugebrauchen: Dieweil einem jeglichen von tag zu tag / auff vielerley weise vnd wege /
nötig ist / mit andern Leuten vmbzugehn / vnd mit jhnen sich von vielerley Sachen
zuvnterreden. Aber die Mannhaftigkeit / großmütigkeit vnd andere viel edlere vnd
höhere tugende / werden seltener gebraucht.»

Damit verlieren jedoch die politischen Verhaltenslehren, Hofschulen
und Fürstenspiegel nicht an Bedeutung. Sie reflektieren aber zunehmend
auch die strukturellen Veränderungen des frühneuzeitlichen Staates und
die moderne Politikdiskussion. Auf älteren Traditionen beruhen die

Hofschulen des Aegidius Albertinus, der sich u. a. auf Schriften des Franziskaners Antonio de Guevara, des Hofpredigers Karls V., stützt. Sie entwerfen ein höchst kritisches Bild vom Hof, «wo nit allein das leben beschwerlich / sonder auch das sterben gefährlich» sei, und beharren in ihren Verhaltenslehren für diese sowohl der persönlichen Integrität wie dem Seelenheil abträgliche Sphäre auf den Grundsätzen einer christlich-stoischen Ethik (*Contemptus vitae aulicae, & laus ruris,* in: *Zwey schöne Tractätl,* 1598; *Lustgarten vnd Weckuhr,* 1599; *Institutiones vitae aulicae, Oder HofSchul,* 1600). Vorstellungen vom christlichen Hofmann, nicht zuletzt als Gegenpol zum Schreckbild des Machiavellismus, finden sich in der Folgezeit immer wieder, wobei sich etwa der Jesuit Adam Contzen, Beichtvater des bayerischen Kurfürsten Maximilian I., direkt auf Guevara bezieht (*Daniel, sive de statu, vita, virtute aulicorum atque magnatum,* 1630). Auf dem Vorrang christlicher Ethik bestehen auch die traditionellen deutschen Fürstenspiegel und Ratgeber protestantischer Autoren wie Martin Mollers Bearbeitung eines byzantinischen Textes im Geist reformatorischer Lehren (*Scheda regia. Regenten Büchlein,* 1590), die vor allem Erziehungsfragen gewidmete *Aulico politica, oder Hof- Staats- und Regierungskunst* (1622–24) von Georg Engelhard von Löhneyß oder Johann Elias Keßlers antimachiavellistischer Beitrag zur Staatsräsondiskussion (*Detectus* [...], *das ist: Reine und unverfälschte Staats-Regul / Christlicher Staats-Fürsten und Regenten,* 1678).

Diese Konzeptionen erhalten allerdings mit dem neuen Staatsräsondenken und dem Entstehen der modernen politischen Klugheitslehren im Gefolge der Tacitus- und (vorsichtigen) Machiavellirezeption durch Justus Lipsius eine einflußreiche Konkurrenz, die von Spanien und Frankreich nach Deutschland ausstrahlt. Harsdörffer übersetzte unter dem Titel *Kluger Hofmann* 1655 Eustache du Refuges *Traicté de la cour* (1616), ein Werk, in dem die Darstellung der gesellschaftlichen Tugenden im zweiten Teil auch Anleitungen zum höfischen Ränkespiel und zur Praxis der Verstellung als Mittel im politischen Konkurrenzkampf enthält. Die literarischen Folgen der Rezeption der erfolgsorientierten politischen Klugheitslehren zeigt das Werk Lohensteins.

Zur Popularisierung dieser situations- und erfolgsbezogenen Verhaltenslehren trugen Christian Weises politische Pädagogik und Christian Thomasius' Plädoyer für galante Lebens- und Verhaltensnormen nach französischem Vorbild bei. Handelte es sich aber bei Thomasius noch um den Entwurf eines menschlichen und gesellschaftlichen Ideals, in dem die Vorstellungen des höfischen Adelsideals der italienischen Renaissance und der französischen Konzeption des *honnête homme* nachwirkten, so waren die Folgen – jedenfalls auf dem Buchmarkt – banaler: Es ging in den zahlreichen politischen oder galanten Anweisungsbüchern der zweiten Hälfte des 17. Jahrhunderts und des beginnenden 18. Jahrhunderts nicht um die Vermittlung eines Menschenideals, sondern um die Einübung von gesellschaftlichen Fertigkeiten.

Die einschlägigen Titel, die z. T. beträchtliche Auflagen erzielten, deuten die modischen Themenbereiche an: Neben den auf ihren pädagogischen Programmen gegründeten Rhetoriken Christian Weises (u. a. *Politischer Redner*, 1677) und Johannes Riemers (u. a. *Standes-Rhetorica Oder Vollkommener Hoff- und Regenten-Redner* (1685) sind dies – in Auswahl – Werke wie *La civilité moderne, Oder Höflichkeit Der Heutigen Welt* (Christian Friedrich Hunold 1705 nach Antoine de Courtin), *Die Beste Manier In Honnêter Conversation, sich Höflich und Behutsam aufzuführen und in Kluger Conduite zu Leben* (Hunold, 1707), *Die Galante Ethica, In welcher gezeiget wird, Wie sich Ein junger Mensch bey der galanten Welt, Sowohl Durch manierliche Wercke, als complaisante Worte recommandiren soll* (Johann Christian Barth, 1720) und eine Reihe von Briefstellern. Diese Lehrbücher sprechen in der Regel ausdrücklich alle Stände an; sie waren jedoch vor allem für die Kreise von Interesse, die ihre Aufstiegschancen im absolutistischen Staat wahrzunehmen suchten (und sich keinen ‹Hofmeister› leisten konnten). Aber auch das gesellschaftliche Verhalten innerhalb des bürgerlichen Alltags wurde zum Gegenstand des galanten Wesens oder Unwesens: *Neues und wohleingerichtetes Complimentir- Und Sitten-Buch, Darinnen gezeiget wird Wie sich sonderlich Personen Bürgerlichen Standes bey denen im gemeinen Leben vorfallenden Begebenheiten, als Anwerbungen, Verlöbnissen, Hochzeiten, Geburten [...] u. d. g. In Worten und Wercken so klug als Höflich verhalten, und durch gute Aufführung beliebt machen sollen* (Ethophilus, 1728). Am vorläufigen Ende stehen dann die großen Kompendien Julius Bernhard von Rohrs: *Einleitung zur Ceremoniel-Wissenschafft Der Privat-Personen* (1728) bzw. *Einleitung zur Ceremoniel-Wissenschafft Der großen Herren* (1729).

2. Briefsteller und Briefkultur

Bis zur Mitte des 17. Jahrhunderts dominierten in der Brieflehre Konzepte, wie sie in den Kanzleien seit dem Mittelalter entwickelt worden waren. Sie folgten traditionellen rhetorischen Aufbauschemata und boten, nun in deutscher Sprache, detaillierte, durch Musterbeispiele gestützte Anleitungen zum stilistisch und sozial korrekten schriftlichen Verkehr, wobei besonders den Anredeformen große Bedeutung zugemessen wurde. Zielgruppe waren neben Kaufleuten vor allem Juristen, Beamte und Schreiber in den Verwaltungen. Eines der erfolgreichsten Handbücher dieser Art war Johann Rudolph Sattlers *Teutsche Rhetoric / Titular: vnd Epistelbüchlein* (1604), das sich einerseits den «Cantzleyen» empfiehlt, andererseits aber – eine Neuerung gegenüber den älteren Lehrbüchern – den Adressatenkreis erweitert und auch Schreibanlässe behandelt und in Musterbriefen dokumentiert, die bei «den privat Personen in vbung sind».

Diese Tendenz der Erweiterung des Zielpublikums setzte sich fort, wobei allerdings die unterbürgerlichen Schichten nur am Rand vorkamen. Zugleich hatten neue literarische und gesellschaftliche Entwicklungen Auswirkungen auf die Briefkultur bzw. ihre Reglementierung. Das betrifft die Aktivitäten der Sprachgesellschaften mit ihrem Programm zur Förderung der deutschen Sprache und vor allem die Einflüsse der französischen Briefkultur, die nach und nach zu einer deutlichen Auflockerung des starren und formelhaften deutschen Briefstils führten.

Die Muster lieferte Jean Puget de la Serre mit seinem in ganz Europa erfolgreichen *Sécretaire de la cour* (1625), der in zahlreiche Sprachen übersetzt und natürlich auch in französischer Sprache rezipiert wurde. Das war insofern hilfreich, als die deutschen Ausgaben nur die Briefbeispiele, nicht aber den theoretischen Teil enthielten: *Le secretaire de la cour ou la maniere d'escrire selon le temps. Das ist: ALlerhand kurtze / jedoch zierliche vnnd wohlabgefaste [...] Schreiben* (1638) bzw. *A La Modischer Secretarius Das ist Politischer Hoff-stÿlus De La Serre* (1645). Daß die deutschen Versionen über einen Kompromiß zwischen deutscher Kanzleistiltradition und dem höfisch-eleganten französischen Stilideal mit seiner Ablehnung langer Perioden und rhetorischer Schemata und Figuren nicht hinauskamen, beeinträchtigte die Wirkung der französischen Epistolographie nicht. Das bestätigt etwa Samuel von Butschkys mehrfach erweitertes Briefbuch *Die Hóchdeutsche Kantzeley / darinnen des von Serre / und viel andere höfliche / kurtz- und wohlgefaste / hóchdeutsche / reine Briefe oder Sendschreiben / auf itzt übliche / neue Art; in allerhand täglich fürfallenden Angelégenheiten; dann auch Liebes Sachen; beides in Freid und Leid / nützlich und anmuthig zugebrauchen [...] zu finden* (1649).

Die ganze Breite der deutschen Brieflehre um die Jahrhundertmitte behandelt Georg Philipp Harsdörffer (*Der Teutsche Secretarius*, 1655–59). Ausgangspunkt ist immer noch der Kanzleistil mit seinen rhetorischen Vorgaben und Anweisungen für die sozial angemessenen Anredeformen. Aber mit dem Anspruch, daß «ein jeder», «in was Stand und Beschäfftigung er auch sein Leben zubringen möchte», lernen solle, seine Gedanken schriftlich zu verfassen, vergrößerte sich die Bandbreite. Neben den dem Stil der Kanzleien verpflichteten Mustern für offizielle Anlässe, für Adressaten hohen Stands und einem alphabetisch, nicht nach Rang geordneten Anrede- und Titelverzeichnis enthält Harsdörffers zweibändiges Werk daher auch Hinweise und Muster für alle Bereiche der privaten und geschäftlichen brieflichen Kommunikation, «Nach heut zu Tag üblichen Hof- und Kaufmanns Stylo wolmeinend zusammen gebracht». Allerdings sollten die Muster nicht einfach kopiert, sondern den jeweiligen Umständen angepaßt werden; in späteren Briefbüchern setzte sich diese Tendenz zur Individualisierung fort.

Briefe dienen laut Harsdörffer über den jeweiligen pragmatischen Zweck hinaus zur «Erhaltung der Menschen Gemeinschafft». Außerdem verweist er auf die prinzipielle Gleichheit von Brief und Gespräch und deutet entsprechende stilistische Konsequenzen an: «Sind nun die Briefe ein Gespräch / so soll man nicht mehr Fleiß auf das Briefschreiben / als auf eine vertreuliche Unterredung / wenden.» Das entspricht der Forderung De la Serres, daß ein Brief zwanglos erscheinen und sich an den normalen Sprachgebrauch halten solle. Vor allem im Abschnitt über «Höfliche Frauenzimmer- und Liebs-Briefe» betont Harsdörffer die Verbindlichkeit eines «höflichen» Stils, allerdings nicht ohne die französische Freiheit in Liebessachen zu mißbilligen. Generell gelten im sprachlichen Bereich die Forderungen der Sprachgesellschaften mit ihrer Ablehnung von Fremdwörtern. Für Texte im Stil der Kanzleien heißt das die Vermeidung der dort üblichen lateinischen Ausdrücke, bei Briefen aus dem privaten und kaufmännischen Bereich bezieht sich das Verdikt auf die modischen bzw. alamodischen französischen und italienischen Importe.

Einen gewissen Rückschritt gegenüber Harsdörffers Lockerung der Verbindlichkeit des Kanzleistils bedeuten Kaspar Stielers *Teutsche Sekretariat-Kunst* (1673–74) und weitere Kompendien dieser Art aus seiner Feder (*Der Allzeitfertige Secretarius*, 1679; *Der Allerneust-ankommende Secretarius*, 1699). Stieler gibt sich in diesen für die Aus- und Weiterbildung des Berufsstands der Sekretäre bestimmten Werken entschieden traditionell, d. h. der Kanzleistil mit seinen Anredeformeln, seinen rhetorischen Dispositionsschemata und Stilprinzipien bleibt für ihn die alleinige Basis für das Verfassen von Briefen, wenn er sich auch gegen Übertreibungen in der Anwendung des rhetorischen Ornatus und im Satzbau gegen allzulange Perioden wendet. Ausdrücklich verwirft er die Vorstellung, daß man «den Briefen ihre Freyheit laßen» und sie nach dem Beispiel kunstloser Alltagsrede verfassen solle; das Schreiben von Briefen erfordere «Kunst / Feuer / Kraft und Zierde». Ausdrücklich distanziert sich Stieler von der französisch geprägten Hofkultur als einer Welt des Lasters und der Heuchelei – allerdings mit dem Zusatz: «Hierein muß sich nun ein Secretarius schicken lernen» – und vertritt wie Harsdörffer in sprachlicher Hinsicht die Position der Sprachgesellschaften.

Eine Neuorientierung der Brieflehre setzt gegen Ende des Jahrhunderts im Zusammenhang mit der Propagierung neuer gesellschaftlicher Verhaltenslehren ein. Weise hatte sich bereits in seinen rhetorischen Lehrbüchern mit der Brieflehre befaßt, die er dann, mit Beispielbriefen angereichert, zu einem größeren Werk ausbaute: den zweiteiligen *Curiösen Gedancken Von Deutschen Brieffen* (1691), denen er statt eines «dritten Theils» die *Politische Nachricht von Sorgfältigen Briefen* (1693) folgen ließ. Es geht ihm ganz im Einklang mit seiner erfolgsorientierten Pädagogik darum, «Wie ein junger Mensch / sonderlich ein zukünfftiger Politicus, Die galante Welt wol vergnügen soll», d. h. sich gesellschaftlich zu behaupten lernt. Verbindlich für Briefe ist daher der «Hof-Stylus», wenn

Weise auch den Kanzleistil als Sache der «Gewohnheit» gelten läßt. Zwar bleibt die rhetorische Basis unangetastet, aber Rhetorik verstanden im politischen, lebensklugen, ganz auf den Adressaten eingestellten Sinn. Großen Erfolg hatten die Brieflehrbücher der Protagonisten des galanten Lebens- und Verhaltensideals August Bohse und Christian Friedrich Hunold. Sie behandeln Brief und Briefstil im Einklang mit ihrer gesellschaftlichen Anpassungs- und Erfolgsstrategie und verbinden dabei ohne Systematik alte und neue Vorstellungen. Traditionelle rhetorische Konzepte, etwa Dispositionsschemata oder Regeln über die angemessene Stilhöhe, bleiben in Kraft, der Kanzleistil dient noch als Vorbild. Zugleich gilt die Kritik seinen altfränkischen, umständlichen Elementen, die der Forderung der Galanten nach Anmut, Leichtigkeit und Ungezwungenheit entgegenstehen. Diese Eigenschaften zeichnen dagegen den bewunderten französischen Briefstil aus, an dem sich die Galanten zunehmend orientieren und dabei selbstverständlich auch französische Wörter und Redewendungen einfließen lassen.

Zu den wichtigsten Briefstellern August Bohses gehören *Der allzeitfertige Brieffsteller* (1690–94), *Des Galanten Frauenzimmers Secretariat-Kunst oder Liebes- und Freundschaffts-Brieffe* (1692), *Epistolisches Hand-Buch allerhand auserlesener Send-Schreiben und mündlicher Complimenten vom allerneuesten Stylo* (1697) und *Gründliche Einleitung zun* [!] *Teutschen Briefen* (1700). Hunold folgte u. a. mit dem ungemein erfolgreichen Briefsteller *Die Allerneueste Art Höflich und Galant zu Schreiben / Oder Auserlesene Briefe* (1702), der Übersetzung eines französischen Briefbuchs (*Lettres choisies des meilleurs & plus nouveaux auteurs françois* [...]. *Auserlesene Brieffe / Aus denen Galantesten und Neuesten Frantzösis. Autoribus*, 1704) und einer *Einleitung Zur Teutschen Oratorie Und Brief-Verfassung* (1709).

Benjamin Neukirchs Vorstellungen von galanten Briefen in der häufig aufgelegten *Anweisung zu Teutschen Briefen* (1709; zitiert nach der Auflage von 1741) sind seinen Vorgängern Bohse und Hunold verpflichtet, doch geht Neukirch mit seiner Berufung auf «die wahre vernunfft [...] und die natur» über sie hinaus. Vorbild ist wieder die französische Brieftheorie: «Die Franzosen geben den rath, man solte sich wohl fürstellen, was man den leser sagen wolte, wenn man persönlich bey ihm zu gegen wäre. Und gewiß, es ist kein schlimmer rath. Denn wenn man redet, so muß man natürlich und deutlich reden.» Allerdings auf eine durchaus gehobene Art, die es erlaubt, anmutige und scherzhafte Einfälle und höfliche Komplimente anzubringen. Außerdem gilt es wie bei der politischen Brieflehre Weises auch hier, sich auf die Persönlichkeit des Adressaten – und nicht nur im Hinblick auf seine Standeszugehörigkeit – einzustellen. Zwar gibt Neukirch Hinweise auf verschiedene Stilebenen vom natürlichen bis zum pathetischen Stil, doch seine Vorliebe gilt dem galanten Stil, der sich durch eine «freye und ungezwungene manier» auszeichne

und, ohne nach «kunst oder regeln» zu schmecken, Höflichkeit und
scheinbar kunstlose Natürlichkeit elegant miteinander verbinde: «alles,
was man saget, das muß zwar artig, aber doch leicht und natürlich seyn.»
Mit der Berufung auf Vernunft und Natur bereiten Neukirch und andere
den entschiedenen Neuansatz der Briefkultur um die Mitte des 18. Jahrhunderts durch Gellert vor.

Nicht zu unterschätzen ist die Bedeutung der Romanliteratur für die Vermittlung von Normen und Beispielen vorbildlichen gesellschaftlichen Verhaltens. Das
gilt nicht erst für den galanten Roman der Zeit um 1700, sondern diese Funktion
besitzt die deutsche Romanliteratur seit dem Mittelalter. Verleger erkannten die
daraus resultierenden Möglichkeiten früh. Beispiel ist etwa die nach französischem
Vorbild zusammengestellte erfolgreiche *Amadis*-Schatzkammer mit Auszügen aus
der vielbändigen Romanserie, die 1596 zuerst erschien: *Schatzkammer / Schöner /
zierlicher Orationen / Sendbriefen / Gesprächen / Vorträgen / Vermahnungen
vnnd dergleichen.* Eine ähnliche Funktion erfüllen Musterbriefwechsel im Anhang
und die im Roman selbst geschilderten Szenen preziösen gesellschaftlichen Umgangs in Philipp von Zesens *Adriatischer Rosemund* (1645). Einige dieser Briefe
erscheinen dann auch, um weitere vermehrt, als «Anhang Etlicher Höflichen
Schreiben des Herrn Fil. von Zesen» in einer höfischen Verhaltenslehre (Hans
Adolf von Alewein: *Kurtze Doch grundrichtige Anleitung zur Höfligkeit,* 1649).
Und ein anderer Roman, um ein letztes Beispiel anzuführen, kündigt auf dem Titelblatt «Natürliche Beschreibungen / Höffliche Wort-Wechsel / liebliche Lieder /
nützliche Lehrsätze / und zierliche Liebes-Brieffgen nach unterschiedenen Bege-
benheiten» an, wobei es dann die Vorrede dem Leser freistellt, «solches alles nach
Belieben […] zugebrauchen und anzubringen» (Johann Joseph Beckh: *Elbianische
Florabella,* 1667).

Die deutschsprachige Briefkultur konkurrierte im 17. Jahrhundert mit
der lateinischen und französischen. In Gelehrtenkreisen spielte der Briefwechsel in lateinischer Sprache eine wichtige Rolle bei der Konstituierung
und Festigung einer deutschen und internationalen *respublica litteraria.*
Er diente zum Austausch über gelehrte Themen, war aber auch Zeugnis
freundschaftlicher Verbundenheit, Gespräch unter Freunden. Man sammelte und druckte Briefe und Briefwechsel als literarische Kunstwerke,
als Dokumente der Selbstdarstellung und der humanistischen Gelehrtenkultur. Die Tradition des lateinischen Gelehrtenbriefs setzte sich bis ins
18. Jahrhundert fort, und was an Briefen in Humanismus und Barock im
Druck erschien, war zum weitaus größten Teil in lateinischer Sprache gehalten. Daneben verbreitete sich im 17. Jahrhundert zunehmend das
Französische als Sprache der Höfe und der Diplomatie. Auch der Schrift-
verkehr des Handels vollzog sich vielfach in fremden Sprachen. Gleichwohl weitete sich der deutschsprachige Briefverkehr im 17. Jahrhundert
immer mehr aus, Folge der rasch wachsenden privaten brieflichen Kommunikation. An ihr hatten nicht zuletzt Frauen wesentlichen Anteil, aber
auch die Sprach- und Kulturpropaganda der Sprachgesellschaften und ihr

interner Briefverkehr trugen zur Ausweitung und Festigung einer deutschsprachigen Briefkultur bei. Immerhin verwandten dann auch Gelehrte wie Gottfried Wilhelm Leibniz je nach Adressat(in) neben dem Lateinischen und Französischen in ihrer Korrespondenz auch die deutsche Sprache. Daß es allerdings im Gegensatz zu den publizierten gelehrten lateinischen Briefwechseln keine entsprechenden Beispiele in deutscher Sprache gibt, belegt jedoch den immer noch sekundären Rang des deutschen Briefs.

Gegen alle Regeln: Liselotte von der Pfalz

Das berühmteste Beispiel für die deutschsprachige Briefkultur des 17. Jahrhunderts sind die Briefe der Herzogin Elisabeth Charlotte von Orléans, Liselotte von der Pfalz, die seit 1671 als Frau eines Bruders von Ludwig XIV. am französischen Hof lebte und in zahllosen, überwiegend deutschen Briefen – etwa 4000 bis 5000 sind erhalten – über ihr Leben am französischen Hof berichtete. Adressaten ihrer privaten Briefe waren Verwandte und Vertraute an deutschen und anderen europäischen Höfen, nicht zuletzt Kurfürstin Sophie von Hannover, ihre Tante, und ihre Halbschwester Raugräfin Louise von Degenfeld; aber auch mit Herzog Anton Ulrich von Braunschweig-Lüneburg und Leibniz wechselte sie Briefe. Zur obsessiven Briefschreiberin wurde sie erst seit den achtziger Jahren, als sich ihre Stellung am Hof und ihr Verhältnis zum König drastisch verschlechterten und sie sich bewußt von ihrer französischen Umgebung absetzte. Briefeschreiben wurde ihr zu einem Mittel der Selbstbehauptung, der Bekämpfung ihrer Melancholie: «Ich werde daß schreiben nicht müde, den ich kan sonsten nichts thun. arbeytten ist mir ohnmöglich undt ich kan kein augenblick sein, ohne waß zu thun; denn nichts zu thun, macht mich melancolisch.» Außer Lesen und Schreiben bleibe ihr nichts, aber Schreiben sei vorzuziehen, denn da könne «man noch eher mitt den leütten reden, alß im leßen». Entfremdet von ihrem Mann, bei Ludwig XIV. in Ungnade gefallen, voll Haß auf dessen Mätresse Madame de Maintenon und mit ihrer freimütigen Ausdrucksweise immer wieder gegen das höfische Dekorum verstoßend, sah sie sich schließlich als «hermitte einsidlerin im mitten von hoff». Und so sind ihre Briefe voll von Klagen (und idealisierten Vorstellungen von ihrer Heimat), und was sie von Frankreich und vom Hof zu berichten hat, fügt sich zu einem lebendigen, facettenreichen Bild des Versailler Hoflebens und des französischen Absolutismus. Daß dieses Bild höchst einseitig ausfällt, liegt an ihrer personenbezogenen Sicht der Dinge und den kulturellen Unterschieden zwischen Deutschland und Frankreich, zwischen ihren altständischen gesellschaftlichen Vorstellungen und dem Charakter des fortgeschrittenen absolutistischen Systems, auf dessen scharfsichtig gesehene Merkmale –

Zerstörung der alten Feudalstrukturen, Entmachtung des alten Adels, wachsende Bedeutung der Geldwirtschaft – sie mit moralischen Urteilen reagiert.

Ohne Zweifel sind die Briefe Liselottes ein bedeutendes kulturhistorisches Dokument; literarische Qualität erhalten sie durch ihre Sprache und ihren Stil. Zu den charakteristischen Merkmalen gehören große, oft auch drastische Anschaulichkeit, einfallsreiche Bilder und Vergleiche, die häufige Verwendung von Sprichwörtern aus verschiedenen Sprachen, von einer breiten Kenntnis der Romanliteratur und des Theaters zeugende literarische Anspielungen, Selbstironie und – ungeachtet aller Melancholie und Traurigkeit – eine Vorliebe für Anekdoten, Scherzreden, witzige Einfälle und lächerliche Vorfälle: «Umb die warheit zu bekenen, so kan ich, ich mag auch so serieux undt unlustig sein, alß ich immer sein mag, mich [nicht] enthalten von sachen zu reden, so einem bißweillen lachen machen», schreibt sie 1681.

Ihre Briefe dürfte es, nimmt man die Briefsteller als Maßstab, gar nicht geben. Das interessanteste und unterhaltsamste deutschsprachige Brief-œuvre ist insofern durchaus untypisch für seine Zeit. Liselottes Briefe folgen keinen bestimmten Aufbauprinzipien, sondern springen vielmehr von Thema zu Thema, gerade wie es der Schreiberin einzufallen scheint, und auch ihre unverblümte, auch das Skatologische einbeziehende Sprache wird durch kein Lehrbuch gedeckt. Die Natürlichkeit, die man ihrem Stil attestiert und von der sie selbst spricht, unterscheidet sich mit ihrem Verzicht auf die Regulierung durch die Kriterien des guten Geschmacks noch deutlich von den Konzepten des 18. Jahrhunderts. Die Herzogin faßt ihre Poetik in die Sätze: «Wen man nur die teütsche handt schreiben kan, hatt man nicht nöhtig, brieff zu lehrnen machen. Man kan ja nur schreiben, wie es einen ihm kopff kompt, wie ich thue; den muß ich gezwungen schreiben, würde ich mich mein leben nicht dazu resolviren können.»

3. Ökonomik und Gesundheitslehre

Hausväterliteratur

Hausväterliteratur ist die Bezeichnung der deutschen Tradition der frühneuzeitlichen Gattung der Ökonomik. Sie diente der Unterweisung und Beratung der ‹Hausväter› und – durch deren Vermittlung – auch der anderen Hausgenossen (*oeconomia*: ‹Haus-Lehre›; griech. *oikos*: das Haus). Die Ökonomik sucht vor dem Hintergrund einer vorwiegend agrarischen Gesellschaft sämtliche das Hauswesen betreffenden Tätigkeiten, Verrichtungen und menschlichen Beziehungen zu erfassen. Sie verbindet eine alle

Angehörigen des Hauses einschließende religiöse und sittliche Unterweisung mit einer umfassenden Landwirtschafts- und Gewerbelehre, einschließlich der Bereiche Küche, Human- und Tiermedizin und Arzneikunde. Anders als in der modernen Wirtschaftslehre geht die Betrachtungsweise nicht vom Marktgeschehen aus, sondern von der Vorstellung vom Haus als wirtschaftlicher und sozialer Einheit. Dieses Modell des ‹ganzen Hauses›, wie es die Sozialgeschichte nennt, bildet durchaus idealisierend eine patriarchalische soziale Ordnung ab, in deren Rahmen der Hausvater – nicht in der sentimentalen Version des 18. Jahrhunderts – die Herrschaft über die seiner Gewalt unterworfene Hausgemeinschaft (Ehefrau, Kinder, Bedienstete) ausübt. Das entspricht einerseits der realen Rechtsform (und impliziert ethische und religiöse Verpflichtungen des Hausherrn gegenüber seinen ‹Untertanen›), andererseits hat das Modell eine allegorische Bedeutung als Abbild der göttlichen Ordnung. Das ist zugleich seine religiöse Begründung. Erst im Verlauf des 18. Jahrhunderts wurde im Zug der Verwissenschaftlichung der ökonomischen Literatur und der realen wirtschaftlichen Veränderungen die Diskussion sozialethischer und religiöser Themen aus der ökonomischen Literatur ausgeklammert.

Die deutsche Ökonomik der Frühen Neuzeit nimmt Traditionen der griechischen Ökonomik, einem System praktischer Philosophie, und römischer Agrarlehren auf und verbindet die ursprünglich getrennten Überlieferungen zu einem Ganzen. Dazu kommen Einflüsse humanistischer und christlicher Ehe- und Erziehungslehren und vor allem der protestantisch-lutherischen Vorstellungen vom Hausvater, die der deutschen Ökonomik des 16. und 17. Jahrhunderts einen besonderen Charakter verleihen. Von ausschlaggebender Bedeutung waren dabei die Predigten vom christlichen Hausstand, die – ausgehend von Luthers *Kleinem Katechismus* (1529) – den Haus- und Ehestand aufwerteten und ihn als dritten Stand und gleichwertigen Bestandteil der göttlichen Ordnung neben den *status politicus* und den *status ecclesiasticus* stellten. Die religiöse Begründung der patriarchalischen Ordnung des Hauses mit der Analogie von Gottvater und Hausvater hatte politische Implikationen; sie diente auch zur Legitimation der vom ‹Landesvater› ausgeübten Herrschaft im Territorialstaat.

Ihren ersten Ausdruck fand diese protestantische Hauslehre in der mit einer Vorrede Luthers versehenen *Oeconomia christiana / das ist / von christlicher Haushaltung* (1529) von Justus Menius. Sie bereitete den Boden für den spezifischen Buchtyp der Hausväterliteratur des 17. Jahrhunderts, den zuerst Johann Coler mit der Verbindung von christlicher Hauslehre und der breiten Tradition der Ökonomik und Agrarlehre verwirklichte. Das zunächst in einzelnen Teilen veröffentlichte Werk Colers besteht aus einem *Calendarium* (1591, 2. Teil 1606) und der sukzessive veröffentlichten *Oeconomia ruralis et domestica* (1593–1601). Der ersten Gesamtausgabe von 1609 folgten im Verlauf des 17. Jahrhunderts zahlreiche Neuauflagen und Nachdrucke unter z. T. voneinander abweichenden Titeln (z. B. *Oeconomia ruralis et domestica. Darinn das gantz Ampt aller trewer Hauß-Vätter / Hauß-Mütter / beständiges und allgemeines Hauß-Buch / vom Hauß-halten / Wein- Acker- Gärten- Blumen und Feld-Bau / begriffen*, 1665).

Johann Coler, Pfarrer in Schlesien, Brandenburg und Mecklenburg, beruft sich in der Rechtfertigung seines Unterfangens, von «solchen schlechten geringen dingen» wie der Haus- und Landwirtschaft zu schreiben, auf seine illustren antiken Vorgänger von Aristoteles bis Vergil, hebt aber dann als Besonderheit den umfassenden Charakter seines eigenen Werkes und den Bezug zu den spezifisch deutschen Verhältnissen hervor. Das Themenspektrum ist dementsprechend umfangreich und reicht von Fragen des richtigen Wirtschaftens und der Haushaltung im engeren Sinn über die verschiedenen Bereiche der Landwirtschaft bis hin zu Gesundheitslehre und Krankenpflege. Wenn hier auch die nüchterne ökonomisch-praktische Belehrung im Vordergrund steht, so fehlt es doch nicht an Hinweisen auf das zugrunde liegende Ordnungsmodell: «Die Oeconomia ist eine Monarchia, das ist / ein solch Regiment / darinnen nur einer herrschet und regiert / nemlich / der Wirth im Hause […].»

Das bedeutendste Beispiel der Gattung im 17. Jahrhundert ist die *Georgica curiosa. Das ist: Umständlicher Bericht und klarer Unterricht Von dem Adelichen Land- und Feld-Leben* (1682) des niederösterreichischen Protestanten Wolf Helmhard von Hohberg, der als gebildeter Literat und (kleiner) adeliger Grundherr sowohl aus der älteren und neueren Literatur als auch aus praktischer Erfahrung schöpfen konnte. Das zwei Foliobände umfassende Werk erschien 1687 in einer vermehrten Neuausgabe (*Georgica curiosa aucta*), die nun neben anderen Zusätzen auch die zwei Jahrzehnte früher entstandene (und dann durch die Prosaversion ersetzte) Versfassung *Georgica / Versweise* enthielt. Sein wichtigstes literarisches Vorbild war, wie der Titel andeutet, Vergils *Georgica*.

Die *Georgica curiosa* umfaßt zwölf Bücher. Das erste Buch, Thema ist das «Landgut», steckt gleichsam den Rahmen ab und handelt von der adeligen Grundherrschaft und den damit zusammenhängenden Fragen (Rechte und Aufgaben der Herrschaft, Gebäude, Nebenbetriebe, nichtlandwirtschaftliche Produktion usw.). Dann führt die Darstellung zielstrebig von Innen nach Außen: von den Aufgaben des Hausvaters und der Ehefrau (z. B. Kindererziehung, medizinische Versorgung) zu den Tätigkeiten außerhalb des Hauses: Wein- und Obstbau, Küchen- und Arzneigarten, Blumengarten, dann zu den noch weiter entfernten Bereichen Ackerbau, Pferdezucht, Meierhof (einschließlich Tierhaltung mit tiermedizinischen Anweisungen), Bienen- und Seidenraupenkulturen, «Wasserlust» (Wasserversorgung, Mühlbäche, Fischzucht u. a.) und schließlich Forstwirtschaft (Holz, Jagd). In den vom Verleger postum auf drei Bände erweiterten Auflagen von 1715 und 1716 kommt u. a. noch «ein bewährtes sehr nutzliches Koch-Buch» hinzu.

Auch für Hohberg ist der religiöse Bezug gegeben. Der Hausvater verwirklicht in seinem Regiment den Willen Gottes. Vernunft, Gerechtigkeit und Güte sollen sein Handeln bestimmen, nicht allzu große Härte. Hohberg unterstreicht die religiöse Analogie, wenn er das Verhältnis des Mannes zur Ehefrau so beschreibt: «Des Manns Herrschaft über das Weibe / ist gleichsam ein kleines Contrefait der Herrschaft GOttes über den Menschen.» Darüber hinaus sieht er in der Oeconomia, den «Wirthschaffts-Sachen» und dem ganzen «Feld-Leben», «Fürbildungen [...] derjenigen güldenen Tage und lieblichen Freyheit / deren unsere erste Eltern im Stand der Unschuld noch im Paradis genossen». Die «Lust», die der Mensch aus den «Wirthschafften» zu schöpfen in der Lage ist, lassen ihn wie «durch einen Nebel» noch einen Abglanz dieses verlorengegangenen Zustands erkennen. Und im Lob des Gartens und der «Garten-Arbeit», die «keine Wirkung des Göttlichen Fluchs» sei, verbindet er traditionelle Topoi der Naturidealisierung, des Lobs des Landlebens und christlicher Gartenallegorese; der nahe am Haus gelegene Garten erscheint als «eine Nachahmung der göttlichen Natur / ein Spiegel des künfftigen Paradises», die Gartenarbeit als «Lust-Ubung der Gesundheit», während sich in den weiter entfernten Bereichen der andere, fluchbeladene Charakter der Arbeit manifestiert. Obwohl die Gattung der Ökonomik auf der einen Seite ganz ‹modern› darauf zielt, auf Erfahrung und Naturbeobachtung basierendes Wissen zu vermitteln und Techniken der Naturbeherrschung zu lehren, bietet sie auf der anderen Seite mit ihren religiösen Aspekten und ihrem ahistorischen, statischen Gesellschaftsmodell kein Abbild der sozialen und wirtschaftlichen Realität, sondern ein typisierendes, auf traditionellen, vormodernen Denkweisen beruhendes Idealbild.

Wenn der Titel auch ausdrücklich vom «Adelichen Land- und Feld-Leben» spricht, so bedeutet das letztlich keine Eingrenzung des Geltungsbereichs von Hohbergs Oeconomia: Sie betreffe, heißt es gleich anschließend, «alle in Teutschland übliche Land- und Haus-Wirthschafften». Das ist insofern kein Widerspruch, als die adelige Gutsherrschaft nur die erweiterte Form großbäuerlichen Wirtschaftens darstellt. Enger auf den landsässigen Adel und seine Funktion in der realen politischen Situation des 17. Jahrhunderts ist ein früher erschienenes Werk gerichtet, *Der Adeliche Hausvatter* (1650) Johann Rists, eine aktualisierende Übersetzung bzw. Bearbeitung von Torquato Tassos *Il padre di famiglia* (1581) nach der französischen Version Jean Baudoins (*Le père de famille*, 1632).

In Tassos Dialog berichtet ein Gutsbesitzer in Gegenwart seines Sohnes über die ihm von seinem Vater zuteilgewordene Erziehung und gibt sie so weiter. Dabei stilisiert er das Landleben zu einer antihöfischen Idylle. Rist dagegen zielt auf praktische Unterweisung und verändert, aktualisiert und kommentiert den Text entsprechend. Er widmete ihn dem Vorsteher (Drost) der Herrschaft Pinneberg, zu der auch sein Wohnort

Wedel gehörte, als Repräsentanten des norddeutschen Adels, von dem er auf diese Weise wirtschaftliche und kulturelle Aufbauleistungen nach den Verheerungen des Dreißigjährigen Krieges einfordert. Die Maßstäbe für diese kulturpatriotische Erneuerung, auf die er den Adel zu verpflichten sucht, liefern die altständischen Lebensformen und Werte. Sie bilden den Hintergrund für die heftige Kritik an der Gegenwart, sei es an der unadeligen Hingabe an den Mammon und der Aufweichung der Standesgrenzen (Marginalie: «Edelleüte werden Kauffleüte und Kauffleüte werden Edelleüte»), sei es an der unmenschlichen Praxis der Leibeigenschaft in Holstein und Mecklenburg.

Eines der letzten großen Handbücher der Ökonomik ist der *Oeconomus prudens et legalis. Oder: Allgemeiner Klug- und Rechts-verständiger Haus-Vatter* (1702) von Franz Philipp Florin, dessen Buch von Pietismus und Aufklärung geprägt ist. Stärker noch als bei Hohberg ist von Freundlichkeit und Güte des Hausvaters sowie von Liebe zwischen den Eheleuten die Rede, ebenso von der Sorgepflicht für das nicht zu überfordernde Dienstpersonal. Danach verlor die Gattung zunehmend an Bedeutung. Gründe dafür waren u. a. die fortschreitende Spezialisierung der Wissenschaften, die auch die Trennung von Ethik und Ökonomie mit sich brachte, und der Wandel des Konzepts der Familie mit der Trennung von geschäftlichem und privatem Bereich. So war es nur folgerichtig, daß der lutherische Pastor Christian Friedrich Germershausen in den letzten Werken dieser Art das Genre teilte: *Die Hausmutter in allen ihren Geschäften* (1777–81) bzw. *Der Hausvater in systematischer Ordnung* (1783–86).

Gesundheitslehre

Zu den Themen der Ökonomik gehört regelmäßig auch die Gesundheitslehre, das Verhalten bei Schwangerschaft oder Krankheiten, die Fürsorge für die Abhängigen, die Vermittlung von Wissen über Hygiene, Heilmittel und Arzneipflanzen. Das kann im Abschnitt über die Aufgaben der Hausfrau, aber auch in eigenen Kapiteln abgehandelt werden. Daneben gibt es eine umfangreiche medizinische Fachliteratur in lateinischer Sprache, aber auch zahlreiche für breitere Kreise bestimmte deutschsprachige Gesundheits-, Pflanzen- und Arzneibücher. Dazu zählen beispielsweise der ebenfalls «allen Hausvätern und Hausmüttern» zugedachte *Schatz der Gesundheit* und sein Gegenstück, der *Schatz der Ungesundheit*, Bestseller des niederländischen Arztes Johan van Beverwijck (1636 bzw. 1642), die Philipp von Zesen 1671 ins Deutsche übertrug: populäre Anleitungen zur körperlichen und geistigen Gesundheit mit zahlreichen Zitaten aus der antiken und modernen Dichtung und moralisierend-biederen Versen des niederländischen Dichters Jacob Cats.

Einen besonderen Fall innerhalb dieses Genres stellt das über den Bereich des Hauses hinausreichende Hauptwerk des Tiroler Mediziners Hippolytus Guarinonius dar: *Die Grewel der Verwüstung Menschlichen*

Geschlechts (1610), Gesundheits-, Verhaltens- und satirische Morallehre in einem. Bei dem voluminösen Folianten – mehr als 1400 Seiten – handelt es sich um den ersten Band einer sozialethischen Gesundheitslehre (der zweite ist nur handschriftlich überliefert), die die Bedingungen menschlicher Gesundheit darlegt und als eine Art ‹Gesundheitspolicey› auf die Verbesserung der öffentlichen wie privaten Gesundheitspflege und -vorsorge zielt: «Allen / so wol Geist: als Weltlichen / Gelehrt: vnd Vngelehrten / hoch vnd nidern Stands Personen / überauß nutz vnd sehr notwendig / wie auch gar kurtzweilig zu lesen.» Wie Guarinonius, einer der sprachmächtigsten, wenn auch weniger bekannten Autoren der oberdeutschen Sprachprovinz um 1600, den Gemeinplatz von Nützen und Unterhalten durch die Verwendung erzählerischer Mittel umsetzt und wie er den medizinischen Traktat zur Moralsatire ausweitet, hebt das Werk über reine Fachprosa hinaus. Nicht zuletzt deswegen griffen katholische Erbauungsschriftsteller und Prediger wie Aegidius Albertinus (*Lucifers Königreich*, 1616, *Landtstörtzer Gusman*, 1615) und Jeremias Drexel (*Aloe*, 1637) auf das Buch zurück und schrieben es stellenweise aus.

Guarinonius (1571 Trient – 1654 Hall/Tirol), Sohn des aus einer Mailänder Familie stammenden kaiserlichen Leibarztes Bartholomäus Guarinonius, studierte Medizin in Padua und wurde 1598, ein Jahr nach seiner Promotion, Arzt am Damenstift in Hall; dazu kamen dann die Stellungen als Haller Stadtphysikus (1601) und als Gewerkenarzt im benachbarten Bergwerksort Schwaz (1604).

Guarinonius vertrat die galenische Tradition der Medizin und wandte sich scharf und polemisch gegen neuzeitliche Empirici und vor allem gegen die Paracelsisten. Seine Gesundheitslehre ist religiös fundiert und hat einen dezidiert konfessionellen Charakter. Wie sich der Unwert anderer medizinischer Richtungen schon dadurch dokumentiert, daß ihre Vertreter vorwiegend unter den Protestanten gefunden werden, so gilt umgekehrt, daß die Lehren der katholischen Kirche die Maßstäbe für eine gesunde und tugendhafte Lebensführung setzen. Verknappt ausgedrückt heißt das, daß das Katholische mit dem Vernünftigen, Maßvollen, Gesunden (und der galenischen Lehre), alles Nichtkatholische (d. h. Ketzerische, Protestantische) hingegen mit Unvernunft, Unordnung, Krankheit (und paracelsischer Medizin) gleichzusetzen ist.

Der Abschnitt «Vom menschlichen Gemüt» hebt die Bedeutung der Affekte für das Individuum und das gesellschaftliche Zusammenleben hervor: Alles Übel, «mit einem Wort fast alle Laster / so von anfang der Welt biß auff heutigen tag / fürvber gangen / vnd noch geschehen werden», hat seinen Ursprung «allein auß widerwertigen anligen der widerwärtigen gemühtern». So wird das Gesundheitswerk zugleich zu einem Tugend- und Lasterspiegel, wobei die Lehren der katholischen Kirche sowie ein aristotelisches Harmonie- und Mäßigkeitsmodell den Maßstab der Tugend und damit der Gesundheit setzen. Zugleich liefert der Abschnitt über die Affekte bemerkenswerte Einsichten über Kunst und Literatur und ihre Rezeption.

Voraussetzung der Gesundheit ist eine dauerhafte «Fröligkeit des Gemüts», und indem Guarinonius darstellt, wie diese u. a. auch durch die «sinnlichen Ergötzlichkeiten» zu gewinnen sei, ergibt sich so etwas wie eine kleine Ästhetik oder Poetik. Er spricht von den sinnlichen Eindrükken der Augen und der Ohren und von der so gewonnenen «Erlustigung», sei es durch die Betrachtung von Naturerscheinungen oder der Farben und ihrem Zusammenspiel, sei es durch die Rezeption von Werken der Musik, der bildenden Kunst und der Literatur («belesung der lustigen ehrlichen Bücher»). Die Wirkung steigert sich, wenn mehrere Sinnesorgane beteiligt sind, Grund genug für eine besondere Hervorhebung des Theaters, das auch bei ihm selbst einst in Padua erfolgreich die Melancholie vertrieben habe.

Umgekehrt ist «die manigfaltig vnnd kurtzweilig ansprach» auch das Prinzip des Schriftstellers Guarinonius. Um den Leser zu gewinnen, lokkert er die Form des medizinisch-moraldidaktischen Traktats auf, überspielt die Gattungsgrenzen mit Hilfe einer abwechslungsreichen Vielfalt von erzählerischen und diskursiven Verfahren. Dabei bleibt angesichts der Länge und des eigenen Charakters der Digressionen, der Exempelgeschichten und der anschaulichen Erzählungen über Gesehenes und Erlebtes der Zusammenhang des medizinischen Traktats oft nur noch sehr lokker bestehen. Beispiel dafür ist etwa der lebendige, für die Schönheiten der Natur offene Bericht über eine Bergbesteigung mit Freunden, die in den Kontext der Erörterung des gesundheitlichen Nutzens der «Leibs Bewegung oder Vbung» gehört. Hier fällt der Autor sogar noch aus dem Rahmen der – ohnehin kaum noch als solche wahrgenommenen – Exempelerzählung, indem er den Dialog mit dem Leser aufnimmt und ihn zur geplanten Bergtour im nächsten August (1610) einlädt: «Wann der gönstige Leser lieb vnd lust hat / der mag sich im Monat Augusto allher machen / will jhme von hertzen gern ein Geleitsmann abgeben.»

Guarinonius versteht seine weit über den engeren Bereich der Medizin hinausgreifende ‹Gesundheitspolicey› als Beitrag zur sittlichen und moralischen Erneuerung Deutschlands, dessen Gegenwart durch Werteverfall in allen Ständen und ein Zerbrechen der alten Ordnungen gekennzeichnet ist. Wie später Logau oder Moscherosch steht er unter dem Eindruck der gesellschaftlichen und politischen Veränderungen im frühneuzeitlichen Staat durch die neuen höfisch-absolutistischen Tendenzen und die damit verbundene neue politische Moral: «weiß man / vnd erfehrt es noch heut / daß die Teutsch Redligkeit / jederzeit / hat Mund vnd Hertz bey einander gehabt / welches die Politisch falschheit nicht zulasst.» In diesem Sinn richtet sich seine Aufklärungsarbeit an die katholischen Obrigkeiten, die ihren Einfluß zur Heilung der gesundheitlichen und moralischen Gebrechen einsetzen sollen. Die «Ketzer» bleiben vom Reformprogramm ausgeschlossen.

Neben der großen Gesundheitslehre verfaßte Guarinonius eine Reihe weiterer Schriften sowohl religiöser wie medizinischer Natur, darunter einen *Pestilentz Guardien / Für allerley Stands Personen / mit Säuberung der inficierten Häuser / Beth-Leingewandt / Kleider / etc.* (1612), ein Werk über die gesundheitsfördernde Wirkung von mit Wasser verdünntem Wein (*Hydroenogamia triumphans. Seu aquae vinique conubium* [...]. *Heillig und heilsamber Wasser und Wein Heurath* (1640) und hagiographische Schriften und Lebensbilder. Er war auch maßgeblich an der Entstehung der Tiroler Legende vom jüdischen Ritualmord an Andreas Oxner aus Rinn (Anderl von Rinn) beteiligt, der angeblich 1462 stattgefunden hatte. Die Haller Jesuiten brachten die Legende 1621 auf die Bühne. Das 73-strophige Historienlied von Guarinonius, gedruckt 1642, wurde dann zur Grundlage eines Tiroler Wallfahrtskults. Es offenbart mit seinem Judenhaß die übelste Seite von Guarinonius' religiöser Intoleranz und seinem militanten Konfessionalismus (*Triumpf Cron Marter vnd Grabschrifft dess heilig-Vnschuldigen Kindts Andreae von Rinn*).

VOM BAROCK ZUR AUFKLÄRUNG

I. FRÜHAUFKLÄRUNG

1. ‹Übergangszeit›

Festlegungen in der Frage, wann das Ende des ‹Barock› bzw. der Beginn der ‹Aufklärung› anzusetzen seien, stoßen auf große, wenn nicht unüberwindliche Schwierigkeiten. Das gilt auch, wenn man die offensichtliche Ungleichzeitigkeit der Künste oder die Vorgaben der europäischen Philosophiegeschichte außer acht läßt und sich auf die Geschichte der deutschen Literatur beschränkt (die wiederum in einem Verhältnis der Ungleichzeitigkeit zu den anderen europäischen Literaturen steht). Denn unterschiedlich wie die Kriterien der Periodisierung der Literaturgeschichte sind notwendig die Ergebnisse. Wenn in geistesgeschichtlicher Hinsicht die Jahre um 1720 den endgültigen Durchbruch der Aufklärung markieren mögen, so sieht eine sozialgeschichtlich orientierte Literaturgeschichtsschreibung deren Anfänge einige Jahrzehnte früher im Zusammenhang mit der Herausbildung einer neuen staatlichen Funktionselite aus niederem Adel und akademisch gebildetem Bürgertum. Dafür stehen Autoren wie Christian Weise und Christian Thomasius und Schlagworte wie ‹politisch› oder ‹galant›, die auf diesseitig orientierte Lebens- und Verhaltensnormen zielen. Angesichts des intendierten Praxisbezugs ergeben sich daraus Konsequenzen für die Literatur. Sie betreffen veränderte Stilvorstellungen (Rückbildung oder generelle Ablehnung der manieristischen Bildersprache, Rezeption bzw. Wiederaufnahme klassizistischer Tendenzen, Weises ‹Prosakonstruktionsregel›), aber auch neue Akzentuierungen im Gattungssystem (Verhaltensliteratur, Zeitschriften, ‹curieus›-welterschließende, lehrhafte und enzyklopädische Literatur) oder Veränderungen innerhalb der Gattungen selbst.

Deutlich wird jedenfalls, wie die Geschichte der Gattungen gezeigt hat, daß in den Jahrzehnten zwischen etwa 1680 und 1720 unterschiedliche kulturelle und literarische Konzeptionen miteinander konkurrieren oder nebeneinanderher bestehen. Das ist zunächst nichts grundsätzlich Neues. Auch die Epochen selbst bieten alles andere als ein einheitliches Bild – und lassen Begriffe wie Barock oder Aufklärung vor allem aus praktischen Gründen als Ordnungskriterien notwendig und sinnvoll erscheinen. Im Unterschied allerdings zu den Ungleichzeitigkeiten und divergierenden Tendenzen innerhalb eines Epochenkonstrukts mündet das Neben- und Gegeneinander verschiedener Strömungen in der sogenannten ‹Übergangszeit› zwischen Barock und Aufklärung in der Tat schließlich in eine neue literarische Ära: Die klassizistischen Vorstellungen setzen sich zunehmend durch, wie sich etwa beispielhaft an der Geschichte der Neukirchschen Sammlung ablesen läßt. Doch auch hier sind Einschränkungen erforderlich. Zum einen gewinnt neben den zunächst dominierenden rationalistisch-aufklärerischen Tendenzen die auf die Erneuerung des inneren Menschen gerichtete religiöse Reformbewegung des Pietismus weiter an Bedeutung – mit großen Folgen auch für die Entwicklung der Literatur und einer zur Gefühlsaussprache fähigen Dichtersprache. Zum anderen bleibt eine alte Grenze, die zwischen katholischen und protestantischen Territorien und ihren jeweils eigenen sprachlichen und literarischen Traditionen, weiter bestehen. Wenn von aufklärerischer Literatur um 1700, 1720 oder 1740 die Rede ist, ist damit fast ausschließlich die Literatur in den protestantischen Territorien bzw. Städten gemeint (Leipzig, Hamburg, Berlin, Zürich u. a.), während sich eine dezidiert aufklärerische Literatur in den katholischen Territorien erst mit einer gewissen Verspätung entwickelte.

2. Christian Thomasius

Christian Thomasius ist mit seinem Programm eines ‹galanten› und ‹honnetten› sittlichen Verhaltens nach französischem Muster, seinem Wissenschaftsverständnis und seiner Kritik der Vorurteile der bedeutendste Repräsentant des frühaufklärerischen Denkens in Deutschland. Er selbst verkörperte den von ihm propagierten neuen Typus des weltoffenen Gelehrten, für den Praxisnähe und Zweckmäßigkeit die Kriterien darstellen, vor denen sich die Wissenschaften zu bewähren hatten. Seine Kritik am unreflektierten Traditionalismus und gelehrten Pedantismus galt der aristotelischen Schulphilosophie, der juristischen Dogmatik und nicht zuletzt der orthodox-lutherischen Theologie. Heftige Kontroversen während seiner Leipziger Jahre waren die Folge. Sie endeten 1690 mit einem Lehr- und Publikationsverbot und seiner Abwanderung nach Preußen, wo er maßgeblich am Aufbau der Universität Halle mitwirkte und die Entwicklung des preußischen Rechtswesens vorantrieb.

Thomasius war kein Systematiker, sondern verstand sich als Eklektiker, als jemand, wie er es selbst formulierte, der «alle Lehren an dem Probierstein der gesunden Vernunfft streichet». Das bedeutete – vorbereitet durch Hugo Grotius u. a. – die Emanzipation der Philosophie, des Rechts und anderer Disziplinen von der Theologie. Alle Bereiche des Lebens und der Wissenschaft (ausgenommen die Wahrheiten der göttlichen Offenbarung) hatten sich dem Vernunfturteil zu unterwerfen. Daraus ergab sich für Thomasius als zentrale Aufgabe die Befreiung von den Vorurteilen, vor allem der auf nicht hinterfragten Autoritäten beruhenden: ein

Thema, das er in Vorlesungen und Publikationen zeit seines Lebens verfolgte und mit dem er – zusammen mit der damit einhergehenden Aufforderung zu vorurteilsfreiem Selbstdenken – aufklärerische Positionen besetzte. Seine Lehre von den Vorurteilen bzw. von deren Überwindung formulierte er nach einem ersten Entwurf in der lateinischen *Introductio ad philosophiam aulicam* (1688) u. a. im Rahmen seiner Auseinandersetzungen mit seinen Gegnern an der Leipziger Universität in den 1689–90 gehaltenen deutschen *Lectiones de praejudiciis* (veröffentlicht 1725) und in seinen Schriften zur praktischen Philosophie wie der *Einleitung zu der Vernunfft-Lehre* (1691) und der *Ausübung der Sitten-Lehre* (1696). Der Erfolg dieses Denkens in der gesellschaftlichen bzw. juristischen Praxis zeigt die Wirkung seiner Schriften gegen Hexenglauben und Folter.

Thomasius' Ziel, den elitären und zugleich pedantischen Wissenschaftsbetrieb aufzubrechen, die Universität dem Leben zu öffnen und Bildung und gesellschaftliche Kultur nach dem Muster des *honnête homme* zu verbinden, standen neben den gelehrten Pedanten selbst auch die traditionellen Formen wissenschaftlicher Kommunikation im Weg. Dagegen richteten sich, durchaus auch absichtlich provozierend, seine Experimente mit verschiedenen literarischen Formen und die Hinwendung zur deutschen Sprache nicht nur in der Lehre, sondern auch in den wissenschaftlichen Publikationen. Die Verwendung der deutschen Sprache war für ihn die Voraussetzung, die angestrebte Beziehung zum Leben herzustellen und den im gesellschaftlichen Nutzen bestehenden Zweck der Wissenschaft zu erfüllen. Demgegenüber zählte für ihn der Hinweis auf die internationale Geltung des Lateinischen als Gelehrtensprache nicht.

Deutschsprachige Vorlesungen gab es zwar schon vorher, etwa in der Medizin, aber nicht in den philosophischen Disziplinen. Insofern schuf Thomasius einen Präzedenzfall, der bald auch Wirkung in anderen, nicht zu den Realdisziplinen zählenden Fächern zeigen sollte. Zur Provokation gehörte auch das Thema der ersten Vorlesung, die in den Jahren einer heftigen, durch die Eroberungskriege Ludwigs XIV. bestärkten Frankophobie an Hand einer französischen Fassung von Baltasar Graciáns «Grund-Reguln / Vernünfftig / klug und artig zu leben» (*Oráculo manual y arte de prudencia*, 1647) ausgerechnet die französische Gesellschaftskultur zum Vorbild erklärte (*Discours Welcher Gestalt man denen Frantzosen in gemeinem Leben und Wandel nachahmen solle?*, 1687).

Beispielhaft für das Bestreben, eine größere Öffentlichkeit zu erreichen, stehen die *Monatsgespräche*, die Züge einer literaturkritischen Zeitschrift und der satirischen Dialogliteratur miteinander verbinden: *Freymüthige Lustige und Ernsthaffte iedoch Vernunfft- und Gesetz-mäßige Gedancken Oder Monats-Gespräche, über allerhand, fürnehmlich aber Neue Bücher, Durch alle zwölff Monate des 1688. und 1689. Jahrs*, lautet der Titel der Gesamtpublikation, wobei die Monatstitel jeweils leicht variieren. Eine Fortsetzung bis April 1690 stammt von Johann Jacob a Ryssel. Gemäß seinem philosophischen Konzept der Verbindung von weltmännischer Lebensart und Lebensweisheit («philosophia aulica») inszeniert Thomasius verschiedene Modelle für eine höfliche Gesprächskultur, arrangiert Gespräche zwischen fiktiven, aber auch historischen Personen in unterschiedlichem Rahmen (u. a. als Reisegesellschaft), nutzt verschiedene Erzählerrollen, wechselt zwischen Gesprächen, szenischer Darstellung und Bericht und zitiert und referiert im Kontext der Rezensionen recht ausführlich. Im Unterschied zum Verfahren wissenschaftlicher Zeitschriften wie den *Acta Eruditorum* oder dem *Journal de Savants* beziehen die *Monatsgespräche* auch unterhaltende Texte ein, und sie informieren nicht nur über die Bücher, sondern die Gesprächsteilnehmer nehmen die Themen und Inhalte zum Anlaß weiterführender Diskussionen über literarische, ästhetische, moralische, gesellschaftliche und politische Fragen. Dabei herrscht in bewußtem Kontrast zu dem von Thomasius kritisierten gelehrten Pedantentum ein vernünftiger, praxisbezogener und zugleich unterhaltsam-lockerer Ton mit entschieden satirischer Note. Es ist der Ton des Mannes von Welt, dem «aller zwang / affectation, und unanständige Plumpheit zuwieder» ist, wie es die Gracián-Vorlesung im Zusammenhang mit der Definition der «Galanterie» formuliert.

Daß sich Thomasius in den *Monatsgesprächen* auch als Erzähler versucht und den Entwurf einer «Nouvelle» zum Medium der satirischen Kritik an der aristotelisch-scholastischen Philosophie macht, liegt wie das ganze Konzept der *Monatsgespräche* auf der Linie der Bekämpfung der gelehrten Pedanterie (und der Auseinandersetzung mit seinen Leipziger Gegnern). So läßt Thomasius, ein Romankenner, zwei Brüder auftreten, «Studenten in einer gewissen Stadt in Sachsen», der eine philosophisch, der andere literarisch interessiert und auch als Romanübersetzer tätig, die in mehreren Entwürfen einen kleinen «Roman des Aristotelis» entwikkeln: eine ironische, bewußt anachronistische Dreiecksgeschichte – anachronistisch wie Aristoteles – in Anlehnung an zeitgenössische französische Kurzromane, die sowohl die Person des Philosophen, eines Erotomanen, als auch die scholastischen Auswüchse seiner Philosophie karikiert. Die Ausbildung der Urteilskraft durch Literatur, diese Funktion schreibt ihr Thomasius zu, kann auf diese Weise vielleicht «so viel Vergnügen» erwecken «als mancher abgeschmackter Französischer Roman».

Christian Thomasius (1655 Leipzig – 1728 Halle/Saale), Sohn des Leipziger Philosophieprofessors Jakob Thomasius, studierte Jura in Leipzig und Frankfurt/Oder (Dr. jur. utr. 1676) und lehrte zunächst in Leipzig, bis die Auseinandersetzungen mit der konservativen, orthodox protestantischen Gelehrtenschaft eskalierten. Daß er sich als Rechtsvertreter für das pietistische Collegium biblicum August Hermann Franckes in Leipzig einsetzte und sich bei den Höfen in Kopen-

hagen und Dresden unbeliebt machte (etwa in einer Schrift über die gemischtkon-
fessionelle Fürstenehe), verschärfte die Situation weiter. Der Dresdener Hof ver-
hängte 1690 ein Lehr- und Publikationsverbot. Noch im selben Jahr richtete der
preußische König für ihn eine Professur in Halle ein. Thomasius beteiligte sich
entscheidend am Aufbau der dortigen Universität, die formell 1694 gegründet
wurde. Zeitweilig vertrat er pietistische Positionen; insbesondere schätzte er Gottfried Arnolds *Unparteyische Kirchen- und Ketzer-Historie* (1699–1700). Seine
frühaufklärerischen Positionen schlugen sich in allen Gebieten nieder, mit denen
er sich wissenschaftlich beschäftigte – Politik und Recht, Philosophie, Religion,
Literatur –, und sie hatten praktische Konsequenzen etwa in der Ausbildung eines
rationalen Rechts- und Verwaltungssystems in Preußen und der Abschaffung der
Hexenprozesse. Wie seine *Monatsgespräche* verloren auch seine moralphilosophi-
schen und logischen Arbeiten – u. a. *Introductio ad philosophiam aulicam*, 1688;
Einleitung zu der Vernunfft-Lehre, 1691; *Außübung der Vernunfft-Lehre*, 1691;
Einleitung zur Sitten-Lehre, 1692 und *Ausübung der Sitten-Lehre*, 1696 – den Be-
zug zur gesellschaftlichen Praxis nicht aus den Augen.

3. Philosophie und Wissenschaftssprache

Die Frage der Verwendung der deutschen Sprache in der Wissenschaft,
die Thomasius aufgeworfen hatte, beschäftigte etwa gleichzeitig auch
Leibniz. Während er für seine wissenschaftlichen Veröffentlichungen
überwiegend die französische Sprache benutzte – und immerhin nicht die
internationale Gelehrtensprache Latein –, plädierte er in zwei erst postum
veröffentlichten deutschen Schriften für den Gebrauch (und die Verbesserung) der deutschen Sprache: *Ermahnung an die Teutsche, ihren verstand
und sprache beßer zu üben, sammt beygefügten vorschlag einer Teutsch
gesinten Gesellschaft* (um 1683, Druck 1846) und *Unvorgreiffliche gedancken, betreffend die ausübung und verbesserung der teutschen sprache*
(1697, Druck 1717). Zwar findet er, daß die Deutschen auch durch die
Leistungen der «so genannten Ungelehrten» ihre Sprache «bereits hoch
bracht in allem dem, so mit den fünf Sinnen zu begreifen», aber auf Gebieten wie Philosophie, Theologie oder Politik sei eine Verbesserung
wünschenswert (*Unvorgreiffliche Gedancken*). In der *Ermahnung* nennt
er in umgekehrter Perspektive die Argumente, die gegen die Verwendung
der nur wenigen zugänglichen Gelehrtensprache Latein sprechen. Neben
der Möglichkeit des Mißbrauchs – hinter dem Lateinischen lasse sich Unwissenheit verbergen – gelten Leibniz’ Bedenken vor allem der gesellschaftlichen Absonderung des Gelehrtenstandes, so daß weite Teile der
Bevölkerung «von der Wissenschaft gleichsam ausgeschlossen» seien, eine
auch von Thomasius kritisierte Folge des lateinischen Wissenschaftsbe-
triebs.

Den entscheidenden Beitrag zur Etablierung der deutschen Sprache als
Wissenschaftssprache leistete dann Christian Wolff. Er hatte als Mathe-

matiker begonnen und sich mit Leibniz über mathematische Fragen ausgetauscht, der ihn auch für den Lehrstuhl für Mathematik und Naturlehre an der Universität Halle empfahl (1706; Vorlesungsbeginn 1707). Erst 1710 wandte sich Wolff in der Lehre auch der Philosophie zu, in dem Jahr, in dem Leibniz' _Theodizee_ in französischer Sprache erschien, die einzige von ihm selbst veröffentlichte größere Schrift (_Essais de théodicée sur la bonté de Dieu, la liberté de l'homme et l'origine du mal_). 1712 begann Wolff mit einem Werk über die Logik (_Vernünfftige Gedancken von den Kräfften des menschlichen Verstandes_) mit der Errichtung seines philosophischen Lehrgebäudes, das der von Descartes geforderten mathematischen oder geometrischen Methode folgt und in zahlreichen einzelnen Schriften – im Titel meist beginnend mit den Worten «Vernünfftige Gedancken von ...» – systematisch die verschiedenen Bereiche der Philosophie behandelt.

Das Fundament dieses Lehrgebäudes bilden die _Vernünfftigen Gedankken Von Gott, Der Welt und der Seele des Menschen, auch allen Dingen überhaupt_ (1720; Teil 2: _Anmerckungen_, 1724), Wolffs ‹Deutsche Metaphysik›. Diese Darstellung der theoretischen Philosophie umfaßt Erkenntnistheorie, Ontologie, Kosmologie, Psychologie und (natürliche) Theologie («Von Gott») und nimmt die rationalistischen und mechanistischen Vorstellungen der französischen Philosophie seit Descartes auf; außerdem fügt Wolff auch Elemente des Leibnizschen Denkens, z. T. in modifizierter Form, in sein strenges System ein und trägt damit wesentlich zu ihrer Popularisierung bei. In der Kosmologie begreift Wolff die Welt als eine dem Uhrwerk vergleichbare Maschine, in der «alles dem Raume und der Zeit nach miteinander verknüpft» ist. Die Schwierigkeiten, in die das mechanistische Weltbild gerät, wenn es zu erklären gilt, «woher es kommt, daß Seele und Leib untereinander übereinstimmen», wo doch in mechanistischer Sicht eine direkte Wirkung vom Geist auf die Materie undenkbar ist, löst Wolff mit dem Rekurs auf Leibniz' These von der «vorherbestimmten Harmonie», von der von Gott angelegten Übereinstimmung zwischen physischer und geistiger Welt, die dank ihrer vollkommenen Konstruktion seit der Schöpfung ohne gegenseitigen Einfluß stets einander entsprechen.

Leibniz' _Monadologie_, auf die sich Wolff hier bezieht, war 1714 entstanden und 1720 in deutscher Übersetzung erschienen (_Lehr-Sätze über die Monadologie_), während die französische Originalfassung erst 1839 gedruckt wurde. In dem Kapitel «Von Gott» nimmt Wolff den Satz von der besten aller möglichen Welten aus der _Theodizee_ von Leibniz auf. Der Grund, daß Gott gerade diese Welt anderen möglichen Welten vorgezogen hat, leitet sich aus der Allwissenheit Gottes und der Vollkommenheit des göttlichen Verstandes ab, die wiederum «die Quelle aller Vollkommenheit» darstellen. Wie immer geht er mit großer Ausführlichkeit

schrittweise logisch deduzierend und argumentierend vor und bestätigt
damit Kants anerkennendes Wort von Wolff als dem «Urheber des bisher
noch nicht erloschenen Geistes der Gründlichkeit in Deutschland».
Vollkommenheit bedeutet, daß sich alle Vorgänge rational, d. h. nach
Prinzipien der Mechanik erklären lassen: «Wer demnach alles in der Welt
verständlich erkläret, wie man bei Maschinen zu tun pfleget, der führet
auf die Weisheit Gottes.» Für «Wunderwerke» bleibt wenig Raum. Da
Gott «die höchste Vernunft hat», «ist es nicht möglich, daß er durch Wunderwerke etwas ausrichtet, was natürlicher Weise geschehen kann. Der
natürliche Weg muß als der bessere dem Wege der Wunderwerke beständig vorgezogen werden, und finden dannenhero die Wunderwerke nicht
eher statt, als bis er seine Absicht natürlicher Weise nicht erreichen
kann.»

Wolffs Auffassungen stießen auf scharfe Kritik bei Pietisten und orthodoxen Protestanten. Als er dann in seiner 1721 an der Universität Halle in
lateinischer Sprache gehaltenen *Rede von der Sittenlehre der Sineser* die
Möglichkeit einer nur auf die Vernunft gegründeten Ethik diskutierte,
wurde der preußische König eingeschaltet, der ihn schließlich 1723 «bey
Strafe des Stranges des Landes» verwies (Friedrich Wilhelm I.: «ich habe
das nit wuhst, das der wuhlf so gotlose ist [...].»). Wolff ging nach Marburg, und erst 1741 berief ihn der neue König, Friedrich II., wieder zurück nach Halle. Die Affäre machte den Philosophen zu einer europäischen Berühmtheit, und seine Philosophie beherrschte – nicht zuletzt
durch seine zahlreichen Schüler – die philosophische Lehre an den Universitäten.

Zur Popularisierung seiner Philosophie einschließlich der von Leibniz
übernommenen Gedanken von der besten aller möglichen Welten und
der prästabilierten Harmonie trug nicht zuletzt Johann Christoph Gottsched bei, der die Philosophie Wolffs – es war inzwischen ein Dutzend
«Vernünfftiger Gedancken» erschienen – in einem großen zweibändigen
Kompendium übersichtlich und durchaus mit eigenen Akzentuierungen
zusammenfaßte: *Erste Gründe Der Gesamten Weltweisheit, Darinn alle
Philosophische Wissenschaften in ihrer natürlichen Verknüpfung abgehandelt werden* (1733–34). Gelegentlich dienen Gottsched dabei Vorstellungen von Leibniz nicht nur als Ergänzung, sondern auch als Korrektur der
Anschauungen Wolffs. Das gilt schon für die Definition von Philosophie,
die Wolff abstrakt definiert als «Wissenschaft aller möglichen Dinge, wie
und warum sie möglich sind», während Gottsched «anstatt der wolfi-
schen Definition der Philosophie, die leibnitzische, als einen weit frucht-
barern und praktischern Begriff von der Weltweisheit überhaupt» übernahm («Nachricht von des Verfassers ersten Schriften, bis zum 1734sten
Jahre» in der Vorrede zum praktischen Teil der *Weltweisheit* in der Ausgabe von 1756). In der Einleitung in den theoretischen Teil der *Weltweis-*

heit heißt es daher (Zitat nach [7]1763): «Die Weisheit überhaupt ist eine Wissenschaft der Glückseligkeit; wie Leibnitz dieselbe zuerst beschrieben hat. [...] Die Weltweisheit nenne ich eben die Wissenschaft von der Glückseligkeit des Menschen; in so weit wir sie, nach dem Maaße unserer Unvollkommenheit in dieser Welt, erlangen und ausüben können.» Gottscheds Kompendium hatte großen Erfolg und erzielte bis 1778 acht Auflagen. Zu seinen Verdiensten um die Verbreitung der philosophischen Aufklärung gehört auch die von ihm betreute (und entschärfte) deutsche Fassung des enzyklopädischen *Dictionnaire historique et critique* (1697) von Pierre Bayle (*Historisches und Critisches Wörterbuch*, 1741–44). Bereits vorher hatte Gottsched als Herausgeber von Moralischen Wochenschriften praxisbezogene moralisch belehrende Aufklärung betrieben.

Exkurs: Die Moralischen Wochenschriften

Eine wichtige Rolle bei der Verbreitung aufklärerischer Konzepte spielten die Moralischen Wochenschriften, ein neuer Zeitschriftentyp nach dem Vorbild der englischen «Moral Weeklies» *The Tatler* (1709–11), *The Spectator* (1711–12) und *The Guardian* (1713) von Joseph Addison und Richard Steele. Nach einem wenig erfolgreichen frühen Unternehmen (*Der Vernünfftler*, 1713–14) waren *Die Discourse der Mahlern* (1721–23) der Züricher Johann Jakob Bodmer und Johann Jakob Breitinger der erste bedeutende Versuch, das Genre im deutschsprachigen Raum heimisch zu machen. Sie fanden zahlreiche Nachfolger. Und obwohl die Lebensdauer der einzelnen Wochenschriften eher kurz war, wurden sie zum wichtigsten publizistischen Medium einer dezidiert bürgerlichen Aufklärung in den folgenden Jahren und Jahrzehnten. Zu den bekannteren Moralischen Wochenschriften nach den *Discoursen der Mahlern* zählen *Der Patriot* (1724–28) aus Hamburg, an dem auch Brockes mitarbeitete, *Die Vernünftigen Tadlerinnen* (Halle/Leipzig 1725–26) und *Der Biedermann* (Leipzig 1727–29), beide herausgegeben von Gottsched, *Der Freydenker* (Danzig 1741–43), *Der Gesellige* (Halle 1748–50) oder *Der Nordische Aufseher* (Kopenhagen/Leipzig 1758–60). Dazu kommen rund 100 weitere Wochenschriften dieser Art bis etwa 1770.

Die Zeitschriften richteten sich an ein breites Publikum, suchten die Bildungsunterschiede zu überbrücken und vor allem auch Frauen zu gewinnen. Nach unten allerdings gab es Abgrenzungen: Die Moralischen Wochenschriften waren ein bürgerliches, vorwiegend auf das gehobene Bürgertum zielendes Medium. Der moralischen Intention der Gattung entsprechend machten sie, wie es Bodmer und Breitinger formulierten, «zu ihrem Objecte den Menschen», «alles was menschlich ist und die Menschen angehet». Sie behandelten Themen des bürgerlichen Alltags, des religiösen und gesellschaftlichen Lebens und der Sprachpflege, Litera-

tur und Kunst. Der gesunde Menschenverstand, Vernunft und Nützlichkeit waren die maßgeblichen Kriterien der Beurteilung, ohne allerdings
die herrschenden politischen Verhältnisse in Frage stellen zu wollen.
Gleichwohl enthielt die bürgerliche Konzeption allgemeiner, standesun-
abhängiger Tugend und Menschlichkeit potentiellen Konfliktstoff.

Die literarhistorische Bedeutung der Moralischen Wochenschriften
liegt in erster Linie in ihrer Förderung der Lektüre weltlicher Literatur.
Daß sie für die Dichtkunst eintreten, versteht sich für die Autoren der
Wochenschriften von selbst. Sie sehen Dichtung als Schule der Tugend,
die deswegen auf eine breite Wirkung hoffen darf, weil sie nicht nur den
Verstand anspricht: «Denn obgleich die Wahrheit und die heilsamsten
Lehren Vernünftigen auch ohne Schmuck gefallen, so gefallen sie doch
noch mehr, wenn sie angenehmer gemacht werden», heißt es 1745 wenig
originell im *Zeitvertreiber* aus Leipzig. Und so geben sie Leseempfehlun-
gen, drucken für das weibliche Publikum bestimmte Literaturlisten, üben
Kritik und diskutieren ästhetische Fragen. Vor allem aber sind es die vielfältigen Darbietungsformen selbst (Gespräche, Briefe, Träume, Gedichte,
Beispielgeschichten) und spezifische Erzähltechniken wie die Einschal-
tung von fiktiven Erzähler- und Redakteursfiguren, die zur Rezeption
schöner Literatur hinführen und damit zur allmählichen Erweiterung
eines an weltlicher Literatur interessierten Lesepublikums beitragen.

II. ‹CRITISCHE DICHTKUNST›: POETIK UND LITERATUR IM GEIST DER AUFKLÄRUNG

1. *Gottscheds* Versuch einer Critischen Dichtkunst vor die Deutschen

Die Attacke Lessings im 17. Literaturbrief (1759) und Goethes anekdotische Erzählung vom Besuch beim alten Gottsched im 7. Buch von *Dichtung und Wahrheit* (Bd. 2, 1812) haben maßgeblich zu einem lang tradierten negativen Bild Gottscheds als Repräsentanten einer «wäßrigen, weitschweifigen, nullen Epoche» beigetragen. Diese Kritik Goethes mag für Gottscheds dichterisches Werk – und das vieler seiner Zeitgenossen – zutreffen, das gewiß nicht gerettet zu werden verdient, verschließt aber die Augen vor seiner bedeutenden geschichtlichen Leistung als Poetiker, als Propagandist eines literarischen Theaters, als lebenspraktischer Aufklärer und als Vermittler der Grundlagen der Aufklärungsphilosophie. Als Sprachwissenschaftler fand er mit der vielfach neuaufgelegten und bearbeiteten *Grundlegung einer Deutschen Sprachkunst* (1748) auch in den katholischen Territorien Beachtung und trug mit seinem Werk wesentlich zur Durchsetzung einer einheitlichen deutschen Hochsprache bei.

Johann Christoph Gottsched (1700 Juditten bei Königsberg – 1766 Leipzig) stammte aus einer Pfarrersfamilie und schrieb sich bereits 1714 zum Theologiestudium an der Königsberger Universität ein, beschäftigte sich jedoch bald unter dem Einfluß des Leibniz-Wolffschen Rationalismus mit Poetik, Rhetorik, Philosophie, klassischer Philologie, Mathematik und den Naturwissenschaften. 1723 wurde er zum Magister promoviert; der drohenden Zwangsrekrutierung durch preußische Werber entzog sich der großgewachsene Gottsched im Januar 1724 durch die Flucht nach Leipzig. Hier etablierte er sich, gefördert u. a. durch Johann Burkhard Mencke, in der Stadt und an der Universität (seit 1725 Vorlesungen über Schöne Wissenschaften und die Philosophie Wolffs, 1729 Ernennung zum – unbesoldeten – außerordentlichen Professor für Poesie, 1734 ordentlicher Professor für Logik und Metaphysik). Mencke führte ihn in die Teutschübende Poetische Gesellschaft (ab 1727 Deutsche Gesellschaft) ein, die Literatur- und Sprachpflege mit patriotischen und moralischen Zielsetzungen verband und in der Gottsched bald eine führende Rolle spielte. Daneben entfaltete er als Herausgeber (Moralische Wochenschriften, gelehrte Zeitschriften, Anthologien, Editionen älterer Literaturwerke), Übersetzer und Verfasser zahlreicher Lehrbücher sowie anderer Schriften eine breite publizistische Wirksamkeit und machte die Reform des Theaters zu einem wesentlichen Element seines aufklärerischen Kultur- und Literaturprogramms. Seine führende Stellung als literarischer Gesetzgeber Deutschlands wurde dann im Zusammenhang mit der Auseinandersetzung mit Bodmer und Breitinger von 1740 an zunehmend in Frage gestellt.

Wesentlichen Anteil an Gottscheds literarisch-pädagogischen Unternehmungen hatte Luise Kulmus (1713 Danzig – 1762 Leipzig), die er 1729 kennengelernt hatte (Heirat 1735). So war sie maßgeblich an der Übersetzung der englischen Moralischen Wochenschriften *The Spectator* (*Der Zuschauer*, 1739–43) und *The Guardian* (*Der Aufseher oder Vormund*, 1745) beteiligt und arbeitete u. a. an der deutschen Fassung von Pierre Bayles *Historischem und Critischem Wörterbuch* (1741–44) sowic an der Sammlung der dramatischen Mustertexte *Die Deutsche Schaubühne* (1741–45) mit. Bereits vor ihrer Heirat war sie mit Übersetzungen hervorgetreten, später folgte noch u. a. die deutsche Fassung von *Herrn Alexander Popens Lockenraub* (1744). Mit ihren erfolgreichen Lustspielen begründete sie die Sächsische Typenkomödie.

In der Vorrede zu den *Ersten Gründen Der Gesamten Weltweisheit* (1733–34) schreibt Gottsched über die Wirkung der Lektüre von Leibniz' *Theodizee* und Wolffs *Vernünfftigen Gedancken Von Gott, Der Welt und der Seele des Menschen* auf den jungen Königsberger Studenten. Während er in der *Theodizee* «hundert Scrupel [...] aufgelöset fand, die mich in allerley Materien beunruhiget hatten», so habe Wolffs Philosophie seinem Denken letztlich festen Halt gegeben, wenn er auch in einigen Punkten «nicht völlig seiner Meynung habe beypflichten können»: «Hier gieng mirs nun wie einem, der aus einem wilden Meere wiederwärtiger Meynungen in einen sichern Hafen einläuft und nach vielem Wallen und Schweben, endlich auf ein festes Land zu stehen kommt.» Diese frühe Prägung durch die Philosophie Wolffs und Leibniz' bestimmte nicht nur Gottscheds philosophische Vorlesungen und Arbeiten, sondern steht auch hinter seinem Konzept einer philosophisch fundierten Poetik. Seine späteren Schweizer Kontrahenten Bodmer und Breitinger beriefen sich ebenfalls auf Wolff. Auch Alexander Gottlieb Baumgarten, der Begründer der Ästhetik als selbständiger Disziplin (*Aestetica*, 1750–58), war durch die Schule der Wolffschen Philosophie gegangen.

Zwar hatte Wolff keine Poetik geschrieben, aber die Methodik seiner Schriften und die Etablierung der Philosophie als unabhängiger, eigenständiger Disziplin und als Grundlage aller Wissenschaften ermöglichten eine neue Sicht auch auf die Kunst. Da die Philosophie – so Gottsched in seiner Einleitung zum theoretischen Teil der *Weltweisheit* – «die ersten Grundsätze aller übrigen Künste und Wissenschaften in sich» hält, sind spezifische Aussagen über die Kunst von allgemeinen philosophischen Prinzipien abzuleiten. Darüber hinaus berührt Wolff selbst an einigen Stellen für Kunst und Literatur relevante Themen, etwa wenn er in den «Anmerckungen» zu den *Vernünfftigen Gedancken Von Gott, Der Welt und der Seele des Menschen* über Witz bzw. Ingenium, Einbildungskraft, Gedächtnis und Scharfsinn reflektiert:

«*Witz* oder *Ingenium* erfordert eine gute Einbildungs-Krafft und Gedächtniß, wie jederman aus der Erfahrung zugestehet, und man auch findet, daß Leute von einem grossen Ingenio alles für die Imagination sehr lebhafft vorzustellen wissen, und daher die Leute in ihrem Vortrage sehr einnehmen können. Allein wo keine Scharffsinnigkeit dabey ist, da ist nur ein gemeines Ingenium [...]. Hingegen wo sich Scharffsinnigkeit darzu gesellet, da siehet man verborgene Aehnlichkeiten ein, und nimmet der Witz mit der Scharffsinnigkeit und Tieffsinnigkeit zu. Was ich von dem Witze gelehret habe, dienet nicht allein die Redner und Poeten, auch Comödien- und Tragödien-Schreiber, sondern auch selbst die Autores, welche die Disciplinen und dahin gehörige Sachen beschrieben, zu beurtheilen, und bey den Erfindern und ihren Erfindungen hat man auch darauf gesehen. Ja, wenn man die Regeln der Redner-Kunst, der Poesie, der Kunst zu erfinden, demonstrativisch untersuchen solte, so würde man auch nöthig haben, unterweilen diese Gründe zu brauchen.» (Zitiert nach [4]1740, § 320)

Bei der Einbildungskraft unterscheidet Wolff zwischen dem bloßen Erinnerungsvermögen und der kombinatorischen Fähigkeit, sich noch niemals Empfundenes, Gedachtes oder Gesehenes vorzustellen. Diese äußert sich wiederum in zwei Formen. Die erste, von Wolff entschieden verworfene «Manier» basiere auf leerer Einbildung und bestehe darin, aus verschiedenen wirklich oder im Bild gesehenen Versatzstücken nicht mögliche Dinge zu erdichten wie z. B. «die Gestalt der Melusine, so halb Mensch und Fisch ist», oder «die seltsame Gestalten der heydnischen Götter und dergleichen». Dagegen stehen die ‹vernünftigen› Fiktionen, die sich an die Möglichkeit des Erdachten binden: Diese «andere Manier der Einbildungs-Kraft Dinge hervorzubringen, die sie niemahls gesehen, bedienet sich des Satzes des zureichenden Grundes, und bringet Bilder hervor, darinnen Wahrheit ist». Da ‹andere Welten› mit einem anderen Zusammenhang der Dinge möglich sind, ist auch gegen ihre dichterische Darstellung nichts einzuwenden, sofern diese im Rahmen der gegebenen Voraussetzungen widerspruchsfrei bleibt, also dem Gebot der Wahrscheinlichkeit gehorcht. Wolff erläutert das am Beispiel der «erdichteten Geschichten, die man Romainen zu nennen pfleget» (*Vernünfftige Gedancken Von Gott, Der Welt und der Seele des Menschen;* Zitate nach [11]1751, §§ 242, 245, 571).

Die Aufklärungspoetiker, allen voran Gottsched, knüpfen immer wieder an diese Überlegungen an, die mit dem Konzept von den möglichen Welten den Weg zu einer mit der Vernunft übereinstimmenden Fiktionalität weisen und natürlich auch Unterschiede in der Auslegung zulassen. Gottsched bezieht sich ausdrücklich auf Wolff, wenn er im vierten Kapitel seiner *Critischen Dichtkunst* den Begriff «Fabel», gemeint ist die fiktionale Handlung, mit moralisierendem Einschlag so erläutert:

«Ich glaube derowegen, eine Fabel am besten zu beschreiben, wenn ich sage: sie sey die Erzählung einer unter gewissen Umständen möglichen, aber nicht wirklich vorgefallenen Begebenheit, darunter eine nützliche moralische Wahrheit verborgen liegt. Philosophisch könnte man sagen, sie sey eine Geschichte aus einer andern Welt. Denn da man sich in der Metaphysik die Welt als eine Reihe möglicher Dinge vorstellen muß; außer derjenigen aber, die wir wirklich vor Augen sehen, noch viel andre dergleichen Reihen gedacht werden können: so sieht man, daß eigentlich alle Begebenheiten, die in unserm Zusammenhange wirklich vorhandener Dinge nicht geschehen, an sich selbst aber nichts Widersprechendes in sich haben, und also unter gewissen Bedingungen möglich sind, in einer andern Welt zu Hause gehören, und Theile davon ausmachen. Herr von Wolf hat selbst, wo mir recht ist, an einem gewissen Orte seiner philosophischen Schriften gesagt: daß ein wohlgeschriebener Roman, das ist ein solcher, der nichts widersprechendes enthält, für eine Historie aus einer andern Welt anzusehen sey. Was er nun von Romanen sagt, das kann mit gleichen Recht von allen Fabeln gesagt werden.» (Text, wie die folgenden Zitate, nach ⁴1751)

Gottscheds Poetik erschien zur Herbstmesse 1729, vordatiert auf 1730, unter einem Titel, der einerseits den philosophischen Anspruch erkennen läßt, andererseits die Tradition der humanistischen Poetiken weiterführt: *Versuch einer Critischen Dichtkunst vor die Deutschen; Darinnen erstlich die allgemeinen Regeln der Poesie, hernach alle besondere Gattungen der Gedichte, abgehandelt und mit Exempeln erläutert werden: Uberall aber gezeiget wird Daß das innere Wesen der Poesie in einer Nachahmung der Natur bestehe. Anstatt einer Einleitung ist Horatii Dichtkunst in deutsche Verße übersetzt, und mit Anmerckungen erläutert.* Im Kapitel «Von dem Charactere eines Poeten» spricht Gottsched – sicher auch pro domo – davon, daß man die zu einem wahren Dichter zugehörigen Eigenschaften von denen lernen müsse, «die das innere Wesen der Poesie eingesehen; die Regeln der Vollkommenheit, daraus ihre Schönheiten entstehen, erforschet haben, und also von allem, was sie an einem Gedichte loben und schelten, den gehörigen Grund anzuzeigen wissen». Da die gründliche Erkenntnis aller Dinge Philosophie genannt wird, kann nur ein Philosoph derartiges leisten: «aber ein solcher Philosoph, der von der Poesie philosophiren kann». Gottsched nennt ihn einen «Criticus»: «Dadurch verstehe ich nämlich nichts anders, als einen Gelehrten, der von freyen Künsten philosophiren, oder Grund anzeigen kann» – und also zu einer *Critischen Dichtkunst* fähig ist.

Der allgemeine Teil der Poetik beginnt mit einem historischen Abriß («Vom Ursprunge und Wachsthume der Poesie überhaupt»). Ihm folgen Kapitel über den Charakter und den guten Geschmack eines Poeten, wobei der Abschnitt über den Charakter im Zusammenhang mit dem großen «Criticus» Aristoteles bereits Hinweise auf die Nachahmung der Natur als Grundprinzip der Künste enthält. Schließlich kommt Gottsched in den Kapiteln vier bis sechs zu den zentralen Fragen der Aufklärungspoetik: «Von den dreyen Gattungen der poetischen Nachahmung, und insonderheit von der Fabel», «Von dem Wunderbaren in der Poesie» und «Von der Wahrscheinlichkeit in der Poesie». In den übrigen sechs Kapiteln dieses Teils widmet sich Gottsched sprachlichen, metrischen und stilistischen Fragen sowie der rhetorischen Figurenlehre. Der zweite Teil mit der Darstellung der einzelnen Gattungen wurde in den Neuauflagen (1737, 1742, 1751) jeweils beträchtlich erweitert, u. a. 1751 um das Kapitel «Von milesischen Fabeln, Ritterbüchern und Romanen». Dieser zweite Teil handelt mit bedeutender Literaturkenntnis im umfangreicheren ersten Abschnitt «Von den Gedichten, die von den Alten erfunden worden», im zweiten «Von Gedichten, die in neueren Zeiten erfunden worden» (wobei auch sehr ausführlich von der Oper und den Gründen, warum sie als seriöse Gattung nicht in Betracht kommt, die Rede ist).

Dichtung beruht auf überzeitlichen Regeln, die «sich auf die unveränderliche Natur des Menschen, und auf die gesunde Vernunft» gründen. Das wichtigste Prinzip ist das der Nachahmung der Natur, verstanden allerdings nicht als unmittelbare, naturalistische Abbildung der Realität, sondern auf die vernünftigen und unveränderlichen Gesetze der Natur bezogen. Aus diesem «wahren aristotelischen Grundsatze» der Naturnachahmung ließen sich «alle übrige Regeln der Dichtkunst» herleiten, «andere willkührliche Grillen aber dadurch vom Parnaß» verbannen, heißt es in Gottscheds «Nachricht von des Verfassers ersten Schriften, bis zum 1734sten Jahre» in der Vorrede zum praktischen Teil der *Weltweisheit* (Ausgabe von 1756).

Der Dichter ist demnach, wie es in der *Critischen Dichtkunst* heißt, ein «geschickter Nachahmer aller natürlichen Dinge». Er benötigt «eine starke Einbildungskraft, viel Scharfsinnigkeit und einen großen Witz schon von Natur [...], wenn er den Namen eines Dichters mit Recht führen will». Die Definitionen – «Dieser Witz ist eine Gemüthskraft, welche die Aehnlichkeiten der Dingen leicht wahrnehmen» kann usw. – schließen an Wolff an. Zu dem dichterischen Naturell müssen «Kunst und Gelehrsamkeit» sowie «eine gründliche Erkenntniß des Menschen» hinzukommen, denn ein «Poet ahmet hauptsächlich die Handlungen der Menschen nach, die von ihrem freyen Willen herrühren, und vielmals aus den verschiedenen Neigungen des Gemüths und heftigen Affecten ihren Ursprung haben». Außerdem ist eine starke «Beurtheilungskraft» (*iudicium*) auf der Basis der gesunden Vernunft als kritisches Regulativ gefordert, um eine «gar zu hitzige Einbildungskraft» bzw. «das Feuer der Phantasie» zu zähmen. Zu den verschiedenen Eigenschaften des Verstandes muß aber auch noch die moralische Eignung des Poeten hinzukommen («soll er auch von rechtswegen ein ehrliches und tugendliebendes Gemüth haben»), um bei der Nachahmung menschlicher Handlungen nicht die moralisierende Funktion der Dichtung aus den Augen zu verlieren.

Unter den drei Arten der Nachahmung (von Dingen, Personen und Handlungen) nimmt die «Fabel», die fiktive Handlung, als «der Ursprung und die Seele der ganzen Dichtkunst» die oberste Stelle ein. Neben der oben zitierten allgemeinen Definition findet sich hier nach zahlreichen Unterscheidungen verschiedener Arten von Fabeln auch die berüchtigtste der Stellen, in denen die Theorie in eine platte Anweisungspoetik alten Stils übergeht: «Wie greift man indessen die Sache an, wenn man gesonnen ist, als ein Poet, ein Gedicht oder eine Fabel zu machen? [...] Zu allererst wähle man sich einen lehrreichen moralischen Satz, der in dem ganzen Gedichte zum Grunde liegen soll, nach Beschaffenheit der Absichten, die man sich zu erlangen, vorgenommen. Hierzu ersinne man sich eine ganz allgemeine Begebenheit, worinn eine Handlung vorkömmt, daran dieser erwählte Lehrsatz sehr augenscheinlich in die Sinne fällt.» Dieses Konzept allerdings ist keine Erfindung Gottscheds, sondern geht auf den französischen Theoretiker Père René Le Bossu zurück (*Traité du poème épique*, 1675). Wenn dann in den folgenden Kapiteln ein enger Wahrscheinlichkeitsbegriff – «die Aehnlichkeit des Erdichteten, mit dem, was wirklich zu geschehen pflegt; oder die Uebereinstimmung der Fabel mit der Natur» – dem «Wunderbaren» nur wenig Raum läßt, so ist der Punkt berührt, an dem sich die künftigen Auseinandersetzungen, der Literaturstreit zwischen Gottsched und den Schweizern Bodmer und Breitinger bzw. deren jeweiligen Anhängern, entzünden sollten, ohne daß freilich die Grundprinzipien Nachahmung der Natur und Wahrscheinlichkeit in Frage gestellt worden wären. Allerdings bleibt es trotz seiner schulmeisterlichen Tendenzen Gottscheds Verdienst, als erster ein System der Literatur nach Gesichtspunkten der aufklärerischen Philosophie und Kritik entworfen zu haben. Als sich, auch durch seine Leistung, neue Entwicklungen anbahnten, beharrte er kompromißlos auf seinen rigiden Ansichten und wurde so zu einer tragischen Figur.

2. Theaterreform

Lessing spricht im 17. Literaturbrief vom 16. 2. 1759 Gottsched jegliche Verdienste um die deutsche Schaubühne ab: «Es wäre zu wünschen, daß sich Herr Gottsched niemals mit dem Theater vermengt hätte. Seine vermeintlichen Verbesserungen betreffen entweder entbehrliche Kleinigkeiten, oder sind wahre Verschlimmerungen.» Diese vielzitierte Polemik wird Gottsched nicht gerecht, der einer neuen Literarisierung des Theaters den Weg bahnte und eine jüngere Generation von z. T. durchaus erfolgreichen Theaterautoren für seine Ziele gewinnen konnte. Daß Gottsched mit seiner Reform zugleich auch, symbolisiert in der Vertreibung des Harlekins von der Bühne (1737), die Reinigung des Theaters von seinen sinnlichen, anarchischen oder – wenn man das so bezeichnen will – ‹karnevalesken› Elementen betrieb, steht zweifellos auf der Verlustseite. Doch ist die Domestizierung des Theaters zur moralischen Anstalt keineswegs eine Erfindung Gottscheds, sondern sie bildet seit den humanistischen und reformatorischen bzw. gegenreformatorischen Bemühungen um das Drama eine Konstante, die auch für das barocke Kunst- bzw. Schuldrama und seine Poetik charakteristisch ist. Gottsched setzt diese Tradition fort, nun verbunden mit einem spezifisch aufklärerisch-pädagogischen Konzept von Literatur und Theater, das auf die Verbreitung und Durchsetzung bürgerlicher Tugendnormen zielt. Daß diese dezidiert bürgerlichen Intentionen mit Hilfe klassizistisch-höfischer Kunstformen wie der Tragödie verfolgt werden, verweist auf die Widersprüche dieser Literaturauffassung.

Die Begegnung mit dem Theater der Komödiantentruppen gehört zu den ersten Theatererfahrungen Gottscheds und ist Ausgangspunkt seiner Bemühungen um eine «Verbesserung der deutschen Schaubühne». Was er nach seiner Ankunft 1724 in Leipzig durch die «privilegierten Dresdenischen Hofkomödianten» zu sehen bekam, beschreibt er in der Vorrede zum *Sterbenden Cato* (1732). Er erkannte, nachdem sein «Verlangen» nach der für ihn neuen Kunstform durch den Besuch mehrerer Aufführungen gestillt war, «die große Verwirrung [...], darin diese Schaubühne steckte»: «Lauter schwülstige und mit Harlekins Lustbarkeiten untermengte Haupt- und Staatsaktionen, lauter unnatürliche Romanstreiche und Liebeswirrungen, lauter pöbelhafte Fratzen und Zoten waren dasjenige, so man daselbst zu sehen bekam.» Nur ein einziges Stück, *Der Streit zwischen Liebe und Ehre oder Roderich und Chimene* (d. i. Corneilles *Cid*), wenn auch «nur in ungebundener Rede übersetzt», habe ihm gefallen und ihm «den großen Unterscheid zwischen einem ordentlichen Schauspiele und einer regellosen Vorstellung der seltsamsten Verwirrungen auf eine sehr empfindliche Weise» gezeigt.

Beim Schauspiel hält Gottsched eine «Verbesserung» für möglich und wünschenswert. Das gilt nicht für sein theatralisches Haßobjekt, die Oper, die spätestens seit der Jahrhundertwende vorherrschende höfische Theaterform. Seine polemische Kritik hat neben der heftigen persönlichen Abneigung gegen diese Kunstform wohl auch noch einen anderen Grund: Sie ist zugleich ein strategisches Manöver, eine Konzession an die verbreitete protestantische Theaterfeindschaft. Indem Gottsched alle theaterkritischen Argumente auf die Oper häuft und dazu für obrigkeitliche Verbote dieser zum Laster verführenden sinnlichen Kunst plädiert, treten die erzieherischen Qualitäten des reformierten, von Verirrungen wie dem Harlekin ‹gereinigten› Sprechtheaters um so stärker hervor. Die Oper dagegen ist nicht reformierbar, wie die polemischen Darstellungen in seiner Moralischen Wochenschrift *Der Biedermann* Ende 1728 und Anfang 1729 implizieren. Opern sind ein einziger Anschlag auf die Tugend und können in ihrer Regellosigkeit, Unnatur und Unmoral weder als Tragödien noch als Komödien gelten: «Alle Opern sind ja von Anfang bis zum Ende mit verliebten Romanstreichen angefüllt. Die geile Liebe unzüchtiger Personen ist ja das einzige, wovon die Schau-Plätze erschallen. Die wahre tugendhafte Verbindung zweyer Gemüther, würde lange nicht Reizungen genug haben, auf einer Opern-Bühne zu prangen. Man sage also was man will; die Opern sind weder musicalische Tragödien noch musicalische Comödien zu nennen. Sie thun der Republic soviel Schaden, als jene ihr Nutzen bringen, wenn sie nur unter der Aufsicht verständiger Leute gespielet werden. Sie sollten also von rechtswegen gar nicht geduldet werden.»

Die Möglichkeit, die Theaterpraxis zu reformieren, ergab sich durch die Zusammenarbeit mit der Schauspieltruppe von Caroline und Johann Neuber, die daran interessiert waren, «das bisherige Chaos abzuschaffen und die deutsche Komödie auf den Fuß der französischen zu setzen».

Durch Übersetzungen vor allem französischer Schauspiele und durch eigene Versuche sorgten Gottsched, Luise Gottsched und verschiedene Mitglieder der Leipziger Deutschen Gesellschaft dafür, daß das Repertoire der Truppe durch «regelmäßige Tragödien in Versen» und durch Lustspiele bereichert wurde, über deren Grundsätze Gottscheds Poetik Auskunft gab. Gottsched selbst hatte mit dem 1731 zuerst aufgeführten *Sterbenden Cato* (Druck 1732, [10]1757), einer steifen Kompilation aus Cato-Dramen von Joseph Addison (1713) und François Deschamps (1715), einen außerordentlichen Erfolg.

Die Zusammenarbeit mit der Neuberschen Truppe kam bald nach der symbolischen Vertreibung des Harlekin um 1740 zu einem Ende; 1741 schließlich verspottete Caroline Neuber in dem selbstverfaßten Stück *Der allerkostbarste Schatz* Gottsched in der Figur des «Tadlers» auf offener Bühne. Allerdings spielte die Neubersche Truppe durchaus weiterhin Lustspiele von Luise Gottsched, und Gottsched fand in neugebildeten Truppen ehemaliger Neuberscher Schauspieler auch weiter Verbündete.

Auf dem Gebiet des Lustspiels erwies sich Luise Gottsched als besonders versiert und trug mit Stücken nach französischen Mustern wesentlich zum Erfolg der sogenannten Sächsischen Komödie bei. Gottsched hatte die Komödie definiert als «eine Nachahmung einer lasterhaften Handlung, die durch ihr lächerliches Wesen den Zuschauer belustigen, aber auch zugleich erbauen kann». Als vorbildlich galten ihm die Stücke von Philippe Néricault Destouches. Es handelt sich um satirische Typenkomödien, Verlachkomödien: Der Held repräsentiert ein Laster, eine menschliche Schwäche oder Torheit; gelegentlich wird die Kritik auf eine ganze gesellschaftliche Gruppe ausgedehnt. Der Zusammenstoß mit der vernünftigen Umwelt produziert Komik, das Lasterhafte ist zugleich das Lächerliche. Eine Intrige sorgt in der Regel für die Heilung von dem Laster, etwas des Geizes (L. Gottsched: *Das Testament*, 1745), des Müßiggangs (Johann Elias Schlegel: *Der geschäfftige Müßiggänger*, 1742), der eingebildeten Krankheit (Theodor Johann Quistorp: *Der Hypochondrist*, 1745) usw. Luise Gottscheds satirische Auseinandersetzung mit dem Pietismus erschien anonym und war sofort heftigen Angriffen und Verboten ausgesetzt (*Die Pietisterey im Fischbein-Rocke*, 1736). Eine «recht gottlose Schmäh-Schrifft» nannte König Friedrich Wilhelm I. von Preußen das Stück. Zu den bekannteren Autoren dieses in den 30er- und 40er-Jahren florierenden Komödientyps gehörten wenigstens in einer Übergangsphase ihres Schaffens neben Johann Elias Schlegel auch Lessing und Gellert.

Die Pietisterey im Fischbein-Rocke war das einzige Stück seiner Frau, das Gottsched – aus begreiflichen Gründen – nicht in seine Sammlung von Musterstücken *Die deutsche Schaubühne nach den Regeln und Exempeln der Alten* (6 Bde., 1741–45) aufnahm. Mit der *Schaubühne* und ihren 38 Tragödien, Komödien und Schäferspielen lag gleichwohl eine für die Zeit repräsentative Sammlung ‹regelmäßiger› deutschsprachiger Dramen vor, ein Repertoire an spielbaren Stücken, auf das die Schauspieltruppen zurückgreifen konnten und nachweislich auch zurückgriffen. Die ersten drei Bände bringen bis auf wenige Ausnahmen Übersetzungen. Dabei dominiert das französische Drama (Corneille, Racine, Voltaire, Destouches u. a.), aber auch drei Komödien Holbergs und Stücke Gottscheds (u. a der *Sterbende Cato*) und seiner Frau sind vertreten. Die übrigen drei Bände enthalten Stücke deutscher Verfasser, u. a. zwei weitere Trauerspiele Gottscheds (*Die parisische Bluthochzeit König Heinrichs von Navarra*; *Agis, König von Sparta*), Lustspiele und eine Tragödie (*Panthea*) von Luise Gottsched sowie Schauspiele von Theodor Johann Quistorp, Johann Christian Krüger und – über den Gottsched-Kreis hinausweisend – Johann Elias Schlegel.

Gottscheds *Schaubühne* «nach den Regeln und Mustern der Alten» enthält keine Übersetzung oder Bearbeitung eines antiken Dramas. Dabei brachte Schlegel, als er 1739 nach Leipzig kam, Bearbeitungen von Stücken des Euripides aus seiner Schulzeit mit, die durchaus den Anforderungen von Gottscheds Dramenpoetik entsprachen (und die Schlegel in den folgenden Jahren noch mehrfach überarbeitete). Gedruckt wurden sie jedoch nicht in der *Schaubühne*: *Die Trojanerinnen* erschienen 1747 in Schlegels *Theatralischen Werken, Orest und Pylades* – 1739 von der Neuberschen Truppe in Leipzig gespielt – erst 1761 im ersten Band der postumen Werkausgabe. Auch seine Übersetzung der *Elektra* des Sophokles, die er auf Anregung Gottscheds in Verse gefaßt hatte, fand keine Aufnahme in die *Schaubühne* (Druck 1747 in den *Theatralischen Werken*).

Obwohl sich Gottsched immer wieder auf die griechischen Tragiker beruft und ihre Mustergültigkeit hervorhebt, verfährt er in der Praxis anders. Die Rezeption der griechischen Autoren geschieht über den französischen Klassizismus und seine Adaptionen der klassischen Stücke. In einer Anmerkung zu seiner Übersetzung der *Ars poetica* des Horaz, die der *Critischen Dichtkunst* vorangestellt ist, heißt es: «Was bey den Römern die Griechen waren, das sind für uns itzo die Franzosen. Diese haben uns in allen Gattungen der Poesie sehr gute Muster gegeben, und sehr viel Discurse, Censuren, Kritiken und andere Anleitungen mehr geschrieben, daraus wir uns manche Regel nehmen können. [...] Aber die alten Griechen und Römer sind uns deswegen nicht verboten: denn ohne sie hätte uns Opitz nimmermehr eine so gute Bahn zu brechen vermocht.»

Möglicherweise war es die zunehmende Textkenntnis, die Gottsched immer mehr von der Vorstellung der Vorbildlichkeit der griechischen Antike abrücken ließ. Der Klassizismus, der ihm vorschwebte, war weniger bei den Griechen als bei den durch *doctrine classique* geprägten französischen Autoren zu finden, ganz abgesehen davon, daß die geringere kulturelle Differenz den Zugang erleichterte. Im Kontext der seit der Fortsetzung von Thomasius' *Monatsgesprächen* durch Johann Jacob a Ryssel (Februar 1690) auch in Deutschland diskutierten *Querelle des anciens et des modernes* wäre Gottsched ein ‹Moderner›; in seinen direkten Äußerungen zum Vorzugsstreit argumentiert er allerdings durchaus differenziert. Sein Reformprogramm geht – wie das seines deutschen Vorbilds Martin Opitz – von der Nachahmung der weiter fortgeschrittenen europäischen Nationalliteraturen aus, um so schließlich deren Standard zu erreichen oder gar zu übertreffen. Daher interessiert ihn die Antike weniger als die Methode ihrer Aneignung und die daraus resultierenden modernen Stücke.

Exkurs: Johann Elias Schlegel

Lessing urteilte über den bereits 1749 verstorbenen Schlegel, er sei der einzige gewesen, «welcher Deutschland einen Corneille zu versprechen schien». Andere Kritiker brachten ihn eher mit Racine in Verbindung; er trage «den Namen eines deutschen Racine», heißt es in der *Chronologie des deutschen Theaters* (1775) von Christian Heinrich Schmid, der mit Schlegels *Herrmann* den Beginn einer neuen Epoche des deutschen Trauerspiels datierte. Schon in seiner Schulzeit hatte Schlegel einige Dramen des Euripides bearbeitet, und als er 1739 zum Jurastudium nach Leipzig kam, schloß er sich dem Kreis um Gottsched an, der ihn förderte und drei seiner Stücke in die Schaubühne aufnahm, die Trauerspiele *Herrmann* und *Dido* sowie das Lustspiel *Der geschäfftige Müßiggänger*. Aber obwohl Schlegel grundsätzlich an der Form der klassizistischen Alexandrinertragödie bzw. des Typenlustspiels festhielt, löste er sich später von Gottsched und setzte in mehreren theoretischen Abhandlungen eigene Akzente (u. a. *Gedanken zur Aufnahme des dänischen Theaters*). Er lehnte den starren, äußerlichen Regelzwang ab, modifizierte das Nachahmungspostulat und erkannte nationale Unterschiede als notwendige Folge unterschiedlicher Sitten und Geschmacksvorstellungen an. Das führte auch zur Folgerung, daß das englische Theater nicht nach dem französischen Modell beurteilt werden könne. Mit Shakespeare hatte er sich bereits in seiner *Vergleichung Shakespears und Andreas Gryphs* (1741) anläßlich der ersten deutschen Shakespeareübersetzung beschäftigt (Caspar Wilhelm von Borcke: *Versuch einer gebundenen Uebersetzung des Trauer-Spiels von dem Tode des Julius Cäsar*, 1741).

Die Shakespearekenntnis schlägt sich auch in seinen beiden geschichtlich fundierten Trauerspielen nieder: *Herrmann*, 1743 von der Neuberschen Truppe aufgeführt, mit einem deutschen Nationalhelden, und *Canut*, in Dänemark entstanden, mit einem dänischen (Knut der Große). Das gilt insbesondere für den 1746 entstandenen und gedruckten *Canut*. Hier bringt Schlegel mit dem maßvollen, wenn auch blassen Titelhelden das Ideal aufgeklärten absolutistischen Herrschertums auf die Bühne, läßt sich aber zugleich in der Gestaltung des unbändigen, maßlosen Bösewichts Ulfo von der Kunst Shakespearescher Charakterdarstellung anregen. Während Ulfo scheitert, hat Canut das letzte Wort: «Doch ach! die Ruhmbegier, der edelste der Triebe, | Ist nichts als Raserei, zähmt ihn nicht Menschenliebe.» Auch die Lustspiele zeigen Ansätze psychologischer Charakterisierung; mit dem Einakter *Die stumme Schönheit* gewinnt Schlegel dem Typus der satirischen Verlachkomödie neue Nuancen ab und verstößt dabei formal – Verwendung des Alexandriners statt Prosa – gegen die starren Gottschedschen Konventionen.

Johann Elias Schlegel (1719 Meißen – 1749 Sorø/Dänemark), Sohn eines Stiftssyndikus und Appellationsrats, besuchte die Fürstenschule Pforta und studierte anschließend von 1739–42 Jura in Leipzig. Danach begleitete er den sächsischen Gesandten als Privatsekretär nach Kopenhagen. 1748 wurde er zum außerordentlichen Professor (Geschichte, Staatsrecht, Kommerzwesen) an die Ritterakademie Sorø berufen. Nach Einzeldrucken, Veröffentlichungen in Zeitschriften und in Gottscheds *Schaubühne* sowie kleineren Sammelausgaben (*Theatralische Werke*, 1747; *Beyträge zum dänischen Theater*, 1748) machte erst die fünfbändige postume Ausgabe, herausgegeben von Johann Heinrich Schlegel, den ganzen Umfang seines Schaffens deutlich (*Werke*, 1761–70).

3. Die Schweizer

Einige Jahre vor Gottsched debütierten die Züricher Johann Jakob Bodmer und Johann Jakob Breitinger mit einer Moralischen Wochenschrift, den *Discoursen der Mahlern* (1721–23). Die Beiträge in den insgesamt 94 Nummern der *Discourse* wurden von Mitgliedern einer «Gesellschaft der Mahlern» verfaßt und mit Namen von Malern unterschrieben. Tatsächlich gehen die meisten Texte auf das Konto von Bodmer und Breitinger, die u. a. mit Dürer, Rubens und Holbein zeichneten. Neben den üblichen Themen aus dem Repertoire bürgerlicher Lebensführung – Mode, Kleiderpracht, Vorurteile, Freundschaft, Ehe und Tod – spielen Reflexionen über literarische und ästhetische Fragen eine bedeutende Rolle, die den im Vergleich zu den späteren Wochenschriften höheren intellektuellen Anspruch der *Discourse* unterstreichen. Themen sind u. a. die Einbildungskraft («Imagination»), das «Natürliche», die Darstellung der Affekte, Martin Opitz oder das Verhältnis der verschiedenen Künste zueinander und ihre grundlegende Gemeinsamkeit: «Die Natur ist in der That die eintzige und allgemeine Lehrerin derjenigen, welche recht schreiben, mahlen und ätzen; ihre Professionen treffen darinne genau überein, daß sie sämtlich dieselbe zum Original und Muster ihrer Wercken nehmen, sie studieren, copieren, nachahmen.»

Die Schweizer thematisieren auch ausdrücklich die Rolle der Frau und bringen einen Beitrag der «Mahlerinnen», der die Verwendung der lateinischen Sprache kritisiert und mit dem Vorurteil in Verbindung bringt, «die Wissenschafften seyen den Leuten unsers Geschlechts schädlich». Die «Mahlerinnen» fordern Bildung für Frauen ein, die ihnen nur helfen könne, ihre traditionellen Aufgaben besser zu erfüllen. Sie verbinden ihre Forderung zugleich mit der Pedantismuskritik, wie sie etwa Thomasius vorgetragen hatte. Ihr Absehen sei nicht, «daß wir aus den Büchern eine weitläufftige Wissenschafft unnützlicher Sachen sammeln; wir wollen daraus angenehme Freundinnen, kluge Ehe-Weiber, und gute Müttern werden. Wir geben ferner zu bedencken, daß ein pedantisches Frauenzimmer zwar lächerlich genug ist, aber doch nicht lächerlicher als ein pedantischer Mann.» Daraufhin konzediert «Dürer» für die «Mahler», «daß wir das schönere Geschlecht so tüchtig befinden, als immer Männer sind, die wichtigsten Geschäffte zu führen». Er läßt dieser Einsicht eine Leseliste mit Texten in deutscher und französischer Sprache folgen, eine von der französischen Literatur dominierte «Bibliotheck der Damen», die so angelegt sei, «daß das Frauen-Volck daraus wol witzig und angenehm, aber nicht gelehrt und pedantisch werden kan». Auch andere Moralische Wochenschriften brachten dann Lektüreempfehlungen, und Bodmer und Breitinger selbst stellten in ihrer späteren Bearbeitung und Erweiterung der *Discourse* (*Der Mahler Der Sitten*, 1746) eine neue Liste zusammen, in der nun neben anderen Verschiebungen die englische Literatur ein wesentlich stärkeres Gewicht erhielt.

Wie die *Discourse der Mahlern* deutlich machen, zielt das Züricher Aufklärungsprojekt über literarische Fragen hinaus. Das gilt auch für das spätere Wirken Bodmers und Breitingers. «Ein Poet ist zugleich ein Mensch, ein Bürger und Christ», schreibt Breitinger in seiner *Critischen Dichtkunst* (1740) und fügt hinzu, daß «das Ergetzen, welches die poetische Kunst gewähren kan, den Menschen zur Beobachtung der natürlichen, bürgerlichen und christlichen Pflichten aufmuntern» müsse und also dazu diene, «seine Glückseligkeit zu befördern». Der Poet sei «von dem Weltweisen, dem Sitten- und Staats-Lehrer» allein dadurch unterschieden, daß er die moralischen und politischen Wahrheiten, «die das Gemüthe zu guten lencken können, auf eine angenehm-ergezende, allgemeine und sinnliche Weise» vorstelle und damit der Horazischen Forderung entsprechend das «Ergetzen» mit dem «Nützlichen» verbinde.

Johann Jakob Bodmer (1698 Greifensee / Kanton Zürich – 1783 Zürich) stammte aus einem Pfarrhaus. 1718 verließ er das Collegium Carolinum, die Zürcher Gelehrtenschule, um in Lyon und Lugano kaufmännische Erfahrungen zu sammeln. Doch erwarb er v. a. literarische Kenntnisse. Nach seiner Rückkehr 1719 arbeitete er in der Zürcher Staatskanzlei und lehrte danach von 1725 an am Collegium Carolinum, zunächst als Verweser, dann ab 1731 (bis 1775) als Inhaber des Lehrstuhls für Helvetische Geschichte. 1727 heiratete er Esther Orell. Das Haus der Bodmers war ein bedeutender literarischer Treffpunkt; bei den Versuchen, die Dichter der jüngeren Generation (Klopstock, Wieland) zu fördern, ging es allerdings nicht ohne Mißverständnisse ab. Seine eigenen, zum großen Teil nach 1750 entstandenen Dichtungen – u. a. Bibeldichtungen (Patriarchaden), ein satirischer Roman und etwa 40 Dramen – blieben ohne Wirkung.

Sein breites theoretisches, kritisches und editorisches Werk entstand vielfach in Zusammenarbeit mit Johann Jakob Breitinger (1701 Zürich – 1776 ebd.), Sohn eines Zuckerbäckers und zeitweiligen Geheimsekretärs bei dem Herzog von Württemberg-Mömpelgard. Breitinger wurde nach Absolvierung des Collegium Carolinum 1720 für das geistliche Lehramt ordiniert. Zunächst gab er Privatunterricht, bis er 1731 eine Professur für Hebräisch an beiden Zürcher Kollegien, Collegium Humanitatis und Collegium Carolinum, übernehmen konnte. 1740 kamen die Fächer Logik und Rhetorik dazu. Seit 1745 lehrte er auch Griechisch am Carolinum, zugleich wurde er zum Kanonikus des Stiftskapitels zum Großmünster gewählt. Sein Werk umfaßt auch historische Arbeiten, die den republikanischen Staatsgedanken stärken sollten.

Auch wenn den Schweizern Gottscheds Systematik abging, bestimmte Kontinuität ihr dichtungstheoretisches Werk. Bereits die *Discourse der Mahlern* hatten wesentliche Themen angeschnitten, die dann in den folgenden Publikationen Bodmers und Breitingers aufgenommen wurden (*Von dem Einfluß und Gebrauche Der Einbildungs-Krafft; Zur Ausbesserung des Geschmackes,* 1727; *Brief-Wechsel Von der Natur Des Poetischen Geschmackes,* 1736) und in den kritischen Hauptschriften von 1740 und 1741, allerdings nicht ohne Akzentverschiebungen und thematische und begriffliche Erweiterungen, ihre verbindliche Darstellung fanden: *Critische Dichtkunst* (1740) und *Critische Abhandlung Von der Natur den Absichten und dem Gebrauche der Gleichnisse* (1740) von Breitinger, *Critische Abhandlung von dem Wunderbaren in der Poesie und dessen Verbindung mit dem Wahrscheinlichen In einer Vertheidigung des Gedichtes Joh. Miltons von dem verlohrnen Paradiese* (1740) und *Critische Betrachtungen über die Poetischen Gemählde Der Dichter* (1741) von Bodmer.

Daneben entfalteten die Schweizer eine ungemein fruchtbare publizistische, literarische und editorische Tätigkeit, die die helvetische Geschichte ebenso einbezog wie die deutsche Dichtung seit dem Mittelalter und Werke der Weltliteratur von Homer bis Milton. Die kritischen und historischen Arbeiten erschienen vorwiegend in Periodika und Sammlungen wie der von Bodmer und Breitinger gemeinsam herausgegebenen *Helvetischen Bibliotheck* (1735–41), den *Historischen und Critischen Beyträgen Zu der Historie Der Eydsgenossen* (1739) und der *Sammlung Critischer, Poetischer, und anderer geistvollen Schriften, Zur Verbesserung des Urtheiles und des Witzes* (1741–44); wichtige Texte Bodmers enthalten seine *Critischen Briefe* (1746) sowie die *Neuen Critischen Briefe* (1749).

Die Ausgangsposition der Schweizer unterscheidet sich nicht wesentlich von der Gottscheds. Sie sind wie Gottsched der Philosophie Wolffs verpflichtet, halten an der Vorstellung fest, daß «alle Künste und Wissenschaften zu der Beförderung der menschlichen Glückseligkeit müssen gebraucht werden», und sehen «in einer geschickten Nachahmung der Natur» das Grundprinzip von Dichtung und Malerei, deren «gröste Vollkommenheit [...] in der vollkommen Uebereinstimmung zwischen dem Urbild in der Natur und der durch Kunst verfertigten Schilderey» bestehe (Breitinger: *Critische Dichtkunst*). Auch die Unterscheidung zwischen der Nachahmung der Natur «dieser würcklichen Welt» und der «Nachahmung der Natur in dem Möglichen» (Breitinger, ebd.) ist Gottsched und den Schweizern gemeinsam, die mit der Vorstellung möglicher Welten mit eigenen, widerspruchsfreien Gesetzen und Zusammenhängen ebenfalls an die Leibniz-Wolffsche-Philosophie anschließen. Von Wolff übernehmen sie zusammen mit seiner Konzeption des «Witzes» auch die Vorstellung von der Einbildungskraft als assoziativ-reproduzierendem Vermögen der Seele, so «daß sie die Begriffe und die Empfindungen, so sie einmal von den Sinnen empfangen hat, auch in der Abwesenheit und entferntesten Abgelegenheit der Gegenstände nach eigenem Belieben wieder annehmen, hervor holen und aufwecken kan» (Bodmer/Breitinger: *Einbildungs-Krafft*): Voraussetzung wiederum für die Erschaffung ‹neuer› poetischer Welten.

Unterschiede zwischen Gottsched und seinen Schweizer Kontrahenten ergeben sich u. a. aus dem Interesse Bodmers und Breitingers an religiösen Gegenständen, während Gottsched eher die Emanzipation der Dichtung von der Religion betreibt. Zwar besteht prinzipielle Übereinstimmung darin, daß sich die «Natur» in drei Bereiche der poetischen Nachahmung klassifizieren läßt, aber Gottsched macht Einschränkungen. Bei Bodmer heißt es in den *Critischen Betrachtungen über die Poetischen Gemählde*: «Das erste Reich ist das himmlische, das zweyte das menschliche, das dritte ist das materialische.» Eine ähnliche Formulierung findet sich im Zusammenhang mit der Diskussion des Wunderbaren in Gottscheds *Critischer Dichtkunst*, allerdings im Hinblick auf die Verwendung von Göttern und Geistern bzw. Engeln und Teufeln und der von ihnen ausgehenden Wunder mit einer Warnung verbunden: Ein heutiger Dichter habe «große Ursache in dergleichen Wunderdingen sparsam zu seyn. Die Welt ist nunmehr viel aufgeklärter, als vor etlichen Jahrhunderten [...].» Daß in den späteren Auflagen des *Versuchs einer Critischen Dichtkunst* nun auch speziell Milton mit seinem «Karthaunen» erfindenden Satan abgekanzelt wird («viel zu abgeschmackt für unsre Zeiten»), unterstreicht, daß sich der Konflikt zwischen Leipzig und Zürich nicht zuletzt an der Darstellung des «Wunderbaren» entzündete. Während Gottsched in der Frage der Naturnachahmung und der Konstruktion wahrscheinlicher alternativer Welten enge Grenzen setzte und sich dabei auf die Probe «der gesunden Vernunft» und «Regeln der Kunstrichter» berief, erweiterten Bodmer und Breitinger den Abstand, die Spannung zwischen Natur und dichterischer Nachahmung, zwischen Urbild und Abbild, indem sie die Kategorien des «Neuen» und «Wunderbaren» aufwerteten. Gleichwohl geschieht dies weiterhin im Rahmen der Wahrscheinlichkeitsdiskussion und ist kein Vorbote einer neuen Subjektivität. Breitinger schreibt im Kapitel «Von dem Wunderbaren und dem Wahrscheinlichen» im ersten Band der *Critischen Dichtkunst*:

> «Demnach ist das Wunderbare in der Poesie die äusserste Staffel des Neuen, da die Entfernung von dem Wahren und Möglichen sich in einen Widerspruch zu verwandeln scheinet. Das Neue gehet zwar von dem gewöhnlichen Laufe und der Ordnung der Dinge auch ab, doch entfernet es sich niemahls über die Gräntzen des Wahrscheinlichen, es mag uns in Vergleichung mit unsern Gewohnheiten und Meinungen noch so fremd und seltzam vorkommen, so behält es doch immer den Schein des Wahren und Möglichen. Hingegen leget das Wunderbare den Schein der Wahrheit und Möglichkeit ab, und nimmt einen unbetrüglichen Schein des Falschen und Widersprechenden an sich; es verkleidet die Wahrheit in eine gantz fremde aber durchsichtige Maßke, sie den achtlosen Menschen desto beliebter und angenehmer zu machen. [...] Alleine dieses ist nur ein Schein, und zwar ein unbetrüglicher Schein der Falschheit; das Wunderbare muß immer auf die würckliche oder die mögliche Wahrheit gegründet seyn, wenn es von der Lügen unterschieden seyn und uns ergetzen soll. [...] Das Wunderbare ist demnach nichts anders, als ein vermummtes Wahrscheinliches.»

Die Betonung des Neuen und Wunderbaren verbindet sich mit einem wirkungsästhetischen Ansatz, der sich deutlich von den Vorstellungen Gottscheds unterscheidet. Zwar bleibt neben dem «Ergetzen» die lehrhafte Funktion der Dichtung unbestritten («Lehrerin der Weißheit und Tugend»), aber Bodmer und Breitinger greifen nun im Unterschied zu einem an die verstandesmäßigen Kräfte appellierenden Verfahren auf rhetorische Strategien der emotionalen Beeinflussung zurück, wenn sie «das Gemüthe durch starcke und heftige Eindrücke», d. h. durch das Neue, Ungewohnte, Wunderbare und Erhabene zu «rühren» suchen. Für diese «pathetische, bewegliche oder hertzrührende Schreibart», die als Sprache der Leidenschaft «geraden Wegs auf die Bewegung des Hertzens losgehet», kommt der Kategorie des Erhabenen, aktuell geworden durch die Rezeption des fälschlich dem Rhetor Longinos (‹Pseudo-Longin›) zugeschriebenen Traktats *Peri hypsous* (*Über das Erhabene*), eine besondere Bedeutung zu (Breitinger: *Critische Dichtkunst*). Wichtige stilistische Mittel dieser Gemütserregungskunst sind Bilder und Gleichnisse; zwei umfangreiche Abhandlungen der Schweizer sind eigens der Bildlichkeit gewidmet.

Die rhetorische Strategie der Überredung mit ihrer unmittelbaren Wirkung auf die Sinne zielt auf ein Publikum, bei dem «die Erleuchtung des Verstandes und die Besserung des Willens» nur indirekt, nicht über die Logik des Verstandes erreicht werden kann (Breitinger: *Critische Dichtkunst*). «Daß die Figuren, die Gleichnisse, die Exempel, und dergleichen, auf viele Menschen mehr Krafft und Würckung haben, als die Vernunfts-Schlüsse, rührt nur daher, daß man insgemein versäumt die Vernunft auszubessern, hingegen die Sinnen und die Einbildungs-Krafft ausübet und anbauet», schreibt Bodmer im *Brief-Wechsel Von der Natur Des Poetischen Geschmackes* und fügt hinzu: «Die Pflege des Verstandes deucht ihnen allzu trucken und beschwerlich. Eben darum läßt der Redner dieses seine Arbeit seyn, daß er den Sinnen zu thun gebe, und das Gemüthe in Bewegung und Unruhe setze [...].» Die Schweizer nehmen damit die Unterscheidung Wolffs zwischen einem oberen Erkenntnisvermögen (Logik) und einem unteren Erkenntnisvermögen durch die Sinne auf. Breitinger spricht in diesem Zusammenhang von einer «Logik der Phantasie» in Analogie zur Logik des Verstandes, wobei es der einen um «eine Erkänntnis des Wahrscheinlichen», der anderen um die Wahrheit geht (Breitinger: *Critische Abhandlung Von der Natur den Absichten und dem Gebrauche der Gleichnisse*). Alexander Gottlieb Baumgarten, der Begründer der Ästhetik als selbständiger Disziplin, führt diese Ansätze weiter und stellt die Ästhetik, ohne die Abwertung der sinnlichen Wahrnehmung, als «Logik des unteren Erkenntnisvermögens» als zweite, eigenständige Erkenntnisart neben die Logik als Methode der Verstandeserkenntnis (*Aesthetica*, 1750–58).

Die Erkenntnisinteressen der Schweizer führen, anders als bei Gottsched, nicht zu einer Anweisungspoetik, die nach einer allgemeinen Grundlegung alle nur möglichen Gattungen abhandelt. Bodmer und Breitinger beschränken sich in ihren dichtungstheoretischen Schriften in großer Ausführlichkeit auf einige zentrale Themen und eine Darstellung der poetischen, rhetorischen und sprachlichen Mittel, die ihnen für die Verwirklichung ihrer Vorstellung von Dichtung wesentlich scheinen. Dabei stützen sie sich auf eine umfassende Kenntnis der poetologischen und rhetorischen Tradition von Aristoteles, Horaz, Quintilian und Pseudo-Longin bis hin zu Nicolas Boileau, Joseph Addison, Shaftesbury, Lodovico Muratori und Jean-Baptiste Dubos. Zugleich liefern Dichter wie Homer, Dante, Tasso, Milton und Opitz oder die Dichtung des deutschen Mittelalters Argumente und Beispiele für eine Diskussion, die immer die Wirkung auf die deutsche Gegenwartsdichtung im Auge hat. Indem er die Dichtungen aus ihren historischen Bedingungen erklärt, gelingt Bodmer – er hat den größten Anteil an den literaturhistorischen und -kritischen Arbeiten – nicht nur der Zugang zur mittelhochdeutschen Literatur, sondern auch zu bisher eher umstrittenen oder unterschätzten Werken der Weltliteratur. Seine Rechtfertigung der *Göttlichen Komödie* vor allzu aufgeklärten Kritikern oder seine *Don Quijote*-Interpretation, mit der er den Weg zu einem neuen Verständnis des bisher nur als Satire betrachteten Romans bereitete, sind Höhepunkte aufklärerischer Literaturkritik. In Miltons Epos *Paradise Lost*, das er 1732 übersetzte (*Johann*

Miltons Verlust des Paradieses) und danach noch mehrfach überarbeitete, fand Bodmer das Paradigma für sein Programm einer Dichtung des Wunderbaren und Erhabenen – und Klopstock die Anregung für seinen *Messias*: «Und als Milton, den ich vielleicht ohne Ihre Übersetzung allzuspät zu sehen bekommen hätte, mir in die Hände fiel, loderte das Feuer, das Homer in mir entzündet hatte, zur Flamme auf und hob meine Seele, um die Himmel und die Religion zu singen», schrieb Klopstock am 10. August 1748 an Bodmer. Und Bodmer und Breitinger sahen in Klopstock den Dichter, der ihre Vorstellungen vom hohen, erhabenen Stil verwirklichte, den Dichter der Zukunft, wie ihn Bodmer 1734 in seinem Lehrgedicht *Character Der Teutschen Gedichte* evoziert hatte: «Erscheine, grosser Geist, und singe Ding' und Thaten | So theils die Zeit begrub, theils ihr noch nicht gerathen. | [...] Was jemahls die Natur vom Wunderbarn und Grossen | In Engeln, Geistern, Mensch, und Cörpern eingeschlossen, | Was in den Neigungen und Thaten hohes steckt, | Liegt offenbar vor dir, entwickelt, unbedeckt.»

Das Erscheinen der ersten drei Gesänge des *Messias* 1748 in den *Neuen Beyträgen zum Vergnügen des Verstandes und des Witzes* (nach dem Verlagsort auch *Bremer Beiträge* genannt) ließ den seit 1740 offen ausgetragenen Streit zwischen Gottsched und den Schweizern bzw. ihren jeweiligen Anhängern noch einmal heftig aufflammen. Er hatte sich seit den dreißiger Jahren im Zusammenhang mit Bodmers Milton-Übersetzung und den allmählich divergierenden Interpretationen der poetologischen Grundkategorien entwickelt und war dann, als Gottsched seinen Alleinvertretungsanspruch gefährdet sah, über den Austausch spitzer Bemerkungen zu einer publizistischen Fehde zwischen beiden Parteien eskaliert. Auch Breitingers *Vertheidigung der Schweitzerischen Muse, Hrn. D. Albrecht Hallers* (1744), die den Vorwurf der Dunkelheit im Sinn ihres Ideals vom erhabenen Stil ins Positive umdeutet, gehört in den Kontext dieser Auseinandersetzungen.

Entschieden dem poetologischen Programm der Schweizer verpflichtet war Jakob Immanuel Pyra, der mit seinem Konzept einer erhabenen, an biblischen Themen orientierten Dichtkunst und Vorstellungen vom Priester-Dichter auf Klopstock vorausweist. Formuliert ist das von Pseudo-Longin geprägte Programm in dem allegorisierenden Lehrgedicht in reimlosen Alexandrinern *Der Tempel der wahren Dichtkunst* (1737). Später ergriff Pyra offen Partei für die Schweizer, als er in zwei Schriften als Verfechter von poetischem «Geist» und «Feuer» den Ungeist der Regelpoetik attackierte: *Erweis* [bzw.: *Fortsetzung des Erweises*], *daß die G*ttsch*dianische Sekte den Geschmack verderbe* (1743, 1744). Nach dem frühen Tod Pyras (1744) gab Bodmer dessen Gedichte und die seines Freundes Samuel Gotthold Lange unter dem Titel *Thirsis und Damons freundschaftliche Lieder* (1745) heraus, Zeugnisse eines empfindsamen, pietistisch gestimmten Freundschaftskults in einem feierlichen, religiösen Ton, der von Milton inspiriert ist.

Daß Gottsched im Verlauf der Auseinandersetzungen zunehmend an Einfluß verlor, zeigt die Geschichte zweier Zeitschriften. Anhänger und Schüler Gottscheds sammelten sich um die Zeitschrift *Belustigungen des Verstandes und Witzes*, die Johann Joachim Schwabe von 1741–45 herausgab. Doch Schwabe, der das Organ gegen die Schweizer in Stellung bringen wollte, stieß auf Widerstand bei einer Reihe von Mitarbeitern, die sich allmählich von Gottsched lösten und sich nicht für eine Partei erklären wollten. Sie gründeten schließlich eine eigene Zeitschrift, die *Neuen Beyträge zum Vergnügen des Verstandes und des Witzes* (*Bremer Beiträge*, 1744–1757). Herausgeber war Karl Christian Gärtner, zu den Mitarbeitern gehörten u. a. Johann Andreas Cramer, Johann Adolf Schlegel und die Klopstock-Freunde Johann Arnold Ebert und Nikolaus Dietrich Giseke. Hier waren literarische Kritik und Polemik ausgeschlossen, Konflikte bei der Beurteilung von vorgelegten Texten wurden durch Mehrheitsentscheidungen gelöst. Zunächst war die Zeitschrift durchaus noch dem Gottschedschen Rationalismus verpflichtet, doch allmählich fanden auch neue Töne Eingang, etwa anakreontische und empfindsame Gedichte, bis schließlich mit dem Abdruck der ersten drei Gesänge des *Messias* (1748) der Bruch mit Gottsched endgültig war. Was Bodmer und Breitinger als Erfüllung ihres Literaturkonzepts ansahen, war für Gottsched nur neubarocker, lohensteinischer Schwulst. Eine parodistische Schatzkammer dieses stilistischen ‹Neubarock› mit Zitaten aus Dichtungen von Bodmer, Haller, Klopstock u. a. stellte der Gottsched-Anhänger Christoph Otto Freiherr von Schönaich zusammen: *Die ganze Aesthetik in einer Nuß, oder Neologisches Wörterbuch* (1754).

III. RÜCKBLICKE

Gegen Ende des 17. Jahrhunderts, in der Vorrede zum ersten Teil seiner Anthologie *Herrn von Hoffmannswaldau und andrer Deutschen auserlesene und bißher ungedruckte Gedichte* (1695), zieht Benjamin Neukirch eine Bilanz der Entwicklung der deutschen Literatur seit dem Auftreten von Martin Opitz. Er sieht Licht und Schatten und hält nichts von einseitigen Verdammungsurteilen, aber auch nichts davon, das bisher Erreichte zu überschätzen: «Wir dürffen uns mit unsrer Poesie so klug nicht dünkken / daß wir die ausländer dagegen verkleinern wolten. Denn wir haben noch einen grossen berg vor uns / und werden noch lange klettern müssen / ehe wir auff den gipfel kommen / auff welchem von denen Griechen Homerus und Sophocles, von denen Römern Horatius und Maro gesessen.» Gleichwohl erkennt er eine aufsteigende Linie, die von Opitz, «welcher den deutschen Poeten die bahn gebrochen», über Simon Dach und Paul Fleming zu den für ihn unstreitig größten Dichtern des Jahrhunderts, zu Gryphius, Hoffmannswaldau und Lohenstein führt. Denn diese «drey berühmten männer [...] haben nicht allein dem Opitz weit glücklicher als Flemming gefolget; sondern in gewissen stücken auch übertroffen».

Doch die Hoffnung, daß damit die Voraussetzungen für eine stetige Weiterentwicklung der deutschen Literatur gegeben seien, kann Neukirch nicht teilen. Er sieht sich in einer Periode der «verfallenden Poesie», in einer Zeit, die die Musen wohlfeil gemacht habe, in einem Land, «wo die künste wegen vieler herrschafften zertheilet sind / wo man mehr von einem glase wein / als liedern / hält». Zwar fehle es nach dem Tod der drei großen Schlesier nicht an Begabungen – etwa Heinrich Mühlpfort, Christian Gryphius und Johann von Besser –, und wenn sich keine anderen als diese «im dichten übten», würde die Poesie «bald höher steigen / und es wäre ein leichtes / dasjenige / was etwan noch rückständig ist / nachzuholen»: «Aber so ist das schnattern der gänse so groß / daß man die schwanen davor kaum hören kan [...].» Diese Entwicklung ließe sich nur dann umkehren, wenn sich wieder ein Bewußtsein dessen einstellte, was den wirklichen Dichter vom bloßen «verßmacher» oder – etwas höher angesiedelt – galanten Poeten unterscheidet: Begabung, umfassende Kenntnisse und Lebenserfahrung. Doch gerade diese Erfahrung, so lehrt das Beispiel der römischen Dichtung im Augusteischen Zeitalter, erwirbt man eher in Zeiten politischer Größe, im Umgang mit klugen Leuten und großen Herren am Hof, nicht in der Schule. Man könnte das auch als Bewerbung um eine Stelle als Hofdichter lesen ...

Vierzig Jahre später sieht Johann Jakob Bodmer in seinem Lehrgedicht *Character Der Teutschen Gedichte* (1734), Abriß der Literaturgeschichte und Poetik zugleich, die literarische Entwicklung im 17. Jahrhundert anders: nicht als Aufstieg zu einer auch im internationalen Kontext beachtlichen Höhe, sondern als Niedergang. Bodmer beschreibt die deutsche Literaturgeschichte als eine Art Wellenbewegung mit bisher wenigen Höhepunkten. Den ersten sieht er, abgesehen von den frühen Gesängen der «Barden», nach einer langen Epoche mönchischer «Dunckelheit» in den Dichtungen «aus dem schwäbischen Zeitpuncte», wie Bodmer und Breitinger die Stauferzeit nannten. Den zweiten erreichte die deutsche Literatur mit Martin Opitz, der das «ewige Latein» durch die deutsche Sprache abgelöst und bei aller stilistischen und formalen Vielfalt «Ziel und Maß» behalten habe: «Wann er uns Schrecken, Furcht, Betrübniß, heitre Sinnen, | Lieb, Ehrfurcht, Gütigkeit, bedacht ist einzuspinnen: | So bleibt er Opiz stets, die Musen gehen ihm nach | Und er begleitet sie an Hippocrenen Bach.» Diesem Höhenflug vermochte niemand zu folgen: «Gryph, Tscherning, Flemming, Rist, von Abschatz, Mühlpfort, Dach, | Und zehen andre mehr sahn ihm begierig nach, | Ermunterten sich offt und spannten ihr Gefieder; | Umsonst, der Cörper zog den Geist zur Erden nieder.» Doch eine grundsätzliche Fehlentwicklung setzt erst, folgt man Bodmer, mit Gryphius, Hoffmannswaldau und Lohenstein ein, in denen Neukirch noch – allerdings nicht ganz kritiklos und seine klassizistische Wende schon vorbereitend – den Gipfel der von Opitz ausgehenden Entwicklung gesehen hatte. Den Grund für den Niedergang sieht Bodmer in der Abweichung von den klassizistischen Grundsätzen der opitzianischen Poesie: «Ihm fehlt' es an Verstand, den Geist geschickt zu lencken», heißt es stellvertretend für die ganze Richtung über Hoffmannswaldau.

Im Jahr 1739 hielt Gottsched an der Leipziger Universität eine *Lob- und Gedächtnißrede auf den Vater der deutschen Dichtkunst, Martin Opitzen von Boberfeld, Nachdem selbiger vor hundert Jahren in Danzig Todes verblichen, zur Erneuerung seines Andenkens*. Er schätzt die Entwicklung kaum anders als Bodmer ein. Die Leistung von Opitz sei angesichts der widrigen Zeitumstände und der fehlenden Voraussetzungen um so höher einzuschätzen, heißt es in der Rede: «In einer so trüben Zeit stund nun unser Dichter auf. Er hatte keine Vorgänger als die Alten, er selbst aber war allen seinen Landesleuten ein Vorbild, welchem sie nachstreben konnten. Sein ganzes Vaterland konnte ihm in seiner Muttersprache kein gutes Muster darstellen, dem er hätte folgen können. Sein großer Geist mußte sich selbst eine Bahn brechen, die noch kein deutscher Fuß betreten hatte.»

Aber natürlich geht es in dieser Rede um die Gegenwart. Bezeichnend dafür sind Gottscheds Urteile, daß Opitz die «deutsche Sprache und Dichtkunst aus dem Staube gehoben und sie, fast auf einmal, sehr nahe an

den Gipfel ihrer jetzigen Vollkommenheit erhöhet» habe, daß nur der
deutsche Dichter höchstes Lob verdiene, «der dem gesunden, dem reinen,
dem natürlich schönen Witze des großen Opitz am ähnlichsten geworden» sei. Und wenn er «die ungeschickten Nachfolger dieses großen Meisters» attackiert, die «durch ihr ausschweifendes Wesen, durch ihre regellose Einbildungskraft, durch ihren geilen Witz und ungesalzenen Scherz»
Deutschland und der deutschen Poesie nur Schande erworben hätten, so
gilt der Angriff neben den späten Schlesiern vor allem dem von der
Schweiz ausgehenden ‹Neubarock›.

Allerdings waren die Schweizer keineswegs gewillt, sich Opitz nehmen
zu lassen. So erhielten denn auch beide Lager ‹ihren› Opitz: Bodmer und
Breitinger edierten 1745 den ersten Teil ihrer Opitz-Ausgabe (*Martin
Opitzens Von Boberfeld Gedichte*), auf der Leipziger Seite folgte ein Jahr
später Daniel Wilhelm Triller (*Martin Opizen Teutsche Gedichte*). Für
beide Seiten bedeutet der Rückgriff auf Opitz, den «Vater der deutschen
Dichtkunst», Vergewisserung der eigenen Position und Stiftung einer
Kontinuität der (protestantischen) deutschen Literaturgeschichte. Die
klassizistische Neuorientierung der deutschen Dichtung im frühen
18. Jahrhundert findet ihren Bezugspunkt im vorbarocken Klassizismus
des Martin Opitz, von dem Richard Alewyn gesprochen hat.

ANHANG

BIBLIOGRAPHIE

Der erste Teil der Auswahlbibliographie enthält überwiegend selbständige Veröffentlichungen allgemeiner Sekundärliteratur aus den letzten Jahrzehnten. Dazu kommen eine Reihe wichtiger älterer Publikationen, Textsammlungen und einige ausgewählte Aufsätze. Textsammlungen und Bibliographien zu speziellen Gattungen oder Themen sind in den jeweiligen Unterabteilungen der Bibliographie verzeichnet. Sammelbände werden alphabetisch nach dem Wortlaut der Titel aufgeführt. Reihentitel oder andere zusätzliche Angaben bleiben in der Regel unberücksichtigt, ebenso Verlagsorte über den ersten hinaus. Werkausgaben und Literatur zu einzelnen Autoren verzeichnet der zweite Teil der Bibliographie, der aus Raumgründen nicht in diesem Band enthalten ist. Er findet sich Internet unter der Adresse www.meid.beck.de.

Umfangreiche, aktuelle Angaben weit über den literarischen Bereich hinaus finden sich in der detaillierten periodischen Bibliographie, die in den *Wolfenbütteler Barock-Nachrichten* erscheint (derzeit 2 Hefte jährlich). Auf der Suche nach Drukken des 17. Jahrhunderts leisten inzwischen die Online-Kataloge der großen Bibliotheken – einschließlich des Gemeinschaftsunternehmens VD 17 (www.vd17. de) – wertvolle Hilfe.

Folgende Zeitschriften bzw. Jahrbücher enthalten vor allem bzw. fast ausschließlich Arbeiten zur Literatur der Frühen Neuzeit: *Daphnis. Zeitschrift für Mittlere Deutsche Literatur* (seit 1972), *Morgen-Glantz. Zeitschrift der Christian-Knorr-von-Rosenroth-Gesellschaft* (seit 1991), *Simpliciana. Schriften der Grimmelshausen-Gesellschaft* (seit 1979), *Spee-Jahrbuch* (seit 1994).

Gliederung der Bibliographie:

1. Nachschlagewerke
2. Allgemeine Textsammlungen
3. Geschichte, Kultur, Literatur
   3.1 Zum historischen und kulturellen Hintergrund
   3.2 Literaturgeschichte
   3.3 Begriffs-, Forschungs-, Rezeptionsgeschichte
   3.4 Literarisches Leben, Sprachgesellschaften
   3.5 Publizistik
   3.6 Zur Literatur der Epoche
   3.7 Vergleichendes, Wechselbeziehungen
   3.8 Poetik, Rhetorik, Literaturkritik
   3.9 Sprache, Sprachtheorie, Mnemonik
   3.10 Bildlichkeit, Emblematik
4. Gattungen
   4.1 Lyrik

4.2   Drama, Theater
4.3   Epische Versdichtung
4.4   Erzählprosa
4.5   Nichtfiktionale Prosa

1. Nachschlagewerke

Bibliographien, Kataloge

Bibliographie zur deutschen Literaturgeschichte des Barockzeitalters. Hrsg. von Ilse Pyritz. 3 Bde. Bern 1985–94
Bircher, Martin / Bürger, Thomas: Deutsche Drucke des Barock 1600–1720 in der der Herzog August Bibliothek Wolfenbüttel. 46 Bde. Nendeln [ab Bd. 3 München] 1977–1996. – Alphabetisches Kurztitelverzeichnis. Bearbeitet von Erdmann Weyrauch. 6 Bde. München 2000
Dünnhaupt, Gerhard: Personalbibliographien zu den Drucken des Barock. Zweite, verbesserte und wesentlich vermehrte Auflage des Bibliographischen Handbuchs der Barockliteratur. 6 Bde. Stuttgart 1990–93
Faber du Faur, Curt von: German Baroque Literature. A Catalogue of the Collection in the Yale University Library. 2 Bde. New Haven 1958–69. – Bibliography-Index to the Microfilm Edition of the Yale University Library Collection of German Baroque Literature. New Haven 1971
German Baroque Literature. A Descriptive Catalogue of the Collection of Harold Jantz and a Guide to the Collection on Microfilm. 2 Bde. New Haven 1974
Habersetzer, Karl-Heinz: Bibliographie der deutschen Barockliteratur. Ausgaben und Reprints 1945–1976. Hamburg 1978
Handbuch des personalen Gelegenheitsschrifttums in europäischen Bibliotheken und Archiven. Hrsg. von Klaus Garber u. a. Hildesheim 2001 ff.
Verzeichnis der gedruckten Briefe deutscher Autoren des 17. Jahrhunderts. Bearbeitet von Monika Estermann. 4 Bde. Wiesbaden 1992–93
Wolfenbütteler Barock-Nachrichten 1 (1974) ff.

Sachlexika

Enzyklopädie der Neuzeit. Hrsg. von Friedrich Jaeger u. a. 16. Bde. Stuttgart 2005 ff.
Historisches Wörterbuch der Rhetorik. Hrsg. von Gert Ueding. Tübingen 1992 ff.
Reallexikon der deutschen Literaturwissenschaft. Neubearbeitung des Reallexikons der deutschen Literaturgeschichte. Hrsg. von Klaus Weimar u. a. 3 Bde. Berlin 1997–2003
Sachlexikon Literatur. Hrsg. von Volker Meid. München 2000

Biographische Lexika und Sammelwerke

Deutsche Dichter. Bd. 2. Reformation, Renaissance und Barock. Hrsg. von Gunter E. Grimm und Frank Rainer Max. Stuttgart 1990

Deutsche Dichter der frühen Neuzeit (1450–1600). Ihr Leben und Werk. Hrsg. von Stephan Füssel. Berlin 1993

Deutsche Dichter des 17. Jahrhunderts. Ihr Leben und Werk. Hrsg. von Harald Steinhagen und Benno von Wiese. Berlin 1984

Deutsches Literatur-Lexikon. Biographisches und bibliographisches Handbuch. Begründet von Wilhelm Kosch. 3., völlig neu bearbeitete Auflage hrsg. von Bruno Berger und Heinz Rupp Bern 1968 ff.

Die Deutsche Literatur. Biographisches und bibliographisches Lexikon. Hrsg. von Hans-Gert Roloff u. a. Reihe 2: Die deutsche Literatur zwischen 1450 und 1620. – Reihe 3: Die deutsche Literatur zwischen 1620 und 1720. Bern 1985 ff.

German Baroque Writers, 1580–1660. Hrsg. von James Hardin. Detroit 1996

German Baroque Writers, 1661–1730. Hrsg. von James Hardin. Detroit 1996

Literatur Lexikon. Autoren und Werke deutscher Sprache. Hrsg. von Walther Killy. 15 Bde. München 1988–93. – Neuauflage u. d. T. Killy Literaturlexikon. Autoren und Werke des deutschsprachigen Kulturraums. Hrsg. von Wilhelm Kühlmann u. a. Berlin 2008 ff.

Meid, Volker: Reclams Lexikon der deutschsprachigen Autoren. 2., aktualisierte und erweiterte Auflage. Stuttgart 2006

Metzler Autoren Lexikon. Deutschsprachige Dichter und Schriftsteller vom Mittelalter bis zur Gegenwart. 3., aktualisierte und erweiterte Auflage. Hrsg. von Bernd Lutz und Benedikt Jeßing. Stuttgart 2004

Woods, Jean M./Fürstenwald, Maria: Schriftstellerinnen, Künstlerinnen und gelehrte Frauen des deutschen Barock. Stuttgart 1984

2. Allgemeine Textsammlungen

Bayerische Bibliothek. Bd. 2. Die Literatur des Barock. Ausgewählt und eingeleitet von Hans Pörnbacher. München 1986

Das Zeitalter des Barock. Texte und Zeugnisse. Hrsg. von Albrecht Schöne. München ³1988

Der galante Stil. 1680–1730. Hrsg. von Conrad Wiedemann. Tübingen 1969

Deutsche Dichtung des Barock. Hrsg. von Edgar Hederer und erweitert von Karl Pörnbacher. München ⁶1979

Deutsche Literatur in Entwicklungsreihen. Reihe Barock: Siehe unter Lyrik und Drama

Deutsche Literatur in Entwicklungsreihen. Reihe Aufklärung. Hrsg. von Fritz Brüggemann.

1. Aus der Frühzeit der deutschen Aufklärung. Christian Thomasius und Christian Weise. Leipzig ²1938. Nachdruck Darmstadt 1966

2. Das Weltbild der deutschen Aufklärung. Philosophische Grundlagen und literarische Auswirkung. Leipzig 1930. Nachdruck Darmstadt 1966

3. Gottscheds Lebens- und Kunstreform in den zwanziger und dreißiger Jahren. Leipzig 1935. Nachdruck Darmstadt 1966
Die deutsche Literatur. Ein Abriß in Text und Darstellung. Bd. 4. Barock. Hrsg. von Renate Fischetti. Stuttgart 1975
Emblemata. Handbuch zur Sinnbildkunst des 16. und 17. Jahrhunderts. Hrsg. von Arthur Henkel und Albrecht Schöne. Stuttgart 1967. Ergänzte Neuausgabe 1976
Poetik des Barock. Hrsg. von Marian Szyrocki. Reinbek 1968 bzw. Stuttgart 1977

3. Geschichte, Kultur, Literatur

3.1 Zum historischen und kulturellen Hintergrund

Geschichte, Politik, Gesellschaft

1648. Krieg und Frieden in Europa. Europaratsausstellung 1998 Münster/Osnabrück. Hrsg. von Klaus Bußmann und Heinz Schilling. 3 Bde. Münster 1998
Arte et Marte. Studien zur Adelskultur des Barockzeitalters in Schweden, Dänemark und Schleswig-Holstein. Hrsg. von Dieter Lohmeier. Neumünster 1978
Aus der Zeit der Verzweiflung. Zur Genese und Aktualität des Hexenbildes. Beiträge von Gabriele Becker, Silvia Bovenschen u. a. Frankfurt a. M. 1977
Bauer, Volker: Die höfische Gesellschaft in Deutschland von der Mitte des 17. bis zum Ausgang des 18. Jahrhunderts. Versuch einer Typologie. Tübingen 1993
Beyer, Christel: «Hexen-Leut, so zu Würzburg gerichtet». Der Umgang mit Sprache und Wirklichkeit in Inquisitionsprozessen wegen Hexerei. Frankfurt a. M. 1986
Burkhardt, Johannes: Das Reformationsjahrhundert. Deutsche Geschichte zwischen Medienrevolution und Institutionenbildung 1517–1617. Stuttgart 2002
– Vollendung und Neuorientierung des frühmodernen Reiches 1648–1763. Stuttgart 2006
Defining Dominion: The Discourses of Magic and Witchcraft in Early Modern France and Germany. Hrsg. von Gerhild Scholz Williams. Ann Arbor 1995
Der Absolutismus – ein Mythos? Strukturwandel monarchischer Herrschaft. Hrsg. von Ronald G. Ash und Heinz Duchhardt. Köln 1996
Der Fürst und sein Volk. Herscherlob und Herrscherkritik in den Habsburgischen Ländern der frühen Neuzeit. Hrsg. von Pierre Béhar und Herbert Schneider. St. Ingbert 2004
Der Westfälische Friede. Diplomatie – politische Zäsur – kulturelles Umfeld – Rezeptionsgeschichte. Hrsg. von Heinz Duchhardt. München 1998
Elias, Norbert: Die höfische Gesellschaft. Untersuchungen zur Soziologie des Königtums und der höfischen Aristokratie. Darmstadt ²1975. Neuausgabe 2002. Nachdruck Frankfurt a. M. 2007
Europäische Städte im Zeitalter des Barock. Gestalt – Kultur – Sozialgefüge. Hrsg. von Kersten Krüger. Köln 1988
Hinrichs, Ernst: Einführung in die Geschichte der Frühen Neuzeit. München 1980
Hof, Staat und Gesellschaft in der Literatur des 17. Jahrhunderts. Hrsg. von Elger Blühm u. a. Amsterdam 1982 (= Daphnis 11, 1982, Heft 1–2)

Koselleck, Reinhart: Kritik und Krise. Eine Studie zur Pathogenese der bürgerlichen Welt. Freiburg 1959. Frankfurt a. M. [10]2006

Kruedener, Jürgen Freiherr von: Die Rolle des Hofes im Absolutismus. Stuttgart 1973

Langer, Horst: Hortus bellicus. Der Dreißigjährige Krieg. Eine Kulturgeschichte. 3., überarbeitete Auflage. Leipzig bzw. Gütersloh 1982

Lehmann, Hartmut: Das Zeitalter des Absolutismus. Gottesgnadentum und Kriegsnot. Stuttgart 1978

Münch, Paul: Das Jahrhundert des Zwiespalts. Deutsche Geschichte 1600–1700. Stuttgart 1999

Oestreich, Gerhard: Geist und Gestalt des frühmodernen Staates. Ausgewählte Aufsätze. Berlin 1969

– Strukturprobleme der frühen Neuzeit. Ausgewählte Aufsätze. Berlin 1980

– Antiker Geist und moderner Staat bei Justus Lipsius (1547–1606). Der Neustoizismus als politische Bewegung. Hrsg. und eingeleitet von Nicolette Mout. Göttingen 1989

Press, Volker: Kriege und Krisen. Deutschland 1600–1715. München 1991

Roeck, Bernd: Als wollt die Welt schier brechen. Eine Stadt im Zeitalter des Dreißigjährigen Krieges. München 1991

Roper, Lyndal: Hexenwahn. Geschichte einer Verfolgung. Aus dem Englischen von Holger Fock und Sabine Müller. München 2007

Schneider, Gerhard: Der Libertin. Zur Geistes- und Sozialgeschichte des Bürgertums im 16. und 17. Jahrhundert. Stuttgart 1970

Teufelsglaube und Hexenprozesse. Hrsg. von Georg Schwaiger. München [4]1999

Vierhaus, Rudolf: Deutschland im Zeitalter des Absolutismus (1648–1763). Göttingen 1978

Walter, Axel E.: Späthumanismus und Konfessionspolitik. Die europäische Gelehrtenrepublik im Spiegel der Korrespondenzen Georg Michael Lingelsheims. Tübingen 2004

Zwischen Alltag und Katastrophe. Der Dreißigjährige Krieg aus der Nähe. Hrsg. von Benigna von Krusenstjern und Hans Medick. Göttingen 1999

Religion, Theologie

Aedificatio. Erbauung im interkulturellen Kontext in der Frühen Neuzeit. Hrsg. von Andreas Solbach. Tübingen 2005

Der Pietismus vom siebzehnten bis zum frühen achtzehnten Jahrhundert. Hrsg. von Martin Brecht. Göttingen 1993

Heterodoxie in der Frühen Neuzeit. Hrsg. von Hartmut Laufhütte und Michael Titzmann. Tübingen 2006

Im Zeichen der Krise. Religiosität im Europa des 17. Jahrhunderts. Hrsg. von Hartmut Lehmann und Ann-Charlott Trepp. Göttingen 1999

Religion und Religiosität im Zeitalter des Barock. 2 Tle. Hrsg. von Dieter Breuer u. a. Wiesbaden 1995

Späthumanismus und reformierte Konfession. Theologie, Jurisprudenz und Philosophie in Heidelberg an der Wende zum 17. Jahrhundert. Hrsg. von Christoph Strohm u. a. Tübingen 2006

Wallmann, Johannes: Theologie und Frömmigkeit im Zeitalter des Barock. Gesammelte Aufsätze. Tübingen 1995
Zur Rezeption mystischer Traditionen im Protestantismus des 16. bis 19. Jahrhunderts. Hrsg. von Dietrich Meyer und Udo Sträter. Köln 2002

Wissenschaft, Philosophie, Bildung

Abel, Günter: Stoizismus und Frühe Neuzeit. Zur Entstehungsgeschichte modernen Denkens im Felde von Ethik und Politik. Berlin 1978
Apokalypse und Philologie. Wissensgeschichten und Weltentwürfe der Frühen Neuzeit. Hrsg. von Wilhelm Schmidt-Biggemann und Anja Hallacker. Göttingen 2007
Ballauf, Theodor/Schaller, Klaus: Pädagogik. Eine Geschichte der Bildung und Erziehung. Bd. 2: Vom 16. bis zum 19. Jahrhundert. Freiburg i. Br. 1970
Blumenberg, Hans: Die Legitimität der Neuzeit. Frankfurt a. M. 1966. Erweiterte und überarbeitete Neuausgabe in drei Bänden unter den Titeln: Säkularisierung und Selbstbehauptung. Frankfurt a. M. 1974; Der Prozeß der theoretischen Neugierde. Ebd. 1973; Aspekte der Epochenschwelle: Cusaner und Nolaner. Ebd. 1976
Conrads, Norbert: Ritterakademien der Frühen Neuzeit. Bildung als Standesprivileg im 16. und 17. Jahrhundert. Göttingen 1982
Der Kommentar in der Frühen Neuzeit. Hrsg. von Ralph Häfner. Tübingen 2006
Die europäische Gelehrtenrepublik im Zeitalter des Konfessionalismus. Hrsg. von Herbert Jaumann. Wiesbaden 2001
Die Praktiken der Gelehrsamkeit in der Frühen Neuzeit. Hrsg. von Helmut Zedelmaier und Martin Mulsow. Tübingen 2001
Enzyklopädien der Frühen Neuzeit. Beiträge zu ihrer Erforschung. Hrsg. von Franz M. Eybl u. a. Tübingen 1995
Fischer, Michael W.: Die Aufklärung und ihr Gegenteil. Die Rolle der Geheimbünde in Wissenschaft und Politik. Berlin 1982
Foucault, Michel: Die Ordnung der Dinge. Eine Archäologie der Humanwissenschaften. Frankfurt a. M. 1974 (Les mots et les choses, 1966)
Gindhart, Marion: Das Kometenjahr 1618. Antikes und zeitgenössisches Wissen in der frühneuzeitlichen Kometenliteratur des deutschsprachigen Raumes. Wiesbaden 2006
Hammerstein, Notker: Jus und Historie. Ein Beitrag zur Geschichte des historischen Denkens an deutschen Universitäten im späten 17. und im 18. Jahrhundert. Göttingen 1972
– Res publica litteraria. Ausgewählte Aufsätze zur frühneuzeitlichen Bildungs-, Wissenschafts- und Universitätsgeschichte. Berlin 2000
Heilkunde und Krankheitserfahrung in der frühen Neuzeit. Studien am Grenzrain von Literaturgeschichte und Medizingeschichte. Hrsg. von Udo Benzenhöfer und Wilhelm Kühlmann. Tübingen 1992
Historia literaria. Neuordnungen des Wissens im 17. und 18. Jahrhundert. Hrsg. von Frank Grunert und Friedrich Vollhardt. Berlin 2007
Mulsow, Martin: Die unanständige Gelehrtenrepublik. Wissen, Libertinage und Kommunikation in der Frühen Neuzeit. Stuttgart 2007

Muster im Wandel. Zur Dynamik topischer Wissensordnungen in Spätmittelalter und Früher Neuzeit. Hrsg. von Wolfgang Dickhut. Göttingen 2008

Paulsen, Friedrich: Geschichte des gelehrten Unterrichts auf den deutschen Schulen und Universitäten vom Ausgang des Mittelalters bis zur Gegenwart. 3., erweiterte Auflage. Bd. 1. Leipzig 1919

Res Publica Litteraria. Die Institutionen der Gelehrsamkeit in der frühen Neuzeit. Hrsg. von Sebastian Neumeister und Conrad Wiedemann. 2 Tle. Wiesbaden 1987

Samuel Pufendorf und die europäische Frühaufklärung. Werk und Einfluß eines deutschen Bürgers der Gelehrtenrepublik nach 300 Jahren (1694–1994). Hrsg. von Fiammetta Palladini und Gerald Hartung. Berlin 1996

Schmidt-Biggemann, Wilhelm: Topica universalis. Eine Modellgeschichte humanistischer und barocker Wissenschaft. Hamburg 1983

Schneider, Martin: Das Weltbild des 17. Jahrhunderts. Philosophisches Denken zwischen Reformation und Aufklärung. Darmstadt 2004

Schoeps, Hans-Joachim: Deutsche Geistesgeschichte der Neuzeit. Bd. 2: Das Zeitalter des Barock. Zwischen Reformation und Aufklärung. Mainz 1978

Stolleis, Michael: Staat und Staatsräson in der frühen Neuzeit. Studien zur Geschichte des öffentlichen Rechts. Frankfurt a. M. 1990

Weber, Wolfgang: Prudentia gubernatoria. Studien zur Herrschaftslehre in der deutschen politischen Wissenschaft des 17. Jahrhunderts. Tübingen 1992

Werle, Dirk: Problemgeschichte imaginierter Bibliotheken 1580–1630. Tübingen 2007

Wollgast, Siegfried: Philosophie in Deutschland zwischen Reformation und Aufklärung. Berlin 1988

Wundt, Max: Die deutsche Schulmetaphysik des 17. Jahrhunderts. Tübingen 1939. Nachdruck Hildesheim 1992

Yates, Frances A.: Aufklärung im Zeichen des Rosenkreuzes. Stuttgart 1975 (The Rosicrucian Enlightenment. London 1972)

Zedelmaier, Helmut: Bibliotheca universalis und Bibliotheca selecta. Das Problem der Ordnung des gelehrten Wissens in der frühen Neuzeit. Köln 1992

Kunst, Kultur

Antike Weisheit und kulturelle Praxis. Hermetismus in der Frühen Neuzeit. Hrsg. von Anne-Charlott Trepp und Hartmut Lehmann. Göttingen 2001

Der Naturbegriff in der Frühen Neuzeit. Semantische Perspektiven zwischen 1500 und 1700. Hrsg. von Thomas Leinkauf unter Mitwirkung von Karin Hartbecke. Tübingen 2005

Die Kunst der Aufrichtigkeit im 17. Jahrhundert. Hrsg. von Claudia Benthin und Steffen Martus. Tübingen 2006

Die Welt des Barock. Hrsg. von Rupert Feuchtmüller und Elisabeth Kovács. 2 Bde. Wien 1986 (Oberösterreichische Landesausstellung 1986)

Dülmen, Richard van: Kultur und Alltag in der Frühen Neuzeit. 3 Bde. München 1990–94. Sonderausgabe 2005

Europäische Hofkultur im 16. und 17. Jahrhundert. Vorträge und Referate. Hrsg. von August Buck u. a. 3 Bde. Hamburg 1981

Freund, Winfried: Abenteuer Barock. Kultur im Zeitalter der Entdeckungen. Darmstadt 2004

Geselligkeit und Gesellschaft im Barockzeitalter. Hrsg. von Wolfgang Adam. 2 Tle. Wiesbaden 1997

Hauser, Arnold: Der Manierismus. Die Krise der Renaissance und der Ursprung der modernen Kunst. München 1964

Jung, Vera: Körperlust und Disziplin. Studien zur Fest- und Tanzkultur im 16. und 17. Jahrhundert. Köln 2001

Körper/Sprache. Ausdrucksformen der Leiblichkeit in Kunst und Wissenschaft. Hrsg. von Angelika Corbineau-Hoffmann und Pascal Nicklas. Hildesheim 2002

Kunstkammer – Laboratorium – Bühne. Schauplätze des Wissens im 17. Jahrhundert. Hrsg. von Helmar Schramm u. a. Berlin 2003

Leibetseder, Mathis: Die Kavalierstour. Adlige Erziehungsreisen im 17. und 18. Jahrhundert. Köln 2004

Passion, Affekt und Leidenschaft in der Frühen Neuzeit. Hrsg. von Johann Anselm Steiger u. a. 2 Bde. Wiesbaden 2005

Regionaler Kulturraum und intellektuelle Kommunikation vom Humanismus bis ins Zeitalter des Internet. Festschrift Klaus Garber. Hrsg. von Axel E. Walter. Amsterdam 2005

Treue, Wilhelm: Eine Frau, drei Männer und eine Kunstfigur. Barocke Lebensläufe. München 1992

Trunz, Erich: Wissenschaft und Kunst im Kreise Kaiser Rudolfs II. 1576–1612. Neumünster 1992

Volkskultur – Geschichte – Religion. Festschrift für Wolfgang Brückner. Hrsg. von Dieter Harmening und Erich Wimmer. Würzburg ²1992

Wunder, Heide: «Er ist die Sonn', sie ist der Mond». Frauen in der Frühen Neuzeit. München 1992

Zeremoniell als höfische Ästhetik in Spätmittelalter und Früher Neuzeit. Hrsg. von Jörg Jochen Berns und Thomas Rahn. Tübingen 1995

3.2 Literaturgeschichte

Böckmann, Paul: Formgeschichte der deutschen Dichtung. Bd. 1. Von der Sinnbildsprache zur Ausdruckssprache. Darmstadt ⁴1973

Breuer, Dieter: Oberdeutsche Literatur 1565–1650. Deutsche Literaturgeschichte und Territorialgeschichte in frühabsolutistischer Zeit. München 1979

Deutsche Literatur von Frauen. Bd. 1. Vom Mittelalter bis zum Ende des 18. Jahrhunderts. Hrsg. von Gisela Brinker-Gabler. München 1988

Die österreichische Literatur. Ihr Profil von den Anfängen im Mittelalter bis ins 18. Jahrhundert (1050–1750). Hrsg. von Herbert Zeman. 2 Tle. Graz 1986

Early Modern German Literature 1350–1700. Hrsg. von Max Reinhart. Rochester, NY 2007

Emrich, Wilhelm: Deutsche Literatur der Barockzeit. Königstein/Taunus 1981

Frauen Literatur Geschichte. Schreibende Frauen vom Mittelalter bis zur Gegenwart. Hrsg. von Hiltrud Gnüg und Renate Möhrmann. 2., vollständig neu bearbeitete und erweiterte Auflage. Stuttgart 1998

Gaede, Friedrich: Humanismus – Barock – Aufklärung. Eine Geschichte der deutschen Literatur vom 16. bis zum 18. Jahrhundert. Bern 1971
Geschichte der deutschen Literatur. Von den Anfängen bis zur Gegenwart. Hrsg. von Klaus Gysi u. a. Bd. 5: Von 1600 bis 1700. Berlin ²1963. – Bd. 6: Vom Ausgang des 17. Jahrhunderts bis 1789. Berlin 1979
Hankamer, Paul: Deutsche Gegenreformation und deutsches Barock. Die deutsche Literatur im Zeitraum des 17. Jahrhunderts. Stuttgart ³1964
Hansers Sozialgeschichte der deutschen Literatur vom 16. Jahrhundert bis zur Gegenwart. Bd. 2: Die Literatur des 17. Jahrhunderts. Hrsg. von Albert Meier. München 1999. – Bd. 3: Deutsche Aufklärung bis zur Französischen Revolution. 1680–1789. Hrsg. von Rolf Grimminger. München 1980
Müller, Günter: Deutsche Dichtung von der Renaissance bis zum Ausgang des Barock. Potsdam 1930. Nachdruck Darmstadt 1957
Newald, Richard: Die deutsche Literatur vom Späthumanismus zur Empfindsamkeit 1570–1750. München 1951. 6., verbesserte Auflage 1967. Nachdruck 1975
Nouvelle histoire de la littérature allemande. Hrsg. von Philippe Forget. Bd. 1. Baroque et Aufklärung. Paris 1998
Renaissance und Barock. Hrsg. von August Buck. 2 Tle. Frankfurt a. M. 1972 (Neues Handbuch der Literaturwissenschaft. Bd. 9–10)
Szyrocki, Marian: Die deutsche Literatur des Barock. Eine Einführung. Bibliographisch erneuerte Ausgabe. Stuttgart 1997
Zwischen Gegenreformation und Frühaufklärung: Späthumanismus, Barock. 1572–1740. Hrsg. von Harald Steinhagen. Reinbek 1985 (Deutsche Literatur. Eine Sozialgeschichte. Hrsg. von Horst Albert Glaser. Bd. 3)

3.3 Begriffs-, Forschungs-, Rezeptionsgeschichte

«Ach, Neigung zur Fülle …». Zur Rezeption ‹barocker› Literatur im Nachkriegsdeutschland. Hrsg. von Christiane Caemmerer und Walter Delabar. Würzburg 2001
Der literarische Barockbegriff. Hrsg. von Wilfried Barner. Darmstadt 1975
Deutsche Barockforschung. Dokumentation einer Epoche. Hrsg. von Richard Alewyn. Köln 1965
Europäische Barock-Rezeption. Hrsg. von Klaus Garber u. a. Wiesbaden 1991
Garber, Klaus: Rezeption und Rettung. Drei Studien zu Walter Benjamin. Tübingen 1987
Jaumann, Herbert: Die deutsche Barockliteratur. Wertung – Umwertung. Eine wertungsgeschichtliche Studie in systematischer Absicht. Bonn 1975
Mannack, Eberhard: Barock in der Moderne. Deutsche Schriftsteller des 20. Jahrhunderts als Rezipienten deutscher Barockliteratur. Frankfurt a. M. 1991
Martin, Dieter: Barock um 1800. Bearbeitung und Aneignung deutscher Literatur des 17. Jahrhunderts von 1770 bis 1830. Frankfurt a. M. 2000
Müller, Hans-Harald: Barockforschung. Ideologie und Methode. Ein Kapitel deutscher Wissenschaftsgeschichte 1870–1930. Darmstadt 1973
Renaissance – Barock – Aufklärung. Epochen- und Periodisierungsfragen. Hrsg. von Werner Bahner. Kronberg/Taunus 1976

Studien zur europäischen Rezeption deutscher Barockliteratur. Hrsg. von Leonard Forster. Wiesbaden 1983
Weber, Alexander: Günter Grass's Use of Baroque Literature. London 1995

3.4 Literarisches Leben, Sprachgesellschaften

Dokumente, Kataloge, Bibliographien

Bircher, Martin: Im Garten der Palme. Katalog einer Sammlung von Dokumenten zur Wirksamkeit der Fruchtbringenden Gesellschaft mit Beigabe eines Ausstellungskatalogs (1991). Wiesbaden 1998
Das Buchwesen im Barock. Hrsg. von Reinhard Wittmann. München 1981 (Quellen zur Geschichte des Buchwesens 1)
Der deutsche Buchhandel in Urkunden und Quellen. Hrsg. von Hans Widmann. 2 Bde. Hamburg 1965
Die deutsche Akademie des 17. Jahrhunderts. Fruchtbringende Gesellschaft. Kritische Ausgabe der Briefe, Beilagen und Akademiearbeiten, Dokumente und Darstellung. Hrsg. von Martin Bircher und Claus Conermann. Tübingen 1991 ff.
Die Fruchtbringende Gesellschaft. Quellen und Dokumente in vier [recte: 3] Bänden. Hrsg. von Martin Bircher. München 1970–71
Die Pegnitz-Schäfer. Nürnberger Barockdichtung. Hrsg. von Eberhard Mannack. Stuttgart 1968
Fruchtbringende Gesellschaft. Der Fruchtbringenden Gesellschaft geöffneter Erzschrein. Das Köthener Gesellschaftsbuch Fürst Ludwigs I. von Anhalt-Köthen. Hrsg. von Claus Conermann. 3 Bde. Weinheim 1985
Jürgensen, Renate: Melos conspirant singuli in unum. Repertorium bio-bibliographicum zur Geschichte des Pegnesischen Blumenordens in Nürnberg (1644–1744). Wiesbaden 2006
Krause, Gottlieb: Der Fruchtbringenden Gesellschaft ältester Ertzschrein. Briefe, Devisen und anderweitige Schriftstücke. Leipzig 1855. Nachdruck Hildesheim 1973

Literatur

Bachleitner, Norbert/Eybl, Franz M./Fischer, Ernst: Geschichte des Buchhandels in Österreich. Wiesbaden 2000
Boge, Birgit: Literatur für das «Catholische Teutschland». Das Sortiment der Kölner Offizin Wilhelm Friessem im Zeitraum 1638–1668. Tübingen 1993
Bopp, Monika: Die ‹Tannengesellschaft›. Studien zu einer Straßburger Sprachgesellschaft von 1633 bis um 1670. Johann Matthias Schneuber und Jesaias Rompler von Löwenhalt in ihrem literarischen Umfeld. Frankfurt a. M. 1998
Breuer, Dieter: Geschichte der literarischen Zensur in Deutschland. Heidelberg 1982
Bücher und Bibliotheken im 17. Jahrhundert in Deutschland. Hrsg. von Paul Raabe. Hamburg 1980
Deutscher Buchdruck im Barockzeitalter. 2 Tle. In: Wolfenbütteler Barock-Nachrichten 24 (1997), Heft 1, S. 3–239; Heft 2, S. 329–520

Die Fruchtbringer – eine Teutschhertzige Gesellschaft. Hrsg. von Klaus Manger. Heidelberg 2001

Eisenhardt, Ulrich: Die kaiserliche Aufsicht über Buchdruck, Buchhandel und Presse im Heiligen Römischen Reich Deutscher Nation (1496–1806). Karlsruhe 1970

Engels, Heinz: Die Sprachgesellschaften des 17. Jahrhunderts. Gießen 1983

Engelsing, Rolf: Analphabetentum und Lektüre. Zur Sozialgeschichte des Lesens in Deutschland zwischen feudaler und industrieller Gesellschaft. Stuttgart 1973

– Der Bürger als Leser. Lesergeschichte in Deutschland 1500–1800. Stuttgart 1974

Europäische Sozietätsbewegung und demokratische Tradition. Die europäischen Akademien der Frühen Neuzeit zwischen Frührenaissance und Spätaufklärung. Hrsg. von Klaus Garber und Heinz Wismann. 2 Bde. Tübingen 1996

Festschrift zur 250jährigen Jubelfeier des Pegnesischen Blumenordens, gegr. in Nürnberg am 16. Oktober 1644. Hrsg. von Theodor Bischoff und August Schmidt. Nürnberg 1894

Ingen, Ferdinand van: Die Sprachgesellschaften im 17. Jahrhundert. Versuch einer Korrektur. In: Daphnis 1 (1972), S. 14–23

– Überlegungen zur Erforschung der Sprachgesellschaften. In: Dokumente des internationalen Arbeitskreises für deutsche Barockliteratur. Bd. 1. Wolfenbüttel 1973. S. 82–106

Jürgensen, Renate: Utile cum dulci. Mit Nutzen erfreulich. Die Blütezeit des Pegnesischen Blumenordens in Nürnberg 1644 bis 1744. Wiesbaden 1994

Kapp, Friedrich: Geschichte des Deutschen Buchhandels bis in das siebzehnte Jahrhundert. Leipzig 1886. Nachdruck Leipzig 1972

Kiesel, Helmuth/Münch, Paul: Gesellschaft und Literatur im 18. Jahrhundert. Voraussetzungen und Entstehung des literarischen Markts in Deutschland. München 1977

Klöker, Martin: Literarisches Leben in Reval in der ersten Hälfte des 17. Jahrhunderts (1600–1657). Institutionen der Gelehrsamkeit und Dichten bei Gelegenheit. 2 Tle. Tübingen 2005

Kommunikation und Medien in der Frühen Neuzeit. Hrsg. von Johannes Burkhardt und Christine Werkstetter. München 2005

Otto, Karl F.: Die Sprachgesellschaften des 17. Jahrhunderts. Stuttgart 1972

Reske, Christoph: Die Buchdrucker des 16. und 17. Jahrhunderts im deutschen Sprachgebiet. Auf der Grundlage des gleichnamigen Werkes von Josef Benzing. Wiesbaden 2007

Sprachgesellschaften, Sozietäten, Dichtergruppen. Hrsg. von Martin Bircher und Ferdinand van Ingen. Hamburg 1978

Spahr, Blake Lee: The Archives of the Pegnesischer Blumenorden. A Survey and Reference Guide. Berkeley 1960

Stadt – Schule – Universität – Buchwesen und die deutsche Literatur im 17. Jahrhundert. Hrsg. von Albrecht Schöne. München 1976

Stoll, Christoph: Sprachgesellschaften im Deutschland des 17. Jahrhunderts. München 1973

Wittmann, Reinhart: Geschichte des deutschen Buchhandels. Ein Überblick. München 1991. Durchgesehene und erweiterte Auflage. München 1999

3.5 Publizistik

Materialsammlungen, Kataloge

Bogel, Else/Blühm, Holger: Die deutschen Zeitungen des 17. Jahrhunderts. Ein Bestandsverzeichnis mit historischen und bibliographischen Angaben. 2 Bde. Bremen 1971

Deutsche illustrierte Flugblätter des 16. und 17. Jahrhunderts. Kommentierte Ausgabe. Hrsg. von Wolfgang Harms. Bd. 1 ff., Tübingen 1980 ff.

Die ältesten Schriften für und wider die Zeitung. Hrsg. von Karl Kurth. München 1944

Illustrierte Flugblätter des Barock. Eine Auswahl. Hrsg. von Wolfgang Harms u. a. Tübingen 1983

Paas, John Roger: The German Political Broadsheet 1600–1700. Wiesbaden 1985 ff.

Literatur

Adrians, Frauke: Journalismus im 30jährigen Krieg. Kommentierung und «Parteylichkeit» in Zeitungen des 17. Jahrhunderts. Konstanz 1999

Bachmann, Christine: Wahre vnd eygentliche Bildnus. Situationsbezogene Stilisierungen historischer Personen auf illustrierten Flugblättern zwischen dem Ende des 15. und der Mitte des 17. Jahrhunderts. Frankfurt a. M. 2001

Bangerter-Schmid, Eva-Maria: Erbauliche illustrierte Flugblätter aus den Jahren 1570–1670. Frankfurt a. M. 1986

Bendel, Sylvia: Werbeanzeigen von 1622–1798. Entstehung und Entwicklung einer Textsorte. Tübingen 1998

Berghaus, Günter: Die Aufnahme der englischen Revolution in Deutschland 1640–69. Studien zur politischen Literatur und Publizistik im 17. Jahrhundert mit einer Bibliographie der Flugschriften. Wiesbaden 1989

Coupe, William A.: The German Illustrated Broadsheet in the 17th Century. 2 Bde. Baden-Baden 1966–67

Das illustrierte Flugblatt in der Kultur der Frühen Neuzeit. Hrsg. von Wolfgang Harms und Michael Schilling. Frankfurt a. M. 1998

Die Sprache der ersten deutschen Wochenzeitungen im 17. Jahrhundert. Hrsg. von Gerd Fritz und Erich Straßner. Tübingen 1996

Hänisch, Ulrike Dorothea: «Confessio Augustana triumphans». Funktionen der Publizistik zum Confessio Augustana-Jubiläum 1630 (Zeitung, Flugblatt, Flugschrift). Frankfurt a. M. 1993

Haftlmeier-Seiffert, Renate: Bauerndarstellungen auf deutschen illustrierten Flugblättern des 17. Jahrhunderts. Frankfurt a. M. 1991

Hooffacker, Gabriele: Avaritia radix omnium malorum. Barocke Bildlichkeit um Geld und Eigennutz in Flugschriften, Flugblättern und benachbarter Literatur der Kipper- und Wipperzeit 1620–1625. Frankfurt a. M. 1988

Jansen, Josef: Patriotismus und Nationalethos in den Flugschriften und Friedensspielen des Dreißigjährigen Krieges. Diss. Köln 1964

Kampmann, Dirk: Das Rebusflugblatt. Studien zum Konnex von literarischer Gattung und publizistischem Medium. Köln 1993

Kastner, Ruth: Geistlicher Raufhandel. Form und Funktion der illustrierten Flugblätter zum Reformationsjubiläum 1617 in ihrem historischen und publizistischen Kontext. Frankfurt a. M. 1982

Pfeffer, Maria: Flugschriften zum Dreißigjährigen Krieg. Aus der Häberlin-Sammlung der Thurn- und Taxischen Hofbibliothek. Frankfurt a. M. 1993

Schilling, Michael: Bildpublizistik der frühen Neuzeit. Aufgaben und Leistungen des illustrierten Flugblatts in Deutschland bis um 1700. Tübingen 1990

Schillinger, Jean: Les pamphlétaires allemands et la France de Louis XIV. Bern 1999

Schröder, Thomas: Die ersten Zeitungen. Textgestaltung und Nachrichtenauswahl. Tübingen 1995

Tschopp, Silvia Serena: Heilsgeschichtliche Deutungsmuster in der Publizistik des Dreißigjährigen Krieges. Pro- und antischwedische Propaganda in Deutschland 1628 bis 1635. Frankfurt a. M. 1991

Wahrnehmungsgeschichte und Wissensdiskurs im illustrierten Flugblatt der Frühen Neuzeit (1450–1700). Hrsg. von Wolfgang Harms u. a. Basel 2002

3.6 Zur Literatur der Epoche

Allgemeines

Barock. Neue Sichtweisen einer Epoche. Hrsg. von Peter J. Burgard. Wien 2001

Barock. Hrsg. von Helmut Kreuzer. In: Zeitschrift für Literaturwissenschaft und Linguistik 25 (1995), Heft 98

Barock. Redaktion Ingo Stöckmann. In: Text + Kritik. Heft 154, 2002

Barocker Lust-Spiegel. Studien zur Literatur des Barock. Festschrift für Blake Lee Spahr. Hrsg. von Martin Bircher u. a. Amsterdam 1984

Barockliteratur. Hrsg. von Heinz-Dieter Weber. In: Der Deutschunterricht 37 (1985), Heft 5

Battafarano, Italo Michele: Glanz des Barock. Forschungen zur deutschen als europäischer Literatur. Bern 1994

Beetz, Manfred: Frühmoderne Höflichkeit. Komplimentierkunst und Gesellschaftsrituale im altdeutschen Sprachraum. Stuttgart 1990

Brückenschläge. Eine barocke Festgabe für Ferdinand van Ingen. Hrsg. von Martin Bircher und Guillaume van Gemert. Amsterdam 1995

Burger, Heinz Otto: ‹Dasein heißt eine Rolle spielen›. Studien zur deutschen Literaturgeschichte. München 1963

‹Daß eine Nation die ander verstehen möge›. Festschrift für Marian Szyrocki. Hrsg. von Norbert Honsza und Hans-Gert Roloff. Amsterdam 1988

‹Der Buchstab tödt – der Geist macht lebendig›. Festschrift für Hans-Gert Roloff. Hrsg. von James Hardin und Jörg Jungmayr. 2 Bde. Bern 1992

Die deutschsprachige Anthologie. Bd. 2. Studien zu ihrer Geschichte und Wirkungsform. Hrsg. von Joachim Bark und Dieter Pforte. Frankfurt a. M. 1969

Flemming, Willi: Einblicke in den deutschen Literaturbarock. Meisenheim/Glan 1975

Forster, Leonard: Kleine Schriften zur deutschen Literatur im 17. Jahrhundert. Amsterdam 1977 (= Daphnis 6, 1977, Heft 4)

Frömmigkeit in der frühen Neuzeit. Studien zur religiösen Literatur des 17. Jahrhunderts in Deutschland. Hrsg. von Dieter Breuer. Amsterdam 1984
Gegenreformation und Literatur. Hrsg. von Jean-Marie Valentin. Amsterdam 1979 (= Daphnis 8, 1979, Heft 3–4)
German Baroque Literature. The European Perspective. Hrsg. von Gerhart Hoffmeister. New York 1983
Grenzgänge. Literatur und Kultur im Kontext. Hrsg. von Guillaume van Gemert und Hans Ester. Amsterdam 1990
Grimm, Gunter E.: Literatur und Gelehrtentum in Deutschland. Untersuchungen zum Wandel ihres Verhältnisses vom Humanismus bis zur Frühaufklärung. Tübingen 1983
– Letternkultur. Wissenschaftskritik und antigelehrtes Dichten in Deutschland von der Renaissance bis zum Sturm und Drang. Tübingen 1998
Intertextualität in der Frühen Neuzeit. Studien zu ihren theoretischen und praktischen Perspektiven. Hrsg. von Wilhelm Kühlmann und Wolfgang Neuber. Frankfurt a. M. 1994
Kaminski, Nicola: Ex bello ars oder Ursprung der ‹Deutschen Poeterey›. Heidelberg 2004
Kühlmann, Wilhelm: Gelehrtenrepublik und Fürstenstaat. Entwicklung und Kritik des deutschen Späthumanismus in der Literatur des Barockzeitalters. Tübingen 1982
Literary Culture in the Holy Roman Empire, 1555–1720. Hrsg. von James A. Parente u. a. Chapel Hill 1991
Literaturgeschichte 17. Jahrhundert. Hrsg. von Mirosława Czarnecka und Wolfgang Neubert. Wrocław/Dresden 2006
Literatur und Gesellschaft im deutschen Barock. Aufsätze. GRM-Beiheft 1. Heidelberg 1979
Literatur und Volk im 17. Jahrhundert. Probleme populärer Kultur in Deutschland. Hrsg. von Wolfgang Brückner u. a. 2 Tle. Wiesbaden 1985
Mittelalterliche Denk- und Schreibmodelle in der deutschen Literatur der Frühen Neuzeit. Hrsg. von Wolfgang Harms und Jean-Marie Valentin. Amsterdam 1993
Niefanger, Dirk: Barock. Lehrbuch Germanistik. 2., überarbeitete und erweiterte Auflage. Stuttgart 2006
Respublica Guelpherbytana. Wolfenbütteler Beiträge zur Renaissance- und Barockforschung. Hrsg. von August Buck und Martin Bircher. Amsterdam 1987
Rezeption und Produktion zwischen 1570 und 1730. Festschrift für Günther Weydt zum 65. Geburtstag. Hrsg. von Wolfdietrich Rasch u. a. Bern 1972
Scientiae et artes. Die Vermittlung alten und neuen Wissens in Literatur, Kunst und Musik. Hrsg. von Barbara Mahlmann-Bauer. 2 Bde. Wiesbaden 2004
Skowronek, Susanne: Autorenbilder. Wort und Bild in den Porträtkupferstichen von Dichtern und Schriftstellern des Barock. Würzburg 2000
Skrine, Peter N.: The Baroque. Literature and Culture in Seventeenth-Century Europe. London 1978
Stadt und Literatur im deutschen Sprachraum der Frühen Neuzeit. Hrsg. von Klaus Garber u. a. 2 Bde. Tübingen 1998
Studien zur deutschen Literatur im 17. Jahrhundert. Berlin 1984

Studien zur Literatur des 17. Jahrhunderts. Gedenkschrift für Gerhard Spellerberg (1937–1996). Hrsg. von Hans Feger. Amsterdam 1997
Szyrocki, Marian: Die deutsche Literatur des Barock. Eine Einführung. Bibliographisch erneuerte Ausgabe. Stuttgart 1997
The German Baroque. Literature, Music, Art. Hrsg. von George Schulz-Behrend. Austin 1972
Trunz, Erich: Weltbild und Dichtung im deutschen Barock. Sechs Studien. München 1992
– Deutsche Literatur zwischen Späthumanismus und Barock. Acht Studien. München 1995
Verkehrte Welten. Barock, Moral und schlechte Sitten. Rowohlt Literaturmagazin 29. Reinbek 1992
Virtus et Fortuna. Festschrift für Hans-Gert Roloff. Zur deutschen Literatur zwischen 1400 und 1720. Hrsg. von Joseph P. Strelka und Jörg Jungmayr. Bern 1983
Wahrheit und Wort. Festschrift für Rolf Tarot. Hrsg. von Gabriela Scherer und Beatrice Wehrli. Bern 1996
Wehrli, Max: Humanismus und Barock. Hrsg. von Fritz Wagner und Wolfgang Maaz. Hildesheim 1993
Wiedemann, Conrad: Barocksprache, Systemdenken, Staatsmentalität. In: Dokumente des internationalen Arbeitskreises für deutsche Barockliteratur. Bd. 1. Wolfenbüttel 1973. S. 21–51
Zwischen Renaissance und Aufklärung. Hrsg. von Klaus Garber u. a. Amsterdam 1988

Themen

Alt, Peter-André: Von der Schönheit zerbrechender Ordnungen. Körper, Politik und Geschlecht in der Literatur des 17. Jahrhunderts. Göttingen 2007
Ars et Amicitia. Beiträge zum Thema Freundschaft in Geschichte, Kunst und Literatur. Festschrift für Martin Bircher. Hrsg. von Ferdinand van Ingen und Christian Juranek. Amsterdam 1998
Benthin, Claudia: Barockes Schweigen. Rhetorik und Performativität des Sprachlosen im 17. Jahrhundert. München 2006
Bergengruen, Maximilian: Nachfolge Christi – Nachahmung der Natur. Himmlische und natürliche Magie bei Paracelsus, im Paracelsismus und in der Barockliteratur (Scheffler, Zesen, Grimmelshausen). Hamburg 2007
Bogner, Ralf Georg: Die Bezähmung der Zunge. Literatur und Disziplinierung der Alltagskommunikation in der frühen Neuzeit. Tübingen 1997
– Der Autor im Nachruf. Formen und Funktionen der literarischen Memorialkultur von der Reformation bis zum Vormärz. Tübingen 2006
Die Affekte und ihre Repräsentation in der deutschen Literatur der Frühen Neuzeit. Hrsg. von Jean-Daniel Krebs. Bern 1996
Disselkamp, Martin: Barockheroismus. Konzeptionen ‹politischer› Größe in Literatur und Traktatistik des 17. Jahrhunderts. Tübingen 2002
Dohm, Burkhard: Poetische Alchimie. Öffnung zur Sinnlichkeit in der Hohelied- und Bibeldichtung von der protestantischen Barockmystik bis zum Pietismus. Tübingen 2000

Ein Schauplatz herber Angst. Wahrnehmung und Darstellung von Gewalt im 17. Jahrhundert. Hrsg. von Markus Meumann und Dirk Niefanger. Göttingen 1997

Gillespie, Gerald: Garden and Labyrinth of Time. Studies in Renaissance and Baroque Literature. New York 1988

Gorceix, Bernard: Flambée et agonie. Mystiques du 17ᵉ siècle allemand. Sisteron 1977

Kiesel, Helmuth: ‹Bei Hof, bei Höll›.Untersuchungen zur literarischen Hofkritik von Sebastian Brant bis Friedrich Schiller. Tübingen 1979

Kirchner, Gottfried: Fortuna in Dichtung und Emblematik des Barock. Tradition und Bedeutungswandel eines Motivs. Stuttgart 1970

Künste und Natur in Diskursen der Frühen Neuzeit. Hrsg. von Hartmut Laufhütte. 2 Tle. Wiesbaden 2000

Lammersen-van Deursen, Nienke: Rhetorische Selbstporträts. Nationale Selbstdarstellung in der deutschen Literatur der Frühen Neuzeit. Amsterdam 2007

Literatur und Recht. Literarische Rechtsfälle von der Antike bis in die Gegenwart. Hrsg. von Ulrich Mölk. Göttingen 1996

Lohmeier, Anke-Marie: Beatus ille. Studien zum ‹Lob des Landlebens› in der Literatur des absolutistischen Zeitalters. Tübingen 1981

Memoriae Silesiae. Leben und Tod, Kriegserlebnis und Friedenssehnsucht in der literarischen Kultur des Barock. Zum Gedenken an Marian Szyrocki (1928–1992). Wrocław 2003

Quade, Randolf: Literatur als hermetische Tradition. Eine rezeptionsgeschichtliche Untersuchung frühneuzeitlicher Texte zur Erschließung des Welt- und Menschenbildes in der Literatur des 17. Jahrhunderts. Frankfurt a. M. 2001

Schneiders, Siegfried: Literarische Diätetik. Studien zum Verhältnis von Literatur und Melancholie im 17. Jahrhundert. Aachen 1997

Schöne, Albrecht: Säkularisation als sprachbildende Kraft. Studien zur Dichtung deutscher Pfarrersöhne. Göttingen ²1968

Stalder, Xaver: Formen des barocken Stoizismus. Der Einfluß der Stoa auf die deutsche Barockdichtung. Martin Opitz, Andreas Gryphius und Catharina Regina von Greiffenberg. Bonn 1976

Wang, Andreas: Der ‹Miles Christianus› im 16. und 17. Jahrhundert und seine mittelalterliche Tradition. Frankfurt a. M. 1975

Watanabe-O'Kelly, Helen: Melancholie und die melancholische Landschaft. Ein Beitrag zur Geistesgeschichte des 17. Jahrhunderts. Bern 1978

Wentzlaff-Eggebert, Friedrich-Wilhelm: Der triumphierende und der besiegte Tod in der Wort- und Bildkunst des Barock. Berlin 1975

Wodianka, Stephanie: Betrachtungen des Todes. Formen und Funktionen der ‹meditatio mortis› in der europäischen Literatur des 17. Jahrhunderts. Tübingen 2004

Writing on the Line. Transgression in Early Modern German Literature. Variationen zur Literatur im Umbruch. [...]. Hrsg. von Lynne Tatlock. Amsterdam 1991 (= Daphnis 20,1991, Heft 1)

Regionale Aspekte

«der Franken Rom». Nürnbergs Blütezeit in der zweiten Hälfte des 17. Jahrhunderts. Hrsg. von John Roger Paas. Wiesbaden 1995
Die oberschlesische Literaturlandschaft im 17. Jahrhundert. Hrsg. von Gerhard Kosellek. Bielefeld 2001
Kleinschmidt, Erich: Stadt und Literatur in der Frühen Neuzeit. Voraussetzungen und Entfaltung im südwestdeutschen, elsässischen und schweizerischen Städteraum. Köln 1982
Kühlmann, Wilhelm/Schäfer, Walter E.: Literatur im Elsaß von Fischart bis Moscherosch. Gesammelte Studien. Tübingen 2001
Kulturgeschichte der baltischen Länder in der Frühen Neuzeit. Hrsg. von Klaus Garber und Martin Klöker. Tübingen 2003
Kulturgeschichte Ostpreußens in der Frühen Neuzeit. Hrsg. von Klaus Garber u. a. Tübingen 2001
Kulturgeschichte Preußens königlich polnischen Anteils in der Frühen Neuzeit. Hrsg. von Sabine Beckmann und Klaus Garber. Tübingen 2005
Kulturgeschichte Schlesiens in der Frühen Neuzeit. Hrsg. von Klaus Garber. 2 Bde. Tübingen 2005
Literatur und Kultur im deutschen Südwesten zwischen Renaissance und Aufklärung. Neue Studien, Walter E. Schäfer gewidmet. Hrsg. von Wilhelm Kühlmann. Amsterdam 1995
Oberdeutsche Literatur im Zeitalter des Barock. Zeitschrift für Bayerische Landesgeschichte 47 (1984), Heft 1
Oberschlesische Dichter und Gelehrte vom Humanismus bis zum Barock. Hrsg. von Gerhard Kosellek. Bielefeld 2000
Pommern in der Frühen Neuzeit. Literatur und Kultur in Stadt und Region. Hrsg. von Wilhelm Kühlmann und Horst Langer. Tübingen 1994
Weißenfels als Ort literarischer und künstlerischer Kultur im Barockzeitalter. Hrsg. von Roswitha Jacobsen. Amsterdam 1994

Frauen, Geschlecht

Becker-Cantarino, Barbara: Der lange Weg zur Mündigkeit. Frau und Literatur in Deutschland 1500–1800. Stuttgart 1987
Deutsche Frauen der Frühen Neuzeit. Dichterinnen, Malerinnen, Mäzeninnen. Hrsg. von Kerstin Merkel und Heide Wunder. Darmstadt 2000
Die europäische Querelle des Femmes. Geschlechterdebatten seit dem 15. Jahrhundert. Jahrbuch für Frauenforschung. Hrsg. von Gisela Bock und Margarete Zimmermann. Stuttgart 1997
Die Frau von der Reformation zur Romantik. Die Situation der Frau vor dem Hintergrund der Literatur- und Sozialgeschichte. Hrsg. von Bärbel Becker-Cantarino. Bonn 1980
Geschlechterperspektiven. Forschungen zur Frühen Neuzeit. Hrsg. von Heide Wunder und Gisela Engel. Königstein/Taunus 1998
Geschlechterstreit am Beginn der europäischen Moderne. Die Querelle des Femmes. Hrsg. von Gisela Engel u. a. Königstein/Taunus 2004

Kundert, Ursula: Konfliktverläufe. Normen der Geschlechterbeziehungen in Texten des 17. Jahrhunderts. Berlin 2004
The Graph of Sex and the German Text: Gendered Culture in Early Modern Germany 1500–1700. Hrsg. von Lynne Tatlock. Amsterdam 1994

Vom Barock zur Aufklärung

Der galante Diskurs. Kommunikationsideal und Epochenschwelle. Hrsg. von Thomas Borgstedt und Andreas Solbach. Dresden 2001
Kulturelle Orientierung um 1700. Traditionen, Programme, konzeptionelle Vielfalt. Hrsg. von Sylvia Heudecker. Tübingen 2004
Möller, Horst: Vernunft und Kritik. Deutsche Aufklärung im 17. und 18. Jahrhundert. Frankfurt a. M. ³1993
Martens, Wolfgang: Die Botschaft der Tugend. Die Aufklärung im Spiegel der deutschen Moralischen Wochenschriften. Stuttgart 1968
– Literatur und Frömmigkeit in der Zeit der frühen Aufklärung. Tübingen 1989
Pott, Martin: Aufklärung und Aberglaube. Die deutsche Frühaufklärung im Spiegel ihrer Aberglaubenskritik. Tübingen 1992
Schmidt, Horst-Michael: Sinnlichkeit und Verstand. Zur philosophischen und poetologischen Begründung von Erfahrung und Urteil in der deutschen Aufklärung. München 1982
Schneiders, Werner: Aufklärung und Vorurteilskritik. Studien zur Geschichte der Vorurteilstheorie. Stuttgart-Bad Cannstatt 1983
Vollhardt, Friedrich: Selbstliebe und Geselligkeit. Untersuchungen zum Verhältnis von naturrechtlichem Denken und moraldidaktischer Literatur im 17. und 18. Jahrhundert. Tübingen 2001

3.7 Vergleichendes, Wechselbeziehungen

Abgrenzung und Synthese. Lateinische Dichtung und volkssprachliche Traditionen in Renaissance und Barock. Hrsg. von Marc Föcking u. a. Heidelberg 2007
Aurnhammer, Achim: Torquato Tasso im deutschen Barock. Tübingen 1994
Battafarano, Italo Michele: Dell' arte di tradur poesia. Dante, Petrarca, Ariosto, Garzoni, Campanella, Marino, Belli: Analisi delle traduzioni tedesche dall' età barocca fino a Stefan George. Bern 2006
Beiträge zur Aufnahme der italienischen und spanischen Literatur in Deutschland im 16. und 17. Jahrhundert. Hrsg. von Alberto Martino. Amsterdam 1990
Bleicher, Thomas: Homer in der deutschen Literatur (1450–1740). Zur Rezeption der Antike und zur Poetologie der Neuzeit. Stuttgart 1972
Bornemann, Ulrich: Anlehnung und Abgrenzung. Untersuchungen zur Rezeption der niederländischen Literatur. Amsterdam 1976
Cersowsky, Peter: Magie und Dichtung. Zur deutschen und englischen Literatur des 17. Jahrhunderts. München 1990
Curtius, Ernst Robert: Europäische Literatur und lateinisches Mittelalter. Bern ⁷1969
Damrau, Peter: The Reception of English Puritan Literature in Germany. London 2006

Deutsche Barockliteratur und europäische Kultur. Hrsg. von Martin Bircher und Eberhard Mannack. Hamburg 1977

Europäische Tradition und deutscher Literaturbarock. Hrsg. von Gerhart Hoffmeister. Bern 1973.

Dharampal-Frick, Gita: Indien im Spiegel deutscher Quellen der Frühen Neuzeit (1500–1750). Studien zu einer interkulturellen Konstellation. Tübingen 1994

Eltink, Irma Frederike Cornelia: Erasmus-Rezeption zwischen Politikum und Herzensangelegenheit: *Dulce Bellum* und *Querela pacis* in deutscher Sprache im sechzehnten und siebzehnten Jahrhundert. Amsterdam 2006

Forssmann, Knut: Baltasar Gracián und die deutsche Literatur zwischen Barock und Aufklärung. Barcelona 1977 (Diss. Mainz 1976)

Francesco Petrarca in Deutschland. Seine Wirkung in Literatur, Kunst und Musik. Hrsg. von Achim Aurnhammer. Tübingen 2006

Garber, Klaus: Literatur und Kultur im Europa der Frühen Neuzeit. Gesammelte Studien. München 2009

Gemert, Guillaume van: Niederländische Einflüsse auf die deutsche Literatur im 17. Jahrhundert. Zwei Aufsätze. Trient 1993

Gronemeyer, Horst: Untersuchungen zur Geschichte der deutschen Vergil-Übertragung mit besonderer Berücksichtigung Rudolf Alexander Schröders. Diss. Hamburg 1963

Hausmann, Frank-Rutger: Bibliographie der deutschen Übersetzungen aus dem Italienischen von den Anfängen bis 1730. Tübingen 1992

Hocke, Gustav René: Manierismus in der Literatur. Sprach-Alchemie und esoterische Kombinationskunst. Beiträge zur vergleichenden europäischen Literaturgeschichte. Reinbek 1959

Hoffmeister, Gerhart: Deutsche und europäische Barockliteratur. Stuttgart 1987

Italienisch-europäische Kulturbeziehungen im Zeitalter des Barock. Hrsg. von Brigitte Winklehner. Tübingen 1991

Kreuder, Hans-Dieter: Milton in Deutschland. Seine Rezeption im latein- und deutschsprachigen Schrifttum zwischen 1651 und 1732. Berlin 1971

Martino, Alberto: Die italienische Literatur im deutschen Sprachraum. Ergänzungen und Berichtigungen zu Frank-Rutger Hausmanns Bibliographie. Amsterdam 1994

Milch, Werner: Gustav Adolf in der deutschen und schwedischen Literatur. Breslau 1928

Nation und Literatur im Europa der Frühen Neuzeit. Hrsg. von Klaus Garber. Tübingen 1989

Niederländische Lyrik und ihre deutsche Rezeption in der Frühen Neuzeit. Hrsg. von Lothar Jordan. Wiesbaden 2003

Nilges, Annemarie: Imitation als Dialog. Die europäische Rezeption Ronsards in Renaissance und Frühbarock. Heidelberg 1988

Rötzer, Hans Gerd: Traditionalität und Modernität in der europäischen Literatur. Ein Überblick vom Attizismus-Asianismus-Streit bis zur ‹Querelle des Anciens et Modernes›. Darmstadt 1979

Spanien und Österreich im Barockzeitalter. Hrsg. von Wolfram Krömer. Innsbruck 1985

Tiemann, Hermann: Das spanische Schrifttum in Deutschland von der Renaissance bis zur Romantik. Hamburg 1936
Translation and Translation Theory in Seventeenth-Century Germany. Hrsg. von James Hardin. Amsterdam 1992 (= Daphnis 21, 1992, Heft 1)
Übersetzung und Nachahmung im europäischen Petrarkismus. Studien und Texte. Hrsg. von Luzius Keller. Stuttgart 1974

3.8 Poetik, Rhetorik, Literaturkritik

Bachem, Rolf: Dichtung als verborgene Theologie. Ein dichtungstheoretischer Topos vom Barock bis zur Goethezeit und seine Vorbilder. Bonn 1956
Barner, Wilfried: Barockrhetorik. Untersuchungen zu ihren geschichtlichen Grundlagen. Tübingen ²2002
Bauer, Barbara: Jesuitische ‹ars rhetorica› im Zeitalter der Glaubenskämpfe. Frankfurt a. M. 1985
Baur, Rolf: Didaktik der Barockpoetik. Die deutschsprachigen Poetiken von Opitz bis Gottsched als Lehrbücher der ‹Poeterey›. Heidelberg 1982
Braungart, Georg: Hofberedsamkeit. Studien zur Praxis höfisch-politischer Rede im deutschen Territorialabsolutismus. Tübingen 1988
– Leibhafter Sinn. Der andere Diskurs der Moderne. Tübingen 1995
Croll, Morris W.: ‹Attic› and Baroque Prose Style. Princeton 1969
Dichtungstheorien der deutschen Frühaufklärung. Hrsg. von Theodor Verweyen in Zusammenarbeit mit Hans-Joachim Kertscher. Tübingen 1995
Die Sprache der Zeichen und Bilder. Rhetorik und nonverbale Kommunikation in der frühen Neuzeit. Hrsg. von Volker Kapp. Marburg 1990
Dyck, Joachim: Ticht-Kunst. Deutsche Barockpoetik und rhetorische Tradition. Bad Homburg 1966. 3., ergänzte Auflage. Mit einer Bibliographie zur Forschung 1966–1986. Tübingen 1991
– Athen und Jerusalem. Die Tradition argumentativer Verknüpfung von Bibel und Poesie im 17. und 18. Jahrhundert. München 1977
Fischer, Ludwig: Gebundene Rede. Dichtung und Rhetorik in der literarischen Theorie des Barock in Deutschland. Tübingen 1968
Gabler, Hans-Jürgen: Geschmack und Gesellschaft. Rhetorische und sozialgeschichtliche Aspekte der frühaufklärerischen Geschmackskategorie. Frankfurt a. M. 1982
Härter, Andreas: Digressionen. Studien zum Verhältnis von Ordnung und Abweichung in Rhetorik und Poetik. Quintilian – Opitz – Gottsched – Friedrich Schlegel. München 2000
Herrmann, Hans Peter: Naturnachahmung und Einbildungskraft. Zur Entwicklung der deutschen Poetik von 1670–1740. Bad Homburg 1970
Heudecker, Sylvia: Modelle literaturkritischen Schreibens. Dialog, Apologie, Satire vom späten 17. bis zur Mitte des 18. Jahrhunderts. Tübingen 2005
Hildebrandt-Günther, Renate: Antike Rhetorik und literarische Theorie im 17. Jahrhundert. Marburg 1966
Horch, Hans Otto/Schulz, Georg Michael: Das Wunderbare und die Poetik der Frühaufklärung. Gottsched und die Schweizer. Darmstadt 1988

Jaumann, Herbert: Critica. Untersuchungen zur Geschichte der Literaturkritik zwischen Quintilian und Thomasius. Leiden 1995

Kapitza, Peter K.: Ein bürgerlicher Krieg in der gelehrten Welt. Zur Geschichte der Querelle des Anciens et des Modernes in Deutschland. München 1981

Kilcher, Andreas: mathesis und poiesis. Die Enzyklopädik der Literatur 1600–2000. München 2003

Knops, Sylvia: Bestimmung und Ursprung literarisch-ästhetischer Erkenntnis im frühen und mittleren 18. Jahrhundert (Gottsched, Breitinger und Baumgarten). Diss. Aachen 1999

Lachmann, Renate: Die Zerstörung der schönen Rede. Rhetorische Tradition und Konzepte des Poetischen. München 1994

Lange, Hans-Joachim: Aemulatio Veterum sive de optimo genere dicendi. Die Entstehung des Barockstils im XVI. Jahrhundert durch eine Geschmacksverschiebung in Richtung der Stile manieristischen Typs. Bern 1974

Lange, Klaus-Peter: Theoretiker des literarischen Manierismus. Tesauros und Pellegrinis Lehre von der ‹Acutezza› oder von der Macht der Sprache. München 1968

Markwardt, Bruno: Geschichte der deutschen Poetik. Bd. 1. Barock und Frühaufklärung. Berlin ³1964

Möller, Uwe: Rhetorische Überlieferung und Dichtungstheorie im frühen 18. Jahrhundert. Studien zu Gottsched, Breitinger und G. Fr. Meier. München 1983

Neukirchen, Thomas: Inscriptio. Rhetorik und Poetik der Scharfsinnigen Inschrift im Zeitalter des Barock. Tübingen 1999

‹Parodia› und Parodie. Aspekte intertextuellen Schreibens in der lateinischen Literatur der Frühen Neuzeit. Hrsg. von Reinhold F. Glei und Robert Seidel. Tübingen 2006

Schmidt, Reiner: Deutsche Ars Poetica. Zur Konstituierung einer deutschen Poetik aus humanistischem Geist im 17. Jahrhundert. Meisenheim/Glan 1980

Schwind, Peter: Schwulst-Stil. Historische Grundlagen von Produktion und Rezeption manieristischer Sprachformen in Deutschland 1624–1738. Bonn 1977

Sinemus, Volker: Poetik und Rhetorik im frühmodernen deutschen Staat. Sozialgeschichtliche Bedingungen des Normenwandels im 17. Jahrhundert. Göttingen 1978

Stahl, Karl-Heinz: Das Wunderbare als Problem und Gegenstand der deutschen Poetik des 17. und 18. Jahrhunderts. Frankfurt a. M. 1975

Stockhorst, Stefanie: Reformpoetik. Kodifizierte Genustheorie des Barock und alternative Normenbildung in poetologischen Paratexten. Tübingen 2008

Stöckmann, Ingo: Vor der Literatur. Eine Evolutionstheorie der Poetik Alteuropas. Tübingen 2001

Till, Dietmar: Transformationen der Rhetorik. Untersuchungen zum Wandel der Rhetoriktheorie im 17. und 18. Jahrhundert. Tübingen 2004

Vietta, Silvio: Literarische Phantasie. Barock und Aufklärung. Stuttgart 1986

Wesche, Jörg: Literarische Diversität. Abweichungen, Lizenzen und Spielräume in der deutschen Poesie und Poetik der Barockzeit. Tübingen 2004

3.9 *Sprache, Sprachtheorie, Mnemonik*

Ars memorativa. Zur kulturgeschichtlichen Bedeutung der Gedächtniskunst (1400–1750). Hrsg. von Jörg Jochen Berns und Wolfgang Neuber. Tübingen 1993

Das enzyklopädische Gedächtnis der Frühen Neuzeit. Enzyklopädie- und Lexikonartikel zur Mnemonik. Hrsg. von Jörg Jochen Berns und Wolfgang Neuber. Tübingen 1998

Gardt, Andreas: Sprachreflexion in Barock und Frühaufklärung. Entwürfe von Böhme bis Leibniz. Berlin 1994

Geitner, Ursula E.: Die Sprache der Verstellung. Studien zum rhetorischen und anthropologischen Wissen im 17. und 18. Jahrhundert. Tübingen 1992

Huber, Wolfgang: Kulturpatriotismus und Sprachbewußtsein. Studien zur deutschen Philologie des 17. Jahrhunderts. Frankfurt a. M. 1984

Hundt, Markus: ‹Spracharbeit› im 17. Jahrhundert. Studien zu Georg Philipp Harsdörffer, Justus Georg Schottelius und Christian Gueintz. Berlin 2000

Jones, William Jervis: Sprachhelden und Sprachverderber: Dokumente zur Erforschung des Fremdwortpurismus im Deutschen (1478–1750). Berlin 1995

– Images of Language. Six Essays on German Attitudes to European Language from 1500 to 1800. Amsterdam 1999

Josten, Dirk: Sprachvorbild und Sprachnorm im Urteil des 16. und 17. Jahrhunderts. Sprachlandschaftliche Prioritäten, Sprachautoritäten, sprachimmanente Argumentation. Frankfurt a. M. 1976

Kilcher, Andreas B.: Die Sprachtheorie der Kabbala als ästhetisches Paradigma. Die Konstruktion einer ästhetischen Kabbala seit der Frühen Neuzeit. Stuttgart 1998

Nation und Sprache. Die Diskussion ihres Verhältnisses in Geschichte und Gegenwart. Hrsg. von Andreas Gardt. Berlin 2000

Rieger, Stefan: Speichern/Merken. Die künstlichen Intelligenzen des Barock. München 1997

Riemenschneider, Hartmut: Sprachpatriotismus. Nationale Aspekte in der literarischen Kultur des deutschen Barock. In: Dichter und ihre Nation. Hrsg. von Helmut Scheuer. Frankfurt a. M. 1993

Seelenmaschinen. Gattungstraditionen, Funktionen und Leistungsgrenzen der Mnemotechniken vom späten Mittelalter bis zum Beginn der Moderne. Hrsg. von Jörg Jochen Berns und Wolfgang Neuber. Wien 2000

Strasser, Gerhard F.: Lingua Universalis. Kryptologie und Theorie der Universalsprachen im 16. und 17. Jahrhundert. Wiesbaden 1988

Stukenbrock, Anja: Sprachnationalismus. Sprachreflexion als Medium kollektiver Identitätsstiftung in Deutschland (1617–1945). Berlin 2005

The Language of Adam. Die Sprache Adams. Hrsg. von Allison P. Coudert. Wiesbaden 1999

Wolter, Beatrice: Deutsche Schlagwörter zur Zeit des Dreißigjährigen Krieges. Frankfurt a. M. 2000

3.10 Bildlichkeit, Emblematik

Alt, Peter-André: Begriffsbilder. Studien zur literarischen Allegorie zwischen Opitz und Schiller. Tübingen 1995

Daly, Peter M.: Literature in the Light of the Emblem. Structural Parallels between the Emblem and Literature in den Sixteenth and Seventeenth Centuries. Toronto ²1998

Das Emblem im Widerspiel von Intermedialität und Synmedialität. Hrsg. von Johannes Köhler und Wolfgang Christian Schneider. Hildesheim 2007

Die Domänen des Emblems: Außerliterarische Anwendungen der Emblematik. Hrsg. von Gerhard F. Strasser und Mara R. Wade. Wiesbaden 2004

Dimler, Richard G.: Studies in the Jesuit Emblem. New York 2007

Emblem und Emblematikrezeption. Vergleichende Studien zur Wirkungsgeschichte vom 16. bis 20. Jahrhundert. Hrsg. von Sibylle Penkert. Darmstadt 1978

Emblematik und Kunst der Jesuiten in Bayern. Einfluß und Wirkung. Hrsg. von Peter M. Daly u. a. Turnhout 2000

Formen und Funktionen der Allegorie. Symposion Wolfenbüttel 1978. Hrsg. von Walter Haug. Stuttgart 1979

Harms, Wolfgang: Bildlichkeit als Potential in Konstellationen. Text und Bild zwischen autorisierenden Traditionen und aktuellen Intentionen (15. bis 17. Jahrhundert). Berlin 2007

Peil, Dietmar: Zur ‹angewandten Emblematik› in protestantischen Erbauungsbüchern. Dilherr – Arndt – Scriver. Heidelberg 1978

Polyvalenz und Multifunktionalität der Emblematik. Multivalence and Multifunctionality of the Emblem. Hrsg. von Wolfgang Harms u. a. Frankfurt a. M. 2002

Rusterholz, Peter: Theatrum vitae humanae. Funktion und Bedeutungswandel eines poetischen Bildes. Studien zu den Dichtungen von Andreas Gryphius, Christian Hofmann von Hofmannswaldau und Daniel Casper von Lohenstein. Berlin 1970

Schilling, Michael: Imagines mundi. Metaphorische Darstellungen der Welt in der Emblematik. Frankfurt a. M. 1979

Scholz, Bernhard F.: Emblem und Emblempoetik. Historische und systematische Studien. Berlin 2002

SinnBilderWelten. Emblematische Medien in der Frühen Neuzeit. Hrsg. von Wolfgang Harms u. a. Ausstellungskatalog. München 1999

Sulzer, Dieter: Traktate zur Emblematik. Studien zu einer Geschichte der Emblemtheorien. Hrsg. von Gerhard Sauder. St. Ingbert 1992

Windfuhr, Manfred: Die barocke Bildlichkeit und ihre Kritiker. Stilhaltungen in der deutschen Literatur des 17. und 18. Jahrhunderts. Stuttgart 1966

4. Gattungen

4.1 Lyrik

Textsammlungen

Alles mit Bedacht. Barockes Fürstenlob auf Herzog August (1579–1666) in Wort, Bild und Musik. Zusammengestellt von Martin Bircher und Thomas Bürger. Wolfenbüttel 1979

Das deutsche Sonett. Dichtungen, Gattungspoetik, Dokumente. Hrsg. von Jörg Ulrich Fechner. München 1969

Deutsche Lieder auf den Winterkönig. Hrsg. von Rudolf Wolkan. Prag 1898

Deutsche Literatur in Entwicklungsreihen. Reihe Barocklyrik. Hrsg. von Herbert Cysarz. 3 Bde. Leipzig 1937. Nachdruck Darmstadt 1964

Deutsche Volkslieder demokratischen Charakters aus sechs Jahrhunderten. Hrsg. von Wolfgang Steinitz. Bd. 1. Berlin 1954

Deutsche Volks- und Gesellschaftslieder des 17. und 18. Jahrhunderts. Hrsg. von Franz Wilhelm von Ditfurth. Nördlingen 1872. Nachdruck 1965

Die deutschen Gesellschaftslieder des 16. und 17. Jahrhunderts. Hrsg. von August Heinrich von Hoffmann von Fallersleben. Leipzig ²1860. Nachdruck Hildesheim 1966

Die historischen Volkslieder der Zeit von 1648 bis 1871. Hrsg. von Franz Wilhelm von Ditfurth. 3 Bde. Heilbronn 1877. Nachdruck Hildesheim 1965

Die historisch-politischen Volkslieder des Dreißigjährigen Krieges. Hrsg. von Franz Wilhelm von Ditfurth und Karl Bartsch. Heidelberg 1882. Nachdruck Leipzig 1973

Die Lieder des Dreißigjährigen Krieges. Hrsg. von Erich Weller. Leipzig 1855. Nachdruck Hildesheim 1968

Epochen der deutschen Lyrik. Hrsg. von Walther Killy.
  3. Gedichte 1500–1600. Nach den Erstdrucken in zeitlicher Folge hrsg. von Klaus Düwel. München 1978
  4. Gedichte 1600–1700. [...] hrsg. von Christian Wagenknecht. München ²1976
  5. Gedichte 1700–1770. [...] hrsg. von Jürgen Stenzel. München 1969

Fischer, Albert: Das deutsche evangelische Kirchenlied des 17. Jahrhunderts. Vollendet und hrsg. von Wilhelm Tümpel. 6 Bde. Gütersloh 1904–16. Nachdruck Hildesheim 1964

Gedichte des Barock. Hrsg. von Ulrich Maché und Volker Meid. Stuttgart 1980

Historische Volkslieder und Zeitgedichte vom 16. bis 19. Jahrhundert. Hrsg. von August Hartmann. 3 Bde. München 1907–13

Humanistische Lyrik des 16. Jahrhunderts. Lateinisch und Deutsch. Ausgewählt, übersetzt und erläutert von Wilhelm Kühlmann u. a. Frankfurt a. M. 1997

Lateinische Gedichte deutscher Humanisten. Lateinisch und Deutsch. Ausgewählt, übersetzt und erläutert von Harry C. Schnur. 2., verbesserte Auflage. Stuttgart 1978

Lyrik des Barock. Hrsg. von Marian Szyrocki. 2 Bde. Reinbek 1971

Paas, John Roger: Effigies et Poesis. An Illustrated Catalogue of Printed Portraits with Dedicatory Verses by German Baroque Poets. 2 Bde. Wiesbaden 1988

Parnassus Palatinus. Humanistische Dichtung in Heidelberg und der alten Kurpfalz. Lateinisch-Deutsch. Hrsg. von Wilhelm Kühlmann und Hermann Wiegand. Heidelberg 1989

Tränen des Vaterlandes. Deutsche Dichtung aus dem 16. und 17. Jahrhundert. Eine Auswahl von Johannes R. Becher. Berlin 1954. ²1963

Venus-Gärtlein. Ein Liederbuch des 17. Jahrhunderts. Hrsg. von Max von Waldberg. Halle 1890

Wir vergehn wie Rauch von starken Winden. Deutsche Gedichte des 17. Jahrhunderts. Hrsg. von Eberhard Haufe. 2 Bde. München bzw. Berlin 1985

Literatur

Allgemeines

Beetz, Manfred: Rhetorische Logik. Prämissen der deutschen Lyrik im Übergang vom 17. zum 18. Jahrhundert. Tübingen 1980

Beil-Schickler, Gudrun: Von Gryphius bis Hofmannswaldau. Untersuchungen zur Sprache der deutschen Literatur im Zeitalter des Barock. Tübingen 1995

Browning, Robert M.: German Baroque Poetry 1618–1723. University Park 1971. Deutsche Ausgabe: Deutsche Lyrik des Barock 1618–1723. Besorgt von Gerhart Teuscher. Stuttgart 1980

Breuer, Dieter: Deutsche Metrik und Versgeschichte. München ⁴1999

Capua, Angelo George de: German Baroque Poetry. Interpretive Readings. Albany 1973

Carrdus, Anna: Das ‹weiblich› Werk in der Residenzstadt Altenburg 1672–1720. Gedichte und Briefe von Margaretha Susanna von Kuntsch und Frauen in ihrem Umkreis. Mit einer Einleitung, Dokumenten, Biographien und Kommentar. Hildesheim 2004

Conrady, Karl Otto: Lateinische Dichtungstradition und deutsche Lyrik des 17. Jahrhunderts. Bonn 1962

Deutsche Barocklyrik. Gedichtinterpretationen von Spee bis Haller. Hrsg. von Martin Bircher und Alois M. Haas. Bern 1973

Ellinger, Georg: Geschichte der neulateinischen Lyrik Deutschlands im 16. Jahrhundert. 3 Bde. Berlin 1929–33

Forster, Leonard: Die Niederlande und die Anfänge der Barocklyrik Deutschland. Groningen 1967

Gedichte und Interpretationen. Bd. 1. Renaissance und Barock. Hrsg. von Volker Meid. Stuttgart 1982

Gerling, Renate: Schriftwort und lyrisches Wort. Die Umsetzung biblischer Texte in der Lyrik des 17. Jahrhunderts. Meisenheim/Glan 1969

Gillespie, Gerald: German Baroque Poetry. New York 1971

Harper, Anthony J.: Schriften zur Lyrik Leipzigs 1620–1670. Stuttgart 1985
– German Secular Song-Books of the Mid-Seventeenth Century. A Examination of Texts in Collections of Songs Published in the German-Language Area between 1624 and 1660. Aldershot 2003

Heiduk, Franz: Die Dichter der galanten Lyrik. Studien zur Neukirchschen Sammlung. Bern 1971

Herzog, Urs: Deutsche Barocklyrik. Eine Einführung. München 1979
Ketelsen, Uwe-K.: Die Naturpoesie der norddeutschen Frühaufklärung. Poesie als Sprache der Versöhnung. Alter Universalismus und neues Weltbild. Stuttgart 1974
Kemper, Hans-Georg: Gottesebenbildlichkeit und Naturnachahmung im Säkularisierungsprozeß. Problemgeschichtliche Studien zur deutschen Lyrik in Barock und Aufklärung. 2 Bde. Tübingen 1981
– Deutsche Lyrik der frühen Neuzeit. 10 Bde. Tübingen 1987–2006
Kühlmann, Wilhelm: Vom Humanismus zur Spätaufklärung. Ästhetische und kulturgeschichtliche Dimensionen der frühneuzeitlichen Lyrik und Verspublizistik in Deutschland. Hrsg. von Joachim Telle u. a. Tübingen 2006
Lateinische Lyrik der Frühen Neuzeit. Poetische Kleinformen und ihre Funktionen zwischen Renaissance und Aufklärung. Hrsg. von Beate Czapla u. a. Tübingen 2003
Meid, Volker: Barocklyrik. 2., aktualisierte und erweiterte Auflage. Stuttgart 2007
Moerke, Ulrich: Die Anfänge der weltlichen Barocklyrik in Schleswig-Holstein. Hudemann, Rist, Lund. Neumünster 1972
Niederländische Lyrik und ihre deutsche Rezeption in der Frühen Neuzeit. Hrsg. von Lothar Jordan. Wiesbaden 2003
Obermüller, Klara: Studien zur Melancholie in der deutschen Lyrik des Barock. Bonn 1974
Rieder, Bruno: Contemplatio coeli stellati. Sternenhimmelbetrachtung in der geistlichen Lyrik des 17. Jahrhunderts. Interpretationen zur neulateinischen Jesuitenlyrik, zu Andreas Gryphius und zu Catharina Regina von Greiffenberg. Bern 1991
Schöberl, Joachim: ‹liljen-milch und rosen-purpur›. Die Metaphorik in der galanten Lyrik des Spätbarock. Untersuchung zur Neukirchschen Sammlung. Frankfurt a. M. 1972
Schwind, Peter: Schwulst-Stil. Historische Grundlagen von Produktion und Rezeption manieristischer Sprachformen in Deutschland 1624–1738. Bonn 1977
Wagenknecht, Christian: Weckherlin und Opitz. Zur Metrik der deutschen Renaissancepoesie. Mit einem Anhang: Quellenschriften zur Versgeschichte des 16. und 17. Jahrhunderts. München 1971
– Deutsche Metrik. Eine historische Einführung. 5., vollständig überarbeitete und erweiterte Auflage. München 2007
Windfuhr, Manfred: Die barocke Bildlichkeit und ihre Kritiker. Stilhaltungen in der deutschen Literatur des 17. und 18. Jahrhunderts. Stuttgart 1966.

Gattungen

Adler, Sieglinde: Literarische Formen politischer Philosophie. Das Epigramm des 17. und 18. Jahrhunderts. Würzburg 1998
Althaus, Thomas: Epigrammatisches Barock. Berlin 1996
Angress, Ruth K.: The Early German Epigram. A Study in Baroque Poetry. Lexington 1971
Beißner, Friedrich: Geschichte der deutschen Elegie. Berlin 1941. ³1965

Das deutsche Sonett. Dichtungen – Gattungspoetik – Dokumente. Ausgewählt und hrsg. von Jörg-Ulrich Fechner. München 1969.

Derks, Paul: Die sapphische Ode in der deutschen Dichtung des 17. Jahrhunderts. Münster 1970

Ernst, Ulrich: Intermedialität im europäischen Kulturzusammenhang. Beiträge zur Theorie und Geschichte der visuellen Lyrik. Berlin 2002

Ewald, Klaus-Peter: Engagierte Dichtung im 17. Jahrhundert. Studie zur Dokumentation und funktionsanalytischen Bestimmung des ‹Psalmdichtungsphänomens›. Stuttgart 1975

Hess, Peter: Epigramm. Stuttgart 1989

Krummacher, Hans-Henrik: Das barocke Epicedium. Rhetorische Tradition und deutsche Gelegenheitsdichtung im 17. Jahrhundert. In: Jahrbuch der Deutschen Schillergesellschaft 18 (1974), S. 89–147

Mohr, Jan-Steffen: Epigramm und Aphorismus im Verbund. Kompositionen aus kleinen Textformen (D. Czepko, Angelus Silesius, Fr. Schlegel, Novalis). Frankfurt a. M. 2007

Viëtor, Karl: Geschichte der deutschen Ode. München 1923. Nachdruck Hildesheim 1961

Vossler, Karl: Das deutsche Madrigal, Geschichte seiner Entwickelung bis in die Mitte des XVIII. Jahrhunderts. Weimar 1898

Weisz, Jutta: Das Epigramm in der deutschen Literatur des 17. Jahrhunderts. Stuttgart 1979

Lied

Braun, Werner: Thöne und Melodeyen, Arien und Canzonetten. Zur Musik des deutschen Barockliedes. Tübingen 2004

Brednich, Rolf Wilhelm: Die Liedpublizistik des 15. bis 17. Jahrhunderts. 2 Bde. Baden-Baden 1974–75

Das Lied im süddeutschen Barock. Akten der 13. Tagung der Christian Knorr von Rosenroth-Gesellschaft. Hrsg. von Bernhard Jahn und Jörg Krämer. In: Morgen-Glantz 14 (2004), S. 9–304

Das protestantische Kirchenlied im 16. und 17. Jahrhundert. Hrsg. von Alfred Dürr und Walther Killy. Wolfenbüttel 1986

Der Genfer Psalter und seine Rezeption in Deutschland, der Schweiz und den Niederlanden. 16.–18. Jahrhundert. Hrsg. von Eckhard Grunewald u. a. Tübingen 2004

‹Geist-reicher› Gesang. Halle und das pietistische Lied. Hrsg. von Gudrun Busch und Wolfgang Miersemann. Tübingen 1997

Moser, Dietz-Rüdiger: Verkündigung durch Volksgesang. Studien zur Liedpropaganda und -katechese der Gegenreformation Berlin 1981

Müller, Günther: Geschichte des deutschen Liedes vom Zeitalter des Barock bis zur Gegenwart. München 1925. Nachdruck Darmstadt 1959

Pietismus und Liedkultur. Hrsg. von Wolfgang Miersemann und Gudrun Busch. Tübingen 2002

Sauer-Geppert, Waldtraut Ingeborg: Sprache und Frömmigkeit im deutschen Kirchenlied. Vorüberlegungen zu einer Darstellung seiner Geschichte. Kassel 1984

Scheitler, Irmgard: Das Geistliche Lied im deutschen Barock. Berlin 1982
Spiegel, Alfred: Die Gustav-Adolf-Zeitlieder. Diss. München 1977
Strobach, Hermann: Bauernklagen. Untersuchungen zum sozialkritischen deut-
schen Volkslied. Berlin 1964
Studien zum deutschen weltlichen Kunstlied des 17. und 18. Jahrhunderts. Hrsg.
von Gudrun Busch und Anthony J. Harper. Amsterdam 1992
Thomas, R. Hinton: Poetry and Song in the German Baroque. Oxford 1963
Weltliches und Geistliches Lied des Barock. Studien zur Liedkultur in Deutsch-
land und Skandinavien. Hrsg. von Dieter Lohmeier. Amsterdam 1979 (= Daphnis 8, 1979, Heft 1)

Gelegenheitsdichtung

Adam, Wolfgang: Poetische und Kritische Wälder. Untersuchungen zu Geschichte
und Formen des Schreibens ‹bei Gelegenheit›. Heidelberg 1988
Fuchs, Juliane: «HimmelFelß und Glückes Schutz». Studien zu Bremer Hoch-
zeitsgedichten des 17. Jahrhunderts. Frankfurt a. M. 1994
Gelegenheitsdichtung. Referate [...] Wolfenbüttel [...] 1976. Hrsg. von Dorette
Frost und Gerhard Knoll. Bremen 1977
Greiff, Ursula: Dichter und Herrscher in lateinischen Gedichten aus der Mark
Brandenburg (16. und 17. Jahrhundert). Hildesheim 2006
Heldt, Kerstin: Der vollkommene Regent. Studien zur panegyrischen Casuallyrik
am Beispiel des Dresdner Hofes Augusts des Starken (1670–1733). Tübingen
1997
Ledermann-Weibel, Ruth: Zürcher Hochzeitsgedichte im 17. Jahrhundert. Unter-
suchungen zur barocken Gelegenheitsdichtung. Zürich 1984
Marschall, Veronika: Das Chronogramm. Eine Studie zu Formen und Funktionen
einer literarischen Kunstform. Dargestellt am Beispiel von Gelegenheitsgedichten des 16. bis 18. Jahrhunderts aus den Beständen der Staatsbibliothek Bamberg. Frankfurt a. M. 1997
Segebrecht, Wulf: Das Gelegenheitsgedicht. Ein Beitrag zur Geschichte und Poetik der deutschen Lyrik. Stuttgart 1977
Weber-Steiner, Regula: Glückwünschende Ruhm- und Ehrengetichte. Casualcarmina zu Zürcher Bürgermeisterwahlen des 17. Jahrhunderts. Bern 2006

Themen, Motive, Formen

Augner, Christiane: Gedichte der Ekstase in der Literatur des 16. und 17. Jahrhunderts. Tübingen 2001
Beckmann, Adelheid: Motive und Formen der deutschen Lyrik des 17. Jahrhunderts und ihre Entsprechungen in der französischen Lyrik seit Ronsard. Tübingen 1960
Fechner, Jörg-Ulrich: Der Antipetrarkismus. Studien zur Liebessatire in barocker
Lyrik. Heidelberg 1966
Forster, Leonard: The Icy Fire. Five Studies in European Petrarchism. Cambridge
1969. Vermehrte deutsche Ausgabe: Das eiskalte Feuer. Sechs Studien zum
europäischen Petrarkismus. Kronberg/Taunus 1976

Francesco Petrarca in Deutschland. Seine Wirkung in Literatur, Kunst und Musik. Hrsg. von Achim Aurnhammer. Tübingen 2006

Fröhlich, Harry: Apologien der Lust. Zum Diskurs der Sinnlichkeit in der Lyrik Hoffmannswaldaus und seiner Zeitgenossen mit Blick auf die antike Tradition. Tübingen 2005

Höpel, Ingrid: Emblem und Sinnbild. Vom Kunstbuch zum Erbauungsbuch. Frankfurt a. M. 1987

Hoffmeister, Gerhart: Petrarkistische Lyrik. Stuttgart 1973

Ingen, Ferdinand van: Vanitas und Memento mori in der deutschen Barocklyrik. Groningen 1996

– Echo im 17. Jahrhundert. Ein literarisch-musikalisches Phänomen in der Frühen Neuzeit. Amsterdam 2002

Klaffke, Andreas: «Es sey die alte Welt gefunden in der Neuen». Amerika in der deutschen Lyrik der frühen Neuzeit. Marburg 2000

Übersetzung und Nachahmung im europäischen Petrarkismus. Studien und Texte. Hrsg. von Luzius Keller. Stuttgart 1974

4.2 Drama, Theater

Textsammlungen

Das Breslauer Schultheater im 17. und 18. Jahrhundert. Einladungsschriften zu den Schulactus und Szenare zu den Aufführungen *förmlicher Comödien* an den protestantischen Gymnasien. Hrsg. und mit einem Nachwort versehen von Konrad Gajek. Tübingen 1994

Deutsche Literatur in Entwicklungsreihen. Reihe Barock. Barockdrama. Hrsg. von Willi Flemming. Leipzig 1930–33. Nachdruck Darmstadt 1965

1. Das schlesische Kunstdrama
2. Das Ordensdrama
3. Das Schauspiel der Wanderbühne
4. Die deutsche Barockkomödie
5. Die Oper
6. Oratorium. Festspiel

Die Hamburger Oper. Eine Sammlung von Texten der Hamburger Oper aus der Zeit 1678–1730. Hrsg. von Reinhart Meyer. 3 Bde. München 1980

Die Schauspiele der englischen Komödianten. Hrsg. von Wilhelm Creizenach. Stuttgart 1887. Nachdruck Darmstadt 1967

Drei deutsche Pyramus-Thisbe-Spiele (1581–1607). Hrsg. von Alfred Schaer. Tübingen 1911

Fastnachtsspiele des 15. und 16. Jahrhunderts. Unter Mitarbeit von Walter Wuttke ausgewählt und hrsg. von Dieter Wuttke. Stuttgart 1973

George, David E. R.: Deutsche Tragödientheorien vom Mittelalter bis zu Lessing. Texte und Kommentare. München 1972

Historisch-politische Schauspiele. Ratio Status (1668). Die Teutsche Groß-Königin Leonilda (1673). Mit einem Nachwort von Klaus Reichelt. Tübingen 1987

Hölzl, Norbert: Alpenländische Barockdramen. Kampf- und Tendenzstücke der Tiroler Gegenreformation. Wien 1970

Komödien des Barock. Hrsg. von Uwe-K. Ketelsen. Reinbek 1970
Komödientheorie. Texte und Kommentare. Vom Barock bis zur Gegenwart. Hrsg.
von Ulrich Profitlich u. a. Reinbek 1998
Lateinische Ordensdramen des XVI. Jahrhunderts. Mit deutschen Übersetzungen
hrsg. von Fidel Rädle. Berlin 1979
Spieltexte der Wanderbühne. Unter Mitwirkung von Hildegard Brauneck hrsg.
von Manfred Brauneck. Bd. 1–4. Berlin 1970–75. – Bd. 5, 1–2 und Bd. 6. Hrsg.
von Alfred Noe. Ebd. 1999 und 2007
Stuttgarter Hoffeste. Texte und Materialien zur höfischen Repräsentation im frühen 17. Jahrhundert. Hrsg. von Ludwig Krapf und Christian Wagenknecht.
2 Bde. Tübingen 1979
Szarota, Elida Maria: Das oberdeutsche Jesuitendrama. Eine Periochen-Edition.
Texte und Kommentar. 4 Tle. in 2 Bdn. München 1979–80
Tragödientheorie. Texte und Kommentare. Vom Barock bis zur Gegenwart. Hrsg.
von Ulrich Profitlich u. a. Reinbek 1999

Bibliographie

Meyer, Reinhart: Bibliographia Dramatica et Dramaticorum. Kommentierte Bibliographie der im ehemaligen deutschen Reichsgebiet gedruckten und gespiel-
ten Dramen des 18. Jahrhunderts. Tübingen 1993 ff.

Allgemeine Literatur

Aikin, Judith P.: German Baroque Drama. Boston 1982
Alewyn, Richard: Das große Welttheater. Die Epoche der höfischen Feste. Nach-
druck der 2., erweiterten Auflage. München 1989
Alexander, Robert J.: Das deutsche Barockdrama. Stuttgart 1984
Baur-Heinold, Margarete: Theater des Barock. Festliches Bühnenspiel im 17. und
18. Jahrhundert. München 1966
Brauneck, Manfred: Die Welt als Bühne. Geschichte des europäischen Theaters.
Bd. 2. Stuttgart 1996
Colvin, Sarah: The Rheorical Feminine. Gender and Orient on the German Stage,
1647–1742. Oxford 1999
Daskarolis, Anastasia: Die Wiedergeburt des Sophokles aus dem Geist des Huma-
nismus. Studien zur Sophokles-Rezeption in Deutschland vom Beginn des 16.
bis zur Mitte des 17. Jahrhunderts Tübingen 2000
De Pol, Roberto: Imago principis. Ruoli e maschere teatrali del sovrano nel teatro
barocco tedesco. Genua 1983
Deutsche Dramentheorien. Beiträge zu einer literarischen Poetik des Dramas in
Deutschland. Hrsg. von Reinhold Grimm. Bd. 1. Frankfurt a. M. 1971
Dietl, Cora: Das frühe deutsche Drama. Von den Anfängen bis zum Barock. Hel-
sinki 1998
Dramen vom Barock bis zur Aufklärung. Interpretationen. Stuttgart 2000
Eberle, Oskar: Theatergeschichte der innern Schweiz. Das Theater in Luzern, Uri,
Schwyz, Unterwalden und Zug im Mittelalter und zur Zeit des Barock 1200–
1800. Königsberg 1929

Fischer-Lichte, Erika: Kurze Geschichte des deutschen Theaters. Tübingen 1993
Fuhrich, Fritz, Theatergeschichte Oberösterreichs im 18. Jahrhundert. Wien 1968
Haekel, Ralf: Die Englischen Komödianten in Deutschland. Eine Einführung in
die Ursprünge des deutschen Berufsschauspiels. Heidelberg 2004
Handbuch des deutschen Dramas. Hrsg. von Walter Hinck. Düsseldorf 1980
Image et Spectacle. Actes du XXXIIe Colloque International d'Etudes Humanis-
tes du Centre d'Etudes Supérieures de la Renaissance (Tours 1989). Hrsg. von
Pierre Béhar. Amsterdam 1993
Inszenierung und Regie barocker Dramen. Hrsg. von Martin Bircher. Hamburg
1976
Kelping, Karin: Frauenbilder im deutschen Barockdrama. Zur literarischen An-
thropologie der Frau. Hamburg 2003
Kindermann, Heinz: Theatergeschichte Europas. Bd. 2. Das Theater der Renais-
sance. Salzburg ²1969. – Bd. 3: Das Theater der Barockzeit. Salzburg ²1967
Koopmann, Helmut: Drama der Aufklärung. Kommentar zu einer Epoche. Mün-
chen 1979
Lefevre, Eckard: Der Einfluß Senecas auf das europäische Drama. Darmstadt
1978
Meid, Christopher: Die griechische Tragödie im Drama der Aufklärung. «Bei den
Alten in die Schule gehen». Tübingen 2008
Memmelo, Pasquale: Strategien der Subjektivität. Intriganten in Dramen der Neu-
zeit. Würzburg 1995
Niedermeier, Claudia: Gedanken-Kleider. Die Allegorisierung des Körpers in Ge-
sellschaft und Theater des 17. Jahrhunderts. Wien 2000
Niefanger, Dirk: Geschichtsdrama der Frühen Neuzeit 1495–1773. Tübingen
2005
Parente, James A.: Religious Drama and the Humanist Tradition. Christian Theater
in Germany and in the Netherlands 1500–1680. Leiden 1987
Paul, Markus: Reichsstadt und Schauspiel. Theatrale Kunst im Nürnberg des
17. Jahrhunderts. Tübingen 2002
Richter, Werner: Liebekampf 1630 und Schaubühne 1670. Ein Beitrag zur deut-
schen Theatergeschichte des 17. Jahrhunderts. Berlin 1910
Scherl, Adolf: Berufstheater in Prag 1680–1739. Wien 1999
Schöne, Albrecht: Emblematik und Drama im Zeitalter des Barock. Dritte Auflage
mit Anmerkungen 1993. München 1993
Spectaculum Europaeum: Theatre and Spectacle in Europe, Histoire du Spectacle
en Europe (1580–1750). Hrsg. von Pierre Béhar und Helen Watanabe-O'Kelly.
Wiesbaden 1999
Stachel, Paul: Seneca und das deutsche Renaissancedrama. Studien zur Literatur-
und Stilgeschichte des 16. und 17. Jahrhunderts. Berlin 1907. Nachdruck New
York 1967
Sturm, Albert: Theatergeschichte Oberösterreichs im 16. und 17. Jahrhundert.
Wien 1964
Szarota, Elida Maria: Künstler, Grübler und Rebellen. Studien zum europäischen
Märtyrerdrama. Bern 1967
– Geschichte, Politik und Gesellschaft im Drama des 17. Jahrhunderts. Bern
1976

– «Stärke, dein Name sei Weib!» Bühnenfiguren des 17. Jahrhunderts. Berlin
1987
Theater und Publikum im europäischen Barock. Hrsg. von Anselm Maler u. a.
Frankfurt a. M. 2002
Theatralität und die Krisen der Repräsentation. Hrsg. von Erika Fischer-Lichte.
Stuttgart 2001
Treppmann, Egon: Besuche aus dem Jenseits. Geistererscheinungen auf dem deut-
schen Theater im Barock. Konstanz 1999
Valentin, Jean-Marie: L'École, la ville, la cour. Pratiques sociales, enjeux poétologi-
ques et répertoires du théâtre dans l'Empire au XVIIᵉ siècle. Paris 2004
Vernunft und Sinnlichkeit. Beiträge zur Theaterepoche der Neuberin. Hrsg. von
Bärbel Rudin und Marion Schulz. Reichenbach i. V. 1999
Wollesen-Wisch, Barbara/Munshower, Susan Scott: «All the world's a stage». Art
and Poetry in the Renaissance and Baroque. University Park 1989

Ordensdrama

Boberski, Heiner: Das Theater der Benediktiner an der alten Universität Salzburg
(1617–1778). Wien 1978
Flemming, Willi: Geschichte des Jesuitentheaters in den Landen deutscher Zunge.
Berlin 1923
Haider, Johann: Die Geschichte des Theaterwesens im Benediktinerstift Seiten-
stetten in Barock und Aufklärung. Wien 1973
Jesuitica. Forschungen zur frühen Geschichte des Jesuitenordens in Bayern bis zur
Aufhebung 1773. Hrsg. von Julius Oswald und Rita Haub. München 2001
Krump, Sandra: In scenam datus est cum plausu. Das Theater der Jesuiten in Pas-
sau (1612–1773). Bd. 1: Darstellung und Interpretation. Bd. 2: Dramen und Pe-
riochen. Berlin 2000
Mission und Theater. Japan und China auf den Bühnen der Gesellschaft Jesu.
Hrsg. von Adrian Hsia u. a. Regensburg 2005
Müller, Johannes: Das Jesuitendrama in den Ländern deutscher Zunge vom An-
fang (1555) bis zum Hochbarock (1665). 2 Bde. Augsburg 1930
Rädle, Fidel: Das Jesuitentheater in der Pflicht der Gegenreformation. In: Daphnis
8 (1979), Heft 3/4, S. 167–199
Sprengel, Peter: Der Spieler-Zuschauer im Jesuitentheater. Beobachtungen an frü-
hen deutschen Ordensdramen. In: Daphnis 16 (1987), S. 47–106
The Sopron Collection of Jesuit Stage Designs. Hrsg. von József Jankovics. Buda-
pest 1999
Valentin, Jean-Marie: Le Théâtre des Jésuites dans les pays de langue allemande
(1554–1680). Salut des âmes et ordre des cités. 3 Bde. Bern 1978
– Le Théâtre des Jésuites dans les pays de langue allemande. Répertoire chronolo-
gique des pièces représentées et des documents conservés (1555–1773). 2 Bde.
Stuttgart 1983–84
– Theatrum Catholicum. Les Jésuites et la scène en Allemagne au XVIᵉ et au
XVIIᵉ siècles. Die Jesuiten und die Bühne im Deutschland des 16.–17. Jahrhun-
derts. Nancy 1990
Wimmer, Ruprecht: Jesuitentheater. Didaktik und Fest. Das Exemplum des ägyp-

tischen Joseph auf den deutschen Bühnen der Gesellschaft Jesu. Frankfurt a. M.
1982

Protestantisches Schuldrama, Prosaschauspiel, Wanderbühne

Asper, Helmut G.: Spieltexte der Wanderbühne. Ein Verzeichnis der Dramenma-
nuskripte des 17. und 18. Jahrhunderts in Wiener Bibliotheken. Wien 1975
Görlitzer Schultheater im Barock. Ein historischer Überblick unter Verwendung
von Arbeiten von Herbert Hoffmann und Konrad Gajek zusammengestellt
von Matthias Wenzel. Görlitz 1997
Kaiser, Marianne: Mitternacht – Zeidler – Weise. Das protestantische Schultheater
nach 1648 im Kampf gegen höfische Kultur und absolutistisches Regiment.
Göttingen 1972
Puschmann, Claudia: Fahrende Frauenzimmer. Zur Geschichte der Frauen an
deutschen Wanderbühnen (1670–1760). Pfaffenweiler 1999
Reichelt, Klaus: Barockdrama und Absolutismus. Studien zum deutschen Drama
zwischen 1650 und 1700. Frankfurt a. M. 1981

Trauerspiel

Alt, Peter-André: Der Tod der Königin. Frauenopfer und politische Souveränität
im Trauerspiel des 17. Jahrhunderts. Berlin 2004
Arend, Stefanie: Rastlose Weltgestaltung. Senecaische Kulturkritik in den Tragö-
dien Gryphius' und Lohensteins. Tübingen 2003
Benjamin, Walter: Ursprung des deutschen Trauerspiels. Frankfurt a. M. 1963 (zu-
erst Berlin 1928)
Buhr, Heiko: «Sprich, soll denn die Natur der Tugend Eintrag tun?» Studien zum
Freitod im 17. und 18. Jahrhundert. Erlangen 1998
Kuchinke-Bach, Anneliese: Das ‹dramatische› Bild als existentielle Exposition in
der deutschen Tragödie vom 17. bis 19. Jahrhundert. Frankfurt a. M. 1999
La Tragédie baroque en Allemagne. Hrsg. von Jean-Marie Valentin. In: XVIIe Siè-
cle 189 (1995), Heft 4
Lunding, Erik: Das schlesische Kunstdrama. Eine Darstellung und Deutung. Ko-
penhagen 1940
Meier, Albert: Dramaturgie der Bewunderung. Untersuchungen zur politisch-
klassizistischen Tragödie im 18. Jahrhundert. Frankfurt a. M. 1993
Neuss, Raimund: Tugend und Toleranz. Die Krise der Gattung. Märtyrerdrama
im 18. Jahrhundert. Bonn 1989
Schings, Hans-Jürgen: Consolatio Tragoediae. Zur Theorie des barocken Trauer-
spiels. In: Deutsche Dramentheorien. Hrsg. von Reinhold Grimm. Bd. 1.
Frankfurt 1971. S. 1–44
Szarota, Elida Maria: Künstler, Grübler und Rebellen. Studien zum europäischen
Märtyrerdrama des 17. Jahrhunderts. Bern 1967
Voßkamp, Wilhelm: Untersuchungen zur Zeit- und Geschichtsauffassung im
17. Jahrhundert bei Gryphius und Lohenstein. Bonn 1967

Komödie

Absurda comica. Studien zur deutschen Komödie des 16. und 17. Jahrhunderts.
Hrsg. von Hans Wagener. Amsterdam 1988 (= Daphnis 17, 1988, Heft 1)
Catholy, Eckehard: Das deutsche Lustspiel. Vom Mittelalter bis zum Ende der
Barockzeit. Stuttgart 1969
De Michele, Fausto: Der ‹Capitano› der Commedia dell'arte und seine Rezeption
und Entwicklung im deutschsprachigen Theater. In: Daphnis 31 (2003), S. 529–
591
Deutsche Komödien. Vom Barock bis zur Gegenwart. Hrsg. von Winfried Freund.
München 1988
Die deutsche Komödie. Vom Mittelalter bis zur Gegenwart. Hrsg. von Walter
Hinck. Düsseldorf 1977
Greiner, Bernhard: Die Komödie. Eine theatralische Sendung: Grundlagen und
Interpretationen. Tübingen 1992
Hinck, Walter: Das deutsche Lustspiel des 17. und 18. Jahrhunderts und die italie-
nische Komödie. Commedia dell'arte und Théâtre italien. Stuttgart 1965
Holl, Karl: Geschichte des deutschen Lustspiels. Leipzig 1923. Nachdruck Darm-
stadt 1964
Katritzky, M. A.: The Art of Commedia. A Study in the Commedia dell'Arte
1560–1620 with Special Reference to the Visual Records. Amsterdam 2006
Mehnert, Henning: Commedia dell'arte. Struktur – Geschichte – Rezeption. Stutt-
gart 2003
Schade, Richard E.: Studies in Early German Comedy 1500–1650. Columbia, SC
1988
Steinmetz, Horst: Die Komödie der Aufklärung. Stuttgart ³1978
– Das deutsche Drama von Gottsched bis Lessing. Ein historischer Überblick.
Stuttgart 1987

Fest, Festspiel

Alewyn, Richard/Sälzle, Karl: Die Epoche der höfischen Feste in Dokument und
Deutung. Hamburg 1959
Europa triumphans. Court and Civic Festivals in Early Modern Europe. Hrsg.
von J. R. Mulryne u. a. 2 Bde. Aldershot 2004
Fähler, Eberhard: Feuerwerke des Barock. Studien zum öffentlichen Fest und sei-
ner literarischen Deutung vom 16. bis 18. Jahrhundert. Stuttgart 1974
Höfische Festkultur in Braunschweig-Wolfenbüttel 1590–1666. Hrsg. von Jörg
Jochen Berns. Amsterdam 1982 (= Daphnis 10, 1981, Heft 4)
Rahn, Thomas: Festbeschreibung. Funktion und Topik einer Textsorte am Bei-
spiel der Beschreibung höfischer Hochzeiten (1568–1794). Tübingen 2006
Schnitzer, Claudia: Höfische Maskeraden. Funktion und Ausstattung von Verklei-
dungsdivertissements an deutschen Höfen der Frühen Neuzeit. Tübingen 1999
Sieber, Friedrich: Volk und volkstümliche Motivik im Festwerk des Barock. Dar-
gestellt an Dresdner Bildquellen. Berlin 1960

Oper, Oratorium

Aikin, Judith P.: A Language for German Opera. The Development of Forms and Formulas for Recitative and Aria in Seventeenth-Century German Libretti. Wiesbaden 2002

Braun, Werner: Vom Remter zum Gänsemarkt. Aus der Frühgeschichte der alten Hamburger Oper (1677–1697). Saarbrücken 1987

Brockpähler, Renate: Handbuch zur Geschichte der Barockoper in Deutschland. Emsdetten 1964

Die Oper am Weißenfelser Hof. Hrsg. von Eleonore Sent. Rudolstadt 1996

Guse, Anette: Zu einer Poetologie der Liebe in Textbüchern der Hamburger Oper (1678–1738). Eine Fallstudie zu Heinrich Elmenhorst, Christian Friedrich Hunold und Barthold Feind. Kingston, Ontario 1997

Haufe, Eberhard: Die Behandlung der antiken Mythologie in den Textbüchern der Hamburger Oper 1678–1738. Hrsg. von Hendrik Birus und Wolfgang Harms. Frankfurt a. M. 1994 (= Diss. Jena 1964)

Jahn, Bernhard: Die Sinne und die Oper. Sinnlichkeit und das Problem ihrer Versprachlichung im Musiktheater des nord- und mitteldeutschen Raumes (1680–1740). Tübingen 2005

Leopold, Silke: Die Oper im 17. Jahrhundert. Laaber 2004

Ritter, Michael: «Man sieht der Sternen König glantzen». Der Kaiserhof im barocken Wien als Zentrum deutsch-italienischer Literaturbestrebungen (1653 bis 1718) am besonderen Beispiel der Libretto-Dichtung. Wien 1999

Scheitler, Irmgard: Deutschsprachige Oratorienlibretti. Von den Anfängen bis 1730. Paderborn 2005

Schröder, Dorothea: Zeitgeschichte auf der Opernbühne. Barockes Musiktheater in Hamburg im Dienst von Politik und Diplomatie (1690–1745). Göttingen 1998

Smart, Sara: Doppelte Freude der Musen. Court Festivities in Brunswick-Wolfenbüttel 1642–1700. Wiesbaden 1989

Schäferspiel

Caemmerer, Christiane: Siegender Cupido oder Triumphierende Keuschheit. Deutsche Schäferspiele des 17. Jahrhunderts dargestellt in einzelnen Untersuchungen. Stuttgart-Bad Cannstatt 1998

Schwarz, Alba: ‹Der teutsch-redende treue Schäfer›. Guarinis *Pastor Fido* und die Übersetzungen von Eilger Manlich 1619, Statius Ackermann 1636, Hofmann von Hofmannswaldau 1652, Assmann von Abschatz 1672. Bern 1972

Wade, Mara R.: The German Baroque Pastoral ‹Singspiel›. Bern 1990

4.3 Epische Versdichtung

Albertsen, Leif Ludwig: Das Lehrgedicht, eine Geschichte der antikisierenden Sachepik in der neueren deutschen Literatur. Aarhus 1967

Dörrie: Der heroische Brief: Bestandsaufnahme, Geschichte, Kritik einer humanistisch-barocken Literaturgattung. Berlin 1968

Freund, Winfried: Die deutsche Verssatire im Zeitalter des Barock. Düsseldorf 1972

Rohmer, Ernst: Das epische Projekt. Poetik und Funktion des ‹carmen heroicum› in der deutschen Literatur des 17. Jahrhunderts. Heidelberg 1998

4.4 Erzählprosa

Textsammlungen

Deutsche Romane der Barockzeit. Auszüge aus dem erzählenden Schrifttum des siebzehnten Jahrhunderts. Hrsg. von K. G. Knight. London 1969
Predigtmärlein der Barockzeit. Exempel, Sage, Schwank und Fabel in geistlichen Quellen des oberdeutschen Raumes. Hrsg. von Elfriede Moser-Rath. Berlin 1964
Romantheorie. Dokumentation ihrer Geschichte in Deutschland. 1620–1880. Hrsg. von Eberhard Lämmert u. a. Köln 1971
Schäferromane des Barock. Hrsg. von Klaus Kaczerowsky. Reinbek 1970
Texte zur Romantheorie I (1626–1731). Mit Anmerkungen, Nachwort und Bibliographie von Ernst Weber. München 1974
Theorie und Technik des Romans im 17. und 18. Jahrhundert. Bd. 1. Barock und Aufklärung. Hrsg. von Dieter Kimpel und Conrad Wiedemann. Tübingen 1970

Bibliographie

Weber, Ernst/Mithal, Christine: Deutsche Originalromane zwischen 1680 und 1780. Eine Bibliographie mit Besitznachweisen. Berlin 1983

Roman und Erzählprosa: Allgemeine Literatur

Blüher, Karl Alfred: Die französische Novelle. Tübingen 1985
Breuer, Ulrich: Melancholie und Reise. Studien zur Archäologie des Individuellen im deutschen Roman des 16.–18. Jahrhunderts. Münster 1994
Breyl, Jutta: Pictura loquens – Poesis tacens. Studien zu Titelbildern und Rahmenkompositionen der erzählenden Literatur des 17. Jahrhunderts. Von Sidneys *Arcadia* bis Ziglers *Banise*. Wiesbaden 2006
Coulet, Henri: Le Roman jusqu'à la Révolution. 2 Bde. Paris 1967
Currie, Pamela: Literature as Social Action. Modernist and Traditionalist Narratives in Germany in the Seventeenth and Eighteenth Centuries. Columbia, SC 1995
Die französische Erzählkunst des 17. Jahrhunderts. Hrsg. von Dietmar Rieger. Darmstadt 1985
Frick, Werner: Providenz und Kontingenz. Untersuchungen zur Schicksalssemantik im deutschen und europäischen Roman des 17. und 18. Jahrhunderts. 2 Tle. Tübingen 1988
Geulen, Hans: Erzählkunst der frühen Neuzeit. Zur Geschichte epischer Darbietungsweisen und Formen im Roman der Renaissance und des Barock. Tübingen 1975
Handbuch der deutschen Erzählung. Hrsg. von Karl Konrad Polheim. Düsseldorf 1981

Handbuch des deutschen Romans. Hrsg. von Helmut Koopmann. Düsseldorf 1983

Herzog, Urs: Der deutsche Roman des 17. Jahrhunderts. Stuttgart 1976

Hillebrand, Bruno: Theorie des Romans . Erzählstrategien der Neuzeit. 3., erweiterte Auflage. Stuttgart 1993

Hirsch, Arnold: Bürgertum und Barock im deutschen Roman. Ein Beitrag zur Entstehungsgeschichte des bürgerlichen Weltbildes. 2. Auflage besorgt von Herbert Singer. Köln 1957

Jacobs, Jürgen: Prosa der Aufklärung. Kommentar zu einer Epoche. München 1976

Krömer, Wolfram: Kurzerzählungen und Novellen in den romanischen Literaturen bis 1700. Berlin 1973

Lever, Maurice: Le Roman français au XVIIᵉ siècle. Paris 1981

Magendie, Maurice: Le Roman sentimental avant L'Astrée. Paris 1908

Meid, Volker: Der deutsche Barockroman. Stuttgart 1974

Mayer, Jürgen: Mischformen barocker Erzählkunst zwischen pikareskem und höfisch-historischem Roman. München 1970

Ratz, Norbert: Der Identitätsroman. Eine Strukturanalyse. Tübingen 1988

Rau, Peter: Speculum amoris. Zur Liebeskonzeption des deutschen Romans im 17. und 18. Jahrhundert. München 1994

Riedel, Herbert: Musik und Musikerlebnis in der erzählenden deutschen Dichtung. Bonn ²1961

Rötzer, Hans Gerd: Der Roman des Barock. 1600–1700. Kommentar zu einer Epoche. München 1972

Romane des 17. und 18. Jahrhunderts. Interpretationen. Stuttgart 1996

Schäfer, Walter E.: «Hinweg nun Amadis und deinesgleichen Grillen!» Die Polemik gegen den Roman im 17. Jahrhundert. In: Germanisch-Romanische Monatsschrift 46 (1965), S. 366–384

Solbach, Andreas: Evidentia und Erzähltheorie. Die Rhetorik anschaulichen Erzählens in der Frühmoderne und ihre antiken Quellen. München 1994

Unsicker, Karin: Weltliche Barockprosa in Schleswig-Holstein. Neumünster 1974

Voßkamp, Wilhelm: Romantheorie in Deutschland. Von Martin Opitz bis Friedrich von Blanckenburg. Stuttgart 1973

Wagener, Hans: The German Baroque Novel. New York 1973

Wentzlaff-Eggebert, Harald: Der französische Roman um 1625. München 1973

Wieckenberg, Ernst-Peter: Zur Geschichte der Kapitelüberschrift im deutschen Roman vom 15. Jahrhundert bis zum Ausgang des Barock. Göttingen 1969

Winklehner, Brigitte: Legitimationsprobleme einer Gattung. Zur Romandiskussion des 17. Jahrhunderts in Frankreich. Tübingen 1989

Höfisch-historischer Roman, Galanter Roman

Cholevius, Leo: Die bedeutendsten deutschen Romane des siebzehnten Jahrhunderts. Ein Beitrag zur Geschichte der deutschen Literatur. Leipzig 1866. Nachdruck Darmstadt 1965

Gelzer, Florian: Konversation, Galanterie und Abenteuer. Romaneskes Erzählen zwischen Thomasius und Wieland. Tübingen 2007

Schwarzenbach, Stina Rahel: *Stratonica* und *Demetrius*. Zwei Barockromane Italienisch und Deutsch. Eine vergleichende Untersuchung der Assarino-Übersetzungen von Veit Daniel von Colewaldt (1652), Johann Wilhelm von Stubenberg (1653) und Johanna Laurentia von Adlershelm (1663). Bern 2002
Singer, Herbert: Der deutsche Roman zwischen Barock und Rokoko. Köln 1963
– Der galante Roman. Stuttgart ²1966
Stadler, Ulrich: Der einsame Ort. Studien zur Weltabkehr im heroischen Roman. Bern 1971

Schäferroman, Sentimentaler Roman

Bauer, Marieluise: Studien zum deutschen Schäferroman des 17. Jahrhunderts. Diss. München 1979
Europäische Bukolik und Georgik. Hrsg. von Klaus Garber. Darmstadt 1976
Garber, Klaus: Der locus amoenus und der locus terribilis. Bild und Funktion der Natur in der deutschen Schäfer- und Landlebendichtung des 17. Jahrhunderts. Köln 1974
Hoffmeister, Gerhart: Die spanische Diana in Deutschland. Vergleichende Untersuchungen zu Stilwandel und Weltbild des Schäferromans im 17. Jahrhundert. Berlin 1972
Jürgensen, Renate: Die deutschen Übersetzungen der *Astrée* des Honoré d'Urfé. Tübingen 1990
Le Genre pastoral en Europe du XVᵉ au XVIIᵉ siècle. Actes du colloque international tenu à Saint-Etienne. Saint-Etienne 1980
Meyer, Heinrich: Der deutsche Schäferroman des 17. Jahrhunderts. Dorpat 1928 (= Diss. Freiburg i. Br.)
Schäferdichtung. Hrsg. von Wilhelm Voßkamp. Hamburg 1977

Niederer Roman

Bauer, Matthias: Im Fuchsbau der Geschichten. Anatomie des Schelmenromans. Stuttgart 1993
– Der Schelmenroman. Stuttgart 1994
Berger, Günter: Der komisch-satirische Roman und seine Leser. Poetik, Funktion und Rezeption einer niederen Gattung im Frankreich des 17. Jahrhunderts. Heidelberg 1984
Bjornson, Richard: The Picaresque Hero in European Fiction. Madison 1977
Cordie, Ansgar M.: Raum und Zeit des Vaganten. Formen der Weltaneignung im deutschen Schelmenroman des 17. Jahrhunderts. Berlin 2001
Das Paradigma des Pikaresken. The Paradigm of the Picaresque. Hrsg. von Christoph Ehland und Robert Fajen. Heidelberg 2007
Der deutsche Schelmenroman im europäischen Kontext: Rezeption, Interpretation, Bibliographie. Hrsg. von Gerhart Hoffmeister. Amsterdam 1987
Fohrmann, Jürgen: Abenteuer und Bürgertum. Zur Geschichte der deutschen Robinsonaden im 18. Jahrhundert. Stuttgart 1981
Il picaro nella cultura europea. Hrsg. von Italo Michele Battafarano und Pietro Taravacci. Gardolo di Trento 1989

Jacobs, Jürgen: Der deutsche Schelmenroman. Eine Einführung. München 1983
Menck, Hans Friedrich: Der Musiker im Roman. Ein Beitrag zur Geschichte der vorromantischen Erzählungsliteratur. Heidelberg 1931
Pikarische Welt. Schriften zum europäischen Schelmenroman. Hrsg. von Helmut Heidenreich. Darmstadt 1969
Plank, Birgit: Johann Sieders Übersetzung des *Goldenen Esels* und die frühe deutschsprachige *Metamorphosen*-Rezeption. Ein Beitrag zur Wirkungsgeschichte von Apuleius' Roman. Tübingen 2004
Reckwitz, Erhard: Die Robinsonade. Themen und Formen einer literarischen Gattung. Amsterdam 1976
Reichardt, Dieter: Von Quevedos «Buscón» zum deutschen «Avanturier». Bonn 1970.
Rötzer, Hans Gerd: Picaro – Landtstörtzer – Simplicius. Studien zum niederen Roman in Spanien und Deutschland. Darmstadt 1972
Roskothen, Johannes: Hermetische Pikareske. Beiträge zu einer Poetik des Schelmenromans. Frankfurt a. M. 1992
Späni, Marc: Poetische Gärtner und phaetonische Himmelsflieger. Formen poetologischer Reflexion im niederen Roman des 17. Jahrhunderts. Bern 2004
Ullrich, Hermann: Robinson und Robinsonaden. Bibliographie, Geschichte, Kritik. Weimar 1898
Valentin, Jean-Marie: Französischer ‹Roman comique› und deutscher Schelmenroman. Opladen 1992

Utopie, Staatsroman

Bersier, Gabrielle: Wunschbild und Wirklichkeit. Deutsche Utopien im 18. Jahrhundert. Heidelberg 1981
Braungart, Wolfgang: Die Kunst der Utopie. Vom Späthumanismus zur frühen Aufklärung. Stuttgart 1989
Brunner, Horst: Die poetische Insel. Inseln und Inselvorstellungen in der deutschen Literatur. Stuttgart 1967
Gnüg, Hiltrud: Utopie und utopischer Roman. Stuttgart 1999
Lüsse, Beate Gabriele: Formen der humanistischen Utopie. Vorstellungen vom idealen Staat im englischen und kontinentalen Schrifttum des Humanismus 1516–1669. Paderborn 1998
Naumann, Dietrich: Politik und Moral. Studien zur Utopie der deutschen Aufklärung. Heidelberg 1977
Müller, Götz: Gegenwelten. Die Utopie in der deutschen Literatur. Stuttgart 1989
Rahmsdorf, Sabine: Stadt und Architektur in der literarischen Utopie der frühen Neuzeit. Heidelberg 1999
Stockinger, Ludwig: Ficta Respublica. Gattungsgeschichtliche Untersuchungen zur utopischen Erzählung in der deutschen Literatur des frühen 18. Jahrhunderts. Tübingen 1981
Utopieforschung. Interdisziplinäre Studien zur neuzeitlichen Utopie. 3 Bde. Stuttgart 1982
Winter, Michael: Compendium Utopiarum. Typologie und Bibliographie literarischer Utopien. Erster Teilband. Stuttgart 1978

Satire (s. auch Roman)

Castrop, Helmut: Die varronische Satire in England 1660–1690. Studien zu Butler, Marvell und Dryden. Heidelberg 1983 [Tl. 1: Geschichte und Theorie der menippeisch-varronischen Satire]
Deupmann, Christoph: ‹Furor satiricus›. Verhandlungen über literarische Aggression im 17. und 18. Jahrhundert. Tübingen 2002
Schäfer, Walter E.: Moral und Satire. Konturen oberrheinischer Literatur des 17. Jahrhunderts. Tübingen 1992

Kleinformen

Beiträge zum Wolfenbütteler Arbeitsgespräch Barocke Erzählsammlungen. In: Simpliciana 21 (1999)
Bismark, Heike: Rätselbücher. Entstehung und Entwicklung eines frühneuzeitlichen Buchtyps im deutschsprachigen Raum. Mit einer Bibliographie der Rätselbücher bis 1800. Tübingen 2007
Moser-Rath, Elfriede: «Lustige Gesellschaft». Schwank und Witz des 17. und 18. Jahrhunderts in kultur- und sozialgeschichtlichem Kontext. Stuttgart 1984
– Dem Kirchenvolk die Leviten gelesen. Alltag im Spiegel süddeutscher Barockpredigten. Stuttgart 1991
– Kleine Schriften zur populären Literatur des Barock. Hrsg. von Ulrich Marzolph und Ingrid Tomkowiak. Göttingen 1994
Straßner, Erich: Schwank. Stuttgart ²1978
Verweyen, Theodor: Apophthegma und Scherzrede. Die Geschichte einer einfachen Gattungsform und ihrer Entfaltung im 17. Jahrhundert. Bad Homburg 1970
Volkserzählung und Reformation. Ein Handbuch zur Tradierung und Funktion von Erzählstoffen und Erzählliteratur im Protestantismus. Hrsg. von Wolfgang Brückner. Berlin 1974

4.5 Nichtfiktionale Prosa

Textsammlungen

Das Zeitalter des Pietismus. Hrsg. von Martin Schmidt und Wilhelm Jannasch. Bremen 1965
Der Protestantismus des 17. Jahrhunderts. Hrsg. von Winfried Zeller. Bremen 1962
Deutsche Literatur in Entwicklungsreihen. Reihe Deutsche Selbstzeugnisse. Hrsg von Marianne Beyer-Fröhlich.
    5. Aus dem Zeitalter der Reformation und der Gegenreformation Leipzig 1932. Nachdruck Darmstadt 1964
    6. Selbstzeugnisse aus dem Dreißigjährigen Krieg und dem Barock. Leipzig 1930. Nachdruck Darmstadt 1970
    7. Pietismus und Rationalismus. Leipzig 1930. Nachdruck Darmstadt 1970
Fürstenspiegel der frühen Neuzeit. Hrsg. von Hans-Otto Mühleisen, Theo Stammen und Michael Philipp. Frankfurt a. M. 1997

Predigten der Barockzeit. Texte und Kommentar. In Zusammenarbeit mit Heinrich Kabas und Roswitha Woytek hrsg. von Werner Welzig. Wien 1995
Trauerreden des Barock. Hrsg. von Maria Fürstenwald. Wiesbaden 1973

Bibliographie

Katalog gedruckter deutschsprachiger katholischer Predigtsammlungen. Hrsg. von Werner Welzig. 2 Bde. Wien 1984–87

Allgemeines

Prosakunst ohne Erzählen. Die Gattungen der nicht-fiktionalen Kunstprosa. Hrsg. von Klaus Weissenberger. Tübingen 1985

Geistliche Prosa

Axmacher, Elke: «Aus Liebe will mein Heyland sterben». Untersuchung zum Wandel des Passionsverständnisses im frühen 18. Jahrhundert. Neuhausen-Stuttgart 1984
Benz, Ernst: Die christliche Kabbala. Ein Stiefkind der Theologie. Zürich 1958
Christliche Kabbala. Hrsg. von Wilhelm Schmidt-Biggemann. Ostfildern 2003
Eybl, Franz M.: Gebrauchsfunktionen barocker Predigtliteratur. Studien zur katholischen Predigtsammlung am Beispiel lateinischer und deutscher Übersetzungen des Pierre de Besse. Wien 1982
Gebetsliteratur der Frühen Neuzeit als Hausfrömmigkeit. Funktionen und Formen in Deutschland und den Niederlanden. Hrsg. von Ferdinand van Ingen und Cornelia Niekus Moore. Wiesbaden 2001
Gilman, Sander L.: The Parodic Sermon in European Perspective. Aspects of Liturgical Parody from the Middle Ages to the Twentieth Century. Wiesbaden 1974
Herzog, Urs: Geistliche Wohlredenheit. Die katholische Barockpredigt. München 1991
Kastl, Maria: Das Schriftwort in Leopoldspredigten des 17. und 18. Jahrhunderts. Untersuchungen zur Heiligenpredigt als lobender und beratschlagender Rede. Wien 1988
Leichenpredigten als Quelle historischer Wissenschaften. Hrsg. von Rudolf Lenz. Bd. 1–3 Köln 1975–84, ab Bd. 4 ff. Stuttgart 2004 ff.
Lenz, Rudolf: De mortuis nil nisi bene? Leichenpredigten als multidisziplinäre Quelle [...]. Sigmaringen 1990
Margraf, Erik: Die Hochzeitspredigt der Frühen Neuzeit. Mit einer Bibliographie der selbstständig erschienenen Hochzeitspredigtdrucke der Herzog-August-Bibliothek Wolfenbüttel, der Staats- und Stadtbibliothek Augsburg und der Universitätsbibliothek Augsburg. München 2007
Moore, Cornelia Niekus: Patterned Lives. The Lutheran Funeral Biography in Early Modern Germany. Wiesbaden 2006
Oratio Funebris. Die katholische Leichenpredigt der frühen Neuzeit. Zwölf Studien. Hrsg. von Birgit Boge und Ralf Georg Bogner. Amsterdam 1999

Pfefferkorn, Oliver: Die Textsorten Predigt, Andacht und Gebet im deutschen Protestantismus des späten 16. und des 17. Jahrhunderts. Frankfurt a. M. 2005
Predigt und soziale Wirklichkeit. Beiträge zur Erforschung der Predigtliteratur. Hrsg. von Werner Welzig. In: Daphnis 10 (1981), S. 1–193
Rehermann, Ernst Heinrich: Das Predigtexempel bei protestantischen Theologen des 16. und 17. Jahrhunderts. Göttingen 1977
Rössler, Martin: Die Liedpredigt. Geschichte einer Predigtgattung. Göttingen 1976
– Bibliographie der deutschen Liedpredigt. Nieuwkoop 1976
Sträter, Udo: Sonthom, Bayley, Dyke und Hall. Studien zur Rezeption der englischen Erbauungsliteratur im 17. Jahrhundert. Tübingen 1987
Winkler, Eberhard: Die Leichenpredigt im deutschen Luthertum bis Spener. München 1967

Autobiographische Literaturformen

Autobiographien von Frauen. Beiträge zu ihrer Geschichte. Hrsg. von Magdalene Heuser. Tübingen 1996
Bernheiden, Inge: Individualität im 17. Jahrhundert. Studien zum autobiographischen Schrifttum. Frankfurt a. M. 1988
Die Autobiographie. Zu Form und Geschichte einer literarischen Gattung. Hrsg. von Günter Niggl. Darmstadt 1989
Geschriebenes Leben. Autobiographik von Frauen. Hrsg. von Michaela Holdenried. Berlin 1995
Holdenried, Michaela: Autobiographie. Stuttgart 2000
Kormann, Eva: Ich, Welt und Gott. Autobiographik im 17. Jahrhundert. Köln 2004
Krusenstjern, Benigna von: Selbstzeugnisse der Zeit des Dreißigjährigen Krieges. Beschreibendes Verzeichnis. Berlin 1997
Meise, Helga: Das archivierte Ich. Schreibkalender und höfische Repräsentation in Hessen-Darmstadt 1624–1790. Darmstadt 2002
Niggl, Günter: Geschichte der deutschen Autobiographie im 18. Jahrhundert. Theoretische Grundlegung und literarische Entfaltung. Stuttgart 1977
Schnabel, Werner Wilhelm: Das Stammbuch. Konstitution und Geschichte einer textsortenbezogenen Sammelform bis ins erste Drittel des 18. Jahrhunderts. Tübingen 2003
Schwarz, Christiane: Studien zur Stammbuchpraxis der Frühen Neuzeit. Gestaltung und Nutzen des Album amicorum am Beispiel eines Hofbeamten und Dichters, eines Politikers und eines Goldschmieds (etwa 1550 bis 1650). Frankfurt a. M. 2002
Von der dargestellten Person zum erinnerten Ich. Europäische Selbstzeugnisse als historische Quellen (1500–1850). Hrsg. von Kaspar von Greyerz u. a. Köln 2001
Wagner-Egelhaaf, Martina: Autobiographie. 2., aktualisierte und erweiterte Auflage. Stuttgart 2005
Wuthenow, Ralph-Rainer: Das erinnerte Ich. Europäische Autobiographie und Selbstdarstellung im 18. Jahrhundert. München 1974

Reisebericht

Bitterli, Urs: Die ‹Wilden› und die ‹Zivilisierten›. Grundzüge einer Geistes- und Kulturgeschichte der europäisch-überseeischen Begegnung. München ²1991
Brenner, Peter J.: Der Reisebericht in der deutschen Literatur. Ein Forschungsüberblick als Vorstudie zu einer Gattungsgeschichte. Tübingen 1990
Der Reisebericht. Die Entwicklung einer Gattung in der deutschen Literatur. Hrsg. von Peter J. Brenner. Frankfurt a. M. 1989
Erkundung und Beschreibung der Welt. Zur Poetik der Reise- und Länderberichte. Hrsg. von Xenja von Ertzdorff und Gerhard Giesemann. Amsterdam 2003
Gewecke, Frauke: Wie die neue Welt in die alte kam. Stuttgart 1986
Grand Tour. Adeliges Reisen und europäische Kultur vom 14. bis zum 18. Jahrhundert. Hrsg. von Rainer Babel und Werner Paravicini. Ostfildern 2005
Harbsmeier, Michael: Wilde Völkerkunde. Andere Welten in deutschen Reiseberichten der Frühen Neuzeit. Frankfurt a. M. 1994
Ohnesorg, Stefanie: Mit Kompaß, Kutsche und Kamel. (Rück-)Einbindung der Frau in die Geschichte des Reisens und der Reiseliteratur. St. Ingbert 1996
Reiseberichte als Quellen europäischer Kulturgeschichte. Hrsg. von Antoni Mączak und Hans Jürgen Teuteberg. Wolfenbüttel 1982
Reisen des Barock. Selbst- und Fremderfahrungen und ihre Darstellung. Hrsg. von Regina Pleithner. Bonn 1991
Schudt, Ludwig: Italienreisen im 17. und 18. Jahrhundert. Wien 1959
Stannek, Antje: Telemachs Brüder. Die höfische Bildungsreise des 17. Jahrhunderts. Frankfurt a. M. 2001

Anleitungsliteratur

Bonfatti, Emilio: La ‹Civil Conversazione› in Germania. Letteratura del comportamento da Stefano Guazzo a Adolph Knigge 1574–1788. Udine 1979
Hoffmann, Julius: Die ‹Hausväterliteratur› und die ‹Predigten über den christlichen Hausstand›. Lehre vom Hause und Bildung für das häusliche Leben im 16., 17. und 18. Jahrhundert. Weinheim 1959
Nickisch, Reinhard M. G.: Die Stilprinzipien in den deutschen Briefstellern des 17. und 18. Jahrhunderts. Göttingen 1969
– Brief. Stuttgart 1991

REGISTER

AUS DEM VERLAGSPROGRAMM

GESCHICHTE DER DEUTSCHEN LITERATUR
Von den Anfängen bis zur Gegenwart
Begründet von
Helmut de Boor / Richard Newald

Band 1
**Die deutsche Literatur von Karl dem Großen bis zum
Beginn der höfischen Dichtung (770–1170)**
Von Helmut de Boor
9. Auflage. 1979. VIII. 342 Seiten. Leinen
Bearbeitet von Herbert Kolb.
Mit einem bibliographischen Anhang von Dieter Haacke

Band 2
**Die höfische Literatur
Vorbereitung, Blüte, Ausklang (1170–1250)**
Von Helmut de Boor
11. Auflage. 1991. 494 Seiten. Leinen
Bearbeitet von Ursula Hennig

Band 3
Die deutsche Literatur im späten Mittelalter (1250–1370)
Von Helmut de Boor
1. Teil: Epik, Lyrik, Didaktik, geistliche und historische Dichtung (1250–1350)
5., neubearbeitete Auflage von Johannes Janota.
1997. 568 Seiten. Leinen

2. Teil: Reimpaargedichte, Drama, Prosa (1350–1370)
Hrsg. von Ingeborg Glier
1987. XIII, 533 Seiten. Leinen

Band 4
**Die deutsche Literatur vom späten Mittelalter
bis zum Barock (1370–1570)**
Von Hans Rupprich
1. Teil: Das ausgehende Mittelalter, Humanismus und Renaissance (1370–1520)
2., neubearbeitete Auflage von Hedwig Heger.
1994. XII, 927 Seiten. Leinen

2. Teil: Das Zeitalter der Reformation (1520–1570)
1973. XII, 554 Seiten. Leinen

VERLAG C.H.BECK MÜNCHEN

GESCHICHTE DER DEUTSCHEN LITERATUR
Von den Anfängen bis zur Gegenwart
Begründet von
Helmut de Boor / Richard Newald

Band 6
Aufklärung, Sturm und Drang, Frühe Klassik (1740–1789)
Von Sven Aage Jorgensen, Klaus Bohnen
und Per Ohrgaard
1990. XIII. 665 Seiten. Leinen

Band 7
Die deutsche Literatur zwischen Französischer Revolution und
Restauration (1789–1830)
Von Gerhard Schulz
1. Teil: Das Zeitalter der Französischen Revolution (1789–1806)
2., neubearbeitete Auflage. 2000. XIV, 768 Seiten. Leinen

2. Teil: Das Zeitalter der napoleonischen Kriege und
der Restauration (1806–1830)
1989. XIV, 912 Seiten. Leinen

Band 9
Geschichte der deutschsprachigen Literatur 1870–1918
Von Peter Sprengel
1. Teil: Von der Reichsgründung bis zur Jahrhundertwende (1870–1900)
1998. XIX, 825 Seiten. Leinen

2. Teil: Von der Jahrhundertwende bis zum Ende
des Ersten Weltkriegs (1900–1918)
2004. XIII, 924 Seiten. Leinen

Band 12
Geschichte der deutschen Literatur
von 1945 bis zur Gegenwart
Hrsg. von Wilfried Barner.
2., aktualisierte und erweiterte Auflage,
2006. XXIV, 1116 Seiten. Leinen

VERLAG C.H.BECK MÜNCHEN

BIOGRAPHIEN BEI C.H.BECK

Hugh Barr Nisbet
Lessing
Eine Biographie
Aus dem Englischen von Karl S. Guthke
2008. 1024 Seiten mit 45 Abbildungen. Leinen

Gerhard Schulz
Kleist
Eine Biographie
2007. 608 Seiten mit 57 Abbildungen. Leinen

Günther Schiwy
Eichendorff
Eine Biographie
2., durchgesehene Auflage. 2007. 734 Seiten mit 54 Abbildungen.
Gebunden

Nicholas Boyle
Goethe. Der Dichter in seiner Zeit
Aus dem Englischen von Holger Fliessbach
Band 1: 1749–1790
3. Auflage. 2000. 885 Seiten mit 37 Abbildungen. Leinen
Band 2: 1790–1803
1999. 1115 Seiten mit 55 Abbildungen. Leinen

Peter-André Alt
Schiller
Leben – Werk – Zeit
Eine Biographie
2., durchgesehene Auflage. 2004. Zwei Bände. 1.423 Seiten. Gebunden

Peter-André Alt
Franz Kafka
Der ewige Sohn. Eine Biographie
2005. 764 Seiten mit 43 Abbildungen. Leinen

VERLAG C.H.BECK MÜNCHEN

BIOGRAPHIEN BEI C.H.BECK

Hans-Dieter Gelfert
Edgar Allan Poe
Am Rande des Malstroms
2008. 249 Seiten mit 27 Abbildungen. Gebunden

Hermann Kurzke
Thomas Mann
Das Leben als Kunstwerk. Eine Biographie
1999. 672 Seiten mit 40 Abbildungen. Leinen

Helmut Koopmann
Thomas Mann – Heinrich Mann
Die ungleichen Brüder
2005. 532 Seiten mit 10 Abbildungen. Leinen

Mathias Mayer
Mörike und Peregrina
Geheimnis einer Liebe
2004. 254 Seiten mit 19 Abbildungen. Leinen

Erika von Borries
Wilhelm Müller. Der Dichter der Winterreise
Eine Biographie
2007. 320 Seiten mit 29 Abbildungen mit zwei CDs. Leinen

Niklas Holzberg
Ovid
Dichter und Werk
3., durchgesehene Auflage. 2006. 220 Seiten. Leinen

VERLAG C.H.BECK MÜNCHEN

LITERATURGESCHICHTE BEI C. H. BECK

Nicholas Boyle
Kleine deutsche Literaturgeschichte
2009. 272 Seiten mit 44 Abbildungen und einer Karte.
Gebunden

Peter-André Alt
Kafka und der Film
Über kinematographisches Erzählen
2009. 238 Seiten mit 20 Abbildungen. Gebunden

Hermann Kurzke
Thomas Mann
Ein Porträt für seine Leser
2009. 250 Seiten. Gebunden

Volker Klotz
Erzählen
Von Homer zu Boccaccio, von Cervantes zu Faulkner
2006. 508 Seiten. Gebunden

Peter-André Alt
Der Schlaf der Vernunft
Literatur und Traum in der Kulturgeschichte der Neuzeit
2002. 464 Seiten. Leinen

Werner von Koppenfels
Der Andere Blick
Das Vermächtnis des Menippos in der europäischen Literatur
2007. 320 Seiten mit 11 Abbildungen. Leinen

VERLAG C. H. BECK MÜNCHEN